Schriften zum Recht der Digitalisierung

Herausgegeben von
Florian Möslein, Sebastian Omlor und Martin Will

23

Anjuli von Hülst

Absoluter Schutz von Blockchain-Token

Normativer Sachbegriff im
deutsch-italienischen Rechtsvergleich

Mohr Siebeck

Anjuli v. Hülst, geboren 1998; Studium der Rechtswissenschaften in Göttingen und Genf; 2020 Erste Juristische Prüfung; Gastforscherin an der Universität Bologna; 2023 LL.M. zum IT-Recht und Recht neuer Technologien an der Universität Bologna; 2023 Promotion (Marburg); Legal Analyst; Rechtsreferendariat am Landgericht Frankfurt am Main.
orcid.org/0000-0002-7111-7754

Zugl.: Marburg, Univ. Diss., 2023

ISBN 978-3-16-163190-0 / eISBN 978-3-16-163191-7
DOI 10.1628/ 978-3-16-163191-7

ISSN 2700-1288 / eISSN 2700-1296 (Schriften zum Recht der Digitalisierung)

Die Deutsche Nationalbibliothek verzeichnet diese Publikation in der Deutschen Nationalbibliographie; detaillierte bibliographische Daten sind über *http://dnb.dnb.de* abrufbar.

© Anjuli v. Hülst. Publiziert von Mohr Siebeck Tübingen, 2024. www.mohrsiebeck.com

Dieses Werk ist lizenziert unter der Lizenz „Creative Commons Namensnennung – Weitergabe unter gleichen Bedingungen 4.0 International" (CC BY-SA 4.0). Eine vollständige Version, des Lizenztextes findet sich unter: https://creativecommons.org/licenses/by-sa/4.0/deed.de

Das Buch wurde von Gulde Druck in Tübingen auf alterungsbeständiges Werkdruckpapier gedruckt und gebunden.

Printed in Germany.

Für meinen Bruder

Vorwort

Die Arbeit wurde im Wintersemester 2022/23 von der Rechtswissenschaftlichen Fakultät der Philipps-Universität Marburg als Dissertation angenommen und mit Disputation vom 3. Juli 2023 abgeschlossen. Literatur und Rechtsprechung befinden sich auf dem Stand von September 2023. Umfassende Berücksichtigung konnte sie jedoch nur finden, sofern sie bis Dezember 2022 veröffentlicht wurde. Die Promotion wurde mit dem Promotionsstipendium der Studienstiftung des deutschen Volkes gefördert. Diese Publikation wurde durch den Open-Access-Publikationsfonds der Philipps-Universität Marburg gefördert. Ferner danke ich der Studienstiftung ius vivum für die Bezuschussung.

Die Veröffentlichung dieser Dissertation markiert nun das Ende einer lehrreichen Zeit in der akademischen Forschung. Am meisten aber habe ich für mich persönlich mitnehmen können und daher bereue ich keine der vielen Seiten, die ich geschrieben habe. Zu jeder gelungenen Dissertation gehört aber auch eine mindestens ebenso gelungene Betreuung, die ich bei Prof. Dr. Sebastian Omlor, LL.M. (NYU), LL.M. Eur. ohne Zweifel vorgefunden habe. Ganz nach dem Leitbild *Sapere Aude*, welches mich bereits seit Schulzeiten begleitet und prägt, wurde mir viel Freiraum gelassen und jedes Vertrauen geschenkt, das ich mir hätte wünschen können. Seine Unbeschwertheit hat durchweg Zuversicht ausgestrahlt und mich letztlich auch zum Rechtsvergleich mit dem italienischen Recht ermutigt. Forschungsaufenthalt und LL.M. in Bologna verdanke ich somit in erster Linie ihm. Daneben danke ich auch meinem Zweitgutachter Prof. Dr. Florian Möslein, LL.M. (London), der die Arbeit trotz diverser Forschungsprojekte in Italien zügig korrigiert hat und den Austausch des IRDi mit der italienischen Zivilrechtswissenschaft hoffentlich weiter vorantreiben wird.

Für Zuversicht, Vertrauen und Unterstützung möchte ich auch meinen lieben Freunden danken – diese reichten sogar so weit, dass ein Korrekturlesen nicht mehr für notwendig erachtet wurde. Doch auch wenn meine Blockchain-Monologe nicht immer zugelassen wurden, hat mir der stete Austausch gezeigt, dass Humor und Gelassenheit unverzichtbar sind, wenn es darum geht, langandauernde Herausforderungen zu meistern. Mein besonderer Dank gilt dabei Camillo, der es über die Zeit perfektioniert hat, zuzuhören ohne hinzuhören, im Fall der Fälle aber trotzdem immer da und damit die wichtigste Stütze während meiner Promotionszeit war!

Weiterer Dank gilt selbstverständlich meinen Eltern und meinem Bruder, die das Projekt Promotion mit vollem Stolz unterstützt haben. Von Klein an haben sie mir ein ureigenes Vertrauen entgegengebracht und meine ständige Neugier gefördert, was mir jetzt unstreitig zugutegekommen ist. Nicht vergessen ist außerdem ihr Versuch, den technologischen Teil meiner Arbeit zu verstehen – eine Bitte, die ich nur mit einer Einladung nach Bologna wieder gut machen konnte.

Spätestens mit dieser Danksagung ist das aufregendste Kapitel meiner bisherigen akademischen Laufbahn abgeschlossen. Gleichzeitig haben sich dadurch viele Wege geebnet und zuletzt zu überaus spannenden Einblicken in die Bankenwelt und ihre Bestrebungen hin zu einer kooperativen Blockchain basierten Finanzinfrastruktur geführt. Aus diesem Grund danke ich der SWIAT GmbH für die tolle Zeit in diesem jungen Unternehmen. Sie war nicht zuletzt davon geprägt, dass sie sich wie „praktisches Promovieren" im Team angefühlt hat. Da alle mindestens genauso Blockchain-begeistert waren wie ich, konnte ich jederzeit aufkeimende Ideen und Fragen diskutieren und über meine eigentliche Forschungsarbeit hinaus noch viel Neues lernen. Ich hoffe sehr, dass die Ergebnisse unserer Diskussionen hier – aber auch über die Finanzwelt hinaus – zu innovativen und zielführenden Lösungen beitragen.

Frankfurt, September 2023 *Anjuli v. Hülst*

Inhaltsübersicht

Vorwort VII
Inhaltsverzeichnis XIII

Einleitung 1

§ 1 Konkretisierung des Forschungsgegenstands 2
I. Neue Möglichkeiten und Herausforderungen durch Tokenisierung 2
II. Ziel und Gegenstand der vorliegenden Untersuchung 3
III. Thematische Abgrenzung zu anderen offenen und korrelierenden
     Fragen 4
IV. Methodische Vorgehensweise 6
V. Gliederung der vorliegenden Untersuchung 8

§ 2 Technologie und Begrifflichkeiten 10
I. Distributed-Ledger-Technologie 10
II. Token 29
III. Gegenstand des absoluten Schutzes 52
IV. Zusammenfassung des § 2 55

1. Teil: Rechtliche Einordnung von Token 57

§ 3 Rechtliche Einordnung von Token als Sache 57
I. Technisch vermittelte Inhaberstellung 58
II. Verkörperte Position 67
III. Anerkennung der verkörperten Position durch das Recht 73
IV. Systematische Einordnung der Inhaberstellung 90
V. Rechtsvergleichender Blick nach Italien: weiter Sachbegriff 173
VI. Zusammenfassung des § 3 219

§ 4 Anwendbarkeit des Sachenrechts auf Token 222

I. Besitz an Token.. 223
II. Eigentum an Token nach § 903 BGB.. 242
III. Besonderheiten bei extrinsischen Token: Besitz und Eigentum 295
IV. Rechtsvergleichender Blick nach Italien: Besitz und Eigentum an
   Token.. 304
V. Zusammenfassung des § 4 324

2. Teil: Bedeutung der Sachfähigkeit für den absoluten Schutz von Token.. 327

§ 5 Erforderlichkeit eines dinglichen Schutzes... 328
I. Vertraglich erzielter Schutz... 328
II. Absoluter Schutz durch verschiedene Rechtsinstitute.......................... 330
III. Mehrwert eines dinglichen Schutzes 333
IV. Rechtsvergleichender Blick nach Italien: Schutzsystematik................. 335
V. Zusammenfassung des § 5 337

§ 6 Dinglicher Schutz von Token 338
I. Negatorischer Schutz von Token 338
II. Weitergehender dinglicher Schutz aus §§ 987 ff. BGB bei Vorliegen
   einer Vindikationslage... 351
III. Besitzschutz als Form des dinglichen Schutzes im weiteren Sinne 357
IV. Zwischenergebnis zum dinglichen Schutz von Token......................... 378
V. Rechtsvergleichender Blick nach Italien: Dinglicher Schutz von
   Token.. 379
VI. Zusammenfassung des § 6 393

§ 7 Weitergehender absoluter Schutz von Token 395
I. Deliktischer Schutz von Token 395
II. Bereicherungsrechtlicher Schutz von Token.. 426
III. Schutz von Token durch das Recht zur Geschäftsführung ohne
   Auftrag 445
IV. Schutz von Token durch die culpa in contrahendo.............................. 449
V. Bedeutung der Sachfähigkeit für den absoluten Schutz von Token....... 450
VI. Rechtsvergleichender Blick nach Italien: Absoluter Schutz von
   Token.. 451
VII. Zusammenfassung des § 7 477

§ 8 Umfassender Rechtsvergleich des jeweiligen Gesamtniveaus eines absoluten Schutzes 478

I. Gesamtniveau des absoluten Schutzes von Token nach deutschem
    Recht 479
II. Gesamtniveau des absoluten Schutzes von Token nach italienischem
    Recht 480
III. Rechtsvergleich: Was kann das deutsche Recht vom italienischen
    Recht lernen?... 480
IV. Bedeutung des Sachbegriffs für das Schutzniveau 492
V. Schlussfolgerung: Funktionales Verständnis für einen normativen
    Sachbegriff 496
VI. Zusammenfassung des § 8 497

3. Teil: Allgemeine Erkenntnisse zum Umgang mit disruptiven Technologien 499

§ 9 Offenheit und Flexibilität der Rechtsordnung und des Privatrechts im Besonderen 501

I. Spannungsfeld der rechtlichen Einordnung von Token 501
II. Schlussfolgerungen für die rechtliche Einordnung disruptiver
    Technologien im Allgemeinen 510
III. Zusammenfassung des § 9 514

§ 10 Beständigkeit und Resilienz der Rechtsordnung und des Privatrechts im Besonderen.. 515

I. Lehren für die Rechtsanwendung... 515
II. Bedeutung für eine zukünftige Rechtsgestaltung 519
III. Eigener Lösungsvorschlag für den Sachbegriff 520
IV. Zusammenfassung des § 10 523

Schluss 525

§ 11 Fazit 525

§ 12 Ausblick 526

§ 13 Ergebnisse in Thesen 529

Literaturverzeichnis... 541
Sachregister 567

Inhaltsverzeichnis

Vorwort VII
Inhaltsübersicht IX

Einleitung 1

§ 1 Konkretisierung des Forschungsgegenstands 2
I. Neue Möglichkeiten und Herausforderungen durch Tokenisierung 2
II. Ziel und Gegenstand der vorliegenden Untersuchung 3
III. Thematische Abgrenzung zu anderen offenen und korrelierenden
 Fragen 4
   1. Keine genauere Bestimmung des Rechtssubjekts der Zuordnung 5
   2. Keine generelle rechtliche Einordnung von Informationen 5
   3. Keine Erörterung spezieller Rechtsgebiete mit eigener
 Zwecksetzung 6
IV. Methodische Vorgehensweise 6
V. Gliederung der vorliegenden Untersuchung 8

§ 2 Technologie und Begrifflichkeiten 10
I. Distributed-Ledger-Technologie 10
   1. Blockchain-Technologie 15
      a) Inhalt der einzelnen Blöcke 16
      b) Verknüpfung der einzelnen Blöcke mittels Hashwert 16
      c) Verifikation der Transaktion 17
         aa) Verschlüsselung der Transaktion mittels asymmetrischer
 Kryptographie 18
         bb) Verifizierung von Signatur und Bestand 19
      d) Konsenserteilung 21
         aa) Proof of Work 23
         bb) Proof of Stake 24
         cc) Weitere Konsensmodelle 25
      e) Network Forks 26
      f) Zwischenergebnis zur Blockchain-Technologie 27

2. Directed-Acyclic-Graphs-Technologie 27
II. Token 29
　　1. Technische Funktionsweise als Ausgangspunkt der
　　　 Begriffsunsicherheit 30
　　2. Definitionsversuche 32
　　3. Allgemeine technische Funktionsmerkmale 34
　　　　a) Entstehung neuer Token 34
　　　　b) Weitergabe von Token 36
　　　　c) Wallets 37
　　　　d) Smart Contracts 38
　　　　e) Anwendungen auf Grundlage der DLT 40
　　4. Eigenschaften von Token 41
　　　　a) Austauschbarkeit 42
　　　　b) Konkrete Ausgestaltung 42
　　　　c) Zwecksetzung 43
　　　　d) Begrenzung der Gesamtzahl 43
　　5. Arten von Token 44
　　　　a) Currency Token 45
　　　　b) Utility Token 45
　　　　c) Investment Token 47
　　　　d) Non-Fungible Token 48
　　　　e) Klassifizierung im Zivilrecht 49
　　　　　　aa) Intrinsische Token 50
　　　　　　bb) Extrinsische Token 51
　　　　　　cc) Zwischenergebnis 52
III. Gegenstand des absoluten Schutzes 52
IV. Zusammenfassung des § 2 55

1. Teil: Rechtliche Einordnung von Token 57

§ 3 Rechtliche Einordnung von Token als Sache 57
I. Technisch vermittelte Inhaberstellung 58
　　1. Daten und Information 58
　　2. Token: Individualität als Inhalt der Information 61
　　　　a) Informationsgehalt intrinsischer Token 64
　　　　b) Informationsgehalt extrinsischer Token 66
　　3. Ergebnis zur technisch vermittelten Inhaberstellung 67
II. Verkörperte Position 67
　　1. Entmaterialisierung von Geld als Ausgangspunkt 68
　　2. Abstraktion von Information als Ausgangspunkt 70
　　3. Zuordnung einer Position 71

III. Anerkennung der verkörperten Position durch das Recht 73
1. Normatives Bedürfnis einer rechtlichen Zuordnung 73
   a) Ethische Motive 74
   b) Ökonomische Motive 77
      aa) Token als Wirtschaftsgut 77
      bb) Gesteigerte Effizienz durch ausschließliche subjektive
           Rechte 78
      cc) Rechtsposition zur Erfassung des Vermögenswerts 79
      dd) Token als digitale Vermögensgüter 80
      ee) Zwischenergebnis 80
2. Rechtliches Bedürfnis einer rechtlichen Zuordnung 81
   a) Dogmatische Gründe 81
      aa) Keine vollständige Fehlerresistenz der faktisch
           geschaffenen Zuordnung 82
      bb) Notwendiger Gleichlauf von faktischer und normativer
           Zuordnung 82
      cc) Angleichung von Güterzuordnung und Güterverkehr 84
      dd) Zwischenergebnis 84
   b) Verfassungsrechtliche Gründe 85
3. Möglichkeit, die verkörperte Position als Rechtsposition
   darzustellen 86
   a) Immanente Zuordnung der Nutzung von Token 87
   b) Mit Nutzungszuweisung einhergehender Ausschluss der
       Nutzung anderer 88
   c) Zwischenergebnis 89
4. Zwischenergebnis 90
IV. Systematische Einordnung der Inhaberstellung 90
1. Gegenstand im rechtlichen Sinne 91
   a) Abgrenzung zum Begriff des Rechtsobjekts 91
   b) Inhaltliche Eingrenzung des Gegenstandsbegriffs 92
   c) Systematik der Gegenstände 93
   d) Token als Rechtsgegenstand erster Ordnung 97
   e) Zwischenergebnis 98
2. Sachfähigkeit intrinsischer Token 98
   a) Subsumtion unter den Sachbegriff nach § 90 BGB 99
      aa) Wortlaut 101
         (1) Sinnliche Wahrnehmbarkeit 102
            (a) Enges oder weites Verständnis der sinnlichen
                Wahrnehmbarkeit 102
            (b) Ständige Wahrnehmbarkeit 104
            (c) Zwischenergebnis zur sinnlichen
                Wahrnehmbarkeit 106
         (2) Abgrenzbarkeit 107

(3) Tatsächliche Beherrschbarkeit 110
(4) Allgemeine Tendenz weg vom objektorientierten
    Wortlaut 112
(5) Zwischenergebnis 113
bb) Systematik 113
cc) Historie 114
(1) Gesetzgeberwillen bei Schaffung des § 90 BGB 115
    (a) Sachbegriff und Eigentumsrecht im römischen
        Recht 115
    (b) Bewusste Festlegung auf einen engen Sachbegriff ... 116
    (c) Unterschiede zur römischen
        Begriffssystematisierung 118
    (d) Schlussfolgerungen für die Auslegung der
        Körperlichkeit des deutschen Sachbegriffs 120
    (e) Zwischenergebnis 120
(2) Gesetzgeberwillen bei Schaffung des elektronischen
    Wertpapiergesetzes 121
(3) Zwischenergebnis zur historischen Auslegung 122
dd) Telos 122
(1) Zweck des Sacheigentums 123
(2) Zweck der Körperlichkeit 126
(3) Verwirklichung des Normzwecks bei Anwendung auf
    Token 127
(4) Zwischenergebnis zur teleologischen Auslegung 128
ee) Verfassungs- und Europarechtskonformität 128
ff) Gesamtheitliche Abwägung und methodische Erwägungen
    im Hinblick auf ein funktionales Begriffsverständnis 130
gg) Ergebnis zur Subsumtion unter den Sachbegriff nach § 90
    BGB 132
b) Alternative Möglichkeiten einer zivilrechtlichen Einordnung 132
aa) Intrinsische Token als Immaterialgut –
    Immaterialgüterrechte an Token 132
(1) Immaterialgüter als Bezugsobjekt der
    Immaterialgüterrechte 133
(2) Eigenschaften der Immaterialgüter 136
(3) Unterschiede gegenüber Eigenschaften von Token 137
(4) Keine tatbestandliche Einordnung der Token als
    Immaterialgüter 138
(5) Kein Immaterialgüterrecht sui generis an Token 140
(6) Zwischenergebnis 142
bb) Intrinsische Token als sonstiger unkörperlicher
    Gegenstand 142
(1) Keine dinglichen Rechte ohne Sachfähigkeit 143
(2) Keine Eigentumsbegründung durch § 952 BGB 143

Inhaltsverzeichnis XVII

    (3) Keine Eigentumsbegründung durch §§ 793 ff. BGB...... 144
    (4) Keine Einordnung als Wertrecht.................................... 145
    (5) Handlungsverbot mit absoluter Wirkung 146
    (6) Relative Rechte... 146
    (7) Rechtliches Nullum oder Realakt.................................. 147
    (8) Schlussfolgerung: Notwendigkeit einer
      Rechtsposition sui generis... 150
    (9) Kein Verstoß gegen den numerus clausus..................... 152
    (10) Zwischenergebnis zu intrinsischen Token als
      rechtlich anerkannter, sonstiger unkörperlicher
      Gegenstand... 153
   cc) Ergebnis zu alternativen Möglichkeiten einer
    Rechtsposition an intrinsischen Token 153
  c) Ergebnis zur Sachfähigkeit intrinsischer Token 154
 3. Sachfähigkeit extrinsischer Token 154
  a) Subsumtion unter den Sachbegriff nach § 90 BGB 154
  b) Einfluss der verknüpften Rechtsposition auf die
   Rechtsposition des Tokens... 156
   aa) Relative Rechtspositionen 156
    (1) Einordnung als Schuldurkunde nach § 952 BGB 157
    (2) Einordnung als Inhaberschuldverschreibung nach
      §§ 793 ff. BGB... 158
    (3) Vergleich mit der gesetzgeberischen Vorgehensweise
      im eWpG... 160
    (4) Gleichlauf mit intrinsischen Token............................... 160
    (5) Zwischenergebnis 161
   bb) Absolute Eigentums- und Immaterialgüterrechte................ 161
   cc) Mitgliedschaftsrechte 163
    (1) Rechtsnatur der Mitgliedschaft 164
    (2) Token an einzelnen Rechten der Mitgliedschaft 165
    (3) Token am Mitgliedschaftsrecht.................................... 165
    (4) Neue Form der Mitgliedschaft durch Token 167
    (5) Zwischenergebnis zu Mitgliedschaftsrechten................ 168
   dd) Zwischenergebnis zum Einfluss der verknüpften
    Rechtsposition 169
  c) Alternative Möglichkeiten einer zivilrechtlichen Einordnung..... 169
   aa) Erforderlichkeit einer Rechtsposition sui generis an
    extrinsischen Token... 169
   bb) Ausgestaltung der Rechtsposition sui generis an
    extrinsischen Token... 171
   cc) Zwischenergebnis zu alternativen Möglichkeiten einer
    Rechtsposition an extrinsischen Token................................ 172
  d) Ergebnis zur Sachfähigkeit extrinsischer Token 172

4. Ergebnis zur systematischen Einordnung von
   Token – Fallgruppenbildung?.. 172
V. Rechtsvergleichender Blick nach Italien: weiter Sachbegriff............... 173
   1. Sachbegriff in der italienischen Rechtsordnung................................ 173
      a) Sachbegriff nach Art. 810 cc 174
         aa) Sprachliche Unklarheiten des Art. 810 cc 174
         bb) Auslegungsstreit des Art. 810 cc 175
         cc) Parallelen zum Gegenstandsbegriff des deutschen Rechts ... 176
         dd) Zwischenergebnis 177
      b) Materielle und immaterielle Sachen im Sinne des Art. 810 cc 178
         aa) Bezugsobjekt des Eigentumsrechts nach Art. 832 cc 179
         bb) Eigentum an immateriellen Sachen................................... 182
            (1) Verhältnis von Eigentum im Sinne des Art. 832 cc
                und Immaterialgüterrechten 182
            (2) Kritik an dem differenzierten Eigentumsverständnis
                des Art. 832 cc 183
            (3) Schlussfolgerungen für den Sachbegriff als
                Bezugsobjekt 185
         cc) Eigentum an Energien 185
         dd) Eigentum an Unternehmen 186
         ee) Eigentum an immateriellen Kulturgütern 188
         ff) Zwischenergebnis zum Begriff der materiellen Sache 189
      c) Zwischenergebnis zum Sachbegriff in der italienischen
         Rechtsordnung 189
   2. Einordnung der Token in die italienische Rechtsordnung................... 190
      a) Rechtsprechung zur Sachfähigkeit von intrinsischen Token 190
         aa) Urteil der Insolvenzkammer des Tribunale Florenz Nr. 18
             vom 21. Januar 2019: Zugrundeliegender Sachverhalt
             und Argumentation des Gerichts 192
         bb) Kritik an der Einordnung der Rechtsprechung als Sache..... 195
         cc) Zwischenergebnis und Bewertung der Rechtsprechung 197
      b) Allgemeiner Streitstand zur Sachfähigkeit von Token in der
         Lehre.. 199
         aa) Sachfähigkeit von intrinsischen Token.............................. 199
            (1) Keine Einordnung als Währung oder Geld, sondern
                als Sache 199
            (2) Danebenbestehende finanzrechtliche Einordnung........... 202
            (3) Keine Einordnung als Sache, sondern als Geld.............. 203
            (4) Übereinstimmungen sowie Zwischenergebnis zum
                Streitstand 204
         bb) Sachfähigkeit von extrinsischen Token 205
            (1) Überblick über das Recht der Schuldscheine nach
                Art. 1992 ff. cc.. 206

　　　　　　(a) Erhöhung der Umlauffähigkeit von Rechten 207
　　　　　　(b) Keine Anknüpfung an das Eigentumsrecht des
　　　　　　　　Papiers 207
　　　　　　(c) Autonomia und letteralità als wesentliche
　　　　　　　　Eigenschaften der Schuldscheine............................. 209
　　　　　　(d) Einwendungen bei bösgläubigem Besitz des
　　　　　　　　Schuldscheins 209
　　　　　　(e) Zwischenergebnis 210
　　　　　(2) Umstrittene Rechtsnatur der Schuldscheine.................. 210
　　　　　(3) Token als Schuldscheine nach Art. 1992 ff. cc 211
　　　　　(4) Zwischenergebnis zu extrinsischen Token als
　　　　　　　Schuldscheine 213
　　　　cc) Zwischenergebnis zum Streitstand von Token im
　　　　　　Allgemeinen 213
　　　c) Zwischenergebnis zur Einordnung der Token in die
　　　　italienische Rechtsordnung 214
　3. Rechtsvergleich des italienischen und des deutschen Sachbegriffs... 214
　　　a) Mithilfe des Sachbegriffs zu lösende Interessenskollision 214
　　　　aa) Lösung der italienischen Rechtsordnung............................ 215
　　　　bb) Lösung der deutschen Rechtsordnung 215
　　　　cc) Schlussfolgerungen für die zu lösende
　　　　　　Interessenskollision 215
　　　b) Einbettung in das jeweilige System der Rechtsordnung............. 217
　　　　aa) Konsensprinzip der italienischen Rechtsordnung................ 217
　　　　bb) Trennungs- und Abstraktionsprinzip der deutschen
　　　　　　Rechtsordnung.. 217
　　　　cc) Annäherung im Rahmen der Schuldscheine 218
　　　　dd) Zwischenergebnis zur Einbettung in das jeweilige System
　　　　　　der Rechtsordnung.. 219
　　　c) Schlussfolgerungen für den Sachbegriff nach § 90 BGB und
　　　　der Sachfähigkeit von Token im deutschen Recht 219
VI. Zusammenfassung des § 3... 219

§ 4 Anwendbarkeit des Sachenrechts auf Token 222

I. Besitz an Token... 223
　1. Besitz als Schnittstelle zwischen Recht und Wirklichkeit................ 224
　2. Kriterien zur Bestimmung des Besitzes 227
　3. Tatsächliche Sachherrschaft in der DLT 227
　　　a) Einwirkungsmöglichkeit auf Token... 227
　　　b) Mögliche Weisungsbefugnis über Token 230
　　　c) Auf Dauer angelegte Erkennbarkeit 230
　　　d) Zwischenergebnis.. 231

4. Besitz an elektronischen Wertpapieren nach dem eWpG 231
5. Besitzerwerb im Distributed Ledger 233
   a) Derivativer Besitzerwerb im Distributed Ledger 233
   b) Sonderfall des Erwerbs von Erbenbesitz im Sinne des § 857 BGB im Erbfall 234
   c) Originärer Besitzerwerb im Distributed Ledger 235
6. Sonstige Besitzkonstellationen 235
   a) Besitzdiener nach § 855 BGB 235
      aa) Zugriffsmöglichkeit des Besitzherrn auf den Besitzdiener... 236
      bb) Nach außen erkennbare Weisungsgebundenheit des Besitzdieners 237
      cc) Zwischenergebnis zur Besitzdienerschaft bei Token 238
   b) Mittelbarer Besitz nach § 868 BGB 238
   c) Teil- und Mitbesitz nach §§ 865, 866 BGB 239
   d) Eigenbesitz nach § 872 BGB 240
   e) Zwischenergebnis zu den sonstigen Besitzkonstellationen 241
7. Zwischenergebnis zum Besitz an Token 241
II. Eigentum an Token nach § 903 BGB 242
1. Inhalt 242
   a) Nutzung von Token: Anknüpfungspunkt für die positiven Eigentümerbefugnisse 243
      aa) Unmittelbar im Token angelegte Nutzung 244
      bb) Mittelbar durch den Token verkörperte Nutzung 245
      cc) Tatsächliche Einwirkung auf den Token 246
      dd) Rechtliche Einwirkung auf den Token 248
      ee) Zwischenergebnis zum Inhalt eines Eigentumsrechts an Token 249
   b) Ausschluss von der Nutzung der Token: Anknüpfungspunkt für die negativen Eigentümerbefugnisse 250
   c) Andere Formen des Eigentumsrechts 251
   d) Zwischenergebnis zum Inhalt eines Eigentums an Token 251
2. Eigentumsbegründung 252
   a) Vorfrage: Token als bewegliche oder unbewegliche Sache 252
      aa) Parallelen und Unterschiede des Distributed Ledgers zum Grundbuch 253
      bb) Sachähnliche Herrschaftsmacht über Token 254
      cc) Herangehensweise des eWpG 256
      dd) Zwischenergebnis 258
   b) Originäre Eigentumsbegründung 258
      aa) Ersitzung nach §§ 937 ff. BGB 259
      bb) Verbindung oder Vermischung nach §§ 946 ff. BGB 259
      cc) Verarbeitung nach § 950 BGB 260
      dd) Sonstige Erwerbstatbestände 261

ee) Anwendbarkeit der gesetzlichen Erwerbstatbestände im Ausnahmefall 263
ff) Zwischenergebnis 263
c) Derivative Eigentumsbegründung durch Übertragung 264
aa) Übereignung nach § 929 S. 1 BGB 264
(1) Dingliche Einigung und Einigsein im Zeitpunkt der Übergabe 264
(2) Übergabe 265
(a) Vollständige Besitzaufgabe auf Seiten des Veräußerers 266
(b) Besitzerwerb auf Seiten des Erwerbers 266
(c) Besitzübergang auf Veranlassung des Veräußerers .. 268
(d) Gewahrsamswechsel 268
(e) Zwischenergebnis zur Übergabe nach § 929 S. 1 BGB 269
(3) Verfügungsberechtigung und -befugnis 269
(4) Zwischenergebnis zur Übereignung nach § 929 S. 1 BGB 269
bb) Übereignung nach § 929 S. 2 BGB 269
cc) Übereignung nach § 930 BGB 270
dd) Übereignung nach § 931 BGB 271
ee) Zwischenergebnis zur derivativen Eigentumsbegründung durch Übereignung 271
d) Eigentum durch gutgläubigen Erwerb 272
aa) Funktion des gutgläubigen Eigentumserwerbs 272
bb) Anwendbarkeit der Voraussetzungen des gutgläubigen Eigentumserwerbs auf Token 273
cc) Herausforderungen eines gutgläubigen Eigentumserwerbs an Token 275
dd) Vergleich zum gutgläubigen Eigentumserwerb im Rahmen des eWpG 277
ee) Zwischenergebnis zum Eigentum durch gutgläubigen Erwerb von Token 279
e) Zwischenergebnis zur Eigentumsbegründung 279
3. Belastungen des Eigentums 279
a) Bedingte Eigentumsübertragung (Eigentumsvorbehalt) 280
aa) Bedingte Eigentumsübertragung durch bedingte Besitzübergabe 280
bb) Keine gesicherte Eigentumsübertragung 282
cc) Gesicherte Eigentumsübertragung 283
(1) Zuordnung der Token an die Adresse des Smart Contract 283

         (2) Verhinderung einer anderweitigen Transaktion durch
             den Smart Contract 283
         (3) Publizität der Anwartschaft und des
             Anwartschaftsrechts 284
         (4) Zwischenergebnis zur gesicherten
             Eigentumsübertragung 285
       dd) Zwischenergebnis zur bedingten Eigentumsübertragung 286
    b) Sicherungsübereignung mit auflösend bedingter
       Rückübereignung 286
    c) Pfandrecht 287
       aa) Pfandrecht an Token 287
       bb) Weitere Regelungen zum Pfandrecht 288
       cc) Bedeutung für die Anwendbarkeit auf Token 289
       dd) Pfandrecht an elektronischen Wertpapieren im Sinne des
           eWpG 292
       ee) Zwischenergebnis zum Pfandrecht 293
    d) Nießbrauch 293
    e) Zwischenergebnis zu Belastungen des Eigentums 295
  4. Zwischenergebnis zum Eigentum am Token 295
III. Besonderheiten bei extrinsischen Token: Besitz und Eigentum 295
  1. Mit relativen Rechtspositionen verknüpfte Token 296
  2. Mit Mitgliedschaftsrechten verknüpfte Token 297
  3. Mit absoluten Rechtspositionen verknüpfte Token 298
    a) Verknüpfung mit einem Eigentumsrecht an einer beweglichen
       Sache 299
    b) Verknüpfung mit einem Eigentumsrecht an einer
       unbeweglichen Sache 301
    c) Verknüpfung mit einem beschränkten dinglichen Recht an
       einer beweglichen Sache 302
    d) Zwischenergebnis und Bewertung der Verkörperung absoluter
       Rechtspositionen 303
  4. Zwischenergebnis zu den Besonderheiten bei extrinsischen Token .. 303
IV. Rechtsvergleichender Blick nach Italien: Besitz und Eigentum an
    Token 304
  1. Überblick über die Struktur des italienischen Zivilrechts 304
    a) Rechtswirkungen von Verträgen nach dem Konsensprinzip 304
    b) Bedingung eines Vertrags 306
    c) Vertraglich vereinbarte Verfügungsverbote 307
    d) Besondere Elemente des Vertragsschlusses im italienischen
       Recht 308
    e) Zwischenergebnis zur italienischen Zivilrechtsdogmatik 309
  2. Besitz in der italienischen Rechtsordnung 310

a) Erforderlichkeit eines Besitzwillens und Abgrenzung
gegenüber der detenzione 310
b) Gegenstand des Besitzes 311
c) Funktion und rechtliche Bedeutung des Besitzes 312
d) Erwerb des Besitzes und die dafür erforderliche Übergabe 313
e) Gutgläubiger Besitz und dessen rechtliche Bedeutung 314
f) Rechtsvergleichende Schlussfolgerungen zum Rechtsinstitut
des Besitzes 315
3. Eigentum in der italienischen Rechtsordnung 316
a) Begriff, Inhalt und Gegenstand des Eigentumsrechts 316
b) Erwerb des Eigentumsrechts 316
c) Zusammenfassung zum Eigentumsrecht 318
4. Rechtsvergleich des italienischen und deutschen Sachenrechts
hinsichtlich Token 318
a) Subsumtion der Token unter das Rechtsinstitut des Besitzes 318
aa) Anderer, auf Token anwendbarer Besitzbegriff 318
bb) Übertragung eines Besitzes an Token 319
cc) Besondere Erwägungen im Hinblick auf den originären
Besitzerwerb von Token 320
dd) Gutgläubiger Besitz von Token 320
ee) Kein abweichendes Besitzverständnis bei extrinsischen
Token 321
ff) Zwischenergebnis 321
b) Subsumtion der Token unter das Eigentumsrecht 322
c) Schlussfolgerungen für das Sachenrecht 323
V. Zusammenfassung des § 4 324

2. Teil: Bedeutung der Sachfähigkeit für den absoluten Schutz von Token 327

§ 5 Erforderlichkeit eines dinglichen Schutzes 328

I. Vertraglich erzielter Schutz 328
II. Absoluter Schutz durch verschiedene Rechtsinstitute 330
III. Mehrwert eines dinglichen Schutzes 333
IV. Rechtsvergleichender Blick nach Italien: Schutzsystematik 335
V. Zusammenfassung des § 5 337

§ 6 Dinglicher Schutz von Token 338

I. Negatorischer Schutz von Token 338
   1. Vindikationsanspruch aus § 985 BGB 339

a) Eigentumsrecht am Token 339
b) Dingliches Recht am Token 341
c) Zwischenergebnis zum Vindikationsanspruch aus § 985 BGB ... 342
2. Abwehranspruch aus § 1004 BGB 342
a) Eigentumsrecht am Token 343
aa) Beeinträchtigung durch Anmaßung der
Eigentümerposition 343
bb) Beeinträchtigung durch Einwirkung auf die Sache 343
(1) Rechtliche Einwirkungen auf Token 344
(2) Faktische Einwirkungen auf Token 345
(3) Ideelle und negative Einwirkungen auf Token 346
cc) Duldungspflicht bei einzelnen Beeinträchtigungen 346
dd) Beeinträchtigung durch den Störer 347
ee) Zwischenergebnis zum Schutz des Eigentumsrechts am
Token 348
b) Dingliches Recht am Token 348
c) Zwischenergebnis zum Abwehranspruch aus § 1004 BGB 350
3. Weitere negatorische Anspruchsgrundlagen 351
4. Zwischenergebnis zum negatorischen Schutz von Token 351
II. Weitergehender dinglicher Schutz aus §§ 987 ff. BGB bei Vorliegen
einer Vindikationslage 351
1. Bereicherungsähnliche Ansprüche zum Nutzungs- und
Verwendungsersatz 353
2. Schadensersatz bei unredlichem oder deliktischem Besitz 355
3. Besonderheiten im Rahmen von Token 355
4. Analoge Anwendung der §§ 987 ff. BGB 357
5. Zwischenergebnis zum weitergehenden dinglichen Schutz von
Token 357
III. Besitzschutz als Form des dinglichen Schutzes im weiteren Sinne 357
1. Funktion des Besitzschutzes 358
2. Besitzschutzfunktion bei Token 361
a) Besitzschutz innerhalb der DLT 362
b) Besitzschutz an der Schnittstelle von DLT und analogen Welt ... 364
c) Zwischenergebnis zur Besitzschutzfunktion bei Token 365
3. Anwendbarkeit der besitzschutzrechtlichen Regelungen im
Einzelnen 365
a) Verbotene Eigenmacht nach § 858 BGB 365
aa) Unmittelbarer Besitz an der beeinträchtigten Sache 366
bb) Besitzbeeinträchtigung 366
cc) Ohne Willen des Besitzers 368
dd) Widerrechtlichkeit der Besitzbeeinträchtigung 370
ee) Zwischenergebnis zur verbotenen Eigenmacht an Token 371
b) Rechtsfolgen der verbotenen Eigenmacht 371

        aa) Selbsthilfe nach § 859 BGB 372
        bb) Possessorischer Besitzschutz nach §§ 861 f. BGB............... 374
        cc) Zwischenergebnis zu den Rechtsfolgen bei verbotener
            Eigenmacht.. 375
     c) Allgemeines Selbsthilferecht aus § 229 BGB............................. 376
     d) Petitorischer Besitzschutz nach § 1007 BGB 376
     e) Besitzrechtlicher Schutz von elektronischen Wertpapieren im
        Sinne des eWpG.. 377
     f) Zwischenergebnis zur Anwendbarkeit der
        besitzschutzrechtlichen Regelungen.. 378
  4. Zwischenergebnis zum Besitzschutz... 378
IV. Zwischenergebnis zum dinglichen Schutz von Token........................ 378
V. Rechtsvergleichender Blick nach Italien: Dinglicher Schutz von
   Token.. 379
  1. Dinglicher Schutz von Token.. 379
     a) Vindikationsanspruch nach Art. 948 cc...................................... 380
     b) Abwehranspruch nach Art. 949 cc 382
     c) Anwendbarkeit auf Token 383
     d) Zwischenergebnis zum dinglichen Schutz von Token............... 384
  2. Besitzschutz von Token 384
     a) Wiedereinräumung des Besitzes nach Art. 1168 cc................... 386
     b) Beseitigung einer Besitzstörung nach Art. 1170 cc 387
     c) Wiedereinräumung des Besitzes nach Art. 1170 Abs. 3 cc......... 388
     d) Anwendbarkeit auf Token 389
     e) Zwischenergebnis zum Besitzschutz 389
  3. Rechtsvergleich des dinglichen Schutzes von Token nach
     italienischem und deutschem Recht... 389
     a) Dinglicher Schutz von Token 390
     b) Besitzschutz von Token 392
     c) Schlussfolgerungen für das dingliche Schutzniveau................... 393
VI. Zusammenfassung des § 6.. 393

§ 7 Weitergehender absoluter Schutz von Token 395

I. Deliktischer Schutz von Token 395
  1. Normzweck des Deliktsrechts... 396
  2. Subsumtion der Token unter die Vorschriften des Deliktsrechts 397
     a) Bei Bejahung einer Sachfähigkeit 397
        aa) Eigentumsverletzung im Sinne des § 823 Abs. 1 BGB 398
        bb) Besitzbeeinträchtigung als Verletzung eines sonstigen
            Rechts im Sinne des § 823 Abs. 1 BGB 399
        cc) Verletzung eines dinglichen Rechts am Token als
            sonstiges Recht im Sinne des § 823 Abs. 1 BGB 400

- (1) Pfandrecht 400
- (2) Nießbrauch 400
- (3) Mitgliedschaft 401
- (4) Anwartschaftsrecht 401
- (5) Immaterielle Schutzrechte 402
- (6) Zwischenergebnis 402
- dd) Verletzung von § 858 BGB als Schutzgesetz im Sinne des § 823 Abs. 2 BGB 403
- ee) Verletzung von Strafrechtstatbeständen als Schutzgesetz im Sinne des § 823 Abs. 2 BGB 403
  - (1) Ausspähen von Daten gemäß § 202a Abs. 1 StGB 403
  - (2) Rechtswidrige Datenveränderung gemäß § 303a Abs. 1 StGB 405
  - (3) Betrug oder Computerbetrug gemäß §§ 263 f. StGB 407
  - (4) Untreue gemäß § 266 StGB 408
  - (5) Diebstahl gemäß § 242 Abs. 1 StGB 409
  - (6) Zwischenergebnis zum strafrechtsakzessorischen Schutz nach § 823 Abs. 2 BGB 410
- ff) Sittenwidrige Schädigung im Sinne des § 826 BGB 410
- gg) Übrige Tatbestandsvoraussetzungen, insbesondere Verursachung eines kausalen Schadens 411
- hh) Zwischenergebnis zur Subsumtion der Token unter die Vorschriften des Deliktsrechts bei Bejahung einer Sachfähigkeit 412
- b) bei Verneinung einer Sachfähigkeit 412
  - aa) Verletzung eines sonstigen Rechts im Sinne des § 823 Abs. 1 BGB 413
    - (1) Anknüpfungspunkte und Argumentation der Literatur für die Annahme eines sonstigen Rechts 413
      - (a) Sonstiges Recht als Folge einer Rechtsposition sui generis 414
      - (b) Sonstiges Recht sui generis an konkretisierten Daten mit Vermögenswert 415
      - (c) Sonstiges Recht wegen der Vergleichbarkeit der Tokeninhaberschaft mit dem Besitz 416
      - (d) Zwischenergebnis zu den Anknüpfungspunkten und der Argumentation der Literatur für die Annahme eines sonstigen Rechts 417
    - (2) Argumentation der Literatur gegen die Annahme eines sonstigen Rechts 418
    - (3) Eigene Stellungnahme 420
      - (a) Zwingende Rechtsposition sui generis 421
      - (b) Ausreichende Publizität 423
      - (c) Zwischenergebnis 424

bb) Verletzung von Strafrechtstatbeständen als Schutzgesetze im Sinne des § 823 Abs. 2 BGB 424
cc) Sittenwidrige Schädigung im Sinne des § 826 BGB 425
dd) Zwischenergebnis zur Subsumtion der Token unter die Vorschriften des Deliktsrechts bei Verneinung einer Sachfähigkeit 425
c) Unterschiede je nach Sachfähigkeit der Token und Zwischenergebnis 425
3. Zwischenergebnis zum deliktischen Schutz von Token 426
II. Bereicherungsrechtlicher Schutz von Token 426
1. Normzweck des Bereicherungsrechts 426
a) Normzweck der Leistungskondiktion 427
b) Normzweck der Nichtleistungskondiktion 428
c) Zwischenergebnis 429
2. Subsumtion der Token unter die Vorschriften des Bereicherungsrechts 430
a) bei Bejahung einer Sachfähigkeit 430
aa) Bereicherungsgegenstand 430
bb) Leistungskondiktionen 431
cc) Nichtleistungskondiktionen 433
(1) Allgemeine Nichtleistungskondiktion nach § 812 Abs. 1 S. 1 Alt. 2 BGB 433
(2) Spezialtatbestände der Nichtleistungskondiktion 436
(3) Zwischenergebnis zu den Nichtleistungskondiktionen .. 439
dd) Inhalt und Umfang des Bereicherungsanspruchs bei Token 439
ee) Zwischenergebnis zur Subsumtion der Token unter die Vorschriften des Bereicherungsrechts bei Bejahung einer Sachfähigkeit 440
b) bei Verneinung einer Sachfähigkeit 440
aa) Bereicherungsgegenstand 441
bb) Leistungskondiktionen 442
cc) Nichtleistungskondiktionen 442
dd) Zwischenergebnis zur Subsumtion der Token unter die Vorschriften des Bereicherungsrechts bei Verneinung einer Sachfähigkeit 444
c) Unterschiede je nach Sachfähigkeit der Token und Zwischenergebnis 444
3. Zwischenergebnis zum bereicherungsrechtlichen Schutz von Token 445
III. Schutz von Token durch das Recht zur Geschäftsführung ohne Auftrag 445
1. Normzweck des Rechts zur Geschäftsführung ohne Auftrag 445

2. Subsumtion der Token unter die Vorschriften des Rechts zur
   Geschäftsführung ohne Auftrag 447
   a) bei Bejahung einer Sachfähigkeit 447
   b) bei Verneinung einer Sachfähigkeit 447
   c) Unterschiede je nach Sachfähigkeit der Token und
      Zwischenergebnis 448
3. Zwischenergebnis zum Schutz von Token durch das Recht zur
   Geschäftsführung ohne Auftrag 449
IV. Schutz von Token durch die culpa in contrahendo 449
V. Bedeutung der Sachfähigkeit für den absoluten Schutz von Token 450
VI. Rechtsvergleichender Blick nach Italien: Absoluter Schutz von
    Token 451
   1. Deliktischer Schutz von Token 452
      a) Schadensersatz wegen unerlaubter Handlung nach
         Art. 2043 cc 452
         aa) Weites Verständnis der Rechtsverletzung 453
         bb) Schwierigkeiten der weit verstandenen Rechtsverletzung ... 455
         cc) Widerrechtlichkeit und Rechtswidrigkeit der
             Rechtsgutsverletzung 457
         dd) Doppelte Bedeutung des Schadensbegriffs 458
         ee) Vorsatz oder Fahrlässigkeit als subjektives Element 460
         ff) Schadensumfang 461
         gg) Zwischenergebnis zum Schadensersatz wegen unerlaubter
             Handlung 461
      b) Anwendbarkeit auf Token 462
      c) Zwischenergebnis 463
   2. Bereicherungsrechtlicher Schutz von Token 463
      a) Leistung auf eine Nichtschuld nach Art. 2033 ff. cc 465
      b) Allgemeiner Bereicherungsanspruch nach Art. 2041 cc 467
      c) Anwendbarkeit auf Token 470
      d) Zwischenergebnis 471
   3. Schutz von Token durch das Recht zur Geschäftsführung ohne
      Auftrag 471
      a) Die Geschäftsführung ohne Auftrag im italienischen Recht ... 471
      b) Rechtsfolgen der Geschäftsführung ohne Auftrag 473
      c) Anwendbarkeit auf Token 474
      d) Zwischenergebnis 475
   4. Schutz von Token durch die culpa in contrahendo 475
   5. Zwischenergebnis zum absoluten Schutz von Token durch
      sonstige Rechtsinstitute 476
VII. Zusammenfassung des § 7 477

§ 8 Umfassender Rechtsvergleich des jeweiligen Gesamtniveaus eines absoluten Schutzes 478

I. Gesamtniveau des absoluten Schutzes von Token nach deutschem Recht 479
II. Gesamtniveau des absoluten Schutzes von Token nach italienischem Recht 480
III. Rechtsvergleich: Was kann das deutsche Recht vom italienischen Recht lernen? 480
   1. Vergleich des Deliktsrechts und hieraus resultierende Lehren.......... 481
      a) Bedeutung des Eigentumsrechts 481
      b) Schaffung neuer Rechtspositionen durch die Rechtsprechung 482
      c) Methodische Herangehensweise 483
      d) Zwischenergebnis 485
   2. Vergleich des Bereicherungsrechts und hieraus resultierende Lehren 485
      a) Bedeutung der Unterschiede im Rahmen der Leistungskondiktion 486
      b) Bedeutung der Unterschiede im Rahmen der Nichtleistungskondiktion 488
      c) Zwischenergebnis 490
   3. Vergleich des Rechts zur Geschäftsführung ohne Auftrag und hieraus resultierende Lehren 490
   4. Vergleich des Rechts zur culpa in contrahendo und hieraus resultierende Lehren 490
   5. Schlussfolgerungen für den absoluten Schutz in seiner Gesamtwirkung: Kritik am Schutzniveau von Token bei Verneinung der Sachfähigkeit 491
IV. Bedeutung des Sachbegriffs für das Schutzniveau 492
   1. Bedeutung des Sachbegriffs für den absoluten Schutz 492
   2. Bedeutung des Sachbegriffs für die Ausweitung des Deliktsrechts .. 493
   3. Gefahr einer nur punktuellen Ausweitung des Deliktsrechts 494
   4. Zwischenergebnis 496
V. Schlussfolgerung: Funktionales Verständnis für einen normativen Sachbegriff 496
VI. Zusammenfassung des § 8 497

3. Teil: Allgemeine Erkenntnisse zum Umgang mit disruptiven Technologien 499

§ 9 Offenheit und Flexibilität der Rechtsordnung und des Privatrechts im Besonderen 501

I. Spannungsfeld der rechtlichen Einordnung von Token 501
   1. Anpassungsvermögen 502
   2. Grenzen 503
   3. Herausforderungen 505
   4. Abwägungsmöglichkeiten 508
II. Schlussfolgerungen für die rechtliche Einordnung disruptiver
    Technologien im Allgemeinen 510
   1. Bedeutungslosigkeit von physischen und systembildenden
      Grenzen 510
   2. Disruptivität als Revolution 511
   3. Weiterentwicklung des Rechts als Evolution 512
III. Zusammenfassung des § 9 514

*§ 10 Beständigkeit und Resilienz der Rechtsordnung und des Privatrechts
   im Besonderen* 515
I. Lehren für die Rechtsanwendung 515
   1. Zweck der Auslegung 516
   2. Neue Herausforderungen bei der Kategorisierung von
      Gegenständen 517
   3. Lösung der Schwierigkeiten durch eine funktional orientierte
      Auslegung 518
   4. Zwischenergebnis 519
II. Bedeutung für eine zukünftige Rechtsgestaltung 519
III. Eigener Lösungsvorschlag für den Sachbegriff 520
   1. Vorausgehende Überlegungen 521
   2. Konkreter Formulierungsvorschlag 522
   3. Kritische Würdigung 522
   4. Zwischenergebnis 523
IV. Zusammenfassung des § 10 523

Schluss 525

§ 11 Fazit 525

§ 12 Ausblick 526

§ 13 Ergebnisse in Thesen 529

Literaturverzeichnis 541
Sachregister 567

Es wird auf folgende Abkürzungsverzeichnisse verwiesen:

Istituto della Enciclopedia Italiana fondata da Giovanni Treccani: Enciclopedia giuridica, Abbreviazioni, 2010, zuletzt am 2. September 2023 abgerufen unter https://www.treccani.it/export/sites/default/magazine/diritto/enciclopedia_giuridica/indici/PDF/AbbreviazioniEGA_2.pdf

Kirchner, Hildebert: Abkürzungsverzeichnis der Rechtssprache, 10. Auflage, Berlin 2021

Einleitung

Ob Bitcoin oder NFTs – immer wieder dominieren Anwendungen der Blockchain- und sonstigen Distributed-Ledger-Technologien (DLT) die Schlagzeilen. Dabei sind sie schon lange nicht mehr bloße Spielerei der Finanz- oder Kunstwelt. Inzwischen werden auf Grundlage der DLT wesentliche Bereiche der Wirtschaft neu strukturiert. Der völlig neue Ansatz macht die DLT dabei zu mehr als nur einem weiteren Phänomen der Digitalisierung. Er ermöglicht eindeutige Zuordnungen und löst damit Probleme, die der Geschäftsverkehr bislang nur mithilfe komplexer Rechtskonstruktionen umgehen konnte. Gleichzeitig werden systembildende Strukturen infrage gestellt, was vor allem die Rechtswissenschaft vor ungekannte Herausforderungen stellt.

Trotzdem handelt es sich bei der DLT auch ‚nur' um eine weitere Erscheinungsform der Digitalisierung. Durch digitale Erfassung und automatisierte Verwaltung von Rechnungseinheiten können Prozesse extrem beschleunigt werden. Das geschieht zwar ohne die Notwendigkeit eines Intermediärs, sodass weltweit ohne Vertrauensvorschuss agiert werden kann. Letztendlich werden aber IT-Konzepte kombiniert, um – wie in allen anderen Fällen der Digitalisierung auch – die bestehende Realität besser abbilden und effizienter gestalten zu können. Die vorliegende Untersuchung möchte diese verschiedenen Flughöhen zusammenbringen: Mit der notwendigen Detailtreue werden Rechtsinstitute untersucht und weiterentwickelt, sodass die rechtliche Bedeutung der DLT erfasst werden kann. Gleichzeitig soll der Blick für die Digitalisierung als andauernder Prozess mit gesellschaftsprägender Bedeutung nicht verloren gehen. Nur so kann die rechtliche Bedeutung der DLT in den Gesamtkontext eingeordnet werden.

Die Entwicklung der DLT verdeutlicht, dass sich die Herangehensweisen grundlegend wandeln müssen, um die Digitalisierung ernsthaft und langfristig voranzutreiben. Gleiches gilt für die Rechtswissenschaft. Neue Technologien wie die DLT ändern das Verständnis bestehender Rechtskategorien und die Rechtsordnung muss in ihren grundlegenden Strukturen angepasst werden. Gleichzeitig bedeutet das nicht, dass das Recht stets neu erfunden werden muss, um neue Phänomene zu erfassen. Vor diesem Hintergrund sollen die Werteinheiten der DLT, die sogenannten Token,[1] untersucht werden. Um sich dabei von festen Begrifflichkeiten und Instituten zu lösen, wird der Blick auf

---

[1] Zur genauen Erläuterung des Tokenbegriffs siehe § 2II.

die italienische Rechtsordnung geweitet.² Diese bietet sich an, da ihr Zivilrecht maßgeblich auf deutschem Recht basiert, dabei dessen strenge Dogmatik aber nur teilweise übernimmt und an vielen Stellen aufweicht.

§ 1 Konkretisierung des Forschungsgegenstands

Dieses Untersuchungsvorhaben bedarf weiterer Konkretisierung. Es wird daher erläutert, was die Nutzung der DLT und die damit einhergehende Tokenisierung überhaupt bewirken. Auf neue Möglichkeiten wird ebenso eingegangen wie auf die Herausforderungen, die sich hieraus ergeben (I). Anschließend werden auf dieser Grundlage Ziel und Gegenstand der Untersuchung genauer definiert (II) und eingegrenzt (III). Sodann wird dargelegt, wie die Untersuchung methodisch vorgeht (IV) und woraus sich ihre Gliederung ergibt (V).

I. Neue Möglichkeiten und Herausforderungen durch Tokenisierung

Blockchain und DLT sind mit der Erfindung des Bitcoin-Netzwerks entstanden, dem sie als Technologie zugrunde liegen. Mit dem Bitcoin sollte eine private, vom staatlichen Bankensystem völlig losgelöste Bezahlmethode geschaffen werden, die rein digital und ohne Intermediäre funktioniert.[1] Mit ihrem vielversprechenden Potenzial hat die Technologie aber auch darüber hinaus großes Interesse geweckt. Den einzelnen Einheiten, den Token, wird mitunter enormer Wert zugesprochen – was den Glauben an die Technologie unverkennbar widerspiegelt. Die rein abstrakten und damit im Grunde wertlosen Token haben einen realen Vermögenswert erhalten.[2] Damit integrieren sich die digitalen DLT-Systeme immer mehr in die bestehende Güterwelt. Indem letztere nach und nach tokenisiert wird, wird die physische Realität um eine digitale Realität ergänzt.[3] Die größte Herausforderung ist es jedoch, die Brücke zwischen digitaler und realer Welt zu schlagen: Wie kann sichergestellt werden, dass Gegenstände und Identitäten der digitalen Systeme denjenigen der realen Güterwelt entsprechen?

---

[2] Wie *Sacco* American Journal of Comparative Law 1991, 1 (25 f.) darlegt, stützt sich die Rechtsvergleichung auf die tatsächliche Beobachtung von Rechtselementen und ist somit konträr zur klassischen Dogmatik, die sich mehr auf analytische Überlegungen stützt; vorliegend soll Letztere daher um Erstere ergänzt werden.

[1] Vgl. *Nakamoto* Bitcoin, S. 1.

[2] Der Vermögenswert werde nur extern zugeschrieben, da er sich nicht aus dem zugrundeliegenden Protokoll ergebe, *Capaccioli* IDE 2021, 3 (36).

[3] So *Zech* Einführung in das Technikrecht, S. 7; vgl. insoweit auch die Gleichsetzung von digitaler Welt und Recht, die beide rein abstrakte Systeme darstellen, *Boehme-Neßler* Unscharfes Recht, S. 374 f.

Parallel dazu werfen die neu entstandenen Vermögenswerte die Frage auf, ob und wenn ja wie ihre Inhaber eigentlich geschützt sind. Auch wenn es um den Schutz von digitalen Token geht, ist der ihnen zugesprochene Vermögenswert Ausfluss ihrer Anerkennung in der realen Welt. Die Beantwortung der Frage nach dem erforderlichen Schutz ist originäre Aufgabe der Rechtsordnung. Sie hat die inner-gesellschaftlichen Beziehungen zu allen Vermögenswerten zu regeln. Nicht ohne Grund ist Geldgeschichte immer zugleich auch Rechtsgeschichte; kein Tauschmittel kommt ohne einen korrespondierenden Rechtsrahmen aus.[4] Token sind somit in der Mitte der Gesellschaft angekommen und ins Zentrum der Rechtswissenschaft gerückt. Ihre Normen müssen die gesellschaftlichen Veränderungen anerkennen und entsprechend erfassen.[5]

Zudem hat die Schaffung digitaler Gegenstände die Verkehrsfähigkeit von Gütern perfektioniert. Nicht nur Rechte können digital abgebildet werden, sondern bereits die bloße Existenz eines Guts.[6] Das führt zu Vermögenswerten, die von sich aus abstrakt existieren und verkehrsfähig sind.[7] Wenn die Zuordnung eines Guts ohne Weiteres geändert werden kann, ist fraglich, ob es überhaupt noch einer Rechtsposition bedarf, um das Gut verkehrsfähig zu machen. Doch was genau ist dann der Gegenstand einer Übertragung? Ist es das Gut selbst oder vielleicht doch ein hieran bestehendes Recht? Und wie ändert sich das Bedürfnis nach rechtlichem Schutz?

II. Ziel und Gegenstand der vorliegenden Untersuchung

Ziel der vorliegenden Arbeit ist es, diese Frage nach dem Schutz der neu entstandenen Vermögenswerte zu beantworten. Insbesondere um Verkehrsfähigkeit zu gewährleisten, bedarf es nicht nur einer veränderbaren Zuordnung, sondern auch eines absichernden rechtlichen Schutzes. Die vereinbarte Zuordnung soll nicht grundlos rückgängig gemacht werden können. Allerdings sind materiell-rechtliche Schutzansprüche stets Folge einer Rechtsverletzung.[8] Rechtlicher Schutz setzt also seinerseits voraus, dass ein Recht an dem Vermögenswert besteht.

---

[4] So die treffende Formulierung von *Omlor* JZ 2017, 754 (756).

[5] So ausdrücklich auch für die Zuordnungsfrage, *Peukert* Güterzuordnung als Rechtsprinzip, S. 2; diese tatsächliche Wirklichkeit, auf die sich Normen stets beziehen müssen, bezeichnet *Hoffmann-Riem* Innovation und Recht, S. 113 ff. als Realbereich der Norm; zustimmend *Fateh-Moghadam/Zech* Transformative Technologien, S. 7 (12).

[6] Die Entmaterialisierung des Vermögens wurde durch die Schaffung des Bitcoins einmal mehr verdeutlicht, da diese gerade infolge der Finanzkrise geschaffen wurden, um den Prozess der Entmaterialisierung transparenter und sicherer zu gestalten, gleichzeitig aber seine Vorteile beizubehalten, so *Lehmann* ARSP 2012, 263 (265).

[7] So nämlich jedenfalls bei regulären, nicht von sich aus abstrahierten Gütern, siehe *Berger* ZGE 2016, 170 (171).

[8] Ebenso im Zusammenhang mit der Verkehrsfähigkeit *Berger* ZGE 2016, 170 (171).

Die Arbeit konzentriert sich daher auf die gegenständliche Komponente, auf die Token. Im Fokus steht, wie die digitale und die reale Welt hinsichtlich ihrer Objekte zueinander gebracht werden können. Es wird untersucht, ob digitale Gegenstände den Gegenständen der realen Welt so sehr ähneln, dass sie mit diesen gleichgesetzt werden können. Dadurch würden Token automatisch zu Objekten der Rechtsordnung werden. Trotzdem ist unklar, wie sie rechtlich genau einzuordnen sind. Handelt es sich um Sachen, auf die sich das Interesse der Rechtssubjekte beziehen kann? Oder handelt es sich vielmehr um (Handlungs-)Forderungen, die von einem Rechtssubjekt gegenüber einem anderen verlangt werden können? Stellen Token vielleicht auch nur einen immateriellen Gegenstand dar, der erst noch genauer von der Rechtsordnung spezifiziert und konkretisiert werden muss, um überhaupt Gegenstand von rechtlichen relevanten Interessen sein zu können? Nur wenn diese Grundsatzfrage entschieden ist, kann untersucht werden, ob das Recht die Verkehrsfähigkeit von Token gewährleistet oder ob es dafür weiterer Regelungen bedarf und wie sich das im Rahmen des rechtlichen Schutzes äußert.

Ausgehend von der immer stärkeren Verknüpfung von digitaler und realer Welt wird diesen Fragen die Hypothese zugrunde gelegt, dass Token durchaus Sachen der realen Welt darstellen können und somit von der Rechtsordnung als solche erfasst werden müssen. Es wird insbesondere geprüft, ob insoweit die technischen Voraussetzungen vorliegen; also ob die DLT in ihrer technischen Ausgestaltung den physikalischen Gesetzen der realen Welt so sehr entspricht, dass die hierfür geschaffenen rechtlichen Strukturen problemlos übertragen werden können.

Auf dieser Grundlage wird erörtert, was das für den rechtlichen Schutz bedeutet. Wenn die Verknüpfung von digitaler und realer Welt dazu führt, dass eine neue Art von Vermögensgegenständen entsteht, lassen sich dann auch die gängigen Schutzinstrumente hierauf übertragen? Oder beruht der rechtliche Schutz so stark auf realen Elementen, dass für den Schritt in die digitale Welt erst noch eigene Vorschriften notwendig sind? Die Untersuchung wird zeigen, dass die Rechtsordnung hierfür schon Regelungen bereithält. Sachfähigkeit und Eigentum können unter gewissen Voraussetzungen auch an digitalen Gegenständen bestehen – die vorliegende Arbeit ist insoweit als Plädoyer für ein neues und an die digitale Realität angepasstes Verständnis von Körperlichkeit zu verstehen.

III. Thematische Abgrenzung zu anderen offenen und korrelierenden Fragen

Die Fragen lassen bereits deutlich werden, dass die Tokenisierung verschiedene Komponenten tangiert. Der Forschungsgegenstand muss daher klar eingegrenzt und von den vielen anderen noch zu beantwortenden Fragen abgegrenzt werden.

1. Keine genauere Bestimmung des Rechtssubjekts der Zuordnung

Für eine umfassende Antwort müsste in jedem Fall auch das Subjekt genauer betrachtet werden.[9] Eine Zuordnung bewirkt immer auch die Zuordnung an den jeweiligen Rechtsinhaber, weshalb die Subjektseite des Rechts stets mitzudenken ist.[10] Bislang wurde eine vollkommene Gleichsetzung von digitaler und realer Identität noch nicht erreicht. Gerade hier ist die technische Entwicklung aber noch stark im Fluss.[11] Eine tiefgründige Untersuchung des Technologiestands würde jedoch den Rahmen der Forschung sprengen. Es soll daher schlicht vorausgesetzt werden, dass eine eindeutige Zuordnung der Identitäten möglich ist.

Soweit es um den Gegenstand des Tokens geht, wird die Distanz zwischen digitaler und realer Welt durch das kryptographische Schlüsselpaar überwunden. Aus diesem lässt sich die im Distributed Ledger registrierte Adresse ableiten und der Zugriff auf die Token ermöglicht. Soweit es jedoch um die Identität des Subjekts geht, muss diese Distanz erst noch überwunden werden. Entwicklungen in der Identitätserkennung haben das bereits für räumliche Distanzen innerhalb der realen Welt ermöglicht (man denke etwa an biometrische Daten, die digital in Ausweisdokumenten gespeichert sind und eine ortsungebundene Identifikation ermöglichen). Es ist somit sehr wahrscheinlich, dass auch für die Distanz zwischen realer und digitaler Welt eine Lösung gefunden wird. Dann ist auch in subjektiver Hinsicht kein Vertrauensvorschuss mehr erforderlich. Bis dahin ist bei Untersuchung der aufgeworfenen Fragen zum gegenständlichen Schutz allerdings entsprechendes Problembewusstsein erforderlich.

2. Keine generelle rechtliche Einordnung von Informationen

Losgelöst von der Tokenisierung wird außerdem immer wieder versucht, Informationen generell als Rechtsgut einzuordnen.[12] Dadurch soll der wirtschaftlichen Realität entsprochen werden, die den Informationen und ihren einzelnen Kopien teils erheblichen Wert zuspricht und sie als eigenes Wirtschaftsgut

---

[9] *Capaccioli* IDE 2021, 1 (9 f.); ähnlich *ders.* Criptovalute, S. 130 f., 147; im Ansatz, wenn auch allgemeiner, ebenso *Lessig* Harvard Law Review 113 (1999), 501 (514 f.).
[10] *Wilhelm* SachR Rn. 64.
[11] *Garcia-Teruel/Simón-Moreno* CLSR 41 (2021) 105543 (S. 8) schlagen Identitätsabgleich durch *sovereign identity* vor, etwa durch Verweis auf einen vertrauenswürdigen Dritten (Notar) oder Integration von Standesamtdaten als Oracle; alternativ komme eine elektronische Signatur nach eIDAS-Richtlinie in Betracht; durch Integration von Technologien zur Erkennung von Emotionen könne sichergestellt werden, dass Rechtssubjekte nicht unter unzulässiger Beeinflussung oder Gewalt agieren; an einer dezentralen Authentifizierungslösung forscht z.B. das Projekt der *European Blockchain Services Infrastructure* (EBSI).
[12] Maßgeblich *Zech* Information als Schutzgegenstand (passim), vgl. aber auch *Redeker* CR 2011, 634 (passim).

klassifiziert.[13] In der vorliegenden Untersuchung geht es aber nur um die rechtliche Einordnung von Token. Diese stellen eine besondere Unterart von Informationen dar und können (in Bezug auf ihre rechtliche Einordnung) nicht mit diesen gleichgesetzt werden.[14] Allerdings kann die DLT als Praxisversuch zur Schaffung einer eigenständigen Existenz der Informationen gewertet werden. Es geht somit mehr darum zu prüfen, ob damit die technischen Voraussetzungen für eine eigene rechtliche Schutzposition geschaffen wurden.

3. Keine Erörterung spezieller Rechtsgebiete mit eigener Zwecksetzung

Zudem wirft die Tokenisierung viele Fragen in spezielleren Rechtsgebieten auf, etwa dem Datenschutzrecht oder dem internationalen Privatrecht. Da sich die Arbeit auf privatrechtliche Zuordnungsfragen konzentriert, werden diese nicht mitabgedeckt.[15] Auch zivilprozessuale Fragen werden nur soweit sie für die materiellrechtliche Einordnung von Relevanz sind berücksichtigt.

IV. Methodische Vorgehensweise

Um die aufgeworfenen Fragen zu beantworten, beleuchtet die Arbeit vielmehr die Gegebenheiten der digitalen Welt, vergleicht diese mit denen der realen Welt und spannt erst dann den Bogen zur normativen Welt und der hier definierten rechtlichen Einordnung. Es werden also zunächst die Token untersucht und inwieweit diese beherrschbar sind. Um die Funktionsweise der DLT vollständig zu verstehen, sind tiefgreifende Kenntnisse in Netzwerk- und Datenbankinformatik, Kryptographie, Programmierung und Wirtschaft sowie Spieltheorie erforderlich.[16] Diese können nicht umfassend dargestellt werden, im Rahmen der Einführung wird aber eine kurze Einführung in die

---

[13] So insbesondere *Redeker* CR 2011, 634 (638).

[14] Dazu § 3I.

[15] Zum internationalen Privatrecht siehe aber etwa *Drögemüller* Blockchain-Netzwerke und Krypto-Token im Internationalen Privatrecht (passim); *Skauradszun* ZfPW 2022, 56 (passim); Omlor/Link/*Lehmann* § 5 Rn. 1 ff.; MüKoBGB/*Lehmann* Internationales Wirtschaftsrecht Rn. 602 ff.; *Kerkemeyer* ZHR 2020, 793 (813 ff.); RHdB-Kryptowerte/*Steinrötter* § 3 Rn. 1 ff.; MüKoBGB/*Wendehorst* EGBGB Art. 43 Rn. 267 ff., 312 ff.; *Lehmann/Krysa* BRJ 2019, 90 (94 ff.); *Zimmermann* IPRax 2018, 566 (passim); im Überblick auch *Walter* NJW 2019, 3609 (3610); mit Fokus auf elektronische Wertpapiere nach dem eWpG *Wilke* IPRax 2021, 502 (passim); aus österreichischer Perspektive *Aigner* ZfRV 2020, 211 (passim); aus italienischer Perspektive *Bomprezzi* Implications of Blockchain-Based Smart Contracts on Contract Law, S. 118 ff.; aus liechtensteinischer und schweizerischen Perspektive *Schurr/Layr* ZVglRWiss 121 (2022), 32 (38 ff.); im Zusammenhang mit internationalem Privatrecht vgl. ferner zur Notwendigkeit einer transnationalen Definition des Tokenbegriffs *Omlor* ZVglRWiss 119 (2020), 41 (41 ff.).

[16] Capaccioli/*Capaccioli* Criptoattività, criptovalute e bitcoin, S. 55; treffend zu dieser Interdisziplinarität und den damit einhergehenden Herausforderungen *Easterbrook* University of Chicago Legal Forum 1996, 207 (207).

wesentlichen Funktionsweisen und Charaktereigenschaften versucht. Anschließend wird geprüft, inwieweit dies auf die reale Welt einwirkt. In diesem Rahmen wird insbesondere erörtert, ob Token mit Sachen gleichgesetzt werden können und eine vergleichbare tatsächliche Sachherrschaft an ihnen besteht. Sodann wird auf den Besitz als Schnittstelle zwischen realer und normativer Welt geschaut und ob dessen Funktion auf Token übertragbar ist. Dann nämlich lässt sich eine rechtliche Herrschaft definieren, sodass anknüpfend hieran Inhalt und Umfang einer Rechtsposition definiert werden können. Erst das legt die Grundlage, um das absolute Schutzniveau zu bestimmen.

Abb. 1: Einordnung und Wirkung der Begrifflichkeiten und darauf aufbauende Vorgehensweise der Untersuchung (eigene Darstellung)

Diese ausführliche Untersuchung der rechtlichen Einordnung muss dem Schutz vorangestellt werden, obwohl die Arbeit eigentlich vor allem Letzteres untersuchen möchte. Zum absoluten Schutzniveau gehört alles, was der Durchsetzung des zugrundeliegenden subjektiven Rechts dient. Die Rechtsposition muss daher vollständig und kleinschrittig herausgearbeitet worden sein. Das gilt nicht nur im Hinblick auf die Frage, wer überhaupt geschützt werden soll und in Bezug auf welchen Gegenstand. Auch die Reichweite, die dem Recht materiell-inhaltlich zukommt, und Übertragungsmöglichkeiten müssen untersucht werden. Erst aus der Bündelung aller rechtlichen Gestaltungsmöglichkeiten und daraus resultierender Ansprüche ergibt sich das vollständige Bild des subjektiven Rechts und damit auch dessen gesamtes Schutzniveau.[17]

Bei der Erörterung, ob Token mit Sachen gleichgesetzt werden können, wird der Sachbegriff des § 90 BGB genauer untersucht. Dies orientiert sich am klassischen Auslegungskanon, dessen Ziel es ist, den Regelungszweck der Gesetzgebung herauszufinden.[18] Da der Gesetzestext den Gesetzeszweck vermittelt, wird der Wortlaut ausführlich analysiert. Da sich die Funktion einer Rechtsnorm aber auch ändern kann, wird zudem gezielt der Normzweck beleuchtet. Der Normzweck soll dabei nicht neu definiert werden, da dies Rechtsfortbildung wäre. Vielmehr soll anhand des Normzwecks die äußere Grenze der

---

[17] Vgl. *Berger* ZGE 2016, 170 (171 ff.), demzufolge nur durch Bündelung der Schutzansprüche ein Verfügungsgegenstand geschaffen wird, bei dem sich das Schutzrecht zu einem umfassenden Vermögensrecht ausweitet.
[18] Zu den Zielen der Gesetzesauslegung *Rüthers/Fischer/Birk* Rechtstheorie, § 22 Rn. 719 f., 725 ff., 730a sowie *Wank* Juristische Methodenlehre, § 11 Rn. 3, 132 ff.

möglichen Auslegung ermittelt werden, um zu prüfen, ob diese *de lege lata* zu einem zufriedenstellenden Ergebnis führt.[19]

Sowohl bei der rechtlichen Einordnung als auch beim absoluten Schutz wird immer wieder auch eine rechtsvergleichende Perspektive eingenommen. Der so eingebettete, punktuelle Rechtsvergleich zum italienischen Recht ermöglicht eine Gegenüberstellung, die sich gezielt auf die konkret infragestehenden Rechtsinstitute fokussiert. Um hier methodisch einen möglichst funktionalen Vergleich sicherzustellen, wird das italienische Recht aus deutscher Perspektive beschrieben. Das bedeutet, dass bereits bei der allgemeinen Darstellung des Rechtsinstituts Bezüge zum deutschen Recht hergestellt werden, damit sich der Rechtsvergleich dann auf die Unterschiede konkret beim Tokenschutz konzentrieren kann.[20] Aus dem Rechtsvergleich ergeben sich ferner Erkenntnisse zum allgemeinen Umgang der Rechtsordnungen mit neuen Phänomenen, woraus Schlussfolgerungen für den Umgang mit den Herausforderungen der Digitalisierung im Allgemeinen gezogen werden können. In diesem Rahmen wird ein Vorschlag für eine Ergänzung des § 90 BGB formuliert. Ziel dessen ist es, in Zeiten von umwälzenden Entwicklungen Rechtsklarheit zu schaffen. Der Normvorschlag soll insoweit ein erster Aufschlag sein, in erster Linie aber die weitere wissenschaftliche Diskussion anregen.

V. Gliederung der vorliegenden Untersuchung

Die Arbeit ist somit in mehrere Teile gegliedert: Noch im Rahmen dieses *einleitenden Teils* werden technische Grundlagen und Begrifflichkeiten erläutert (§ 2). Eine ausführliche Darstellung ist notwendig, da es ohne ein entsprechendes technisches Verständnis nicht möglich ist, die Technologie rechtlich differenziert zu erfassen und einordnen. Vor allem aber existieren wegen der Neuheit der Technologie noch keine klar definierten Begrifflichkeiten. Dadurch können Ungenauigkeiten entstehen, die durch eine für die vorliegende Untersuchung verbindliche Begriffserläuterung vermieden werden sollen.

Im *ersten Teil* wird sodann die Rechtsposition herausgearbeitet (§ 3), die Ausgangspunkt für die weitere rechtliche Handhabung darstellt (§ 4). Hierbei werden zunächst allgemeinere Überlegungen zur Inhaberstellung und Anerkennung solcher Positionen durch das Recht angestellt (§ 3I bis § 3III). Erst durch dieses Vorausgehen des Einordnungszwecks lässt sich das Ziel, welches konkret mit der rechtlichen Einordnung von Token verfolgt wird, klar benennen. Ausgehend hiervon werden dann verschiedene Herangehensweisen zur Einordnung der Token beleuchtet, wobei der Fokus auf einer Einordnung als Sache im Sinne des § 90 BGB liegt (§ 3IV). Dies wird anschließend der Einordnung von Token im italienischen Recht gegenübergestellt (§ 3V). Aus

---

[19] Befürwortend *John* BKR 2020, 76 (78); zur Gefahr der Rechtsfortbildung bei zu starker Fokussierung auf den Normzweck *Rüthers/Fischer/Birk* Rechtstheorie, § 22 Rn. 730a.

[20] Sog. Länderbericht aus heimatlicher Sicht, *Kischel* Rechtsvergleichung, § 3 Rn. 246.

der Einordnung der Token als Sache folgt dann die Anwendbarkeit bestimmter Normen, die probeweise auf Token angewendet werden (§ 4I bis § 4III). Auch für das italienische Recht wird so verfahren, um beide Rechtsordnungen in diesem Punkt gegenüberstellen zu können (§ 4IV).

Der absolute Schutz wird dann erst in einem *zweiten Teil* dargestellt. Dafür wird zunächst untersucht, inwieweit dinglicher Schutz überhaupt erforderlich ist (§ 5), bevor dieser selbst ausführlich für Token untersucht wird (§ 6). Anschließend werden die übrigen Rechtsinstitute analysiert, die ebenfalls absoluten Schutz gewährleisten (§ 7). Dazu gehören das Delikts- (§ 7I) und das Bereicherungsrecht (§ 7II), so wie auch das Recht zur Geschäftsführung ohne Auftrag (§ 7III) und die *culpa in contrahendo* (§ 7IV). In all diesen Rechtsinstituten ist die Einordnung als Sache im Sinne des § 90 BGB von wesentlicher Bedeutung, was noch einmal gesondert herausgearbeitet wird (§ 7V). Auch im italienischen Recht wird absoluter Schutz durch die verschiedenen Rechtsinstitute gewährleistet, sodass diese ebenfalls zu untersuchen sind (§ 7VI). Ausgehend hiervon werden dann rechtsvergleichende Schlussfolgerungen gezogen (§ 8). Dafür wird der durch die Rechtsinstitute gewährte Schutz jeweils in ein Gesamtniveau zusammengefasst (§ 8I und § 8II), die dann rechtsvergleichend gegenübergestellt werden (§ 8III), einmal mehr die Bedeutung des Sachbegriffs für das Schutzniveau hervorheben (§ 8IV) und Schlussfolgerungen für die das Verständnis des Sachbegriffs ermöglichen (§ 8V).

Der erste Teil betrifft folglich die Zuweisungsebene, während der zweite Teil die Durchsetzungsebene beleuchtet.[21] Allgemeine Erwägungen, die sich aus diesen beiden Teilen für den Umgang des Rechts mit neuen Technologien ergeben haben, werden sodann in einem abschließenden *dritten Teil* zusammengefasst. Hier wird zunächst die Offenheit und Flexibilität der Rechtsordnung untersucht (§ 9), indem ausgehend vom Spannungsfeld der rechtlichen Einordnung von Token (§ 9I) Schlussfolgerungen für die rechtliche Einordnung disruptiver Technologien allgemein getroffen werden (§ 9II). Daraus ergibt sich eine gewisse Beständigkeit und Resilienz der Rechtsordnung (§ 10). Aus dieser können einerseits Lehren für die Rechtsanwendung gezogen werden (§ 10I), andererseits sind die gewonnenen Erkenntnisse auch bei der zukünftigen Rechtsgestaltung zu berücksichtigen (§ 10II). Das soll mit einem eigenen Lösungsvorschlag konkretisiert und untermauert werden (§ 10III). Zum Schluss (0) wird aus der vorangegangenen Untersuchung noch ein gesamtes Fazit gezogen (§ 11) und ein Ausblick gegeben (§ 12), bevor die Ergebnisse nochmal in Thesen zusammengefasst werden (§ 13).

---

[21] Zu den Begrifflichkeiten und der dahinterstehenden Dogmatik des Zivilrechts *Zech* AcP 219 (2019), 488 (497).

§ 2 Technologie und Begrifflichkeiten

Um eine saubere rechtliche Differenzierung zu gewährleisten, müssen die Begrifflichkeiten klar auseinandergehalten werden.[1] Das setzt ein angemessenes Technologieverständnis voraus, weshalb zunächst die DLT erläutert (I) und danach im Detail auf Token eingegangen wird (II). Nur wenn die Funktionalität der Token und der zugrundeliegenden DLT genau analysiert werden, können auch potentielle Rechtswirkungen untersucht werden.[2] Zudem werden in diesem Zuge Begrifflichkeiten definiert und abgegrenzt. Auch der Begriff des absoluten Schutzes bedarf einer kurzen Erläuterung, die im Anschluss hieran erfolgt (III).

Vorab wird nochmals auf die Herausforderungen hingewiesen, die wegen der raschen technischen Entwicklungen bestehen:[3] Die Begrifflichkeiten wurden ausgehend von konkreten Anwendungsfällen entwickelt und sind entsprechend anwendungsbezogen geprägt. Die Rechtswissenschaft bemüht sich hingegen um technologieneutrale Abstraktion.[4] Mit technischen Entwicklungen muss einerseits Schritt gehalten werden können, andererseits dürfen die Begrifflichkeiten nicht pauschal oder unpräzise werden.[5] Begriffe werden daher möglichst technologienah, sachgerecht und differenziert herausgearbeitet, gleichzeitig aber so allgemein wie möglich gewählt und auf rechtlich relevante Unterschiede beschränkt.

I. Distributed-Ledger-Technologie

Eine einheitliche Definition der Distributed-Ledger-Technologie (DLT) hat sich noch nicht durchgesetzt,[6] doch ihre Bedeutung ist im Großen und Ganzen

---

[1] Grundlegend *Grieger/v. Poser/Kremer* ZfDR 2021, 394 (395 f.).

[2] Vgl. in Bezug auf schweizerisches Recht *Furrer/Glarner/Linder/Müller* Jusletter 26. November 2018, Rn. 14.

[3] Ausgehend davon haben sich *Grieger/v. Poser/Kremer* ZfDR 2021, 394 (passim) vertieft mit der Rechtsterminologie auseinandergesetzt und definieren allgemeingültige Begriffe, an denen sich orientiert werden soll.

[4] *Grieger/v. Poser/Kremer* ZfDR 2021, 394 (396).

[5] *Grieger/v. Poser/Kremer* ZfDR 2021, 394 (410).

[6] So auch *Schlatt/Schweizer/Urbach/Fridgen* Blockchain, S. 7 mwN; die Bezeichnung als Distributed-Ledger-Technologie wurde vermutlich erstmals im Jahr 2016 in einem Bericht für die britische Regierung verwendet, *Government Office for Science* Distributed Ledger Technology (passim), wohingegen *Nakamoto* in seinem Bitcoin-Whitepaper noch von einem „peer-to-peer distributed timestamp server" sprach, *Nakamoto* Bitcoin, S. 1; die *International Telecommunication Union* (ITU) der Vereinten Nationen hat im Jahr 2019 Distributed Ledger als eine Art Ledger definiert, das gemeinsam genutzt, repliziert und auf verteilte und dezentralisierte Weise synchronisiert wird, wobei unter einem Ledger ein Informationsspeicher verstanden wird, der endgültige und definitive (unveränderliche) Aufzeichnungen von Transaktionen enthält, vgl. ITU Distributed ledger technology terms and definitions, S. 2;

unstrittig. Es handelt sich um den Oberbegriff für verschiedene Technologien, die auf einer verteilten Datenbank basieren und nicht zwangsläufig auf einen Intermediär angewiesen sind.[7] Der Begriff der Datenbank kann mit dem eines Registers ersetzt werden, was der üblichen Bezeichnung eines *distributed ledger* besser entspricht.

Das Distributed Ledger wird in einem Netzwerk geführt und von den einzelnen Netzwerkknoten jeweils gespeichert, untereinander synchronisiert und gemeinsam genutzt.[8] Dafür müssen die Netzwerksknoten im Netzwerk direkt miteinander kommunizieren können; es wird deshalb als *peer-to-peer network* bezeichnet.[9] Anders als bei einer Cloud werden die Daten nicht aufgeteilt und auf den Rechenzentren des Cloudanbieters gespeichert, sondern es befindet sich eine vollständige Kopie der Daten auf allen Netzwerkknoten des Distributed Ledgers gleichzeitig.[10] Die Netzwerkknoten fungieren somit im Prinzip selbst als Server[11] und das Distributed Ledger bildet mit seinen endgültigen, unveränderlichen Aufzeichnungen den Datenspeicher.

---

die erste gesetzliche Definition gab es bereits 2017 in einer Finanzdienstleistungsverordnung von Gibraltar, wo DLT als ein Datenbanksystem definiert wurde, in dem Informationen aufgezeichnet, einvernehmlich ausgetauscht und über ein Netzwerk von mehreren Netzwerkknoten synchronisiert werden, wobei alle Kopien der Datenbank als gleichermaßen authentisch angesehen werden, *Financial Services (Distributed Ledger Technology Providers) Regulations 2017* vom 12. Oktober 2017, LN. 2017/204, zuletzt am 2. September 2023 abgerufen unter https://www.gibraltarlaws.gov.gi/legislations/financial-services-distributed-ledger-technology-providers-regulations-2017-4218; ähnlich Malta mit Art. 2 Abs. 1 des *Malta Digital Innovation Authority Act* vom 15. Juli 2018, Cap. 591, zuletzt am 2. September 2023 abgerufen unter https://legislation.mt/eli/cap/591/eng.

[7] *Grieger/v. Poser/Kremer* ZfDR 2021, 394 (396).

[8] *International Telecommunication Union* Distributed ledger technology terms and definitions, S. 2; ähnlich *Kannengießer/Lins/Dehling/Sunyaev* HICSS 2019, 7069 (7070); die daraus resultierende Herausforderung, einen Konsens bezüglich der richtigen Version der Datenbank in einem bestimmten Zeitpunkt zu finden, hervorhebend *Grieger/v. Poser/Kremer* ZfDR 2021, 394 (397); aus der rechtswissenschaftlichen Literatur mit Blick auf die Blockchain-Technologie, *Scherer* Blockchain im Wertpapierbereich, S. 94 sowie *Simmchen* Grundbuch ex machina, S. 68 Abb. 3, der anschaulich zwischen *centralized*, *decentralized* und *distributed* Netzwerken differenziert.

[9] *Keding* WM 2018, 64 (66); zur Blockchain-Technologie RHdB-Kryptowerte/*Fromberger/Zimmermann* § 1 Rn. 1; *Kaulartz* CR 2016, 474 (475); der Begriff der Peer-to-Peer-Netzwerke geht jedoch weiter, vgl. *Saive* Elektronisches Konnossement, S. 126; bei der Bitcoin-Blockchain ist ein Netzwerkknoten in der Regel mit zehn bis zwanzig anderen Netzwerkknoten verbunden, *Tepper* People's Money Bitcoin, S. 37.

[10] *Kaulartz* CR 2016, 474 (475); ebenso *Scherer* Blockchain im Wertpapierbereich, S. 95.

[11] *Safferling/Rückert* MMR 2015, 788 (790); bei Peer-to-Peer-Netzwerken handelt es sich neben kryptographischen Hashwerten und der asymmetrischen Verschlüsselung um eines der drei wesentlichen, der DLT zugrundeliegenden Konzepte aus der Informatik, vgl. *Tepper* People's Money Bitcoin, S. 34; ähnlich auch *Voshmgir* Token Economy, S. 52, 55; die Entwicklung der einzelnen Konzepte chronologisch nachzeichnend ebd. S. 290 ff.; zur Entwicklung der Peer-to-Peer-Netzwerke *De Filippi/Wright* Blockchain and the Law, S. 16 ff.

Das Distributed Ledger wird von keiner zentralen Stelle geführt.[12] Stattdessen einigen sich die einzelnen Netzwerkknoten mithilfe eines Konsensmechanismus. Es wird allein auf dessen Algorithmen vertraut, sodass Vertrauen in dritte Parteien überflüssig wird. Sichere Transaktionen sind auch zwischen nicht vertrauenswürdigen Parteien möglich.[13] Wie der Mechanismus konkret ausgestaltet ist, variiert allerdings je nach Architektur.[14] Die digitale Systemgestaltung muss lediglich vorsehen, dass neue Aufzeichnungen in jede Registerkopie übernommen werden und über dessen jeweils aktuellen Stand eine Übereinkunft getroffen wird.[15]

Die Idee des Distributed Ledgers ist jedoch nicht so neu, wie vermutet werden könnte. Erstmals beschrieben wurde das Grundkonzept der DLT bereits in den 1970er Jahren, das aber erst durch den Einsatz vernetzter Computer praktikabel wurde.[16] Auch dann kam eine Anwendung in der Praxis noch nicht in Betracht, da die eindeutige Zuordnung der Daten nicht sichergestellt und folglich das Problem des *double spending* nicht gelöst werden konnte. Erst *Nakamoto* fand mit Einführung des Bitcoins eine Lösung, auf die noch weiter eingegangen wird.[17] Inzwischen gilt die DLT als disruptiver, aber wegweisender Ansatz für die Verwaltung von Daten im Internet.[18]

---

[12] Bei einem dezentralisierten Netzwerk wäre das der Fall, vgl. *Lantz/Carwey* Mastering Blockchain, Kapitel 1.2.

[13] *Kannengießer/Lins/Dehling/Sunyaev* HICSS 2019, 7069 (7069); zur Bitcoin-Blockchain *Nakamoto* Bitcoin, S. 1; zu den Vorteilen der dezentralen Datenspeicherung im Allgemeinen *Kuntz* AcP 220 (2020), 52 (57).

[14] *Grieger/v. Poser/Kremer* ZfDR 2021, 394 (397); *Kannengießer/Lins/Dehling/Sunyaev* HICSS 2019, 7069 (7070); *Keding* WM 2018, 64 (66); ähnlich *Maupin* CIGI 149, S. 2.

[15] Vgl. *Schüffel/Groeneweg/Baldegger* The Crypto Encyclopedia, S. 16. Die Übereinkunft wird mithilfe sogenannter *merkle trees* vereinfacht, die durch eine Art Quersumme einen schnellen Abgleich ermöglichen, ohne dass jede Transaktion gesondert geprüft werden muss, *Lantz/Cawrey* Mastering Blockchain, Kapitel 2.3.1. Aufgrund der gemeinsamen Merkmale (dezentrale Speicherung, Konsensmechanismus) beschreibt die Internationale Fernmeldeunion der Vereinigten Nationen die DLT als Technologie, die es großen Gruppen von Netzwerkknoten eines Distributed Ledgers ermöglicht, sich zu einigen und Informationen aufzuzeichnen, ohne dass eine zentrale Stelle erforderlich ist, *International Telecommunication Union* Distributed ledger technology terms and definitions, S. 7.

[16] Begründend *Wong* Distributed Systems II, S. 227 (passim); ausführlich *Voshmgir* Token Economy, S. 290 ff. sowie *Bundesministerium für Verkehr und digitale Infrastruktur* Chancen und Herausforderungen von DLT, S. 55; *Simmchen* Grundbuch ex machina, S. 55; *Government Office for Science* Distributed Ledger Technology, S. 55.

[17] Siehe § 2I.1.c); ferner *De Filippi/Wright* Blockchain and the Law, S. 18 ff.; *Simmchen* Grundbuch ex machina, S. 55; zur Entwicklung der Blockchain ebd. S. 4 ff. sowie *Voshmgir* Token Economy, S. 290 ff.; zur Entwicklung des Bitcoins *Antonopoulos* Mastering Bitcoin, Kapitel 1.1 sowie *Kütük-Markendorf* Internetwährungen, S. 17 ff.; zu den Digitalisierungsversuchen von Geld *Gigi* Bitcoin Is An Idea (passim).

[18] Die DLT übernimmt die Aufgabe der Rechenmaschine und kann nicht mit dem Begriff des web3 gleichgesetzt werden, der sich auf den Aufbau des dem zugrundeliegenden

Es gibt – wie bereits angedeutet – nicht die eine DLT, sondern verschiedene Ausgestaltungen. Durch die Art und Weise, wie Transaktionen validiert und gespeichert werden, unterscheiden sich die sogenannten *DLT concepts*. Am populärsten sind *blockchain*, *block directed acyclic graphs* (blockDAG) und *transaction-based directed acyclic graphs* (TDAG).[19] Innerhalb eines DLT-Konzepts wird nach dem jeweiligen *DLT design* differenziert, das die konkrete Implementierung eines DLT-Konzepts darstellt, aber alle Eigenschaften einer DLT verkörpert. Trotzdem sind sie unterschiedlich konfiguriert und weisen verschiedene Charakteristika auf. Diese entscheiden über die Eignung des DLT-Designs für einen bestimmten Anwendungsfall.[20]

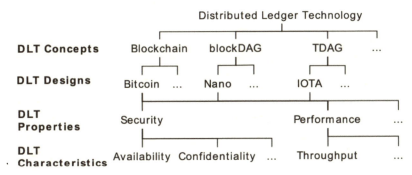

Abb. 2: Kategorisierung der DLT (Quelle: *Kannengießer/Lins/Dehling/Sunyaev* HICSS 2019, 7069 (7070))

Das Distributed Ledger kann öffentlich oder privat einsehbar (*public/private*)[21] sowie mit oder ohne Zulassungserfordernis (*permissioned/permissionless*) ausgestaltet sein.[22] Besteht kein Zulassungserfordernis, kann jeder am Distributed

---

Protokolls bezieht; hierbei handelt es sich um zwei verschiedene *layer* der Technologie, vgl. *Voshmgir* Token Economy, S. 27; zu Layern in der Informatik *Böhme/Pesch* DuD 2017, 473 (475 f.); zu web3 siehe außerdem § 2II.3.e).

[19] Für andere DLT-Konzepte siehe *Panwar/Bhatnagar* IDEA Bhopal 2020, S. 1 (passim). Die DLT-Konzepte als Konsensmechanismen bezeichnend nur RHdB-SmartContracts/*Voshmgir* Kapitel 2 Rn. 37.

[20] Anschaulich *Kannengießer/Lins/Dehling/Sunyaev* HICSS 2019, 7069 (7070) mwN sowie im Einzelnen ebd. S. 5 f. (Tabelle 2); zur Wahl des Konsensmodells *Antonopoulos/Wood* Mastering Ethereum, Kapitel 14.6; ähnlich *Simmchen* Grundbuch ex machina, S. 80 ff. sowie *Scherer* Blockchain im Wertpapierbereich, S. 92.

[21] Zudem, zumindest theoretisch, eine hybride Zwischenform annehmend *Szostek* Blockchain and the Law, S. 52.

[22] *Spindler* RDi 2021, 309 (310); *Saive* Elektronisches Konnossement, S. 134 f.; *Simmchen* Grundbuch ex machina, S. 70 f.; RHdB-Kryptowerte/*Fromberger/Zimmermann* § 1 Rn. 9a ff.; *Keding* WM 2018, 64 (66); *Khalifa/Bahaa-Eldin/Aly Sobh* ICCES Kairo 2019, S. 118 (118); Schaubild, das die derzeit existierenden Blockchains einordnet, bei

Ledger teilnehmen und dieses aktiv mitgestalten. Jeder kann Daten speichern und als Konsensgeber am Verifikationsprozess beteiligt sein.[23] Da bei jedem Netzwerkknoten eine Kopie des gesamten Distributed Ledgers gespeichert ist, sind die zulassungsfreien Distributed Ledger zwangsläufig öffentlich.[24] An zulassungspflichtigen Distributed Ledgern können dagegen nur zugelassene Netzwerkknoten teilnehmen. Können auch nur sie die darin befindlichen Daten einsehen, handelt es sich um ein privates Distributed Ledger. Sind die Daten trotz Zulassungserfordernis allgemein zugänglich, ist das Distributed Ledger öffentlich.[25] Diese Variante kann sehr unterschiedlich ausgestaltet sein, bietet aber Potenzial für die fälschungssichere Veröffentlichung und Weitergabe von Daten.[26]

Allen Distributed Ledgern ist gemein, dass das Distributed Ledger eine Zuordnung von Einträgen zu seinen Teilnehmern vornimmt.[27] Dafür müssen sichere Transaktionen gewährleistet werden, wofür wiederum die Transaktionshistorie sicher gespeichert und Konsens zwischen den sich einander unbekannten und nicht vertrauenden Netzwerkknoten geschaffen werden muss.[28] Wie das konkret gewährleistet wird, wird anhand der Blockchain-Technologie als erste praxistaugliche Umsetzung beschrieben (I.1). Anschließend wird noch ein Blick auf die Unterschiede gegenüber der Directed-Acyclic-Graphs-Technologie geworfen (I.2).

FinTechHdB/*Siedler* § 5 Rn. 4. Die Bezeichnungen variieren, es wird auch von *unpermissioned* oder *non-permissioned* Distributed Ledgern gesprochen oder zwischen unveränderlichen und veränderbaren Distributed Ledgern unterschieden, vgl. *Szostek* Blockchain and the Law, S. 53 mwN; häufig wird ungenau nur zwischen öffentlichen und privaten Distributed Ledgern differenziert, kritisch dazu *Voshmgir* Token Economy, S. 76.

[23] *Yeow/Gani/Ahmad/Rodrigues/Ko* IEEE Access 6/2018, 1513 (1516); *Kuntz* AcP 220 (2020), 52 (69); dies treffend als Schreibrechte bezeichnend *Grieger/v. Poser/Kremer* ZfDR 2021, 394 (401).

[24] *Kuntz* AcP 220 (2020), 52 (70); anders RHdB-Kryptowerte/*Fromberger/Zimmermann* § 1 Rn. 12; trotzdem werden öffentliche Distributed Ledger für verschiedenste Anwendungen genutzt, vgl. *Maupin* CIGI 149, S. 3.

[25] *Kuntz* AcP 220 (2020), 52 (69); *Yeow/Gani/Ahmad/Rodrigues/Ko* IEEE Access 6/2018, 1513 (1516 f.); *Government Office for Science* Distributed Ledger Technology, S. 19.

[26] Vgl. Beispiele bei *Kuntz* AcP 220 (2020), 52 (70) und *Maupin* CIGI 149, S. 2; kritisch zu dieser Systematisierung jedoch *Grieger/v. Poser/Kremer* ZfDR 2021, 394 (402 f.).

[27] *Grieger/v. Poser/Kremer* ZfDR 2021, 394 (397).

[28] *Grieger/v. Poser/Kremer* ZfDR 2021, 394 (397) sehen das lediglich als die drei Grundpfeiler der Blockchain-Technologie als Unterfall der DLT; letztlich basieren in technischer Hinsicht aber alle Ausgestaltungen der DLT auf Transaktionen, für deren Sicherheit es aufgrund der Verteiltheit des Netzwerks einer besonderen Gestaltung bedarf; diese Grundpfeiler können daher auch allgemein zur Charakterisierung der DLT herangezogen werden.

1. Blockchain-Technologie

Blockchain ist die Technologie, die den ersten Kryptowährungen zugrunde liegt[29] und als erstes DLT-Konzept in der Praxis genutzt wurde. Sie ist die bekannteste DLT, weswegen Blockchain und DLT oft synonym verwendet werden.[30] Eine Blockchain ist eine mit einem Zeitstempel versehene Kette unveränderlicher Datensätze, die von einem verteilten Netzwerk verwaltet wird.[31] Jeder Datensatz stellt einen Block dar und enthält Daten über verschiedene Transaktionen.[32] Zusätzlich zu den Daten beinhaltet jeder Block einen *block header*, der den Zeitstempel, den Hashwert des vorhergehenden Blocks sowie einen eigenen Hashwert enthält.[33]

Der Hashwert ist ein kryptographisches Konzept der Informatik, durch den komplexe Datenstrukturen leicht authentifizierbar gemacht werden können.[34] Es handelt sich um eine einseitige und einzigartige Verschlüsselung, die sich bei kleinster Veränderung vollständig ändert.[35] Die in den Blöcken enthaltenen Daten können dadurch schnell und einfach verifiziert werden.[36] Indem die Blöcke stets den Hashwert des vorhergehenden Blocks speichern, sind die einzelnen Blöcke miteinander zu einer chronologischen Kette, zu einer *block-chain*, verknüpft.[37]

Die einzelnen Datenblöcke der Kette bestehen wiederum aus einzelnen Transaktionen, was im Folgenden noch einmal genauer dargestellt wird (a)), bevor vertieft auf die Verknüpfung der Blöcke eingegangen wird (b)). Sowohl die einzelnen Transaktionen müssen verifiziert werden, also auch der Block als Ganzes; erst dieser verändert das Distributed Ledger. Für die Transkationen bedient sich die DLT der asymmetrischen Verschlüsselung, deren Funktionsweise ebenfalls auf kryptographischen Hashwerten beruht und für die DLT

---

[29] RHdB-Kryptowerte/*Fromberger/Zimmermann* § 1 Rn. 1.
[30] *Scherer* Blockchain im Wertpapierbereich, S. 92 ff.; *Kaulartz* CR 2016, 474 (475); wohl auch *Bundesamt für Sicherheit in der Informationstechnik* Blockchain sicher gestalten, S. 1; erläuternd dazu *Maupin* CIGI 149, S. 2.
[31] RHdB-Kryptowerte/*Fromberger/Zimmermann* § 1 Rn. 1; vgl. auch *Paulus* JuS 2019, 1049 (1049).
[32] Als Transaktionsbündel bezeichnend RHdB-Kryptowerte/*Fromberger/Zimmermann* § 1 Rn. 13; *Simmchen* Grundbuch ex machina, S. 73; iErg ebenso *Franco* Understanding Bitcoin, Kapitel 7.4.
[33] RHdB-Kryptowerte/*Fromberger/Zimmermann* § 1 Rn. 14; *Szostek* Blockchain and the Law, S. 45; zum Zeitstempel siehe *Franco* Understanding Bitcoin, Kapitel 7.2.
[34] Treffend *Grieger/v. Poser/Kremer* ZfDR 2021, 394 (397).
[35] *Szostek* Blockchain and the Law, S. 46.
[36] *Grieger/v. Poser/Kremer* ZfDR 2021, 394 (397 f.).
[37] *Spiegel* Blockchain-basiertes virtuelles Geld, S. 7; *Kütük-Markendorf* Internetwährungen, S. 15; *Blocher* AnwBl 2016, 612 (615); *Kaulartz* CR 2016, 474 (476); *Franco* Understanding Bitcoin, Kapitel 7.4; *Boehm/Pesch* MMR 2014, 75 (75); ausführlich *Simmchen* Grundbuch ex machina, S. 57 ff.; *Kütük-Markendorf* Internetwährungen, S. 16 sowie zu den weiteren Funktionen des Hashwertes *Pesch* Cryptocoin-Schulden, S. 10 ff.

wesentlich ist (c)). Der Konsens der Netzwerkteilnehmer dient hingegen zur Blockverifikation (d)). Wie mit inhaltlichen Abweichungen, sogenannten *network forks*, umgegangen wird, wird gesondert erläutert (e)).

a) Inhalt der einzelnen Blöcke

Die Blöcke bestehen aus einzelnen Transaktionen, die jeweils Inhalt, Empfänger und Absender wiedergeben. Damit lassen sich Informationen übertragen, die übertragenen Informationen werden aber auch dadurch erst unveränderlich gespeichert. Jede Nutzung der Blockchain beginnt mit einer Transaktion. Diese werden gesammelt, bis sie eine bestimmte Größe umfassen, und bilden dann einen Block.[38] Erst nachdem alle Netzwerkknoten des Distributed Ledgers den Datensatz verifiziert haben und Konsens über seine Richtigkeit besteht, erhält der Block einen eigenen Hashwert sowie den Hashwert des vorhergehenden Blocks.[39] Dadurch wird er zur Blockchain hinzugefügt. Da immer der letzte Hashwert der längsten Blockchain für neue Blöcke verwendet wird, erfolgt die Speicherung linear und chronologisch.[40] Die Position eines Blocks auf der Blockchain wird als *height* bezeichnet.[41]

b) Verknüpfung der einzelnen Blöcke mittels Hashwert

Der Hashwert[42] ist das Ergebnis einer deterministischen Rechenfunktion, die stets zum gleichen Ergebnis führt und nicht rückverfolgt werden kann. Ändert sich in einem der Blöcke eine noch so kleine Information, ändert sich der Hashwert dieses Blocks.[43] Da der nachfolgende Block den Hashwert des

---

[38] *Szostek* Blockchain and the Law, S. 46; *Laschewski* WPg 2017, 359 (360); *Kaulartz* CR 2016, 474 (476); *Blocher* AnwBl 2016, 612 (615).

[39] Ausführlich *Pesch* Cryptocoin-Schulden, S. 19 ff.; *Antonopoulos* Mastering Bitcoin, Kapitel 10; Überblick zu den drei Verifikationskomponenten bei *Hacker/Thomale* Crypto-Securities Regulation, S. 8 f.

[40] *Spiegel* Blockchain-basiertes virtuelles Geld, S. 8 f.; RHdB-Kryptowerte/*Fromberger/ Zimmermann* § 1 Rn. 1; *Yeow/Gani/Ahmad/Rodrigues/Ko* IEEE Access 6/2018, 1513 (1515); *Laschewski* WPg 2017, 359 (361); *Schrey/Thalhofer* NJW 2017, 1431 (1432); *Safferling/Rückert* MMR 2015, 788 (790); *Sorge/Krohn-Grimberghe* DuD 2012, 479 (480); der Zeitpunkt einzelner Transaktionen ist nicht einsehbar, die Zeitstempel werden aber bei Erstellung der Blöcke berücksichtigt und garantieren so eine chronologische Transaktionshistorie *Pesch* Cryptocoin-Schulden, S. 17 f.; bei gleichzeitiger Erstellung teilt sich die Kette, siehe dazu § 2I.1.e).

[41] *Antonopoulos* Mastering Bitcoin, Kapitel 9.4; *Franco* Understanding Bitcoin, Kapitel 7.4.

[42] Dabei handelt es sich neben dem Peer-to-Peer-Netzwerk und der asymmetrischen Verschlüsselung um eines der drei wesentlichen, der DLT zugrundeliegenden Informatikkonzepte, vgl. *Tepper* People's Money Bitcoin, S. 34.

[43] RHdB-Kryptowerte/*Fromberger/Zimmermann* § 1 Rn. 14; *Saive* Elektronisches Konnossement, S. 127; *Lantz/ Cawrey* Mastering Blockchain, Kapitel 2.4; *Tepper* People's

vorhergehenden Blocks gespeichert hat, ändert sich auch dessen eigener Hashwert, sodass alle Blöcke der Blockchain neu berechnet werden müssten.[44] Das erfordert enorme Rechenleistung sowie erneuten Konsens aller Netzwerkteilnehmer. Änderungen werden damit faktisch unmöglich, weshalb die Daten als fälschungssicher gelten.[45]

c) Verifikation der Transaktion

Bevor Konsens erteilt wird, muss die Transaktion von allen Netzwerkknoten verifiziert worden sein. Nicht nur Blöcke, sondern auch die einzelnen Transaktionen sind miteinander verknüpft: Inhalt und Empfänger in der vorangehenden Transaktion stellen ihren *output* dar, auf den die darauffolgende Transaktion verweist. Zusammen mit einer Signatur bildet dieser Verweis den *input* der neuen Transaktion. Die Signatur beweist, dass der Empfänger Adressat des Outputs der vorherigen Transaktion war.[46] Da die erste Transaktion in einem Block nicht an den Output einer vorherigen Transaktion anknüpfen kann, enthält sie eine besondere Form des Inputs. Dieser wird *coinbase* genannt und enthält die Belohnung für das Erstellen des vorherigen Blocks.[47]

Möchte ein Netzwerkknoten eine Transaktion tätigen, schickt er diese mithilfe eines *client*[48] an alle seine benachbarten Netzwerkknoten. Dank der Verknüpfung der einzelnen Transaktionen kann die Richtigkeit der Transaktion geprüft werden, bevor die benachbarten Netzwerkknoten sie an ihre eigenen

---

Money Bitcoin, S. 27; ausführlich *Voshmgir* Token Economy, S. 36, 38 f.; zur Anwendung in der Kryptografie *Szostek* Blockchain and the Law, S. 46; *Tepper* People's Money Bitcoin, S. 29; Vergleich mit Quersumme *Kaulartz* CR 2016, 474 (475); zustimmend *Scherer* Blockchain im Wertpapierbereich, S. 95; auch mit einem Fingerabdruck, vgl. erstmals *De Filippi/ Wright* Blockchain and the Law, S. 22 sowie RHdB-Kryptowerte/*Fromberger/Zimmermann* § 1 Rn. 14; *Schrey/Thalhofer* NJW 2017, 1431 (1432); *Antonopoulos* Mastering Bitcoin, Kapitel 10.7; *Kütük-Markendorf* Internetwährungen, S. 23.

[44] *Sorge/Krohn-Grimberghe* DuD 2012, 479 (480); vgl. auch *Saive* RdTW 2018, 85 (87).
[45] RHdB-Kryptowerte/*Fromberger/Zimmermann* § 1 Rn. 31; *Szostek* Blockchain and the Law, S. 47 f., 51; *Laschewski* WPg 2017, 359 (361); übersichtlich darstellend *Voshmgir* Token Economy, S. 59.
[46] *Arndt* Bitcoin-Eigentum, S. 9 f.; *Antonopoulos* Mastering Bitcoin, Kapitel 2.2.1, 6.3.2; die Verknüpfung erfolgt in der Bitcoin-Blockchain mittels UTXO, *Antonopoulos* Mastering Bitcoin, Kapitel 2.2.2, in der Ethereum-Blockchain mittels Nonce, *Wood* Ethereum Yellow Paper, S. 2; *Antonopoulos/Wood* Mastering Ethereum, Kapitel 6.2.2
[47] *Antonopoulos* Mastering Bitcoin, Kapitel 6.3, 10.3.1; Blockerstellung siehe § 2I.1.d).
[48] Der Client ist die Software, mittels der auf das Netzwerk zugegriffen wird, *Antonopoulos* Mastering Bitcoin, Kapitel 3, und rohe Transaktionsdaten angezeigt werden können, ebd. Kapitel 6.2.1; *Narayanan/Bonneau/Felten/Miller/Goldfeder* Bitcoin and Cryptocurrency Technologies, Kapitel 7.2; erster Client war *Bitcoin*, später aufgrund der Verwechslungsgefahr in *Bitcoin Core* umbenannt, *Bitcoin Core* Bitcoin Core version 0.9.0 released.

benachbarten Netzwerkknoten weiterleiten und auf diese Weise Schritt für Schritt an das gesamte Peer-to-Peer-Netzwerk verteilen.[49]

aa) Verschlüsselung der Transaktion mittels asymmetrischer Kryptographie

Der Verifizierungsprozess beruht auf asymmetrischer Kryptographie.[50] Anders als bei der herkömmlichen symmetrischen Kryptographie wird der Inhalt einer Transaktion nicht durch einen einzelnen Schlüssel ver- und auch entschlüsselt. Es besteht ein Schlüsselpaar, von dem ein Schlüssel der Ver- und der andere der Entschlüsselung dient.[51] Da der entschlüsselnde Schlüssel derjenige ist, der Zugriff auf den Inhalt der Transaktion gewährt, ist er möglichst geheim zu halten und wird *private key* genannt. Der verschlüsselnde Schlüssel wird zur Verschlüsselung genutzt und als *public key* bezeichnet. Der Public Key wird mittels einseitig kryptographischen Verfahrens vom Private Key abgeleitet. Trotzdem sind beide Schlüssel voneinander unabhängig, denn umgekehrt kann der Private Key nicht mit dem Public Key ermittelt werden.[52] Aus Sicherheitsgründen wird aber auch der Public Key nicht preisgegeben, sondern nur eine weitere kryptographische Ableitung,[53] die dann als Adresse innerhalb des Netzwerks dient.[54]

---

[49] *Antonopoulos* Mastering Bitcoin, Kapitel 10.3; *Hacker/Thomale* Crypto-Securities Regulation, S. 9; die Tatsache, dass sich alle an die Regeln des Bitcoin-Netzwerks halten, lässt sich mit Spielregeln vergleichen, wo Züge, die nicht den Regeln entsprechen, von Mitspielern ignoriert oder abgelehnt werden, *Tepper* People's Money Bitcoin, S. 25; ausführlich zu den einzelnen Prüfkriterien, *Antonopoulos* Mastering Bitcoin, Kapitel 10.3.

[50] Neben Peer-to-Peer-Netzwerk und kryptographischen Hashwerten handelt es sich um eines von drei wesentlichen Informatikkonzepten, *Tepper* People's Money Bitcoin, S. 34.

[51] *Kütük-Markendorf* Internetwährungen, S. 13; zum Verfahren *Voshmgir* Token Economy, S. 36 f.; zur Kryptographie allgemein *Voshmgir* Token Economy, S. 34 ff.

[52] *Voshmgir* Token Economy, S. 42.

[53] *Voshmgir* Token Economy, S. 42, 44; ungenau den Public Key als Adresse oder Kontonummer beschreibend *Kütük-Markendorf* Internetwährungen, S. 13, 28; *Effer-Uhe* ZZP 2018, 513 (515), *Rückert* MMR 2016, 295 (296), *Beck/König* JZ 2015, 130 (131), *dies.* AcP 215 (2015), 655 (658); *Djazayeri* jurisPR-BKR 6/2014, Anm. 1 (B).

[54] Ausführlich erläuternd in Bezug auf Bitcoin *Voshmgir* Token Economy, S. 41 ff.; *Lantz/Carwey* Mastering Blockchain, Kapitel 1.5.3, 2.1; ähnlich *Kütük-Markendorf* Internetwährungen, S. 48; *Tepper* People's Money Bitcoin, S. 27; zur Auslesung der Adresse aus dem Output der vorherigen Transaktion *Antonopoulos* Mastering Bitcoin, Kapitel 6.7; zur Adresse im Ethereum-Netzwerk *Antonopoulos/Wood* Mastering Ethereum, Kapitel 4.6.1.

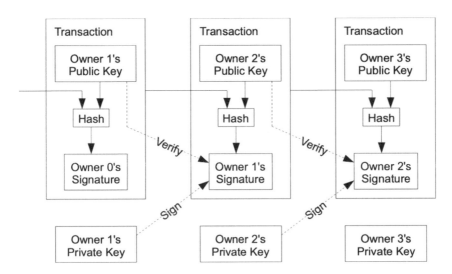

Abb. 3: Eindeutige Zuordnung innerhalb der Blockchain-Technologie (Quelle: *Nakamoto* Bitcoin, S. 2)

Der Absender nutzt die Adresse des Empfängers zur Verschlüsselung der Transaktion. Die Verschlüsselung kann aber nur mithilfe des dazugehörigen Private Keys aufgelöst werden. Der Transaktionsinhalt kann somit nur vom Empfänger entschlüsselt werden, es sei denn er hält seinen Private Key nicht geheim.[55] Selbst der Absender kann seine eigene Verschlüsselung nicht entschlüsseln, weshalb der Empfänger ihm kein Vertrauen entgegenbringen muss.[56] Darüber hinaus sind Adresse und Private Key über zwei Stufen miteinander verknüpft. Dadurch können zwei unterschiedliche kryptographische Verschlüsselungsverfahren genutzt werden, wodurch ein nochmal höheres Sicherheitsniveau gewährleistet wird.[57]

bb) Verifizierung von Signatur und Bestand

Damit der Empfänger prüfen kann, ob die Transaktion vom Absender initiiert wurde, wird eine Transaktion vom Absender signiert. Dafür nutzt dieser seinen

---

[55] Der Public Key ist zugleich Adresse, *Kütük-Markendorf* Internetwährungen, S. 13, 28.

[56] Dem Gegenüber muss kein Vertrauen entgegengebracht werden, worin gerade der Vorteil der asymmetrischen Kryptographie liegt, vgl. dazu sowie allgemein zur Kryptographie *Kütük-Markendorf* Internetwährungen, S. 13.

[57] Dazu sowie zu den beiden kryptographischen Verschlüsselungsverfahren *Voshmgir* Token Economy, S. 42.

eigenen Private Key.[58] Da für die Signatur ebenfalls asymmetrische Kryptographie genutzt wird, lässt sich der Private Key nicht aus der Signatur ableiten.[59] Im vorherigen Block ist aber die Adresse des vorherigen Empfängers enthalten, der nun zum signierenden Absender geworden ist. Die Signatur kann daher mit dem Hashwert abgeglichen werden, wozu jeder Netzwerkteilnehmer in der Lage ist.[60]

Die Richtigkeit einer Transaktion wird anhand zwei Kriterien geprüft: Zum einen muss die Signatur mit dem Private Key signiert sein, der zum Public Key und mithin zur Adresse passt, die in der Transaktion als Output der vorherigen Transaktion angegeben ist. Zum anderen darf der in der Transaktion angegebene Output der vorherigen Transaktion nicht bereits bei einer anderen Transaktion genutzt worden sein; es muss sich um einen *unspent transaction output*, kurz UTXO, handeln. Es muss also der Private Key zu einer UTXO bekannt sein.[61]

---

[58] Ausführlich zu den drei unterschiedlichen Funktionen des Public Keys *Kütük-Markendorf* Internetwährungen, S. 29; anschaulich zur Doppelfunktion der Schlüssel auch *Tepper* People's Money Bitcoin, S. 25 f.

[59] *Voshmgir* Token Economy, S. 39 f. sowie *Pesch* Cryptocoin-Schulden, S. 9, 13; zur asymmetrischen Kryptographie bei Signatur ebd. S. 8 sowie *Antonopoulos* Mastering Bitcoin, Kapitel 6.5; die Signatur verschlüsselt den Private Key und den eigentlichen Inhalt der Transaktion, vgl. *Lantz/Cawrey* Mastering Blockchain, Kapitel 2.3.2.

[60] *Simmchen* Grundbuch ex machina, S. 63 ff.; *Scherer* Blockchain im Wertpapierbereich, S. 94 f.; *Lantz/Carwey* Mastering Blockchain, Kapitel 1.5.3, 2.1, 2.3; *Szostek* Blockchain and the Law, S. 50; *Pesch* Cryptocoin-Schulden, S. 8; *Schrey/Thalhofer* NJW 2017, 1431 (1432); *Kütük-Markendorf* Internetwährungen, S. 27 f.; *Kaulartz* CR 2016, 474 (475); *Safferling/Rückert* MMR 2015, 788 (790); *Spindler/Bille* WM 2014, 131357 (1358); *Kütük/Sorge* MMR 2014, 643 (643); *Boehm/Pesch* MMR 2014, 75 (76). Ausführlich dazu RHdB-Kryptowerte/*Fromberger/Zimmermann* § 1 Rn. 15 ff. Aus informatisch-technischen Gründen kann der Empfänger allerdings nicht die Originaldatei prüfen, sondern nur seine lokale Kopie, vgl. *Sicchiero* Contr. e impr. 2018, 681 (702).

[61] Treffend *Arndt* Bitcoin-Eigentum, S. 10; ähnlich *Antonopoulos* Mastering Bitcoin, Kapitel 6.3.

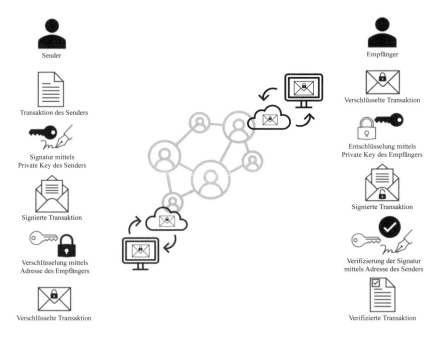

Abb. 4: Ablauf einer Transaktion im Rahmen der Blockchain-Technologie (eigene Darstellung)

Auf diese Weise wird kontrolliert, dass die Transaktion vom tatsächlichen Inhaber stammt (Authentizität) und nicht nachträglich verändert wurde (Integrität).[62] Sobald alle Netzwerkteilnehmer die Richtigkeit der Transaktion sichergestellt haben, gilt die Transaktion als verifiziert. Gleichzeitig kann die Inhaberschaft anhand des Verifikationsmechanismus zurückverfolgt werden. Erst der Public Key stellt eine sichere Referenz über die Identität des Nutzers bereit.[63]

d) Konsenserteilung

Nachdem genügend Transaktionen für einen Block gesammelt wurden, aber noch bevor dieser Block endgültig erstellt wird, wird ein zweites Mal auf Richtigkeit geprüft.[64] Dieser Prozess wird unterschiedlich bezeichnet, zum Beispiel

---

[62] *Tepper* People's Money Bitcoin, S. 26.
[63] Diese wiederum ist zwingende Voraussetzung für die Zuordnung der Token, *Voshmgir* Token Economy, S. 39.
[64] Vgl. dazu *Tepper* People's Money Bitcoin, S. 37; aus diesem Grund ist die Transaktion z.B. eines Bitcoins zwar innerhalb weniger Sekunden sichtbar, jedoch erst nach circa zehn Minuten in die Bitcoin-Blockchain aufgenommen und endgültig festgeschrieben; bei

als *mining* oder *minting*. Im Folgenden wird dieser tätigkeitsbezogen als *validating* bezeichnet.[65] Der Grund, wieso die Richtigkeit des Datenblocks ein weiteres Mal validiert werden muss, liegt im Fehlen eines zentralen Intermediärs. Digitale Informationen werden übertragen, indem die zugrundeliegenden Daten vervielfältigt werden. Sollen digitale Güter aber wie reale Güter nur einmal existieren, muss die Weitergabe überwacht werden. Ansonsten könnte ein digitales Gut kopiert und mehrmals verwendet werden; Kryptowährungseinheiten könnten zum Beispiel doppelt ausgegeben werden. Es bestünde die Gefahr des *double spending*.[66] Für die Überwachung bedurfte es lange einer zentralen Stelle, die bei der DLT aber gerade nicht existieren soll.[67] Trotzdem muss sichergestellt sein, dass die Netzwerkknoten durch verschiedene zeitnah abgesendete Transaktionen – trotz der erfolgten Verifizierung – nicht dieselben Daten mehrfach übertragen. Inhalt und Reihenfolge der Transaktionen sind zwar öffentlich einsehbar.[68] Die Netzwerkknoten, die aus den Transaktionen einen neuen Block erstellen wollen, müssen aber auch vertrauenswürdig sein. Sie müssen sich, zumindest bei zulassungsfreien öffentlichen Blockchains, beweisen.[69] Wie das genau erfolgt, ist eine Frage des *consensus model*, das ebenfalls unterschiedlich ausgestaltet sein kann.[70]

Transaktionen über größere Summen wird sogar empfohlen, bis zu sechs aufeinanderfolgende Blöcke abzuwarten, was einer Transaktionszeit von etwa einer Stunde entspricht, ebd. S. 38.

[65] Das entspricht der von *Grieger/v. Poser/Kremer* ZfDR 2021, 394 (402 f.) vorgeschlagenen Vorgehensweise.

[66] RHdB-Kryptowerte/*Fromberger/Zimmermann* § 1 Rn. 29; *Spiegel* Blockchain-basiertes virtuelles Geld, S. 8; *Voshmgir* Token Economy, S. 53; *Scherer* Blockchain im Wertpapierbereich, S. 96; *Laschewski* WPg 2017, 359 (359 f.); *Schrey/Thalhofer* NJW 2017, 1431 (1432); *Kaulartz* CR 2016, 474 (476); *Franco* Understanding Bitcoin, Kapitel 7.5; *Kütük-Markendorf* Internetwährungen, S. 24 f.; *Tepper* People's Money Bitcoin, S. 37; *Kütük/Sorge* MMR 2014, 643 (643); ähnlich *Blocher* AnwBl 2016, 612 (615).

[67] *Pesch* Cryptocoin-Schulden, S. 14; die Bezahlung mit Kryptowährung lässt sich deswegen eher mit einer Überweisung als mit einer Barzahlung vergleichen, *Sorge/Krohn-Grimberghe* DuD 2012, 479 (480); ähnlich *Pesch* Cryptocoin-Schulden, S. 13; *Kütük/Sorge* MMR 2014, 643 (643); *Boehm/Pesch* MMR 2014, 75 (75).

[68] So im Hinblick auf Bitcoin RHdB-Kryptowerte/*Fromberger/Zimmermann* § 1 Rn. 5; *Pesch* Cryptocoin-Schulden, S. 14 f.; zur Erfassung der Transaktionsreihenfolge bei Bitcoin mithilfe des Zeitstempels ebd. S. 16 f.

[69] *Antonopoulos* Mastering Bitcoin, Kapitel 10.7; ähnlich BankRK/*Langenbucher/Hoche/Wentz* § 11 Rn. 3; *Scherer* Blockchain im Wertpapierbereich, S. 96 f.; nur *full nodes* erstellen Blöcke, RHdB-Kryptowerte/*Fromberger/Zimmermann* § 1 Rn. 8; *Pesch* Cryptocoin-Schulden, S. 8 f.; *Antonopoulos* Mastering Bitcoin, Kapitel 10.7.

[70] RHdB-Kryptowerte/*Fromberger/Zimmermann* § 1 Rn. 27; *Khalifa/Bahaa-Eldin/Aly Sobh* ICCES Kairo 2019, S. 118 (119); ähnlich *Paulus* JuS 2019, 1049 (1050); zu Bitcoin *Kütük-Markendorf* Internetwährungen, S. 24 ff.

aa) Proof of Work

Das erste Konsensmodell, welches auch in der Bitcoin-Blockchain genutzt wird, ist das *proof of work*.[71] Hier müssen die Computer beweisen, dass sie Arbeit geleistet haben, indem sie ein komplexes mathematisches Rechenproblem lösen.[72] Wenn ein Netzwerkknoten das Rechenproblem löst, ist er berechtigt, den Block zu erstellen und ihn der Blockchain hinzuzufügen. Dieser Prozess wird als *mining* bezeichnet.[73] Dafür erhält der *miner* eine Entlohnung, die ebenfalls auf der Blockchain verbucht wird.[74] Dadurch haben alle Teilnehmer des Distributed Ledgers ein eigenes Interesse daran, die Transaktionen stets wahrheitsgemäß zu verifizieren.[75] Bei Weitergabe des neuen Blocks und der dadurch erfolgenden Verteilung auf dem Peer-to-Peer-Netzwerk überprüfen die Netzwerkknoten dann noch einmal abschließend seine Richtigkeit.[76]

Dieses Wettrennen um die richtige Lösung des Rechenproblems funktioniert mithilfe einer *nonce*, was für *number used once* steht.[77] Diese Nonce wird zusammen mit bestimmten Zielvorgaben, der *difficulty*, im Block Header des zu verifizierenden Blocks angegeben.[78] Sie dient als Lückenfüller für eine Zahl, die von den Netzwerkknoten erst noch gefunden werden muss. Nur bei Ein-

---

[71] Ausführlich dazu *Voshmgir* Token Economy, S. 46 ff.; zum Ursprung des Proof-of-Works siehe *Lantz/Cawrey* Mastering Blockchain, Kapitel 2.8.1.

[72] *Spiegel* Blockchain-basiertes virtuelles Geld, S. 8; *Szostek* Blockchain and the Law, S. 47; *Laschewski* WPg 2017, 359 (361); *Kütük-Markendorf* Internetwährungen, S. 14; als Rätsel oder Hashpuzzle bezeichnend *Saive* Elektronisches Konnossement, S. 129; Arbeit erfordert Energie und Zeit, weshalb hier die Schnittstelle zu den physikalischen Gesetzen der realen Welt gesehen wird, vgl. *Gigi* Bitcoin Is Time (passim); diese werden als thermodynamische Sicherung bezeichnet, *Gigi* Bitcoin's Eternal Struggle, Kapitel 3.

[73] RHdB-Kryptowerte/*Fromberger/Zimmermann* § 1 Rn. 37; *Scherer* Blockchain im Wertpapierbereich, S. 97; *Safferling/Rückert* MMR 2015, 788 (790); *Spindler/Bille* WM 2014, 131357 (1358); *Kütük/Sorge* MMR 2014, 643 (643); *Boehm/Pesch* MMR 2014, 75 (75); *Sorge/Krohn-Grimberghe* DuD 2012, 479 (480); ausführlich *Antonopoulos* Mastering Bitcoin, Kapitel 10.7; anders als vielerorts behauptet wird dieser Prozess auch bei der Ethereum-Blockchain als Mining bezeichnet, vgl. *Wood* Ethereum Yellow Paper, S. 2.

[74] *Saive* Elektronisches Konnossement, S. 130; RHdB-Kryptowerte/*Fromberger/Zimmermann* § 1 Rn. 33 ff.; *Spiegel* Blockchain-basiertes virtuelles Geld, S. 9; *Franco* Understanding Bitcoin, Kapitel 7.4; *Kütük/Sorge* MMR 2014, 643 (643); *Boehm/Pesch* MMR 2014, 75 (75); *Sorge/ Krohn-Grimberghe* DuD 2012, 479 (480).

[75] *Laschewski* WPg 2017, 359 (361); ähnlich *Blocher* AnwBl 2016, 612 (615); die richtige Verifizierung als ökonomisch incentiviert bezeichnend RHdB-SmartContracts/*Voshmgir* Kapitel 2 Rn. 10; diesen Aspekt für die Bitcoin-Blockchain genauer beleuchtend *Tepper* People's Money Bitcoin, S. 39.

[76] *Antonopoulos* Mastering Bitcoin, Kapitel 10.9.

[77] *Saive* Elektronisches Konnossement, S. 129 Fn. 24 mwN; *Simmchen* Grundbuch ex machina, S. 74 Fn. 280; vgl. auch *Lantz/Carwey* Mastering Blockchain, Kapitel 1.3.2.

[78] *Wood* Ethereum Yellow Paper, S. 5; *Simmchen* Grundbuch ex machina, S. 74; *Antonopoulos* Mastering Bitcoin, Kapitel 9.3, 10.7.1; ähnlich *Pesch* Cryptocoin-Schulden, S. 22; *Kaulartz* CR 2016, 474 (476).

setzen der richtigen Nonce erhält man einen Hashwert, der den Anforderungen der Difficulty entspricht. Bei der Bitcoin-Blockchain dürfen beispielsweise die ersten *n* Stellen des Zielhashwerts ausschließlich aus Nullen bestehen,[79] wobei *n* durch die Difficulty vorgegeben wird. Sie hängt von der Gesamtrechenleistung aller Netzwerkknoten ab[80] und kann je nach Technikfortschritt und Teilnehmerzahl angepasst werden.[81] Durch die Nonce beinhaltet die Lösung (der Zielhashwert) einen Zufallswert; die Netzwerkknoten müssen die Berechnung daher tatsächlich durchgeführt haben.[82] Der Abgleich kann hingegen problemlos durch Einsetzen der Nonce erfolgen.[83] Der im System angelegte Arbeitsaufwand für die Berechnungen gibt dem Proof of Work seinen Namen. Zudem ist er Grund dafür, dass mehr als 50 % der gesamten Rechenleistung kontrolliert werden müssen, um die Hashwerte zu manipulieren; ansonsten ist die manipulierte Kette nicht die längste, an die aber immer automatisch angeknüpft wird. Manipulationsversuche werden dadurch nahezu unmöglich.[84]

bb) Proof of Stake

Durch die notwendige Rechenleistung kommt es zu hohem Ressourcenverbrauch. Dieser wird durch das Konsensmodell des *proof of stake* vermieden.[85] Der ressourcenverschwendende Wettbewerb wird durch einen Mechanismus ersetzt, der mittels gewichteter Zufallsauswahl für jeden Block einen Netzwerkteilnehmer bestimmt, der diesen Block erstellen darf: das sogenannte

---

[79] Anschaulich *Tepper* People's Money Bitcoin, S. 30 f.; ferner *Simmchen* Grundbuch ex machina, S. 74 f.; *Pesch* Cryptocoin-Schulden, S. 22 f.; *Saive* RdTW 2018, 85 (86); *Blocher* AnwBl 2016, 612 (615); *Franco* Understanding Bitcoin, Kapitel 7.4; *Antonopoulos* Mastering Bitcoin, Kapitel 10.7.1; mit Beispielen *Lantz/Cawrey* Mastering Blockchain, Kapitel 2.8.1.1; Nonce als Unbekannte bezeichnend *Simmchen* Grundbuch ex machina, S. 74 f.
[80] Zu daraus resultierenden Problemen *Wood* Ethereum Yellow Paper, S. 15.
[81] RHdB-Kryptowerte/*Fromberger*/*Zimmermann* § 1 Rn. 37; *Antonopoulos* Mastering Bitcoin, Kapitel 10.7.1; höhere Difficulty führt zu höheren Investitionskosten und ist Ausgangspunkt für Wertentwicklung, vgl. *Tepper* People's Money Bitcoin, S. 17 f.; zur bisherigen Entwicklung *Lantz/Cawrey* Mastering Blockchain, Kapitel 2.7.2.
[82] Das erfolgt durch *trial and error*, vgl. *Tepper* People's Money Bitcoin, S. 30.
[83] *Szostek* Blockchain and the Law, S. 47; *Laschewski* WPg 2017, 359 (361); mit Blick auf Hashwerte allgemein *Tepper* People's Money Bitcoin, S. 29 f.
[84] *Szostek* Blockchain and the Law, S. 47 f.; *Schrey/Thalhofer* NJW 2017, 1431 (1432); *Blocher* AnwBl 2016, 612 (615); ähnlich *John* BKR 2020, 67 (77 f.) sowie *Kütük/Sorge* MMR 2014, 643 (644); zu weiteren Manipulationsmöglichkeiten *Pesch* Cryptocoin-Schulden, S. 32 ff.; *Franco* Understanding Bitcoin, Kapitel 7.5; zur Wahrscheinlichkeit eines zufälligen Manipulationserfolgs *Lantz/Cawrey* Mastering Blockchain, Kapitel 2.3.3; nur Blöcke, keine Transaktionen, können manipuliert werden, *Voshmgir* Token Economy, S. 62.
[85] *Scherer* Blockchain im Wertpapierbereich, S. 97; der hohe Energieverbrauch sei aber essentiell, *Gigi*, Bitcoin's Energy Consumption, Kapitel 5 sowie *Nguyen* Proof-of-Stake & the Wrong Engineering Mindset (passim).

minting.⁸⁶ Die Entlohnung erfolgt durch eine vorab festgelegten Transaktionsgebühr.⁸⁷ Die Wahrscheinlichkeit, ausgewählt zu werden, erhöht sich in Abhängigkeit davon, wie viele Einheiten der einzelne Netzwerkknoten auf dem gesamten Netzwerk hält.⁸⁸ Haltedauer oder andere Kriterien können ebenfalls berücksichtigt werden.⁸⁹ Teilnehmer, die kein Interesse daran haben, das Netzwerk durch unrichtige Transaktionen zu schädigen, werden dadurch verstärkt ausgewählt.⁹⁰ Ein Manipulationsversuch wäre bei Mehrheitsbeteiligung zwar möglich, aber wenig sinnvoll.⁹¹ Die Beteiligungen sind eine gewisse Sicherheitsleistung.⁹²

In der Gründungsphase besteht allerdings das Problem, dass noch nicht genügend Einheiten auf dem Netzwerk existieren. Deshalb wird häufig erst nach einer gewissen Anfangsphase auf Proof of Stake umgestellt.⁹³ Zudem ist man faktisch gezwungen, aktiv an der Erstellung neuer Blöcke teilzunehmen. Ansonsten wäre die Wahrscheinlichkeit, dass andere Teilnehmer die Transaktionsgebühr für die Erstellung neuer Blöcke erhalten, disproportional hoch und die gehaltenen Einheiten würden langfristig an Wert verlieren.⁹⁴ Dieses Konsensmodell bietet sich somit eher für private Blockchains an, bei denen ein Manipulationsversuch unwahrscheinlicher und eine ständige Systemteilnahme einfacher umzusetzen ist.⁹⁵

cc) Weitere Konsensmodelle

Daneben bestehen weitere Konsensmodelle, deren Erörterung im Einzelnen jedoch keinen Mehrwert für das Verständnis der Blockchain-Technologie

---

⁸⁶ RHdB-Kryptowerte/*Fromberger/Zimmermann* § 1 Rn. 58; *Szostek* Blockchain and the Law, S. 48; zum Begriff der Validators *Lantz/Cawrey* Mastering Blockchain, Kapitel 2.8.2.
⁸⁷ *Antonopoulos/Wood* Mastering Ethereum, Kapitel 14.2.
⁸⁸ *Scherer* Blockchain im Wertpapierbereich, S. 97; *Szostek* Blockchain and the Law, S. 48; *Laschewski* WPg 2017, 359 (361); *Franco* Understanding Bitcoin, Kapitel 14.2.1; anders *Antonopoulos/Wood* Mastering Ethereum, Kapitel 14.2, denen zufolge Anteile ausgesondert und hinterlegt werden müssen, um berücksichtigt zu werden.
⁸⁹ *Lantz/Cawrey* Mastering Blockchain, Kapitel 2.8.2; *Laschewski* WPg 2017, 359 (361); *Franco* Understanding Bitcoin, Kapitel 14.2.1.
⁹⁰ *Scherer* Blockchain im Wertpapierbereich, S. 97; *Laschewski* WPg 2017, 359 (361).
⁹¹ *Scherer* Blockchain im Wertpapierbereich, S. 97 f.; *Franco* Understanding Bitcoin, Kapitel 14.2.1.
⁹² Capaccioli/*Burlone* Criptoattività, criptovalute e bitcoin, S. 87.
⁹³ *Laschewski* WPg 2017, 359 (361 f.).
⁹⁴ *Lantz/Cawrey* Mastering Blockchain, Kapitel 2.8.2; *Franco* Understanding Bitcoin, Kapitel 14.2.1; *Laschewski* WPg 2017, 359 (361 f.); zu den weiteren Herausforderungen des Proof-of-Stake siehe *Saive* Elektronisches Konnossement, S. 131 sowie *Ren* Proof of Stake Velocity, S. 5 ff.
⁹⁵ Ähnlich auch *Scherer* Blockchain im Wertpapierbereich, S. 97.

bringt.[96] Im Ergebnis ist maßgeblich, dass die Erreichung eines Konsenses in der technischen Funktionsweise angelegt ist. Alle Netzwerkknoten müssen dadurch vertrauenswürdig agieren können.[97]

e) Network Forks

Je nach Konsensmodell kommt es zu unterschiedlich langen Verzögerungszeiten im Distributed Ledger. Desto länger die Verzögerung, desto höher die Gefahr, dass zwei Blöcke gleichzeitig verifiziert werden.[98] Beide enthalten den Hashwert des zuletzt erstellten Blocks und knüpfen an die Blockchain an, die sich dadurch in zwei Ketten teilt. Dieses Phänomen wird als *temporary forking* bezeichnet.[99] Das Netzwerkprotokoll sieht Regel vor, wie weiter zu verfahren ist; meist wird an die längste Kette angeknüpft und die kürzere Kette verwaist. Die Länge der Kette bestimmt sich dabei nicht nach der Anzahl der Blöcke, sondern nach der höchsten Gesamt-Difficulty, also danach, welche Kette mit der meisten Rechenleistung erstellt wurde.[100]

Auf ähnliche Weise können bei Update des zugrundeliegenden Netzwerkprotokolls *network forks* entstehen. Es gibt *hard forks*, bei denen zuvor ungültige Blöcke oder Transaktionen gültig gemacht werden, und *soft forks*, bei denen zuvor gültige Blöcke oder Transaktionen ungültig werden.[101] Meist wird das Netzwerkprotokoll nur im Hinblick auf kleinere technische Änderungen aktualisiert. Es kann jedoch, etwa nach einem Hackerangriff, auch politisierte Änderungsbestrebungen geben, die bei Nichttragung der Netzwerkknoten zu einer dauerhaften Teilung des gesamten Netzwerks führen

---

[96] *Saive* Elektronisches Konnossement, S. 131 ff.; *Lantz/Cawrey* Mastering Blockchain, Kapitel 2.8.3.1; *Scherer* Blockchain im Wertpapierbereich, S. 98 mwN; *Szostek* Blockchain and the Law, S. 48 mwN; *Laschewski* WPg 2017, 359 (362); ausführlich *Narayanan/Bonneau/Felten/Miller/Goldfeder* Bitcoin and Cryptocurrency Technologies, Kapitel 8; proof of Work und Proof of Stake kombinierend *Ren* Proof of Stake Velocity (passim).

[97] *Simmchen* Grundbuch ex machina, S. 79; vgl. auch *Yeow/Gani/Ahmad/Rodrigues/Ko* IEEE Access 6/2018, 1513 (1516); *Laschewski* WPg 2017, 359 (362); ähnlich *Antonopoulos/Wood* Mastering Ethereum, Kapitel 14.6.

[98] Daneben beeinflussen Kompatibilitätsprobleme durch Nutzung verschiedener Clients die Erstellung neuer Blöcke, ausführlich dazu *Low/Teo* Law, Innovation and Technology 2017, 235 (260 f.).

[99] Ausführlich *Pesch* Cryptocoin-Schulden, S. 23 f., *Voshmgir* Token Economy, S. 65 f.; *Kütük-Markendorf* Internetwährungen, S. 16, 29; diese Forks seien der distributiven Gestaltung der DLT immanent und mithin irrelevant, *Low/Teo* Law, Innovation and Technology 2017, 235 (261); demgegenüber unbedingt vermeiden wollend, um nicht das Vertrauen in das gesamte System zu erschüttern, *Wood* Ethereum Yellow Paper, S. 2.

[100] *Voshmgir* Token Economy, S. 65 f.; bezüglich Ethereum-Blockchain *Wood* Ethereum Yellow Paper, S. 13.

[101] Dazu *Voshmgir* Token Economy, S. 64 sowie *Low/Teo* Law, Innovation and Technology 2017, 235 (261 f.).

(permanent forks).[102] Diese Network Forks sind von *software forks* zu unterscheiden, bei denen der öffentlich zugängliche Programmcode kopiert und nur leicht abgeändert wird, um verbesserte Versionen einer Blockchain zu schaffen.[103] Durch Forks sind letztlich auch Hackerangriffe auf das Netzwerk als solches möglich.[104]

f) Zwischenergebnis zur Blockchain-Technologie

Die Blockchain-Technologie weist verschiedene Eigenschaften auf. Da diese aber nicht immer oder nicht für jeden Anwendungsfall vorteilhaft sind, wird hier noch viel geforscht.

2. Directed-Acyclic-Graphs-Technologie

Jüngere DLT-Konzepte beruhen auf der *directed acyclic graphs technology*.[105] Das Konzept der Directed Acyclic Graphs (DAG) stammt aus der Mathematik und beschreibt eine Form von Graphen, die aus Knoten und Kanten bestehen. Die Kanten werden als Linien oder Pfeile dargestellt und verbinden die einzelnen Knoten, wobei sie eine feste Richtung vorgeben. Der Graph ist azyklisch, wenn er in Pfeilrichtung nicht den gleichen Knotenpunkt mehrmals passiert und keine Schleifen (Zyklen) bildet.[106]

---

[102] Allgemein dazu *Voshmgir* Token Economy, S. 64; zum Begriff des Permanent Forks vgl. *Wood* Ethereum Yellow Paper, S. 3; dadurch entstehen in der Regel auch neue Formen von Kryptowährungen, sogenannte *altcoins*, vgl. ausführlich auch *Narayanan/Bonneau/Felten/Miller/Goldfeder* Bitcoin and Cryptocurrency Technologies, Kapitel 10; nach einem Hackerangriff im Jahr 2016 so geschehen bei *TheDAO*, siehe dazu *Antonopoulos/Wood* Mastering Ethereum, Appendix A.4 sowie unten § 2II.2 Fn. 135.

[103] *Voshmgir* Token Economy, S. 66.

[104] Zu den Angriffsmöglichkeiten durch Forks aus technischer Perspektive *Narayanan/Bonneau/Felten/Miller/Goldfeder* Bitcoin and Cryptocurrency Technologies, Kapitel 5.5.

[105] Zu Grenzen der Blockchain-Technologie *Khalifa/Bahaa-Eldin/Aly Sobh* ICCES Kairo 2019, S. 118 (120 ff.); *Ferraro/King/Shorten* IEEE Access 6/2018, 62728 (62735); *Kotlevets/Ivanova/Romanov/Magomedov/Nikonov/ Pavelev*, IFAC 2018, 693 (694 f.); die bekanntesten DAG-Netzwerke sind *Tangle* von IOTA, *Popov* The Tangle (passim), das Netzwerk von Nano, *LeMahieu* Nano (passim) und Hashgraph von Swirlds, *Baird* Overview of Swirlds Hashgraph (passim); siehe dazu auch *Pervez/Muneeb/Irfan/Ul Haq* ICOSST Lahore 2018, S. 27 (29 ff.).

[106] *Watanabe/Tatsuro/Ohashi/Fujimura/Nakadaira/Hidaka/Kishigami* Blockchain Atlanta, GA 2019, 220 (222); *Ferraro/King/Shorten* IEEE Access 6/2018, 62728 (62734).

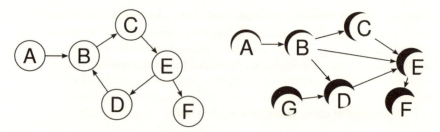

Abb. 5: Zyklischer und azyklischer Graph (Quelle: *Wikipedia* Graph (Graphentheorie), Kapitel 2.2.1)

Angewendet auf ein Peer-to-Peer-Netzwerk bildet jede Transaktion einen Graphenknoten.[107] Die Transaktion wird durch eine zeitlich nachfolgende Transaktion verifiziert, was mit den richtungsweisenden Kanten dargestellt wird. Jede Transaktion muss zwei andere, noch unbestätigte Transaktionen verifizieren, um ihrerseits verifiziert werden zu können.[108] Mit jeder Verifikation werden alle vorherigen Transaktionen erneut bestätigt. Es existieren somit mehrere Transaktionsketten.[109] Wer welche Transaktionen verifizieren muss, wird durch Zufallsalgorithmus bestimmt, der sichergestellt, dass sich die einzelnen Transaktionsketten regelmäßig kreuzen.[110] Dadurch entsteht ein ineinander verknüpfter Transaktionsstrang, vergleichbar mit einer Kordel, bei dem Transaktionsketten nicht verwaisen.[111]

Bei jeder Transaktion werden alle vorangegangenen Transaktionen geprüft, sodass keine Gefahr von Doppelausgaben besteht.[112] Verifizieren die Teilnehmer eine Transaktion nicht wahrheitsgemäß und knüpfen ihre eigene Trans-

---

[107] *Benčić/Podnar Žarko* ICDCS Wien 2018, S. 1569 (1569); ein Knoten kann auch ein Transaktionsbündel sein, das zugrundeliegende Prinzip bleibt gleich, *Khalifa/Bahaa-Eldin/Aly Sobh* ICCES Kairo 2019, 118 (122 ff.).

[108] *Ferraro/King/Shorten* IEEE Access 6/2018, 62728 (62734); *Kotlevets/Ivanova/Romanov/Magomedov/Nikonov/Pavelev*, IFAC 2018, 693 (695); *Pervez/Muneeb/Irfan/Ul Haq* Lahore 2018, 27 (29).

[109] *Benčić/Podnar Žarko* ICDCS Wien 2018, 1569 (1569).

[110] Bei Tangle bevorzugt der Algorithmus Transaktionen mit höherem akkumuliertem Gewicht, *Ferraro/King/Shorten* IEEE TAC 9/2020, 3772 (3774); *Pervez/Muneeb/Irfan/Ul Haq* ICOSST Lahore 2018, 27 (32).

[111] Bei der Blockchain werden Blöcke aufeinander gestapelt, bei der DAG-Technologie wie Mauersteine zu einem Turm gebaut; verwaiste Ketten seien Ausgangspunkt der langandauernden Konsensfindung, bei der Bitcoin-Blockchain z.B. zehn Minuten, vgl. *Benčić/Podnar Žarko* ICDCS Wien 2018, 1569 (1570); *Yeow/Gani/Ahmad/Rodrigues/Ko* IEEE Access 6/2018, 1513 (1517); da diese Gefahr bei der DAG-Technologie von vornherein nicht besteht, ermöglicht sie eine größere Skalierbarkeit, schnelle Verifizierung und geringere Transaktionsgebühren, *Pervez/Muneeb/Irfan/Ul Haq* ICOSST Lahore 2018, 27 (28).

[112] *Ferraro/King/Shorten* IEEE Access 6/2018, 62728 (62735); ähnlich *Pervez/Muneeb/Irfan/Ul Haq* ICOSST Lahore 2018, 27 (29).

aktion an eine ungültige Transaktionskette, laufen sie Gefahr, dass diese nicht verifiziert wird. Das bildet Anreiz für wahrheitsgemäße Transaktionen.[113] Ein Konsens ist nicht erforderlich, da bei Verifizierung der vorangegangenen Transaktionen indirekt die Vertrauenswürdigkeit bewiesen wird.[114]

Dieses System funktioniert nicht nur mit einzelnen Transaktionen *(transaction-based directed acyclic graphs*, TDAG), sondern auch mit Blöcken, die aus mehreren Transaktionen bestehen *(block directed acyclic graphs*, block-DAG).[115] Dann aber wird ein Konsensmechanismus doch wieder notwendig, um bei widersprüchlichen Transaktionen innerhalb eines Blocks die wirksame zu bestimmen. Anders als bei der Blockchain-Technologie kann Grundlage dafür nicht die längste Blockchain sein; es sind andere Parameter erforderlich.[116]

II. Token

Die einzelnen Einheiten auf dem Distributed Ledger werden als *token* bezeichnet.[117] Der Bestand einer Einheit (also ob ein Token existiert), aber auch die Menge der Einheiten, über die man verfügen kann (also die Menge der Token), ergeben sich aus dem *state* des Distributed Ledgers. Unter einem State wird in der Informatik der jeweils aktuell abgebildete, inhaltliche Zustand verstanden. Er bezeichnet die Sachlage darüber, wer wer ist, wer was besitzt und wer ein Recht hat, etwas zu tun.[118] Je nach technischer Ausgestaltung des Distributed Ledgers kann dieser State unterschiedlich aussehen, sodass auch das Auslesen

---

[113] *Ferraro/King/Shorten* IEEE TAC 9/2020, 3772 (3775).

[114] *Pervez/Muneeb/Irfan/Ul Haq* ICOSST Lahore 2018, 27 (29); *Yeow/Gani/Ahmad/Rodrigues/Ko* IEEE Access 6/2018, 1513 (1520); *Kotlevets/Ivanova/Romanov/Magomedov/Nikonov/Pavelev*, IFAC 2018, 693 (696).

[115] Zu den verschiedenen Ausprägungen siehe *Khalifa/Bahaa-Eldin/Aly Sobh* ICCES Kairo 2019, 118 (122 ff.).

[116] Siehe dazu z.B. *Benčić/Podnar Žarko* ICDCS Wien 2018, 1569 (1570); ähnlich wohl auch *Yeow/Gani/Ahmad/Rodrigues/Ko* IEEE Access 6/2018, 1513 (1520).

[117] *Skauradszun* AcP 221 (2021), 353 (358 f.); *Spiegel* Blockchain-basiertes virtuelles Geld, S. 11; *Kaulartz/ Matzke* NJW 2018, 3278; *Paulus* JuS 2019, 1049; *Koch* ZBB 2018, 359; MMR/*Möllenkamp/Shmatenko* Kapitel 13.6 Rn. 8; begründend *Nakamoto* Bitcoin, S. 4; differenzierender und gegenüber den Begriffen der *coins* und Krptowerte abgrenzend *Grieger/v. Poser/Kremer* ZfDR 2021, 394 (404 ff.); der Begriff Token stammt vom altenglischen Wort *tācen* (Zeichen, Symbol); im Englischen bezeichnet er heute üblicherweise münzähnliche Wertmarken von unbedeutendem Wert; dazu *Antonopoulos/Wood* Mastering Ethereum, Kapitel 10 sowie *Voshmgir* Token Economy, S. 141 f.; daneben wird der Tokenbegriff bei der Authentifizierung digitaler Transaktionen für neugenerierte Einmal-Passwörter genutzt, *Szostek* Blockchain and the Law, S. 125.

[118] *Voshmgir* Token Economy, S. 23; dieser State ist wesentlich bei der Verwaltung von Vermögenswerten und kann durch die DLT erstmals auf Basis des Peer-to-Peer-Netzwerks unverändert übertragen werden; um diesen in der DLT abgebildeten State herum ist das web3 organisiert, ebd. S. 26; zur Etablierung eines gemeinsamen, globalen State aller Teilnehmer im Rahmen der Blockchain-Technologie *Böhme/Pesch* DuD 2017, 473 (477).

der Token nicht immer gleich abläuft. Der Tokenbegriff definiert sich daher eher durch seine Funktion als Werteinheit.

Dennoch ist der Begriff des Tokens (noch) nicht einheitlich definiert. Er ist im Laufe der technologischen Weiterentwicklung entstanden und wird sehr unterschiedlich interpretiert.[119] Um für die weitere Untersuchung ein klares und einheitliches Verständnis zu gewährleisten, werden ausgehend von dieser Begriffsunsicherheit (1) die verschiedenen Definitionsversuche dargelegt (2). Anschließend wird die technische Funktionsweise erläutert (3), um auf dieser Grundlage die verschiedenen Eigenschaften der Token herauszuarbeiten (4). Abschließend wird auf die verschiedenen Tokenarten eingegangen mit dem Ziel, eine Klassifizierung für die weitere, eher zivilrechtlich ausgerichtete Untersuchung zu finden (5).

1. Technische Funktionsweise als Ausgangspunkt der Begriffsunsicherheit

Dass sich der Begriff des Tokens nicht eindeutig definieren oder abgrenzen lässt, wird besonders deutlich, wenn man sich die Unterschiede in der technischen Ausgestaltung anschaut.

Bei der Bitcoin-Blockchain ergibt sich die Menge der verfügbaren Token nur mittelbar aus den Transaktionsdaten. Entscheidend sind die UTXO, auf die ein Nutzer mit seinem Private Key zugreifen kann.[120] Damit ist ein Token bei genauerer Betrachtung nicht einmal ein Eintrag in den Transaktionsdaten, sondern nur die Einheit eines Wertes, dessen Inhaberschaft aus den einzelnen UTXO-Einträgen abgeleitet wird.[121] Andererseits ist es dadurch von vornherein fester Bestandteil eines Tokens, dass er einer Adresse im Distributed Ledger zugeordnet ist; denn die Zuordnung ist in den UTXO-Einträgen stets enthalten und den Token damit immanent.

Bei der Ethereum-Blockchain ist der State des Peer-to-Peer-Netzwerks nicht nach zeitlicher Reihenfolge der Transaktionen geordnet, sondern accountähnlich nach den Adressen der Nutzer. Jeder Account bildet im Rahmen des gesamten States einen eigenen State ab, aus dem sich ergibt, ob und wie viele Token ihm zugeordnet sind.[122] Die Inhaberschaft über einen Token wird nicht aus der Verkettung einzelner Transaktionen durch Bezugnahme auf UTXO geschlussfolgert, sondern ist direkt beim jeweiligen Nutzer abgebildet. Wird ein Token versendet, verändert die Transaktion den State der beiden beteiligten Adressen. Da sie Teil des gesamten States des Peer-to-Peer-Netzwerks sind,

---

[119] Ausführlich dazu *Grieger/v. Poser/Kremer* ZfDR 2021, 394 (404 ff.).

[120] Siehe dazu § 2I.1.c)bb).

[121] Vgl. *Gigi* Philosophical Teachings of Bitcoin, Kapitel 5; jeder UTXO gibt daher eine unterschiedliche Menge von Token an, vgl. *Antonopoulos* Mastering Bitcoin, Kapitel 6.3.1; im Ergebnis ebenso, wenn zwischen dem Eintrag und dem Eingetragenen differenziert wird, *Arndt* Bitcoin-Eigentum, S. 13.

[122] *Buterin* Ethereum White Paper, S. 13.

wird letzteres zwangsläufig mitverändert. Im Block gespeichert werden aber nur die Änderungen, da sich der unveränderte Teil des State aus den verknüpften vorherigen Blöcken ableiten lässt.[123]

Aus informationstechnischer Sicht sind Token damit nicht einmal mehr Daten und erst recht keine Wertmarken oder Münzen, die einer Adresse erst zugeordnet werden müssen.[124] Sie sind nur eine gedachte Einheit, die einen gewissen Wert wiedergibt. Ähnlich wie bei Wertmarken können Token etwas repräsentieren, sodass das Distributed Ledger den Adressen mittels Token eine gewisse Position zuordnet.[125] Je nach Ausgestaltung können sie aber auch Stimmrechte, Vermögensgegenstände, Wertrechte, Teilnahmerechte oder andere Inhalte repräsentieren, etwa Anweisungen innerhalb des Netzwerks. Ermöglicht wird das durch ein variables Datenfeld.[126] Dadurch können weitere Einheiten geschaffen werden, die nur noch durch ein entsprechendes Programm verwaltet werden müssen.[127] Im Rahmen dieser Verwaltung kann mit jeder neu definierten Einheit genauso hantiert werden wie mit den unmittelbar im Netzwerk bestehenden Token – auch sie bilden einen Wert ab und können übertragen werden, sodass es sich bei ihnen ebenfalls um Token handelt.[128] Ihren Wert erlangen Token durch Angebot und Nachfrage oder durch ihren Verwendungszweck, der nicht unbedingt eine Rechtsposition darstellen muss.[129]

---

[123] Vgl. *Buterin* Ethereum White Paper, S. 13 ff.; State der Bitcoin-Blockchain ebd. S. 5.

[124] Statt aller *Voshmgir* Token Economy, S. 42 sowie aus rechtlicher Sicht bereits *Rückert* MMR 2016, 295 (295 f.); Token demgegenüber als Daten bezeichnend z.B. *Effer-Uhe* ZZP 2018, 513 (513).

[125] *Kuntz* AcP 220 (2020), 52 (87); ähnlich *Saive* Elektronisches Konnossement, S. 135; *Antonopoulos/Wood* Mastering Ethereum, Kapitel 10; den Token dagegen als Zugangsrecht verstehend *Voshmgir* Token Economy, S. 142.

[126] *Kuntz* AcP 220 (2020), 52 (87); aus der Praxis *Radix* What is a token?; *Antonopoulos/Wood* Mastering Ethereum, Kapitel 6.5, die Token ähnlich weit verstehen, ebd. Kapitel 10, dann aber wieder zu Ether abgrenzen, ebd. Kapitel 10.6; weites Verständnis *Buterin* Ethereum, S. 19 sowie *Saive* Elektronisches Konnossement, S. 135.

[127] Dieses Programm ist der sogenannte *smart contract*, siehe dazu § 2II.3.d); zur Verwaltung von Eigentum in der Softwareentwicklung und der Blockchain-Technologie *Drescher* Blockchain Grundlagen, Schritt 6.3.

[128] Zwischen den Accounts können nur die protokolleigenen Token übertragen werden, neu geschaffene Token hingegen bedürfen stets der Verwaltung mittels Smart Contract und können allenfalls durch Smart Contracts, die den Tausch unterschiedlicher Token ermöglichen, untereinander gehandelt werden.

[129] *Kaulartz/Matzke* NJW 2018, 3278 (3278); MMR/*Möllenkamp/Shmatenko* Kapitel 13.6 Rn. 29 f.; strittig, ob aufgrund der bloßen Existenz gerade kein intrinsischer Wert besteht, *Koch* ZBB 2018, 359, 361; *Graham-Siegenthaler/Furrer* Jusletter 8. Mai 2017, Rn. 2; zum Wechselkurs von Bitcoins durch Angebot und Nachfrage *Kütük-Markendorf* Internetwährungen, S. 66; *Zickgraf* AG 2018, 293 (297); *Effer-Uhe* ZZP 2018, 513 (515); *Engelhardt/Klein* MMR 2014, 355 (356); *Djazayeri* jurisPR-BKR 6/2014, Anm. 1 (B); *Eckert* DB 2013, 2108 (2110).

Aus Gründen der Abgrenzung wird teilweise nur die zuletzt genannte Form als Token bezeichnet, wohingegen die direkt im Distributed Ledger angelegten Token *coins* sein sollen.[130] Die genaue Abgrenzung ist hier unklar[131] und die Übergänge sind spätestens dann fließend, wenn die so verstandenen Coins mittels Token tokenisiert werden.[132] Der Tokenbegriff wird daher weit verstanden und konzentriert sich auf die Funktion der Darstellung einer Werteinheit.[133]

2. Definitionsversuche

Dass mit dem Tokenbegriff viele Unsicherheiten verbunden sind, ist Folge der vielen unterschiedlichen Definitionen, die bereits im Laufe entwickelt wurden. Insbesondere zu Beginn wurden die Einträge auf dem Distributed Ledger oft noch als *coins* bezeichnet, was sich erst änderte, als sie nach Weiterentwicklung der DLT nicht nur als Geld, sondern auch zu allen möglichen sonstigen Zwecken genutzt werden konnten.[134] Erstmals unter diesen Begriff ausgegeben

---

[130] Dieses Verständnis präferierend *Grieger/v. Poser/Kremer* ZfDR 2021, 394 (404 f.); nicht gegenüber Coins, aber gegenüber Kryptowährungen abgrenzend *Arndt* Bitcoin-Eigentum, S. 53, Fn. 155; *Arndt/Tribula* Digitalisierung, S. 249 (249); die Begriffe Token und Coin stehen in einem Exklusivitäts- und nicht in einem Stufenverhältnis, vgl. *Grieger/v. Poser/Kremer* ZfDR 2021, 394 (405); aA aus der Praxis *Radix* What is a token?, die durch Verknüpfung von virtueller Maschine und Konsensprotokoll eine Anwendungsebene unmittelbar im Netzwerkprotokoll bereitstellen, wodurch *first layer DeFi* ermöglicht werden soll, siehe dazu *ders.* Radix DeFi White paper, S. 5 sowie zur technischen Funktionsweise *Cäsar/Hughues/Primero/Thornton* Cerberus (passim).

[131] Grund dafür wird u.a. sein, dass die Transaktionskosten im Ethereum-Netzwerk, die auch beim transaktionsgesteuerten Betreiben von Smart Contracts anfallen, in der Einheit des sogenannten *gas* anfallen, dieses aber mittels der protokolleigenen Token (bzw. Coins) gezahlt wird; der Preis für die erforderliche Menge an Gas wird für jede Transaktion gesondert sowie abhängig von Angebot und Nachfrage berechnet, sodass es sich um eine ganz andere Werteinheit handelt, die in funktionaler Hinsicht nicht mit den Token vergleichbar ist; dadurch kommt protokolleigenen Token mittelbar aber noch eine zweite, systemrelevante Funktion zu; dazu *Antonopoulos/Wood* Mastering Ethereum, Kapitel 6.3; vgl. auch *Wood* Ethereum Yellow Paper, S. 7 sowie *Buterin* Ethereum White Paper, S. 14.

[132] Der protokolleigene Token der Bitcoin-Blockchain kann zum Inhalt von Token im Ethereum-Netzwerk gemacht werden, z.B. *Wrapped Bitcoin* oder *tBTC*; ferner können Token technisch wie Kryptowährungen funktionieren, aber zusätzlich ein Recht des jeweiligen Inhabers gegenüber dem Emittenten repräsentieren; dies trotz eines engen Verständnisses des Tokenbegriffs einräumend *Arndt/Tribula* Digitalisierung, S. 249 (250).

[133] Ähnlich *Lehmann/Krysa* BRJ 2019, 90 (92); zum Begriff im schweizerischen Recht *Furrer/Glarner/Linder/Müller* Jusletter 26. November 2018, Rn. 2 aE; vgl. auch die Klassifizierung der International Token Standardization Association (ITSA), welche grundsätzlich das Ziel verfolgt, umfassende Marktstandards für die Identifizierung, Klassifizierung und Analyse von kryptografischen Token zu entwickeln, und zwischen sog. *ledger-native token* (ITC Code TTS41) und *non-native protocol token* (ITC Code TTS42) unterscheidet.

[134] Ermöglicht wurde das erstmals im Ethereum-Netzwerk, welches Distributed-Ledger-Einträge mit Smart Contracts verknüpfte und ihnen dadurch eine weitergehende Funktion

wurden Token im Jahr 2014. Mit Gründung der Plattform *TheDAO*[135] erhielten sie ein Gesamtvolumen 2016 von 256 Millionen US-Dollar. Die Ausgabe dieser Token erfolgte meist durch *Initial Coin Offerings*, kurz ICOs, bei denen fertig erstellte Token ähnlich wie Unternehmensanteile bei einem Börsengang verkauft werden.[136] Bis heute ist das Interesse an ICOs groß, doch das Anwendungspotenzial von Token geht weit über die Nutzung als bloße Finanzierungsmittel hinaus. Das zeigen auch die verschiedenen Legaldefinitionen, die Token recht weit und mit Blick auf ihre Wertdarstellungsfunktion definieren.[137] Mit Einführung des elektronischen Wertpapiergesetzes wurde ferner der Begriff der Kryptowertpapiere geschaffen. Auch er bezieht sich auf die Funktion als Wertpapier, meint aber Token eines DLT-basierten Kryptowertpapierregisters.[138] Der Tokenbegriff lässt sich also nicht nur anhand der technischen Ausgestaltung, sondern auch je nach Anwendungszweck unterschiedlich definieren.[139]

---

zugeteilt hat, dazu *De Filippi/Wright* Blockchain and the Law, S. 27 ff.; teilweise wird der Begriff der Coins heute ganz bewusst zur Abgrenzung gegenüber den neuen Formen der Token verwendet, siehe § 2II.1; zu den verschiedenen Arten von Token siehe § 2II.5.

[135] TheDAO gab Token aus, dessen Inhaber über einen Smart Contract Projekte zur Finanzierung vorschlagen und zur Abstimmung an alle anderen Tokeninhaber weiterleiten konnten; bei positiver Abstimmung wurden mithilfe eines weiteren Smart Contract Zahlungen an den Projekersteller geleistet, wenn bestimmte Meilensteine erreicht wurden; die durch das Projekt verdienten Ether sowie alle Gewinne und Erlöse wurden anteilig an die Tokeninhaber zurückgegeben, dazu *De Filippi/Wright* Blockchain and the Law, S. 101; zu The DAO *Spindler* RDi 2021, 309 (311 f.); *Koch* ZBB 2018, 359 (361); *Zickgraf* AG 2018, 293 (295) *Hacker/Thomale* Crypto-Securities Regulation, S. 10. Oft wird TheDAO als die erste *decentralized autonomous organization*, kurz DAO, bezeichnet; bei diesen DAOs handelt es sich um komplexe Gebilde, die auf der Grundlage von Smart Contracts existieren und dadurch eine transparente und partizipative Unternehmensführung ermöglichen, *Möslein/Omlor/Urbach* ZIP 2020, 2149 (2150); RHdB-SmartContracts/*Mann* Kapitel 17; differenzierend *Spindler* RDi 2021, 309 (311) sowie *De Filippi/Wright* Blockchain and the Law, S. 146 ff.; zu DAOs allgemein *Linardatos* Autonome und vernetzte Aktanten, S. 40 ff.; zu Smart Contracts siehe § 2II.3.

[136] *Szostek* Blockchain and the Law, S. 124; *Zickgraf* AG 2018, 293 (294); aus diesem Grund den Begriff der Token auch enger verstehend, nämlich nur dann, wenn im Rahmen eines ICOs eine Rechtsposition gegenüber einem Emittenten begründet wurde, *Arndt/Tribula* Digitalisierung, S. 249 (250); zum Ablauf eines ICOs *Koch* ZBB 2018, 359 (361); zur Abgrenzung von ICOs und DAOs *Linardatos* Autonome und vernetzte Aktanten, S. 44.

[137] So z.B. die aufsichtsrechtliche Definition des deutschen Gesetzgebers als Kryptowert, der digitale Wertdarstellungen meint, der nicht als Geld anerkannt ist, aber als Tausch- oder Zahlungsmittel akzeptiert wird oder Anlagezwecken dient, § 1 Abs. 11 S. 4 KWG (verkürzt), ergänzt mit Wirkung vom 1. Januar 2020 durch Gesetz vom 12. Dezember 2019, BGBl I 2602, Umsetzung der Änderungsrichtlinie (EU) 2018/843 vom 30. Mai 2018.

[138] § 4 Abs. 3 iVm § 2 Abs. 1 eWpG, eingeführt durch Gesetz vom 3. Juni 2021, BGBl I 1423, in Kraft getreten am 10. Juni 2021.

[139] Ähnlich *Kuntz* AcP 220 (2020), 52 (87); zur unterschiedlichen technischen Ausgestaltung § 2II.1.

Um eine umfassende rechtliche Einordnung zu ermöglichen und technologieoffen zu bleiben,[140] wird vorliegend ein weites Verständnis maßgeblich sein. Von dem Begriff des Tokens sind mithin alle Formen von Einträgen auf Distributed Ledgern erfasst: Solche, die ausschließlich zu Währungs- und Zahlungszwecken genutzt werden, sowie solche, die verschiedenste Positionen außerhalb des Distributed Ledgers repräsentieren.[141]

3. Allgemeine technische Funktionsmerkmale

Nachdem der Begriff des Tokens erhellt wurde, wird nun die technische Funktionsweise umrissen. Trotz der unterschiedlichen Ausgestaltung weisen Token allgemeingültige Merkmale auf. Dafür wird ein *bottum-up-approach* verwendet, das heißt es wird zunächst die Entstehung der Token (a)) und deren Weitergabe (b)) beschrieben, sowie wie auf Token zugegriffen werden kann (c)). Erst anschließend wird auf die weiteren Funktionen eingegangen, die durch Smart Contracts ermöglicht werden (d)) und eine ganz neue Anwendungsebene ermöglichen (e)).

a) Entstehung neuer Token

Der Eintrag auf dem Distributed Ledger kann auf unterschiedliche Art und Weise entstehen; er kann mithilfe von, aber auch ohne einen sogenannten *smart contract* ausgegeben werden.[142] Existiert ein Konsensmechanismus, sieht dieser eine Entlohnung für die Validierung vor. Diese Entlohnung erfolgt in Form von Token, die damit Teil des jeweiligen Distributed Ledgers sind. Sie sind bereits im Protokoll vorgesehen und integriert und werden daher *protocol, native, intrinsic* oder *built-in token* genannt;[143] sie sind Token erster Ebene. Daneben existieren Token auf zweiter Ebene, die nicht unmittelbar im System des Distributed Ledgers veranlagt sind, sondern lediglich auf dessen Grundlage generiert werden können.[144] Das Distributed Ledger dient lediglich dazu, den Status dieser Token zu speichern und zu verwalten.[145] Erstellt werden sie aber

---

[140] Vgl. die Bestrebungen zu einer *first layer* Anwendungsebene bei *Radix* Radix DeFi White paper (passim).
[141] Ähnlich *Voshmgir* Token Economy, S. 145.
[142] *Szostek* Blockchain and the Law, S. 127; *Voshmgir* Token Economy, S. 145; vgl. auch *Lantz/Cawrey* Mastering Blockchain, Kapitel 5.1.2.
[143] *Voshmgir* Token Economy, S. 145; vgl. auch FinTechHdB/*Siedler* § 5 Rn. 16.
[144] *Voshmgir* Token Economy, S. 146; *Kaulartz/Matzke* NJW 2018, 3278 (3279); siehe dazu auch § 2II.1.
[145] Zwischen Token erster und zweiter Ebene können Netzwerkeffekte auftreten; der Tokenwert auf zweiter Ebene hängt oft von dem erster Ebene ab, da sie z.B. zum Kauf benötigt werden; dazu *Voshmgir* Token Economy, S. 146.

auf Anwendungsebene mithilfe eines Smart Contracts.[146] Ferner können Token hybrid als eine Art Zwischenform entstehen,[147] etwa wenn wie bei den DAG-Technologien überhaupt kein Konsens erforderlich ist. Die Token sind direkt in dem Distributed Ledger angelegt, werden dort aber zur Darstellung anderer Vermögenswerte verwendet. Da sie direkt auf dem Distributed Ledger gespeichert werden, sind zur Erstellung keine Smart Contracts notwendig.[148]

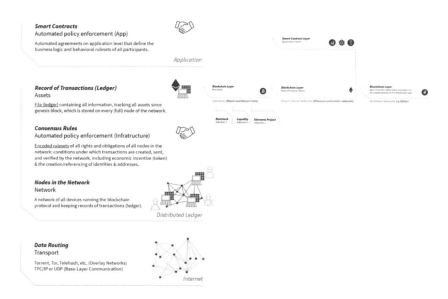

Abb. 6: Ebenen der DLT und Einordnung der Token (Quelle: *Voshmgir* Token Economy, S. 67, 149 (leicht abgewandelt))

Die Entstehung von Token ist von der Gestaltung des jeweiligen Distributed Ledgers abhängig. Da sich Token erst aus den im Distributed Ledger gespeicherten Transaktionsdaten ergeben, ist für die Entstehung von Token aber immer eine Transaktion erforderlich. Das steht der Neuentstehung von Token nicht entgegen. Token erster Ebene werden etwa im Rahmen der Coinbase-

---

[146] *Voshmgir* Token Economy, S. 146; Darstellung ebd. S. 149. Zu Smart Contracts siehe § 2II.3.b).

[147] Sogenannte *multiasset ledger token*, vgl. *Voshmgir* Token Economy, S. 146.

[148] Bei der Bitcoin-Blockchain kann bei sogenannten *colored coins* eine *asset ID* in die Transaktion eingepflegt werden, Smart Contracts sind nicht erforderlich, *Antonopoulos* Mastering Bitcoin, Kapitel 12.4.2; allgemeiner *Narayanan/Bonneau/Felten/Miller/Goldfeder* Bitcoin and Cryptocurrency Technologies, Kapitel 9.2; zu den Schwierigkeiten einer Tokeneinordnung *Voshmgir* Token Economy, S. 144.

Transaktion geschaffen,[149] wohingegen Token zweiter Ebene durch eine Transaktion an den Smart Contract ausgelöst werden.[150]

b) Weitergabe von Token

In der Regel werden Token bereits entstanden sein und nur noch zwischen den Nutzern übertragen, was mittels der auf Transaktionen ausgelegten DLT problemlos möglich ist. Dafür kann an die in den UTXO dargestellten und für den Halter des Private Keys verfügbaren Einheiten angeknüpft werden. Durch Transaktion werden diese mit einer neuen Adresse verknüpft, so dass sie nur noch für den neuen Private Key als *unspent* gelten.[151] Ein Token ist aber nicht mit einem UTXO identisch. Die im Transaktionsoutput angegebene Menge an übertragenen und bislang Unspent Token kann unterschiedlich sein.[152] Technisch muss immer am gesamten UTXO einer Transaktion angeknüpft werden. Soll nur ein geringerer Betrag an Token weitergegeben werden als derjenige, der im UTXO angegeben ist, wird die überschüssige Menge an Token zurück an die eigene Adresse geschickt. Es erfolgt immer eine Neuzuordnung aller im UTXO der vorangegangenen Transaktion angegeben Token – wenn auch teilweise an dieselbe Adresse.[153] Es kann nur einen Teil der Token weitergegeben werden, obwohl alle im UTXO angegebenen Token verwertet werden müssen.[154]

Wird ein Token durch eine Transaktion weitergegeben, die lediglich den State der beteiligten Adressen ändert, wird Inhaberschaft nicht durch Transaktions-, sondern mithilfe von Bestandsdaten abgebildet.[155] Eine Anknüpfung an ein UTXO ist hierfür nicht erforderlich, da die Transaktionen nicht verknüpft sind. Vielmehr wird durch eine zweite Nonce und durch zu zahlende Transaktionsgebühren sichergestellt, dass die Transaktion nur einmal stattgefunden hat.[156]

---

[149] Siehe § 2I.1.c).
[150] Dazu sogleich in § 2II.3.d).
[151] Siehe § 2I.1.c).
[152] Vgl. *Antonopoulos* Mastering Bitcoin, Kapitel 6.3.2.
[153] *Antonopoulos* Mastering Bitcoin, Kapitel 2.3.2, 6.3.
[154] Weitergabe eines Geldscheins gegen Wechselgeld, Beispiel bei *Antonopoulos* Mastering Bitcoin, Kapitel 2.2.3.
[155] Ausführlich und grundlegend zur Unterscheidung *Drescher* Blockchain Grundlagen, Schritt 9.5.
[156] Die Nonce ist daher essentiell für kontenbasierte Protokolle wie die Ethereum-Blockchain, dazu ausführlich mit anschaulichen Beispielen *Antonopoulos/Wood* Mastering Ethereum, Kapitel 6.2; dies als Weiterentwicklung des auf UTXO basierenden State darstellend *Buterin* Ethereum White Paper, S. 5, 13 ff.

c) Wallets

Anders als reale Wertmarken werden Token nicht an deren Inhaber ausgegeben. Sie ergeben sich aus den Einträgen im Distributed Ledger. In der *wallet file*, die jeder Tokeninhaber besitzen muss, befinden sich nur Schlüsselpaare.[157] Mithilfe dieser Schlüsselpaare lassen sich Token faktisch kontrollieren. Sie sind zur Signierung von Transaktionen zwingend erforderlich.[158] An die Wallet-Datei ist in der Regel eine Software geknüpft, mittels der alle Transaktionsbelege einsehbar sind.[159] Daraus können alle Transaktionen ermittelt werden, an denen der Public Key beteiligt ist, sodass in der Wallet ein Gesamtbestand an Token angegeben werden kann.[160]

In der Praxis wird es meist keinen Unterschied machen, ob man Zugriff auf Token oder auf Zugangsschlüssel hat. Im Ergebnis soll der Tokeninhaber mithilfe der Schlüsselpaare und der damit generierten Signatur seine Token verwalten und seine Inhaberschaft nachweisen können.[161] Bei genauerer Betrachtung, und damit auch für die rechtliche Betrachtung, ist dieser Unterschied aber von erheblicher Bedeutung: Die Token bleiben als Einträge im Distributed Ledger bestehen, auch wenn der Zugriff etwa wegen Verlusts des Schlüsselpaars verloren geht. Daher können und sollten die Schlüsselpaare nochmals an anderer Stelle gesichert werden, was aber umgekehrt nicht dazu führt, dass Token mehrmals existieren.[162] Nur weil Token einen Vermögenswert darstellen, sind sie nicht zwangsläufig Rechtsgut im Sinne des Zivilrechts.[163] Die Tatsache, dass Token nur Einträge auf einer öffentlich zugänglichen Datenbank sind und über diese nur mithilfe des Private Keys verfügt werden kann, muss unbedingt Berücksichtigung finden.[164] Die Abkehr vom zentralisierten System

---

[157] *Kütük-Markendorf* Internetwährungen, S. 24; *Antonopoulos* Mastering Bitcoin, Kapitel 5.1; zur Funktion des Schlüsselpaars bei der Verifizierung einzelner Transaktionen siehe § 2I.1.c)bb).

[158] *Voshmgir* Token Economy, S. 41; *Antonopoulos/Wood* Mastering Ethereum, Kapitel 5.1. Allerdings kann jeder Nutzer mehrere Schlüsselpaare generieren und für jede Transaktion ein neues Schlüsselpaar nutzen, *Simmchen* Grundbuch ex machina, S. 64. Umgekehrt verkörpert aber nicht jedes Schlüsselpaar auch einen Token, vgl. *Kütük-Markendorf* Internetwährungen, S. 24.

[159] Verschiedene Token, deren Funktionsweise sowie deren entsprechende Software im Überblick bei Capaccioli/*Buonora* Criptoattività, criptovalute e bitcoin, S. 74 ff.

[160] *Voshmgir* Token Economy, S. 41; mit dem Begriff Wallet ist daher oft die Software gemeint, die primäres Interface für den Nutzer ist, *Antonopoulos/Wood* Mastering Ethereum, Kapitel 5; differenzierend *Effer-Uhe* ZZP 2018, 513 (514); zur Adresse abgrenzend, Capaccioli/*Buonora* Criptoattività, criptovalute e bitcoin, S. 65; ausführlich und anschaulich zu den verschiedenen Arten von Wallets ebd. S. 65 ff.

[161] Vgl. *Antonopoulos/Wood* Mastering Ethereum, Kapitel 5.3.

[162] *Voshmgir* Token Economy, S. 42 f.

[163] *Kütük-Markendorf* Internetwährungen, S. 47.

[164] *Kütük-Markendorf* Internetwährungen, S. 48 f. identifiziert sie sogar als Bezugsobjekt; siehe aber § 2III.

zwingt hier zu einem gewissen Umdenken.[165] Letztendlich ermöglicht das im Wallet gehaltene Schlüsselpaar aber eine eindeutige Zuordnung der Token und ist damit essentiell für die Nutzung des Distributed Ledgers.

d) Smart Contracts

Ein Smart Contract ist kein Vertrag, sondern ein Wenn/Dann-Mechanismus in einem Distributed Ledger, und führt einen Vorgang nach vorgegebenen Parametern durch.[166] Obwohl eigentlich auch reguläre Transaktionen darunterfallen,[167] werden meist nur solche Algorithmen als Smart Contract verstanden, die ihrerseits eine eigene Transaktion auslösen können – und zwar mehrfach und ohne dass dafür unmittelbar menschliches Handeln erforderlich wäre.[168] Dafür ist den Smart Contracts im Distributed Ledger eine eigene Adresse zugeordnet, die anders als die regulären Adressen ohne Private Key auskommt. Außerdem sind der Adresse keine Tokenbestände zugeordnet, sondern ein programmierter Code. Dieser wird von einer DLT-eigenen virtuellen Maschine ausgeführt.[169] Mangels Private Key kann der Smart Contract keine Transaktionen initiieren, die das Distributed Ledger unmittelbar verändern. Mithilfe des dahinterstehenden Algorithmus kann er aber Token einsammeln und ausgeben, Daten aufzeichnen sowie Informationen verarbeiten. Dabei wird er von jedem Netzwerkteilnehmer lokal – und damit dezentral – ausgeführt. Resultierende Veränderungen werden dann über den Smart Contract im Distributed Ledger gespeichert, sodass Smart Contracts letztlich nur Transaktionen zweiter Ebene auslösen. Praktisch können damit aber zum Beispiel Unterschriften verifiziert,

---

[165] *Antonopoulos/Wood* Mastering Ethereum, Kapitel 5.1.

[166] RHdB-Kryptowerte/*Fromberger/Zimmermann* § 1 Rn. 62; FinTechHdB/*Siedler* § 5 Rn. 11; *Antonopoulos/ Wood* Mastering Ethereum, Kapitel 7.1; *Hacker/Thomale* Crypto-Securities Regulation, S. 9; begründend *Szabo* Smart Contracts (passim); *Heckelmann* NJW 2018, 504 (504) setzt sogar nur manipulationssichere Speicherung voraus; technologieneutrale Definition auch RHdB-SmartContracts/*Braegelmann/Kaulartz*, Kapitel 1 Rn. 25, 29; *Kaulartz/Heckmann* CR 2016, 618 (618); anders *Finck* Smart Contracts, S. 1 (4); Überblick *Hofmann* Smart Contracts, S. 125 (127 f.); RHdB-SmartContracts/ *Braegelmann/ Kaulartz*, Kapitel 1 Rn. 9 ff.; *Möslein* ZHR 2019, 254 (260 f.) mwN; *Szostek* Blockchain and the Law, S. 112 ff.; technologisch handelt es sich um eine kryptographische Box, die einen Wert enthält, aber nur unter gewissen Bedingungen freischaltet, *Buterin* Ethereum, S. 13.

[167] So *Arndt* Bitcoin-Eigentum, S. 33 sowie *Pesch* Cryptocoin-Schulden, S. 29 f., wonach Smart Contracts lediglich die Bedingungen der Transaktionen erweitern; ein solches Verständnis ist nicht falsch, vereinfacht die Unterschiede zwischen bloßen Transaktionen und Smart Contracts mit eigenem Contract Account aber zu stark.

[168] Sog. funktionsbeschreibender Definitionsansatz nach *Linardatos* Autonome und vernetzte Aktanten, S. 39.

[169] *Antonopoulos/Wood* Mastering Ethereum, Kapitel 1.6; bei der Ethereum-Blockchain ist das die *Ethereum Virtual Machine* (*EVM*); sie ist *firmware*, also dezentrales steuerndes Betriebssystem, und unabdingbar für *hard*- und *software*, da sie diese überhaupt erst zum Laufen bringt; anschaulich insoweit *Paulus* FS Schmidt II, S. 119 (124).

Abstimmungen aufgezeichnet oder neue Governance-Systeme implementiert werden.[170]

Der Smart Contract wird ausgeführt, wenn eine Transaktion an die Adresse des Smart Contracts gesendet wird. Auch Smart Contracts können Transaktionen initiieren.[171] Die Transaktion beinhaltet nicht nur Absender, Empfänger und eine bestimmte Tokenmenge, sondern auch ein Datenfeld, in dem weitere Informationen enthalten sein können.[172] Der Smart Contract wird nur ausgeführt, wenn die Transaktion auch vollständig abgeschlossen werden konnte; schlägt sie fehl, wird sie als versucht verbucht, hat aber keine Auswirkungen auf den Smart Contract oder auf einen etwaigen rechtlichen Zustand.[173] Smart Contracts können durch Transaktionen weitere Smart Contract aufrufen, lassen sich also unterschiedlich zusammensetzen.[174] Ferner können Smart Contracts durch Schnittstellen, sogenannte *oracles*, externe Ereignisse miteinbeziehen und an die Realität anknüpfen.[175] Definiert ein Smart Contract verschiedene Rechte, die dem Inhaber bei Vorliegen aller Parameter zustehen, ist er in der Lage, eigene Token zu generieren, und wird daher auch *token contract* genannt.[176]

Programm und Durchführung der Smart Contracts sind von allen teilnehmenden Netzwerkknoten einsehbar, sodass die Funktionsweise transparent nachvollziehbar ist.[177] Die Kosten der Durchführung eines Smart Contracts sind wegen ihrer Dezentralität gering, werden aber berechnet, um eine missbräuchliche übermäßige Nutzung zu vermeiden. Das stellt Sinnhaftigkeit und

---

[170] Vgl. *De Filippi/Wright* Blockchain and the Law, S. 28 f.; zu regulären *externally owned accounts* abgrenzend *Antonopoulos/Wood* Mastering Ethereum, Kapitel 1.6.

[171] Sog. *pull transaction*, die z.B. durch Token-Standard ERC-777 ermöglicht wird, *Lantz/Cawrey* Mastering Blockchain, Kapitel 5.2.3; zur Initiierung des Smart Contracts *Antonopoulos/Wood* Mastering Ethereum, Kapitel 7.2; *Kaulartz/Matzke* NJW 2018, 3278 (3279); Transaktion zur *contract creation*, die die Adresse des Smart Contracts anlegt, *Wood* Ethereum Yellow Paper, S. 4 sowie *Antonopoulos/Wood* Mastering Ethereum, Kapitel 6.6.

[172] *De Filippi/Wright* Blockchain and the Law, S. 28.

[173] *Antonopoulos/Wood* Mastering Ethereum, Kapitel 7.2; ähnlich *Finck* Smart Contracts, S. 1 (4) sowie *Kaulartz/Heckmann* CR 2016, 618 (619).

[174] *Antonopoulos/Wood* Mastering Ethereum, Kapitel 7.6.11; dadurch können *distributed apps*, abgekürzt *DApps* (dazu sogleich), aber auch ganze Unternehmen entstehen, die als DAOs bezeichnet werden, *Heckelmann* NJW 2018, 504 (505); auch *Möslein/Omlor/Urbach* ZIP 2020, 2149 (2150); zu DAOs siehe § 2II.3.e) Fn. 185.

[175] *Heckelmann* NJW 2018, 504 (505); *Kaulartz/Heckmann* CR 2016, 618 (620); zustimmend *Möslein* ZHR 2019, 254 (261); zu Oracles *Antonopoulos/Wood* Mastering Ethereum, Kapitel 11; *Voshmgir* Token Economy, S. 92 f.

[176] *Voshmgir* Token Economy, S. 142.

[177] *Möslein/Omlor/Urbach* ZIP 2020, 2149 (2150); ähnlich *Kaulartz/Heckmann* CR 2016, 618 (619).

Seriosität der Smart Contracts sicher.[178] Denn der Code des Computerprogramms ist unveränderbar auf dem Distributed Ledger gespeichert und kann nur gelöscht werden, wenn diese Option bei der Programmierung vorgesehen wurde. Auch bei Löschung bleibt die Transaktionshistorie erhalten, da die Ausführung des Smart Contracts lediglich gestoppt wird.[179]

Der Smart Contract dient also mehr der Rechtsdurchsetzung als der Rechtsgestaltung.[180] Der dem Smart Contract zugrundeliegende Vertrag sollte für die rechtliche Einordnung berücksichtigt werden. Der Token ist nur das technologische Tool, das die Rechtsposition vermittelt. Die Rechtsposition des Inhabers wird nach wie vor durch den Vertrag und das darauf anwendbare Recht bestimmt. Für den Zweck der hier zu untersuchenden Fragestellungen wird vorausgesetzt, dass derartige Smart Contracts auf einem Vertrag nach deutschem Recht beruhen.[181]

e) Anwendungen auf Grundlage der DLT

Ein Smart Contract kann mit einem Web User Interface verknüpft werden, also mit einer Darstellung von Webinhalten, die via Internet generiert werden und vom Benutzer mit einer Browsersoftware einsehbar sind. Dabei handelt es sich um das für den Nutzer sichtbare *frontend*. Wegen der durch den Smart Contract geschaffenen Verknüpfung zum Distributed Ledger ist die Webanwendung ist aber nicht auf einem einzelnen Server, sondern dezentral gespeichert.[182] Das Frontend verändert sich nicht, wohl aber die technische Struktur und die Logistik im Hintergrund, das *backend*. Dadurch entsteht eine neue Form von Anwendungen, die *distributed apps* oder auch *DApps* genannt werden. Sie ermöglichen die Begründung neuer oder die Übertragung bestehender Inhaberpositionen – die vom Smart Contract als Token ausgegeben und in das Distributed Ledger übertragen werden.[183]

---

[178] *De Filippi/Wright* Blockchain and the Law, S. 29; *Hacker/Thomale* Crypto-Securities Regulation, S. 9 f. Im Ethereum-Netzwerk werden diese Bearbeitungsgebühren anhand der tatsächlich notwendigen Rechenleistung in der Einheit *gas* berechnet, dazu ebd. S. 10 mwN sowie *Wood* Ethereum Yellow Paper, S. 7.

[179] *Antonopoulos/Wood* Mastering Ethereum, Kapitel 7.2; vgl. auch *Cai/Wang/Ernst/Hong/Feng/Leung* IEEE Access 2018, 53019 (53021).

[180] *Hofmann* Smart Contracts, S. 125 (127); anschauliches Beispiel bei *Tepper* People's Money Bitcoin, S. 49.

[181] *Szostek* Blockchain and the Law, S. 127 f.

[182] Zu Anwendungsmöglichkeiten ohne zweites *layer*, die unmittelbar auf dem Distributed Ledger ausgeführt werden, *Narayanan/Bonneau/Felten/Miller/Goldfeder* Bitcoin and Cryptocurrency Technologies, Kapitel 11.2.

[183] *Antonopoulos/Wood* Mastering Ethereum, Kapitel 1.8; durch DApps werden Webanwendungen vollständig dezentralisiert, *web3* als neue Form des Internets; dazu *Antonopoulos/Wood* Mastering Ethereum, Kapitel 1.9, 12.6; *Cai/Wang/Ernst/Hong/Feng/Leung* IEEE

Hohes Potenzial versprechen DApps derzeit insbesondere im Finanzbereich, wo sie unter dem Stichwort *Decentralized Finance* oder *DeFi* zusammengefasst werden.[184] Auf lange Sicht sollen DApps aber Grundlage für selbständige Gesellschaften, sogenannte *decentralized autonomous organizations* oder auch DAOs, sein. Gesteuert werden diese durch Regeln, die als Smart Contracts codiert sind und dadurch Transparenz und Dezentralität gewährleisten.[185] Es wurden bereits virtuelle Welten geschaffen, mit eigener Wirtschaft für digitale Güter.[186]

Für die Nutzung von DApps sind die Wallets wichtig, da die DApps aufgrund ihrer Dezentralität ansonsten nicht auf die einzelnen Inhaberpositionen im Distributed Ledger Bezug nehmen könnten. Erst die Wallets stellen die Verknüpfung zu den Token her und stellen daher die mit dem Distributed Ledger interagierende Komponente der DApps dar.[187]

4. Eigenschaften von Token

Token unterscheiden sich nicht nur in ihrer technischen Entstehungsweise, sondern auch in ihren Charakteristika. Da letztlich alles *tokenisiert* werden kann, können Token nicht nur sich selbst, sondern jeden Vermögensgegenstand und jegliches Recht der bestehenden Wirtschaft verkörpern, sodass sie auch ganz unterschiedliche Eigenschaften mit sich bringen.[188]

Access 2018, 53019 (53021); *Voshmgir* Token Economy, S. 21 ff.; rechtlich *Heckelmann* NJW 2018, 504 (505); *Möslein/Omlor/Urbach* ZIP 2020, 2149 (2150).

[184] Zu DeFi allgemein statt aller *Popescu* SSERR 2020, 321 (passim); *Grigo/Hansen/Patz/v. Wachter* Decentralized Finance (passim); in die technischen *layer* einordnend ebd. S. 8 f.; Vorteil sei die legoähnlichen Zusammensetzbarkeit, *Popescu* SSERR 2020, 321 (328 f.); erstmals in Grundzügen *Buterin* Ethereum White Paper, S. 19 ff.

[185] Ausführlich zu DAOs *Linardatos* Autonome und vernetzte Aktanten, S. 40 ff.; zu ihren Eigenschaften mit Vorschlägen *Cai/Wang/Ernst/Hong/Feng/Leung* IEEE Access 2018, 53019 (53021, 53024 f.) mwN.

[186] Die derzeit bekannteste virtuelle Welt ist *Decentraland*, dessen ursprüngliche Idee es war, zu beweisen, dass Eigentum an digitalen Immobilien auf einer Blockchain möglich sei; dafür wurden digitale Vermögenswerte für die Güter sowie für Zahlungsmittel eingeführt, *Ordano/Meilich/Jardi/Araoz* Decentraland White Paper (passim); nicht zu verwechseln mit der ersten virtuellen Welt *Second Life*, die nicht dezentral auf DLT-Basis funktioniert.

[187] *Voshmgir* Token Economy, S. 30 f.; zur Bedeutung der Wallets für die Verwaltung der Token bereits *Kütük-Markendorf* Internetwährungen, S. 23 f.; *Antonopoulos/Wood* Mastering Ethereum, Kapitel 5.1 sowie *Lantz/Cawrey* Mastering Blockchain, Kapitel 2.5.2 mit weiteren Erläuterungen zu den verschiedenen Arten von Wallets.

[188] *Voshmgir* Token Economy, S. 41; vgl. auch *Kuntz* AcP 220 (2020), 52 (87); *Bialluch-v. Allwörden/v. Allwörden* WM 2018, 2118 (2118). Grundlegend bereits in Bezug auf sogenannte *colored coins*, die es auf der Bitcoin-Blockchain gibt, *Antonopoulos* Mastering Bitcoin, Kapitel 12.4.

a) Austauschbarkeit

Dass Token auf mehreren Ebenen existieren, zeigt, dass bereits aus technischer Perspektive Unterschiede bestehen, die Ausgangspunkt für eine Klassifizierung sein können. Von der technischen Perspektive unabhängig ist hingegen die Einordnung von Token in *fungible* oder *non-fungible*, also in vertretbar oder unvertretbar.[189] Ein Token ist vertretbar, wenn er durch einen anderen ersetzt werden kann, ohne dass er sich in seinem Wert oder seiner Funktion ändert. So wie reale Gegenstände nie vollständig identisch sein werden, sind auch Token aus technischer Sicht stets individualisierbar, da die Transaktionshistorie jederzeit zurückverfolgt werden kann. An der Einordnung als vertretbare Token ändert dies nichts. Es geht bei vertretbaren Gegenständen gerade darum, dass diese nur wegen ihren ähnlichen Eigenschaften miteinander austauschbar sind.[190] Demgegenüber sind unvertretbare Token einmalig – entweder weil sie ein einmaliges körperliches Objekt repräsentieren oder aber weil sie ein Unterscheidungsmerkmal gegenüber anderen Token der gleichen Art beinhalten, dargestellt etwa durch eine eigene ID. Sie werden als *non-fungible token* (NFTs) bezeichnet[191] und sind auch dann nicht austauschbar, wenn sie Teil desselben Distributed Ledgers sind.[192]

b) Konkrete Ausgestaltung

Zudem können Token unterschiedliche Rechte repräsentieren, was ebenfalls eine unterschiedliche Einordnung ermöglicht. Token, die ein vollwertiges Eigentum verkörpern, können ganz anders ausgestaltet sein als solche, die nur Zugangsrechte ermöglichen. Auch ergeben sich – nicht zuletzt wegen der unterschiedlichen Rechtspositionen – Unterschiede hinsichtlich Übertragbarkeit, Wiederverwertbar- und -verwendbarkeit sowie Gültigkeitsdauer.[193] Je nachdem mit welchen Rechtspositionen die Token verknüpft sind, können zudem mehrere Parteien involviert sein. Das erhöht das Risiko, dass eine der Parteien ausfällt. Obwohl DLT ohne Intermediäre funktioniert, bestehen Intermediäre aufgrund der Verknüpfung mit einer Rechtsposition außerhalb des Distributed Ledgers.[194]

---

[189] *Lantz/Carey* Mastering Blockchain, Kapitel 5.1.1.

[190] Ähnlich *Antonopoulos/Wood* Mastering Ethereum, Kapitel 10.2, der darauf hinweist, dass Token niemals vollständig austauschbar sein können; siehe dazu auch § 3I.3

[191] Besondere Beachtung bekamen NFTs, weil sie mit verschiedensten Dingen verknüpft und für Preise in Millionenhöhe verkauft wurden, z.B. der NFT des Werkes *Everydays. The First 5000 Days* des Digitalkünstlers *Beeple*, im Februar 2021 vom Auktionshaus *Christie's* für 42.329,453 ETH (Gegenwert: 69,3 Millionen US-Dollar) versteigert; dazu § 2II.5.d).

[192] *Lantz/Carey* Mastering Blockchain, Kapitel 5.1.1; *Antonopoulos/Wood* Mastering Ethereum, Kapitel 10.2.

[193] Ausführlich dazu *Voshmgir* Token Economy, S. 145 ff.

[194] *Antonopoulos/Wood* Mastering Ethereum, Kapitel 10.3.

c) Zwecksetzung

Token können nicht nur Vermögenswerte oder Zugangsrechte darstellen, sondern auch dafür genutzt werden, um Anreize für ein individuelles Verhalten zu setzen. Die Token dienen dann als Entlohnung und Nachweis zugleich und können eine neue Form der Wertschöpfung schaffen. In erster Linie sind sie aber notwendige Voraussetzung für die dezentrale, kollektiv verwaltete Infrastruktur.[195]

d) Begrenzung der Gesamtzahl

Die anvisierte Nutzung ist maßgeblich dafür, ob die Gesamtzahl der Token begrenzt oder unbegrenzt und ob deren Wert fest oder variabel ist. Soll ein Token beispielsweise als Geld- oder Wertpapierersatz fungieren, wird die Anzahl in der Regel begrenzt, der Wert hingegen variabel sein, um eine Wertsteigerung zu ermöglichen. Token, die ein Zugangsrecht darstellen sollen, sind meist auf die maximal erbringbare Kapazität des jeweiligen Dienstleistungsanbieters begrenzt. Hier ist allerdings zu differenzieren: Nur die wenigsten Token sind vollkommen unbegrenzt; in der Regel ist die Ausschüttung konvergierend. Zwar ist eine Maximalanzahl festgelegt und die Neuausschüttung wird immer geringer. Diese Verringerung kann entweder durch eine logarithmische Funktion vorgegeben sein oder sich an der aktuellen Wertentwicklung orientieren.[196] In beiden Fällen nähert sich die Zahl der bestehenden Token immer mehr der festgelegten Maximalanzahl, diese aber nie erreicht.[197] Daneben gibt es Token, für die keine Maximalanzahl festgelegt ist. Dadurch ist die Gesamtzahl unbegrenzt, meist sind diese aber ebenfalls durch eine geringer werdende Neuausschüttung oder durch die bewusste Vernichtung einzelner Token

---

[195] *Voshmgir* Token Economy, S. 126.

[196] *Voshmgir* Token Economy Report, Kapitel 1.2.7.

[197] Ein Beispiel ist die *supply*-Funktion der Bitcoin-Blockchain, aufgrund der sich die Zahl der neu ausgeschütteten Bitcoin-Token nach jeweils 210 000 Blöcken halbiert. Da derzeit eine Teilung der Bitcoins nur bis zur achten Dezimalstelle vorgesehen ist, liegt die maximale Anzahl bei knapp unter 21 Millionen Token, da dann eine weitere Teilung des als Entlohnung ausgegebenen Bitcoins nicht mehr möglich ist. 2009 startete die Blockchain mit einem sogenannten *mining reward* von 50 Bitcoins, der sich 2012 erstmals auf 25 Bitcoins, 2016 dann auf 12,5 Bitcoins und zuletzt am 11. Mai 2020 auf 6,25 Bitcoins halbierte. Es dauert also durchschnittlich etwa vier Jahre, bis 210 000 Blöcke generiert wurden, sodass der letzte Token voraussichtlich nicht vor dem Jahr 2140 ausgegeben wird. Zwar ist es grundsätzlich möglich, das zugrundeliegende Blockchain-Protokoll zu ändern, doch können auch nach vollständiger Ausschüttung aller Bitcoins nach wie vor Transaktionsgebühren verlangt werden, sodass eine Änderung nicht zwingend notwendig sein wird. Dazu *Khalifa/Bahaa-Eldin/Aly Sobh* ICCES Kairo 2019, S. 118 (120); *Franco* Understanding Bitcoin, Kapitel 7.4.1 sowie *Hayes* What Happens to Bitcoin After All 21 Million Are Mined? (passim); allgemein dazu *Lantz/Carey* Mastering Blockchain, Kapitel 5.1.2.

begrenzt.¹⁹⁸ Je nach Anwendungsmöglichkeit ist aber nicht ausgeschlossen, dass in Zukunft auch Token mit unbegrenzter Gesamtzahl existieren.¹⁹⁹

5. Arten von Token

Die unterschiedlichen Eigenschaften der einzelnen Token verlangen nach einer Kategorisierung. Hier befindet sich die Entwicklung noch stark im Fluss; Kriterien, die heute sachgerecht erscheinen, müssen möglicherweise wieder an neue Anwendungsfälle angepasst werden.²⁰⁰ Trotzdem kann eine Einordnung in verschiedene Arten im Sinne eines *trial and error* zur Strukturierung beitragen und zum Auffinden der besten Lösung helfen.

Insbesondere die Weiterentwicklung von Token, die nur auf erster Ebene existieren, hin zu Token auf zweiter Ebene, die die Nutzung von Smart Contracts ermöglichen, hat zu einem explosionsartigen Anstieg der Gestaltungsmöglichkeiten von Token geführt.²⁰¹ Einer der Mitentwickler unterteilt Token in *currency, resource, asset, access, equity, voting, collectible, identity, attestation* und *utility token*,²⁰² was die Vielzahl der Anwendungsmöglichkeiten verdeutlicht. Letztlich kommt es auf die Ausgestaltung im Einzelfall an, keine Unterteilung kann alle Arten von Token sachgerecht erfassen.²⁰³ Bislang werden Token daher meist nur anhand ihrer drei bedeutsamsten Anwendungsmöglichkeiten unterteilt.²⁰⁴ Insoweit scheint sich die im Folgenden beschriebene Begriffsverwendung herauszukristallisieren.²⁰⁵

---

[198] So z.B. die Token der Plattform *Ethereum*, die als *Ether* bezeichnet werden; zu Deflationsmechanismen durch sogenanntes *burning* siehe *Höhlein/Weiß* RdF 2019, 116 (121).
[199] Ebenso *Voshmgir* Token Economy Report, Kapitel 1.2.7.
[200] Treffend *Voshmgir* Token Economy, S. 144; Überblick etwa bei *Simmchen* MMR 2017, 162 (passim).
[201] Zu den verschiedenen technischen Ebenen siehe § 2II.3.a).
[202] *Antonopoulos/Wood* Mastering Ethereum, Kapitel 10.1.
[203] *Koch* ZBB 2018, 359 (361 Fn. 9); ähnlich *Lukas* Zivilrechtliche Probleme um digitale Token, S. 5, 13.
[204] MMR/*Möllenkamp/Shmatenko* Kapitel 13.6 Rn. 9; vgl. RHdB-Kryptowerte/*Fromberger/Zimmermann* § 1 Rn. 68; ähnlich *Blockchain Bundesverband* Regulierung von Token, S. 10; sog. funktionaler Ansatz laut *Hacker/Thomale* Crypto-Securities Regulation, S. 12.
[205] *Blockchain Bundesverband* Regulierung von Token, S. 11; *SMSG* Advice to ESMA, Rn. 14; vgl. auch *Höhlein/Weiß* RdF 2019, 116 (116); *Hanten/Sacarcelik* RdF 2019, 124 (124 f.); *Kaulartz/Matzke* NJW 2018, 3278 (3279); *Koch* ZBB 2018, 359 (361) mwN; *Zickgraf* AG 2018, 293 (296); begründend *Hacker/Thomale* Crypto-Securities Regulation, S. 12 f.; anders Erwägungsgrund 9 des Vorschlags für eine Verordnung des Europäischen Parlaments und des Rates über Märkte für Kryptowerte und zur Änderung der Richtlinie (EU) 2019/1937, COM(2020) 593 final vom 24. September 2020, zuletzt am 2. September 2023 abgerufen unter https://eur-lex.europa.eu/resource.html?uri=cellar:f69f89bb-fe54-11ea-b44f-01aa75ed71a1.0022.02/DOC_1&format=PDF, S. 20.

a) Currency Token

Kryptowährungen, die als Zahlungsmittel verwendet werden und eine Wertaufbewahrungs- und eine Bezahlfunktion aufweisen, werden als *currency* oder *payment token* bezeichnet.[206] Da sie keinerlei Forderung oder Vermögenswert repräsentieren, sind sie auch außerhalb des Distributed Ledgers der ausgebenden Plattform einsetzbar und ähnlich universell wie Geld.[207] Sie werden daher auch als *coins* bezeichnet[208] und sind in der Regel Token erster Ebene, die ihren Wert allein durch Angebot und Nachfrage erhalten.[209] Dadurch unterliegen sie Kursschwankungen, weshalb sie oft als Anlageinstrumente genutzt werden.[210] Es gibt aber auch sogenannte *stable coins*, deren Kurs sich an dem einer anerkannten Währung orientiert.[211] Dadurch wird der Currency Token aber mit einem Objekt aus der realen Welt verknüpft, weshalb er auch als *asset backed token* bezeichnet wird.[212] Noch in der Entwicklung befinden sich die sogenannten *Central Bank Digital Currencies*, kurz CBDCs, bei denen Zentralbankgeld auf DLT-Basis tokenisiert werden soll.[213] In der Regel sind Currency Token keine Contract Token, sondern werden entweder als Entlohnung im Verifikationsprozess ausgegeben oder als neue Kryptowährung im Rahmen eines ICOs angeboten.[214]

b) Utility Token

Stehen Produkte oder Dienstleistungen im Vordergrund, die bei Innehaben der Token genutzt werden können, handelt es sich um *utility token*. Sie gleichen

---

[206] *Hanten/Sacarcelik* RdF 2019, 124 (124); *Kaulartz/Matzke* NJW 2018, 3278 (3279); *Bialluch-v. Allwörden/v. Allwörden* WM 2018, 2118 (2119); *Zickgraf* AG 2018, 293 (296); ähnlich auch FinTechHdB/*Siedler* § 5 Rn. 16, der die Currency Token wegen ihrer inzentivierenden Funktion allerdings als Native Token bezeichnet.

[207] *Höhlein/Weiß* RdF 2019, 116 (120); *Koch* ZBB 2018, 359 (361).

[208] *Koch* ZBB 2018, 359 (361); vgl. auch *Kuntz* AcP 220 (2020), 52 (87 Fn. 152).

[209] *Kaulartz/Matzke* NJW 2018, 3278 (3279); *Koch* ZBB 2018, 359 (361); am Beispiel von Bitcoins *Lukas* Zivilrechtliche Probleme um digitale Token, S. 6 Fn. 32; von einer Wertbemessung durch Nutzerzahl ausgehend *Graham-Siegenthaler/Furrer* Jusletter 8. Mai 2017, Rn. 2; ähnlich differenzierend RHdB-Kryptowerte/*Fromberger/Zimmermann* § 1 Rn. 70, wenn sie vom Regelfall der Currency Token sprechen, die von keiner zentralen Instanz ausgegeben werden, sondern auf einer eigenen, dezentralen Blockchain ohne zentrale Gegenpartei existieren.

[210] *Hanten/Sacarcelik* RdF 2019, 124 (124); ähnlich *Weitnauer* BKR 2018, 231 (232).

[211] *Lukas* Zivilrechtliche Probleme um digitale Token, S. 6; vgl. auch ebd. S. 9.

[212] RHdB-Kryptowerte/*Fromberger/Zimmermann* § 1 Rn. 76.

[213] Siehe dazu statt aller *Klein/Gross/Sandner* Digital Euro and the Role of DLT, S. 10 ff.; zu den aktuellen Entwicklungen weltweit ebd. S. 19 f. und in der Europäischen Union *EZB* Report on a digital euro (passim); zur Abgrenzung gegenüber Kryptowerten und Stable Coins ebd. S. 50 f. mwN.

[214] *Hacker/Thomale* Crypto-Securities Regulation, S. 12.

digitalen Gutscheinen oder berechtigen zur Nutzung bestimmter Dienste.[215] Letztlich vermitteln sie Zugang zu einem bestimmten Netzwerk und verkörpern dadurch einen funktionalen Nutzen.[216] Allerdings muss es sich nicht zwingend um ein Zugangsrecht handeln, das verkörperte Recht kann auch als Einlöse- oder Stimmrecht ausgestaltet sein.[217] Wie unterschiedlich Utility Token sein können, wird letztlich durch die Vielzahl der existierenden Utility Token verdeutlicht. Insbesondere können sie auch Rechte verkörpern, die erst in der Zukunft entstehen.[218] Gleichzeitig können sie aber auch nur im Netzwerk des Emittenten genutzt werden, sodass der einzelne Utility Token einen wesentlich engeren Anwendungsbereich als universell einsetzbare Currency Token hat.[219]

Auch Token, die Eigentumsrechte verkörpern, werden zu den Utility Token gezählt, da es sich dabei letztlich um das umfassendste Nutzungsrecht handelt. Möglich sind Utility Token für materielle und immaterielle sowie für mobile und immobile Eigentumsrechte.[220] Sie werden daher teilweise als Asset Backed Token bezeichnet und eigenständig kategorisiert.[221]

Trotz der im Vordergrund stehenden Nutzungskomponente können Utility Token auch als Investment genutzt werden.[222] Das gilt für ICOs, wo Token statt wertpapierähnlicher Unternehmensanteile nur gutscheinähnliche Nutzungsrechte für zukünftige Leistungen des Unternehmens darstellen, obwohl sie vor allem zur Startfinanzierung verkauft werden.[223] Auch im Anschluss daran werden Utility Token aufgrund ihrer Handelbarkeit auf Sekundärmärkten mit dem alleinigen Ziel, einen Gewinn zu erzielen, verkauft.[224] Demgegenüber können Utility Token auch bei einem sogenannten *airdrop* ohne Gegenleistung ausgegeben werden, etwa als kostenlose Probe, aber auch zur Entlohnung. Hier

---

[215] *Kuntz* AcP 220 (2020), 52 (87); RHdB-Kryptowerte/*Fromberger/Zimmermann* § 1 Rn. 73; *Hanten/Sacarcelik* RdF 2019, 124 (125); *Weitnauer* BKR 2018, 231 (232); *Kaulartz/Matzke* NJW 2018, 3278 (3279); *Bialluch-v. Allwörden/v. Allwörden* WM 2018, 2118 (2118).
[216] Begründend *Hacker/Thomale* Crypto-Securities Regulation, S. 12.
[217] *Blockchain Bundesverband* Regulierung von Token, S. 11.
[218] *Koch* ZBB 2018, 359 (361).
[219] *Lukas* Zivilrechtliche Probleme um digitale Token, S. 8; *Kaulartz/Matzke* NJW 2018, 3278 (3279); *Bialluch-v. Allwörden/v. Allwörden* WM 2018, 2118 (2119); zur Abgrenzung *Höhlein/Weiß* RdF 2019, 116 (120).
[220] Vgl. etwa KODAKCoin zur Verkörperung von Urheber-, Nutzungs- und Vergütungsrechten, *Lukas* Zivilrechtliche Probleme um digitale Token, S. 10.
[221] So etwa *Möslein/Omlor/Urbach* ZIP 2020, 2149 (2150) sowie *Kaulartz/Matzke* NJW 2018, 3278 (3279), der jedoch einräumt, dass Asset Backed Token regelmäßig auch Elemente eines Utility Token beinhalten.
[222] *Höhlein/Weiß* RdF 2019, 116 (116); *Lukas* Zivilrechtliche Probleme um digitale Token, S. 8; *Bialluch-v. Allwörden/v. Allwörden* WM 2018, 2118 (2118); *Hacker/Thomale* Crypto-Securities Regulation, S. 13.
[223] *Koch* ZBB 2018, 359 (361) mit Erläuterungen zum Ablauf eines ICOs.
[224] *Hacker/Thomale* Crypto-Securities Regulation, S. 13.

zeigt sich, dass die Nutzung als Anreiz für individuelles Verhalten nicht den Currency Token oder Token erster Ebene vorbehalten ist.[225]

c) Investment Token

Wenn mit Token Geschäftsanteile, Wertpapiere oder Vermögensanlagen abgebildet werden, spricht man von *investment token*[226] oder enger von *security* oder *equity token*.[227] Equity Token umfassen nur Geschäftsanteile,[228] die bislang mangels entsprechender Regelungen nur rein virtuell existieren und insbesondere keine Aktien darstellen. Dennoch berechtigen Equity Token meist zur Stimmabgabe, verkörpern also Stimmrechte innerhalb der digitalen Gesellschaft.[229] Paradebeispiel sind Equity Token an DAOs,[230] aber auch reale Gesellschaftsanteile können grundsätzlich abgebildet werden, wenn der Rechtsrahmen die Möglichkeit dafür eröffnet.[231] Repräsentieren Token hingegen anerkannte Wertpapiere oder Vermögensanlagen, dienen sie eher Kapitalanlagezwecken. Sie werden Security Token genannt und müssen, wie auch die Wertpapiere oder Vermögensanlagen selbst, regulatorisch überwacht werden.[232]

In beiden Fällen begründen Token gesellschafterähnliche Rechte für den Investor, auch Ansprüche auf eine Beteiligung am Ergebnis. Damit sind sie ein mit den herkömmlichen Wertpapieren vergleichbares Anlageinstrument.[233] Einzelne Eigenschaften von Wertpapieren, Gesellschafteranteilen und Finanzierungsinstrumenten können freihändig miteinander verknüpft werden.[234] Aus Sicht des Emittenten stellen sie, anders als reine Utility Token, eine Möglichkeit zur unmittelbaren Finanzierung dar, eigen- oder fremdkapitalnah

---

[225] Vgl. *Lantz/Carey* Mastering Blockchain, Kapitel 5.1.3; *Höhlein/Weiß* RdF 2019, 116 (120 f.); zur Zwecksetzung von Token siehe § 2II.4.c).

[226] RHdB-Kryptowerte/*Fromberger/Zimmermann* § 1 Rn. 71; *Zickgraf* AG 2018, 293 (295 ff.).

[227] *Hanten/Sacarcelik* RdF 2019, 124 (125); *Koch* ZBB 2018, 359 (361); zu befürworten ist aber die Differenzierung von RHdB-Kryptowerte/*Fromberger/Zimmermann* § 1 Rn. 72.

[228] RHdB-Kryptowerte/*Fromberger/Zimmermann* § 1 Rn. 72; zu DAOs siehe § 2II.2 und § 2II.3.e).

[229] *Kaulartz/Matzke* NJW 2018, 3278 (3279); ähnlich *Möslein/Omlor/Urbach* ZIP 2020, 2149 (2150).

[230] *Hacker/Thomale* Crypto-Securities Regulation, S. 13.

[231] *Kaulartz/Matzke* NJW 2018, 3278 (3279); zust. *Lukas* Zivilrechtliche Probleme um digitale Token, S. 12.

[232] *Kaulartz/Matzke* NJW 2018, 3278 (3279); anders *Kuntz* AcP 220 (2020), 52 (87), der hierin nur den typischen Anwendungsfall sieht; *Weitnauer* BKR 2018, 231 (232 f.) nutzt den Begriff synonym für Investment Token.

[233] *Blockchain Bundesverband* Regulierung von Token, S. 11; ähnlich RHdB-Kryptowerte/*Fromberger/Zimmermann* § 1 Rn. 72; weit weniger spekulativ als Currency Token, *Hanten/Sacarcelik* RdF 2019, 124 (125).

[234] *Lukas* Zivilrechtliche Probleme um digitale Token, S. 9.

ausgestaltet.²³⁵ Als Weiterentwicklung zu ICOs gibt es dafür inzwischen *Security Token Offerings*, kurz STOs, bei denen Security Token unter Einhaltung der kapitalmarktrechtlichen Vorschriften ausgegeben werden.²³⁶ Teilweise werden auch Asset Backed Token unter den Begriff der Investment Token gefasst, wenn das verkörperte Eigentumsrecht ausschließlich zu Anlagezwecken und nicht zur Nutzung des Gegenstandes erworben wird.²³⁷ Die Grenzen sind fließend und zeigen, dass die Verknüpfung mit realen Objekten nicht auf bestimmte Anwendungsgebiete beschränkt ist.²³⁸

d) Non-Fungible Token

Eine daneben bestehende eigene Kategorie sind die Non-Fungible Token (NFT), bei denen die Unvertretbarkeit im Vordergrund steht. Der Code des Tokens enthält Sequenzen, die nicht untereinander austauschbar oder teilbar sind.²³⁹ NFTs basieren meist auf dem ERC-721-Standard der Ethereum-Blockchain,²⁴⁰ alle unvertretbaren Tokens sind aber als NFTs einzuordnen. Je nachdem, wie die jeweiligen NFTs programmiert sind und in welchem Umfang das eigentliche Werk Gegenstand des NFTs selbst ist, kann zwischen drei Kategorien von NFTs unterschieden werden: NFTs mit Upload der schützenswerten Inhalte in das Distributed Ledger; NFTs, in denen lediglich die Metadaten und deren Verlinkung gespeichert werden; sowie NFTs, die aus bloßen Transaktionsdaten bestehen und die damit eher der digitalen Absicherung vertraglich begründeter Nutzungsrechte dienen.²⁴¹ Da die Rechenleistung und mithin die Transaktionskosten von der Datengröße des Tokens abhängen, ist der Fall, dass lediglich die Metadaten sowie eine Verlinkung im NFT gespeichert werden, in der Praxis bislang der häufigste.²⁴²

---

²³⁵ *Hanten/Sacarcelik* RdF 2019, 124 (125); *Bialluch-v. Allwörden/v. Allwörden* WM 2018, 2118 (2118).
²³⁶ 2019 schüttete das Unternehmen BitBond im Rahmen des ersten von der BaFin gebilligten STOs über 100 Millionen Euro als Security Token aus, dazu *Lukas* Zivilrechtliche Probleme um digitale Token, S. 11 mwN.
²³⁷ *Koch* ZBB 2018, 359 (361); vgl. *Lukas* Zivilrechtliche Probleme um digitale Token, S. 9 f., der jedoch die Stable Coins gleichzeitig als Currency Token klassifiziert.
²³⁸ Ähnlich RHdB-Kryptowerte/*Fromberger/Zimmermann* § 1 Rn. 75.
²³⁹ *Rauer/Bibi* ZUM 2022, 20 (22).
²⁴⁰ Zu den Komponenten dieser auf dem ERC-721-Standard beruhenden NFTs *Rauer/Bibi* ZUM 2022, 20 (22 f.), wobei sich die Einzigartigkeit insbesondere aus der individuellen Token-ID ergebe.
²⁴¹ Begründend *Rauer/Bibi* ZUM 2022, 20 (23 f.).
²⁴² *Rauer/Bibi* ZUM 2022, 20 (23); *Hoeren/Prinz* CR 2021, 565 (566 f.) beschränken sich aus diesem Grund von vornherein auf diese Art von NFT. Unmittelbar im NFT ist dann nur die Information darüber gespeichert, *wo* der digitale Gegenstand (oder sogar nur Angaben wie Künstlername und Werktitel) gefunden werden kann. Im DLT selbst ist er hingegen nicht gespeichert, vielmehr ist das eigentliche Werk „immer noch ein Link entfernt". Da traditionelle URLs vom Domain-Inhaber gelöscht oder umgeleitet werden können und der

e) Klassifizierung im Zivilrecht

Für das Zivilrecht eignet sich diese Dreiteilung mit gesonderter Betrachtung der NFTs nur bedingt. Für welchen Zweck und mit welchen Eigenschaften Token ausgegeben werden, ist für ihre rechtliche Einordnung von nur untergeordneter Relevanz.[243] Wichtiger ist, ob die Token in irgendeiner Weise mit bestehenden Rechtspositionen in Verbindung stehen und diese Rechtsposition gegebenenfalls sogar an ihren Inhaber vermitteln, sodass sie rechtlich anders zu bewerten sind.[244] Maßgeblich muss sein, ob die Token für sich alleine einen eigenen Wert verkörpern oder ob sie diesen erst durch die Verknüpfung mit einer anderen Rechtsposition erlangen. Zu befürworten ist daher eine Einteilung in intrinsische und extrinsische Token.[245]

NFT-Inhaber hierauf keinerlei Einfluss hat, greifen viele NFTs auf das *InterPlanetary File System* (IPFS) zurück, bei dem alle Netzwerkteilnehmer für das Hosting des Inhalts zuständig sind und damit die Gefahr eines Verlusts verringert wird. Auch hier sind die Dateien aber nicht immer aktiv im Netzwerk verfügbar, sodass NFTs genauso wie etwa Gemälde regelmäßig gewartet, sprich Hosting und Verfügbarkeit des Werks sichergestellt werden müssen; ausführlich dazu *Kastrenakes* Your Million-Dollar NFT Can Break Tomorrow If You're Not Careful; mit anschaulichem Beispiel auch *Prinz* NFT, Überschrift 3; aus rechtlicher Perspektive *Hoeren/Prinz* CR 2021, 565 (566 f.); zu IPFS als nicht tokenisiertes Peer-to-Peer-Netzwerk *Voshmgir* Token Economy, S. 28 sowie allgemein *Antonopoulos/Wood* Mastering Ethereum, Kapitel 12.1.3; zwischen IPFS als *darknet*-Anwendung und IPFS *gateway* als Web-Anwendung differenzierend *Graham* Deconstructing that $69million NFT, Überschrift 8. Aus diesem Grund sollte stets sauber zwischen dem zugrundeliegenden Werk und der NFT unterschieden werden. Denn wird das zugrundeliegende Werk zerstört, wird auch der Link im NFT unterbrochen. Denkbar ist etwa, dass das eigentliche Werk wegen Urheberrechtsverletzungen gelöscht werden muss mit der Folge, dass der NFT nur noch Inhabernachweis über ein nicht mehr existierendes Werk ist. In der Praxis wird daher geraten, auch die Verpflichtung des Urheberrechtsinhabers gegenüber dem Verkäufer des NFTs unmittelbar in den NFT mitaufzunehmen, um ein Auseinanderfallen zu vermeiden, so etwa *Singh/Jain* Story of Cryptokitties, Art and NFTs sowie *Hoeren/Prinz* CR 2021, 565 (571); zur Gefahr, dass ein digitales Kunstwerk mehrmals tokenisiert wird ebd. S. 571.

[243] Die Dreiteilung stammt aus dem Aufsichtsrecht, vgl. *Arndt/Tribula* Digitalisierung, S. 249 (253); ebenso in Bezug auf das schweizerische Recht *Furrer/Glarner/Linder/Müller* Jusletter 26. November 2018, Rn. 17.

[244] Ebenso *Omlor* RDi 2021, 236 (238); *ders.* ZVglRWiss 119 (2020), 41 (44); in diese Richtung auch FinTechHdB/*Siedler* § 5 Rn. 16 f. sowie für das schweizerische Recht *Bundesrat* Rechtliche Grundlagen für DLT und Blockchain in der Schweiz, S. 49.

[245] MMR/*Möllenkamp/Shmatenko* Kapitel 13.6 Rn. 30; zustimmend MüKoBGB/*Wendehorst* EGBGB Art. 43 Rn. 309 sowie *Deuber/Jahromi*, MMR 2020, 576 (577); ähnlich, wenn auch als autonome und aufgeladene Token bezeichnend, *Omlor* RDi 2021, 236 (238), *ders.* ZVglRWiss 119 (2020), 41 (44) sowie *Weiss* JuS 2019, 1050 (1052). Zu intrinsischen und extrinsischen Werten von Token bereits *Antonopoulos/Wood* Mastering Ethereum, Kapitel 10.4 sowie ähnlich auch schon in Bezug auf Bitcoin *Antonopoulos* Mastering Bitcoin, Kapitel 12.4, der zwischen *coins* und *colored coins* differenziert. In eine ähnliche Richtung gehen auch RHdB-Kryptowerte/*Fromberger/Zimmermann* § 1 Rn. 75, wenn sie Asset Backed Token als Unterkategorie eines jeden Anwendungsbereichs bezeichnen. Auch der

aa) Intrinsische Token

Intrinsische Token lassen sich als Token definieren, die bereits für sich genommen werthaltig und nicht mit einer bestehenden Rechtsposition verknüpft sind.[246] Teilweise werden diese Token als *natural token*, autonome oder konstitutive[247] Token bezeichnet, da ihnen die Anbindung an Rechten aus der realen Welt fehlt und sie nur eine systeminterne Position im Distributed Ledger vermitteln.[248] Dass Token dennoch einen gewissen Wert verkörpern, ist allein Folge des Vertrauens in das jeweilige Distributed Ledger, das zu einer Steigerung der Nachfrage bei nur begrenztem Angebot von Token führt. Beeinflusst von politischen und wirtschaftlichen Entwicklungen kann sich das Verhältnis von Angebot und Nachfrage und damit auch der Wert der Token ändern. Dabei handelt es sich um klassische Ökonomie, die sich auch bei herkömmlichen Nominalwährungen wiederfindet – nur dass letztere aufgrund einer kontrollierenden Instanz deutlich abgeschwächter auf äußere Einflüsse reagieren.[249]

Daneben gehören auch solche Token zu den intrinsischen Token, die durch Smart Contracts generiert werden, aber trotzdem auf keinen außenstehenden Wert verweisen. Sie sind stattdessen mit DApps verknüpft, innerhalb denen eine Inhaberposition an einem virtuellen Gegenstand gehalten wird. Da der Smart Contract alle individuellen und individualisierenden Eigenschaften in das Distributed Ledger überträgt, ist Einmaligkeit technisch gesichert. Diese Token nehmen in gewisser Weise auf außerhalb liegende Positionen Bezug, diese existieren jedoch ebenso wenig in der realen Welt wie die Token selbst. Zivilrechtlich betrachtet sind sie so unmittelbar mit der repräsentierten Position verknüpft, dass ihnen ein eigener intrinsischer Wert zukommt. Er ergibt sich nicht erst aus der Verknüpfung mit einer bereits bestehenden Rechtsposition.[250]

Differenziert werden muss hier zu NFTs im Allgemeinen. Token, die mithilfe von DApps generiert werden, werden in den meisten Fällen NFTs sein; umgekehrt sind nicht alle NFTs auch intrinsisch. Gerade wenn ein NFT auf

---

liechtensteinische Gesetzgeber scheint eine solche Differenzierung zu verfolgen, vgl. Art. 2 Abs. 1 lit. c) des am 1. Januar 2020 in Kraft getretenen Gesetzes über Token und VT-Dienstleister (TVTG) vom 3. Oktober 2019, zuletzt am 2. September 2023 abgerufen unter https://www.gesetze.li/konso/pdf/2019301000; dadurch, dass Rechte repräsentiert werden können, aber nicht müssen, hat er von einer Klassifizierung aber bewusst abgesehen, *Deuber/Jahromi*, MMR 2020, 576 (578); aA *Omlor* ZVglRWiss 119 (2020), 41 (55).

[246] MMR/*Möllenkamp/Shmatenko* Kapitel 13.6 Rn. 30; zustimmend *Deuber/Jahromi*, MMR 2020, 576 (577).

[247] So nur *Weiss* JuS 2019, 1050 (1052), da die Existenz dieser Token untrennbar mit der DLT verbunden sei.

[248] *Omlor* ZVglRWiss 119 (2020), 41 (44).

[249] Vgl. *Deutsche Bundesbank* Geld und Geldpolitik, S. 16 sowie *Tzanetakis* Schöner Schein, S. 277 (289).

[250] In diese Richtung differenzierend auch *Morone* Blockchain e smart contracts, S. 447 (449 ff.), der in Token für natives und Token für tokenisiertes *smart property* unterteilt.

einen real existierenden Gegenstand verweist, etwa auf ein Kunstwerk, referenziert er dessen Wert, der unstrittig rechtlich anerkannt ist. Anderes gilt für NFTs, mit denen virtuelle Kunst handelbar werden soll. Hier kommt es darauf an, wo sich der repräsentierte Gegenstand befindet: Liegt er unmittelbar auf einem Smart Contract, wird es sich um einen intrinsischen Token handeln. Ist er hingegen auf einem zentralen Server gespeichert und nur mittels URL verlinkt, verkörpert der Token letztlich wieder nur eine Forderung gegenüber dessen Betreiber und ist damit eher den extrinsischen Token zuzuordnen.[251]

bb) Extrinsische Token

Extrinsische Token sind Token, deren Wert erst durch die Verknüpfung mit einem Vermögensgegenstand oder aus einem herleitbaren Anspruch entsteht.[252] Technisch gesehen entsprechen sie den intrinsischen Token, sie repräsentieren aber darüber hinaus einen Anspruch oder stellen Wertpapiere dar.[253] Ähnlich wie ein Container werden sie mit Rechtspositionen aufgeladen, sodass sie sich grundlegend von intrinsischen Token unterscheiden.[254] Vereinzelt wird die Sinnhaftigkeit solcher Token hinterfragt, da sie letztlich nur dokumentierenden Charakter aufweisen.[255] Die Menge an bereits ausgegebenen Token dieser Art sowie die vielen Anwendungsmöglichkeiten sprechen aber dafür, dass auch solche Token einen gewissen Nutzen aufweisen.

Der Großteil der Token ist den extrinsischen Token zuzuordnen. Die Eigenschaften[256] verdeutlichen, wie unterschiedlich diese sein können. In Anbetracht

---

[251] So der Standardfall bei tokenisierten digitalen Kunstwerken, vgl. *Hoeren/Prinz* CR 2021, 565 (566); ähnlich aus nicht-juristischer Perspektive *Graham* Deconstructing that $69million NFT, Überschrift 14; auch *Guntermann* RDi 2022, 200 (202) scheint ähnlich zu differenzieren: NFTs seien generell als intrinsische Token zu qualifizieren, sofern nicht ausnahmsweise ausdrücklich Nutzungsrechte vereinbart wurden; Abgrenzungsmerkmal ist damit nicht die faktische URL-Verlinkung und anderweitige Speicherung, sondern das Vorliegen einer rechtlichen Vereinbarung, da nur letzteres einen Vermögenswert darstelle; Grund für das Abstellen auf eine Rechteeinräumung wird wohl sein, dass diese nicht konkludent erfolgen können soll; allerdings wird eine URL-Verlinkung praktisch nur erfolgen, wenn davon ausgegangen werden kann, dass der Betreiber des anderweitigen Servers dem Tokeninhaber eine entsprechende Forderung gewährt; wieso entsprechende Rechte nur bei ausdrücklicher Vereinbarung gewährt werden sollen, erschließt sich nicht; zweifellos trägt eine ausdrücklich getroffene Vereinbarung aber zur Rechtssicherheit und zur Authentizität des Tokens bei; ausführlich zu den unterschiedlichen Gestaltungsmöglichkeiten der NFTs *Rauer/Bibi* ZUM 2022, 20 (23 f.) und insoweit bereits § 2II.5.d).
[252] MMR/*Möllenkamp/Shmatenko* Kapitel 13.6 Rn. 30; zustimmend *Deuber/Jahromi*, MMR 2020, 576 (577). Grundlegend in Bezug auf *colored coins* bereits *Antonopoulos* Mastering Bitcoin, Kapitel 12.4.
[253] MMR/*Möllenkamp/Shmatenko* Kapitel 13.6 Rn. 30.
[254] Diese bildhafte Darstellung nutzend *Omlor* ZVglRWiss 119 (2020), 41 (44).
[255] *Weiss* JuS 2019, 1050 (1052) mwN.
[256] Siehe § 2II.4.

dieser Vielfalt wäre eine passgenaue, detailliertere Einteilung denkbar. Für die rechtliche Betrachtung ist das aber nicht erforderlich, sondern birgt vielmehr die Gefahr einer zu kleinteiligen Zersplitterung. Die Frage, ob es sich um Token erster oder zweiter Ebene handelt, zu welchem Zweck sie ausgegeben werden und welche Eigenschaften ihnen sonst noch zukommen, bleibt daher unberücksichtigt.

cc) Zwischenergebnis

Die Aufteilung erfolgt damit nahezu parallel zu der bereits etablierten Einordnung, die sich an den jeweiligen Anwendungsgebieten orientiert: Currency Token verkörpern in der Regel keinen externen Wert und sind intrinsisch. Utility und Investment Token verkörpern bestehende, wenn auch unterschiedlich ausgestaltete Ansprüche und sind deswegen als extrinsisch einzuordnen.[257] Diese Aufteilung erscheint sachgerechter, da sie verdeutlicht, dass Token per se völlig neutral und hinreichend standardisiert sind. Erst wenn sie mit einer Rechtsposition aufgeladen werden, verändern sie sich so stark, dass eine andere Betrachtung geboten sein könnte.[258]

III. Gegenstand des absoluten Schutzes

Bevor mit der rechtlichen Betrachtung von Token begonnen werden kann, soll noch der Begriff des absoluten Schutzes umrissen und insbesondere dessen Bezugsobjekt herausgearbeitet werden. Eine klare Definition auf abstrakter Ebene vereinfacht die Einordnung im Konkreten.[259]

Absoluter Schutz meint den Schutz absolut wirkender Rechte. Dazu gehören jedenfalls die Herrschaftsrechte, die einem Subjekt zugesprochen werden und dem Inhaber eine unmittelbare Rechtsmacht über einen Gegenstand einräumen. Herrschaftsrechte können sich auf Sachen, Rechte oder geistige Schöpfungen beziehen und ermöglichen die Befriedigung der hieran bestehenden Interessen.[260] Nur dem Rechtsinhaber gebührt die Herrschaft über das jeweilige

---

[257] MMR/*Möllenkamp/Shmatenko* Kapitel 13.6 Rn. 31; zustimmend *Deuber/Jahromi*, MMR 2020, 576 (577); im Ergebnis auch *Lantz/Carey* Mastering Blockchain, Kapitel 5.1.4.

[258] Ähnlich *Koch* ZBB 2018, 359 (366); die Bedeutung der Verknüpfung von Token und Recht für die rechtliche Einordnung ebenfalls hervorhebend *Arndt/Tribula* Digitalisierung, S. 249 (254).

[259] Vgl. *Kütük-Markendorf* Internetwährungen, S. 47; verfassungsrechtlich *Hillemann* CR 2019, 830 (832 Rn. 18).

[260] *Brox/Walker* BGB AT § 28 Rn. 16; *Neuner* BGB AT § 20 Rn. 17; Herrschaftsrechte stellen die Verbindung zwischen Rechtssubjekt und Rechtsgegenstand dar, *Hüffer* FS Wadle, S. 387 (387); zu den verschiedenen Ausprägungen der Herrschaftsrechte *Brox/Walker* BGB AT § 28 Rn. 17 ff.; *Neuner* BGB AT § 20 Rn. 18 ff.; Begriff wegen der Implikation einer Körperlichkeit ablehnend und „Ausschließlichkeitsrecht" befürwortend *Peukert* Güterzuordnung als Rechtsprinzip, S. 56 ff.; *Zech* Information als Schutzgegenstand, S. 65,

Bezugsobjekt,²⁶¹ während alle anderen von der Nutzung ausgeschlossen sind. Neben einer Nutzungsfunktion kommt absoluten Rechten daher auch eine sogenannte Ausschlussfunktion zu.²⁶² Maßgeblich ist infolgedessen nicht der Gegenstand der rechtlichen Herrschaft, sondern der Umgang mit ihm und mithin die rechtliche Herrschaftsbeziehung selbst.²⁶³

Kern der Definition ist allerdings nicht die Herrschaftsmacht, sondern die absolute Wirkung, die diese entfaltet.²⁶⁴ Auch Persönlichkeits-, Mitwirkungs-, dingliche Aneignungs- und Anwartschaftsrechte und sogar Forderungen können gegenüber jedermann geltend gemacht werden und wirken absolut.²⁶⁵ Es kommt nicht auf den Umfang der Rechtsmacht an, die das Gesetz über einen Gegenstand gewährt, sondern auf die *erga omnes*-Wirkung von Gesetzes wegen. Die Einordnung als absolutes Recht ist eine Frage der Qualität und nicht der Quantität.²⁶⁶ Es kommt auf die Erkennbarkeit der Rechtsposition und auf das Bestehen von rechtlichen Abwehransprüchen an; nicht darauf, wie weit beides reicht.²⁶⁷ Zwar ergeben sich hieraus dann konkrete Verhaltenspflichten für bestimmte Dritte. Die Ursache besteht aber von sich heraus.²⁶⁸

Absoluter Schutz ist nicht mit dinglichem Schutz gleichzusetzen.²⁶⁹ Mit dinglichen Rechten sind nur Herrschaftsrechte an Sachen im Sinne des § 90 BGB gemeint, die im Sachenrecht des Bürgerlichen Gesetzbuches geregelt

---

98; nicht zu den Herrschaftsrechten gehören Ansprüche, Gestaltungs- oder Persönlichkeitsrechte, *Brox/Walker* BGB AT § 28 Rn. 14 ff.

²⁶¹ Ähnlich *Zech* Information als Schutzgegenstand, S. 66; zu den Grenzen der Rechtsmacht siehe *Brox/Walker* BGB AT § 32 sowie *Neuner* BGB AT § 20 Rn. 69 ff.

²⁶² *Neuner* BGB AT § 20 Rn. 53; zur Ausschlussfunktion auch *Brox/Walker* BGB AT § 28 Rn. 24 sowie *Schöneich* Begriff der Dinglichkeit im Immaterialgüterrecht, S. 128 f.

²⁶³ *Kreutz* Objekt und seine Zuordnung, S. 456 f.; *Hofmann* Rechte an Daten, S. 9 (13).

²⁶⁴ *Brox/Walker* BGB AT § 28 Rn. 24 f.; dies sei eine teleologische Definition, *Stöcker* Dinglichkeit und Absolutheit, S. 144; absolutes und relatives Recht stehen in wechselseitiger Ergänzung, *Becker* AcP 196 (1996), 439 (458); zu Schwierigkeiten einer Dogmatik anhand des Rechtsobjekts *Peukert* Güterzuordnung als Rechtsprinzip, S. 37 ff.

²⁶⁵ *Neuner* BGB AT § 20 Rn. 54; zu Forderungen *Hoffmann* JURA 2014, 71 (74).

²⁶⁶ *Hofmann* Rechte an Daten, S. 9 (14 f.) mit Beispielen; ebenso *Zech* Information als Schutzgegenstand, S. 67, der die absoluten Rechte allerdings anhand ihres Umfangs abstuft, ebd. S. 85 ff.; *ders*. CR 2015, 137 (140); diesem Stufensystem zustimmend *Hofmann* Rechte an Daten, S. 9 (16).

²⁶⁷ *Hofmann* Rechte an Daten, S. 9 (12); *Zech* Information als Schutzgegenstand, S. 71; zu den Abwehransprüchen *Brox/Walker* BGB AT § 28 Rn. 24; *Neuner* BGB AT § 20 Rn. 53, 60; im Einzelnen *Peukert* Güterzuordnung als Rechtsprinzip (passim) sowie *Zech* Information als Schutzgegenstand, S. 68.

²⁶⁸ *Hofmann* Rechte an Daten, S. 9 (15) mwN; zu den Verhaltenspflichten *Hofmann* Smart Contracts, S. 125 (135); Ausschließlichkeitsrechte und Abwehransprüche differenzierend *Zech* Information als Schutzgegenstand, S. 68.

²⁶⁹ So schon Mot III 2.

sind.²⁷⁰ Eine systematisierende Funktion kommt wegen des Trennungs- und Abstraktionsprinzips nicht der Dinglichkeit, sondern der Absolutheit eines Rechts zu.²⁷¹ Dabei bezieht sich auf alle Gegenstände, ob körperlich oder nicht.²⁷²

Um absoluten Schutz zu ermöglichen, muss der Schutzgegenstand klar abgrenzbar sein.²⁷³ Dieser bestimmt sich nach dem Bezugsobjekt des absoluten Rechts. Schutzgegenstand ist somit das, über was absolute Rechtsmacht eingeräumt wird.²⁷⁴ Da für die Absolutheit nur die Beziehung entscheidend ist, muss das Bezugsobjekt nicht zwingend körperlicher Natur sein. Rechtsmacht kann unabhängig von der physikalischen Ausgestaltung bestehen.²⁷⁵ Der Gegenstand muss nur wegen seiner Nützlichkeit und vorrechtlichen Existenz als Wirtschaftsgut anerkannt sein und ein Interesse begründen. Dann wird Rechtsmacht anerkannt und gewährt.²⁷⁶

Das gilt auch im Rahmen der DLT: Anknüpfungspunkt für eine schützenswerte Inhaberposition müssen die Vermögenswerte sein, die im Distributed Ledger eingetragen und Adressen zugeordnet werden.²⁷⁷ Bezugsobjekt ist somit deren Eintragung im Distributed Ledger. Das ist entweder die UTXO, die

---

²⁷⁰ *Brox/Walker* BGB AT § 28 Rn. 17, § 35 Rn. 2, § 36 Rn. 1; ausführlich *Schöneich* Begriff der Dinglichkeit im Immaterialgüterrecht, S. 130 ff., ebd. S. 144 f.; *Zech* Information als Schutzgegenstand, S. 105; unzureichend verknappt, das Wesen der Dinglichkeit beruhe nicht auf der Sacheigenschaft, sondern in der Unmittelbarkeit der Sachbeziehung, Staudinger/*Heinze* Einl SachR Rn. 5; eigene Abgrenzungsfunktion der Dinglichkeit verneinend, da nur historisch bedingt, *Fabricius* AcP 162 (1963), 456 (474); aA *Stöcker* Dinglichkeit und Absolutheit, S. 34 ff.: Dinglichkeit biete Schutz gegen kollidierende Verfügungen im rechtsgeschäftlichen Verkehr und diene mithin Gemeinschaftsinteressen, Absolutheit biete Schutz gegen Beeinträchtigungen im allgemeinen menschlichen Verkehr und diene mithin dem Nutzungsinteresse des Einzelnen; zum Streit Staudinger/*Heinze* Einl SachR Rn. 2 ff.

²⁷¹ Treffend hinsichtlich Immaterialgütern *Schöneich* Begriff der Dinglichkeit im Immaterialgüterrecht, S. 292, 296, 129 ff.; Differenzierung in Güterbewegung und -zuordnung *Lehmann* Finanzinstrumente, S. 207 ff., 213, 215 ff., 220 f.; aA *Westermann* SachR § 2 II 1, Dinglichkeit liege in der güterzuordnenden Funktion; ferner *Fabricius* AcP 162 (1963), 456 (474), der Dinglichkeit nicht im Sachbezug, sondern in dessen Unmittelbarkeit erkennt.

²⁷² Vgl. *Schöneich* Begriff der Dinglichkeit im Immaterialgüterrecht, S. 130.

²⁷³ *Zech* Information als Schutzgegenstand, S. 80, 92 ff. in Bezug auf Bitcoin *Arndt* Bitcoin-Eigentum, S. 10.

²⁷⁴ Allgemein *v. Bar* Gemeineuropäisches Sachenrecht I, § 2 I Rn. 76; zu Daten *Hofmann* Rechte an Daten, S. 9 (13); zum Eigentumsrecht *Kainer* Sachenrecht § 2 Rn. 22; als Rechtsgegenstand erster Ordnung bezeichnend *Neuner* BGB AT § 24 Rn. 3; zustimmend *Kreutz* Objekt und seine Zuordnung, S. 456.

²⁷⁵ Im Ergebnis ebenso *Hofmann* Rechte an Daten, S. 9 (13); ähnlich auch *Fabricius* AcP 162 (1963), 456 (474).

²⁷⁶ Zum Güterbegriff *Zech* Information als Schutzgegenstand, S. 46 ff.; Daten als immaterielles Wirtschaftsgut einordnend *ders.* CR 2015, 137 (138 f.).

²⁷⁷ Siehe § 2I und § 2II; in diesem Zusammenhang ebenso *Kütük-Markendorf* Internetwährungen, S. 47 f. sowie *Hillemann* CR 2019, 830 (832 f. Rn. 19).

als Ergebnis einer Transaktion einer Adresse eine gewisse Tokenmenge zuordnet, oder der entsprechende Eintrag im Account. Bei Anknüpfung an die UTXO ist das Distributed Ledger nur funktional mit einem Register vergleichbar: Registereinträge gibt es nicht, da die UTXO reine Transaktionsdaten darstellen. Aus den UTXO lässt sich nur der gedachte Registereintrag herauslesen: der Token. Nur dieser bildet den Vermögenswert ab und ist Bezugsobjekt.[278] Demgegenüber kommen die in den Wallets abgelegten Schlüsselpaare nicht als Bezugsobjekt in Betracht. Ein Ändern des Tokenbestands (und mithin die Verfügung über die Vermögenswerte) ist zwar nur bei Innehaben des Schlüsselpaars möglich.[279] Der Private Key wird dadurch aber nicht Bezugsobjekt. Es wird vielmehr zur Legitimation in Bezug auf die Inhaberposition genutzt, wodurch lediglich die fehlende Körperlichkeit des eigentlichen Bezugsobjekts, des Tokens, ersetzt wird.[280]

IV. Zusammenfassung des § 2

Die Blockchain-Technologie ist der erste und bislang am weitesten verbreitete Anwendungsfall der DLT. Ihr Kern bildet das Distributed Ledger, welches in aneinandergeketteten Datenblöcken auf mehreren Netzwerkknoten gespeichert ist und nach Maßgabe eines Konsensmechanismus aktualisiert wird. Jede Aktualisierung wird durch Transaktionen ausgelöst, die vom jeweiligen Sender signiert und mithilfe asymmetrischer Verschlüsselung einem Empfänger neu zugeordnet werden. Dadurch werden Authentizität und Integrität gewährleistet, während stets eine eindeutige Zuordnung sichergestellt ist.

Die Werteinheiten im Distributed Ledger werden als Token bezeichnet. Da es sich um eine schlichte Information handelt, können sie nicht nur einen gewissen Wert wiedergeben, sondern auch Rechte oder andere Inhalte repräsentieren. Eine feststehende Definition des Tokenbegriffs gibt es jedoch nicht. Token können unmittelbar im Protokoll des Distributed Ledgers vorgesehen werden und sind dann Token erster Ebene. Sie können aber auch durch Smart Contracts generiert und verwaltet werden. Bei Smart Contracts handelt es sich um Programmcode, der als eigene Transaktion unmittelbar im Distributed Ledger gespeichert ist. Die von ihm verwalteten Token sind hingegen nur mittelbar im Distributed Ledger gespeichert und somit Token zweiter Ebene. In beiden

---

[278] *Arndt* Bitcoin-Eigentum, S. 13; zur faktischen Verfügungsgewalt *Effer-Uhe* ZZP 2018, 513 (516); *Rückert* MMR 2016, 295 (296); nur der Wert wird übertragen, *Low/Teo* Law, Innovation and Technology 2017, 235 (248).

[279] So aber *Kütük-Markendorf* Internetwährungen, S. 49; erbrechtlich *Amend-Traut/Hergenröder* ZEV 2019, 113 (117 f.); die Schlüssel funktionell als Nachweis für Inhaberschaft und Verfügungsbefugnis sehend *Omlor* JZ 2017, 754 (755); ablehnend *Arndt* Bitcoin-Eigentum, S. 10 ff.; zur Funktionsweise siehe § 2 I.1.c).

[280] Ähnlich *Arndt* Bitcoin-Eigentum, S. 12; ähnlich für das eWpG auch *Müller/Pieper/Müller* eWpG § 2 Rn. 14.

Fällen sind Token einer Adresse des Distributed Ledgers zugeordnet, auf die nur mit dem Schlüsselpaar der zugrundeliegenden asymmetrischen Kryptographie zugegriffen werden kann. Dieses Schlüsselpaar ist in einer Wallet gespeichert, die den zugehörigen Tokenbestand erst aus dem Distributed Ledger herausliest. Smart Contracts ermöglichen die Implementierung komplexer Anwendungen auf dem Distributed Ledger, die DApps genannt und vor allem für DAOs und DeFi-Anwendungen genutzt werden.

Je nach Ausgestaltung sind Token unterschiedlich austauschbar, in ihrer Gesamtzahl begrenzt und verfolgen einen unterschiedlichen Zweck. Aus diesen Eigenschaften ergeben sich verschiedene Arten von Token, etwa Currency Token, Utility Token, Investment Token oder NFTs. Im Zivilrecht bietet sich allerdings eine Klassifizierung nach ihrem Bedeutungsgehalt an: Existiert ein Token für sich allein und kommt ihm ein eigener, durch Angebot und Nachfrage begründeter Wert zu, handelt es sich um einen intrinsischen Token. Existiert ein Token, um auf etwas anderes Bezug zu nehmen und verkörpert er nur aufgrund dieser Verknüpfung einen Wert, handelt es sich um einen extrinsischen Token. Diese Abgrenzung gilt auch für NFTs, auch wenn die Bezugnahme auf einen außenstehenden Wert schwerer erkennbar ist, zum Beispiel bei Verlinkung digitaler Inhalte. Auch NFTs sind aber nur intrinsisch, wenn sich ihr Wert unmittelbar aus der DLT ergibt, etwa aus ihrer Nutzung in den im Distributed Ledger gespeicherten DApps.

Token existieren als vorrechtliche Gegenstände, sodass das Bezugsobjekt einer Rechtsposition und des absoluten Schutzes der Token selbst sein muss. Der Eintrag im Distributed Ledger begründet eine eigene Nützlichkeit und somit ein eigenes, von der rechtlichen Einordnung unabhängiges Interesse. Auch ohne reale Verkörperung sind diese Einträge klar abgrenzbar, sodass über sie absolute Rechtsmacht eingeräumt werden kann. Aufgrund ihrer Abstraktheit und ihrer nur mittelbaren Steuern, ist man dazu verleitet, andere Gegenstände wie etwa das Schlüsselpaar als Bezugsobjekt einer Rechtsposition und des absoluten Schutzes heranzuziehen. Das rechtlich zu schützende Nutzungsinteresse und der damit einhergehende Vermögenswert ergeben sich aber aus dem Eintrag, dem Token, selbst.

1. Teil:

Rechtliche Einordnung von Token

Die Inhaberposition, die durch die Funktionsweise der DLT gewährleistet wird, muss vom Recht erfasst und anerkannt werden. Ansonsten besteht kein Anknüpfungspunkt für die weiteren rechtlichen Regelungen. Token müssen also rechtlich eingeordnet werden, wofür insbesondere der Sachbegriff herangezogen werden kann (§ 3). Es müssen aber auch alle anderen Regelungen, die unmittelbar hieran anknüpfen und die Rechtsposition erst definieren, anwendbar sein. Inhalt und Umfang der Rechtsposition definieren die rechtliche Herrschaft. Es wird daher die Anwendbarkeit der sachenrechtlichen Regelungen geprüft (§ 4).

§ 3 Rechtliche Einordnung von Token als Sache

Um beantworten zu können, ob sich intrinsische und extrinsische Token aus zivilrechtlicher Sicht einheitlich behandeln lassen oder ob diese vielmehr differenziert zu betrachten sind, ist es notwendig, die Rechtnatur der jeweiligen Token genauer zu beleuchten. Dafür wird zunächst die technisch von Token allgemein vermittelte Inhaberposition untersucht (I), um anschließend genau herausarbeiten zu können, worin die verkörperte Position besteht und wie diese zugeordnet werden kann (II). Aufbauend auf dieser Grundlage wird die Inhaberposition dann systematisch eingeordnet (IV), wofür zunächst noch einmal ein Blick auf den rechtlichen Gegenstandsbegriff geworfen werden muss (IV.1). Dies führt dann zur Untersuchung der Kernfrage des ersten Teils, ob intrinsische (IV.2) und/oder extrinsische Token (IV.3) als Sache im Sinne des § 90 BGB angesehen werden können. Hierbei wird vordergründig auf die Subsumtion unter den Sachbegriff eingegangen, jedoch sollen auch kurz jeweils mögliche Alternativen dargelegt werden, die in Betracht kommen für den Fall, dass eine Sachfähigkeit abgelehnt wird.

Außerdem wird erstmals ein Blick in das italienische Recht geworfen, wo die Subsumtion der Token unter den Sachbegriff schon von vornherein leichter fällt (V). Dies ist Teil des punktuell wiederkehrenden Rechtsvergleichs, mithilfe dem beantwortet werden soll, inwieweit die deutsche Rechtsordnung offen und flexibel gegenüber neuen technischen Erscheinungen ist.

I. Technisch vermittelte Inhaberstellung

Die technische Funktionsweise von Token wurde bereits erläutert.[1] Jetzt soll vielmehr im Vordergrund stehen, welche Inhaberstellung konkret durch die Token vermittelt wird. Die technische Funktionsweise ist dafür maßgeblicher Anknüpfungspunkt, denn schon rein faktisch bestimmt sie die Grenzen dafür, welche maximalen Befugnisse einem Tokeninhaber zukommen können. Ist es nämlich beispielsweise schon technisch überhaupt nicht möglich, andere von der Nutzung auszuschließen, so kann auch keine Rechtsposition bestehen, die eine derartige Ausschlussfunktion gewährt. Die technisch vermittelte Inhaberstellung bildet somit die Grenze der möglichen Rechtsposition an Token; gleichzeitig ist sie als Ausgangspunkt aller Überlegungen gleichzeitig wichtiges Indiz dafür, welche Rechtsposition an Token bestehen sollte.[2]

1. Daten und Information

Letztlich ist ein Token nur ein Eintrag auf einem Distributed Ledger. Er enthält eine bestimmte Information, die in der Informationstechnik durch Daten in Form von Binärcodes dargestellt wird. Diese Daten müssen ähnlich wie Buchstabenfolgen interpretiert werden, geben im Ergebnis aber die jeweilige Information wieder.[3] Damit sind Informationen der eigentliche Inhalt der Daten.[4] Sie treffen eine Aussage über die reale Welt, die unendlich oft reproduzierbar ist.[5] Umgekehrt kann eine Information nur existieren, wenn sie physikalisch verkörpert ist.[6] Daten sind ein solches Äußerungs- bzw. Kommunikations-

---

[1] Siehe dazu sowie insbesondere zum Begriff der Token § 2II.

[2] Ähnlich *Oster* IJLIT 2021, 101 (103); zu Software *Bydlinski* AcP 198 (1998), 287 (295).

[3] Etymologisch kommt der Begriff ‚Datum' aus dem Lateinischen und bedeutet ‚gegebenes Etwas', sodass letztlich jedes Objekt ein Datum darstellt; ‚Information' bezeichnet hingegen den Eindruck, den ein Objekt bei seinem Beobachter hinterlässt, dazu *Oster* IJLIT 2021, 101 (103); nach modernem Verständnis sind Daten aber nur „maschinenlesbar codierte Informationen", ebd. S. 104 sowie *Zech* Information als Schutzgegenstand, S. 32; *ders.* CR 2015, 137 (138); zustimmend *Lahusen* AcP 221 (2021), 1 (5); ähnlich *Martini/Kolain/Neumann/Rehorst/Wagner* MMR-Beilage 2021, 3 (3); zu § 202a Abs. 2 StGB *Markendorf* RDi 2018, 409 (410); ausführlich MüKoBGB/*Wendehorst* EGBGB Art. 43 Rn. 278 ff.; zum weiten Datenbegriff, der alle binären elektrischen Impulse erfasst, ebd. Rn. 268.

[4] Vgl. *Duden* Stichwort Information: „Gehalt einer Nachricht, die aus Zeichen eines Codes zusammengesetzt ist"; zur Abgrenzung von Information und Daten auch *Martini/Kolain/Neumann/Rehorst/Wagner* MMR-Beilage 2021, 3 (4); ebenfalls zwischen Daten und Informationen differenzierend *Pałka* Virtual Property, S. 154 f.

[5] Den Vergleich zum Wissen ebenfalls ziehend *Bydlinski* AcP 198 (1998), 287 (295); einschränkend jedoch *Oster* IJLIT 2021, 101 (111), da die in Daten enthaltene Information stets in Kontext gesetzt werden muss, um sie zu verstehen; insoweit zur Nicht-Abnutzbarkeit von Daten siehe *Zech* CR 2015, 137 (139).

[6] *Zech* Information als Schutzgegenstand, S. 18; sie impliziert Struktur, *Gigi* Bitcoin's Eternal Struggle, Kapitel 3.

medium, das Informationen zumindest vorübergehend verkörpert.[7] Erst wenn sie niedergeschrieben sind, werden sie zu etwas Dauerhaftem.[8]

Ausgehend von naturwissenschaftlichen und philosophischen Konzepten[9] lässt sich Information je nach Funktion unterschiedlich definieren:[10] Stellt man maßgeblich auf ihre inhaltliche Bedeutung ab, handelt es sich um sogenannte *semantische Information*.[11] Will man diese Bedeutung übermitteln, muss die semantische Information in irgendeiner Form dargestellt werden, was durch Übersetzung in Zeichen anhand eines Zeichensystems geschieht. Diese neu geschaffene Information, also die bloße Darstellung der Zeichen, wird *syntaktische Information* genannt.[12] Sie ist das, was bei Verbreitung der semantischen Information entsteht. Umgekehrt kann semantische Information nicht übertragen werden, ohne dass syntaktische Information genutzt wird, sodass die syntaktische Information als Träger der semantischen Information dann auch stets eine bestimmte Bedeutung enthält.[13] Soweit eine Information innerhalb eines Systems existiert, wird gewöhnlich von *struktureller Information* gesprochen.

---

[7] Binärcodes sind Folgen von zwei Zuständen, die durch Einsen und Nullen wiedergegeben werden. Demgegenüber beruht unser Zahlensystem auf einem Dezimalsystem, das zehn Zustände kennt, nämlich die Zahlen von Null bis Neun. Elektronische Schaltungen können jedoch nur zwei Zustände wiedergeben, da sie entweder Strom leiten oder nicht. Informationen werden daher in Binärcodes übersetzt, in denen die Zahlen Eins und Null jene beiden möglichen Zustände wiedergeben. Folge dessen ist, dass zur Codierung einer Zahl wesentlich mehr Stellen benötigt werden: Während sich die 0 mit 0 und die 1 mit 1 übersetzen lässt, wird die 2 bereits mit 10, die 3 mit 11 und die 4 mit 100 dargestellt. Da elektronische Schaltungen eine deutlich schnellere Übertragung selbst langer Zahlensequenzen ermöglichen, ist das Binärsystem trotzdem die effizienteste Übermittlungsmethode. Jede Ziffer einer Binärzahl wird als *bit* bezeichnet; zur kompakten Darstellung werden diese Bits in Gruppen von jeweils 8 Bits eingeteilt, sogenannte *bytes*. Um die Übersetzung in das Binärsystem zu ermöglichen, ist einem Zeichen in der Regel ein Byte zugewiesen. Dazu statt aller *Hoffmann* Grundlagen der Technischen Informatik, S. 17, 62 ff., 67.

[8] Dazu werden spezielle nicht-leitende Materialien wie zum Beispiel Silizium gezielt verunreinigt, um sie dann unter bestimmten Bedingungen in einen leitenden oder nicht-leitenden Zustand zu versetzen. Dadurch können die zwei möglichen Bits des Binärsystems dauerhaft wiedergegeben werden. Ausführlich *Hoffmann* Grundlagen der Technischen Informatik, S. 33 ff. Ebenso *Zech* Information als Schutzgegenstand, S. 32 f. sowie hinsichtlich Software *Bydlinski* AcP 198 (1998), 287 (295 f.); Datenträger als Transportmittel bezeichnend *Kütük-Markendorf*, S. 80 mwN. Nach *Berberich* Virtuelles Eigentum, S. 96 ist sogar schon „die schiere Existenz von Daten als magnetische, optische oder elektrische Zustände […] ohne eine irgendwie geartete Verkörperung in einem Speichermedium schlechterdings nicht denkbar"; hierin die Charakteristika des engen Datenbegriffs erkennend MüKoBGB/*Wendehorst* EGBGB Art. 43 Rn. 278; in diesem Zusammenhang zum *file* und zu dessen Übertragung *Sicchiero* Contr. e impr. 2018, 681 (701 f.).

[9] Ausführlich dazu *Zech* Information als Schutzgegenstand, S. 24 ff., 28 ff., 33 f. mwN.
[10] *Zech* Information als Schutzgegenstand, S. 35.
[11] *Zech* Information als Schutzgegenstand, S. 37.
[12] *Zech* Information als Schutzgegenstand, S. 33, 38.
[13] Vgl. *Zech* Information als Schutzgegenstand, S. 39 f.

Da für die rechtliche Beurteilung lediglich das tatsächlich existierende System der uns umgebenden Wirklichkeit maßgeblich ist, sind insoweit nur die beobachtbaren Strukturen körperlicher Gegenstände als strukturelle Information zu verstehen. Strukturelle Information meint also die konkrete Verkörperung in einem körperlichen Träger und ist dadurch untrennbar an den körperlichen Gegenstand gebunden.[14] Syntaktische Information ist hingegen genauso flüchtig ist wie semantische Information und existiert nur dann, wenn sie zumindest einmal als strukturelle Information verkörpert ist.[15] Sobald strukturelle Information aber andere strukturelle Information abbildet und deswegen syntaktische Information mitträgt, ist sie nicht mehr Informationsträger erster, sondern zweiter Ordnung.[16]

Daten sind stets Informationen im syntaktischen Sinne,[17] die erst durch den Speichervorgang dauerhaft fixiert werden. Erst die gespeicherten Daten stellen eine konkrete Verkörperung und damit eine eigenständige strukturelle Information dar, die an den jeweiligen Datenträger gebunden ist.[18] Die syntaktische Information ist hingegen etwas abstrakt Unkörperliches und nicht zählbar, wie es beispielsweise eine Sprache ist. Sie ist notwendiger Zwischenschritt für eine Verkörperung zum Beispiel in Schallwellen und wurde als solcher bislang in ihrer Bedeutung eher vernachlässigt. Durch die Entwicklung und Verbreitung der Informationsverarbeitung hat die syntaktische Information nun aber eine eigene Bedeutung erlangt und wird verstärkt als etwas Selbstständiges wahrgenommen.[19]

Sofern davon gesprochen wird, dass Token bestimmte Informationen enthalten, wird auf dessen inhaltliche Bedeutung im Sinne der semantischen Information Bezug genommen.[20] Die semantische Information intrinsischer Token besagt somit letztlich nur, dass ein rein gedanklich existierender, körperlicher Gegenstand abgebildet werden soll.[21] Dagegen handelt es sich bei Token

---

[14] *Zech* Information als Schutzgegenstand, S. 33, 41; vgl. jedoch auch ebd. S. 259 ff.

[15] *Zech* Information als Schutzgegenstand, S. 40; ebenso *Peukert* Güterzuordnung als Rechtsprinzip, S. 39.

[16] *Zech* Information als Schutzgegenstand, S. 42, 57 f.; dieses Modell auf das Recht im Allgemeinen anwendend *Oster* IJLIT 2021, 101 (107 ff.).

[17] *Zech* Information als Schutzgegenstand, S. 55; ähnlich auch *Martini/Kolain/Neumann/Rehorst/Wagner* MMR-Beilage 2021, 3 (3 f.) sowie allgemein in Bezug auf Digitalisierung *Oster* IJLIT 2021, 101 (104).

[18] *Zech* Information als Schutzgegenstand, S. 41 f.; zum Verhältnis von syntaktischer und struktureller Information ebd. S. 261 f.; das Recht verkenne dies *Martini/Kolain/Neumann/Rehorst/Wagner* MMR-Beilage 2021, 3 (4).

[19] *Zech* Information als Schutzgegenstand, S. 55 f.

[20] Im Ergebnis vgl. *Martini/Kolain/Neumann/Rehorst/Wagner* MMR-Beilage 2021, 3 (9).

[21] Erst aus dieser Informationskomponente ergibt sich dann der Wert der Token, binäre elektrische Impulse auf einem Medium allein sind für sich gesehen wertlos, vgl. MüKoBGB/*Wendehorst* EGBGB Art. 43 Rn. 270; Daten bestehen auf vier Ebenen: auf der physischen Ebene (Daten als Datenverkörperung), auf der Bedeutungsebene (Daten als codierte

in syntaktischer Hinsicht um reguläre Daten, die strukturell (lediglich)[22] im System der DLT ausgetauscht und verkörpert werden.[23]

Abgrenzung durch	Semantische Information	Syntaktische Information	Strukturelle Information
Abgrenzung durch	Bedeutung	Zeichen	Struktur, Verkörperung
Beispiele	Inhalt Lehre	Text Bild Tonaufnahme	Buch Bildträger Tonträger
Zusammenhang		← trägt	← trägt
Umwandlung (Codierung)	durch geistige Schöpfung →		← durch Vervielfältigung

Abb. 7: Übersicht zur Unterscheidung semantischer, syntaktischer und struktureller Information (Quelle: *Zech* Information als Schutzgegenstand, S. 44)

2. Token: Individualität als Inhalt der Information

Das Distributed Ledger repräsentiert somit Daten, die lokal auf den Computern aller Netzwerkknoten gespeichert sind.[24] Da Daten aber unendlich oft vervielfältigt werden können – und als Kommunikationsmedium auch sollen[25] – ist es wichtig zu verstehen, dass es nicht darum geht, irgendeine Art von Inhaberstellung über die Daten zu haben.[26] Token können gerade nicht mit regulären

---

Information), auf der Gestaltungs- oder Funktionsebene (Daten als digitale Inhalte) und auf der Ebene rechtlicher Zuschreibung (Daten als Vermögenswerte), siehe ebd. Rn. 271.

[22] Nach *Capaccioli* IDE 2021, 3 (12) sei ein Token nur die Information über eine Nummer, die mit bestimmten Transaktionen des Distributed Ledgers verbunden ist, es liege keine physische oder logische Zuordenbarkeit vor.

[23] Konzeptionell sind sie jedoch eher mit Information vergleichbar; Token sind zwar in Gestalt vieler gleicher Daten innerhalb des verteilten Registers gespeichert, wo die Token aber im Einzelnen gespeichert sind, ist für Beteiligte weder maßgeblich noch eindeutig rekonstruierbar; daher seien Token nicht als Daten einzuordnen, an ihnen könne schon begrifflich keine Datenhoheit bestehen, *Martini/Kolain/Neumann/Rehorst/Wagner* MMR-Beilage 2021, 3 (9); vgl. insoweit auch die Einordnung von Daten als syntaktische Information *Zech* Information als Schutzgegenstand, S. 39; *ders.* CR 2015, 137 (138).

[24] Allgemein zum Peer-to-Peer Netzwerk siehe § 2I.

[25] Charakteristik der DLT ist es gerade, dass Daten in einer Vielzahl von Kopien auf dem Peer-to-Peer-Netzwerk gespeichert sind; um diese zu beeinträchtigen müsste man alle Netzwerkknoten gleichzeitig manipulieren, was grundsätzlich zwar möglich, faktisch aber zu teuer ist; dazu *Voshmgir* Token Economy, S. 22; treffend *Allen* EPLJ 2019, 64 (77), demzufolge Token überall und nirgendwo zugleich existieren; siehe außerdem § 2II.3.a).

[26] Ähnlich auch die Argumentation von *Martini/Kolain/Neumann/Rehorst/Wagner* MMR-Beilage 2021, 3 (9), die eine Datenhoheit an Token als schon begrifflich nicht

digitalen Informationen verglichen werden.[27] Vielmehr geht es um die dahinterliegende Information, die, sofern es sich um einen Token handelt, lediglich besagt, dass konkret dieser eine Token abgebildet werden soll.[28] Diese (semantische) Information wird erst durch das Niederschreiben einer Transaktion im Distributed Ledger geschaffen[29] und im gleichen Zuge einer bestimmten Adresse zugeordnet.[30] Das ermöglicht es, dass jeder Token individuell ist und er anders als Daten nur einmal existiert.[31] Denn Inhalt der Information ist es gerade, die Token zu individualisieren und damit *wie* körperliche Gegenstände der realen Welt einmalig zu machen.[32] Erst mithilfe der DLT können diese Informationen unveränderlich und für alle zugänglich gespeichert werden, sodass (bislang nur) ein Distributed Ledger eine reale Welt mit körperlichen Eigenschaften abbilden kann.[33]

---

sachgerecht empfinden; in diese Richtung geht aber insbesondere *Zech* CR 2015, 137 (passim); ähnlich auch *Redeker* CR 2011, 634 (638), demzufolge einzelne Vervielfältigungen von Information durchaus als eigenständiges Rechtsgut anerkannt werden können und sollten.

[27] *Giuliano* NGCC 2021, 1456 (1458).

[28] Vgl. *Giuliano* NGCC 2021, 1456 (1456); dies wird besonders deutlich beim Token-Standard ERC-20 der Plattform Ethereum, wo zur Programmierung lediglich Name, Symbol, Gesamtangebot und Dezimalstellen angegeben werden müssen, *Lantz/Carey* Mastering Blockchain, Kapitel 5.2.1; ähnlich auch *Linardatos* Privatrecht 2050, S. 181 (182), *Walter* NJW 2019, 3609 (3612) sowie *Antonopoulos/Wood* Mastering Ethereum, Kapitel 10, der Token als Blockchain-basierte Abstraktionen bezeichnet.

[29] Erst durch ihre Formulierung ist semantische Information tatsächlich vorhanden bzw. verfügbar, *Zech* Information als Schutzgegenstand, S. 138; im Ergebnis ähnlich *Arndt* Bitcoin-Eigentum, S. 15, demzufolge das Bezugsobjekt eines Tokens nur rein virtuell existiere.

[30] So wohl auch *Nakamoto* Bitcoin, S. 2, demzufolge ein Coin nur eine Kette digitaler Signaturen ist; mithilfe dieser Kette wird der Coin aber einer bestimmten Adresse zugeordnet, darüber hinaus enthält er keine weiteren Informationen. Ebenso in Bezug auf Coins *Antonopoulos* Mastering Bitcoin, Kapitel 1.1. Ähnlich, sich dabei allerdings auf Ether beziehend und zu Token abgrenzend, da darunter nur extrinsische Token verstanden werden, *Antonopoulos/Wood* Mastering Ethereum, Kapitel 10.6; vgl. auch *Omlor* JZ 2017, 754 (755).

[31] Im Ergebnis genauso *John* BKR 2020, 67 (77) sowie *Berberich* Virtuelles Eigentum, S. 120 f.; zur Nicht-Rivalität von Daten siehe etwa *Zech* Information als Schutzgegenstand, S. 118; *ders.* CR 2015, 137 (139) sowie zuletzt *Omlor* RDi 2021, 236 (237); Daten können daher gerade nicht mit Sachen im Sinne des § 90 BGB verglichen werden, vgl. *Wellenhofer* Eigentum in der digitalen Gesellschaft, S. 69 (80 f.).

[32] *Linardatos* Privatrecht 2050, S. 181 (192, 201) sowie *Allen* EPLJ 2019, 64 (67); so wohl auch *Antonopoulos* Mastering Bitcoin, Kapitel 1.1, demzufolge das Problem des Double Spending bei physischem Geld von vornherein nicht auftrete, da derselbe Gegenstand nicht an zwei Orten gleichzeitig existieren kann; bei Buchgeld seien demgegenüber stets zentrale Instanzen erforderlich, um Fälschungen zu erkennen.

[33] *Giuliano* NGCC 2021, 1456 (1458). Nur die DLT kann auf Basis des Peer-to-Peer-Netzwerks den *state* übertragen, womit in der Informatik der ‚Zustand' gemeint ist, also der Status darüber, wer wer ist, wer was besitzt und wer ein Recht hat, etwas zu tun. Dieser State ist wesentlich bei der Verwaltung von Vermögenswerten; dazu *Voshmgir* Token Economy,

Umgekehrt bildet die im Token enthaltene Information gerade auch den Kern der DLT.[34] Zwar sind Informationen nach wie vor nicht unkopierbar,[35] doch durch die Definition eines virtuellen Zeitrahmens schafft die DLT ein System, das regelwidrige Kopien der Informationen nutzlos und unbrauchbar macht und damit erst eine gewisse Knappheit ermöglicht.[36] Damit entsteht eine gewisse Faktizität, die unabhängig von gesellschaftlichen Anerkenntnissen oder sonstigen Einflüssen gegeben ist. Dass der Token nur einmal genutzt werden kann, folgt nicht mehr aus einer externen, beobachterabhängigen Vereinbarung, sondern ist so eng mit der Information als solche verknüpft, dass sie ein intrinsisches Merkmal des Tokens darstellt. Diese intrinsische Eigenschaft, die Einmaligkeit, ist wegen der im Netzwerkprotokoll codierten Regeln unveränderlich und kann daher mit einem faktisch vorgegebenen Naturgesetz verglichen werden[37] – und erfüllt als solche die Funktion, Gegenstände der realen Welt abzubilden.[38]

S. 23; um diesen in der DLT abgebildeten State ist das web3 organisiert, ebd. S. 26. Ähnlich zur Bedeutung der DLT für die Einmaligkeit der Token auch *Tepper* People's Money Bitcoin, S. 13 f., der Bitcoin als Kombination von physischem Bargeld und einem Scheckbuch bezeichnet; aA *Spindler/Bille* WM 2014, 1357 (1359), demzufolge Token noch weiter von einer Körperlichkeit entfernt sind als Daten, die auf einem Datenträger verkörpert sind.

[34] Ebenso Regierung des Fürstentums Liechtenstein BuA 54/2019 S. 19.

[35] Ebenso *Gigi* Bitcoin Is Time (passim), der zwischen zwei Möglichkeiten differenziert (physische Artefakte/Token und Informationslisten/Register); physische Token repräsentieren den Zustand der Dinge, Register nur indirekt; Token sind physisch und verteilt, dafür aber vertrauensunabhängig, Register sind informativ und zentralisiert, jedoch vertrauensabhängig; mangels Körperlichkeit können digitale Informationen nur als Register existieren und den Zustand der realen Welt niemals direkt darstellen; sie können nicht bewegt, nur kopiert werden; allgemein zu *files* siehe *Sicchiero* Contr. e impr. 2018, 681 (701 f.).

[36] *Giuliano* NGCC 2021, 1456 (1458); die Entscheidung, welche Kopien nützlich sind, erfolgt durch den Verifikations- und Konsensmechanismus, der die Knappheit erst in die digitale Welt bringt, *Gigi* Bitcoin Is Time (aE); zur Relevanz eines Zeitrahmens im digitalen Raum *Gigi* Bitcoin Is Time (passim): Gesetze der Physik erlauben es von vornherein nicht, physische Token doppelt auszugeben, daher bedarf es bei digitalen Token wegen der inhärenten Eigenschaften von Informationen ein zeitlich rückwärts gerichtete Prüfung der Kausalitätskette; Proof of Work verlässt sich dabei auf Energie und Zeit und stellt dadurch die Verbindung zur physischen Welt her; es wird der Übergang von physikalischen Gesetzen hin zu künstlichen Regeln geschaffen.

[37] Ausführlich *Capaccioli* Criptovalute, S. 147 ff., 151; *Boehme-Neßler* NJW 2017, 3031 (3033); aähnlich *Lessig* Harvard Law Review 113 (1999), 501 (508 f.); in diese Richtung auch *Zech* Einführung in das Technikrecht, S. 17, der Technologien als Handlungsanweisungen zur Ausnutzung naturgesetzlicher Kausalzusammenhänge ansieht.

[38] Im Zusammenhang mit virtuellen Gütern ebenfalls, wenn auch unter Vorbehalt, auf die zwei Ebenen der intrinsischen und beobachterabhängigen Eigenschaften materieller Gegenstände hinweisend *Pałka* Virtual Property, S. 145 f. mwN; zum Code als Naturgesetz des digitalen Raums siehe ebd. S. 172 ff.

a) Informationsgehalt intrinsischer Token

Bei intrinsischen Token, die allein für sich bestehen und mit keiner Rechtsposition verknüpft sind, existieren die Gegenstände in der realen Welt allerdings nicht, auch wenn Token diese gerade abbilden sollen und zu imitieren versuchen. Es wird keine strukturelle Information eines real existierenden, körperlichen Gegenstands als syntaktische Information abgebildet und vervielfältigt, indem sie als neue strukturelle Information auf einem Informationsträger gespeichert wird. Vielmehr wird bei Schaffung eines Tokens eine eigene syntaktische Information originär aus dem komplexen System der DLT (und aufgrund der Initiierung und Bedienung durch einen Menschen mittelbar aus dem menschlichen Geist) geschöpft. Damit enthält die syntaktische Information nur die semantische Information, dass alle Eigenschaften eines real existierenden, körperlichen Gegenstands gelten sollen; körperliche Gegenstände werden imitiert. Einerseits dienen die Gegenstände der realen Welt dadurch als Vorbild für die semantische Information der Token. Andererseits soll die auf der Ausgangsebene existierende strukturelle Information eines körperlichen Gegenstands – also die strukturelle Information *vor* erstmaliger Wahrnehmung als semantische Information, ihrer Wiedergabe in syntaktische Information und ihrer Verkörperung in neue strukturelle Information[39] – vollkommen durch bloße semantische Information ersetzt werden.[40] Es existiert also kein Informationsträger erster Ordnung mehr, sondern nur noch dessen Abbildung auf Informationsträgern zweiter Ordnung, die immer auch syntaktische Information mitenthalten.[41]

Vergleichen lässt sich das mit einer Strichliste, wo die hinter verschiedenen Adressen gesetzten Striche sich alle voneinander unterscheiden und somit alle individuell sind. Jeder Strich bedeutet für sich genommen nichts anderes, als dass es sich um eben diesen einen Strich handelt. In Kombination mit der Position, an die der Strich gesetzt wird, kann aber jeder Strich einer bestimmten Adresse zugeordnet werden. So wie jeder Netzwerkteilnehmer eine Kopie der Informationen des Distributed Ledgers lokal bei sich gespeichert hat, hat auch in dem Vergleichskonstrukt jeder Teilnehmer eine eigene Strichliste vor sich liegen.[42] Jeder kann nun öffentlich beantragen, einen Strich umzusetzen, sprich eine Transaktion einzuleiten.[43] Das Verfahren, wie die Striche nun gesetzt und

---

[39] *Zech* Information als Schutzgegenstand, S. 57 ff. bezeichnet sie als strukturelle (Informations-)Güter erster Ordnung, die Verkörperung syntaktischer Information sei hingegen strukturelles Informationsgut zweiter Ordnung.

[40] Zum Stufenverhältnis der Informationsbegriffe untereinander *Zech* Information als Schutzgegenstand, S. 43 f.; siehe dazu außerdem nochmals Abb. 7 in § 3I.1.

[41] Vgl. zu den Informationsträgern *Zech* Information als Schutzgegenstand, S. 42, 57 f.

[42] Dadurch wird das Distributed Ledger von allen gemeinsam verwaltet, vgl. *Omlor* JZ 2017, 754 (755).

[43] Ebenso, wenn auch losgelöst vom vorliegenden Vergleich *Omlor* JZ 2017, 754 (755).

umgesetzt werden, ohne dass sie mehrfach existieren, kann – wie auch die Ausgestaltung der Distributed Ledger – unterschiedlich ausgestaltet sein. Es beruht aber immer auf einem allgemeinen Konsens, sodass am Ende jeder eine gleiche Strichliste vor sich liegen hat. Weicht jemand von dem Verfahren ab, indem er einen Strich entgegen des Konsenses vervielfältigt oder nicht umsetzt, stimmt seine Strichliste inhaltlich nicht mehr mit der aller anderen Personen überein und wird infolgedessen als falsch bzw. unwahr verworfen.[44]

Das Prozedere lässt sich durch eine Abwandlung des Vergleichs ein weiteres Mal herunterbrechen: Stellt man sich keine Strichliste mit Strichen vor, sondern ein Spielbrett mit Spielsteinen, die hinter verschiedene Adressen gesetzt werden, dann steht es nicht mehr in Frage, dass sich alle Spielsteine voneinander unterscheiden und alle individuell sind. Wieder bedeutet jeder Spielstein für sich genommen nichts anderes, als dass es sich um eben diesen einen Spielstein handelt. Mithilfe der Position auf dem Spielbrett kann jeder Spielstein einer bestimmten Adresse zugeordnet werden; das Umsetzen der Spielsteine veranschaulicht die Transaktionen im Distributed Ledger.[45] Aufgrund der Körperlichkeit der Spielsteine wird deutlich, dass jeder Spielstein, und mit Blick auf die DLT folglich jeder Token, nur einmal existieren kann. Nur die identischen Spielbretter gelten als wahr.[46]

Dass dieselbe Einmaligkeit wie bei körperlichen Gegenständen gelten soll, folgt somit nicht allein aus der entsprechenden Information des Tokens, sondern ergibt sich erst aus der Kombination mit dem Distributed Ledger.[47] Erst das Konsensmodell des Distributed Ledgers macht es nämlich faktisch unmöglich, die Zuordnung der als Token bezeichneten Information entgegen der Vereinbarung zu ändern.[48] Das Register als formaler Zuweisungsmechanismus, wie man ihn von Registerrechten wie dem Patentrecht kennt, ist der DLT bereits immanent.[49] Gleichzeitig wird, wie auch bei real existierenden körperlichen Gegenständen, die Information *über* den Token und insbesondere über

---

[44] Ähnlich *Voshmgir* Token Economy, S. 54 f., die das Distributed Ledger mit einer in einer Cloud gespeicherten Strichliste vergleicht; zur Ausgestaltung eines Distributed Ledgers sowie zum Konsens siehe § 2I.1.d).

[45] Ähnlich zur Zuordnung durch Transaktionen *Omlor* JZ 2017, 754 (755).

[46] Insoweit auf einen ähnlichen Vergleich zur Spielwelt hinweisend *Allen* EPLJ 2019, 64 (93 f.) mwN.

[47] Anders als bei reinen Daten fehlt es Token nicht an der für körperliche Gegenstände typischen Rivalität, *Linardatos* Privatrecht 2050, S. 181 (198); ähnlich *John* BKR 2020, 67 (77); zu Daten *Zech* CR 2015, 137 (139). Insoweit unterscheiden sich Token von bloßer Information, die nicht einmalig ist, sondern erst durch Verkörperung im System der DLT einmalig wird, vgl. insoweit auch die Überlegungen bei *Redeker* CR 2011, 634 (638).

[48] Zum Problem des Double Spending siehe § 2I; darauf Bezug nehmend auch *Walter* NJW 2019, 3609 (3612); ähnlich zudem *Antonopoulos* Mastering Bitcoin, Kapitel 1.1.

[49] Formaler Zuweisungsmechanismus, *Zech* Information als Schutzgegenstand, S. 143.

dessen Zuordnung ganz bewusst geteilt;[50] alle teilnehmenden Netzwerkknoten haben die Information wie in einer Art öffentlichem Register bei sich gespeichert. Die Gestaltung des Distributed Ledgers sichert dabei vor allem die Integrität der Information, also ihre richtige und unveränderte Verbreitung.[51] Es ist somit erst das Zusammenspiel mit der DLT, das es auf nachvollziehbare und zurückverfolgbare Art und Weise ermöglicht, so zu tun, als gäbe es körperliche Gegenstände.[52]

Dies gilt auch und insbesondere für Non-Fungible Token (NFT), die nicht auf einen real existierenden, sondern lediglich auf einen virtuellen Gegenstand einer DApp verweisen, die ihrerseits dezentral auf dem Distributed Ledger gespeichert ist.[53] Durch ihre Verknüpfung mit der DLT ist ihre Inhaberschaft vergleichbar mit der an Token, die sich unmittelbar aus dem Distributed Ledger ergeben. Es ist gerade die Gestaltung des Distributed Ledgers, die die Integrität der Information sichert und es ermöglicht, körperliche Gegenstände zu imitieren. Für die Frage des Informationsgehalts der Token ist daher nur die Verknüpfung zur DLT entscheidend.

b) Informationsgehalt extrinsischer Token

Extrinsische Token verkörpern einen Wert, der außerhalb des Distributed Ledgers liegt; der Wert folgt aus der Verknüpfung mit einem Vermögensgegenstand oder aus einem herleitbaren Anspruch.[54] Technisch wird das dadurch gewährleistet, dass der Token in seinem Datenfeld auf entsprechende Werte Bezug nimmt. Meist handelt es sich dabei um körperliche Gegenstände, die tokenisiert, also mithilfe der Token leichter handelbar gemacht werden. Neben körperlichen Gegenständen können aber auch alle anderen Arten von Rechtspositionen abgebildet werden.[55]

---

[50] *Tepper* People's Money Bitcoin, S. 14; vgl. ferner die Überlegungen zur nicht-ausschließlichen Informationszuweisung bei *Zech* Information als Schutzgegenstand, S. 121.

[51] *Zech* Information als Schutzgegenstand, S. 127.

[52] Ähnlich *Walter* NJW 2019, 3609 (3613) mVa *Nakamoto* Bitcoin, S. 1; aus Perspektive des schweizerischen Rechts *Graham-Siegenthaler/Furrer* Jusletter 8. Mai 2017, Rn. 68; wertungsmäßig gleichsetzend *Definger* RDi 2022, 17 (20); aA *Shmatenko/Möllenkamp* MMR 2018, 495 (497), die in der Zuordnung nur eine bloße Tatsachenbeschreibung ohne jeglichen eigenen wirtschaftlichen Wert sehen.

[53] Siehe dazu § 2II.3.e).

[54] Siehe § 2II.5.e)bb) sowie ferner MMR/*Möllenkamp/Shmatenko* Kapitel 13.6 Rn. 30; zustimmend *Deuber/Jahromi*, MMR 2020, 576 (577); ähnlich auch *Antonopoulos* Mastering Bitcoin, Kapitel 12.4.

[55] Die Tokenisierung mit der Aufladung des Tokens mit Rechten umschreibend *Omlor* RDi 2021, 236 (241).

Der Informationsgehalt des Tokens ändert sich dadurch allerdings nicht grundlegend.[56] Der Token selbst bleibt einmalig, was durch die DLT in gleicher Weise sichergestellt wird. Unterschiede ergeben sich nur in der Funktion: Während intrinsische Token irgendeinen Gegenstand darstellen sollen, beispielsweise Münzen oder wie auch immer gestaltete virtuelle Gegenstände, ähneln extrinsische Token vielmehr den Urkunden, die eine andere, eigentlich unabhängig von ihnen bestehende Rechtsposition handelbar machen sollen.

Das gleicht dem Entmaterialisierungsbestreben, das wir bereits von verbriefenden Urkunden kennen: Durch semantische Information wird auf etwas Bezug genommen. Ob diese Information auf einem Blatt Papier mit eigener struktureller Information wiedergegeben wird, oder ob codiert dargestellt wird, macht keinen Unterschied. Lediglich die Art der Syntax ändert sich. Im ersten Fall besteht die syntaktische Information in Schrift, im letzten Fall in Code. Zudem gibt es auch bei der Verbriefung auf einem Blatt Papier das Problem, dass der darin wiedergegebene Informationsgehalt unendlich oft vervielfältigt werden kann. Dem wird nur damit gegengesteuert, dass die verbriefende Urkunde ausreichend echt wirken muss – was durch entsprechende Vorschriften im Bürgerlichen Gesetzbuch im Detail geregelt ist. Bei extrinsischen Token wird diese Echtheit hingegen bereits durch das System der DLT gewährleistet. Die Frage nach der Echtheit der Darstellung wird nämlich bereits bei der Abbildung als Token relevant und mithilfe der DLT nicht nur hinsichtlich die Eigenschaft als Papier, sondern auch hinsichtlich dessen semantischen Inhalts gelöst. Ein weiteres Mal stellt sie sich dann nicht mehr.

3. Ergebnis zur technisch vermittelten Inhaberstellung

Die technisch vermittelte Inhaberstellung lässt sich somit zusammenfassen als eine, die die an körperlichen Gegenständen bestehende Inhaberstellung imitieren soll und dank der DLT auch kann. Dies gilt in gleicher Weise für intrinsische und extrinsische Token, die sich nur in ihrer semantischen Bedeutung, nämlich ob sie darüber hinaus noch auf etwas anderes Bezug nehmen oder nicht, unterscheiden.

II. Verkörperte Position

Bevor genauer darauf eingegangen wird, wie diese technisch vermittelte Inhaberstellung rechtlich einzuordnen ist (IV), soll noch eine breitere Sichtweise eingenommen werden. Ausgehend von der Idee des Bitcoins als erster DLT-

---

[56] Ähnlich bereits MMR/*Möllenkamp/Shmatenko* Kapitel 13.6 Rn. 30, denen zufolge die extrinsischen Token in technischer Hinsicht den intrinsischen Token entsprechen; nur materiell unterscheiden sie sich, weil sie noch ein darüberhinausgehenden Anspruch repräsentieren. Extrinsische Token bildhaft als aufgeladene Container darstellend *Omlor* ZVglRWiss 119 (2020), 41 (44).

Anwendungsfall wird zunächst die Entmaterialisierung körperlicher Gegenstände beleuchtet (1), die Teil einer allgemeinen Entwicklung ist: der immer weiter voranschreitenden Abstraktion von Information (2). Ob trotz bzw. auch nach dieser Entmaterialisierung ein Zuordnungsbedürfnis besteht, wird ebenfalls kurz untersucht (3).

1. Entmaterialisierung von Geld als Ausgangspunkt

Der Versuch, körperliche Gegenstände abzubilden, sie von ihrer Substanz abzukoppeln und zu entmaterialisieren, ist zumindest in der Geschichte des Geldes nicht neu.[57] Größe und Gewicht der Gegenstände erwiesen sich schon früh als unhandlich und nicht praktikabel für den Handel.[58] Um aber bei der Abbildung der körperlichen Gegenstände Manipulationsversuche zu verhindern, musste ihre Richtigkeit geprüft werden. Diese Aufgabe wurde bislang immer von einer zentralen Instanz übernommen.[59] Allerdings konnte diese nur das Vertrauen gegenüber den einzelnen Systemteilnehmern überflüssig machen. Die Notwendigkeit, dass man das jeweilige Vertrauen stattdessen ihr entgegenbrachte, bestand aber nach wie vor. Ergebnis war somit nicht, dass körperliche Gegenstände abgebildet wurden, sondern nur, dass eine Gleichwertigkeit versprochen wurde und man diesem Versprechen Glauben schenkte. Folge war eine Rechtsstellung, die mehr einer Forderung als einer tatsächlichen Inhaberschaft entsprach.[60]

Im Falle der DLT hat sich das nun geändert. Eine zentrale Instanz, der man Vertrauen entgegenbringen muss, gibt es nicht mehr.[61] Stattdessen vertraut man dem System, weil das System aufgrund des Konsensprinzips eine Manipulation schon von vornherein nicht ermöglicht.[62] Die Übereinkunft, dass ein

---

[57] Dematerialisierung als Leitmotiv, *Omlor* JZ 2017, 754 (756); ausführlich *ders.* Geldprivatrecht, S. 46 f.; Staudinger/*ders.* Vorb §§ 244–248 Rn. A11; *ders.* ZHR 2019, 294 (297, 301); kritisch zu rechtlichen Auswirkungen der Entmaterialisierung Geldes *Hingst/Neumann* FS Schmidt I, S. 461 (470); bereits seit den 1980er Jahren wird versucht, digitales Geld zu entwickeln, *Cai/Wang/Ernst/Hong/Feng/Leung* IEEE Access 2018, 53019 (53019) mwN.

[58] *Omlor* Geldprivatrecht, S. 17 f. mwN; Staudinger/*ders.* Vorb §§ 244–248 Rn. A15; *ders.* ZHR 2019, 294 (299, 301); vgl. insoweit allgemein die Geschichte des Geldes, das sich vom Primitivgeld über Münzgeld zunächst zum substanzwertlosen Papiergeld und anschließend zum sachsubstanzlosen Buchgeld entwickelte, *Omlor* Geldprivatrecht, S. 10 ff., 48; Staudinger/*ders.* Vorb §§ 244–248 Rn. A11 ff.; *ders.* ZHR 2019, 294 (297).

[59] *Lantz/Carwey* Mastering Blockchain, Kapitel 1.3.2.

[60] *Omlor* Geldprivatrecht, S. 131 mwN; ähnlich *ders* ZHR 2019 294 (301); zu den Ursprüngen im England des 12. Jahrhunderts mit sogenannten *tallies* siehe *Tepper* People's Money Bitcoin, S. 11; im Zusammenhang mit Token aus diesem Grund einen allgemeinen Reformbedarf sehend *Allen* EPLJ 2019, 64 (83 ff.).

[61] *Lantz/Carwey* Mastering Blockchain, Kapitel 1.4.4; *Tepper* People's Money Bitcoin, S. 15; aus gleichem Grund sind Token auch nicht auf Auszahlung gerichtet, *Linardatos* Privatrecht 2050, S. 181 (192).

[62] Siehe § 2I.

Token einen körperlichen Gegenstand abbilden soll, ist dabei immanente Voraussetzung sowie Zweck des Systems. Zudem ermöglicht das Prinzip, körperliche Einheiten nur zu fingieren, dass den fingierten Einheiten nahezu unbegrenzt dienliche Eigenschaften zugeschrieben werden können. Ein erneuter Blick in die Geschichte des Geldes bestätigt, dass dies insbesondere für Geld von großem Nutzen war. Neben der Entmaterialisierung wurde deswegen auch immer mehr eine Monofunktionalität angestrebt, die es ermöglichte, die Geldherstellung präzise auf die besonderen Bedürfnisse des Geldverkehrs auszurichten.[63] Mit Blick auf die Tausch-, Wertmesser- und Wertaufbewahrungsfunktion[64] haben sich dabei Teilbarkeit, Seltenheit, Widerstandsfähigkeit sowie praktisch unendliche Haltbarkeit als sinnvolle Kriterien erwiesen.[65] Mit Token kann all diesen Kriterien Rechnung getragen werden: Indem Token letztlich nur gespeicherte Informationen darstellen, können sie je nach Programmierung unterschiedlich oft teilbar sein; Seltenheit kann durch eine im System veranlagte Begrenzung der Gesamtzahl von Token gewährleistet werden; und nicht zuletzt sind sowohl die Information als solche, aber auch der dezentral verteilte Speicherort der Daten, recht widerstandsfähig und praktisch unendlich haltbar.[66] Gleichzeitig können Token trotz ihrer oben beschriebenen Individualität austauschbar sein, wenn sie entsprechend gestaltet werden.[67] Sie sind dann zwar nicht individuell in dem Sinne, dass ihnen konkrete Individualisierungsmerkmale zukommen.[68] Dennoch sind sie in gleicher Weise individuell, wie auch körperliche Gegenstände es sind. Es gibt folglich keine selben, wohl aber gleiche Token. Die Konkurrenz bei der Benutzung, die Rivalität, wird aber beibehalten.[69] Damit existiert eine gewisse Materialität, die derjenigen ähnelt, die für Geld vorausgesetzt wird. Da unter Materialität keine Körperlichkeit, sondern vielmehr dessen inhärente Fähigkeit zur Erfüllung von Geldfunktionen vorausgesetzt wird, wäre eine gesteigerte Form der Materialität zweiter Stufe durchaus denkbar.[70]

---

[63] *Omlor* ZHR 2019 294 (301).
[64] Ausführlich zu den Funktionen des Geldes sowie zur Diskussion dazu *Omlor* Geldprivatrecht, S. 49 ff.; Staudinger/*ders.* Vorb §§ 244–248 Rn. A33 ff.
[65] *Omlor* ZHR 2019 294 (301) mwN; ähnlich auch *Tepper* People's Money Bitcoin, S. 10.
[66] Dies gilt auch im Hinblick auf Daten, vgl. *Zech* CR 2015, 137 (139).
[67] Zur Austauschbarkeit § 2II.4.a); vgl. auch *Antonopoulos/Wood* Mastering Ethereum, Kapitel 10.2.
[68] Vgl. die Definition des BGH im Zusammenhang mit vertretbaren Sachen, BGH, Urteil vom 24. April 1985, VIII ZR 88/84, NJW 1985, 2403; zustimmend Staudinger/*Omlor* Vorb §§ 244–248 Rn. A171.
[69] Zur Abnutzbarkeit als besondere Form der Rivalität *Zech* AcP 219 (2019), 488 (514).
[70] *Hingst/Neumann* FS Schmidt I, S. 465 (484).

In Fortführung dessen wurden inzwischen intrinsische Token entwickelt, die nicht austauschbar sind, sogenannte *non-fungible token,* oder kurz, NFT.[71] An der technisch vermittelten Inhaberstellung ändert das aber nichts. Lediglich die Information, die einen Token darstellt, wird um individuelle Eigenschaften ergänzt und damit inhaltlich verändert.[72] Auch dass es sich dabei meist um Token zweiter Ebene handeln wird, ändert hieran nichts. Denn der Smart Contract übernimmt nur die Erstellung des Tokens. Inhaltlich handelt es sich nichtsdestotrotz um einen Datensatz, der durch die Transaktion auf dem Distributed Ledger gespeichert und zugeordnet wird.[73]

2. Abstraktion von Information als Ausgangspunkt

Aus dem Vorangegangenen wird bereits deutlich, dass Token als solche keine besonders disruptiven Eigenschaften aufweisen. Die Neuerung liegt vielmehr in der DLT selbst, die Information nicht mehr von der Existenz eines Gegenstands abhängig macht und damit einen Prozess der Abstraktion fortsetzt: Beginnend mit der Entwicklung der Schrift[74] hatte die Schaffung von Informationsträgern zweiter Ordnung zu einer *Trennung von Information und Person* geführt. Die immer besseren Möglichkeiten der Informationsübertragung führten anschließend zu einer *faktischen Loslösung der Information vom Informationsträger zweiter Ordnung*;[75] mithilfe des Internets können Informationen nahezu ortsunabhängig weitergegeben werden, während die konkrete Verkörperung der Information immer unbedeutender wird. Zwar werden Informationsträger zweiter Ordnung immer erforderlich sein, um die Information anzuzeigen. Für die Übertragung haben sie aber nicht mehr die unmittelbare Relevanz, die ihnen noch vor der Digitalisierung zukam.[76] Information wurde somit von Person und Gegenständen losgelöst:

Bereits der Begriff der Information bedeutet eine Abstraktion von Gegenständen des Alltags. Strukturelle Information abstrahiert die Beschaffenheit körperlicher Gegenstände, semantische Information Sachverhalte. Syntaktische Information stellt durch ihre Beschränkung auf

---

[71] Ausführlich dazu § 2II.5.d); zu ihrer Einordnung als intrinsische Token § 2II.5.e)aa); zur Entstehung *Lantz/Cawrey* Mastering Blockchain, Kapitel 5.2.2; Potenzial der Blockchain liege in der Vielzahl von Anwendungsmöglichkeiten, vgl. *Cai/Wang/Ernst/Hong/Feng/Leung* IEEE Access 2018, 53019 (53021 f.).

[72] Vgl. die Programmieranleitung bei *Lantz/Cawrey* Mastering Blockchain, Kapitel 5.2.2.

[73] Zu Token zweiter Ebene siehe § 2II.3.a), zu Smart Contracts siehe § 2II.3.d).

[74] Konkret dazu *Zech* Information als Schutzgegenstand, S. 169; ähnlich die Schrift als Ausgangspunkt für die Entstehung immaterieller Güter sehend *Peukert* Geschichte und Zukunft des Urheberrechts, S. 127 (130).

[75] *Zech* Information als Schutzgegenstand, S. 168; konkret zum Verlust des Trägerbezugs ebd. S. 176.

[76] Ähnlich *Zech* Information als Schutzgegenstand, S. 170 f., 176 f.; besonders deutlich wird dies im Rahmen der Datenverarbeitung, die ohne Rücksicht auf deren mögliche Bedeutung erfolgt, siehe dazu ebd. S. 173.

den Zeichensatz eine abermalige Abstraktion struktureller oder semantischer Information dar, aus der sie durch Codierung gewonnen wird. Durch die technische Entwicklung wird aber die Abstraktheit syntaktischer Information auch in den Alltag transportiert. Information wird immer unabhängiger von Träger-, Sender-, Empfänger- oder Objektbezügen.[77]

Diese Entwicklung führt die DLT weiter fort. Allerdings ist die DLT insoweit disruptiv, dass sie nicht an die Verbreitung der Informationen als solche anknüpft und diese zu verbessern versucht,[78] sondern die Abstraktion von Information auf eine neue Stufe hebt. Information wird vollständig vom Gegenstand getrennt und es wird nur an die Idee, einen Gegenstand darstellen zu wollen, angeknüpft. Man arbeitet nur noch mit dem Gedanken an einen Gegenstand.[79] Die semantische Information wird dank syntaktischer Information von der strukturellen Informationskomponente, der Verkörperung im Gegenstand, abstrahiert. Dadurch werden Informationsträger erster Ordnung obsolet, während Informationsträger zweiter Ordnung nur noch notwendig sind, um die Existenz der Information zu gewährleisten, denn strukturelle und semantische Information bedürfen zumindest einer Verkörperung als Informationsgut zweiter Ordnung. Verbunden mit der faktischen Loslösung von Informationsträgern zweiter Ordnung haben sich Informationen damit aber von körperlichen Gegenständen nahezu unabhängig gemacht.[80]

3. Zuordnung einer Position

Bei der DLT steht der personelle Bezug wieder stärker im Vordergrund. Dieser wurde zuvor durch die Möglichkeit, massenhaft Information maschinell zu erstellen, immer weiter aufgeweicht. Da die Datenverarbeitung heutzutage eine Auswertung von immensen Datenmengen ermöglicht, wird Information quasi auf Vorrat aufgezeichnet, ohne dass ihr bereits eine Bedeutung beigemessen werden kann.[81] Bis zu ihrer Auswertung hat diese gesammelte, als Rohdaten oder *big data* bezeichnete Datenmenge noch keine semantische

---

[77] *Zech* Information als Schutzgegenstand, S. 174.

[78] So nämlich der Ansatzpunkt bei dem massenhaften Sammeln von Information, sogenannter *big data*. Hier wurde zuletzt immer häufiger versucht, diese unabhängig von ihrem Inhalt und ihrer Verkörperung als Rechtsgut einzuordnen. Auch die einzelne Vervielfältigung soll als Rechtsgut in Betracht kommen, um der wirtschaftlichen Realität, die nicht der Information als solche, sondern lediglich einer einzelnen Kopie, dem Informationsexemplar, Wert zuspricht und somit als Wirtschaftsgut klassifiziert, zu entsprechen, *Redeker* CR 2011, 634 (638); darauf Bezug nehmend *Zech* Information als Schutzgegenstand, S. 33, der ausgehend davon eine umfassende Systematisierung von Information als Schutzgegenstand vornimmt, ebd. (passim); aA *Lahusen* AcP 221 (2021), 1 (20), demzufolge die Semantik der Daten einzig möglicher Anknüpfungspunkt für eine quasi-dingliche Zuordnung ist.

[79] Ähnlich *Linardatos* Privatrecht 2050, S. 181 (182).

[80] Allgemein zur Abstraktion von Information auch ausführlich *Zech* Information als Schutzgegenstand, S. 166 ff.

[81] *Zech* Information als Schutzgegenstand, S. 173.

Informationskomponente, sodass ihr jeglicher personelle Bezug fehlt.[82] Somit verstärkte die Trennung von Information und Informationsträger nochmals die zeitlich vorangegangene Loslösung von der Person.[83]

Die DLT verfolgt einen anderen Ansatz: Nicht das Sammeln von Information steht im Vordergrund, sondern das Abbilden einer realen Welt. Durch die registerähnliche Gestaltung verknüpft das Distributed Ledger ihre Information mit einer Adresse, wodurch Token überhaupt erst geschaffen werden. Durch diese Verknüpfung wird zwangsläufig ein personeller Bezug hergestellt, sodass es zwar zu einer Trennung von Information und Person kommt, nicht aber von Information und Bedeutung.[84] Ausgangspunkt ist nicht die Aufzeichnung syntaktischer Information, aus der dann durch Auswertung neue semantische Information gezogen wird. Es ist vielmehr die semantische Information als solche, die aufgezeichnet wird und damit Ursprung syntaktischer und struktureller Information ist. Anders als bei Rohdaten ist damit kein Gegenstand erforderlich, dessen strukturelle Information in Form von syntaktischer Information dargestellt wird, sondern es existiert überhaupt kein Informationsträger erster Ordnung. Während bei Rohdaten die semantische Informationskomponente wegfällt, verzichten Token stattdessen auf strukturelle Information erster Ordnung.

Für den Inhaber eines Tokens ergibt sich daraus folgende Position: Allein der Eintrag auf dem Distributed Ledger ist zunächst Beweis dafür, dass der Inhaber des Tokens überhaupt irgendeine Art von Position innehat. Körperliche Gegenstände, die diese Position weiter belegen könnten, gibt es nicht. Der Eintrag im Distributed Ledger ersetzt die Beweisfunktion, die üblicherweise dem faktischen Innehaben eines körperlichen Gegenstands zukommt. Umgekehrt ist ein Token ohne Niederschreibung im Distributed Ledger von vornherein nicht denkbar, da er dann mangels Verkörperung in struktureller Information nicht existieren würde. Der Token muss daher immer in Zusammenschau mit dem Distributed Ledger gesehen werden, wodurch er immer auch einer Person zugeordnet werden kann; die Zuordnung ist dem Token immanent.

Die Position, die das Innehaben eines Token beweist, kann sich dabei lediglich auf den Token und dessen Nutzung selbst beziehen (wobei sich die Nutzung zumeist auf die mit dem Token verknüpften Funktionen innerhalb des DLT-Netzwerks beschränken wird),[85] oder auf außerhalb liegende Information, die zusätzlich zu den sich aus der DLT auslesbaren Informationen

---

[82] Aus diesem Grund eine eigene Rechtsgutfähigkeit verneinend *Lahusen* AcP 221 (2021), 1 (20).

[83] Siehe dazu *Zech* Information als Schutzgegenstand, S. 171, 177.

[84] Angegangen wird damit das Problem des Kontrollverlusts über unsere Daten, das mit Trennung von Information und Person immer stärker in den Fokus gerückt ist, vgl. dazu *Voshmgir* Token Economy, S. 21 f.

[85] Vgl. insoweit auch die Differenzierung bei *Furrer/Glarner/Linder/Müller* Jusletter 26. November 2018, Rn. 20.

herangezogen werden muss, um die vom Token verkörperte Position vollständig zu erfassen.[86] Jedenfalls nehmen Token stets eine Zuordnung vor; Tokenisierung ist immer auch Zuordnung.

III. Anerkennung der verkörperten Position durch das Recht

Fraglich ist jedoch, ob diese Zuordnung auch durch das Recht abgebildet werden muss. Grundsätzlich erfindet das Recht in seiner Funktion, die Lebenswirklichkeit aufzugreifen und zu ordnen, aber nur selten selbständig eigene Rechtsgüter; vielmehr hat es darüber zu befinden, inwieweit es die allgemeine Verkehrsgeltung in die Rechtsordnung integriert.[87]

Dafür muss es jedoch insgesamt gerechtfertigt sein, die faktische Zuordnung rechtlich anzuerkennen und aufrechtzuerhalten. Die Zuordnung muss konkreten Zwecken dienen.[88] Diese bestimmen sich im Ursprung anhand gesellschaftlicher Wertungen,[89] die im Folgenden kurz angerissen werden sollen (1). Gleichzeitig muss sich das Bedürfnis zur Anerkennung der faktischen Zuordnung aber auch aus dem Recht in seiner systematischen Struktur ergeben, was im Anschluss daran dargestellt werden soll (2). Ob die bisherigen Zuordnungskriterien des Rechts dann auch auf Token anwendbar sind, wird abschließend geprüft (3).

1. Normatives Bedürfnis einer rechtlichen Zuordnung

Die Frage nach einem normativen Zuordnungsbedürfnis trifft unsere Rechtsordnung in ihrem Kern, nicht ohne Grund stellt das Privateigentum einer der zentralen Pfeiler der westlichen Gesellschafts- und Wirtschaftsordnungen dar.[90] Das Recht in seiner Funktion, die Lebenswirklichkeit aufzugreifen und zu ordnen, erfindet nur selten selbständig eigene Rechtsgüter; vielmehr hat es darüber zu befinden, inwieweit es die allgemeine Verkehrsgeltung in die Rechtsordnung integriert.[91] Dabei geht es (noch) nicht darum, dass sich die

---

[86] *Furrer/Glarner/Linder/Müller* Jusletter 26. November 2018, Rn. 35 f. bezeichnen das als Synchronisation von technischer und juristischer Ebene, konkret als inhaltliche Informationssynchronisation, bei der die Information des Tokens mit der Information des Rechts abgestimmt werden muss. Gerade weil die im Token enthaltene Information selbst wie alle von der DLT bereitgestellten Informationen inhaltlich limitiert ist, können extrinsische Token nur Bezug nehmen auf extern gespeicherte Information. Daneben bestehe aber bei allen Token ein Synchronisationsbedürfnis im Hinblick auf die Inhaberschaft, sog. Berechtigungssynchronisation, ebd. Rn. 37 ff.; einschränkend für den Fall, dass absolute Rechte verkörpert werden jedoch ebd. Rn. 54.
[87] Treffend *Linardatos* Privatrecht 2050, S. 181 (199) mwN.
[88] *Zech* AcP 219 (2019), 488 (494).
[89] Umgekehrt *Linardatos* Privatrecht 2050, S. 181 (199).
[90] *Hofmann/Raue/Zech* Eigentum in der digitalen Gesellschaft, S. 1 (1).
[91] Treffend *Linardatos* Privatrecht 2050, S. 181 (199) mwN.

tatsächliche Zuordnung in die dogmatische Konstruktion einfügen muss.⁹² Vielmehr muss es insgesamt gerechtfertigt sein, die Zuordnung auch rechtlich anzuerkennen und aufrechtzuerhalten – immerhin wird der Rechtskreis des Einzelnen durch die Zuordnung von Gegenständen in der Außenwelt über den eigenen Körper hinaus erweitert.⁹³ Die Zuordnung muss also konkreten Zwecken dienen, die sich im Ursprung wiederum anhand gesellschaftlicher Wertungen bestimmen.⁹⁴ Insoweit kann auf Erkenntnisse zum klassischen Sacheigentum in gleicher Weise zurückgegriffen werden wie auf solche zum neueren Geistigen Eigentum.⁹⁵

Der Zweck des Eigentums, aber auch anderer zuordnenden Rechte im Allgemeinen, ist nicht unumstritten. Trotzdem ist es im Hinblick auf die rechtliche Einordnung von Token unumgänglich, diesen kurz zu erörtern, weshalb zunächst auf ethische (a)) und anschließend auf ökonomische Motive der rechtlichen Zuordnung (b)) eingegangen werden soll.

a) Ethische Motive

Im Vordergrund stehen dabei Motive moralich-ethischen Ursprungs,⁹⁶ denn die Zuordnung begründet eine Eigentumsordnung, die für das gesellschaftliche Zusammenleben prägend, wenn nicht sogar konstitutiv ist.⁹⁷ Nicht ohne Grund wird Eigentum als „Ausdruck [...] des Selbstverständnisses des Menschen in

---

⁹² Siehe insoweit § 3III.2.a); auch *Osterloh-Konrad* Eigentum in der digitalen Gesellschaft, S. 9 (10) bezeichnet dies als gesonderte, dritte Dimension der Eigentumsbegründung

⁹³ *Osterloh-Konrad* Eigentum in der digitalen Gesellschaft, S. 9 (9 f.).

⁹⁴ *Zech* AcP 219 (2019), 488 (494); ebenso *Linardatos* Privatrecht 2050, S. 181 (199), denn die rechtschöpferische Kraft komme prinzipiell dem gesellschaftlichen Sein zu.

⁹⁵ Vgl. insoweit der Hinweis auf die diversen Überlappungen im Rechtsfertigungsdiskurs von Sach- und Geistigem Eigentum bei *Hofmann/Raue/Zech* Eigentum in der digitalen Gesellschaft, S. 1 (3); ebenso *Osterloh-Konrad* Eigentum in der digitalen Gesellschaft, S. 9 (9), die einen Überblick über die verschiedenen Begründungsansätze gibt zum Sacheigentum, ebd. S. 9 ff., sowie zum Geistigen Eigentum, ebd. S. 13 ff.

⁹⁶ Im Rahmen der Immaterialgüterrechte werden diese auch als deontologische Rechtfertigungstheorien bezeichnet, vgl. *Zech* Information als Schutzgegenstand, S. 150 ff.; zur Moral und Ethik im Recht allgemein *Rüthers/Fischer/Birk* Rechtstheorie, § 10 Rn. 401 ff.

⁹⁷ Vgl. v. Mangoldt/Klein/Starck/*Depenheuer/Froese* GG Art. 14 Rn. 13; im Ergebnis wohl auch *Schapp* AcP 192 (1992), 355 (369), demzufolge die Bedürfnisbefriedigung eines jeden Einzelnen heute in einer arbeitsteiligen Gesellschaft erfolgt und somit zwingend Eigentum voraussetzt; ähnlich *Schachtschneider* FS Leisner, S. 743 (776); durch die Zuweisung der Güter komme dem Sachenrecht insbesondere auch eine Friedensfunktion zu, Staudinger/*Heinze* Einl SachR Rn. 34 sowie *Wellenhofer* Eigentum in der digitalen Gesellschaft, S. 69 (71); ähnlich *Osterloh-Konrad* Eigentum in der digitalen Gesellschaft, S. 9 (10 f.) mwN; zur gesellschaftlichen Bedeutung des Sachenrechts allgemein ferner *v. Gierke* Soziale Aufgabe des Privatrechts, S. 13 f.; in diesem Zusammenhang auch die Bedeutung des Instituts des Privateigentums hervorhebend *Arndt* Bitcoin-Eigentum, S. 159 ff.

seinem Verhältnis zu den äußeren Dingen der Welt"[98] verstanden, das nicht rechtlicher, sondern vorrechtlicher, theologischer und philosophischer Natur sei.[99] Dieses Selbstverständnis geht nach heutiger Auffassung dahin, dass ein Gut demjenigen zuzuteilen ist, der es aufgrund eigener Arbeit und Leistung maßgeblich hervorgebracht hat.[100] Dies zeichnet sich bereits im biblischen Wertekanon ab und wurde im Zuge der Aufklärung weiterentwickelt.[101] Neben dieser persönlichkeitsverwirklichenden Komponente sieht das heutige, individualistische Eigentumsverständnis durch die Zuordnung von Gütern zudem auch die Freiheit des Einzelnen verwirklicht.[102] Freiheit sei erst durch Eigentum möglich,[103] denn im Eigentum äußert sich letztlich die Wahlfreiheit, die für den Vermögenserwerb (Berufswahl) in gleicher Weise prägend ist wie für den Vermögensverlust durch Konsum (Privatautonomie).[104] Freiheit ist somit Ausgangspunkt unseres Handelns und fungiert insoweit als ethisch-kultureller Maßstab; sie ermöglicht einerseits Befriedigung unserer Bedürfnisse und personale Sicherheit durch Vermögensaufbau,[105] prägt andererseits aber auch die

---

[98] *Hecker* Eigentum als Sachherrschaft, S. 252; zustimmend *Schuppert* Eigentum neu denken, S. 25.

[99] *Hecker* Eigentum als Sachherrschaft, S. 254; ähnlich Staudinger/*Klinck* Eckpfeiler des Zivilrechts, Rn. U 91, demzufolge Sachherrschaft Ausdruck der Selbstbestimmung des Menschen sei, da sich seine Persönlichkeit auch und vor allem durch die Einwirkung auf seine Umwelt entfalte; diese Persönlichkeit werde von der Rechtsordnung durch Anerkennung des Eigentums und Zuweisung des exklusiven Zugriffs auf bestimmte Sachen geschützt; zur Frage, inwiefern das Privateigentum dem Staat vorgelagert ist oder umgekehrt, siehe *Osterloh-Konrad* Eigentum in der digitalen Gesellschaft, S. 9 (12) mwN.

[100] *Peukert* Güterzuordnung als Rechtsprinzip, S. 735 mwN; in Bezug auf Immaterialgüterrechte ebenso *Zech* Information als Schutzgegenstand, S. 150 ff.; zwischen Zuordnung von Sachen und Immaterialgütern differenzierend *Arndt* Bitcoin-Eigentum, S. 161 f., wobei Token eine Zwischenstellung einnehmen, da sie einerseits zwar erst erschaffen wurden, andererseits aber faktisch exklusiv zuordenbar sind und ihre Nutzung rivalisiert.

[101] Aufgegriffen wurde dieser Gedanke in der Arbeitstheorie von *Locke* sowie in der vom hegelschen Idealismus beeinflussten Emanationstheorie, ausführlich dazu *Peukert* Güterzuordnung als Rechtsprinzip, S. 735 mwN; zum freiheitsgeprägten Eigentumsverständnis bei *Hegel* siehe zudem *Hecker* Eigentum als Sachherrschaft, S. 235 ff.

[102] Vgl. v. Mangoldt/Klein/Starck/*Depenheuer/Froese* GG Art. 14 Rn. 13 sowie Staudinger/*Heinze* Einl SachR Rn. 35; aus der Rechtsprechung BVerfG, Urteil vom 18. Dezember 1968, 1 BvR 638/64, BVerfGE 24, 367 (389); ähnlich *Peukert* Güterzuordnung als Rechtsprinzip, S. 736; ebenso differenzierend, wenn auch mit Blick auf einen weiteren Funktionswandel hin zu einer mehr ökonomischen Betrachtungsweise einschränkend, *Zech* AcP 219 (2019), 488 (509 ff., 527 f.); zur Reichweite des Eigentumsbegriffs *Schuppert* Eigentum neu denken, S. 68 ff.; zur dienenden Funktion des Rechts *Pałka* Virtual Property, S. 115.

[103] *Schuppert* Eigentum neu denken, S. 69.

[104] Vgl. *Schapp* AcP 192 (1992), 355 (370 f.); zur Privatautonomie als Freiheitsgrundrecht sowie als Ausdruck von Selbstbestimmung ferner *Hellgardt* Regulierung und Privatrecht, S. 66 ff., 68 ff.

[105] *Schapp* AcP 192 (1992), 355 (371); ähnlich v. Mangoldt/Klein/Starck/*Depenheuer/Froese* GG Art. 14 Rn. 14.

Frage nach dem Sinn unseres Daseins, die auf Grundlage persönlicher Entscheidungen und Erfahrungen beantwortet wird.[106] Damit dient sie nicht zuletzt der individuellen Selbstbestimmung[107] sowie der Identifikation als Individuum in der Gesellschaft.[108]

Aus diesen Gründen ist das Eigentum auch verfassungsrechtlich als Rechtsinstitut garantiert. Im Gesamtgefüge der Grundrechte kommt ihm die Aufgabe zu, dem Träger des Grundrechts einen Freiheitsraum im vermögensrechtlichen Bereich sicherzustellen und ihm damit eine eigenverantwortliche Gestaltung des Lebens zu ermöglichen.[109] Daraus folgt, dass das Bedürfnis nach einer rechtlichen Zuordnung der Token tief in der Gesellschaft sowie in der Verfassung verwurzelt ist. Ist es einem Inhaber neuer Güter nicht möglich, seine gesellschaftliche Position rechtlich abzusichern, verfehlt die Rechtsordnung insoweit ihr Ziel, ihm die vollumfassende Freiheit zu gewähren, die ihm nach allgemeinem Werteverständnis zusteht.[110] Gleichzeitig muss die Verteilung zuzuordnender Güter, damit sie innerhalb der Rechtsgemeinschaft anerkannt wird, auf Kriterien moralisch-ethischen Ursprungs beruhen.[111] Denn die Zuordnung eines Gutes zu einer Person bedeutet immer auch ein Weniger an Freiheit für alle anderen, denen das Gut nicht mehr zugeordnet werden kann und die es daher nicht mehr nutzen können.[112] Es ist mithin Aufgabe der Rechtsordnung, eine Zuordnung der Token zu schaffen und sie so zu gestalten, dass jeder seine Persönlichkeit bestmöglich äußern und entfalten kann.[113]

---

[106] *Schapp* AcP 192 (1992), 355 (371); die konkrete Eigentumsordnung sei daher auch Indikator für die Freiheitlichkeit eines Gemeinwesens insgesamt, v. Mangoldt/Klein/Starck/*Depenheuer/Froese* GG Art. 14 Rn. 11; zustimmend *Schuppert* Eigentum neu denken, S. 70.

[107] v. Mangoldt/Klein/Starck/*Depenheuer/Froese* GG Art. 14 Rn. 15.

[108] *Schapp* AcP 192 (1992), 355 (372); zum ideengeschichtlichen Hintergrund *Zech* AcP 219 (2019), 488 (526 ff.).

[109] So die ständige Rechtsprechung des BVerfG, erstmals mit Urteil vom 18. Dezember 1968, 1 BvR 638/64, BVerfGE 24, 367 (Rn. 81); durch diese Formulierung wurde die individualrechtliche Konzeption des Eigentums „verkehrsfähig" gemacht, *Schuppert* Eigentum neu denken, S. 69 f.

[110] So im Ergebnis wohl auch v. Mangoldt/Klein/Starck/*Depenheuer/Froese* GG Art. 14 Rn. 23; ähnlich auch *Schachtschneider* FS Leisner, S. 743 (773).

[111] Vgl. *Peukert* Güterzuordnung als Rechtsprinzip, S. 734; ähnlich auch *Schachtschneider* FS Leisner, S. 743 (772), der darin auch die Sozialpflichtigkeit des Eigentums sieht; umgekehrt implizieren subjektive Rechte spezifische moralische oder rechtliche Wertaussagen, *Mahlmann* Rechtsphilosophie und Rechtstheorie, § 29 Rn. 12.

[112] BVerfG, Beschluss vom 10. Juni 1964, 1 BvR 37/63, BVerfGE 18, 85 (90); *Peukert* Güterzuordnung als Rechtsprinzip, S. 80; in diesem Kontext *Arndt* Bitcoin-Eigentum, S. 157 f.

[113] Diese Freiheitssicherung muss jedoch nicht zwingend durch die Gewährung eines Eigentumsrechts geschehen, sondern kann auch durch sonstige absolute Rechte und vertragliche Ansprüche gewährleistet werden, vgl. *Zech* AcP 219 (2019), 488 (516); zur danebenbestehenden Verpflichtung und Verantwortung durch Eigentum sowie der Aufgabe der

b) Ökonomische Motive

Treffen verschiedene, auf der Wahlfreiheit beruhende Entscheidungen aufeinander, entsteht ein Markt, der letztlich auch ein ökonomisches Bedürfnis nach Zuordnung begründet.[114] Neben moralisch-ethischen Motiven müssen daher auch ökonomische Beweggründe berücksichtigt werden[115] und in der Tat ist Auslöser einer jeden Zuordnungsdiskussion – und so auch hier – der Vermögenswert, der einem neu entstandenen Gegenstand zugeschrieben wird und über dessen Verteilung und Schutz Klarheit herrschen soll.[116] Diese Verteilung ist dabei von so großer gesellschaftlicher Bedeutung, dass sie nicht der tatsächlichen Entwicklung überlassen werden kann, sondern von der Rechtsordnung durch Zuordnung besonders geregelt werden muss.[117]

Dafür müssen Token aber überhaupt ein Wirtschaftsgut darstellen (aa)), deren wirtschaftliche Verwertbarkeit durch klare Zuordnungsregeln erheblich gesteigert wäre (bb)). Beides führt in faktischer Hinsicht zu einem Vermögenswert, der rechtlich nur durch eine Rechtsposition erfasst werden kann (cc)). Die Tatsache, dass Token als digitale Vermögensgüter ausgestaltet sind, ist dabei mitzuberücksichtigen (dd)).

aa) Token als Wirtschaftsgut

Da Token ausschließlich digital existieren und ihre strukturelle Verkörperung nur ihrer Wiedergabe dient, kann die von ihnen verkörperte Position frei gestaltet werden. Unverkennbar wird das mit Blick auf die Vielzahl Token, die bislang geschaffen wurden. In der Regel werden Token so gestaltet, dass sie ihrem Inhaber einen gegen Geld eintauschbaren Nutzen ermöglichen. Die verkörperte Position lässt sich monetisieren, sodass jeder Token einen gewissen Vermögenswert besitzt.[118] Token können dadurch zur Bedürfnisbefriedigung eingesetzt werden und stellen aus ökonomischer Sicht mithin ein Gut dar.[119]

Rechtsordnung, das Verhältnis von Privatnützigkeit und Sozialpflichtigkeit des Eigentums auszubalancieren, *Schuppert* Eigentum neu denken, S. 71 ff., 73.

[114] *Schapp* AcP 192 (1992), 355 (370 f.); vgl. auch *Schachtschneider* FS Leisner, S. 743 (781 ff.) mwN.

[115] Bei Immaterialgüterrechten auch Rechtfertigungstheorien, *Zech* Information als Schutzgegenstand, S. 152 ff.

[116] *Peukert* Güterzuordnung als Rechtsprinzip, S. 733; allgemeiner Leible/Lehmann/Zech/*Lehmann* Unkörperliche Güter, S. 283 (283) sowie Leible/Lehmann/Zech/*Zech* Unkörperliche Güter, S. 1 (4 f.); zu virtuellen Gütern *Paulus* FS Schmidt II, S. 119 (128 f.); zu den Grenzen der Güterverteilung am Markt *Schachtschneider* FS Leisner, S. 743 (784 ff.); zum Vermögenswert von Token statt aller *Skauradszun* AcP 221 (2021), 353 (364) mwN.

[117] *Pfister* Technisches Geheimnis, S. 31.

[118] Ähnlich *Kütük-Markendorf* Internetwährungen, S. 47, 77, 78; zur Entstehung eines Vermögenswerts allgemein *Peukert* Güterzuordnung als Rechtsprinzip, S. 733.

[119] *Capaccioli* Criptovalute e bitcoin, S. 118 f.; zum Güterbegriff und der Schaffung einer Güterzuweisungsordnung durch Ausschließlichkeitsrechte *Zech* AcP 219 (2019), 488 (495).

Im freien Wettbewerb entsteht ein Gut, das sich einem Haben zuordnen lässt. Die Rechtsordnung muss dieses Haben durch Zuteilung der Güter definieren und schützen; sie muss eine Schranke für den Wettbewerb und das eigenmächtige Streben nach Erwerb und Zuwachs an Gütern darlegen.[120] Um im Sinne der Privatautonomie auch rechtlich das Erzielen von gegenseitigen Transaktionsgewinnen zu ermöglichen,[121] muss die Rechtsordnung auf diesen neu geschaffenen Vermögenswert reagieren und entsprechende subjektive Rechte schaffen.[122]

bb) Gesteigerte Effizienz durch ausschließliche subjektive Rechte

Diese subjektiven Rechte müssen umso ausschließlicher ausgestaltet sein, je rivalisierender die Nutzung und exklusiver das Gut ist.[123] Denn nur wenn Gegenstände nicht parallel genutzt werden können (Rivalität) und sich Dritte überhaupt von der Nutzung dieser Gegenstände ausschließen lassen (Exklusivität), führt die rechtliche Zuordnung zu einer gesteigerten Effizienz. Denn der mit der Zuordnung einhergehende rechtliche Schutz führt dazu, dass sich der tatsächliche Aufwand, den jeder Einzelne aufwenden müsste, um sein Gut gegen Dritte zu verteidigen, verringert.[124] Das wiederum trägt zu einer effizienten Verwendung der zur Verfügung stehenden Ressourcen, zur sogenannten Allokationseffizienz, bei.[125] Denn im Ergebnis stehen die knappen Nutzungsmöglichkeiten dann denjenigen zur Verfügung, die sie am effizientesten einzusetzen vermögen und daher die höchste Zahlungsbereitschaft zeigen.[126]

---

[120] Treffend den Zweck des Vermögensrechts zusammenfassend *Stöcker* Dinglichkeit und Absolutheit, S. 1 mwN; durch Privateigentum werde das tatsächliche Haben letztlich auch beschränkt, *Arndt* Bitcoin-Eigentum, S. 160.

[121] Ohne klar definierte Rechte an Gütern komme keine Transaktionen mit gegenseitigen Kooperationsgewinnen zustande (*bargaining theory*), *Peukert* Güterzuordnung als Rechtsprinzip, S. 101 f. mwN; Rechte können aber unterschiedlich ausgestaltet sein, um möglichst hohe Effizienz- und Wohlfahrtgewinne zu erzielen, ebd. S. 103 f.

[122] *Peukert* Güterzuordnung als Rechtsprinzip, S. 734 mwN; einschränkend jedoch insoweit, dass die Rechtsordnung sich durchaus vorbehalten könne, bestimmte Güter überhaupt nicht als rechtlich gesichertes Haben zu definieren und dadurch dem wirtschaftlichen Verkehr einen bestimmten Raum ohne fortschrittsfeindliche Schranken zu lassen, *Stöcker* Dinglichkeit und Absolutheit, S. 1 f. mwN; zu den Kriterien dieser Entscheidung der Rechtsordnung ebd. S. 2 f.; kritisch konkret in Bezug auf Token, bei denen bereits technisch eine tatsächliche Ausschließlichkeit gewährleistet werde, *Maume* Privatrecht 2050, S. 215 (222).

[123] *Peukert* Güterzuordnung als Rechtsprinzip, S. 105 mwN, der dieser Form der Verallgemeinerung, wie sie die positive ökonomischen Analyse trifft, aber kritisch gegenübersteht, ebd. S. 117 ff.; zur faktischen und rechtlichen Exklusivität *Zech* AcP 219 (2019), 488 (514).

[124] Vgl. *Peukert* Güterzuordnung als Rechtsprinzip, S. 105 f. mwN.

[125] *Peukert* Güterzuordnung als Rechtsprinzip, S. 734; so außerdem auch die Ziele der normativen ökonomischen Analyse, die zu formulieren versucht, wie das Recht gestaltet sein sollte, vgl. dazu ebd. S. 123.

[126] *Zech* AcP 219 (2019), 488 (511 f.).

Gleichzeitig wird das Vertrauen darin geschützt, das zugeordnete Gut auch künftig nutzen zu können, sodass eine Grundlage für Investitionen und Bewirtschaftung geschaffen wird.[127] Beides zusammen trägt schlussendlich wesentlich zur Wohlfahrtsteigerung der Gesamtgesellschaft bei.

Ausgehend davon scheint das ökonomische Bedürfnis einer rechtlichen Zuordnung der Token recht hoch: Aufgrund ihrer technisch gesicherten Einmaligkeit können sie nicht parallel genutzt werden und sind mithin rival.[128] Das wird technisch durch das Konsensprinzip der DLT sichergestellt, welches zudem auch Exklusivität der Token schafft. Durch dieses werden Manipulationsversuche faktisch unmöglich, sodass Dritte nicht unbefugt auf Token zugreifen können.[129]

cc) Rechtsposition zur Erfassung des Vermögenswerts

Jedoch muss, wie bereits dargelegt, die Rechtsordnung subjektive Rechte bereitstellen oder überhaupt erst neu definieren, um den Vermögenswert des Guts zu erfassen. Dies erlaubt nicht nur den Handel mit Gütern, die Entstehung von Märkten und dadurch eine optimale Allokation vorhandener Güter,[130] sondern nur dann kann auch von einem Vermögen im rechtlichen Sinne gesprochen werden. Denn Vermögen meint die Summe aller geldwerten *Rechte*, die einer Person zustehen.[131] Spricht der rechtliche Laie von einem Vermögen über eine Sache, meint er in der Regel das Eigentum daran.[132] Zwar werden für den Vermögensbegriff nur diejenigen Rechte berücksichtigt, die üblicherweise gegen Geld veräußert werden können oder jedenfalls einen in Geld berechenbaren wirtschaftlichen Nutzen gewähren.[133] Auch hier ist es also letztendlich der

---

[127] Staudinger/*Heinze* Einl SachR Rn. 34.
[128] Die Rivalität von Bitcoin-Token aus der Transparenz der Blockchain herleitend *Kütük-Markendorf* Internetwährungen, S. 35. Auch bei nicht-rivalen, nicht-abnutzbaren Daten können Nutzungskonflikte entstehen, da der Möglichkeit einer exklusiven Nutzung durchaus ein eigener Wert zukommt; zur ökonomischen Einordnung dessen vgl. *Martini/Kolain/Neumann/Rehorst/Wagner* MMR-Beilage 2021, 3 (4 f.); ein Instrument rechtlicher Zuordnung von Herrschaftsmacht über Daten könnte dabei die Datenhoheit sein, vgl. ebd. S. 7 ff., die sich jedoch mangels Einordnung als Datum nicht auf Token anwenden lässt, siehe ebd. S. 9.
[129] Zur technischen Ausgestaltung des Konsensprinzips siehe § 2I.1.d).
[130] Sogenannte *propoerty rights theory*, vgl. *Zech* AcP 219 (2019), 488 (496).
[131] Begründend *Larenz* SchuldR AT § 33 I; heute statt aller *Neuner* BGB AT § 26 Rn. 16; darauf Bezug nehmend z.B. *Zech* Information als Schutzgegenstand, S. 77; den Personenbezug hervorhebend *Pfister* Technisches Geheimnis, S. 21 f., da sich die Vorschriften des Bürgerlichen Gesetzbuchs nur auf das außersubjektive Vermögen beziehen, ebd. S. 23, ein Gegenstand aber nur zum Vermögen einer Person gehöre, wenn eine Sonderrelation zum Gegenstand besteht, die dem Inhaber eine gewisse Ausschlussmöglichkeit zuspricht, ebd. S. 24.
[132] *Brox/Walker* BGB AT § 35 Rn. 13; auf den ersten Blick ungenau die Definition von MüKoBGB/*Stresemann* § 90 Rn. 43; ausführlich herleitend *Neuner* BGB AT § 26 Rn. 14 ff.
[133] So die rechtliche Definition von geldwerten Rechten, vgl. *Brox/Walker* BGB AT § 35 Rn. 13; ähnlich *Pfister* Technisches Geheimnis, S. 21 f. sowie *Westermann* SachR § 2 II 3,

Geldwert, der entscheidend dafür ist, ob und wie groß das Vermögen sein wird. Dennoch muss aber, um den Vermögenswert auch rechtlich anzuerkennen, ein entsprechendes Recht an dem Gegenstand bestehen. Will man also einem Token nicht nur einen rein tatsächlichen, sondern auch einen rechtlich anerkannten Vermögenswert einräumen, setzt das zwingend eine Rechtsposition am Token voraus.[134] Umgekehrt ist der Umfang der Rechtsposition für den Geld- und damit den Vermögenswert von großer Bedeutung. Denn je mehr Rechte einem von der Rechtsordnung zugesprochen werden, desto mehr werden Dritte zu zahlen bereit sein.

dd) Token als digitale Vermögensgüter

Vor allem aber spricht die Absicht, mithilfe von Token körperliche Gegenstände abbilden zu wollen, stark dafür, eine wie auch immer geartete Rechtsposition zu gewähren – und zwar ohne dass diese zwingend als Sacheigentum gestaltet sein muss.[135] Somit kann die DLT mit ihrer Ausgestaltung, durch die sachähnliche Eigenschaften für Token geschaffen werden, durchaus als Versuch der Praxis gewertet werden, digitale Vermögensgüter zu schaffen. Diese sind dann trotz ihrer Virtualität eindeutig zuordenbar, wodurch die Problematik der unendlichen Vervielfältigungsmöglichkeiten und der damit einhergehenden mangelnden Schutzmechanismen gelöst werden kann. Allein die technische Entwicklung zeigt also schon ein gewisses Bedürfnis nach digitalem Vermögen, woran nun auch die Rechtsordnung möglichst anknüpfen sollte.

ee) Zwischenergebnis

Aufgrund ihrer Nutzbarkeit und dem damit einhergehenden Vermögenswert stellen Token ein Vermögensgut dar. Dessen wirtschaftliche Verwertbarkeit kann durch eindeutige Zuordnung gesteigert werden; gängige ökonomische Prinzipien lassen sich in gleicher Weise auf Token anwenden. Damit der Vermögenswert auch auf rechtlicher Ebene erfasst werden kann, ist eine Rechtsposition notwendig. Der rechtliche Vermögensbegriff orientiert sich zwar auch am Geldwert der Rechte, benötigt aber stets eine Rechtsposition, um diesen Geldwert zu erfassen. Beides steht in wechselseitiger Beziehung, denn so wie der rechtliche Vermögensbegriff nur geldwerte Rechtspositionen erfasst, hat der Umfang der Rechtsposition Einfluss auf den Geldwert des zugeordneten Wirtschaftsguts. In jedem Fall begründen Token aber einen Vermögenswert,

---

demzufolge die Zuordnung die Zugehörigkeit eines Gegenstands zum Vermögen bedeute, wobei der Umfang jeweils durch die Art des Rechts bestimmt werde.

[134] So im Ansatz auch *Kütük-Markendorf* Internetwährungen, S. 47.

[135] Zur Sachfähigkeit intrinsischer Token vgl. § 3IV.2; alternativ können Token mithilfe einer Rechtsposition *sui generis* rechtlich erfasst werden, dazu § 3IV.2.b)bb)(7).

der rechtlich möglichst realitätsnah abgebildet und eindeutig zugeordnet werden sollte.

2. Rechtliches Bedürfnis einer rechtlichen Zuordnung

Daneben könnten weitere Gründe für eine rechtliche Zuordnung vorliegen, die sich unmittelbar aus dem Recht selbst ergeben. So ist es gerade Aufgabe des Rechts, die Wirklichkeit rechtlich zu erfassen, um diese entsprechend ihren normativen Maßstäben zu gestalten. Dazu muss das Recht die Wirklichkeit zunächst entsprechend erfassen, wofür es Rechtsobjekte und Rechtssubjekte sowie darauf aufbauende Rechtsinstitute definiert.[136] Somit geht das Recht von einer bestimmten Struktur der Wirklichkeit aus und alle nicht erfassten Phänomene sind von dieser Struktur schlichtweg nicht erfasst.[137] Es sprechen aber sowohl dogmatische (a)) als auch verfassungsrechtliche (b)) Gründe dafür, eine derartige Divergenz zu verhindern, um dem Ziel einer normativen Gestaltung der gesellschaftlichen Wirklichkeit gerecht zu werden.

a) Dogmatische Gründe

Da die Zuordnung der technischen Funktionsweise der DLT gerade immanent ist und diese durch ihre Unveränderlichkeit ausreichend zufriedenstellend gesichert wird,[138] könnte einer rechtlichen Zuordnung entgegengehalten werden, dass es einer solchen schon gar nicht bedarf und die DLT bereits ausreichende Sicherheit gewährleiste.[139] Nur wenn eine vollständige Fehlerresistenz gewährleistet werden kann, besteht gegebenenfalls kein dogmatisches Bedürfnis mehr, diese faktische Zuordnung durch eine rechtliche Zuordnung abzusichern (aa)). Ansonsten ist es in dogmatischer Hinsicht stets erstrebenswert, einen Gleichlauf zwischen faktischer und normativer Zuordnung zu schaffen (bb)). Das gilt nicht nur für das System der Güterzuordnung, sondern schlägt bis auf den rechtlich geregelten Güterverkehr durch (cc)).

---

[136] Ausführlich *Pałka* Virtual Property, S. 115 f., 131 ff. sowie etwas kürzer in *ders.* EUI LAW 2016/08, S. 3 ff.

[137] *Pałka* Virtual Property, S. 118.

[138] Zur relativen Unveränderlichkeit der DLT *Low/Teo* Law, Innovation and Technology 2017, 235 (255 ff.).

[139] Dahingehend wohl *Maute* Privatrecht 2050, S. 215 (221 f.), der zufolge bei Token kein praktisches Bedürfnis nach Handelbarkeit bestehe, da diese bereits wegen ihrer technisch bedingten tatsächlichen Ausschließlichkeit handelbar seien; ähnlich *Capaccioli* IDE 2021, 3 (8, 37), der den DLT-Algorithmus aus sozial-dynamischer Perspektive mit Schwarmintelligenzen vergleicht, bei denen der Einzelne sich in seinem Handeln ohne entsprechendem Bewusstsein an den Regeln der Pheromone orientiere, sodass eine rechtliche Steuerung des Verhaltens schon gar nicht möglich sei; kritisch *Koch* ZBB 2018, 359 (362); selbstregulierende Funktionsweise der DLT, *Effer-Uhe* ZZP 2018, 513 (522); kritisch *Arndt* Bitcoin-Eigentum, S. 37; Rechtsposition und Anwendung der Zwangsvollstreckungsregeln bejahend *Jacobs/Arndt* FS Schmidt I, S. 559 (561, 564 ff., 572).

aa) Keine vollständige Fehlerresistenz der faktisch geschaffenen Zuordnung

Allerdings zeigt die Gefahr des *forkings*,[140] dass auch die DLT nicht immer vollkommen fehlerfrei funktioniert. Ihr Anspruch ist es zwar, körperliche Gegenstände inklusive ihrer Einmaligkeit zu imitieren. Praktisch kann aber auch die DLT das nicht derart sicher gewährleisten, als dass die Zuordnung nicht mehr rechtlich abgesichert werden müsste. Zudem wird bei Bezugnahme auf die Sicherheit und Unveränderlichkeit der DLT ein gesamtheitlicher Blickwinkel eingenommen und verkannt, dass dafür auf individueller Ebene des einzelnen Nutzers andere Sicherheitsrisiken in Kauf genommen werden, weil etwa Private Keys entwendet und Wallets gehackt werden können.[141] Aus diesem Grund, aber auch ganz allgemein, wenn aufgrund der Privatautonomie schuldrechtliche Verträge über Token geschlossen werden können, besteht daher ein Bedürfnis, entsprechende Übertragungsversprechen rechtlich abzusichern und der faktisch geschaffenen Zuordnung eine rechtliche Dimension anzuerkennen.[142]

bb) Notwendiger Gleichlauf von faktischer und normativer Zuordnung

Ferner kann es nicht Aufgabe der Rechtsordnung sein, für jeden konkreten Fall abzuschätzen, ob es einer rechtlichen Zuordnung bedarf. Sofern die DLT ihrem Anspruch in der Regel gerecht wird und grundsätzlich ein Vermögenswert entstehen kann, muss das Recht die entsprechenden rechtlichen Voraussetzungen schaffen und den Gleichlauf zur realen Wirklichkeit herstellen.[143] Dass Gegenstände reell existieren, rechtlich aber überhaupt nicht erfasst werden *können*, sollte im Grundsatz möglichst vermieden werden. Denn wenn Token einen wirtschaftlich bedeutsamen Wert verkörpern, wird der Geschäftsverkehr diese

---

[140] Dazu § 2I.1.e); im Zusammenhang auch *Low/Teo* Law, Innovation and Technology 2017, 235 (251).

[141] *Low/Teo* Law, Innovation and Technology 2017, 235 (250 f., 255 f.); zustimmend *Allen* EPLJ 2019, 64 (67).

[142] *Allen* EPLJ 2019, 64 (67); vgl. insoweit auch die Überlegungen von MüKoBGB/*Wendehorst* EGBGB Art. 43 Rn. 320; in diese Richtung wohl auch *Möslein* ZHR 2019, 254 (268 ff.), soweit es um die vertragsrechtliche Einordnung von Smart Contracts geht; aA wohl *Maute* Privatrecht 2050, S. 215 (222).

[143] Vgl. *Scozzafava* Beni e forma giuridiche di appartenenza, S. 102; ähnlich argumentiert auch die Gesetzesbegründung des liechtensteinischen Token- und VT-Dienstleister-Gesetzes (TVTG), wonach alle Anknüpfungspunkte für Rechte in einem Distributed Ledger (technologieneutral als VT-System bezeichnet) durch ein neu eingeführtes Rechtsobjekt eines Token rechtlich erfasst werden sollen und zwar unabhängig davon, ob der Anknüpfungspunkt aus technologischer Sicht überhaupt als Token gilt und ob er auch tatsächlich auf ein Recht verweist, *Regierung des Fürstentums Liechtenstein* BuA 54/2019 S. 58 ff., 61; Aufgabe des Rechts in Bezug auf die Bedürfnisse der Wirklichkeit allgemein-methodisch übersichtlich aufschlüsselnd *Pałka* Virtual Property, S. 125.

§ 3 Rechtliche Einordnung von Token als Sache   83

zumindest immer faktisch zuordnen.[144] Dass eine fehlende rechtliche Zuordnungsmöglichkeit dann weitreichende Konsequenzen hat, zeigt sich besonders deutlich, wenn dieser in Token verkörperte Vermögenswert dann im Rahmen einer Zwangsvollstreckung abgeschöpft werden soll:[145] Wirtschaftlich wäre eine Abschöpfung geboten, doch ohne rechtliche Erfassung kann eben nicht *rechtlich* auf Token zugegriffen werden.[146] Zwar sind durchaus technische Gestaltungen denkbar, die die tatsächliche Zugriffsmöglichkeit auf einen Token beschränken und damit gegebenenfalls sogar belastende Teilrechte unnötig machen.[147] Nicht ersetzen können sie jedoch die Aufgabe der Rechtsordnung, Schutzbedürftige zu identifizieren und deren Schutz durch spezielle Voraussetzungen zu gewährleisten.[148] Technische Gestaltungen können immer nur das *Ist* abbilden, nicht aber das gesellschaftlich definierte *Sein*, das sich erst in der Rechtsordnung zeigt.[149] Sobald es also nicht mehr nur um die allgemeine Handhabung der durch Token vermittelten Vermögenswerte innerhalb der DLT geht, sondern um die an der Schnittstelle zur bestehenden Rechtsordnung, ergeben sich aus dem Fehlen einer rechtlichen Zuordnung Schwierigkeiten.[150]

---

[144] *Allen* EPLJ 2019, 64 (67) mwN; zur Existenz mit rechtlicher Relevanz *Pałka* Virtual Property, S. 117 f.

[145] Hierbei geht es dann nicht um die Transaktion von Token als eine nach §§ 887, 888 ZPO vollstreckbare Handlung, sondern um die Vollstreckung irgendeiner anderen Geldforderung in die als Token bestehende Vermögenswerte, die nach § 804 Abs. 2 ZPO durch ein sog. Pfändungspfandrecht gewährleistet wird, vgl. dazu *Effer-Uhe* ZZP 2018, 513 (517 ff.); dazu sowie ferner zum fehlenden Problembewusstsein *Arndt* Bitcoin-Eigentum, S. 35 f.

[146] Dies im Lichte des Rechts auf effektiven Rechtsschutz diskutierend *Effer-Uhe* ZZP 2018, 513 (516 f.), der daher auch die Notwendigkeit des Bestehens irgendeiner Rechtsposition erkennt, ebd. S. 520; aus strafrechtlicher Sicht *Rückert* MMR 2016, 295 (passim); zur Erörterung der Gebotenheit die Interessen der jeweiligen Parteien gegenüberstellend *Arndt* Bitcoin-Eigentum, S. 144 f.; die im Rahmen der Insolvenz auftretende Frage der Massezugehörigkeit von rechtlich nicht als Vermögen erfassten Token aufwerfend ebd. S. 39.

[147] Das erfolgt dann auf Grundlage der Smart Contracts, *Arndt* Bitcoin-Eigentum, S. 32; derartige technische Gestaltungen sind jedoch vorrechtlicher Natur und betreffen keine rechtlichen Beziehungen, weshalb zwischen Teilbemächtigung und Teilberechtigung differenziert werden kann, ebd. S. 34.

[148] Diese Argumentation kann durchaus auch mit Blick auf das Vertragsrecht herangezogen werden, mithilfe dessen ja gerade die rechtliche Zuordnung geändert werden soll, vgl. *Möslein* ZHR 2019, 254 (268 ff.).

[149] In diese Richtung überzeugend argumentierend auch *Arndt* Bitcoin-Eigentum, S. 71 f.; allgemeiner *Boehme-Neßler* NJW 2017, 3031 (3035); ähnlich auch *Allen* EPLJ 2019, 64 (88), demzufolge zwischen der Metaphysik als Lehre vom Sein *qua* Sein und der Ontologie als Lehre vom Sein im Sinne einer Kategorisierung der beobachtbaren Wirklichkeit differenziert werden müsse, wobei Letztere diejenige sei, die der Rechtsordnung zugrunde liegt; ausführlich zur Ontologie im rechtlichen Kontext *Pałka* Virtual Property, S. 142 f. mwN.

[150] Aus diesem Grund eine grundsätzliche Anerkennung als Rechtsobjekt fordernd *Allen* EPLJ 2019, 64 (70).

Demgegenüber kann nicht jede Zuordnungsmöglichkeit von der Existenz eines Vermögenswerts abhängig gemacht werden. Im Gegenteil, auch einem regulär rechtlich erfassten, körperlichen Gegenstand kommt nicht immer besonderer Vermögenswert zu, weshalb er gegebenenfalls auch niemandem zugeordnet ist. Trotzdem ist er rechtlich als Sache im Sinne des § 90 BGB eingeordnet, sodass die Rechtsordnung alle Voraussetzungen einer Zuordnung im konkreten Fall geschaffen hat. Die bloße Möglichkeit einer rechtlichen Zuordnung bedeutet nicht, dass der Gegenstand auch zwingend rechtlich zugeordnet sein muss, sondern dient vielmehr der Erfassung der tatsächlichen Gegebenheiten durch die Rechtsordnung; die Rechtsordnung bezieht sich durch ihre Rechtsbegriffe auf die Wirklichkeit.[151]

cc) Angleichung von Güterzuordnung und Güterverkehr

Die Vorteile der rechtlichen Wirklichkeitsabbildung reichen aber noch weiter, was vor allem im Güterverkehr sichtbar wird. Auf der einen Seite kann nicht nur die Zuordnung, sondern auch die Übertragung von Gütern durch normative Wertungen berichtigt werden. Nur durch die Existenz einer rechtlichen Verfügungsebene können etwa Wertungen des Vertragsrechts zur Geltung kommen, die sich in Rechtsinstituten wie Willenserklärungen, Stellvertretung und Bedingung zeigen.[152] Auf der anderen Seite erlaubt dies aber auch eine gewisse Loslösung von faktischen Gegebenheiten. Dadurch kann der Güterverkehr individueller und flexibler gestaltet werden, zum Beispiel können Güter durch schlichte Einigung oder bereits vor ihrer Entstehung übertragen werden. Es können einzelne Nutzungsmöglichkeiten abgespalten und damit unterschiedliche Teilhabeinteressen zeitgleich befriedigt werden.[153] Damit dient das rechtliche Zuordnungssystem nicht nur dem gesamtgesellschaftlichen Interesse eines friedlichen Zusammenlebens, sondern auch der Privatautonomie und damit letztlich der Verwirklichung einzelner Individualinteressen.[154]

dd) Zwischenergebnis

Aus dogmatischer Sicht gibt es somit verschiedene Gründe, wieso die faktisch existierende Zuordnung auch rechtlich abgebildet werden sollte. Neben der nicht vollständig gewährbaren Fehlerresistenz der DLT setzt das dogmatische

---

[151] *Pałka* EUI LAW 2016/08, S. 3 f.
[152] *Berger* ZGE 2016, 170 (176).
[153] *Berger* ZGE 2016, 170 (176); ferner erlangt der Erwerber dadurch dingliche Rechtspositionen, die den Veräußerer zum Beispiel faktisch an kollidierenden Zweitverfügungen hindern, ebd. S. 177.
[154] Siehe insoweit aber auch kritisch zu eventuellen Nachteilen, da sich die jeweiligen Voraussetzungen des Rechtserwerbs für den Einzelnen durchaus als nachteilig erweisen können und sie zudem Transaktionskosten verursachen, *Berger* ZGE 2016, 170 (177); zur Bedeutung der Privatautonomie siehe ferner ebd. S. 184.

System selbst voraus, dass die Realität möglichst vollständig abgebildet wird. Demgegenüber gehört es nicht zu den Aufgaben der Rechtsordnung, zu bestimmen, ob rechtlich zuordenbare Gegenstände dann auch tatsächlich zugeordnet werden. Die Rechtsordnung hat aber die Voraussetzungen dafür zu schaffen, ohne weiter zwischen den Gegenständen zu differenzieren. Gestaltungsbefugnis kommt ihr in normativer Hinsicht zu, denn die Rechtsordnung soll das gesellschaftlich definierte Ideal absichern.

b) Verfassungsrechtliche Gründe

Es sprechen aber auch keine verfassungsrechtlichen Gründe gegen eine rechtliche Zuordnung. Vielmehr wird gerade aus Art. 14 GG, der das Eigentum verfassungsrechtlich gewährleistet, und der darin zum Ausdruck kommenden Institutsgarantie deutlich, dass sich die faktisch bestehende Zugriffsmöglichkeit rechtlich entsprechend anerkannt werden muss. Es besteht ein allgemeines Zuweisungsgebot.[155] Das Grundgesetz definiert nicht, was alles zu dem geschützten Eigentum gehören soll. Zweck, Funktion und Bedeutung der Eigentumsgarantie im Gesamtgefüge des Verfassungsrechts sprechen aber dafür, dass nicht nur absolute, sondern auch andere Rechtspositionen geschützt werden. Diese müssen lediglich etwas in vergleichbarer Weise ausschließlich zur privaten Nutzung und zur eigenen Verfügung zuordnen.[156] Eine Eingrenzung, was alles Bezugsobjekt des verfassungsrechtlichen Eigentumsschutzes sein kann, erfolgt nicht. Auch das Innehaben einer uneingeschränkten Verfügungsmöglichkeit ist nicht notwendig.[157] Entscheidend ist vielmehr nur, ob der Grundrechtsträger die mit der Rechtsposition verbundenen Befugnisse eigenverantwortlich und frei ausüben darf.[158] Damit ist der Eigentumsbegriff des Grundgesetzes deutlich weiter als der des Zivilrechts, das öffentliche Recht hat der gesellschaftlichen Entwicklung und den Gemeinwohlinteressen Rechnung getragen.[159] Dennoch verpflichtet Art. 14 GG den Gesetzgeber nicht, jegliche vorrechtlichen Gegenstände durch Verleihung eines ausschließlich wirkenden subjektiven Rechts zu Vermögensgegenständen zu machen.[160] Wird aber das Ob eines Eigentums durch diese Institutsgarantie garantiert, folgt daraus ein

---

[155] Zum Streit *Arndt* Bitcoin-Eigentum, S. 165 ff.; zur daraus folgenden Institutsgarantie ebd. S. 196 ff.

[156] BVerfG Beschluss vom 8. März 1988, 1 BvR 1092/84, NJW 1988, 2594 (2594); hierauf in gleichem Kontext ebenfalls verweisend *Hillemann* CR 2019, 830 (833 Rn. 23); allgemeiner *Pfister* Technisches Geheimnis, S. 43.

[157] *Lieder* Rechtsgeschäftliche Sukzession, S. 30.

[158] Erläuternd *Hillemann* CR 2019, 830 (833 Rn. 24).

[159] *Stöcker* Dinglichkeit und Absolutheit, S. 11; Ausgangspunkt dessen sei insbesondere die Würde des Menschen und die freie Entfaltung der Persönlichkeit ebd. S. 12 mVa *Dürig* JZ 1954, 4 (9), zur Begründung ebd. S. 10.

[160] *Pfister* Technisches Geheimnis, S. 43.

Ausgestaltungsgebot an den Gesetzgeber hinsichtlich des Wies.[161] Dies gilt insbesondere mit Blick auf die Einheit der Rechtsordnung.[162]

Allerdings wirken subjektive Rechte, die die Rechtsordnung infolge der Institutsgarantie gewährt, immer auch freiheitsbeschränkend für diejenigen, die sie zu berücksichtigen haben.[163]. Das ist für die verfassungsrechtlich gewährte allgemeine Handlungsfreiheit aus Art. 2 Abs. 1 GG von Bedeutung. Diese kann zwar durch Rechte Dritter eingeschränkt werden, stellt wegen der Normenhierarchie auch im Zivilrecht ein grundlegendes und zu berücksichtigendes Prinzip dar. Für die Allgemeinheit ist die Freiheitsbeschränkung umso größer, je mehr Befugnisse ausschließlich zugewiesen werden.[164] Knappheit wird aber nicht erst durch das Recht geschaffen, sondern ist in der Realität oft zwangsläufig vorgegeben. Bei Gegenständen, die nicht von mehreren Personen parallel und ohne gegenseitige Beeinträchtigung genutzt werden können, bedingt jeder noch so leichte Schutz immer auch eine faktische Zuordnung. Bei Gewährung eines Abwehrrechts können Dritte den Gegenstand nicht mehr voll nutzen.[165]

3. Möglichkeit, die verkörperte Position als Rechtsposition darzustellen

Token sind also nicht nur in tatsächlicher Hinsicht immer einem Inhaber zugeordnet, sondern es besteht auch ein rechtliches Zuordnungsbedürfnis. Erst durch die Rechtsmacht im Verhältnis zu anderen Personen realisiert sich die faktische Nutzungs- und Ausschlussmöglichkeit.[166] Dass Token technisch bedingt rival und ausschließlich sind, begründet für sich allein also noch keine rechtliche Ausschließlichkeit.[167] Die rechtliche Zuordnung muss erst geschaffen werden.

Die Rechtsordnung kann jedoch nicht den Gegenstand, sondern nur die Befugnisse im Umgang mit diesem Gegenstand zuweisen.[168] Es muss eine Rechtsposition begründet werden, durch die die rechtliche Zuordnung erst geschaffen wird.[169] Gleichzeitig muss die tatsächliche Zuordnung

---

[161] *Arndt* Bitcoin-Eigentum, S. 197.
[162] *Pfister* Technisches Geheimnis, S. 48.
[163] Anschaulich *Zech* Information als Schutzgegenstand, S. 145.
[164] Vgl. *Zech* Information als Schutzgegenstand, S. 146.
[165] *Zech* Information als Schutzgegenstand, S. 146.
[166] Siehe insoweit in Bezug auf das Eigentumsrecht *Wellenhofer* Eigentum in der digitalen Gesellschaft, S. 69 (70).
[167] *Maute* Privatrecht 2050, S. 215 (221); insoweit nicht differenzierend hingegen *Definger* RDi 2022, 17 (19), demzufolge die rechtliche Ausschließlichkeit wegen der bereits faktisch gegebenen Ausschließlichkeit für Token nicht gesetzlich geregelt werden müsse.
[168] Vgl. *Zech* AcP 219 (2019), 488 (494).
[169] In diese Richtung wohl auch *Maume/Fromberger* ZHR 2021, 507 (537).

Anknüpfungspunkte für eine solche Rechtsposition bereitstellen.[170] Durch die im Token enthaltene Zuordnung müssen dem Inhaber konkrete Befugnisse positiv zukommen, von denen alle anderen negativ ausgeschlossen sind.[171] Insgesamt müssen Token drei Komponenten erfüllen: eine Zuordnungs- und eine Nutzungsfunktion (a)) sowie eine Ausschlussfunktion (b)).[172]

a) Immanente Zuordnung der Nutzung von Token

Eine Zuordnung der Token ist aufgrund der in den Token mittelbar gespeicherten Transaktionskette grundsätzlich möglich.[173] Auch die Nutzung des Tokens wird – wie bereits angedeutet – nur einer einzigen Person gewährt, nämlich derjenigen, die hinter der entsprechend zugeordneten Adresse des Distributed Ledgers steht.[174] Gleichzeitig kann ein Token nur im Rahmen der tatsächlich bestehenden Möglichkeiten genutzt werden; bei intrinsischen Token beschränkt sich das auf ein Behalten oder eine bloße Weitergabe, während der Inhaber extrinsischer Token die verkörperten Rechte geltend machen kann. An diesen Nutzungsmöglichkeiten wird sich auch der Vermögenswert, der einer Nutzung zugesprochen wird, messen lassen müssen.

---

[170] Ansonsten wäre laut *Osterloh-Konrad* Eigentum in der digitalen Gesellschaft, S. 9 (16 f.) bereits fraglich, inwiefern überhaupt von Eigentum gesprochen werden könne.

[171] Vgl. insoweit *Peukert* Güterzuordnung als Rechtsprinzip, S. 58, der den negativen Ausschluss aller anderen und die positive Zuweisung von Befugnissen tatsächlicher Art als einziges nicht-rechtliches Charakteristikum von Ausschließlichkeitsrechten nennt; ähnlich im Ergebnis auch *Arndt* Bitcoin-Eigentum, S. 73 f., demzufolge Nutzungs- und Ausschlussmöglichkeit bereits vorrechtliches Element des Gegenstands sind, deren Zuweisung hingegen erst durch das Recht begründet werden – im Falle von Sachen etwa durch das Eigentumsrecht. Ebenso *Skauradszun* AcP 221 (2021), 353 (368 f.).

[172] Von einer rein tatsächlichen Ausschließlichkeit kann allerdings noch nicht automatisch auch auf eine rechtliche Ausschließlichkeit geschlossen werden, vgl. *Maute* Privatrecht 2050, S. 215 (221 f.) mVa die höchstrichterliche Rechtsprechung zu Domain-Namen, BGH, Urteil vom 18. Januar 2012, I ZR 187/10, BGHZ 192, 204 (Rn. 23) sowie BGH, Beschluss vom 5. Juli 2005, VII ZB 5/05, NJW 2005, 3353 (3354). Zudem ist das Vorhandensein einer internen und externen (Rechts-)Macht nicht eigentumsspezifisch, sondern vielmehr Eigenschaft aller absoluten Ausschließlichkeitsrechte; die Besonderheit des Eigentums besteht vielmehr darin, dass dieses Recht sich auf körperliche Gegenstände bezieht und dem Rechtsinhaber eine umfassende Rechtsmacht gewährt, Staudinger/*Althammer* § 903 Rn. 2.

[173] Vgl. insoweit *Nakamoto* Bitcoin, S. 2 sowie *Linardatos* Privatrecht 2050, S. 181 (201). Darauf aufbauend für ein allgemeines Recht an Daten im Sinne eines Registerrechts plädierend *Markendorf* ZD 2018, 409 (412).

[174] Denn nur unter Rückgriff auf den Private Key ist eine Neuzuordnung möglich, *John* BKR 2020, 67 (77); eine Nutzungsfunktion bejahend *Shmatenko/Möllenkamp* MMR 2018, 495 (498); *Paulus/Matzke* ZfPW 2018, 431 (453); verneinend hingegen *Omlor* RDi 2021, 236 (239); *Spindler/Bille* WM 2014, 1357 (1359 ff.); *Kaulartz* CR 2016, 474 (478).

b) Mit Nutzungszuweisung einhergehender Ausschluss der Nutzung anderer

Wird einer Person die Nutzung eines Tokens zugeordnet, dann ist es auch möglich, andere von der Nutzung auszuschließen. Jeder Gebrauch durch einen anderen hat unmittelbar negative Auswirkungen auf die Nutzbarkeit des Gegenstands selbst, sei es auch nur die potenzielle Nutzungsmöglichkeit.[175] Dies gilt auch im Hinblick auf Token. Zwar scheint es bei derartigen Gegenständen, die keine räumlich-physische Substanz aufweisen, schwer, eine tatsächliche Sachherrschaft zu begründen, die einen Ausschluss der Sachherrschaft Dritter bedeuten würde. Doch Sachherrschaft bedeutet letztendlich nur, dass man nach außen hin objektiv erkennbar die tatsächliche Gewalt innehat, also auf den Gegenstand einwirken kann und ihn beherrscht.[176] Bei Token wird diese Gewalt durch das Schlüsselpaar vermittelt: Während der Public Key die Zuordnung abbildet, ist der Private Key erforderlich, um eine Transaktion zu initiieren.[177]

Auf den Private Key allein kann dagegen nicht abgestellt werden, was deutlich wird, wenn man den Vergleich zum analogen Schließfach zieht. Hier wird Sachherrschaft an dessen Inhalt von der Sachherrschaft des Schlüssels abhängig gemacht, da bei Innehaben des Schlüssels eine räumliche Nähebeziehung zum Inhalt des Schließfachs besteht. Es ist grundsätzlich keine andere Zugriffsmöglichkeit auf den Inhalt des Schließfachs denkbar.[178] Auch bei der DLT ist es nicht möglich, auf den Token selbst unmittelbar zuzugreifen, sodass auf irgendeine Art von Nähebeziehung abgestellt werden muss. Anders als in der analogen Welt dient der Private Key hier aber zunächst nur der Initiierung von Transaktionen. Eine ausreichende Nähebeziehung zum Token ist hier gerade nicht unbedingt gegeben, da es sich beim Private Key nicht um eine einmalige Sache, sondern nur eine Zeichenfolge bzw. ein unendlich oft vervielfältigbares Datum handelt. Anders als bei physischen Schlüsseln würde eine Wegnahme nicht dazu führen, dass kein Zugriff auf den Token mehr möglich ist. Die Gefahr, dass faktische Zugriffsmöglichkeit und rechtliche

---

[175] *Berberich* Virtuelles Eigentum, S. 120.

[176] Die Definition konkret auf körperliche Sachen im räumlich-physischen Sinne beschränkend *Kainer* Sachenrecht § 7 Rn. 2; zur ausführlichen Diskussion der Notwendigkeit einer Körperlichkeit siehe § 3IV.2.a).

[177] Mit ähnlicher Argumentation *Linardatos* Privatrecht 2050, S. 181 (202, 209); ähnlich auch *Skauradszun* AcP 221 (2021), 353 (368), der zwar verstärkt auf den Private Key abstellt, insoweit aber die Zuordnung an den Public Keys als vorgelagerte Voraussetzung erkennt. Der Private Key für sich allein stellt aber weder den Token dar, noch kann er eine Art Besitz hieran vermitteln; er gewährt lediglich den technischen Zugriff; zutreffend insoweit *Omlor* RDi 2021, 236 (238). Ebenfalls nicht beantwortet wird dadurch, wie die Zuordnung des Public Keys an ein wirkliches Rechtssubjekt erfolgen soll, vgl. dazu *Omlor* RDi 2021, 236 (240).

[178] Vgl. *Kainer* Sachenrecht § 7 Rn. 2.

Verfügungsbefugnis auseinanderfallen, ist somit von vornherein höher.[179] Eine Nähebeziehung lässt sich daher erst dann sicher bejahen, wenn neben dem Private Key auch der dazugehörige Public Key nachgewiesen werden kann. Erst durch dieses Zusammenspiel kann eine tatsächliche Sachherrschaft imitiert werden.[180]

Wegen des allgemeinen Abstrahierungsniveaus der DLT muss also auch die tatsächliche Sachherrschaft abstrakt verstanden werden und setzt sich zusammen aus der Zuordnung mittels Public Key und der Autorisierung mittels Private Key.[181] Diese technische Funktionsweise gewährleistet eine vergleichbare Herrschaft über den Token und damit eine Ausschlussfunktion, die derjenigen ähnelt, die bezüglich körperlicher Sachen besteht.[182] Das Argument, der Tokeninhaber sei dabei stets vom Peer-to-Peer-Netzwerk abhängig,[183] greift dabei nicht. Denn das Peer-to-Peer-Netzwerk agiert nicht nach freiem Belieben, sondern funktioniert auf der Grundlage fest vorgegebener Protokollregeln. Diese Regeln gelten für alle Teilnehmer gleich, die ferner selbst Teil des Peer-to-Peer-Netzwerks werden. Sie sind daher mit den physikalischen Gesetzen der realen Welt vergleichbar, die erst unter bestimmten Voraussetzungen, dann aber auch stets, eine gewisse Beherrschbarkeit vermitteln.

c) Zwischenergebnis

Die den Token immanente Zuordnung führt nicht nur zu einer eindeutigen Zuordnung der Nutzungsbefugnisse, sondern auch zu einem Ausschluss aller anderen von der zugeordneten Nutzung. Diese Zuordnung erfolgt, indem die Token im Distributed Ledger einer Adresse zugeordnet werden, die zu einem Public Key gehört. Beeinflusst werden kann die Zuordnung dann nur mit dem dazugehörigen Private Key. Notwendig ist also das Innehaben beider

---

[179] Ähnlich *Linardatos* Privatrecht 2050, S. 181 (202), der zwischen faktischem und rechtlichem Verfügungsschutz differenziert; zur Unterscheidung zwischen faktischem Innehaben und rechtlicher Verfügungsbefugnis als Folge der Privatautomonie *Berger* ZGE 2016, 170 (184).

[180] Ähnlich argumentierend *Shmatenko/Möllenkamp* MMR 2018, 495 (498), allerdings im Zusammenhang mit der Zugriffsmöglichkeit als Anknüpfungspunkt für ein absolutes Recht im Sinne des § 823 Abs. 1 BGB; ähnlich *Skauradszun* AcP 221 (2021), 353 (368), der die Ausschlussfunktion mittels Private Key nur bei entsprechender Zuordnung an den Public Key bejaht; eine Vergleichbarkeit mit dem Besitz im Rahmen des § 823 Abs. 1 BGB ablehnend, da hier auch nur der berechtigte Besitz anerkannt sei, *Omlor* RDi 2021, 236 (239).

[181] Ähnlich, wenn Besitz nur am Token, nicht am Private Key existieren könne, *Linardatos* ZBB 2020, 329 (333 f.).

[182] Eine Ausschlussfunktion bejahend auch *Arndt* Bitcoin-Eigentum, S. 88 f., *Shmatenko/Möllenkamp* MMR 2018, 495 (498); *Paulus/Matzke* ZfPW 2018, 431 (453); verneinend hingegen *Omlor* RDi 2021, 236 (239); *Spindler/Bille* WM 2014, 1357 (1359 ff.); *Kaulartz* CR 2016, 474 (478).

[183] So *Maute* Privatrecht 2050, S. 215 (222).

Schlüssel, da nur ihr Zusammenspiel eine tatsächliche Sachherschaft imitiert. Ein Schlüssel allein begründet hingegen keine ausreichende Nähebeziehung und vermittelt somit auch keine Zuordnung.

Wie die rechtliche Herrschaftsmacht dann konkret inhaltlich ausgestaltet werden kann und ob beispielsweise im Hinblick auf die rechtliche Verfügungsbefugnis an einen durch Sachherrschaft vermittelten Rechtsschein angeknüpft werden kann, bleibt eine noch gesondert zu klärende, rechtliche Frage.[184] In tatsächlicher Hinsicht aber werden Nutzung und Ausschluss – und mithin auch Zuordnung – grundsätzlich gewährleistet.[185]

4. Zwischenergebnis

Zusammenfassend kann festgehalten werden, dass die Inhaberschaft von Token eine Position verkörpert, die durchaus als Anknüpfungspunkt für eine Rechtsposition in Betracht kommt. Dafür besteht auch ein normatives sowie dogmatisches Bedürfnis, da nur so die durch Token verkörperte Zuordnung auch rechtlich wiedergegeben und abgesichert werden kann; die stattgefundene Entmaterialisierung und gesteigerte Abstraktion stehen dem nicht entgegen. Zudem beinhalten Token nicht nur eine Zuordnung, sondern ermöglichen auch eine Nutzung, von der Dritte ausgeschlossen können. Damit liegen ausreichend Umgangsformen mit Token vor, an die die Rechtsordnung bei Gestaltung einer Rechtsposition anknüpfen kann.

IV. Systematische Einordnung der Inhaberstellung

Die durch Token verkörperte Position muss aber nicht nur potenziell, sondern auch tatsächlich vom Recht anerkannt werden, damit man von einer Rechtsposition sprechen kann. Fraglich ist, ob die deutsche Rechtsordnung das nicht bereits durch ihre bestehenden Rechtsinstitute tut, und zwar auch ohne dass man bei dessen Schaffung bereits konkret an Token gedacht hat.

Dafür wird zunächst noch einmal beleuchtet, was das Recht unter einem Gegenstand versteht und wie dieser im rechtlichen System einzuordnen ist (1). Anschließend wird für intrinsische (2) und für extrinsische Token (3) gesondert die Sachfähigkeit untersucht.

---

[184] Ebenfalls zwischen einer tatsächlichen und einer rechtlichen Zuordnung der Nutzungs- und Ausschlussmöglichkeit differenzierend *Arndt* Bitcoin-Eigentum, S. 73 f., 90 f.

[185] Im Ergebnis genauso *Arndt* Bitcoin-Eigentum, S. 73 f.; ebenso und aus diesem Grund auch alle Merkmale absoluter Vermögensrechte als erfüllt ansehend *Skauradszun* AcP 221 (2021), 353 (368); in Bezug auf NFTs auch *Hoeren/Prinz* CR 2021, 565 (569 f.); eine zuweisende Nutzungs- und Ausschlussfunktion verneinend, da diese stets auch rechtlich bestehen müssen *Maume/Fromberger* ZHR 2021, 507 (537).

1. Gegenstand im rechtlichen Sinne

Bevor konkret auf einzelne Rechtsinstitute eingegangen wird, sollte der Begriff des Gegenstands Ausgangspunkt aller Überlegungen sein.[186] Denn schon rein sprachlich können es nur Gegenstände sein, die durch Gewährung einer rechtlichen Herrschaftsmacht eines Rechtssubjekts zum Rechts*objekt* werden.[187] Umgekehrt ist die Erfassung des Vermögensguts als Rechtsobjekt auch zwingend notwendig, um es rechtlich zuzuordnen, denn absolute Herrschaftsrechte setzen stets auch einen Gegenstand voraus, auf den sich ihre Herrschaft beziehen kann.[188]

Der Begriff des Gegenstands ist von dem des Rechtsobjekts zu differenzieren (a)) und inhaltlich abzugrenzen (b)). Nur dann lässt er sich sachgerecht in das rechtliche System einordnen. Gegenstände können jedoch auf unterschiedlichen Ebenen existieren (c)), weshalb anschließend noch einmal ein genauerer Blick auf Token zu werfen ist (d)).

a) Abgrenzung zum Begriff des Rechtsobjekts

Im Gesetz wird der Begriff des Gegenstands allerdings nicht definiert und auch eine allgemein anerkannte Definition steht noch aus.[189] Unstrittig ist lediglich, dass der daran anknüpfende Begriff des Rechtsobjekts weit zu verstehen ist: Bezugsobjekt rechtlicher Herrschaftsmacht können sowohl Sachen, Rechte als auch Immaterialgüter sein.[190] Dieses Bezugsverhältnis verdeutlicht jedoch, dass der Begriff des Rechtsobjekts nicht am Gegenstand anknüpft, sondern

---

[186] Ähnlich auch *Kütük-Markendorf* Internetwährungen, S. 81 f.; allgemeiner Leible/Lehmann/Zech/*Leistner* Unkörperliche Güter, S. 201 (216, Fn. 78); kritisch *Berberich* Virtuelles Eigentum, S. 88 ff.

[187] Vgl. MüKoBGB/*Stresemann* § 90 Rn. 1; erst wenn ein Gut durch die Rechtsordnung geschützt wird, werde es zum Rechtsgut, *Zech* Information als Schutzgegenstand, S. 94; nach der sog. formalen Betrachtung ist der Gegenstand stets maßgeblicher Bezugspunkt für Rechte, Staudinger/*Stieper* Vor § 90 Rn. 4; die Begriffe eines Rechtsobjekts und eines Rechtsgegenstands in der Definition deswegen gleichsetzend *Brox/Walker* BGB AT § 35 Rn. 1; zur Abgrenzung zum Rechtssubjekt ebd. Rn. 5 f. sowie *Neuner* BGB AT § 24 Rn. 9.

[188] Vgl. *Wendehorst* ARSP Beilage 104 (2005), 71 (79).

[189] BeckOGK-BGB/*Mössner* § 90 Rn. 12; ähnlich *Neuner* BGB AT § 24 Rn. 1; Staudinger/*Stieper* Vor § 90 Rn. 4; *Becker* res bei Gaius, S. 3; den Begriff des Gegenstands daher als farblos bezeichnend *ders.* AcP 196 (1996), 439 (469); zur Entstehung HKK-BGB/*Rüfner* §§ 90–103 Rn. 10 ff. mwN. Das Gesetz erwähnt jedoch Gegenstände als mögliches Verfügungsobjekt in den §§ 135, 161, 185, 747, 816 und 2040 BGB, als mögliches Objekt schuldrechtlicher Verpflichtungen in den §§ 256, 260, 273, 292, 453, 463, 581, 743 ff., 2149 und 2374 BGB oder auch nur im übertragenen Sinne in den §§ 32, 387, 611 und 1822 Nr. 12 BGB, vgl. MüKoBGB/*Stresemann* § 90 Rn. 1 sowie BeckOGK-BGB/*Mössner* § 90 Rn. 10.

[190] *Brox/Walker* BGB AT § 35 Rn. 2; kritisch jedoch *Neuner* BGB AT § 24 Rn. 2, der den Begriff in Herrschaftsobjekte und Verfügungsobjekte teilt; dem zustimmend BeckOGK-BGB/*Mössner* § 90 Rn. 11. In Bezug auf die rechtliche Einordnung von Bitcoin-Token *Kütük-Markendorf* Internetwährungen, S. 81 f.

allein an das absolute Herrschaftsrecht, das die Rechtsordnung hieran gewährt.[191] Wenn es aber die Rechtsordnung selbst ist, die etwas zu ihrem Objekt macht, dann kann im Grundsatz alles Gegenstand sein – sogar noch Unbekanntes. Insbesondere sind Gegenstände nicht auf Erscheinungen der realen Lebenswelt beschränkt. Voraussetzung ist allein das Bestehen der Möglichkeit einer Anerkennung als Rechtsobjekt.[192]

Damit besteht der Unterschied zwischen Gegenständen und Rechtsobjekten allein darin, dass an Rechtsobjekten bereits Herrschaftsrechte bestehen, wohingegen der Gegenstandsbegriff auch solche Gegenstände erfasst, an denen nur potenziell Herrschaftsrechte normiert werden könnten. Am Ende ist es aber immer ein Gegenstand, der durch Gewährung einer rechtlichen Herrschaftsmacht zum Rechtsobjekt wird.[193] Der Gegenstandsbegriff ist mithin weiter als der des Rechtsobjekts. Die Abgrenzung der Begrifflichkeiten grenzt den Begriff des Rechtsobjekts ein, schafft hinsichtlich der Eingrenzung des Gegenstandsbegriffs aber keinen Mehrwert.

b) Inhaltliche Eingrenzung des Gegenstandsbegriffs

Für eine genauere Einordnung des Begriffs des Gegenstands kann zunächst dessen ursprüngliche, allgemein-sprachliche Bedeutung herangezogen werden. Danach ist ein Gegenstand das, was dem Menschen entgegensteht, also etwas, worauf sich das Bewusstsein richten kann.[194] Für die Zwecke der Rechtsordnung muss dieser Begriff jedoch enger gefasst werden. Bei formaler Betrachtung ist Gegenstand der einheitliche inhaltliche Bezugspunkt aller Handlungen, die kraft subjektiven Rechts vorgenommen werden können.[195] Gleichzeitig wird die Rechtsordnung einen Gegenstand nur dann als Bezugspunkt anerkennen, wenn er auch materiell einen für den Menschen sinnvollen und

---

[191] *Wendehorst* ARSP Beiheft 104 (2005), 71 (79 f.); zustimmend BeckOGK-BGB/*Mössner* § 90 Rn. 12; in Bezug auf Urheberrechte *Rehbinder/Peukert* Urheberrecht, § 1 Rn. 8; in die gleiche Richtung zielt auch die Definition des Gegenstandbegriffs bei *Becker* res bei Gaius, S. 3.

[192] *Wendehorst* ARSP Beiheft 104 (2005), 71 (80); ähnlich bereits *Pfister* Technisches Geheimnis, S. 25, 30; vgl. auch Leible/Lehmann/Zech/*Zech* Unkörperliche Güter, S. 1 (3); zur Diskussion allgemein BeckOGK-BGB/*Mössner* § 90 Rn. 12 ff. mwN; demgegenüber auf die Möglichkeit abstellend, Objekt einer Verfügung zu sein, *Wellenhofer* Eigentum in der digitalen Gesellschaft, S. 69 (71 f.). Eine Einbeziehung der Bitcoins als Gegenstand aus strafrechtlicher Perspektive prüfend, aber mangels rechtlich anerkannter Verwertungsmöglichkeit verneinend *Rückert* MMR 2016, 295 (296 f.).

[193] Vgl. MüKoBGB/*Stresemann* § 90 Rn. 1; *Wendehorst* ARSP Beiheft 104 (2005), 71 (79 f.); *Zech* Information als Schutzgegenstand, S. 94; undifferenziert *Wellenhofer* Eigentum in der digitalen Gesellschaft, S. 69 (71 f.).

[194] *Larenz* BGB AT § 22 I.

[195] Staudinger/*Stieper* Vor § 90 Rn. 4 mwN; dies als zu eng sehend *Wendehorst* ARSP Beiheft 104 (2005), 71 (79); ausführlich darstellend und bewertend auch *Kreutz* Objekt und seine Zuordnung, S. 377 ff.; vgl. ferner HKK-BGB/*Rüfner* §§ 90–103 Rn. 10 aE mwN.

schützenswerten Wert aufweist.[196] Die Wertschätzung folgt dabei vornehmlich aus der Gebrauchstauglichkeit, die ihrerseits eine reale Gebrauchsmöglichkeit voraussetzt, was wiederum eine grundsätzliche Beherrschbarkeit erfordert.[197] Damit ist all das als Gegenstand aufzufassen, was beherrschbar, ökonomisch wertvoll und wirtschaftlich nutzbar ist, sprich alle individualisierbaren vermögenswerten Objekte der natürlichen Welt.[198] Um ferner eine Parallelität zur formalen Betrachtungsweise herzustellen, müssen diese ihrerseits auch zum Bezugsobjekt rechtlicher Handlungen gemacht worden sein.[199]

Diese Bezugnahme auf die Beherrschbarkeit erinnert an die Sachdefinition in § 90 BGB, für die die Beherrschbarkeit als maßgebliches Ziel der Voraussetzung von Körperlichkeit gilt.[200] Vor diesem Hintergrund scheint es schwierig, die Beherrschbarkeit gleichfalls als Charakteristikum des Gegenstands, dem Oberbegriff, zu definieren; eine Abgrenzungsfunktion käme ihr damit nicht mehr zu. Allerdings folgt aus der Beherrschbarkeit körperlicher Gegenstände eine eindeutige Zuordnungsmöglichkeit und -funktion, die für sonstige Gegenstände gerade nicht vorausgesetzt wird. Ganz im Gegenteil soll der weitreichendere Gegenstandsbegriff auch geistige Schöpfungen, Arbeitsleistungen und gesellschaftliche Privilegien erfassen,[201] von denen durchaus auch mehrere Rechtssubjekte gleichzeitig profitieren und Wert schöpfen können. Dass der Gegenstand grundsätzlich beherrschbar sein muss, ist hingegen gemeinsames Merkmal aller körperlichen und sonstigen Gegenstände.

c) Systematik der Gegenstände

Darüber hinaus ist die Beherrschbarkeit allen Gegenständen immanent, wie mit Blick auf die rechtliche Systematik der Gegenstände deutlich wird: Die langjährige Diskussion um den Gegenstandsbegriff und insbesondere die Versuche, diesen ausgehend von der aus ihm resultierenden Verfügungsmöglichkeit zu

---

[196] Vorherrschende Kombination der formalen und materialen Lehre, siehe dazu Staudinger/*Stieper* Vor § 90 Rn. 5 mwN; zustimmend *Kreutz* Objekt und seine Zuordnung, S. 391 f.
[197] *Kreutz* Objekt und seine Zuordnung, S. 392.
[198] Eine vermögenswerte Komponente ist dabei zwar nicht zwingend erforderlich, wird aber regelmäßig vorliegen und ist jedenfalls Indiz dafür, dass es sich um einen Gegenstand handelt, dazu *Zech* Information als Schutzgegenstand, S. 95 f.; vgl. insoweit auch den von der Ökonomie ähnlich definierten Begriff des Wirtschaftsguts, wo der wirtschaftliche Wert ebenfalls nur Indiz für das Vorliegen eines Wirtschaftsguts ist, ebd. S. 46 ff. Diese Definition im Rahmen der rechtlichen Einordnung von Token nutzend *Shmatenko/Möllenkamp*, MMR 2018, 495 (497).
[199] Vgl. Staudinger/*Stieper* Vor § 90 Rn. 5, 7.
[200] Siehe dazu ausführlich § 3 IV.2.a)aa)(2) und § 3 IV.2.a)aa)(3).
[201] Staudinger/*Stieper* Vor § 90 Rn. 5 mwN; zustimmend *Kreutz* Objekt und seine Zuordnung, S. 391 f.

definieren,[202] haben gezeigt, dass letztendlich zwischen Gegenständen erster und zweiter Ordnung differenziert werden muss.[203] Denn Rechtsobjekte existieren gewissermaßen vorrechtlich und sind getrennt von den an ihnen bestehenden Rechten zu betrachten.[204] Da aber neben Sachen auch Rechte zu den Gegenständen zählen, muss es auch möglich sein, dass Herrschaftsrechte an Rechten bestehen; Rechte können somit ebenfalls Rechtsobjekt sein und können in der Tat auch einen eigenen Vermögenswert aufweisen.[205] Allerdings setzen Rechte immer auch einen Gegenstand voraus, auf den sie sich beziehen. Soweit also Rechte selbst Rechtsobjekt sind, sind sie nur Gegenstände auf zweiter Ebene.[206]

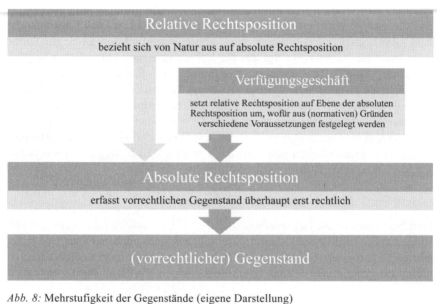

Abb. 8: Mehrstufigkeit der Gegenstände (eigene Darstellung)

---

[202] So vor allem *Sohm*, siehe dazu statt aller die Darstellung bei *Kreutz* Objekt und seine Zuordnung, S. 381 ff. mwN sowie HKK-BGB/*Rüfner* §§ 90–103 Rn. 10 mwN.

[203] Begründend *Larenz* BGB AT § 22 I, der auf Basis dessen auch den im Gesetz verwendeten Begriff des Gegenstands unterschiedlich verstehen will.

[204] So etwa *Zech* Information als Schutzgegenstand, S. 94, der vorrechtliche Gegenstände daher als Güter bezeichnet; bei virtuellem Eigentum für eine terminologische Differenzierung plädierend *Pałka* EUI LAW 2016/08, S. 9 f.

[205] *Pfister* Technisches Geheimnis, S. 25.

[206] Begründend *Larenz* BGB AT § 22 I; ferner BeckOGK-BGB/*Mössner* § 90 Rn. 12.3; *Berger* ZGE 2016, 170 (173 f.); zum Streit HKK-BGB/*Rüfner* §§ 90–103 Rn. 10 sowie *Becker* res bei Gaius, S. 3; ähnlich auch das italienische Recht, vgl. *Scozzafava* Beni e forma giuridiche di appartenenza, S. 135; siehe außerdem § 3IV.2.b)aa).

Erst diese Aufspaltung ermöglicht es, dass Herrschaftsrechte auch an (anderen) Rechten anknüpfen können und gleichzeitig der Gesetzessystematik Rechnung zu tragen, der zufolge Gegenstand auch Rechte sein können.[207] Gleichzeitig werden verschiedene Rechtsbegriffe wie Sache, Eigentum und Verfügung eingeordnet, ohne dass es zu einer Vermengung der Gegenstandskategorien kommt, etwa weil man das Eigentums*recht* der Sache gleichstellt.[208]

Doch aus der Mehrstufigkeit darf nicht der Schluss gezogen werden, dass es sich bei den Gegenständen erster Ordnung zwangsläufig um etwas Körperliches und mithin um eine Sache handeln muss, nur weil diese vorrechtlich sind, quasi von Natur aus existieren. Erfasst wird grundsätzlich alles, woran ein Herrschaftsrecht bestehen kann und das nicht seinerseits ein Recht darstellt – denn Rechte können ja gerade nicht Gegenstand erster, sondern nur zweiter Ordnung sein.[209] Trotzdem kann dies auch etwas Unkörperliches sein, wie etwa geistige Schöpfungen, Arbeitsleistungen oder gesellschaftlichen Privilegien.[210] Selbst eine Forderung, die als Recht nur Gegenstand zweiter Ordnung sein kann, hat einen vorrechtlichen Kern: die Erwartung des Gläubigers, dass der Schuldner seine Verpflichtung erfülle,[211] beziehungsweise dessen Vermögenswert.[212] Dieser verändert sich selbst bei Verfügung nicht, sodass die Forderung in dieser Hinsicht als Gegenstand erster Ordnung fungiert. Gegenstand der Verfügung ist demgegenüber (allein) die Inhaberschaft an der Forderung, die ihrerseits als Gegenstand zweiter Ordnung einzuordnen ist.[213] Eine Zuordnung findet demnach bei absoluten und relativen Rechten gleichermaßen statt.[214]

---

[207] HKK-BGB/*Rüfner* §§ 90–103 Rn. 11 aE.
[208] Vgl. dazu das Beispiel bei *Larenz* BGB AT § 22 I.
[209] *Larenz* BGB AT § 22 I.
[210] Zur Dienstleistung als handelbares Gut *Berger* ZGE 2016, 170 (172); ähnlich *Kreutz* Objekt und seine Zuordnung, S. 433 ff., demzufolge jedes Phänomen Herrschaftsobjekt sein kann; vgl. BeckOGK-BGB/*Mössner* § 90 Rn. 12.5.
[211] *Fabricius* AcP 162 (1963), 456 (473); Forderungen ordnen einem ein anderes Rechtssubjekt (begrenzt auf die jeweils relativ geschuldete Leistung) zu, *Becker* AcP 196 (1996), 439 (460); vgl. auch *Wilhelm* SachR Rn. 67.
[212] *Wendehorst* ARSP Beilage 104 (2005), 71 (80 f.); vgl. auch *Stöcker* Dinglichkeit und Absolutheit, S. 122; zur Forderung als Vermögensgegenstand *Pfister* Technisches Geheimnis, S. 25.
[213] *Wendehorst* ARSP Beilage 104 (2005), 71 (80 f.); Forderung als Gegenstand der Vermögenszuordnung sehend *Lehmann* Finanzinstrumente, S. 222 ff.; *Westermann* SachR § 2 II; allgemeiner *Berger* ZGE 2016, 170 (172).
[214] *Berger* ZGE 2016, 170 (172 f.).

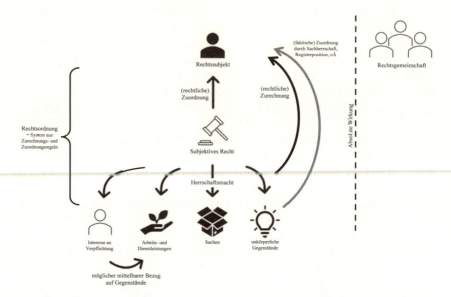

Abb. 9: Systematik der Gegenstände innerhalb der Rechtsordnung (eigene Darstellung nach *Fabricius* AcP 162 (1963), 456 (470 ff.))

Ordnet man diese rechtlichen Ebenen in das Gesamtgefüge der Rechtsgemeinschaft ein, ergibt sich folgendes Bild:[215] Die Rechtsordnung ist ein System aus Zurechnungs- und Zuordnungsregeln, kraft welcher Handlungen zugerechnet und Güter und Rechtsfolgen zugeordnet werden.[216] Das subjektive Recht ist die rechtliche Erlaubnis eines Rechtssubjekts, rechtlich zurechenbar zu handeln.[217] Dadurch bildet es faktisches Tun in der eigentlich nur fiktiven Rechtsordnung ab und gewährt – ausgehend von einer durch physische Gewalt vermittelten, tatsächlichen Willensherrschaft – eine gewisse Herrschaftsmacht auf rechtlicher Ebene.[218] Als etwas, das vom Menschen erdacht wurde, richtet sich die Herrschaftsmacht in seiner rechtlichen Wirkung nur gegen Rechtssubjekte

---

[215] Maßgeblich nach *Fabricius* AcP 162 (1963), 456 (470 ff.).

[216] *Fabricius* AcP 162 (1963), 456 (470); ähnlich auch *Westermann* SachR § 2 II 3, wenn er sagt, dass die Zuordnung als Zuständigkeit zudem für den Gegenstand verantwortlich machen kann.

[217] *Fabricius* AcP 162 (1963), 456 (471).

[218] Diese Herrschaftsmacht kann auch als rechtliche Willensherrschaft bezeichnet werden und besteht vornehmlich gegenüber den übrigen Rechtssubjekten; die Willensherrschaft über eine Sache sei hingegen tatsächlicher Art und mithin Frage des (faktischen) Besitzes; dazu *Stöcker* Dinglichkeit und Absolutheit, S. 23; zum Streit über das Wesen der Dinglichkeit damals ebd. S. 24 ff. mwN und heute Staudinger/*Heinze* Einl SachR Rn. 2 ff.

und bezieht sich allenfalls auf Gegenstände.[219] Daher beinhaltet das subjektive Recht selbst keine Zuordnung irgendwelcher Gegenstände, sondern ist nur seinerseits einem Rechtssubjekt zugeordnet. Zuordnung ergibt sich erst aus der Verknüpfung des subjektiven Rechts mit dem Rechtssubjekt. Das subjektive Recht vermittelt nur die Herrschaftsmacht,[220] die aber auch einem Dritten übertragen und neu verknüpft, mithin neu zugeordnet werden kann. Die Herrschaftsmacht des subjektiven Rechts kann sich auf Sachen beziehen, aber auch auf sonstige Gegenstände wie etwa Dienstleistungen oder sogar Personen. Soweit sich das subjektive Recht auf Personen – oder genauer, auf das Interesse des Gläubigers an der Verpflichtung des Schuldners – bezieht, handelt es sich um Forderungen,[221] die mittelbar auf Gegenstände Bezug nehmen können,[222] etwa auf eine Dienstleistung, wenn der Schuldner zur Vornahme der Dienstleistung verpflichtet ist.[223] Im Grundsatz aber kann all das vorrechtlich existierender Gegenstand sein, was real existiert – unabhängig von einer Körperlichkeit.

d) Token als Rechtsgegenstand erster Ordnung

Für die rechtliche Einordnung der Token folgt daraus, dass sie in jedem Falle Gegenstand erster Ordnung sind. Token tragen ihren beherrschbaren Vermögenswert in sich und beziehen sich nicht auf andere Gegenstände; sie existieren vorrechtlich.[224] Extrinsische Token beziehen sich zwar auf eine bereits

---

[219] So nach hM das Wesen der Dinglichkeit, im Überblick dargestellt bei Staudinger/*Heinze* Einl SachR Rn. 2 ff. mwN sowie in der älteren Literatur bei *Stöcker* Dinglichkeit und Absolutheit, S. 24 f. mwN; insoweit in Bezug auf die Kritik am Bürgerlichen Gesetzbuch ebd. S. 27 ff. mwN.

[220] *Fabricius* AcP 162 (1963), 456 (471); aus diesem Grund könne das Wesen der Dinglichkeit auch nicht in der Unmittelbarkeit der Herrschaftsmacht liegen, da diese nur eine potentielle Zugriffsmöglichkeit vermittelt, die zu ihrer Durchsetzung noch anderer subjektiver Rechte, der sog. Ansprüche, bedarf, vgl. Staudinger[17]/*Seiler* Einl SachR Rn. 2; ähnlich im Ergebnis auch *v. Bar* Gemeineuropäisches Sachenrecht I, § 2 III Rn. 228.

[221] Vgl. *Fabricius* AcP 162 (1963), 456 (472); hierin liege dann auch der Gegenstand einer Rechtsverletzung, der auch durch Dritte beeinträchtigt werden kann, *ders.* AcP 160 (1961), 273 (280); zum eigenständigen Vermögenswert der Forderung, der z.B. darin liege, dass die Vollendung der Vermögensverschiebung zugunsten des Gläubigers vom Schuldner erzwungen werden kann, *Stöcker* Dinglichkeit und Absolutheit, S. 122.

[222] *Fabricius* AcP 162 (1963), 456 (471); auch Staudinger[17]/*Seiler* Einl SachR Rn. 16 aE, legt dar, dass die dingliche Berechtigung eine Rechtsbeziehung sei, die sich nicht begriffsnotwendig nur auf Sachen, sondern auch auf andere Vermögensgegenstände erstrecke.

[223] Nach *Stöcker* Dinglichkeit und Absolutheit, S. 123 liege der Vermögenswert der Forderung in diesem Fall in der Befugnis oder dem Vermögen des Gläubigers, nach seinen Anweisungen den Schuldner tätig werden zu lassen.

[224] Im Ergebnis wohl ähnlich *Kütük-Markendorf* Internetwährungen, S. 82; Token aufgrund ihres Vermögenswerts zivilrechtlich als Gegenstand einordnend ebd. S. 77; ähnlich

bestehende Rechtsposition, sind aber ebenfalls ein im Distributed Ledger verkörperter und damit vorrechtlich existierender Nachweis. Damit sind Token zudem potenzielles Rechtsobjekt, entweder weil durch entsprechende Einordnung *de lege lata* Herrschaftsrechte anerkannt werden oder weil *de lege ferenda* neue Herrschaftsrechte begründet werden.[225]

e) Zwischenergebnis

Aufgrund seiner fehlenden Legaldefinition und unterschiedlichen Verwendung wird die rechtliche Bedeutung des Gegenstandsbegriffs immer wieder diskutiert. Letztendlich ist die rechtliche Dogmatik aber als ein Mehrebenensystem zu verstehen, in das Token klar als vorrechtlicher Gegenstand einzuordnen sind. Die Abstraktheit oder Neuheit der Token ändern an dieser Einordnung nichts. Sie verleiten allenfalls dazu, Token nur teilweise in das fein abgestimmte System aus Zuordnungs- und Zurechnungsregeln aufzunehmen.

Die Einordnung der Token als vorrechtlicher Gegenstand erster Ebene gibt allerdings noch keinen Aufschluss über die an Token bestehenden Rechte. Um eine Rechtsposition zu definieren, ist daher nun die Anwendbarkeit verschiedener Rechte auf Token zu prüfen. Insbesondere soll näher untersucht werden, ob Token in rechtlicher Hinsicht ‚ganz normale' Sachen sein können. Dies erfolgt für intrinsische (2) und extrinsische Token (3) getrennt, um den Unterschieden gerecht zu werden, die sich aus der Verknüpfung mit einem außenstehenden Wert ergeben.[226]

2. Sachfähigkeit intrinsischer Token

Intrinsische Token sind Token, die bereits für sich genommen werthaltig sind und nicht mit einer bestehenden Rechtsposition verknüpft sind.[227] Ihnen fehlt die Anbindung an Gegenständen aus der realen Welt, sodass sie nur eine systeminterne Position im Distributed Ledger vermitteln.[228] Da sie trotzdem eine – wenn auch nicht real existierende – Sache imitieren,[229] liegt es nahe, sie auch

---

Skauradszun AcP 221 (2021), 353 (364); eine Einordnung als Gegenstand hingegen verneinend *Kuhlmann* CR 2014, 691 (694).

[225] Ähnlich in Bezug auf Bitcoin und in Konkordanz sowohl mit der von *v. Savigny* begründeten Willens- als auch mit der von *Jhering* begründeten Interessentheorie auch *Effer-Uhe* ZZP 2018, 513 (519).

[226] Siehe § 3I.3.

[227] MMR/*Möllenkamp/Shmatenko* Kapitel 13.6 Rn. 30; zustimmend *Deuber/Jahromi*, MMR 2020, 576 (577).

[228] *Omlor* ZVglRWiss 119 (2020), 41 (44); siehe § 2II.4.d).

[229] Siehe oben § 3I; eine Sacheigenschaft jedoch gerade mit diesem Argument ablehnend *Spiegel* Blockchain-basiertes virtuelles Geld, S. 54.

rechtlich als solche einzuordnen.²³⁰ Das setzt voraus, dass intrinsische Token unter den Sachbegriff des § 90 BGB subsumiert werden können (a)). Gelingt das nicht, muss auf alternative Möglichkeiten einer zivilrechtlichen Einordnung zurückgegriffen werden (b)).

a) Subsumtion unter den Sachbegriff nach § 90 BGB

Laut § 90 BGB können nur körperliche Gegenstände Sachen im Sinne des Gesetzes sein, also nur Gegenstände, die in der Regel greifbar und raumfüllend sind. Man muss sie anfassen oder zumindest sinnlich wahrnehmen und technisch beherrschen können, wobei sie nur für sich existieren und in Abgrenzung zum Rechtssubjekt stets unpersönlich sind.²³¹

Demgegenüber werden unkörperliche Gegenstände – wie auch der Begriff des Gegenstands selbst – an keiner Stelle im Gesetz definiert. Dass unkörperliche Gegenstände existieren, wird allein aus einem Umkehrschluss des § 90 BGB und wegen dem immer wieder im Gesetz auftauchenden Begriff des Gegenstands geschlussfolgert. Als unkörperliche Gegenstände gelten dann die als Rechtsobjekte anerkannten Immaterialgüter sowie Rechte.²³²

Ausgehend von dieser Klassifizierung ist fragwürdig, ob Token als Sache gesehen werden können.²³³ Die Rechtsprechung hatte das bislang nicht zu entscheiden und in der Fachliteratur scheint sich die Mehrheit – wenn auch meist ohne weitere Begründung – dagegen auszusprechen.²³⁴ Da sich aber vereinzelt

---

²³⁰ *Linardatos* Privatrecht 2050, S. 181 (192) zufolge haben Token gerade sachähnlichen Charakter; ähnlich *Kütük-Markendorf* Internetwährungen, S. 78.
²³¹ *Neuner* BGB AT § 25 Rn. 1; *Wellenhofer* SachR § 1 Rn. 16; MüKoBGB/*Stresemann* § 90 Rn. 1; *Brox/Walker* BGB AT § 36 Rn. 2; Staudinger/*Stieper* Vor § 90 Rn. 9, § 90 Rn. 1; zum Rechtsschein einer Sache als Folge ihrer Körperlichkeit *Brox/Walker* BGB AT § 36 Rn. 2.
²³² Definition eines Rechtsobjekts, vgl. Fn. 190; ähnlich schlussfolgernd Staudinger/*Stieper* Vor § 90 Rn. 4.
²³³ In Betracht ziehend auch *Wellenhofer* SachR § 1 Rn. 1721.
²³⁴ Begründend nur MMR/*Möllenkamp/Shmatenko* Kapitel 13.6 Rn. 21 f.; *dies.* MMR 2018, 495 (497); HdB-KapAnlR/*Schäfer/Eckhold* § 16a Rn. 35; RHdB-E-Commerce/ *Boehm/Bruns* Kapitel 13.E Rn. 4 f.; *Kütük-Markendorf* Internetwährungen, S. 79 f.; in Bezug auf reine Informationen auch *Redeker* CR 2011, 634 (638); die Sacheigenschaft von Token ablehnend ferner *Hoeren/Prinz* CR 2021, 565 (567); BeckOK-BGB/*Fritzsche* § 90 Rn. 7 aE; BeckOGK-BGB/*Mössner* § 90 Rn. 104.3, 99; *Omlor* RDi 2021, 236 (238); *ders.* ZVglRWiss 119 (2020), 41 (49); *ders.* ZHR 2019, 294 (327); *ders.* ZRP 2018, 85 (87); *ders.* JZ 2017, 754 (758); *Spiegel* Blockchain-basiertes virtuelles Geld, S. 54; *Weiss* JuS 2019, 1050 (1054); *Hillemann* CR 2019, 830 (831 Rn. 7); *Scholz* Beiträge zum Transnationalen Wirtschaftsrecht, Heft 162 (S. 16); *Schlund/Pongratz* DStR 2018, 598 (600); *Ammann* NJW 2018, 379 (380); *Kaulartz* CR 2016, 474 (478); *Lerch* ZBB 2015, 190 (195); *Beck/ König* JZ 2015, 130 (131); *Kuhlmann* CR 2014, 691 (694); *Spindler/Bille* WM 2014, 1357 (1359); *Kütük/Sorge* MMR 2014, 643 (644); *Djazayeri* jurisPR-BKR 6/2014, Anm. 1 (D.I.3); *Engelhardt/Klein* MMR 2014, 355 (357); mit Bezug auf die schuldrechtliche

auch für eine Einordnung der Token als Sache ausgesprochen wurde[235] und die Diskussion insgesamt noch im Fluss ist, soll dieser Frage an dieser Stelle noch einmal in aller Ausführlichkeit nachgegangen werden.

Herangezogen wird dafür der klassische Auslegungskanon (aa) bis dd)) sowie höherrangiges Recht (ee)). Dadurch lassen sich die Grenzen des noch möglichen Begriffsverständnisses klar und strukturiert herausarbeiten – was mit Blick auf neue technologische Phänomene von besonderer Bedeutung ist. Bei der Prüfung, ob diese rechtlich erfasst werden können, ohne dass es einer Rechtsfortbildung bedarf, kommt es letztendlich maßgeblich auf die Flexibilität des Gesetzeswortlauts an. Gegebenenfalls muss dieser zwar maximal weit verstanden werden, um der zugrundeliegenden Normfunktion gerecht zu werden. Dafür erweist sich die Rechtsordnung dann aber als fähig, auch unbekannte Phänomene sachgerecht zu erfassen.[236] Diese methodischen Herausforderungen werden in einem Kapitel erörtert (ff).

Einordnung *Pesch* Cryptocoin-Schulden, S. 101 f.; *Schroeder* JurPC WebDok. 104/2014 (Rn. 30); *Boehm/Pesch* MMR 2014, 75 (78); *Zickgraf* AG 2018, 293 (295 f.). Siehe in diesem Zusammenhang auch den Obersten Gerichtshof Japan, Urteil vom 11. Juni 2020, Übersetzung zuletzt am 2. September 2023 abgerufen unter https://www.law.ox.ac.uk/sites/default/files/migrated/mtgox_judgment_final.pdf (S. 7), der ein Tokeneigentum verneint hat, da Eigentum nur an materiellen Einheiten bestehen könne, die einen Raum einnehmen und eine ausschließliche Kontrolle ermöglichen; dazu auch *Allen* EPLJ 2019, 64 (73).

[235] *John* BKR 2020, 76 (passim); *Linardatos* Privatrecht 2050, S. 181 (passim); in Ansätzen auch *Walter* NJW 2019, 3609 (3613 f.).

[236] Im schweizerischen Recht ist mangels Legaldefinition der Sache ein solches funktionales Begriffsverständnis durchaus anerkannt: Der Sachbegriff wird als sogenannter Funktionsbegriff verstanden, der nicht in einem statischen, sondern in einem dynamischen Sinne zu verstehen ist. Ob ein Gegenstand als Sache qualifiziert werden kann, hängt dadurch nicht nur von seinen physikalischen Eigenschaften ab, sondern es sich vielmehr telelogische Überlegungen ausschlaggebend, namentlich die wirtschaftliche Funktion, die öffentliche Meinung und ethische Erwägungen. Siehe dazu *Graham-Siegenthaler/Furrer* Jusletter 8. Mai 2017, Rn. 43; *Seiler/Seiler* sui-generis 2018, 149 (156, Rn. 19). Im deutschen Recht ist wegen der Legaldefinition der Sache ein solches Verständnis nicht möglich; denkbar und erwägenswert wäre es aber, die Legaldefinition als solche, sprich den Begriff der Körperlichkeit, ähnlich funktional zu verstehen. Die anerkannten Grenzen der Auslegung sind dabei selbstverständlich zu wahren. Trotzdem wurde ein derartiges folgenorientiertes Vorgehen lange als undogmatisch und außerrechtlich kritisiert, da aus rein tatsächlichen Umständen und Rechtsfolgen nicht auf ein rechtliches Sollen geschlossen werden könne. Jedoch findet die folgenorientierte Rechtswissenschaft z.B. mit der ökonomischen Analyse des Rechts immer mehr Anklang, denn die Wirkungen des Rechts lassen sich durchaus auch aus einer genuin-juristischen Perspektive anhand eigener rechtlicher Wertungsmaßstäbe untersuchen. Das Recht stelle gerade nicht nur ein System gegeneinander abzugrenzender Rechtsprinzipien dar, sondern könne auch als ein die soziale Wirklichkeit auf vielfältige Weise tatsächlich beeinflussendes Ganzes gesehen werden, das nach rechtlichen Gesichtspunkten geordnet werden kann, um Erkenntnisse zur Weiterentwicklung der Rechtsdogmatik oder der Gesetzgebung zu gewinnen. Dazu ausführlich *Hellgardt* Regulierung und Privatrecht, S. 419 ff., 427 ff.

aa) Wortlaut

Der Wortlaut des § 90 BGB ist eindeutig; ein Gegenstand muss körperlich sein, um im rechtlichen Sinne als Sache gelten zu können.[237] Der Begriff der Körperlichkeit hingegen wird vom Gesetz nicht weiter spezifiziert oder vorgegeben, sodass hier grundsätzlich Interpretationsspielraum besteht.[238] In der Tat wird insoweit auf verschiedene Aspekte Bezug genommen. Allen Definitionsversuchen ist aber gemeinsam, dass sie auf eine gewisse Beherrschbarkeit abstellen, denn nur diese rechtfertigt auch die Gewährung der entsprechenden Herrschaftsrechte.[239]

Für die Beherrschbarkeit werden meist zwei Komponenten für notwendig erachtet: einerseits eine sinnliche Wahrnehmbarkeit ((1)) und andererseits Abgrenzbarkeit ((2)).[240] Da aber nicht jeder abgrenzbare Gegenstand immer auch tatsächlich beherrschbar ist – man denke insoweit etwa an Gegenstände des Mikro- und Makrokosmos sowie an Naturkräfte – wird die Beherrschbarkeit teilweise noch als eigenständiges Kriterium gefordert ((3)).[241] Letztendlich bedingen sich alle drei Kriterien aber stets gegenseitig.[242]

Ferner wird die Körperlichkeit natürlich betrachtet,[243] muss also in gewisser Weise intuitiv sein. Mittelbar ist die Körperlichkeit nämlich für die Begründung von absoluten Rechten relevant, die von jedermann beachtet werden müssen. Naturwissenschaftliche oder philosophische Erkenntnisse allein können daher nicht maßgeblich sein, sondern es muss auf die beim Laien vorherrschende Verkehrsanschauung ankommen.[244] Dies gewährleistet eine gewisse

---

[237] Sprachlicher Hintergrund v. *Bar* Gemeineuropäisches Sachenrecht I, § 2 III Rn. 131 f.
[238] Auch im Schrifttum besteht keine Klarheit über die Kriterien, die die Körperlichkeit ausmachen, BeckOK-BGB/*Fritzsche* § 90 Rn. 5; dem zustimmend *John* BKR 2020, 76 (78).
[239] So etwa BeckOGK-BGB/*Mössner* § 90 Rn. 58; BeckOK-BGB/*Fritzsche* § 90 Rn. 5; Staudinger/*Stieper* Vor § 90 Rn. 9; ähnlich auch die hM in Österreich, soweit es um körperliche Sachen als Bezugsobjekt des Eigentums im engeren Sinne geht, vgl. *Definger* RDi 2022, 17 (18).
[240] BeckOGK-BGB/*Mössner* § 90 Rn. 58; Staudinger/*Stieper* Vor § 90 Rn. 9, § 90 Rn. 1; demgegenüber in ähnlichem Kontext digitaler Gegenstände allein auf die sinnliche Wahrnehmbarkeit abstellend *Wellenhofer* Eigentum in der digitalen Gesellschaft, S. 69 (72).
[241] So z.B. BeckOK-BGB/*Fritzsche* § 90 Rn. 8; *Neuner* BGB AT § 25 Rn. 5; Staudinger/*Stieper* § 90 Rn. 1 ff.; anders jedoch BeckOGK-BGB/*Mössner* § 90 Rn. 58.
[242] Ebenfalls darauf hinweisend und die Verstrickungen der einzelnen Voraussetzungen zudem anschaulich aufzeigend *Berberich* Virtuelle Güter, S. 90.
[243] BeckOGK-BGB/*Mössner* § 90 Rn. 58; *Brox/Walker* BGB AT § 36 Rn. 3; MüKoBGB/*Stresemann* § 90 Rn. 8; Staudinger/*Stieper* Vor § 90 Rn. 9, § 90 Rn. 1; darauf maßgeblich hinweisend auch *John* BKR 2020, 67 (78); so schon *Bydlinski* AcP 198 (1998), 287 (302); vgl. auch BeckOK-BGB/*Fritzsche* § 90 Rn. 5 sowie im Zusammenhang mit der rechtlichen Einordnung von Software *Redeker* NJOZ 2008, 2917 (2919).
[244] BeckOGK-BGB/*Mössner* § 90 Rn. 58; Staudinger/*Stieper* Vor § 90 Rn. 9; wohl auch *Brox/Walker* BGB AT § 36 Rn. 3; da Naturwissenschaften und Philosophie allerdings die Erfassung der Wirklichkeit zum Ziel haben, können sie vor dem Hintergrund der

Allgemeingültigkeit der Definition,[245] bei der neue wissenschaftliche oder philosophische Erkenntnisse erst Bedeutung erlangen, wenn sie die Verkehrsanschauung maßgeblich beeinflusst oder gar verändert haben.[246] Insoweit lässt sich für vereinzelt eine Tendenz weg von einem objektorientierten Wortlaut beobachten, die ebenfalls berücksichtigt werden soll ((4)).

(1) Sinnliche Wahrnehmbarkeit

Dass Sachen sinnlich wahrnehmbar sein müssen, um körperlich zu sein, ist unumstritten.[247] Grund dafür ist vor allem, dass eine nicht sinnlich wahrnehmbare Sache in der Regel auch nicht beherrscht werden kann.[248] Im Hinblick auf digitale Gegenstände wie Token ist jedoch unklar, wie eine sinnliche Wahrnehmbarkeit genau zu verstehen ist ((a)) und ob sie ständig oder nur auf Abruf gegeben sein muss ((b)).

(a) Enges oder weites Verständnis der sinnlichen Wahrnehmbarkeit

Bislang war nicht weiter relevant, ob ausschließlich auf den Tastsinn abgestellt werden muss,[249] oder ob jede Form der sinnlichen Wahrnehmung ausreicht.[250] Für ersteres spricht, dass eine räumliche Abgrenzbarkeit nur bei Greifbarkeit einer Sache möglich sei und beides daher einheitlich betrachtet werden müsse. Zudem werde eine künstlich differenzierende Prüfung der Körperlichkeit

---

allgemeinen Verkehrsanschauung erster Ansatzpunkt sein; aus rechtsphilosophischer Perspektive den Sachbegriff getrennt von der Körperlichkeit als alles Gebrauchbare im weitesten Sinne verstehend *Reinach* Jahrbuch für Philosophie und phänomenologische Forschung I, S. 685 (744 f.).

[245] Ziel sei die typisierte Lösung konkreter Interessenkonflikte, *Bydlinski* AcP 198 (1998), 287 (302); der juristische Sachbegriff entspricht meist dem allgemein-sprachlichen Sachbegriff, BeckOK-BGB/*Fritzsche* § 90 Rn. 5.

[246] BeckOGK-BGB/*Mössner* § 90 Rn. 58; bereits *Bydlinski* AcP 198 (1998), 287 (302).

[247] BeckOK-BGB/*Fritzsche* § 90 Rn. 6; BeckOGK-BGB/*Mössner* § 90 Rn. 59; kritisch, da zu pauschal, *Becker* res bei Gaius, S. 11; Erfordernis der Wahrnehmbarkeit folge aus der Tatsache, dass die Stofflichkeit, die die erforderliche räumliche Ausdehnung vermittle, nach den Anschauungen des täglichen Lebens und nicht nach Erkenntnissen moderner Physik bestimmt werden müsse, *v. Bar* Gemeineuropäisches Sachenrecht I, § 2 III Rn. 170.

[248] BeckOK-BGB/*Fritzsche* § 90 Rn. 6.

[249] BeckOGK-BGB/*Mössner* § 90 Rn. 59; *Neuner* BGB AT § 25 Rn. 1, 5; ebenso und zudem kritisch mit Bezug auf die Auffassung des BGH zur rechtlichen Einordnung von Software *Redeker* NJOZ 2008, 2917 (2919); teilweise wird körperlich aber auch als raumausfüllend umschrieben, ohne dies weiter zu hinterfragen, so etwa *Larenz* BGB AT § 22 II; den Ursprung der Diskussion in der Definition des römischen Rechts sehend und vor dem Hintergrund als müßig bezeichnend, letztlich komme es auf die physische Separierung des Gegenstandes an, *v. Bar* Gemeineuropäisches Sachenrecht I, § 2 III Rn. 170.

[250] So etwa Staudinger/*Stieper* § 90 Rn. 3; im Ergebnis wohl auch *Brox/Walker* BGB AT § 35 Rn. 3, 5.

vermieden, da greifbare Sachen jedenfalls auch beherrschbar seien.[251] Überlegungen zu Gegenständen wie Gas, die nicht greifbar, aber dennoch sinnlich wahrnehmbar sind, entkräften diese Überlegungen jedoch wieder. Sofern sie sich nämlich in entsprechenden Behältnissen befinden, seien diese durchaus beherrschbar.[252]

Spätestens in Anbetracht rein digitaler Gegenstände scheint eine differenzierte Betrachtung dessen, was unter Wahrnehmbarkeit zu verstehen sei, jedoch wieder angebracht: Die binäre Speicherung digitaler Gegenstände ist für den Menschen nicht mehr tast- oder greifbar. Stattdessen müssen digitale Gegenstände erst durch entsprechende Software sichtbar und sinnlich wahrnehmbar gemacht werden. Trotzdem verfügen Daten – und insbesondere auch Token – auch schon davor über eine strukturelle Komponente.[253] Die Forderung nach einer greifbaren Wahrnehmbarkeit scheint daher vielmehr auf eine gewisse Ortsgebundenheit abzuzielen. Immerhin geht aus der örtlichen Lage einer Sache als statischer Ausgangspunkt stets klar hervor, wer die Kontrolle über die Sache hat.[254] Sichtbarkeit und Ort der Sache sind klare Anknüpfungspunkte für rechtliche Regelungen, etwa im Rahmen der Übereignung oder des gutgläubigen Erwerbs. Nicht ohne Grund ist das Publizitätsprinzip eines der tragenden Prinzipien des Sachenrechts und wesentliche Voraussetzung für dessen absolute Wirkung.[255]

Deshalb aber per se die Wahrnehmbarkeit – oder allgemeiner die Körperlichkeit – zu verneinen, scheint jedoch zu kurz gegriffen. Gerade mit Blick auf die vielen technologischen Neuentwicklungen ist es nicht ausgeschlossen, dass etwas nicht tastbar ist, aber dennoch beherrscht werden kann. Schon auf greifbare Sachen kann eingewirkt werden, ohne dass es einer räumlichen Berührung bedarf (denkbar sind zum Beispiel berührungslose Ortsveränderungen durch Ausnutzen von Magnetismus, berührungslose Zerstörungen durch Strahlung sowie berührungslose Nutzungsbeeinträchtigungen durch unkörperliche Immissionen oder Einsperren).[256] Trotz großer räumlicher Entfernung kann eine Sache somit noch beherrschbar sein. Bei digitalen Daten könnte dies nun durch

---

[251] Vgl. BeckOGK-BGB/*Mössner* § 90 Rn. 59; anders hingegen *Neuner* BGB AT § 25 Rn. 1, 5, der zwar Greifbarkeit voraussetzt, die faktische Beherrschbarkeit mit Blick auf Schneeflocken, Rußpartikel oder Staubkörner aber trotzdem gesondert berücksichtigt.

[252] Staudinger/*Stieper* § 90 Rn. 3; in diesem Zusammenhang auf die natürliche Betrachtungsweise abstellend *Brox/Walker* BGB AT § 35 Rn. 3, 5; ähnlich auch *Berberich* Virtuelles Eigentum, S. 91.

[253] Ähnlich auf unterschiedliche Bedeutungen von Tastbarkeit Bezug nehmend *Palka* EUI LAW 2016/08, S. 7 f.

[254] Treffend *Wellenhofer* Eigentum in der digitalen Gesellschaft, S. 69 (79).

[255] *Wellenhofer* Eigentum in der digitalen Gesellschaft, S. 69 (79).

[256] *Zech* AcP 219 (2019), 488 (560, 567), der daher auf eine Beeinflussung unter Anwendung von Naturkräften abstellen will; eine unmittelbar räumliche Einwirkung könnte beim Einsperren allenfalls potenziell gegeben sein, nämlich dann, wenn man versucht, die eingesperrte Sache zu befreien, ebd. S. 566.

die komplexe Struktur der DLT ermöglicht werden; eine hinreichende Konnexität zwischen Schlüsselpaar und Token kann wegen der vielen kombinierten informatischen Konzepte kaum noch verneint werden.[257] Das Distributed Ledger ist gerade so konzeptioniert, dass Token stets einem Inhaber zugeordnet werden.

Sinnliche Wahrnehmbarkeit kann somit weiter verstanden werden, sofern die Vorteile der Ortsgebundenheit anderweitig bestehen und sichergestellt werden können; Gas muss sich beispielsweise in einem Behältnis befinden und dadurch tatsächlich beherrschbar sein. Auch Daten können in gewisser Weise ortsgebunden und damit beherrschbar sein – allerdings nicht, indem sie auf einem konkreten Datenträger gespeichert werden, sondern indem sie einem Inhaber dauerhaft zugewiesen sind. Ortsgebundenheit ist insoweit semantisch zu verstehen, nämlich als Ortsgebundenheit im digitalen Raum. Die Frage ist dann aber vielmehr, inwiefern das Schlüsselpaar tatsächlich die Beherrschbarkeit der Token ermöglicht. Das ist jedoch unabhängig von der sinnlichen Wahrnehmbarkeit und daher gesondert unter dem Kriterium der tatsächlichen Beherrschbarkeit zu beurteilen. Die Wahrnehmbarkeit selbst sollte hingegen weit verstanden werden.

(b) Ständige Wahrnehmbarkeit

Allerdings sind Daten und Token erst und nur dann für den Menschen wahrnehmbar, wenn sie durch entsprechende Software sichtbar gemacht werden.[258] Sie sind als syntaktische Information nicht von sich aus für den Menschen wahrnehmbar. Sie kommunizieren eine Information, die nur Zeit für Zeit auf einem (zwingend notwendigen) Datenträger sichtbar gemacht wird.[259]

Teilweise wird daher ersatzweise auf den Datenträger abgestellt, der in jedem Fall körperlich ist.[260] Bei Token jedoch lässt sich das nicht auf diese Weise umgehen, da es gerade im System der DLT verankert ist, dass die Daten dezentral auf den lokalen Datenspeichern *aller* teilnehmenden Netzwerkknoten gespeichert werden.[261] Eine Gleichstellung der strukturellen Information zweiter Ordnung (Verkörperung der syntaktischen Daten) mit der strukturellen Information eines körperlichen Gegenstands erster Ordnung (Gegenstand des

---

[257] So aber *Definger* RDi 2022, 17 (18).

[258] Erkennend, aber nicht problematisierend, *John* BKR 2020, 76 (79); in diese Richtung auch *Definger* RDi 2022, 17 (18), da kein hinreichender Konnex zwischen Wertdarstellung und Schlüsselpaar bestehe.

[259] Ähnlich verhält es sich mit den Schallwellen der Stimme, vgl. *Zech* Information als Schutzgegenstand, S. 18; der Streit, ob diese sinnlich wahrnehmbar (weil hörbar) seien oder nicht (weil nicht greifbar), ist nicht von Bedeutung, da Schallwellen jedenfalls nicht tatsächlich beherrschbar sind; dazu *Brox/Walker* BGB AT § 35 Rn. 3; *Neuner* BGB AT § 25 Rn. 5; zur Abgrenzbarkeit ähnlich *John* BKR 2020, 76 (79).

[260] Im Überblick *Wellenhofer* Eigentum in der digitalen Gesellschaft, S. 69 (76 f.) mwN.

[261] Siehe dazu § 2I.

Datenträgers als solcher) ist bei Token somit nicht mehr möglich.[262] Durch die gewollte Vervielfältigung des Distributed Ledgers würden tausende Datenträger existieren, an die man anknüpfen könnte. Token sollen stattdessen als körperliche Güter gedacht werden, deren Zuordnung im Distributed Ledger dann nur noch kommuniziert wird; den körperlichen Gegenstand sollen sie aber von vornherein ersetzen.[263] Auch wenn Token zwar erst durch die Aufnahme im Distributed Ledger verkörpert werden und dadurch erst ihre Existenz erlangen, wäre ein Abstellen auf den körperlichen Datenträger mit dem Innovationspotenzial der DLT unvereinbar.[264]

Eine ständige Wahrnehmbarkeit ist bei Daten und Token, anders als bei Datenträgern, mithin nicht gegeben. Eine ständige Wahrnehmbarkeit könnte aber auch gar nicht erforderlich sein. Generell ist das Erfordernis der Wahrnehmbarkeit für eine Körperlichkeit nämlich stark vom Ergebnis her gedacht und wird nur vorausgesetzt, um eine gewisse Beherrschbarkeit zu umschreiben.[265]

---

[262] Zu Informationsgütern erster und zweiter Ordnung siehe *Zech* Information als Schutzgegenstand, S. 57 f.

[263] Siehe dazu 0.

[264] Ähnlich die Einzigartigkeit von Token zur Differenzierung heranziehend *Walter* NJW 2019, 3609 (3612). Aus gleichem Grund sind die Token auch nicht mit den virtuellen Gütern aus Online-Spielen vergleichbar. Zwar werden virtuelle Güter innerhalb der virtuellen Welt ebenfalls durch Änderung des entsprechenden Datenbankeintrags übertragen und diese Änderung in der Serversoftware gilt unabhängig von ihrer Verkörperung auf einem Datenträger. Anders als bei der DLT wird dieser Datenbankeintrag (und damit die faktische Herrschaftsmacht) aber nach freiem Ermessen des Betreibers der jeweiligen Plattform gewährt und unterliegt dessen voller Kontrolle. Einen nach festen Regeln durchgeführten, unabhängigen Abstimmungsprozess, der eine gewisse Geltung gegenüber jedermann schafft, bedarf es nicht. Damit ist das virtuelle Gut nichts anderes als eine dem Plattformbetreiber gegenüber bestehende schuldrechtliche Forderung. Körperliche Gegenstände, die auch über die von ihm geschaffene virtuelle Welt hinaus existieren, sollen gerade nicht abgebildet werden. Dazu statt aller Staudinger/*Stieper* § 90 Rn. 17 mwN sowie mit Blick auf die Ausschließlichkeit *Zech* Information als Schutzgegenstand, S. 349; allgemeiner *Palka* Virtual Property, S. 134; aA *Berberich* Virtuelles Eigentum, S. 91 f., 108 f. Zur wirtschaftlichen Relevanz dieser virtuellen Welten, die durchaus nach Fragen der sachenrechtlichen Zuordnung aufwerfe, siehe *Paulus* FS Schmidt II, S. 119 (128 f.); insoweit besteht im Hinblick auf die Rivalität durchaus eine gewisse Vergleichbarkeit der virtuellen Güter mit körperlichen Sachen, vgl. dazu *Effer-Uhe* ZZP 2018, 513 (521 f.). Zur Abgrenzung virtueller Werte von digitalen Werten, wobei letztere im Sinne eines Oberbegriffs lediglich auf die digitale Darstellung Bezug nehmen, während erstere zudem losgelöst von jeglicher physischen Realität existieren, siehe *Capaccioli* Criptovalute e bitcoin, S. 9 ff.

[265] *Brox/Walker* BGB AT § 35 Rn. 3; ähnlich in Bezug auf Token *Linardatos* Privatrecht 2050, S. 181 (198) sowie *Definger* RDi 2022, 17 (18); allgemeiner BeckOK-BGB/*Fritzsche* § 90 Rn. 6; Staudinger/*Stieper* § 90 Rn. 2; *Walter* NJW 2019, 3609 (3611) sowie *Berberich* Virtuelles Eigentum, S. 90 f.; bereits bei rechtsgeschichtlicher Entstehung des Sachbegriffs *Johow* Vorlage Entwurf BGB, S. 20, 33; kritisch dazu *Becker* res bei Gaius, S. 19 f. Im schweizerischen Recht wird daher eine funktionale Auslegung der Körperlichkeit

Sie sollte daher nicht zu eng ausgelegt werden, sondern nur insoweit bestehen müssen, wie sie für die Begründung einer Herrschaftsmacht erforderlich ist:[266] Grundsätzlich kann ein Gegenstand nur beherrscht werden, wenn er gegenüber anderen Gegenständen abgegrenzt und mithin eindeutig zugeordnet werden kann[267] – und nur um Gegenstände voneinander abzugrenzen zu können, müssen diese überhaupt wahrnehmbar sein. Nicht erforderlich ist jedoch, dass der Gegenstand dauerhaft wahrnehmbar ist. Um eine faktische Herrschaftsmacht auszuüben, reicht es vielmehr aus, dass er auf Zuruf wahrnehmbar gemacht werden kann – die Beherrschbarkeit wird da problemlos nachgewiesen werden.[268] Das zeigt schon die Tatsache, dass auch bei räumlichen Gegenständen ein solcher Nachweis erforderlich sein kann, etwa wenn etwas in einem Tresor verstaut ist und der Inhaber diesen erst öffnen muss, um auf die Sache zuzugreifen. Auf die ständige Erkennbarkeit dessen, dass sich der Gegenstand in dem Tresor befindet, kommt es hingegen nicht an. Bei Token kann die Beherrschbarkeit auf ähnliche Weise durch das Schlüsselpaar nachgewiesen werden. Dass dafür erst auf das digitale Distributed Ledger zugegriffen werden muss, steht dem nicht entgegen; vielmehr kann die Zuordnung eines Tokens jederzeit im Distributed Ledger eingesehen werden, sodass die Beherrschbarkeit in gewisser Weise sogar transparenter ist, als es teilweise in der realen Welt der Fall ist.

(c) Zwischenergebnis zur sinnlichen Wahrnehmbarkeit

Dass Token weder tastbar noch ununterbrochen wahrnehmbar sind, kann also nicht von vornherein gegen eine Subsumtion der Token unter den Begriff der Körperlichkeit sprechen. Es reicht insoweit aus, dass sie überhaupt als etwas wahrgenommen werden.

Die Gleichsetzung von Wahrnehmbarkeit und Körperlichkeit ist hingegen Folge dessen, dass es häufig Überschneidungen gibt: körperliche Sachen sind

---

daher auch nur dann für möglich erachtet, wenn Beherrschbarkeit gegeben ist, was insbesondere bei Naturkräften nicht der Fall sei, vgl. *Seiler/Seiler* sui-generis 2018, 149 (159).

[266] In diese Richtung letztlich wohl auch die funktionale Auslegung von *John* BKR 2020, 76 (77, 80) sowie für das schweizerische Recht *Furrer/Müller* Jusletter 18. Juni 2018, Rn. 55, wenn diese für einen Grundsatz der funktionalen Äquivalenz für neue Technologien plädieren und diesen als Ausdruck der teleologischen Auslegungsmethode verstehen, ebd. Rn. 48.

[267] *Zech* Information als Schutzgegenstand, S. 327; *Jänich* Geistiges Eigentum, S. 227; mit der Beschreibung als konkurrierend im Ergebnis in dieselbe Richtung zielend *Linardatos* Privatrecht 2050, S. 181 (198); siehe ferner § 3IV.2.a)aa)(2).

[268] Eine Abgrenzbarkeit bei Token im Grundsatz auch bejahend z.B. *Omlor* RDi 2021, 236 (239): „Es handelt sich um einen auf einer Blockchain gespeicherten Datensatz, der für alle Teilnehmer erkennbar technisch abgegrenzt ist." Zur wechselseitigen Beziehung zwischen Wirklichkeit, Rechtsnormen und Rechtskonzepten siehe auch die anschauliche Darstellung bei *Pałka* Virtual Property, S. 133; *ders.* EUI LAW 2016/08, S. 4.

in der Regel ständig räumlich wahrnehmbar.[269] Doch der technische Fortschritt, der eine Informationsübermittlung in immer kompakterer Weise ermöglicht, hat die Wahrnehmbarkeit immer unwichtiger werden lassen.[270] Die Zustände, in denen die Informationen gespeichert werden, sind schlichtweg zu klein, um sie als körperliche Sache wahrzunehmen. Aber die Tatsache, dass wir sie – wenn auch nur mithilfe technischer Einrichtungen – wahrnehmen, beweist, dass sie dennoch im natürlichen Sinne existieren.[271] Die vollständige Gleichsetzung von Körperlichkeit und Wahrnehmbarkeit erweist sich hingegen immer mehr als Trugschluss, sodass es umso wichtiger ist, den Begriff der Körperlichkeit differenziert zu interpretieren und aus dem bisherigen Regelfall keine allgemeinen Voraussetzungen zu schlussfolgern.

(2) Abgrenzbarkeit

Nachdem analysiert wurde, wieso und inwieweit die Gegenstände zur Bejahung der Körperlichkeit wahrnehmbar sein müssen, wird nun das zweite Kriterium genauer beleuchtet: die räumliche Abgrenzbarkeit des Gegenstands. Dieses wurde im Rahmen der Wahrnehmbarkeit bereits gestreift und ist hiermit eng verwurzelt. Aus diesem Grund wird eine räumliche Abgrenzbarkeit auch einhellig vorausgesetzt, um von einer Körperlichkeit sprechen zu können.[272]

Um eine Abgrenzbarkeit bejahen zu können, muss ein für sich allein bestehender, im Verkehrsleben besonders bezeichneter und bewerteter körperlicher Gegenstand vorliegen, der von anderen Gegenständen unterscheidbar ist.[273] Auch Token bestehen grundsätzlich für sich allein und können von anderen Token unterschieden werden. Die technische Gestaltung des Distributed

---

[269] Ähnlich *Berberich* Virtuelles Eigentum, S. 91.
[270] Ähnlich BeckOK-BGB/*Fritzsche* § 90 Rn. 6 sowie mit konkretem Beispiel *John* BKR 2020, 76 (79), denen zufolge eine sinnliche Wahrnehmbarkeit neben der Beherrschbarkeit nicht weiter ausschlaggebend sei.
[271] Treffend *Berberich* Virtuelles Eigentum, S. 119, der mit dieser Begründung Daten von Immaterialgütern abgrenzt; vgl. auch *Furrer/Müller* Jusletter 18. Juni 2018, Rn. 26, die insoweit schon auf Art. 6 § 9 des Vertrags über die internationale Eisenbahnbeförderung von Gütern (CIM) verweisen, wonach ein Frachtbrief auch in elektronischen Datenaufzeichnungen bestehen könne, soweit diese in lesbare Schriftzeichen umwandelbar und die zur Aufzeichnung und Verarbeitung der Daten verwendeten Verfahren insbesondere hinsichtlich der Beweiskraft des verkörperten Frachtbriefes funktional gleichwertig sind.
[272] Statt aller BeckOGK-BGB/*Mössner* § 90 Rn. 58, 60; BeckOK-BGB/*Fritzsche* § 90 Rn. 7; Staudinger/*Stieper* Vor § 90 Rn. 9, § 90 Rn. 1 f.; *Bydlinski* AcP 198 (1998), 287 (303); die Abgrenzbarkeit hingegen nicht als zweites Kriterium, sondern maßgeblich von der Sichtbarkeit eines Gegenstands bedingt sehend, da Herstellung und Veränderung von Sachen in einem transparenten, sichtbaren Prozess verlaufen und grundlegende Veränderungen regelmäßig zu einer neuen Sache führen, *Wellenhofer* Eigentum in der digitalen Gesellschaft, S. 69 (79).
[273] BeckOGK-BGB/*Mössner* § 90 Rn. 60; MüKoBGB/*Stresemann* § 90 Rn. 8; Staudinger/*Stieper* § 90 Rn. 1.

Ledgers beinhaltet nämlich eine stets immanente Zuordnung und ermöglicht dadurch eine Individualität eines jeden Tokens. Der allgemeine Verkehr hat das anerkannt, weswegen Token ein nicht unerheblicher wirtschaftlicher Wert zugesprochen wird.[274]

Dass diese Abgrenzbarkeit bei Token künstlich geschaffen wurde, steht dem nicht entgegen. Auch Grundstücke, die erst durch Flurkarte und Grenzsteine voneinander unterschieden werden können,[275] oder Behältnisse, die flüssige oder gasförmige Gegenstände enthalten,[276] mussten erst voneinander abgegrenzt werden. Rein normative Sachen, deren Kontur erst festgelegt wurde, sind somit nicht unüblich.[277] Umgekehrt muss der Gegenstand aber auch schon abgegrenzt worden sein. Grund dafür ist die natürliche Betrachtungsweise, die sich an der Verkehrsanschauung orientiert. Für alle Verkehrsteilnehmer muss erkennbar sein, worauf genau sich die am Gegenstand bestehenden Rechte beziehen.[278] Wenn aber eine Abgrenzung nur möglich ist, ist der tatsächliche Umfang gerade noch nicht erkennbar.[279]

In einem Distributed Ledger wird eine Information erst eingetragen, wenn sie auch unmittelbar einer Adresse des Distributed Ledgers zugeordnet werden kann.[280] Für die Entstehung eines Tokens ist somit erst die von allen anerkannte Erstzuordnung (bei einem Proof-of-Work-Konsens wäre dies zum Beispiel nach erfolgreichem Mining) oder Neuzuordnung (in der Regel durch eine Transaktion) erforderlich. Wenn ein Token dann aber eindeutig und vor allem individuell zugeordnet werden kann, so ist er auch von anderen abgegrenzt.

---

[274] Auch in der Ökonomie ist die Abgrenzbarkeit wesentliches Kriterium für den Begriff des Wirtschaftsguts. Neben einer Nützlichkeit als unmittelbare ökonomische Funktion wird nämlich auch eine vorrechtliche Existenz des Gegenstands vorausgesetzt. Dafür müssen Güter unabhängig von ihrer rechtlichen Bewertung als eigenständige Güter akzeptiert sein, denn nur dann können Güter augenscheinlich voneinander abgegrenzt werden. Durch das Erfordernis einer vorrechtlichen Existenz wird also letztlich die Notwendigkeit einer Abgrenzbarkeit der verschiedenen Güter umschrieben. Dazu *Zech* Information als Schutzgegenstand, S. 47; vgl. aber auch ebd. S. 91.

[275] BeckOK-BGB/*Fritzsche* § 90 Rn. 7; BeckOGK-BGB/*Mössner* § 90 Rn. 61.1; *Brox/Walker* BGB AT § 36 Rn. 4; MüKoBGB/*Stresemann* § 90 Rn. 8; weiter allerdings *Neuner* BGB AT § 35 Rn. 8.

[276] BVerwG, Urteil vom 23. November 2011, 6 C 6/11, BeckRS 2012, 45616 (Rn. 27); BeckOK-BGB/*Fritzsche* § 90 Rn. 7; BeckOGK-BGB/*Mössner* § 90 Rn. 62; *Brox/Walker* BGB AT § 36 Rn. 4; *Neuner* BGB AT § 35 Rn. 2; MüKoBGB/*Stresemann* § 90 Rn. 8.

[277] So zumindest hinsichtlich unbeweglicher Sachen BeckOGK-BGB/*Mössner* § 90 Rn. 61.1; vgl. *Jänich* Geistiges Eigentum, S. 228 f., der zur Bestimmung des Sachbegriffs stets eine rechtliche Bewertung anhand §§ 90 ff. BGB als erforderlich, eine Abgrenzbarkeit allein aufgrund der naturgesetzlichen Körperlichkeit hingegen als nicht existent erachtet.

[278] *Brox/Walker* BGB AT § 36 Rn. 4; Staudinger/*Stieper* Vor § 90 Rn. 9; Staudinger/*Stieper* § 90 Rn. 3: vgl. auch ebd. Rn. 1; ähnlich zudem *Bydlinski* AcP 198 (1998), 287 (303).

[279] Ähnlich *Bydlinski* AcP 198 (1998), 287 (303).

[280] Ebenso *John* BKR 2020, 67 (77).

Die Abgrenzbarkeit der einzelnen Token ergibt sich folglich aus der Verbindung mit dem Distributed Ledger.[281]

Für die Abgrenzbarkeit reicht es aus, dass der Token absolut zugeordnet werden kann. Das bedeutet, dass sie nicht zwingend räumlicher Natur sein muss und die Gegenstände auch nicht körperlich voneinander trennbar sein müssen.[282] Vielmehr sollen Gegenstände zu Rechtsobjekten werden, also zu rechtlich erfassten Objekten, an denen Herrschaftsrechte bestehen können.[283] Diese Herrschaftsrechte sind erforderlich, weil die Nutzung des jeweiligen Bezugsobjekts aus rein tatsächlichen Gründen nicht jedem zustehen kann, über die einzelnen Gegenstände also Rivalität besteht.[284] Es geht also um die rechtliche Anerkennung einer tatsächlichen Beherrschbarkeit, die – wie bereits im Rahmen der Wahrnehmbarkeit festgestellt – besser als gesondertes Kriterium geprüft werden sollte.[285] An dieser Stelle reicht es aus, dass sich die Trennbarkeit darstellen lässt. Für eine solche Verkörperung der Daten[286] stellt die DLT erstmals die technischen Voraussetzungen bereit: Obwohl syntaktische und semantische Informationskomponenten abstrakt und damit eigentlich nicht exklusiv sind,[287] ist es aufgrund des komplexen Verifizierungsverfahrens möglich, dass die semantische Komponente der Token die strukturelle Information eines körperlichen Gegenstands ersatzlos ersetzen kann.

Demgegenüber ist es nicht erforderlich, dass die Person erkennbar ist, der der Gegenstand zugeordnet wurde. Denn bei den von allen zu berücksichtigenden absoluten Rechten macht es keinen Unterschied, welcher Berechtigter letztlich verletzt wird,[288] sodass die Pseudonymisierung im Distributed Ledger dem nicht entgegensteht.

---

[281] Dies ebenfalls hinterfragend, im Ergebnis aber ablehnend *Kütük-Markendorf* Internetwährungen, S. 79.

[282] Ebenso *Bydlinski* AcP 198 (1998), 287 (303); hinterfragend auch *John* BKR 2020, 67 (68); eine körperliche Trennbarkeit verlangend und aus diesem Grund die Abgrenzbarkeit von Token verneinend hingegen *Kütük-Markendorf* Internetwährungen, S. 79.

[283] Dies gilt zumindest im Rahmen von körperlichen Gegenständen, vgl. *Zech* Information als Schutzgegenstand, S. 98, der insoweit gegenüber sogenannten Ausschließlichkeitsrechten differenziert, ebd. S. 65, 80; das schweizerische Recht hingegen differenziert zwischen einer funktional verstandenen Abgrenzbarkeit und der Körperlichkeit, *Seiler/Seiler* sui-generis 2018, 149 (157 f.); zu Herrschaftsrechten allgemein siehe § 2III.

[284] Prägend *Peukert* Güterzuordnung als Rechtsprinzip, S. 220; *Linardatos* Privatrecht 2050, S. 181 (198); ähnlich *Kütük-Markendorf* Internetwährungen, S. 33. *Zech* AcP 219 (2019), 488 (562) beschreibt die Rivalität daher auch als verborgenes Kriterium hinter der Sachherrschaftsdefinition.

[285] Siehe § 3IV.2.a)aa)(3).

[286] Der Begriff der Verkörperung kommt insoweit von *John* BKR 2020, 67 (77), der darauf hinweist, dass der Begriff der Verkörperung auch im allgemeinen Sprachgebrauch nur die Darstellung oder Repräsentation meint.

[287] *Zech* Information als Schutzgegenstand, S. 99.

[288] *Bydlinski* AcP 198 (1998), 287 (303).

Auch die Gefahr einer theoretisch möglichen Manipulation steht einer solchen Abgrenzbarkeit nicht entgegen. Denn selbst wenn es im Rahmen eines Double Spending zu einer mehrfachen Verwendung eines Tokens kommen sollte, wird die zugrundeliegende Information nicht dahingehend geändert, dass derselbe Token noch einmal existiert. Vielmehr wird nur die erste, ordnungsgemäße Zuordnung geändert, also regelrecht überschrieben und im Ergebnis aufgehoben. Der Token bleibt dadurch einmalig.[289]

Token sind somit durchaus abgrenzbar, sodass dieses Erfordernis einer Subsumtion der Token unter den Begriff der Körperlichkeit nicht entgegensteht.

(3) Tatsächliche Beherrschbarkeit

Dieses Ergebnis ist mit Blick darauf zu korrigieren, ob Token auch tatsächlich beherrschbar sind – also ob sie überhaupt beherrscht werden *können*.[290] Zum einen wird dadurch eine natürliche Betrachtungsweise sichergestellt und ein Gleichlauf zwischen Recht und Verkehrssitte geschaffen. Zum anderen spiegelt sich hier die Funktion des § 90 BGB wider, nämlich die Kategorisierung der Gegenstände und der an ihnen bestehenden Machtverhältnisse.[291]

Damit ein Gegenstand überhaupt zum Bezugsobjekt eines Rechts werden kann, muss er zum einen schon vorher eine gewisse Existenz und sozial-gesellschaftliche Relevanz haben; er muss vorrechtlich existieren.[292] Hier wirkt sich dann auch die natürliche Betrachtungsweise aus, durch die dann der Gleichlauf zwischen Recht und Verkehrssitte geschaffen und sichergestellt wird: Die Rechtsordnung muss sich an der Auffassung der Allgemeinheit orientieren, da sie für diese ja gerade praktikabel sein muss. Es entsteht ein Wirkungszirkel, bei dem die Verkehrsordnung auf die Rechtsordnung ausstrahlt und das Recht diese Rechtsgeltung durch Einflussnahme auf die Gesellschaft zurückspiegelt.[293] Auch die Beherrschbarkeit muss sich daher parallel zum Fortschritt der technischen Entwicklung verändern. Da sich diese immer mehr von objektiven physikalischen Gegebenheiten loskoppelt,[294] kann eine

---

[289] Dazu *John* BKR 2020, 76 (79).

[290] Zu dieser Voraussetzung siehe bereits § 3IV.2.a)aa)(1) sowie statt aller BeckOK-BGB/*Fritzsche* § 90 Rn. 8; *Neuner* BGB AT § 25 Rn. 5; Staudinger/*Stieper* § 90 Rn. 1 ff.; etwas anders hingegen v. *Bar* Gemeineuropäisches Sachenrecht I, § 2 II Rn. 85 f., der unbeherrschbare Sachen schon gar nicht als Gegenstand im rechtlichen Sinne klassifiziert, auch wenn er letzten Endes trotzdem die Beherrschbarkeit als maßgebliches Kriterium der Sachen identifiziert, ebd. § 2 III Rn. 109.

[291] Siehe dazu ausführlich § 3III.

[292] *Zech* Information als Schutzgegenstand, S. 91 ff.; zustimmend *Linardatos* Privatrecht 2050, S. 181 (198 f.); siehe auch § 3IV.1.

[293] Anschaulich *Linardatos* Privatrecht 2050, S. 181 (200) sowie *Zech* Information als Schutzgegenstand, S. 107.

[294] *Bydlinski* AcP 198 (1998), 287 (304); ähnlich *Linardatos* Privatrecht 2050, S. 181 (199 f.); aA, aber dem im Grundsatz zustimmend, *Skauradszun* AcP 221 (2021), 353 (361).

räumlich-körperliche Substanz dafür nicht (mehr) als notwendig erachtet werden. Wie die DLT zeigt, kann insoweit eine entsprechende Verschlüsselung ausreichen.[295]

Gleichzeitig kann sich die Beherrschbarkeit parallel zum technologischen Fortschritt entwickeln. Der Sachbegriff ist im Kern zwar zeitlos, dadurch aber auch anpassungsfähig.[296] Er kann daher mit technischen Entwicklungen durchaus mitwachsen. Maßgeblich ist allein, dass Wahrnehmbarkeit und Abgrenzbarkeit gewährleistet werden können, ohne dass die tatsächliche Beherrschbarkeit beeinträchtigt wird. Besteht faktisch eine Rivalität, impliziert das meist auch, dass der Gegenstand beherrscht werden kann.[297] Ob diese Beherrschbarkeit dann konkret durch räumliche Zugriffsmöglichkeit ermöglicht wird, kann hingegen nicht ausschlaggebend sein.

Im Falle von Token kann die Beherrschbarkeit in der Tat nur mittels Autorisierung mit dem Private Key realisiert werden. Darstellung und Beherrschung dieses Gegenstands sind dadurch allerdings stets verbunden, auch wenn eine unmittelbare Beherrschbarkeit durch Ergreifen nicht möglich ist.[298] Umgekehrt wird der Token erst durch die Autorisierung mit dem Private Key beherrschbar; die Autorisierung ist also in gewisser Weise die Schnittstelle zwischen realer und abstrakt abgebildeter Welt. Verschlüsselt ist dabei allein die Verknüpfung von Token und Tokeninhaber, also die Zuordnung als solche. Dadurch wird eine unkontrollierte Verbreitung der Token unmöglich und auch auf den Inhalt kann erst nach Nachweis der Inhaberschaft eingewirkt werden – der Token wird beherrschbar. Die Tatsache der Zuordnung sowie der Inhalt sind hingegen für jeden einsehbar,[299] sodass die faktische Herrschaftsmacht auch nach außen hin sichtbar wird.

---

[295] Ebenfalls maßgeblich auf die Verschlüsselung abstellend *Wellenhofer* Eigentum in der digitalen Gesellschaft, S. 69 (75), die insoweit jedoch nur von einer Annäherung an Sachen spricht und die Anwendbarkeit des Sachenrechts auf Token im Ergebnis offen lässt; zum Erfordernis einer Substanz im Wortlaut des österreichischen § 354 ABGB, *Definger* RDi 2022, 17 (20).

[296] Treffend und begründend *Bydlinski* AcP 198 (1998), 287 (304, 328); zustimmend *John* BKR 2020, 67 (67 f.); ähnlich wohl auch *Becker* res bei Gaius, S. 11, demzufolge daher schon von vornherein keine sinnliche Wahrnehmbarkeit verlangt werden sollte; in dieser Hinsicht zustimmend auch *Skauradszun* AcP 221 (2021), 353 (361).

[297] *Zech* AcP 219 (2019), 488 (491) plädiert sogar dafür, Rivalität als maßgebliches Kriterium anzuerkennen, da sie eine Zuweisung erst erforderlich mache, ebd. S. 276; zustimmend *Linardatos* Privatrecht 2050, S. 181 (198).

[298] Kritisch daher *Definger* RDi 2022, 17 (18).

[299] Damit unterscheidet sich das Interesse an einer Verbreitung von Token von dem an schützenswerten Inhalten; man denke insoweit etwa an CDs, deren Daten grundsätzlich unendlich oft kopiert werden können, da nur der immaterielle Inhalt geschützt ist. Token beinhalten hingegen eine Zuordnung, die von vornherein nur mithilfe des passenden Schlüssels an Dritte abgegeben werden kann; es geht nicht um ihren informationellen Inhalt.

Ob eine nur mittelbare Beherrschbarkeit für eine tatsächliche, sachähnliche Beherrschbarkeit ausreicht, ist letztendlich aus Sicht des Rechtsverkehrs, also natürlich, zu bestimmen.[300] Insoweit kann die Nutzung von Token mit dem bereits üblichen Handeln verglichen werden, wie man es etwa vom Online-Banking via Smartphone kennt. Insbesondere die ältere Generation tut sich schwer, dem hier angezeigten Kontostand Vertrauen zu schenken; *digital natives* fassen diesen hingegen sehr wohl als etwas Beherrschbares auf – basierend auf der Erfahrung, dass sich jede Überweisung in der App anschließend im Kontostand niederschlägt. Zwar handelt es sich dabei lediglich um eine Forderung gegenüber dem Bankinstitut, doch aus diesem gelebten Verhalten wird deutlich, dass digitale Angaben sehr wohl als ‚Mein' und ‚Dein' aufgefasst werden.[301] Das Handeln im *frontend* begründet hier eine gewisse Beherrschbarkeit, ohne dass technisches Hintergrundwissen erforderlich ist – und das gilt erst recht, wenn diese im *backend* aufgrund der verteilten Struktur des Distributed Ledgers entsprechend umgesetzt wird.

(4) Allgemeine Tendenz weg vom objektorientierten Wortlaut

Eine ähnliche Tendenz lässt sich bereits mit Blick auf das Eigentumsrecht feststellen. Hier hat sich das Begriffsverständnis dahingehend gewandelt, dass die Auslegung des § 903 S. 1 BGB nicht mehr am Wortlaut zu verhaften, sondern historisch-kritisch dem gewandelten Eigentumszweck anzupassen sei, sodass Raum für eine ökonomisch-teleologische Auslegung bleibt.[302]

Für die Auslegung der Körperlichkeit könnte sich hieran orientiert werden. Immerhin ist der Sachbegriff des § 90 BGB für das Eigentumsrecht von dogmatisch-systematischer Bedeutung und umgekehrt nimmt § 903 S. 1 BGB auf § 90 BGB Bezug. Es erscheint sinnvoll, die Körperlichkeit nicht weiter starr auf dem ursprünglichen Eigentumsverständnis als umfassende Objektzuweisung zur Freiheitssicherung aufzubauen.[303]

Versteht man sie – ausgehend vom bisherigen Sprachgebrauch – weiter als etwas Greifbares und Ortsgebundenes, da nur die Räumlichkeit die Nutzungsmöglichkeiten eines Gegenstands beschränken könne,[304] besteht die Gefahr, dass das Verhältnis zum Eigentumsverständnis immer schiefer wird. Nur eine

---

[300] Die Rechtswissenschaft steht hier vor dem bekannten Problem, dass es mangels empirischer Erhebungen nur schwer möglich ist, zu erfassen, wie der Durchschnitt der Gesellschaft ein neuartiges Phänomen betrachtet.

[301] Dies gilt auch für den – wenn auch kritisch betrachteten – NFT-Markt, bei dem die eindeutige Zuordnung der Token unumstritten ist; gemeinhin wird anerkannt, dass Token voneinander abgrenzbar und individuell beherrschbar sind; Zweifel bestehen vielmehr an der Sinnhaftigkeit der konkreten Nutzung von NFTs für beispielsweise digitale Kunstwerke, die unabhängig von ihrer Zuordnung trotzdem von jedem digital betrachtet werden können.

[302] *Zech* AcP 219 (2019), 488 (516).

[303] Nicht ganz so weit gehend *Zech* AcP 219 (2019), 488 (516).

[304] So *Wellenhofer* Eigentum in der digitalen Gesellschaft, S. 69 (79).

ähnlich moderne Auffassung des Wortlauts[305] vermeidet dies und kann dann auch Token als körperlich erfassen, da diese als digital abgebildeter Gegenstand in gleicher Weise zugeordnet und beherrscht werden können.

(5) Zwischenergebnis

Im Grundsatz umfasst der Wortlaut des § 90 BGB im Rahmen seiner äußersten Grenzen aber trotzdem noch Token. Ein solches Verständnis der Körperlichkeit ist sicherlich recht modern, überspannt den Wortlaut aber noch nicht. Denn wie die rechtlichen Kriterien der Körperlichkeit verdeutlichen, wird unter körperlich vor allem eine gewisse Beherrschbarkeit verstanden.[306]

Dennoch ist der Wortlaut damit verhältnismäßig weit ausgedehnt, sodass auch ein Blick auf den übrigen Auslegungskanon geworfen werden sollte. Es muss insbesondere untersucht werden, ob dieser ein solch weites Verständnis nicht nur ermöglicht, sondern vielleicht sogar notwendig macht. Nur dann ist es gerechtfertigt, die rechtliche Definition abweichend von einer allgemeinsprachlichen Auffassung so zu fassen, dass sie vom Ergebnis her passt.[307]

bb) Systematik

Neben dem Wortlaut ist auch die systematische Stellung einer Norm wesentlich, um ihren Inhalt vollständig zu erfassen. Die in § 90 BGB beschriebene Definition einer Sache im Rechtssinn findet sich im Allgemeinen Teil des Bürgerlichen Gesetzbuches, sodass sie grundsätzlich im gesamten Bürgerlichen Gesetzbuch anzuwenden ist.[308] Allerdings gilt die Definition nicht uneingeschränkt; das frühere Kaufrecht beispielsweise erweiterte den Sachbegriff auf alle Objekte des Tauschverkehrs.[309] Auch außerhalb des Bürgerlichen Gesetzbuches wird eine Sache nicht durchweg im Sinne des § 90 BGB verstanden und gerade ältere Gesetze wie etwa die Zivilprozessordnung setzen meist einen

---

[305] Dies dürfte auch *Wank* Juristische Methodenlehre, § 7 Rn. 19 f. mit seiner normativen Auffassung gemeint haben, für die er allgemein plädiert; konret in Bezug auf den Sachbegriff *v. Bar* Gemeineuropäisches Sachenrecht I, § 2 III Rn. 109, der daher für einen offenen Sachbegriff plädiert, der alle Gegenstände des Rechtsverkehrs umfasst, für die die Rechtsordnung ein Gestaltungsmittel des drittwirksamen Vermögensrechts vorsieht; ähnlich im Ergebnis auch in Bezug auf die Erfassung virtueller Güter *Pałka* Virtual Property, S. 132 f.

[306] Treffend *Zech* AcP 219 (2019), 488 (516), der darlegt, dass die Auslegung des § 903 S. 1 BGB nicht dem Wortlaut verhaftet bleiben muss, sondern historisch-kritisch dem gewandelten Eigentumszweck angepasst werden kann, sodass Raum für eine ökonomisch-teleologische Auslegung bleibt; wegen der Bezugnahme des § 903 S. 1 BGB auf § 90 BGB muss dies auch für die Auslegung des Körperlichkeitsbegriffs gelten; aA ebd. S. 522, 525 ff.

[307] Das ist der Fall, wenn für die Körperlichkeit allein auf die Beherrschbarkeit nach sachenrechtlichen Grundsätzen abgestellt wird, so z.B. *Brox/Walker* BGB AT § 35 Rn. 3.

[308] BeckOGK-BGB/*Mössner* § 90 Rn. 8; Staudinger/*Stieper* § 90 Rn. 5.

[309] Dazu Staudinger/*Stieper* § 90 Rn. 5, der zudem auf weitere Normen hinweist, wo ein anderer Sachbegriff gilt.

ganz anderen Sachbegriff voraus.[310] Daraus könnte geschlussfolgert werden, dass der Wortlaut der Norm tendenziell weit verstanden werden muss, damit er seiner Stellung im Allgemeinen Teil Rechnung trägt. Das würde allerdings außer Acht lassen, dass das Sachenrecht maßgeblich an die Definition aus § 90 BGB anknüpft. Tatsächlich wurde ursprünglich überlegt, die Definition direkt im Sachenrecht statt im Allgemeinen Teil zu verorten.[311] Die Vorschriften des Sachenrechts sollten daher nicht unberücksichtigt bleiben, wenn es um die Begriffsbestimmung der für die Sacheigenschaft geforderten Körperlichkeit geht.[312] Diese wird im Rahmen des § 90 BGB in der Tat nur gefordert, weil die hieran anknüpfenden sachenrechtlichen Vorschriften lediglich auf beherrschbare Gegenstände passen.[313]

Gleichzeitig aber verdeutlicht die Stellung im Allgemeinen Teil, dass ein unterschiedlich interpretierter Sachbegriff augenscheinlich nicht gewollt war. Trotz der vereinzelt auffindbaren Ausnahmen muss es daher Ziel sein, die Körperlichkeit einheitlich auszulegen. Das erklärt auch, wieso bereits bei Erörterung des Wortlauts immer wieder auf die Vorschriften des Sachenrechts verwiesen wird.[314] Ist eine befürwortete Auslegung mit dem Sachenrecht unvereinbar, spricht das stark gegen sie und macht eine solche Auslegung unmöglich. Die Systematik verlangt in jedem Fall die Anwendbarkeit aller anknüpfenden Rechtsinstitute. Aufgrund seiner Stellung im Allgemeinen Teil ist der Sachbegriff so auszulegen, dass er mit allen wesentlichen Rechtsinstituten harmonisiert. Inwieweit dies der Fall ist, wird im weiteren Verlauf der Untersuchung ausführlich erörtert; es kann jedoch vorweggenommen werden, dass dingliche wie absolute Rechte einem weiteren Verständnis der Körperlichkeit nicht entgegenstehen.

cc) Historie

Von besonderer Relevanz sind auch die historischen Aspekte der auszulegenden Norm. Insoweit soll zunächst auf den Gesetzgeberwillen bei Schaffung des § 90 BGB eingegangen werden ((1)), bevor anschließend ein Blick auf den zuletzt aktualisierten Gesetzgeberwillen bei Schaffung der Sachfiktion für Token im Rahmen des Gesetzesentwurfs zu elektronischen Wertpapieren geworfen wird ((2)).

---

[310] Staudinger/*Stieper* § 90 Rn. 5; kritisch auch *Paulus* FS Schmidt II, S. 119 (121).

[311] BeckOK-BGB/*Fritzsche* § 90 Rn. 2; BeckOGK-BGB/*Mössner* § 90 Rn. 8.2; *Kreutz* Objekt und seine Zuordnung, S. 90; *Becker* res bei Gaius, S. 25; vgl. insoweit auch Mot III 32, der sich noch auf § 778 BGB-E bezieht; kritisch zum Aufbau des dritten Buchs des Bürgerlichen Gesetzbuchs, Staudinger[17]/*Seiler* Einl SachR Rn. 6.

[312] BeckOK-BGB/*Fritzsche* § 90 Rn. 1 f.; BeckOGK-BGB/*Mössner* § 90 Rn. 8.

[313] Staudinger/*Stieper* Vor § 90 Rn. 9; in Bezug auf Token *Arndt* Bitcoin-Eigentum, S. 152; allgemeiner auch *Pałka* Virtual Property, S. 132 f.

[314] So schon angedeutet in § 3IV.2.a)aa)(1); vgl. z.B. *Brox/Walker* BGB AT § 35 Rn. 3; Staudinger/*Stieper* Vor § 90 Rn. 9; ähnlich auch *Kreutz* Objekt und seine Zuordnung, S. 67.

(1) Gesetzgeberwillen bei Schaffung des § 90 BGB

Die Entstehung des § 90 BGB ist nicht nur mit Blick auf die systematische Stellung im Gesetz von Bedeutung. In Anlehnung an den römischen Sachbegriff ((a)) legte man sich bewusst auf einen engen Sachbegriff fest ((b)), ohne dabei jedoch die Unterschiede bei der Systematisierung zu berücksichtigen ((c)). Daraus lassen sich verschiedene Schlussfolgerungen für die Auslegung des Begriffs der Sache und der Körperlichkeit ziehen ((d)).

(a) Sachbegriff und Eigentumsrecht im römischen Recht

Erstmals rechtlich definiert wurde der Sachbegriff bereits im römischen Reich, wo in Anlehnung an die griechische Philosophie zwischen körperlichen und unkörperlichen Sachen unterschieden wurde.[315] Körperliche Sachen waren diejenigen, die berührt werden konnten, wohingegen die unkörperlichen nicht berührt werden konnten.[316] Nach damaliger Vorstellung waren Sachen allerdings stets körperlich; die Hervorhebung als körperlich war rein stilistisch.[317] Unkörperliche Sachen waren überhaupt nicht denkbar und die Bezeichnung sollte eher die gezogene Abgrenzung zu rechtlich geschaffenen, neu erdachten Konstrukten betonen.[318] In der Tat wurde unter unkörperlichen Sachen ausdrücklich nur verstanden, was ausschließlich im Recht existiert.[319] Man dachte hierbei insbesondere an Rechte, die als solche gerade nicht Gegenstand des Eigentums sein konnten.[320] Alle Rechte konnten nur an körperlichen Sachen bestehen.

---

[315] Begründend *Gaius* Institutionen II 12, dessen Einteilung sich dann im *corpus iuris civilis Justitians* und später insbesondere bei *Cicero* und *Seneca* fortsetzte, siehe dazu *Becker* res bei Gaius, S. 49, 59 f. sowie HKK-BGB/*Rüfner* §§ 90–103 Rn. 3; vgl. ferner BeckOGK-BGB/*Mössner* § 90 Rn. 8.1 mwN; Staudinger/*Stieper* Vor § 90 Rn. 2 mwN; im Kontext von virtuellen Gütern ebenfalls darauf verweisend *Berberich* Virtuelles Eigentum, S. 87 sowie *Pałka* Virtual Property, S. 148 ff., wobei letzterer die wichtigste Errungenschaft des römischen Rechts in der Schaffung eines Systems abstrakter und allgemeiner Regeln zur Beschreibung der Wirklichkeit sieht.

[316] *Gaius* Institutionen II 13 f.; damit verfolgt das sog. Institutionenrecht letztlich einen weiten Sachbegriff, da der Begriff *res* insoweit als Oberbegriff verstanden und mit dem der Rechtsobjekte gleichgesetzt werden kann, vgl. Staudinger¹⁷/*Seiler* Einl SachR Rn. 1.

[317] Zu diesem Pleonasmus *Becker* res bei Gaius, S. 40.

[318] *Becker* res bei Gaius, S. 40; *Pałka* Virtual Property, S. 149 f.; kritisch insoweit jedoch *Baldus* Unkörperliche Güter, S. 7 (9, 16); zu den philosophischen Aspekten der Abgrenzung siehe *Becker* res bei Gaius, S. 55 ff. Erst durch die DLT wurden unkörperliche Sachen überhaupt denkbar, weder im römischen Recht noch bei Schaffung des Bürgerlichen Gesetzbuchs wurden Gegenstände bedacht, über die in vergleichbarer Art und Weise eine tatsächliche Macht ausgeübt werden kann, vgl. *Arndt* Bitcoin-Eigentum, S. 82 f.

[319] *Gaius* Institutionen II 14, insoweit treffender übersetzt aber bei *Pałka* Virtual Property, S. 149 mwN.

[320] Auch wenn die Lesart, was genau darunterfallen soll, stark variiert, vgl. dazu *Becker* res bei Gaius, S. 41.

Das Eigentumsrecht selbst bildete dabei jedoch eine Ausnahme: das Eigentum galt nicht als Recht *an* einer körperlichen Sache, sondern *war* die körperliche Sache selbst. Da man mit der körperlichen Sache einen Teil der realen Welt und eben nicht nur ein gedachtes, unkörperliches Recht innehatte, wurden Eigentum und körperliche Sachen gleichgesetzt.[321] Unter unkörperlichen Sachen verstand man dann nur die verbliebenen Rechte von völlig anderer Struktur, etwa das Erbrecht, den Nießbrauch oder die Schuldverhältnisse.[322] Das römische Recht unterschied somit nach Art des subjektiven Rechts,[323] die grundlegende Aufteilung war also eine ganz andere als unsere, die in absolute Rechte an Gegenständen und relative Rechte zwischen Personen unterscheidet und das Eigentum dabei als absolutes Recht qualifiziert.[324]

(b) Bewusste Festlegung auf einen engen Sachbegriff

Wie sich im Rahmen des Rechtsvergleichs noch zeigen wird,[325] hat diese Unterscheidung zwischen körperlichen und unkörperlichen Gegenständen maßgeblichen Einfluss auf die weitere Entwicklung des Sachenrechts genommen und prägt den Sachbegriff noch heute.[326] Bei Schaffung des deutschen

---

[321] BeckOGK-BGB/*Mössner* § 90 Rn. 8.1 mwN sowie *Stöcker* Dinglichkeit und Absolutheit, S. 11 Fn. 2; anschaulich herleitend *Gretton* RabelsZ 71 (2007), 802 (806); ähnlich auch *Becker* res bei Gaius, S. 18 sowie *v. Gierke* Soziale Aufgabe des Privatrechts, S. 13 f.; erschließt sich ferner aus *Gaius* Institutionen II 19 f.; kritisch zu dieser Gleichsetzung hingegen Staudinger/*Stieper* Vor § 90 Rn. 2 f. mwN und *Lehmann* Finanzinstrumente, S. 202; aus der italienischen Literatur siehe z.B. *Pugliatti* Beni e cose, S. 102 f; zur Diskussion bei Entstehung des Bürgerlichen Gesetzbuchs *Kreutz* Objekt und seine Zuordnung, S. 88 ff. mwN.

[322] Staudinger/*Stieper* Vor § 90 Rn. 2 mwN; vgl auch *Gaius* Institutionen II 14; ähnlich BeckOGK-BGB/*Mössner* § 90 Rn. 8.1 mwN.

[323] *Stöcker* Dinglichkeit und Absolutheit, S. 11 Fn. 2.

[324] Staudinger/*Stieper* Vor § 90 Rn. 3; kritisch zu dieser grundlegenden Aufteilung HKK-BGB/*Rüfner* §§ 90–103 Rn. 4; ähnlich auch *Becker* res bei Gaius, S. 41 f., 43, 48, wonach die Begriffe keine systembildende Funktion für das römische Recht hatten; diese wurde ihnen erst im 19. Jahrhundert nachträglich zugesprochen, ebd. S. 77 ff.; ähnlich *Baldus* Unkörperliche Güter, S. 7 (8, 19 ff.) sowie *Paulus* FS Schmidt II, S. 119 (121); zu weiteren konzeptionellen Unterschieden gegenüber dem römischen Recht vgl. ferner *Lehmann* Finanzinstrumente, S. 201 f.

[325] Siehe § 3V.

[326] Ausgehend von der Annahme, dass das Recht nicht statisch sei, sondern sich in stetiger Entwicklung befinde, wurde gezielt an das römische Recht angeknüpft, sodass dieses das gesamte Bürgerliche Gesetzbuch durchdringt, angepasst an die durch die Industrialisierung geprägte, sozioökonomische Realität, *Bocchini/Quadri* Diritto Privato, II 2.4. Die Entwicklung kurz nachzeichnend BeckOGK-BGB/*Mössner* § 90 Rn. 8.2; ausführlich *Rüfner* Unkörperliche Güter, S. 33 (passim) sowie *Kreutz* Objekt und seine Zuordnung, S. 79 ff.; zu den Hintergründen der Entstehung des Sachenrechts ebd. S. 71 ff.; umgekehrt demgegenüber *Lehmann* Finanzinstrumente, S. 198 ff., der die Entstehung des Bürgerlichen Gesetzbuchs bis zum römischen Recht zurückverfolgt. Kritisch zur Anknüpfung des Bürgerlichen Gesetzbuchs an das römische Recht *Stöcker* Dinglichkeit und Absolutheit, S. 13 ff.

§ 3 Rechtliche Einordnung von Token als Sache   117

Bürgerlichen Gesetzbuchs wollte man sich von der naturrechtlichen Entwicklung in Europa abgrenzen und sich bewusst auf den engen Sachbegriff des römischen Rechts zurückbesinnen:[327] Er sollte nur körperliche Gegenstände erfassen, da das römische Recht mit dem Begriff der *res corporales* ja gerade gegenüber den Rechten abgrenzen wollte und daher nur körperliche Gegenstände als Sachen verstand.[328] Die dinglichen Rechte des Sachenrechts würden sich aus der Ergreifung einer Sache ergeben, was nur bei körperlichen Gegenständen möglich schien; nur sie konnten nach damaligem Verständnis in der unmittelbaren Macht einer Person liegen.[329] In Abgrenzung dazu waren mit unkörperlichen Gegenständen fast ausschließlich Rechte gemeint, denn alles, was darüber hinaus als nicht körperlicher Gegenstand in Betracht kam, sollte nach dem Willen des Gesetzgebers gesondert geregelt werden.[330]

---

[327] HKK-BGB/*Rüfner* §§ 90–103 Rn. 6 sowie *Kreutz* Objekt und seine Zuordnung, S. 76, 79 f., 85 f., 90, der aber betont, dass das auf einer Reihe von Zufällen beruhe, ebd. S. 375; kritisch auch *Paulus* FS Schmidt II, S. 119 (121); allgemein zur Diskussion in Deutschland sowie zum Einfluss dieser auf den Sachbegriff in anderen europäischen Rechtsordnungen *v. Bar* Gemeineuropäisches Sachenrecht I, § 2 III Rn. 140 ff. Demgegenüber ist der Sachbegriff in den meisten europäischen Rechtsordnungen dem römischen Begriff der *res* gleichgestellt, wobei dieser weit verstanden wird und sowohl körperliche und unkörperliche Sachen umfassen soll, dazu Staudinger[17]/*Seiler* Einl SachR Rn. 1; zu den unterschiedlichen Bedeutungen, die der Begriff *res* haben kann, anschaulich sowie kritisch in Bezug auf den engen Sachbegriff des Bürgerlichen Gesetzbuches *Paulus* FS Schmidt II, S. 119 (122 f.).

[328] Begründend *Johow* Vorlage Entwurf BGB, S. 18; kritisch dazu *Berberich* Virtuelles Eigentum, S. 87 sowie *Becker* res bei Gaius, S. 1, 19. Damit wurde letztlich in beiden Fällen das römische Recht herangezogen, dieses nur unterschiedlich interpretiert; von einer bewussten Abkehr des römischen Rechts kann daher aber weder mit Blick auf den engen noch den weiten Sachbegriff gesprochen werden. Aus diesem Grund wurde teilweise auch versucht, den Oberbegriff des Gegenstands als Verfügungsobjekt zu begreifen, siehe allgemein dazu aber auch zu den Grenzen eines solchen Verständnisses *Berberich* Virtuelles Eigentum, S. 88 ff. mwN. Auch das schweizerische Recht folgt im Grundsatz dem von *v. Savigny* geprägten Sachbegriff, hat das Merkmal der Körperlichkeit aber gerade nicht als Voraussetzung in den Gesetzeswortlaut aufgenommen; dies mit Blick auf die Flexibilität des Sachbegriffs hinsichtlich moderner technologischer Entwicklungen und digitaler Daten befürwortend Basler Kommentar/*Wiegand* ZGB II Vor Art. 641 ff., Rn. N 5; *Graham-Siegenthaler/Furrer* Jusletter 8. Mai 2017, Rn. 55.

[329] Mot III 32 f.; darauf hinweisend auch *John* BKR 2020, 76 (79) sowie *Arndt* Bitcoin-Eigentum, S. 152; hinsichtlich virtueller Güter *Berberich* Virtuelles Eigentum, S. 88; vgl. zudem BeckOGK-BGB/*Mössner* § 90 Rn. 8.2.

[330] Zur damaligen Argumentation HKK-BGB/*Rüfner* §§ 90–103 Rn. 6 f. mit weiteren Ausführungen zu *v. Gierke*, der als einziger gegen die von *Kant* und *v. Savigny* geprägte Verengung des Sachbegriffs plädierte; allgemein zum *v. Savigny* geprägten, aber auch nicht von ihm allein begründeten engen Sachbegriff siehe *Rüfner* Unkörperliche Güter, S. 33 (passim). Die Pandektistik vermied die Schwächen des bis dahin recht unbestimmten und wenig aussagekräftigen Sammelbegriffs der *res*, indem es den umfassenden Abschnitt der Rechtsobjekte aufspaltete; insbesondere das eigentliche Vermögensrecht wurde unter dem rechtstechnischen Gesichtspunkt der obligatorischen und dinglichen Rechtsverhältnisse in das

Um diese Festlegung auf einen engen Sachbegriff klarzustellen, wurde eine Sache als körperlicher Gegenstand definiert.[331] Nur hieran sollten dingliche Rechte bestehen können; dass daneben auch andere Rechte Gegenstand von Vermögensinteressen sein können, kommt im Bürgerlichen Gesetzbuch nicht zum Ausdruck.[332] Allerdings war es gleichzeitig selbstverständlich, dass es der Rechtsordnung dadurch unbenommen bleibt, von diesem Grundsatz abzuweichen und gewisse, nur in der Vorstellung existierende Gegenstände wie körperliche Gegenstände zu behandeln.[333] Besondere Bedeutung kommt insoweit dem Entstehungszeitpunkt der Zivilprozessordnung zu. Als älteres Gesetz beschränkt sie den Sachbegriff noch nicht auf körperliche Gegenstände, wodurch von dieser Abweichungsmöglichkeit indirekt Gebrauch gemacht wurde.[334] Mangels Änderungen durch den Gesetzgeber gilt dies teilweise noch bis heute.

(c) Unterschiede zur römischen Begriffssystematisierung

Gleichzeitig hat die Entscheidung für einen engen Sachbegriff ihren Ursprung jedoch nicht darin, dass man greifbare Gegenstände ganz bewusst abgrenzen wollte. Vielmehr sollte verdeutlicht werden, dass man sich ganz grundsätzlich für ein System entschieden hatte, dass durchweg zwischen Sachen und Rechten differenziert; Sachen wurden im Sachenrecht, Forderungen im Schuldrecht geregelt.[335] Die für Sachen geforderte Körperlichkeit wurde herangezogen, um den Bezug zum römischen Sachbegriff herzustellen und die Abgrenzung zum neu entstandenen weiten Sachbegriff zu betonen.[336] Gleichzeitig war man der Auffassung, dass die dinglichen Rechte nur auf Sachen im engeren Sinne

---

Recht der Schuldverhältnisse und das Sachenrecht aufgeteilt, siehe Staudinger[17]/*Seiler* Einl SachR Rn. 2; infolgedessen wurde die Selbstständigkeit des Sachenrechts gegenüber anderen Rechtsteilen, die insbesondere in dem Gegensatz zwischen dem sachbezogenen dinglichen und dem gegen eine bestimmte Person gerichteten persönlichen Recht bestehe, immer mehr betont, ebd. Rn. 3.

[331] Mot III 32 f.; ebenso BeckOGK-BGB/*Mössner* § 90 Rn. 8.2 sowie *Lehmann* Finanzinstrumente, S. 199; im Zusammenhang mit der Abgrenzung von Dinglichkeit und Absolutheit auch *Stöcker* Dinglichkeit und Absolutheit, S. 6; zu den Problemen insoweit aber *Rüfner* Unkörperliche Güter, S. 33 (46).

[332] *Stöcker* Dinglichkeit und Absolutheit, S. 7; kritisch insbesondere mit Blick auf die Produktionsmittel ebd. S. 8.

[333] Mot III 33; ebenso BeckOGK-BGB/*Mössner* § 90 Rn. 8.2 aE.

[334] Ähnlich *Becker* res bei Gaius, S. 12.

[335] Mot III 2; kritisch insoweit *Paulus* FS Schmidt II, S. 119 (121); vgl. ferner die negative Bedeutung des Sachbegriffs, die darin liege, dass Rechte keine Sachen sind, Mot III 33; zum Ausgangspunkt dessen bei *Johow* vgl. *Becker* res bei Gaius, S. 24; zuletzt *Lehmann* Finanzinstrumente, S. 192, 198 ff.

[336] Im Ergebnis ähnlich wohl auch *John* BKR 2020, 76 (79); durch diese Abgrenzung koppelte sich das deutsche Recht letztlich von der internationalen Rechtsentwicklung ab, *Lehmann* Finanzinstrumente, S. 192; *Baldus* Unkörperliche Güter, S. 7 (30) zufolge wurden dadurch Ansätze des römischen Rechts verallgemeinert.

passen und nur bei Körperlichkeit eine handhabbare Ausgestaltung des Eigentums denkbar sei.[337] Die Möglichkeit, dass daneben auch sachähnliche Gegenstände existieren könnten, die nicht körperlicher Natur sind, wurde dabei überhaupt nicht bedacht.[338] Dabei machte bereits das Preußische Allgemeine Landrecht deutlich, dass zur Abgrenzung gegenüber Rechten kein Abstellen auf eine gewisse Körperlichkeit notwendig ist; vielmehr seien alle Teile und Eigenschaften als Substanz einer Sache anzusehen, ohne die die Sache nicht das sein kann, was sie sein soll oder wozu sie bestimmt ist.[339] Auch das Reichsgericht befand 1899 zum römischen Sachbegriff, dass „[d]ie res corporales des römischen Rechts [...] nirgends auf Stücke der raumerfüllenden Masse beschränkt [sind]". Die Definition enthalte keine Beschränkung auf Körper im physischen Sinne, sondern eine Abstraktion von als körperliche Rechtsobjekte in Betracht kommenden Dingen der Außenwelt.[340]

Ebenso wenig wie die Möglichkeit unkörperlicher Gegenstände berücksichtigt wurde, wurde auch die Einteilung des römischen Rechts in körperliche Gegenstände und Rechte hinterfragt. Dabei wäre eine Einteilung nach Funktion des Schuld- und Sachenrechts – vertraglicher Leistungsaustausch und Vermögenszuteilung – für die vom Bürgerlichen Gesetzbuch geschaffene Rechtsordnung deutlich sachgerechter gewesen.[341] Stattdessen wurde das Wesen der Dinglichkeit in der unmittelbaren Macht der Person über die Sache gesehen.[342] Daher wurde auf die rechtliche Willensherrschaft abgestellt, obwohl diese für jedes Recht konstituierend ist.[343]

---

[337] *Johow* Vorlage Entwurf BGB, S. 20; kritisch *Becker* res bei Gaius, S. 19 f.; zu *Johow* allgemein ebd. S. 18 ff.

[338] Ähnlich zur Erforderlichkeit einer Rechtsposition als Gegenstand von Verfügungen *Arndt* Bitcoin-Eigentum, S. 155; kritisch *Stöcker* Dinglichkeit und Absolutheit, S. 9 ff., demzufolge das Abstellen auf sichtbare einzelne Gegenstände zwar naheliege, die Strukturveränderung des Vermögens (eine gegenüber dem römischen Recht weiterentwickelte Volkswirtschaft und damit einhergehende Entmaterialisierung und Entpersonifizierung) aber zeige, dass ein rein auf die Körperlichkeit abstellender Vermögensschutz lückenhaft ist.

[339] Mit Verweis auf das Preußische Allgemeine Landrecht *Becker* res bei Gaius, S. 20; ähnlich auch HKK-BGB/*Rüfner* §§ 90–103 Rn. 5.

[340] RG, Urteil vom 1. Mai 1899, Rep. 739/99, RGSt 32, 165; darauf Bezug nehmend *John* BKR 2020, 76 (79).

[341] *Stöcker* Dinglichkeit und Absolutheit, S. 17; eine solche funktionale Unterscheidung hingegen in der älteren Zivilprozessordnung erkennend, die gerade nicht dem engen Sachbegriff folgt, *Paulus* FS Schmidt II, S. 119 (121).

[342] Mot III 1.

[343] *Stöcker* Dinglichkeit und Absolutheit, S. 23; siehe auch bereits § 3IV.1.c).

(d) Schlussfolgerungen für die Auslegung der Körperlichkeit des deutschen Sachbegriffs

Der Schluss, der historische Gesetzgeber habe einen räumlichen Aspekt der Körperlichkeit zwingend vorausgesetzt, da anders keine sachgerechte Differenzierung zwischen den Rechtsinstituten möglich sei, scheint somit zu kurz gegriffen.[344] Obwohl also der Gesetzgeber bei Schaffung des Bürgerlichen Gesetzbuchs nur die körperlichen Gegenstände zum Gegenstand dinglicher Rechte machen wollte, kann es auch bei historischer Betrachtung nicht völlig unmöglich sein, den Begriff der Körperlichkeit entsprechend auszuweiten.

Insoweit soll auch noch einmal auf die gängige Praxis der analogen Anwendung verschiedener Unterlassungsansprüche wie beispielsweise § 1004 BGB hingewiesen sein. Ursprünglich gewährt das Bürgerliche Gesetzbuch derartige Ansprüche im Bereich des Vermögensrechts nur bei solchen Rechten, denen es auch Dinglichkeit beimisst;[345] Dinglichkeit und Absolutheit wurden insoweit gleichgesetzt.[346] Dass auch andere absolute Rechte erfasst werden, erfolgt teils entsprechend kraft gesetzlicher Verweisung und teils analog infolge vorhandener planwidriger Regelungslücken. Würde man demgegenüber streng am Willen des historischen Gesetzgebers festhalten, wäre der absolute Schutz oftmals unzureichend. Hier zeigt sich folglich, dass der Entscheidung, nur körperlichen Sachen komme das Wesen der Dinglichkeit zu, auch bei historischer Auslegung nicht allumfassend Geltung erlangen kann.

Darüber hinaus ist der Blick in die Rechtsgeschichte für die Auslegung des Sachbegriffs eher ernüchternd; mit Token vergleichbare Phänomene gab es bislang keine und auch eine eigene Kategorie für unkörperliche Gegenstände gab es nicht.[347] Mit Erfindung des Buchdrucks begann man zwar, Sonderrechte für geistige Werke mittels sogenannter Privilegien zu gewähren, die nach der Industrialisierung im 18. Jahrhundert zu der Schaffung von Immaterialgüterrechten führten.[348] Eine eigene Sachkategorie, die der des § 90 BGB vergleichbar wäre, wurde damit aber nicht geschaffen.

(e) Zwischenergebnis

Die differenzierte Betrachtung des Gesetzgeberwillens lässt darauf schließen, dass nicht die Körperlichkeit im Sinne einer räumlichen Existenz im Zentrum der Überlegungen stand, sondern die Abgrenzung zu Rechten. Token, die eine eigene vorrechtliche und einmalige Existenz aufweisen, waren noch nicht bekannt. Nach den damaligen Maßstaben müssten sie sich aber unter den

---

[344] *John* BKR 2020, 76 (79); Selbiges im Hinblick auf virtuelle Güter anmerkend *Berberich* Virtuelles Eigentum, S. 88; ähnlich auch *Becker* res bei Gaius, S. 20.
[345] Mot III 2.
[346] Dies kritisierend *Stöcker* Dinglichkeit und Absolutheit, S. 7, 32.
[347] Im Ergebnis ähnlich wohl auch *Baldus* Unkörperliche Güter, S. 7 (29 f.).
[348] *Moura Vicente* Unkörperliche Güter, S. 75 (77).

Sachbegriff fassen lassen. Passender Anknüpfungspunkt wäre hierfür ein entsprechendes Verständnis der Körperlichkeit.

(2) Gesetzgeberwillen bei Schaffung des elektronischen Wertpapiergesetzes

Der Gesetzgeberwillen kann allerdings nicht nur bei Schaffung des § 90 BGB sichtbar werden. Denkbar ist auch, dass neue Gesetze erlassen werden, die auf den Sachbegriff nur Bezug nehmen, dadurch aber dessen Anwendungsbereich erweitern.

In der Tat ist der deutsche Gesetzgeber im Hinblick auf Token nicht untätig geblieben; wie bereits dargelegt, hat er im Kreditwesengesetz den Begriff der Kryptowerte legaldefiniert und mit Einführung eines elektronischen Wertpapiergesetzes Kryptowertpapiere geschaffen.[349] Dass bei Legaldefinition der Kryptowerte nicht auf die bestehenden zivilrechtlichen Überlegungen zur Sacheigenschaft Bezug genommen wurde, wird teilweise als Indiz dafür herangezogen, dass der Gesetzgeber diese bewusst nicht als Sache im Sinne des § 90 BGB anerkennen wollte.[350] Dabei wird jedoch außer Acht gelassen, dass das Kreditwesengesetz nur zur Regulierung des Finanzmarkts dient und gerade keine zivilrechtlichen Regelungen enthalten soll.

Entsprechende Überlegungen wurden stattdessen mit Einführung des elektronischen Wertpapiergesetzes (eWpG) für Inhaberschuldverschreibungen nach § 793 BGB umgesetzt, wobei eine Öffnung für weitere Inhaberpapiere zu einem späteren Zeitpunkt nicht ausgeschlossen wurde.[351] Die Meinungsbildung des Gesetzgebers ist mithin noch nicht abgeschlossen, vielmehr befindet er sich noch im Wandel. Das verdeutlicht der Gesetzgeber selbst mit seinem Hinweis, dass seine Entscheidung, Wertpapierregelungen des Bürgerlichen Gesetzbuches nicht auf unkörperliche, rein digitale Darstellungen zu erweitern, noch nicht letztgültig sei.[352] Es kann daher jedenfalls noch nicht von einer finalen Ablehnung eines auf Token ausgeweiteten Sachbegriffs gesprochen werden.

Allerdings hat der Gesetzgeber unzweifelhaft von einer Sachfiktion Gebrauch gemacht. Hätte er die im eWpG geregelten elektronischen Wertpapiere als körperliche Sachen anerkannt, wäre dies nicht erforderlich gewesen. Darauf weist auch der Gesetzgeber selbst in der Gesetzesbegründung ausdrücklich hin: Es fehle an einem körperlichen Bezugsobjekt, einer Sache, weshalb eine

---

[349] Siehe dazu § 2II.2.
[350] *Skauradszun* AcP 221 (2021), 353 (362 f.) mVa *BMF/BMJV* Eckpunkte elektronische Wertpapiere und Krypto-Token, S. 2.
[351] *Bundesregierung* Entwurf eines Gesetzes zur Einführung von elektronischen Wertpapieren, S. 30.
[352] So aber *Skauradszun* AcP 221 (2021), 353 (361 f.), wobei aufgrund der Formulierung davon ausgegangen werden kann, dass er bei Berücksichtigung der neuen Regelungen zum elektronischen Wertpapiergesetz einer Lösung über das Sachenrecht nicht zwingend entgegenstehen würde, ebd. S. 363.

Fiktion notwendig ist, um eine sachähnliche Übertragung der elektronischen Wertpapiere zu ermöglichen.³⁵³ Auch wenn elektronische Wertpapiere nicht mit Token gleichzusetzen sind, sondern allenfalls eine Unterkategorie darstellen (die jedoch technologieneutral ausgestaltet und um eine registerführende Stelle als zwischengeschalteten Intermediär ergänzt wurde),³⁵⁴ scheint der aktualisierte Gesetzgeberwillen der Sachfähigkeit von Token somit eher zu widersprechen, als dass er diese anerkennt. Der Hinweis, dass den Regelungen des eWpG keine Präjudizwirkung für andere Rechtsgebiete zukomme, kann dabei als Argument in die eine wie in die andere Richtung gelesen werden.³⁵⁵ Umgekehrt macht die grundsätzlich als möglich erachtete Anwendbarkeit der sachenrechtlichen Regelungen aber auch ganz klar deutlich, dass die Parallelen von Token und Sachen erkannt wurden und sie sich lediglich im Hinblick auf ihre physische Existenz unterscheiden. Dies könnte für einen längerfristigen Wandel des gesetzgeberischen Verständnisses von Körperlichkeit sprechen.³⁵⁶

(3) Zwischenergebnis zur historischen Auslegung

Der ursprüngliche Gesetzgeberwillen steht einem modernen Verständnis der Körperlichkeit, unter den auch Token subsumiert werden können, nicht entgegen. Die Schaffung des eWpG und die darin enthaltene Sachfiktion reichen nicht aus, um in diesem Punkte eine Umkehr des damaligen Gesetzgeberwillens zu begründen.

dd) Telos

Zuletzt soll der Normzweck des § 90 BGB herausgearbeitet werden. Dass dieser in der rechtlichen Erfassung einer gewissen Beherrschungsmöglichkeit liegt, ist in der bisherigen Untersuchung immer wieder deutlich geworden. Wegen ihrer Rivalität können körperliche Gegenstände immer nur von einer Person zeitgleich beherrscht werden. Sie müssen daher zugeordnet werden und Aufgabe des Rechts ist es, diese Zuordnung rechtlich zu definieren.³⁵⁷

---

³⁵³ BR-Drs 8/21, S. 39; darauf hinweisend auch *Omlor* RDi 2021, 236 (238).

³⁵⁴ Zur Abgrenzung von elektronischen Wertpapieren nach dem eWpG und regulären Token siehe z.B. *Lehmann* NJW 2021, 2318 (Rn. 13 f.); *Arndt* Bitcoin-Eigentum, S. 149 f. sowie *Vig* BKR 2022, 442 (444 ff.).

³⁵⁵ *Bundesregierung* Entwurf eines Gesetzes zur Einführung von elektronischen Wertpapieren, S. 31; *Vig* BKR 2022, 442 (445) zieht z.B. den Umkehrschluss und ordnet Token nicht als Sachen ein; ähnlich auch *Omlor* Elektronische Wertpapiere, S. 137 (139 f.).

³⁵⁶ Auch *Lahusen* RDi 2021, 161 (163 ff.) nimmt die Sachfiktion des eWpG als Anlass, den Zweck der Körperlichkeit zu hinterfragen und die Reichweite des engen Sachbegriffs zur Diskussion zu stellen, ebd. Rn. 25, 27.

³⁵⁷ *Zech* Information als Schutzgegenstand, S. 276; ebenso für Token *Linardatos* Privatrecht 2050, S. 181 (198).

Die rechtliche Einordnung als Sache ist maßgebliche Voraussetzung für das Sachenrecht und insbesondere die Begründung eines Sacheigentums nach § 903 BGB. Die Legaldefinition des § 90 BGB verknüpft dieses Sacheigentum mit dem körperlichen Gegenstand, der als solcher vorrechtlich schon kraft seiner Natur existiert: tatsächlich vorhanden, wahrnehmbar, abgegrenzt und als solcher handelbar, ohne dass es dazu irgendeiner Rechtsordnung bedarf.[358] Das darauf aufsetzende Sacheigentum ist hingegen lediglich eine rechtlich mitzudenkende Hülle, welche die Sache als solche umgibt und aus einem Bündel rechtlicher (Abwehr-)Befugnisse besteht.[359] Daraus folgt einerseits, dass das Sachenrecht nur solche Befugnisse normiert, die auch auf den im Kern bestehenden körperlichen Gegenstand passen. So wie körperliche Gegenstände rival sind, beschränkt sich auch das Sachenrecht auf rivale Befugnisse.[360] Andererseits muss aber diese rechtliche Hülle auch mitberücksichtigt werden, wenn es darum geht, ihren Kern zu bestimmen.[361] Daher wird sowohl der Zweck des Sacheigentums ((1)) als auch der der Körperlichkeit ((2)) kurz beleuchtet. Anschließend wird geprüft, inwiefern diese Zwecke bei einer Sachfähigkeit der Token gewahrt bleiben würden ((3)).

(1) Zweck des Sacheigentums

Indem das Sachenrecht für sich beansprucht, Rechte an Sachen zu normieren,[362] bezweckt es eigentlich deren Zuordnung innerhalb der Rechtsgemeinschaft. Nur wenn entsprechender Rechtsschutz gewährleistet ist, ist die Zuordnung auch faktisch umsetzbar.[363] Sachenrecht ist somit Zuordnungsrecht.[364] Und da diese wiederum an die naturgegebene und vorgelagerte Existenz der

---

[358] So treffend *Berberich* Virtuelles Eigentum, S. 117.
[359] *Berberich* Virtuelles Eigentum, S. 117 mVa *Paulus* FS Mayer-Maly, S. 563 (569); aA noch Mot III 145.
[360] *Zech* Information als Schutzgegenstand, S. 276.
[361] *Zech* AcP 219 (2019), 488 (503); zu Grundstücken v. *Bar* Gemeineuropäisches Sachenrecht I, § 2 III Rn. 188.
[362] Oder genauer, „die rechtlichen Beziehungen der Person zur Sache", Mot III 1.
[363] Darin den Telos des Bürgerlichen Gesetzbuches sehend *Engelhardt/Klein* MMR 2014, 355 (357).
[364] *Jänich* Geistiges Eigentum, S. 226; ähnlich *Zech* AcP 219 (2019), 488 (495) sowie *Wellenhofer* Eigentum in der digitalen Gesellschaft, S. 69 (71); HKK-BGB/*Rüfner* §§ 90–103 Rn. 2; *Stöcker* Dinglichkeit und Absolutheit, S. 4; umgekehrt ist Zuordnungsrecht aber nicht nur Sachenrecht, vgl. schon *Fabricius* AcP 162 (1963), 456 (474).

Sache als Herrschaftsgegenstand anknüpft,[365] muss die Zuordnung bereits auf Auslegungsebene Berücksichtigung finden.[366]

Im Rahmen des Sacheigentums wird die bedeutende gesellschaftliche Funktion der Zuordnung noch einmal ganz konkret.[367] Neben der Freiheitssicherung durch entsprechende Ansprüche, sichert die Rechtsordnung den geschäftlichen Verkehr und ist damit in ökonomischer Hinsicht Grundlage für die Verteilung der begrenzten Ressourcen.[368] Das Sachenrecht sichert und bezweckt die Umlauffähigkeit der Wirtschaftsgüter, denn verteilbare Güter sind immer übertragbar. Das ermöglicht den Handel mit ihnen, lässt Märkte entstehen und führt zu einer optimalen Allokation der vorhandenen Güter.[369]

Im Vordergrund stehen dabei aber nicht die Ressourcen in ihrer räumlich physischen Form, sondern vielmehr ihre Nutzung.[370] Gesamtwirtschaftlich führt die Zuordnung dazu, dass eine zu starke Ausbeutung der Ressourcen verhindert wird. Kann nämlich jemand das Gut für sich allein nutzen, ohne dass er befürchten muss, andere könnten ihm zuvorkommen, wird ein Hege- und Pflegeanreiz geschaffen. Aufwendungen können sich im Laufe der Zeit amortisieren und die Nutzung besonders ertragreich werden lassen, während die Folgen einer schädlichen Nutzung in gleicher Weise vom Nutzenden getragen werden müssen; eine schlechte Nutzung ist ihm ebenso zugeordnet wie eine gute. Da die Art und Weise der Nutzung aber immer auch Auswirkungen auf die gesamtgesellschaftliche Ertragsmenge hat, liegt es letztlich im Interesse aller, Verantwortliche zu bestimmen. Sind diese dann nicht nur für eine ertragreiche Nutzung zuständig, sondern haben auch ein Eigeninteresse an einer solchen, erhöht das wiederum die Wahrscheinlichkeit für ein besseres Gesamtergebnis.[371]

---

[365] *Berberich* Virtuelles Eigentum, S. 118; ähnlich auch *v. Bar* Gemeineuropäisches Sachenrecht I, § 2 III Rn. 228; kritisch und die insoweit gewandelte Funktion des Eigentums hervorhebend *Zech* AcP 219 (2019), 488 (507 ff.).

[366] Vgl. insoweit aus der Rechtsphilosophie *Reinach* Jahrbuch für Philosophie und phänomenologische Forschung I, S. 685 (747), der nur Sachen als taugliches Objekt der Eigentumsbeziehung anerkennt, den Sachbegriff aber weit versteht, ebd. S. 744 f.; in eine ähnliche Richtung wohl auch *Zech* AcP 219 (2019), 488 (516 ff., 558 ff.), wobei dem Sachbegriff die Rolle einer dogmatischen Konstruktionshilfe zukomme, ebd. S. 507.

[367] Allgemein zur Aufgabe des Rechts § 3III.1; vgl. auch *Zech* AcP 219 (2019), 488 (547), demzufolge das naturrechtliche Eigentumsdenken ursprünglich nicht auf Rechte an körperliche Sachen beschränkt war.

[368] Dazu *Zech* AcP 219 (2019), 488 (516); zum Verhältnis der ökonomischen Analyse des Rechts und der allgemeinen Suche nach dem Normzweck *Wank* Juristische Methodenlehre, § 11 Rn. 59 ff. mwN.

[369] *Zech* AcP 219 (2019), 488 (496); *Hellgardt* Regulierung und Privatrecht, S. 136.

[370] Zu dem insoweit stattgefundenen Funktionswandel des Eigentums *Zech* AcP 219 (2019), 488 (510, 515 f.).

[371] Sogenannte *tragedy of the commons*, dazu statt aller *Zech* Information als Schutzgegenstand, S. 328 sowie *ders.* AcP 219 (2019), 488 (512 f.) mwN.

§ 3 Rechtliche Einordnung von Token als Sache 125

Aus diesen Gründen wird das Sacheigentum heute nicht mehr als ein einzelnes Herrschaftsrecht verstanden, dass sich auf ein Objekt bezieht, sondern als ganzes Bündel von Nutzungsrechten an eben diesem Objekt.[372] Es bezweckt nicht die (rechtliche) Zuweisung einer *faktischen* Sachherrschaft, sondern begründet durch Zuweisung einzelner verschiedener Befugnisse allenfalls eine Art *rechtliche* Sachherrschaft.[373] Sachen sind in den meisten Fällen so räumlich fassbar, dass ihr Innehaben intuitiv einleuchtet und eine sowieso schon bestehende, umfassende Beziehung besteht.[374] Die Rechtsordnung erkennt dies mit dem Institut des Besitzes an; die faktische Sachherrschaft ist hier so prägend, dass auch in rechtlicher Hinsicht alle denkbaren Befugnisse zugewiesen werden (so zumindest die Vermutung des § 1006 BGB).[375] Nutzung und Objekt scheinen auf den ersten Blick identisch zu sein, da es keinen Unterschied macht, ob man ein Recht an einer Sache hat oder umfassend zu ihrer Nutzung berechtigt ist.[376]

Der wirtschaftliche Wert aber ergibt sich nicht aus dem Objekt, sondern aus dessen Nutzung. Profitieren kann man nur, wenn und weil einem die Nutzung zugewiesen ist und nicht, weil man den Gegenstand ergreifen kann.[377] Ein Gegenstand, den man greifen, aber nicht nutzen kann, wird nicht zugeordnet – weder faktisch noch rechtlich. Es besteht kein dahingehendes Bedürfnis und daher auch kein Sacheigentum.[378]

Umgekehrt muss eine Nutzung auch dann zuordenbar sein, wenn überhaupt kein räumlich fassbares Objekt existiert. Es besteht trotzdem ein Interesse

---

[372] In Deutschland erstmals das BVerfG, Beschluss vom 15. Juli 1981, 1 BvL 77/78, BVerfGE 58, 300 (328 ff.); dazu sowie zu den unterschiedlichen Sichtweisen *Zech* AcP 219 (2019), 488 (501 ff.); kritisch zum Mehrwert einer solchen Differenzierung *Pałka* Virtual Property, S. 182 f.; dennoch einen einheitlichen, vorrechtlichen Kern des Eigentums erkennend *Reinach* Jahrbuch für Philosophie und phänomenologische Forschung I, S. 685 (747 ff.).

[373] *Zech* AcP 219 (2019), 488 (504), der das Bild einer Sachherrschaft daher als irreführend ablehnt.

[374] Objektfalle, *Zech* AcP 219 (2019), 488 (502 f.); große Klarheit, hohe Publizität und intuitive Akzeptanz, aber ungeeignet als universelles Kriterium für eine abstrakte Definition der Eigentümerbefugnisse, ebd. S. 565 f.; Probleme auch bei Elektrizität, dazu statt aller *Wellenhofer* Eigentum in der digitalen Gesellschaft, S. 69 (73).

[375] *Arndt* Bitcoin-Eigentum, S. 26.

[376] Das Bürgerliche Gesetzbuch folgt dem Grundsatz, dass Rechtsträgerschaft und Verfügungsbefugnis in einer Hand vereinigt sind, *Hellgardt* Regulierung und Privatrecht, S. 137; zum Auseinanderfallen von rechtlicher und tatsächlicher Verfügungsmacht *Arndt* Bitcoin-Eigentum, S. 93 ff.; zum Wandel der gesellschaftlichen Eigentums- und Besitzstrukturen durch technologische/gesamtökonomische Entwicklungen BeckOGK-BGB/*Lakkis* § 903 Rn. 292.

[377] *Zech* AcP 219 (2019), 488 (506); kritischer *Arndt* Bitcoin-Eigentum, S. 91 f.

[378] Dass kein Sacheigentum begründet wird, führt nicht dazu, dass der Gegenstand nicht trotzdem rechtlich erfasst ist; auch herrenlose Sachen sind als Sache im Sinne des § 90 BGB anerkannt, dazu § 3IV.2.b)bb)(8).

daran, zu wissen, wem der wirtschaftliche Nutzungswert zukommt. Von Bedeutung ist nur, dass erkennbar ist, wie weit die Nutzung reicht – wofür der nutzbare Gegenstand begrenzt oder abgrenzbar sein muss.[379] Für den Zweck des Sacheigentums muss eine Sache daher lediglich abgrenzbar sein. Konturen sind notwendig, müssen aber nicht zwangsläufig räumlich-physischer Natur sein; eine räumlich verstandene Körperlichkeit dient allenfalls als dogmatische Konstruktionshilfe.[380]

(2) Zweck der Körperlichkeit

Dennoch spricht § 90 BGB von körperlichen, nicht von abgrenzbaren oder unterscheidbaren Gegenständen. Dadurch lässt sich eine klare Trennung erreichen, die Abgrenzung wird aber auch vereinfacht.[381] Die sachenrechtlichen Regelungen sind nicht auf die Körperlichkeit der Gegenstände zugeschnitten, sondern auf die Eigenschaften, die mit der Nutzung von körperlichen Gegenständen einhergehen und im Rahmen der Zuordnung relevant werden.[382] Diese beruhen zentral auf dem Gedanken der Beherrschbarkeit.[383] Für Gegenstände, auf die niemand einwirken kann, wird eine Sachqualität daher verneint, selbst wenn sie körperlich sind.[384]

Diese Vereinfachung greift zu kurz, wenn auf Gegenstände eingewirkt werden kann, obwohl diese nicht körperlich im räumlichen Sinne sind – wie etwa Token. Vorrechtliche Gegenstände, die mit Blick auf den Zweck der Norm gleichwertig sind, sollten daher in gleicher Weise als körperlich erfasst werden.[385]

---

[379] Ähnlich auch *Zech* CR 2015, 137 (141 f.), der das Sachenrecht als Regime der rivalen Nutzungen bezeichnet; das spiegelt sich im sachenrechtlichen Bestimmtheitsprinzip wider: Zuordnung muss eindeutig sein, um erkennbar zu sein, vgl. *Jänich* Geistiges Eigentum, S. 207; *Wellenhofer* Eigentum in der digitalen Gesellschaft, S. 69 (73).
[380] Anschaulich *Zech* AcP 219 (2019), 488 (505 ff.).
[381] *Zech* Information als Schutzgegenstand, S. 326; Beherrschbarkeit körperlicher Sachen leuchte zwar intuitiv ein, lasse sich aber nur schwer mit einer klaren Definition fassen, *ders.* AcP 219 (2019), 488 (552).
[382] Ähnlich *Jänich* Geistiges Eigentum, S. 226, demzufolge Körperlichkeit *das* Differenzierungskriterium zwischen Sach- und geistigem Eigentum sei; ähnlich *Fabricius* AcP 162 (1963), 456 (474), der das Wesen der Dinglichkeit in der Unmittelbarkeit des Sachbezugs erkennt, der aber gerade nicht auf körperliche Gegenstände beschränkt sei; vgl. insoweit auch *v. Bar* Gemeineuropäisches Sachenrecht I, § 2 III Rn. 228, der die Relevanz der vorrechtlichen Existenz hervorhebt, ohne die schon überhaupt keine Zuordnung bestehen könne.
[383] Beherrschung als begrenzendes Moment der Sachherrschaft, *Zech* AcP 219 (2019), 488 (549); zur Bedeutung der Beherrschbarkeit § 3IV.2.a)aa)(3).
[384] *Zech* AcP 219 (2019), 488 (533).
[385] *Furrer/Müller* Jusletter 18. Juni 2018, Rn. 48 sprechen insoweit vom Grundsatz der funktionalen Äquivalenz als Ausdruck der teleologischen Auslegungsmethode; ähnlich

Umgekehrt ist die Körperlichkeit nicht das einzige bzw. letztentscheidende Kriterium für die Anwendung der Sachenrechte. Vielmehr unterteilt die deutsche Rechtsordnung die in § 90 BGB legaldefinierten Sachen weiter in bewegliche Sachen sowie Grundstücke und sieht für beides unterschiedliche Regelungen vor.[386] Da den Grundstücken als physischer Teil der Erdoberfläche eine gewisse Körperlichkeit innewohnt, gehören diese unumstritten zu den körperlichen Sachen.[387] Trotzdem sind Grundstücke nicht individualisierbar, abgrenzbar oder beherrschbar und die die unterschiedlichen Regelungen zeigen, dass ihre Unbeweglichkeit der Sachenrechtsfähigkeit eigentlich entgegensteht. Die Rechtsordnung fängt dies nur mithilfe entsprechender Registerregelungen auf, die diese Unbeweglichkeit normativ überwinden; die Grenzen des Gegenstands werden durch das Recht bestimmt.[388] Zudem wird der Begriff des Grundstücks auf Elemente wie Boden und Luftraum erweitert, die bei einem räumlich-physischem Verständnis der Körperlichkeit überhaupt keine körperlichen Sachen wären.[389]

(3) Verwirklichung des Normzwecks bei Anwendung auf Token

Dieser Normzweck müsste auch dann erreicht werden, wenn Token unter den Sachbegriff subsumiert werden sollen. Mithilfe der DLT lässt sich das erstmalig technisch realisieren, denn Zweck der Token ist es gerade, körperliche Gegenstände abzubilden.

Alle Vorschriften zu körperlichen Gegenständen müssten daher auch für die virtuelle Abbildung gelten. Das gilt umso mehr, wenn die Definition der Körperlichkeit sowieso nur aus der möglichen Anwendbarkeit eben jener Vorschriften hergeleitet wird.[390] Ein Blick in die Praxis bestätigt das: Die Inhaber von Token vertrauen darauf, ihre Token auch für langfristige Investitionen

---

v. Bar Gemeineuropäisches Sachenrecht I, § 2 III Rn. 231, der rein normativen Gegenständen Sachqualität beimisst, wenn ihnen exklusive Zuordnung innewohnt.

[386] Andere europäischen Rechtsordnungen unterscheiden daher meist ausdrücklich zwischen beweglichen und unbeweglichen Sachen (wenn auch mit unterschiedlicher Abgrenzung), dazu *v. Bar* Gemeineuropäisches Sachenrecht I, § 2 III Rn. 151 ff. Grundsätzlich ist dabei nicht die Körperlichkeit, sondern die Beweglichkeit ausschlaggebend dafür, welche subjektiven Sachenrechte von der Rechtsordnung an einem Gegenstand anerkannt werden; es besteht keine kausale Verknüpfung zwischen räumlicher und inhaltlicher Dimension, ebd. § 3 II Rn. 322.

[387] Insoweit zur Notwendigkeit einer festen Verbindung mit Grund und Boden *v. Bar* Gemeineuropäisches Sachenrecht I, § 2 III Rn. 183 f.; zur Räumlichkeit ebd. Rn. 185 ff.

[388] Vgl. *v. Bar* Gemeineuropäisches Sachenrecht I, § 2 III Rn. 169, 179 f.

[389] Das Sachenrechtsobjekt Grundstück (Land, Immobilie etc.) bestehe also zumindest nicht nur aus etwas Körperlichem, *v. Bar* Gemeineuropäisches Sachenrecht I, § 2 III Rn. 169.

[390] Vgl. insoweit auch das Argument von *John* BKR 2020, 67 (77), dass der Begriff der Verkörperung im allgemeinen Sprachgebrauch auch nur die Darstellung oder Repräsentation meint.

nutzen zu können, was wiederum beweist, dass sie von einer Eigentümerstellung ähnlich wie bei körperlichen Gegenständen ausgehen.[391] Es kommt mehr auf das Bestehen einer Herrschaftsmacht an, die von der Rechtsordnung nur noch anerkannt werden muss.[392]

(4) Zwischenergebnis zur teleologischen Auslegung

Weder der Zweck des Sacheigentums noch der der Körperlichkeit setzen voraus, dass Körperlichkeit eng in einem räumlich-physischen Sinn verstanden wird. Stattdessen kommt es maßgeblich auf eine eindeutig zuordenbare Beherrschbarkeit an, die bei Token aufgrund der komplexen DLT-Struktur gegeben ist.

ee) Verfassungs- und Europarechtskonformität

Jede Auslegung des Sachbegriffs ist nur vertretbar, wenn diese auch mit höherrangigem Recht vereinbar ist.[393] Token als Sache anzuerkennen muss daher auch mit Blick auf die Verfassungsprinzipien geboten sein. Dies ist – wie bereits dargelegt wurde –[394] bei faktisch nur einmal zuordenbaren Sachen grundsätzlich der Fall. Es erfolgt bewusst keine Eingrenzung, dass nur Sachen in Form von körperlichen Gegenständen Bezugsobjekt des verfassungsrechtlichen Eigentumsschutzes sein können. Zudem verpflichtet Art. 14 GG nicht, jegliche vorrechtlichen Gegenstände durch Verleihung eines ausschließlichen Rechts zu Vermögensgegenständen zu machen.[395] Das Verfassungsrecht würde aber einer Einordnung der Token als Sache im Sinne des § 90 BGB nicht entgegenstehen.[396] Im Gegenteil spricht die Ähnlichkeit der Token mit Sachen in Bezug auf vorrechtliche Existenz, Rivalität und Außersubjektivität sowie die damit verbundene Möglichkeit eines Habens gerade dafür, einen Eigentumsschutz nach Art. 14 GG anzuerkennen.[397] Die Einordnung der Token als Sache

---

[391] Vgl. aus Sicht des schweizerischen Rechts *Graham-Siegenthaler/Furrer* Jusletter 8. Mai 2017, Rn. 69.

[392] Siehe § 3IV.2 sowie *Wendehorst* ARSP Beiheft 104 (2005), 71 (79 f.); zustimmend BeckOGK-BGB/*Mössner* § 90 Rn. 12; ähnlich auch *Fabricius* AcP 162 (1963), 456 (474) sowie *Jänich* Geistiges Eigentum, S. 229.

[393] Zu den Grenzen der rein folgenorientierten Rechtswissenschaft im prinzipienbasierten Recht, insbesondere der Grundrechte, sowie der daraus resultierenden Wechselwirkung *Hellgardt* Regulierung und Privatrecht, S. 436 f.

[394] Siehe § 3III.2.b).

[395] *Pfister* Technisches Geheimnis, S. 43.

[396] Ebenso in Bezug auf das technische Geheimnis bereits *Pfister* Technisches Geheimnis, S. 46; daraus lasse sich aber kein Anspruch im Sinne einer unmittelbaren Drittwirkung herleiten, ebd. S. 47 f.

[397] Das im Hinblick auf ein verfassungsrechtliches Zuordnungsgebot ausführlich untersuchend *Arndt* Bitcoin-Eigentum, S. 180 ff., 193 f.; insoweit Eigentumsschutz bejahend *Hillemann* CR 2019, 830 (833 ff., Rn. 25 ff.).

§ 3 Rechtliche Einordnung von Token als Sache 129

wird dadurch nicht konkret vorgegeben. Die damit verbundene Anwendung des Sachenrechts wäre aber eine sachgerechte Lösung und mit Blick auf die Abwägung der verfassungsrechtlich geschützten Interessen sogar geboten.[398]

Allerdings gewährt die mit einer Sacheinordnung verbundene Zuordnung die höchstmögliche Menge an Befugnissen.[399] Vor dem Hintergrund des Art. 2 Abs. 1 GG und der allgemeinen Handlungsfreiheit, die durch die Gewährung von Befugnisrechten für alle anderen stets eingeschränkt wird, ist fraglich, ob eine Subsumtion unter den Sachbegriff verfassungskonform ist. Allerdings ist auf der anderen Seite die technische Gestaltung der Token zu berücksichtigen: Aufgrund ihrer Einmaligkeit können Token faktisch nur von einer Person genutzt oder besessen werden, sind also rival.[400] Knappheit wird nicht erst durch das Recht geschaffen, sondern ist wegen der Funktionsweise der DLT zentrale Eigenschaft von Token. Selbst wenn man für Token keine ausschließliche Zuordnung, sondern als milderes Mittel nur Abwehrrechte normieren würde, käme dies im Ergebnis einer ausschließlichen Zuordnung gleich.[401] Die darüberhinausgehende Zuordnung der Token durch subjektives Recht greift nicht wesentlich stärker in die allgemeine Handlungsfreiheit ein als die faktische Ausgangslage dies sowieso schon tut. Nur da, wo das Recht sich aus normativen Gründen für eine andere Zuordnung entscheidet, wird in die allgemeine Handlungsfreiheit Dritter eingegriffen – was in Abwägung mit Art. 14 GG aber ebenso gerechtfertigt ist wie bei körperlichen Sachen.[402] Insbesondere setzt die Entstehung neuer Token immer auch gewisse Arbeitsleistung voraus,[403] sodass Token sich von vornherein in der Sphäre desjenigen befinden, dem dann auch das subjektive Recht zuzusprechen wäre.[404] Die Anerkennung der Sachfähigkeit von Token nicht über die allgemeinen Abwägungsentscheidungen hinaus und bedarf auch keiner besonderen verfassungsrechtlichen Rechtfertigung.[405]

---

[398] Zwischen einer Verfassungskonformität und einer verfassungsrechtlichen Gebotenheit unterscheidend *Arndt* Bitcoin-Eigentum, S. 157, wobei auch er Token als Eigentum im Sinne des Art. 14 GG anerkennt, ebd. S. 193 f., und ein Zuordnungsgebot bejaht, ebd. S. 203 f.; offenlassend *Hillemann* CR 2019, 830 (836, Rn. 35).
[399] Vgl. *Zech* Information als Schutzgegenstand, S. 146.
[400] *Linardatos* Privatrecht 2050, S. 181 (198); in Bezug auf Bitcoin *Kütük-Markendorf* Internetwährungen, S. 33.
[401] Anders bei nicht-rivalen Gütern, vgl. *Zech* Information als Schutzgegenstand, S. 147.
[402] *Arndt* Bitcoin-Eigentum, S. 164.
[403] Dass Arbeit erforderlich ist, um Token zu schaffen, wird insbesondere bei der Idee des Proof-Of-Work deutlich, vgl. *Gigi* Bitcoin Is Time (passim) sowie ausführlich § 2I.1.d).
[404] *Arndt* Bitcoin-Eigentum, S. 163.
[405] Seine insoweit sehr ausführliche Untersuchung des Normverhältnisses zusammenfassend *Arndt* Bitcoin-Eigentum, S. 164 f., 193 f.; davon zu unterscheiden ist die Frage, inwiefern verfassungsrechtliche Bedenken hinsichtlich der Reichweite des Sacheigentums bei Token bestehen, siehe dazu § 3III.2.b) und § 3IV.2.a)ee).

ff) Gesamtheitliche Abwägung und methodische Erwägungen im Hinblick auf ein funktionales Begriffsverständnis

Bei einer gesamtheitlichen Abwägung[406] der vorangegangenen Schlussfolgerungen wird deutlich, dass der ursprüngliche Wille des Gesetzgebers – Begrenzung des Sachbegriffs auf rein körperliche Gegenstände – grundsätzlich bindend ist. Wandeln sich jedoch äußere Umstände in erheblicher Weise, kann es gerechtfertigt sein, von diesem Willen abzuweichen.[407] Die Frage nach der Materialität muss nach dem Stand der technischen und wirtschaftlichen Entwicklung entschieden werden.[408] Diese Entscheidung, ob eine Sache nun körperliche Eigenschaften aufweist oder nicht, obliegt allerdings nicht dem Gesetzgeber, sondern ist tatsächlicher Natur.[409] Damit geht die teleologische Lesart letztlich der historischen Auslegung vor. Trotzdem muss die Auslegung noch vom Wortlaut umfasst sein, denn nur der Wortlaut spiegelt den ursprünglichen Willen des Gesetzgebers wider.[410] Aus diesem Grund muss stets hinterfragt werden, ob, wie und warum eine rechtliche Differenzierung erforderlich ist.[411] Bei einer ernsthaften und ergebnisoffenen Ermittlung des Normzwecks wird die teleologische Auslegung aber in der Regel sowieso noch vom Wortlaut umfasst sein, denn Gesetzgeberwillen, Normzweck und Wortlaut ergänzen sich und können folglich nicht allzu sehr voneinander abweichen.[412]

In diese Richtung würde auch eine funktionale Auslegung gehen. Aufgrund seines veralteten Sachbegriffs scheint das BGB nicht in der Lage zu sein, neue Erscheinungen rechtlich befriedigend zu behandeln.[413] Der Begriff der Körperlichkeit sollte daher mit Blick auf die vom Gesetzgeber beabsichtigte Differenzierung und Abgrenzung zu unkörperlichen Gegenständen gelesen werden, auch wenn der Begriff dadurch weitergehende Bedeutung erlangt als die, die ihm vom Gesetzgeber ursprünglich zugesprochen wurde.[414]

---

[406] Zur Methodik der Gesamtabwägung vgl. *Wank* Juristische Methodenlehre, § 12.

[407] *Wank* Juristische Methodenlehre, § 11 Rn. 131; ähnlich *Reimer* Juristische Methodenlehre, Kapitel E Rn. 553.

[408] So treffend im Zusammenhang mit Software Leible/Lehmann/Zech/*Bartsch* Unkörperliche Güter, S. 247 (255).

[409] Ähnlich darauf hinweisend *Linardatos* Privatrecht 2050, S. 181 (203); aA *Kusserow* WM 2020, 586 (588).

[410] Anders *Reimer* Juristische Methodenlehre, Kapitel E Rn. 553.

[411] So treffend im Zusammenhang mit Software Leible/Lehmann/Zech/*Bartsch* Unkörperliche Güter, S. 247 (255).

[412] Vgl. insoweit auch *Wank* Juristische Methodenlehre, § 11 Rn. 134.

[413] Hinsichtlich Token *John* BKR 2020, 76 (passim); in Bezug auf Daten *Lehmann* Finanzinstrumente, S. 189; von einer Sprachlosigkeit des Bürgerlichen Gesetzbuchs sprechend *Becker* res bei Gaius, S. 14.

[414] Anders hingegen ausdrücklich *Kusserow* WM 2020, 586 (588).

Die Grenze zur Rechtsfortbildung wird durch eine solch funktionale Auslegung noch nicht überschritten.[415] Eine Analogie etwa ist erst dann notwendig, wenn eine Norm auf einen Sachverhalt angewendet werden soll, bei dem eine Gleichstellung zwar materiell geboten ist, der Wortlaut dem aber ausdrücklich entgegensteht.[416] Zudem soll eine analoge Anwendung immer auch eine unmittelbare rechtliche Folge bezwecken.[417] Das setzt allerdings voraus, dass die Norm ihrerseits überhaupt eine Rechtsfolge vorsieht. Eine Rechtsfolge muss aber konkrete rechtliche Änderungen bewirken und geht damit über eine bloße rechtliche Einordnung hinaus. § 90 BGB bewirkt aber gerade keine unmittelbare Rechtsfolge, sondern nimmt nur eine Einordnung vor und ist somit Hilfsnorm. Eine analoge Anwendung des § 90 BGB zur Begründung einer Sachfähigkeit wäre also bereits methodisch fragwürdig; entweder ist ein Gegenstand von vornherein eine Sache und die an diese Eigenschaft anknüpfenden Vorschriften sind unproblematisch anwendbar, oder aber ein Gegenstand ist gerade keine Sache und nur die Anwendung des Sachenrechts ist aus normativen Gründen geboten.[418] Vorliegend geht es vielmehr darum, den Begriff der Körperlichkeit weiter auszulegen und somit Token schon von vornherein als Sache zu erfassen. Dass der Wortlaut gegenüber dem Normzweck zu eng ist und es im Hinblick auf Token eines erweiterten Verständnisses bedarf, hat die ausführliche Auslegung gezeigt. Gleichzeitig konnte der Normzweck sicher festgestellt werden, was wiederum zeigt, dass die weite Auslegung nicht allein aus rechtspolitischen Gründen erfolgt, sondern sich umfassend herleiten lässt.[419]

---

[415] Allgemein *Wank* Juristische Methodenlehre, § 15 Rn. 100; mit Blick auf virtuelle Güter aber wohl eine aA vertretend *Berberich* Virtuelles Eigentum, S. 92; die Möglichkeit einer funktionalen Auslegung von vornherein nicht sehend *Arndt* Bitcoin-Eigentum, S. 81 ff. sowie *Kütük-Markendorf* Internetwährungen, S. 80.

[416] Statt aller *Reimer* Juristische Methodenlehre, Kapitel E Rn. 555; in Bezug auf Token auch *Kütük-Markendorf* Internetwährungen, S. 80; zur Analogie analoger Sachverhalte im Rahmen der Digitalisierung auch *Zech* Digitale Disruption und Recht, S. 29 (passim).

[417] *Reimer* Juristische Methodenlehre, Kapitel E Rn. 555 f.; aA wohl *Rüthers/Fischer/Birk* Rechtstheorie, § 23 Rn. 889, demzufolge es maßgeblich um den dahinterstehenden Rechtsgedanken gehe.

[418] In Bezug auf Token ebenfalls eine Analogie des § 90 BGB untersuchend, im Ergebnis jedoch offenlassend und die Analogie aus anderen Gründen ablehnend *Arndt* Bitcoin-Eigentum, S. 84 f.

[419] Methodisch käme neben einer weiten Auslegung auch die sogenannte teleologische Extension in Betracht, bei der die Ausgangsnorm durch erweiternde Auslegung unabhängig von etwaigen Rechtsfolgen angewendet wird, dazu *Reimer* Juristische Methodenlehre, Kapitel E Rn. 556; dies für Token beispielsweise annehmend *Shmatenko/Möllenkamp* MMR 2018, 495 (497). Die Grenze zwischen weiter und erweiternder Auslegung ist jedoch fließend und sollte grundsätzlich erst dort gezogen werden, wo die einzelnen Tatbestandsmerkmale überhaupt keine Anhaltspunkte mehr für eine Ausweitung auf den wertungsmäßig erwünschten Fall bieten; erst dann könne von einer Korrektur des Normtextes gesprochen werden, *Reimer* Juristische Methodenlehre, Kapitel F Rn. 623.

Eine spätere Analogie der sachenrechtlichen Vorschriften ist dadurch überhaupt nicht mehr notwendig.[420]

gg) Ergebnis zur Subsumtion unter den Sachbegriff nach § 90 BGB

Token lassen sich somit – ein funktionales Begriffsverständnis vorausgesetzt – durchaus als körperlich einordnen, da die Körperlichkeit stets in Zusammenhang mit der Legaldefinition von Sachen nach § 90 BGB zu lesen ist. Dieser wiederum kommt im rechtlichen Gesamtgefüge eine eigene Funktion zu, die im Lichte gesellschaftlicher und wirtschaftlicher Entwicklungen zu sehen ist. Diese wurden umfassend untersucht und stehen einer Einordnung der Token als Sache im Sinne des § 90 BGB nicht entgegen, sondern sprechen im Gegenteil gerade für ihre Sachfähigkeit. Token lassen sich somit unter den Sachbegriff des § 90 BGB subsumieren.

b) Alternative Möglichkeiten einer zivilrechtlichen Einordnung

Neben einer Einordnung als Sache könnte das Zivilrecht noch andere, bessere Mittel bereitstellen, um Token rechtlich zu erfassen. Diese sollen an dieser Stelle untersucht werden. Relevanz entfaltet das nicht nur für den Fall, dass den Token eine Sachfähigkeit abgesprochen werden sollte; die Untersuchung ermöglicht zudem einen Vergleich beider Konstellationen und verspricht dadurch Erkenntnisse zum Mehrwert einer sachenrechtlichen Einordnung.

Denkbar ist dabei die Einordnung als Immaterialgut (aa)) oder als sonstiger unkörperlicher Gegenstand (bb)). Für den letzteren Fall wird insbesondere vorgeschlagen, Token rechtlich überhaupt nicht zu erfassen (bb)(7)). Eine Rechtsposition könnte aber auch mittelbar durch Anerkennung verschiedener Rechte geschaffen werden (bb)(1) bis bb)(6)).

aa) Intrinsische Token als Immaterialgut – Immaterialgüterrechte an Token

Unkörperliche Gegenstände werden in der Regel durch Immaterialgüterrechte erfasst und lassen sich infolgedessen als Immaterialgut einordnen. Es wird untersucht, ob das auch für Token eine gangbare Lösung ist. Nach einer kurzen begrifflichen Abgrenzung ((1)) werden die Eigenschaften der Immaterialgüter ((2)) denen der Token gegenübergestellt ((3)). Hier wird bereits deutlich, dass sich Token stark von anderen Immaterialgütern unterscheiden. In der Tat kann gezeigt werden, dass derzeit keine Immaterialgüterrechte bestehen, die Token tatbestandlich erfassen ((4)). Auch ein eigens geschaffenes

---

[420] Ähnlich zum Ziel der Auslegung auch *John* BKR 2020, 67 (78); aA schon wegen des eindeutigen Wortlauts *Arndt* Bitcoin-Eigentum, S. 1, 81 ff., der zudem auch den Anknüpfungspunkt der Sacheigenschaft als nicht sachgerecht erachtet und daher eine Gesamtanalogie der das Eigentum verwirklichenden Normen sowie des § 903 BGB annimmt, ebd. S. 83 ff.

Immaterialgüterrecht ist somit keine sachgerechte Lösung zur rechtlichen Erfassung von Token, wie anschließend herausgearbeitet wird ((5)).

(1) Immaterialgüter als Bezugsobjekt der Immaterialgüterrechte

Immaterialgüter sind geistige Güter, die sich auf irgendeine Weise ideell oder materiell nutzen lassen.[421] Vorliegend wird der Begriff etwas enger verstanden und bezieht sich nur auf diejenigen Güter, die Rechtsobjekt von Immaterialgüterrechten sind.[422] Immaterial*güter* sind mithin rechtlich Gegenstand erster Ordnung;[423] sie sind selbst keine Rechte, sondern nur Gegenstand der Immaterialgüter*rechte*. Mangels Körperlichkeit sind sie auch keine Sachen im Sinne des § 90 BGB, sondern ‚nur' unkörperliche Gegenstände von wirtschaftlichem und ideellem Wert.[424] An diesen erkennt das Gesetz gerade kein Sacheigentum an, sondern räumt lediglich ausschließliche Nutzungs- und Verwertungsrechte ein.[425] Diese Immaterialgüterrechte gewähren eine primäre, subjektive und ausschließliche Rechtsposition an den Immaterialgütern. Sie weisen insoweit Parallelen zum Sacheigentum auf, weshalb Inhaberpositionen an Immaterialgütern auch als geistiges Eigentum bezeichnet wird.[426] Es erscheint daher

---

[421] *Schack* Urheber- und Urhebervertragsrecht, § 1 Rn. 20; aufgreifend *Spiegel* Blockchain-basiertes virtuelles Geld, S. 59; *Djazayeri* jurisPR-BKR 6/2014, Anm. 1 (D.I.2); im Ergebnis wohl ebenso *Hohn-Hein/Barth* GRUR 2018, 1089 (1091); *Engelhardt/Klein* MMR 2014, 355 (357); *Kütük/Sorge* MMR 2014, 643 (644); ungenau hingegen *Kütük-Markendorf* Internetwährungen, S. 82.

[422] Ähnlich differenzierend *Paulus/Matzke* ZfPW 2018, 431 (451 f.) sowie im Ergebnis wohl auch *Shmatenko/Möllenkamp* MMR 2018, 495 (497 f.) und *Spindler/Bille* WM 2014, 1357 (1360); die Begrifflichkeiten hingegen gleichsetzend und Immaterialgüter auch ohne das Bestehen von Immaterialgüterrechten anerkennend *Arndt* Bitcoin-Eigentum, S. 166; *Skauradszun* AcP 221 (2021), 353 (364); *Kütük-Markendorf* Internetwährungen, S. 82; ders./*Sorge* MMR 2014, 643 (644); *Kaulartz* CR 2016, 474 (478); *Engelhardt/Klein* MMR 2014, 355 (357) sowie *Berberich* Virtuelles Eigentum, S. 83 mwN.

[423] Das muss auch dann gelten, wenn der Begriff des Immaterialguts als solcher abgelehnt wird, denn Gegenstand im rechtlichen Sinne ist alles, worauf sich Rechte beziehen können, siehe § 3IV.1.

[424] *Engels* Patent- Marken und Urheberrecht, Teil 2 Rn. 1 f.; zum ideellen oder materiellen Nutzen von Bitcoin-Token *Spiegel* Blockchain-basiertes virtuelles Geld, S. 59 f.; geistige, verkehrsfähige Güter, an denen keine Eigentumsrechte begründet werden, vgl. *Engels* Patent- Marken und Urheberrecht, Teil 2 Rn. 1 f.; *Psczolla* JurPC 2009, WebDok 17 (Rn. 22); *Koch* JurPC 2006, WebDok 57 (Rn. 24); Begriff und dingliches Verständnis ablehnend *Rehbinder/Peukert* Urheberrecht, § 1 Rn. 30, 33.

[425] Immaterialgüterrechte können ihrerseits Rechtsobjekt sein, sind dann aber Gegenstände zweiter Ordnung, *Brox/ Walker* BGB AT § 35 Rn. 3; in diese Richtung auch *Koch* JurPC 2006, WebDok 57 (Rn. 26); zur unterschiedlichen Ausprägung der Verkehrsfähigkeit der Immaterialgüterrechte *Berger* ZGE 2016, 170 (180).

[426] Zu den Parallelen ausführlich *Götting* GRUR 2006, 353 (358); ähnlich auch *Engels* Patent-, Marken- und Urheberrecht, Teil 2 Rn. 1 sowie *Ohly* FS Schricker, S. 105 (106); kritisch Leible/Lehmann/Zech/*Leistner* Unkörperliche Güter, S. 201 (206 f.); die Parallelen

sachgerecht, auch den Begriff der Immaterialgüter auf Gegenstände der Immaterialgüterrechte zu beschränken und auf diese Weise einen Gleichlauf zum Sacheigentum herzustellen, wo an allen Sachen wegen § 903 BGB auch Eigentum besteht.[427]

Musterfall der Immaterialgüter ist das Geisteswerk, an dem die Rechtsordnung mit dem Urheberrecht ein Herrschaftsrecht gewährt und das losgelöst von seiner Verkörperung zu betrachten ist. Daneben zählen auch Lichtbilder, Filmwerke oder Kunstdarbietungen sowie Erfindungen, Kennzeichen und Gebrauchsmuster wegen ihres rechtlich gewährten Schutzes zu den Immaterialgütern.[428] Geschützt wird dabei die geistige Schaffung, die hinter dem Immaterialgut steht und überhaupt erst zu einem schützenswerten Gedankengut führt.[429] Der immaterialgüterrechtliche Schutz bezieht sich auf das tatsächliche Ergebnis schöpferischer Leistungen, die menschlichen Sinnen erst zugänglich sind, wenn sie sich in einem Medium niederschlagen; insoweit werden *corpus mechanicum* und *corpus mysticum* unterschieden. Die Rechte bestehen aber nur an dem geistigen Gut als unkörperlichen Gegenstand, dem *corpus mysticum*, und sind von der Verkörperung des geistigen Guts unabhängig.[430]

Die eigenständige und vor allem konkret abgrenzbare Existenz dieses geistigen Guts ist schwieriger zu fassen als bei körperlichen Gegenständen. Eine

---

trotz der Kritik am Begriff des geistigen Eigentums anerkennend *Rehbinder/Peukert* Urheberrecht, § 1 Rn. 7, 10, vgl. aber auch die Betonung der wesentlichen Unterschiede z.B. in ebd. § 1 Rn. 27. Den Begriff des geistigen Eigentums inhaltlich durch ausführlichen Vergleich mit dem Sacheigentum konkretisierend *Jänich* Geistiges Eigentum (passim), wohingegen *Osterloh-Konrad* Eigentum in der digitalen Gesellschaft, S. 9 (passim) die Parallelen in der rechtsphilosophischen Begründung herausarbeitet. Zum Streit um den Begriff des geistigen Eigentums befürwortend *Götting* GRUR 2006, 353 (passim) sowie ablehnend *Ohly* JZ 2003, 545 (passim); kritisch auch *Kütük-Markendorf* Internetwährungen, S. 106 sowie *Rehbinder/Peukert* Urheberrecht, § 1 Rn. 33; aus Akzeptanzgründen befürwortend *Schack* Urheber- und Urhebervertragsrecht, § 1 Rn. 23; zur Herkunft des Begriffs im Überblick *Paulus* FS Schmidt II, S. 119 (123) mwN.

[427] Zu den Parallelen, *Paulus* FS Schmidt II, S. 119 (123); ferner *Jänich* Geistiges Eigentum, Teil 2.

[428] Erstmals *Larenz* BGB AT § 22 III; *Engels* Patent-, Marken- und Urheberrecht, Teil 2 Rn. 2; Werk als Schutzgegenstand des Urheberrechts statt aller *Rehbinder/Peukert* Urheberrecht, § 7; zur geistig-gewerblichen Leistung als Schutzgegenstand des gewerblichen Rechtsschutzes statt aller *Götting* Gewerblicher Rechtsschutz, § 4.

[429] *Neuner* BGB AT § 26 Rn. 3; ausführlich zu Begründung und Rechtfertigung der Immaterialgüterrechte Leible/Lehmann/Zech/*Leistner* Unkörperliche Güter, S. 201 (207 ff.).

[430] Ähnlich *Fabricius* AcP 162 (1963), 456 (473); Erschöpfungsgrundsatz zeigt, dass nicht immer an die Information, sondern auch an das Trägermedium angeknüpft wird, vgl. dazu *Redeker* CR 2011, 634 (634); Gedankengut als Gut erst Folge einer Entwicklung des gesellschaftlichen Verständnisses, dazu *Peukert* Geschichte und Zukunft des Urheberrechts, S. 127 (133 f.); endgültiger Perspektivwechsel, geistige Güter werden als eigenständiges Leistungsergebnis des Schöpfers wahrgenommen, *Peukert* Geschichte und Zukunft des Urheberrechts, S. 127 (143).

räumliche Abgrenzung ist gerade nicht möglich, sondern zwangsläufig inhaltlich-schutzgegenständlich. Ihre Reichweite wird nicht durch die Natur der Sache vorgegeben, sondern ist Gegenstand rechtspolitischer Aushandlungsprozesse und austarierten Kosten-Nutzen-Abwägungen.[431] Erst durch normierte Schutzvoraussetzungen und eine festgelegte Schutzreichweite erlangen die Immaterialgüter ihre klar erfassbare Existenz, sodass sie sich letztlich als Hülle um einen nicht-existenten Kern aus sich selbst heraus definieren.[432] Die faktische Existenz und Abgrenzung der Immaterialgüter ist dadurch enger mit ihrer rechtlichen Ausformung verzahnt als bei Sachen und Sacheigentum.[433] Während dort die Dinglichkeit im Vordergrund steht, bei der Bestand um Umfang des vorrechtlichen Gegenstands prägend für die hieran bestehenden Rechte sind, erfolgt die Verdinglichung der Immaterialgüter erst durch das Recht. Erst die Immaterialgüterrechte ordnen jemandem das geistige Werk ausschließlich zu, sodass es zum Bezugs- und mithin Rechtsobjekt wird.[434]

Die rechtliche Zuordnung bedarf dann einer viel stärkeren Rechtfertigung, da der Gegenstand noch nicht vorrechtlich anerkannt ist.[435] Zwar erfolgt auch bei den Sachen nach § 90 BGB eine rechtliche Bewertung, da diese nicht allein aufgrund ihrer Körperlichkeit abgrenzbar und automatisch zum Gegenstand im Rechtssinne werden.[436] Trotzdem unterscheiden sich die vorliegenden Situationen, da das Immaterialgut als Bezugsobjekt der Immaterialgüterrechte anders als körperliche Sachen nicht von vornherein existiert. Erst muss immer erst ein Immaterialgüterrecht geschaffen werden, damit das Immaterialgut eine eigene Existenz erlangt und zugeordnet werden kann.[437] Das Bezugsobjekt des Sacheigentums ist demgegenüber schon existent; allein seine genauen Grenzen müssen vom Gesetzgeber konkretisiert und konturiert werden.[438]

---

[431] *Osterloh-Konrad* Eigentum in der digitalen Gesellschaft, S. 9 (14).
[432] *Berberich* Virtuelles Eigentum, S. 118 mVa *Paulus* FS Mayer-Maly, S. 563 (569); ebenso Leible/Lehmann/Zech/*Zech* Unkörperliche Güter, S. 1 (2); mit Blick auf den Vermögenswert *Pfister* Technisches Geheimnis, S. 25; allgemein zwischen realen und normativen Sachen differenzierend *v. Bar* Gemeineuropäisches Sachenrecht I, § 2 III Rn. 117 f.; zur Bedeutung für die Zuordnung verfassungsrechtlich *Arndt* Bitcoin-Eigentum, S. 187.
[433] *Berberich* Virtuelles Eigentum, S. 118.
[434] *Jänich* Geistiges Eigentum, S. 218; zum Wesen der Dinglichkeit insoweit *Fabricius* AcP 162 (1963), 456 (471).
[435] *Zech* Information als Schutzgegenstand, S. 106; vgl. *ders.* Herausforderung Innovation, S. 81 (passim).
[436] *Jänich* Geistiges Eigentum, S. 228.
[437] *Arndt* Bitcoin-Eigentum, S. 160 f.; zum Prozess und den einzelnen Anerkennungsstufen *Zech* Information als Schutzgegenstand, S. 107 f. mwN; anders jedoch bei Gleichsetzung des Begriffs des Immaterialguts mit dem des sonstigen unkörperlichen Gegenstands, vgl. etwa *Skauradszun* AcP 221 (2021), 353 (364).
[438] *Jänich* Geistiges Eigentum, S. 229.

(2) Eigenschaften der Immaterialgüter

Durch die ausschließliche Zuweisung bestimmter Befugnisse werden Immaterialgüter geschaffen, denen zuvor keine vergleichbare Existenz zukam. Wirtschaftlich entscheidender Aspekt dieser Zuweisung ist meist die Nutzung des Gegenstands. Nur wenn diese ausschließlich zugewiesen wird, kann sich der Berechtigte gegen die Nutzung durch Dritte zur Wehr setzen.[439]

Da sich geistige Güter als semantisch-syntaktische Information unendlich oft vervielfältigen lassen, wäre ihre Nutzung eigentlich *nicht rival*. Durch eine Vervielfältigung wird die Information inhaltlich nicht beeinträchtigt, sodass geistige Güter parallel nutzbar sind.[440] Zudem nutzen sie nicht ab und sind zeitlich wie örtlich ungebunden. Durch die Vervielfältigungsmöglichkeiten können geistige Güter von jedermann an jedem Ort und zu jeder Zeit genutzt werden; mangels struktureller Information sind von Natur aus ubiquitär.[441]

Die Rivalität der Immaterialgüter wird erst durch die Immaterialgüterrechte geschaffen, oder genauer, fingiert: Durch die ausschließliche Zuweisung von Nutzungsrechten werden die Nutzungsmöglichkeiten faktisch verknappt.[442] Diese Verknappung von Ressourcen muss besonders gerechtfertigt sein,[443] führt aber schlussendlich dazu, dass die Rivalität der Immaterialgüter nur von Gesetzes wegen existiert; es besteht keine natürliche, vorrechtliche Rivalität.[444] Dies hat den Vorteil, dass nur ausgewählte geistige Güter rivalisiert und zum Immaterialgut gemacht werden. Ideen, Methoden oder Forschungsergebnisse

---

[439] *Zech* Information als Schutzgegenstand, S. 124; ähnlich auch Leible/Lehmann/Zech/ *Leistner* Unkörperliche Güter, S. 201 (208).

[440] *Zech* Information als Schutzgegenstand, S. 118; Rivalität definierend auch *ders.* AcP 219 (2019), 488 (496); demgegenüber eine funktionale Einmaligkeit annehmend, die auch erst Grundlage für die Gewährung eines ausschließlich wirkenden subjektiven Rechts sei, *Pfister* Technisches Geheimnis, S. 50 f.

[441] Zur Ubiquität *Schack* Urheber- und Urhebervertragsrecht, § 1 Rn. 20 sowie *Rehbinder/Peukert* Urheberrecht, § 1 Rn. 29; in Bezug auf Bitcoin *Effer-Uhe* ZZP 2018, 513 (521); zu dem insoweit nicht maßgeblich, jedoch ebenfalls existierenden Begriff der Ubiquität, der sich auf die örtliche Verfügbarkeit bezieht, siehe ebd. S. 522; allgemein zur Nutzung ohne Abnutzung *Zech* Information als Schutzgegenstand, S. 119.

[442] *Schack* Urheber- und Urhebervertragsrecht, § 1 Rn. 21; *Zech* Information als Schutzgegenstand, S. 124.

[443] Siehe dazu § 3IV.2.b)aa)(1); die Funktion der Immaterialgüterrechte wird deswegen auch deutlich intensiver diskutiert als die des Sacheigentums, siehe z.B. die Ausführungen bei *Zech* Information als Schutzgegenstand, S. 149 ff.; in Bezug auf das Urheberrecht *Rehbinder/Peukert* Urheberrecht, § 2 Rn. 74 ff.; in Bezug auf den gewerblichen Rechtsschutz *Götting* Gewerblicher Rechtsschutz, § 4 Rn. 1 ff.; im Überblick zudem *Zech* Herausforderung Innovation, S. 81 (84 f.); letztlich vergleichbare Funktion, *Jänich* Geistiges Eigentum, S. 243 ff., 249 ff.; Unterschiede erkennend hingegen Leible/Lehmann/Zech/*Leistner* Unkörperliche Güter, S. 201 (207 ff.).

[444] *Rehbinder/Peukert* Urheberrecht, § 1 Rn. 29; zur Rivalität auch *Zech* Information als Schutzgegenstand, S. 118.

werden demgegenüber bewusst gemeinfrei gehalten, um gesellschaftliche Entwicklungsprozesse nicht unnötig zu behindern.[445]

Immaterialgüter sind außerdem *nicht exklusiv*. Sind geistige Werke einmal an die Öffentlichkeit erlangt, kann der Rechtsinhaber ihre Nutzung faktisch nicht mehr kontrollieren.[446] Auch hier zeigt sich die fehlende Verkörperung in struktureller Information, denn nur körperliche Informationsträger können so beherrscht werden, dass die darin verkörperte strukturelle Information exklusiv bleibt.[447] Körperliche Sachen hingegen weisen diese strukturelle Informationskomponente stets auf. Doch auch bei Immaterialgütern besteht ein Interesse an Exklusivität. Die Nutzung der Immaterialgüter wird nur durch rechtliche Regelungen gewährleistet.[448]

Schlussendlich weisen Immaterialgüter auch nur eine *eingeschränkte Publizität* auf. Auch hier müssen die Immaterialgüter erst durch rechtliche Regelungen an körperliche Gegenstände angeglichen werden. Denn während bei körperlichen Sachen der Besitz als Publizitätsträger fungiert, müssen für Immaterialgüter meist noch formale Publizitätsträger wie öffentliche Register als ergänzender Mechanismus eingerichtet werden, um die Erkennbarkeit der ausschließlichen Immaterialgüterrechte zu gewährleisten.[449]

(3) Unterschiede gegenüber Eigenschaften von Token

Aufgrund dieser Eigenschaften unterscheiden sich die Immaterialgüter grundlegend von Token. Anders als Immaterialgüter werden Token nicht erst durch das Recht erzeugt. Vielmehr wohnt ihnen eine zwar technisch vermittelte, aber dennoch unmittelbar erfahrbare und damit gleichsam natürliche Existenz inne. Darüber hinaus bedürfen Token nicht erst einer rechtlichen Regelung, um rival und exklusiv zu sein. Während die Immaterialgüterrechte versuchen, sachähnliche Rivalität und Exklusivität zu fingieren, gewährt die DLT diese bereits von sich, indem sie versucht, Sachen abzubilden. Die Zuordenbarkeit muss nicht erst durch rechtliche Regelungen imitiert werden. Obwohl das Distributed Ledger bei allen Netzwerkteilnehmern lokal gespeichert ist und Token unendlich oft vervielfältigt werden, bleibt die in den Token stets enthaltene

---

[445] *Schack* Urheber- und Urhebervertragsrecht, § 1 Rn. 21; *Psczolla* JurPC 2009, WebDok 17 (Rn. 19); ähnlich auch Leible/Lehmann/Zech/*Leistner* Unkörperliche Güter, S. 201 (208).
[446] *Rehbinder/Peukert* Urheberrecht, § 1 Rn. 29; *Zech* Information als Schutzgegenstand, S. 118.
[447] *Zech* Information als Schutzgegenstand, S. 118 f.
[448] *Zech* AcP 219 (2019), 488 (496); vgl. *Rehbinder/Peukert* Urheberrecht, § 2 Rn. 50 ff.
[449] *Zech* Information als Schutzgegenstand, S. 109 f.; allgemeiner Leible/Lehmann/Zech/ *ders.* Unkörperliche Güter, S. 1 (3 f.); zur Publizität siehe ferner *Jänich* Geistiges Eigentum, S. 203 ff.

Zuordnung einmalig. Der Token ist bereits von sich aus rival und exklusiv,[450] während Immaterialgüter ohne rechtliche Regelung nicht zuordenbar wären; insbesondere die Exklusivität wird erst durch das Recht geschaffen.

Mit der fehlenden vorrechtlichen Existenz der Immaterialgüter gehen somit verschiedene Eigenschaften einher, die sich von denen der körperlichen Sachen grundlegend unterscheiden. Erst die Begründung einer eigenen Existenz als Rechtsobjekt nähert Immaterialgüter an Sachen an; vergleichbare Charakteristika werden entsprechend geschaffen oder fingiert.[451] Aus diesem Grund zieht sich die bereits im Hinblick auf eine vorrechtliche Existenz gefundene Erkenntnis fort: Token sind von vornherein rival und exklusiv und ähneln damit eher körperlichen Sachen als Immaterialgütern. Diese Rivalität und Ausschließlichkeit der Token sprechen schon für sich eher gegen eine Einordnung als Immaterialgut und für eine Einordnung als Sache.[452]

(4) Keine tatbestandliche Einordnung der Token als Immaterialgüter

Auch unabhängig von der Vergleichbarkeit der Token mit Immaterialgütern, lassen sich Token nicht als Immaterialgut einordnen. Dies würde nämlich voraussetzen, dass Token von einem der bestehenden Immaterialgüterrechte erfasst wird.

Um aber als Geisteswerk *urheberrechtlichen Schutz* zu genießen, müssten Token eine geistige Schöpfung darstellen. Denn gemäß § 2 Abs. 2 UrhG erfasst das Urheberrecht nicht jedes Ergebnis menschlicher Tätigkeit, sondern nur solche, die einen gewissen originellen und individuellen Gedankeninhalt ausdrücken. Es bedarf einer gewissen Schöpfungshöhe, weshalb eine geistige Schöpfung nicht vorliegt, wenn menschliche Erzeugnisse nur für sich bestehen.[453] Neuheit allein reicht hier nicht aus, denn dass etwas neu ist heißt noch nicht, dass das Ergebnis auch Ausdruck individueller Fähigkeiten ist.[454]

Erstmals geschaffen wurden Token mit der Entwicklung der DLT. Dabei ist die Idee der Token, nämlich körperliche Gegenstände digital nachzuahmen, ohne dass es eines kontrollierenden Intermediärs bedarf, durchaus originell – nicht ohne Grund wird die DLT als disruptiv bezeichnet. Auch das Vorliegen von Individualität kann bejaht werden, da nicht erforderlich ist, dass das Werk den Stempel der Persönlichkeit an sich trägt, sondern vielmehr die

---

[450] Vgl. *Linardatos* Privatrecht 2050, S. 181 (198); zu Bitcoin-Token *Kütük-Markendorf* Internetwährungen, S. 33.

[451] Vgl. *Zech* AcP 219 (2019), 488 (496).

[452] Ähnlich die Argumentation von *Arndt* Bitcoin-Eigentum, S. 80, der mVa *Effer-Uhe* ZZP 2018, 513 (521 f.) darlegt, dass Gemeinfreiheit bei Token von vornherein sinnlos wäre; aA *Engelhardt/Klein* MMR 2014, 355 (357).

[453] *Rehbinder/Peukert* Urheberrecht, § 7 Rn. 189 f., 199; Einordnung von Bitcoin-Token würde dem Grundgedanken des Immaterialgüterrechts widersprechen, *Kütük-Markendorf* Internetwährungen, S. 117.

[454] *Rehbinder/Peukert* Urheberrecht, § 7 Rn. 212.

Zuschreibung gewisser Werke persönlichkeitsprägend und damit Ausdruck von Individualität ist.[455] Allerdings geht es vor allem um die Konzeption des Distributed Ledgers, das in der Tat nicht ohne Token funktionieren würde. Dabei handelt es sich aber nur um Token als abstrakte Idee, die einzelnen Token werden erst bei Nutzung des Distributed Ledgers geschaffen. Hierfür ist nicht nur die Möglichkeit der Zuordnung von Token, sondern auch deren konkrete Niederschreibung im Distributed Ledger erforderlich. Niedergeschrieben wird die Zuordnung der Token aber erst dann, wenn eine Transaktion im Distributed Ledger durchgeführt wurde. Dieser Vorgang ist indes ein vorgesehener Standardprozess und nicht unmittelbares Ergebnis einer körperlichen oder gedanklichen Anstrengung. Die Inhaberschaft an Token beruht lediglich auf der Zuweisung einer tatsächlichen Zugriffsmöglichkeit,[456] eine geistige Schöpfung liegt bei deren Schaffung nicht vor.[457] Eine Schöpfungshöhe ließe sich allenfalls bei Schaffung der DLT bejahen.[458] Das wird deutlich, wenn man sich mögliche Rechtsverletzungen vor Augen führt, die schon rein tatsächlich nur in der Entziehung des Schlüsselpaars oder im Wertverlust des Tokens liegen könnten. Eine unberechtigte Nutzung fremder Leistungsergebnisse in der Form, dass Dritte den Token parallel nutzen und damit gleichfalls von der Schaffung des Tokens profitieren, ist im Rahmen der DLT nicht möglich.[459]

Zudem werden Token, betrachtet man den Entstehungsprozess genauer, nicht durch den transaktionsauslösenden Inhaber, sondern ohne menschliche Steuerung allein durch automatisierte Rechenprozesse geschaffen.[460] Obendrein werden diese nicht vom Inhaber, sondern von einer – je nach Konsensmodell unterschiedlich – ausgewählten Person wie etwa dem Miner ausgeführt und verantwortet, sodass wenn überhaupt er als Urheber gelten müsste. Doch auch für ihn ist der eigentliche Prozessablauf genau durch die DLT vorgegeben, eine Einwirkungsmöglichkeit oder einen Gestaltungsspielraum hat er nicht. Aus diesem Grund handelt es sich daher nicht einmal mehr um eine

---

[455] *Rehbinder/Peukert* Urheberrecht, § 7 Rn. 187.

[456] *Hohn-Hein/Barth* GRUR 2018, 1089 (1091); *Djazayeri* jurisPR-BKR 6/2014, Anm. 1 (D.I.2); ähnlich, aber mit teils anderer Argumentation, da der Private Key Bezugsobjekt sei, *Kütük-Markendorf* Internetwährungen, S. 108 f.

[457] MMR/*Möllenkamp/Shmatenko* Kapitel 13.6 Rn. 25, 33; HdB-KapAnlR/*Schäfer/Eckhold* § 16a Rn. 36; *Walter* NJW 2019, 3609 (3610); *Hanten/Sacarelik* RdF 2019, 124 (126); *Hohn-Hein/Barth* GRUR 2018, 1089 (1091); *Djazayeri* jurisPR-BKR 6/2014, Anm. 1(D.I.2); offenlassend *Hoeren/Prinz* CR 2021, 565 (570).

[458] In diese Richtung MMR/*Möllenkamp/Shmatenko* Kapitel 13.6 Rn. 26 ff.; *dies.* MMR 2018, 495 (497); *Walter* NJW 2019, 3609 (3610 f.); *Hohn-Hein/Barth* GRUR 2018, 1089 (1090 f.); im Ansatz *Kütük-Markendorf* Internetwährungen, S. 107 f.; ähnliche Argumentation bei Software, *Berberich* Virtuelles Eigentum, S. 96 f., 114 ff.

[459] *Hohn-Hein/Barth* GRUR 2018, 1089 (1091).

[460] *Kütük-Markendorf* Internetwährungen, S. 109; ähnlich *Walter* NJW 2019, 3609 (3610); in Bezug auf NFTs *Hoeren/Prinz* CR 2021, 565 (570).

persönliche Schöpfung einer natürlichen Person, sodass mangels Urhebers schon kein urheberrechtlicher Schutz an Token bestehen kann.[461]

Aus ähnlichen Gründen fehlt es auch an den Tatbestandsvoraussetzungen *anderer Immaterialgüterrechte*:[462] Eine Einordnung unter die abschließend geregelten Leistungsschutzrechte ist nicht möglich.[463] Das Patentrecht bedarf einer erfinderischen Leistung, die einen Erfindungsgedanken im Sinne eines Produkts menschlicher Geistestätigkeit voraussetzt.[464] Eine ästhetisch-gewerbliche Leistung im Sinne des Designrechts liegt mangels objektiver Einzigartigkeit und individueller Fähigkeiten nicht vor und, da es sich bei Token nicht um Unterscheidungsmerkmale für den Waren- oder Dienstleistungsbetrieb handelt,[465] begründet auch das Markenrecht keine Existenz als Immaterialgut. Gleiches gilt für Namens- und Geheimnisrechte.[466]

(5) Kein Immaterialgüterrecht sui generis an Token

Verbleibend könnten Token nur noch durch ein Immaterialgüterrecht *sui generis* zum Immaterialgut werden.[467] Hiergegen sprechen jedoch bereits die soeben herausgearbeiteten Unterschiede, die Token gegenüber anderen Immaterialgütern aufweisen.

Hinzu kommt der *numerus clausus*, der es fragwürdig erscheinen lässt, inwieweit ein Immaterialgüterrecht *sui generis* überhaupt über die kodifizierten Immaterialgüterrechte hinaus bestehen kann.[468] Grundsätzlich soll nur der

---

[461] *Möllenkamp/Shmatenko* MMR 2018, 495 (497 f.); RHdB-E-Commerce/*Boehm/Bruns* Kapitel 13.E Rn. 6; *Kütük-Markendorf* Internetwährungen, S. 109; *Kaulartz* CR 2016, 474 (478); *Beck/König* JZ 2015, 130 (131); *Spindler/Bille* WM 2014, 1357 (1360); *Engelhardt/Klein* MMR 2014, 355 (357); *Kuhlmann* CR 2014, 691 (695); *Kütük/Sorge* MMR 2014, 643 (644).
[462] Von vornherein ausschließend *Hohn-Hein/Barth* GRUR 2018, 1089 (1091); *Beck/König* JZ 2015, 130 (131); *Djazayeri* jurisPR-BKR 6/2014, Anm. 1 (D.I.2); im Ergebnis Immaterialgüterrechte gleichfalls verneinend *Maute* Privatrecht 2050, S. 215 (220); *Boehm/Pesch* MMR 2014, 75 (78); *Engelhardt/Klein* MMR 2014, 355 (357).
[463] *Engelhardt/Klein* MMR 2014, 355 (357).
[464] *Götting* Gewerblicher Rechtsschutz, § 4 Rn. 9; konkret Bitcoin *Kütük-Markendorf* Internetwährungen, S. 110 f.
[465] *Götting* Gewerblicher Rechtsschutz, § 4 Rn. 14, 17.
[466] Ausführlich dazu *Kütük-Markendorf* Internetwährungen, S. 111 ff., der nicht den Token als solchen, sondern den Private Key als Bezugsobjekt absoluter Rechte sieht (siehe dazu § 2III) und daher in engen Grenzen das Vorliegen eines Unternehmensgeheimnisses in Form von geheimen Know How bejaht.
[467] Vergleichbare Überlegungen anstellend, im Ergebnis jedoch verneinend *Maute* Privatrecht 2050, S. 215 (220) sowie *Kütük-Markendorf* Internetwährungen, S. 115 ff.
[468] Zum Streit *Kütük-Markendorf* Internetwährungen, S. 115 ff.; *Djazayeri* jurisPR-BKR 6/2014, Anm. 1 (D.I.2); ablehnend *Psczolla* JurPC 2009, WebDok 17 (Rn. 29); befürwortend *Berberich* Virtuelles Eigentum, S. 220 ff.; *Koch* JurPC 2006, WebDok 57 (Rn. 27 ff.); *Ohly* FS Schricker, S. 105 (passim), der anhand konkreter Beispiele die

§ 3 Rechtliche Einordnung von Token als Sache 141

Gesetzgeber neue Immaterialgüterrechte schaffen können; manche geistigen Güter sollen hingegen gerade gemeinfrei bleiben, um gesellschaftlichen Fortschritt zu ermöglichen.[469] Aus diesem Grund begründet die rein faktische Ausschließlichkeit allein im Bereich der Immaterialgüterrechte auch kein absolutes Recht.[470] Sobald ein absolutes Recht geschaffen wurde, dient der *numerus clausus* der Sicherheit des Rechtsverkehrs, der über die Existenz und den Inhalt des für jedermann wirkenden Rechts informiert sein muss.[471] Gerade diese Abwägung zwischen Innovationsförderung und Schutzbedürfnis soll nur vom Gesetzgeber vorgenommen werden können.[472]

Mit Blick auf Token kann diese Diskussion dahinstehen, da die Herleitung eines Immaterialgüterrechts *sui generis* eine neue Rechtsposition begründen würde und damit nicht zur rechtlichen Einordnung beitragen kann. Inwiefern eine Rechtsposition *sui generis* begründet werden kann und muss, wird im weiteren Verlauf der Untersuchung (und nur für den Fall, dass nach geltendem Recht keine sonstige Rechtsposition an Token besteht) genauer betrachtet.[473]

Existenz eines immaterialgüterrechtlichen *numerus clausus* untersucht, im Ergebnis verneint und stattdessen § 3 UWG und §§ 823 Abs. 1, 1004 Abs. 1 BGB analog als Generalklauseln und Ausgangspunkt für eine dreistufige Prüfung zur Begründung neuer Immaterialgüterrechte heranzieht, vgl. ebd. S. 119; dem zustimmend *Kütük-Markendorf* Internetwährungen, S. 116 f.; Rechtsfortbildung für Immaterialgüterrechte grundsätzlich befürwortend, bei Bitcoin aber wegen unsachlichen Ergebnissen ablehnend, *Effer-Uhe* ZZP 2018, 513 (521 ff.)

[469] *Schack* Urheber- und Urhebervertragsrecht, § 1 Rn. 21; *Djazayeri* jurisPR-BKR 6/2014, Anm. 1 (D.I.2); *Ohly* FS Schricker, S. 105 (107); ähnlich *Psczolla* JurPC 2009, WebDok 17 (Rn. 19, 28 f.); die Gemeinfreiheit für Token mangels Ubiquität aber von vornherein ablehnend *Effer-Uhe* ZZP 2018, 513 (521 f.).

[470] BGH, Beschluss vom 5. Juli 2005, VII ZB 5/05; darauf verweisend *Hohn-Hein/Barth* GRUR 2018, 1089 (1091); *Djazayeri* jurisPR-BKR 6/2014, Anm. 1 (D.I.2); *Psczolla* JurPC 2009, WebDok 17 (Rn. 30).

[471] Allgemein Staudinger[17]/*Seiler* Einl SachR Rn. 38; in Bezug auf Immaterialgüterrechte *Djazayeri* jurisPR-BKR 6/2014, Anm. 1 (D.I.2); zur Rechtssicherheit *Ohly* FS Schricker, S. 105 (116 f.); in der Praxis werde hiervon oft abgewichen, *Kütük-Markendorf* Internetwährungen, S. 115; im Einzelnen *Ohly* FS Schricker, S. 115.

[472] *Psczolla* JurPC 2009, WebDok 17 (Rn. 29); ähnlich *Arndt* Bitcoin-Eigentum, S. 79 f.; zur Abwägung *Ohly* FS Schricker, S. 105 (117 ff.); Abwägung als allgemeine Grundlage der Immaterialgüterrechte sehend ebd. S. 107; zustimmend *Kütük-Markendorf* Internetwährungen, S. 116 f.; aA *Koch* JurPC 2006, WebDok 57 (Rn. 29).

[473] So letzten Endes auch *Kütük-Markendorf* Internetwährungen (passim), der ein „Immaterialgüterrecht *sui generis*" deswegen mit einem „absolutem Recht *sui generis*" gleichsetzt, vgl. ebd. S. 115, 143; aus gleichen Gründen hat er sich auch erst mit der Möglichkeit eines absoluten Schutzes als sonstiges Recht im Sinne des § 823 Abs. 1 BGB auseinandergesetzt, bevor er dann, um der Gefahr einer voreiligen Beschränkung hierauf zu entgehen, versucht hat, ein eigenständiges absolutes Recht herzuleiten, ebd. S. 195; obwohl er die Notwendigkeit eines solchen bejaht, lehnt er die Existenz im Ergebnis ab, siehe ebd. S. 210 f.

(6) Zwischenergebnis

Token werden nicht durch Immaterialgüterrechte erfasst und stellen daher auch kein Immaterialgut dar. Denkbar wäre lediglich die Schaffung eines eigenen Immaterialgüterrechts, doch der Vergleich der Token mit bisherigen Immaterialgütern lässt erhebliche Bedenken aufkommen, inwieweit eine dahingehende Lösung sachgerecht wäre. Die Frage nach einer eigenen Rechtsposition wird gesondert untersucht.[474]

bb) Intrinsische Token als sonstiger unkörperlicher Gegenstand

Konsequenterweise können Token nur noch als sonstiger unkörperlicher Gegenstand eingeordnet werden.[475] Dabei kommt ihnen durchaus ein gewisser Vermögenswert zu, ansonsten würde ihre rechtliche Einordnung schon gar nicht diskutiert werden.[476] Zudem weisen Token von sich heraus bereits eine eigene Existenz auf, sodass sie als vorrechtlicher Gegenstand unabhängig von rechtlichen Wertungen bestehen. Token sind also unkörperliche Gegenstände in dem Sinne, dass sie etwas Nützliches sind, das vorrechtlich existiert, von Personen getrennt betrachtet werden kann und wirtschaftlichen Wert besitzt.[477]

Für die zivilrechtliche Einordnung ist dies zunächst nur ein Anknüpfungspunkt. Als Gegenstände erster Ordnung können Token selbst kein Recht verkörpern.[478] Nichtsdestotrotz können an Token Rechte bestehen, die den durch sie verkörperten Vermögenswert rechtlich greifbar machen. Auch ohne dass Token konkret als Sache oder Immaterialgut einordbar sind, können sie Gegenstand von Rechtspositionen und damit zum Rechtsobjekt werden.[479]

---

[474] Siehe § 3IV.2.b)bb)(7).
[475] Ähnlich schlussfolgernd *Schlund/Pongratz* DStR 2018, 598 (600); *Ammann* NJW 2018, 379 (380) sowie *Scholz* Beiträge zum Transnationalen Wirtschaftsrecht, Heft 162 (S. 20); nach Verneinung eventueller Immaterialgüterrechte im Ergebnis ebenso *Skauradszun* AcP 221 (2021), 353 (364), *Omlor* JZ 2017, 754 (758), *Kaulartz* CR 2016, 474 (478) sowie *Engelhardt/Klein* MMR 2014, 355 (357); Letztere bezeichnen Token daher auch als gemeinfrei. Ebenso aus schweizerischer Perspektive *Seiler/Seiler* sui-generis 2018, 149 (162).
[476] *Skauradszun* AcP 221 (2021), 353 (364) mwN; siehe auch § 3III.1.b); einen Vermögenswert unabhängig von der zivilrechtlichen Einordnung bejahend auch HdB-KapAnlR/ *Schäfer/Eckhold* § 16a Rn. 36 mwN.
[477] Leible/Lehmann/Zech/*Zech* Unkörperliche Güter, S. 1 (1).
[478] Siehe § 3IV.1.d); insoweit die Eigenschaft der Token als Daten hervorhebend, die ebenfalls kein Recht darstellen, *Kütük-Markendorf* Internetwährungen, S. 82.
[479] *Kütük-Markendorf* Internetwährungen, S. 81; ähnlich in dem Sinne, dass die Weite dieser Einordnung lediglich als Ausgangspunkt und Oberbegriff für verschiedene konkretere Ansätze dient, *Berberich* Virtuelles Eigentum, S. 83; allgemein zu Gegenständen rechtlicher Herrschaftsmacht *Brox/Walker* BGB AT § 35 Rn. 4; zum Vermögenswert von Bitcoin-Token *Kütük-Markendorf* Internetwährungen, S. 77.

In der Tat gibt es insoweit verschiedene Vorschläge, über die ein kurzer Überblick gegeben werden soll. Die Reichweite der möglichen Rechtspositionen verdeutlicht nämlich, dass nicht nur ausschließlich zuweisende Rechte an Token denkbar sind ((1), (2) und (3)), sondern auch bloße Handlungsverbote mit absoluter Wirkung ((5)) oder sogar nur relative Forderungsrechte ((6)).[480] Daneben wird auch oft die Möglichkeit eines rechtliches Nullums oder eines Realakts angenommen, was allerdings nur dann in Betracht kommt, wenn überhaupt keine Rechtsposition für Token bejaht werden kann ((7)).

Letztendlich gehen mit den verschiedenen Rechtspositionen auch verschiedene absolute Schutzniveaus einher, deren Betrachtung mit Blick auf den zweiten Teil der Untersuchung durchaus sinnvoll ist. Insbesondere die Bedeutung der Sachfähigkeit für den absoluten Schutz von Token lässt sich dann besser einordnen.

(1) Keine dinglichen Rechte ohne Sachfähigkeit

Ausgeschlossen werden soll zunächst die Möglichkeit, dingliche Rechte ohne Weiteres auf unkörperliche Gegenstände anzuwenden, die ausdrücklich nicht als Sache eingeordnet werden. Zwar kann Dinglichkeit nicht mit Körperlichkeit gleichgesetzt werden,[481] trotzdem können die Rechte des Sachenrechts immer nur an Sachen im Sinne des § 90 BGB bestehen. Bei Verneinung einer Sachfähigkeit bestehen dann konsequenterweise keine dinglichen Rechte an Token; Eigentum und Besitz sind ausgeschlossen. Auch andere dingliche Rechte wie die Pfand- oder Nießbrauchrechte nach §§ 1204 ff. BGB und §§ 1030 ff. BGB kommen nicht in Betracht, da diese ein pfand- oder nießbrauchfähiges Recht voraussetzen und somit stets nur auf zweiter Ebene bestehen. Ihnen kommt keine rechtebegründende Wirkung zu und die Frage, ob ein überhaupt ein pfand- oder nießbrauchfähiges Recht vorliegt, können sie nicht beantworten.[482]

(2) Keine Eigentumsbegründung durch § 952 BGB

Ferner kann Eigentum an Token auch nicht begründet werden, indem anderweitige eigentumsbegründende Normen herangezogen werden, die ihrerseits nicht ausdrücklich auf die Sacheigenschaft verweisen. Zwar spricht § 952 BGB beispielsweise davon, dass das Eigentum an einem Schuldschein dem Gläubiger derjenigen Forderung zustehe, über die der Schuldschein ausgestellt wurde. Dass der Schuldschein eine Sache im Sinne des § 90 BGB darstellen muss, wird dabei in der Tat nicht ausdrücklich gefordert. Allerdings ergibt sich dieses

---

[480] Leible/Lehmann/Zech/*Zech* Unkörperliche Güter, S. 1 (2 f.).
[481] Zum Begriff der Dinglichkeit § 2III, insbesondere Fn. 270; insoweit zur rechtlichen Einordnung von Token *Linardatos* Privatrecht 2050, S. 181 (197).
[482] *Kütük-Markendorf* Internetwährungen, S. 101 ff.

Erfordernis aus der zivilrechtlichen Systematik, da das Eigentumsrecht über § 903 BGB stets an den Sachbegriff anknüpft. Eigentum kann immer nur an körperlichen Sachen bestehen, alles andere wäre ein systematischer Bruch.[483] Eine Ausnahme ist wegen der Sachfiktion des eWpG nur für elektronische Wertpapiere vorgesehen.

Zudem regelt § 952 BGB lediglich die Inhaberschaft des Eigentumsrechts am Schuldschein; ob das Eigentumsrecht im gleichen Zuge neu begründet wird, richtet sich nach anderen Vorschriften.[484] Der Gesetzgeber wird dabei aber stets ein Stück Papier im Sinn gehabt haben, an dem schon vorher ein Eigentumsrecht besteht.[485] Durch § 952 BGB wird der Schuldschein nämlich zum bloßen Annex zur verbrieften Forderung, sodass er ausnahmsweise keinen selbständigen Gegenstand des Rechtsverkehrs mehr darstellt.[486] Vielmehr muss es immer auch eine Forderung geben, mit der das bestehende Eigentumsrecht des Schuldscheins verknüpft werden kann.[487] Ansonsten bestünde schon gar kein Bedürfnis für eine gesonderte Regelung zur Eigentumslage am Schuldschein.

Zudem würde sich eine Forderung – jedenfalls bei intrinsischen Token – sowieso unmittelbar auf die Rechtsposition am Token beziehen. Eine Verknüpfung zu einem darüber hinaus bestehenden Schuldschein wäre überflüssig.[488] Sie kann keine absolut geltende Zuordnung begründen, sondern nur die Neuzuordnung eines bestehenden Eigentumsrechts.[489]

(3) Keine Eigentumsbegründung durch §§ 793 ff. BGB

Ebenfalls nicht möglich ist es, intrinsische Token als Inhaberschuldverschreibung im Sinne der §§ 793 ff. BGB zu klassifizieren und ihnen darüber eine Rechtsposition zuzusprechen. Grundsätzlich kann der Inhaber einer entsprechenden Urkunde nach § 793 Abs. 1 BGB die in der Urkunde versprochene Leistung verlangen, soweit er verfügungsberechtigt ist. Die Verfügungsberechtigung ergibt sich aber in der Regel gerade aus dem Eigentumsrecht am Papier, das entweder originär durch Begebungsvertrag mit dem Aussteller und

---

[483] Die Körperlichkeit des Schuldscheins wird in der Tat stets vorausgesetzt, vgl. etwa BeckOGK-BGB/*Mössner* § 90 Rn. 103 sowie MüKoBGB/*Füller* § 952 Rn. 7.

[484] OLG Frankfurt, Beschluss vom 14. März 2008, 19 U 205/07, NJW-RR 2009, 1350 (1351); siehe dazu auch MüKoBGB/*Füller* § 952 Rn. 3.

[485] Zur schriftlichen Verkörperung von Urkunden siehe MüKoBGB/*Füller* § 952 Rn. 2; dafür spricht auch die Entwertung einer Schuldurkunde, durch die das Papier dann wieder zu einem selbständigen Gegenstand des Rechtsverkehrs werden soll, Staudinger/*Heinze* § 952 Rn. 25.

[486] MüKoBGB/*Füller* § 952 Rn. 22; Staudinger/*Heinze* § 952 Rn. 21.

[487] Zur Akzessorietät siehe MüKoBGB/*Füller* § 952 Rn. 7.

[488] Alles andere wäre eine Anerkennung von Herrschaftsrechten am Herrschaftsrecht und folglich eine unnötige Doppelung, vgl. *Wendehorst* ARSP Beiheft 104 (2005), 71 (81).

[489] Vgl. MüKoBGB/*Füller* § 952 Rn. 1.

anschließender Übergabe der Urkunde oder derivativ durch rechtsgeschäftlichen Eigentumserwerb erlangt worden sein kann.[490] Token müssen daher auch hier schon vorab als Rechtsgegenstand anerkannt sein, denn verfügt werden kann nur über Rechte, nicht über die vorrechtlichen Gegenstände selbst.

Sollten intrinsische Token trotzdem – aus welchem Grund auch immer – als Inhaberschuldverschreibung eingeordnet werden, würde an ihnen dadurch indirekt eine Rechtsposition *sui generis* neu geschaffen werden. Schon rein tatsächlich übernehmen intrinsische Token aber gerade keine Leistungspflicht oder nehmen auf andere Rechtspositionen Bezug, sodass aus ihnen kein Anspruch hergeleitet werden kann.[491] Eine Transaktion führt nur zur Änderung der Zuweisung des Tokens im Distributed Ledger, nicht zur Übertragung von Rechten.[492] Dass intrinsische Token als Inhaberschuldverschreibung eingeordnet werden, ist daher fernliegend.

(4) Keine Einordnung als Wertrecht

Aus ähnlichen Gründen überzeugt auch die teilweise vorgeschlagene Einordnung als Wertrecht nicht, wonach die Verwendungsmöglichkeit der Token als Zahlungsmittel einen eigenen Vermögenswert repräsentiere, sodass diese als Wertrechte ähnlich den Bundesanleihen einzuordnen seien.[493] Damit Token überhaupt als Zahlungsmittel verwendet werden können, müssten sie gesetzlich entsprechend anerkannt sein; nur dann kann ihnen überhaupt ein hierin liegender Vermögenswert zukommen. Da Token unumstritten kein gesetzliches Zahlungsmittel darstellen, kann der Inhaber eines Tokens auch nicht die Annahme als Zahlungsmittel verlangen; es existiert somit schon keine entsprechende Forderung.[494]

Wertrechte sollen eigentumsähnliche Vermögensrechte zwischen bloßer Forderung und echtem dinglichen Sachenrecht sein. Dadurch würden

---

[490] Staudinger/*Marburger* § 793 Rn. 18; zum Begebungsvertrag und seinen schuld- wie sachenrechtlichen Elementen MüKoBGB/*Habersack* Vor § 793 Rn. 26.

[491] Mit Blick auf die rechtliche Einordnung einer Übertragung intrinsischer Token *Walter* NJW 2019, 3609 (3610); die Herleitung von Rechten nur für extrinsische Token bejahend MMR/*Möllenkamp/Shmatenko* Kapitel 13.6 Rn. 30, 47 f.; *Hanten/Sacarelik* RdF 2019, 124 (126); *Kaulartz/Matzke* NJW 2018, 3278 (3282 f.).

[492] *Walter* NJW 2019, 3609 (3611); in Bezug auf Currency Token HdB-KapAnlR/*Schäfer/Eckhold* § 16a Rn. 38.

[493] Begründend BeckOGK-BGB/*Köndgen* § 675c Rn. 134 f.

[494] Selbst darauf hinweisend BeckOGK-BGB/*Köndgen* § 675c Rn. 135; nur aus Wertungsgesichtspunkten zustimmend *Linardatos* Privatrecht 2050, S. 181 (183 f.); mangels entsprechenden Registers *de lege lata* ablehnend *Skauradszun* AcP 221 (2021), 353 (370, Fn. 76); zu Bundesanleihen vgl. Baumbach/Hefermehl/Casper/*Casper* Kapitel A Rn. 95; *ders.* BKR 2019, 209 (212); *ders.* Unkörperliche Güter, S. 173 (181 ff.).

Forderungen verkehrsfähig, ohne dass es einer körperlichen Urkunde bedarf.[495] Das neu in Kraft getretene elektronische Wertpapiergesetz ist diesem Ansatz bereits für elektronische Inhaberschuldverschreibungen gefolgt;[496] für rein intrinsische Token ist dies mangels Forderung jedoch allenfalls ein Modell *de lege ferenda*.[497]

(5) Handlungsverbot mit absoluter Wirkung

Wie sich im Rahmen des absoluten Schutzes noch genauer zeigen wird,[498] kann an Token auch nicht nur ein bloßes Handlungsverbot bestehen. Ein Handlungsverbot soll keine absolute Rechtsposition als solche begründen, unter bestimmten Voraussetzungen aber trotzdem absolute Wirkung entfalten können – etwa dann, wenn es zu einem nach § 823 Abs. 1 BGB ersatzfähigen Schaden kommt. Hierfür wird auf sonstige Rechte verwiesen, die sich jedoch grundlegend von den absoluten Rechten unterscheiden, da ihnen über den gewährten Deliktsschutz hinaus kein eigener materieller Gehalt zukommt. Indirekt wird ihnen dadurch zwar eine gewisse Rechtsposition zugesprochen, deren Inhalt erschöpft sich dann aber in der absoluten Schutzwirkung des § 823 Abs. 1 BGB. Eine wie auch immer ausgestaltete Rechtsposition *sui generis* wird dadurch aber eher nicht begründet.[499]

(6) Relative Rechte

Wenn nicht ersichtlich ist, wie die Anerkennung eines Eigentumsrechts konstruiert werden könnte, und somit kein sachenrechtliches Äquivalent für unkörperliche Gegenstände existiert,[500] sind nur noch relative Rechtspositionen denkbar. Token würden dann zumindest einen Anspruch im Sinne des § 194 Abs. 1 BGB begründen.

Aufgrund der Dezentralität des Distributed Ledgers gibt es jedoch keinen zentralen Emittenten, gegen den sich eine derartige Forderungsposition richten

---

[495] Begründend *Lehmann* Finanzinstrumente, S. 290 ff.; zustimmend Baumbach/Hefermehl/Casper/*Casper* Kapitel A Rn. 109 sowie *ders.* BKR 2019, 209 (214), der davon ausgehend erste Ansätze für eine grundlegende Reform der Wertpapierrechts formuliert, siehe ebd. S. 217 sowie *ders.* Unkörperliche Güter, S. 173 (passim).

[496] In diesem Zusammenhang jedoch kritisch zur sachlichen Begrenzung des eWpG auf Inhaberschuldverschreibungen *Lehmann* BKR 2020, 431 (432).

[497] Ähnlich, da es hierfür noch eines Registers bedürfe, *Skauradszun* AcP 221 (2021), 353 (370, Fn. 76).

[498] Siehe § 7I.

[499] Vgl. dazu nur *Kütük-Markendorf* Internetwährungen, S. 117 ff., 138, 194, der seine Prüfung eines Rechts *sui generis* und eines sonstigen Rechts *sui generis* zusammenfasst; dogmatisch sachgerechter ist aber die Begründung einer eigenen Rechtsposition *sui generis*, siehe § 3IV.2.b)bb)(10); zum Deliktsschutz siehe § 7I.

[500] Auch *Ammann* NJW 2018, 379 (382); *Kütük-Markendorf* Internetwährungen, S. 101.

könnte.⁵⁰¹ Auch schuldrechtliche Vereinbarungen mit den übrigen Netzwerkteilnehmern lassen sich kaum bejahen, wenn man sich die Motivation der DLT vor Augen führt, dass ein staats- und rechtsunabhängiges System geschaffen werden soll.⁵⁰² Ein Forderungsgegner entsteht erst dann, wenn einzelne Aufgaben, die den Netzwerkteilnehmern obliegen, zentral übernommen werden. So gibt es beispielsweise verschiedene Anbieter, die die Token für ihre eigentlichen Inhaber verwahren. Durch das Hinterlegen der Token entsteht ein Schuldverhältnis, das entsprechende Rechte für den Inhaber gegenüber dem Verwahrer begründet. Dadurch wird mittelbar eine zentrale Stelle geschaffen, die von der DLT nicht vorgesehen ist und diese gewissermaßen *ad absurdum* führt.⁵⁰³

Auch der Handel mit Token begründet nur relative Rechte, die sich nicht direkt aus der DLT ergeben.⁵⁰⁴ Eine Forderung, die ohne derartige Zusatzgeschäfte existiert, ist nicht ersichtlich. Sie wird insbesondere auch nicht durch Abtretung nach § 389 BGB oder durch ähnliche Übertragungstatbestände in Verbindung mit § 413 BGB begründet; für derartige Verfügungsgeschäfte ist das vorherige Bestehen einer wie auch immer entstandenen, abtretbaren Forderung als Verfügungsgegenstand zwingende Voraussetzung.⁵⁰⁵

(7) Rechtliches Nullum oder Realakt

Aufgrund dieser Schwierigkeiten bei der Einordnung sehen große Teile der Literatur Token als bloßes rechtliches Nullum oder als Realakt an. Die Rechtsordnung halte *de lege lata* gerade keine Rechte an Token bereit,⁵⁰⁶ weshalb die

---

⁵⁰¹ So die hM, statt aller *Kütük-Markendorf* Internetwährungen, S. 83, 99 sowie *Rückert* MMR 2016, 295 (296); gegenüber extrinsischen Token differenzierend *Skauradszun* AcP 221 (2021), 353 (366).
⁵⁰² *Linardatos* Privatrecht 2050, S. 181 (192 f.); *Omlor* ZHR 2019, 294 (309); *Spindler/Bille* WM 2014, 1357 (1360); dies für geschlossene DLTs annehmend *Langenbucher* AcP 218 (2018), 385 (406); ausführlich zur fehlenden Vergleichbarkeit der intrinsischen Token mit Buchgeld *Linardatos* Privatrecht 2050, S. 181 (191 f.).
⁵⁰³ *Kütük-Markendorf* Internetwährungen, S. 97; ähnlich *Linardatos* Privatrecht 2050, S. 181 (191).
⁵⁰⁴ Vertragstypologisch einordnend *Kütük-Markendorf* Internetwährungen, S. 90 ff.; zusammenfassend ebd. S. 99.
⁵⁰⁵ *Kütük-Markendorf* Internetwährungen, S. 97 f.; so im Ergebnis auch *Walter* NJW 2019, 3609 (3611).
⁵⁰⁶ *Kütük/Sorge* MMR 2014, 643 (644); ähnlich *Beck/König* JZ 2015, 130 (131); vgl. auch *Kuhlmann* CR 2014, 691 (696) sowie *Engelhardt/Klein* MMR 2014, 355 (357), die insoweit von einem dinglich unbedeutenden Wechsel der Einwirkungsmöglichkeit bzw. einer Änderung einer Datenhoheit sprechen; ferner *Kaulartz* CR 2016, 474 (478); *Boehm/Bruns* Kapitel 13.E Rn. 14; *Lerch* ZBB 2015, 190 (196); *Heckelmann* NJW 2018, 504 (508); *Paulus/Matzke* ZfPW 2018, 431 (451); *Omlor* JuS 2019, 289 (291); von einem rechtlichen Nullum und einem rechtlich neutralen Realakt sprechend *Kaulartz/Matzke* NJW 2018, 3278 (3280). Kritisch und die Argumentation teils als widersprüchlich erachtend hingen *Effer-*

Übertragung der tatsächlichen Herrschaftsverhältnisse ausreichen und die Notwendigkeit einer rechtlichen Neuzuordnung entfallen soll.[507]

Ein *Realakt* liegt dabei vor, wenn das Gesetz an eine tatsächliche Handlung eine Rechtsfolge knüpft, ohne dass es dabei auf den Willen des Handelnden ankommt.[508] Anders als Willenserklärungen zielen sie nicht auf die Herbeiführung eines Rechtsgeschäfts ab.[509] Es wird nur die tatsächliche Veränderung als solche von der Rechtsordnung akzeptiert, und zwar ohne jegliche Bewertung.[510] Dies geschieht, indem das Gesetz an den Reflex des Handelns eine Rechtsfolge anordnet. Realakte bewirken also eine Änderung der Rechtszuständigkeit, obwohl sie nicht final auf einen rechtlich relevanten Erfolg bezogen sind.[511] Paradebeispiel ist etwa die Übergabe, die bei der Übereignung nach § 929 S. 1 BGB neben der dinglichen Einigung erforderlich ist.[512]

Ein *rechtliches Nullum* hingegen meint eben jene Handlungen, die rechtlich überhaupt nicht definiert sind und an die die Rechtsordnung auch keine Rechtsfolge knüpft. Das Gesetz erkennt schon keine Rechtsposition an, die – ohne dass es auf den Willen des Handelnden ankäme – durch Realakt übertragen werden kann.[513]

In beiden Fällen würde sich die Transaktion eines Tokens in der bloßen Änderung der tatsächlichen Zuordnung im Distributed Ledger[514] erschöpfen; die Übertragung der Token wäre damit abgeschlossen. Dieses Ergebnis ließe sich auch nicht mehr korrigieren, da an die Übertragung der tatsächlichen Verfügungsmacht keine Wirksamkeitsanforderungen gestellt werden können. Jede

---

Uhe ZZP 2018, 513 (518); ähnlich *Arndt* Bitcoin-Eigentum, S. 24 sowie im Allgemeinen *Pfister* Technisches Geheimnis, S. 33 f.; dass Vermögenszugehörigkeit nur indirekt durch ihren Übergang beschrieben wird, sei dabei durchaus gängige Methode, vgl. ebd. S. 22.

[507] Treffend formulierend *Arndt* Bitcoin-Eigentum, S. 23, der diesen Ansatz unter dem Begriff der Realakt-Theorie zusammenfasst, diese aber letztlich wegen diverser Reibungen mit den übrigen Rechtsinstituten der deutschen Rechtsordnung kritisiert und eine eigene Rechtsgeschäfts-Theorie zur rechtlichen Erfassung der Übertragung von Bitcoin erarbeitet, ebd. (passim).

[508] Unstrittig, vgl. *Neuner* BGB AT § 28 Rn. 13, *Linardatos* Privatrecht 2050, S. 181 (185), *Maute* Privatrecht 2050, S. 215 (215); *Kütük-Markendorf* Internetwährungen, S. 98.

[509] *Neuner* BGB AT § 28 Rn. 13.

[510] *Arndt* Bitcoin-Eigentum, S. 24; dadurch fehlt die Ebene des idealen Seins, das nur in und durch die Rechtsordnung vorhanden ist, vgl. *Pfister* Technisches Geheimnis, S. 40.

[511] Staudinger[17]/*Seiler* Einl SachR Rn. 13; differenzierend, da bloße Vorkommnisse, denen keine rechtliche Bedeutung zukommt, keine Realakte im rechtlichen Sinne darstellen, *Linardatos* Privatrecht 2050, S. 181 (185).

[512] Daneben wird auch die Vermengung von Geld nach § 948 BGB als Beispiel angeführt, welche anders als die Übereignung nach § 929 S. 1 BGB nicht zusätzlich noch eine dingliche Einigung und damit Willenskomponente voraussetzt, siehe *Linardatos* Privatrecht 2050, S. 181 (185).

[513] Aus diesem Grund auch keinen passenden Schuldvertrag erkennend *Linardatos* Privatrecht 2050, S. 181 (185).

[514] Zur tatsächlichen Zuordnung siehe § 3II.3.

andere Bewertung würde einen Zustand abweichend vom Beobachteten fingieren und wäre damit doch wieder eine rechtliche Zuordnung, die ihrerseits das Bestehen einer Rechtsposition voraussetzt.[515] Mangels definierter Immaterialgüterrechte knüpfen aber gerade keinerlei rechtliche Positionen an die Inhaberschaft am Token an,[516] weshalb es sich bei der Tokentransaktion um einen rein tatsächlichen Vorgang handeln soll.[517]

Einen Realakt würde ein Token jedoch nur dann darstellen, wenn an den Umgang mit ihm noch rechtliche Folgen geknüpft werden. Die Inhaberschaft am Token wäre dann vergleichbar mit dem Besitz, der sich ebenfalls an tatsächlichen Gegebenheiten orientiert und daher kein subjektives Recht, sondern nur eine rechtsrelevante Tatsache anerkennt: die tatsächlich bestehende Machtbeziehung zur Sache.[518] Auch Token erfassen, wem ihr Vermögenswert derzeit[519] zukommt, und knüpfen dabei an eine tatsächliche Herrschaft an (wenn auch vermittelt durch die Kenntnis des Schlüsselpaars). Begriffsverständnis und Vorschriften zum Besitz könnten somit durchaus auf die Inhaberschaft von

---

[515] *Arndt* Bitcoin-Eigentum, S. 24; dies gerade als notwendig erachtend *Koch* ZBB 2018, 359 (362).

[516] So *Maute* Privatrecht 2050, S. 215 (225 f.); enger hingegen *Linardatos* Privatrecht 2050, S. 181 (185).

[517] Zusammenfassend *Arndt* Bitcoin-Eigentum, S. 24; dass aber gerade ein normatives Zuordnungsbedürfnis besteht, wurde bereits in § 3III.1 dargelegt.

[518] *Arndt* Bitcoin-Eigentum, S. 26, 30; der Besitz sei Teil des Seienden, des Beobachtbaren, dem kein Zuweisungsgehalt zukomme, ebd. S. 30; ähnlich Staudinger/*Klinck* Eckpfeiler des Zivilrechts, Rn. U 92; dem Besitz auch liege daher ein anderer Sachbegriff zugrunde als dem Eigentum, *v. Bar* AcP 219 (2019), 341 (343); *ders.* Gemeineuropäisches Sachenrecht II, § 4 I Rn. 5; sinnvoll sei die Qualifikation der Tokeninhaberschaft als Besitz nur, wenn dieser auch rechtliche Relevanz entfaltet, Staudinger/*Klinck* Eckpfeiler des Zivilrechts, Rn. U 21; es ist jedoch umstritten, ob der Besitz als Realakt eingeordnet werden kann; mit der rechtlichen Anerkennung der vorrechtlich bestehenden tatsächlichen Sachherrschaft als Besitz geht regelmäßig eine leicht modifizierende Normativierung einher; vgl. Staudinger/*Gutzeit* Vor §§ 854 ff. Rn. 34; die hM spricht sich eher für eine Rechtsposition aus; zum Streit Staudinger/*Gutzeit* Vor §§ 854 ff. Rn. 36 aE mwN sowie *Hartung* Besitz und Sachherrschaft, S. 32 f. mwN; zum Streit um den Besitzbegriff allgemein Staudinger/*Gutzeit* Vor §§ 854 ff. Rn. 34.; *Kainer* Sachenrecht, § 6 Rn. 1; *v. Bar* AcP 219 (2019), 341 (344); den Besitz als unabhängig von anderen Rechtsbeziehungen an der Sache und mithin lediglich als Realakt verstehend *Arndt* Bitcoin-Eigentum, S. 27, 30; mit Blick auf die Funktion des Besitzes *Hedinger* System des Besitzrechts, S. 54; kritisch zur Diskussion allgemein *v. Bar* Gemeineuropäisches Sachenrecht II, § 4 I Rn. 143, der zwischen Prüfvorgang tatsächlicher Indikatoren, dem normativen Prüfergebnis sowie dessen dogmatischer Nutzung als Tatbestandsmerkmal differenziert, ebd. Rn. 14, 16.

[519] Auch beim Besitz geht es um den aktuellen Zustand, er wirkt als eine Abfolge von Zuständen nur in der Gegenwart, dazu *v. Bar* Gemeineuropäisches Sachenrecht II, § 4 I Rn. 4; dadurch sollen die während des aufwändigen und zeitraubenden Verfahrens zur Feststellung der Sachenrechtslage entstehenden, volkswirtschaftlich unerwünschten Unterbrechungen der Sachnutzung verhindert werden, ebd. Rn. 3.

Token übertragen werden, um einen besitzähnlichen Tatbestand zu definieren, durch den die tatsächliche Zuordnung rechtlich anerkannt würde.[520]

Eine Rechtsposition würde sich aus der Anerkennung als Realakt aber trotzdem nicht ergeben. Es handelt sich ja gerade nur um eine wertungsfreie Beobachtung des Rechts über die Vermögensverhältnisse,[521] sodass für die Begründung einer Rechtsposition immer erst noch weitere Voraussetzungen notwendig sind; Realakte sind letztlich nur ein Tatbestandsmerkmal.[522]

(8) Schlussfolgerung: Notwendigkeit einer Rechtsposition sui generis

Trotz alledem soll die Übertragung von Token unter schuldrechtliche Vertragsnormen subsumiert werden können.[523] Ohne eine Rechtsposition, auf die sich die schuldrechtlichen Ansprüche beziehen können, führt dieses Vorgehen jedoch zu einem systematischen Bruch: Schuldrechtliche Verträge über vorrechtliche Gegenstände setzen immer auch eine Rechtsposition voraus, über die verfügt werden kann; sie sind auf die Veränderung einer Rechtsinhaberschaft gerichtet.[524] Wesentliches Strukturmerkmal des Bürgerlichen Gesetzbuches ist das Trennungs- und Abstraktionsprinzip und wann immer eine Inhaberschaft übertragen werden soll, ist neben dem Verpflichtungsgeschäft auch ein Verfügungsgeschäft notwendig.[525] Andernfalls könnten rechtlich relevante Verträge auch über solche Gegenstände geschlossen werden, die ihrerseits rechtlich überhaupt nicht erfasst sind.

Umgangen wird dieses Problem dadurch, dass nicht der (rechtlich nicht anerkannte) Gegenstand zum Vertragsgegenstand gemacht wird, sondern nur die Handlung, die zu dessen tatsächlichen Bereitstellung erforderlich ist. Die

---

[520] So nur *Arndt* Bitcoin-Eigentum, S. 24 ff., 29, da auch die tatsächliche Sachherrschaft, die dem Besitz zugrunde liegt, von diversen Umständen und subjektiven Elementen abhängig gemacht wird und alle Umstände stets unter Berücksichtigung der Verkehrsanschauung lebensnah betrachtet; jedoch befürwortet er im Ergebnis trotzdem die Begründung einer Eigentümerposition, die Gegenansicht wird nur möglichst wohlwollend ausgelegt.

[521] Darauf im Rahmen seiner Darstellung der Gegenmeinung hinweisend *Arndt* Bitcoin-Eigentum, S. 22, 29.

[522] Der Besitz beispielsweise ist immer nur für solche Normen relevant, die ihrerseits an den Bestand eines Eigentumsrechts anknüpfen, vgl. *Arndt* Bitcoin-Eigentum, S. 31 mVa Mot III 83 f.; allgemein zum Besitz als Merkmal der Tatbestandbildung *v. Bar* AcP 219 (2019), 341 (345).

[523] Siehe bereits § 3IV.2.b)bb)(6); auf diesen Widerspruch ebenfalls kritisch hinweisend *Linardatos* Privatrecht 2050, S. 181 (185); bei neuen Vermögensgütern sei dies allerdings kein untypisches Phänomen, *Pfister* Technisches Geheimnis, S. 34 f.

[524] So auch *Linardatos* Privatrecht 2050, S. 181 (185 f.); zur Systematik siehe § 3IV.1.c).

[525] *Skauradszun* AcP 221 (2021), 353 (372); auf die dadurch entstehenden Schutzlücken hinweisend, im Ergebnis aber offenlassend, HdB-KapAnlR/*Schäfer/Eckhold* § 16a Rn. 40; aA *Kuhlmann* CR 2014, 691 (696); zur nachgelagerten Entstehung der rechtlichen Verfügungsebene und ihren Vorzügen gegenüber der rein faktischen Übertragung *Berger* ZGE 2016, 170 (175 ff.).

schuldrechtliche Verpflichtung bezieht sich dann nur auf die Übertragung der tatsächlichen Herrschaft am Token.[526] Vor dem Hintergrund der Privatautonomie ist diese Vorgangsweise durchaus vertretbar. Ferner wird sie von § 453 Abs. 1 Alt. 2 BGB gestützt, der besagt, dass der Festlegung des Kaufgegenstandes keine Grenzen gesetzt sind.[527] Größere Schwierigkeiten entstehen allerdings dann, wenn Token nur für eine gewisse Dauer überlassen werden sollen; auch hier muss die Vermögensposition des Tokens vollständig übergangen werden und es kann lediglich ein schuldrechtlicher Anspruch auf Rückübertragung vereinbart werden.[528]

Zu unbefriedigenden Ergebnissen führt die Umgehung einer Rechtsposition von Token jedoch spätestens dann, wenn der Vertragspartner nicht mehr ermittelbar ist, die relative Ebene also wegfällt. In diesem Fall sollte es dann zum Schutz beider Vertragspartner wenigstens, oder sogar erst recht, eine absolute Rechtsposition geben. Hinzu kommt das allgemeine Bedürfnis nach rechtlicher Zuordnung, das gerade auch bei Token besteht und nur durch Schaffung einer Rechtsposition befriedigt werden kann.[529] Allein durch Vertrag kann diese Zuordnung nicht begründet werden, da sie wegen ihrer absoluten Wirkung stets einen Vertrag zu Lasten Dritter darstellen würde.[530] Wird eine Sachfähigkeit abgelehnt, wäre daher die zu übertragende Rechtsinhaberschaft an Token zumindest als Rechtsposition *sui generis* zu klassifizieren.[531] Bei Übertragung der Token würde dann der Auffangtatbestand des §§ 413, 398 BGB greifen.[532] Das Argument hingegen, eine dingliche Ebene der Übertragung existiere schlicht nicht, kann vor diesem Hintergrund nicht überzeugen.[533]

---

[526] *Arndt* Bitcoin-Eigentum, S. 50 f.; vgl. etwa auch für das schweizerische Recht *Graham-Siegenthaler/Furrer* Jusletter 8. Mai 2017, Rn. 33.

[527] Darauf hinweisend auch *Arndt* Bitcoin-Eigentum, S. 51 mwN.

[528] Treffend beobachtend *Arndt* Bitcoin-Eigentum, 51.

[529] Siehe § 3III.1.

[530] *Pfister* Technisches Geheimnis, S. 41.

[531] Zum Bedürfnis rechtlicher Zuordnung § 3II.3; ähnlich *Kütük-Markendorf* Internetwährungen (passim); aA *Walter* NJW 2019, 3609 (3611); auch im italienischen Recht können keine relativen oder absoluten Rechte an einem rechtlichen Nullum bestehen, vgl. allgemein *Scozzafava* Beni e forma giuridiche di appartenenza, S. 138 f.; aus schweizerischer Perspektive *Furrer/Glarner/Linder/Müller* Jusletter 26. November 2018, Rn. 39; etwas anders das liechtensteinische TVTG, dass Token aus Rechtssicherheitsgründen als neues Rechtsobjekt legaldefiniert, aber keine neue Rechtsposition schafft, sondern eine Repräsentation der bereits bestehenden Rechtsposition durch das neue Rechtsobjekt des Tokens ermöglicht; dazu Regierung des Fürstentums Liechtenstein BuA 54/2019 S. 58 ff.

[532] Ausdrücklich so nur *Arndt* Bitcoin-Eigentum, S. 88 mVa Mot III 159, 333 und *Spindler/Bille* WM 2014, 1357 (1362), wobei letzterer eine analoge Anwendung der §§ 929 ff. BGB trotzdem als passender erachtet; letzlich genauso, wenn auch kritisch, *Langenbucher* AcP 218 (2018), 385 (410).

[533] So aber ausdrücklich *Kuhlmann* CR 2014, 691 (696) sowie *Engelhardt/Klein* MMR 2014, 355 (357); mit gleicher Argumentation ablehnend *Skauradszun* AcP 221 (2021), 353 (372).

Auch wenn man den Blick auf andere Rechtsinstitute des Zivilrechts weitet, wird deutlich, dass das gänzliche Fehlen einer Rechtsposition nicht der Dogmatik unserer Rechtsordnung entspricht. Insbesondere die Anwendung zwangsvollstreckungs- und insolvenzrechtlicher Regelungen bereitet Schwierigkeiten, wenn von vornherein an keine Rechtsposition angeknüpft werden kann.[534] So knüpft das Insolvenzrecht beispielsweise an die Verfügungsbefugnis an und zählt somit indirekt nur Rechte zum Vermögen; rein tatsächliche Gegenstände und Vorgänge wie Token und Tokentransaktionen werden aber nicht erfasst.[535] In diesen Fällen läge eine erste Lösung darin, überhaupt eine Rechtsposition zu bejahen.[536]

(9) Kein Verstoß gegen den numerus clausus

Die Begründung einer neuen Rechtsposition *sui generis* stellt dabei keinen Verstoß gegen den *numerus clausus* der absoluten Rechte dar. Dies gilt jedenfalls dann, wenn die Rechtsposition *sui generis* an Token analog zum regulären Sachenrecht ausgestaltet würde. Dann nämlich erweitert das Recht *sui generis* den Katalog der Immaterialgüterrechte nicht, sondern stellt eine analoge Anwendung des regulären Sachenrechts auf Token als sonstige unkörperliche Güter dar.[537] Eine solche Erweiterung der möglichen Sachenrechtsobjekte verbietet der *numerus clausus* gerade nicht.[538] Bedeutung erlangt der *numerus clausus* nur, soweit eine neue Rechtsposition *sui generis* begründet werden soll, die sich in ihrer Ausgestaltung vom klassischen Sachenrecht unterscheidet. Doch auch insoweit steht der *numerus clausus* einer Rechtsfortbildung nicht entgegen. Es geht nur um die Frage der Anwendbarkeit eines bereits bestehenden Rechts und nicht um die inhaltliche Veränderung oder Erweiterung absoluter

---

[534] Treffend *Arndt* Bitcoin-Eigentum, S. 40; zur Notwendigkeit aus Sicht des Zwangsvollstreckungsrechts *Effer-Uhe* ZZP 2018, 513 (517 ff.); zum schweizerischen Recht *Graham-Siegenthaler/Furrer* Jusletter 8. Mai 2017, Rn. 72 ff.; Insolvenzrecht als Prüfstein für die dingliche Rechtslage *Pfister* Technisches Geheimnis, S. 37 f.

[535] *Arndt* Bitcoin-Eigentum, S. 40; dass dies zu unsachlichen Ergebnissen führen kann, zeigt die Entscheidung des 9. Berufungsgerichts Moskau, Urteil vom 15. Mai 2018, A40-124668/2017, demzufolge in Bitcoin gehaltene Vermögenswerte nicht zur Insolvenzmasse zählen, weil weder sie als solche noch ihre Inhaberstellung im russischen Bürgerlichen Recht definiert seien, dazu *Paulus* FS Schmidt II, S. 119 (122).

[536] Derartige Friktionen seien Ausgangspunkt für die Realakt-Theorie, *Arndt* Bitcoin-Eigentum, S. 18 f., 32 ff.

[537] Ebenso differenzierend *Arndt* Bitcoin-Eigentum, S. 79 ff.; eine analoge Anwendung des Sachenrechts auf Token seit zufolge *Effer-Uhe* ZZP 2018, 513 (521 f.) zudem auch durchaus denkbar, da Token mangels Ubiquität eher mit körperlichen Sachen als mit Immaterialgütern als verobjektivierter Gegenstand der Immaterialgüterrechte vergleichbar seien; zustimmend insoweit *Arndt* Bitcoin-Eigentum, S. 80.

[538] *Arndt* Bitcoin-Eigentum, S. 79; *Walter* NJW 2019, 3609 (3612); ferner Staudinger/*Heinze* Einl SachR Rn. 96.

Rechte.[539] Der *numerus clausus* ist bei absolut wirkenden Rechten vor allem deshalb notwendig, weil absolute Rechte gegenüber jedermann wirken. Reichweite und Umfang dieser Wirkung müssen dann für jeden im Rechtsverkehr erkennbar sein, weshalb insoweit die Privatautonomie eingeschränkt wird: Absolute Rechte können nur mit vorab festgelegtem Inhalt existieren.[540]

Allerdings wird eine Rechtsposition *sui generis* durch richterliche Rechtsfortbildung geschaffen und nicht etwa durch Teilnehmer des Rechtsverkehrs. Es kann nicht willkürlich durch Vereinbarung bestimmen werden, welche Rechte wie gegenüber Dritten wirken.[541] Vielmehr sind es gesellschaftliche, technische oder wirtschaftliche Entwicklungen, die ein konkretes Bedürfnis nach einem Recht entstehen lassen. Dessen Absolutheit kann dem dann nicht entgegenstehen; vielmehr kann der *numerus clausus* durch Rechtsfortbildung überwunden werden.[542] Eine Rechtsposition *sui generis* würde daher nicht gegen den *numerus clausus* verstoßen. Sie ist vielmehr notwendig, um Gleichlauf mit tatsächlichen Gegebenheiten herzustellen.

(10) Zwischenergebnis zu intrinsischen Token als rechtlich anerkannter, sonstiger unkörperlicher Gegenstand

Es wird deutlich, dass es (bislang) keine Alternative gibt, nach der eine zivilrechtliche Einordnung der intrinsischen Token unproblematisch gelingt. Ein grundsätzliches Hindernis, wieso Token nicht unter den Sachbegriff des § 90 BGB gefasst werden können, besteht somit nicht. Um Token zu erfassen, müsste erst eine neue Rechtsposition *sui generis* geschaffen werden.

cc) Ergebnis zu alternativen Möglichkeiten einer Rechtsposition an intrinsischen Token

Werden Token folglich nicht als Sache anerkannt, können sie eigentlich nur sonstige unkörperliche Gegenstände sein, an denen eine Rechtsposition *sui generis* besteht. Die Anerkennung als Sache würde demgegenüber ohne Weiteres

---

[539] *Guntermann* RDi 2022, 200 (205); insoweit zwischen einem *numerus clausus* originärer und derivativer Rechte differenzierend *Peukert* Güterzuordnung als Rechtsprinzip, S. 21 f.; insoweit sogar nur von vorgegebenen Bausteinen sprechend Staudinger/*Heinze* Einl SachR Rn. 124.

[540] Allgemein Staudinger[17]/*Seiler* Einl SachR Rn. 38; im Kontext von Token *Walter* NJW 2019, 3609 (3612) sowie *Kütük-Markendorf* Internetwährungen, S. 150.

[541] *Peukert* Güterzuordnung als Rechtsprinzip, S. 22; zustimmend *Arndt* Bitcoin-Eigentum, S. 78 f.; im Ergebnis letztlich genauso *Guntermann* RDi 2022, 200 (205), *Walter* NJW 2019, 3609 (3612) sowie *Kütük-Markendorf* Internetwährungen, S. 105, 150; allgemein und mit Beispielen zu den Erweiterungen und Flexibilisierungen des *numerus clausus* und dessen Bedeutung für die Privatautonomie vgl. Staudinger/*Heinze* Einl SachR Rn. 118 ff.

[542] *Kütük-Markendorf* Internetwährungen, S. 150.

zu einer Anwendbarkeit der sachenrechtlichen Regelungen führen. Dies sollte bei Definition und konkreter Ausgestaltung einer eventuellen Rechtsposition *sui generis* zumindest berücksichtigt werden.

c) Ergebnis zur Sachfähigkeit intrinsischer Token

Bei Gesamtschau dieses Kapitels wird jedoch deutlich, dass auf der einen Seite nicht nur gute Argumente für eine Subsumtion der intrinsischen Token unter den Sachbegriff des § 90 BGB sprechen, sondern dass auf der anderen Seite auch keine überzeugende Alternative im Falle einer Verneinung der Sachfähigkeit existiert. Selbst wenn eine Sachfähigkeit abgelehnt werden würde, wäre eine Rechtsposition *sui generis* mit denselben Argumenten, die für die Einordnung als Sache nach § 90 BGB sprechen, zumindest sachähnlich zu gestalten.

3. *Sachfähigkeit extrinsischer Token*

Extrinsische Token verkörpern einen Wert außerhalb des Distributed Ledgers, indem sie auf diesen Bezug nehmen.[543] Diese Bezugnahme führt nicht dazu, dass der eigentliche Informationsgehalt große Unterschiede gegenüber intrinsischen Token aufweist.[544] Wegen ihrer Verknüpfung mit einer bereits bestehenden Forderungsposition könnte sie aber eine andere rechtliche Einordnung ermöglichen. Dies gilt es nun genauer zu untersuchen.

Dafür werden auch die extrinsischen Token unter den Sachbegriff aus § 90 BGB subsumiert (a)), bevor alternative Einordnungsmöglichkeiten beleuchtet werden (c)). Im Vordergrund steht dabei die Verknüpfung mit einer bereits bestehenden Rechtsposition sowie die Frage, ob und wie sich diese Verknüpfung auf die rechtliche Einordnung auswirkt (b)). Es sollen aber auch die verschiedenen Nutzungsformen der Token berücksichtigt werden: Der Großteil der bislang existierenden Token zählt zu den extrinsischen Token und diese Vielzahl führt dazu, dass sich die Token in ihren Eigenschaften erheblich unterscheiden.[545] Ziel ist es jedoch, eine möglichst einheitliche Lösung zu finden.

a) Subsumtion unter den Sachbegriff nach § 90 BGB

Extrinsische Token sind – so wie die intrinsischen Token – bloße Daten und mithin nicht körperlich im räumlich-physischen Sinne; sie sind weder greifbar noch raumfüllend. Trotzdem sind sie dank der DLT einmalig, abgrenzbar und

---

[543] Siehe § 2II.5.e)bb) sowie MMR/*Möllenkamp/Shmatenko* Kapitel 13.6 Rn. 30; zustimmend *Deuber/Jahromi*, MMR 2020, 576 (577); ähnlich auch *Antonopoulos* Mastering Bitcoin, Kapitel 12.4.
[544] Siehe § 3I.2.b).
[545] Siehe § 2II.4.

beherrschbar, weshalb sie mit gleicher Argumentation unter den Sachbegriff nach § 90 BGB subsumiert werden können.[546]

Allerdings unterscheiden sich die extrinsischen Token in ihrem Informationsgehalt. Anders als die intrinsischen Token existieren sie nicht nur für sich, sondern nehmen auf außerhalb liegende Informationen und oft auf eine bereits bestehende Rechtsposition Bezug.[547] Diese Token verstehen sich somit gewissermaßen als Abbild eines Wertgegenstandes, was einer zivilrechtlichen Einordnung als Sache entgegenstehen könnte. Wegen der Einmaligkeit der körperlichen Gegenstände dürfen sie nur so abgebildet werden, dass sie am Ende nicht doppelt existieren.

Andererseits kann eine Bezugnahme auch eine Form der Verbriefung darstellen, durch die der Token selbst zwar eine neue rechtliche Dimension erlangt, im Grundsatz aber sachfähig bleibt.[548] Schlichte Papiere etwa werden zu Wertpapieren, wenn sie auf ein privates Recht derart Bezug nehmen, dass zu dessen Geltendmachung das Innehaben des dann als Urkunde bezeichneten Papiers notwendig ist; dadurch bleibt das Papier aber eine Sache im Sinne des § 90 BGB.[549] Die Funktion der Tokenisierung ist dieselbe wie die der Verbriefung. Ein rechtlich anerkannter Vermögenswert wird mit einem Papier, oder eben einem Token, verknüpft.[550] Die Übertragung der Rechtsposition wird dadurch vereinfacht und die Rechtsposition handelbar gemacht.[551] Auch bei Token wird durch Übertragung akzessorisch eine bestimmte Rechtsposition übertragen, über dessen Verfügungsberechtigung der Token ferner als Nachweis dient.[552]

Die rechtliche Einordnung des Tokens selbst ist aber, wie bei regulären Wertpapieren auch, zunächst einmal unabhängig von der verbrieften Rechtsposition; die Verknüpfung erfolgt erst in einem nachgelagerten Schritt.[553] Urkunden stellen für sich genommen erst einmal nur eine Sache im Sinne des

---

[546] Zur Sachfähigkeit intrinsischer Token siehe § 3IV.2; dass sich keine großen Unterschiede ergeben, zeigt sich z.B. bei HdB-KapAnlR/*Schäfer/Eckhold* § 16a Rn. 35, 42, 50.

[547] Siehe § 3I.2.b).

[548] MMR/*Möllenkamp/Shmatenko* Kapitel 13.6 Rn. 46; Formulierung als Abbild eines Wertgegenstandes, wenn auch nur in Bezug auf Asset Backed Token, geprägt von *Saive* K&R 2018, 615 (617) mwN; ähnlich auch die Überlegungen im schweizerischen Rechtsdiskurs, vgl. *Bundesrat* Rechtliche Grundlagen für DLT und Blockchain in der Schweiz, S. 67.

[549] So die allgemeine Definition der Wertpapiere, vgl. *Brox/Henssler* Handelsrecht, Rn. 508; zum engen Wertpapierbegriff der Mindermeinung ebd. Rn. 513.

[550] Zusammensetzung des Wertpapierbegriffs *Brox/Henssler* Handelsrecht, Rn. 502, 508.

[551] Ähnlich MüKoBGB/*Wendehorst* EGBGB Art. 43 Rn. 310; allgemein zu Wertpapieren *Brox/Henssler* Handelsrecht, Rn. 502; in Bezug auf extrinsische Token MMR/*Möllenkamp/Shmatenko* Kapitel 13.6 Rn. 46.

[552] MMR/*Möllenkamp/Shmatenko* Kapitel 13.6 Rn. 47; abzugrenzen ist hier zu reinen *Record Ledger*, die lediglich Transaktionen widerspiegeln, die bereits außerhalb des Buchungssystems stattgefunden haben, vgl. dazu MüKoBGB/*Wendehorst* EGBGB Art. 43 Rn. 307.

[553] Vgl. in Bezug auf Wertpapierrechte *Brox/Henssler* Handelsrecht, Rn. 502.

§ 90 BGB dar.[554] Gleiches sollte auch für extrinsische Token gelten, die letztlich als Urkunde in Code- statt in Schriftform fungieren.[555]

b) Einfluss der verknüpften Rechtsposition auf die Rechtsposition des Tokens

Nicht beantwortet ist dadurch, ob die verknüpfte Rechtsposition auf die zivilrechtliche Einordnung der Token Einfluss nimmt.[556] Für eine differenzierte Untersuchung bietet es sich an, zwischen den jeweiligen Rechtspositionen zu unterscheiden: Bezug genommen werden kann nicht nur auf relative Rechte (aa)), sondern auch auf absolute Eigentums- und Immaterialgüterrechte (bb)) sowie auf Mitgliedschaftsrechte (cc)).[557]

aa) Relative Rechtspositionen

Token, die auf eine relative Rechtsposition Bezug nehmen, zählen in der Praxis meist zu den Utility Token.[558] Ähnlich wie ein Gutschein erlauben sie ihrem Inhaber, etwas in Anspruch zu nehmen – in der Regel eine Dienstleistung desjenigen, der den Token ausgestellt hat.[559] Es wird also eine Forderung verbrieft

---

[554] Auch Wertpapiere sind im Ausgangspunkt als Sache im Sinne des § 90 BGB einzuordnen, vgl. *Brox/Henssler* Handelsrecht, Rn. 502.

[555] Vgl. insoweit auch *Furrer/Müller* Jusletter 18. Juni 2018, Rn. 29, die auf die in § 516 Abs. 2 HGB enthaltene Regelung zum elektronischen Konnossement hinweisen, durch die eine elektronische Aufzeichnung einem Konnossement gleichgestellt wird, sofern es dieselben Funktionen erfüllt und sichergestellt ist, dass Authentizität und Integrität der Aufzeichnung gewahrt bleiben; dadurch wird die Körperlichkeit des Konnossements, das zu den Warenpapieren gehört, nicht mehr vorausgesetzt, sondern vielmehr funktional verstanden. Ähnlich ist auch der Ansatz des UNCITRAL Model Law on Electronic Transferable Records (MLETR), das den Umgang mit Wertpapieren regelt und basierend auf dem Grundsatz der funktionalen Äquivalenz ein einheitliches und technikneutrales System zur Umsetzung und Gewährleistung der Äquivalenz von papiergebundenen Dokumenten und digitalen Datensätzen entwirft, dazu in diesem Zusammenhang ebd. Rn. 33 ff.

[556] Hierin besondere Relevanz für die rechtliche Einordnung sehend *Arndt/Tribula* Digitalisierung, S. 249 (254).

[557] Vgl. *Skauradszun* AcP 221 (2021), 353 (367); ähnlich MüKoBGB/*Wendehorst* EGBGB Art. 43 Rn. 310; Dreiteilung der Bezugsmöglichkeiten für Wertpapiere allgemein, *Brox/Henssler* Handelsrecht, Rn. 503; siehe insoweit auch die Klassifizierung der ITSA in § 2II.2 Fn. 133, die in rechtlicher Hinsicht zwischen *no claim token*, *relative rights token* und *absolute rights token* differenziert, wobei Erstere nach der hier verfolgten Einteilung wohl unter die intrinsischen Token fallen, siehe § 2II.5.e)aa); aus schweizerischer Sicht *Müller/Glarner/Linder/Meyer/Furrer/Gschwend/Henschel* Conceptual Framework, S. 6 ff.

[558] Daneben existieren Token anderer Kategorien, die eine relative Rechtsposition verkörpern, etwa die sog. *debt token*, vgl. *Arndt/Tribula* Digitalisierung, S. 249 (252, 254); vorliegend wird sich u.a. deswegen nicht anhand der aus der Praxis stammenden Dreiteilung orientieren, siehe § 2II.5.e).

[559] Zum schweizerischen Recht *Bundesrat* Rechtliche Grundlagen für DLT und Blockchain in der Schweiz, S. 67.

(oder genauer: tokenisiert), weil der Handel mit ihr allein zu hohe Gefahren für Gläubiger und Schuldner birgt.[560] Eine namentliche Bezeichnung des Berechtigten gibt es nicht, es zählt allein die Inhaberstellung am Token.[561]

Vor diesem Hintergrund erscheint eine Handhabung als Schuldurkunde nach § 952 BGB nur unter gewissen Voraussetzungen möglich ((1)). Im Regelfall werden die Vorschriften zu den Inhaberschuldverschreibungen nach §§ 793 ff. BGB sachgerechter sein ((2)). In diesem Zusammenhang ist der Blick auf die Vorgehensweise des Gesetzgebers im Rahmen des eWpG aufschlussreich ((3)), letztendlich spricht aber vieles dafür, bei der zivilrechtlichen Einordnung einen Gleichlauf der extrinsischen Token mit den intrinsischen Token zu schaffen ((4)).

(1) Einordnung als Schuldurkunde nach § 952 BGB

Diese Verbriefung könnte als Schuldurkunde nach § 952 BGB einordnet werden. Der Token würde dann keinen selbständigen Gegenstand des Rechtsverkehrs darstellen und hätte keine Legitimitätsfunktion. Umgekehrt könnte die Forderung nicht ohne den Token begründet werden; der Token würde quasi als Annex des verbrieften Forderungsrechts fungieren.[562] Weiterführend könnte sogar überlegt werden, ob dadurch nicht auch ein Eigentumsrecht oder zumindest ein eigentumsähnliches Recht am Token neu begründet wird. Gegen eine solche Einordnung spricht jedoch vor allem die tatsächliche Art der Nutzung von Token. Nicht die Rechtsposition, sondern der Token soll maßgeblich dafür sein, wer Inhaber ist. Da die Inhaberschaft des Tokens faktisch vermittelt wird, kann sie sich schon in technischer Hinsicht nicht nach wie auch immer gearteten relativen Schuldverhältnissen richten.[563] Vielmehr soll die Übertragung des Tokens die Übertragung der Rechtsposition bezwecken.[564]

---

[560] Zur Interessenlage *Brox/Henssler* Handelsrecht, Rn. 504 f.; Schutzmöglichkeit bei Verbriefung ebd. Rn. 506 f.

[561] Ebenso *Arndt/Tribula* Digitalisierung, S. 249 (254); zur Abgrenzung gegenüber Orderpapieren siehe *Brox/ Henssler* Handelsrecht, Rn. 525; mit diesem Argument, dass eine namentliche Berechtigung fehle, sogar auch die Einordnung als Inhaberschuldverschreibung ablehnend *Skauradszun* AcP 221 (2021), 353 (370, Fn. 76), wobei verkannt wird, dass diese überhaupt nicht erforderlich ist, vgl. z.B. BeckOGK-BGB/*Vogel* § 793 Rn. 20.

[562] MüKoBGB/*Füller* § 952 Rn. 1; *Vig* BKR 2022, 442 (446).

[563] Wird qua Parteivereinbarung eine andere Nutzung vereinbart, ist eine Einordnung als Schuldurkunde allerdings durchaus denkbar, *Arndt/Tribula* Digitalisierung, S. 249 (255); insoweit zur Urkundenfähigkeit ebd. S. 256; im Rahmen des Ersterwerbs von Token ebd. S. 257, im Rahmen ihres Zweiterwerbs ebd. S. 259 f.

[564] *Kaulartz/Matzke* NJW 2018, 3278 (3281); *Arndt/Tribula* Digitalisierung, S. 249 (254 f.); *Scholz* Beiträge zum Transnationalen Wirtschaftsrecht, Heft 162 (S. 17); BeckOGK-BGB/*Schermaier* § 952 Rn. 20 sowie HdB-KapAnlR/*Schäfer/Eckhold* § 16a Rn. 46; zur Abgrenzung gegenüber Rektapapieren *Brox/Henssler* Handelsrecht, Rn. 530.

(2) Einordnung als Inhaberschuldverschreibung nach §§ 793 ff. BGB

Derartige Konstellationen hat das Bürgerliche Gesetzbuch als Inhaberschuldverschreibungen definiert und in den §§ 793 ff. BGB geregelt.[565] Aus der Legaldefinition ergibt sich, dass der Inhaber einer Urkunde die darin versprochene Leistung verlangen kann, soweit er zur Verfügung über die Urkunde berechtigt ist. Damit wird nicht nur das Bestehen einer Forderung gegenüber den Urkundenaussteller vorausgesetzt,[566] sondern auch bewusst an die Sachfähigkeit der Urkunde angeknüpft.[567] Ersteres ist im Fall von Token, die auf eine relative Rechtsposition Bezug nehmen, erfüllt: Anders als bei intrinsischen Token[568] wird hier im Token eine Leistungspflicht übernommen.[569] Der Token weist das Bestehen einer Forderung nach, während die Transaktion über den Token als Nachweis für die Verfügung dieser Forderung dient.[570] Ein Auseinanderfallen der Inhaberschaft am Token und der hierin abgebildeten Rechtsposition ist nicht erwünscht und würde durch die §§ 793 ff. BGB abgesichert.[571]

Problematischer erscheint hingegen die Einordnung des Tokens als Urkunde.[572] Diese ist zwar gesetzlich nicht definiert, wird aber meist als schriftliche Gedankenäußerung beschrieben, die zum Beweis im Rechtsverkehr geeignet und bestimmt ist und den Aussteller erkennen lässt.[573] Mangels Körperlichkeit der Token wird auf die Voraussetzungen des § 371a ZPO verwiesen,

---

[565] Auch ähnliche Inhaberwertpapiere sind nach dem Vorbild der gesetzlichen Regelungen ausgestaltet; meist werden diese analog angewendet, vgl. *Brox/Henssler* Handelsrecht, Rn. 524.

[566] BeckOGK-BGB/*Vogel* § 793 Rn. 79, 126; diese können jedoch ganz unterschiedlicher Art sein und können sich etwa auch auf Waren oder dingliche Verwertungsansprüche beziehen, ebd. Rn. 18; das Leistungsversprechen ist von der schuldrechtlichen Komponente des Begebungsvertrags zu differenzieren und vielmehr Gegenstand des Begebungsvertrags, vgl. *Arndt/Tribula* Digitalisierung, S. 249 (257 f.).

[567] BeckOGK-BGB/*Vogel* § 793 Rn. 2; zu dem dahinterstehenden Interessenausgleich *Arndt* Bitcoin-Eigentum, S. 145; zur Sachanknüpfung der Wertpapiere allgemein *Brox/Hennsler* Handelsrecht, Rn. 502; in Bezug auf die Sachfiktion reiner Schuldbuchforderungen auch schon *Fabricius* AcP 162 (1963), 456 (463).

[568] Siehe hierzu § 3IV.2.b)bb)(3).

[569] Zum Begebungsvertrag bei ICOs *Arndt/Tribula* Digitalisierung, S. 249 (257 f.).

[570] MMR/*Möllenkamp/Shmatenko* Kapitel 13.6 Rn. 47 f.; *Kaulartz/Matzke* NJW 2018, 3278 (3282 f.); eine derart funktional-ökonomische Betrachtung wird ferner bei *Hanten/Sacarelik* RdF 2019, 124 (130) diskutiert, im Ergebnis mit Verweis auf eine eng am Wortlaut orientierte Auslegung aber verneint.

[571] MMR/*Möllenkamp/Shmatenko* Kapitel 13.6 Rn. 48; ebenso, insbesondere mit Blick auf die Möglichkeit des gutgläubigen Erwerbs, *Arndt* Bitcoin-Eigentum, S. 130 f.

[572] Eine direkte Anwendung verneinend *Arndt/Tribula* Digitalisierung, S. 249 (255); vergleichbare Überlegungen für das schweizerische Recht bei *Furrer/Glarner/Linder/Müller* Jusletter 26. November 2018, Rn. 46, 48 ff.

[573] BeckOGK-BGB/*Vogel* § 793 Rn. 89.

die insoweit für elektronische Dokumente aufgestellt wurden.[574] Wird aber eine Sacheigenschaft des Tokens bejaht, ist das nicht notwendig; es reicht aus, dass die Beweisfunktionen einer Urkunde gewahrt sind.[575] Indem die Signatur den Aussteller einer jeden Transaktion im Distributed Ledger erkennen lässt, wird Authentizität gewährleistet. Der Konsensmechanismus hingegen stellt die Richtigkeit der Transaktionen sicher und wahrt dadurch die Integrität.[576]

Darüber hinaus ist das Phänomen, relative Rechtspositionen mithilfe von körperlichen Sachen verkehrsfähig zu machen, nicht neu und aus dem Wertpapierrecht bereits bekannt.[577] Für extrinsische Token gibt es daher schon verschiedene Überlegungen, ob und wie diese analog als Inhaberschuldverschreibungen eingeordnet werden können.[578] Eine Anknüpfung an das Sachenrecht wird also nicht als völlig unmöglich erachtet.[579] Durch die Tokenisierung ändert sich letztendlich nur der Träger des Nachweises, der nun nicht mehr Urkunde, sondern ein Eintrag in einem Distributed Ledger ist.[580] Hinzu kommen

---

[574] *Kaulartz/Matzke* NJW 2018, 3278 (3282).
[575] So die Argumentation von *Kaulartz/Matzke* NJW 2018, 3278 (3282 f.); zustimmend *Scholz* Beiträge zum Transnationalen Wirtschaftsrecht, Heft 162 (S. 17); kritisch MMR/*Möllenkamp/Shmatenko* Kapitel 13.6 Rn. 49 sowie *Kusserow* WM 2020, 586 (587 f.); eine Anerkennung der Token als elektronische Schuldverschreibungen durch den Gesetzgeber voraussetzend auch HdB-KapAnlR/*Schäfer/Eckhold* § 16a Rn. 43. Solange die Beweisfunktionen gewahrt werden können, wird für Wertpapiere außerhalb des Bürgerlichen Gesetzbuches tatsächlich auch keine Verkörperung mehr vorausgesetzt, vgl. *Kütük-Markendorf* Internetwährungen, S. 64; in der Regel sind Wertpapiere aber noch als Sache verkörpert und werden daher allgemein als Sache im Sinne des § 90 BGB eingeordnet; im Übrigen handelt es sich um Wertrechte, vgl. MüKoBGB/*Stresemann* § 90 Rn. 22.
[576] *Kaulartz/Matzke* NJW 2018, 3278 (3282 f.); insoweit zustimmend auch MMR/*Möllenkamp/Shmatenko* Kapitel 13.6 Rn. 49; ähnlich *Hanten/Sacarelik* RdF 2019, 124 (130), die daher Token als digitales Zertifikat *sui generis* behandeln wollen; die in § 793 Abs. 2 BGB geforderte Unterschrift stehe einer analogen Anwendung insoweit nicht entgegen, *Arndt* Bitcoin-Eigentum, S. 131.
[577] Vgl. dazu noch einmal die Ausführungen zum Wertpapierrecht bei *Brox/Hennsler* Handelsrecht, Rn. 502.
[578] Siehe etwa *Arndt/Tribula* Digitalisierung, S. 249 (255 ff.), die von einer Übertragung der Token analog §§ 873 ff. BGB ausgehen; eine Analogie befürwortend auch *Kaulartz/Matzke* NJW 2018, 3278 (3282 f.), die aber die Sachqualität der Token dennoch absprechen; aA insoweit *Vig* BKR 2022, 442 (446) sowie, wenn auch offen lassend, *Walter* NJW 2019, 3609 (3614); eine Einordnung als Inhaberschuldverschreibung grundsätzlich befürwortend und nur *de lege lata* ablehnend auch MMR/*Möllenkamp/Shmatenko* Kapitel 13.6 Rn. 47 f. sowie *Hanten/Sacarelik* RdF 2019, 124 (130 f.); eine Einordnung als Wertpapier mangels Sachfähigkeit der Token ebenfalls ablehnend HdB-KapAnlR/*Schäfer/Eckhold* § 16a Rn. 47, sodass auch nicht die Möglichkeit eines gutgläubigen Erwerbs und damit die für aufsichtsrechtliche Wertpapiere erforderliche Umlauffähigkeit nicht bestehe.
[579] *Arndt* Bitcoin-Eigentum, S. 145 z.B. fordert sogar ausdrücklich die Anknüpfung an das Sachenrecht, um dahinterstehenden Interessenabwägungen gerecht zu werden.
[580] Ähnlich *Arndt* Bitcoin-Eigentum, S. 145, der das Urkundserfordernis auf den Publizitätsträger herunterbricht.

bessere Handhabungsmöglichkeiten, etwa weil der Token anders als eine Urkunde durch entsprechende Smart Contracts auch in technischer Hinsicht untrennbar mit dem Recht verknüpft werden kann.[581] Eine Einordnung als Sache würde dieses Verständnis der Token weiter stützen.[582]

(3) Vergleich mit der gesetzgeberischen Vorgehensweise im eWpG

Vor diesem Hintergrund überrascht es nicht, dass der Gesetzgeber mit Einführung des eWpG eine Sachfiktion für elektronische Schuldverschreibungen angeordnet hat. Trotz ihrer rein digitalen Hinterlegung ermöglicht das die Anwendbarkeit der sachenrechtlichen Regelungen.[583] Zwar gilt die Fiktion nur für den Fall, dass eine registerführende Stelle existiert, sowie nur für Inhaberschuldverschreibungen[584] und soll explizit keine Präjudizwirkung für eine allgemeine zivilrechtliche Einordnung haben.[585] Trotzdem umfasst die Sachfiktion mit ihren DLT-basierten Wertpapieren gerade auch Token. Bei der Anwendung des Sachenrechts bestehen vereinzelt noch Unklarheiten,[586] es zeigt aber einmal mehr, dass eine Sachfähigkeit von extrinsischen Token grundsätzlich als möglich erachtet wird, die dann wie die klassischen Wertpapiere auch ein relatives Recht verbriefen.[587] Diese sollen wie klassische Wertpapiere auf ein relatives Recht verweisen

(4) Gleichlauf mit intrinsischen Token

Tatsächlich scheinen sich viel eher dann Schwierigkeiten zu ergeben, wenn extrinsische Token nicht als Sache anerkannt werden. Eine Übertragung des Tokens soll dann nicht mehr als Realakt, sondern als Übertragung nach §§ 413, 398 ff. BGB eingeordnet werden. Wegen der Bezugnahme auf relative

---

[581] Das etwa als Voraussetzung für eine Einordnung als Wertrecht nach schweizerischem Recht herausarbeitend *Furrer/Glarner/Linder/Müller* Jusletter 26. November 2018, Rn. 49.
[582] So im Ergebnis auch HdB-KapAnlR/*Schäfer/Eckhold* § 16a Rn. 43.
[583] *Bundesregierung* Entwurf eines Gesetzes zur Einführung von elektronischen Wertpapieren, S. 42 f.; *Bartlitz* NJW 2022, 1981 (13 ff.) spricht daher auch von einer Tokenisierung der Begebungsform, nicht des Wertpapiers.
[584] *Arndt* Bitcoin-Eigentum, S. 149 f.
[585] *Bundesregierung* Entwurf eines Gesetzes zur Einführung von elektronischen Wertpapieren, S. 31; zur Anwendung des Sachenrechts auf elektronische Wertpapiere siehe § 4I.4, § 4II.2.a)cc) und § 4II.2.d)dd).
[586] Probleme bei der Anwendung der sachenrechtlichen Regelungen aufzeigend, das Vorgehen im Grundsatz aber befürwortend, *Linardatos* ZBB 2020, 329 (331, 332 ff.); insgesamt kritisch und stattdessen für ein Privatrecht der Token als eigenständiges Rechtsgebiet plädierend *Omlor* RDi 2021, 236 (240 f.); Überlegungen zur Anwendbarkeit des Sachenrechts auf Token, die im Rahmen des eWpG herangezogen werden können, siehe § 4.
[587] Vgl. insoweit insbesondere auch die Regelungen des eWpG zur Geltendmachung von Einwendungen und Einreden, die die bestehenden Einwendungsregeln bestehender Wertpapiere bewusst fortschreiben sollen, dazu ausführlich *Linardatos* BKR 2022, 486 (passim).

Rechtspositionen komme der Tokentransaktion keine eigenständige Bedeutung zu, weshalb die Übertragung nach Maßgabe der relativen Rechte erfolgen müsse.[588] Die Rechtslage würde sich dann nicht nur bei intrinsischen und extrinsischen Token, sondern auch bei den jeweils unterschiedlichen Arten von extrinsischen Token unterscheiden. Das würde in Anbetracht der derzeit bestehenden Vielfalt die Gefahr einer nicht unerheblichen Zersplitterung der Rechtslage schaffen. Die Lösung, allen Token unabhängig von ihrer Bezugnahme eine eigene Sachfähigkeit zuzusprechen, scheint daher überzeugender.

(5) Zwischenergebnis

Soweit Token auf relative Rechtspositionen referenzieren, scheint es sachgerecht, grundsätzlich die Regelungen zu Inhaberschuldverschreibungen aus §§ 793 ff. BGB anzuwenden. Wird eine Sacheigenschaft für Token bejaht, ergeben sich auch keine Schwierigkeiten im Hinblick auf die Urkundsfähigkeit der Token. Das passt zu den Eigenschaften der Token, nämlich die Gewährleistung von Authentizität und Integrität, durch die die Beweisfunktion von Urkunden in jedem Falle gewahrt wird. Unabhängig davon hat auch der Gesetzgeber selbst mit Einführung des eWpG eine Sachfiktion für elektronische Schuldverschreibungen angeordnet, die regelmäßig auf relative Rechtspositionen Bezug nehmen. Auch wenn dem keine Präjudizwirkung zukommt, spricht das für eine Einordnung als Sache, in dem dann ein Recht verbrieft ist. Ferner ermöglicht diese Vorgehensweise eine einheitliche Handhabung mit intrinsischen Token. In beiden Fällen können Token als Sache erfasst werden und nur im Fall von extrinsischen Token wird an das hieran bestehende Eigentum eine weitere Rechtsposition geknüpft.

bb) Absolute Eigentums- und Immaterialgüterrechte

Schwieriger gestaltet sich die Lage, wenn ein Token unmittelbar Eigentums- oder Immaterialgüterrechte begründen soll. Der Token soll dann nicht nur den Anspruch auf einen bestimmten Gegenstand verbriefen, der gegenüber den Emittenten des entsprechenden Tokens besteht. Vielmehr soll er einer absoluten Rechtsposition gleichgestellt sein. Es geht somit nicht um Asset Backed Token, die auf körperliche Gegenstände Bezug nehmen, letztlich aber nur einen Anspruch auf das jeweilige Asset begründen. Es geht um Token, die eine absolute Rechtsposition gegenüber jedermann und unabhängig von einer Gegenpartei darstellen sollen.[589]

---

[588] HdB-KapAnlR/*Schäfer/Eckhold* § 16a Rn. 44; ebenso im Hinblick auf Investment Token ebd. Rn. 52.
[589] Vgl. das ähnliche Verständnis der NFTs bei *Hoeren/Prinz* CR 2021, 565 (570). Die Klassifizierung der ITSA (siehe § 2II.2 Fn. 133) sieht hierfür die entsprechende Kategorie der *absolute rights token* vor und will damit insbesondere Immaterialgüterrechte erfassen,

Allerdings existiert mit dem Token ein zweiter Gegenstand auf vorrechtlicher Ebene. Ein (Eigentums-)Recht an einem Token kann daher immer nur am Token selbst bestehen und nicht an einem anderen Gegenstand; Eigentum an einem Eigentumsrecht gibt es nicht. Das Recht am Token kann mit dem Recht des referenzierten Gegenstands allenfalls verbunden werden. Das verhindert ein Auseinanderfallen der Rechtspositionen unter Beibehaltung der Dogmatik.[590]

Anders stellt sich die Situation dar, wenn auf rein digital existierende Gegenstände Bezug genommen wird. Diese sind rechtlich nicht erfasst: Mangels Körperlichkeit sind sie keine Sachen im Sinne des § 90 BGB und aufgrund ihrer unendlichen Vervielfältigbarkeit sind sie auch nicht mit ihnen vergleichbar. Denkbar ist allein das Bestehen von Immaterialgüterrechten. Allerdings knüpfen diese lediglich an den semantischen Gehalt, dessen syntaktische Darstellung oder die wirtschaftliche Verwertung an und nicht an die Verkörperung als solche; man denke insoweit etwa an digitale Kunstwerke oder Textwerke.[591] Damit gibt es kein Recht, das den Gegenstand zuordnet, andererseits aber auch gegen eine Zuordnung mittels Token sprechen würde. Vielmehr ermöglichen Token erstmals eine Zuordnung digitaler Gegenstände, die sich nicht nur auf einzelne Nutzungsrechte beschränkt, sondern den Gegenstand im Kern zuordnet.[592]

---

die in Zukunft durch Token verwaltet werden könnten, vgl. *ITSA* International Token Classification. Der schweizerische Gesetzgeber hat diese Token als *ownership token* bezeichnet und aus dem Anwendungsbereich seines neuen DLT-Gesetzes ausgenommen, da sich bei Bejahung einer solchen Möglichkeit zu viele weitere Rechtsfragen stellen würden, *Bundesrat* Rechtliche Grundlagen für DLT und Blockchain in der Schweiz, S. 68; dazu *Müller/Glarner/Linder/Meyer/Furrer/Gschwend/Henschel* Conceptual Framework, S. 6 ff. Inwieweit die Tokenisierung absoluter Rechte rechtlich umsetzbar ist, richtet sich ferner nach der Rechtsordnung des tokenisierten Gegenstands, vgl. MüKoBGB/*Wendehorst* EGBGB Art. 43 Rn. 312; in Deutschland sei eine dingliche Wirkung ausgeschlossen, eine entsprechende Einigung könne aber in eine entsprechende Verpflichtung umgedeutet werden, ebd. Rn. 313; zu alternativen Herangehensweisen anderer Rechtsordnungen ebd. Rn. 314 ff.; ggf. könnte es sich vor diesem Hintergrund auch anbieten, Haupt- und Token-Sachstatut zu trennen, ebd. Rn. 322, wobei dies zu hinkenden Rechtslagen führen würde, vgl. ebd. Rn. 331.

[590] Im Ergebnis ähnlich *Hoeren/Prinz* CR 2021, 565 (571).

[591] Vgl. *Zech* Information als Schutzgegenstand, S. 201, 357 f.; *ders.* CR 2015, 137 (141); umgekehrt begründet die Tokenisierung nicht automatisch Immaterialgüterrechte, vgl. ausdrücklich *Prinz* NFT – Was passiert da eigentlich?, Überschrift 4; zum Erfordernis, bei einer Übertragung von NFTs auch die Übertragung von Nutzungsrechten vertraglich zu regeln, *Hoeren/Prinz* CR 2021, 565 (570 f.); siehe außerdem § 3 IV.2.b)aa)(1) aE.

[592] Ähnlich letztlich auch *Förtsch* Was ist ein NFT?, der in Bezug auf NFTs darlegt, dass diese letztlich eine Verknappung der Güter in einer digitalen Welt ermöglichen sollen; aus rechtlicher Perspektive jedoch differenzierend, da lediglich dauerhafte Provenienz, nicht aber rechtliche Exklusivität geschaffen werde, *Hoeren/Prinz* CR 2021, 565 (567); ähnlich auch *Prinz* NFT – Was passiert da eigentlich?, Überschrift 8. Die Zuordnung eines Gegenstands könnte in Anbetracht des sich ändernden Eigentumsverständnis – Eigentum als

Token, die unmittelbare Eigentums- oder Immaterialgüterrechte begründen, sind somit allenfalls für digitale Gegenstände denkbar; nur bei diesen existiert kein rechtlicher Inhaber, gegen den eine Berechtigung erst geltend gemacht werden müsste. Gleichzeitig soll hier noch einmal abgegrenzt werden zu virtuellen Gegenständen, die über DApps bereits unmittelbar mit dem Token verknüpft und dezentral auf dem Distributed Ledger gespeichert sind. Hier handelt es sich nach hiesigem Verständnis um intrinsische Token, die den Gegenstand bereits in sich gespeichert haben und nicht erst auf einen anderen Gegenstand verweisen.[593] Soweit der Token aber auf einen wo auch immer gespeicherten, virtuellen Gegenstand verweist, ist eine absolute Rechtsposition durchaus denkbar.[594] Dem steht auch nicht die Idee der DLT entgegen, nach der vor allem körperliche Gegenstände imitiert werden sollten. Die Verknüpfung der digitalen Gegenstände mit Token ermöglicht es vielmehr, sie in sachähnlicher Weise handelbar zu machen. Digitale Gegenstände sind für sich allein gerade nicht mit körperlichen Gegenständen vergleichbar; erst die DLT schafft die dafür erforderliche Abgrenzbarkeit und Einmaligkeit.[595]

cc) Mitgliedschaftsrechte

Gewissermaßen eine Zwitterstellung nehmen im deutschen Recht die Mitgliedschaftsrechte[596] ein, sodass es im Hinblick auf eine mögliche Verknüpfung mit Token lohnenswert erscheint, diese noch einmal genauer zu beleuchten ((1)). Es wird geprüft, inwiefern Token sich auf einzelne Rechte der Mitgliedschaft ((2)) und auf die Mitgliedschaft als Ganzes ((3)) beziehen können. Abschließend wird das Entstehen einer völlig neuen Form der Mitgliedschaft dargestellt, die erst durch Token ermöglicht wird ((4)).

Bündel unterschiedlicher Nutzungsrechte – obsolet erscheinen; zum Wandel des Eigentumsverständnis allgemein *Zech* AcP 219 (2019), 488 (503 ff.) sowie mit Auflistung und Gegenüberstellung der einzelnen Nutzungsrechte *Schuppert* Eigentum neu denken, S. 184 ff. mwN; kritisch *Hellgardt* Regulierung und Privatrecht, S. 121 f. mwN; bei Immaterialgütern wurde der Kern der Zuordnung bislang mehr durch seine Hülle, den verschiedenen Immaterialgüterrechten, definiert, siehe dazu § 3IV.2.b)aa)(1); die Tokenisierung scheint nun eine Möglichkeit zu sein, Gegenstände unabhängig von den einzelnen Nutzungs- und Verwertungsrechten zuzuordnen und damit jenen Kern zu schaffen, vgl. *Schuppert* Eigentum neu denken, S. 205 f.

[593] Siehe § 2II.5.e)aa).
[594] Davon zu unterscheiden ist die Tatsache, dass der Speicherort des Gegenstands in der Regel zentral gesteuert sein wird; das ist der Existenz des digitalen Gegenstands vorgelagert und kann nur in diesem Zusammenhang rechtlich geklärt werden; soweit es um absolut wirkende Rechtspositionen geht, sollte die Existenz des digitalen Gegenstands aber, gegebenenfalls vertraglich, sichergestellt sein.
[595] Siehe § 3I.2.b).
[596] Zum Begriff *Lutter* AcP 180 (1980), 84 (88) mit vertiefender Charakterisierung ebd. S. 88 ff.; kritisch und den Begriff weiter verstehend *Schmidt* ZGR 2011, 108 (113 f.).

(1) Rechtsnatur der Mitgliedschaft

Die Rechtsnatur der Mitgliedschaft war lange umstritten. Inzwischen ist sie aber als Gegenstand eines subjektiven Rechts anerkannt, das sich aus verschiedenen relativen Rechten zu einem einheitlichen Rechtebündel zusammensetzt.[597] Damit genießt die Mitgliedschaft einerseits absoluten Schutz über § 823 Abs. 1 BGB und kann zum Gegenstand rechtsgeschäftlicher Verfügungen gemacht werden, soweit es um den darin verkörperten Zuweisungsgehalt geht.[598] Andererseits bleibt der Charakter als Rechtsverhältnis bestehen, sodass von einer Doppelnatur gesprochen werden kann.[599] Denn die Mitgliedschaft ist immer auch eine privatrechtliche Sonderverbindung zwischen Rechtssubjekten, die auf deren autonomer Entscheidung beruht und durch einen entsprechenden Vertrag begründet wird.[600] Aus diesem mitgliedschaftlichen Rechtsverhältnis heraus entstehen die relativen Rechte gegenüber der Gesellschaft, die dann zu einem eigenen, in seiner rechtlichen Struktur einheitlichen[601] Gegenstand verselbständigt sind.[602] Die vielfältigen Erscheinungen der konkreten Mitgliedschaft werden damit nicht nur gebündelt, sondern vor allem auch rechtlich abgrenzbar, beherrschbar und marktfähig.[603] Durch diese Verselbständigung wird die Mitgliedschaft dann zu dem Rechtsgegenstand, der als Anknüpfungspunkt für das daran anknüpfende Mitgliedschaftsrecht im Sinne eines subjektiven Herrschaftsrechts dient.[604] Die Mitgliedschaft erlangt somit in gewisser Weise vorrechtliche Existenz, während das davon abzugrenzende

---

[597] Maßgeblich insoweit *Lutter* AcP 180 (1980), 84 (97 ff.) sowie *Habersack* Mitgliedschaft, S. 62 ff., 98; vgl. ferner *Wiedemann* Übertragung und Vererbung von Mitgliedschaftsrechten, S. 39; *Hüffer* FS Wadle, S. 387 (389 f.); *Schmidt* Gesellschaftsrecht, S. 549; ders. ZGR 2011, 108 (14 f.); den Begriff des Rechtsbündels mit Blick auf die Einheit des subjektiven Rechts allerdings ablehnend *Schmidt* JZ 1991, 157 (158); den Meinungsstand zur Rechtsnatur der Mitgliedschaft bis 1996 anschaulich nachzeichnend *Habersack* Mitgliedschaft, S. 29 ff. sowie zuletzt *Merkt* ZfPW 2018, 300 (302 ff.).

[598] *Schmidt* JZ 1991, 157 (159); vgl. ferner MüKoBGB/*Schäfer* § 705 Rn. 186 f.; die Stellung des Mitglieds im Verband als Gegenstand der Zuordnung sehend, der durch das subjektive Recht vermittelt wird, *Wiedemann* Übertragung und Vererbung von Mitgliedschaftsrechten, S. 40; ähnlich auch *Habersack* Mitgliedschaft, S. 144; die Zuordnung allgemein als spezifische Aufgabe des subjektiven Rechts erkennend *Hüffer* FS Wadle, S. 387 (388).

[599] MüKoBGB/*Schäfer* § 705 Rn. 186; gegenüberstellend *Schmidt* JZ 1991, 157 (158); erstmals als Doppelcharakter beschreibend *Wiedemann* Übertragung und Vererbung von Mitgliedschaftsrechten, S. 39; zustimmend *Habersack* Mitgliedschaft, S. 98.

[600] *Lutter* AcP 180 (1980), 84 (97).

[601] *Lutter* AcP 180 (1980), 84 (155); „ein in sich geschlossenes Ganzes", *Schmidt* Gesellschaftsrecht, S. 549.

[602] MüKoBGB/*Schäfer* § 705 Rn. 186; *Lutter* AcP 180 (1980), 84 (99); die Einheitlichkeit hervorhebend auch *Habersack* Mitgliedschaft, S. 98.

[603] *Lutter* AcP 180 (1980), 84 (100).

[604] Eigenschaften der Mitgliedschaft als Rechtsgegenstand herausarbeitend *Schmidt* Gesellschaftsrecht, S. 563 ff.

Mitgliedschaftsrecht die Rechtsposition hieran darstellt, die den Inhaber zur umfassenden Nutzung der Mitgliedschaft berechtigt, sprich zur Ausübung seiner mitgliedschaftlichen Rechte und Pflichten.[605]

(2) Token an einzelnen Rechten der Mitgliedschaft

Das Verständnis des Mitgliedschaftsrechts als strukturell einheitliches Rechtebündel zeigt, dass die Mitgliedschaft trotz der Zusammensetzung aus verschiedenen relativ wirkenden Rechten eine – zumindest in Teilen – absolute Rechtsposition vermittelt.[606] Die einzelnen relativ wirkenden Rechte können ohne größere Schwierigkeiten durch extrinsische Token abgebildet werden, da es sich hierbei um schlichte Forderungen handelt.[607]

(3) Token am Mitgliedschaftsrecht

Ob aber auch das Mitgliedschaftsrecht als einheitliches Herrschaftsrecht durch Token abgebildet werden kann, ist schwieriger zu beantworten. Die Mitgliedschaft wird durch das (sich aus den einzelnen Mitgliedschaftsrechten ergebende) Mitgliedschaftsrecht erfasst und eindeutig zugeordnet. Der absolute Gehalt der Mitgliedschaft ist dadurch bereits ‚verbraucht' und kann allenfalls in Form eines Tokens existieren; der Token ist damit aber nicht das Mitgliedschaftsrecht selbst, sondern nimmt nur darauf Bezug. Deutlich wird das mit Blick auf die jeweiligen Entstehungszeitpunkte: Das Mitgliedschaftsrecht entsteht in dem Moment, in dem auch die Mitgliedschaft geschaffen wird – die aufgrund ihrer Existenz als Rechtebündel wiederum erst bei (rechtlicher) Gesellschaftsgründung entsteht. Der Token hingegen kann erst dann entstehen und auf das Mitgliedschaftsrecht Bezug nehmen, wenn Mitgliedschaft und Mitgliedschaftsrecht bereits entstanden sind.

Andererseits hat die Form der Darstellung des Mitgliedschaftsrechts keinen Einfluss auf die Mitgliedschaft und ihre Zuordnung; die absolute Rechtsposition besteht abstrakt sowohl bei dem als Aktie verbrieften Mitgliedschaftsrecht[608] als auch bei demjenigen Mitgliedschaftsrecht, das ohne jede

---

[605] Ähnlich auch *Hüffer* FS Wadle, S. 387 (392, 394); die für absolute Rechte ebenfalls erforderliche Ausschlussmöglichkeit ergibt sich ebenfalls aus der Rechtsordnung, insbesondere durch Nichtigkeit oder Anfechtbarkeit von Beschlüssen wird in die Mitgliedschaft eingegriffen, siehe dazu ebd. S. 394; zur personen- und vermögensrechtlichen Zuweisung der Mitgliedschaft siehe ebd. S. 397 ff.; zur Systematik der Gegenstände siehe § 3IV.1.c).
[606] Ausführlich untersuchend *Habersack* Mitgliedschaft, S. 117 ff., 139 ff. Damit ähnelt es außerdem dem modernen Verständnis des Eigentums als Rechtebündel, vgl. § 3IV.3.b)bb); mit dem Eigentum im klassischen Sinne vergleichend *Hüffer* FS Wadle, S. 387 (390); differenzierend hingegen *Habersack* Mitgliedschaft, S. 69 f.
[607] Siehe § 3IV.3.b)aa).
[608] Die Aktie ist der typische Fall eines die Mitgliedschaft verkörpernden Wertpapiers, BeckOGK-BGB/*Vogel* § 793 Rn. 18; *Brox/Hennsler* Handelsrecht, Rn. 503.

Verbriefung auskommt. Eine Verbriefung in Form von Token ist daher ebenfalls möglich. Das gilt sowohl für bereits bestehende Mitgliedschaftsrechte, die nachträglich als Token verbrieft werden können, als auch für Mitgliedschaftsrechte, deren Entstehen von vornherein von der Existenz eines Tokens abhängig gemacht wird, indem alle Rechte und Pflichten, die die Mitgliedschaft als solche definieren, den Nachweis eines Tokens voraussetzen.[609]

Die Ausgabeform des Mitgliedschaftsrechts ist allerdings durch einen Typenzwang eingeschränkt. Wertpapiere beispielsweise sind nur in den gesetzlich vorgesehenen Fällen zulässig und andere Mitgliedschaftsrechte können mangels gesetzlicher Regelung nicht verbrieft werden – einzige Ausnahme bildet hier das Mitgliedschaftsrecht in einer Aktiengesellschaft, das nach § 10 AktG als Namens- oder Inhaberaktie verbrieft werden kann.[610] Dadurch wird eine erhöhte Verkehrsfähigkeit der eher anonym ausgestalteten Mitgliedschaft in einer Aktiengesellschaft bezweckt, die aber nicht zwingend ist und daher auch durch Ausschluss der Verbriefung verhindert werden kann.[611] Bei anderen Rechtsformen wird das Mitgliedschaftsrecht nur durch schriftlichen Gesellschaftsvertrag oder durch eine zwingend vorgeschriebene Gesellschafterliste nachgewiesen. Auf die Einordnung der Mitgliedschaft als Gegenstand eines absoluten subjektiven Rechts haben derartige rechtsformspezifische Besonderheiten zwar keinen Einfluss. Die gesetzliche Rechtsform bestimmt nur den konkreten Inhalt der Rechte und Pflichten, während die Mitgliedschaft als zuordenbarer Rechtsgegenstand getrennt von der Rechtsform zu betrachten ist.[612]

---

[609] Da außerdem Mitgliedschaften als gesellschaftliches Konstrukt neu geschaffen werden als neue sachähnliche Gegenstände, ist es deutlich wahrscheinlicher, dass es in Zukunft immer mehr tokenisierte Mitgliedschaftsrechte gibt als tokenisiertes Sacheigentum; zur Verbriefung absoluter Eigentumsrechte siehe § 3IV.3.b)bb).

[610] BeckOGK-BGB/*Vogel* BGB § 793 Rn. 45; BeckOGK-BGB/*Vatter* AktG § 10 Rn. 4; dieser Typenzwang wird auch als Argument gegen eine unmittelbare Tokenisierung von Mitgliedschaftsrechten im Zuge des neuen schweizerischen DLT-Gesetzes herangezogen, vgl. *Bundesrat* Rechtliche Grundlagen für DLT und Blockchain in der Schweiz, S. 50 f., 58; die Möglichkeit bejahend für den Fall, dass das vom schweizerischen Gesetzgeber entsprechend erlaubt wird, *Weber* RDi 2021, 186 (188); vgl. insoweit auch die Kritik an der im Zuge des Zukunftsfinanzierungsgesetzes anvisierten Tokenisierung der Aktienurkunde von *Omlor/Wilke/Blöcher* MMR 2022, 1044 (1046 f.).

[611] BeckOGK-AktG/*Vatter* § 10 Rn. 5, 32; nach hM führt das allerdings nicht zu einem vollständigen Ausschluss jeglicher Verkörperung in Form einer Globalurkunde, dazu ebd. Rn. 88 sowie ausführlich *Noack* FS Wiedemann, S. 1141 (1148 ff.) und *Schwennicke* AG 2001, 118 (passim).

[612] *Hüffer* FS Wadle, S. 387 (395 f.) mit Beispielen zu den unterschiedlichen Ausgestaltungen der einzelnen Rechtsformen; Mitgliedschaft als abstrakte Erscheinung verstehend auch *Lutter* AcP 180 (1980), 84 (88), der trotz unterschiedlich gestalteter Rechte und Pflichten eine einheitliche rechtliche Struktur erkennt, ebd. S. 155, 158; kritisch zuletzt jedoch *Merkt* ZfPW 2018, 300 (310, 312, 327).

Trotzdem müsste der Gesetzgeber eine Verbriefung von Mitgliedschaftsrechten mittels Token erst noch anerkennen.[613]

(4) Neue Form der Mitgliedschaft durch Token

Durch die DLT sind Token entstanden, die Zugang zu einer dezentralen Anwendung oder Plattform ermöglichen, ohne dass dabei auf bestehende Rechte zurückgegriffen werden kann. Typischer Fall wäre etwa die Teilnahme an einer DAO, die ausschließlich durch Algorithmen verwaltet wird. Mangels Gegenpartei sollen bei einer DAO keine relativen Rechtspositionen entstehen können, die in ihrer Summe eine Mitgliedschaft und ein Mitgliedschaftsrecht begründen würden. Trotzdem ermöglichen Token faktisch, dass mitgliedsähnliche Funktionen übernommen werden können. Unabhängig von der Frage, wie diese im Einzelnen rechtlich ausgestaltet werden können, wäre es denkbar, eine faktische – und damit in gewisser Weise vorrechtlich existierende – Mitgliedschaft anzuerkennen. Die in Form von Algorithmen fest vorgegebenen Regeln definieren das Können und Müssen eines jeden Teilnehmers ausreichend konkret und ähneln damit rechtlichen Gesellschaften, die das Können und Müssen ihrer Mitglieder in vergleichbarer Weise durch die Normierung entsprechender Rechte und Pflichten vorgeben.

Ähnlich wie bei den rechtlichen Gesellschaften wäre die Mitgliedschaft allerdings abstrakt zu verstehen und darf nicht mit dem Token gleichgesetzt werden. Token sind zwar wesentlich, um die mitgliedschaftlichen Funktionen ausüben zu können, fungieren letztlich aber eher als Nachweis über die Mitgliedschaft. Die mitgliedschaftlichen Funktionen selbst sind nämlich nicht unmittelbar im Token verkörpert, sondern ergeben sich erst aus dem Zusammenspiel von Distributed Ledger, Token und Smart Contract.

An einer solchen vorrechtlich existierenden Mitgliedschaft könnte dann auch eine Rechtsposition mit absolutem Charakter bestehen, wofür ein entsprechendes Mitgliedschaftsrecht begründet werden muss. Auch diese kann nicht durch den Token ersetzt werden, da der Token als vorrechtlicher Gegenstand selbst keine Rechtsposition darstellen kann. Faktisch fungiert er zwar als Nachweis der Mitgliedschaft sowohl innerhalb der DAO als auch gegenüber Dritten, eine Aussage über die inhaltliche Ausgestaltung eines möglichen Mitgliedschaftsrechts trifft er aber nicht. Dies ist vielmehr Aufgabe des Rechts, welches das Mitgliedschaftsrecht dann mit der Inhaberschaft an Token verknüpfen kann, sodass der Token die Mitgliedschaft letztendlich verbriefen würde. Ausreichend könnte insoweit sogar sein, den Token als systemimmanenten Nachweis über die Teilhabe an einer DAO rechtlich anzuerkennen. Dadurch würde er nämlich zu einer Art Inhaberwertpapier über ein Mitgliedschaftsrecht, das

---

[613] Vgl. in Bezug auf das schweizerische Recht *Weber* RDi 2021, 186 (188).

gleichzeitig inzident als Rechtsposition über die faktisch bestehende Mitgliedschaft erfasst werden würde.

Vor allem aber passt diese Struktur zum bisherigen System, dass Rechtspositionen – auch Mitgliedschaftsrechte – nur abstrakt bestehen und allenfalls durch eine Verkörperung verbrieft werden können. Gleichzeitig kommen die sachähnlichen Eigenschaften der Token hier besonders zur Geltung. Die Tokenisierung dezentraler Zugangsrechte, die selbst keine Rechtsposition darstellen (können), spricht daher nicht gegen, sondern für eine Sachfähigkeit der Token.

(5) Zwischenergebnis zu Mitgliedschaftsrechten

Token können somit auch auf Mitgliedschaftsrechte Bezug nehmen. Von einer durch Token *verbrieften* Mitgliedschaft zu unterscheiden ist allerdings die Konstellation, dass ein Token auf ein eine Mitgliedschaft *verbriefendes* Wertpapier Bezug nimmt. In diesem Fall verkörpert der Token nur den Anspruch auf das Wertpapier, der relativ gegenüber dem Aussteller des Wertpapiers besteht, und nicht die Mitgliedschaft unmittelbar als solche; eine absolute Rechtsposition wird dann von vornherein nicht begründet.[614]

Zudem muss die Bezugnahme auf Mitgliedschaftsrechte in einer als sachfähig anerkannten Form erfolgen[615] und darf nicht schon in anderer Form existieren.[616] Würde neben einer bereits bestehenden Verbriefung auch der Token eine Sache im Sinne des § 90 BGB darstellen, wäre die Mitgliedschaft durch zwei verschiedene Sachen abgebildet, zum einen im Wertpapier und zum anderen im Token. Dies widerspräche dem einmaligen Charakter der körperlichen Gegenstände, an dem die Mitgliedschaft bei Verdinglichung gerade geknüpft werden soll,[617] und ist von der Rechtsordnung auch für reguläre Wertpapiere nicht vorgesehen.[618] Im Übrigen aber schafft das Distributed Ledger

---

[614] Zwischen Crypto Securities und Asset Tokens unterscheidend auch *Scherer* Blockchain im Wertpapierbereich, S. 128 mwN, auch wenn dieser den absoluten Charakter der Mitgliedschaft verkennt und daher beide Kategorien hinsichtlich ihrer rechtlichen Einordnung gleichsetzt, ebd. S. 129 f.; im schweizerischen Recht ist auf diese Weise jedoch durchaus die Tokenisierung von Mitgliedschaftsrechten möglich, vgl. *Bundesrat* Rechtliche Grundlagen für DLT und Blockchain in der Schweiz, S. 52.

[615] Im Ergebnis wohl auch *Scherer* Blockchain im Wertpapierbereich, S. 131.

[616] Für diesen Fall zwei Lösungswege vorschlagend *Scherer* Blockchain im Wertpapierbereich, S. 132 f.

[617] Zur Verdinglichung von Forderungsrechten bereits *Fabricius* AcP 162 (1963), 456 (463).

[618] Für Inhaberschuldverschreibungen z.B. ergibt sich das aus dem Skripturprinzip und der Tatsache, dass der Begebungsvertrag für den Inhalt des verbrieften Rechts gerade keine eigenständige Bedeutung hat; die Urkunde verbrieft immer ein Forderungsrecht in Form eines selbstständigen Leistungsversprechens, sodass stets der Inhalt der Urkunde maßgeblich ist; die mehrfache Ausfertigung der Forderung als Urkunde ist somit von vornherein nicht möglich; siehe dazu BeckOGK-BGB/*Vogel* § 793 Rn. 94 f.

eine ähnliche Publizität wie der Besitz eines Wertpapiers, sodass es gerechtfertigt scheint, dem Token ähnliche Rechtswirkungen zuzuerkennen.[619]

dd) Zwischenergebnis zum Einfluss der verknüpften Rechtsposition

Zusammenfassend lässt sich festhalten, dass die Art der verknüpften Rechtsposition nur bedingten Einfluss auf die Frage hat, ob Token überhaupt Sachen im Sinne des § 90 BGB darstellen können. Nur soweit es um die identische Abbildung einer bereits bestehenden Rechtsposition geht, ergeben sich Schwierigkeiten. Nach der zivilrechtlichen Dogmatik können keine zwei identischen Rechtspositionen bestehen; die Zuordnung muss immer eindeutig sein. Im Übrigen würde die Bezugnahme auf eine bereits bestehende Rechtsposition aber nicht gegen die grundsätzliche Einordnung der Token als Sache im Sinne des § 90 BGB sprechen.

c) Alternative Möglichkeiten einer zivilrechtlichen Einordnung

Zuletzt wird auch für extrinsische Token erörtert, wie diese systematisch eingeordnet werden können, wenn eine Sachfähigkeit abgelehnt wird. Es kommt erneut eine Rechtsposition *sui generis* am Token in Betracht (aa)), die jedoch anders ausgestaltet sein müsste (bb)).

aa) Erforderlichkeit einer Rechtsposition sui generis an extrinsischen Token

Es wurde bereits herausgearbeitet, dass eine gänzliche Aberkennung jeglicher rechtlichen Erfassung der Token aus verschiedenen Gründen nicht überzeugt.[620] Bei extrinsischen Token wird das einmal mehr deutlich: Einerseits soll die Inhaberschaft an dem Verkörperten der Inhaberschaft am Token folgen. Andererseits ist die Inhaberschaft der Token nicht rechtlich erfasst, sondern stellt nur eine tatsächliche Verfügungsmacht im Distributed Ledger dar. Die Rechtsordnung hat keine Möglichkeit, normativ Einfluss zu nehmen. Wenn Token aber Rechte verkörpern, würde das zu dem grotesken Ergebnis führen, dass die Zuordnung der Rechte nicht mehr durch das Recht selbst, sondern nur noch durch das Distributed Ledger bestimmt wird.[621]

Dieses Kausalitätsverhältnis war bei Entwicklung der DLT in der Tat Grundlage und Motivation: *code is law* und die Rechtsordnung habe allein und ausschließlich vorbestimmten Verhältnissen zu folgen.[622] Nur so könne die

---

[619] So auch für das schweizerische Recht *Bundesrat* Rechtliche Grundlagen für DLT und Blockchain in der Schweiz, S. 67.

[620] Siehe § 3IV.2.b).

[621] Zusammenfassend *Arndt* Bitcoin-Eigentum, S. 137 ff.

[622] Erstmals *Lessig* Code Version 2.0, S. 1; ebenso *De Filippi/Wright* Blockchain and the Law, S. 193 ff.; kritisch hingegen *Crepaldi* Authority of Distributed Consensus Systems, S. 179 ff. sowie konkret in Bezug auf Smart Contracts *Möslein* ZHR 2019, 254 (268 ff.);

Rechtsordnung ihr Ziel erreichen, eine Infrastruktur bereitzustellen, von denen jeder Einzelne im Rahmen seiner Privatautonomie nach Belieben Gebrauch machen kann.[623] Es gibt jedoch gute Gründe, wieso sich die Rechtsordnung nicht nur an faktischen Gegebenheiten orientiert, sondern diese gegebenenfalls modifiziert. Der Gesetzgeber wägt alle Interessen ab, die innerhalb der Gesellschaft auftauchen, und bringt sie in einen angemessenen Ausgleich.[624] Die Zuordnung einer Sache, die durch das Eigentumsrecht erfolgt, richtet sich daher nicht ausschließlich nach der tatsächlichen Sachherrschaft: Diese ist rechtlich zwar als Besitz erfasst und mithin anerkannt, wird aber modifiziert, wenn Schwächere geschützt werden müssen.[625] Dieses ausgearbeitete Konstrukt darf nicht über- oder umgangen werden, indem die Inhaberschaft von Rechten an Token geknüpft wird und mit diesen frei nach den Vorschriften der DLT verfahren werden kann.[626] Die Tokenisierung stellt keinen Ersatz für bestehende Rechtsgrundsätze dar, sondern hat sich vielmehr an diese zu halten.[627]

Wäre allein die Inhaberschaft an Token maßgeblich, könnte ein Kryptoverwahrer einen ihm anvertrauten Token einfach an sich selbst überweisen, um selbst Inhaber des repräsentierten Rechts zu werden.[628] Um zu verhindern, dass

---

umgekehrt von *law is code* und einer zumindest teilweisen algorithmischen Struktur des Rechts sprechend *Oster* IJLIT 2021, 101 (109 f.).

[623] Zur Infrastrukturfunktion des Rechts siehe *Hellgardt* Regelsetzung im Privatrecht, S. 56 ff., die eine zweckoffene Standardisierung zur Reduzierung der Transaktionskosten des Einzelnen bedeute, ebd. S. 58, und sich insbesondere in den einzelnen Rechtsinstitutionen wie etwa den dinglichen Rechten zeige, ebd. S. 57.

[624] *Arndt* Bitcoin-Eigentum, S. 142 f.; ausführlich zur Interessenausgleichsfunktion als Hauptaufgabe des Privatrechts *Hellgardt* Regelsetzung im Privatrecht, S. 121 (126 ff.) sowie *ders.* Regulierung und Privatrecht, S. 59 ff., wobei er hervorhebt, dass diese typisierte rechtliche Abwägung gerade vielen Infrastrukturregelungen zu Grunde liege, ebd. S. 58, weshalb Definitionen und Hilfsnormen (wie § 90 BGB mit seiner Legaldefinition der Sache ja gerade ist) zumeist auch Ausdruck eines standardisierten Interessenausgleichs seien, ebd. S. 76; übersichtlich zu den verschiedenen Interessen, die das zwingende Recht auszugleichen versucht, *Renner* Regelsetzung im Privatrecht, S. 165 (168 f.) mwN. In diesem Zusammenhang zur Regulierung durch das Recht *De Filippi/Wright* Blockchain and the Law, S. 173 ff., 193 f. sowie *Lessig* Code Version 2.0, S. 122 f.

[625] Wer als schützenswert gilt, wird ebenfalls vom Gesetzgeber definiert; das Bürgerliche Gesetzbuch erfasst z.B. Minderjährige, psychisch Kranke, sittenwidrig Getäuschte und Bedrohte gesondert; dazu *Arndt* Bitcoin-Eigentum, S. 54; vgl. auch ebd. S. 88 mwN.

[626] Vgl. *Arndt* Bitcoin-Eigentum, S. 55, 138.

[627] *Crepaldi* Authority of Distributed Consensus Systems, S. 179.

[628] Dieses *argumentum ad absurdum* anführend *Arndt* Bitcoin-Eigentum, S. 54, der infolgedessen darlegt, dass die verkörperten Rechte durch Einigung nach §§ 398, 314 BGB übergehen müssten, ggf. schuldrechtlich beschränkt darauf, dass gleichzeitig auch der verkörpernde Token transferiert werden muss; der Emittent wäre insoweit geschützt, da er nach § 410 BGB eine Abtretungsurkunde verlangen könne; bei Abtretung der Forderung ohne Token würden jedoch Forderungsinhaberschaft und Token (ggf. dauerhaft) auseinanderfallen, da ein gutgläubiger Erwerb von Forderungen nicht möglich sei; das stünde der erhöhten

das Recht handlungsunfähig ist, wenn keine schuldrechtlichen Vereinbarungen getroffen wurden, müssen Token rechtlich erfasst sein. Gleichzeitig darf es nicht zu einer doppelten Zuordnung kommen, die dann widersprüchlich sein könnte. In Anbetracht der befürworteten Handhabung intrinsischer Token bietet es sich daher an, eine Rechtsposition *sui generis* zu definieren, sollte die Sacheigenschaft abgelehnt werden. Ähnlich wie bei Wertpapieren können andere Rechtspositionen dann mit dieser verknüpft und von dieser abhängig gemacht werden.

bb) Ausgestaltung der Rechtsposition sui generis an extrinsischen Token

Wie eine solche neu zu definierende Rechtsposition *sui generis* an extrinsischen Token aussehen könnte, ist letztlich eine normative Frage.[629] Ausgangspunkt könnte aber das Konstrukt sein, das der Gesetzgeber bereits für andere Rechte geschaffen hat: die Anknüpfung an einen sachenrechtlich erfassten Gegenstand und mithin ans Eigentumsrecht. Die Ausgestaltung der Rechtsposition *sui generis* nach dem Vorbild des Eigentumsrechts hätte den Vorteil, dass alle Rechte an die gleiche Rechtsposition anknüpfen können – und zwar unabhängig von der konkreten Ausgestaltung der zu verkörpernden Rechte. Gleichzeitig ermöglichen Token als digitaler Publizitätsträger eine gesteigerte und unkomplizierte Verkehrsfähigkeit, die rechtlich durch die Möglichkeit eines gutgläubigen Erwerbs einmal mehr garantiert werden könnte.[630]

Wenn Token einen Gegenstand referenzieren, der durch die Rechtsordnung schon erfasst ist, müssen sie immer auf die bereits bestehende Rechtsposition Bezug nehmen; nur dann kann eine Rechtsposition *sui generis* rechtlich verknüpft werden. Bei körperlichen Gegenständen wäre dies beispielsweise das Eigentumsrecht. Bei rein digital existierenden, rechtlich noch nicht erfassten Gegenständen könnte hingegen auch direkt angeknüpft werden. Langfristig würde das aber die Gefahr begründen, dass zwei absolute Rechtspositionen nebeneinander bestehen und den Gegenstand doppelt zuordnen.[631] Die Verknüpfungslösung scheint daher sachgerechter.

Verkehrsfähigkeit der Rechte entgegen und würde den Zweck der Tokenisierung konterkarieren; dazu ebd. S. 54 f.; aA *Kaulartz/Matzke* NJW 2018, 3278 (3281 ff.).

[629] Ähnlich auch *Arndt* Bitcoin-Eigentum, S. 89, demzufolge das Eigentumsrecht die normative Entscheidung darüber sei, wer die tatsächliche Gewalt über eine Sache ausüben können soll.

[630] Anders könnte sich das aber durchaus für einzelne Rechtsbereiche darstellen, etwa dem bereits seit langem als konstruiert kritisierten Effektengiroverkehres, vgl. im Rahmen des eWpG *Lehmann* BKR 2020, 431 (437 f.).

[631] Siehe dazu die ähnlichen Ausführungen in § 3IV.3.b)bb).

cc) Zwischenergebnis zu alternativen Möglichkeiten einer Rechtsposition an extrinsischen Token

Zusammenfassend kann festgehalten werden, dass auch bei extrinsischen Token zumindest eine Rechtsposition *sui generis* am Token bestehen muss; die Verknüpfung mit einer bereits bestehenden Rechtposition kann das Erfordernis einer rechtlichen Erfassung nicht ersetzen. Um der Funktion und dem Anspruch an extrinsischen Token gerecht zu werden, müsste eine solche Rechtsposition stark nach sachenrechtlichem Vorbild ausgestaltet sein; nur diese Regelungen erlauben *de lege lata* eine bessere Verkehrsfähigkeit der verkörperten Rechte. Auch für extrinsische Token[632] wäre daher eine Rechtsposition *sui generis* zumindest sachähnlich zu gestalten.

d) Ergebnis zur Sachfähigkeit extrinsischer Token

Bei extrinsischen Token bestehen letztlich keine großen Unterschiede gegenüber den intrinsischen Token – im Gegenteil, trotz der Verknüpfung mit einer bereits bestehenden, außerhalb liegenden Rechtsposition sprechen gute Gründe dafür, auch extrinsische Token als Sache im Sinne des § 90 BGB zu erfassen. Ansonsten müsste eine neue Rechtsposition *sui generis* definiert werden, die sich inhaltlich den sachenrechtlichen Vorschriften stark annähern würde, wenn nicht sogar identisch wäre.

4. Ergebnis zur systematischen Einordnung von Token – Fallgruppenbildung?

Intrinsische und extrinsische Token sollten im Ausgangspunkt rechtlich gleich behandelt werden. Dafür spricht schon die grundsätzlich identische technische Gestaltung, die sich nur im Detail hinsichtlich des technischen Layer, der Strukturierung des State und der im Datenfeld erfassten Informationen unterscheidet. Rechtlich von Bedeutung ist jedoch nur die Bezugnahme auf eine bereits bestehende Rechtsposition, die stets unterschiedlich ausgestaltet sein kann (etwa durch unmittelbare Verlinkung im Token oder mittels entsprechenden Algorithmus des verwaltenden Smart Contract). Daneben bestehen auch allgemeingültige Erwägungen für eine im Grundsatz einheitliche Erfassung beider Arten von Token. Dazu zählen die höhere Rechtssicherheit, die bessere Flexibilität und die einfachere Einordnung in das bestehende dogmatische System.[633] Eine Fallgruppenbildung ist insoweit folglich nicht erforderlich.

---

[632] Zur Ausgestaltung einer Rechtsposition *sui generis* an intrinsischen Token siehe § 3IV.2.c).
[633] Ähnlich für das schweizerische Recht *Furrer/Müller* Jusletter 18. Juni 2018, Rn. 7, 58, 63 f., die insoweit sogar für einen allgemeingültigen Grundsatz der funktionalen Äquivalenz plädieren.

§ 3 Rechtliche Einordnung von Token als Sache 173

Eine Bildung von Fallgruppen könnte sich jedoch aus funktionaler Sichtweise anbieten. Nicht jede Verknüpfung extrinsischer Token dient demselben Ziel: Während eine Verknüpfung mit einer relativen Rechtsposition diese vorwiegend handelbar machen soll, bezweckt die Verknüpfung mit einem (rechtlich noch nicht erfassten) digitalen Gegenstand in der Regel dessen erstmalige eindeutige Zuordnung. Noch bedeutsamer wird diese Unterscheidung bei der Tokenisierung von Mitgliedschaftsrechten, bei der es entweder um rein faktische Zugangsrechte, relative Ansprüche oder absolute Rechtspositionen gehen kann. Ausgehend von den oben herausgearbeiteten Unterschieden überzeugt daher die Unterteilung der Token in autonome Token, relative Token und absolute Token.[634] Autonome Token werden meist den intrinsischen Token entsprechen, letztere eher extrinsische Token darstellen. Die konkrete Funktion der Token führt nicht dazu, dass ein Token nicht mehr als Sache anerkannt werden kann.[635] Im Rahmen einzelner Rechtsinstitute mag es allerdings sinnvoll sein, auf diese Differenzierung zurückzugreifen.

V. Rechtsvergleichender Blick nach Italien: weiter Sachbegriff

An dieser Stelle soll nun rechtsvergleichend auf den Sachbegriff des italienischen Rechts geschaut werden, um zunächst ganz allgemein zu prüfen, ob Token unter die Vorschriften der italienischen Rechtsordnung subsumiert werden können (1). Da dies der Fall ist – so viel sei vorweggenommen – wird die dem zugrundeliegende Argumentation genauer betrachtet (2), wobei wie gehabt zwischen intrinsischen (2.b)aa)) und extrinsischen Token (2.b)bb)) unterschieden wird. Dabei sollen nicht nur etwaige Unterschiede zum deutschen Recht herausgearbeitet werden, sondern die Argumentation wird vielmehr auch mit Blick auf eine mögliche Übertragbarkeit auf die deutsche Rechtsordnung hin geprüft (3).

1. Sachbegriff in der italienischen Rechtsordnung

Um Token unter den Sachbegriff des italienischen Rechts subsumieren zu können, muss dieser zunächst umrissen werden, da er sich vom deutschen Sachbegriff des § 90 BGB unterscheidet.

---

[634] So die Klassifizierung der ITSA (siehe § 2II.2 Fn. 133), die rechtlich zwischen *no claim token*, *relative rights token* und *absolute rights token* differenziert; ähnlich die Differenzierung des schweizerischen Rechts in *counterparty* und *ownership token*, Bundesrat Rechtliche Grundlagen für DLT und Blockchain in der Schweiz, S. 68; dazu auch *Müller/Glarner/Linder/Meyer/Furrer/Gschwend/Henschel* Conceptual Framework, S. 6 ff.

[635] Vgl. die für das schweizerische Recht getroffenen Schlussfolgerungen von *Furrer/Glarner/Linder/Müller* Jusletter 26. November 2018, Rn. 41, 49, 55, 58, die Sachfähigkeit für alle Tokenkategorien befürworten.

a) Sachbegriff nach Art. 810 cc

Der 1942 reformierte *codice civile* definiert in Art. 810 cc die sogenannten *beni* als *cose che possono formare oggetto di diritti*. Wörtlich wäre das mit „Güter sind Sachen, die Gegenstand von Rechten sein können" zu übersetzen. Der offiziellen Übersetzung der Provinz Bozen[636] zufolge wird Art. 810 cc jedoch vielmehr dahingehend verstanden, dass all diejenigen Dinge Sachen sein sollen, die Gegenstand von Rechten sein können. *Beni* wird also mit Sachen übersetzt, *cose* hingegen mit Dingen.

Es wird bereits ersichtlich, dass im Rahmen des Art. 810 cc sprachliche Unklarheiten bestehen (aa)). Diese erschweren nicht nur dem Rechtsfremden die Bedeutungserfassung, sondern haben auch innerhalb der italienischen Rechtswissenschaft zu Streitigkeiten rund um dessen Auslegung geführt (bb)). Letztendlich lassen sich aber Parallelen zum deutschen Gegenstandsbegriff ziehen, der ebenfalls nicht unumstritten ist (cc)).

aa) Sprachliche Unklarheiten des Art. 810 cc

Diese sprachliche Unterscheidung ist nicht ohne Bedeutung. Obwohl Art. 810 cc im System der italienischen Zivilrechtsdogmatik den allgemeinen Sachbegriff definiert, wird bereits sprachlich ein deutlich weiteres Verständnis sichtbar.[637] Als Sache wird alles verstanden, was irgendwie zum Rechtsgegenstand werden kann, indem es Gegenstand von Rechten wird.[638] Dabei wird nicht an den eigentlichen Begriff der Sache angeknüpft (der eher mit *cose* zu übersetzen wäre),[639] sondern an den Begriff des Guts, der in der deutschen Sprache eher ökonomisch geprägt ist und mehr auf den Nutzen und die Verkehrsfähigkeit abstellt.[640] Das italienische Recht jedoch differenziert hier nicht, sondern nimmt den Güterbegriff als Ausgangspunkt für sein eigenes, legaldefiniertes Verständnis einer Sache.[641] Von diesem Sachbegriff ist alles erfasst,

---

[636] Die Südtiroler Landesverwaltung stellt auf ihrer Website https://www.provinz.bz.it/politik-recht-aussenbeziehungen/recht/sprachangelegenheiten/uebersetzte-rechtsvorschriften.asp Übersetzungen der wichtigsten Gesetze sowie der Rechtsvorschriften des Landes bereit, unter anderem des Codice Civile.

[637] Vgl. *v. Bar* Gemeineuropäisches Sachenrecht I, § 2 II Rn. 86.

[638] *Torrente/Schlesinger* Manuale di diritto privato, S. 186.

[639] Vgl. *Gambaro* Beni, S. 14 f.; ebenso, aber kritisch, *Scozzafava* Beni e forme giuridiche di appartenenza, S. 43 f.

[640] Vgl. *Gambaro* La Proprietà, S. 54; eine wirtschaftliche Bedeutung im Rahmen der italienischen Begrifflichkeiten hingegen verneinend *Pugliatti* Beni e cose, S. 67 f.

[641] *Zeno-Zencovich* Cosa, S. 14; vgl. ferner *Gambaro* Proprietà, S. 53; zur Bezugnahme auf die Nutzung siehe aber auch *ders.* Beni, S. 2; ebenso, wenn auch gewisse Überschneidungen zum wirtschaftlichen Güterbegriff erkennend, da aus dem wirtschaftlichen Begriff heraus die Notwendigkeit einer rechtlichen Einordnung entspringe, *Scozzafava* Beni e forme giuridiche di appartenenza, S. 85 ff., 100; demgegenüber bestehe kein eigener juristischer Begriff der *cose*, vgl. *Pugliatti* Beni e cose, S. 70.

was Gegenstand von Rechten sein kann, und somit nicht nur körperliche Gegenstände, sondern auch unkörperliche Gegenstände und insbesondere auch Rechte.[642]

bb) Auslegungsstreit des Art. 810 cc

Der Sachbegriff ist in der italienischen Doktrin nicht unumstritten[643] und wurde früher noch deutlich enger ausgelegt.[644] In der Tat ist der Wortlaut des Art. 810 cc verwirrend: Auf den ersten Blick scheint es wegen Art. 810 cc, als sei der Begriff der Dinge, der *cose*, weiter zu verstehen als der der Sachen, der *beni*. Denn Sachen sollen nur diejenigen Dinge sein, die auch Gegenstand von Rechten sein können.[645] Im allgemeinen Sprachgebrauch werden mit dem Begriff der *cose* aber insbesondere körperliche Gegenstände bezeichnet, sodass insoweit deren vorrechtliche Existenz relevant wird, wohingegen der Begriff der *beni* auf die Eigenschaft als Bezugsobjekt für Rechte abstellt.[646] Es ist also die Eignung, ein menschliches Interesse zu befriedigen, die eine Sache als Sache im rechtlichen Sinne qualifiziert.[647] Auf der anderen Seite verwendet der Codice Civile die beiden Begriffe nicht immer in stringenter Konsequenz, sondern nimmt an anderer Stelle auch wieder auf den Begriff der *cose* Bezug.[648] So geschieht das insbesondere in Art. 832 cc, der das Eigentumsrecht definiert.[649] Insoweit könnte zwar argumentiert werden, dass die *cose* ja gerade erst durch Art. 832 cc zum Gegenstand eines Rechts werden und somit auch dadurch erst zu Sachen, zu *beni*. Dagegen spricht dann aber wieder die Formulierung des Art. 810 cc, der ja gerade darauf abstellt, dass Sachen all die Dinge

---

[642] *Trabucchi* Istituzioni, S. 672; *Bocchini/Quadri* Diritto Privato, S. 97; anerkennend, dass nicht nur körperliche Sachen gemeint sein können, *Gambaro* Proprietà, S. 57; im Rechtsvergleich *v. Bar/Drobnig* Interaction of Contract Law and Tort and Property Law, Rn. 459; im Zusammenhang mit Token *Scalera* ScReport 2021, 42 (43).

[643] Siehe insoweit nur *Gambaro* Beni, S. 7 ff.; *ders.* Proprietà, S. 55 ff. sowie *Zeno-Zencovich* Cosa (passim).

[644] *Scalera* ScReport 2021, 42 (43).

[645] So auch die hM, vgl. etwa *Gambaro* Beni, S. 8; *Zeno-Zencovich* Cosa, S. 4; ausführlich auflistend *Pugliatti* Beni e cose, S. 75 f.; im Kontext von Token *Giuliano* NGCC 2021, 1214 (1215).

[646] *Giuliano* NGCC 2021, 1214 (1215); anschaulich *Scozzafava* Beni e forme giuridiche di appartenenza, S. 43 ff., der darlegt, dass eine körperliche Sache im Sinne einer *cosa* immer nur eine einzelne Sache bleibe, jedoch Gegenstand verschiedener dinglicher Rechte und damit mehrfach *bene* sein könne, ebd. S. 46; mit dem Begriffsverhältnis des Art. 810 cc in Einklang bringend ebd. S. 50; ähnlich *Torrente/Schlesinger* Manuale di diritto privato, S. 185.

[647] *Trabucchi* Istituzioni, S. 672.

[648] Ausführlich *Zeno-Zencovich* Cosa, S. 7 ff.; im Überblick *Gambaro* Beni, S. 8; im Kontext von Token auch *Giuliano* NGCC 2021, 1214 (1216).

[649] Konkret dazu *Zeno-Zencovich* Cosa, S. 9; auch *Scozzafava* Beni e forme giuridiche di appartenenza, S. 51 f.

sind, die Gegenstand von Rechten sein *können*; es wird nicht gefragt, ob sie es auch tatsächlich *sind*.[650] In Fortführung der Tradition des römischen Rechts wird daher überwiegend vertreten, dass der Begriff der *cose* ähnlich weitreichend sei wie der römische Begriff der *res*. Er müsse eher als ein vorrechtliches Etwas verstanden und gerade nicht mit rechtlicher Bedeutung versehen werden,[651] wohingegen der Sachbegriff einer rechtlichen Wertung unterliege und somit von der Realität unabhängig ist.[652]

cc) Parallelen zum Gegenstandsbegriff des deutschen Rechts

Letztlich kann und soll dieser Streit zum Begriffsverhältnis hier nicht abschließend beantwortet werden.[653] Es soll aber gezeigt werden, dass sich insoweit Parallelen zur deutschen Diskussion des Begriffsverhältnisses von Gegenstand und Sache ziehen lassen.[654] Auch dem Sachbegriff des Art. 810 cc wird, ähnlich wie dem deutschen Gegenstandsbegriff, je nach Kontext eine unterschiedliche Bedeutung zugeschrieben: Einerseits soll er sich im Rahmen der allgemeinen Rechtstheorie auf den objektiven Aspekt der subjektiven Rechte beziehen. Andererseits soll er als Bezugsobjekt der Vermögensrechte alles umfassen, was auf der Aktivseite eines Vermögens stehen kann.[655] Als Bezugsobjekt der dinglichen Rechte hingegen sollen alle vorrechtlichen Gegenstände erfasst

---

[650] Etwas allgemeiner *Scozzafava* Beni e forme giuridiche di appartenenza, S. 94, 99 f.

[651] So die mehrheitliche Meinung der Redaktion des Codice Civile, vgl. *Commissione delle assemblee legislative* Libro delle cose e dei diritti reali, S. 19 f.; *Torrente/Schlesinger* Manuale di diritto privato, S. 185; im Hinblick auf die Einordnung von Token als Sache *Giuliano* NGCC 2021, 1256 (1460); kritisch *Gambaro* Proprietà, S. 55; dieser Auffassung nur im Hinblick auf die semantische Reichweite zustimmend und hervorhebend, dass sich der Begriff der *cosa* von dem lateinischen Begriff der *causa* ableite *Piraino* Riv. crit. dir. priv. 2012, 459 (467).

[652] *Bocchini/Quadri* Diritto Privato, S. 97.

[653] Ausführlich mwN *Gambaro* Beni, S. 7 ff.; im Ergebnis offenlassend *Scozzafava* Beni e forme giuridiche di appartenenza, S. 52; Meinungsstreit als gelöst ansehend *Scalera* ScReport 2021, 42 (43); im Zusammenhang mit Token die Diskussion um den Sachbegriff ebenfalls anreißend *Giuliano* NGCC 2021, 1214 (1215); demgegenüber kritisch zum Mehrwert der diesbezüglichen Diskussion *Piraino* Riv. crit. dir. priv. 2012, 459 (462); stattdessen liest letzterer aus dem Begriffsverhältnis von *beni* und *cose* eine soziale Funktion des Begriffs der *beni* und sogar eine verfassungsrechtliche Dimension des Art. 810 cc heraus, ebd. S. 493 f.

[654] Anders *Zeno-Zencovich* Cosa, S. 15, beide Begrifflichkeiten spiegeln unterschiedliche Ebenen wider: *cose* beziehe sich immer auf die reale Welt und seien durch Körperlichkeit konnotiert, *beni* beziehe sich auf die rechtliche Welt, die keine Körperlichkeit voraussetzt; ebenso *Scozzafava* Beni e forme giuridiche di appartenenza, S. 32 f.

[655] Zu einzelnen Vermögensgegenständen *Zeno-Zencovich* Cosa, S. 19 ff.; aA *Alpa/Donzelli/Fusaro* Nuovi confini del diritto di proprietà, S. 21, die in dem maßgeblichen Art. 2740 cc einen eigenen Sachbegriff erkennen.

sein, die dann durch Art. 810 cc zu Sachen im Rechtssinne werden.[656] Was dann jedoch alles als vorrechtlicher Gegenstand erfasst werden kann, ist ebenfalls umstritten.[657] Teilweise wird darin eine Beschränkung auf körperliche Gegenstände gesehen.[658] Dies gilt aber als veraltet[659] und inzwischen werden auch solche Gegenstände erfasst, deren Substrat nicht mit normalen Instrumenten physisch identifiziert werden kann, die also nicht im originären Sinne körperlich sind, solange sie Gegenstand dinglicher Rechte sein können.[660]

Würde man für den Sachbegriff also ein Pendant in der deutschen Begriffsdogmatik suchen, wäre das wohl der des Gegenstands, der vom Bürgerlichen Gesetzbuch nicht definiert wird. Demgegenüber kann der Sachbegriff nach Art. 810 cc nicht mit dem Begriff des Rechtsobjekts gleichgesetzt werden, da dieser nicht nur alle Gegenstände umfasst, an denen Rechte bestehen können, sondern auch persönliche Beziehungen, Verhalten oder Dienstleistungen.[661] Trotzdem soll im weiteren Verlauf der Untersuchung der Begriff der Sache genutzt werden, um die systematischen Unterschiede in der jeweiligen Dogmatik besser hervorheben zu können.

dd) Zwischenergebnis

Der Sachbegriff im italienischen Recht ist demzufolge nur unscharf konturiert und immer wieder Gegenstand von Diskussionen. Im Gegenzug ermöglicht die fehlende Legaldefinition ein weiteres Verständnis, das sich bestmöglich in die Struktur des Rechtssystem eingliedert. Sucht man einen Vergleich im deutschen Recht, erscheint daher der Gegenstandsbegriff passender. Trotzdem wird

---

[656] *Gambaro* Beni, S. 34; ähnlich *Zeno-Zencovich* Cosa, S. 5 sowie *Piraino* Riv. crit. dir. priv. 2012, 459 (463), der alles andere nur als rechtlichen Rahmen bezeichnet; hierin ebenfalls die einzig maßgebliche Bedeutung des Art. 810 cc sehend hingegen *Alpa/Donzelli/Fusaro* Nuovi confini del diritto di proprietà, S. 20 f.; diese Dreiteilung des Sachbegriffs ablehnend hingegen *Scozzafava* Beni e forme giuridiche di appartenenza, S. 72.
[657] Dabei stehen sich die unterschiedlichen Sichtweisen teilweise diametral gegenüber, vgl. *Giuliano* NGCC 2021, 1214 (1216), der die verschiedenen Strömungen auch im Überblick darstellt, ebd. S. 1216 f.; ähnlich auch *Gambaro* Beni, S. 16 sowie *Piraino* Riv. crit. dir. priv. 2012, 459 (462).
[658] Siehe z.B. *Comporti* Diritti reali in generale, S. 124 ff.; diese sollen dann aber auch Gegenstand nicht-dinglicher Rechte sein können, vgl. *Pugliatti* Beni e cose, S. 84 f.
[659] *Bocchini/Quadri* Diritto Privato, S. 97.
[660] So wohl die hM laut *Piraino* Riv. crit. dir. priv. 2012, 459 (466); vgl. auch *Gambaro* Beni, S. 35; enger *Torreno/Schlesinger* Manuale di diritto privato, S. 186; weiter *Trabucchi* Istituzioni, S. 672; es komme auf das Eigentumsrecht selbst und nicht auf den Sachbegriff an, *Zeno-Zencovich* Cosa, S. 4, eine Einschränkung auf körperliche Sachen im Bereich des Dritten Buches werfe aber keine ernsthaften Probleme auf, ebd. S. 5.
[661] *Trabucchi* Istituzioni, S. 672; *Scozzafava* Beni e forme giuridiche di appartenenza, S. 31 f.; *Scozzafava* Beni e forme giuridiche di appartenenza, S. 58 ff.; *Piraino* Riv. crit. dir. priv. 2012, 459 (477); zu Überschneidungen von Sachbegriff und Rechtsobjekt hingegen *Gambaro* Beni, S. 2.

in der vorliegenden Untersuchung der Begriff der Sache genutzt, um die unterschiedlichen systematischen Herangehensweisen besser darstellen zu können.

b) Materielle und immaterielle Sachen im Sinne des Art. 810 cc

Insgesamt umfasst der Sachbegriff des Art. 810 cc also Sachen, die Gegenstand dinglicher Rechte sind, sowie alle anderen Sachen, die sonst irgendwie Gegenstand von Rechten sind. Um diese beiden Kategorien voneinander abzugrenzen, wird im rechtswissenschaftlichen Diskurs in materielle und immaterielle Sachen unterteilt.[662] Als materielle Sachen gelten nur die Gegenstände, an denen dingliche Rechte bestehen können, und sie sollen sich durch ihre Körperlichkeit oder zumindest durch ihre Wahrnehmbarkeit auszeichnen.[663] Immaterielle Gegenstände sind demgegenüber insbesondere diejenigen Rechte, die Gegenstand von Verhandlungen sein können, also Kredite, Gesellschaftsanteile und Finanzinstrumente, aber auch persönliche Daten, Immaterialgüter[664] und Frequenzen.[665]

Wo genau aber die Grenze zwischen materiellen und immateriellen Sachen verläuft, ist unklar und kann sich nur im Umkehrschluss daraus ergeben, was alles Gegenstand von dinglichen Rechten sein kann. Es ist eine Objektivität notwendig, anhand der sich die dinglichen Rechte von den relativen Rechten unterscheiden. Diese Objektivität erfordert nach heutigem Verständnis aber keine Körperlichkeit im physischen Sinne, sondern nur, dass der Gegenstand unabhängig von subjektiven Gesichtspunkten, Einstellungen und Verhaltensweisen bestehen bleibt; die Sache also unmittelbar und ohne Einfluss Dritter genutzt wird.[666]

Indem aber danach gefragt wird, ob die Sache Bezugsobjekt dinglicher Rechte sein kann, umschreibt die Rechtswissenschaft mit dem Begriff der materiellen Sache letztendlich nur die Funktion, Anknüpfungspunkt für das Sachenrecht und insbesondere für das Eigentumsrecht zu sein.[667] Funktional entspricht dies dem Sachbegriff des § 90 BGB. Anders als bei der vorgegebenen Legaldefinition des § 90 BGB ist die italienische Rechtsordnung jedoch an keinen Wortlaut gebunden. Stattdessen können materielle Sachen ausschließlich durch ihre Funktion heraus bestimmt werden; sie sind eben nicht auf Basis

---

[662] Vgl. *Bocchini/Quadri* Diritto Privato, S. 97; im Zusammenhang mit Token *Scalera* ScReport 2021, 42 (44).
[663] *Torreno/Schlesinger* Manuale di diritto privato, S. 186.
[664] Gegenstände, an denen Immaterialgüterrechte bestehen; zum Begriff § 3 IV.2.b)aa)(1).
[665] *Torreno/Schlesinger* Manuale di diritto privato, S. 186 f.
[666] *Gambaro* Beni, S. 102; in diese Richtung wohl auch *Trabucchi* Istituzioni, S. 686, wenn er darlegt, dass dingliche Rechte alle Rechte seien, die den Menschen in seiner direkten Beziehung zur Welt der Sachen betreffen, und dabei nicht zwischen materiellen und immateriellen Sachen unterscheidet.
[667] *Piraino* Riv. crit. dir. priv. 2012, 459 (463); *Alpa/Donzelli/Fusaro* Nuovi confini del diritto di proprietà, S. 20.

einer wie auch immer zu bestimmenden Körperlichkeit zu definieren,[668] sondern es kommt auf das rechtlich relevante und schützenswerte Interesse des zu schützenden Subjekts an.[669] Aus der bloßen Tatsache, dass das italienische Sachenrecht historisch bedingt sehr an körperlichen Gegenständen ausgerichtet ist, kann keine Beschränkung auf körperliche Sachen geschlussfolgert werden. Im Gegenteil hat ein Reformausschuss, der sich mit den zivilrechtlichen Regelungen der öffentlichen Sachen auseinandergesetzt hat, vorgeschlagen, den Art. 810 cc so umzuformulieren, dass er ausdrücklich auch immaterielle Sachen umfasst.[670] Aus diesem Grund wird sogar davon gesprochen, dass der Unterscheidung zwischen materiellen und immateriellen Sachen inzwischen keine grundsätzlich systematische Funktion mehr zukomme.[671]

Trotzdem soll an dieser Stelle noch einmal ein Blick auf das Eigentumsrecht nach Art. 832 cc geworfen werden, um zu prüfen, ob sich aus dieser Norm gegebenenfalls ein eindeutiges Bezugsobjekt herausarbeiten lässt (aa)). Ferner wird auf verschiedene Eigentumssituationen eingegangen, bei denen das Bezugsobjekt unkörperlich ist: nämlich auf ein mögliches Eigentum an immateriellen Sachen (bb)), auf Eigentum an Energien (cc)), auf Eigentum an Unternehmen (dd)) sowie auf Eigentum an immateriellen Kulturgütern (ee)).

aa) Bezugsobjekt des Eigentumsrechts nach Art. 832 cc

Während im Sachbegriff des vorangehenden Codice Civile, der in Art. 406 normiert war, noch ausdrücklich auf das Eigentumsrecht Bezug genommen wurde, reicht der Sachbegriff des Art. 810 cc in seiner Funktion weiter und umfasst alle denkbaren Gegenstände. Die Erweiterung des Sachbegriffs sollte

---

[668] Die Eingrenzung des deutschen Sachbegriffs als veraltet und unrealistisch kritisierend sowie darauf hinweisend, dass im deutschen Sprachgebrauch Sache nicht nur zur Bezeichnung von körperlichen Gegenständen genutzt wird, sondern von allem, über das verhandelt und beraten werden kann, *Piraino* Riv. crit. dir. priv. 2012, 459 (485); für ein solches Verständnis gerade auch mit Blick auf digitale Gegenstände plädierend *Giuliano* NGCC 2021, 1214 (1217), der insoweit insbesondere den Fortschritt der wissenschaftlichen und technologischen Kenntnisse sowie den Wandel zur heutigen Informationsgesellschaft heranzieht, ebd. S. 1217 f.

[669] *Giuliano* NGCC 2021, 1214 (1219) im Zusammenhang mit dem tiefgreifenden technologischen Wandel; ähnlich, wenn auch allgemeiner für ein normatives Verständnis des Begriffs plädierend auch *Gambaro* Beni, S. 6; zuvor bereits *Scozzafava* Beni e forme giuridiche di appartenenza, S. 90; dem im Grundsatz zustimmend *Piraino* Riv. crit. dir. priv. 2012, 459 (465), der aber davor warnt, sich dabei zu stark oder ausschließlich auf die subjektiven Interessen zu konzentrieren, ebd. S. 477 f., und die Sachfähigkeit nicht nur von dinglichen Rechten, sondern auch von relativen und absoluten Rechten abhängig machen will, ebd. S. 478.

[670] *Commissione Rodotà sui beni pubblici* Relazione 14. Juni 2007, S. 8; auch *Gambaro* Beni, S. 103 f.

[671] *Gambaro* Beni, S. 170; im Zusammenhang mit Token zustimmend *Caloni* Riv. dir. civ. 2019, 169 (171 Fn. 39).

aber lediglich Auslegungshürden bei neuen Gegenständen beseitigen und keine neue Rechtstypologie begründen.[672] Im Hinblick auf die sachenrechtliche Funktion des Sachbegriffs ist dieser daher nach wie vor im Zusammenhang mit Art. 832 cc zu lesen.

Das Sachenrecht findet sich unter der Überschrift *Della proprietà* im Dritten Buch des Codice Civile und regelt die dinglichen Rechte, die die Nutzung von Sachen, den Verkehr der Rechte an diesen Sachen sowie den Schutz der Interessen in Bezug auf diese Sachen bestimmen.[673] Nach Art. 832 cc hat der Eigentümer das Recht, die Sache in dem von der Rechtsordnung vorgegebenen Rahmen unter Beachtung der von dieser festgelegten Pflichten voll und ausschließlich zu nutzen und darüber zu verfügen. Wie auch im früheren Art. 406 des alten Codice Civile wurde dabei der Begriff der *cose* verwendet. Die Einführung dieser Legaldefinition war jedoch stark umstritten. Legaldefinitionen wurden nämlich generell für nicht sinnvoll erachtet, da durch sie keine rechtlich wirkenden Normen geschaffen würden, sondern nur Normen, die später als unzulässig angesehen werden könnten. Zudem würden Legaldefinitionen die begriffliche Gliederung der Institutionen nur unzureichend wiedergeben oder als Hilfsnorm Teile enthalten, die eigentlich zu einer Rechtsnorm gehören. Eine Abgrenzung, die durch eine für sich sprechende Systematik erreicht werden, sei daher sachgerechter.[674] Obwohl die gesetzgeberische Kommission *cose* als alle körperlichen Gegenstände oder natürlichen Gebilde verstand, die einer Aneignung oder einem Gebrauch zugänglich sind,[675] übernahm sie diese Definition daher bewusst nicht in das Gesetz und machte den Begriff der *cose* nicht zu einem Rechtsbegriff.

Trotzdem kam die Kommission nicht umhin, das Eigentum zumindest in seinen Grundzügen zu definieren. Als Kompromiss wurde keine objektbezogene Definition gewählt, die den Gegenstand des Eigentumsrechts zu umreißen versucht, sondern eine Definition aus Sicht des Rechtsinhabers, die nur die Befugnisse des Eigentümers beschreibt. Somit handelt es sich beim Eigentum um ein subjektives Recht, aus dem sich die Bezugnahme auf Sachen nur indirekt ergibt, obwohl sich das Eigentum unmittelbar auf sie bezieht und ein dingliches Recht darstellt.[676] Das Eigentum ist demnach immer ein berechtigtes Interesse

---

[672] *Scozzafava* Beni e forme giuridiche di appartenenza, S. 349 f.; was konkret darunter gefasst werden könne, war jedoch noch nicht ausgereift, ebd. S. 351 f.
[673] *Gambaro* Beni, S. 36; zum Aufbau des Codice Civile *Kindler* Einführung in das italienische Recht, § 8 Rn. 11; die Disziplin des Sachenrechts besteht trotz Vertrags- und Konsensprinzip, ebd. § 10 Rn. 27.
[674] *Brocardi* Spiegazione dell'art. 832 Codice Civile, Kapitel 2; kritisch *Scozzafava* Beni e forme giuridiche di appartenenza, S. 109.
[675] *Commissione delle assemblee legislative* Libro delle cose e dei diritti reali, S. 3; kritisch darauf Bezug nehmend *Scozzafava* Beni e forme giuridiche di appartenenza, S. 352 ff.
[676] Kritisch wegen schneller Schlussfolgerungen jedoch *Zeno-Zencovich* Cosa, S. 25 f.

oder eine geschützte Fähigkeit an einer Sache im Sinne des Art. 810 cc.[677] Bezugsobjekt ist der weite Sachbegriff, sodass genau genommen nicht nur körperliche Gegenstände, sondern auch unkörperliche Gegenstände und auch Rechte Gegenstand des Eigentumsrechts sein könnten.[678] Als dingliches Zuordnungsrecht kann sich das Eigentum aber nicht auf Rechte beziehen, weshalb die herrschende Lehre dies aus systematischen, normativen und erkenntnistheoretischen Gründen entsprechend einschränkt. Ansonsten würde sich das Eigentum nicht von anderen subjektiven Rechten unterscheiden oder aber es wäre die Mitwirkung eines anderen Rechtsinhabers erforderlich, sodass der Charakter der umfassenden unmittelbaren Befugnis in Frage gestellt wäre.[679]

Bestätigt wird dieses Eigentumsverständnis durch Art. 813 cc. Dieser sieht vor, dass die Vorschriften über unbewegliche Sachen auch für die an ihnen bestehenden dinglichen Rechte sowie für entsprechende Klagen gelten, während die Vorschriften über bewegliche Sachen bei allen anderen Rechten zur Anwendung kommen. Da damit der Anwendungsbereich der Vorschriften ausdrücklich auf dingliche Rechte erweitert wird, können diese nicht vorher schon Gegenstand des Sachbegriffs aus Art. 810 cc sein.[680] Umgekehrt kann der Sachbegriff mangels ausdrücklicher Definition des Bezugsobjekts weit verstanden werden und insbesondere unkörperliche Sachen erfassen. Da Bezugsobjekt alles sein kann, was einen ausschließlichen Nutzen begründet, sind Sachen all diejenigen Gegenstände, die vom Menschen erfasst werden können und eine rechtliche Relevanz entfalten.[681] Durch diese Wechselwirkung hängt sich das italienische Sachenrecht nicht an der Körperlichkeit auf, sondern knüpft an die Handhabungsmöglichkeiten des Eigentümers an.[682] Durch diese funktionale Herangehensweise soll das Bezugsobjekt des Eigentumsrechts gerade offener gegenüber neuen Gegenständen sein.[683]

---

[677] Vgl. umgekehrt *Gambaro* Proprietà, S. 54, demzufolge es wesentliche Funktion des Art. 810 cc sei, die Gegenstände der im Dritten Buch geregelten Zugehörigkeitsverhältnisse zu umreißen.

[678] Den Begriff als zu weit erachtend, sodass dieser stets im Kontext gelesen werden müsse, *Gambaro* Proprietà, S. 54; diejenigen, die den Sachbegriff demgegenüber von vornherein auf körperliche Sachen beschränkt sehen wollen, ziehen gerade diese Verknüpfung von Sach- und Eigentumsbegriffs heran, dazu *ders.* Beni, S. 12.

[679] *Gambaro* Proprietà, S. 62, der jedoch die Schwierigkeiten bei der Bestimmung der Grenzen des Begriffs hervorhebt; ebd. S. 65 f.; ferner *Zeno-Zencovich* Cosa, S. 15; *Scozzafava* Beni e forme giuridiche di appartenenza, S. 94 f. sowie *Messinetti* L'obiettività giuridica delle cose incorporali, S. 129.

[680] Darauf verweisend insbesondere *Pugliatti* Beni e cose, S. 104.

[681] So schlussfolgernd *Pugliatti* Beni e cose, S. 105.

[682] AA *Scozzafava* Beni e forme giuridiche di appartenenza, S. 359, der Körperlichkeit ausdrücklich als Element des Eigentumsrechts nach Art. 832 cc fordert; an anderer Stelle wird aber dargelegt, dass es letztendlich auf die Exklusivität der Zuordnung ankomme, ebd. S. 361.

[683] So ausdrücklich auch *Giuliano* NGCC 2021, 1214 (1217 f.).

bb) Eigentum an immateriellen Sachen

Ein derart weites Verständnis des Eigentumsrechts würde bedeuten, dass Eigentum auch an allen Formen von unkörperlichen Gegenständen bestehen kann. Gleichzeitig differenziert die italienische Rechtswissenschaft zwischen materiellen und immateriellen Sachen, da die Rechtsordnung neben dem Eigentumsrecht nach Art. 832 cc noch andere ausschließliche Rechte an bestimmten Immaterialgütern vorsieht. Diese sind im Gesetz für gewerbliches Eigentum, im Gesetz zum Schutz des Urheberrechts und verwandter Schutzrechte sowie als Teil des Unternehmensrecht in den Art. 2563 bis 2594 cc geregelt und teilen sich entsprechend ihren Schutzgütern in literarisch-künstlerisches und gewerbliches Eigentum. In ihrer Gesamtheit bilden sie eine eigene Disziplin des geistigen Eigentums.

Das Eigentumsrecht aus Art. 832 cc wird gegenüber anderen Immaterialgüterrechten daher als Grundnorm verstanden ((1)), auch wenn das nicht unumstritten ist ((2)). Für den Sachbegriff lässt sich daraus aber schlussfolgern, dass dieser auch unkörperliche Sachen umfasst ((3)).

(1) Verhältnis von Eigentum im Sinne des Art. 832 cc und Immaterialgüterrechten

Wie auch im deutschen Recht werden die Bezugsobjekte des geistigen Eigentums durch die Vorschriften der einzelnen Immaterialgüterrechte konkret definiert[684] und dadurch teilweise auch erst abgrenzbar.[685] Trotzdem gelten sie als Sachen im Sinne des Art. 810 cc; ihre fehlende Körperlichkeit steht dem nicht entgegen. Das Eigentumsrecht aus Art. 832 cc ist als Grundregel zwar nur auf solche Sachen anwendbar, an denen eine unmittelbare Beziehung bestehen kann, sodass die meisten Immaterialgüter nicht erfasst werden.[686] Soweit es aber um die ausschließliche Nutzungsmöglichkeit in funktionaler Hinsicht geht, spricht man auch bei allen anderen immateriellen Sachen von Eigentum.[687] Die Regelungen zum geistigen Eigentum fungieren somit als *lex specialis*, während das Eigentumsrecht aus Art. 832 cc als *lex generalis* die Reichweite der inhaltlichen Nutzungsmöglichkeit für alle Sachen im Sinne des

---

[684] Siehe z.B. Art. 1 des Gesetzes für gewerbliches Eigentum, der den Begriff des gewerblichen Eigentums ausdrücklich definiert.

[685] *Messinetti* L'obiettività giuridica delle cose incorporali, S. 146, 153; zum deutschen Recht siehe insoweit bereits § 3IV.2.b)aa).

[686] So der Grundkonsens, vgl. z.B. *Zeno-Zencovich* Cosa, S. 21 f., 26; ferner *Scozzafava* Beni e forme giuridiche di appartenenza, S. 53 ff., 359; vgl. ferner im Rahmen des Besitzes *Sacco/Caterina* Possesso, S. 130.

[687] In die Richtung wohl auch *Sacco/Caterina* Possesso, S. 130; im Grundsatz so auch diejenigen, die die Rechte an Immaterialgüter als eigenes Monopolrecht sehen, siehe etwa *Scozzafava* Beni e forme giuridiche di appartenenza, S. 559; zustimmend *Piraino* Riv. crit. dir. priv. 2012, 459 (472).

Art. 810 cc vorgibt.[688] Die Regelungen des Eigentumsrechts aus Art. 832 cc, die an die körperliche und ausschließliche Beziehung zwischen dem Eigentümer und dem Bezugsobjekt anknüpfen, sind hingegen nicht anwendbar, soweit es sich um immaterielle Güter handelt, bei denen diese unmittelbare Beziehung gerade fehlt. Das gilt insbesondere für die Formen des originären Eigentumserwerbs und die Abwehrklagen, zum Beispiel für die Ersitzung nach Art. 1158 ff. cc oder den Herausgabeanspruch nach Art. 948 cc.[689]

(2) Kritik an dem differenzierten Eigentumsverständnis des Art. 832 cc

Diese differenzierte Anwendung des Eigentumsrechts nach Art. 832 cc auch auf immaterielle Sachen ist allerdings nicht unumstritten.[690] Hingewiesen wird

---

[688] Art. 2 des Gesetzes für gewerbliches Eigentum sieht für das gewerbliche Eigentum z.B. spezialgesetzlich vor, dass dieses durch Patentierung, Registrierung oder auf jede anderen in dem Gesetzbuch vorgesehene Weise erworben werden kann, wobei nur die Patentierung und Registrierung zur Entstehung des gewerblichen Eigentums führen; in diese Richtung auch *Bocchini/Quadri* Diritto Privato, S. 474, 477 ff.; kritisch wegen Ausdehnung des Eigentumsverständnis *Scozzafava* Beni e forme giuridiche di appartenenza, S. 15 ff., 127, aber zustimmend, dass der Gesetzgeber einen weiten Geltungsbereich des Sachbegriffs vorgesehen haben muss, ebd. S. 110 f.

[689] *Mattei* Diritti Reali, S. 88; ferner *Albertini* Jus Civile 2015, 360 (405), der betont, dass die Anwendung der possessorischen Besitzregeln möglich bleiben soll, ebd. S. 405 f. mwN; aA *Salvi* Contenuto del diritto di proprietà, S. 56, der von vornherein keine dinglichen Rechte als anwendbar erachtet, sowie *Scozzafava* Beni e forme giuridiche di appartenenza, S. 372 f.; zur Unanwendbarkeit des Herausgabeanspruchs auch ebd. S. 388 f. Die Strafgerichte haben die Anwendbarkeit der Eigentumsvorschriften im Rahmen eines möglichen Datendiebstahl allerdings bejaht und geurteilt, dass der Straftatbestand des Diebstahls nicht durch einfaches unbefugtes Kopieren von Dateien auf einem Datenträger erfüllt werden könne; der rechtmäßige Inhaber habe seinen Besitz an der Sache nicht verloren; Kassationsgerichtshof, Urteil vom 26. Oktober 2010, Nr. 44840/2010; dem ging eine längere Debatte zur Einordnung von Dateien voraus, bei der zu berücksichtigen ist, dass die hM den strafrechtlichen Sachbegriff unabhängig vom zivilrechtlichen Sachbegriff bestimmt; dazu *Deflorio* Riv. Crit. Dir. 1. Juni 2021. Das weite Eigentumsverständnis findet sich auch außerhalb des Immaterialgüterrechts wieder: Die Rechtsordnung erkennt z.B. ein Eigentumsrecht an den CO_2-Zertifikaten an, obwohl diese nur virtuell als elektronisch verwaltete Datensätze existieren; Ziel ist es dabei, einen entsprechenden Markt zu schaffen, in dem die CO_2-Zertifikate als frei handelbare Sachen zirkulieren können; faktisch werden die CO_2-Zertifikate jedoch erst durch die staatliche Registrierung geschaffen und es ist auch nur diese Registrierung, die zum Bezugsobjekt des Eigentumsrechts wird; Eigentum kann somit grundsätzlich auch an nur rechtlich geschaffenen Gegenständen bestehen, die nicht körperlich sind, sondern nur als semantische Information in einem Register erfasst sind; dazu *Gambaro* Beni S. 221; in der deutschen Rechtsordnung sind die CO_2-Zertifikate hingegen als elektronisch verbrieftes Vermögensrecht *sui generis* anerkannt, auch wenn deren Rechtsnatur im Einzelnen umstritten ist; sie sind jedoch keine beweglichen Sachen, sodass auch kein Eigentumsrecht hieran bestehen kann, vgl. *Wagner* JZ 2007, 971 (972).

[690] *Messinetti* L'obiettività giuridica delle cose incorporali, S. 54 ff., 187 ff.; verneinend z.B. *Scozzafava* Beni e forme giuridiche di appartenenza, S. 53 ff.

insbesondere auf den dinglichen Charakter des Eigentumsrechts, der bei immateriellen Sachen wegen entscheidender Unterschiede in Inhalt und Funktion nicht gegeben sei. Während nämlich der Nutzen einer körperlichen Sache darin bestehe, die Sache für sich selbst zu halten und dadurch das Interesse des Eigentümers bereits ausreichend befriedigt werde, könne das Recht an einer immateriellen Sache demgegenüber nur befriedigt werden, indem es gegenüber Dritten verteidigt wird.[691] Aus diesem Grund handele es sich um eine Form der Zugehörigkeit, die keine dingliche, eigentumsähnliche Struktur habe.[692] Das geistige Eigentum sei vielmehr als eigenständiges Monopolrecht ausgestaltet,[693] da sie keine vorrechtlich existierende Sache einverleibt, sondern diese erst kreiert.[694] Die Beziehung zwischen Objekt und Subjekt ist damit bei geistigen Schöpfungen nicht in gleicher Weise unmittelbar wie bei körperlichen Sachen[695] und wurde nur deshalb als Eigentum bezeichnet, weil das Eigentumsrecht zunächst das einzig bekannte Zuordnungsrecht war.[696] Es wird deutlich, dass es sich bei dieser Diskussion um eine ganz grundsätzliche Ordnungsfrage der Dogmatik handelt, die sich auf grundlegende Fragen der Dinglichkeit bezieht und Parallelen zur Pandektistik der deutschen Rechtswissenschaft aufweist.[697]

Ferner sind die Unterschiede eher quantitativ als qualitativ. So ist es auch bei geistigen Schöpfungen nicht ausgeschlossen, dass der Eigentümer sie nur für sich selbst behalten möchte und jede weitere Verbreitung für ihn ohne Belang ist. In diesem Falle wird er seine Schöpfung nicht gegen Dritte verteidigen, egal wie hoch das Schutzbedürfnis grundsätzlich eingeschätzt wird.[698] Letztendlich ist das geistige Eigentumsrecht dadurch zwar stärker nach außen projiziert, weil es eher dazu bestimmt ist, in Beziehung mit Dritten ausgeübt zu werden. Das Eigentumsrecht an körperlichen Sachen hingegen bezieht sich von vornherein mehr auf die der Sache innewohnenden

---

[691] *Comporti* Diritti reali in generale, S. 119 f.; *Salvi* Contenuto del diritto di proprietà, S. 56; aA *Messinetti* L'obiettività giuridica delle cose incorporali, S. 59.

[692] *Scozzafava* Beni e forme giuridiche di appartenenza, S. 21.

[693] *Scozzafava* Beni e forme giuridiche di appartenenza, S. 473; vgl. auch *Salvi* Contenuto del diritto di proprietà, S. 56; zustimmend wohl auch *Giuliano* NGCC 2021, 1214 (1218).

[694] *Comporti* Diritti reali in generale, S. 108 ff.; *Scozzafava* I beni e le forme giuridiche di appartenenza, S. 113 f.

[695] *Scozzafava* Beni e forme giuridiche di appartenenza, S. 385.

[696] *Scozzafava* Beni e forme giuridiche di appartenenza, S. 558; zustimmend *Piraino* Riv. crit. dir. priv. 2012, 459 (472), der hervorhebt, dass den Rechten nur, aber gerade auch, das funktionale Profil der Zuordnung gemein sei.

[697] Es wird regelmäßig auf deutsche Pandektisten verwiesen, z.B. *Comporti* Diritti reali in generale, S. 109 Fn. 139.

[698] *Albertini* Jus Civile 2015, 360 (405 f. Fn. 148); *Scozzafava* Beni e forme giuridiche di appartenenza, S. 128.

Nutzungsmöglichkeiten.[699] Trotzdem hat man sich bei der Schaffung des geistigen Eigentums nicht ohne Grund wesentlich am Vorbild des Eigentumsrechts nach Art. 832 cc orientiert, denn in der Rechtsordnung spiegelt dieses Eigentumsrecht gerade die allgemeine Lösung für Zuordnungsfragen wider.[700]
Letztendlich spricht vieles dafür, dass das grundsätzliche Bestehen der Rechtsposition sowie dessen Umfang sich im Ausgangspunkt nach der Regelung des Art. 832 cc bestimmen – und zwar unabhängig von der Frage, welche weiteren, daran anknüpfenden Vorschriften anwendbar sein mögen. Das geistige Eigentum ist daneben zwar als autonome, aber auch als parallele Kategorie zum klassischen Eigentumsrecht zu verstehen. Begriff und Reichweite des Eigentumsrechts nach Art. 832 cc gelten funktional somit auch im Rahmen des geistigen Eigentums, solange entsprechende Unterschiede berücksichtigt werden.

(3) Schlussfolgerungen für den Sachbegriff als Bezugsobjekt

Aufgrund dieses Eigentumsverständnisses ist der Sachbegriff als Bezugsobjekt umfassender als der Sachbegriff, der dem deutschen Eigentumsrecht zugrunde liegt. Eine Beschränkung auf körperliche Sachen gibt es nicht, sodass umgekehrt eine Unkörperlichkeit der Begründung eines Eigentumsrechts auch nicht entgegensteht. Stattdessen kommt es vielmehr auf die Unmittelbarkeit der Nutzungsbeziehung an. Der Gesetzgeber kann sich also aufgrund gewisser Eigenschaften gezwungen sehen, weitere Regelungen zu schaffen, die das Eigentumsrecht inhaltlich weiter ausgestalten und konkretisieren, wodurch das Eigentumsrecht letztendlich praktisch anwendbar gemacht wird.

cc) Eigentum an Energien

Interessant ist in diesem Zusammenhang auch der Blick auf das Eigentumsrecht an Energien, die nach Art. 814 cc ausdrücklich als bewegliche Sachen anerkannt sind, wenn sie wirtschaftlich genutzt werden können. Dadurch wurde normiert, was von der Lehre zuvor insbesondere in Bezug auf einen möglichen Diebstahl von elektrischer Energie herausgearbeitet wurde.[701] Spätestens mit ihrer Nutzung komme Energien gegenüber ihrer Quelle eine selbständige Existenz zu.[702] Der rivale Charakter der Energien wurde nicht

---

[699] *Albertini* Jus Civile 2015, 360 (405 f. Fn. 148); das hingegen gerade als Argument für eine unterschiedliche Einordnung erachtend *Messinetti* L'obiettività giuridica delle cose incorporali, S. 191, 206 f.; die Nutzung unkörperlicher Sachen enthalte ein dynamisches Element, die Nutzung körperlicher Sachen sei stets statisch, ebd. 234 ff.; aA, aber ähnlich *Comporti* Diritti reali in generale, S. 119.

[700] *Nicolussi* Eur. dir. priv. 2014, 1191 (1203 Fn. 27); ähnlich *Mattei* Diritti Reali, S. 86; zustimmend *Albertini* Jus Civile 2015, 360 (405 f. Fn. 148).

[701] *Gambaro* Proprietà, S. 68.

[702] *Scozzafava* Beni e forme giuridiche di appartenenza, S. 400.

angezweifelt, sondern sollte in rechtlicher Hinsicht anerkannt werden, indem Energien mithilfe des Eigentumsrechts eindeutig zugeordnet werden.[703] Es kam folglich also auch hier nicht so sehr auf die Körperlichkeit an, sondern mehr auf eben diese Möglichkeit einer eindeutigen Zuordnung.

Auf der einen Seite spricht das dafür, dass der Gesetzgeber das Bezugsobjekt des Eigentumsrechts weit verstanden möchte und alles dazuzählt, was faktisch zugeordnet werden kann.[704] Auf der anderen Seite kann die gesonderte Normierung auch als bewusste Ausnahme der dogmatischen Ordnung verstanden werden.[705] In der Tat hat sich die Anwendung der besitzrechtlichen Regelungen im Anschluss als problematisch erwiesen: nicht weil der Besitz eines Elektronenflusses begrifflich undenkbar ist, sondern weil das besitzrechtliche System den Eigenschaften und insbesondere der Geschwindigkeit dieses Elektronenflusses nicht gewachsen ist.[706] In der Rechtsprechung wurde der Eigentumsschutz infolgedessen immer wieder auf andere, besser fassbare Vermögenswerte übertragen, was jedoch zu Ungereimtheiten im dogmatischen System geführt hat.[707] Die Weite des Eigentumsrechts ermöglicht es somit zwar, auf jede Art von Gegenstand Bezug zu nehmen und dieses klar zu bestimmen. Faktisch muss die Einbeziehung aber auch umsetzbar bleiben. Bei der Bestimmung des Bezugsgegenstands ist daher auch die Systematik mitzuberücksichtigen.[708]

dd) Eigentum an Unternehmen

Dass Art. 814 cc nicht als Ausnahmeregelung zu verstehen ist, wird allerdings mit Blick auf die weitere Entwicklung des Sachbegriffs in der italienischen Rechtswissenschaft deutlich. Die Rechtsprechung hat zuletzt ein Unternehmen als einheitliche Sache anerkannt, an der Besitz bestehen kann.[709] Zwar ist das Unternehmen aus verschiedenen einzelnen Sachen zusammengesetzt, die ihrerseits materiell, immateriell, beweglich oder unbeweglich sein können.[710] In seiner Gesamtheit erlange das Unternehmen aber eine davon unabhängige,

---

[703] *Gambaro* Proprietà, S. 68 f.; *ders.* Beni, S. 176; aA *Scozzafava* Beni e forme giuridiche di appartenenza, S. 10 f.

[704] Ähnlich *Giuliano* NGCC 2021, 1214 (1217).

[705] Kritisch, da nicht vorhersehbar, *Giuliano* NGCC 2021, 1214 (1219).

[706] *Gambaro* Proprietà, S. 68 f.; *ders.* Beni, S. 176 f.; in diese Richtung auch *Sacco/Caterina* Possesso, S. 134.

[707] *Gambaro* Proprietà, S. 69.

[708] Im Ergebnis auch *Zeno-Zencovich* Cosa, S. 26; allgemeiner, *Piraino* Riv. crit. dir. priv. 2012, 459 (490).

[709] Cassazione civile, Urteil vom 5. März 2014, Nr. 5087, Giur. ital. 2015, 62; Zusammenfassung des zugrundeliegenden Sachverhalts bei *Travaglino* Corr. giur. 2014, 594 (594 f.) mwN zu Besprechungen des Urteils.

[710] So ausdrücklich *Boggio* Riv. dir. civ. 2014, 1447 (1448).

eigene Sachfähigkeit,[711] da es in dieser Gesamtheit das Ergebnis menschlicher Arbeit darstelle, die sich insbesondere in der Verwaltung und Vermehrung von Vermögen durch einzelne Verträge äußere.[712]

Dogmatischer Ausgangspunkt für die Entscheidung war Art. 1140 cc, der Besitz als Macht über eine Sache definiert, die sich in einer Tätigkeit manifestiert, die der Ausübung des Eigentums oder eines anderen dinglichen Rechts entspricht. Und da ein Unternehmen nach Art. 2556 cc ausdrücklich Gegenstand eines Eigentumsrechts sein kann, könne an dem Unternehmen auch Besitz vorliegen.[713] Obwohl das Unternehmen selbst eher dynamischer und, wenn überhaupt, unkörperlicher Natur ist, stellt die Anerkennung von Besitz und Eigentum das Unternehmen den körperlichen Sachen gleich.[714] Insbesondere aber führt sie gleichzeitig zu der Anerkennung eines neuen eigenen Eigentumsrechts an dem Unternehmen, welches neben den Rechten an den einzelnen Bestandteilen steht, originär, also ohne Übertragung des vorherigen Eigentümers, erworben werden kann und dementsprechend zirkulationsfähig ist.[715] Wie Eigentum und Besitz konkret ausgestaltet sein sollen, in welcher Beziehung sie zu den anderen Rechten stehen und welche Regelungen konkret anwendbar sind, wird vom Gericht jedoch nicht weiter erläutert, weshalb die Entscheidung auch nicht unumstritten geblieben ist.[716] Letztlich muss insoweit aber wohl von einem entsprechend flexiblen Eigentumsbegriff ausgegangen werden.[717]

Die Anknüpfung an Art. 2556 cc zeigt jedoch, dass im Gesetz grundsätzlich bereits ein – wie auch immer geartetes – Eigentum an Unternehmen anerkannt war. Es handelte es sich also nicht um ein völlig neuartiges, aus Sicht des

---

[711] Cassazione civile, Urteil vom 5. März 2014, Nr. 5087, Giur. ital. 2015, 62 (62); zur rechtlichen Einordnung *Aureli* Giur. ital. 2015, 63 (66); kritisch, da das Gericht die Reichweite dieser Grundsatzentscheidung verkannt habe, *Boggio* Riv. dir. civ. 2014, 1447 (1448).

[712] *Lipari* Categorie del diritto civile, S. 125; zustimmend *Giuliano* NGCC 2021, 1214 (1219); aA *Boggio* Riv. dir. civ. 2014, 1447 (1451), der stattdessen hinterfragt, ob der gutgläubige Erwerb des Unternehmens (der im italienischen Recht als originärer Eigentumserwerb ausgestaltet ist) dann auch zu einem originären, statt derivativen Erwerb der einzelnen Bestandteile des Unternehmens, also der nicht-dinglichen Vermögenswerte führen würde.

[713] Cassazione civile, Urteil vom 5. März 2014, Nr. 5087, Giur. ital. 2015, 62 (63); zum zuvor geführten Streit *Aureli* Giur. ital. 2015, 63 (64 ff.); ausführlich und noch vor und somit ohne Bezugnahme auf diese Rechtsprechung *Sacco/Caterina* Possesso, S. 131 ff., die einem Besitz aber eher kritisch gegenüberstehen.

[714] *Delli Priscoli* Libro dell'anno del diritto 2015, Kapitel 2.1.

[715] So kritisch *Boggio* Riv. dir. civ. 2014, 1447 (1454); diese Doppelnatur bei Schuldscheinen wiedererkennend, die als bewegliche materielle Sachen anerkannt sind, *Delli Priscoli* Libro dell'anno del diritto 2015, Kapitel 3.1.

[716] Kritisch *Boggio* Riv. dir. civ. 2014, 1447 (1457) mwN; ähnliche Fragen im Rahmen des Besitzes aufwerfend ebd. S. 1164 ff.; insbesondere wird hinterfragt, ob Unternehmen materielle oder immaterielle soeie bewegliche oder unbewegliche Sachen darstellen oder ob es sich um eine neue Art von Sache handele, ebd. S. 1478 f.; maßgeblich sei das Unternehmen als Gesamtheit, vgl. *Delli Priscoli* Libro dell'anno del diritto 2015, Kapitel 3.2.

[717] *Boggio* Riv. dir. civ. 2014, 1447 (1457).

Rechts noch nie dagewesenes Phänomen. Dennoch ist die Anerkennung des Eigentumsrechts ein Novum, da ein Unternehmen eigentlich weder in seinen einzelnen Bestandteilen noch als Gesamtheit einen körperlichen Gegenstand darstellt. Insbesondere immaterielle Unternehmenswerte können in dieser Beurteilungen Schwierigkeiten aufwerfen.[718] Trotzdem soll der Besitz aber nicht in einem naturalistischem, sondern in einem wirtschaftlich-sozialen Sinn verstanden werden und daher auch unkörperliche Gegenstände umfassen.[719] Für den Sachbegriff im Sinne des Art. 810 cc kann daraus jedenfalls geschlussfolgert werden, dass dieser auch unkörperliche Gegenstände umfasst.[720]

ee) Eigentum an immateriellen Kulturgütern

Während im Rahmen des Eigentumsrechts nach Art. 832 cc vom Wortlaut des Gesetzes nicht grundsätzlich zwischen materiellen und immateriellen Sachen differenziert wird, erfolgt eine solche Abgrenzung aber im Kulturgütergesetz. Nach dessen Art. 10 sind materielle Sachen all solche Sachen, die eine bestimmte Form aufweisen, die sowohl beweglicher oder unbeweglicher Natur sein kann. Immaterielle Sachen sind hingegen alle Sachen, die keine definierte und stabile Form haben, sondern nur in dem Moment existieren, in dem sie entstehen. Dazu gehören insbesondere Feste und religiöse Riten sowie Prozessionen, Darstellungen, Zeremonien und Wettbewerbsereignisse.[721]

Die Einordnung als Kulturgut bestimmt sich nach den Vorgaben dieses Spezialgesetzes und auch die Unterteilung in materielle und immaterielle Sachen ist zunächst nur für den Anwendungsbereich dieses Spezialgesetzes gedacht. Die Einordnung als Kulturgut führt aber dazu, dass das Eigentumsrecht an der Sache beschränkt wird, weil die Sache als solche nicht verändert oder manipuliert werden darf.[722] Ferner kann das Eigentum nicht ohne vorherige Zustimmung des Kulturministeriums an Dritte übertragen werden und der Staat kann bei Übertragung gegebenenfalls ein Vorkaufsrecht ausüben.[723] Dahinter steht die Erwägung, den Verlust des Kulturguts oder die Beeinträchtigung seiner Integrität und Nutzbarkeit verhindern zu wollen.[724] Zwar wird insoweit nicht ausdrücklich auf das Eigentumsrecht aus Art. 832 cc Bezug genommen, das Gesetz begründet aber keine eigenen Rechtspositionen, sondern modifiziert diese nur. Dadurch wird insbesondere an das Eigentumsrecht nach Art. 832 cc

---

[718] Darauf hinweisend *Aureli* Giur. ital. 2015, 63 (67); *Delli Priscoli* Libro dell'anno del diritto 2015, Kapitel 2.1.
[719] *Aureli* Giur. ital. 2015, 63 (68), jedoch wegen der Abstraktheit des Unternehmens kritisch, da diese nicht zu dem faktischen Charakter des Besitzes passe, ebd. S. 68 f.
[720] *Aureli* Giur. ital. 2015, 63 (68).
[721] Zum Bezugsobjekt Sandulli/*Zucchelli* Codice dei beni culturali, § 13.3 S. 142 f.
[722] Im Einzelnen *Gambaro* Proprietà, S. 374.
[723] *Gambaro* Proprietà, S. 373; zum Vorkaufsrecht kritisch ebd. S. 375 ff.
[724] *Gambaro* Proprietà, S. 364.

angeknüpft und dieses inhaltlich modifiziert.[725] Die Unterteilung in materielle und immaterielle Sachen, verdeutlicht dann einmal mehr, dass der Gesetzgeber das Eigentum grundsätzlich weit versteht und dieses grundsätzlich auch an unkörperlichen Sachen bestehen können soll.

ff) Zwischenergebnis zum Begriff der materiellen Sache

Am treffendsten ist wohl ein doppeltes Verständnis des Eigentums im italienischen Recht, einmal im engeren und einmal im weiteren Sinne. Wenn es um die Anwendung der dinglichen Rechte geht, hat Art. 832 cc eine begrenzte, rein technische Bedeutung. Wenn hingegen die Zuordnung des Gegenstands beschrieben werden soll, kommt dem Begriff der *proprietà* eine allgemeinere Bedeutung zu.[726] Der Begriff der materiellen Sache wird nur genutzt, wenn es um das Eigentum im engeren Sinne geht. Ein Gegenstand ist also immer, aber auch nur dann eine materielle Sache, wenn an ihm ein Eigentumsrecht im Sinne des Art. 832 cc besteht.

c) Zwischenergebnis zum Sachbegriff in der italienischen Rechtsordnung

Im Gesamtbild wird deutlich, dass der Sachbegriff nach Art. 810 cc zwar grundsätzlich weit zu verstehen ist, sich durch ein solch weites Verständnis jedoch nicht alle Probleme in Luft auflösen. Stattdessen treten ähnliche Abgrenzungsfragen auf, nur in anderem Kontext, nämlich im Rahmen der Anwendbarkeit des Eigentumsrechts nach Art. 832 cc. Diese Abgrenzung wird sichtbar durch die begriffliche Differenzierung von materiellen und immateriellen Sachen, die die Rechtswissenschaft insoweit gewählt hat. Anders als im deutschen Zivilrecht ist sie aber nicht durch den Gesetzestext selbst vorgegeben, sondern nur eine Folge dessen Interpretation.

Dennoch erreicht der Gesetzgeber mit seinem Bestreben, eine fest umrissene Definition des Bezugsgegenstands zu vermeiden, im Grundsatz sein Ziel. Denn in objektiver Hinsicht hat er weder den Sachbegriff noch das Eigentumsrecht starr umrissen, sondern beide bewusst offen und flexibel gehalten, um auch neu entstehende Gegenstände – wenn und soweit angebracht – erfassen zu können. Daraus folgt, dass im Falle neuer Gegenstände zunächst stets die Natur des neuen Gegenstands zu untersuchen ist, aus denen sich mögliche Interessen von Rechtsteilnehmern ergeben. Anschließend ist zu beurteilen, ob es diese subjektiven Interessen anzuerkennen und zu schützen gilt, also ob sie

---

[725] Vgl. Sandulli/*Zucchelli* Codice dei beni culturali, § 13.4 S. 143 f.; kritisch hingegen *Piraino* Riv. crit. dir. priv. 2012, 459 (491), da an den Begriff der Sache angeknüpft wird, obwohl es bei den Kulturgütern gerade um eine Beschränkung der Verkehrsfähigkeit gehe, sodass eigentlich von vornherein keine rechtliche Zugehörigkeit ermöglicht werden sollte.

[726] Begründend *Pugliatti* Istituzioni, S. 1; nur im Grundsatz zustimmend und auf andere Zuordnungsrechte verweisend *Scozzafava* Beni e forme giuridiche di appartenenza, S. 146 f., 373.

zum Gegenstand von Rechten gemacht werden sollten und der Gegenstand dadurch zur Sache im Sinne des Art. 810 cc wird. Erst im Anschluss kann dann der konkrete Schutz herausgearbeitet werden, den die Rechtsordnung den Interessensinhabern in Bezug auf die Sache gewähren sollte.[727] Diese Vorgehensweise unterscheidet sich nicht bedeutend von derjenigen, die generell und insbesondere auch im Rahmen der deutschen Zivilrechtsordnung verfolgt werden sollte. Anders als im deutschen Recht ist die italienische Zivilrechtsdogmatik aber aufgrund der Weite des Sachbegriffs zwingend eine ein solch strukturiertes und kleinschrittiges Vorgehen gebunden; an einer klaren Vorgabe des Gesetzgebers fehlt es gerade.

2. Einordnung der Token in die italienische Rechtsordnung

Nachdem nun der Sachbegriff, dessen Reichweite und dessen Bedeutung für die italienische Zivilrechtsdogmatik herausgearbeitet wurde, soll nun wieder der Bogen zu den eigentlich infrage stehenden Token geschlagen werden. Um festzustellen, ob Token in der italienischen Rechtsordnung Sachen im Sinne des Art. 810 cc und gegebenenfalls Bezugsobjekte des Eigentumsrechts aus Art. 832 cc darstellen, erweist sich das soeben herausgearbeitete dreischrittige Vorgehen als hilfreich. Die Natur der Token lässt subjektive Interessen entstehen, die es von der Rechtsordnung grundsätzlich zu erkennen und zu schützen gilt. Das wurde bereits im Rahmen des deutschen Rechts herausgearbeitet und gilt auch für das italienische Recht. Rechtlich sind Token deswegen dann als Sache im Sinne des Art. 810 cc einzuordnen, auch wenn an dieser Stelle noch unklar ist, wie die Rechtsposition im Konkreten ausgestaltet ist. Insoweit werden die Überlegungen der Rechtsprechung (a)) herangezogen und auf dieser Grundlage die Argumente der Literatur erarbeitet (b)).

a) Rechtsprechung zur Sachfähigkeit von intrinsischen Token

In der Tat hat sich auch die italienische Rechtsprechung bereits mehrmals mit der Rechtsnatur intrinsischer Token befasst[728] und zuletzt zivilrechtlich als *beni fungibili e consumabili*, also als vertretbare und verbrauchbare Sachen im Sinne des Art. 810 cc anerkannt.

Während ein erstes Urteil aus dem Jahr 2017 Bitcoins nur in einem Nebensatz als Finanzprodukte anerkannte und sich anschließend auf die gegenüber Verbrauchern bestehende vorvertragliche Informationspflicht über das hohe Investitionsrisiko beim Kauf und Verkauf von Kryptowährungen

---

[727] Zeno-Zencovich Cosa, S. 33 f.
[728] Cassano/Di Ciommo/Rubino De Ritis/*Consiglio di Martino* Banche, intermediari e fintech, S. 300 f. Fn. 9.

konzentrierte,⁷²⁹ folgten im Jahr drauf zwei Urteile, die sich nicht nur mit der rechtlichen Qualifikation der Kryptowährungen, sondern auch mit ihrer Eignung als Gegenstand einer Kapitaleinlage befassten.⁷³⁰ Hier hatte sich ein Notar geweigert, die Eintragung eines Satzungsänderungsbeschlusses in das Handelsregister zu beantragen, da diese eine Erhöhung des Gesellschaftskapitals mittels Kryptowährung vorsah.⁷³¹ In diesem Rahmen hatte das Berufungsgericht ausdrücklich seine Absicht erklärt, eine umfassende Lösung zur Rechtsnatur der Kryptowerte erarbeiten zu wollen und ganz allgemein zu beantworten, ob Kryptowährungen abstrakt geeignet sind, einen Vermögenswert darzustellen, der in das Kapital einer Gesellschaft eingebracht werden kann.⁷³² Das Berufungsgericht kam zu dem Schluss, dass Kryptowährungen, die gerade als Alternativwährung zu den gesetzlichen Zahlungsmitteln verwendet werden, unumstritten eine Zahlungsfunktion aufweisen. Damit stünden sie funktional dem Geld gleich, auch wenn sie strukturell Eigenschaften von beweglichen Sachen aufweisen.⁷³³ Somit seien sie Tauschmittel und können als solche nicht zur Kapitalerhöhung durch Sacheinlage genutzt werden, da diese nur für

---

⁷²⁹ Siehe Tribunale Verona, Urteil vom 24. Januar 2017, Nr. 195, Banca, borsa, tit. cred. 2017, 467 (468 f.), wonach Bitcoins ein Finanzinstrument zur Durchführung einer Reihe besonderer Formen von Online-Transaktionen seien, welches aus einer Währung bestehe, die von jedem Nutzer geschaffen werden kann und mit der dank einer Open-Source-Software und eines Peer-to-Peer-Netzwerks Transaktionen durchgeführt werden können; kritisch *Rinaldi* Contr. e impr. 2019, 257 (287); kritisch, da zweideutig, *Tatozzi* Ridare 9. August 2017 (Absatz 5); kritisch zur Begründung, im Ergebnis aber zustimmend *Passaretta* Banca, borsa, tit. cred. 2017, 471 (476). In eine ähnliche Richtung ging auch Schiedsgericht Marcianise, Schiedsspruch vom 14. April 2018, Zusammenfassung und Anmerkungen bei *Rubino De Ritis* GiustiziaCivile 11. Juli 2018.

⁷³⁰ Beide Urteile stammen aus dem gleichen Instanzenzug: Tribunale Brescia, Urteil vom 25 Juli 2018, Nr. 7556, Banca, borsa, tit. cred. 2019, 738 und Giur. comm. 2020, 883 sowie Appello Brescia, Urteil vom 30. Oktober 2018, Nr. 207, Banca, borsa, tit. cred. 2019, 736 und Giur. comm. 2020, 886.

⁷³¹ Die Kapitalerhöhung sollte durch Sacheinlage erfolgen, konkret durch Einbringung bestimmter Kunstwerke sowie von mehreren Tausend *One Coin*, deren Gegenwert durch ein Sachverständigengutachten nachgewiesen wurde. Der Zugang der Gesellschaft zu den Token sollte gewährleistet werden, indem der alleinige Geschäftsführer der Gesellschaft die entsprechenden Zugangsdaten erhält. Beide Gerichte wiesen die Anträge jedoch zurück und gaben der Berufung sowie der anschließenden Beschwerde nicht statt. Siehe dazu *Urbani* Giur. comm. 2020, 887 (887); zur Argumentation der Antragsteller hingegen *Flaim* Giur. comm. 2020, 900 (902).

⁷³² Appello Brescia, Urteil vom 30. Oktober 2018, Nr. 207, Giur. comm. 2020, 886 (886); darauf Bezug nehmend auch *Urbani* Giur. comm. 2020, 887 (893) sowie *Natale* Banca, borsa, tit. cred. 2019, 741 (742).

⁷³³ Appello Brescia, Urteil vom 30. Oktober 2018, Nr. 207, Giur. comm. 2020, 886 (886); zustimmend *Bartolini* Societario 27. November 2018 (passim); kritisch *Urbani* Giur. comm. 2020, 887 (898) sowie *Flaim* Giur. comm. 2020, 900 (905) und *Cian* Banca, borsa, tit. cred. 2019, 315 (340); insbesondere die Untersuchung zur Rechtsnatur der Kryptowährungen als zu oberflächlich kritisierend *Battaglini* Giur. comm. 2020, 913 (922).

Sachen, Dienstleistungen und andere Gegenstände als Geld vorgesehen ist – wobei die Sacheinlage extrinsischer Token nicht per se ausgeschlossen wurde.[734]

Eine ausdrückliche Einordnung als Sache geht mit dieser Einordnung als Tauschmittel nicht einher. Allerdings hat die Insolvenzkammer des Tribunale Florenz unmittelbar nach dem Urteil des Berufungsgerichts an diese Funktion als Tauschmittel angeknüpft und eine Sacheigenschaft bejaht, da sich darin gerade der wirtschaftliche Nutzen zeige, an den Art. 810 cc anknüpfe.[735] Zunächst soll dargelegt werden, welcher Sachverhalt dem zugrunde lag und wie die Argumentation des Gerichts im Einzelnen aussah (aa)). Anschließend wird vertieft auf die Resonanz und insbesondere auf die Kritik in der Rechtswissenschaft eingegangen (bb)), um damit zu den unterschiedlichen Meinungen der italienischen Rechtswissenschaft hinzuleiten.

aa) Urteil der Insolvenzkammer des Tribunale Florenz Nr. 18 vom 21. Januar 2019: Zugrundeliegender Sachverhalt und Argumentation des Gerichts

In dem dem Urteil zugrundeliegenden Fall ging es um ein Unternehmen, das für seine Nutzer Token der Kryptowährung *Nanocoin*[736] verwahrte und umwechselte, wobei die Nutzer selbst keinen eigenen Zugriff auf die Token hatten, sondern diese nur auf Verlangen der Nutzer vom Unternehmen ausgezahlt bzw. gutgeschrieben wurden. Nach einer Reihe von Cyberangriffen war das Unternehmen nicht in der Lage, die von ihm verwahrten Token an die Nutzer auszuzahlen, was zu einem Fehlbetrag im Wert von mehreren Millionen Euro und schließlich zur Zahlungsunfähigkeit des Unternehmens führte.[737]

Das Gericht legt dar, dass die in Streit stehenden Token als vertretbare Sachen im Sinne des Art. 810 cc betrachtet werden müssen, da sie einerseits eine währungsähnliche Geldeinheit darstellen ohne als gesetzliches Zahlungsmittel anerkannt zu sein, andererseits aber trotzdem einen Vermögenswert haben, der

---

[734] Appello Brescia, Urteil vom 30. Oktober 2018, Nr. 207, Giur. comm. 2020, 886 (886); dazu ausführlicher auch *Urbani* Giur. comm. 2020, 887 (899 f.); kritisch hingegen *Rubino De Ritis* GiustiziaCivile 19. März 2019, S. 5, 7; kritisch sei im Falle von Kryptowährungen außerdem die Publizität der eingebrachten Sachlage, da die Gesellschaft ja gerade nur die Zugangsdaten erhalten sollte, sodass bei Fehlen der Token gegebenenfalls sogar auch der Notar haften müsste, vgl. dazu *Flaim* Giur. comm. 2020, 900 (911 f.).

[735] *Battaglini* Giur. comm. 2020, 913 (918 f.); zum Urteil selbst siehe Tribunale Florenz, Urteil vom 21. Januar 2019, Nr. 18, Banca, borsa, tit. cred. 2021, 385.

[736] Kritisch und Protokollunterschiede bei Auslegung durch genaue Untersuchung eines jeden Einzelfalls berücksichtigen wollend *De Stasio* Banca, borsa, tit. cred. 2021, 385 (400 f.).

[737] Vgl. ferner die Zusammenfassung des Sachverhalts bei *Passaretta* GiustiziaCivile 10. Juni 2020, S. 3 f.

Gegenstand von Überweisungen und Transaktionen sein kann.⁷³⁸ Aufgrund ihrer Verbrauchbar- und Vertretbarkeit unterliegen sie der gleichen Logik wie andere Vermögenswerte, die nach entsprechender Vereinbarung der Vertragsparteien zu Zahlungszwecken herangezogen werden.⁷³⁹ Ferner weist das Gericht darauf hin, dass der Gesetzgeber durch Aufnahme einer Legaldefinition in der geänderten Geldwäscherichtlinie sowie durch entsprechende Besteuerung die Existenz von Kryptowerten anerkannt hat. Somit sind sie Bezugsobjekt von Rechten und werden dadurch zur Sache im Sinne des Art. 810 cc.⁷⁴⁰

Dies war zwischen den Parteien auch unstrittig. Zur Diskussion stand vielmehr die Frage, ob es sich bei den Token um vertretbare Sachen handelt, sodass das Rechtsverhältnis zwischen dem Unternehmen und seinen Nutzern als unregelmäßige Verwahrung nach Art. 1782 cc zu klassifizieren ist.⁷⁴¹ Dies hat nämlich zur Folge, dass der Verwahrer Eigentum an der hinterlegten Sache erlangt und auf Verlangen des Einlegers nur eine gleichwertige Sache herausgeben muss.⁷⁴² Die vom Unternehmen bereitgestellte Plattform verwaltete die Token unabhängig von den einzelnen Nutzeranfragen und hatte somit technisch wie wirtschaftlich⁷⁴³ die Möglichkeit, frei über die Token zu verfügen.⁷⁴⁴ Insbesondere hat der Algorithmus des Plattform die Transaktionen auf der zugrundeliegenden *Nano*-Blockchain selbständig von der zentralen

---

⁷³⁸ Tribunale Florenz, Urteil vom 21. Januar 2019, Nr. 18, Banca, borsa, tit. cred. 2021, 385 (389).
⁷³⁹ Tribunale Florenz, Urteil vom 21. Januar 2019, Nr. 18, Banca, borsa, tit. cred. 2021, 385 (385).
⁷⁴⁰ Tribunale Florenz, Urteil vom 21. Januar 2019, Nr. 18, Banca, borsa, tit. cred. 2021, 385 (388 f.); zustimmend *Giudici* Società 2020, 588 (591) im Zusammenhang mit einem ähnlichen Urteil des High Court of New Zealand; kritisch, da dies nur die üblichen Argumente seien, *De Stasio* Banca, borsa, tit. cred. 2021, 385 (402); aA und die Begründung des Gerichts als zu knapp kritisierend *Passaretta* GiustiziaCivile 10. Juni 2020, S. 4; demgegenüber auch ohne Bezugnahme auf die Rechtsprechung dieses Argument anführend *Giuliano* NGCC 2021, 1256 (1459).
⁷⁴¹ Tribunale Florenz, Urteil vom 21. Januar 2019, Nr. 18, Banca, borsa, tit. cred. 2021, 385 (393 f.); zustimmend *De Stasio* Banca, borsa, tit. cred. 2021, 385 (401) sowie Cassano/Di Ciommo/Rubino De Ritis/*Fusco* Banche, intermediari e fintech, S. 508; zustimmend, aber die Einordnung der Token als Sachen im Sinne des Art. 810 cc nicht teilend, *Passaretta* GiustiziaCivile 10. Juni 2020, S. 4 f.; aA *Caloni* Giur. comm. 2020, 1073 (1087); zur umstrittenen Rechtsnatur der unregelmäßigen Verwahrung nach Art. 1782 cc (Verwahrung, Darlehen oder typischer Vertrag mit autonomem Charakter) *Caloni* Giur. comm. 2020, 1073 (1082) mwN.
⁷⁴² Tribunale Florenz, Urteil vom 21. Januar 2019, Nr. 18, Banca, borsa, tit. cred. 2021, 385 (393 f.); dies sei eine der drei Besonderheiten der unregelmäßigen Verwahrung, vgl. *Caloni* Giur. comm. 2020, 1073 (1083).
⁷⁴³ Zum Argument der gleichen wirtschaftlichen Funktion Tribunale Florenz, Urteil vom 21. Januar 2019, Nr. 18, Banca, borsa, tit. cred. 2021, 385 (398).
⁷⁴⁴ Tribunale Florenz, Urteil vom 21. Januar 2019, Nr. 18, Banca, borsa, tit. cred. 2021, 385 (396).

Unternehmensadresse aus initiiert. Die Kontobestände der einzelnen Nutzer konnten bei Validierung in der Blockchain dadurch weder berücksichtigt werden noch waren sie den Netzwerkteilnehmern bekannt. Erst dadurch konnte es überhaupt zu den Doppelabbuchungen kommen, die letztendlich auch zu der Zahlungsunfähigkeit des Unternehmens führten.[745] All dies spreche dafür, dass das Unternehmen die Token selbständig nutzen und die Nutzer nur die Gutschreibung einer gleichwertigen Tokenmenge erwarten durften. Die Argumentation des Unternehmens, dass die Weiterleitung der von den Nutzern eingezahlten Token an die zentralen Unternehmensadressen keine Übertragung der Verfügungsbefugnis gegenüber Dritten darstelle, sondern ausschließlich der internen Verwaltung diene, hat das Gericht hingegen nicht überzeugt.[746] Vielmehr handele es sich bei den Token um vertretbare Sachen, sodass das Rechtsverhältnis eine unregelmäßige Verwahrung nach Art. 1782 cc darstelle.[747]

Damit hat das Gericht nicht nur die Sachfähigkeit bejaht, sondern auch die Möglichkeit eines hieran bestehenden Eigentumsrechts. Denn im Rahmen der unregelmäßigen Verwahrung erhält der Verwahrer das Eigentum an der Sache,[748] und das Risiko eines Verlustes geht gerade mit diesem Eigentumsrecht einher.[749] Es wird also davon ausgegangen, dass das insolvente Unternehmen Eigentum an den von den Nutzern hinterlegten Token erlangt hat.[750]

Dieses Urteil und die damit einhergehende Einordnung der Token als Sache wurde vom regionalen Verwaltungsgericht Latiums[751] im Rahmen einer steuerrechtlichen Angelegenheit ausdrücklich bestätigt.[752] Anders als die Insolvenzkammer legte es sich sogar auf eine Einordnung als immaterielle Sache fest. Nach der Argumentation des Gerichts erfüllen intrinsische Token wegen ihrer extremen Volatilität sowie der fehlenden befreienden Kraft im Zahlungsverkehr nicht die typischen Funktionen von Geld, auch wenn es im

---

[745] Tribunale Florenz, Urteil vom 21. Januar 2019, Nr. 18, Banca, borsa, tit. cred. 2021, 385 (397); kritisch *De Stasio* Banca, borsa, tit. cred. 2021, 385 (402 f.).

[746] Tribunale Florenz, Urteil vom 21. Januar 2019, Nr. 18, Banca, borsa, tit. cred. 2021, 385 (394).

[747] Tribunale Florenz, Urteil vom 21. Januar 2019, Nr. 18, Banca, borsa, tit. cred. 2021, 385 (398); ebenso *Donadio* Giust. civ. 2020, 173 (186).

[748] Tribunale Florenz, Urteil vom 21. Januar 2019, Nr. 18, Banca, borsa, tit. cred. 2021, 385 (396).

[749] Treffend *Fauceglia* Contratti 2019, 669 (677).

[750] Tribunale Florenz, Urteil vom 21. Januar 2019, Nr. 18, Banca, borsa, tit. cred. 2021, 385 (398); ausführlich zur Nichterfüllung des Verwahrers bei Rückforderung durch den Verwahrenden und den im Rahmen des Urteils diskutierten Sicherungspflichten des Kryptoverwahrers *Fauceglia* Contratti 2019, 669 (678 ff.).

[751] Tribunale Amministrativo Regionale (TAR) Latio, Urteil vom 27. Januar 2020, Nr. 1077, Società 2020, 566.

[752] TAR Latio, Urteil vom 27. Januar 2020, Nr. 1077, Società 2020, 566 (568); *De Luca/Passaretta* Società 2020, 571 (573).

herkömmlichen Sinne als Recheneinheit und Wertaufbewahrungsmittel dient.[753] Zudem entspreche die Anerkennung einer Sachfähigkeit dem, was auch in anderen Rechtssystemen anerkannt zu sein scheint.[754] Diese Einordnung als Sache jedoch schließe eine Nutzung als finanzmarktrechtliches Investitionsobjekt nicht aus, sodass Token in steuerrechtlicher Hinsicht funktional und abhängig von ihrer Verwendung im jeweiligen Einzelfall zu besteuern seien.[755]

bb) Kritik an der Einordnung der Rechtsprechung als Sache

Die Entscheidung der Insolvenzkammer wurde viel beachtet und gelobt,[756] inhaltlich aber vereinzelt dahingehend kritisiert, dass es im Rahmen der unregelmäßigen Verwahrung nicht auf die Sacheigenschaft nach Art. 810 cc ankomme, sondern darauf, ob am dem zu verwahrenden Gegenstand dingliche Rechte bestehen können, die *erga omnes* bestehen. Denn bei der unregelmäßigen Verwahrung müsse es sich wegen der dinglichen Wirkung stets um körperliche (oder zumindest um entsprechend vergleichbare) Sachen im Sinne von *cose* handeln. Die Frage, ob überhaupt irgendwelche Rechte an Token bestehen, wodurch diese wie von Art. 810 cc vorgesehen zu Gegenständen von Rechten werden, sei demgegenüber nicht ausschlaggebend.[757] Die Argumentation darüber, ob und wie weit das Unternehmen über die Token verfügen konnte, sei daher überflüssig, denn statt einer unregelmäßigen Verwahrung hätte der Fall besser auf Grundlage vertraglicher Haftungsregelungen gelöst werden können.[758]

Anderswo wird jedoch angemerkt, dass die Auffassung, eine Verwahrung könne nur materielle und bewegliche Sachen zum Gegenstand haben, da nur diese der Verwahrung und der Aufsicht zugänglich seien, aus dem 19. Jahrhundert stammt und damit veraltet sei.[759] Während es damals nicht denkbar war, dass immaterielle und unkörperliche Sachen, aber etwa auch Energien (wenn auch aus rein faktischen und nicht aus rechtlichen Gründen), Gegenstand einer Verwahrung sein können, hat sich die Rechtswissenschaft inzwischen erneut mit dieser Frage auseinandersetzen müssen und beispielsweise die Speicherung von Dateien in der *iCloud* als Verwahrungsvertrag

---

[753] TAR Latio, Urteil vom 27. Januar 2020, Nr. 1077, Società 2020, 566 (566); kritisch *Consiglia Di Martino* GiustiziaCivile 10. November 2020, S. 5 f.
[754] TAR Latio, Urteil vom 27. Januar 2020, Nr. 1077, Società 2020, 566 (568).
[755] TAR Latio, Urteil vom 27. Januar 2020, Nr. 1077, Società 2020, 566 (569); dies führe zu einem sachgerechten Ergebnis, auch wenn den Überlegungen zur Rechtsnatur als solchen nicht zugestimmt werden könne, *De Luca/Passaretta* Società 2020, 571 (571).
[756] *Fauceglia* Contratti 2019, 669 (669); *Donadio* Giust. civ. 2020, 173 (183 ff.); ebenso, obwohl selbst eher kritisch, *De Stasio* Banca, borsa, tit. cred. 2021, 385 (400 f.).
[757] Vgl. hierzu *De Stasio* Banca, borsa, tit. cred. 2021, 385 (401 f.).
[758] *De Stasio* Banca, borsa, tit. cred. 2021, 385 (403).
[759] *Fauceglia* Contratti 2019, 669 (677).

klassifiziert.⁷⁶⁰ Eine Körperlichkeit der zu verwahrenden Sache ist also nicht mehr zwingend notwendig. Zwar sollen im Falle einer Verwahrung von unkörperlichen Sachen, gegebenenfalls ergänzend die Darlehensvorschriften zur Anwendung kommen. Letztendlich stehe aber bei unkörperlichen Sachen nicht das Interesse an einer Finanzierungsmöglichkeit, sondern das Interesse an der Verwahrung und der entsprechenden Absicherung der Sache im Vordergrund. Diese Interessenslage zeige sich gerade auch bei der Verwahrung von Token, da der Nutzer ohne die bereitgestellte Plattform kaum in der Lage wäre, diese Token zu speichern und Transaktionen zu archivieren.⁷⁶¹

Kritisiert wird ferner die Parallele, die zwischen Token und Buchgeld gezogen wird. Auch bei Buchgeld sei strittig, ob das Rechtsverhältnis eine unregelmäßige Verwahrung sein kann.⁷⁶² Anders als bei Token habe diese Überlegung aber seinen Ursprung wenigstens in der Hinterlegung körperlicher Geldscheine. Diesen Unterschied soll das Gericht verkannt haben, was insbesondere durch das zahlungsdienstähnliche Vokabular deutlich werde; so werde etwa von Überweisungen statt von Transaktionen und Doppelzahlungen gesprochen. Stattdessen werden die rein digitalen Token mit körperlichen Sachen gleichgesetzt, was einer juristischen Fiktion entspreche.⁷⁶³ Zudem werde nicht berücksichtigt, dass es im Bankenverkehr auch die Hinterlegung von Wertpapieren gebe, bei der es sich gerade um eine regelmäßige Verwahrung handele, bei der das Eigentum nicht auf den Verwahrer übergeht, sondern beim Einleger verbleibt.⁷⁶⁴

Vor allem aber soll die Kenntnis der Private Keys noch keine rechtliche Verfügungsbefugnis über die Token selbst begründen,⁷⁶⁵ sondern es soll nur

---

⁷⁶⁰ *Sicchiero* Contr. e impr. 2018, 681 (699), der ferner hervorhebt, dass bereits im 19. Jahrhundert nicht ausgeschlossen wurde, dass auch immaterielle Sachen zukünftig Gegenstand einer Verwahrung sein können; im Kontext der Token darauf hinweisend und zustimmend *Fauceglia* Contratti 2019, 669 (677); ebenfalls darauf verweisend, wenn auch eine Sachfähigkeit der Token ablehnend, aA und die Begründung des Gerichts als zu knapp kritisierend *Passaretta* GiustiziaCivile 10. Juni 2020, S. 5.

⁷⁶¹ Treffend *Fauceglia* Contratti 2019, 669 (678, 680); allgemeiner in Bezug auf die Speicherung von Dateien und wieso dies kein Mietvertrag darstellen könne *Sicchiero* Contr. e impr. 2018, 681 (703).

⁷⁶² Zur wirtschaftlichen Bedeutung der unregelmäßigen Verwahrung beim Bankeinlagenvertrag *Caloni* Giur. comm. 2020, 1073 (1083); ausführlich zur Vergleichbarkeit ebd. S. 1084.

⁷⁶³ *De Stasio* Banca, borsa, tit. cred. 2021, 385 (404).

⁷⁶⁴ *Caloni* Giur. comm. 2020, 1073 (1085).

⁷⁶⁵ Soweit man von der Verwahrung von Token spricht, handele es sich um eine Metapher, da letztlich auf das Halten der Private Keys und mithin auf den Zugang abgestellt werde; mit etwas Abstraktionsvermögen könne man davon ausgehen, dass die Übermittlung der Private Keys eine Art Übergabe der Token darstellt, zu denen diese Private Keys dann Zugang geben, *Caloni* Giur. comm. 2020, 1073 (1086); zustimmend *De Stasio* Banca, borsa,

ein Vertrauensverhältnis über deren Verwaltung entstehen.[766] Denn dass der Verwahrer die Verfügungsbefugnis erlangt, war in den Allgemeinen Geschäftsbedingungen nicht erwähnt und wird in der Regel auch nicht normiert.[767] Zudem könne die bloße Zusammenführung der Token auf einer einzigen Adresse nicht entscheidend sein, weil dies schon nicht dem Interesse des Verwahrenden entspreche. Wer Token bei einem Kryptoverwahrer hinterlege, habe kein Interesse an der bloßen Rückgabe des Gegenwerts, sondern beabsichtige in der Regel auch, gewisse Handelsaktivitäten auszuüben. Diese könnten aber durch den Eigentumserwerb des Kryptoverwahrers erschwert werden, da zumindest unklar wäre, wie der Nutzer seine eigenen Token mit den übrigen Token des Kryptoverwahrers, die er in seiner zeitgleichen Funktion als Kryptobörse anbietet, handeln kann. Dass der Kryptoverwahrer die Token der einzelnen Nutzer zusammenführe, sei also rein zufällig, während die Handelsaktivität im Vordergrund des beiderseitigen Interesses steht.[768] Aus diesem Grund wird teilweise für die Anwendung der Vorschriften zur Finanzintermediation plädiert,[769] teilweise wird aber mit Verweis auf den Numerus Clausus der dinglichen Rechte die Anwendung jeglicher dinglich wirkender Konstrukte verneint. Token sollen lediglich Gegenstand eines vertraglichen Rechts sein können.[770] Während der zweite Vorschlag unter anderem auf dem Verständnis zu beruhen scheint, dass Token keine Körperlichkeit aufweisen, scheint ersterer durchaus von einem Eigentum an Token auszugehen, sodass sich die Kritik insoweit mehr auf die Einordnung der Rechtsbeziehung zwischen Kryptoverwahrer und Nutzer bezieht, nicht aber konkret auf die Einordnung der Token als Sache im Sinne des Art. 810 cc.

cc) Zwischenergebnis und Bewertung der Rechtsprechung

Für die Frage, ob Token als Sache im Sinne des Art. 810 cc eingeordnet werden können, ist das Urteil von besonderer Relevanz. Denn nachdem festgestellt worden ist, dass Token Gegenstand von Rechten sein können, wurde die Sachfähigkeit bejaht, ohne weiter auf die Körperlichkeit von Token einzugehen. Hier zeigt sich die Weite des italienischen Sachbegriffs.

Ohne dies weiter zu diskutieren, wurde dann aber insbesondere auch ein Eigentumsrecht an Token nach Art. 832 cc als möglich erachtet. Dies ist

---

tit. cred. 2021, 385 (408); ebenfalls anmerkend, dass das Gericht dadurch die funktionale Vergleichbarkeit mit Schließfächern ausschließe, *Fauceglia* Contratti 2019, 669 (677).
[766] *De Stasio* Banca, borsa, tit. cred. 2021, 385 (408).
[767] *Caloni* Giur. comm. 2020, 1073 (1088).
[768] Maßgeblich *Caloni* Giur. comm. 2020, 1073 (1088, 1091 f.); zustimmend *De Stasio* Banca, borsa, tit. cred. 2021, 385 (408); demgegenüber ein Interesse der Nutzer darüber, was die Plattform mit den Token mache, verneinend *Fauceglia* Contratti 2019, 669 (677).
[769] *Caloni* Giur. comm. 2020, 1073 (1088 ff.).
[770] *De Stasio* Banca, borsa, tit. cred. 2021, 385 (406); aA *Donadio* Giust. civ. 2020, 173 (186).

interessant, da die Grenzziehung zwischen materiellen und immateriellen Sachen in der italienischen Rechtswissenschaft ja gerade an dieser Stelle vorgenommen wird: nur wenn eine Sache Gegenstand dinglicher Rechte sein kann, gilt sie als materielle Sache. In der Tat hat die Insolvenzkammer die Token weder ausdrücklich als materielle, noch als immaterielle Sache eingeordnet, während der regionale Verwaltungshof Token ausdrücklich als immaterielle, aber bewegliche Sache eingeordnet hat. In der Rechtswissenschaft wird meist von einer Einordnung als unkörperliche oder digitale Sache, nur selten hingegen von einer Einordnung als immaterielle Sache gesprochen.[771] Letztendlich scheinen Rechtsprechung und Rechtswissenschaft Token aber als eine Sache einzuordnen, an der durchaus ein Eigentumsrecht nach Art. 832 cc bestehen kann.

Auch wenn es vereinzelt kritisiert worden ist, scheint die Mehrheit der italienischen Rechtswissenschaft an dieser Einordnung nichts auszusetzen zu haben.[772] Stattdessen dreht sich die Diskussion vielmehr um die Frage, ob der Kryptoverwahrer tatsächlich Eigentum erlangt oder ob dieses aus finanzrechtlichen Gesichtspunkten nicht bei den Nutzern verbleibe. Insoweit wird auf die Verfügungsmacht über die Token abgestellt, die durch den Private Key vermittelt werden soll.[773] Das scheint allerdings etwas kurz gegriffen, da es letztlich nicht allein der Private Key ist, der den Zugriff auf die Token ermöglicht, sondern der Private Key im Zusammenhang mit dem Public Key bzw. der zuordnenden Adresse im Distributed Ledger, also das Schlüsselpaar als Ganzes.[774] Für den vorliegenden Fall macht dies jedoch keinen Unterschied, da die Token auf eine zentrale Adresse des Kryptoverwahrers weitergeleitet wurden, sodass sich auch die Zuordnung im Distributed Ledger entsprechend änderte. Mehr noch, im Rahmen des Distributed Ledgers sind die einzelnen Nutzer überhaupt nicht in Erscheinung getreten. Dadurch scheint es gerechtfertigt, eine Verfügungsmacht und eine entsprechende rechtliche Verfügungsbefugnis über die Token anzunehmen und das Rechtsverhältnis zwischen Verwahrer und Nutzer nicht über ein rein vertragliches Vertrauensverhältnis zu regeln.[775] Anders wäre das nur zu beurteilen, wenn die Token den Adressen der Nutzer zugeordnet bleiben würden.

---

[771] So nur *Capaccioli* Criptovalute, S. 142 ff.

[772] AA nur *De Stasio* Banca, borsa, tit. cred. 2021, 385 (401 f.) und *Passaretta* Giustizia-Civile 10. Juni 2020, S. 4 f.

[773] *Caloni* Giur. comm. 2020, 1073 (1086); *De Stasio* Banca, borsa, tit. cred. 2021, 385 (408).

[774] Siehe dazu § 2III.

[775] So aber *De Stasio* Banca, borsa, tit. cred. 2021, 385 (408).

b) Allgemeiner Streitstand zur Sachfähigkeit von Token in der Lehre

Bereits vor, spätestens aber ausgehend von dieser Rechtsprechung wurde die Rechtsnatur der intrinsischen Token in der italienischen Rechtswissenschaft stark diskutiert (aa)). In diesem Rahmen wurde der Blick auch auf extrinsische Token geweitet (bb)). Beides soll im Folgenden noch einmal überblicksartig dargestellt werden.

aa) Sachfähigkeit von intrinsischen Token

Zu der Frage, welche Rechtsnatur intrinsische Token haben können, haben sich inzwischen zwei größere Strömungen herausgebildet, die beide die Sachfähigkeit von Token bejahen und im Überblick dargelegt werden sollen ((1) und (2)). Anschließend wird kurz auf die danebenbestehende Mindermeinung eingegangen, die eine Einordnung der Token als Sache im Sinne des Art. 810 cc ablehnt ((3)).

(1) Keine Einordnung als Währung oder Geld, sondern als Sache

Beide Einordnungsversuche haben gemeinsam, dass sie die Sachfähigkeit der intrinsischen Token im Sinne des Art. 810 cc anerkennen. Als nicht anerkannte Währung[776] können sie nicht zur Erfüllung im Sinne des Art. 1277 ff. cc genutzt werden.[777] Trotzdem können Token, wie deren Nutzung in der Praxis zeigt, Gegenstand von Kauf- und Tauschverträgen sein, weshalb sie jedenfalls als Sache im Sinne des Art. 810 cc einzuordnen seien.[778] Token begründen

---

[776] Subsumtion der Token unter den Währungsbegriff nur bei einem soziologischem Währungsverständnis, *Bocchini* Dir. inf. 2017, 27 (29 f.); ausführlich *Lemme/Peluso* Dir. banc. 2016, 381 (381 f.); *Michi* Riv. not. 2019, 604 (616); *Vardi* Dir. inf. 2015, 443 (445 f.); zwischen Geld und Währung differenzierend, eine dahingehende Einordnung der Token im Ergebnis jedoch ablehnend, *Capaccioli* Criptovalute, S. 110 ff, 114 ff.; aA *Capaccioli/Passaretta* Criptoattività, S. 101 ff., der die Token durchaus als Währung versteht.

[777] Statt aller *Capaccioli* Criptovalute, S. 154 f.; *Lodi* GiustiziaCivile 9. Oktober 2014, S. 13 f.; *Natale* Banca, borsa, tit. cred. 2019, 741 (748 ff.); aA, da Token als Geld einzuordnen seien, Capaccioli/*Passaretta* Criptoattività, S. 105 f.; *ders.* Banca, borsa, tit. cred. 2017, 467 (475); *ders.* Nuove leggi civ. 2018, 1171 (1182 ff.); *Rubino De Ritis* GiustiziaCivile 19. März 2019, S. 7 f.; Cassano/Di Ciommo/Rubino De Ritis/*Consiglia di Martino* Bache, intermediari e fintech, S. 317 ff., 321; vgl. insoweit das steuerrechtliche Urteil des EuGH, Skatteverket v. David Hedqvist, Urteil vom 22. Oktober 2015, C-264/14, E-CLI:EU:C:2015:718; deswegen kritisch *N. Mancini* Banca impr. e soc. 2016, 111 (136 f. Fn. 82); Art. 1278 cc analog *Rubino De Ritis* GiustiziaCivile 11. Juli 2018, S. 6 f.

[778] So bereits *Burlone/De Caria* IBL 2014, 234 (S. 5); *M. Mancini* Anal. giur. econ. 2015, 117 (124); ferner *Cian* Banca, borsa, tit. cred. 2019, 315 (339); *Fauceglia* Contratti 2019, 669 (670 f.); *Caloni* Riv. dir. civ. 2019, 159 (163 f.); *Scalcione* Anal. giur. econ. 2015, 139 (143); ähnlich *Krogh* Notariato 2018, 155 (158); *Bocchini* Dir. inf. 2017, 27 (31 f.) sowie *De Stasio* Banca, borsa, tit. cred. 2018, 747 (754); in diese Richtung mit Blick ins Ausland *Rinaldi* Contr. e impr. 2019, 257 (292 f.); aA Capaccioli/*Passaretta* Criptoattività, S. 100.

nämlich einen direkten oder indirekten wirtschaftlichen Nutzen, indem sie Bedürfnisse befriedigen, zugänglich sind und nur in einer begrenzten Anzahl existieren.[779] Der Vertrag, durch den ein Vermögenswert verkauft wird, um im Gegenzug Token zu erhalten, sei daher als Tauschvertrag nach Art. 1552 cc einzuordnen, der die gegenseitige Übertragung des Eigentums an einer Ware von einer Vertragspartei auf die andere zum Gegenstand hat.[780] Der Vertrag zum Erwerb von Token als solche hingegen stelle einen regulären Kaufvertrag nach Art. 1470 cc dar.[781]

Als Währung hingegen können die Token nicht gesehen werden, da sie nicht vom Staat zur Begleichung von Geldschulden eingeführt worden sind. Insoweit wird teilweise sogar vertreten, dass eine Einordnung als Währung selbst dann nicht möglich sei, wenn die Kryptowährung staatlich anerkannt werden würde. Eine Währung verfolge nämlich drei Ziele: Sie soll ein Tauschmittel darstellen, im Sinne einer Rechnungseinheit einen Wert wiedergeben und ihre Kaufkraft im Laufe der Zeit erhalten, also eine Wertreserve darstellen. Diese Kriterien seien bei intrinsischen Token aber nicht erfüllt, da diese oft nicht als Tauschmittel verwendet werden, sondern stattdessen als Anlageinstrument fungieren. Zudem seien sie angesichts der Volatilität und der deswegen schwankenden Kaufkraft keine zuverlässige Rechnungseinheit.[782]

Nicht alle wollen die Token aber auch als materielle Sache einordnen,[783] insbesondere da dem der Typenzwang des Sachenrechts entgegenstehe.[784]

---

[779] Begründend *Capaccioli* Criptovalute, S. 118; zustimmend *M. Mancini* Anal. giur. econ. 2015, 117 (126); kritisch Capaccioli/*Passaretta* Criptoattività, S. 98.

[780] *Fauceglia* Contratti 2019, 669 (671); ausführlich *Capaccioli* Criptovalute, S. 153 ff.

[781] Ausführlich dazu *Capaccioli* Criptovalute, S. 151 ff.; aA *Lodi* GiustiziaCivile 9. Oktober 2014, S. 9 f., der die Transaktion von Token mangels Sacheigenschaft als Anspruch auf eine Dienstleistung einordnen will.

[782] *Gasparri* Dir. inf. 2015, 415 (417 ff.); *Vardi* Dir. inf. 2015, 443 (446 f.).

[783] *Donadio* Giust. civ. 2020, 173 (179); *Befani* Dir. dell'econ. 2019, 379 (408); eine Sachfähigkeit *de lege lata* mangels Körperlichkeit ablehnend und stattdessen die Einführung eines entsprechenden Art. 814-*bis* cc vorschlagend *Befani* Dir. dell'econ. 2019, 379 (398 f., 408); auch *Capaccioli* Criptovalute, S. 118 f. ordnet Token als nicht-körperlich ein, ebd. S. 133, möchte aber im Licht der *new properties* eine Sachfähigkeit anerkennen, ebd. S. 142 ff.; Sacheigenschaft ohne weitere Begründung ablehnend *M. Mancini* Anal. giur. econ. 2015, 117 (126); *N. Mancini* Banca impr. e soc. 2016, 111 (116) sowie *Monti* Rag. prac. 2018, 361 (370 f.); Sacheigenschaft bejahend Cassano/Di Ciommo/Rubino De Ritis/*Fusco* Banche, intermediari e fintech, S. 507 f. sowie *Giuliano* NGCC 2021, 1256 (1459); offenlassend hingegen Burlone/*De Caria* IBL 2014, 234 (S. 5 f.).

[784] *Bocchini* Dir. inf. 2017, 27 (32 f.) mwN; Cassano/Di Ciommo/Rubino De Ritis/*Consiglio di Martino* Banche, intermediari e fintech, S. 315 f.; *ders.* GiustiziaCivile 10. November 2020, S. 5 f.; *Befani* Dir. dell'econ. 2019, 379 (408); jegliche Rechtsposition ablehnend *Lodi* GiustiziaCivile 9. Oktober 2014, S. 8 f.; aA, da der Gesetzgeber die Token mit seiner Legaldefinition im Geldwäscherecht bereits anerkannt habe, *Rinaldi* Contr. e impr. 2019, 257 (290 ff.); *Giuliano* NGCC 2021, 1256 (1459); den Geldwäschebegriff nicht als ausreichend erachtend Capaccioli/*ders.* Criptoattività, S. 99 Fn. 14; De Luca/*ders.* Società 2020,

Dennoch befürwortet der Großteil eine Einbeziehung der intrinsischen Token unter das Eigentumsrecht und es wird vielmehr befürchtet, dass dieses Eigentumsrecht bei einer Einordnung als immaterielle Sache nicht sicher und vollständig gewährleistet sein könnte.[785] Selbst wenn Token aber als immaterielle Sache eingeordnet werden, soll an diesen grundsätzlich Privateigentum bestehen, da sie in jedem Falle private Vermögenswerte darstellen.[786] Denn Token seien gerade nicht mit den Gegenständen der Immaterialgüterrechte vergleichbar.[787]

Auch wenn der Sachbegriff nicht extensiv oder analog ausgelegt werden sollte, um den Grundsatz des Numerus Clausus der dinglichen Rechte nicht auszuhebeln, soll er daher von der Körperlichkeit befreit und für die neuen digitalen Hilfsmittel geöffnet werden. Es könne nicht pauschal an einer Körperlichkeit festgehalten werden, die sich nicht einmal eindeutig aus dem Gesetzeswortlaut ergebe; stattdessen sei der Sachbegriff zeitgemäß auszulegen.[788] Nur so könne das Recht mit der virtuellen Natur der intrinsischen Token, aber auch allgemein mit neuen digitalen Phänomenen in Einklang gebracht werden.[789] Die juristische Sachenlehre müsse diesen veralteten Gegensatz von Materialität und Immaterialität überwinden.[790] Besonders deutlich werde dies bei Token, denn deren Bedeutung ergebe sich – anders als bei regulären Daten – gerade nicht aus dem Wert oder der Art einer Datei, sondern aus dem Dokumentierten, also dem informationellem Inhalt. Dieser informationelle Inhalt könne aber aus sozioökonomischer, und somit auch aus rechtlicher Sicht, Gegenstand einer Zurechnung sein kann.[791]

Token seien demnach digitale Sachen, die zwar nicht im materiellen Besitz des Nutzers stehen, aber trotzdem Gegenstand einer Verfügungsgewalt im

---

571 (574); kritisch, ob überhaupt ein Numerus Clausus im Rahmen des Art. 810 cc bestehe, *Capaccioli* Criptovalute, S. 142.

[785] *Bocchini* Dir. inf. 2017, 27 (32); ebenso, wenn auch kritischer, *Caloni* Riv. dir. civ. 2019, 159 (171).

[786] So *Capaccioli* Criptovalute, S. 118 f.; die Eigentumsbeziehung zwischen Subjekt und Objekt bestehe zwar nur indirekt, weil sich das Eigentum allein durch den Besitz des Private Keys äußere, ebd. S. 146; trotzdem soll nicht an den von der Begriffsjurisprudenz geprägten Instituten festgehalten werden, sondern stattdessen die Rechtsnatur der Token im Einzelfall teleologisch und mit Blick auf die konkrete Funktion ausgelegt werden, ebd. S. 133; in diese Richtung im Ergebnis wohl auch *Scalera* ScReport 2021, 42 (45 f.).

[787] *Capaccioli* Criptovalute, S. 144.

[788] *Capaccioli* Criptovalute, S. 142, der von einer evolutionär-teleologischen Auslegung spricht; *Giuliano* NGCC 2021, 1256 (1459); auf andere Gegenstände hinweisend, die bereits als materielle und bewegliche Sachen anerkannt wurden, Cassano/Di Ciommo/Rubino De Ritis/*Fusco* Banche, intermediari e fintech, S. 507.

[789] *Caloni* Giur. comm. 2020, 1073 (1080); *ders.* Riv. dir. civ. 2019, 159 (171).

[790] *Giuliano* NGCC 2021, 1256 (1461); auf diesen hingegen verweisend und eine Sachfähigkeit von Token ablehnend *Befani* Dir. dell'econ. 2019, 379 (398 f.).

[791] *Cian* Banca, borsa, tit. cred. 2019, 315 (324).

Sinne des Art. 832 cc darstellen, da sie über das Wallet bewegt werden können.[792] Damit seien intrinsische Token nicht nur Gegenstand des Eigentumsrechts, sondern auch der rechtlichen Besitzformen; auf die Körperlichkeit komme es insofern nicht mehr an.[793]

(2) Danebenbestehende finanzrechtliche Einordnung

Andere – und dadurch unterscheiden sich beide Hauptströmungen – wollen die intrinsischen Token zusätzlich[794] als Finanzprodukte einordnen, wodurch die Anwendung bestimmter aufsichtsrechtlicher Regelungen möglich wäre.[795] Auch hier teilen sich jedoch die Meinungen, da einige die Token als Finanzinstrument anerkennen wollen, womit nach der Legaldefinition in Art. 1-*bis* des *Testo Unico della Finanza* ein finanzielles Anlageprodukt gemeint ist.[796] Der Großteil hingegen will Token nur, aufgrund des besonderen Schutzbedürfnis der Anleger aber zumindest auch, als atypisches Finanzprodukt einordnen, da Token eine Art sonstiges Produkt der Finanzwirtschaft darstellen.[797]

---

[792] *Fauceglia* Contratti 2019, 669 (670).

[793] So ausdrücklich *Caloni* Riv. dir. civ. 2019, 159 (171 f., 172 Fn. 40); in diese Richtung auch *Giudici* Società 2020, 588 (591) im Zusammenhang mit einem ähnlichen Urteil des High Court of New Zealand.

[794] So ausdrücklich *Bocchini* Dir. inf. 2017, 27 (34) sowie *Caloni* Riv. dir. civ. 2019, 159 (173); ähnlich auch TAR Lazio, Urteil vom 27. Januar 2020, Nr. 1077, Società 2020, 566 (568 f.), wonach es sich bei der finanzmarktrechtlichen Einordnung um explizit regulatorische Eingriffe handele, die einen formalen Rahmen schaffen sollen und als solche kohärent sind mit der dogmatischen Entwicklung der Institution; differenzierend *Donadio* Giust. civ. 2020, 173 (181 f.); zivilrechtliche Einordnung sei für regulatorische Zwecke ohne Nutzen, *Vardi* Dir. inf. 2015, 443 (448); zivilrechtliche Einordnung als Sache ablehnend und stattdessen eine Einordnung als Geld befürwortend *Capaccioli/Passaretta* Criptoattività, S. 101 ff.; offenlassend *Carrière* Dir. banc. 2019, 117 (124 ff., 127 Rn. 18).

[795] *Rinaldi* Contr. e impr. 2019, 257 (287 ff.); *Carrière* Dir. banc. 2019, 117 (154 ff.); *Girino* Dir. banc. 2018, 733 (760 ff.); *Gasparri* Dir. inf. 2015, 415 (425 ff.); *ders.* Dialoghi dir. econ. 2019, 1(28 ff., 54); im Überblick dazu *Michi* Riv. not. 2019, 604 (617).

[796] So nicht nur die Tendenz der Rechtsprechung in Tribunale Verona, Urteil vom 24. Januar 2017, Nr. 195, Banca, borsa, tit. cred. 2017, 467, sondern auch *Passaretta* Banca, borsa, tit. cred. 2017, 471 (477 f.); kritisch *Caloni* Riv. dir. civ. 2019, 159 (173 f.); mit ausführlicher Begründung ablehnend auch *Carrière* Dir. banc. 2019, 117 (131 ff.).

[797] So etwa *Caloni* Riv. dir. civ. 2019, 159 (174 ff.); mit Blick auf Devisen *Cassano/Di Ciommo/Rubino De Ritis/Passaretta* Banche, intermediari e fintech, S. 406 f.; zu beiden Alternativen im Überblick *Bocchini* Dir. inf. 2017, 27 (34 f.); daneben wird eine Anwendung der Zahlungsdiensterichtlinie angedacht, dies jedoch abgelehnt, da davon auszugehen sei, dass diese nur gesetzlich anerkannte Zahlungsmittel umfasse, ebd. S. 35 sowie *Vardi* Dir. inf. 2015, 443 (451); demgegenüber eine analoge Anwendung der Zahlungsdiensterichtlinie befürwortend *Passaretta* GiustiziaCivile 10. Juni 2020, S. 5 f.; *ders.* Nuove leggi civ. 2018, 1171 (1185 ff.); *Rubino De Ritis* GiustiziaCivile 20. März 2018, S. 6 f.; unentschlossen *Cassano/Di Ciommo/Rubino De Ritis/Consiglia di Martino* Bache, intermediari e fintech, S. 307 ff.; ferner wird eine Einordnung als *commodity finanziaria* vorgeschlagen, ein

Bestätigt sehen sich die Vertreter dieser Ansicht dadurch, dass der italienische Gesetzgeber bei Umsetzung der europarechtlichen Legaldefinition im Geldwäscherecht ausdrücklich auch die Nutzung zu Anlagezwecken vorgesehen hat.[798]

(3) Keine Einordnung als Sache, sondern als Geld

Einer Mindermeinung zufolge sollen intrinsische Token hingegen als Geld gelten, da die Schaffung von Geld grundsätzlich allen Privatpersonen frei stehe, auch wenn dieses vom Gesetz nicht als Währung und mithin taugliches Erfüllungsmittel anerkannt werde.[799] Herangezogen wurde dafür in erster Linie die Legaldefinition des italienischen Gesetzgebers für virtuelle Währungen, die noch vor der Legaldefinition des europäischen Gesetzgebers in das Geldwäscherecht aufgenommen wurde und noch keinen ausdrücklichen Ausschluss der Währungs- oder Geldeigenschaft der virtuellen Währungen enthielt.[800] In

---

rechtlich nicht definierter Begriff, durch den aber der Gebrauch zu Spekulationszwecken hervorgehoben werden soll, ebd. S. 449 mwN sowie erläuternd, aber mangels Körperlichkeit ablehnend, *Capaccioli* Criptovalute, S. 119 f.; zur analogen Anwendung des privaten Bankenrechts ebd. S. 451 f.; ausführlich zu den Risiken der Anleger, die für eine Einordnung als atypisches Finanzprodukt sprechen, ebd. S. 40 ff. sowie, wenn auch im Ergebnis eine Einordnung offenlassend, *Gasparri* Dir. inf. 2015, 415 (431 ff.); allgemein zu den Schutzinteressen *Semeraro* Dir. banc. 2019, 237 (248 ff.), 252 ff.); kritisch zur Einordnung als atypisches Finanzprodukt hingegen *M. Mancini* Anal. giur. econ. 2015, 117 (125 f.).

[798] Dazu Cassano/Di Ciommo/Rubino De Ritis/*Consiglio di Martino* Banche, intermediari e fintech, S. 311.

[799] So z.B. *Campagna* Riv. dir. civ. 2019, 138 (197 ff.) sowie Cassano/Di Ciommo/Rubino De Ritis/*Consiglio di Martino* Banche, intermediari e fintech, S. 317 ff.; aA konkret in Bezug darauf *Caloni* Giur. comm. 2020, 1073 (1080 Fn. 28) sowie *Fauceglia* Contratti 2019, 669 (670 Fn. 3); eine parallele Einordnung als möglich erachtend *Scalera* ScReport 2021, 42 (46).

[800] Der italienische Gesetzgeber hat mit dem Gesetzesdekret Nr. 90 vom 25. Mai 2017 in Umsetzung des Gesetzesdekrets Nr. 170 vom 12. August 2016 das geltende Gesetz zur Bekämpfung der Geldwäsche (Gesetzesdekret Nr. 231/2007) geändert und dabei noch vor dem EU-Gesetzgeber die Gelegenheit genutzt, virtuelle Währungen zu definieren. Danach handelte es sich bei virtuellen Währungen um digitale Wertdarstellungen, die nicht von einer Zentralbank oder einer öffentlichen Behörde ausgegeben oder garantiert werden, nicht notwendigerweise an ein gesetzliches Zahlungsmittel gebunden sind, als Tauschmittel für den Erwerb von Waren und Dienstleistungen oder für Anlagezwecke verwendet werden und elektronisch übertragen, gespeichert und gehandelt werden. Dazu *Passaretta* Nuove leggi civ. 2018, 1171 (passim) sowie *Rubino De Ritis* GiustiziaCivile 20. März 2018, S. 3 ff., die Token daher als Zahlungsmittel eingeordnet haben; aA *Giuliano* NGCC 2021, 1256 (1459 f.) sowie *Caloni* Giur. comm. 2020, 1073 (1081), demzufolge die Definition des italienischen Gesetzgebers im Geldwäscherecht bei der Einordnung der Token nicht weiterhelfe; ähnlich *Rinaldi* Contr. e impr. 2019, 257 (284 f.). Diese Definition des italienischen Gesetzgebers wurde dann von der Legaldefinition des europäischen Gesetzgebers abgelöst, der virtuelle Währungen in seiner Richtlinie 2018/843/EU zur Änderung der Vierten Geldwäscherichtlinie zwar ähnlich definierte, jedoch über die italienische Definition hinausging

diese Richtung schien auch das oben beschriebene Urteil des Berufungsgerichts zu gehen, das Kryptowährungen im Rahmen der Sacheinlage funktional mit Währungen gleichgestellt hat.[801] Mit der inzwischen geltenden Legaldefinition des europäischen Gesetzgebers überzeugt diese Argumentation allerdings nicht mehr.[802] Gleichzeitig sollen Token dieser Mindermeinung nach aber auch nicht als Sache im Sinne des Art. 810 cc eingeordnet werden können, da sich die Anerkennung durch den Gesetzgeber auf den Bereich des Geldwäscherechts beschränke. Dies reiche nicht aus, um eine Sachfähigkeit der Token zu begründen. Ferner sei der Sachbegriff von vornherein auf körperliche Sachen begrenzt, sodass Token sowieso schon nicht unter den Sachbegriff fallen.[803]

(4) Übereinstimmungen sowie Zwischenergebnis zum Streitstand

Allseitige Übereinstimmung besteht allerdings dahingehend, dass Token nicht als elektronisches Geld im Sinne der E-Geld-Richtlinie[804] einzuordnen sind.[805] Ferner gab es alternative Überlegungen dahingehend, Token als informatisches Dokument im Sinne der Legaldefinition im Rahmen des Gesetzes zur digitalen

---

und ausdrücklich feststellte, dass virtuelle Währungen nicht den rechtlichen Status einer Währung oder von Geld besitzen. In Umsetzung dieser Richtlinie wurde das italienische Gesetz zur Bekämpfung der Geldwäsche (Gesetzesdekret Nr. 231/2007) durch das Gesetzesdekret Nr. 125 vom 4. Oktober 2019 entsprechend geändert. Siehe dazu Cassano/Di Ciommo/Rubino De Ritis/*Consiglio di Martino* Banche, intermediari e fintech, S. 298 f. Fn. 3 f.

[801] Tribunale Brescia, Urteil vom 25 Juli 2018, Nr. 7556, Banca, borsa, tit. cred. 2019, 738 und Giur. comm. 2020, 883 sowie Appello Brescia, Urteil vom 30. Oktober 2018, Nr. 207, Banca, borsa, tit. cred. 2019, 736 und Giur. comm. 2020, 886; siehe dazu bereits § 3 V.2.a); in der Rechtswissenschaft wurde dieses Urteil stark kritisiert, siehe etwa *Caloni* Giur. comm. 2020, 1073 (1080 Fn. 28); *Fauceglia* Contratti 2019, 669 (670 Fn. 3).

[802] Cassano/Di Ciommo/Rubino De Ritis/*Consiglio di Martino* Banche, intermediari e fintech, S. 298 f., der aber auch die Inkongruenz dieser Legaldefinition darlegt, ebd. S. 302 f.; stattdessen hat der italienische Gesetzgeber bei Umsetzung der europäischen Richtlinie die Legaldefinition erweitert und sieht in Art. 1 Abs. 2 qq des Gesetzesdekret Nr. 231/2007, geändert durch das Gesetzesdekret Nr. 125 vom 4. Oktober 2019, nun auch eine Verwendung zu Anlagezwecken vor, was für eine Einordnung als Finanzprodukt spreche, ebd. S. 311.

[803] *De Luca*/*Passaretta* Società 2020, 571 (574) sowie Capaccioli/*ders*. Criptoattività, S. 100 mVa *Bocchini* Dir. inf. 2017, 27 (33), obwohl dieser eine Einordnung als Sache nicht per se ausschließt, sondern in Fn. 10 lediglich die verschiedenen Meinungen darlegt; ebenso *Consiglia Di Martino* GiustiziaCivile 10. November 2020, S. 5 f.

[804] EU-Richtlinie 2009/110/EG vom 16. September 2009.

[805] So bereits *Lodi* GiustiziaCivile 9. Oktober 2014; ausführlich *N. Mancini* Banca impr. e soc. 2016, 111 (121 ff., 126 ff.) sowie *Passaretta* Nuove leggi civ. 2018, 1171 (1179 ff.); Cassano/Di Ciommo/Rubino De Ritis/*Consiglia di Martino* Bache, intermediari e fintech, S. 304 ff., 307.

Verwaltung einzuordnen.[806] Dies scheint sich jedoch nicht durchgesetzt zu haben, stattdessen geht die herrschende Meinung inzwischen davon aus, dass es sich bei den intrinsischen Token um Sachen im Sinne des Art. 810 cc handelt.

bb) Sachfähigkeit von extrinsischen Token

Während die Einordnung intrinsischer Token von Rechtsprechung und Literatur intensiv diskutiert wird, führt die Rechtsnatur der extrinsischen Token zu deutlich weniger Kontroversen.[807] Sowohl in der Praxis als auch in der Literatur wird vertreten, dass extrinsische Token Finanzinstrumente oder zumindest Finanzprodukte darstellen,[808] womit sie dann aber jedenfalls auch als Sachen im Sinne des Art. 810 cc zu klassifizieren wären.[809] Damit steht aber auch hier die Regulierung der Token im Mittelpunkt der rechtswissenschaftlichen Diskussion; die privatrechtliche Frage nach der Sacheigenschaft ist hierfür nicht relevant.[810] Selbst wenn intrinsische Token entsprechend der oben beschriebenen Mindermeinung als Geld eingeordnet werden, wären extrinsische Token, zumindest wenn sie unter die Security Token fallen, als Finanzprodukte einzuordnen und dadurch dann Sachen im Sinne des Art. 810 cc.[811]

---

[806] *Bocchini* Dir. inf. 2017, 27 (33 f.); offen lassend *M. Mancini* Anal. giur. econ. 2015, 117 (126); nicht ausschließend auch *Capaccioli* Criptovalute, S. 130.
[807] So *Gitti* Banca, borsa, tit. cred. 2020, 13 (19) sowie *Caloni* Giur. comm. 2020, 1073 (1082); zur Abgrenzung zwischen intrinsischen und extrinsischen Token in diesem Kontext *Gitti* Banca, borsa, tit. cred. 2020, 13 (19 ff.).
[808] Die italienische Finanzaufsichtsbehörde *Consob* hatte vorgeschlagen, für extrinsische Token eine eigene Kategorie der Finanzprodukte zu definieren, vgl. *Consob* Le offerte iniziali e gli scambi di cripto-attività, Diskussionspapier vom 19. März 2019, S. 6; dazu *Carrière* DirittoBancario 17 Mai 2019, S. 14 ff., der schlussfolgert, dass Token nur Finanzprodukte sein können, wenn sie einen intrinsischen finanziellen Charakter haben, sie also ausdrücklich entsprechende Elemente wie z.B. Rendite- und Gewinnversprechen, Rückkaufverpflichtungen oder Nutzungsbeschränkungen aufweisen und nicht handelbar sein, ebd. 17 f.; dies könne insbesondere auch bei Utility Token der Fall sein, ebd. S. 18 f.; so auch *Sandei* Riv. dir. civ. 2020, 391 (404); Cian/Sandei/*dies.* Diritto del fintech, S. 290 sowie *Scalera* ScReport 2021, 42 (46 f.); Investment Token seien aber in jedem Falle Finanzprodukte, *Rulli* ODC 2019, 121 (144 ff., 147); dieser funktionale Ansatz sei zwar regulatorisch sinnvoll, helfe jedoch nicht bei der rechtlichen Einordnung der extrinsischen Token, *Gitti* Banca, borsa, tit. cred. 2020, 13 (24); zur funktionalen Interpretation des Vorschlags *Caloni* Giur. comm. 2020, 1073 (1082); ausführlich kapitalmarktrechtlich analysierend und schließlich als Finanzinstrument einordnend ebd. S. 28 ff. sowie *Annunziata* Bocconi 2019, 2636561, S. 37 ff.; *ders.* ODC 2018, 40 (44 ff.); ferner *Sandei* Riv. dir. civ. 2020, 391 (402 ff.).
[809] So ausdrücklich *Caloni* Giur. comm. 2020, 1073 (1082).
[810] *Annunziata* Bocconi 2019, 2636561, S. 44 f., 44 Fn. 118; *ders.* ODC 2018, 40 (51 Fn. 32); vielmehr gehe es inhaltlich darum, einen finanziellen Charakter der Beziehung zwischen Emittenten und Inhaber der Token zu ermitteln, *Sandei* Riv. dir. civ. 2020, 391 (401).
[811] *Franza* DirittoBancario 14. Mai 2019, S. 9, die treffend darauf hinweist, dass die entsprechenden ICOs damit den Finanzvorschriften und der Emittent der Prospektpflicht unterliegen würden.

Unabhängig von ihrer regulatorischen Einordnung werden extrinsische Token teilweise auch als Schuldscheine klassifiziert. Soweit der jeweilige Token so konzeptioniert ist, dass das bloße Innehaben des Tokens als Nachweis des verkörperten Rechts ausreicht, soll er unter die entsprechenden Vorschriften subsumiert werden können.[812] Diese Einordnung als Schuldschein stünde neben der Einordnung als Sache im Sinne des Art. 810 cc, da Schuldscheine bewegliche Sachen sind und somit eine Sachfähigkeit der extrinsischen Token begründen.

Alternativ wird über ein entsprechendes Recht *sui generis* nachgedacht, das dann auf Grundlage der regulären Vorschriften zur Abtretung übertragen werden würde.[813] Soweit der Token nicht auf rein digitale Gegenstände, sondern auf analoge Gegenstände verweist, sollen die regulären Vorschriften zu Eigentum und Besitz anwendbar sei. Der außerhalb der DLT liegende Vermögenswert müsse in jedem Fall von der Rechtsordnung erfasst werden. Davon, dass entsprechende Transaktionen auf DLT-Basis rechtskonform geschlossen werden, sei auszugehen.[814]

Trotzdem soll das italienische Rechtsinstitut der Schuldscheine ((3)) und der Streit um dessen Rechtsnatur ((2)) noch einmal genauer dargestellt werden. Das ist für ein genaues Verständnis einer entsprechenden Einordnung der Token notwendig ((1)) und es ergeben sich wesentliche Unterschiede zum deutschen Wertpapierrecht, die mit Blick auf die Sachfähigkeit der Token und eine mögliche Anwendbarkeit der Wertpapiervorschriften relevant werden könnten.

(1) Überblick über das Recht der Schuldscheine nach Art. 1992 ff. cc

Das Recht der Schuldscheine ist in Art. 1992 ff. cc normiert.[815] Anders als das Bürgerliche Gesetzbuch sieht der Codice Civile hierfür einen eigenen Titel vor, mit jeweils eigenen Abschnitten für allgemeine Bestimmungen und den besonderen Regelungen der Inhaber-, Order- und Namensscheine.[816] Art. 1992 cc verbindet den Besitz des Schuldscheins mit der Inhaberschaft des im Schuldschein abgebildeten Rechts, indem er dem Besitzer des Schuldscheins bei dessen Nachweis einen Anspruch auf die darin genannte Leistung zuspricht. Der gutgläubige Schuldner wird hingegen von seiner Leistungspflicht befreit, wenn

---

[812] *De Luca* Riv. dir. civ. 2020, 101 (111 ff., 113); ablehnend, da überflüssig, *Morone* Blockchain e smart contracts, S. 447 (450); Anwendung für intrinsische Token verneinend *Monti* Rag. prac. 2018, 361 (367).

[813] Vgl. *Morone* Blockchain e smart contracts, S. 447 (450).

[814] *Morone* Blockchain e smart contracts, S. 447 (451).

[815] Der Codice Civile spricht insoweit von *titoli di credito*, was von der Provinz Bozen als Wertpapiere übersetzt wird; vorliegend wird jedoch der im Vergleich zum deutschen Recht neutrale Begriff des Schuldscheins gewählt.

[816] Das als italienische Besonderheit hervorhebend *De Luca* Banca, borsa, tit. cred. 2017, 93 (93); vgl. auch *Musso/Spada* Banca, borsa, tit. cred. 2010, 401 (405).

er diese an den Besitzer des Schuldscheins erbringt.[817] Diese Schuldscheine sind in Italien bei größeren Beträgen nach wie vor ein weit verbreitetes Zahlungsinstrument im privaten wie im geschäftlichen Verkehr.

Mit dem Schuldschein wird die Umlauffähigkeit von Rechten erhöht ((a)), obwohl nicht an das Eigentumsrecht des Papiers angeknüpft wird ((b)). Daraus ergeben sich die *autonomia* und die *letteralità* als wesentliche Eigenschaften der Schuldscheine ((c)). Ferner folgt hieraus eine andere Handhabung bei bösgläubigem Besitz des Schuldscheins ((d)).

(a) Erhöhung der Umlauffähigkeit von Rechten

Ähnlich wie im deutschen Recht wird mithilfe der Schuldscheine die Umlauffähigkeit von Rechten erhöht, indem auf die Regelungen für bewegliche Sachen zurückgegriffen wird.[818] Denn ansonsten können Forderungen nur durch Abtretung übertragen werden, wofür Art. 1262 ff. cc formale Anforderungen wie etwa Mitteilungserfordernisse vorsieht und bei der das Recht vor allem auch nur in seiner bestehenden Form abgetreten werden kann.[819] Erst durch die Anknüpfung an den Besitz einer beweglichen Sache und der Regelung des Art. 1994 cc, dass von demjenigen, der den Besitz des Schuldscheins gutgläubig erlangt hat, keine Herausgabe verlangt werden kann, wird eine Art gutgläubiger Erwerb der Forderung möglich. Ferner wird dem Schuldscheininhaber dadurch Vorrang gegenüber anderen Forderungserwerbern eingeräumt und der Besitz allein reicht aus, um die Inhaberschaft nachzuweisen.[820]

(b) Keine Anknüpfung an das Eigentumsrecht des Papiers

Anders als im deutschen Recht wird allerdings nicht an das Eigentumsrecht des Papiers angeknüpft; die Forderung wird nicht vollständig in einer Verbriefungsurkunde verkörpert.[821] Obwohl das Eigentum am Papier übertragen und derivativ erworben wird, entsteht der Schuldschein selbst als eigene Rechtsposition neu. Anschließend wird immer nur dieser Schuldschein übertragen, aus dem sich dann der Anspruch ergibt; das Eigentum am Papier geht lediglich als Nebeneffekt mit über.[822] Damit löst sich das verbriefte Recht von der eigentlichen zugrundeliegenden Rechtsbeziehung los und besteht abstrakt für sich

---

[817] Zu den Wirkungen im Einzelnen *Iorio* Diritto privato, S. 697.

[818] Allgemein zur Entstehung in Europa *Iorio* Diritto privato, S. 694; *Spada* Banca, borsa, tit. cred. 1999, 407 (407 f.); *Musso/Spada* Banca, borsa, tit. cred. 2010, 401 (403 f.); zur Publizitätsfunktion des Besitzes ebd. S. 408.

[819] Vgl. *Bocchini/Quadri* Diritto privato, S. 1308; zu Risiken bei Forderungsübergang *Musso/Spada* Banca, borsa, tit. cred. 2010, 401 (402 f.); zur Umlauffähigkeit der Schuldscheine Buonocore/*Martorano* Manuale, S. 963 f.

[820] Buonocore/*Martorano* Manuale, S. 964.

[821] *De Luca* Banca, borsa, tit. cred. 2017, 93 (106).

[822] Vgl. *Iorio* Diritto privato, S. 95.

allein durch seine Verbriefung.[823] Die Inhaberschaft des Forderungsrechts ist damit also nicht derart an die Inhaberschaft des Eigentumsrechts geknüpft (oder andersherum), dass diese derivativ mittels Legalzession übergehen würde. Stattdessen entsteht originär eine neu begründete Inhaberschaft, nämlich die des Schuldscheins.[824] Das Erlangen der Forderung, welches mit der Entstehung des Schuldscheins einhergeht, begründet also einen originären Forderungserwerb.[825] Dadurch unterscheiden sich die Schuldscheine auch gerade von den unechten Schuldscheinen im Sinne des Art. 2002 cc.[826]

Untermalt wird dieser originäre Forderungserwerb von der Regelung des Art. 1993 cc.[827] Hiernach können nur Einwendungen geltend gemacht werden, die den Besitzer des Schuldscheins unmittelbar betreffen oder aus der Begründung des Schuldscheins hervorgehen; man spricht insoweit von dinglichen Einwendungen.[828] Alle Einwendungen in Bezug auf Rechtsbeziehungen zu den vorherigen Besitzern, sogenannte persönliche oder relative Einwendungen, können hingegen nur bei Bösgläubigkeit des aktuellen Besitzers geltend gemacht werden.[829] Im Falle einer Gutgläubigkeit sind persönliche Einwendungen somit ausgeschlossen, was nur möglich ist, weil die Forderung nicht derivativ erworben wird.[830] Umgekehrt ist dieser begrenzte Ausnahmenkatalog gerade der Grund dafür, wieso das Forderungsrecht nicht vollständig vom Eigentumsrecht an der Urkunde verkörpert wird. Die Leistung, zu der der Schuldner verpflichtet ist, muss wegen der (wenn auch begrenzt) möglichen Einwendungen, die dem gutgläubigen Besitzer des Schuldscheins entgegengehalten werden können, nicht unbedingt mit der Leistung aus dem ursprünglichen Rechtsgeschäft übereinstimmen. Die Wirksamkeit des ursprünglichen Rechtsgeschäfts kann dadurch auch nicht die Leistung aus dem Schuldschein beeinflussen.[831]

---

[823] Buonocore/*Martorano* Manuale, S. 965 f.; *Bocchini/Quadri* Diritto privato, S. 1306 sehen darin kein allgemeines Kriterium der Schuldscheine, es gebe auch kausale Schuldscheine, z.B. Aktien, vgl. ebd. S. 1308; siehe insoweit die Unterscheidung von kausalen und abstrakten Schuldscheinen bei *Iorio* Diritto privato, S. 700 f.

[824] Bei wirksamen Begebungsvertrag erlangt der Inhaber des Schuldscheins trotzdem auch das Eigentum am Papier, vgl. Buonocore/*Martorano* Manuale, S. 974.

[825] Buonocore/*Martorano* Manuale, S. 965; *Iorio* Diritto privato, S. 95; zu den Ausnahmen wie z.B. Art. 25 des Wechselgesetzes Buonocore/*Martorano* Manuale, S. 975.

[826] *De Luca* Banca, borsa, tit. cred. 2017, 93 (105); ferner Buonocore/*Martorano* Manuale, S. 967; *Iorio* Diritto privato, S. 700; historisch zur Abgrenzung *Musso/Spada* Banca, borsa, tit. cred. 2010, 401 (404 f.).

[827] Vgl. *Iorio* Diritto privato, S. 695.

[828] *Iorio* Diritto privato, S. 696; *Bocchini/Quadri* Diritto privato, S. 1309; ausführlich zu den einzelnen Einwendungen Buonocore/*Martorano* Manuale, S. 968 ff.

[829] *Bocchini/Quadri* Diritto privato, S. 1309.

[830] Zu den persönlichen Einwendungen im Einzelnen Buonocore/*Martorano* Manuale, S. 970 f.; vgl. ferner *De Luca* Banca, borsa, tit. cred. 2017, 93 (103 f.).

[831] Ausführlich dazu *De Luca* Banca, borsa, tit. cred. 2017, 93 (105 f.).

(c) Autonomia und letteralità als wesentliche Eigenschaften der Schuldscheine

Insgesamt ergeben sich für die Schuldscheine damit zwei wesentliche Eigenschaften, nämlich die *autonomia* und die *letteralità*. Da der Forderungserwerb eben nicht derivativ erfolgt und sich die Forderung somit auch nicht von einem vorherigen Recht ableitet, besteht die Position des Schuldscheininhabers stets unabhängig von der des vorherigen Inhabers, ist also autonom.[832] Insbesondere können dem neuen Rechtsinhaber, soweit gutgläubig, nach Art. 1993 cc keine etwaigen Einwendungen gegen den vorherigen Inhaber entgegengehalten werden, sodass die Rechtsposition sowohl in Bezug auf die Forderungsinhaberschaft als auch in Bezug auf den Forderungsinhalt unabhängig ist.[833] Aus diesem Grund müssen in dem Schuldschein zumindest indirekt auch alle wesentlichen Informationen enthalten sein, damit der Anspruch abgrenzbar ist (und bleibt).[834] Dieses Erfordernis der *letteralità* ist wörtlich mit Buchstäblichkeit zu übersetzen und ergibt sich unter anderem aus Art. 1993 cc, der Einwendungen auf Grundlage des Wortlauts des Schuldscheins ausdrücklich erlaubt.[835]

(d) Einwendungen bei bösgläubigem Besitz des Schuldscheins

Ist der Besitzer des Schuldscheins bei dessen Erwerb bösgläubig, kann der Schuldner ihm bei Ausübung der Forderung nach Art. 1993 cc auch persönliche Einwendungen entgegenhalten. Das ist unter anderem der Grund, wieso nicht an das Eigentumsrecht und dessen gutgläubigen Erwerb angeknüpft, sondern eine eigene Rechtsposition begründet und in Art. 1994 cc nur der Herausgabeanspruch gegenüber dem gutgläubigen Besitzer ausgeschlossen wird.[836] Der gutgläubige Erwerbs des Eigentumsrechts nach Art. 1153 ff. cc stellt im italienischen Recht eine Form des originären Eigentumserwerbs dar.[837] Anders als bei einem gutgläubigen Eigentumserwerb wird bei den Schuldscheinen im Falle einer Bösgläubigkeit nicht der Forderungserwerb per se verhindert, sondern nur zum Gegenstand möglicher Einwendungen gemacht. Das ermöglicht eine differenzierte Ausgestaltung der Rechtsposition und wird dem relativen

---

[832] Vgl. insoweit *Musso/Spada* Banca, borsa, tit. cred. 2010, 401 (404).

[833] Buonocore/*Martorano* Manuale, S. 965; *Bocchini/Quadri* Diritto privato, S. 1308; ähnlich *Iorio* Diritto privato, S. 695; zum Risiko einer doppelten Inanspruchnahme, der jedoch das Verlangen des Schuldscheins entgegengehalten werden kann, Buonocore/*Martorano* Manuale, S. 966.

[834] Vgl. *Musso/Spada* Banca, borsa, tit. cred. 2010, 401 (404); *Bocchini/Quadri* Diritto privato, S. 1308.

[835] Buonocore/*Martorano* Manuale, S. 964; ähnlich auch *Iorio* Diritto privato, S. 696; vgl. insoweit auch deren Bedeutung im Rahmen der Unterscheidung zwischen kausalen und abstrakten Schuldscheinen, ebd. S. 700 f.

[836] *De Luca* Banca, borsa, tit. cred. 2017, 93 (106).

[837] Daher auch von einer Anknüpfung sprechend *Iorio* Diritto privato, S. 695.

Charakter der Forderung gerecht, deren Erfüllung noch von der Mitwirkung des Schuldners abhängig ist.[838]

(e) Zwischenergebnis

Durch das Recht der Schuldscheine wird im italienischen Recht mithin die Umlauffähigkeit von Rechten erhöht. Dafür wird auf die Regelungen für bewegliche Sachen zurückgegriffen, die Forderungen werden aber nicht an das Eigentumsrecht geknüpft, das am Papier des Schuldscheins selbst besteht. Vielmehr begründen die Vorschriften zu den Schuldscheinen eine eigene Rechtsposition, die diejenige des Eigentumsrechts am Papier überwiegt und unabhängig von der des vorherigen Inhabers besteht. Gleichzeitig wird durch die Anknüpfung an den Besitz der beweglichen Sache, des Schuldscheins, aber der gutgläubige Erwerb der Forderung ermöglicht. Persönliche Einwendungen können dem Besitzer des Schuldscheins nur entgegengehalten werden, wenn dieser bei Erwerb bösgläubig war. Durch diese Vorgehensweise soll dem relativen Charakter der Forderung entsprochen werden.

(2) Umstrittene Rechtsnatur der Schuldscheine

Die Rechtsnatur der Schuldscheine ist im italienischen Recht seit jeher umstritten.[839] Neben den Regelungen im Codice Civile hat der Gesetzgeber Sondergesetze für einzelne Arten von Schuldscheinen erlassen, etwa das Gesetz für Wechsel[840] oder Schecks.[841] Die typologische Ansicht möcjte daher vorab bestimmen, was das Gesetz und der allgemeine Rechtsverkehr[842] unter Schuldscheinen versteht, bevor die Art. 1992 ff. cc angewendet werden.[843] Die Sondergesetze dienen insoweit als Anknüpfungspunkt, da diese überhaupt erst definieren, was alles Schuldschein sein kann.[844] Hieran knüpfen dann erst die Regelungen des Codice Civile an, sodass aus den Vorschriften der Art. 1992 ff. cc selbst keine Eigenschaften möglicher Schuldscheine geschlussfolgert werden

---

[838] *De Luca* Banca, borsa, tit. cred. 2017, 93 (107).

[839] Ausführlich dazu und mwN *De Luca* Banca, borsa, tit. cred. 2017, 93 (94 Fn. 1); im Zusammenhang mit Token darauf hinweisend *ders.* Riv. dir. civ. 2020, 101 (110 Fn. 19) sowie *Rulli* ODC 2019, 121 (122 Fn. 1).

[840] *Regio Decreto* (Königlicher Erlass) Nr. 1669 vom 5. Dezember 1933, *Modificazioni alle norme sulla cambiale e sul vaglia cambiario* (Änderungen der Vorschriften über Wechsel und Eigenwechsel); im Einzelnen dazu *Iorio* Diritto privato, S. 702 ff.

[841] Königlicher Erlass Nr. 1736 vom 21. Dezember 1933, Disposizioni sull'assegno bancario, sull'assegno circolare e su alcuni titoli speciali dell'Istituto di emissione, del Banco di Napoli e del Banco di Sicilia (Rückstellungen für Bankschecks, Barschecks und bestimmte besondere Titel des Emissionsinstituts, der Bank von Neapel und der Bank von Sizilien); im Einzelnen dazu Iorio Diritto privato, S. 709 ff.

[842] Konkret zu diesem Kriterium *Ascarelli* Riv. dir. comm. 1956, 301 (309 f.).

[843] Begründend *Ascarelli* Riv. dir. comm. 1956, 301 (302, 304 f.).

[844] *De Luca* Banca, borsa, tit. cred. 2017, 93 (111 f.).

können.⁸⁴⁵ Das führt in gewisser Weise zu einer Art Numerus Clausus, da nur die vom Gesetzgeber erfassten Fälle als Schuldscheine gelten.

Einem normativen Ansatz zufolge seien Schuldscheine hingegen von vornherein ein rein rechtlich geschaffenes Konstrukt. Mithilfe der Regelungen in Art. 1992 ff. cc bilde das Gesetz die faktisch gewollte Beziehung zwischen dem vorrechtlich existierenden Papier und der unabhängig von der Verbriefung bestehenden, faktisch begründeten Beziehung zwischen zwei Subjekten ab.⁸⁴⁶ Schuldscheine seien demnach also nichts anderes als ein übertragbares subjektives Recht, das auf einem materiellen, nicht notwendigerweise aus Papier bestehenden Träger dargestellt wird.⁸⁴⁷ Daher können die Regelungen der Schuldscheine auf alle tatsächlichen Gegebenheiten angewendet werden, die dieser Grundkonstellation entsprechen und unter die Voraussetzungen der Art. 1992 ff. cc subsumiert werden können.⁸⁴⁸ Die Verantwortung, ob ein Schuldschein entsteht, liegt somit bei den Parteien selbst, insbesondere beim Emittenten des Schuldscheins.⁸⁴⁹ Einer gesonderten Regelung des Gesetzgebers bedarf es dafür nicht, vielmehr handele es sich bei den Sondergesetzen um klassische *lex specialis*, die für die jeweiligen Schuldscheine zusätzlich zur Anwendung kommen.

(3) Token als Schuldscheine nach Art. 1992 ff. cc

Der Streit um die Rechtsnatur der Schuldscheine kann nicht im Einzelnen entschieden werden. Eine Einordnung der extrinsischen Token als Schuldschein wäre allerdings nur dann möglich, wenn diese normativ verstanden werden. Dann nämlich kann die faktische Verknüpfung von Token und Versprechen mit derjenigen verglichen werden, die von den Regelungen der Schuldscheine erfasst werden soll.⁸⁵⁰ Auf rechtlicher Ebene entspreche die Verknüpfung der extrinsischen Token nämlich der Verbindung von Besitz und Forderung, denn der Token dient ja gerade als Träger eines übertragbaren subjektiven Rechts.⁸⁵¹ Zwar stellt der Token selbst keinen materiellen Träger dar, doch er bedarf stets

---

⁸⁴⁵ *Ascarelli* Riv. dir. comm. 1956, 301 (302).

⁸⁴⁶ Vgl. *Spada* Banca, borsa, tit. cred. 1999, 407 (408).

⁸⁴⁷ So im Hinblick auf eine Einordnung der Token als Schuldscheine *De Luca* Riv. dir. civ. 2020, 101 (110).

⁸⁴⁸ So *Musso/Spada* Banca, borsa, tit. cred. 2010, 401 (405 f.), der dies historisch einbettet, sich aber kritisch über den Mehrwert dieser Regelungen zeigt; siehe ferner *Spada* Banca, borsa, tit. cred. 1999, 407 (408), der die Eigenschaften der Schuldscheine insoweit als dinglicher Schutz durch gutgläubigen Erwerb, persönlicher Schutz durch die begrenzte Möglichkeit von Einwendungen und Legitimationsfunktion des Besitzes zusammenfasst; in diese Richtung wohl auch *Rulli* ODC 2019, 121 (122 f.).

⁸⁴⁹ *De Luca* Banca, borsa, tit. cred. 2017, 93 (112).

⁸⁵⁰ *De Luca* Riv. dir. civ. 2020, 101 (110); viele Gemeinsamkeiten sehend auch *Rulli* ODC 2019, 121 (122 f.).

⁸⁵¹ *De Luca* Riv. dir. civ. 2020, 101 (110).

eines solchen, um sichtbar und für den Menschen wahrnehmbar gemacht zu werden. Eine digitale Verkörperung müsse daher ausreichen.[852]

Allerdings könne an Token kein Besitz bestehen, sodass Token nur nach den Regeln nicht papierbasierter Schuldscheine zirkulieren können sollen.[853] Die Entmaterialisierung habe aber die Möglichkeit eröffnet, Schuldscheine auch auf andere Weise als durch die Übertragung des Besitzes in Umlauf zu bringen, da die körperliche Sache als notwendiger Träger überholt ist.[854] Zwar habe die Entmaterialisierung ihren Ursprung bei der komplexen Verwaltung durch Finanzintermediäre, die es im Rahmen der Token gerade nicht mehr gibt. Trotzdem sei dies lediglich ein konzeptioneller Unterschied der Entmaterialisierung der Schuldscheine: die Übertragung der Token findet nun auf virtuellen Märkten statt und wird mittels verteilter Netzwerke verwaltet – dadurch sei ein digitalisiertes Markt-Netzwerk entstanden, dass sowohl Emittenten als auch Finanzintermediäre ersetzt.[855]

Unter welche Art von Schuldtiteln die Token konkret eingeordnet werden sollen, wird nicht eindeutig beantwortet. Grundsätzlich sollen Token – je nach Ausgestaltung – ein Inhaberpapier im Sinne der Art. 2003 ff. cc oder ein Namenspapier im Sinne der Art. 2021 ff. cc gesehen.[856] Es wird jedoch auch darauf hingewiesen, dass das keine atypischen Inhaberpapiere vorsieht, da diese nach Art. 2004 cc nicht frei, sondern nur in den vom Gesetz vorgesehenen Fällen, ausgestellt werden dürfen. Genau diesen Inhaberpapieren würden Token aber gerade ähneln, da ihre Übertragung entmaterialisiert sei und nicht auf Grundlage einer Besitzübergabe erfolge.[857]

Es scheint also darauf anzukommen, ob die Inhaberschaft an einem Token als körperlicher Besitz verstanden werden kann oder nicht. Insoweit kann auf die Diskussion zu den intrinsischen Token verwiesen werden, bei denen der Mehrheit zufolge ein Eigentumsrecht nach Art. 832 cc möglich sein soll. Insoweit ist zwar noch die weitere Diskussion der Rechtswissenschaft abzuwarten, im Grundsatz aber sollen Token durchaus den Schuldscheinen gleichgestellt

---

[852] *Rulli* ODC 2019, 121 (123).
[853] *Rulli* ODC 2019, 121 (123 f.).
[854] *Rulli* ODC 2019, 121 (124, 148).
[855] *Rulli* ODC 2019, 121 (123).
[856] Die unterschiedlichen Übertragungsregelungen der einzelnen Arten von Schuldscheinen ähneln denen des deutschen Rechts; anhand der unterschiedlichen Regelungen für die Zuteilung an die verschiedenen aufeinanderfolgenden Besitzer des Schuldscheins, den *leggi di circolazione*, werden die Schuldscheine in Inhaber- Order- und Namenspapiere unterteilt; die Wahl, welche Zirkulationsgesetze für einen konkreten Schuldschein zur Anwendung kommen sollen, steht den Parteien frei und kann nach Art. 1999 cc auch im Nachhinein noch geändert werden; dazu Buonocore/*Martorano* Manuale, S. 975 f.; zu den unterschiedlichen Regelungen des Interessensausgleichs bei Verlust des Schuldscheins siehe ebd. S. 981 ff.
[857] *Rulli* ODC 2019, 121 (130, 148); einen Besitz von Token ebenfalls verneinend, wenn auch im Rahmen von Überlegungen zu einer Aktie auf Blockchain-Basis, *De Luca* Riv. dir. civ. 2020, 101 (124).

werden können, was die Diskussion um die finanzrechtliche Einordnung ja gerade deutlich mache.[858] Wird es hingegen als notwendig erachtet, dass das Gesetz die möglichen Sachverhaltskonstellationen zuvor als Schuldschein typologisiert haben muss, erscheint eine Einordnung der Token als Schuldschein eher zweifelhaft, da das Gesetz die Token gerade nicht als solche definiert.[859]

(4) Zwischenergebnis zu extrinsischen Token als Schuldscheine

Die Rechtsnatur der extrinsischen Token scheint also noch nicht ausdiskutiert. Während der Fokus bislang auf der regulatorischen Einordnung liegt, wurde die zivilrechtliche Einordnung der Token kaum diskutiert. Zwar wird meist von einer Einordnung der Token als Sache im Sinne des Art. 810 cc ausgegangen, eine erste vertiefte Analyse macht aber deutlich, dass die Sacheigenschaft andere Ursprünge haben könnte als die der intrinsischen Token. Extrinsische Token könnten nämlich als Schuldscheine im Sinne der Art. 1992 ff. cc eingeordnet werden, wodurch deren Sacheigenschaft zwar nicht ausgeschlossen wäre. Die Sachfähigkeit würde sich dann aber erst infolge der Klassifikation der Token als Schuldschein ergeben, wäre also gerade nicht Voraussetzung dessen. Gleiches gilt für den Fall, dass an extrinsischen Token eine eigene Rechtsposition *sui generis* anerkannt würde. Beiden Lösungen stünde zwar nicht entgegen, dass intrinsische Token ihrerseits als Sache im Sinne des Art. 810 cc eingeordnet werden sollen. Im Ergebnis würden diese aber zu einer unterschiedlichen zivilrechtlichen Einordnung der Token führen. Eine Tendenz der italienischen Rechtswissenschaft ist hier noch nicht absehbar.

cc) Zwischenergebnis zum Streitstand von Token im Allgemeinen

Bei dem Blick auf den aktuellen Streitstand rund um die rechtliche Einordnung von Token wird deutlich, dass sich die Diskussion sowohl im Rahmen der intrinsischen als auch im Rahmen der extrinsischen Token in erster Linie auf finanzrechtliche Fragen konzentriert. Die zivilrechtliche Natur der intrinsischen Token wurde demgegenüber erst dann differenzierter diskutiert, als diese im Rahmen konkreter Streitigkeiten relevant wurde. Für extrinsische Token sind derartige Streitigkeiten hingegen noch überhaupt nicht ersichtlich. Zwar deutet sich in Parallele zu der Einordnung der intrinsischen Token bereits ab, dass auch die extrinsischen Token Sachen im Sinne des Art. 810 cc darstellen können, worauf die konkrete finanzrechtliche Einordnung der Token keinen Einfluss hat. Unklar ist aber, woraus sich die Sachfähigkeit der extrinsischen Token ergibt, sprich wie die zivilrechtliche Rechtsposition im Einzelnen

---

[858] *Rulli* ODC 2019, 121 (125, 130 f.).
[859] Zur Einordnung der Token als Aktien ausführlich *De Luca* Riv. dir. civ. 2020, 101 (passim).

ausgestaltet sein wird. Unterschiedliche Ergebnisse der zivilrechtlichen Einordnung sind hier nicht ausgeschlossen.

Die finanzrechtliche Einordnung ist für diese Fragen allerdings weder bei intrinsischen noch bei extrinsischen Token von Bedeutung. Vielmehr wird die Sachfähigkeit in beiden Fällen als notwendige Folge einer eventuellen rechtlichen Anerkennung als Finanzprodukt gesehen.

Für die weitere Untersuchung ergibt sich daraus jedenfalls, dass Token Sachen im Sinne des Art. 810 cc darstellen, auch wenn diese Einordnung vereinzelt wegen der fehlenden Körperlichkeit der Token kritisiert wird oder deren Herleitung noch unklar ist.

c) Zwischenergebnis zur Einordnung der Token in die italienische Rechtsordnung

Ausgehend von der Sachfähigkeit der Token und im Sinne eines zeitgemäßen Verständnisses des Eigentumsrechts wird zwar grundsätzlich davon ausgegangen, dass ein Eigentumsrecht nach Art. 832 cc an Token bestehen kann – auch dann, wenn die Token als immaterielle Sache eingeordnet werden. Zumindest intrinsische Token können somit trotz ihrer Unkörperlichkeit Bezugsobjekt des Eigentumsrechts sein.

Es wird aber auch deutlich, dass genauestens zwischen intrinsischen und extrinsischen Token differenziert werden muss und aus einem Eigentumsrecht der intrinsischen Token nicht automatisch auch auf ein Eigentumsrecht der extrinsischen Token geschlossen werden kann.

3. Rechtsvergleich des italienischen und des deutschen Sachbegriffs

Im Rahmen der Darstellung des italienischen Sachbegriffs sowie der Subsumtion der Token hierunter konnte bereits auf erste Unterschiede zum deutschen Recht hingewiesen werden. Insbesondere wurde deutlich, dass der Sachbegriff nach Art. 810 cc deutlich weiter als der aus § 90 BGB ist und sich nicht auf körperliche Gegenstände beschränkt.

a) Mithilfe des Sachbegriffs zu lösende Interessenskollision

Dieser Unterschied soll noch einmal mit Blick auf die hinter dem Sachbegriff stehende Interessenkollision diskutiert werden, die die Rechtsordnungen jeweils zu lösen haben. Zweck des Sachbegriffs ist nicht, nur eine Legaldefinition zur besseren Systematisierung des Zivilrechts bereitzustellen. Vielmehr erfasst und ordnet er die Wirklichkeit, mit der sich die Gesellschaft als Ganzes, aber auch der Mensch als Individuum, konfrontiert sieht. Dafür bedarf es zwar auch einer Systematisierung in verschiedene Rechtsbegriffe, doch diese Systematisierung erfüllt keinen Selbstzweck, sondern dient in erster Linie dazu, verschiedene Rechtspositionen definieren zu können. Nur mithilfe dieser

Rechtspositionen kann die Wirklichkeit dann normativ gesteuert werden, wodurch letztlich das gesellschaftliche Zusammenleben ermöglicht wird.

Der Sachbegriff kann dabei einen allgemeineren Blickwinkel einnehmen und alles erfassen, was ein menschliches Interesse begründen kann. Der Sachbegriff kann aber auch von vornherein enger gefasst werden und nur solche Gegenstände erfassen, über die der Mensch in tatsächlicher Hinsicht eine vollumfängliche Herrschaftsmacht ausüben kann.

aa) Lösung der italienischen Rechtsordnung

Die Weite des italienischen Sachbegriffs ermöglicht sowohl ersteres als auch letzteres: Ausgehend von seinem Wortlaut bestimmt er jedenfalls all das als rechtlich relevante Sache, was Gegenstand von Rechten sein kann. In seiner anderen Funktion, die er für das Sachenrecht übernimmt und die sich aus der systematischen Stellung ergibt, ist der Sachbegriff jedoch enger zu begreifen; er kann nur solche Gegenstände umfassen, über die auch wirklich eine tatsächliche Herrschaftsmacht ausgeübt werden kann. Denn die sachenrechtlichen Rechte knüpfen in ihrer Ausgestaltung an den Besitz als faktische Herrschaftsmacht an, sodass die Möglichkeit einer faktischen Herrschaftsmacht entsprechend Voraussetzung und gleichzeitig einschränkendes Kriterium für den Sachbegriff im engeren Sinne ist. Da sich diese Funktion aber nicht ausdrücklich aus dem Wortlaut des Art. 810 cc ergibt, hat der Sachbegriff immer wieder zu Diskussionen und Abgrenzungsproblemen geführt.

bb) Lösung der deutschen Rechtsordnung

Der deutsche Gesetzgeber wollte den Sachbegriff mit seiner Legaldefinition in § 90 BGB von vornherein auf die engere Funktion beschränken. Dafür hat er an eine Eigenschaft angeknüpft, bei deren Vorliegen die Möglichkeit einer faktischen Herrschaftsmacht nicht abgestritten werden kann: die Körperlichkeit. Doch auch diese Lösung führt nur auf den ersten Blick zu einer klaren Abgrenzung. Unabhängig von der Frage, wie die Körperlichkeit zu verstehen ist, verdeutlichen neue Phänomene wie die Token, dass eine ausschließliche Herrschaft auch an Gegenständen bestehen kann, die nicht mehr im klassischen Sinne als körperlich gelten.

cc) Schlussfolgerungen für die zu lösende Interessenskollision

Während die eine Rechtsordnung also eine recht weite, oder gar zu weite, Herangehensweise gewählt hat, scheint die Lösung der anderen Rechtsordnung zu eng. Diese Erkenntnis kann jedoch Anhaltspunkte dafür geben, wie der Sachbegriff zu verstehen ist. Denn es wird deutlich, dass ein weiter Sachbegriff zu weniger Einordnungsproblem führt, wenn die Rechtswissenschaft auf neue Phänomene trifft. Solange dieses Phänomen Gegenstand menschlicher

Interessen sein kann und dadurch zum Gegenstand von Rechten wird, gilt es für die Rechtsordnung als Sache. Der Sachbegriff nähert sich somit fast schon dem Begriff des Rechtsobjekts an[860] und es besteht keine zwingende Kausalität zwischen Sachbegriff und Eigentumsrecht. Stattdessen wird der Sachbegriff insoweit anhand der Dinglichkeit eingegrenzt, die eben nicht rechtlich normiert ist, sondern sich aus dem Wesen des Sachenrechts ergibt.

Andererseits können die einzelnen Probleme, zu denen die weite Herangehensweise im Laufe der Zeit geführt hat, aufzeigen, wo bestenfalls eine begriffliche Grenze gezogen werden sollte. Denn die Weite des Sachbegriffs und die damit einhergehende unklare Abgrenzung im Hinblick auf das Sachenrecht birgt die Gefahr, dass Besitz und Eigentum vorschnell auf Gegenstände ausgeweitet werden, die bei genauerer Betrachtung vielleicht doch nicht so gut in das dogmatische Konstrukt passen. Zwar kann die Rechtsprechung hier vereinzelt Klarstellungen treffen, doch diese sehen sich dann teilweise harscher Kritik ausgesetzt, da sie nicht wohlüberlegt und durchdacht seien.[861] Ohne der Rechtsprechung ihre Kompetenz absprechen zu wollen, ist in der Tat zu berücksichtigen, dass die Entscheidungen teilweise weitreichende dogmatische Konsequenzen nach sich ziehen. Diese können von der Rechtsprechung nicht immer vollständig überblick werden, da auch sie in ihren Kapazitäten begrenzt ist und ihr Fokus nachvollziehbarerweise auf der Lösung des jeweiligen Einzelfalls liegt. Doch auch die Entscheidungen des Gesetzgebers fügen sich nicht immer nahtlos in die zivilrechtliche Dogmatik ein, wie Art. 814 cc und dessen Einordnung der Energien als materielle, bewegliche Sache zeigt.

Umgekehrt hat die grundsätzliche Bejahung des Eigentumsrechts den Vorteil, dass ein Grundkonzept der Zuordnung aufgestellt wird und auch bei neuen Gegenständen jedenfalls eine erste, zuordnende Rechtsposition besteht. Dies war insbesondere der Fall bei Immaterialgütern, bei denen dann der Gesetzgeber ‚nur noch' das Bezugsobjekt konkret umreißen sowie ein passendes und sachgerechtes Regelungsinstitut für die Übertragung ausgestalten musste. Soweit es Reibungspunkte mit dem Besitz als tatsächliche Herrschaftsmacht gab, ist der Gesetzgeber dem Regelungsbedarf nachgekommen und hat ersatzweise eine rechtliche Herrschaftsmacht definiert. Im Grundsatz aber ist die Rechtsordnung dank ihres weiten Sachbegriffs in der Lage, alles zu erfassen und zuzuordnen, was der menschlichen Herrschaft unterliegt.

---

[860] Zwar können Sachbegriff und Begriff des Rechtsobjekts nicht gleichgesetzt werden, trotzdem gibt es aber gewisse Überschneidungen; dazu bereits § 3V.1.a); ferner *Trabucchi* Istituzioni, S. 672; *Scozzafava* Beni e forme giuridiche di appartenenza, S. 31 f.; *Gambaro* Beni, S. 2; *Scozzafava* Beni e forme giuridiche di appartenenza, S. 58 ff.; *Piraino* Riv. crit. dir. priv. 2012, 459 (477).

[861] Siehe etwa die Kritik und die offenen Fragen infolge der Einordnung des Unternehmens als eigene, von ihren einzelnen Bestandteilen abzugrenzende Sache, in § 3V.1.b)dd) mwN.

b) Einbettung in das jeweilige System der Rechtsordnung

Diese Anpassungsfähigkeit des Eigentumsrechts muss aber vor dem Hintergrund der übrigen Dogmatik gesehen werden. Denn anders als die deutsche Rechtsordnung folgt die italienische Rechtsordnung dem Konsensprinzip und nicht dem Abstraktions- und Trennungsprinzip.

aa) Konsensprinzip der italienischen Rechtsordnung

Das Eigentum geht automatisch mit Abschluss des Vertrags und auch ohne die Übergabe eines Besitzes über, sodass lediglich ein Anspruch auf Einräumung des Besitzes entsteht. Ist die Einräumung des Besitzes aber schon gar nicht möglich, weil an der erworbenen Sache überhaupt keine faktische Herrschaftsmacht im Sinne des Art. 1140 cc bestehen kann, entsteht ein solcher Anspruch auch nicht.

Stattdessen entstehen immer nur diejenigen Ansprüche, die dem Eigentümer der Sache auch grundsätzlich zukommen. Ob diese einen Besitz beinhalten oder aber nur eine andere, gegebenenfalls rechtlich definierte Form des Innehabens, bestimmt sich nach dem konkreten Inhalt des Eigentumsrechts. Dieser Inhalt ist aber stets unterschiedlich ausgestaltet, je nachdem, welche faktischen Eigenschaften das Bezugsobjekt aufweist, auf den sich das Eigentumsrecht im jeweiligen Fall bezieht.

bb) Trennungs- und Abstraktionsprinzip der deutschen Rechtsordnung

In der deutschen Zivilrechtsdogmatik wäre diese Einzelfallorientiertheit der Rechtsfolgen hingegen nicht möglich. Denn aufgrund des Trennungs- und Abstraktionsprinzips sind für die Rechtsfolgen stets eigene Voraussetzungen vorgesehen. Zum tatsächlichen Auslösen der Rechtswirkung wird die Übergabe vorausgesetzt und eben dieses Traditionsprinzip unterscheiden die dingliche von der relativen Ebene.

Die Rechtsfolgen treten somit nicht irgendwann und irgendwie ein, sondern zu einem klar vom Gesetz vorgegebenem Zeitpunkt und in einer ebenso fest vorgegebenen Art und Weise. Dadurch sind die rechtliche und die tatsächliche Ebene deutlich enger aufeinander abgestimmt, was eine feinere Abstufung und Anpassung der Rechtsfolgen an die wahrnehmbare Wirklichkeit ermöglicht. Das wiederum führt zu einer höheren Rechtssicherheit und gegebenenfalls auch zu einer höheren Rechtsakzeptanz.

Gleichzeitig führt diese engere Gleichschaltung von Realität und Recht aber zwangsläufig auch zu einer geringeren Flexibilität der rechtlichen Gestaltungsmöglichkeiten. Denn nicht nur die Rechtswirkung als solche muss gesetzlich vorgesehen sein, was im Übrigen auch im Rahmen des Konsensprinzips gilt, da auch hier die Rechtswirkungen *erga omnes* gelten und daher einem Typenzwang unterliegen. Vielmehr muss das Gesetz auch den konkreten Zeitpunkt und die konkrete Entstehungsweise dieser Rechtswirkung vorgeben, was zu eben jener Starrheit im Hinblick auf die Eigenschaften der Bezugsobjekte führt.

cc) Annäherung im Rahmen der Schuldscheine

Besonders deutlich zeigt sich dies im Rahmen der Schuldscheine, bei denen ein rein fiktionales Recht an die tatsächliche Existenz eines Dokuments angeknüpft wird. Anders als im deutschen Recht wird die Forderung nicht an das Eigentumsrecht geknüpft, sondern nur an den Besitz. Aus diesem Grund ist es im italienischen Recht daher auch umstritten, ob in diesem Rahmen ebenfalls das Konsensprinzip gelten muss, oder ob nicht vielmehr eine Übergabe im Sinne des Traditionsprinzips gefordert werden muss.[862]

Die Anwendung des Konsensprinzips würde nämlich dazu führen, dass das Eigentum am Schuldschein, und damit auch der hierin verbriefte Anspruch, ohne Besitzübergabe übergeht. Die Forderung würde also bereits ohne tatsächliches Innehaben des Schuldscheins entstehen. Dabei soll der Schuldschein insoweit ja aber gerade eine Legitimationsfunktion erfüllen, welche ihrerseits auch erst die einfachere Übertragbarkeit der Forderung rechtfertigt. Zwar kann der Schuldner dieses Legitimationserfordernis der Anspruchsgeltendmachung entgegenhalten, sodass nur ein persönlicher Anspruch auf Vollendung der Übertragung oder auf eventuellen Schadensersatz entsteht, nicht aber ein dinglicher Herausgabeanspruch. Wegen der Bedeutung, die der Besitz dabei für die durch den Schuldschein begründete Rechtsposition hat, wird es aber durchaus als sachgerecht angesehen, den Eigentumserwerb am Schuldschein (und mithin am verbrieften Anspruch) von vornherein von dessen Besitz abhängig zu machen. Dann erlangt der Schuldscheininhaber nämlich auch den Anspruch erst mit Besitzübergabe und ist nicht nur bei dessen Ausübung durch eine mögliche Einwendung des Schuldners beschränkt.

Auch wenn das Ergebnis wegen der Einwendungsmöglichkeit das gleiche ist, wird deutlich, dass das Erfordernis einer Besitzübergabe die rechtliche Situation näher an die der Realität anpassen würde. Gleichzeitig ist das Recht damit aber auch weniger flexibel, da der Schuldner nicht unabhängig davon handeln kann; er könnte nicht für sich – aus welchen Gründen auch immer – entscheiden, seine Einwendung nicht geltend zu machen und den Anspruch auch ohne Vorlage des Schuldscheins zu erfüllen. Umgekehrt darf aber auch nicht verkannt werden, dass mit dieser größeren Freiheit für den Schuldner auch eine geringere Rechtssicherheit einhergeht.

---

[862] In diese Richtung wohl *Iorio* Diritto privato, S. 697; allgemein dazu, wenn auch offenlassend, Buonocore/*Martorano* Manuale, S. 974.

dd) Zwischenergebnis zur Einbettung in das jeweilige System der Rechtsordnung

Es gibt also verschiedene Gründe, die für die Anwendung des Trennungs- und Abstraktionsprinzips sowie des Traditionsprinzips sprechen. Trotzdem muss die deutsche Rechtsordnung nicht aus Prinzip an der daraus resultierenden Starrheit festhalten. Stattdessen sollte die Rechtsordnung an den Stellen, an denen die Anwendbarkeit der rechtlichen Vorschriften dosiert und sachgerecht ausgeweitet werden kann, bewusst etwas weiter ausgelegt werden.

c) Schlussfolgerungen für den Sachbegriff nach § 90 BGB und der Sachfähigkeit von Token im deutschen Recht

Eine solche Stellschraube ist beispielsweise das Verständnis der Körperlichkeit, das funktional und damit weiter verstanden werden könnte, ohne zu einem Zusammenbruch des dogmatischen Systems zu führen. Auf die Dogmatik des Sachenrechts hätte dies keine Auswirkungen, da die Körperlichkeit ja gerade sicherstellt, dass die Regelungen, die an eine faktische Sachherrschaft anknüpfen, anwendbar sind. Diese Funktion muss bei der funktionalen Auslegung des Wortlauts, die diesen bis hin zu seinen Grenzen ausreizt, berücksichtigt werden. Das ist aber gerade der Kernessenz der funktionalen Auslegung, sodass die Kongruenz zwischen Auslegung und systematischer Funktion stets sichergestellt sein wird.

Im Hinblick auf die Sachfähigkeit der Token wird damit einmal mehr bestätigt, was bereits im Rahmen der Auslegung des Sachbegriffs herausgearbeitet wurde. Token können, trotz ihrer Unkörperlichkeit, als Sache im Sinne des § 90 BGB verstanden werden, da sie alle funktionalen Eigenschaften eines körperlichen Gegenstands aufweisen.

VI. Zusammenfassung des § 3

Die technisch vermittelte Inhaberstellung am Token imitiert die Inhaberschaft an einem körperlichen Gegenstand, indem sie eine dahingehende semantische Information enthält. Das wird mithilfe der DLT erreicht, welche die Einmaligkeit eines jeden Tokens sicherstellt, und gilt für intrinsische und extrinsische Token gleichermaßen; die Bezugnahme auf einen außenstehenden Inhalt ändert an der eindeutigen Zuordnung des Tokens nichts. Mit der Eintragung ins Distributed Ledger erlangt die in den Token enthaltene Information eine eigenständige Existenz. Token sind somit von körperlichen Gegenständen vollständig abstrahiert, ohne dass sie ihre Einmaligkeit oder immanente Zuordnung verlieren.

Das Recht muss die durch Token verkörperte Position aus ethischen und ökonomischen Gründen anerkennen. Ferner erfordern die rechtliche Dogmatik und das höherrangige Recht eine realitätsnahe Abbildung der

Vermögensgegenstände und ihrer Zuordnung bei gleichzeitiger Möglichkeit, letztere normativ zu steuern. Eine solche Abbildung ist möglich, da durch die den Token immanente, eindeutige Zuordnung andere von der Nutzung ausgeschlossen werden und somit sowohl Zuordnungs-, als auch Nutzungs- und Ausschlussfunktion erfüllt werden.

Token sind vorrechtliche Gegenstände, die rechtlich nur durch unmittelbare Rechtspositionen erfasst werden können. Aufgrund ihrer ausschließlichen Zuordnung liegt eine Einordnung als Sache im Sinne des § 90 BGB nahe. Um Token unter den legaldefinierten Sachbegriff subsumieren zu können, müssen sie die Voraussetzung der Körperlichkeit erfüllen, die allerdings nicht weiter definiert wird. Dem Wortlaut wird gemeinhin die Notwendigkeit einer sinnlichen Wahrnehmbarkeit, einer gewissen Abgrenzbarkeit sowie einer tatsächlichen Beherrschbarkeit unter Berücksichtigung der Verkehrsanschauung entnommen. Systematisch muss die Auslegung der Körperlichkeit insbesondere mit der Anwendbarkeit der sachenrechtlichen Normen vereinbar sein. Historisch verstand der Gesetzgeber die Körperlichkeit eng, begründete dies allerdings mit der damit einhergehenden Beherrschbarkeit und Abgrenzbarkeit gegenüber Rechten. Mit dem eWpG wurde dieser Gesetzgeberwillen nicht ausdrücklich aktualisiert, Token wurden aber als Sachen fingiert, was für ein sich änderndes Körperlichkeitsverständnis sprechen könnte. Teleologisch ist das Verständnis der Körperlichkeit mit dem Zweck des Sacheigentums in Einklang zu bringen; in der systematisierenden und abgrenzenden Funktion liegt gerade der Zweck der Körperlichkeit selbst. Diesem Normzweck würde bei Einordnung der Token als körperliche Sache Genüge getan: Die DLT ermöglicht erstmals eine ausschließliche Zuordnung von Token, die rechtlich durch das am Sachbegriff anknüpfende Sacheigentum abgebildet und gesteuert werden kann. Dies ist auch mit höherrangigem Recht vereinbar und spricht in gesamtheitlicher Abwägung für ein funktionales Begriffsverständnis der Körperlichkeit, das sich nicht auf eine real-physische Existenz beschränkt, sondern die zugrundeliegende Bedeutung einer einmaligen und eindeutigen Zuordnung in den Vordergrund stellt.

Alternativ können Token zivilrechtlich nicht als Immaterialgut eingeordnet werden. Es bestehen weder Immaterialgüterrechte an Token, noch weisen Token die ansonsten üblicherweise fehlende Rivalität und Exklusivität oder sind ubiquitär. Token könnten somit nur als sonstiger unkörperlicher Gegenstand eingeordnet werden, woraus allein allerdings keine Rechtsposition folgt. Mangels bestehender Rechtspositionen wären Token mithin ein rechtliches Nullum oder würden allenfalls im Rahmen eines Realakts rechtliche Bedeutung erlangen. Um eine vollständige Erfassung der Token durch die Rechtsordnung zu ermöglichen, jedenfalls aber um Gleichlauf mit schuldrechtlichen Übertragungsgeschäften herzustellen, ist das Bestehen irgendeiner absoluten Rechtsposition dogmatisch erforderlich. Eine solche kann als Rechtsposition *sui generis* neu begründet werden, was auch nicht gegen den *numerus clausus* verstoßen würde, da dieser die Neuschaffung von Rechtspositionen durch Rechtsfortbildung nicht verbietet, sondern nur individuellen Gestaltungsabreden mit gemeingültiger Wirkung entgegenwirken will. Eine Rechtsposition *sui generis* würde dem Sacheigentum aber wegen der Ähnlichkeit der Token mit Sachen stark ähneln und wäre überflüssig, wenn Token stattdessen durch funktionale Auslegung der Körperlichkeit als körperliche Gegenstände erfasst werden können.

Vorgenannte Erwägungen gelten auch für extrinsische Token, die auf eine bereits bestehende Rechtsposition Bezug nehmen. Lediglich die rechtliche Handhabung verändert sich leicht, je nachdem, ob die verknüpfte Rechtsposition relative Rechte, absolute Eigentums- oder Immaterialgüterrechte oder Mitgliedschaftsrechte darstellt. Bei Verknüpfung mit einer relativen Rechtsposition sind die Vorschriften zur Inhaberschuldverschreibung nach §§ 793 ff. BGB anwendbar. Eine Verknüpfung mit einer absoluten Rechtsposition ist möglich, wenn der Token mit dem jeweils anderen vorrechtlichen Gegenstand untrennbar verbunden wird, was insbesondere im Hinblick auf digitale Inhalte von Bedeutung ist. Auch Mitgliedschaftsrechte können mit Token verbunden werden, wodurch die absolute Mitgliedschaft mittelbar an den Token geknüpft wird. Ansonsten kann eine absolute Mitgliedschaft nur soweit gesetzlich vorgesehen und nur in der vorgegebenen Form verbrieft werden. In allen Fällen bleibt der Token aber unabhängig von seinem Inhalt technisch unverändert bestehen, sodass eine gänzlich andere rechtliche Einordnung nicht sachgerecht wäre. Intrinsische wie extrinsische Token sind vielmehr unterschiedslos als körperlicher Gegenstand einzuordnen. Alternativ würde auch für extrinsische Token nur eine Rechtsposition *sui generis* in Betracht kommen.

Im italienischen Recht erfasst der Sachbegriff alle Gegenstände, an denen Rechte begründet werden können. Eine Eingrenzung auf körperliche Gegenstände erfolgt nicht und wird, wenn überhaupt, auch nur für die Bedeutung des Sachbegriffs im Sachenrecht bejaht, was aber nur eine Teilfunktion des Sachbegriffs darstellt. Stattdessen wird infolgedessen auch das Eigentumsrecht weiter verstanden und als Rechtsposition für alle Fälle von ausschließlicher Zuordnung herangezogen. Nur soweit einzelne Vorschriften nicht anwendbar sind, sind spezialgesetzliche Vorschriften wie etwa die des Immaterialgüterrechts notwendig. Dieses Eigentumsverständnis ist nicht unumstritten, ermöglicht aber eine Unterteilung der Gegenstände in materielle und immaterielle Sachen, an denen jeweils grundsätzlich Eigentum besteht.

Dadurch gelingt die Einordnung der Token in die italienische Zivilrechtsordnung leichter. Token stellen eigentumsfähige Sachen dar und in Diskussion steht lediglich, ob diese als materielle oder immaterielle Sachen einzuordnen und welche Vorschriften infolgedessen konkret anwendbar sind sowie ob darüber hinaus eine finanzmarkt- oder geldrechtliche Einordnung gegeben sei. Extrinsische Token sollen hingegen als Schuldscheine oder durch eine

Rechtsposition *sui generis* erfasst werden, was aber neben der Einordnung als Sache stünde und nur für die konkret anwendbaren Vorschriften von Bedeutung ist.

Rechtsvergleichend ergeben sich aus der Gegenüberstellung mit dem italienischen Sachbegriff einige interessante Erkenntnisse für das deutsche Recht. Beide Rechtsordnungen wollen mit dem Sachbegriff ihre Gegenstandssystematik strukturieren und klassifizieren, haben also vergleichbare Interessenkollisionen zu lösen. Dabei ist die jeweilige Einbettung in das dogmatische Privatrechtssystem zu berücksichtigen, die sich im Hinblick auf das Einheits- und Konsensprinzip einerseits und das Trennungs- und Abstraktionsprinzip in ihrer Rechtswirkung wesentlich unterscheidet. Insbesondere erfasst das italienische Recht verbriefende Gegenstände durch eine eigene, neben dem Eigentumsrecht stehende und von diesem unabhängige Rechtsposition, wohingegen das deutsche Recht das Eigentumsrecht am Papier mit dem verbrieften Recht verknüpft. Diese unterschiedlichen Herangehensweisen sollten auch im Hinblick auf Token grundsätzlich beibehalten werden, da das zugrundeliegende Prinzip auch auf Token anwendbar ist und allenfalls für alle verbriefenden Gegenstände gemeinsam geändert werden sollte. Im Grundsatz aber zeigt die Herangehensweise der italienischen Rechtsordnung, dass ein auf Token ausgeweitetes, funktionales Verständnis der Körperlichkeit auch die deutsche Zivilrechtsdogmatik nicht auf den Kopf stellen dürfte. Maßgeblich ist vielmehr die systematische Funktion, die durch die Eingrenzung auf körperliche Gegenstände sichergestellt werden soll, bei Ausweitung auf Token aber gewahrt bleibt.

§ 4 Anwendbarkeit des Sachenrechts auf Token

§ 90 BGB stellt lediglich eine sogenannte Hilfsnorm dar. Diese zielt darauf ab, eine Einordnung unter das Sachenrecht zu ermöglichen, definiert aber keine eigene Rechtsposition. Damit kommt dem § 90 BGB eine systematisierende Funktion zu, sodass die Frage, ob ein Gegenstand hierunter subsumiert werden kann, von höchster Bedeutung für die rechtliche Einordnung ist.

Ob dies aber auch dogmatisch umsetzbar ist, kann nur durch Anwendung der sachenrechtlichen Regelungen geprüft werden. Diese setzen nach §§ 854, 903 BGB positiv-rechtlich die Existenz einer Sache voraus,[1] sodass ihre Anwendbarkeit dann Indiz für eine Existenz der Token als Sache im Sinne des § 90 BGB ist. Die Erfassung der Token als Sache muss sich aber auch als vereinbar mit der daran anknüpfenden Zivilrechtsdogmatik erweisen. Die befürwortete sachenrechtliche Rechtsposition an Token wird durch diese

---

[1] So richtigerweise *Kusserow* WM 2020, 586 (588), der daraus jedoch schlussfolgert, dass Token keine Sachen sein können, da auf diese die sachenrechtlichen Vorschriften naturgegeben nicht anwendbar seien.

Gegenprobe somit einem ‚Realitätscheck' unterzogen. Denn nur indem die konkreten Nutzungs- und Ausschlussrechte definiert werden, wird auch die allgemeine Reichweite eines möglichen Eigentumsrechts abgesteckt; und auch nur, wenn der Bezugspunkt eines Eigentumsrechts klar umrissen ist, kann geprüft werden, ob dieser den faktischen Bedürfnissen des Besitzrechts entspricht und mit dessen Bezugspunkt gleichgesetzt werden kann, sodass die Kohärenz der Rechtsordnung erhalten bleibt.

Aus diesem Grund sollen Token nun Schritt für Schritt in das sachenrechtliche System eingebettet werden. Dafür wird der Fokus zunächst auf den Besitz gelegt (I), dem als Schnittstelle zwischen faktischen Gegebenheiten und normativer Bewertung eine bedeutende und oft unterschätzte Vermittlerfunktion zukommt (I.1). Es wird untersucht, ob und wie die DLT eine tatsächliche Sachherrschaft vermitteln kann, an die das Besitzrecht anknüpfen kann (I.2 bis I.6).

Erst im Anschluss daran soll auf das Eigentum eingegangen werden (II). Es werden die unterschiedlichen Nutzungs- und Ausschlussmöglichkeiten herausgearbeitet, die Inhalt eines möglichen Eigentumsrechts wären (II.1). Anschließend wird im Einzelnen erörtert, wie dieses Eigentumsrecht an Token begründet werden kann (II.2), wobei dem gutgläubigen Erwerb ein eigenes Kapitel zukommt (II.2.d)). Zudem wird ein Blick auf die Belastungen des Eigentumsrechts geworfen (II.3).

I. Besitz an Token

Soweit in der rechtswissenschaftlichen Diskussion auf einen möglichen Besitz an Token eingegangen wird, erfolgt das nur sehr knapp: Über das kryptographische Schlüsselpaar soll eine Art tatsächliche Sachherrschaft vermittelt werden, im Übrigen wird auf die normative Prägung des Besitzrechts hingewiesen.[2] Entscheidend soll hierbei gerade die Kenntnis des Schlüsselpaars sein, da nur darüber bei lebensnaher Beurteilung der Umstände eine Zugriffsmöglichkeit geschaffen werde.[3] Das liegt auf den ersten Blick nahe, denn eine Transaktion kann in der DLT immer nur durch Signierung mit dem Private Key eingeleitet werden.

Sieht man die faktische Herrschaftsmacht an Token jedoch allein im Schlüsselpaar begründet, ist unklar, ob es nach wie vor der Token ist, der das

---

[2] *John* BKR 2020, 76 (80); etwas ausführlicher, im Ergebnis aber ebenso, *Arndt* Bitcoin-Eigentum, S. 27; im Ansatz ähnlich, trotz normativer Prägung aber einen Besitz ausschließend Omlor/Link/*Omlor* § 6 Rn. 32, 64; anders aber wohl *Walter* NJW 2019, 3609 (3614), der die Besitzübergabe in der Neuzuweisung erkennt, leider aber nicht weiter ausführt, wodurch die Herrschaftsmacht konkret vermittelt wird; die Inhaberstellung *de lege lata* in der Tat als Besitzerstellung bezeichnend Hoeren/Prinz CR 2021, 565 (Rn. 7).
[3] *Arndt* Bitcoin-Eigentum, S. 27; anders dann jedoch wieder ebd. S. 100, wenn der Eintragung und eben nicht dem Schlüsselpaar eine gewisse Besitzähnlichkeit zugesprochen werde; vgl. insoweit auch die Untersuchung der tatsächlichen Beherrschbarkeit in § 3IV.2.a)aa)(3).

Bezugsobjekt des Besitzrechts bildet. Aufgrund der Abstraktheit der Token und des Distributed Ledgers besteht zumindest die Gefahr, dass das Bezugsobjekt durch etwas Greifbareres ersetzt wird – etwa durch Kenntnis zweier Zeichenfolgen, mit denen sich der Nutzer im Distributed Ledger identifiziert und authentifiziert.[4]

Es ist also wichtig, Besitzrecht und -inhalt genau zu definieren. Dafür werden zunächst die Funktion (1) sowie die Kriterien zur Bestimmung des Besitzes (2) dargestellt. Da beides an eine tatsächliche Herrschaftsmacht anknüpft, wird diese für Token herausgearbeitet, um einen Besitz an Token zu definieren (3). Hierbei wird auch ein Blick auf den Besitz im Rahmen des eWpG geworfen (4). Anschließend werden die Vorschriften zum Besitzerwerb (5) sowie zu den weiteren Besitzkonstellationen auf Token angewendet (6).

1. Besitz als Schnittstelle zwischen Recht und Wirklichkeit

Gemeinhin wird der Besitz definiert als die vom Verkehr anerkannte tatsächliche Herrschaft einer Person über eine Sache, was insbesondere aus § 854 Abs. 1 BGB folgen soll.[5] Allerdings kommt dem Besitz im Gesetz gerade keine einheitliche Bedeutung zu; vielmehr ist er funktionaler Natur, sodass sich sein Inhalt erst mittelbar aus den darauf aufbauenden Vorschriften ergibt.[6] Diese wiederum fußen teils auf faktischen Gegebenheiten, teils knüpfen sie aber auch

---

[4] Dies wird in dem Versuch deutlich, ein Recht am Schlüsselpaar zu begründen, indem auf die Zugriffsmöglichkeit auf den Datenträger abgestellt wird; das dies nicht überzeugen kann, legt *Arndt* Bitcoin-Eigentum, S. 25 mit treffendem Verweis auf Mehr-Personen-Verhältnisse dar. Ein ähnliches Problem ist aus der italienischen Rechtswissenschaft im Zusammenhang mit besitzrechtlichem Schutz an Energien bekannt, die zwar als Sache und damit als Gegenstand des Eigentumsrechts anerkannt sind, deren Besitzschutz von der Rechtsordnung aber mangels Sichtbarkeit der Energien immer wieder auf alternative Gegenstände wie z.B. Satellitenschüsseln bezogen wurde, was zu Unstimmigkeiten in der rechtlichen Dogmatik geführt hat, siehe dazu statt aller *Gambaro* I beni, S. 177.

[5] Statt aller Jauernig/*Berger* BGB § 854, Rn. 1; kritisch BeckOGK-BGB/*Götz* § 854 Rn. 30.1; zum Streit um den zivilrechtlichen Besitzbegriff *Sosnitza* Besitz und Besitzschutz, S. 4 ff. mwN; das tatsächliche Verhältnis zwischen Person und Sache als Kern des Besitzes erfassend *Zech* Rechte an Daten, S. 91 (96); ausführlich eine Definition des Besitzes erarbeitend *Hedinger* System des Besitzrechts, S. 41 ff.; zur etymologischen Herleitung des Besitzbegriffs in den verschiedenen europäischen Sprachen siehe *v. Bar* Gemeineuropäisches Sachenrecht II, § 4 Rn. 12.

[6] BeckOGK-BGB/*Götz* § 854 Rn. 1, 30; Vieweg/*Lorz* SachR § 2 Rn. 1; zur funktionalen Natur siehe ferner MüKoBGB/*Schäfer* § 854 Rn. 4; in diese Richtung letztlich auch *Sosnitza* Besitz und Besitzschutz, S. 28, der aber auch auf den Rechtsgrund des Besitzschutzes Bezug nimmt, ebd. S. 32, gleichzeitig darauf hinweist, dass durch Bezugnahme auf die Besitzfunktionen nur Rechtswirkungen beschrieben werden können, die sich ihrerseits erst aus den Besitzvorschriften ergeben, ebd. S. 29 f.; ausführlich zur Rechtsnatur des Besitzes ebd. S. 50 ff.

an normative Konstruktionen an.[7] Ausgangspunkt des Besitzes ist aber letztlich immer die tatsächliche Sachherrschaft.[8] Sie wird als eine von einem natürlichen Besitzwillen getragene tatsächliche Machtbeziehung einer Person zu einer Sache umschrieben[9] und setzt ein subjektives Element voraus: Da nämlich ohne Willen schon keine Machtbeziehung zur Sache möglich ist, muss die Sachherrschaft von einem entsprechenden Herrschaftswillen getragen sein.[10]

Der Besitz hat eine fundamentale Bedeutung für das Sachenrecht. Deutlich wird das aus seiner funktionalen Natur, aber auch aus seiner systematischen Stellung vor den Eigentumsvorschriften.[11] Indem der Besitz die tatsächliche Beziehung zur Sache rechtlich anerkennt, ohne auf die Rechtsbeziehung Rücksicht zu nehmen, existiert er als Zwischenebene zwischen dem Sachenrecht und den vorrechtlichen Gegenständen.[12] Dadurch begründet er nur ein provisorisches Zuordnungssystem, das erst durch die subjektiven Sachenrechte endgültig abgesichert wird.[13] Der Besitz leistet somit wichtige Hilfsdienste und übernimmt eine dienende Funktion.[14]

---

[7] MüKoBGB/*Schäfer* § 854 Rn. 4; BeckOGK-BGB/*Götz* § 854 Rn. 28 ff.; in eine ähnliche Richtung gehend auch *v. Plettenberg* Smart Locks, S. 68, der im Zusammenhang mit dem funktionalen Besitzbegriff auf Mot III 504 verweist, wonach grundsätzlich derjenige als Besitzer anerkannt werden soll, der die tatsächliche Gewalt über eine Sache erlangt hat, während Dritte nur ausnahmsweise als der eigentliche Besitzer behandelt werden soll.

[8] Vgl. *Westermann* SachR § 8, 6.

[9] MüKoBGB/*Schäfer* § 854 Rn. 8, 21 ff.; ausführlich *Sosnitza* Besitz und Besitzschutz, S. 6 f.; der Begriff der Sachherrschaft selbst ist allerdings nicht unumstritten, dazu *Zech* AcP 219 (2019), 488 (552 ff.).

[10] *Kainer* Sachenrecht, § 7 Rn. 6; MüKoBGB/*Schäfer* § 854 Rn. 26; in Bezug auf Token *Arndt* Bitcoin-Eigentum, S. 27 mwN; für die Frage, ob Besitz an unkörperlichen Sachen bestehen könne, sei der Besitzwillen ohne Bedeutung, *Zech* Rechte an Daten, S. 91 (96).

[11] BeckOGK-BGB/*Götz* § 854 Rn. 4; allgemeiner auch MüKoBGB/*Schäfer* § 854 Rn. 15; auf Rechtsfolgenseite knüpft das Eigentum an den Besitz an und normiert ausgehend von der tatsächlichen Sachherrschaft die rechtliche Zuordnung der Sache, vgl. *Zech* Rechte an Daten, S. 91 (95 f.); daher kann der Besitz für die Definition des Inhalts des Eigentums herangezogen werden, indem alle Befugnisse, deren Ausübung durch Besitz ermöglicht werden, zum Eigentumsinhalt gemacht werden, so *Zech* AcP 219 (2019), 488 (550).

[12] So schon *Westermann* SachR § 8, 1; während sich die sachenrechtlichen Rechte auf die subjektiven Rechtspositionen fokussieren, nimmt das Besitzrecht eine eher gegenständlich ausgerichtete, objektive Sichtweise ein, *v. Bar* Gemeineuropäisches Sachenrecht II, § 4 Rn. 2; auch wenn nach hM ein Besitzrecht grundsätzlich bejaht wird, ist der Besitz kein dingliches Recht und die Besitzübertragung deswegen auch keine Verfügung, Staudinger/*Gutzeit* BGB Vorb §§ 854–872, Rn. 36; der Besitz begründe daher trotz Anerkennung als Rechtsposition kein subjektives Recht, BeckOGK-BGB/*Götz* § 854 Rn. 1, 41 ff.

[13] Staudinger/*Gutzeit* BGB Vorb §§ 854–872, Rn. 13; demgegenüber den Besitz eher als Mittel verstehend, das die abstrakten Rechtsverhältnisse, die das Sachenrecht an beweglichen Sachen definiert, nach außen hin erkennbar machen soll, *Omlor/Gies* JuS 2013, 12 (13).

[14] Diese dienende Funktion steht neben eigenständigen Funktionen des Besitzes, wobei sich diese insgesamt auf drei zentrale Funktionen verteilen, nämlich Publizitätsfunktion, Erhaltungs- und Kontinuitätsfunktion sowie Befriedungsfunktion, siehe dazu MüKoBGB/

Der Besitz ermöglicht es, dass die Rechtsordnung anpassungsfähig und flexibel bleibt. Zugleich verhindert er, dass das Recht sich als starres Regelkonstrukt immer mehr von den tatsächlichen Umständen entfernt und an gesellschaftlicher Akzeptanz verliert. Der Besitz dient daher nicht nur dem Schutz privater Interessen, sondern primär der Autorität der Rechtsordnung.[15] Durch das Besitzrecht können die subjektive Rechte an das reale Leben angepasst und neu justiert werden. Schuldrechtliche Absprachen können das auf Zeit leisten; eine Anpassung auf Dauer geschieht hingegen durch Ersitzung nach § 937 Abs. 1 BGB.[16] Aus diesem Grund muss der Besitz stets im Lichte der Verkehrsanschauung definiert und normativ bestimmt werden. Umgekehrt bezweckt die Übertragungs- und Traditionswirkung des Besitzes, dass sich immer auch die Besitzlage ändern muss, wenn die Rechtslage an einer Sache geändert werden soll. Dadurch wird vermieden, dass Besitz und materiell-rechtliche Verhältnisse auseinanderfallen.[17] Aufgabe des Besitzrechts ist es, eine Brücke zwischen der (sich stetig verändernden, dynamischen) Realität und der (auf statische Zuordnung ausgerichteten) Rechtsordnung zu schlagen.

Schäfer § 854 Rn. 14 f.; BeckOGK-BGB/*Götz* § 854 Rn. 6 ff.; *Omlor/Gies* JuS 2013, 12 (13 f.); im Zusammenhang mit Daten *Zech* Rechte an Daten, S. 91 (94 f.); von dieser dienenden Funktion des Besitzes deutlich unterschieden werden muss jedoch der Besitz im Rahmen des Besitzschutzes, der gerade unabhängig vom Eigentum bestehe und insbesondere nicht als verlängerter Eigentumsschutz gesehen werden dürfe, vgl. *v. Plettenberg* Smart Locks, S. 81 f., der dies u.a. im Hinblick auf Smart Contracts auch historisch herleitet, ebd. S. 69 f.

[15] *v. Bar* Gemeineuropäisches Sachenrecht II, § 4 Rn. 2, der ferner darauf hinweist, dass von einer möglichst optimalen Ressourcenallokation nicht mehr die Rede sein kann, wenn dingliche Rechte nicht länger genutzt oder gar aufgegeben werden, ebd. § 4 Rn. 26; begründend *Hedinger* System des Besitzrechtes, S. 70 ff.; in die Diskussion um die verschiedenen Besitzfunktionen einbettend Staudinger/*Gutzeit* BGB Vorb §§ 854–872, Rn. 13 ff., 23; in diesem Rahmen auf die Herausforderungen der Koordinierung von Rechts- und Tatsachenpositionen hinweisend *Gambaro* Proprietà, S. 462.

[16] *v. Bar* Gemeineuropäisches Sachenrecht II, § 4 Rn. 2; dies als Erhaltungs- und Kontinuitätsfunktion bezeichnend *Omlor/Gies* JuS 2013, 12 (13); vgl. in diesem Zusammenhang auch die Publizitätsfunktion, BeckOGK-BGB/*Götz* § 854 Rn. 23; ferner *Sosnitza* Besitz und Besitzschutz, S. 28 f., demzufolge sich die Publizitätsfunktion des Besitzes in der Besitzanknüpfung bei Änderung der dinglichen Rechtslage zeige; zur Bedeutung des Besitzrechts im Rahmen des gutgläubigen Erwerbs *Hedinger* System des Besitzrechtes, S. 38; allgemeiner MüKoBGB/*Schäfer* § 854 Rn. 15 sowie *Omlor/Gies* JuS 2013, 12 (13 f.); konkret in Bezug auf Token *Koch* ZBB 2018, 359 (363).

[17] *Omlor/Gies* JuS 2013, 12 (13); ähnlich bereits *Westermann* SachR § 8, 3 b); als Grund kann dafür herangezogen werden, dass sich die rechtlich geordneten Rechtsübertragungen immer erst durch Anerkennung verkehrsfähiger Rechte aus dem faktischen Güterverkehr entwickeln müssen, sodass das faktische Moment nach wie vor eine Rolle spielt, obwohl einzig die rechtliche Verfügung maßgeblich ist, *Berger* ZGE 2016, 170 (175 f.).

2. Kriterien zur Bestimmung des Besitzes

Das Besitzrecht übt gegenüber dem Sachenrecht eine dienende Funktion aus.[18] Es ist Aufgabe des Besitzrechts, sauber herauszuarbeiten, worin die tatsächliche Herrschaftsmacht liegt, die dann auf normativer Ebene eine entsprechende Rechtsposition rechtfertigt. Herangezogen werden können dafür nicht nur die physische Einwirkungsmöglichkeit, sondern auch die räumliche Beziehung, dessen Erkennbarkeit sowie die Dauer der Herrschaftsbeziehung. Diese Kriterien geben allesamt Aufschluss über das äußere Erscheinungsbild, das insgesamt mit Blick auf die unterschiedlichen Besitzfunktionen bewertet werden muss.[19] Rechtliche Erwägungen sind hingegen nur subsidiär relevant.[20] Besitzer ist vielmehr derjenige, der *derzeit* maßgeblichen Einfluss auf die Sache hat.[21]

Aufgrund der vielen unterschiedlichen Erscheinungsformen, in denen beherrschbare Sachen auftreten können, muss der Besitz die einzelnen Kriterien je nach verfolgtem Zweck unterschiedlich gewichten.[22] Dadurch kann der Besitz je nach Kontext aus anderen Komponenten bestehen. Umgekehrt ist das aber die einzige Möglichkeit, die Vielzahl der Konstellationen in einem einzigen rechtlichen Konstrukt zusammenzufassen. Der Besitz kann deswegen einen mehr tatsächlichen Inhalt haben, wenn auf den physischen Zugang abgestellt wird. Teilweise ist er aber auch mehr rechtlich, wenn auf die Art der Besitzerlangung oder auf die Weisungsgebundenheit Bezug genommen wird. Begrenzter physischer Zugang zu einer Sache kann dabei kompensiert werden, etwa wenn die Sache ein hohes Publizitätsniveau aufweist.[23]

3. Tatsächliche Sachherrschaft in der DLT

Vor diesem Hintergrund ist zu untersuchen, wodurch tatsächliche Sachherrschaft im Distributed Ledger vermittelt wird. In Betracht kommen die Einwirkungsmöglichkeit auf Token (a)), die Weisungsbefugnis über Token (b)) sowie die auf Dauer angelegte Erkennbarkeit (c)).

a) Einwirkungsmöglichkeit auf Token

Eine physische Einwirkungsmöglichkeit auf Token ist nicht möglich; sie ist selbst dann nicht denkbar, wenn Körperlichkeit modern verstanden wird.

---

[18] Staudinger/*Gutzeit* BGB Vorb §§ 854–872, Rn. 13, 22 ff.; BeckOGK-BGB/*Götz* § 854 Rn. 9 ff.; MüKoBGB/*Schäfer* § 854 Rn. 15
[19] BeckOGK-BGB/*Götz* § 854 Rn. 54; dies für alle europäischen Rechtsordnungen feststellend *v. Bar* Gemeineuropäisches Sachenrecht II, § 4 Rn. 9.
[20] BeckOGK-BGB/*Götz* § 854 Rn. 76.
[21] Treffend *v. Bar* Gemeineuropäisches Sachenrecht II, § 4 Rn. 4.
[22] *v. Bar* Gemeineuropäisches Sachenrecht II, § 4 Rn. 9.
[23] Ausführlich dazu *v. Bar* Gemeineuropäisches Sachenrecht II, § 4 Rn. 9 mwN.

Token fehlt die räumliche Ausdehnung, die für ein physisches Einwirken notwendig ist.[24]

Die Sachherrschaft zeichnet sich aber nur deshalb durch eine gewisse Körperlichkeit aus, weil dies eine Abgrenzung zu Rechten und Gegenständen auf zweiter (schuldrechtlicher) Ebene ermöglichte.[25] Da es sich bei dem beherrschbaren Gegenstand aber um eine abstrakte Abbildung räumlicher Gegenstände handelt, muss diese ebenfalls abstrakt gedacht werden. Bei Token kann eine vergleichbare Einwirkung über das Schlüsselpaar ermöglicht werden.[26] Nur nach Signierung mit dem Private Key können Token transferiert werden, sodass die Kenntnis des Schlüsselpaars notwendige wie hinreichende Bedingung für deren Nutzung ist.[27] Das Signaturerfordernis ermöglicht nicht nur die Einwirkung auf den Token, sondern schließt auch alle anderen von dieser aus, da die Signatur stets mit der Adresse abgeglichen werden kann.[28]

An diesem Punkt jedoch erschöpft sich der Gebrauch der Token nicht. Neben der Möglichkeit, Token zu übertragen, sollen dem Tokeninhaber auch die Vorteile der Inhaberstellung als solche zukommen. Bei intrinsischen Token mag sich diese tatsächlich in der Übertragung erschöpfen. Extrinsische Token zeigen aber, dass Token durchaus auch einen darüberhinausgehenden Wert verkörpern können, auf den der Besitzer gleichermaßen einwirken können muss. Verkörpert ein Token beispielsweise ein Zugangsrecht, kann der Tokeninhaber diesen Zugang nutzen, auch ohne dass er dafür seinen Token vollständig übertragen muss.

Diese Einwirkung wird nicht durch das Schlüsselpaar ermöglicht, sondern durch die Inhaberschaft als solche. Die ergibt sich einzig und allein aus der im

---

[24] Zur physischen Einwirkungsmöglichkeit als Vermittlung der tatsächlichen Machtbeziehung MüKoBGB/*Schäfer* § 854 Rn. 23; der Körperlichkeit insoweit aber auch nur geringe Bedeutung zumessend *Zech* Rechte an Daten, S. 91 (96); demgegenüber im Umkehrschluss aus der in § 1029 BGB angeordneten entsprechenden Anwendung des Besitzrechts herleitend, dass der Gesetzgeber im Grundsatz gerade keinen Besitz an unkörperlichen Sachen in Gestalt eines Rechtsbesitzes anerkennt, Omlor/Link/*Omlor* § 6 Rn. 63.

[25] Siehe § 3IV.2.a)dd)(2).

[26] In diese Richtung auch *Maume/Fromberger* ZHR 2021, 507 (542 f.), denen zufolge es bei Daten stets in erster Linie auf die technisch-redaktionelle Zugriffsmöglichkeit im Sinne einer Funktionsherrschaft ankomme; daneben besteht auch eine gewisse Abwehrmöglichkeit, ausführlich dazu *Zech* AcP 219 (2019), 488 (553 ff.).

[27] So ausdrücklich *Arndt* Bitcoin-Eigentum, S. 26, der ferner darlegt, dass sich dadurch dann auch der natürliche Herrschaftswille in einer für den objektiven Verkehr erkennbaren Weise äußert, vgl. ebd. S. 26. Zudem kann schon aufgrund der Netzwerkprotokollregeln nicht ohne Schlüssel auf den Token zugegriffen werden und der Ausschluss des Zugangs steht dem Besitz regelmäßig entgegen, *Westermann* SachR § 9 II 4.

[28] Zur Ausschließungsmöglichkeit als Teil der Einwirkungsmöglichkeit, was dazu führe, dass letztlich nur eine überwiegende Einwirkungsmöglichkeit erforderlich sei, die ökonomisch gesehen wiederum der Rivalität und der ihr zugrundeliegenden Knappheit von Sachen entspreche, *Zech* Rechte an Daten, S. 91 (97 f.).

Token enthaltenen Zuordnung.[29] Da Token wegen ihrer Abstraktheit nur existieren, wenn sie auch im Distributed Ledger aufgezeichnet sind, ist ihnen die Zuordnung in gleicher Weise immanent wie die räumliche Lage bei greifbaren Sachen. Ohne Zuordnung zu einem Inhaber kann ein Token nicht in das Distributed Ledger aufgenommen werden; die Einwirkungsmöglichkeit ist rein abstrakt statt physisch. Der Private Key hingegen vermittelt als bloßes Datum nur Zugang zum Token.[30]

Der uns bislang bekannte Besitz teilt sich in zwei, ihn zusammensetzenden Komponenten auf: faktische Zuordnung und Zugriffsmacht. Erstere ist im Distributed Ledger abgebildet, letztere durch den Private Key. Fallen beide Komponenten auseinander, muss die faktische Zuordnung maßgeblich sei. Eine Zugriffsmacht soll gerade auch vorübergehend aufgeweicht oder an Dritte übertragen werden können, wie die Regelung des § 855 BGB zum Besitzherrn zeigt.[31]

Die semantische Bedeutung der räumlichen Existenz entspricht dabei der im Token enthaltenen Zuordnung: Die räumliche Lage ermöglicht eine tatsächliche *prima facie* Zuordnung zu einer Person, da sie in dessen Herrschaftsbereich liegt. Ob und wie dann auf die Sache zugegriffen wird, bleibt der menschlichen Disposition überlassen. Aus der Verknüpfung der Token mit einer Adresse folgt eine vergleichbare Zuordnung; hinter jeder Adresse steht ein Rechtssubjekt. Die Nutzung des Private Keys hingegen ist erneut Frage des menschlichen Handelns.

---

[29] Entsprechend wird nach § 8 Abs. 1 Nr. 1 eWpG auch im Rahmen des neuen eWpG der Besitz der Urkunde durch die Eintragung der Inhaberschaft (und nicht etwa der materiellen Berechtigung) in das elektronische Wertpapierregister ersetzt, vgl. *Einsele* Elektronische Wertpapiere, S. 33 (36); den Bezugspunkt eines besitzähnlichen Rechts ebenfalls in der Zuordnung des Distributed Ledgers sehend *Shmatenko/Möllenkamp* MMR 2018, 495 (498); in eine ähnliche Richtung scheint auch *Markendorf* RD 2018, 409 (412) zu gehen, wenn er die Blockchain als Momentaufnahme des aktuellen materiellen Zustands über die Zuordnung von Daten und somit des tatsächlichen Besitzes von Daten beschreibt, weshalb sie als Instrument zur Verbesserung der Zuordnung von Daten, nicht aber zur Begründung eines Rechts an Daten genutzt werden könnte. Anders hingegen *Maume/Fromberger* ZHR 2021, 507 (542 f.), denen zufolge es bei einem Besitz an Daten auf die technisch-redaktionelle Zugriffsmöglichkeit im Sinne einer Funktionsherrschaft ankomme.

[30] Vgl. dazu auch *Shmatenko/Möllenkamp* MMR 2018, 495 (498); der Begriff des Zugangs entspricht dabei der Begrifflichkeit, die anstelle des Besitzes für nicht-rivale Daten vorgeschlagen wird, begründend *Zech* Information als Schutzgegenstand, S. 119 ff.; knapper *ders.* Rechte an Daten, S. 91 (100).

[31] Dieses Auseinanderfallen von faktischer Zuordnung und Zugriffsmacht lässt sich auch bei fernsteuerbaren körperlichen Sachen beobachten, wo immaterielle Nutzungsbefugnisse die Sachherrschaft als maßgebliches Steuerungsmittel immer mehr ablösen, dazu *Hofmann/Raue/Zech* Eigentum in der digitalen Gesellschaft, S. 1 (7); zu fernsteuerbaren körperlichen Sachen siehe insbesondere *Kuschel* AcP 220 (2020), 98 (passim); *Plettenberg* Smart Locks und verbotene Eigenmacht (passim) sowie *Rhiem* Smart Contracts, S. 85 (passim).

b) Mögliche Weisungsbefugnis über Token

Der Besitz kann sich inhaltlich auch verstärkt auf den Umgang mit der Sache ausrichten.[32] Bereits die bloße Weisungsbefugnis kann ausreichen: Tatsächliche Sachherrschaft setzt kein physisches Haben der Sache mehr voraus, sondern kann sich auf die Weisungsbefugnis gegenüber dem eigentlichen Sachherrschaftsinhaber berufen. Wenn und solange diese Weisungsbefugnis respektiert wird, stellt sie einen ausreichend starken Indikator dar und reicht aus, um die Sachherrschaft zu konstituieren.[33] Dieser Gedanke liegt der Besitzdienerschaft zugrunde, die in § 855 BGB normiert ist. Sie lässt sich auch bei Token heranziehen, wenn ein Dritter einen Private Key nutzen sollte. Die Tatsache, dass ein Dritter Zugriff auf einen Private Key hat, reicht insoweit zwar nicht aus. Weitere Umstände können in der Gesamtschau dafür sprechen, dass der Dritte auf Weisungsbefugnis des Besitzherrn handelt.[34]

Doch auch innerhalb der DLT ist stets eine Anweisung erforderlich: Jede Handlung wird durch entsprechende Transaktionen eingeleitet, die erst nach Signierung mit dem Private Key an das Peer-to-Peer-Netzwerk erteilt wird. Wegen des Protokollalgorithmus wird das immer dann respektiert, wenn der Private Key zu der Adresse gehört, der der Token derzeit zugeordnet ist. Die eigene Inhaberschaft kann also nur dann aufgegeben werden, wenn man das entsprechend anweisen kann. Und auch wenn Token von Smart Contracts verwaltet werden, agiert der Smart Contract erst, wenn das durch Signierung mit dem Private Key angewiesen wird.[35] Dieses grundsätzliche Weisungserfordernis wird zwar nicht gegenüber natürlichen Personen erteilt,[36] ist aber trotzdem ein starkes Indiz dafür, dass über Token eine gewisse Sachherrschaft besteht. Der Gesetzgeber scheint ja grundsätzlich anzuerkennen, dass man sich auf das Agieren Dritter verlassen kann, ohne dass dadurch die Sachherrschaft beendet wird.

c) Auf Dauer angelegte Erkennbarkeit

Die Inhaberschaft über einen Token lässt sich nur durch die Zuordnung des Tokens im Distributed Ledger erkennen. Sie ist aber für jedermann erkennbar

---

[32] *v. Bar* Gemeineuropäisches Sachenrecht II, § 4 Rn. 9.

[33] *v. Bar* Gemeineuropäisches Sachenrecht II, § 4 Rn. 56; siehe ferner dazu § 4I.6.a).

[34] Zur Besitzdienerschaft im Distributed Ledger siehe ausführlich § 4I.6.a).

[35] Da der Smart Contract als solcher keine eigene schützenswerte Vermutung treffen kann, wird die Vermutung dabei bereits bei Programmierung des Smart Contracts entsprechend prädestiniert; im Hinblick auf den dabei bezweckten Verkehrsschutz ändert sich dadurch allerdings nichts.

[36] So *Definger* RDi 2022, 17 (23) in Bezug auf den § 428 ABGB des österreichischen Zivilrechts, der aber dem deutschen § 855 BGB entspricht.

und auf eine gewisse Dauer gerichtet.³⁷ Damit entspricht sie der Körperlichkeit, an die der reguläre Besitz anknüpft: auch sie vermittelt eine dauerhaft erkennbare Zuordnung.³⁸ Es ist gerade die abstrakte Information über die Zuordnung des Tokens, die für jedermann aus dem Distributed Ledger herausgelesen werden kann. Ob man das Schlüsselpaar kennt, ist hingegen nicht erkennbar; sichtbar ist erst die Signierung und ob diese zu den Informationen des Distributed Ledgers passt. Bei einer Gesamtbetrachtung des äußeren Erscheinungsbilds wird somit deutlich, dass sich die tatsächliche Sachherrschaft nicht allein aus der Kenntnis des Schlüsselpaars ergibt, sondern aus der Zuordnung des Distributed Ledgers. Nur diese Zuordnung bildet eine faktische Tatsache und kann eine Machtbeziehung einer Person zum Token vermitteln.³⁹ Und nur diese ist auch erkennbar und auf Dauer angelegt, sodass sie die Publizitätswirkung des Besitzes erfüllen kann.⁴⁰

d) Zwischenergebnis

Der Besitz ergibt sich somit nicht aus der Kenntnis des Schlüsselpaars, sondern weil der Token im Distributed Ledger zugeordnet ist.⁴¹ Die Kenntnis des Private Keys ist notwendig, um auf diese Zuordnung Einfluss zu nehmen, ist aber nur ein Element der Zuordnung; sie kann also nur ergänzend herangezogen werden.

4. Besitz an elektronischen Wertpapieren nach dem eWpG

Für elektronische Wertpapiere wurden besitzrechtliche Fragen vom eWpG nicht ausdrücklich geregelt. Die Vorschriften des Besitzes werden von der Sachfiktion des § 2 Abs. 3 eWpG aber miterfasst, sodass diese grundsätzlich auch auf die elektronischen Wertpapiere anwendbar sein müssten. Dies soll mangels Körperlichkeit der elektronischen Wertpapiere aber nicht möglich sein, weshalb der unmittelbare Besitz stattdessen aus der Eintragung als

---

³⁷ MüKoBGB/*Schäfer* § 854 Rn. 30 ff.; BeckOGK-BGB/*Götz* § 854 Rn. 69 ff., wobei letzterer das Erfordernis der Dauerhaftigkeit kritisch sieht, ebd. Rn. 73 f.; die Dauer nur als Aspekt der Verkehrsanschauung einordnend *Zech* Rechte an Daten, S. 91 (98); aA auch *Westermann* SachR § 9 II 6.
³⁸ Vgl. *Westermann* SachR § 8, 2; ähnlich *Zech* Rechte an Daten, S. 91 (98).
³⁹ Einen derartigen Besitz als neues Besitzkonzept ansehend *Allen* EPLJ 2019, 64 (87).
⁴⁰ In dieser Zuordnung liegt gerade der wesentliche Unterschied der Token zu regulären Daten, deren fehlende Rivalität (neben der fehlenden Körperlichkeit) als das ausschlaggebende Kriterium gegen einen Besitz an Daten angeführt wird, siehe dazu *Zech* Rechte an Daten, S. 91 (99).
⁴¹ So wohl auch *Koch* ZBB 2018, 359 (362); dass der Adressinhaber rechtlich anerkanntes Rechtssubjekt ist, wird iRd vorliegenden Arbeit vorausgesetzt, vgl. § 1 III.1.

Inhaber herausgelesen wird.⁴² Hierbei ist strittig, ob die Eintragung selbst einen unmittelbaren Besitz gewährt, weil auf sie mit dem Private Key faktisch eingewirkt werden kann,⁴³ oder ob es sich auch bei dem unmittelbaren Besitz durch Eintragung nur um eine Fiktion handelt.⁴⁴ Einerseits sprechen verschiedene Erwägungen gegen die Besitzfiktion, beispielsweise die Normierung spezialgesetzlicher Vorschriften im eWpG, die gegenüber der Publizitätsvermutung aus § 1006 BGB oder den Regelungen zur Inhaberschuldverschreibung aus §§ 793 ff. BGB vorrangig sind und nicht notwendig wären, wenn der Besitz fingiert werden würde. Vielmehr werde der Besitz durch die im Register eingetragene Inhaberschaft funktional ersetzt und ein faktischer Gleichlauf von Eintragung und anderweitig begründetem unmittelbaren Besitz geschaffen.⁴⁵ Die in § 27 eWpG normierte, dem § 1006 BGB entsprechende Vermutungswirkung sei nur deshalb für notwendig erachtet worden, weil durch eine Sachfiktion keine tatsächlichen Herrschaftsverhältnisse fingiert werden können, aus ihnen aber gerade erst die Vermutungswirkung folge.⁴⁶ Demgegenüber werde durch die Regelungen des eWpG sichergestellt, dass nur der Inhaber des elektronischen Wertpapiers die zugrundeliegende Eintragung mithilfe seines Private Key ändern kann.⁴⁷ Andererseits wird der Besitz für auf elektronische Wertpapiere unanwendbar erachtet, da er stets an körperlichen Sachen anknüpft. Sofern mobiliarsachenrechtliche Regelungen anwendbar sein sollen, bedarf es daher nicht nur einer Sach-, sondern auch einer Besitzfiktion, die vom Gesetzgeber insoweit vorausgesetzt worden sein muss.⁴⁸

Letztendlich zeigen sich in dieser Diskussion unterschiedliche Betonungen beim Verständnis des Besitzbegriffs: Besitz wird entweder als tatsächliche Sach*herrschaft* oder als tatsächliche *Sach*herrschaft verstanden, also mit Schwerpunkt auf der Herrschaftsgewalt oder auf der Sacheigenschaft. Diese unterschiedlichen Herangehensweisen gibt es nicht nur im Rahmen der

---

⁴² Insgesamt sei die Anwendung des Besitzrechts auf Token nicht überzeugend, da sich der Besitz gerade auf eine körperlich tatsächliche Sachherrschaft richtet, *Omlor/Wilke/Blöcher* MMR 2022, 1044 (1045).

⁴³ *Lahusen* RDi 2021, 161 (Rn. 9), selbst jedoch kritisch, ob diese Lösung des eWpG insgesamt sachgerecht sei, ebd. Rn. 28; ferner *Linardatos* ZBB 2020, 329 (334) sowie *Einsele* Elektronische Wertpapiere, S. 33 (51); für den Besitz gezielt auf die faktische Verfügungsgewalt abstellend *Kleinert/Mayer* EuZW 2020, 1059 (1063); *Matzke* Stellungnahme RefE eWpG, S. 16; sowie Müller/Pieper/*Müller* eWpG § 2 Rn. 26 ff.

⁴⁴ *Lehmann* BKR 2020, 431 (433, 436); *Dubovitskaya* ZIP 2020, 2551 (2556); in diese Richtung auch *Omlor* Elektronische Wertpapiere, S. 137 (140); *ders.* RDi 2021, 236 (237).

⁴⁵ So die Argumentation und Lesart von Müller/Pieper/*Müller* eWpG § 2 Rn. 23 f.

⁴⁶ Müller/Pieper/*Müller* eWpG § 2 Rn. 25.

⁴⁷ Ausführlich sowie im Vergleich mit Tresor und Schlüssel Müller/Pieper/*Müller* eWpG § 2 Rn. 26 f.; zu möglichen Gegenargumenten, die sich spezifisch auf Besonderheiten des eWpG (Sammeleintragung sowie die faktische Einwirkungsmacht der registerführenden Stelle) beziehen ebd. Rn. 28 f.

⁴⁸ *Omlor* Elektronische Wertpapiere, S. 137 (140).

elektronischen Wertpapiere des eWpG, sondern auch bei regulären Token. Ein Besitz an Token kann entweder mit pauschalem Verweis auf die fehlende Körperlichkeit verneint werden. Besitz kann aber auch in Orientierung an seine eigentliche Funktion verstanden werden, nämlich der zugrundeliegenden tatsächlichen Herrschaftsmacht, die von einer physisch-realen Körperlichkeit unabhängig ist. Der letztere Fall würde der hier auch für Token im Allgemeinen erarbeiteten Lösung entsprechen.

5. Besitzerwerb im Distributed Ledger

Ein Besitzverständnis, das auf sichtbare Zuordnung im Distributed Ledger und die verbundene Einwirkungsmöglichkeit im Rahmen der DLT abstellt statt auf Körperlichkeit, fügt sich außerdem systematisch in die Dogmatik des derivativen (a)) und originären Besitzerwerbs (c)) ein. Die Vorschriften zum Erbenbesitz stehen einem Besitz an Token ebenfalls nicht entgegen (b)).

a) Derivativer Besitzerwerb im Distributed Ledger

Der Besitz wird in der Regel derivativ erworben. Die Tokentransaktion muss dafür vom Netzwerk validiert, in das Distributed Ledger aufgenommen und entsprechend über die einzelnen Knotenpunkte verteilt worden sein. Der Token wird dabei vom bisherigen Besitzer nach außen erkennbar und mit entsprechendem Willen abgegeben,[49] indem die Adresse des Empfängers in der Transaktion angegeben und die Transaktion mit dem Private Key signiert wird. Der Empfänger wiederum erlangt nach Validierung des Netzwerks automatisch die tatsächliche Sachherrschaft, wenn er über einen entsprechenden Besitzerwerbswillen verfügt.[50] Geben und Nehmen des Tokens stellen dabei jeweils einen unverzichtbaren Realakt dar.[51] Nicht denkbar ist hingegen ein erleichterter derivativer Besitzerwerb nach § 854 Abs. 2 BGB. Der zukünftige Besitzer hat keine Möglichkeit, den Token auch ohne validierte Transaktion zugeschrieben zu bekommen, um Sachherrschaft über diesen auszuüben.[52]

---

[49] Zu diesem Erfordernis allgemein BeckOGK-BGB/*Götz* § 854 Rn. 90.

[50] Zu den Erfordernissen des derivativen Besitzerwerbs statt aller BeckOGK-BGB/*Götz* § 854 Rn. 90, 92; aA zum Besitzerwerb an Token, da die Signierung mit dem Private Key nur eine faktische Vermögensposition einräume, *Lehmann/Krysa* BRJ 2019, 90 (93). Die hier vorgeschlagene Form eines derivativen Besitzerwerbs wäre grundsätzlich auch im Rahmen des eWpG denkbar, wo der Besitz und insbesondere auch seine Übertragung im Einzelnen umstritten ist, siehe dazu § 4I.4.

[51] Insoweit ist der hM somit zuzustimmen, siehe § 3IV.2.b)bb)(7); vgl. im Allgemeinen BeckOGK-BGB/*Götz* § 854 Rn. 91.

[52] Zu den Voraussetzungen insoweit statt aller BeckOGK-BGB/*Götz* § 854 Rn. 95 ff.

b) Sonderfall des Erwerbs von Erbenbesitz im Sinne des § 857 BGB im Erbfall

Demgegenüber ist der von vornherein auf einer rechtlichen Wertung basierende[53] Erbenbesitz des § 857 BGB durchaus möglich. Hiernach geht der Besitz automatisch mit dem Erbfall auf den Erben über, ohne dass dies eine Inbesitznahme erfordert.

Der gleiche Grundsatz kann auch auf den Besitz an Token übertragen werden: Der Besitz geht allein aufgrund der gesetzlichen Regelung über, ohne dass es der tatsächlichen Sachherrschaft im Distributed Ledger bedarf. Diese wird erst im Nachhinein erlangt. Dafür benötigt der Erbe dann zwar den Private Key des Erblassers. Nur mit diesem kann er den Token an seine eigene Adresse transferieren, um tatsächliche Sachherrschaft zu erlangen. Da der Private Key jedoch eine reine Information darstellt, kommt es maßgeblich darauf an, ob der Erblasser dafür gesorgt hat, dass die Erben dieses Wissen erlangen. Der Private Key kann beispielsweise im Testament oder in den sonstigen hinterlassenen Gegenständen festgehalten sein; ansonsten nimmt der Erblasser diese Information ‚mit ins Grab'. Damit gleicht die Situation letztlich derjenigen, dass nur der Erblasser von einem körperlichen Gegenstand und dessen Lage wusste. Auch dieses Wissen ist den Erben vorenthalten, die die Sache niemals in Besitz nehmen können werden.[54]

Es handelt sich letztlich um einen stark rechtlich geprägten Besitztatbestand. Er stellt eine Ausnahme in der übrigen Systematik dar und setzt keine tatsächliche Sachherrschaft voraus.[55] Eine Neuzuordnung des Tokens im Distributed Ledger ist daher nicht erforderlich. Sie kann aber von den Erben nach Erhalt des Private Keys wegen § 857 BGB rechtmäßig begründet werden. Eine Neuzuordnung ohne den Private Key ist hingegen nicht möglich und kann wegen der Verteiltheit des Peer-to-Peer-Netzwerks von diesem auch nicht etwa mithilfe eines Erbscheins verlangt werden. Der Erbschein stellt etwas rein Rechtliches dar und würde auch in der realen Welt nicht das Auftauchen einer verlorenen oder versteckten Sache ermöglichen.

---

[53] Zur Einordnung des Erbenbesitzes im Überblick *Sosnitza* Besitz und Besitzschutz, S. 13 ff.

[54] In der Tat wird für solche Situationen diskutiert, ob es überhaupt zu einem Besitzerwerb kommt oder ob der § 857 BGB mangels Zweckerreichung nicht anwendbar ist, da der Erbe gar nicht in der Lage ist, die tatsächliche Gewalt zu ergreifen; so etwa MüKoBGB/*Schäfer* § 857 Rn. 5 mwN älterer Literatur; ablehnend hingegen Staudinger/*Gutzeit* BGB § 857 Rn. 12 mwN.

[55] BGH, Beschluss vom 30. April 2020, I ZB 61/19, BGHZ 225, 252 (Rn. 35); BeckOGK-BGB/*Götz* § 857 Rn. 5; Staudinger/*Gutzeit* BGB § 857 Rn. 3; aA MüKoBGB/*Schäfer* § 857 Rn. 3 f.

c) Originärer Besitzerwerb im Distributed Ledger

Der Besitz an Token kann auch originär erworben werden, etwa wenn der Token im Besitz eines anderen steht, der weder am Besitzerwerb mitwirkt noch damit einverstanden ist. Diese Konstellation liegt insbesondere dann vor, wenn der Private Key verwendet wird, um den Token zu transferieren, ohne dass der eigentliche Inhaber dies weiß oder genehmigt hat. Wie auch bei regulären Sachen hindert die Tatsache, dass eine derartige Wegnahme eines Tokens ohne Mitwirkung und Einverständnis des früheren Besitzers regelmäßig rechtswidrig ist, den Besitzerwerb des Wegnehmenden nicht.[56]

Allenfalls theoretisch denkbar ist der Fund eines Tokens, wenn ein Token, der an eine nicht zugeordnete Adresse transferiert wurde, durch zufällige Generierung des passenden Private Keys entdeckt wird. Wird der Token anschließend an die eigene Adresse übertragen oder sich die dem Token zugeordnete Adresse zu Eigen gemacht, läge durchaus die von einem entsprechenden Besitzerwerbswillen getragene Begründung einer tatsächlichen Sachherrschaft vor.[57] Die Wahrscheinlichkeit, einen solchen Token zu entdecken, ist allerdings denkbar gering, sodass dies praktisch nicht stattfinden wird.

6. Sonstige Besitzkonstellationen

Daneben müssen die übrigen Besitzkonstellationen des deutschen Rechts auf Token anwendbar sein, um vollständige Integration in die zivilrechtliche Dogmatik zu gewährleisten. Dazu gehören die Besitzdienerschaft nach § 855 BGB (a)), der mittelbare Besitz nach § 868 BGB (b)), der Teil- und Mitbesitz nach §§ 865, 866 BGB (c)) sowie der Eigenbesitz nach § 872 BGB (d)).

a) Besitzdiener nach § 855 BGB

Die Besitzdienerschaft ist in § 855 BGB normiert. Danach ist der Besitzdiener, der die tatsächliche Sachherrschaft aufgrund eines Weisungsverhältnisses für einen anderen ausübt, nicht Besitzer. Der Besitz unterliegt allein dem Besitzherrn, in dessen Interesse und nach dessen Weisungen die tatsächliche Gewalt ausgeübt wird.[58] Damit hat der Gesetzgeber eine Ausnahme zum regulären Besitztatbestand normiert, die die Rechtsfolgen der Ausübung der tatsächlichen Gewalt verlagert.[59] Der Besitzdiener hat keine eigene Besitzposition inne.[60]

---

[56] Zu den Voraussetzungen des originären Besitzerwerbs statt aller BeckOGK-BGB/*Götz* § 854 Rn. 88.

[57] Zu den allgemeinen Voraussetzungen insoweit statt aller BeckOGK-BGB/*Götz* § 854 Rn. 87.

[58] Statt aller BeckOGK-BGB/*Götz* § 855 Rn. 1.

[59] BeckOGK-BGB/*Götz* § 855 Rn. 3 f.; *Westermann* SachR § 10 I; aA *Sosnitza* Besitz und Besitzschutz, S. 12 f.

[60] BeckOGK-BGB/*Götz* § 855 Rn. 5.

Gleichzeitig ist er aber derjenige, der eigentlich die tatsächliche Sachherrschaft innehat. Das könnte zu dem Schluss führen, dass der Token im Distributed Ledger der Adresse des Besitzdieners zugeordnet sein müsste. Dann wäre aber nicht unmittelbar ersichtlich, dass die Sachherrschaft für einen anderen ausgeübt wird. Für den Rechtsverkehr muss jedoch erkennbar sein, dass der tatsächliche Tokeninhaber jederzeit dem Zugriff eines anderen ausgesetzt ist.[61] Im Token ist dies in der Regel nicht festgeschrieben und auch sonst geht ein solcher Zugriff nicht aus dem rein digitalen Distributed Ledger hervor. Es muss daher genauer beleuchtet werden, inwiefern der Besitzherr Zugriff auf den Besitzdiener haben kann (aa)) und wie dies bei dem abstrakten Distributed Ledger nach außen hin erkennbar wird (bb)).

aa) Zugriffsmöglichkeit des Besitzherrn auf den Besitzdiener

Grund für die Voraussetzung, dass der Besitzherr stets Zugriff auf den Besitzdiener haben muss, ist der in § 868 BGB normierte mittelbare Besitz. Dieser existiert neben der Besitzdienerschaft und beruht auf einem Besitzmittlungsverhältnis, aus dem sich für den Besitzmittler ein Recht zum Besitz ergibt. Dem Besitzdiener darf ein solches Besitzrecht demgegenüber nicht zustehen; der Besitzherr muss eine weitergehende Zugriffsmöglichkeit haben. Er muss einseitig und nachträglich anordnen können, auf welche Weise mit der Sache verfahren werden soll. Ferner muss er die tatsächliche Sachherrschaft jederzeit wieder an sich nehmen können.[62]

Auf die Herrschaftsverhältnisse der DLT übertragen, ergibt sich somit folgendes: Eine Besitzdienerschaft liegt nicht vor, wenn der Besitzdiener im Distributed Ledger eingetragen ist und nur der Besitzherr über den Private Key verfügt. Einerseits hätte der Besitzherr zwar die jederzeitige Zugriffsmöglichkeit, wäre aber nicht erkennbar derjenige, dem der Token zusteht. Andererseits könnte nur der Besitzherr den Token faktisch nutzen, obwohl eigentlich der Besitzdiener mit dem Token verfahren und Zugriff auf diesen haben soll – wenn auch stets im Rahmen der Weisungen. Zudem würde dies zu einem dauerhaften Auseinanderfallen des Private und Public Keys führen, was der Funktionsweise des Schlüsselpaars und der asymmetrischen Verschlüsselung schon im Grundsatz widerspricht.

Überzeugender ist es, die Besitzdienerschaft nicht an die Zuordnung im Distributed Ledger zu knüpfen. Der Besitzdiener hat dann zwar nicht die zuvor definierte Sachherrschaft über den Token inne. Allerdings ist es die Erwägung der in § 855 BGB normierten Besitzdienerschaft, dass der Besitzdiener nach einer Gesamtschau aller Umstände eben nicht mehr als Besitzer angesehen

---

[61] Aus dem Wesen der Sachherrschaft folgt, dass auch die Beziehung zwischen Besitzherrn und Besitzdiener ein Herrschaftsverhältnis sein muss, *Westermann* SachR § 10 II 1; allgemein BeckOGK-BGB/*Götz* § 855 Rn. 9.
[62] Zur Abgrenzung im Einzelnen BeckOGK-BGB/*Götz* § 855 Rn. 14.

werden können soll. Die jederzeitige Zugriffsmöglichkeit des Dritten, des Besitzherrn, überwiegt so stark, dass ein eigener Besitz des Besitzdieners verneint wird.[63]

Diesem Gedanken entspricht die im Distributed Ledger festgeschriebene Zuordnung: Der Besitzdiener mag zwar faktisch Zugriff auf den Token haben, da er den Private Key kennt. Diesen darf er aber gleichwohl nur im Rahmen des engen Weisungsverhältnisses nutzen. Insgesamt ist er daher nicht als Besitzer anzuerkennen und der Token wird ihm nicht zugeordnet.[64] Die Zuordnung erfolgt vielmehr an den Besitzherrn, an dessen Adresse der Token geknüpft ist.

Der Besitzdiener handelt stets im fremden Namen; sobald er im eigenen Namen handelt, wird er zum unmittelbaren Besitzer. Auch wenn dieser unmittelbare Besitz in der Regel unrechtmäßig sein wird, stellt der Besitz strikt auf das Tatsächliche ab.[65] Gleiches muss für Besitzdiener im Distributed Ledger gelten. Trotz freier Nutzung des Private Keys handelt dieser stets im Namen desjenigen, dessen Adresse der Token zugeordnet ist. Sobald ein Besitzdiener seine Zugriffsmacht ausnutzt und sich zudem als Adressinhaber ausgibt,[66] handelt er im eigenen Namen und schwingt sich zum Eigenbesitzer auf, sodass seine Stellung als Besitzdiener entfällt.

bb) Nach außen erkennbare Weisungsgebundenheit des Besitzdieners

Die Weisungsgebundenheit des Besitzdieners muss allerdings nach außen hin erkennbar sein.[67] Nur dann ist es rechtfertigbar, dass sein Handeln für den Besitzherrn uneingeschränkte Rechtsscheinwirkung entfaltet, auch wenn dessen potenzieller Willen entgegensteht.[68]

Jedoch darf insoweit nicht allein auf die Zuordnung im Distributed Ledger abgestellt werden. Es müssen alle Umstände und insbesondere auch die der realen Welt berücksichtigt werden. Das folgt zwangsläufig aus der Verknüpfung von virtueller und realer Welt. Ein unüberwindbares Hindernis ist das allerdings nicht, denn die virtuelle Welt soll ja gerade so in die reale Welt integriert werden, dass sie den hierin befindlichen Wertungen entspricht. Diese dann in ihrer Gesamtheit rechtlich zu erfassen, ist die Aufgabe des Besitzes – weshalb er aber auch solche Umstände zu berücksichtigen hat, die

---

[63] Dieser gesetzlichen Wertung zustimmend BeckOGK-BGB/*Götz* § 855 Rn. 5, 15.
[64] Im Ergebnis letztlich auch *Arndt* Bitcoin-Eigentum, S. 28.
[65] *Witt* AcP 201 (2001), 165 (199 f.).
[66] Zu der Notwendigkeit eines Identitätsmanagements im Distributed Ledger § 1III.1.
[67] BGH, Urteil vom 13. Dezember 2013, V ZR 58/13, BGHZ 199, 227 (Rn. 10); maßgebend ist gerade die objektive Lage, *Westermann* SachR § 10 III 2.
[68] *Witt* AcP 201 (2001), 165 (199).

ausschließlich in der realen Welt begründet sind.[69] In Anlehnung an das unternehmensbezogene Geschäft können dies Umstände der konkreten Tokentransaktion sein, etwa weil diese für alle Beteiligten erkennbar in einem entsprechenden Kontext durchgeführt wird. Bei entsprechendem Identitätsmanagement könnten Adressen im Distributed Ledger zukünftig auch erkennbar unter einem bestimmten Namen firmieren, zum Beispiel dem eines Arbeitgebers. Dann wäre die Besitzdienerschaft bereits unmittelbar aus dem Token heraus erkennbar.

cc) Zwischenergebnis zur Besitzdienerschaft bei Token

Letztlich kann die Besitzdienerschaft des § 855 BGB problemlos auf Token angewendet werden, wenn der Token der Adresse des Besitzherrn zugeordnet ist und dem Besitzdiener lediglich Zugriff durch den Private Key gewährt wird.

b) Mittelbarer Besitz nach § 868 BGB

Demgegenüber setzt der mittelbare Besitz nach § 868 BGB voraus, dass der Token dem unmittelbaren Besitzer zugeordnet ist. Das Besitzmittlungsverhältnis ermöglicht dem unmittelbaren Besitzer nämlich für eine bestimmte Zeit, sogar gegen einen etwaigen Willen des eigentlichen (mittelbaren) Besitzers auf den Token zuzugreifen.[70] Das erfordert, dass der unmittelbare Besitzer die vollständige Sachherrschaft über den Token erhält. Der Token muss also im Distributed Ledger der Adresse des unmittelbaren Besitzers zugeordnet sein.[71] Trotzdem wird der Tokeninhaber regelmäßig den Herausgabeanspruch des mittelbaren Besitzers anerkennen, sodass er den Token für einen anderen besitzt und entsprechenden Besitzmittlungswillen hat.[72] Besitzmittlungsverhältnis und Besitzmittlungswille rechtfertigen es, den Besitz auf denjenigen erweitert zu lassen, der die faktische Zugriffsmöglichkeit eigentlich innehätte: dem mittelbaren Besitzer.[73] Der nur mittelbare Besitzer geht ja gerade davon aus, den Token wie ein Eigentümer zu besitzen.[74]

---

[69] Zur dienenden Funktion des Besitzes als Schnittstelle zwischen realer Wirklichkeit und normativer Rechtsordnung siehe § 4I.1.

[70] Vgl. BeckOGK-BGB/*Götz* § 855 Rn. 15; MüKoBGB/*Schäfer* § 855 Rn. 5; BeckOGK-BGB/*Götz* § 868 Rn. 27; MüKoBGB/*Schäfer* § 868 Rn. 7; dem mittelbaren Besitzer wird daher nur ein subsidiäres Besitzschutzrecht gegenüber Dritten (nicht dem unmittelbaren Besitzer) zugesprochen, vgl. *Hedinger* System des Besitzrechts, S. 91.

[71] Zu den Voraussetzungen des mittelbaren Besitzes BeckOGK-BGB/*Götz* § 868 Rn. 23 ff.

[72] Allgemein BeckOGK-BGB/*Götz* § 868 Rn. 46; diesen Willen z.B. für den Verwahrer eines Tokens bejahend *Arndt* Bitcoin-Eigentum, S. 28; ähnlich auch *Maume/Fromberger* ZHR 2021, 507 (516 f.).

[73] Vgl. BeckOGK-BGB/*Götz* § 868 Rn. 9; MüKoBGB/*Schäfer* § 868 Rn. 1.

[74] Aus diesem Grund den mittelbaren Besitz richtigerweise nur für möglich haltend, wenn auch ein Eigentumsrecht an Token bestehen kann, *Arndt* Bitcoin-Eigentum, S. 28.

Diese Erweiterung des Besitzes ist allerdings eine rein normative Wertung, die sich nicht aus der tatsächlichen Sachherrschaft ergibt.[75] Sie dient nicht der Rechtszuordnung[76] und muss sich daher auch nicht zwingend in der faktischen Zuordnung des Tokens im Distributed Ledger widerspiegeln.[77] Es ist nicht einmal ausschlaggebend, dass der mittelbare Besitzer den Private Key überhaupt kennt.[78] Bei erfolgreicher Geltendmachung eines Herausgabeanspruchs müsste auch der unmittelbare Besitzer einer Sache diese erst übergeben, was dann durch reguläre Transaktion des Tokens an die Adresse des mittelbaren Besitzes vorzunehmen wäre.[79]

c) Teil- und Mitbesitz nach §§ 865, 866 BGB

Grundsätzlich sind auch Teil- und Mitbesitz auf Token anwendbar, soweit deren technische Ausgestaltung die faktischen Voraussetzungen dafür bietet.

Teilbesitz im Sinne des § 865 BGB bezieht sich stets nur auf einen abgrenzbaren Teil einer Sache. Er stellt letztlich nur die rechtliche Anerkennung einer bereits realisierten getrennten Behandlung einzelner Sachteile dar.[80] Dies ist im Rahmen der DLT unproblematisch möglich, soweit das zugrundeliegende Netzwerkprotokoll eine weitere Unterteilung der Token vorsieht, also bis zur kleinsten Tokeneinheit.

Der umgekehrte Fall, dass mehrere Personen den ganzen Token gemeinschaftlich besitzen,[81] wird in der DLT hingegen seltener anzutreffen sein. Dafür muss das zugrundeliegende Protokoll vorsehen, dass die Signierung mehrerer Private Keys notwendig ist, um den Token nutzen zu können.[82] Solche Token gibt es bereits und werden *multiSig token* genannt. Die technische Gestaltung dieser Token variiert im Einzelnen.[83] Der Zugriff auf den Token wird

---

[75] *Wieling* AcP 184 (1984), 439 (439); aus diesem Grund den mittelbaren Besitz auch nur als Nebenbesitz einordnen wollend z.B. *Hedinger* System des Besitzrechts, S. 89 f.; ausführlich zur dogmatischen Einordnung des mittelbaren Besitzes *Sosnitza* Besitz und Besitzschutz, S. 15 ff.

[76] *Hedinger* System des Besitzrechts, S. 91.

[77] In diese Richtung wohl auch *Arndt* Bitcoin-Eigentum, S. 93.

[78] Anders insoweit jedoch *Maume/Fromberger* ZHR 2021, 507 (542 f.), die hier maßgeblich auf die technisch-redaktionelle Zugriffsmöglichkeit und mithin auf den Private Key abstellen.

[79] Die grundsätzliche Möglichkeit eines mittelbaren Besitzes ebenfalls voraussetzend und vielmehr die Reibungspunkte im Rahmen des Fremdbesitzerwillens herausarbeitend *Arndt* Bitcoin-Eigentum, S. 27 f., 114.

[80] BeckOGK-BGB/*Götz* § 865 Rn. 3.

[81] BeckOGK-BGB/*Götz* § 866 Rn. 4 f.

[82] Auch im Rahmen des Mitbesitzes sind stets die tatsächlichen Verhältnisse ausschlaggebend und nicht etwaige zugrundeliegende Rechtsverhältnisse der Mitbesitzer zueinander, vgl. BeckOGK-BGB/*Götz* § 866 Rn. 14.

[83] Während im Bitcoin-Netzwerk die Möglichkeit eines *multiSig account* unmittelbar im *scripting* festgelegt werden kann, sieht das Protokoll des accountbasierten Ethereum-

aber nur dann ermöglicht, wenn die Transaktion von mehreren Private Keys signiert worden ist. Letztlich wird dadurch die Freigabe durch verschiedene Adressen verlangt, weil nur durch mehrere gemeinsam auf den Token zugegriffen werden können soll.

Diese Möglichkeit entspricht der vom Bürgerlichen Gesetzbuch in § 865 BGB vorausgesetzten Konstellation, die regelmäßig als Mitbesitz bezeichnet wird.[84] Indem die Norm den Besitzschutz im Verhältnis der Mitbesitzer untereinander begrenzt, geht sie davon aus, dass mehrere Personen eine Sache gemeinschaftlich besitzen können. Im Übrigen kann jeder der Mitbesitzer seine Sachherrschaft unbeschränkt und mit eigenem Besitzwillen ausüben;[85] ob sie voneinander wissen oder ob jeder von ihnen meint, er besitze allein, ist dabei ohne Belang.[86] Je nachdem, ob der Zugriff auf Token so gestaltet ist, dass bereits einer der verknüpften Private Keys ausreicht, oder ob eine Signatur aller Private Keys erforderlich ist, handelt es sich bei der Inhaberschaft von multiSig Token um schlichten oder qualifizierten Mitbesitz.[87]

d) Eigenbesitz nach § 872 BGB

Abschließend sollen einige Überlegungen zum Eigenbesitz nach § 872 BGB angestellt werden. Er bildet den Übergang in die rein normative Welt des Eigentumsrechts, denn während das Besitzrecht nicht zwischen Eigen- und Fremdbesitz unterscheidet, knüpft eine Vielzahl der sachenrechtlichen Vorschriften ausdrücklich an den Eigenbesitz an.[88]

Eigenbesitzer ist laut § 872 BGB nur derjenige, der eine Sache als ihm gehörend besitzt. Damit stellt die subjektive Willensrichtung des Besitzers das maßgebliche Unterscheidungsmerkmal dar. Der Wille des Eigenbesitzers muss darauf gerichtet sein, die Sache wie ein Eigentümer zu beherrschen. Dabei

---

Netzwerks derartige Bestimmungen nicht vor; allerdings können hier mithilfe von Smart Contracts auf Anwendungsebene entsprechende Beschränkungen festgelegt werden; der Smart Contract fungiert dann als Wallet für die Transaktion und wird daher auch *wallet contract* genannt; dementsprechend müssen die Ether auch zuvor an diesen Smart Contract transferiert werden; der Smart Contract kann dann u.a. die Signierung mit verschiedenen Private Keys vorsehen, weshalb auch von *multiSig wallets* die Rede ist; siehe dazu *Antonopoulos/Wood* Mastering Ethereum, Kapitel 6.12.

[84] Kritisch zum Begriff MüKoBGB/*Schäfer* § 866 Rn. 1.
[85] BeckOGK-BGB/*Götz* § 866 Rn. 2 f.
[86] BeckOGK-BGB/*Götz* § 866 Rn. 7; MüKoBGB/*Schäfer* § 866 Rn. 9.
[87] MüKoBGB/*Schäfer* § 866 Rn. 10; BeckOGK-BGB/*Götz* § 866 Rn. 4, 13; anschaulich insoweit der Vergleich zur realen Konstellation des Mitverschlusses mittels gleich- oder verschiedenartiger Schlüssel bei ebd. Rn. 16.1.
[88] Vgl. BeckOGK-BGB/*Götz* § 872 Rn. 2, 11 f.; ähnlich auch *Sosnitza* Besitz und Besitzschutz, S. 31; damit entspricht der Eigenbesitz der *possessio* des römischen Rechts, dessen Übertragung die *traditio* bildete, die wiederum Voraussetzung des Eigentumserwerbs war, vgl. MüKoBGB/*Oechsler* § 929 Rn. 50.

reicht bereits der Anspruch aus, die Sache selbständig und unter Ausschluss anderer Personen zu besitzen.[89] Auf die Rechtmäßigkeit kommt es hingegen nicht an.[90]

Dennoch ist Eigenbesitz gerade dadurch gekennzeichnet, dass der Gegenstand wie ein Eigentümer besessen werden soll – also unter voller Nutzung und der Möglichkeit, andere auszuschließend.[91] Ein solcher Wille kann nicht gebildet werden, wenn von vornherein kein Eigentum an Token anerkannt ist. Das spricht einerseits dafür, ein Eigentumsrecht anzuerkennen,[92] lässt andererseits aber auch die vermittelnde Funktion des Besitzes deutlich werden.[93] Umgekehrt kann Eigenbesitz an Token nur anerkannt werden, wenn auch eine Rechtsposition an Token besteht. Ansonsten käme einzig der Besitzschutz in Betracht, der als Teil des Besitzrechts gerade keinen Eigenbesitz voraussetzt.[94]

Spiegelbildlich dazu ist Fremdbesitzerwillen nur denkbar, wenn überhaupt ein Recht eines anderen an der Sache bestehen kann. Deutlich wird das insbesondere im Rahmen des mittelbaren Besitzes.[95] Letztlich ist aber auch im Hinblick auf einen mittelbaren Besitz an Token eine entsprechende Rechtsposition erforderlich.[96]

e) Zwischenergebnis zu den sonstigen Besitzkonstellationen

Somit fügt sich die zuvor[97] herausgearbeitete Sachherrschaft an Token durchaus in die einzelnen Konstellationen des Besitzes ein, die in ihrer Gesamtheit letztlich den Besitz definieren.

7. Zwischenergebnis zum Besitz an Token

Insgesamt weisen Token nicht nur im Rahmen einer rein gegenständlichen Betrachtung derart sachähnliche Eigenschaften auf, dass sie als körperliche Sache im Sinne des § 90 BGB eingeordnet werden können. Vielmehr zeigt sich, dass Token sich daneben auch reibungslos in das besitzrechtliche System eingliedern.

Entscheidend ist das genaue Herausarbeiten des Bezugsobjekts, was sich aufgrund des Abstraktionsniveaus der DLT als nicht ganz einfache Aufgabe herausstellt. Ist dieses aber einmal eindeutig abgegrenzt, ist eine Anwendung der besitzrechtlichen Regelungen problemlos möglich – und zwar auch ohne

---

[89] BeckOGK-BGB/*Götz* § 872 Rn. 2, 5.
[90] BeckOGK-BGB/*Götz* § 872 Rn. 5.
[91] So ausdrücklich BeckOGK-BGB/*Götz* § 872 Rn. 5.
[92] *Arndt* Bitcoin-Eigentum, S. 28.
[93] Siehe § 4I.1.
[94] BeckOGK-BGB/*Götz* § 872 Rn. 2; MüKoBGB/*Schäfer* § 872 Rn. 14.
[95] Siehe § 4I.6.b).
[96] Ebenso *Arndt* Bitcoin-Eigentum, S. 28.
[97] Siehe § 4I.3.

dass dafür Ersatzes halber auf ein anderes Bezugsobjekt wie etwa auf den Private Key zurückgegriffen werden muss. Vielmehr erfasst das Besitzrecht Token als eigenes vorrechtliches Phänomen.

II. Eigentum an Token nach § 903 BGB

Wenn das Besitzrecht die durch Token geschaffenen Tatsachen rechtlich erfassen kann, ist erst recht ein Eigentumsrecht an Token möglich.[98] Bereits in den Motiven zum Bürgerlichen Gesetzbuch heißt es, dass die Besitzfähigkeit als solche der Eigentumsfähigkeit folge.[99] Sofern eine Sache nicht dem Eigentum zugänglich ist, kann sie auch nicht in Besitz genommen werden.[100] Ist aber eine Inbesitznahme möglich, identifiziert das Besitzrecht gerade diejenige Person, der die Sache unter einem neu entstehenden Sachenrecht zuzuordnen ist.[101] Das Eigentumsrecht muss dann nur noch an dasselbe Bezugsobjekt anknüpfen.[102]

Das aber beantwortet noch nicht, *wie* das Eigentumsrecht an Token aussieht (1) und ob die sachenrechtlichen Regelungen zur originären (2.b)) und derivativen Eigentumsbegründung (2.c)) unproblematisch auf Token anwendbar sind. Ferner hat der Besitz wegen seiner Publikationsfunktion eine nicht unwesentliche Bedeutung für den Verkehrsschutz, der wiederum durch die Möglichkeit eines gutgläubigen Erwerbs gewährleistet werden soll; ob entsprechende Erwägungen auch in Bezug auf Token durchschlagen, wird daher ebenfalls beleuchtet (2.d)).

1. Inhalt

Das in § 903 S. 1 BGB normierte Eigentumsrecht befugt den Eigentümer grundsätzlich, mit der Sache nach seinem Belieben zu verfahren. Dadurch knüpft es an die Nutzungs- und Ausschließungsmöglichkeit an, die mit der tatsächlichen Sachherrschaft einhergehen.[103] Insofern verwundert es nicht, dass

---

[98] Etwas schwächer und nur eine soweit mögliche Gleichstellung der Berechtigung an Token mit dem Eigentum fordernd *Koch* ZBB 2018, 359 (363).
[99] Mot III 83.
[100] Darauf richtigerweise hinweisend *Arndt* Bitcoin-Eigentum, S. 31 mwN.
[101] Vgl. *v. Bar* Gemeineuropäisches Sachenrecht II, § 4 Rn. 26; ähnlich und konkret in Bezug auf die Sachherrschaft *Zech* AcP 219 (2019), 488 (502).
[102] Zwar unterscheiden sich die Sachbegriffe im Rahmen des Besitzes und des Eigentums; wegen der besitzrechtlichen Aufgabe, das Rechtssubjekt zu identifizieren, der dann auch das (neu entstehende) Sachenrecht zugeordnet werden muss, muss aber letztlich der besitzrechtliche Sachbegriff Ausgangspunkt der Begründung eines Eigentumsrechts sein, vgl. *v. Bar* Gemeineuropäisches Sachenrecht II, § 4 Rn. 5.
[103] Vgl. *Zech* Rechte an Daten, S. 91 (98); konkret zu Nutzung und Ausschluss an Token siehe § 3II.3.

sein Inhalt stets mit einer Nutzungs- und Ausschlussfunktion umschrieben wird.[104]

Das Eigentum dient mithin der ganzheitlichen Zuordnung einer Sache, wodurch klare Rechtsverhältnisse geschaffen und wirtschaftliche Einheiten erhalten bleiben sollen.[105] Mit einem moderneren Verständnis des Eigentumsrechts als Befugnisbündel hat sich jedoch die Erkenntnis durchgesetzt, dass die genaue Bestimmung der Reichweite des Eigentumsrechts nicht einfach durch einen Verweis auf die Umfassendheit des vorrechtlichen Phänomens abgetan werden kann. Eigentum ist nicht mehr die rechtliche Zuweisung *einer* faktischen Sachherrschaft und bezieht sich damit auch nicht mehr stets auf *ein* Objekt.[106] Vielmehr sollte man sich von den traditionellen Kriterien der Sachherrschaft frei machen und die Rivalität der Nutzung in den Mittelpunkt stellen.[107] Zum Eigentumsrecht gehören somit all diejenigen Nutzungen, deren Ausübung eine objektive Beeinträchtigung der Ausübung gleichartiger Nutzungen bewirkt.[108]

Daher muss auch das Eigentumsrecht nach § 903 S. 1 BGB ausgelegt werden, um zu bestimmen, wie die durch das Eigentumsrecht zugewiesenen Befugnisse konkret für Token aussehen können.[109] Zudem ist die Bestimmung des Inhalts und Umfangs des Eigentumsrechts auch wesentlich, um beantworten zu können, inwieweit das Eigentum geschützt sein soll und wann eine Beeinträchtigung vorliegt.[110] Dies soll im Folgenden sowohl im Hinblick auf die positiven (a)) als auch in Bezug auf die negativen Befugnisse (b)) erörtert werden. Zudem soll ein kurzer Blick auf andere Formen des Eigentumsrechts geworfen werden (c)).

a) Nutzung von Token: Anknüpfungspunkt für die positiven Eigentümerbefugnisse

Die positiven Befugnisse des Eigentümers können sich aus unterschiedlichen Nutzungsmöglichkeiten ergeben.[111] Mit einer Sache nach seinem Belieben verfahren zu dürfen, kann einerseits beinhalten, dass die Sache genutzt und dafür

---

[104] *Wellenhofer* Eigentum in der digitalen Gesellschaft, S. 69 (70); statt aller im Übrigen MüKoBGB/*Brückner* § 903 Rn. 12 sowie MüKoBGB/*Gaier* Einl SachR Rn. 10.
[105] *Vieweg/Lorz* SachR § 3 Rn. 5.
[106] *Zech* AcP 219 (2019), 488 (504).
[107] *Zech* AcP 219 (2019), 488 (563, 577 ff.).
[108] *Zech* AcP 219 (2019), 488 (579).
[109] Allgemein für ein solches Vorgehen plädierend *Zech* AcP 219 (2019), 488 (491, 522); aA noch Mot III 145.
[110] *Picker* Negatorischer Bereicherungsanspruch, S. 50; zum Schutz des Eigentums siehe insbesondere § 6 I.
[111] Treffend insoweit *v. Bar* Gemeineuropäisches Sachenrecht I, § 3 Rn. 322: „Natürlich kann man mit einem Schiff nicht dasselbe anstellen wie mit einer Waldparzelle, aber deshalb allein werden sie noch nicht zu Bezugspunkten verschiedener Eigentumsrechte."

entsprechend in Besitz gebracht und gehalten werden kann (aa)).[112] Dazu gehört insbesondere auch, dass aus ihr jedwede, auch wirtschaftliche Nutzungen gezogen werden können (bb)).[113] Andererseits kann aber auch tatsächlich oder rechtlich auf die Sache eingewirkt werden, indem sie entweder physisch verändert, verbraucht oder sogar vollständig zerstört wird (cc)), oder aber rechtlich übertragen und belastet wird (dd)).[114] Grenzen sind dem nur gesetzt, soweit der Eigentümer sich selbst zivilrechtliche Bindungen auferlegt hat oder wenn der Nutzung (immaterialgüterrechtliche) Rechte Dritter oder das Allgemeininteresse[115] entgegenstehen, sogenannte Schranken des Eigentumsrechts.[116]

aa) Unmittelbar im Token angelegte Nutzung

Die unmittelbar in Token verkörperte Nutzung beschränkt sich in erster Linie darauf, ihnen im Distributed Ledger als Inhaber zugeordnet zu sein – sie also in Besitz nehmen und halten zu können.[117] Ist ein Token jemandem zugeordnet, kann er, so ordnet es das Netzwerkprotokoll zwingend an, keinem anderen mehr zugeordnet sein. Die Nutzung ist mithin rival und muss daher Teil des Eigentumsrechts an Token darstellen.

Zudem kann den Token innerhalb des Distributed Ledgers eine eigene Funktion und mithin Nutzungsmöglichkeit zukommen. So können sie zum Beispiel im Rahmen der Konsensfindung und des Validierungsprozesses als Anreiz genutzt werden und umgekehrt als Mittel, einen eigenen Beitrag für das Funktionieren des gesamten DLT-Systems zu leisten.[118] Sie können aber auch als Zahlungsmittel für andere Anwendungen oder Token fungieren (Bearbeitungsgebühren).[119] Wird ein Token aber beispielsweise als Zahlungsmittel genutzt, kann er anschließend nicht mehr anderweitig genutzt werden. Auch hier handelt es sich mithin um eine Nutzung, deren Ausübung die Ausübung gleichartiger Nutzungen objektiv beeinträchtigt.

---

[112] Das ist zwar nicht unmittelbar in § 903 S. 1 BGB geregelt, folgt aber aus dem Regelungsgedanken des § 985 BGB, vgl. BeckOGK-BGB/*Lakkis* § 903 Rn. 94; vgl. auch *Zech* AcP 219 (2019), 488 (540) sowie allgemein *Hedinger* System des Besitzrechtes, S. 81.

[113] BeckOGK-BGB/*Lakkis* § 903 Rn. 95.

[114] BeckOGK-BGB/*Lakkis* § 903 Rn. 92, 97 ff.

[115] Das Allgemeininteresse etwa wird insbesondere durch den strafrechtlichen Tatbestand der schweren Brandstiftung nach § 306a StGB geschützt, siehe BeckOGK-BGB/*Lakkis* § 903 Rn. 97.

[116] Ausführlich dazu BeckOGK-BGB/*Lakkis* § 903 Rn. 120 ff. sowie Staudinger/*Althammer* Einl zu §§ 903 ff. Rn. 6 ff.; zu Rolle der Schranken ebenfalls *Zech* AcP 219 (2019), 488 (531 ff.), jedoch herausarbeitend, dass diese auf den Ebenen der grundsätzlichen Befugniszuweisung, der Schranken und der Durchsetzung gleichermaßen umzusetzen und mithin zu berücksichtigen sind, vgl. ebd. S. 517.

[117] Besitz sogar als Zweck des Eigentumsrechts sehend *Sacco/Caterina* Il possesso, S. 8.

[118] Siehe § 2I.1.d).

[119] Im Rahmen des Ethereum-Netzwerks als *gas* bezeichnet, siehe dazu § 2II.3.d).

Weitere sich direkt aus der Beschaffenheit des Tokens ergebende Verwendungsmöglichkeiten sind aufgrund der Abstraktheit der Token nicht möglich; anders als etwa bei einem Stuhl kann man sich nicht setzen, anders als bei einem Apfel kann man Token nicht verzehren und anders als bei einem Blatt Papier kann man mit ihnen auch nichts abdecken. Sie funktionieren zwar *wie* räumliche Gegenstände, existieren aber nicht mit räumlicher Ausdehnung und verkörpern daher auch keine daraus folgende Nutzung. Das Eigentumsrecht an Token muss daher auch nicht zu einer solchen Nutzung befugen. Notwendig, aber auch ausreichend, ist die Befugnis, den Token zu besitzen und im Rahmen der von der DLT vorgesehenen Funktion zu nutzen.

Unmittelbar im Token angelegt ist außerdem, dass dessen Daten von den einzelnen Netzwerkknoten des Peer-to-Peer-Netzwerks kopiert und gespeichert werden. Nur so wird sichergestellt, dass die Zuordnung des Tokens bekannt ist, was wiederum das Funktionieren der DLT gewährleistet.[120] Diese Nutzung ist aber nicht rival, sondern soll gerade möglichst häufig vorgenommen werden. Sie daher nicht als Befugnis, die ausschließlich dem Eigentümer zusteht, anzuerkennen.

bb) Mittelbar durch den Token verkörperte Nutzung

Oft sind Token mittelbar mit weiteren Nutzungsmöglichkeiten verknüpft, sodass der eigentlich eher unbedeutenden Inhaberschaft wesentliche Bedeutung zukommt. Das Ziehen dieser Nutzungen ist vom Eigentumsrecht ebenfalls erfasst.[121]

Insoweit ist ein Token noch am ehesten mit einem Blatt Papier vergleichbar, das (neben möglichen Falt- oder Abdeckmöglichkeiten) beschrieben und bemalt werden kann. Sowohl Blatt Papier als auch Token dienen als struktureller Träger semantischer Information.[122] Soweit diese Informationen eigene Nutzungsmöglichkeiten verkörpern, aus ihr also noch darüberhinausgehende Nutzungen gezogen werden können, stehen diese ebenfalls dem Eigentümer des Informationsträgers zu. Während er bei einem Blatt Papier das Geschriebene lesen und das Gemalte betrachten kann, kann bei einem Token jede zusätzlich gespeicherte Information erfasst werden. Je nach technischer Ausgestaltung kann diese durch Angabe im Datenfeld oder durch Verknüpfung von Informationen aus Smart Contracts unmittelbar im Token gespeichert sein.

Letztlich können Token dadurch aber *wie* Geldscheine, *wie* Finanzinstrumente oder *wie* Gutscheine genutzt werden.[123] Die Nutzung wird dabei im Einzelnen durch die verknüpften Nutzungsmöglichkeiten definiert, was auch die

---

[120] Siehe § 3I.2.
[121] BeckOGK-BGB/*Lakkis* § 903 Rn. 95.
[122] Siehe dazu § 3I.2.
[123] Vgl. insoweit die anwendungsorientierte Dreiteilung in Currency, Security und Utility Token, § 2II.5.

Bandbreite der existierenden Token erklärt. Diese Bandbreite muss vom Eigentumsrecht grundsätzlich abgedeckt sein. Bereits die Begriffswahl Token zeigt aber, dass all diese Nutzungsmöglichkeiten stets auf der Inhaberschaft des Tokens beruhen, sodass die entsprechenden Befugnisse an die rechtliche Zuweisung anknüpfen. Das gilt auch für den Fall, dass Token als elektronisches Wertpapier im Sinne des eWpG begeben werden. Inhalt des aufgrund der Sachfiktion in jedem Fall bestehenden Eigentumsrechts am elektronischen Wertpapier ist zwangsläufig das Ziehen der verkörperten Nutzung, nämlich die Verwertung der verbundenen Rechtsposition.[124]

Allerdings endet das Ziehen von Nutzungen dort, wo diese eine eigene Rechtsposition darstellen. In diesem Fall sieht die Rechtsordnung nämlich eigene Regelungen vor, wem diese Nutzung zusteht. Soll das Eigentum am Token trotzdem zum Ziehen einer eigens erfassten Nutzung befugen, müssen beide Rechtspositionen miteinander verknüpft werden. Welche der beiden maßgeblich ist, bemisst sich dabei wegen der Privatautonomie grundsätzlich nach dem von den Parteien Gewollten. Und da die Parteien die rechtliche Forderung auf eine bestimmte Nutzung in der Regel durch ein Niederschreiben verbriefen wollen, erklären die §§ 793 ff. BGB das Eigentum an der verbriefenden Sache, der Urkunde, für maßgeblich. Wird der Token als Sache eingeordnet, wären die bestehenden Regelungen des Bürgerlichen Gesetzbuches ohne Weiteres anwendbar, sodass die im Token verbriefte Nutzung stets Teil der vom Eigentum umfassten Befugnisse umfasst wäre.

Durch Ziehen der Nutzung wird der Token entwertet, soweit die im Token angelegte Nutzung nur einmal gezogen werden kann. Sind mehrere Nutzungen vorgesehen, wird der Token wird nach und nach verbraucht. Das Ziehen der Nutzung ist also rival und allein dem Eigentümer zuzuordnen. Gleichzeitig erlischt durch das Ziehen einer Nutzung immer nur die entsprechende Befugnis. Die Inhaberschaft als solche bleibt bestehen und das Eigentumsrecht erlischt nicht. Regelmäßig besteht bei verknüpften Nutzungen ein Emittent des Tokens (der auch automatisiert in Form eines Smart Contracts agieren kann). Dieser gewährt die entsprechende Nutzung und kann den Token nach Verbrauch wieder neu aufladen; das Eigentumsrecht wird dadurch wieder um die entsprechende Befugnis erweitert. Meist wird der Emittent stattdessen aber aus Gründen der Einfachheit einen neuen Token ausgeben.

cc) Tatsächliche Einwirkung auf den Token

Fraglich ist, wie auf den Token tatsächlich eingewirkt werden kann und inwieweit dies Teil der Befugnisse des Eigentümers bildet. Da Token nur abstrakt bestehen und somit nicht physisch verändert werden können, ist eine tatsächliche Einwirkung nicht ohne Weiteres denkbar.

---

[124] Zur Sachfiktion des eWpG siehe § 3IV.2.a)cc)(2) sowie § 3IV.3.b)aa)(3); zur Regelung der Eigentumsübertragung siehe § 4II.2.a)cc).

Neu ist bei Token allerdings die Möglichkeit, Bedingungen von vornherein und unwiderruflich als Teil der tatsächlichen Nutzungsmöglichkeit von Token zu integrieren. Dies geschieht mithilfe von Smart Contracts, die verschiedene Bedingungen vorsehen können. Diese können kumulativ oder alternativ sein und die Zahl an Kombinationsmöglichkeiten ist nahezu unbegrenzt.[125] Die Nutzung des Tokens wird durch diese Bedingungen eingeschränkt. Da die Smart Contracts unwiderruflich programmiert sind, kann der Tokeninhaber seinen Token nur noch in den vorgesehenen Schranken nutzen. Allerdings muss insoweit differenziert werden, denn ein Token muss nicht immer aus einem Smart Contract heraus entstehen, sodass dessen Nutzungsmöglichkeit von Anfang an eingeschränkt ist. Vielmehr kann ein Token auch nach seiner Entstehung von Bedingungen abhängig gemacht werden. Der simpelste Fall ist die Bedingung der Tokentransaktion im Distributed Ledger; die Neuzuordnung des Tokens erfolgt dann erst, wenn die Bedingung erfüllt ist. Denkbar sind aber auch deutlich komplexere Kombinationen. Maßgeblich ist letztlich, ob der Token von vornherein nur mit einer begrenzten Nutzungsmöglichkeit ausgestaltet war, oder ob diese im Nachhinein eingerichtet wurde und damit auf den Token einwirkt.

Daneben können Token von vornherein so programmiert sein, dass sie ein veränderbares Datenfeld enthalten oder unbrauchbar gemacht werden können.[126] Dann liegen technische Voraussetzungen vor, durch die eine Einwirkung ermöglicht wird, die die Erscheinung des Tokens als solchen verändert. Dies entspricht einer tatsächlichen Einwirkung, die nur einmal möglich ist und daher als Teil der Nutzung zu werten ist, die dem Eigentümer zusteht. Wie auch bei der Programmierung von Token allgemein, darf diese Einwirkung allerdings nur im Rahmen der geltenden und bereits angesprochenen Schranken erfolgen.

Zudem wird durch jede erfolgreiche Transaktion eines Tokens auch dessen Inhalt modifiziert, denn Token und Zuordnung sind stets unmittelbar miteinander verbunden. Dies gilt unabhängig davon, ob sich die Zuordnung erst aus einzelnen Transaktionsdaten heraus ergibt, oder der Token unmittelbar in einem Account gespeichert ist. Die immanente Zuordnung ist insoweit vergleichbar mit der räumlichen Lage von regulären körperlichen Sachen.[127] Und so wie auch die Veränderung der räumlichen Lage eine tatsächliche Einwirkung auf eine Sache darstellen kann, darf auch auf die faktische Zuordnung, und mithin auf den Token selbst, eingewirkt werden.

Da sich die Zuordnung aber teilweise erst aus der chronologischen Verkettung der vorherigen Transaktionen ergibt, muss auch die nachträgliche

---

[125] *Arndt* Bitcoin-Eigentum, S. 117 f.
[126] Sogenanntes *burning*, vgl. zur Dereliktion eines verkörperten Eigentums durch Besitzaufgabe an Token *Garcia-Teruel/Simón-Moreno* CLSR 41 (2021), 105543 (S. 10 f.).
[127] So bereits im Rahmen des Besitzes, siehe § 4I.3.a).

Veränderung dieser Transaktionsdaten als tatsächliche Einwirkung auf den Token erachtet werden. Wenn es jemand – allen im Protokoll festgeschriebenen Gesetzen der virtuellen Welt zum Trotz – schafft, die (virtuelle) Wirklichkeit im Nachhinein zu verändern, ist das für die derzeitige tatsächliche Gestaltung prägend. Die nachträgliche Veränderung gleicht daher einer tatsächlichen Einwirkung. Trotzdem muss an dieser Stelle selbst für den Eigentümer des Tokens eine Grenze gezogen werden: Die Nutzung ermöglicht das unveränderte und transparente Einsehen der bisherigen Inhaberschaften, die selbst aber unveränderlich sind. Diese Unveränderlichkeit stellt ein gewisses Faktum dar, auf das maßgeblich vertraut wird.[128] Eine Einwirkung auf die Daten, die trotzdem irgendwie gelingt, widerspricht den eigentlich vorgesehenen Nutzungsmöglichkeiten. Der Eigentümer kann hierzu also von vornherein nicht befugt sein.[129]

Gleiches gilt für die nachträgliche Neuzuordnung zu einer ganz anderen Adresse, die ebenfalls gegen die vom Protokoll vorgesehenen Regeln verstößt. Ungeachtet der Beweggründe des Eigentümers wird auch hier die Unveränderlichkeit der niedergeschriebenen Daten verletzt, sodass dies keine Nutzung im Rahmen der Eigentümerbefugnisse darstellen kann.

dd) Rechtliche Einwirkung auf den Token

Daneben sind auch rechtliche Einwirkungen denkbar. Das Eigentumsrecht kann beispielsweise durch Teilrechte eingeschränkt werden, die der Eigentümer am Token gewährt. Diese Möglichkeit gehört ebenfalls zur Nutzung und steht dem Eigentümer grundsätzlich zu.[130] Allerdings können nur solche Befugnisse gewährt werden, die die Rechtsordnung als mögliches Teilrecht vorsieht. Die belastenden Rechte können schuldrechtlicher oder dinglicher Natur sein; die Unteilbarkeit des Eigentumsrechts wird jedoch niemals infrage gestellt. Vielmehr kehrt das Eigentum in den ursprünglichen Zustand zurück und umfasst automatisch wieder die volle Nutzung des Gegenstands, sobald das eingeräumte Recht erlischt.[131]

Welche rechtlichen Beschränkungen die Rechtsordnung konkret vorsehen muss, richtet sich nach den tatsächlichen Möglichkeiten: Die Nutzung des Tokens kann durch Programmierung eines automatischen Abgleichs von Zugriffsrechten Dritter oder der Einhaltung konkreter Bedingungen faktisch eingeschränkt werden. Auf dieser Grundlage müssen auch rechtliche Belastungen

---

[128] Hieraus rechtfertigt sich gerade die Anerkennung der Token als Sache, vgl. § 3III.

[129] An dieser Stelle wird also schon die entsprechende Befugnis beschränkt, vgl. zur Rolle der Schrankenregelung auf Ebene der grundsätzlichen Befugniszuweisung *Zech* AcP 219 (2019), 488 (520 f.).

[130] BeckOGK-BGB/*Lakkis* § 903 Rn. 99; konkret zu Token ähnlich auch *Arndt* Bitcoin-Eigentum, S. 120.

[131] BeckOGK-BGB/*Lakkis* § 903 Rn. 99; zur Unteilbarkeit des Eigentumsrechts ebd. Rn. 49.

vereinbar sein.[132] Diese reichen von konkreten Nutzungs- und Gebrauchsübertragungen über die Einräumung von Sicherheits- und Verwertungsrechten bis hin zu Belastungen durch Erwerbsrechte.[133] Die Nutzungsbefugnisse des Eigentümers sind beschränkt auf das, was dem Eigentümer innerhalb der selbstgesetzten, vertraglichen Schranken bleibt.[134]

Von besonderer Bedeutung sind hier die vielen verschiedenen Bedingungen, die für Token programmiert werden können.[135] Mithilfe dieser lässt sich im Distributed Ledger insbesondere auch eine Anwartschaft abbilden. Der Token kann zur Nutzung übertragen werden, bei Eintritt bestimmter Bedingungen jedoch automatisch zurückfallen.[136] Da hierdurch Besitz erlangt wird und der Token trotzdem klar mit dem Eigentumsrecht verbunden bleibt, wird das Bezugsobjekt des Anwartschaftsrechts dadurch greifbarer. Das ist vor allem dann von Bedeutung, wenn nur das Anwartschaftsrecht weiterübertragen werden soll.[137] Ohne an dieser Stelle schon zu sehr auf einzelne Teilrechte eingehen zu wollen,[138] wird deutlich, dass sich die Einschränkungsmöglichkeiten auf rechtlicher Ebene besser umsetzen lassen. Token müssen lediglich entsprechend gestaltet werden. Rechtliche Belastungen bekommen dadurch ein besonderes Gewicht, was im Rahmen der Eigentümerbefugnisse berücksichtigt werden muss. Die Befugnis des Eigentümers endet jedoch dort, wo das Gesetz eine Vereinbarung der Teilrechte nicht (mehr) erlaubt. Insbesondere bei nachträglichen Begrenzungen der Nutzungsmöglichkeiten durch Teilrechte sind bestehende rechtliche Verhältnisse wegen des geltenden Prioritätsprinzips zu berücksichtigen.

ee) Zwischenergebnis zum Inhalt eines Eigentumsrechts an Token

Ein Eigentumsrecht an Token kann inhaltlich mit Leben gefüllt werden. Token beinhalten unmittelbare wie mittelbare Nutzungsmöglichkeiten und es kann auf sie tatsächlich wie rechtlich eingewirkt werden. Diese Nutzungen sind stets

---

[132] Vgl. *Arndt* Bitcoin-Eigentum, S. 32 ff.; Smart Contracts als technische Grundlage ebd. S. 32 ff.

[133] Vgl. statt aller BeckOGK-BGB/*Lakkis* § 903 Rn. 101, 103.

[134] Vgl. BeckOGK-BGB/*Lakkis* § 903 Rn. 102, 125.

[135] Siehe dazu die Ausführungen zu den tatsächlichen Einwirkungsmöglichkeiten in § 4II.1.a)cc).

[136] Ebenfalls Parallelen zum Anwartschaftsrecht sehend *Kaulartz/Heckmann* CR 2016, 618 (619).

[137] Das bedeutet nicht, dass die Anwartschaft aus dem Token herauslesbar ist; diese ergibt sich erst aus dem Zusammenspiel mit den Smart Contracts und den hierin geregelten Bedingungen; die Programmierbarkeit der Bedingungen ermöglicht nur, dass der Token bei Bedingungseintritt automatisch wieder an den Eigentümer zurückfällt; aA und die Anwartschaft vielmehr klar aus dem Token herauslesen wollend *Arndt* Bitcoin-Eigentum, S. 118.

[138] Siehe dazu § 4II.3.

rival; nur einer kann zu ihnen befugt werden.[139] All dies kann vom Eigentumsrecht umfasst werden, ohne dass es starr auf die faktische Zuordnung im Distributed Ledger ankommt. Zwar folgen die Nutzungsbefugnisse, die das Eigentumsrecht konkretisieren, aus der faktischen Zuordnung des Tokens. Als Teil des Eigentumsrechts bleiben sie aber auch dann bestehen, wenn (lediglich) die faktische Zuordnung wegfällt.

b) Ausschluss von der Nutzung der Token: Anknüpfungspunkt für die negativen Eigentümerbefugnisse

Daneben sieht Eigentum auch die Befugnis vor, andere von jeder Einwirkung auf die Sache auszuschließen, § 903 S. 1 BGB. Die Ausschließungsbefugnis richtet sich gegen jede Art von Einwirkung auf das Eigentum[140] und bildet damit die Grundlage für die vertraglichen und gesetzlichen Schuldverhältnisse, mithilfe der die Nutzung Dritter abgewehrt werden kann.[141]

Grundsätzlich werden Token durch die Verknüpfung mit der Adresse im Distributed Ledger stets eindeutig zugeordnet, sodass es bereits rein faktisch eine Ausschlussmöglichkeit gibt.[142] Das bildet auch den Maßstab für die negativen Befugnisse des Eigentumsrechts; eine weitere Konkretisierung, wie sie beispielsweise für Grundstücke in §§ 905 ff. BGB vorgenommen wird,[143] bedarf es nicht. Allerdings ist die faktische Ausschlussmöglichkeit im Vergleich zu regulär körperlichen Sachen etwas aufgeweicht. Der Private Key kann mehreren Personen bekannt gegeben werden und diese Kenntnis kann auch nicht mehr rückgängig gemacht werden. Dadurch erhält jeder, der den Private Key einmal kennt, dauerhaften Zugriff auf den Token. Ein Nutzungsausschluss könnte allenfalls rechtlich erreicht werden.[144] In tatsächlicher Hinsicht bleibt dem Tokeninhaber nur noch, seinen Token an eine neue Adresse zu transferieren. Genauso können aber auch alle anderen vorgehen, die den Private Key kennen. Anders als der Eigentümer sind sie dazu zwar nicht berechtigt, jedoch ändert diese rechtliche Bewertung nichts an den tatsächlichen Gegebenheiten. Die Ausschlussmöglichkeit wird mit Weitergabe des Schlüsselpaars somit in jedem Fall eingeschränkt. Einem Eigentumsrecht steht das nicht entgegen, da eine Ausschlussmöglichkeit trotzdem noch besteht. Faktisch ist sie aber an die

---

[139] Zur Rivalität iRd positiven und negativen Befugnisse *Zech* AcP 219 (2019), 488 (524).
[140] *Wellenhofer* SachR § 2 Rn. 4.
[141] *Zech* AcP 219 (2019), 488 (497, 524); die Anspruchsgrundlagen im Überblick BeckOGK-BGB/*Lakkis* § 903 Rn. 215; ausführlich zum rechtlichen Schutz durch das Eigentumsrecht siehe § 6.
[142] Ausführlich dazu § 3II.3.
[143] Staudinger/*Althammer* Einl zu §§ 903 ff. Rn. 8.
[144] Erreicht werden könnte das etwa, indem die Zerstörung desjenigen Datenträgers erwirkt wird, auf dem der Private Key gespeichert ist; die Wirksamkeit dessen ist aber begrenzt, da der Private Key auch ohne Datenträger auswendig bekannt oder auf andere Datenträger kopiert worden sein kann.

Geheimhaltung des Private Keys geknüpft und es wird deutlich, dass das Eigentumsrecht immer nur so weit reichen kann, wie auch der Besitz an Token anerkannt werden kann.

c) Andere Formen des Eigentumsrechts

Daneben gibt es noch andere Formen des Eigentumsrechts, die für Token in Betracht kommen. So kann etwa ein Miteigentum nach Bruchteilen bestehen, dass sich nach Maßgabe der §§ 1008 ff. BGB richtet und bei welchem mehrere Eigentümer einer ungeteilten Sache zu ideellen, rechnerischen Bruchteilen mitberechtigt sind. Die Bruchteile selbst sind dann Eigentum im Rechtssinne und hinsichtlich des einzelnen Bruchteils existiert eine freie Verfügungsbefugnis der jeweiligen Miteigentümer, § 747 S. 1 BGB.[145]

Auch kann ein Token im Miteigentum mehrerer stehen, sodass jeder Miteigentümer nur über einen entsprechenden Bruchteil berechtigt ist. Dass ein Token dabei in rein technischer Hinsicht durchaus aus mehreren einzelnen Transaktionen und mithin aus einzelnen Teilen zusammengesetzt sein kann, ist insoweit unerheblich. Letztlich ist der Token als Ganzes Bezugsobjekt des Eigentumsrechts, welches gerade nur ideell geteilt wird.[146]

Parallel dazu muss auch ein Gesamthandseigentum denkbar sein, bei dem der Gesamthandseigentümer nicht eigenständig über seinen Anteil, sondern nur gemeinschaftlich mit allen Gesamthändern über die gesamte Sache verfügen kann. Gesamthandseigentum kann insbesondere an multiSig Token bestehen, die einen gemeinsamen Zugriff erfordern.[147] Allerdings besteht meist ein weitergehender, in der Regel gesellschaftsrechtlicher Zweck.[148]

d) Zwischenergebnis zum Inhalt eines Eigentums an Token

Es lassen sich verschiedene Nutzungsbefugnisse definieren, die stets nur einem Rechtssubjekt zukommen können und daher das Eigentumsrecht an Token inhaltlich konkretisieren. Die wichtigste Nutzung liegt in der Inbesitznahme und im Halten des Besitzes, da hieraus weitergehende Nutzungen gezogen werden können, die mit dem Token verknüpft sind. Die Grenze der möglichen Nutzungen liegt jedoch dort, wo die Funktion der DLT beeinträchtigt wäre: So kann selbst der Eigentümer nicht durch nachträgliche Veränderung der chronologischen Transaktionsdaten auf seinen Token einwirken. Das ist nicht vorgesehen und gehört daher weder zur faktischen Sachherrschaft noch zu den Eigentümerbefugnissen. Andere Eigentumsformen sind denkbar und bieten sich an,

---

[145] Statt aller Staudinger/*Althammer* Einl § 903, Rn. 12.
[146] Vgl. insoweit auch *Garcia-Teruel/Simón-Moreno* CLSR 41 (2021), 105543 (S. 9).
[147] Zu multiSig Token siehe bereits § 4I.6.c).
[148] Statt aller Staudinger/*Althammer* Einl § 903, Rn. 12.

wenn die Nutzungsmöglichkeiten der Inhaber bereits auf tatsächlicher Ebene durch technische Vorrichtungen beschränkt sind.

2. Eigentumsbegründung

Ein Eigentumsrecht an Token muss gemäß den rechtlichen Vorschriften begründet werden können. Insofern kommt eine originäre (b)) sowie eine derivative Eigentumsbegründung durch Übertragung (c)) in Betracht. Für beide soll jeweils geprüft werden, ob sich Token reibungslos eingliedern. Zudem müssen insbesondere die Regelungen zum gutgläubigen Erwerb auf Token anwendbar sein, wenn rechtliche und faktische Inhaberschaft auseinanderfallen. Ob dies der Fall ist, wird im Anschluss untersucht (d)).

Das Bürgerliche Gesetzbuch differenziert allerdings zwischen beweglichen und unbeweglichen Sachen und sieht jeweils gesonderte Regelungen vor. Vorab soll daher herausgearbeitet werden, ob Token eine bewegliche oder unbewegliche Sache darstellen (a)).

a) Vorfrage: Token als bewegliche oder unbewegliche Sache

Das Sachenrecht regelt die beweglichen und unbeweglichen Sachen grundsätzlich gemeinsam, differenziert aber an vielen Stellen zwischen beiden.[149] Letztlich werden nur Grundstücke als unbewegliche Sachen erachtet. Da ihnen die vorrechtliche Abgrenzbarkeit fehlt, bedarf es eines formellen Grundbuchrechts, in dem die Grundstücke definiert und zugeordnet werden. Erst auf Grundlage dieses Grundbuchrechts wird der Rechtszustand dokumentiert, um eine materiell-rechtliche Macht zu verleihen.[150] Dafür knüpft das Sachenrecht an ein Register, dem Grundbuch, an; in § 873 Abs. 1 BGB wird für Rechtsänderungen zum Beispiel eine Eintragung in das Grundbuch statt einer Übergabe verlangt.[151] Dem Grundbuchrecht kommt somit eine ähnlich dienende Funktion zu wie dem Besitz.[152]

Trotzdem sieht das Sachenrecht insbesondere im Hinblick auf die Eigentumsbegründung verschiedene Vorschriften vor, sodass vorab zu klären ist, ob Token bewegliche oder unbewegliche Sachen darstellen. Aufgrund der registerähnlichen Gestaltung des Distributed Ledgers ergeben sich durchaus Parallelen zum Grundbuchregister, aber auch Unterschiede (aa)). Letztendlich besteht über Token aber eine Herrschaftsmacht, die derjenigen über bewegliche Sachen ähnelt (bb)). Aufschlussreich ist insoweit auch die Herangehensweise

---

[149] Staudinger/*Heinze* Einl SachR Rn. 39.
[150] Sehr anschaulich herausarbeitend *Arndt* Bitcoin-Eigentum, S. 95 ff.
[151] Vgl. *Arndt* Bitcoin-Eigentum, S. 99.
[152] Zur dienenden Funktion des Grundbuchrechts Staudinger/*Heinze* Vorb §§ 873 ff. Rn. 24 mwN.

des eWpG und die Diskussion über die dahinterstehende Einordnung der elektronischen Wertpapiere als bewegliche oder unbewegliche Sache (cc)).

aa) Parallelen und Unterschiede des Distributed Ledgers zum Grundbuch

Der Struktur nach erinnert das Grundbuch stark an ein Distributed Ledger. Die Eintragung genügt als Nachweis, um über eine Position verfügen zu können. Zudem wird eine gewisse Registermacht garantiert: einmal formal-rechtlich, das andere Mal algorithmisch.[153] Dadurch lässt sich die Stellung des im Grundbuch Eingetragenen mit derjenigen des im Distributed Ledger Eingetragenen vergleichen. In beiden Fällen kommt dem Eingetragenen eine faktische Verfügungsmacht zu, die von der rechtlichen Verfügungsmacht unabhängig ist und sich allein aus der Eintragung ergibt.[154] Auf diese Eintragung vertraut auch die Öffentlichkeit.[155] Zudem gibt es sowohl beim Grundbuchamt als auch im Rahmen der DLT ein Validierungsverfahren, infolgedessen eine Änderung überhaupt erst eingetragen wird.[156] Ferner ist es bei Distributed Ledgern möglich, verschiedene Bedingungen, Belastungen oder sonstige Teilrechte mitaufzunehmen – eine Möglichkeit, die im Vergleich von Besitz und Grundbuch nur im Rahmen des Grundbuchs besteht, da das Register insoweit deutlich flexibler ist.[157] Die Tatsache, dass ein Eintrag in einem Register ausschlaggebend ist, macht die Inhaberposition an Token damit auf den ersten Blick eher mit der Buchposition vergleichbar als mit dem Besitz.[158]

Allerdings ist bei Token – anders als bei Grundstücken – keine rechtliche Umreißung *mithilfe* eines Registers notwendig, um deren Existenz überhaupt

---

[153] Treffend *Arndt* Bitcoin-Eigentum, S. 95 Fn. 78; ferner ebd. S. 97.

[154] *Arndt* Bitcoin-Eigentum, S. 97.

[155] Zum öffentlichen Glauben des Grundbuchs und zur Richtigkeitsvermutung nach § 891 BGB siehe *Wellenhofer* SachR § 19 Rn. 1 ff.; zum öffentlichen Glauben des Distributed Ledgers *Ammann* CR 2018, 379 (383).

[156] *Ammann* CR 2018, 379 (382); die dahinterliegende Funktionsweise unterscheide sich aber gerade grundlegend, weil es einmal staatlich und das andere Mal dezentral geführt sei, *Lehmann/Krysa* BRJ 2019, 90 (93).

[157] *Arndt* Bitcoin-Eigentum, S. 103; dazu, dass Beschränkungen in der Regel aber außerhalb des Grundbuchs und nur ausnahmsweise durch Grundbucheintragung entstehen, sie also nur zum Teil eintragungsfähig sind, Staudinger/*Heinze* Vorb §§ 873 ff. Rn. 49; ebenso BeckOGK-BGB/*Enders* § 873 Rn. 20 f.

[158] *Arndt* Bitcoin-Eigentum, S. 104, der insoweit die Offenheit des § 873 Abs. 1 BGB in Bezug auf den Eintragungsinhalt als maßgeblich erachtet; nicht nur die Übergang des Eigentums, sondern jegliche Verfügung über ein Grundstücksrecht werde hier geregelt; eben diese Offenheit ergebe sich auch aus der DLT, wo mithilfe von Smart Contracts in faktischer Hinsicht Verfügungen vorgenommen werden können, die gerade keine vollständige Übertragung des Tokens, sondern nur eines bestimmten tokenbezogenen Rechts ermöglichen, ebd. S. 103; sachgerechter sei es daher, zumindest teilweise auf immobiliarrechtliche Vorschriften zurückzugreifen, ebd. S. 100 ff., 112 ff.; umfassender sogar noch *Ammann* CR 2018, 379 (382).

erst zu ermöglichen.¹⁵⁹ Stattdessen gibt es *aufgrund* des DLT-Registers bereits eine vorrechtliche Abgrenzbarkeit und Zuordnung, an der das Recht unmittelbar anknüpfen kann.¹⁶⁰ Von dieser vorrechtlichen registerähnlichen Gestaltung sollte nicht vorschnell auf die rechtliche Handhabung geschlossen werden. Im Gegenteil, die Tatsache, dass es bereits vorrechtlich eine registerähnliche Gestaltung gibt, macht ein staatliches Zuordnungsregister gerade überflüssig.¹⁶¹

Zwar lässt sich die reale Macht, die durch das Grundbuch vermittelt wird, durchaus mit der realen Macht vergleichen, die beim Token durch den Eintrag im Distributed Ledger erreicht wird.¹⁶² Entscheidender Unterschied ist jedoch, dass die Eintragung in das Register bei Grundstücken nur vorausgesetzt wird, da diese aufgrund ihrer Unbeweglichkeit überhaupt nicht übergeben werden können. Ihre räumliche Lage ist gerade nicht veränderlich und kann daher auch keine Art Sachherrschaft begründen, die übergeben werden könnte.¹⁶³ Daher bedarf es eines formalen Grundbuchrechts, um die Gegenstände rechtlich fassbar zu machen, sowie der daran anknüpfenden Regelung des § 873 Abs. 1 BGB, der statt einer Übergabe der Sache eine Eintragung in das Register vorsieht.

bb) Sachähnliche Herrschaftsmacht über Token

Wie jedoch bereits im Rahmen des Besitzes an Token gezeigt wurde,¹⁶⁴ ist die Herrschaftsmacht über Token anders. Token können aufgrund ihrer Zuordnung neu zugeordnet werden und sinngemäß von A nach B bewegt werden.¹⁶⁵ Token weisen dadurch von sich aus bereits eine (abstrakte) Körperlichkeit auf, die ebenso eine Anknüpfungsmöglichkeit für die Sachherrschaft Macht darstellt wie die Körperlichkeit regulärer Sachen.¹⁶⁶ Demgegenüber spricht die

---

¹⁵⁹ *v. Bar* Gemeineuropäisches Sachenrecht I, § 2 Rn. 179 f. bezeichnet Grundstücke daher auch normative Sachen mit einem physischen Substrat, dessen Körper erst durch das Recht geformt werden muss; ähnlich auch *Gambaro* Proprietà, S. 61 f.

¹⁶⁰ Dies im Grundsatz auch erkennend *Arndt* Bitcoin-Eigentum, S. 95 Fn. 78.

¹⁶¹ In diese Richtung auch *Maume/Fromberger* ZHR 2021, 507 (544): Register seien teuer und kosten Zeit; aus gleichem Grund überzeugt auch die Argumentation nicht, bei einer Besitzfiktion im eWpG würden Besitz und Registereintrag derart gleichgestellt, dass sich gegenüber dem Immobiliargüterrecht ein systematischer Bruch ergebe, da die dort geregelte Grundbuchposition gerade ein vom Besitz zu trennendes Rechtsinstitut darstelle, Müller/Pieper/*Müller* eWpG § 2 Rn. 23; zum Besitz im eWpG allgemein siehe § 4I.4.

¹⁶² So ausführlich *Arndt* Bitcoin-Eigentum, S. 101 ff.

¹⁶³ Zur Veränderbarkeit der räumlichen Lage als Eigenschaft beweglicher Sachen *Wellenhofer* SachR § 1 Rn. 18.

¹⁶⁴ Siehe § 4I.3.

¹⁶⁵ Token ähneln in ihrer Funktionalität beweglichen Sachen, *Maume/Fromberger* ZHR 2021, 507 (543).

¹⁶⁶ In diesem Punkt liegt gerade der wesentliche Unterschied zur Ansicht von *Arndt* Bitcoin-Eigentum, S. 101 f., der es mangels Körperlichkeit von Token als notwendig (wenn

Registereigenschaft des Distributed Ledgers allein nicht für eine Anwendung der Vorschriften über unbewegliche Sachen.[167] Das Grundbuch ist nur Hilfsmittel zur Begründung einer faktischen Macht, welches es bei Token gerade nicht bedarf, da Token von sich aus zugeordnet sind.[168] Zwar werden auch Token erst durch die Eintragung in das Distributed Ledger rechtlich fassbar, da sie ohne diesen nicht existieren. Fehlt aber schon jede Existenz, müssen Token nicht zugeordnet werden; ohne Registereintrag besteht kein Zuordnungsbedürfnis. Grundstücke hingegen existieren auch ohne Eintragung im Grundbuch. Aufgrund ihrer räumlichen Existenz bedürfen sie stets einer Zuordnung. Dass diese mithilfe eines Registers verwirklicht wird, ist insoweit zweitrangig.[169]

Die Einordnung der Token als bewegliche Sache wird ferner dadurch untermauert, dass einige ihrer Charakteristika durchaus dafürsprechen, eine gewisse Nähe zum Besitz anzunehmen.[170] So spricht auf der einen Seite ihre Umlauffähigkeit dafür, keine allzu strengen Anforderung an die Übertragung der Herrschaftsmacht zu stellen. Token sind für die Lebensführung weitaus weniger bedeutsam als es etwa ein Grundstück ist, weshalb ihnen in der Regel auch ein deutlich geringerer Vermögenswert zukommt.[171] Eine notarielle Beurkundung der dinglichen Einigung über den Eigentumserwerb eines Grundstücks beispielsweise ist bei der Transaktion von Token weder angemessen noch erforderlich.[172] Während die Regelungen über unbewegliche Grundstücke im Hinblick auf die Publizität ganz bewusst etwas strenger ausgestaltet sind, ermöglichen die Regelungen über beweglichen Sachen eine größere Flexibilität.[173]

---

auch grundsätzlich möglich) erachtet, die Übergabe durch einen Übergang der tatsächlichen Herrschaftsmacht zu ersetzen.

[167] So aber *Arndt* Bitcoin-Eigentum, S. 101.

[168] In diese Richtung auch *Maume/Fromberger* ZHR 2021, 507 (543); Token aus Perspektive des österreichischen Rechts weder als bewegliche noch als unbewegliche Sache einordnen wollend, aufgrund der Übertragungsart aber durchaus eine größere Ähnlichkeit mit beweglichen Sachen erkennend, da bei Token gerade kein gesondertes Register geschaffen werden müsse, *Dafinger* RDi 2022, 17 (23).

[169] Diese Zweitrangigkeit des Grundbuchs wird besonders deutlich, wenn man sich vor Augen führt, dass bei der Vermietung eines Grundstücks gerade keine Änderung des Grundbuchs notwendig ist, sondern es insoweit stattdessen wieder auf den Besitz ankommt, vgl. ebenso *Arndt* Bitcoin-Eigentum, S. 104.

[170] So sehend auch *Arndt* Bitcoin-Eigentum, S. 104 f., der aus diesem Grund eine Gesamtanalogie vorschlägt.

[171] Vgl. BeckOGK-BGB/*Enders* § 873 Rn. 19.

[172] *Koch* ZBB 2018, 395 (364); zustimmend, aber als Argument gegen § 925 BGB analog sehend, *Arndt* Bitcoin-Eigentum, S. 102 f.; zur Auflassung nach § 925 Abs. 1 BGB, die dann wiederum Voraussetzung für die Eintragung ist BeckOGK-BGB/*Weber* § 925 Rn. 2 f. sowie ausführlich zum Normzweck ebd. Rn. 7 ff.

[173] *Koch* ZBB 2018, 395 (364); kritisch, da nicht weiter belegt, *Arndt* Bitcoin-Eigentum, S. 103; allgemein BeckOGK-BGB/*Enders* § 873 Rn. 19.

Das bloße Innehaben reicht grundsätzlich aus und ermöglicht eine Eigentumsübertragung.[174]

Auf der anderen Seite können Token – und tun es in der Praxis mithilfe sogenannter Kryptoverwahrer regelmäßig auch – im mittelbaren Besitz eines Rechtssubjekts stehen.[175] Würden insoweit die Vorschriften über unbewegliche Grundstücke streng angewendet werden, würde das dazu führen, dass der unmittelbare Besitzer zwar eigentlich unmittelbaren Zugriff erhalten müsste, die entsprechende Eintragung im Distributed Ledger aber beim Eigentümer verbleibt. Dann hätte der unmittelbare Besitzer keinen Zugriff auf den Token und wäre nicht in der Lage, den Token zu nutzen.[176] Überzeugender ist es daher die Anwendung der Mobiliarsachenrechtsregelungen,[177] die sich auch insgesamt als sachgerechtere Lösung erweist.

cc) Herangehensweise des eWpG

Das eWpG hat für seine elektronischen Wertpapiere eigene Übertragungsregeln geschaffen und auf diese Weise die Frage, ob elektronische Wertpapiere als bewegliche oder unbewegliche Sachen fingiert werden, nicht beantworten müssen. Worauf sich die Sachfiktion beziehen soll, wird von der Rechtswissenschaft infolgedessen nun unterschiedlich beantwortet.

Teilweise wird mit Verweis auf die systematische Stellung und die Entstehungsgeschichte eine Fiktion als bewegliche Sache befürwortet.[178] Nach dem ausdrücklichen Willen des Gesetzgebers sollen die elektronischen Wertpapiere eine evolutionäre Weiterentwicklung der klassischen Wertpapiere darstellen, die als Papier unstrittig bewegliche Sachen darstellen.[179] Die Vorschriften des Immobiliarsachenrechts können daher nicht ergänzend herangezogen werden, sodass insbesondere auch aus § 854 BGB kein Berichtigungsanspruch hergeleitet werden könne.[180] Der Übertragungstatbestand des § 25 Abs. 1 S. 1 eWpG ähnele aber auch vielmehr dem § 929 S. 1 BGB, der mit dem Erfordernis einer

---

[174] Dies anerkennend auch *Arndt* Bitcoin-Eigentum, S. 105.

[175] Darauf ebenso hinweisend *Arndt* Bitcoin-Eigentum, S. 105; *Maume/Fromberger* ZHR 2021, 507 (516 f.); zum mittelbaren Besitz an Token siehe ferner § 4I.6.b).

[176] Vgl. bereits § 4I.6.b) sowie ferner die Ausführungen zum Besitzmittler an Token in § 4I.6.a).

[177] So auch *Arndt* Bitcoin-Eigentum, S. 104 f., der in Bezug auf den mittelbaren Besitz wieder Vorschriften über bewegliche Sachen analog anwenden möchte.

[178] Müller/Pieper/*Müller* eWpG § 2 Rn. 17; *Casper/Richter* ZBB 2022, 65 (69); *Meier* MMR 2021, 381 (384); *Dubovitskaya* ZIP 2020, 2551 (2559).

[179] BR-Drs. 8/21, S. 38 f.; Müller/Pieper/*Müller* eWpG § 2 Rn. 3; *Casper/Richter* ZBB 2022, 65 (69); einräumend auch *Omlor* RDi 2021, 371 (373).

[180] Müller/Pieper/*Müller* eWpG § 2 Rn. 18

dinglichen Einigung und der Übergabe ebenfalls zweischrittig gestaltet ist; die Übergabe werde lediglich durch die Umtragung ersetzt.[181]

Andernorts werden bei den im eWpG normierten Übertragungsregelungen gerade Parallelen zum Immobiliarsachenrecht erkannt, da das Umtragungserfordernis dem formalen Bewilligungserfordernis nach § 19 GBO ähnele, welches für die Übertragung nach § 873 BGB von Bedeutung ist.[182] Verlangt werde die Eintragung, da Besitz und eine entsprechende Besitzübertragung mangels Körperlichkeit der elektronischen Wertpapiere gar nicht möglich sei.[183] Technisch seien die elektronischen Wertpapieren lediglich schlichte Datenbankeinträge, weshalb nicht davon ausgegangen werden könne, dass eine originäre Sachnähe hin zu beweglichen Sachen gewollt war.[184] Da elektronische Wertpapiere aber zweifelsohne in Anlehnung an die klassischen Wertpapiere normiert wurden und dadurch trotzdem ein normativer Bezug zum Mobiliarsachenrecht bestehe, ferner durchaus auch Reibungen im Immobiliarsachenrecht bestehen, soll sich die Sachfiktion weder auf bewegliche noch auf unbewegliche Sachen beziehen. Vielmehr würde eine eigene Kategorie der elektronischen Sachen *sui generis* geschaffen und die elektronischen Wertpapiere als solche fingiert.[185] Durch diese Lösung soll dem spezialgesetzlichen Geltungsvorrang des eWpG gegenüber dem Bürgerlichen Gesetzbuch typologisch Rechnung getragen werden[186] und eine dogmatisch saubere Lösung für die bereits bestehenden elektronischen Wertpapiere geschaffen werden, die durch Schaffung eines eigenen Privatrechts noch auf andere Token ausgeweitet werden könnte.[187] Bis dahin könnten hingegen je nach Normzweck Vorschriften des Mobiliar- oder Immobiliarsachenrechts angewendet werden.[188]

---

[181] *Dubovitskaya* ZIP 2020, 2551 (2559); aA *Omlor* Elektronische Wertpapiere, S. 137 (141); *ders.* RDi 2021, 371 (373), der in dieser Zweischrittigkeit gerade eine Parallele zum Immobiliarsachenrecht erkennt.

[182] *Omlor* Elektronische Wertpapiere, S. 137 (141); aA, da es sich bei § 25 eWpG nur um eine punktuelle Regelung handele, aus der nicht auf eine allgemeingültige Rechtsnatur der Fiktion geschlossen werden könne, *Casper/Richter* ZBB 2022, 65 (69).

[183] *Omlor* RDi 2021, 371 (373).

[184] So *Omlor* RDi 2021, 236 (237).

[185] *Omlor* Elektronische Wertpapiere, S. 137 (141 f.); *ders.* RDi 2021, 236 (237); *ders.* RDi 2021, 371 (373); eigene dinglich-absolute Kategorie von Kryptogegenständen, *ders./Wilke/Blöcher* MMR 2022, 1044 (1045 f.); bei § 25 eWpG handele es sich der Natur nach um einen Mischtatbestand, *ders.* Elektronische Wertpapiere, S. 137 (143).

[186] *Omlor* RDi 2021, 371 (373).

[187] *Omlor/Wilke/Blöcher* MMR 2022, 1044 (1045 f.); *Omlor* Elektronische Wertpapiere, S. 137 (142).

[188] *Omlor* Elektronische Wertpapiere, S. 137 (142), der die Anwendung der einzelnen Vorschriften anschließend differenziert darlegt, ebd. S. 143 ff.; *ders.* RDi 2021, 236 (237); diese Lösung ähnelt dem Ansatz von *Arndt* Bitcoin-Eigentum (passim), der eine Gesamtanalogie der mobiliar- und immobiliarsachenrechtlichen Vorschriften für Token vorschlägt.

Auch wenn der Gedanke einer eigenen neuen Sachkategorie für elektronische Gegenstände wie den elektronischen Wertpapieren dem Grunde nach eine dogmatisch saubere Schlussfolgerung darstellt, bleibt unklar, wieso dann überhaupt eine Fiktion notwendig sein soll. Dass der Gesetzgeber mit der Schaffung des eWpG daher tatsächlich eine neue Sachkategorie begründen wollte, überzeugt daher nur bedingt. Vielmehr sprechen die Erwägungen des Referentenentwurfs dafür, dass die elektronischen Wertpapiere zunächst an bestehende Wertpapiere angelehnt werden sollen und eine eigene Sachkategorie gegebenenfalls dann im Rahmen einer grundsätzlich anvisierten umfassenden Reform des Wertpapierrechts geschaffen werde.[189] Im Ergebnis aber zeigt die Diskussion, dass noch viele Unklarheiten über die Anwendbarkeit der sachenrechtlichen Regelungen bestehen. Auch wenn sich die Argumentation dem Grunde nach auf Token übertragen lässt und dadurch etwas Klarheit über deren mögliche zivilrechtliche Einordnung schafft, können aus der Herangehensweise des eWpG keine konkreten Erkenntnisse für die Handhabung von Token im Allgemein gewonnen werden.

dd) Zwischenergebnis

Die Frage, ob Token als bewegliche oder unbewegliche Sachen einzuordnen sind, ist mithin noch offen. Die an ihnen bestehende Herrschaftsmacht besteht allerdings vorrechtlich und ohne dass es einer rechtlichen Eingrenzung bedarf. Sachgerechter erscheint mithin die Anwendung der mobiliarsachenrechtlichen Regelungen. Demgegenüber kann von der registerähnlichen Struktur der Token nicht auf deren Einordnung als unbewegliche Sache geschlossen werden; dass die Übertragung unbeweglicher Sachen unter Zuhilfenahme eines Registers geregelt ist, reicht für eine Vergleichbarkeit nicht aus. Die gleiche Argumentation kann auch im Rahmen des eWpG herangezogen werden, in dessen Rahmen ebenfalls unklar ist, ob die elektronischen Wertpapiere als bewegliche oder als unbewegliche Sachen fingiert werden. Der Gesetzgeber hat dies unbeantwortet gelassen, sodass sich hieraus auch keine potenziellen Rückschlüsse für Token im Allgemeinen gezogen werden können.

b) Originäre Eigentumsbegründung

Für bewegliche Sachen sieht das Gesetz eine originäre Eigentumsbegründung nur vor, wenn sich aus der Natur der Sache eine entsprechende Notwendigkeit ergibt.[190] In Betracht kommen dabei die Ersitzung nach §§ 937 ff. BGB (aa)), die Verbindung, Vermischung und Verarbeitung nach §§ 946 ff. BGB (bb) und cc)), der Erwerb von Erzeugnissen und sonstigen Bestandteilen nach §§ 953 ff.

---

[189] Vgl. *Dubovitskaya* ZIP 2020, 2551 (2553); in diese Richtung auch *Casper/Richter* ZBB 2022, 65 (69).
[190] Mot III 332; dazu auch Staudinger/*Heinze* Einl §§ 929 ff. Rn. 1.

BGB, die Aneignung nach §§ 958 ff. BGB oder das Fundrecht §§ 965 ff. BGB (alle in dd)), deren Anwendbarkeit auf Token hier nur im Überblick dargestellt werden soll. Die Interessenlage ist hier im Wesentlichen vergleichbar.[191] Anschließend wird noch auf eine bestimmte Form von Token eingegangen, bei der eine andere Bewertung geboten ist (ee)).

aa) Ersitzung nach §§ 937 ff. BGB

Wenn auch in der Praxis eher selten,[192] ist eine Ersitzung bei Token grundsätzlich denkbar. Einzige Voraussetzung ist insoweit der zehnjährige, gutgläubige Eigenbesitz, sprich die Zuordnung des Tokens im Distributed Ledger.[193] Dadurch wird das dauerhafte Auseinanderfallen von Besitz und Eigentum vermieden sowie der Verkehrsschutz ergänzt.[194] Zumeist wird es vorher allerdings zu einem gutgläubigen Erwerb kommen, sodass die Ersitzung nur relevant wird, wenn ein anderer Mangel als das Fehlen des Eigentums beim Veräußerer den Erwerb hindert, der Token gestohlen, verloren oder sonst abhandengekommen ist, das äußere Moment der Übertragung fehlt oder der Besitzerwerb ohne Veräußerungsgeschäft erfolgt.[195]

bb) Verbindung oder Vermischung nach §§ 946 ff. BGB

Dass Token mit Sachen der realen Welt verbunden, vermischt oder verarbeitet werden, ist aufgrund ihrer Abstraktheit nicht möglich. Insoweit macht sich folglich die fehlende Körperlichkeit im räumlich-physischen Sinne bemerkbar. Allerdings ist die Anwendbarkeit dieser Regelungen schon nicht erforderlich, da der Zweck dieser Regelungen ist, die Rechtszuständigkeit neu zu ordnen, nachdem eine Sache aufgrund tatsächlicher Vorgänge umgestaltet wurde.[196] Ein Token ist aber letztlich nur eine abstrakt existierende Sache im Distributed Ledger und kann daher auch nur in diesem Rahmen umgestaltet werden.[197]

Denkbar wäre allenfalls die Verbindung oder Vermengung mehrerer Token nach Maßgabe der §§ 947 f. BGB. Jedoch führt die Abstraktheit der Token

---

[191] So *Arndt* Bitcoin-Eigentum, S. 115; in diese Richtung durch Inbetrachtziehen einer analogen Anwendung des Sachenrechts auch *Engelhardt/Klein* MMR 2014, 355 (359 f.) sowie *Skauradszun* AcP 221 (2021), 353 (372 f.).
[192] Staudinger/*Heinze* Einl §§ 929 ff. Rn. 7.
[193] Ähnlich *Arndt* Bitcoin-Eigentum, S. 115.
[194] Statt aller Staudinger/*Heinze* Vorb §§ 937 ff. Rn. 3.
[195] Ausführlich dazu Staudinger/*Heinze* Vorb §§ 937 ff. Rn. 4; zum gutgläubigen Erwerb siehe § 4II.2.d).
[196] Statt aller Staudinger/*Heinze* Vorb §§ 946 ff. Rn. 1; im Zusammenhang mit Daten ferner *Wellenhofer* Eigentum in der digitalen Gesellschaft, S. 69 (82).
[197] Insoweit wird die grundsätzliche Gestaltung der Token als Daten deutlich, auf die der Grundsatz der Untrennbarkeit nicht passt, dazu *Wellenhofer* Eigentum in der digitalen Gesellschaft, S. 69 (82).

grundsätzlich dazu, dass Token stets ohne Weiteres voneinander getrennt werden können. Ein Token stellt eine einzelne Einheit dar, dessen Herkunft dank der vorangehenden Transaktionsdaten stets nachvollziehbar bleibt, sodass sie stets individuell bleiben.[198] Das ist gerade der gewünschte Vorteil der DLT. Schon rein tatsächlich können Token also nicht dergestalt miteinander verbunden werden, dass sie wesentliche Bestandteile eines einheitlichen Tokens werden. Sie können auch nicht untrennbar miteinander vermischt oder vermengt werden. Die §§ 947 f. BGB sind mithin nicht anwendbar; einer Neuordnung der Rechtszuständigkeit und auch des hieran anknüpfenden Interessenausgleichs[199] bedarf es allerdings auch – selbst innerhalb des Distributed Ledgers – nicht.

cc) Verarbeitung nach § 950 BGB

Da bereits das Beschreiben als Verarbeitung im Sinne des § 950 BGB gilt, könnte eine Verarbeitung von Token durchaus in Betracht kommen. Dafür müsste der Token technisch so gestaltet sein, dass in einem freien Datenfeld auch nachträglich noch Informationen hinzugefügt werden können.[200] Wenn dadurch eine neue Sache entsteht und der Wert der Verarbeitung oder der Umbildung nicht erheblich geringer ist als der Wert des Stoffes, sieht § 950 Abs. 1 S. 1 BGB vor, dass der Verarbeiter das Eigentum an der neuen Sache erwirbt, während nach § 950 Abs. 2 BGB alle an dem Stoff bestehenden Rechte erlöschen.[201]

Allerdings ist unklar, welche Informationen einem Token hinzugefügt werden müssen, damit dieser als eine neue Sache gilt – oder ob ein Token überhaupt neu in diesem Sinne sein kann. Eine neue Sache soll immer dann vorliegen, wenn sie eine eigenständige und weitergehende Funktion erfüllt.[202] Hier lassen sich nur schwer objektivierbare Maßstäbe finden, weshalb auf die

---

[198] Aus schweizerischer Sicht *Seiler/Seiler* sui-generis 2018, 149 (161); auch *Arndt* Bitcoin-Eigentum, S. 115.
[199] Zu diesem sekundären Zweck der §§ 946 ff. BGB Staudinger/*Heinze* Vorb §§ 946 ff. Rn. 2.
[200] Dies jedoch nur, soweit dies durch einen Realakt, also durch ein vom menschlichen Willen beherrschtes, gesteuertes Tun geschieht, vgl. Staudinger/*Heinze* § 950 Rn. 8; ein rein technischer Vorgang wird nicht ausreichen, wobei selbständig durch Smart Contracts vorgenommene Ergänzungen als ein vom menschlichen Willen beherrschtes, gesteuertes Tun angesehen werden müssen, da Smart Contracts stets einen Ausführungsimpuls durch eine Transaktion bedürfen, zur technischen Funktionsweise § 2II.3.d); allgemein zur Anwendbarkeit des § 950 BGB auf Daten, *Wellenhofer* Eigentum in der digitalen Gesellschaft, S. 69 (83 ff.).
[201] Diese Voraussetzungen gelten insbesondere auch bei einem bloßen Beschreiben, wie es von § 950 Abs. 2 BGB als taugliche Verarbeitung vorgesehen wird, vgl. Staudinger/*Heinze* § 950 Rn. 9.
[202] BGH, Urteil vom 10. Juli 2015, V ZR 206/14, BGHZ 206, 211 (Rn. 17).

Verkehrsanschauung Rückgriff genommen wird.[203] Hat sich etwa der wesentliche wirtschaftliche Verwendungszweck geändert und der Token nach der Verkehrsauffassung eine Wesensänderung erfahren, spricht das für das Entstehen eines neuen Tokens. Auch wenn eine geänderte Bezeichnung als wichtigstes Indiz erachtet wird,[204] ist letztlich entscheidend, dass zwischen dem alten und dem neuen Token keine Identität mehr besteht.[205] Im Rahmen von Token kann sich der wirtschaftliche Verwendungszweck durch die Ergänzung weiterer Informationen durchaus verändern: Werden sie dadurch nämlich mit einem außerhalbliegenden Wert verknüpft, werden die Token zu extrinsischen Token oder beinhalten zumindest eine andere mittelbare Nutzungsmöglichkeit, um die es bei extrinsischen Token gerade maßgeblich geht.

Ob die nachtägliche Funktionserweiterung aber eine wesentliche Änderung des Verwendungszwecks darstellt, bleibt fraglich. Einerseits wird es sich im allgemeinen Sprachgebrauch nach wie vor um Token handeln, auch wenn sich die genaue Bezeichnung im Einzelnen ändern mag. Andererseits wird die Verkehrsauffassung dem veränderten Token wahrscheinlich nach wie vor die Identität des vorherigen Tokens zusprechen, da die Neuverknüpfung gerade die bestimmungsgemäße Benutzung des Tokens darstellt.[206] Bei der Beurteilung können zwar zusätzlich auch wirtschaftliche Gesichtspunkte herangezogen werden.[207] Eine etwaige Werterhöhung durch Verknüpfung mit einer außerhalb liegenden Rechtsposition allein kann aber auch nicht ausschlaggebend sein. Hier ist die Anwendung der Vorschriften des BGB sachgerechter, die speziell für die Verknüpfung von Urkunde und Rechtsposition vorgesehen sind. Von einem neuen Token kann daher auch nach Ergänzung neuer Informationen nicht gesprochen werden, sodass § 950 BGB nicht zur Anwendung kommt.

dd) Sonstige Erwerbstatbestände

Ferner produzieren Token grundsätzlich keine Erzeugnisse oder sonstige Bestandteile, sodass ein Eigentumserwerb nach §§ 953 ff. BGB nicht in Betracht

---

[203] Staudinger/*Heinze* § 950 Rn. 7; aus der Rechtsprechung zuletzt BGH, Urteil vom 10. Juli 2015, V ZR 206/14, BGHZ 206, 211 (Rn. 17).

[204] Staudinger/*Heinze* § 950 Rn. 9 mVa BGH, Urteil vom 10. Juli 2015, V ZR 206/14, BGHZ 206, 211 (Rn. 17).

[205] So die von der Rechtsprechung konkretisierten Voraussetzungen, siehe BGH, Urteil vom 10. Juli 2015, V ZR 206/14, BGHZ 206, 211 (Rn. 17).

[206] Vgl. insoweit die Rechtsprechung zu Tonbändern, bei denen die Aufnahme zwar dazu führe, dass sich die Magnetschicht des Tonbands physikalisch verändere, diese Veränderung aber Voraussetzung und Kernstück der bestimmungsgemäßen Benutzung des Tonbands sei, BGH, Urteil vom 10. Juli 2015, V ZR 206/14, BGHZ 206, 211 (Rn. 19); dies gelte auch unabhängig von der immaterialgüterrechtlichen Zuordnung der Inhalte, der Bedeutung der Tondokumente oder ihrem wirtschaftlichen Wert, vgl. Staudinger/*Heinze* § 950 Rn. 9 mVa BGH, Urteil vom 10. Juli 2015, V ZR 206/14, BGHZ 206, 211 (Rn. 20).

[207] Staudinger/*Heinze* § 950 Rn. 9.

kommt. Denkbar wäre eine Anwendung dieses Erwerbstatbestands allenfalls bei Hard Forks, die zu neuen, parallel zu den bisherigen Token existierenden Token führen.[208]

Fraglich ist jedoch, ob Token im Hinblick auf eine spätere Aneignung nach § 958 BGB herrenlos sein können, also ob die rechtliche Zuordnung kraft Verzichts des bisherigen Eigentümers trotz der faktischen Zuordnung im Distributed Ledger entfallen kann. Dies setzt gemäß § 959 BGB neben einer entsprechenden Willensbetätigung zusätzlich eine tatsächlich durchgeführte Besitzaufgabe voraus. Es genügt nicht, wenn der Eigentümer nur den Besitzwillen aufgibt, die tatsächliche Sachherrschaft aber behält.[209] Da Token aber nur existieren, wenn sie auch einer Adresse zugeordnet sind, wird die Aufgabe der tatsächlichen Sachherrschaft faktisch zu einem Untergang des Tokens führen. Der Token wird dadurch bereits in tatsächlicher Hinsicht zerstört, sodass ein herrenloser Token nicht denkbar ist.[210] Die Aneignung fremder Sachen ist daneben vom Gesetz nur in bestimmten Ausnahmefällen vorgesehen, die auf Token nicht übertragbar sind, etwa das Sammeln von Beeren, Pilzen, Kräutern und Blumen.[211] Damit ist auch ein Eigentumserwerb durch Aneignung ausgeschlossen.

Ähnlich schwierig ist die Anwendbarkeit der Regelungen zum Fundrecht, in denen beispielsweise § 973 BGB einen Erwerbtatbestand als Notbehelf vorsieht für den Fall, dass die Sache nicht an den Verlierer zurückgegeben werden kann.[212] Wegen der Aufzeichnung der Transaktionsdaten kann ein Token als solcher jedoch schon gar nicht verlorengehen, denn dies setzt voraus, dass eine Sache besitzlos, aber nicht herrenlos geworden ist.[213] Denkbar wäre allenfalls der Verlust (der Kenntnis) des Private Keys, sodass ein Zugriff auf den Token praktisch nicht mehr möglich ist. Fraglich ist jedoch, ob der Token dadurch wirklich besitzlos wird. Stellt man lediglich auf die Zugriffsmöglichkeit ab, könnte dies bejaht werden. Allerdings wurde bereits im Rahmen des Besitzes herausgearbeitet, dass es stets auf die Zuordnung im Distributed Ledger ankommt und die Zugriffsmöglichkeit allenfalls ergänzend herangezogen werden kann.[214] Da der Token aber nach wie vor der Adresse des Inhabers zugewiesen ist, kann ein Token nicht besitzlos werden und somit auch nicht verloren gehen.

---

[208] Diese Frage erstmals aufwerfend *Arndt* Bitcoin-Eigentum, S. 116.
[209] Staudinger/*Heinze* § 959 Rn. 5.
[210] AA *Arndt* Bitcoin-Eigentum, S. 115, demzufolge die Aneignung eines herrenlosen Bitcoins zwar faktisch selten vorkommen wird, normativ aber nichts dagegenspreche, sie zuzulassen; eine Dereliktion an Token etwa durch *burning* ebenfalls in Betracht ziehend *Garcia-Teruel/Simón-Moreno* CLSR 41 (2021), 105543 (S. 10 f.).
[211] Siehe dazu statt aller Staudinger/*Heinze* Vorb §§ 958 ff. Rn. 3.
[212] Staudinger/*Heinze* Vorb §§ 965 ff. Rn. 2.
[213] Statt aller Staudinger/*Heinze* § 965 Rn. 1.
[214] Siehe § 4I.3.

Daneben könnte allenfalls ein Schatzfund nach § 984 BGB in Betracht kommen. Ein Schatz ist eine bewegliche Sache, die so lange verborgen gelegen hat, dass der Eigentümer nicht mehr ermittelbar ist. Dies ist im Rahmen der DLT nur denkbar, wenn durch Zufall ein Schlüsselpaar generiert wird, dem bereits ein Token zugeordnet ist. Aufgrund der fast schon unendlichen Zahl an Schlüsselpaaren wird das praktisch nicht vorkommen, denkbar ist es theoretisch aber trotzdem. Kann der Adresse kein Rechtssubjekt zugeordnet werden, kommt das der Situation gleich, dass der Eigentümer nicht mehr ermittelbar ist. In diesem unwahrscheinlichen Fall ist es dann sachgerecht, einen Eigentumserwerb nach § 984 BGB anzunehmen.

ee) Anwendbarkeit der gesetzlichen Erwerbstatbestände im Ausnahmefall

Zu anderen Ergebnissen wird man kommen müssen, soweit es um Token geht, die keinen außerstehenden Wert referenzieren, aber über eine dApp unmittelbar mit einem virtuellen Gegenstand verbunden sind. Wird dieser Gegenstand verändert oder mit anderen virtuellen Gegenständen verbunden, sollten die gesetzlichen Vorschriften zum originären Eigentumserwerb in gleicher Weise Anwendung finden wie bei realen Gegenständen. Die Anwendung muss auf eine abstrakt-virtuelle Welt übertragen werden. Hinsichtlich der zugrundeliegenden Normzwecke und Erwägungen ändert sich dadurch jedoch nichts, sodass die Normvoraussetzungen in gleicher Weise anwendbar sind.[215] Die virtuellen Gegenstände können beispielsweise auf Basis der Protokollregeln der dApp miteinander verbunden und nicht mehr ohne Weiteres getrennt werden, sodass die bisherigen Eigentümer entsprechend dem Wertverhältnis zu Miteigentümern der neuen virtuellen Sache werden, § 947 S. 1 BGB. Dass es sich um virtuelle Gegenstände handelt, ist unerheblich, da aufgrund der Tokenisierung gleiche Eigenschaften sichergestellt sind und die Wirkung des neu erworbenen Eigentums nur auf die virtuelle Welt ausstrahlt.

ff) Zwischenergebnis

Die Vorschriften zum originären Eigentumserwerb sind somit nur vereinzelt auf Token anwendbar. Dass alle Vorschriften anwendbar sind, ist jedoch gar nicht notwendig, da das Eigentumsrecht stets einzelfallorientiert ausgestaltet ist. Wichtig ist nur, dass alle auf tatsächlicher Ebene durchführbaren Handlungen vom Recht erfasst werden. Das ist sowohl für Token im Allgemeinen als auch für tokenisierte virtuelle Gegenstände der Fall.

---

[215] So die Voraussetzung zum Wertverhältnis von Stoff und Verarbeitung, vgl. Staudinger/*Heinze* § 950 Rn. 11 ff.

c) Derivative Eigentumsbegründung durch Übertragung

Bedeutsamerer Fall wird bei Token die derivative Eigentumsbegründung durch rechtsgeschäftliche Übertragung sein; diese basieren schließlich schon aus technischen Gründen auf Transaktionen. Um ein Eigentumsrecht an Token anzuerkennen, müssen die §§ 929 ff. BGB problemlos auf Token anwendbar sein. Dies wird daher im Folgenden nicht nur für den Grundtatbestand nach § 929 S. 1 BGB (aa)), sondern auch für die Übereignungen durch bloße Einigung nach § 929 S. 2 BGB (bb)), mittels Besitzkonstitut nach § 930 BGB (cc)) sowie durch Abtretung des Herausgabeanspruchs nach § 931 BGB (dd)) untersucht.

aa) Übereignung nach § 929 S. 1 BGB

Zur Übertragung des Eigentums an einer beweglichen Sache ist erforderlich, dass der Eigentümer die Sache dem Erwerber übergibt und beide darüber einig sind, dass das Eigentum übergehen soll, § 929 S. 1 BGB. Neben dinglicher Einigung ((1)) und Übergabe ((2)) ist ferner erforderlich, dass der Veräußerer verfügungsberechtigt und -befugt ist ((3)).

(1) Dingliche Einigung und Einigsein im Zeitpunkt der Übergabe

Es muss eine dingliche Einigung gegeben sein, die für Übereignungen stets unabdingbare Voraussetzung ist.[216] Dabei handelt es sich um einen Vertrag zwischen Veräußerer und Erwerber, auf den die Regeln der Rechtsgeschäftslehre grundsätzlich Anwendung finden.[217]

Da die dingliche Einigung mangels spezieller Vorschriften keiner Form bedarf und insbesondere auch konkludent erfolgen kann,[218] kann eine solche Einigung grundsätzlich auch ohne Weiteres im Rahmen von Tokentransaktionen stattfinden.[219] Erfolgt diese im Vorfeld, ergeben sich keine Besonderheiten; trotz der technologischen Vertragsabwicklung muss die Willenserklärung nicht zwangsläufig technologiebasiert erfolgen.[220] Schwieriger wird es, wenn allein die Tokentransaktion als Ausdruck der entsprechenden Willenserklärung vorliegt. Diese ist dann anhand allgemeiner Auslegungsgrundsätze auszulegen, also aus Sicht eines objektiven Empfängers nach Treu und Glauben unter

---

[216] BeckOGK-BGB/*Klinck* § 929 Rn. 1; konkret in Bezug auf Token *Koch* ZBB 2018, 359 (363).
[217] BeckOGK-BGB/*Klinck* § 929 Rn. 1.
[218] BeckOGK-BGB/*Klinck* § 929 Rn. 36.
[219] Hinsichtlich der vergleichbaren dinglichen Einigung im Rahmen des Anwendungsbereichs des eWpG kritisch, da diese durch die DLT gerade nicht mehr notwendig sein soll, *Sickinger/Thelen* AG 2020, 862 (866).
[220] *Möslein* ZHR 2019, 254 (271); *Garcia-Teruel/Simón-Moreno* CLSR 41 (2021), 105543 (S. 11), schlagen insoweit aber vor, die entsprechende Einigung in natürlicher Sprache in die Metadaten des Tokens aufzunehmen, um Auslegungsstreitigkeiten zu vermeiden.

Berücksichtigung der Verkehrsauffassung.[221] Diese Auslegung wird sich ähnlich wie bei Transaktionen der realen Welt gestalten: Es können die wechselseitigen Verpflichtungen der Parteien herangezogen werden ebenso wie das Stattfinden der Übergabe als solche.[222] Zudem müssen die Parteien der dinglichen Einigung einander nicht bekannt sein,[223] sodass eine eventuelle Anonymität der dinglichen Einigung nicht entgegensteht. Sind also zwei Rechtssubjekte an der Tokentransaktion beteiligt, ist eine dingliche Einigung ohne größere Probleme möglich.

Wenn eine Transaktion aber von einem Smart Contract eingeleitet wird, ist der Abschluss einer dinglichen Einigung fraglich. *De lege lata* gilt der Smart Contact nicht als willensbildendes Rechtssubjekt. Er agiert aber stets nach fest vorgegebenen Parametern und muss auch immer erst durch eine andere Transaktion initiiert werden. Hinter der Programmierung des Smart Contracts steht immer ein entsprechender Wille eines Rechtssubjekts, der lediglich vorgelagert erklärt wurde. Das soll als Erklärung der dinglichen Willenserklärung hier ausreichen.[224] Zudem können die Parteien eine bestimmte Form vereinbaren[225] und die spätere Transaktion des Smart Contracts damit von einer erneuten Willensbekundung abhängig machen.

(2) Übergabe

Etwas mehr Auseinandersetzung bedarf hingegen die Übergabe, die als tatsächlicher Ausdruck des rechtlichen Vorgangs in der Realität fungiert. Insoweit kann allerdings an die Ausführungen zum Besitz an Token angeknüpft werden, denn wenn es allein die Zuordnung im Distributed Ledger ist, die Besitz vermittelt, muss auch nur diese geändert werden.[226] Zwar knüpft § 929 S. 1 BGB terminologisch nicht an den Besitz an, jedoch ist man sich einig, dass die

---

[221] BeckOGK-BGB/*Klinck* § 929 Rn. 63.
[222] Vgl. im Allgemeinen BeckOGK-BGB/*Klinck* § 929 Rn. 64.
[223] BeckOGK-BGB/*Klinck* § 929 Rn. 34.
[224] Im besten Falle wird die Durchführung und -setzung des Vertrags so strukturiert, dass deren Ergebnis von den Vertragsparteien vorhergesagt werden kann, vgl. *Allen* ERCL 2018, 307 (310). Die durch Smart Contracts auftretenden Fragen im Bereich der Rechtsgeschäftslehre sind jedoch komplex und vielschichtig, insbesondere sobald es um haftungsrechtliche Aspekte geht; hierauf kann im Rahmen dieser Untersuchung nicht vertieft eingegangen werden, es soll aber auf entsprechende Literatur verwiesen werden, insbesondere zum Vertragsschluss *Möslein* ZHR 2019, 254 (272 ff.); zur Auslegung der Willenserklärungen ebd. S. 276 ff.; zu Wirksamkeitshindernissen ebd. S. 279 f.; zur Vertragsstruktur und dessen allgemeine rechtliche Bedeutung *Allen* ERCL 2018, 307 (330 ff.).
[225] BeckOGK-BGB/*Klinck* § 929 Rn. 36.
[226] AA hingegen *Kuhlmann* CR 2014, 691 (696), der insoweit an den Private Keys anknüpfen will; allgemein zur primären Zuordnungsfunktion des Besitzes, die insbesondere auch in dem Übergabeerfordernis deutlich werde, *Hedinger* System des Besitzrechtes, S. 75 ff.

Regelungen zum Besitz auch im Rahmen des Eigentumserwerbs relevant werden.[227] Eine Übergabe meint nämlich nicht nur die vollständige Besitzaufgabe des Veräußerers ((a)), sondern auch das vom Veräußerer veranlasste ((b)) Erlangen von Eigenbesitz auf Seiten des Erwerbers ((c)) sowie den Gewahrsamswechsel an der Sache ((d)).[228]

(a) Vollständige Besitzaufgabe auf Seiten des Veräußerers

Durch die Transaktion eines Tokens muss es also zu einer vollständigen Besitzaufgabe auf Seiten des Versenders kommen, damit man auch auf rechtlicher Ebene einen Eigentumswechsel bejahen kann. Da der Besitz im Distributed Ledger aber maßgeblich von der Zuordnung des Tokens an eine bestimmte Adresse abhängt, bewirkt die Neuzuordnung, die durch eine Transaktion herbeigeführt wird, stets auch eine Besitzaufgabe des bisherigen Tokeninhabers. Eine Übergabe der Schlüssel ist dafür gerade nicht erforderlich, da diese nicht an den Token, sondern an die Adresse gebunden sind und somit immer nur dem jeweiligen Inhaber den Zugriff ermöglichen. Es ist aber gerade nicht das Schlüsselpaar, das Zugriff ermöglicht. Vielmehr unterliegt das der vorgelagerten Bedingung, dass der Token der dazugehörigen Adresse auch zugeordnet ist.[229] Die Zuordnung im Distributed Ledger ist insoweit mit der räumlichen Nähe bei räumlich-physisch existierenden Sachen vergleichbar,[230] die umgekehrt ja auch nicht durch die bloße Übergabe der Schlüssel geschaffen wird. Selbst wenn also der Veräußerer seinen Schlüssel behält, was im Rahmen eines zu übereignenden Fahrzeugs beispielsweise zu einem Mitbesitz und damit gerade nicht zu einer vollständigen Aufgabe des Besitzes führt,[231] verliert er durch die Neuzuordnung im Distributed Ledger seinen Besitz.

(b) Besitzerwerb auf Seiten des Erwerbers

Ferner muss der Adressat der Transaktion Besitz erlangen, damit auch das Eigentumsrecht an ihn übertragen werden kann. Grundsätzlich reichen hierfür rein symbolische Aktie wie die Anbringung von Besitzzeichen oder die Eintragung des Namens nicht aus.[232] Jedoch begründet die Zuordnung zur Adresse

---

[227] Bereits aus den Gesetzesmaterialen wird deutlich, dass die Funktion des § 855 BGB keine Aussage über einen Besitzwechsel bei eigentumsrechtlicher Übergabe trifft; ausführlich BeckOGK-BGB/*Klinck* § 929 Rn. 68 mwN

[228] Statt aller BeckOGK-BGB/*Klinck* § 929 Rn. 69.

[229] Ausnahmsweise jedoch auch bei Übergabe des Schlüssels eine Eintragung annehmen wollend, die eine Übergabe ersetze, *Arndt* Bitcoin-Eigentum, S. 114.

[230] Ausführlich zur physischen Einwirkungsmöglichkeit als Kriterium der Sachherrschaft und deren Bedeutung und Anwendbarkeit bei Token siehe § 4I.3.a)

[231] Vgl. BeckOGK-BGB/*Klinck* § 929 Rn. 70.

[232] Vgl. mit Blick auf die Zulassungsbescheinigung Teil II von Kraftfahrzeugen BeckOGK-BGB/*Klinck* § 929 Rn. 72.

im Rahmen des Distributed Ledgers aufgrund der zugrundeliegenden Technologie eine derart starke Einwirkungsmöglichkeit, dass die Situation nicht mit der bloßen Anbringung von Besitzzeichen vergleichbar ist. Denn der Token wird mit der Adresse auf eine Art und Weise verbunden, die eine fast schon räumlich-physische Nähe schafft. An dieser räumlich-physischen Nähe fehlt es bei der Anbringung von Besitzzeichen gerade. Dass die Neuzuordnung sich dennoch stark mit der Eintragung eines Namens ähnelt, liegt in der Abstraktheit der DLT begründet; letztlich aber definiert das Distributed Ledger die für alle gültige, virtuelle Realität.[233]

Sobald also eine Transaktion vom Peer-to-Peer-Netzwerk validiert wurde, wie auch immer der Validierungsprozess technisch im Einzelnen aussehen mag, kann man von einem Besitzerwerb des Erwerbs sprechen. In diesem Moment muss also auch das Eigentumsrecht übergehen.

Eine Besonderheit ergibt sich insoweit allerdings wegen der Latenz der DLT. Aufgrund des Validierungsprozesses dauert es eine vom Protokoll vorgegebene Mindestzeit, bis der Token übergeben worden ist. Dennoch muss insoweit der Zeitpunkt der Besitzerlangung und nicht der der Besitzaufgabe des früheren Inhabers maßgeblich sein. Scheitert eine Transaktion mangels Validierung durch das Netzwerk, gilt sie nämlich als nicht erfolgt und der Token verbleibt beim früheren Inhaber. Gleiches muss im Rahmen des Forkings gelten, aufgrund dessen bei Transaktionen im Rahmen des Bitcoin-Netzwerks zu einer Wartezeit von bis zu einer Stunde geraten wird. Auch hier scheitert die Übergabe letztlich aufgrund ‚höherer' Kräfte, da es letztlich vom Zufall abhängt, ob zeitgleich ein anderer Block mit höherer Gesamt-Difficulty

---

[233] Interessant ist insoweit der Blick auf das österreichische Recht, wo laut *Dafinger* RDi 2022, 17 (21) mangels Körperlichkeit der Token keine körperliche Übergabe möglich sei; hier wird anders als im deutschen Recht also ausdrücklich die Körperlichkeit der Übergabe verlangt. Wohl möglich sei demgegenüber aber eine Übergabe durch Werkzeuge als Zeichen nach § 427 ABGB: zwar könne das Schlüsselpaar im Rahmen der DLT nicht übergeben, sondern nur kopiert werden, dies sei aber eine Tatsache, die auch für reguläre Schlüssel gelte, die vor Übergabe heimlich kopiert werden können, ebd. S. 22. Fraglich bleibt insoweit nur, wieso eine Übergabe durch Merkmale als Zeichen nach § 427 ABGB nicht einschlägig sein soll, stellt doch die Neuzuordnung im Distributed Ledger gerade eine Verbindung des Tokens mit einem Merkmal dar, aus dem jedermann deutlich erkennen kann, dass die Sache einem anderen überlassen worden ist. Dies wird jedoch mit der Begründung abgelehnt, dass aufgrund der auf Transaktionsdaten basierten Gestaltung (zumindest des Bitcoin-Netzwerks) nicht der Token einer neuen Adresse zugeordnet wird, sondern die Adresse einen neuen Token zugeordnet bekomme und es daher letztendlich auf das Schlüsselpaar ankomme, ebd. S. 22. Dies verkennt jedoch, dass nach Neuzuordnung im Distributed Ledger nur noch mit dem neuen Schlüsselpaar auf den Token zugegriffen werden kann, die Weitergabe des Schlüsselpaars also gerade nicht der intendierten Nutzung des Distributed Ledgers entspricht. Letztlich wird diese Art der Eigentumsübertragung aber durchaus als mögliche Alternative erachtet, vgl. ebd. S. 24.

geschaffen wird.[234] Der Erwerber hingegen erlangt jedenfalls keinen dauerhaften Besitz, sodass es auch nicht sachgerecht erscheint, den Erwerb des entsprechenden Eigentumsrechts zu bejahen.

(c) Besitzübergang auf Veranlassung des Veräußerers

Daneben muss der Besitzerwerb auf Veranlassung des Veräußerers sowie zum Zweck der Übereignung erfolgen. Dabei handelt es sich um ein rein tatsächliches Einverständnis, das konkret und aktuell bei der Inbesitznahme durch den Erwerber vorliegen muss.[235] Da zwischen Initiierung der Transaktion und endgültiger Validierung durch das Netzwerk durchaus ein gewisses Zeitfenster bestehen kann, muss in Bezug auf Token ein Einverständnis zum Zeitpunkt der Transaktionsinitiierung ausreichen. Alles weitere wird dem Zufall der DLT überlassen und selbst bei einer Meinungsänderung des bisherigen Inhabers hat dieser keine Möglichkeit mehr, die in Gang gesetzte Übergabe rückgängig zu machen.

Da eine Transaktion aber nur nach Autorisierung mit dem Private Key des bisherigen Inhabers initiiert werden kann, kann dies als Ausdruck des tatsächlichen Einverständnisses aufgefasst werden. Der Besitzübergang erfolgt mithin stets auf Veranlassung des Veräußerers. Das ändert sich auch nicht, wenn sich der Veräußerer eines Besitzdieners oder Besitzmittlers bedient, die die Transaktion dann für ihn vornehmen;[236] der Tatbestand der Übergabe setzt keine Eigenhändigkeit voraus.[237]

Sind auf Seiten des Veräußerers mehrere Personen beteiligt, die als Mitbesitzer fungieren, müssen sie alle an der Übergabe mitwirken. Mitbesitz wird in der Regel durch entsprechende technische Gestaltungen wie den multiSig-Token abgebildet, bei denen die Transaktion durch alle verknüpften Private Keys autorisiert werden muss.[238] Dies entspricht einer Mitwirkung an der Übergabe, sodass es auch in diesem Fall zu einem Besitzübergang auf Veranlassung des Veräußerers kommt.

(d) Gewahrsamswechsel

Letztlich muss auch der Gewahrsam am Token wechseln, damit eine Übergabe im Sinne des § 929 S. 1 BGB vorliegt; ansonsten könnte allenfalls ein anderer Erwerbstatbestand einschlägig sein.[239] Das bedeutet, dass nach der Übergabe

---

[234] Siehe dazu § 2II.3.b).
[235] BeckOGK-BGB/*Klinck* § 929 Rn. 73, 75.
[236] Zur Besitzdienerschaft im Rahmen von Token siehe § 4I.6.a); zum mittelbaren Besitz an Token siehe § 4I.6.b).
[237] BeckOGK-BGB/*Klinck* § 929 Rn. 88.
[238] Konkret zum Mitbesitz an Token siehe § 4I.6.c).
[239] Zu dieser Voraussetzung BeckOGK-BGB/*Klinck* § 929 Rn. 78 mwN.

eine andere Person den Token innehaben muss als zuvor, was durch die Neuzuordnung im Distributed Ledger jedoch stets der Fall sein dürfte.

(e) Zwischenergebnis zur Übergabe nach § 929 S. 1 BGB

Zusammenfassend zeigt sich, dass eine Übergabe im Sinne des § 929 S. 1 BGB möglich ist, wenn der Besitz an Token maßgeblich durch die Zuordnung im Distributed Ledger begründet wird. Das Schlüsselpaar hingegen dient der Freigabe der Transaktion; ein Vorgang, der für den Besitzübergang nicht ohne Relevanz ist, da hiermit die Veranlassung des bisherigen Inhabers ersichtlich wird. Aufgrund der Latenzzeiten von DLT-Netzwerken kann die Übergabe erst dann als erfolgt gelten, wenn der Erwerber den Besitz dauerhaft erlangt hat.

(3) Verfügungsberechtigung und -befugnis

Dingliche Einigung und Übergabe reichen nicht aus, damit es zu einem wirksamen Übergang des Eigentumsrechts kommt. Der Veräußerer muss auch zur Verfügung berechtigt und befugt sein. Berechtigt ist der Veräußerer, wenn er das Eigentumsrecht tatsächlich innehat oder die Verfügung mit Einwilligung oder Genehmigung des Berechtigten erfolgt, § 185 BGB. Der Veräußerer ist grundsätzlich zur Veräußerung befugt, soweit dem nicht rechtliche Beschränkungen entgegenstehen.[240] Für Token ergeben sich keine Unterschiede gegenüber regulären Sachen.

(4) Zwischenergebnis zur Übereignung nach § 929 S. 1 BGB

Liegen alle genannten Voraussetzungen vor, ist ein Eigentumserwerb an Token durchaus möglich. Die Vorschriften können auch auf Token angewendet werden.

bb) Übereignung nach § 929 S. 2 BGB

Ferner sieht das Gesetz eine Übereignung ohne Übergabe vor, wenn der Erwerber bereits im Besitz der Sache ist. Ansonsten müsste der Erwerber die Sache nämlich erst an den Veräußerer zurückgeben, nur damit dieser sie ihm erneut aushändigen kann. Dieses Hin und Her soll durch die in § 929 S. 2 BGB normierte *brevi manu traditio* vermieden werden.[241]

Möglich ist diese Art von Eigentumsübertragung ohne Weiteres auch in Bezug auf Token, etwa wenn der zukünftige Rechtsinhaber nur unmittelbarer Fremdbesitzer ist und nun auch das Eigentumsrecht erwerben soll. Insoweit ergeben sich keine Unterschiede zu anderen körperlichen Sachen. In beiden

---

[240] Vgl. *Wilhelm* SachR Rn. 105 f.; nicht differenzierend BeckOGK-BGB/*Klinck* § 929 Rn. 105 ff.; ebd. Rn. 111 ff. für Beispiele von Verfügungsbeschränkungen.
[241] Statt aller BeckOGK-BGB/*Klinck* § 929 Rn. 125.

Fällen müssen die übrigen Voraussetzungen aber in gleicher Weise vorliegen wie im Rahmen des Grundtatbestands nach § 929 S. 1 BGB.

cc) Übereignung nach § 930 BGB

Ist der Eigentümer im Besitz der Sache, kann die Übergabe dadurch ersetzt werden, dass zwischen ihm und dem Erwerber ein Rechtsverhältnis vereinbart wird, vermöge dessen der Erwerber den mittelbaren Besitz erlangt, § 930 BGB. Die Übergabe kann also durch die Vereinbarung eines Besitzmittlungsverhältnisses zwischen Veräußerer und Erwerber ersetzt werden, wenn sich der Veräußerer in Besitz der Sache befindet.[242] Der Eigentumserwerb hängt dann davon ab, dass der Veräußerer dem Erwerber den Besitz mittelt, womit § 930 BGB auf § 868 BGB Bezug nimmt.[243]

Konkret auf Token bezogen bedeutet das, dass der Veräußerer den Token nicht innerhalb des Distributed Ledgers transferieren muss, sondern dort als Tokeninhaber eingetragen bleibt. Stattdessen wird das Besitzmittlungsverhältnis vereinbart, wonach es dem Tokeninhaber und Veräußerer für eine bestimmte Zeit möglich ist, sogar gegen einen etwaigen Willen des Eigentümers und mittelbaren Besitzers auf den Token zuzugreifen.[244] Das setzt einen Besitzmittlungswillen des Tokeninhabers und Veräußerers voraus, der sich darin äußert, dass dieser unter bestimmten Voraussetzungen bereit ist, den Token an den Erwerber herauszugeben,[245] sprich eine Transaktion im Rahmen der DLT einzuleiten.

Zudem muss auch der Eigentumserwerber einen Besitzwillen aufweisen, denn ihm darf der Besitz nicht aufgedrängt werden,[246] selbst wenn sich dieser als mittelbarer Besitz nicht im Distributed Ledger widerspiegelt. Allerdings geht der Eigentumserwerber nach Vereinbarung des Besitzmittlungsverhältnisses ja in der Regel davon aus, den Token wie ein Eigentümer zu besitzen, womit er auch entsprechenden Besitzwillen aufweist.[247] Insgesamt zeigt sich dadurch aber, dass ein Eigentumserwerb nach § 930 BGB auch im Rahmen von Token möglich ist.

---

[242] Statt aller BeckOGK-BGB/*Klinck* § 930 Rn. 1, 7.
[243] BeckOGK-BGB/*Klinck* § 930 Rn. 22.
[244] Zu den Inhaberkonstellationen im Rahmen des mittelbaren Besitzes bei Token siehe § 4I.6.b).
[245] Vgl. insoweit BeckOGK-BGB/*Klinck* § 930 Rn. 27; differenzierend zur Voraussetzung, dass ein potenzieller Herausgabeanspruch bestehen müsse, ebd. Rn. 36.
[246] BeckOGK-BGB/*Klinck* § 930 Rn. 31.
[247] Vgl. insoweit *Arndt* Bitcoin-Eigentum, S. 28, demzufolge mittelbarer Besitz nur bestehen könne, wenn auch ein Eigentumsrecht an Token besteht.

dd) Übereignung nach § 931 BGB

Ferner kann die Übereignung auch durch die Abtretung eines Herausgabeanspruchs ersetzt werden, die nach § 398 BGB durch entsprechende Einigung zwischen Veräußerer und Erwerber erfolgt.[248] Damit tritt nicht ein faktisches, besitzbezogenes Element neben die dingliche Einigung, sondern ein weiteres Rechtsgeschäft: die Abtretung. Der abzutretende Herausgabeanspruch kann jeder Anspruch sein, der seinem Inhaber das Recht gewährt, die Sache in Besitz zu nehmen – auch nachdem er abgetreten worden ist. Ein Rechtsgrund ist nicht erforderlich.[249] Die Abtretung selbst ist im Grundsatz formfrei möglich und kann auch konkludent erfolgen; ob sie vorliegt, ist durch Auslegung nach den Umständen zu ermitteln.[250]

Da sich der Herausgabeanspruch grundsätzlich auch auf Token beziehen kann, ist § 931 BGB auf Token anwendbar. Der Veräußerer muss dafür nicht einmal Besitzer des Tokens sein,[251] sodass es nicht darauf ankommt, ob er im Distributed Ledger als Inhaber des Tokens vermerkt ist. Es ist gerade die Funktion des § 931 BGB, die Übereignung einer im Besitz eines Dritten befindlichen Sache gänzlich von besitzrechtlichen Voraussetzungen zu entkoppeln.[252] Für die Abtretung des Herausgabeanspruchs soll sogar nicht einmal erforderlich sein, dass die Parteien wissen, wer die zu veräußernde Sache besitzt.[253]

Gleichzeitig kann der Besitzer des Tokens vor nachteiligen Folgen der Übereignung nach § 931 BGB geschützt werden und dem neuen Eigentümer nach § 404 BGB alle Einreden und Einwendungen entgegenhalten dürfen, die schon gegenüber dem früheren Eigentümer begründet waren.[254] Insofern ergeben sich keine Unterschiede zur Rechtslage bezüglich anderer Sachen.

ee) Zwischenergebnis zur derivativen Eigentumsbegründung durch Übereignung

Die Vorschriften zur Eigentumsübertragung einer beweglichen Sache sind somit auf Token anwendbar. Trotz ihrer modern auszulegenden Körperlichkeit lässt sich ein Besitz und mithin eine Übergabe konstruieren. Dies spricht einmal mehr für eine Einordnung der Token als Sache.

---

[248] BeckOGK-BGB/*Klinck* § 931 Rn. 1.
[249] BeckOGK-BGB/*Klinck* § 931 Rn. 16 ff. mwN; zur Abtretung ebd. Rn. 23 f.
[250] BeckOGK-BGB/*Klinck* § 931 Rn. 24.
[251] BeckOGK-BGB/*Klinck* § 931 Rn. 47.
[252] MVa auf gesetzgeberische Erwägungen BeckOGK-BGB/*Klinck* § 931 Rn. 1 mwN.
[253] BeckOGK-BGB/*Klinck* § 931 Rn. 27.
[254] Vgl. BeckOGK-BGB/*Klinck* § 931 Rn. 33.

d) Eigentum durch gutgläubigen Erwerb

Auch die komplexeren – und insoweit strenger an eine Körperlichkeit anknüpfenden – Vorschriften zum gutgläubigen Erwerb sind auf Token anwendbar. Insoweit wird zunächst kurz auf den Zweck dieses Rechtsinstituts eingegangen, aus dem auch die tatbestandlichen Voraussetzungen herausgearbeitet werden sollen (aa). Anschließend wird deren Anwendbarkeit auf Token geprüft (bb)), bevor dann gesondert auf einzelne Herausforderungen hinsichtlich eines gutgläubigen Erwerbs von Token eingegangen werden soll (cc)). Da außerdem das Gesetz zur Einführung elektronischer Wertpapiere (eWpG) umfassende Regelungen zum gutgläubigen Erwerb von Kryptowertpapieren vorsieht, soll auch darauf noch ein Blick geworfen werden (dd)).

aa) Funktion des gutgläubigen Eigentumserwerbs

Rechtsgrund für den gutgläubigen Erwerb nach § 932 BGB ist der auf dem Besitz beruhende Rechtsschein, auf den der Erwerber sich verlassen durfte.[255] Es soll eine Sicherheit dafür gewährleistet werden, dass der Eigentumserwerb wirksam stattgefunden hat. Für den Verkehr mit beweglichen Sachen ist das von größter Bedeutung. Zudem hat der Eigentümer stets die Möglichkeit, sich gegen den Eigentumsverlust zu schützen, indem er derartige objektive Anhaltspunkte vermeidet und den Besitz behält. Der Erwerber ist demgegenüber schützenswerter, da er kaum Möglichkeiten hat, sich über das Recht seines Veräußerers zu vergewissern.[256]

Vorausgesetzt wird also eine scheinbare Rechtslage, die mit der tatsächlichen Rechtslage nicht übereinstimmt, aber durch einen Rechtsscheintatbestand ausgelöst wird, der seinerseits auf objektiven Gegebenheiten beruht. Die auf der Körperlichkeit beruhende Sachherrschaft ist hierfür wesentlicher Anknüpfungspunkt (Publizitätsträger). Durch die in § 1006 BGB kodifizierte Vermutung kommt das noch einmal besonders zum Ausdruck.[257] Es reicht aus, dass der Veräußerer dem Erwerber die Besitzerlangung an der Sache ermöglicht, ihm die Sache also im Sinne des § 929 S. 1 BGB übergibt. Nur so kann an die komplexeren Verkehrsverhältnisse angeknüpft werden, bei denen der Veräußerer die Sache oft gar nicht unmittelbar besitzt. § 933 BGB sieht beispielsweise vor, dass die Sache dem Erwerber übergeben worden sein muss. Der Veräußerer muss sich also gänzlich von der Sachherrschaft gelöst haben. Auch § 934 Alt. 2 BGB lässt den gutgläubigen Erwerb nur eintreten, wenn der Erwerber unmittelbaren Besitz begründen konnte. Einziger Unterschied ist hier lediglich, dass dies nicht durch den Veräußerer, sondern durch einen Dritten

---

[255] BGH, Urteil vom 5. Mai 1971, VIII ZR 217/69, BGHZ 56, 123 (Rn. 23); zustimmend Staudinger/*Heinze* Vorb §§ 932 ff. Rn. 11.
[256] Mot III 344; ferner Staudinger/*Heinze* Vorb §§ 932 ff. Rn. 3a.
[257] Dazu Staudinger/*Heinze* Vorb §§ 932 ff. Rn. 8, 12.

geschieht.²⁵⁸ Nur § 934 Alt. 1 BGB knüpft nicht unmittelbar an die Sachherrschaft an, sondern lässt einen Besitzwechsel auf mittelbarer Ebene ausreichen.²⁵⁹

Im Sinne einer ausgewogenen Interessensabwägung sollte der breit angelegte Schutz des Erwerbs jedoch eingeschränkt werden. Die Gutgläubigkeit wird von vornherein nur im Hinblick auf den Mangel des Eigentums geschützt, nicht aber, soweit es um sonstige Erfordernisse wie Vertretungsmacht oder Geschäftsfähigkeit geht.²⁶⁰ Ferner kann eine Sache nicht gutgläubig erworben werden, wenn sie dem Eigentümer zuvor gestohlen worden, verloren gegangen oder sonst abhanden gekommen war, § 935 Abs. 1 S. 1 BGB (vorausgesetzt die Sache wurde nicht im Wege öffentlicher Versteigerung veräußert und es handelt sich nicht um Geld oder Inhaberpapiere, § 935 Abs. 2 BGB).²⁶¹ Der Eigentumsverlust ist dem Eigentümer nämlich nur dann zuzumuten, wenn er das Auseinanderfallen von Eigentum und Besitz selbst veranlasst hat und der Eigentümer sich ein dadurch geschaffenes Risiko zurechnen lassen muss, er also für das Bestehen des rechtsscheinbegründenden Tatbestands verantwortlich ist.²⁶²

bb) Anwendbarkeit der Voraussetzungen des gutgläubigen Eigentumserwerbs auf Token

Diese Erwägungen greifen auch mit Blick auf Token. Das Distributed Ledger ist ein Publizitätsträger, der die Rechtsverhältnisse nach außen kommuniziert.²⁶³ Es ist damit in jedem Fall geeignet, einen Rechtsschein zu begründen. Jeder kann nachvollziehen, wem der Token derzeit zugeordnet ist und auch, wer davor schon alles Zugriff auf den Token hatte. Im Distributed Ledger ist stets die exakte Kette der Inhaberverhältnisse für jeden einzelnen Token enthalten und kryptographisch gesichert.²⁶⁴ Dank dieser Transparenz ist die Gefahr eines unwirksamen Eigentumserwerbs objektiv erheblich minimiert.²⁶⁵ Das Distributed Ledger begründet sogar ein Vertrauen, das noch stärker ist als ein reguläres Innehaben, obwohl keine unmittelbaren Rückschlüsse auf die

---

²⁵⁸ Statt aller Staudinger/*Heinze* Vorb §§ 932 ff. Rn. 14 ff.
²⁵⁹ Zu den Gründen Staudinger/*Heinze* Vorb §§ 932 ff. Rn. 17; ausführlich *Lohsse* AcP 206 (2006), 527 (542).
²⁶⁰ Mot III 344; ferner Staudinger/*Heinze* Vorb §§ 932 ff. Rn. 3a.
²⁶¹ Zum Kompromisscharakter Staudinger/*Heinze* Vorb §§ 932 ff. Rn. 20 sowie zur hier sichtbar werdenden Bedeutung des Verkehrsschutzes ebd. Rn. 21 ff. mwN.
²⁶² Staudinger/*Heinze* Vorb §§ 932 ff. Rn. 22 ff. mwN; zu den einzelnen Konstellationen des § 935 Abs. 1 BGB *Vieweg/Lorz* SachR § 5 Rn. 38 ff.
²⁶³ *Arndt* Bitcoin-Eigentum, S. 106.
²⁶⁴ *Hacker/Thomale* Crypto-Securities Regulation, S. 22.
²⁶⁵ Dies als Ausgangspunkt für einen faktischen Gutglaubensschutz sehend *Zickgraf* AG 2018, 293 (301); ähnlich *Hacker/Thomale* Crypto-Securities Regulation, S. 22; kritisch *Koch* ZBB 2018, 359 (363 Fn. 29).

Rechtsstellung und das Rechtssubjekt gezogen werden können.[266] Auch wenn die Transaktionsdaten für Laien in der Regel nicht lesbar oder unmittelbar nachvollziehbar sind,[267] ist das Distributed Ledger trotzdem als besonders integer und fälschungssicher anerkannt.[268] In dessen Richtigkeit wird so sehr vertraut, dass es Publizität genießt.[269]

Ob der Tokeninhaber – entgegen dem Distributed Ledger – kein Eigentumsrecht innehat oder zu dessen Verfügung nicht berechtigt ist, ist für den Erwerber kaum nachprüfbar. Auch die Tatsache, dass er in das Distributed Ledger Einsicht nehmen kann, hilft insoweit nicht. Das spiegelt ja gerade nur die tatsächliche Besitz-, nicht aber die rechtliche Eigentumslage wider.[270] Umgekehrt wird das Auseinanderfallen von Eigentum und Zuordnung im Distributed Ledger meist vom Eigentümer veranlasst worden sein, sodass er für das Entstehen dieses Rechtsscheins verantwortlich gemacht werden kann. Somit besteht bei Token ebenfalls ein Bedürfnis nach Gutglaubensschutz, auf dessen Grundlage dann ein möglichst rechtssicherer Handel stattfinden kann.[271] Gleichzeitig genügt für den gutgläubigen Erwerb der Token als Rechtsscheinträger.[272]

---

[266] In ausführlichem Vergleich mit der Publizität des Grundbuchs erörternd *Arndt* Bitcoin-Eigentum, S. 106 ff.

[267] *Maume/Fromberger* ZHR 2021, 507 (546) hingegen sehen die für Laien bestehende Unlesbarkeit der Transaktionsdaten des Distributed Ledgers als wesentliches Hindernis; auch *Arndt* Bitcoin-Eigentum, S. 106 verweist in diesem Zusammenhang darauf, dass erst § 12 GBO die Einsichtnahme in das Grundbuch ermöglicht; jedoch komme es darauf für die Vertrauensbildung gar nicht an, da nur die positive Kenntnis von der Unrichtigkeit zum Zeitpunkt der Vollendung des Erwerbs den guten Glauben zerstören kann, ebd. S. 106.

[268] Treffend *Arndt* Bitcoin-Eigentum, S. 107.

[269] *Arndt* Bitcoin-Eigentum, S. 106; im Grundsatz wohl auch *Linardatos* Privatrecht 2050, S. 181 (211), auch wenn die Unterschiede zur Publizität des Grundbuchs kritisch hervorgehoben werden; eine vergleichbare Publizität verneinend hingegen *Maume/Fromberger* ZHR 2021, 507 (546); kritisch auch *Jünemann/Wirtz* RfgK 2018, 1117 (1119); demgegenüber eine Publizität durch das Distributed Ledger im Grundsatz nicht ausschließend Omlor/Link/*Omlor* Kryptowährungen und Token, § 6 Rn. 22, der für die Anwendung der §§ 929 ff. BGB wegen der verfassungsrechtlichen Nähe des Eigentums grundsätzlich jedoch eine Zulassung durch den Gesetzgeber als notwendig erachtet, ebd. Rn. 76 f.; in diese Richtung auch *Maume/Fromberger* ZHR 2021, 507 (538).

[270] Zum Auseinanderfallen von Eigentum und Besitz, den dahinterstehenden Interessenserwägungen und der Lösung des Gesetzgebers *Arndt* Bitcoin-Eigentum, S. 111 ff.; aA *Linardatos* Privatrecht 2050, S. 181 (211).

[271] *Koch* ZBB 2018, 359 (363); ausführlich zum insoweit bestehenden Interessenkonflikt bei Token *Arndt* Bitcoin-Eigentum, S. 111 ff.; ein Bedürfnis ebenfalls anerkennend, wenn auch einen gutgläubigen Erwerb *de lege lata* ablehnend *Maume/Fromberger* ZHR 2021, 507 (537 f.).

[272] *Koch* ZBB 2018, 359 (364); insoweit übereinstimmend auch *Maume/Fromberger* ZHR 2021, 507 (546); zudem seien registerähnlich gestaltete Publizitätsträger keine Seltenheit, ebd. S. 363 mwN, und auch in funktionaler Hinsicht sind Token ohne Weiteres mit Urkunden vergleichbar, ebd. S. 364 sowie ausführlich *Kaulartz/Matzke* NJW 2018, 3278

Zudem lässt sich ein Besitz an Token konstruieren, der die Anwendung all dieser Voraussetzungen ermöglicht.²⁷³ Im Hinblick auf die erforderliche Übergabe ändert sich für Token nichts; im Gegenteil, die Neuzuordnung des Tokens im Distributed Ledger ist als Publizitätsträger gerade besonders geeignet. Wird dem Erwerber hingegen nur der Private Key mitgeteilt, damit dieser auf den Token zugreifen kann, ist ein gutgläubiger Erwerb ausgeschlossen. Es erfolgt gerade keine Neuzuordnung des Tokens.²⁷⁴ Stattdessen verbleibt der Token in der Einflusssphäre desjenigen, dessen Adresse der Token nach wie vor zugeordnet ist, also in der Regel des bisherigen Eigentümers. Mangels Publizitätsträger wurde gerade kein objektiver Rechtsschein geschaffen, auf den der Erwerber vertrauen darf.²⁷⁵

Im Rahmen des § 934 Alt. 1 BGB genügt eine Abtretung des Herausgabeanspruchs. Der Erwerber wird zu keinem Zeitpunkt zum Tokeninhaber im Distributed Ledger, da er nur mittelbaren Besitz erlangt. Der Token bleibt daher dem unmittelbaren Tokeninhaber zugeordnet. Ob das für einen gutgläubigen Eigentumserwerb ausreicht, ist allgemein umstritten. Dieser Streit kann jedoch mit gleichen Argumenten auf Token übertragen werden, sodass sich keine Unterschiede zum gutgläubigen Erwerb anderer Sachen ergeben.

cc) Herausforderungen eines gutgläubigen Eigentumserwerbs an Token

Einer vertieften Betrachtung bedarf die Regelung des § 935 Abs. 2 BGB, die ein Abhandenkommen bei Geld und Inhaberpapieren ausschließt.²⁷⁶ Motivation hierfür war die Erhöhung der Umlauffähigkeit von Zahlungsmitteln und Wertpapieren²⁷⁷ – ein Argument, dass bei Token in gleicher Weise zur Geltung

---

(3281 ff.); kritisch, ob Token im Vergleich zum Grundbuch als Publizitätsträger genügen können, *Linardatos* Privatrecht 2050, S. 181 (211).

²⁷³ Siehe insoweit § 4I; aA *Kaulartz/Matzke* NJW 2018, 3278 (3283); die Einordnung der Tokentransaktion als lediglich rechtsgeschäftliche Bedingung begründet demgegenüber keinen Gutglaubensschutz und kann daher keine vergleichbare Rechtssicherheit gewährleisten, *Koch* ZBB 2018, 359 (363).

²⁷⁴ In dieser Konstellation Eintragung und Publizitätsträger bejahend *Arndt* Bitcoin-Eigentum, S. 114.

²⁷⁵ Aus diesem Grund überzeugt die von *Linardatos* Privatrecht 2050, S. 181 (211 f.) vorgeschlagene Lösung nicht. Hiernach soll dem Empfänger nach §§ 413, 398 BGB iVm § 172 BGB analog nur dann Vertrauensschutz gewährt werden, wenn dieser seinen Private Key ähnlich einer Vollmachtsurkunde bewusst ausgehändigt hat. Ein Schutz des Erwerbers *erga omnes* wäre nicht sachgerecht, wenn dieser Zugriff auf den Token erhalten hat, der Token selbst aber nach wie vor dem bisherigen Eigentümer zugeordnet bleibt. Soweit der Empfänger auf die Mitteilung des Private Keys vertraut hat und dies als schützenswert erachtet wird, mag eine zwischenparteiliche Rechtsscheinhaftung sachgerecht erscheinen; eine allgemeingültige Wirkung, wie sie durch einen gutgläubigen Eigentumserwerb eintreten würde, kann dieses Vertrauen mangels Publizitätsträger nicht begründen.

²⁷⁶ Dies bereits als Folgefrage aufwerfend *John* BKR 2020, 76 (81).

²⁷⁷ Mot III 349; im Übrigen statt aller *Vieweg/Lorz* SachR § 5 Rn. 47.

kommen könnte; die Umlauffähigkeit des Vermögenswertes wurde nahezu perfektioniert. Es muss nicht mehr unmittelbar das Gut weitergegeben werden, sondern es kann auch nur das Recht am Gut übertragen werden.[278] Die Tokenisierung setzt darauf auf und hebt den Güterverkehr auf eine neue Stufe: Nicht nur das Recht, sondern bereits das Gut selbst wird abstrahiert und existiert nur in dieser abstrahierten Form. Umlauffähigkeit wird nicht nur rechtlich, sondern bereits auf tatsächlicher Ebene erleichtert.[279]

Ein gutgläubiger Erwerb wird daher teilweise schon von vornherein nicht als notwendig erachtet. Wie aus der praktischen Handhabung ersichtlich werde, besteht die Umlauffähigkeit auch dann, wenn das Recht keinen gutgläubigen Erwerb ermöglicht.[280] Jedoch verkennt das die Interessenabwägung, die der Gesetzgeber gerade für bewegliche Sachen getroffen hat – ein gutgläubiger Erwerb soll ausgeschlossen sein, wenn der ursprüngliche Eigentümer den Verlust nicht zu vertreten hat. Diese Wertung muss trotz der Umlauffähigkeit auch für Token gelten.

Nur wenn es sich um Token handelt, bei denen die Umlauffähigkeit besonders im Vordergrund steht, kann in einem zweiten Schritt über die Rückausnahme des § 935 Abs. 2 BGB nachgedacht werden. Das gilt jedoch nicht für alle Token in gleicher Weise und sollte daher nicht als allgemeiner Grundsatz herangezogen werden. Token bilden alle Arten von körperlichen Gegenständen ab und sind damit nur so weit umlauffähig, wie es auch für bewegliche Sachen als notwendig erachtet wird.[281] Erst wenn Gegenstände abgebildet werden, denen auch ohne Tokenisierung ein nochmal höheres Maß an Umlauffähigkeit zugeschrieben wird (Geld oder Inhaberpapiere), ist die Anwendung des § 935 Abs. 2 BGB auf den entsprechenden Token sachgerecht.[282] Ausschlaggebend ist die Funktion des Tokens im jeweiligen Einzelfall.

Bei extrinsischen Token, die eine bereits bestehende Rechtsposition verkörpern und wie Inhaberpapiere funktionieren, kann eine Vergleichbarkeit regelmäßig bejaht werden.[283] Wie bei der klassischen Verbriefung ist es interessengerecht, dem Rechtsverkehr die Erleichterung des Gutglaubensschutzes zu gewähren, wenn die Berechtigung anhand der Inhaberschaft nachgewiesen

---

[278] *Berger* ZGE 2016, 170 (171).

[279] Treffend *Koch* ZBB 2018, 359 (363), demzufolge die Technologie ganz auf die maximale Steigerung der Verkehrsfähigkeit ausgelegt sei.

[280] So etwa *Linardatos* Privatrecht 2050, S. 181 (211).

[281] AA wohl *Koch* ZBB 2018, 359 (363).

[282] Demgegenüber die Anwendbarkeit des § 935 Abs. 2 BGB grundsätzlich ablehnend, da es sich hierbei um eine enge, einschneidende Ausnahmevorschrift handele, *Maume/Fromberger* ZHR 2021, 507 (547).

[283] Kritisch hingegen Omlor/Link/*A. Varmaz*/*N. Varmaz*/*Günther*/*Poddig* Kryptowährungen und Token, § 1 Rn. 62, da sich aus dem einzelnen Token selbst mangels Hinterlegung des Begebungsvertrags nicht unmittelbar ergebe, welche Rechte ihm innewohnen; aA auch *Maume/Fromberger* ZHR 2021, 507 (546 f.).

wird.²⁸⁴ Zwar handelt es sich insoweit um eine Ausnahmevorschrift, die grundsätzlich eng auszulegen ist.²⁸⁵ Dennoch gleichen die extrinsischen Token in ihrer Funktion den Inhaberpapieren und sollen ebenso umlauffähig sein. Zudem spiegelt das Distributed Ledger nur die Besitzlage an Token wider und gerade nicht die Eigentümerposition. Trotz der Transparenz kann ein Token daher abhandengekommen sein. Das ist für den Erwerber nicht ersichtlich,²⁸⁶ obwohl er in besonderem Maße auf die Transparenz des Registers vertraut. Ein Ausschluss des gutgläubigen Erwerbs scheint daher unangemessen, § 935 Abs. 2 BGB sollte anwendbar sein.

Bei intrinsischen Token ist die Beurteilung schwieriger. Mangels staatlicher Anerkennung stellen Token kein Geld dar, selbst wenn sie als solches ausgestaltet sind.²⁸⁷ Da der Gesetzgeber die bessere Umlauffähigkeit ganz bewusst nur den von ihm anerkannten (und regulierten) Zahlungsmitteln zukommen lassen will, ist auch keine analoge Anwendung des § 935 Abs. 2 BGB vertretbar.²⁸⁸ Unabhängig davon, ob ein Abhandenkommen aus der Transaktionshistorie ersichtlich wäre oder nicht,²⁸⁹ tritt das Interesse des Eigentümers bereits aus Gründen der Umlauffähigkeit von Geld zurück. Nur diese ist für das reibungslose Funktionieren des Finanz- und Wirtschaftssystems notwendig.²⁹⁰ Auf Token ist diese Argumentation nicht übertragbar.²⁹¹

dd) Vergleich zum gutgläubigen Eigentumserwerb im Rahmen des eWpG

Im Rahmen des eWpG hat sich der Gesetzgeber ausführlich mit dem gutgläubigen Erwerb der elektronischen Wertpapiere beschäftigt, die er als Sachen im Sinne des § 90 BGB fingiert. Ähnlich wie die Gutglaubensvorschriften im Bürgerlichen Gesetzbuch, sieht § 26 eWpG einen umfassenden Schutz des Rechtsverkehrs vor. Hiermit soll eine rechtssichere dingliche Zuordnung der

---

²⁸⁴ *Koch* ZBB 2018, 359 (363).
²⁸⁵ *Maume/Fromberger* ZHR 2021, 507 (547).
²⁸⁶ AA *Maume/Fromberger* ZHR 2021, 507 (547), die im Distributed Ledger gerade die Eigentumslage widergespiegelt sehen, der Besitz ergebe sich demgegenüber aus dem Private Key.
²⁸⁷ *Linardatos* Privatrecht 2050, S. 181 (210); *Skauradszun* AcP 221 (2021), 353 (369).
²⁸⁸ So werden zum Beispiel auch ungültiges und außer Kurs gesetztes Geld sowie reine Sammler- und Anlagemünzen gerade nicht erfasst, Staudinger/*Heinze* § 935 Rn. 24.
²⁸⁹ So das Argument von *Maume/Fromberger* ZHR 2021, 507 (547), allerdings in Bezug auf den Vergleich von Blockchain-Inhaberaktien mit Geld; ferner wurde bereits dargelegt, dass ein Abhandenkommen auch im Distributed Ledger denkbar ist, da dieses nur die Besitz-, nicht aber die Eigentumslage abbildet.
²⁹⁰ BGH, Urteil vom 14. Juni 2013, V ZR 108/12, NJW 2013, 2888 (Rn. 9) mwN; darauf in gleichem Kontext verweisend auch *Linardatos* Privatrecht 2050, S. 181 (210).
²⁹¹ Dass hingegen aufgrund der steten Zunahme der Akzeptanz von Kryptowährungen als Zahlungsmittel zumindest für das schweizerische Recht nicht ausschließend *Seiler/Seiler* sui-generis 2018, 149 (161).

elektronischen Wertpapiere erreicht werden. Dass das Erwerbervertrauen schützenswert ist, wird dabei mit der eindeutigen und erkennbaren Eintragung des Veräußerers als Inhaber begründet. Gleichzeitig wird aber auch an die Verschaffungsmacht des Veräußerers angeknüpft: die Eintragung muss von der registerführenden Stelle vorgenommen werden, die die Registereintragung herbeiführt.[292] Damit ist nicht der vom Veräußerer veranlasste Besitzübergang, sondern die bei der registerführenden Stelle durchgeführte Registerumtragung der zentrale Anknüpfungspunkt; es kommt nicht nur auf die bisherige Eintragung, sondern auch auf die Herbeiführung der angestrebten Änderung an.[293] Dieses Vorgehen lässt sich auf reguläre Distributed Ledger übertragen. Auch hier ist mit dem Erfordernis des Private Keys eine gewisse Besitzverschaffungsmacht maßgeblich.[294] Bestehen Anhaltspunkte, dass der Veräußerer zwar als Tokeninhaber im Distributed Ledger eingetragen ist, diesen aber nicht übertragen kann, kann ein guter Glaube auf Seiten des Erwerbers nicht ausreichen.

Wird das Vertrauen in die Eintragung geschützt, obwohl noch eine registerführende Stelle zwischengeschaltet ist, muss dieses Vertrauen erst recht geschützt sein, wenn es überhaupt keinen solchen Intermediär mehr bedarf. Bereits jetzt genügen eigentlich schon die algorithmischen Prozesse, denn die Eintragung durch die registerführende Stelle erfolgt vollständig automatisiert.[295] Zudem hat der Gesetzgeber die Wirkung des Vertrauens im Rahmen der Kryptowertpapierregister erheblich erweitert und schützt nicht nur den guten Glauben an die Eigentümerstellung oder -berechtigung, sondern fingiert zugunsten des gutgläubigen Erwerbers auch die Richtigkeit und Vollständigkeit des Wertpapierregisters. Auf die Kenntnis des Registerinhalts kommt es also gar nicht mehr an.[296] Umgekehrt genügt für eine Bösgläubigkeit schon leichte Fahrlässigkeit.[297] Die Vorschriften des gutgläubigen Erwerbs des Bürgerlichen Gesetzbuchs nehmen im Einzelnen somit eine leicht andere Interessensabwägung vor, werden in ihrer grundlegenden Funktionsweise aber als anwendbar erachtet. Umgekehrt fügt sich die Übertragung von Token in das dogmatische System ein, wie die Anwendbarkeit ausdifferenzierterer

---

[292] *Kleinert/Mayer* EuZW 2020, 1059 (1063); ausführlich zum gutgläubigen Erwerb nach dem eWpG *Casper/Richter* ZBB 2022, 65 (76 f.); vgl. auch *Sickinger/Thelen* AG 2020, 862 (866).

[293] *Maume/Fromberger* ZHR 2021, 507 (541); kritisch *Sickinger/Thelen* AG 2020, 862 (866).

[294] Vgl. *Sickinger/Thelen* AG 2020, 862 (866); wohl aus diesem Grund das Erfordernis einer konstitutiven Registereintragung als überflüssig erachtend *Maume/Fromberger* ZHR 2021, 507 (545).

[295] Vgl. *Arndt* Bitcoin-Eigentum, S. 151.

[296] Vgl. *Kleinert/Mayer* EuZW 2020, 1059 (1063); kritisch, da das die Gutglaubensregelungen entgegen der Sachfiktion wieder stark an die des Immobiliarsachenrechts anlehne, *Omlor/Wilke/Blöcher* MMR 2022, 1044 (1045).

[297] *Lahusen* RDi 2021, 161 (Rn. 30), demzufolge die Ausgestaltung des Gutglaubensschutzes jedoch verfehlt sei.

Rechtsinstitute wie das des gutgläubigen Erwerbs zeigt. Ferner kann das grundsätzliche Vertrauen, das DLT-basierten elektronischen Wertpapieren entgegengebracht wird, als Bestätigung dafür gesehen werden, dass § 935 Abs. 2 BGB auf inhaberpapierähnliche Token anzuwenden ist. Es ist jedoch auch zu berücksichtigen, dass der gutgläubige Erwerb abhandengekommener elektronischer Wertpapiere im eWpG nicht ausdrücklich ausgeschlossen ist. Die Frage nach der Anwendbarkeit des § 935 Abs. 2 BGB ist somit auch hier letztendlich offengeblieben.[298]

ee) Zwischenergebnis zum Eigentum durch gutgläubigen Erwerb von Token

Die Vorschriften zum gutgläubigen Eigentumserwerb sind somit auf Token nicht nur anwendbar, sondern mit Blick auf die dahinterstehende Interessenabwägung von Individual- und Verkehrsschutz auch sachgerecht. Anknüpfungspunkt für den guten Glauben ist die Transaktion im Distributed Ledger, die sich in Anlehnung an die besitzorientierte Übergabe aus § 929 S. 1 BGB aus Eintragung und entsprechender Verschaffungsmacht zusammensetzt. Das bestätigt sich mit Blick auf den gutgläubigen Erwerb von elektronischen Wertpapieren nach § 26 eWpG. Einzig die Anwendung des § 935 Abs. 2 BGB bedarf einer Betrachtung der Token und ihrer Funktion im Einzelfall. Grundsätzlich scheint dessen Anwendbarkeit aber angebracht, wenn es sich um Token handelt, die die Umlauffähigkeit des verkörperten Rechts erhöhen sollen.

e) Zwischenergebnis zur Eigentumsbegründung

Eigentum kann mithin an Token begründet und übertragen werden. Da es sich um eine rein normative Zuordnung handelt, kommt es nicht immer unmittelbar auf die tatsächliche Zuordnung im Distributed an. Soweit an Besitz angeknüpft wird, sind die Regelungen aber auf Token anwendbar; Besitz bildet dabei gerade die Zuordnung im Distributed Ledger.

3. Belastungen des Eigentums

Das Eigentumsrecht an Sachen bewirkt deren rechtliche Zuweisung als Ganzes. Einzelne Nutzungen können aber auch Dritten zugewiesen werden, die die Sache dann unter bestimmten Voraussetzungen unmittelbar nutzen, verwerten oder erwerben können.[299] Von der Rechtsordnung wird das durch beschränkt dingliche Rechte abgebildet. Diese sehen keine umfassende Zuordnung von Befugnissen vor, sondern sprechen dem Berechtigten nur einzelne Befugnisse an der Sache zu.[300] Da sie aber eine unmittelbare Herrschaftsmacht über die

---

[298] Sich gegen eine Anwendbarkeit aussprechend *Kleinert/Mayer* EuZW 2020, 1059 (1063).
[299] Allgemein dazu BeckOGK-BGB/*Lakkis* § 903 Rn. 101, 103.
[300] *Wellenhofer* SachR § 1 Rn. 6.

Sache begründen, können sie als vom Vollrecht Eigentum abgespaltene Teilrechte verstanden werden, in dessen Umfang die Befugnis des Eigentümers dann eingeschränkt ist.[301]

Auch bei Token können einzelne Befugnisse abgespalten werden. Zwar beschränkt sich die Nutzung meist auf die Inhaberschaft des Tokens und die damit verbundene Möglichkeit, mittelbare Nutzungen ziehen zu können. Wie jedoch bereits im Rahmen der inhaltlichen Ausgestaltung des Eigentumsrechts angedeutet, kann die tatsächliche Nutzungsmöglichkeit eines Tokens technisch von verschiedenen Bedingungen abhängig gemacht werden. Insbesondere kann eine Tokentransaktion eingeleitet werden, die erst nach Bedingungseintritt durchgeführt wird, sodass die Übergabe auch erst dann stattfindet. Ferner kann die Transaktion von einem Smart Contract blockiert werden, wenn Bedingungen implementiert wurden, die noch nicht erfüllt sind. Dadurch wird es dem Tokeninhaber unmöglich, den Token vertragswidrig an Dritte zu verfügen. Damit wird § 137 S. 1 BGB bedeutungslos, wonach rechtsgeschäftliche Vereinbarungen eigentlich keine dingliche Wirkung haben sollen. Eigentlich soll das Können nicht durch das Dürfen beschränkt werden können,[302] da der Rechtsverkehr darauf vertraut, dass bei Inhaberschaft des Rechts stets auch eine entsprechende Verfügungsbefugnis besteht.[303] Smart Contracts beschränken aber schon das Können, die Bedingungen werden faktisch durchgesetzt.

Vor diesem Hintergrund stellt sich die Frage, ob und wie dies das Eigentumsrecht belastet. Von Bedeutung sind die bedingte Eigentumsübertragung (a)) und die Sicherungsübereignung mit auflösend bedingter Rückübereignung (b)), bei denen das als dingliches Erwerbsrecht zu klassifizierende Anwartschaftsrecht erworben wird.[304] Anschließend wird ein Blick auf das Pfandrecht (c)) und den Nießbrauch (d)) geworfen.

a) Bedingte Eigentumsübertragung (Eigentumsvorbehalt)

Im Hinblick auf die bedingte Eigentumsübertragung ist fraglich, wie sich bedingte Tokentransaktionen rechtlich auswirken (aa)), wie diese zu bewerten sind (bb)) und ob sie von den derzeitigen Vorschriften überhaupt erfasst werden können (cc)).

aa) Bedingte Eigentumsübertragung durch bedingte Besitzübergabe

Wird die Übergabe durch technisch einrichtbare Bedingungen beschränkt, ist naheliegend, dass auch das Eigentum rechtlich nur bedingt übertragen wird.

---

[301] *Wellenhofer* SachR § 1 Rn. 10.
[302] Vgl. BeckOGK-BGB/*Muthorst* § 137 Rn. 5.
[303] *Berger* ZGE 2016, 170 (186); im Einzelnen dient die Norm der durch den Numerus Clausus abgesicherten Verkehrsfähigkeit sowie dem Gläubigerschutz in der Zwangsvollstreckung, BeckOGK-BGB/*Muthorst* § 137 Rn. 12 ff.
[304] Vgl. *Wellenhofer* SachR § 1 Rn. 9, § 13 Rn. 6 f., § 14 Rn. 10 ff.

§ 4 Anwendbarkeit des Sachenrechts auf Token   281

Allerdings hat die Bedingung der faktischen Neuzuordnung des Tokens erst einmal keine Auswirkungen auf das am Token bestehende Recht, sondern nur auf den Besitz, der gerade an die faktische Zuordnung anknüpft. Es wird also nicht die Eigentumsübertragung bedingt, sondern die Besitzübergabe am Token.

Aus der Tatsache, dass mithilfe eines Smart Contract eine Bedingung für die Transaktion des Tokens vorgesehen wurde, kann meist auch geschlussfolgert werden, dass sich die Parteien auch nur bedingt über die Übertragung des Eigentums einigen wollten. Damit aber das Eigentum bedingt übertragen werden kann, müssen dann trotzdem alle übrigen Voraussetzungen erfüllt sein. Ansonsten würde das Eigentum nicht in dem Moment des Bedingungseintritts automatisch übergehen können, da nicht alle Voraussetzungen gegeben sind. Wegen § 929 S. 1 BGB gehört insbesondere die Übergabe der Sache oder die Vereinbarung eines der alternativ vorgesehenen Besitzkonstitute zu den zentralen Voraussetzungen der Eigentumsübertragung.

Nur wenn hierfür alle Voraussetzungen erfüllt sind, kann der Erwerber davon ausgehen, dass er das Eigentum erhalten wird. Diese Erwartung erkennt die Rechtsordnung in § 161 Abs. 1 BGB als schützenswert an: Jede anderweitige Verfügung wird bei Bedingungseintritt der ursprünglichen Verfügung unwirksam. Der Erwerber wird auch dann Eigentümer, wenn der Veräußerer während der Schwebezeit anderweitig über die Sache verfügt hat.[305] Die Erwerbsaussicht kann nur noch vom Erwerber zerstört werden, indem er den Eintritt der Bedingung abwendet. Der Veräußerer kann den Eigentumsübergang nicht mehr einseitig verhindern, weshalb der Erwerber eine geschützte Rechtsposition an der Sache erhält: das Anwartschaftsrecht.

Soll die Tokentransaktion jedoch erst nach Bedingungseintritt stattfinden, dann wird auch die tatsächliche Übergabe von der Bedingung abhängig gemacht und zeitlich nach hinten verschoben. Die Übereignung des Eigentums ist damit nicht mehr nur vom Bedingungseintritt abhängig, sondern kann grundsätzlich noch rein tatsächlich an der Übergabe scheitern. Da die Übergabe stets auch einer Mitwirkung des Veräußerers bedarf – dieser muss ja seinen Besitz vollständig aufgeben – ist die Erwerbsaussicht des Erwerbers gerade noch nicht in gleicher Weise gesichert, wie wenn der Token bereits übergeben worden wäre.

An dieser Stelle ist allerdings die Funktionsweise der selbständig agierenden und nachträglich nicht mehr änderbaren Smart Contracts von erheblicher Bedeutung. Denn ähnlich wie ein neutraler Mittelsmann nimmt dieser die Übergabe des Tokens automatisch vor, sobald die Bedingung eintritt. Dafür signiert der Veräußerer die Tokentransaktion bereits im Zeitpunkt der dinglichen Einigung, lediglich die finale Neuzuordnung an den Erwerber erfolgt erst

---

[305] BeckOGK-BGB/*Klinck* § 929 Rn. 157.

mit Bedingungseintritt. Eine Mitwirkung des Veräußerers ist dann aber nicht mehr erforderlich. Gerade hierin liegt der Vorteil der Smart Contracts.

bb) Keine gesicherte Eigentumsübertragung

Diese Konstellation entspricht allerdings eher einer automatisierten Vertragsdurchsetzung. Der Smart Contract dient insoweit mehr als Instrument der Vertragsdurchsetzung anstatt als Instrument der Vertragsgestaltung.[306] Aufgrund dieser automatisierten Vertragsdurchsetzung scheint es, als ob der Veräußerer weder die Übergabe noch die Übereignung einseitig verhindern kann. Der Smart Contract agiert ja gerade neutral und ausschließlich nach zuvor bestimmten Regeln. Bei näherer Betrachtung wird aber deutlich, dass es sich trotz alledem nicht um eine gesicherte Eigentumsübertragung handeln kann. Die Transaktion kann auf Veräußererseite durchaus noch verhindert werden, etwa indem dieser alle seine Tokens an einen Dritten überträgt. Der Smart Contract wird dann bei Eintritt der Bedingung zwar versuchen, die vorgesehene Transaktion durchzuführen; mangels Token wird die Transaktion aber nicht durchführbar sein und der Smart Contract wird eine Fehlermeldung zurückgeben. Fehlen die Bestände, kann die Transaktion nach noch so vielen Parametern vorbestimmt sein, eine Übergabe wird letztlich scheitern. Diese tatsächlichen Gegebenheiten können auch nicht geändert werden, indem das Recht, etwa durch § 161 Abs. 1 BGB, jede nachfolgende Verfügung als unwirksam erklärt – hierbei handelt es sich ja nur um eine rechtliche Beschränkung. Faktische Gegebenheiten können im Nachhinein nicht als unwirksam erklärt werden, vielmehr muss sich das Recht an ihnen orientieren.[307] Ist die Eigentumsübertragung faktisch nicht abgesichert, kann dem Erwerber daher auch keine geschützte Rechtsposition zukommen.

Die Bedingungen, die mittels Smart Contract implementiert werden können, bleiben also lediglich ein Instrument, dass die Vertragsdurchsetzung erleichtert. Sie schaffen keine Sicherheit, die bereits in tatsächlicher Hinsicht so stark ist, dass das Recht mit Bedingungseintritt ohne weiteres Zutun übergehen kann. Die technische Implementierung einer Bedingung als solche begründet somit weder in technischer noch in rechtlicher Hinsicht eine Anwartschaft.[308]

---

[306] *Mößlein* ZHR 2019, 254 (264).

[307] Insbesondere erlangt der Dritte, an den der Token trotz bereits anders vereinbarter dinglicher Einigung übergeben worden ist, das Eigentum lastenfrei; allein durch die bedingte dingliche Einigung wurde der Token nicht dinglich belastet; siehe dazu § 4II.2.c).

[308] Anders hingegen *Arndt* Bitcoin-Eigentum, S. 118, demzufolge mithilfe von Smart Contracts eine Teilmacht eingeräumt werden kann, die mit einem Anwartschaftsrecht entspreche; ebenfalls deutliche Parallelen zum Anwartschaftsrecht sehend *Kaulartz/Heckmann* CR 2016, 618 (619).

cc) Gesicherte Eigentumsübertragung

Anders gestaltet sich die Lage, wenn die zu übereignenden Token unumkehrbar an den Smart Contract transferiert werden ((1)) oder der Smart Contract die Übereignung der Token im Schwebezustand verhindern kann ((2)). Ein Anwartschaftsrecht ist dann denkbar, muss aber auch entsprechend publik erkennbar sein ((3)).

(1) Zuordnung der Token an die Adresse des Smart Contract

Werden Token an den Smart Contract referiert, sind sie bis zum Bedingungseintritt unter der Adresse des Smart Contracts gehalten. Erst bei Bedingungseintritt werden sie an den Erwerber weitergeleitet. Tritt die Bedingung nicht ein, überträgt der Smart Contract die Token zurück an den Veräußerer.

In einem solchen Fall hat der Veräußerer mit der Transaktion an den Smart Contract alles zur Übereignung des Eigentums Erforderliche vorgenommen, inklusive der vollständigen Besitzaufgabe. Es verlängert sich lediglich der Prozess der Übergabe, da der Erwerber den Besitz erst nach Bedingungseintritt und Weiterleitung des Tokens erlangt und die Übergabe erst dadurch abgeschlossen wird. Davor hat der Erwerber mangels Bedingungseintritt und vollständiger Übergabe noch kein Eigentum erlangt. Trotzdem hat er eine bereits gesicherte Rechtsposition, da der Smart Contract streng nach unveränderbaren Protokollregeln agiert und eine spätere Transaktion des Veräußerers bereits faktisch nicht möglich ist; die Token werden ja gerade vom Smart Contract gehalten, der die Token nicht von sich aus an Dritte übertragen kann.

Verfügt der Veräußerer trotzdem über sein Eigentumsrecht, wird diese (sich rein auf rechtlicher Ebene abspielende) Verfügung nach § 161 Abs. 1 BGB mit Eintritt der Bedingung unwirksam. Das Recht muss sich hier gerade nicht an faktischen Gegebenheiten orientieren, die einer solchen rechtlichen Bewertung von vornherein entgegenstehen würden. Denn der Dritte erhält vom Veräußerer überhaupt keinen Token und der Eigentumserwerb kann somit ohne Weiteres vom Recht als unwirksam erklärt werden. Die Rechtsstellung des Erwerbers ist damit derart gesichert, dass er ein Anwartschaftsrecht erhält, das mit Bedingungseintritt und automatisiertem Besitzerwerb automatisch zum Eigentumsrecht erstarkt.

(2) Verhinderung einer anderweitigen Transaktion durch den Smart Contract

Alternativ kann der Smart Contract die Übereignung der Token im Schwebezustand verhindern. Dabei blockiert der Smart Contract die zeitlich nachgelagerte Transaktion, sodass diese faktisch unwirksam wird. Obwohl die Übergabe noch nicht abgeschlossen ist, kann sie nicht mehr verhindert werden und der Erwerber erlangt gewissermaßen eine faktische Anwartschaft.

Hieran kann das Recht durch Anwendung des § 161 Abs. 1 BGB anknüpfen. Dieser sieht vor, dass Verfügungen insoweit unwirksam sind, als sie die von der Bedingung abhängige Wirkung einer früheren Verfügung vereiteln oder beeinträchtigen würden. Die Wirkung der früheren Verfügung darf dabei also grundsätzlich nur noch von der Bedingung abhängig sein; alle anderen Voraussetzungen müssen bereits vorliegen.[309] Maßgeblich ist dabei allerdings der Moment des Bedingungseintritts, in dem der Smart Contract dann die Übergabe automatisch vervollständigt. Aufgrund dieses Automatismus ist die Wirkung – auch wenn die Übergabe eigentlich noch fehlt und daher nicht alle Verfügungsvoraussetzungen gegeben sind – allein von der Bedingung abhängig. Die Übergabe kann nicht mehr verhindert werden; der Veräußerer hat seinen Besitz mit Einleitung der Transaktion schon vollständig aufgegeben. Eine spätere Verfügung würde diese Wirkung vereiteln oder beeinträchtigen.

Würde das Recht dies nicht berücksichtigen und die Eigentumsverfügung nicht als unwirksam einstufen, obwohl der Token den Inhaber wechselt, würden Besitz und Eigentum dauerhaft auseinanderfallen. Genau das soll von § 161 Abs. 1 BGB verhindert werden. Dieser muss daher anwendbar sein, sodass der Erwerber bis zum Bedingungseintritt auch in rechtlicher Hinsicht ein Anwartschaftsrecht erlangt.

(3) Publizität der Anwartschaft und des Anwartschaftsrechts

In beiden Konstellationen ist das Anwartschaftsrecht allerdings nicht aus dem Token erkennbar. Dass ein Anwartschaftsrecht besteht, ergibt sich allenfalls aus den öffentlich einsehbaren Transaktionsdaten des Smart Contracts: Die faktische Anwartschaft ergibt sich nur zusammen mit dem Programmcode des Smart Contracts und hieraus kann dann die Existenz eines entsprechenden Anwartschaftsrechts geschlussfolgert werden. Der Token selbst ist hingegen nur ein Eintrag in den Transaktionsdaten des Smart Contracts, dem er zugeordnet ist.[310]

Das steht der Entstehung eines Anwartschaftsrechts jedoch nicht entgegen. In der Tat wäre die Vorstellung, die Anwartschaft müsse sich direkt aus dem Token ergeben, zu vereinfacht. Aus den frei zugänglichen Transaktionsdaten der Smart Contracts kann zwar grundsätzlich herausgelesen, welche Token

---

[309] Vgl. zu dieser Voraussetzung BeckOGK-BGB/*Reymann* § 161 Rn. 37.

[310] Zwar ist es technisch nicht ausgeschlossen, eine Software zu programmieren, welche die im Distributed Ledger einsehbaren Informationen eines Smart Contracts mit den Token verknüpft und dadurch belastete Token auch als solche darstellt. Grundsätzlich wird aber eher der Tokenbestand eines bestimmten Inhabers oder Smart Contracts angezeigt als der Werdegang des Tokens selbst. Eine gesonderte, am Bestand des Tokens orientierte Darstellung, wird derzeit von der bekanntesten Suchplattform *etherscan* nur für NFTs ermöglicht. Doch auch hier werden eventuelle Nutzungsbeeinträchtigungen nicht dargestellt, sondern nur, welche Smart Contracts in ihren Transaktionen auf diesen NFT Bezug genommen haben.

transferiert worden sind. Jedoch handelt es sich dabei nicht um eine Information, die dem Tokeneintrag in gleicher Weise inhärent ist wie dessen Zuordnung. Der Token wird nicht etwa um die Bemerkung ergänzt, dass ein Dritter eine Anwartschaft auf diesen hat. Eventuelle Nutzungsbeschränkungen durch Smart Contracts sind somit nicht aus den Token im Sinne einer Publizität erkennbar. Erkennbar ist nur die Zuordnung im Distributed Ledger. Die durch diese Zuordnung vermittelte tatsächliche Herrschaftsmacht über einen Token besteht entweder ganz oder gar nicht und kann nicht beschränkt werden.[311]

Dass die Zuordnung nur ganz oder gar nicht bestehen kann, zeigt sich bereits mit Blick auf die Nutzungsmöglichkeiten des Tokens. Diese bestehen im Wesentlichen aus dem Nachweis der Inhaberschaft. Ob diese Nutzungsmöglichen eingeschränkt sind, ergibt sich erst aus den rechtlichen Regelungen, die gegebenenfalls in verknüpften Smart Contracts sichtbar werden. Der Tokeneintrag selbst bleibt davon unberührt und ist stets vollumfänglich einer Adresse zugeordnet. Beschränkt werden kann nur das Eigentumsrecht, wohingegen das Innehaben, also die Zuordnung im Distributed Ledger, vom Besitz mit seiner ja/nein-Option[312] abgebildet wird.

Auch auf rechtlicher Ebene ist daher nicht erforderlich, verschiedene Eintragungen zu ermöglichen und eine größere Offenheit bezüglich verschiedener Belastungsmöglichkeiten zu bieten. Es bedarf daher auch keiner rechtlichen Übereignung oder Belastung, die nach dem Vorbild der §§ 873 ff. BGB von einer entsprechenden Eintragung abhängig gemacht wird.[313] Das Distributed Ledger ist kein Register über die einzelnen Rechtspositionen und deren eventuelle Belastungen, sondern vermittelt unabhängig von seiner registerähnlichen Struktur eine tatsächliche Sachherrschaft.[314]

(4) Zwischenergebnis zur gesicherten Eigentumsübertragung

Eine gesicherte Eigentumsübertragung liegt somit nur vor, wenn ein Smart Contract implementiert ist, der so programmiert ist, dass er potenzielle Zwischenverfügungen verhindert. Nur dann ist auch die Entstehung eines Anwartschaftsrechts gerechtfertigt. Dabei ist nicht erforderlich, dass sich die konkreten Bedingungen der Anwartschaft aus dem Token ergeben. Die automatisierte Zuordnung im Distributed Ledger reicht insoweit aus.

---

[311] So aber wohl das Verständnis von *Arndt* Bitcoin-Eigentum, S. 120 f.
[312] Ebenso *Arndt* Bitcoin-Eigentum, S. 103, 121 Fn. 168, der jedoch gerade als Argument sieht, insoweit die flexibleren §§ 873 ff. BGB anzuwenden.
[313] So der Vorschlag von *Arndt* Bitcoin-Eigentum, S. 113 f., 120 ff., der aus diesem Grund eine Gesamtanalogie als einzig sachgerechte Lösung ansieht.
[314] Siehe § 4I.3.

dd) Zwischenergebnis zur bedingten Eigentumsübertragung

Eine bedingte Eigentumsübertragung kann mithin auch bei Token vereinbart und entsprechend abgebildet werden. Die rechtlichen Regelungen sind insoweit entsprechend anwendbar.

b) Sicherungsübereignung mit auflösend bedingter Rückübereignung

Daneben kann das Eigentumsrecht an Token auch durch eine Sicherungsübereignung mit auflösend bedingter Rückübereignung belastet sein. Wie soeben gezeigt wurde, führen die technisch umsetzbaren Bedingungen der Tokenübertragung zu einer Art bedingten Besitzerwerb. Der Besitz wird erst übertragen, nachdem eine bestimmte Bedingung eingetreten ist.

Auch bei der Sicherungsübereignung mit auflösend bedingter Rückübereignung wird eine automatische Rückübertragung vorgesehen, sobald das Besitzmittlungsverhältnis aufgrund eines Bedingungseintritts endet. Das Eigentum und der Besitz, die wegen der Vereinbarung des Besitzmittlungsverhältnisses zunächst auseinanderfallen, sollen sich dann automatisch wieder vereinen. Zwischenzeitliche Verfügungen des Eigentümers werden nach § 161 Abs. 2 BGB unwirksam, wohingegen der Besitzer trotz § 161 Abs. 3 BGB wegen § 936 Abs. 3 BGB sogar gegenüber einem Wegerwerb durch einen gutgläubigen Dritten geschützt ist. Dies kann so auf Token übertragen werden, wo der Tokeninhaber geschützt wird, da er sich im Besitz des Tokens befindet.[315] Der Tokeninhaber, der sein ursprüngliches Eigentum übereignet hat, erhält eine Rückerwerbsanwartschaft, das bei Bedingungseintritt automatisch wieder zu seinem ursprünglichen Vollrecht zurückerstarkt.

Die Rückerwerbsanwartschaft des Tokeninhabers kann auch als solche übertragen werden, soweit im Zuge dessen der Token übergeben wird. Grund dafür ist, dass das Anwartschaftsrechts als wesensgleiches Minus zum Vollrecht analog §§ 929 ff. BGB übergeht, sodass der bisherige Tokeninhaber seine faktische Zuordnung im Distributed Ledger aufgeben muss. Der neue Anwartschaftsrechtsinhaber wird dann bei Bedingungseintritt unmittelbar Eigentümer.[316]

---

[315] BeckOGK-BGB/*Klinck* § 930 Rn. 202.

[316] BeckOGK-BGB/*Klinck* § 930 Rn. 203; Grund für den unmittelbaren Eigentumserwerb ist der wirtschaftliche Wert, der in der Möglichkeit liegt, das Anwartschaftsrecht weiterveräußern zu können, sodass spätere Belastungen beim „Durchgangseigentümer" wie die Eröffnung eines Insolvenzverfahrens nicht zu Lasten des neuen Anwartschaftsrechtsinhabers gehen dürfen; siehe dazu bereits BGH, Urteil vom 22. Februar 1956, IV ZR 164/55, BGHZ 20, 88 (passim); ferner BeckOGK-BGB/*Klinck* § 929 Rn. 163 f. mwN, 167.

c) Pfandrecht

Auch die Vorschriften zum Pfandrecht schränken das Eigentumsrecht sein und müssen daher auf Token anwendbar sein (aa)). Allerdings beinhalten die Regelungen zum Pfandrecht diverse Besonderheiten, denen eine differenzierte Interessensabwägung zugrunde liegt (bb)). Für die Anwendbarkeit des Pfandrechts auf Token ist das von wesentlicher Bedeutung, da insbesondere die fehlende Flexibilität des Faustpfandrechts, welches an beweglichen Sachen besteht, nicht zu der Struktur von Token passen könnte (cc)). Ein Blick auf die elektronischen Wertpapiere des eWpG zeigt jedoch, dass das Pfandrecht durchaus als anwendbar erachtet wird (dd)).

aa) Pfandrecht an Token

Bewegliche Sachen können nach §§ 1204 ff. BGB durch ein Pfandrecht belastet werden, das vertraglich vereinbart oder gesetzlich vorgesehen sein kann. Dabei handelt es sich um ein Mittel zur Kreditsicherung, das dem begünstigten Gläubiger ein streng akzessorisches, dingliches Verwertungsrecht einräumt, um sich aus dem Erlös wegen einer ihm zustehenden Forderung zu befriedigen.[317] Trotzdem wird, anders als etwa bei der Sicherungsübereignung, nur ein Teilrecht übertragen. Der Gläubiger erhält somit nur ein dingliches Recht, dass sich auf die Verwertungsbefugnis bei Pfandreife beschränkt, während alle übrigen Rechte aus § 903 BGB beim Eigentümer verbleiben.[318] Um allerdings die Publizität der Pfandrechtsbestellung an beweglichen Sachen zu erreichen, folgt das Gesetz dem sogenannten Faustpfandprinzip, wonach das Pfandrecht nur begründet werden kann, wenn dem Pfandgläubiger die Sache übergeben wird, § 1205 Abs. 1 BGB.[319]

Da auch bei Token eine Übergabe möglich ist,[320] ist die Einräumung eines Pfandrechts am Token grundsätzlich denkbar. Die Neuzuordnung des Tokens begründet eine Publizität, die mit der des Besitzes vergleichbar ist. Eine Eintragung des Pfandrechts in das Distributed Ledger ist hingegen nicht erforderlich und auch nicht sachgerecht, da dieses nur die faktische Sachlage und nicht die Rechtslage widerspiegelt.

---

[317] Statt aller BeckOGK-BGB/*Förster* § 1204 Rn. 1, 3; zu den Pfandrechtsgrundsätzen ebd. Rn. 5 ff.

[318] BeckOGK-BGB/*Förster* § 1204 Rn. 6.

[319] Alternativ kann nach § 1205 Abs. 2 BGB auch der mittelbare Besitz übertragen und die Verpfändung dem unmittelbaren Besitzer angezeigt werden oder aber nach § 1206 BGB qualifizierter Mitbesitz begründet werden.

[320] Siehe § 4I.3.

bb) Weitere Regelungen zum Pfandrecht

Die Regelungen zum Pfandrecht gehen allerdings noch etwas weiter. So ist etwa kein besitzloses Pfandrecht vorgesehen, sodass insoweit keine Parallele zu § 930 BGB besteht. Denn dann wäre der Eigentümer nach wie vor in der Lage, die Sache an einen gutgläubigen Dritten lastenfrei zu übereignen, während der Pfandgläubiger überhaupt nicht abgesichert wäre. Bei der Sicherungsübereignung nimmt der Sicherungsnehmer die Gefahr, dass er sein Eigentum aufgrund eines gutgläubigen Erwerbs durch einen Dritten verliert, bewusst in Kauf;[321] bei einem Pfandrecht soll diese Gefahr aber nicht gegeben sein. Muss die Sache also genutzt werden, um die gesicherte Forderung begleichen zu können, kommt ein Pfandrecht nicht in Betracht.[322]

Ferner kann ein Pfandrecht nur übertragen werden, indem die Forderung abgetreten wird. Das Pfandrecht folgt der Forderung dann aufgrund der strengen Akzessorietät. Eine gesonderte Übertragung des Pfandrechts für sich allein ist nicht möglich und ist immer als Abtretung der gesicherten Forderung auszulegen, § 1250 Abs. 1 BGB. Dennoch ist eine Übergabe der Pfandsache bei Abtretung der gesicherten Forderung nicht erforderlich.[323] Erworben wird lediglich ein Recht zum Besitz, durch das ein Anspruch auf Herausgabe des Pfandes begründet wird, § 1251 Abs. 1 BGB.[324] Grund dafür ist, dass das Pfandrecht der Forderung ausschließlich kraft Gesetzes folgt und ein wie auch immer gestaltetes Handeln der Parteien nicht erforderlich sein soll. Dahinter steht wiederum die Erwägung, dass die gesicherte Forderung übertragbar bleiben soll, ohne dass weitere Formvorschriften zur Sicherung einer Publizität hinzukommen. Diese mögen bei Grundstücken aufgrund deren hoher Vermögenswerte sachgerecht sein, bei beweglichen Sachen würden sie jedoch die Verkehrsfähigkeit der Forderung übermäßig hemmen. Das wäre dann nicht mehr im Sinne des Pfandrechtsinhabers, der den Vermögenswert der Forderung absichern, deren wirtschaftliche Nutzbarkeit aber nicht einschränken will.[325] Die Bedeutung der Verkehrsfähigkeit der Forderung wird einmal mehr

---

[321] Er kann sich dank der automatisierten Vertragsdurchsetzung durch Smart Contracts jedoch schützen, indem im Zuge der Vereinbarung eines Besitzmittlungsverhältnis ein Smart Contract implementiert wird, der eine unberechtigte Transaktion des Tokens an Dritte von vornherein unmöglich macht.

[322] Statt aller BeckOGK-BGB/*Förster* § 1204 Rn. 9 f.; zur Kritik ebd. Rn. 45.

[323] *Wellenhofer* SachR § 16 Rn. 25.

[324] § 1251 Abs. 1 BGB hat daher neben §§ 1227, 985 BGB eine rein klarstellende Funktion, vgl. BeckOGK-BGB/*Förster* § 1251 Rn. 2.

[325] Vgl. dazu *Heinemeyer* Grundsatz der Akzessorietät, S. 204, die die Akzessorietät im BGB als flexiblen Grundsatz einordnet, der nicht nur der Sicherung des Gläubigerinteresses diene, sondern in Ausgleich gebracht werde etwa mit den Bedürfnissen der Verkehrsfähigkeit. Soll hingegen nicht die Verkehrsfähigkeit der gesicherten Forderung, sondern die des Sicherungsrechts gewährleistet werden, kann dies nur unter Einschränkung der Akzessorietät erfolgen, vgl. ebd. S. 152.

durch § 1250 Abs. 2 BGB deutlich, demzufolge das Pfandrecht erlischt, wenn eine Abtretung des Pfandrechts vereinbart wurde, die zugrundeliegende Forderung aber trotzdem abgetreten wird. Die Verkehrsfähigkeit der Forderung überwiegt also sogar dann, wenn die Parteien dem Pfandrecht keine Verkehrsfähigkeit zukommen lassen wollen.[326] Um also diese Verkehrsfähigkeit der Forderung zu wahren, verlangt das Gesetz bei Übertragung des Pfandrechts keine Übergabe der Pfandsache, sondern gewährt mit § 1251 Abs. 1 BGB lediglich einen entsprechenden Herausgabeanspruch des neuen Pfandrechtsinhabers.

Bedeutung hat das aber für den gutgläubigen Zweiterwerb. Ist eine Besitzverschaffung nicht erforderlich, um das Pfandrecht zu übertragen, fehlt es auch an einem Publizitätsakt. Es kann somit kein objektiver Rechtsscheintatbestand entstehen, auf dem ein guter Glaube hinsichtlich der Übertragung eines Pfandrechts beruhen könnte. Denn die Übertragung erfolgt stets von Gesetzes wegen. Ein gutgläubiger Zweiterwerb des Pfandrechts wird daher abgelehnt.[327] Demgegenüber sind im Rahmen des Ersterwerbs die Gutglaubensvorschriften nach § 1207 BGB noch anwendbar, weil es sich insoweit um eine rechtsgeschäftliche Vereinbarung der Parteien handelt und stets auch die Übergabe der Pfandsache verlangt wird.[328] Im Ergebnis aber ist das Pfandrecht an beweglichen Sachen damit – paradoxerweise um die Verkehrsfähigkeit der zugrundeliegenden Forderung zu erhöhen – weniger verkehrsfähig als die Grundpfandrechte, die durch Änderung der Eintragung auch problemlos an Dritte übertragen werden können.

cc) Bedeutung für die Anwendbarkeit auf Token

Um beantworten zu können, ob ein Pfandrecht trotz dieser Einschränkungen auf Token anwendbar sein kann, ist ein Blick auf die hierbei bestehende Interessenslage zu werfen. Token werden in der Regel keinen so hohen Vermögenswert haben, der mit denen von Grundstücken vergleichbar wäre.[329] Token

---

[326] Bei der Hypothek wird der Abtretung der zugrundeliegenden Forderung hingegen kein vergleichbarer Vorgang eingeräumt, da insoweit die Löschung im Grundbuch in Anbetracht der hohen Vermögenswerte von Grundstücken angemessen erscheint, vgl. Mot III 829 sowie zum Vergleich ferner BeckOGK-BGB/*Förster* § 1250 Rn. 12.

[327] Ausführlich dazu *Wellenhofer* SachR § 16 Rn. 27; daneben ist ein gutgläubiger Erwerb eines Pfandrechts, dessen zugrundeliegende Forderung nicht besteht, nicht möglich, da dann schon das Pfandrecht wegen der strengen Akzessorietät nicht besteht, ebd. Rn. 26.

[328] *Wellenhofer* SachR § 16 Rn. 16, 27.

[329] So auch *Arndt* Bitcoin-Eigentum, S. 110, dem zufolge diese Erwägungen zur Interessenslage bei der Frage nach der anwendbaren Norm außer Betracht bleiben müssen. Der hohe fünfstellige Wert, der Bitcoin-Token teilweise zugesprochen wird, ist insoweit eine absolute Ausnahme, die in der hohen Investitionstauglichkeit begründet liegt; selbst dem Ether-Token, der wegen seiner Funktion für das Ethereum-Netzwerk von hoher praktischer

werden also auch nicht als Sicherungsmittel für hohe Forderungssummen dienen. Vielmehr sollten diese Forderungen als solche verkehrsfähig bleiben, auch wenn zu deren Sicherung ein Pfandrecht an einem Token vereinbart wird. Das bedeutet aber wiederum, dass das Pfandrecht am Token auch streng akzessorisch zur Forderung ausgestaltet werden sollte, auch wenn dies zulasten der Verkehrsfähigkeit des Pfandrechts selbst gehen sollte. Eine Vereinbarung des Pfandrechts wäre dann nur mit Übergabe, also Transaktion des Tokens möglich. Dieses Pfandrecht kann auch nicht isoliert übertragen werden. Es kann lediglich die zugrundeliegende Forderung abgetreten werden, wodurch das Pfandrecht am Token automatisch mitgeht. Der Token verbleibt zwar zunächst beim früheren Pfandrechtsinhaber, der dem Token im Distributed Ledger als Inhaber zugeordnet ist. Da für eine Übergabe stets die Mitwirkung des Inhabers erforderlich ist, kann das Gesetz lediglich den Herausgabeanspruch gegenüber den früheren Pfandrechtsinhaber als Besitzer ohne Recht zum Besitzer vorsehen, was es mit § 1251 Abs. 1 BGB ja gerade tut. Ein gutgläubiger Zweiterwerb des Pfandrechts an Token wäre hingegen nicht möglich. Denkbar wäre nur der gutgläubige lastenfreie Erwerb des Eigentums am Token selber ohne die Pfandrechtsbelastung, wofür allerdings die Übergabe des Tokens ausreichen muss.[330]

Gerade wegen der vielfältigen Gestaltungsmöglichkeiten bei Token wird das Pfandrecht jedoch nicht als ausreichend flexibel erachtet.[331] Doch darf die Tatsache, dass sich das Distributed Ledger wegen seiner registerähnlichen Gestaltung dazu eignet, bei Abtretung der gesicherten Forderung stets auch eine Eintragung zu verlangen, nicht zu dem Fehlschluss führen, dass dies auch sachgerecht wäre. Die Abtretung der zugrundeliegenden Forderung, die gerade außerhalb des Distributed Ledgers begründet ist, darf nicht erschwert werden, indem stets auch eine Eintragung im Distributed Ledger erforderlich ist – sei es durch die Implementierung entsprechender Nutzungseinschränkungen in einen Smart Contract oder durch vollständige Neuzuordnung des Tokens. Die Akzessorietät dient auch im Distributed Ledger dazu, die Verknüpfung von

---

Bedeutung ist, wird kein derart hoher Vermögenswert zugesprochen; in der Regel haben Token vielmehr einen Durchschnittswert von wenigen Euros.

[330] Nicht auf die Übergabe des Tokens, sondern auf die Erkennbarkeit der pfandrechtlichen Belastung im Distributed Ledger abstellen und §§ 892, 936 Abs. 1 BGB analog anwendend *Arndt* Bitcoin-Eigentum, S. 123; dies ist grundsätzlich denkbar, nach dem hier vertretenen Verständnis des Distributed Ledgers als Publizitätsmittel einer rein faktischen Sachlage allerdings weniger nutzerfreundlich, da sich die Pfandrechtsbelastung allenfalls aus den Transaktionsdaten des Smart Contract ergeben könnte, die rein rechtliche Belastung hingegen nicht im Distributed Ledger abgebildet sein muss; das Abstellen auf die besitzähnliche Inhaberschaft erscheint daher sachgerechter.

[331] Vgl. *Arndt* Bitcoin-Eigentum, S. 102 f., 121 f., der aufgrund der besseren Publizität stattdessen die flexibleren Vorschriften zu den Grundpfandrechten anwenden möchte, die bei denen eine Übergabe im Sinne eines Zweiterwerbs aufgrund der Eintragung möglich ist.

schuldrechtlichen Forderungen und dinglichen Rechtspositionen zu gewährleisten, und nicht zur Verknüpfung von faktischer Herrschaftsmacht und rechtlicher Verfügungsmacht.[332] Dass Besitz und Pfandrecht dadurch auseinanderfallen können, wird von der Rechtsordnung nicht hingenommen, sondern durch die Regelungen zum Pfandrecht vielmehr in Ausgleich gebracht.

Zudem sollte insoweit weiter differenziert werden. Handelt es sich um einen Token, der eine weitergehende Nutzung verkörpert, werden sich die Parteien in der Regel gegen die Einräumung eines Pfandrechts entscheiden. Stattdessen werden sie sich auf eine Sicherungsübereignung einigen, die, wie oben dargelegt, bei Token auch ohne Weiteres möglich ist.[333] Damit wäre die Verkehrsfähigkeit ein weiteres Mal erhöht, wenn auch zu dem Nachteil, dass keine vergleichbar absolut wirkenden, dinglichen Rechte bestehen. Hier wird wieder das allgemeine Bedürfnis des Rechtsverkehrs sichtbar: Führt eine dingliche Belastung ohne entsprechende Publizitätsträger zu mangelndem Vertrauen, wirkt sich das wieder negativ auf die allgemeine Verkehrsfähigkeit aus.[334] Geht es allerdings um einen rein intrinsischen Token, der keine weitere Nutzungsmöglichkeit verkörpert, ist es nicht ausgeschlossen, dass die Parteien ein Pfandrecht vereinbaren und den Token an den Pfandrechtsgläubiger transferieren werden. Dabei handelt es sich jedoch letztendlich um eine wirtschaftliche Entscheidung. Der Anwendbarkeit der pfandrechtlichen Vorschriften auf Token steht das nicht entgegen. Es muss nicht auf die Regelungen für Sicherungs- und Verwertungsrechte an Grundstücken zurückgegriffen und eine Registereintragung vorausgesetzt werden.[335]

Allerdings wird nicht ohne Grund ein gesondertes Pfandrechtsregister diskutiert, das auch bei besitzlosen Pfandrechten Publizität gewährleisten würde.[336] Dieses Pfandrechtsregister wäre gerade als Erweiterung zu derjenigen Publizität erforderlich, die sich aus dem Besitz ergibt. Im Rahmen des Distributed Ledgers ist es zwar aufgrund der registerähnlichen Gestaltung grundsätzlich denkbar, dass sich die Verpfändung aus entsprechenden Smart Contracts ergeben kann und diese zusätzlich erforderliche Publizität somit direkt integriert wird.[337] Ferner ist es durchaus möglich, mithilfe entsprechender Smart Contracts die Transaktion über einen Token von vornherein zu

---

[332] Das hingegen scheint gerade das Argument von *Arndt* Bitcoin-Eigentum, S. 121 f. zu sein, wenn er sich auf die größere Flexibilität bei der faktischen Herrschaftsmacht durch Registereintrag bezieht.

[333] Siehe § 4II.3.b).

[334] Gerade aus diesen Erwägungen wird bei Sicherungseigentum die Möglichkeit eines gutgläubigen Erwerbs beschränkt und insoweit eine Übergabe der Sache gefordert, § 933 BGB. Zu praktischen Bedeutung der Sicherungsübereignung siehe statt aller *Wellenhofer* SachR § 15 Rn. 1 ff.

[335] So hingegen der Vorschlag von *Arndt* Bitcoin-Eigentum, S. 121.

[336] BeckOGK-BGB/*Förster* § 1204 Rn. 45.3 ff.

[337] So wohl auch *Arndt* Bitcoin-Eigentum, S. 121 f.

blockieren. Dieser kann dann nicht mehr übergeben werden, wodurch auch das Eigentum nicht mehr an gutgläubige Dritte übereignet werden kann. Jedoch kann das Recht eine generelle Publizität nur anerkennen, wenn diese aufgrund faktischer Gegebenheiten auch sicher besteht. Dies ist selbst in Distributed Ledgern nicht der Fall; das Distributed Ledger als Abbildung der faktischen Gegebenheiten gewährleistet keine vorrechtliche Publizität, aufgrund der die Möglichkeit eines Pfandrechts auch ohne Übergabe anerkannt werden könnte. Eine Anwendung der §§ 873 ff. BGB würde hier zwar größere Flexibilität bieten und auch die Einräumung eines besitzlosen Pfandrechts ermöglichen, da eine Eintragung im Distributed Ledger ausreichen würde.[338] Jedoch müsste stets im Einzelfall sichergestellt werden, dass sich die Belastung auch unmittelbar aus dem Token ergibt, damit diese einer Eintragung in Sinne des § 873 BGB entspricht. Das könnte durchaus zu Lasten der Rechtssicherheit gehen.

dd) Pfandrecht an elektronischen Wertpapieren im Sinne des eWpG

Aufgrund dieser Ungewissheiten könnte ein Blick auf die Regelungen des eWpG aufschlussreich sein. Die Belastung elektronischer Wertpapiere ist im eWpG nicht ausdrücklich geregelt, richtet sich wegen der Sachfiktion unstrittig nach den allgemeinen Vorschriften des Bürgerlichen Gesetzbuchs. Für die Pfandrechtsbestellung werden §§ 1293, 1204, 1205 Abs. 1 BGB für anwendbar erachtet, wonach der Eigentümer zur Bestellung des Pfandrechts die Sache dem Gläubiger übergeben muss. Modifiziert werden diese nur durch die spezielleren Regelungen des eWpG, da die Übergabe durch die Registereintragung ersetzt werde.[339]

Durch die Registereintragung sollen jedoch Eigentümer und Pfandrechtsgläubiger in ihren jeweiligen Rollen in das elektronische Wertpapierregister eingetragen werden.[340] Dies dürfte sich von dem hier vertretenen Besitzverständnis unterscheiden, nach dem sich der Besitz gerade maßgeblich aus der Zuordnung des Distributed Ledgers ergeben soll, während sich die dahinterstehenden Rechtsinhaberschaften allenfalls aus den verbundenen Smart Contracts auslesen lassen. Die Eintragung sollte daher ausdrücklich nur mit einem Hinweis über den pfandrechtlichen Hintergrund verbunden werden, also klar von der rechtlichen Zuordnung getrennt werden, sodass die Eintragung allein maßgeblich für die tatsächliche Inhaberschaft bleibt. Auf die Eintragung ganz zu

---

[338] *Arndt* Bitcoin-Eigentum, S. 122.
[339] Ausführlich *Casper/Richter* ZBB 2022, 65 (78 f.); *Omlor* Elektronische Wertpapiere, S. 137 (144); *Saive/Esmer* NJW 2022, 3038 (3040).
[340] So zumindest die ausdrückliche Schlussfolgerung von *Omlor* Elektronische Wertpapiere, S. 137 (144).

verzichten und stattdessen nur einen Vermerk vorzunehmen, überzeugt wegen des Besitzübertragungserfordernisses beim Faustpfandrecht jedoch nicht.[341]

ee) Zwischenergebnis zum Pfandrecht

Aus den angestellten Erwägungen zu Token im Allgemeinen und zur Handhabung bei elektronischen Wertpapieren im eWpG wird deutlich, dass – auch wenn das Distributed Ledger das Potential hat, weitaus flexiblere Pfandrechtsgestaltungen umzusetzen – die bisherigen Vorschriften grundsätzlich anwendbar sind. Die pfandrechtlichen Vorschriften sprechen somit nicht gegen ein Eigentumsrecht an Token, welches aufgrund deren Sachfähigkeit von vornherein und ohne Notwendigkeit einer (Gesamt-)Analogie bestehen würde.[342]

d) Nießbrauch

Daneben gewährt der Nießbrauch an beweglichen Sachen nach §§ 1030 Abs. 1, 1032 BGB eine umfassende Nutzungsmöglichkeit und gleicht damit in seiner Funktion einem verdinglichten Pachtvertrag.[343] Da er nicht übertragbar oder vererbbar ist, ist die praktische Bedeutung des Nießbrauchs nicht sonderlich hoch.[344] Jedoch scheint es nicht ausgeschlossen, dass sich das in Bezug auf Token ändern könnte. Einerseits ergibt sich deren Wert maßgeblich aus der Nutzungsmöglichkeit des Tokens. Andererseits könnte aufgrund der Pseudonymisierung ein höheres Schutzbedürfnis bestehen. Dem würde der Nießbrauch als dingliches Recht[345] besser Rechnung tragen als ein vergleichbares, aber rein schuldrechtlich begründetes Nutzungsrecht. Im Folgenden soll daher

---

[341] So aber *Casper/Richter* ZBB 2022, 65 (78 f.); zustimmend *Saive/Esmer* NJW 2022, 3038 (3040) mwN.

[342] Insoweit bereits ein im Ursprung anderer Ansatz *Arndt* Bitcoin-Eigentum (passim).

[343] BeckOGK-BGB/*Servatius* § 1030 Rn. 2; zum Umfang gehörten insbesondere auch die Erträge, die die Sache aufgrund eines Rechtsverhältnisses erbringt, ausführlich *Strobel* JURA 2017, 512 (515) sowie *Wellenhofer* SachR § 30 Rn. 10; der Umfang der gewährten Nutzungen kann jedoch auch auf einen bestimmten Anteil beschränkt werden, sodass man von einem Quotennießbrauch spricht, ebd. Rn. 7.

[344] *Wellenhofer* SachR § 30 Rn. 2; BeckOGK-BGB/*Servatius* § 1030 Rn. 39. Die Unübertragbarkeit bezieht sich insoweit nur auf die dingliche Übertragbarkeit, wohingegen der Nießbraucher die Ausübung der Nutzung schuldrechtlich auch einem anderen überlassen kann, *Strobel* JURA 2017, 512 (513); zudem sind Ausnahmen der Unübertragbarkeit für juristische Personen und rechtsfähige Personengesellschaften vorgesehen, § 1059a BGB; der Grund der Unvererbbarkeit dürfte hingegen in der Vermeidung eines dauerhaften Auseinanderfallens von Eigentum und Nutzungsbefugnis liegen, was für das gesamtwirtschaftliche Interesse von Bedeutung ist, ebd. S. 513.

[345] Entgegen dem, was die häufig anzutreffende Bezeichnung eines beschränkt dinglichen Rechts vermuten lässt, besteht die Dinglichkeit gerade unbeschränkt und nur der Umfang der Befugnisse ist im Vergleich zu denen des Eigentümers beschränkt; es handelt sich um ein beschränktes dingliches Recht, *Strobel* JURA 2017, 512 (512).

ein genauerer Blick auf die Anwendbarkeit der entsprechenden Vorschriften auf Token geworfen werden.

Zur Bestellung des Nießbrauchs ist nicht nur eine entsprechende Einigung erforderlich, sondern auch die Übergabe der Sache. Im Falle von Token wäre der Token an den Nießbrauchinhaber zu transferieren. Das ist nicht nur sachgerecht, sondern auch zwingend, wenn aus dem Token dessen Nutzungen gezogen können werden sollen. Insoweit kommt es gerade auf die Inhaberstellung an.[346] Trotzdem ist hier wegen des Verweises des § 1032 S. 2 BGB auf § 930 BGB – und im Unterschied zur Pfandrechtsbestellung – die Vereinbarung eines Besitzmittlungsverhältnisses möglich. Es reicht aus, wenn der Nießbraucherwerber lediglich mittelbaren Besitz erlangt.[347] In diesem Fall ist der Nießbraucher nach § 1065 BGB sogar Dritten gegenüber wie ein Eigentümer geschützt und kann dem Besitzer gegenüber die §§ 985 ff. BGB geltend machen.[348] Grundsätzlich aber ist der Nießbraucher nach § 1036 Abs. 1 BGB zum Besitz der Sache berechtigt, da die Sachnutzung ja in erster Linie in der Gebrauchsmöglichkeit besteht.[349]

Dem Eigentümer, der den Nießbrauch einräumt, verbleibt damit nur noch die Eigentumshülle. Er kann die Sache nicht mehr nutzen, das Eigentum als solches aber noch übertragen, da der Nießbraucher eben nicht die Verfügungsbefugnis erlangt.[350] Daneben ist der Eigentümer insoweit geschützt, als dass der Nießbraucher nach §§ 1036 Abs. 2, 1041 BGB die Sache entsprechend den Regeln einer ordnungsgemäßen Wirtschaft pfleglich behandeln muss und für die gewöhnliche Unterhaltung sorgen muss.[351] Die Sachsubstanz ist gerade dem Eigentümer zugeordnet, während dem Nießbraucher nur die irgendwann einmal endende Nutzungsbefugnis zugeordnet ist.[352] Zwischen Eigentümer und Nießbraucher entsteht somit ein gesetzliches Schuldverhältnis, das in den §§ 1034 ff. BGB geregelt ist.[353]

Sowohl die Vorschriften zur Bestellung durch Einigung und Übergabe als auch diejenigen, die das gesetzliche Schuldverhältnis zwischen Eigentümer und Nießbraucher regeln, sind auch auf Token anwendbar. Interessant ist jedoch, dass der Nießbraucher einseitig auf den Nießbrauch verzichten kann,

---

[346] Siehe dazu § 4II.1.a).
[347] *Strobel* JURA 2017, 512 (514).
[348] *Strobel* JURA 2017, 512 (516); zum Schutz des Nießbrauchs siehe auch § 6I.2.b).
[349] *Wellenhofer* SachR § 30 Rn. 8.
[350] *Strobel* JURA 2017, 512 (512).
[351] Dazu gehört nach § 1045 BGB auch die Versicherung der Sache sowie die in § 1047 BGB normierte Pflicht, die gewöhnlichen öffentlichen und privat-rechtlichen Lasten zu tragen; in beiden Fällen kann bei einer Pflichtverletzung Schadensersatz nach §§ 280 ff. BGB verlangt werden; siehe aus der Rechtsprechung z.B. BGH, Urteil vom 6. Juni 2003, V ZR 392/02, NJW-RR 2003, 1290 (passim); ferner *Wellenhofer* SachR § 30 Rn. 8, 14.
[352] *Strobel* JURA 2017, 512 (515).
[353] *Strobel* JURA 2017, 512 (513).

ohne dass die Rückübertragung des Besitzes notwendig ist, §§ 1064, 1062 BGB. Da es sich hierbei um eine empfangsbedürftige Willenserklärung handelt, muss der Tokeninhaber dies dem Eigentümer in jedem Falle mitteilen. Trotzdem führt der einseitige Verzicht zum Erlöschen des Nießbrauchrechts, sodass es dem Eigentümer obliegt, den Token zurückzuerhalten. Das Nießbrauchrecht kann aber auch unter einer auflösenden Bedingung vereinbart werden, was im Rahmen des Distributed Ledgers insbesondere durch Smart Contracts abgebildet und automatisch umgesetzt werden kann.[354]

Letztlich ergeben sich aber in Bezug auf Token keine Besonderheiten. Im Gegenteil ermöglichen die Vorschriften zum Nießbrauch eine sachgerechte Lösung für die Besonderheiten der DLT, insbesondere das Ziehen mittelbarer Nutzung, das erhöhte Schutzbedürfnis sowie die Möglichkeit, auflösende Bedingungen technisch zu implementieren.

e) Zwischenergebnis zu Belastungen des Eigentums

Selbst wenn man tief in das Sachenrecht einsteigt und dessen vielfältigen Regelungen über mögliche Belastungen des Eigentumsrechts auf Token anwendet, zeigt sich, dass sich Token insoweit reibungslos einordnen. Gerade bei Regelungen, hinter denen ein diffiziler und fein abgestimmter Interessenausgleich steht, lassen sich auf Token übertragen.

4. Zwischenergebnis zum Eigentum am Token

Ein Eigentumsrecht an Token ist somit unproblematisch möglich, auch wenn diverse Vorschriften an die Körperlichkeit des Rechtsobjekts anknüpfen. Zwar kann aus der Tatsache, dass an einem Gegenstand beschränkte dingliche Rechte begründet werden können, noch nicht automatisch geschlossen werden, dass an dem Gegenstand auch ein Eigentumsrecht bestehen kann.[355] Da aber Token alle Eigenschaften aufweisen, die für die Anwendung der Regelungen jeweils erforderlich sind, spricht dies umso mehr für eine moderne Auslegung der Körperlichkeit. Token sind mithin als eigentumsfähige Sachen zu verstehen.

III. Besonderheiten bei extrinsischen Token: Besitz und Eigentum

Besondere wirtschaftliche Bedeutung wird vor allem für extrinsische Token erwartet, welche eine bereits bestehende Rechtsposition abbilden. Um diese Verknüpfung auch auf rechtlicher Ebene abbilden zu können, muss zunächst an den Token selbst eine Rechtsposition bestehen. Ansonsten gibt es auf rechtlicher Ebene nichts, woran die Verknüpfung anknüpfen kann. Eine Rechtsposition besteht, wenn Eigentum nach § 903 BGB an Token anerkannt wird.

---

[354] Zu den verschiedenen Erlöschensgründen *Strobel* JURA 2017, 512 (514).
[355] BeckOGK-BGB/*Lakkis* § 903 Rn. 15

Anschließend ist die rechtliche Verknüpfung als solche zu definieren. Dabei bietet es sich an, zwischen den unterschiedlichen Rechtspositionen zu differenzieren, die verkörpert werden können. Soweit schuldrechtliche Forderungen verbrieft werden sollen, treten keine größeren Probleme auf, da dieses Konstrukt der Rechtsordnung mit den Inhaberschuldverschreibungen bereits bekannt ist (1). Gleiches gilt für die Verbriefung von Mitgliedschaften, die als Bündel verschiedener Rechte und Pflichten einen absoluten Kern haben, dessen Verbriefung der Rechtsordnung jedoch ebenfalls bereits bekannt ist (2). Schwieriger ist vielmehr die Verknüpfung von Token mit dinglichen Rechtspositionen, die bereits von sich aus besteht und ohne dass diese nur von einem Emittenten versprochen werden (3).

1. Mit relativen Rechtspositionen verknüpfte Token

Eine Verknüpfung von Token und relativer Rechtsposition ist grundsätzlich möglich, wenn am Token ein Eigentumsrecht anerkannt wird; das zeigt bereits die Sachfiktion des eWpG.[356] An das Eigentumsrecht kann dann die relative Rechtposition geknüpft werden, wofür die Rechtsordnung § 952 BGB und § 793 BGB vorsieht. Beide Normen unterscheiden sich im Grundsatz nur dahingehend, welcher Rechtsposition anschließend der Vorrang eingeräumt werden soll. Es ist aber sowohl möglich, dass der Token stets dem relativen Recht folgt und eine Übertragung des relativen Rechts immer auch einen Anspruch auf Herausgabe des Tokens begründet, als auch, dass das relative Recht dem Token folgt und die Inhaberschaft am Token immer auch die Inhaberschaft am relativen Recht nachweist. Welche Vorschrift konkret zur Anwendung kommt, sollte – ähnlich wie bei der Verbriefung in Urkunden – stets im Einzelfall entschieden werden. Bislang entspricht die regelmäßige Nutzung jedoch eher der einer Inhaberschuldverschreibung nach § 793 Abs. 1 BGB.[357] Die Nutzung von Token soll nämlich in der Regel die Verkehrsfähigkeit der verknüpften relativen Rechtspositionen erhöhen. Dies wird erreicht, indem die Übertragung des Tokens die Übertragung der Rechtsposition bezweckt und der Token insoweit als Nachweis dient.[358] Die Anwendung des § 952 BGB ist hingegen nur bei

---

[356] Zum eWpG insoweit § 3IV.3.b)aa)(3); zur Anknüpfung an die Sachfähigkeit der Urkunde BeckOGK-BGB/*Vogel* § 793 Rn. 2; zur Sachanknüpfung der Wertpapiere allgemein *Brox/Hennsler* Handelsrecht, Rn. 502; in Bezug auf die Sachfiktion reiner Schuldbuchforderungen auch schon *Fabricius* AcP 162 (1963), 456 (463).

[357] Siehe dazu bereits ausführlich § 3IV.3.b)aa) mwN. Dafür spricht bereits die Wortwahl Token, was auch mit Wertmarke übersetzt werden kann; Wertmarken sind einhellig als Inhabermarken im Sinne des § 807 BGB zu verstehen, die wegen gesetzlichen Verweises nach § 793 Abs. 1 BGB übertragen werden.

[358] Siehe dazu sowie zur Einordnung als Urkunde § 3IV.3.b)aa); ferner *Arndt/Tribula* Digitalisierung, S. 249 (254 f.); MMR/*Möllenkamp/Shmatenko* Kapitel 13.6 Rn. 47 f.; *Kaulartz/Matzke* NJW 2018, 3278 (3281 ff.); *Scholz* Beiträge zum Transnationalen

entsprechender Parteivereinbarung denkbar, wenn Recht und Tokeneigentum so verknüpft sind, dass bei Übergang des verkörperten Rechts ein Anspruch auf Herausgabe des Tokens bestehen soll.[359]

2. Mit Mitgliedschaftsrechten verknüpfte Token

Auch die Tokenisierung einer bestehenden Mitgliedschaft ist denkbar. Dabei geht es nicht um eine Mitgliedschaft, die sich originär aus dem Distributed Ledger und der Tokeninhaberschaft ergibt, wie es etwa bei DAOs der Fall wäre.[360] Vielmehr setzt sich die Mitgliedschaft bereits außerhalb des Distributed Ledgers aus verschiedenen relativ wirkenden Rechten zusammen. Es können zwar auch die einzelnen Mitgliedschaftsrechte durch Token abgebildet werden, meist sollen Token aber die Mitgliedschaft als Ganzes abbilden. Die Gewährung einzelner Rechte, etwa Abstimmungsrechte, wird dann durch weitere Smart Contracts reguliert.

Die Konstellation, dass die Mitgliedschaft mit einem Eigentumsrecht verknüpft wird und sich die weiteren konkreten Rechte nur aus der übrigen vertraglichen Einigung ergeben, ist der Rechtsordnung bereits bekannt: Die Mitgliedschaft an Aktiengesellschaften wird in einer Aktie verbrieft. An dieser besteht ein Eigentumsrecht, wodurch die sachenrechtlichen Regelungen anwendbar werden. Die einzelnen Rechte des Aktionärs hingegen (Recht zur Teilnahme an der Hauptversammlung, Stimm- und Auskunftsrecht, Dividendenanspruch und sonstige Bezugsrechte, etc.) ergeben sich erst aus der Satzung des Unternehmens und aus dem Aktiengesetz. Eine vollständige Tokenisierung der aktienrechtlichen Mitgliedschaft wird wegen der strengen Formalisierung zwar erst möglich sein, wenn der Gesetzgeber die Regelungen zum Aktiengesetz anpasst. Es wird aber deutlich, dass eine Verbriefung der absoluten Mitgliedschaft sachrechtsdogmatisch möglich ist. Allerdings können Mitgliedschaften wegen des Typenzwangs nicht als absolutes Recht in Form eines Tokeneigentums ausgegeben werden.[361] Das Gesetz sieht dies nicht grundsätzlich vor, sondern § 10 AktG bildet eine Ausnahme. Ein Nachweis der

---

Wirtschaftsrecht, Heft 162 (S. 17); BeckOGK-BGB/*Schermaier* § 952 Rn. 20 sowie HdB-KapAnlR/*Schäfer/Eckhold* § 16a Rn. 46; ähnlich *Hanten/Sacarelik* RdF 2019, 124 (130).

[359] Ähnlich *Arndt/Tribula* Digitalisierung, S. 249 (259 f.). Hinfällig ist hingegen die Frage, ob durch die rechtliche Verknüpfung nach § 952 BGB allein ein Eigentumsrecht am Token neu entsteht, siehe § 3IV.3.b)aa); nach Anerkennung als Sache besteht ein Eigentumsrecht bereits automatisch.

[360] Siehe dazu die Erwägungen in § 3IV.3.b)cc).

[361] Siehe bereits § 3IV.3.b)cc)(3); ferner BeckOGK-BGB/*Vogel* § 793 Rn. 45; BeckOGK-AktG/*Vatter* § 10 Rn. 4; dieser Typenzwang wird auch als Argument gegen eine unmittelbare Tokenisierung von Mitgliedschaftsrechten im Zuge des neuen schweizerischen DLT-Gesetzes herangezogen, vgl. *Bundesrat* Rechtliche Grundlagen für DLT und Blockchain in der Schweiz, S. 50 f., 58; die Möglichkeit bejahend für den Fall, dass das vom schweizerischen Gesetzgeber entsprechend erlaubt wird, *Weber* RDi 2021, 186 (188).

Mitgliedschaft ist nur durch Vorlage des schriftlichen Gesellschaftsvertrags oder der Satzung möglich und nur die relativen Mitgliedschaftsrechte können mittels Token übertragen werden.

Denkbar ist jedoch, dass die relativen Mitgliedschaftsrechte in der Satzung oder im Gesellschaftsvertrag vertraglich an das Eigentum am Token geknüpft werden. Diese werden dann nicht einer konkret bestimm*ten* Person zugesprochen, sondern gelten für den jeweiligen, bestimm*baren* Eigentümer des Tokens. Selbst bei Aktien kann auf die Verbriefung verzichtet werden und stattdessen in der Satzung die Mitgliedschaft von der Tokeninhaberschaft abhängig gemacht werden. Durch Verknüpfung mit weiteren Smart Contracts können dann die einzelnen Mitgliedschaftsrechte abgebildet und automatisch umgesetzt werden.[362] Dadurch würde der absolute Gehalt der Mitgliedschaft unverkörpert bleiben, sodass kein Verstoß gegen den Typenzwang vorliegt. Trotzdem würde absolute Mitgliedschaft dem Eigentumsrecht am Token folgen. Alle einzelnen Mitgliedschaftsrechte und -pflichten sind nämlich mit dem Token verknüpft und die absolute Mitgliedschaft wird der Gesamtheit dieser Rechte begründet. Das gilt sowohl für den Bestand als auch für die Zuordnung der absoluten Mitgliedschaft, sodass diese mittelbar über die inhaltliche Ausgestaltung mit einem Token verknüpft werden kann.[363]

3. Mit absoluten Rechtspositionen verknüpfte Token

Wenn es um die Tokenisierung rein dinglicher Rechte geht, fehlen relative Rechtspositionen, an die angeknüpft werden könnte. Trotzdem besteht ein Interesse daran, diese durch Token abzubilden. In der Praxis zeigt sich das durch die Asset Backed Token, bei denen Gegenstände durch schuldrechtliche Übertragungsverpflichtung an Token geknüpft werden. Eine dingliche Rechtsposition ist das allerdings nicht, sondern es wird der Umweg über ein relatives

---

[362] In den Metadaten des Smart Contract sollte dann aber möglichst die Satzung erfasst werden, vgl. insoweit zur Vermeidung von Auslegungsstreitigkeiten *Garcia-Teruel/Simón-Moreno* CLSR 41 (2021), 105543 (S. 11); eine ausführliche Untersuchung würde allerdings zu detailliert ins Aktienrecht einsteigen und ist daher an dieser Stelle nicht möglich; insoweit wird auf entsprechende Literatur verwiesen, z.B. *Hillmann* Die Blockchain-Aktie (passim).

[363] Nicht nur neue Mitgliedschaften, deren Rechte und Pflichten von vornherein von der Existenz eines Tokens abhängig gemacht werden, lassen sich auf diese Weise an Token knüpfen. Auch bereits bestehende Mitgliedschaften können als Token verbrieft werden, da die relativen Mitgliedschaftsrechte und -pflichten nachträglich an ein Tokeneigentum geknüpft werden können. Hier gelten jedoch rechtsformspezifische Besonderheiten, da die gesetzliche Rechtsform den konkreten Inhalt der Mitgliedschaftsrechte und -pflichten bestimmt, *Hüffer* FS Wadle, S. 387 (395 f.) mit Beispielen zu den unterschiedlichen Ausgestaltungen der einzelnen Rechtsformen; demgegenüber die Mitgliedschaft als abstrakte Erscheinung mit einer einheitlichen rechtlichen Struktur ansehen, sodass die Verknüpfung der einzelnen Mitgliedschaftsrechte nicht ausreichen würde, *Lutter* AcP 180 (1980), 84 (88, 155, 158); dazu jedoch kritisch zuletzt *Merkt* ZfPW 2018, 300 (310, 312, 327).

Recht gegangen. Fraglich ist daher, ob Token möglich sind, bei denen der Token unmittelbar die dingliche Rechtsposition der analogen Welt verkörpert (sogenannte Ownership Token).

Grundsätzlich können zwei dingliche Rechte nicht in ihrer Wirkung voneinander abhängig gemacht werden. Beide Rechte verfolgen für sich allein den Zweck, ihren vorrechtlichen Gegenstand rechtlich zuzuordnen. Es gibt somit zwei verschiedene Bezugsobjekte und zwei verschiedene Zuordnungsrechte, die dogmatisch nicht miteinander vereint werden können. Dafür müssten diese Komponenten nämlich derart eng aufeinander abgestimmt werden, dass beide Bezugsobjekte letztlich verschmelzen müssten. Dies wäre ein Fall des gesetzlichen Eigentumserwerbs nach §§ 946 f. BGB, da die Existenz zweier Zuordnungsrechte dem Ziel einer eindeutigen Zuordnung widerspricht.[364]

Dennoch ist eine Tokenisierung dinglicher Rechte nicht von vornherein ausgeschlossen. Vielmehr kann der Gedanke der §§ 946 f. BGB fortgeführt werden und das Bezugsobjekt des Tokeneigentums faktisch mit dem Gegenstand des zu verkörpernden Eigentums verknüpft werden. Insoweit ist zwischen beweglichen (a)) und unbeweglichen Sachen (b)), sowie gegenüber beschränkten dinglichen Rechten (c)) zu unterscheiden.

a) Verknüpfung mit einem Eigentumsrecht an einer beweglichen Sache

Rein technisch ist die Verknüpfung eines Tokens mit einer beweglichen Sache möglich. Es muss lediglich sichergestellt werden, dass auf den Gegenstand nur mithilfe des Tokens zugegriffen werden kann.[365] Dafür bedarf es technischer Vorrichtungen. Zum Beispiel müsste der Gegenstand einen Schließmechanismus vorsehen, der erst nach Nachweis des Tokens Zugriff gewährt.[366] Besitz am Gegenstand und Besitz am Token lassen sich aber so verknüpfen, dass es für eine Sachherrschaft nicht nur die räumliche Einwirkungsmöglichkeit auf den Gegenstand bedarf, sondern auch den Token als eine Art Schlüssel. Besitzrechtlich wäre diese Konstellation mit derjenigen von Schließfächern und Schlüsseln oder Autos und Schlüsseln vergleichbar.

Dadurch werden nicht die Eigentumsrechte auf rechtlicher Ebene miteinander verbunden. Indem aber das Bezugsobjekt für die faktische Zuordnung identisch wird, ist auch nur noch ein Eigentumsrecht erforderlich.[367] Der Smart

---

[364] Siehe bereits § 3 IV.3.b)bb).

[365] Smart Contracts u.a. als Mittel zur Zugangsregulierung physischer Sachen sehend auch *Allen* ERCL 2018, 307 (318), der das größere Potenzial aber dennoch in der Regulierung originär immaterieller Vermögenswerte sieht.

[366] Realisierbar wäre das mit einem QR-Code, der in den Metadaten des Tokens gespeichert ist, vgl. insoweit die Vorschläge für tokenisierten Nießbrauch bei *Garcia-Teruel/ Simón-Moreno* CLSR 41 (2021), 105543 (S. 12).

[367] Vgl. insoweit *Low/Teo* Law Innovation and Technology 2017, 235 (248), die recht kühn behaupten, dass es keine Übertragung im traditionell sachenrechtlichen Sinne gebe, da

Contract, der den Token in die Nutzung des Gegenstands implementiert, wird dadurch zwar zu einer rein schuldrechtlichen Vereinbarung, vollzieht sich aber automatisiert und ist daher auch auf dinglicher Ebene von Bedeutung. Das Recht erkennt eine ähnliche Konstellation bereits in § 137 S. 1 BGB an: Hier liegt eine schuldrechtliche Vereinbarung vor, die die Verfügungsbefugnis von einer Bedingung abhängig macht. Diese Bedingung tritt ohne Zutun der Parteien ein, weshalb die Vereinbarung letztlich dingliche Wirkung entfaltet. Das wird mit § 137 S. 1 BGB anerkannt.[368] Die Nutzungsmöglichkeit, die das Eigentumsrecht gestaltet, kann so beeinflusst werden, dass letztlich auch das Eigentumsrecht beeinflusst wird. Dies muss auch im Rahmen von Smart Contracts anerkannt werden. Der Token ist dann nur die faktische Verkörperung des Inhalts des Eigentumsrechts.

Eigentum und Besitz können allerdings auseinanderfallen. Auch wenn ein dauerhaftes Auseinanderfallen vom Recht nicht erwünscht ist, muss das Recht das entsprechend anerkennen, erfassen und absichern.[369] Die faktische Verknüpfung von Gegenstand und Token darf nicht nur auf besitzrechtlicher Ebene bestehen, sondern muss auch auf eigentumsrechtlicher Ebene wirken. Ansonsten würde keine Verschmelzung beider Eigentumsrechte zu einem einheitlichen Recht vorliegen.[370] Der Smart Contract muss die Nutzung daher auch dann untrennbar verbinden, wenn der Besitz am tokenisierten Gegenstand abgegeben wird, etwa über ein Besitzmittlungsverhältnis. Das Besitzmittlungsverhältnis muss daher auch den Token miteinbeziehen, was nur erreicht wird, wenn das Besitzmittlungsverhältnis ebenfalls über einen (zweiten) Smart Contract abgebildet wird. Um hingegen mittelbaren Besitz zu ermöglichen,

---

es sich insoweit immer um eine Wertübertragung und nicht um eine Eigentumsübertragung handele. Wertübertragungen seien zwar immer relativ, sollen aber gegenüber Allen Geltung erlangen, weshalb die Wertübertragung durch die Übertragung der körperlichen Sache glaubhaft gemacht werden müsse. Vor dem Hintergrund dieses Thses dürfte es sich dann aber auch nicht negativ auf den Verkehr auswirken, wenn es für die Wertübertragung der Übertragung zweier Eigentumsrechte bedarf.

[368] Vgl. *Berger* ZGE 2016, 170 (186, 188 ff.). *Garcia-Teruel/Simón-Moreno* CLSR 41 (2021), 105543 (S. 6) wollen eine vollständige Synchronisation zwischen dem Eigentumsrecht am Gegenstand einerseits und der Zuordnung des Tokens im Distributed Ledger andererseits in Anlehnung an §§ 929, 158 Abs. 1 BGB durch eine vertragliche Vereinbarung gewährleisten, die die Übertragung des Eigentums unter die Bedingung einer erfolgreichen Transaktion des Tokens stellt. Dies geschieht mit Verweis auf RHdB-Kryptowerte/*Fromberger/Zimmermann* § 5 Rn. 21, die wiederum aber nur relative Rechte im Blick haben. Im Ergebnis wird also wohl auf die dingliche Einigung abgestellt. Jedoch soll ja eigentlich die Übertragung des Eigentumsrechts grundsätzlich und nicht nur in einem konkreten Fall bedingt werden, was dann aber vielmehr eine Bedingung der Verfügungsbefugnis wäre. In diesem Rahmen kommt dann der § 137 S. 1 BGB zum Tragen, der eine solche rechtsgeschäftlich vereinbarte Beschränkung der Verfügungsbefugnis für unwirksam erklärt.

[369] Siehe insoweit die Ausführungen zur dienenden Funktion des Besitzes in § 4I.1.

[370] Vgl. im Grundsatz RHdB-Kryptowerte/*Fromberger/Zimmermann* § 5 Rn. 16.

könnte der Token an ein multiSig Wallet übertragen werden, bei dem auch der Eigentümer noch Zugriff auf den Token haben könnte.[371] Im Ergebnis muss jede Besitzübergabe durch einen entsprechenden Smart Contract abgebildet und anschließend automatisch sowie für alle sichtbar umgesetzt werden. Dann aber besteht ein faktischer Gleichlauf der Eigentumslagen, sodass von einem einheitlichen Bezugsobjekt und Eigentumsrecht gesprochen werden kann.

Um bestimmen zu können, wem bei Implementierung des Tokenzugriffmechanismus im Gegenstand das Eigentum zukommen muss, kann die gesetzgeberische Wertung des § 947 BGB herangezogen werden. Danach werden die bisherigen Eigentümer Miteigentümer, wenn bewegliche Sachen miteinander dergestalt verbunden werden, dass sie wesentliche Bestandteile einer einheitlichen Sache werden. Grundsätzlich bestimmen sich die Anteile des Miteigentums nach dem Verhältnis des Wertes, den die Sachen zur Zeit der Verbindung haben. Da aber in der Regel der Gegenstand als Hauptsache anzusehen sein wird, der lediglich an einen Token geknüpft wird, wird nach § 947 Abs. 2 BGB regelmäßig der Eigentümer des Gegenstands auch das Alleineigentum am Token erwerben. Gleiches gilt für den Fall, dass zwei tokenisierte Bezugsobjekte untrennbar miteinander verbunden werden. Dadurch, dass ein Bezugsobjekt wegfällt, geht eins der Eigentumsrechte nach der Maßgabe des § 947 BGB unter. Smart Contracts können hier bei Verknüpfung gegebenenfalls Ausgleichsregelungen vorsehen.

b) Verknüpfung mit einem Eigentumsrecht an einer unbeweglichen Sache

Auch Grundstücke könnten mit Token verbunden werden. Bei Grundstücken richtet sich die rechtlich maßgebliche Sachherrschaft nach dem Grundbuch, mithilfe dessen die Grundstücke überhaupt erst beherrschbar werden. Obwohl Grundbuch und Distributed Ledger sich in ihrer Struktur ähneln, müsste die das Grundbuch mit einem Token verknüpft werden. Es könnte beispielsweise ein Tokennachweis in das Grundbuch integriert werden.[372] *De lege lata* ist das nicht vorgesehen und es kann mit Recht bezweifelt werden, dass der Gesetzgeber das in nächster Zeit als eine freiwillige Verbriefungsform regeln wird. Zudem werden Grundstücke auch nach einer Tokenisierung nur nach Maßgabe des Bürgerlichen Gesetzbuchs übertragbar sein. Die für die Übereignung nach §§ 873, 925 S. 1 BGB erforderliche notarielle Beurkundung und Grundbucheintragung müssten um die Tokenübertragung ergänzt werden.[373] Umgekehrt

---

[371] Damit in einem solchen Fall die Zuordnung des Tokens ersichtlich bleibt, kann eine eigene *sidechain* implementiert werden; diese basiert als getrennt geführtes Distributed Ledger auf einem eigenen Protokoll, ist aber ebenfalls auf dem zugrundeliegenden Distributed Ledger gespeichert; dazu *Garcia-Teruel/Simón-Moreno* CLSR 41 (2021), 105543 (S. 11).

[372] So wohl auch *Garcia-Teruel/Simón-Moreno* CLSR 41 (2021), 105543 (S. 7); kritisch insoweit auch *Allen* ERCL 2018, 307 (318).

[373] *Garcia-Teruel/Simón-Moreno* CLSR 41 (2021), 105543 (S. 7).

müsste ein Smart Contract implementiert werden, der alle rechtlichen Eigentumsvorschriften für unbewegliche Sachen auf den Token überträgt. Praktischer Mehrwert wäre daher erst dann gegeben, wenn das gesamte Grundbuch nur noch auf Basis von Token funktionieren würde und dadurch Eintragungsprozesse insgesamt automatisiert und beschleunigt würden.[374]

c) Verknüpfung mit einem beschränkten dinglichen Recht an einer beweglichen Sache

Ferner könnte ein beschränktes dingliches Recht tokenisierbar sein. Bei Rechten an Grundstücken ist dies aus gleichen Gründen wie bei der Tokenisierung des Eigentumsrechts nur schwer möglich und praktisch wenig sinnvoll. Bei beweglichen Sachen hingegen könnte eine Tokenisierung der dinglichen Nutzungs-, Verwertungs- oder Erwerbsrechte zu einer besseren Verkehrsfähigkeit führen und daher interessant sein.

Dabei soll zunächst auf die Tokenisierung eines Nießbrauchrechts eingegangen werden. Eigentum und Besitz fallen hier aufgrund einer dinglichen Einigung und der Übergabe nach § 1032 BGB auseinander. Beides kann ähnlich wie ein Besitzmittlungsverhältnis durch einen Smart Contract abgebildet werden.[375] Insbesondere kann der Smart Contract auch die Übergabe des Tokens vorsehen, da insoweit eine Mitwirkung durch Initiierung der Transaktion nur bei Implementierung des Smart Contract erforderlich ist.[376] Dieser Smart Contract existiert dabei zusätzlich zu dem Smart Contract, der das Bezugsobjekt faktisch mit dem Token verknüpft. So wie der Nießbraucher ein Besitzmittlungsverhältnis mit einem Dritten begründen kann, kann an den Smart Contract ein weiterer Smart Contract geknüpft werden, der ein Besitzmittlungsverhältnis abbildet. § 1069 Abs. 2 BGB steht dem nicht entgegen, da ein Nießbrauch an jeder beweglichen Sache vereinbart werden kann. Da der Nießbrauch als solcher allerdings wegen § 1059 BGB nicht übertragbar ist, sollte auch der Token unübertragbar gestaltet werden.[377]

Damit verändert sich die Konstellation bei einem dinglichen Verwertungsrecht, das durch ein Pfandrecht eingeräumt wird, in der grundlegenden Funktionsweise nicht gegenüber derjenigen bei schuldrechtlich vereinbarten Nutzungsrechten.

---

[374] Ähnlich *Garcia-Teruel/Simón-Moreno* CLSR 41 (2021), 105543 (S. 7).

[375] *Garcia-Teruel/Simón-Moreno* CLSR 41 (2021), 105543 (S. 11).

[376] Demgegenüber die Aufsetzung eines zweiten Tokens vorschlagend *Garcia-Teruel/Simón-Moreno* CLSR 41 (2021), 105543 (S. 12), was daraus zu folgen scheint, dass diese nicht von einem eigenen Eigentumsrecht am Token ausgehen.

[377] Mit ERC-1238 besteht für das Ethereum-Netzwerk insoweit sogar bereits ein entsprechender Protokollstandard, *Garcia-Teruel/Simón-Moreno* CLSR 41 (2021), 105543 (S. 12).

d) Zwischenergebnis und Bewertung der Verkörperung absoluter Rechtspositionen

Rechtlich ist zwar keine Verknüpfung von zwei dinglichen Rechten möglich. Faktisch kann das aber erreicht werden, indem sich die beiden Bezugsobjekte gegenseitig bedürfen, um Sachherrschaft auszuüben. Dadurch wird der Gegenstand faktisch mit dem Token zu einem Bezugsobjekt vereint. Gegebenenfalls nebeneinanderstehende dingliche Rechte – das Eigentum an der Sache und das Eigentum am Token – laufen dann stets parallel. Zudem müssen rechtliche Gestaltungsmöglichkeiten wegen der faktischen Verknüpfung mit dem Token durch entsprechende Smart Contracts abgebildet werden. Das Distributed Ledger wird dadurch fast schon zu einer Art dinglichem Rechtsregister: Es bildet Rechtspositionen ab und kann sogar als Publizitätsträger dienen, da der Besitz analoger Sachen faktisch an den Token geknüpft ist.[378]

Es kann sogar die Verfügungsbefugnis abgebildet werden, sodass die Tokenisierung beweglicher Sachen schlussendlich zu einer höheren Transparenz der Rechtslage führen würde. Das setzt aber voraus, dass die Verfügungsbefugnis auch ordnungsgemäß von den Token abgebildet wird. Dafür müssen Distributed Ledger und Eigentumslage des tokenisierten Gegenstands eng aufeinander abgestimmt sein und nicht auseinanderfallen können. Das Distributed Ledger muss eine Richtigkeitsgewähr aufweisen, die mit dem des Grundbuchs vergleichbar ist. Ob dies mit Blick auf eine nicht immer fehlerfreie Programmierung von Smart Contracts gewährleistet kann, ist fraglich und bleibt beobachtungsbedürftig. Die Vorteile einer solchen Tokenisierung liegen jedoch auf der Hand. Dingliche Rechte können dezentraler und transparenter vereinbart und übertragen werden.[379] Auch die Umsetzung der dinglichen Rechte kann automatisiert werden. Insbesondere bei langfristigen Rechtsverhältnissen stellt die Automatisierung wiederkehrender Pflichten für die Parteien eine erhebliche Entlastung dar. Denkbar sind etwa automatische Zahlungen von Miet-, Steuer- und Versicherungsverpflichtungen, während sich der Eigentümer über den Zustand der Sache absichern kann, indem verschiedene Informationen mittels Oracle-Schnittstelle automatisch einbezogen werden.[380]

4. Zwischenergebnis zu den Besonderheiten bei extrinsischen Token

Für alle Rechte, die mit Token verknüpft werden, lässt sich zusammenfassend festhalten, dass das Tokeneigentum stets umfassend und möglichst fehlerfrei mit der verkörperten Rechtsposition synchronisiert werden muss. Dies gilt

---

[378] *Wellenhofer* SachR § 17 Rn. 24 f.
[379] Demgegenüber zur Bedingung der Einsichtnahme ins Grundbuch von einem berechtigten Interesse *Wellenhofer* SachR § 17 Rn. 29.
[380] Am Beispiel des Nießbrauchs *Garcia-Teruel/Simón-Moreno* CLSR 41 (2021), 105543 (S. 11 f.).

nicht nur auf inhaltlicher Informationsebene, sondern vor allem auch im Hinblick auf die Übertragung und die Berechtigung.[381] Dann aber können auch extrinsische Token rechtlich erfasst werden und dingliche Nutzungsgestaltung wieder größere Bedeutung gewinnen.

IV. Rechtsvergleichender Blick nach Italien: Besitz und Eigentum an Token

Nachdem herausgearbeitet wurde, wie nach deutschem Recht Besitz und Eigentum an Token bestehen können, soll nun wieder auf das italienische Recht geschaut werden. Eigentum ist hier nicht an eine körperliche Sache gebunden, sondern kann grundsätzlich an allen Gegenständen bestehen. Es ist daher auch ohne weiteres möglich, ein Eigentumsrecht an Token anzuerkennen. Im Folgenden wird der konkrete Inhalt dargelegt und untersucht, ob sich Unterschiede zu der Konstruktion eines Eigentumsrechts an Token nach deutschem Recht ergeben.

Da das Eigentumsrecht auch im italienischen Recht nicht losgelöst vom Besitz betrachtet werden kann, wird auf den Besitz an Token (2) eingegangen, bevor das Eigentumsrecht an Token überblicksartig dargestellt wird (3). Anschließend werden daraus Schlussfolgerungen für die deutsche Rechtsordnung gezogen (4). Um die Ausführungen jedoch besser in die Struktur der italienischen Rechtsordnung einbetten zu können, werden vorab noch überblicksartig die Grundstrukturen des italienischen Zivilrechts dargestellt (1).

1. Überblick über die Struktur des italienischen Zivilrechts

Zum Verständnis der italienischen Zivilrechtsdogmatik wird auf den Vertragsschluss eingegangen werden, der wegen des Konsensprinzips unmittelbar rechtsändernde Wirkung entfalten kann (a)). Zudem wird auf die Wirkung einer Bedingung des Vertrags (b)) sowie auf die Möglichkeit einer Vereinbarung von relativen und dinglichen Verfügungsbeschränkungen (c)) eingegangen. Wegen der unmittelbaren Rechtswirkungen des Vertrags bestehen außerdem noch zwingend erforderliche Elemente eines Vertragsschlusses (d)).

a) Rechtswirkungen von Verträgen nach dem Konsensprinzip

Die italienische Rechtsordnung unterscheidet zwischen Konsens- und dinglichen Verträgen. Erstere werden allein aufgrund eines Konsenses geschlossen. Sie kommen zustande, wenn sich die Parteien einigen. Das ist von der

---

[381] In diese drei Ebenen der Synchronisation von Token und Recht (inhaltliche Informationssynchronisation, Übertragungssynchronisation und Berechtigungssynchronisation) unterscheiden überzeugend und sehr anschaulich *Furrer/Glarner/Linder/Müller* Jusletter 26. November 2018, S. 5 f.

Rechtsordnung als Regelfall vorgesehen,[382] sodass die Einigung grundsätzlich geeignet und ausreichend ist, um dingliche Wirkungen zu erzeugen.[383] Auch der Kaufvertrag nach Art. 1470 cc stellt einen Konsensvertrag dar. Anders als im deutschen Recht kann dieser nicht nur die Übertragung des Eigentums an einer Sache gegen Leistung eines Preises zum Gegenstand haben, sondern auch die Übertragung eines anderen Rechts.

Die vertragliche Einigung wirkt also gleichzeitig kausal und übertragend. Sie regelt nicht nur den Interessensausgleich zwischen den Parteien, sondern bestimmt auch die tatsächliche Wirkung zwischen den Parteien.[384] Diese dingliche Wirkung der schuldrechtlichen Vereinbarung ist in Art. 1376 cc normiert. Dadurch wird die Bedeutung des Willens so hervorgehoben, dass die Übergabe nur noch ein bloßes äußeres Zeichen darstellt, welches nur gegenüber Dritten Relevanz entfaltet. Je nachdem, ob das Bezugsobjekt bereits bestimmt ist oder die Übertragung von einer Bedingung abhängig gemacht wurde, kann die Übertragung selbst kann auf unterschiedliche Weise und zu unterschiedlichen Zeitpunkten zum Abschluss kommen.[385]

Verträge wirken demnach grundsätzlich auch dinglich. Durch die Einigung wird die Übertragung des Rechts bzw. die Neubegründung eines dinglichen Rechts unmittelbar bewirkt. Es gibt zwar auch Verträge mit rein obligatorischer Wirkung, die allein auf eine Nutzungsverschaffung als Ergebnis eines bestimmten Verhaltens abzielt (zum Beispiel das Überlassen einer Wohnung im Rahmen eines Mietvertrags). Bei allen anderen Verträgen wird das Eigentum oder das dingliche Recht aber unmittelbar und automatisch im Zeitpunkt der Einigung bzw. durch die Einigung übertragen und erworben, Art. 1376 cc.[386] Nur bei Verträgen, die die Übertragung vertretbarer Sachen zum Gegenstand haben, müssen diese erst konkretisiert werden; andernfalls kann die Übertragung schon rein tatsächlich nicht erfolgen. In dem Moment, in dem die Sache konkretisiert worden ist, findet die Übertragung findet dann aber automatisch statt, Art. 1378 cc.[387] Ferner können Verträge mit dinglicher Wirkung in derivativ-übertragende und derivativ-konstitutive Verträge unterteilt werden. Maßgeblich ist, ob eine Rechtsposition vollkommen identisch übertragen wird oder ein dingliches Recht zwar übertragen, in seinem inhaltlichen Umfang aber

---

[382] *Bocchini/Quadri* Diritto privato, S. 802; im Rechtsvergleich *v. Bar/Drobnig* Interaction of Contract Law and Tort and Property Law, Rn. 481.
[383] *Bocchini/Quadri* Diritto privato, S. 801.
[384] *Bocchini/Quadri* Diritto privato, S. 966.
[385] Vgl. *Giglio* Condictio proprietaria, S. 201; *Bocchini/Quadri* Diritto privato, S. 966.
[386] Vgl. ausfhrlich *Bocchini/Quadri* Diritto privato, S. 965 f.
[387] *Bocchini/Quadri* Diritto privato, S. 966; zur Gefahrtragungsregelung im Gesetz ebd. S. 966 ff.

neu definiert werden soll. In beiden Fällen tritt die Rechtswirkung aber als unmittelbare Folge der rechtmäßigen Einigung der Parteien ein.[388]

Eine Ausnahme von diesen Konsensverträgen bilden die dinglichen Verträge, die stets gesetzlich vorgesehen sind (und sein müssen)[389] und die neben einer Einigung auch die Übergabe der Sache erfordern. In der Regel wird hierdurch eine vorübergehende Rechtsposition in Bezug auf die Sache geschaffen, die einer Rückgabeverpflichtung unterliegt. Dingliche Verträge sind etwa die Verwahrung nach Art. 1766 cc, die Leihe nach Art. 1803 cc oder das Darlehen nach Art. 1813 cc. Die Wirkung der dinglichen Verträge ist dabei meist einseitig und die durch sie begründeten Verpflichtungen obliegen nur einer der Parteien. Die Sache muss zum Beispiel zurückgegeben werden und für die Nutzung muss gegebenenfalls ein Entgelt gezahlt werden. Da sich der Vertrag erst mit Übergabe perfektioniert, kann die andere Partei hierzu nicht verpflichtet werden.[390] Dingliche Verträge beziehen sich somit auf die Dinglichkeit des Vertragsschlusses selbst. Der Begriff eines Vertrags mit dinglicher Wirkung, der in Italien ebenfalls genutzt wird, bezieht sich hingegen lediglich auf die Wirkung des Vertrags.[391]

b) Bedingung eines Vertrags

Verträge können trotzdem von einer Bedingung abhängig gemacht werden. Grund dafür ist die Privatautonomie, die es den Parteien trotz des Konsensprinzips ermöglicht, die Rechtswirkungen des Vertrags von dem Eintritt einer Bedingung abhängig zu machen.[392]

Wird ein Vertrag bedingt geschlossen, entsteht eine Schwebezeit, in der die vertragliche Verpflichtung zwar besteht, das Schicksal ihrer Auswirkungen aber ungewiss ist. Währenddessen entsteht eine entsprechende Rechtsposition in Erwartung des Eintritts der Rechtswirkungen, die als solche von der Rechtsordnung gesondert und autonom geschützt ist. Diese kann mit dem Anwartschaftsrecht im deutschen Recht verglichen werden. Während der Schwebezeit sind die Parteien verpflichtet, sich nach Treu und Glauben zu verhalten und die Interessen der Gegenpartei zu wahren.[393] Zudem kann in Erwartung der Bedingung über die anwartschaftsähnliche Rechtsposition gemäß Art. 1357 cc verfügt werden. Die Wirkungen der Verfügungshandlung bleiben von der Bedingung zwar unberührt, der Inhaber dieser erworbenen Rechtsposition hat nach Art. 1356 cc aber einen Anspruch auf Kontroll- und Sicherungsrechte sowie

---

[388] *Bocchini/Quadri* Diritto privato, S. 965; zur Unterteilung des derivativen Erwerbs *Iorio* Diritto privato, S. 96.
[389] *Bocchini/Quadri* Diritto privato, S. 802.
[390] *Bocchini/Quadri* Diritto privato, S. 801 f.
[391] *Bocchini/Quadri* Diritto privato, S. 802.
[392] *Bocchini/Quadri* Diritto privato, S. 914.
[393] Vgl. ausführlich *Bocchini/Quadri* Diritto privato, S. 915.

darauf, dass ihm nach Bedingungseintritt die Rechtsposition verfügbar gemacht wird.[394] Die durch die Bedingung eintretende Wirkung ist rückwirkend, wirkt also auf den Zeitpunkt des Vertragsschlusses zurück, wenn von den Parteien nicht etwas anderes vereinbart worden ist, Art. 1360 S. 1 cc. Diese Rückwirkung wirkt außerdem absolut, also auch gegenüber Dritten.[395]

c) Vertraglich vereinbarte Verfügungsverbote

Die Parteien können sich in ihrer Möglichkeit, Verträge abzuschließen, mit Wirkung gegenüber Dritten beschränken. Grundsätzlich sind die Rechtswirkungen der Verträge gemäß Art. 1372 Abs. 1 cc zwingend und können von den Parteien nicht abbedungen werden, sodass diese sich den Rechtswirkungen auch nicht entziehen können. Damit sind jedenfalls die Verträge bindend. Aufgrund der Privatautonomie können diese aber einvernehmlich aufgelöst werden, indem dessen Rechtswirkungen durch einen neuen Vertrag rückgängig gemacht werden.[396]

Trotz der unmittelbaren Rechtswirkung, die die Verträge entfalten, wirken diese nur relativ zwischen den Parteien; gegenüber Dritten wirken sie allenfalls mittelbar.[397] Daher gilt die vertragliche Vereinbarung eines Verfügungsverbots nach Art. 1379 cc auch nur zwischen den Parteien und auch nur unter bestimmen Voraussetzungen; es muss zeitlich begrenzt sein sowie auf einem erkennbaren Interesse für eine der Vertragsparteien beruhen.[398] Damit entfaltet das Verfügungsverbot nur relative Wirkung, sodass Dritte im Falle eines Vertragsbruchs nicht benachteiligt werden. Es entsteht nur ein vertraglicher Haftungsanspruch.[399] Grund dafür ist – wie auch im deutschen Recht beim Verbot dinglicher Verfügungsbeschränkungen – die Abwägung zwischen Privatautonomie und dem Bestreben, eine Beeinträchtigung der Umlauffähigkeit und der Sicherheit des Güterverkehrs zu verhindern.[400] Hieraus erklärt sich insbesondere die rigide Haltung des Gesetzes, die mit der Aufstellung gewisser Vorschriften auch die Möglichkeiten rein relativ wirkender Veräußerungsverbote begrenzt.[401] Trotz Konsensprinzip kann die italienische Rechtsordnung aber zwischen rein obligatorischen und dinglichen Wirkungen unterscheiden und die Wirkung von Vereinbarungen entsprechend vorgeben.

---

[394] *Bocchini/Quadri* Diritto privato, S. 915 f.
[395] *Bocchini/Quadri* Diritto privato, S. 917.
[396] Vgl. ausführlich *Iorio* Diritto privato, S. 459 f.
[397] *Iorio* Diritto privato, S. 465.
[398] Ausführlich zur dahinterstehenden gesetzgeberischen Motivation *Iorio* Diritto privato, S. 465; ferner *Bocchini/Quadri* Diritto privato, S. 981.
[399] *Bocchini/Quadri* Diritto privato, S. 981.
[400] *Bocchini/Quadri* Diritto privato, S. 981; *Iorio* Diritto privato, S. 465.
[401] *Iorio* Diritto privato, S. 465.

d) Besondere Elemente des Vertragsschlusses im italienischen Recht

Abschließend wird noch ein Blick auf den Vertragsschluss geworfen. Während sich im deutschen Recht die Voraussetzungen obligatorisch und dinglich wirkender Verträge unterscheiden, erfordert der italienische Gesetzgeber zusätzlich zur bloßen Einigung weitere Voraussetzungen.

Jeder Vertragsschluss setzt nicht nur eine entsprechende Einigung voraus, sondern auch das Vorliegen eines Objekts und einer *causa*. Die Rechtsnatur des Objekts ist seit langem umstritten: Teilweise wird auf das Recht an der äußeren materiellen Sache abgestellt, teilweise aber auch auf das der Sache innewohnende Interesse.[402] Für letzteres wird insbesondere der Wortlaut des Gesetzes herangezogen, der auf den Sachbegriff nicht in einem natürlichen Sinne Bezug nimmt, sondern vielmehr auf die Nutzungen, die von den Parteien neu zugeordnet werden sollen.[403] Dies passt zum Sachbegriff aus Art. 810 cc, aber auch zu Art. 1348 f. cc, die ausdrücklich von der im Vertrag implizierten Leistung sprechen. Andererseits spricht der in Art. 1470 cc geregelte Kaufvertrag wieder von einem Eigentum an einer Sache und verwendet dafür nicht den Begriff des *bene*, sondern den der *cosa*. Damit scheint er sich nicht auf die der Sache innewohnenden Nutzung zu beziehen.[404] Während der alte Codice Civile noch von *cose* als Vertragsobjekt sprach, verwendet der heutige Codice Civile in Art. 1349 cc ausdrücklich den Begriff der *prestazioni*, also Leistungen.[405] Nur das Recht in Bezug auf eine Sache, nicht aber die Sache selbst, könne Gegenstand des Vertrags sein.[406]

Die Causa hingegen bezieht sich auf die Ursache, also auf den Zweck und die dahinterstehende Motivation des Vertrags.[407] Der Begriff ist nicht legaldefiniert, wird aber in Art. 1325 Abs. 2 cc vorausgesetzt. Wesentlicher Vertragsbestandteil ist sie aber vor allem, weil ein Vertrag bei Fehlen oder Rechtswidrigkeit der Causa nach Art. 1418 S. 2 cc nichtig ist.[408] Ursprünglich wurde die Causa als Rechtfertigung des Leistungsaustausches verstanden, später jedoch mehr als der mit dem Vertrag beabsichtigte Zweck im Sinne einer sozial-ökonomischen Funktion.[409] Die Causa sollte als Instrument zur Überwachung des gesellschaftlichen Nutzens eines jeden Vertrags dienen und die vertragliche Regelung sollte sich bereits objektiv als nützlich oder zumindest als gesellschaftlich vereinbar erweisen. Um Verträge mit nicht-monetärem Inhalt zu

---

[402] *Bocchini/Quadri* Diritto privato, S. 868; *Iorio* Diritto privato, S. 417.

[403] Den Wortlaut des Gesetzes hingegen offener verstehend *Iorio* Diritto privato, S. 417.

[404] *Bocchini/Quadri* Diritto privato, S. 868.

[405] *Bocchini/Quadri* Diritto privato, S. 869.

[406] *Iorio* Diritto privato, S. 417 f.

[407] Die Motivation des Vertrags ist von der Motivation des Einzelnen zu unterscheiden, *Iorio* Diritto privato, S. 396; zu letzterem siehe *Bocchini/Quadri* Diritto privato, S. 883 f.

[408] *Bocchini/Quadri* Diritto privato, S. 874 f.

[409] Ausführlich dazu *Bocchini/Quadri* Diritto privato, S. 875.

erfassen, wurde auch eine praktisch-soziale Funktion anerkannt.[410] Entscheidender Faktor war dabei das Bestehen einer abstrakten Ursache für den Vertrags in seiner Gesamtheit, bei einem Kaufvertrag also beispielsweise der Leistungsaustausch an sich.[411] Alle vom Gesetz geregelten Verträge haben eine abstrakte Causa. Die wirtschaftliche oder soziale Funktion wurde hier vom Gesetzgeber im Voraus bestimmt, sodass sie in gewisser Weise vorgefertigte Schemata und Vertragsmodelle für wirtschaftliche Transaktionen darstellen, nach denen die Parteien dann ihre eigenen Interessen regeln können. Bei atypischen Verträgen muss die Causa hingegen stets durch Auslegung ermittelt werden.[412]

Inzwischen soll nicht nur die abstrakte, sondern auch die konkrete Ursache erkenn- und überprüfbar sein. Gemeint ist damit der Zweck, den die Parteien mit dem Vertrag verfolgen. Die Causa dient dadurch als rechtfertigender Grund für die spezifische vertragliche Regelung, die den Verhandlungswillen festigt und stützt.[413] Um die Causa bestimmen zu können, sind somit alle Umstände, unter denen der Vertrag zustande gekommen ist, sowie alle Eigenschaften der beteiligten Personen, aber auch die Art der beteiligten Interessen und der Bestimmungsort der gehandelten Sachen von wesentlicher Bedeutung.[414]

e) Zwischenergebnis zur italienischen Zivilrechtsdogmatik

Die wesentlichsten Unterschiede sind stets auf das Konsensprinzip zurückzuführen. Letztlich ist es aber auch im italienischen Recht möglich, Verträge so zu gestalten, dass sie nur obligatorische Wirkung entfalten. Soweit es aber um dingliche Rechtswirkungen geht, ist stets eine gesetzliche Vorgabe erforderlich – insofern unterscheidet sich das italienische Recht nicht vom deutschen, sondern folgt mit ähnlicher Argumentation ebenfalls einem Numerus Clausus.

Der zugrundeliegende Interessenskonflikt wurde von den Gesetzgebern somit unterschiedlich, letztlich aber mit ähnlichem Ergebnis gelöst. Das deutsche System kann aufgrund seiner Mehrebenenstruktur ausdifferenzierte Lösungen treffen, ist dafür aber auch abstrakter, komplexer und unflexibler. Das italienische Recht gewährt dem Einzelnen größere Gestaltungsmöglichkeiten, muss dafür aber teilweise in Kauf nehmen, dass komplexe Sachverhaltskonstellationen nicht in all ihren Einzelheiten erfasst werden können.

---

[410] *Bocchini/Quadri* Diritto privato, S. 875.
[411] *Iorio* Diritto privato, S. 395 mit weiteren Beispielen; ferner *Bocchini/Quadri* Diritto privato, S. 875 f.
[412] Dazu *Iorio* Diritto privato, S. 396.
[413] *Bocchini/Quadri* Diritto privato, S. 876; ebenso *Iorio* Diritto privato, S. 398, der jedoch ausdrücklich zur Motivation des Einzelnen abgrenzt; diese werde nur relevant, soweit sie im Vertrag objektiviert ist, ebd. S. 398 f.
[414] *Bocchini/Quadri* Diritto privato, S. 876.

2. Besitz in der italienischen Rechtsordnung

Nachdem ein grober Überblick über die strukturellen Zusammenhänge des italienischen Zivilrechts gegeben wurde, soll nun vertieft der Besitz beschrieben werden. Art. 1140 Abs. 1 cc bezeichnet den Besitz als *possesso* und definiert diesen als ein Können über eine Sache. Diese Macht muss sich in einer Tätigkeit manifestieren, die der Ausübung des Eigentumsrechts oder eines dinglichen Rechts entspricht.[415] Es wird also an die faktische, unmittelbare Beziehung zu einer Sache angeknüpft, durch die eben jene Fähigkeiten und Befugnisse ausgeübt werden können, die Inhalt des Eigentumsrechts oder der dinglichen Rechte sind.[416]

Anders als im deutschen Recht ist der Besitz somit nicht immer auf eine faktische Sachherrschaft ausgerichtet, sondern wird durch die verschiedenen dinglichen Rechtspositionen bestimmt.[417] Das ermöglicht es, dass der Besitz nicht nur an die physische Sachherrschaft anknüpft, sondern um eine elastischere, nach sozialen Kriterien bestimmte wirtschaftliche Macht ergänzt werden kann.[418] Zudem gibt es dadurch unterschiedliche Arten des Besitzes mit unterschiedlicher Reichweite. Eine Tätigkeit, in der sich beispielsweise lediglich die Ausübung eines sonstigen dinglichen Rechts manifestiert, wird als kleiner oder Quasi-Besitz bezeichnet.[419]

a) Erforderlichkeit eines Besitzwillens und Abgrenzung gegenüber der detenzione

Entscheidend für die Manifestation der Tätigkeit – und damit für die Reichweite des Besitzes – ist der Besitzwille, der sogenannte *animus*.[420] Dieser Besitzwille stellt die immaterielle, subjektiv geprägte Komponente der zwei wesentlichen Besitzelementen dar. Den anderen Bestandteil bildet der sogenannte *corpus*, womit die materielle Beziehung gemeint ist, die dem Besitzer die konkrete Verfügbarkeit der Sache vermittelt.[421] Fehlt es an der Absicht, mit der Sache wie ein Eigentümer oder dinglicher Rechtsinhaber zu verfahren, liegt

---

[415] *Sacco/Caterina* Possesso, S. 65.

[416] *Bocchini/Quadri* Diritto privato, S. 551; *Iorio* Diritto privato, S. 854.

[417] *Sacco/Caterina* Possesso, S. 67; zu diesen Elementen im Einzelnen ebd. S. 68 ff.

[418] Nach *Sacco/Caterina* Possesso, S. 66 wird dadurch das Problem einer Definitionsfindung jedoch nur verlagert.

[419] Im Italienischen *possesso minore* oder *quasi possesso*; daneben ist auch noch die Bezeichnung *possesso di diritti* üblich, siehe *Bocchini/Quadri* Diritto privato, S. 553; ebenfalls dazu *Iorio* Diritto privato, S. 854.

[420] *Iorio* Diritto privato, S. 856; *Sacco/Caterina* Possesso, S. 65, 81 ff.; kritisch zum subjektiven Ansatz *Bocchini/Quadri* Diritto privato, S. 554; gegenüber dem Besitzwillen differenzierend *Sacco/Caterina* Possesso, S. 78.

[421] *Bocchini/Quadri* Diritto privato, S. 554; *Sacco/Caterina* Possesso, S. 65; auch das deutsche Recht teilte früher in Besitz und Gewere, vgl. ebd. S. 49; beide Begriffe rechtsvergleichend historisch einordnend ebd. S. 51 f., 56.

schon kein Besitz im Sinne eines *possesso* vor. Das reine Halten ohne Besitzwillen wird als *detenzione* bezeichnet.[422]

Diese Unterscheidung zwischen Besitz und Innehaben ist im Rahmen der italienischen Rechtsordnung von wesentlicher Bedeutung[423] und findet ihren Niederschlag in Art. 1140 Abs. 2 cc. Hiernach kann eine Sache unmittelbar oder durch eine andere Person besessen werden.[424] Der Besitzer bleibt aber Besitzer (wenn auch nur indirekt), selbst wenn jemand anderes die unmittelbare faktische Verfügbarkeit über die Sache hat.[425] Die verfügende Person handelt – in der Regel aufgrund eines entsprechenden Titels – als Instrument des Besitzers.[426] Wie bei allen subjektiven Abgrenzungskriterien ist jedoch nicht der Wille oder die Absicht ausschlaggebend, sondern das objektiv erkennbare und nach aktuellen gesellschaftlichen Verhältnissen zu bewertende Verhalten.[427] Art. 1141 S. 1 cc stellt die Vermutung auf, dass derjenige, der faktisch über die Sache verfügt, auch Besitzer der Sache ist – es sei denn es kann bewiesen werden, dass er ursprünglich ohne Besitzwillen und mithin als bloßer Innehabender gehandelt hat.[428] Demgegenüber kann eine Innehabung gemäß Art. 1141 S. 2 cc erst nach ausdrücklichem Widerspruch oder nach Eingreifen eines Dritten in einen Besitz umgewandelt werden. Eine rein gedankliche Willensänderung reicht nicht aus, um die rechtliche Einordnung zu ändern.[429]

b) Gegenstand des Besitzes

Da ein Besitzwille nur über objektiv wahrnehmbare Sachen bestehen kann, können auch nur solche Sachen Gegenstand des Besitzes sein.[430] Das sind jedenfalls alle intuitiv wahrnehmbaren Sachen, aber auch Quellen, natürliche Energien und elektromagnetische Wellen. Ob Besitz auch an immateriellen Sachen bestehen kann, ist hingegen umstritten. Ein weiter Besitzbegriff, der alle

---

[422] Zur Abgrenzung von *possesso* und *detenzione* vgl. *Bocchini/Quadri* Diritto privato, S. 554 ff.; interessant ist auch die etymologische Herkunft der Bezeichnung als *detenzione*: im Lateinischen bedeutet *detentio* das Zurückbehalten und auch heute ist mit *detenzione* teilweise Haft, Gefangenschaft oder Freiheitsentziehung gemeint.

[423] *Iorio* Diritto privato, S. 856.

[424] *Sacco/Caterina* Possesso, S. 58, die jedoch auch darauf hinweisend, dass das Verhältnis von Besitz und Innehaben trotzdem nicht eindeutig aus dem Gesetz hervorgehe.

[425] *Bocchini/Quadri* Diritto privato, S. 554 f.; zu den Begriffen des direkten und indirekten Besitzers *Iorio* Diritto privato, S. 857; ausführlich zum indirekten Besitz ferner *Sacco/Caterina* Possesso, S. 87 ff.

[426] *Iorio* Diritto privato, S. 857; *Sacco/Caterina* Possesso, S. 88.

[427] Ausdrücklich darauf hinweisend *Bocchini/Quadri* Diritto privato, S. 554 sowie *Iorio* Diritto privato, S. 856.

[428] Ausführlich zu der Vermutungswirkung des Besitzes *Iorio* Diritto privato, S. 857 f.

[429] *Iorio* Diritto privato, S. 858; dazu auch *Bocchini/Quadri* Diritto privato, S. 555 f., der dem rein subjektiven Abgrenzungskriterium aus diesem Grund kritisch gegenübersteht.

[430] *Bocchini/Quadri* Diritto privato, S. 556.

denkbaren Arten von immateriellen Gegenständen umfasst, wird nur von einer Mindermeinung vertreten. Größtenteils wird darauf verwiesen, dass keine vergleichbare, exklusive Herrschaft gegeben ist. Die Rechtsprechung zeigt sich unentschlossener und hat Besitz an vom Urheberrecht geschützten Schöpfungen mal an- und mal aberkannt, obwohl das Urhebergesetz selbst in Art. 167 von Besitz spricht.[431] Letztendlich kommt es aber mehr auf die Möglichkeit eines Besitzwillens an als auf die Möglichkeit einer faktisch sichtbaren Beziehung zur Sache. Letztere kann nämlich auch durch sonstige rechtliche Instrumente hergestellt werden, die entsprechenden Schutz gewährleisten.[432] Es sind dann zwar nicht alle an den Besitz anknüpfenden Regelungen anwendbar, im Grundkonzept bestehen jedoch Ähnlichkeiten. Die Anwendbarkeit der besitzrechtlichen Regelungen muss daher für jeden Einzelfall gesondert geprüft werden.[433] Ist aber Eigentum anerkannt, muss grundsätzlich auch Besitz anerkannt werden.[434]

c) Funktion und rechtliche Bedeutung des Besitzes

Trotz der Bezugnahme auf das Eigentum kommt dem Besitz eine eigene Funktion zu. Dem Besitzer wird die Ausübung der faktischen Macht nämlich zunächst unabhängig von einer Rechtsinhaberschaft gewährt.[435] Er ist grundsätzlich gegen alle Änderungen der faktischen Sachlage geschützt.[436] Nur wenn die faktische Herrschaftsmacht über eine Sache für den eigentlichen Rechtsinhaber unabdingbar ist, um seine Rechte in Bezug auf die Sache ausüben zu können, gehört dies als *ius possessionis* zum Inhalt des dinglichen Rechts und kann dem Besitzer entgegengehalten werden.[437]

Insoweit ähnelt der Besitz dem Besitz des deutschen Rechts. Insbesondere erfüllt er ebenfalls eine Rechtsfriedensfunktion.[438] Ferner knüpft das Recht meist an die faktische Situation an, sodass diese dem Recht nicht nur vorausgeht, sondern diesem dient[439] – eine Funktion, die dem Besitz auch in der deutschen Rechtsordnung zukommt. Da der Rechtsinhaber in der Regel aber im Besitz der Sache ist und der Besitz im italienischen Recht einen schnelleren

---

[431] Ausführlich zu diesem Streit *Sacco/Caterina* Possesso, S. 127 ff. mwN.

[432] In diese Richtung wohl *Bocchini/Quadri* Diritto privato, S. 556.

[433] *Sacco/Caterina* Possesso, S. 130; auch bei körperlichen Sachen ist Besitz stets gegeben, obwohl manchmal kein Eigentum erworben werden kann (zB Staatseigentum), vgl. *Bocchini/Quadri* Diritto privato, S. 557.

[434] *Sacco/Caterina* Possesso, S. 98.

[435] *Bocchini/Quadri* Diritto privato, S. 551.

[436] *Bocchini/Quadri* Diritto privato, S. 551 f.

[437] *Bocchini/Quadri* Diritto privato, S. 552.

[438] *Iorio* Diritto privato, S. 855; *Bocchini/Quadri* Diritto privato, S. 552 f.

[439] *Bocchini/Quadri* Diritto privato, S. 553; ausführlich dazu *Iorio* Diritto privato, S. 855 f. sowie *Sacco/Caterina* Possesso, S. 3 ff., 7 ff.

Schutz bietet, dient der Besitzschutz letztlich meist als erweiterter Schutz der dinglichen Rechte.[440]

All das gilt jedoch nur für den Besitzer einer Sache. Nur der Besitzer kann sich auf Besitzschutz berufen und nach Art. 1153 cc durch Ersitzung Eigentum erwerben. Demgegenüber kann der bloß Innehabende nur die Wiederherstellung des Besitzes verlangen. Nach Art. 1168 S. 2 cc kann er das außerdem nur, wenn er die Sache aus eigenem Interesse für sich selbst und nicht für Dritte innehat. Er muss die Sache also wie ein Besitzmittler im deutschen Recht als unmittelbarer Fremdbesitzer innehaben (*detenzione qualificata*) und nicht wie ein Besitzdiener im Rahmen einer Dienstleistung oder aus Gastfreundschaft (*detenzione non-qualificata*).

d) Erwerb des Besitzes und die dafür erforderliche Übergabe

Der Besitz kann originär durch Inbesitznahme, also materieller Ergreifung mit entsprechendem Bewusstsein und Vorsatz, oder derivativ durch Übertragung erlangt werden.[441] Letzteres erfolgt durch Übergabe der Sache und erfüllt bei einem Kaufvertrag die Hauptleistungspflicht.[442] Die Sache muss in die tatsächliche Verfügbarkeit des Erwerbers gestellt werden, was in der Regel durch tatsächliche Übergabe erfolgt (*consegna reale* oder *effettiva*). Die Übergabe kann aber auch nur symbolisch erfolgen, etwa durch Schlüsselübergabe (*consegna simbolica*). Möglich ist ferner die Einräumung eines Besitzkonstituts, bei der der Besitzer den Besitz vollständig verliert und zum bloßen Innehabenden der Sache wird (*consegna consensuale*). Im umgekehrten Fall überträgt der Besitzer die Sache an denjenigen, der diese bereits innehat (*traditio brevi manu*). Dessen Innehabung wandelt sich dann wegen Art. 1141 S. 2 cc in Besitz um.[443] Nicht ausreichend ist es jedoch, wenn die faktische Verfügbarkeit nur erlangt wird, weil ein Dritter dies duldet. Der Besitz verbleibt dann beim Besitzer, Art. 1144 cc.[444] Es bedarf also immer auch einer entsprechenden zweiseitigen Einigung. Diese Einigung hat keinen vertraglichen Charakter und beruht auf keiner Causa, sondern ist rein abstrakt zu verstehen.[445]

---

[440] *Bocchini/Quadri* Diritto privato, S. 553; ähnlich auch *Iorio* Diritto privato, S. 856.

[441] *Bocchini/Quadri* Diritto privato, S. 557.

[442] *Bocchini/Quadri* Diritto privato, S. 557 f.; die Übergabe ist der reguläre Erwerbstatbestand für den Übergang des Besitzes, so *Sacco/Caterina* Possesso, S. 215.

[443] Dazu ausführlich *Sacco/Caterina* Possesso, S. 219 ff.; diese Form der Besitzübertragung ist wegen § 929 S. 2 BGB auch dem deutschen Recht bekannt.

[444] Zur Beweislast desjenigen, der sich auf die Duldung beruft, da dieser die Vermutung des Art. 1141 S. 1 cc überwinden muss, *Bocchini/Quadri* Diritto privato, S. 557.

[445] Dazu *Sacco/Caterina* Possesso, S. 216, die das mit der Übergabe im deutschen Recht vergleichen, ebd. S. 216 f.

e) Gutgläubiger Besitz und dessen rechtliche Bedeutung

Ein weiterer Unterschied zum deutschen Recht ist, dass der Besitz gutgläubiger oder bösgläubiger Natur sein kann. Hieran knüpft der gutgläubige Eigentumserwerb an, der keinen derivative, sondern einen originären Erwerbstatbestand darstellt. Gutgläubiger Besitzer ist dabei, wer besitzt, ohne zu wissen, dass er das Recht eines anderen verletzt, Art. 1147 S. 1 cc. Beruht die Unkenntnis allerdings auf grober Fahrlässigkeit, kann sich der Besitzer nicht auf diesen guten Glauben berufen, Art. 1147 S. 2 cc. War der Besitzer bei Erwerb gutgläubig, wird die Gutgläubigkeit nach Art. 1147 S. 3 cc vermutet, bis dessen Gegenteil bewiesen wird.[446]

Die Qualifizierung des Besitzes als gut- oder bösgläubig wirkt sich an mehreren Stellen aus: Erstens regelt Art. 1148 cc das Verhältnis zwischen dem eigentlichen Besitzer und dem gutgläubigen, aber zur Rückgabe verpflichteten Besitzer.[447] Er kann Aufwendungen zur Nutzungsziehung sowie Kosten für übliche und außergewöhnliche Reparaturen ersetzt verlangen – teilweise sogar trotz Bösgläubigkeit, da ein Anreiz zur wirtschaftlichen und effizienten Nutzung von Produktionsmitteln geschaffen werden soll.[448]

Zweitens kann der gutgläubige Besitzer das Eigentumsrecht ausnahmsweise auch dann erwerben, wenn es eigentlich gar nicht vorliegt. Art. 1153 S. 1 cc normiert hier für bewegliche Sachen eine Ausnahme von dem Grundsatz, dass ein Recht immer nur wenn und soweit es besteht erworben werden kann.[449] Der gutgläubige Besitz allein reicht jedoch nicht aus, es muss auch ein geeigneter Titel für die Eigentumsübertragung vorliegen. Dieser Titel muss abstrakt dazu geeignet sein, das Eigentum zu übertragen. Der gutgläubige Besitzerwerb überwindet letztlich nur die Verfügungsberechtigung des Veräußerers und keine sonstigen Mängel.[450] Daher kann, wenn ein entsprechender Titel vorliegt, nach Art. 1153 S. 3 cc auch jedes sonstige dingliche Recht gutgläubig erworben werden. Da der Veräußerer deswegen gerade nicht zur Eigentumsübertragung berechtigt ist, stellt diese Form des Eigentumserwerbs keinen derivativen, sondern einen originären Eigentumserwerb dar. Das hat zur Folge, dass das Eigentum sogar frei von Lasten erworben wird, soweit diese dem Erwerber nicht bekannt sind, Art. 1153 S. 2 cc.[451] Maßgeblich ist, dass die tatsächliche Verfügbarkeit der Sache übertragen, also Besitz erlangt wurde. Da dem Besitz eine

---

[446] Dazu *Iorio* Diritto privato, S. 860.

[447] Im Einzelnen *Iorio* Diritto privato, S. 861 sowie *Sacco/Caterina* Possesso, S. 424 ff.; das Verhältnis ist mit dem deutschen Eigentümer-Besitzer-Verhältnis nach §§ 987 ff. BGB vergleichbar.

[448] *Bocchini/Quadri* Diritto privato, S. 561 f.

[449] *Iorio* Diritto privato, S. 864.

[450] *Iorio* Diritto privato, S. 865; ferner *Bocchini/Quadri* Diritto privato, S. 564; im Rechtsvergleich v. *Bar/Drobnig* Interaction of Contract Law and Tort and Property Law, Rn. 484.

[451] *Bocchini/Quadri* Diritto privato, S. 563; ebenso, jedoch kritisch, ob dies analog auch im Falle der Ersitzung Geltung erlangt, *Iorio* Diritto privato, S. 94 f.

wesentliche und faktische Publizitätsfunktion zukommt,[452] reicht eine rein symbolische Übergabe des Besitzes nicht aus.[453] Erst die Publizität der Besitzübertragung gewährleistet nämlich (ähnlich wie beim gutgläubigen Eigentumserwerb im deutschen Recht) Sicherheit im Verkehr, sodass eine Anknüpfung hier die Umlauffähigkeit steigert.[454]

Drittens ist die Gutgläubigkeit des Besitzes für die Ersitzung von Bedeutung. Art. 922 cc nennt die Ersitzung als eine Form des originären Eigentumserwerbs, jedoch können gemäß Art. 1158, 1161 cc auch andere dingliche Rechte ersessen werden.[455] Die Gutgläubigkeit führt hier dazu, dass sich Zeitdauer für die Ersitzung von zwanzig auf zehn Jahre verkürzt, bei eingetragenen beweglichen Sachen sogar von zehn auf drei Jahre.[456]

f) Rechtsvergleichende Schlussfolgerungen zum Rechtsinstitut des Besitzes

Da das Eigentum unmittelbar durch vertraglichen Konsens erworben wird und keine Übergabe erforderlich ist, knüpft das italienische Recht direkt an den Besitz an. Insbesondere dessen Gutgläubigkeit kann zu einem originären Eigentumserwerb führen. Damit kommt dem Besitz in der italienischen Zivilrechtsdogmatik eine größere Bedeutung zu, als das im Rahmen des deutschen Rechts der Fall ist.[457] Dafür ist der Besitz aber auch enger definiert und setzt stets einen Eigenbesitzwillen voraus.[458]

Für die vorliegende Untersuchung sind vor allem die Unterschiede beim Besitzbegriff von Bedeutung. Da der Besitz in Art. 1140 Abs. 1 cc an das Eigentumsrecht aus Art. 832 cc anknüpft, wird die Reichweite der Sachherrschaft ausdrücklich an die Nutzungsmöglichkeiten des Eigentümers angelehnt. Maßgeblich sind die subjektiven Interessen, die sich stets auf die Nutzung der Sache beziehen. Hierfür muss die Sache lediglich objektiv wahrnehmbar sein. Eine objektiv wahrnehmbare Realität geht allerdings weiter als eine Körperlichkeit. Insbesondere Ideen und sonstige gedankliche Schöpfungen können objektiv wahrnehmbar gemacht werden, obwohl sie nicht körperlich sind. Auch bei immateriellen Sachen kann daher von Besitz gesprochen werden. Zwar bedeutet das nicht, dass auch alle an den Besitz anknüpfenden

---

[452] *Bocchini/Quadri* Diritto privato, S. 563; *Iorio* Diritto privato, S. 467, 865; zu dessen Verhältnis mit dem Konsensprinzip ebd. S. 866.

[453] *Bocchini/Quadri* Diritto privato, S. 563.

[454] *Bocchini/Quadri* Diritto privato, S. 562; aus diesem Grund schließt Art. 1156 cc den Eigentumserwerb bei gutgläubigem Besitz für eingetragene bewegliche Sachen (zu denen es im deutschen Recht kein Pendant gibt) und für Sachgesamtheiten aus; für Schuldscheine verweist Art. 1157 cc auf spezielle Vorschriften.

[455] *Bocchini/Quadri* Diritto privato, S. 566.

[456] *Bocchini/Quadri* Diritto privato, S. 567 f.

[457] Die Hervorhebung des Besitzes gegenüber dem Innehaben jedoch kritisierend *Sacco/Caterina* Possesso, S. 58.

[458] *Sacco/Caterina* Possesso, S. 81 f.

Vorschriften der italienischen Rechtsordnung auf unkörperliche Sachen anwendbar sind. Die Anwendbarkeit der besitzrechtlichen Vorschriften ist in der italienischen Rechtswissenschaft gerade umstritten. Da sich der Besitzbegriff selbst aber an der Nutzung und nicht an einer Körperlichkeit orientiert, kann er – anders als im deutschen Recht – auch auf unkörperliche Sachen angewendet werden.

3. Eigentum in der italienischen Rechtsordnung

Ferner soll ein Überblick über das Eigentumsrecht gegeben werden. Zunächst werden Begriff, Inhalt und Gegenstand erläutert (a)), anschließend wird der Erwerb dargelegt (b)).

a) Begriff, Inhalt und Gegenstand des Eigentumsrechts

Art. 832 cc definiert das Eigentum als das Recht, über eine Sache innerhalb der Grenzen und unter Einhaltung der vom Gesetz festgelegten Verpflichtungen vollständig und ausschließlich zu verfügen. Inhaltlich entspricht dies dem deutschen Eigentumsrecht, sodass sich insoweit keine relevanten Unterschiede ergeben.[459] Der Gegenstand des Eigentumsrechts ist jedoch nicht ausdrücklich bestimmt, sondern ergibt sich aus der Systematik und der Funktion des Sachenrechts. Die italienische Rechtsordnung verfolgt hier eine wechselseitige Herangehensweise. Ein Eigentumsrecht soll an allen Sachen bestehen, an denen auch Besitz besteht.

b) Erwerb des Eigentumsrechts

Die verschiedenen Arten des originären und derivativen Eigentumserwerbs werden in Art. 922 cc aufgezählt, der jedoch nicht abschließend ist. So ist der Erwerb aufgrund eines gutgläubigen Besitzes nach Art. 1153 cc nicht genannt,[460] der aber als originäre Erwerbsform anerkannt ist. Er beruht ausschließlich auf gesetzlichen Vorschriften und dem Handeln des Erwerbers, während gerade nicht an das Handeln des Veräußerers angeknüpft wird.[461]

Die Unterscheidung zwischen originären und derivativen Eigentumserwerb ist für die italienische Zivilrechtsordnung von grundlegender Bedeutung, da jeweils unterschiedliche Grundprinzipien gelten.[462] Bei derivativen Erwerbsformen ist der Zusammenhang zwischen früheren und neuen Eigentums-

---

[459] Allgemein zum Inhalt des Eigentumsrechts nach Art. 832 cc *Iorio* Diritto privato, S. 801 ff.; *Bocchini/Quadri* Diritto privato, S. 471 ff.

[460] *Bocchini/Quadri* Diritto privato, S. 504.

[461] Vgl. allgemein dazu *Iorio* Diritto privato, S. 94 f.; dass ein früherer Erwerber bereits durch bloße Einigung Eigentum erworben hat, da der originäre Erwerb frei von Lasten ist, ist irrelevant, vgl. *Iorio* Diritto privato, S. 866.

[462] *Bocchini/Quadri* Diritto privato, S. 504; *Iorio* Diritto privato, S. 97.

verhältnissen relevant. Es kann kein Recht übertragen werden, das nicht (oder nicht in dem zu übertragenden Umfang) besteht. Auch Wirksamkeitshindernisse wie Nichtigkeit, Rücktritt oder Kündigung können sich auf die Rechtsstellung des Erwerbers auswirken. Der Nachweis des Eigentums wird dadurch erheblich erschwert, da dieser über alle vorherigen Übertragungen hinweg bis hin zum erstmaligen originären Erwerb erfolgen muss.[463] Derivative Eigentumserwerbsformen sind der Erwerb durch Vertrag oder durch Erbfall.

Bei einem originären Eigentumserwerb wird das Recht frei von jeglichen Belastungen erworben.[464] Neben der Aneignung kommen der Fund, der Zuwachs, die Verarbeitung, Vereinigung oder Vermischung und die Ersitzung in Betracht. Forderungsrechte können durch Erwerb einer Schuldurkunde originär erworben werden.[465] Die in Art. 1158 ff. cc geregelte Ersitzung unterscheidet sich nicht wesentlich vom deutschen Recht. Da über einen bestimmten Zeitraum hinweg Besitz besteht, erkennt das Gesetz irgendwann Eigentum an.[466] Eine Ersitzung ist nur ausgeschlossen, wenn an den Sachen kein Eigentumsrecht entstehen kann.[467]

Werden bewegliche Sachen, die niemanden gehören, in Besitz genommen, entsteht hieran Eigentum, Art. 923 S. 1 cc. Die Sache muss in der Absicht, sich die Sache selbst unter Ausschluss aller anderen anzueignen, ergriffen werden. Gegenstand der Aneignung können nur *res nullius* sein, die niemandem zugeordnet sind, oder Sachen, die zur Eigentumsaufgabe zurückgelassen wurden.[468] Unbewegliche Sachen fallen nach Art. 827 cc dem Staatsvermögen zu.

Der Fund bezieht sich auf verlorene bewegliche Sachen, die immer noch Gegenstand eines Eigentumsrechts sind.[469] Derjenige, der die Sache findet, erwirbt nicht automatisch Eigentum, sondern ist verpflichtet, die Sache zurückzugeben. Nur wenn es sich um einen Schatz im Sinne des Art. 932 S. 1 cc handelt, gehört dieser dem Eigentümer des Fundorts oder -gegenstands. War der Schatzfund zufällig, steht dem Finder jedoch die Hälfte des Schatzes zu.[470]

Der Eigentumserwerb durch Zuwachs bezieht sich auf eine feste und dauerhafte Verbindung beweglicher mit unbeweglichen Sachen. Unbewegliche Sachen sind vorrangig. Das Gesetz sieht in Art. 935 ff. cc einen Interessensausgleich nur vor, wenn mit der Verbindung ein Arbeitsaufwand einherging.[471] Art. 939 cc regelt die Vereinigung und Vermischung, womit die Verbindung zweier beweglicher Sachen gemeint ist. Bei einer Vereinigung bleibt die

---

[463] *Bocchini/Quadri* Diritto privato, S. 504 f.
[464] *Iorio* Diritto privato, S. 814.
[465] *Iorio* Diritto privato, S. 95.
[466] Vgl. *Sacco/Caterina* Possesso, S. 206.
[467] *Sacco/Caterina* Possesso, S. 456.
[468] Ausführlich *Bocchini/Quadri* Diritto privato, S. 506; *Iorio* Diritto privato, S. 815.
[469] *Bocchini/Quadri* Diritto privato, S. 507.
[470] *Iorio* Diritto privato, S. 815.
[471] *Bocchini/Quadri* Diritto privato, S. 508; ferner *Iorio* Diritto privato, S. 816.

Identität der einzelnen Sachen unangetastet, auch wenn sie untrennbar werden. Sind die Sachen nach Verbindung noch trennbar, behalten beide bisherigen Eigentümer ihr Eigentum an der Sache und erhalten lediglich das Recht, deren Trennung zu verlangen. Sind die Sachen untrennbar, werden beide zu Miteigentümern. Ist eine der Sachen als Hauptsache anzusehen oder es besteht zwischen dem Wert der Sachen ein erhebliches Missverhältnis, erwirbt der Eigentümer der Hauptsache das Eigentum an der neuen Sache, muss den anderen aber entschädigen.[472] Bei der Vermischung verlieren die Sachen ihre Identität und sind stets untrennbar. Die Verarbeitung ist in Art. 940 cc geregelt, der bestimmt, dass das Eigentum demjenigen zusteht, der die Sache verarbeitet hat, es sei denn, der Sachwert übersteigt den Wert der Verarbeitung erheblich.[473]

c) Zusammenfassung zum Eigentumsrecht

Das Eigentumsrecht nach Art. 832 cc ist ähnlich zu dem des § 903 S. 1 BGB ausgestaltet. Strukturell ergeben sich aber, bedingt durch die Prägung des Konsensprinzips, gewisse Unterschiede. Das gilt insbesondere im Hinblick auf den derivativen Erwerb, aber auch für den gutgläubigen Eigentumserwerb, der unmittelbar an einen gutgläubigen Besitz und dessen Reichweite anknüpft und als originärer Eigentumserwerb ausgestaltet ist.

4. Rechtsvergleich des italienischen und deutschen Sachenrechts hinsichtlich Token

Subsumiert man Token unter die Vorschriften des italienischen Sachenrechts, werden erhebliche Unterschiede zur Herangehensweise des deutschen Rechts ersichtlich. Dies gilt sowohl für die Subsumtion unter die besitzrechtlichen Regelungen (a)), als auch für die unter das Eigentumsrecht (b)) und ermöglicht Schlussfolgerungen für das ganze Sachenrecht (c)).

a) Subsumtion der Token unter das Rechtsinstitut des Besitzes

Bei Subsumtion der Token ergeben sich dann verschiedene Erkenntnisse zum Besitzbegriff (aa)), die Besitzübertragung (bb)), die originäre Besitzbegründung (cc)) sowie den gutgläubigen Besitz (dd)). Für extrinsische Token ergibt sich insoweit kein anderes Verständnis (ee)).

aa) Anderer, auf Token anwendbarer Besitzbegriff

Im italienischen Recht kann der Besitz grundsätzlich auch an unkörperlichen Sachen bestehen. Eine Körperlichkeit wird mit keinem Wort vorausgesetzt und

---

[472] Allgemein dazu *Iorio* Diritto privato, S. 817 f.
[473] *Iorio* Diritto privato, S. 818.

auch ein tatsächliches Ergreifen wird nicht verlangt.[474] Stattdessen kommt es auf den Besitzwillen und auf die materielle Verfügbarkeit an. Beides ist bei Token mithilfe des Schlüsselpaars gegeben, sodass ein Besitz an Token möglich ist.[475] Zwar muss die Beziehung zwischen Tokeninhaber und Token immer erst mithilfe des Private Keys legitimiert werden und besteht daher nur indirekt.[476] Das Zusammenspiel aus Zuordnung im Distributed Ledger und Schlüsselpaar vermittelt aber eine umfassende Nutzungsmöglichkeit, sodass es für die materielle Verfügbarkeit des Besitzes auch nur auf dieses Zusammenspiel ankommen kann.[477]

Zudem setzt der Besitz keine Erkennbarkeit voraus, auch wenn er – wie im deutschen Recht – durchaus eine Publizitätsfunktion erfüllt. Notwendig, aber auch ausreichend ist, dass der Besitzwille objektiv erkennbar ist. Das muss nicht zwingend eine Zuordnung zu der Adresse des Besitzers sein; der Besitzwille kann sich auch auf andere Weise äußern. Das ist etwa der Fall, wenn der Token im Rahmen eines Smart Contracts genutzt wird. Der Besitzer weist sich mit seiner Adresse aus, als dessen Inhaber er sich durch das dazugehörige Schlüsselpaar beweist.

bb) Übertragung eines Besitzes an Token

Die Übertragung des Besitzes ist dann recht unproblematisch. Die Transaktion führt zu einer Neuzuordnung des Tokens im Distributed Ledger, wodurch nur der neue Tokeninhaber mittels seines Schlüsselpaars über den Token verfügen kann. Da die tatsächliche Übergabe lediglich voraussetzt, dass die Sache in die tatsächliche Verfügbarkeit des Erwerbers gestellt wird,[478] entspricht das einer Besitzübertragung. Es wäre sogar eine rein symbolische Übergabe denkbar, wenn statt dem Token nur der Private Key weitergegeben wird, der Erwerber dadurch aber Zugriff auf den Token erhält. Der Token ist dann zwar nicht mehr der Adresse des Besitzers zugewiesen, nach italienischem Recht reicht das aber aus, da für einen Besitz allein der Besitzwille und die Verfügungsmöglichkeit maßgeblich sind. Nicht möglich ist es aber, das Eigentum aufgrund eines gutgläubigen Besitzes zu erwerben; das erfordert stets eine tatsächliche Übergabe. Wird also an die Publizitätsfunktion des Besitzes angeknüpft, ist auch die entsprechende Neuzuordnung im Distributed Ledger erforderlich.

---

[474] Tatsächlich hat die Rechtsprechung den Besitz sogar auch schon für das geistige Eigentum anerkannt, siehe Kassationsgerichtshof, Urteil vom 13. November 1973, Nr. 3004; dies ist jedoch nicht unumstritten geblieben, siehe *Giusti/Scarpa* Azioni possessorie, S. 6 f. mwN; siehe dazu ferner § 6V.2.

[475] Ebenso *Giuliano* NGCC 2021, 1456 (1466); gar nicht erst diskutierend *Scalera* ScReport 2021, 42 (passim).

[476] *Capaccioli* Criptovalute e bitcoin, S. 146.

[477] In diese Richtung wohl auch *Giuliano* NGCC 2021, 1456 (1466); sich demgegenüber ausschließlich auf den Private Key beschränkend *Capaccioli* Criptovalute e bitcoin, S. 146.

[478] *Bocchini/Quadri* Diritto privato, S. 557; siehe außerdem bereits § 4IV.2.d).

Wird nur ein Besitzkonstitut (*consegna consensuale*) vereinbart, ist kein Publizitätsträger erforderlich. Dem bloßen Innehaben mit Fremdbesitzerwillen werden sowieso kaum Rechtswirkungen zuerkannt. Stattdessen stellt die Rechtsordnung auf die Verfügbarkeit ab. Es ist somit unerheblich, ob dem Innehabenden Zugriff auf den Token ermöglicht wird (wie bei einer Besitzdienerschaft) oder der Token im Distributed Ledger neu zugeordnet wird (wie bei einer Besitzmittlerschaft). Es kommt allein auf die vertraglichen Vereinbarungen zwischen den Parteien an, von der in beiden Fällen keine dingliche Wirkung ausgeht.

cc) Besondere Erwägungen im Hinblick auf den originären Besitzerwerb von Token

Für den originären Besitzerwerb wird hingegen auch das materielle Ergreifen vorausgesetzt.[479] Allerdings ist der Wortlaut an dieser Stelle Überbleibsel des römischen Rechts, welches Eigentum und Besitz nur an beweglichen Sachen anerkannt hat und daher von *appresio* gesprochen hat. Der Gesetzgeber hat ansonsten in keiner Weise an eine Körperlichkeit oder an ein räumliches Ergreifen angeknüpft. Es kann daher davon ausgegangen werden, dass er den originären Besitzerwerb nicht auf derartige Fälle beschränken wollte. Stattdessen sollte auch hier jede Handlung ausreichend sein, durch die Verfügbarkeit erlangt wird und die von einem entsprechendem Besitzwillen begleitet wird.[480] Ein Besitzerwerb müsste bei Token daher auch dann gegeben sein, wenn Zugang zum Schlüsselpaar erlangt und der Token eigenständig an eine eigene Adresse transferiert wird. Durch die Transaktion wird der Besitzwille ausreichend deutlich gemacht. Demgegenüber wird die bloße Zugriffsmöglichkeit auf einen Token, ohne dass dieser transferiert wird, wohl nicht ausreichen. Der Besitzwille müsste sich dann zumindest anders äußern, etwa indem er verwendet wird.

dd) Gutgläubiger Besitz von Token

Auch die Wirkung eines gutgläubigen Besitzes ist unproblematisch. Ansprüche zwischen Eigentümer und Besitzer können auch im Hinblick auf Token entstehen und geltend gemacht werden. Einem Anspruch auf Rückgabe des Tokens steht beispielsweise nichts entgegen. Ferner kann das Eigentumsrecht an Token neu entstehen, wenn er durch Transaktion im Distributed Ledger gutgläubig erlangt wurde. Da eine symbolische Übergabe gerade nicht ausreicht, setzt das Recht sowieso schon eine vergleichbare Neuzuordnung voraus. Diese Wertung ist auch dann sachgerecht, wenn ein Token doppelt veräußert wird. Ein gutgläubiger Erwerb ist auch nicht nach Art. 1156 cc ausgeschlossen: Token

---

[479] *Bocchini/Quadri* Diritto privato, S. 557; siehe außerdem bereits § 4IV.2.d).
[480] Vgl. *Bocchini/Quadri* Diritto privato, S. 557 ff.

sind keine eingetragene bewegliche Sache. Er entsteht zwar erst dank des registerähnlichen Aufbaus des Distributed Ledgers, ein gesondertes Register existiert jedoch nicht.

ee) Kein abweichendes Besitzverständnis bei extrinsischen Token

All das könnte für intrinsische und extrinsische Token in gleicher Weise gelten. Teilweise wird jedoch vertreten, dass für extrinsische Token diejenigen Regelungen Anwendung finden müssen, die für den verkörperten Gegenstand gelten. Die extrinsischen Token sollen also keine eigene Rechtsnatur haben. Stattdessen soll die Rechtsnatur durch den verkörperten Gegenstand bestimmt werden. Besitz an extrinsischen Token wäre demnach nur möglich, wenn auch am verkörperten Gegenstand Besitz besteht.[481] Das würde jedoch zu zwei unterschiedlichen faktischen Positionen führen: die des verkörperten Gegenstands und die des verkörpernden Tokens. Das Recht kann eine der beiden faktischen Positionen nur dann als vorrangig erklären, wenn beide grundsätzlich rechtlich anerkannt sind. Zudem knüpft der Besitz an faktischen Gegebenheiten an und soll eine Brücke zwischen Realität und Recht schaffen. Dass zwei verschiedene Tatsachen gegeben sind, an die das Recht anknüpfen muss, kann das Recht nicht ändern. Ansonsten wäre spätestens bei einem Auseinanderfallen beider Inhaberschaften keine eindeutige Abbildung auf rechtlicher Ebene mehr möglich. Es überzeugt daher nicht, den Besitz an Token stets in Anlehnung an den verkörperten Gegenstand zu bejahen. Angebrachter ist es, die Inhaberschaft an intrinsischen und extrinsischen Token grundsätzlich gleich zu behandeln und immer als Besitz anzuerkennen. Für extrinsische Token kann dann anschließend überlegt werden, welcher der beiden Besitzpositionen Vorrang eingeräumt werden soll.[482]

ff) Zwischenergebnis

Letztlich ergeben sich für den Besitz an Token keine größeren Unterschiede zum deutschen Recht. Die grundsätzliche Struktur ist nach beiden Rechtsordnungen identisch. Lediglich die Anwendbarkeit des Besitzbegriffs selbst ist nach der italienischen Vorschrift deutlich unproblematischer als im deutschen Recht. Angeknüpft wird nicht an die Körperlichkeit, sondern an die Verfügungsmöglichkeit und den Besitzwillen. Dadurch ist die Herangehensweise des italienischen Rechts insgesamt offener und flexibler. Vor allem wird dadurch aber deutlich, dass ein weiteres Sachverständnis trotz der Faktizität des Besitzinstituts möglich ist.

---

[481] So wohl *Morone* Blockchain e smart contracts, S. 447 (450 f.).
[482] Dies wäre etwa durch das Recht der Schuldscheine möglich, dessen konkrete Ausgestaltung der Rechtsposition sich durchaus an dem zu verkörperndem Recht orientiert, vgl. *Bocchini/Quadri* Diritto privato, S. 1310.

b) Subsumtion der Token unter das Eigentumsrecht

Auch die Subsumtion der Token unter das Eigentumsrecht aus Art. 832 cc ist ohne Schwierigkeiten möglich. Da keine Übergabe erforderlich ist, kommt es maßgeblich auf die Einigung der Parteien an. Der Vertrag wird mit der Vereinbarung geschlossen. Die Übergabe der Token erfolgt wegen der Struktur der DLT hingegen erst mit der Registrierung dieser Vereinbarung in dem zugrundeliegenden Datensatz. Diese wiederum setzt eine Zustimmung des Absenders voraus, egal ob der Datensatz als Block oder als einzelne Transaktion dargestellt wird. Bis zu dieser Zustimmung wird die Neuzuordnung des Tokens noch nicht umgesetzt, selbst wenn der Vertrag unterzeichnet und in seiner Wirkung unumkehrbar ist. Bis dahin hat daher auch noch keine Übergabe stattgefunden – mit allen daraus folgenden, rechtlichen Konsequenzen.[483] Das Eigentum hingegen bedarf nach der italienischen Rechtsordnung keines Publizitätsträgers, sondern beruht in seiner Existenz allein auf der Einigung und den rechtlichen Vorschriften.

Einigen sich zwei Parteien über die Übertragung des Tokeneigentums, geht das Eigentum automatisch über, wenn keine Bedingung vereinbart worden ist. Der Verkauf entfaltet in der Regel dingliche Wirkung, daneben können aber auch obligatorische Wirkungen eintreten. Durch den Vertrag werden die Parteien nämlich verpflichtet, das zu verwirklichen, was in der Rechtswelt bereits geschehen ist.[484] Der Eigentümer hat einen Anspruch auf Übergabe des Tokens, mithin auf Neuzuordnung im Distributed Ledger. Erst durch Neuzuordnung kann er sein Recht ausüben. Der Anspruch auf Übergabe stellt somit Teil des erworbenen Eigentumsrechts dar.

Einigen sich die Parteien darauf, den Eigentumserwerb von gewissen Bedingungen abhängig zu machen, entsteht ein Schwebezustand. Für die Zeit des Schwebezustands besteht die vertragliche Verpflichtung sowie eine anwartschaftsähnliche Rechtsposition des Erwerbers. Der Erwerber erwartet trotz der bestehenden Ungewissheit den Eintritt der Rechtswirkungen – und darf diese aufgrund des besonderen Rechtsschutzes auch erwarten. Wurde die Übertragung des Tokeneigentums von der automatischen Transaktionsausführung eines Smart Contracts abhängig gemacht, geht das Eigentumsrecht erst mit dieser Ausführung über. Bis dahin müssen sich die Parteien nach Treu und Glauben verhalten und die Interessen der Gegenpartei wahren. Diese anwartschaftsähnliche Rechtsposition kann auch ohne weitere Hürden weiterveräußert werden, es bedarf insoweit keiner Übergabe. Allerdings kommt es auch zu keiner dinglichen Rechtsänderung. Der Anwartschaftsrechtserwerber erlangt nur einen entsprechenden Anspruch. Erst die Rückwirkung des Bedingungseintritts wirkt absolut auch gegenüber Dritten.

---

[483] So ausdrücklich auch *Capaccioli* Criptovalute, S. 152.
[484] So in Bezug auf Token *Capaccioli* Criptovalute, S. 152.

Ferner sollte an extrinsischen Token eine eigene Rechtsposition anerkannt werden. Diese kann eigene Regelungen vorsehen, ob die Inhaberschaft des verkörperten Gegenstands oder die Inhaberschaft des verkörpernden Tokens maßgeblich sein soll. Eine Verknüpfung lässt sich aber leichter begründen und ausgestalten, wenn beide faktischen Inhaberpositionen ihrerseits rechtlich abgebildet sind.[485] Das italienische Recht kennt dieses Vorgehen bereits aus dem Recht der Schuldscheine. Für diese ist eine eigene Rechtsposition anerkannt, die sich in ihrer Übertragung strukturell am Eigentumsrecht des verkörpernden Papiers orientiert und an dessen Besitz anknüpft, Art. 1553 cc.[486] Für die Eigentumsübertragung ist lediglich ein vertraglicher Konsens erforderlich, während bei gutgläubigen Besitz das im Schuldschein enthaltene Recht geschützt und entsprechend umlauffähig gemacht wird.[487] Je nachdem, ob es sich um Inhaber-, Order- oder Namensschuldscheine handelt, sieht das Gesetz weitere Regelungen vor.[488] Darüber hinaus wird zur Übertragung des Schuldscheins in Anlehnung an das Traditionsprinzip teilweise eine Übergabe des Schuldscheins erfordert, also die Besitzeinräumung am Schuldschein. Die Übertragung ähnelt dann stark der Eigentumsübertragung nach deutschem Recht und es können vergleichbare Prinzipien angewendet werden: Besitz am Token besteht dank der Eintragung im Distributed Ledger und kann mithilfe einer Transaktion übertragen werden. Es ergeben sich keine größeren Unterschiede oder weiteren Besonderheiten.

Da der Eigentumserwerb keine Übergabe erfordert, ist die Vereinbarung von Bedingungen mittels Smart Contracts möglich. Es besteht keine dingliche Anwartschaftsposition, der Erwerber erlangt aber einen sichernden Anspruch. Diese Gestaltung passt auf die Struktur der Token wie auch zu der von Smart Contracts gesteuerten Verwaltung. Zudem sind Struktur und Wirkung unkomplizierter, sodass die Subsumtion nicht so konstruiert erscheint wie im deutschen Recht.

c) Schlussfolgerungen für das Sachenrecht

Das italienische Sachenrecht ist sowohl im Hinblick auf den Besitz als auch hinsichtlich des Eigentumsrechts deutlich weiter als das deutsche Sachenrecht. Das führt nicht nur allgemein dazu, dass sogar Besitz und Eigentum an immateriellen Gegenständen diskutiert wird, sondern ermöglicht auch konkret mit Blick auf Token eine entsprechende Anwendung. Da die Besitz- und

---

[485] Die Verknüpfung von Papier und Recht sei gerade charakterisierendes Merkmal der Schuldscheine, *Bocchini/Quadri* Diritto privato, S. 1307; anders hingegen *Morone* Blockchain e smart contracts, S. 447 (450 f.).
[486] *Bocchini/Quadri* Diritto privato, S. 1307.
[487] Dies kennzeichne die Rechtsnatur des Schuldscheins, *Bocchini/Quadri* Diritto privato, S. 1307.
[488] Vgl. *Bocchini/Quadri* Diritto privato, S. 1311 f.

Eigentumsvorschriften nämlich an keiner Stelle an einer Körperlichkeit anknüpfen – weder im Wortlaut noch in ihrer Funktion – ist eine besondere oder modernere Auslegung von vornherein nicht notwendig. Vorausgesetzt wird lediglich eine exklusive Verfügungsmacht über die Sache, die bei Token ja durchaus gegeben ist und auch im deutschen Recht der Kern der Argumentation für eine Anwendung des Sachenrechts darstellt. Token sind auch schon ohne gesonderte Regelungen objektiviert, weshalb keine weiteren spezielleren Normen wie etwa Immaterialgüterrechte erforderlich sind. Dass die italienische Sachenrechtsordnung dennoch in ihrer Dogmatik stringent bleibt, sollte dabei auch im Rahmen der Untersuchung des deutschen Sachenrechts mitberücksichtigt werden.

Der Blick auf das italienische Recht macht konkret deutlich, dass alles, was auf eine Publizität abstellt, an die Zuordnung im Distributed Ledger anknüpfen muss; dies gilt insbesondere für den Besitz und die Übergabe. Das Eigentumsrecht ist hingegen ein rein rechtliches Konstrukt, was nicht abgebildet werden kann, aber auch nicht muss. Bei dem Distributed Ledger handelt es sich gerade nicht um ein Register über die Eigentumsrechte, sondern um eine eigene faktische Wirklichkeit, auch wenn diese lediglich digital existiert. Daher kann von den Informationen des Distributed Ledgers lediglich auf eine Eigentumsposition *geschlossen* werden, weshalb der Besitz mit seinen Vermutungen, die er begründet, die passendere Wahl ist.

Die zugrundeliegenden Einigungen finden hingegen nach wie vor außerhalb des Distributed Ledgers statt: nämlich in den Köpfen derjenigen, die als Netzwerkknoten agieren, auch wenn sie ihre Willenserklärungen gegebenenfalls über das Peer-to-Peer-Netzwerk zum Ausdruck bringen und übermitteln. Daher können Einigungen auch gänzlich außerhalb des Distributed Ledgers und unabhängig von der darin niedergeschriebenen Zuordnung der Token stattfinden. Je nach Rechtsordnung kann das bereits die Voraussetzungen erfüllen, die als notwendig erachtet werden, um zu einer allgemeingültigen, für jeden zu respektierenden, sprich absoluten Rechtsänderung zu führen.

V. Zusammenfassung des § 4

Das Rechtsinstitut des Besitzes dient als Schnittstelle zwischen Recht und Wirklichkeit, da eine normative Zuordnung erst und nur dann überzeugend möglich ist, wenn das Recht die tatsächlichen Gegebenheiten zutreffend erfasst und dem Grunde nach anerkennt. Der Besitz knüpft dafür an verschiedene Kriterien an, die je nach Einzelfall und verfolgtem Zweck unterschiedlich gewichtet werden können. Anhand dieser Kriterien lässt sich eine tatsächliche Sachherrschaft an Token definieren, die sich allein aus der Zuordnung des Tokens im Distributed Ledger ergibt. Das Schlüsselpaar stellt insoweit nur ein Teilelement dar, da es – wenn auch maßgeblich – nur die Einflussnahme ermöglicht. Bei den elektronischen Wertpapieren des eWpG fällt die Anerkennung des

Besitzes wegen der als notwendig erachteten Sachfiktion schwerer, ansonsten sollte aber auch hier auf die Herrschaftsfunktion und nicht auf die Körperlichkeit abgestellt werden. Die Vorschriften zum Besitzerwerb lassen sich dann problemlos anwenden: Besitz wird durch Tokentransaktion erworben und sonstige Besitzkonstellationen wie Besitzdienerschaft und mittelbarer Besitz sind ebenfalls abbildbar. Mithilfe des Besitzes kann die Rechtsordnung Token als eigenes vorrechtliches Phänomen erfassen.

Ein umfängliches Eigentumsrecht an Token kann davon unabhängig auf normativer Ebene begründet werden und beinhaltet insbesondere den Besitz, also die Zuordnung des Tokens, und die dadurch erst ermöglichte Nutzung des Tokens. Da das Eigentum an die tatsächlichen Möglichkeiten anknüpft, werden Nutzungen, die von der DLT von vornherein nicht vorgesehen sind, nicht umfasst. Auch der Eigentümer darf nicht durch nachträgliche Veränderung der chronologischen Transaktionsdaten auf seinen Token einwirken, selbst wenn das faktisch ausnahmsweise möglich sein sollte. Andere Eigentumsformen können je nach technischer Vorrichtung herangezogen werden.

Token sind als bewegliche Sache einzuordnen, sodass zur Eigentumsbegründung die mobiliarsachenrechtlichen Vorschriften zur Anwendung kommen. Von der registerähnlichen Gestaltung der DLT darf nicht auf eine Anwendbarkeit der immobiliarsachenrechtlichen Vorschriften geschlossen werden. Gleiche Erwägungen gelten auch in Bezug auf die Sachfiktion des eWpG. Die Vorschriften zur Eigentumsübertragung sind problemlos auf Token anwendbar, eine fehlende physische Existenz steht dem nicht entgegen. Alle denkbaren Möglichkeiten, Token originär zu erwerben, werden von den rechtlichen Vorschriften erfasst. Die Transaktion von Token wird als Übergabe erfasst, die zusammen mit den von der DLT unabhängigen Voraussetzungen das Eigentum derivativ begründet. Mit dem Schlüsselpaar kann die Transaktion freigegeben werden, was die Veranlassung zur Besitzänderung widerspiegelt. Als erfolgt gilt die Übergabe aber erst, wenn der Erwerber den Tokenbesitz auch dauerhaft erlangt hat. Auch die Vorschriften zum gutgläubigen Eigentumserwerb und zur Belastung des Eigentumsrechts sind anwendbar, jedoch sollte die diesen zugrundeliegende Interessensabwägung grundsätzlich beibehalten werden, auch wenn bei letzterem die datenbasierte registerähnliche Struktur der DLT für zusätzliche Vermerke genutzt werden kann. Bedingte Eigentumsübertragungen oder Sicherungsübereignungen können abgebildet werden, ein Anwartschaftsrecht entsteht allerdings nur, wenn ein Smart Contract implementiert ist, der so programmiert ist, dass er potenzielle Zwischenverfügungen verhindert. Es ist nicht erforderlich, dass sich die konkreten Bedingungen der Anwartschaft aus dem Token ergeben; die automatisierte Zuordnung im Distributed Ledger reicht aus. Bei extrinsischen Token müssen Eigentumsrecht am Token und verkörperte Rechtsposition umfassend und möglichst fehlerfrei synchronisiert werden. Es können sowohl relative Rechtspositionen, absolute Rechte als auch Mitgliedschaftsrechte verkörpert werden, jedoch sind dingliche Nutzungsgestaltungen hier von größerer Bedeutung.

Im italienischen Recht knüpft das Eigentumsrecht an Nutzungsmöglichkeiten an, worauf der Besitz seinerseits verweist. Für den Besitz kommt es somit nur auf eine exklusive Verfügungsmacht an, die ihrerseits lediglich objektive Wahrnehmbarkeit voraussetzt. Da das italienische Zivilrecht dem Konsensprinzip folgt, ist für den Eigentumserwerb keine Übergabe erforderlich und der Besitz wird durch Übergabe der exklusiven Verfügungsmacht erworben. Dieser Besitz ist auch auf die vom weiteren Sachbegriff umfassten Token anwendbar, wodurch die Vorschriften von Besitz und Eigentum unproblematisch auf Token anwendbar sind.

Der Blick auf das italienische Recht macht deutlich, dass Publizität stets an die Zuordnung im Distributed Ledger anknüpfen muss; dies gilt insbesondere für den Besitz und die Übergabe. Das Eigentumsrecht ist hingegen ein rein rechtliches Konstrukt, das vom Distributed Ledger nicht abgebildet wird.

2. Teil:

Bedeutung der Sachfähigkeit für den absoluten Schutz von Token

Nachdem die Sachfähigkeit und die Rechtsposition an Token von allen Seiten beleuchtet wurde, soll die Untersuchung nun zur eigentlichen Frage nach dem absoluten Schutz von Token kommen. Es geht nicht mehr um die rechtliche Zuordnung, sondern um die Folgen, die sich für den Einzelnen aus dieser Zuordnung ergeben. Ein Rechtssystem, das eine Zuweisung von Gegenständen vorsieht, ohne diese zu schützen, wäre ineffektiv. Mangels Durchsetzung[1] käme der rechtlichen Zuweisung überhaupt keine Bedeutung zu.[2] Umgekehrt spielt die rechtliche Zuordnung im Rahmen der Abwehrfunktion eine bedeutende Rolle. Denn welches Schutzsystem greift, ist davon abhängig, ob an die tatsächliche Inhaberschaft oder an die rechtlich zuordnende Rechtsposition angeknüpft wird.[3] Und wie stark der rechtlich gewährte Schutz ist, ist wiederum abhängig von dem jeweiligen Schutzsystem.

Unumstritten stellt der technische Schutz der DLT bereits einen großen Mehrwert dar. Dank kryptographischer Verschlüsselung, Mehrheitsprinzip und dezentraler Transaktionsspeicherung mit spezifischer Zugangssicherung kann nur dem Inhaber des Private Keys auf einen Token zugreifen.[4] Es kommt aber auch darauf an, wie diese faktische Wirkung rechtlich anerkannt wird. Was bringt dem Tokeninhaber seine Rechtsposition? Wie kann er sich wehren, wenn seine Inhaberschaft beeinträchtigt wird? Unterscheiden sich die Abwehrmöglichkeiten je nachdem, ob der Inhaber des Tokens eine entsprechende Rechtsposition nachweisen kann, und wenn ja, wie? Die Rechtsordnung muss sich daher fragen, welche Normen an die rechtliche Zuordnung anknüpfen und welche Abwehrrechte sie gewähren? Kann das Schutzsystem der Rechtsordnung auch auf Token übertragen werden und wie gestaltet sich der rechtliche Schutz dann im Einzelnen? Welche konkreten Rechtsinstitute kommen in Betracht und kann für Token ein allgemeines Schutzniveau bestimmt werden? Ist ein absoluter Schutz bei der dezentralen und anonymisierten Struktur der DLT überhaupt realisierbar und wenn ja, wie? Und schließlich stellt sich eine Frage, die bereits im Rahmen der Zuordnung aufgetaucht ist: Gewährt der rechtliche

---

[1] *Zech* AcP 219 (2019), 488 (497).
[2] *Gambaro* Proprietà, S. 11.
[3] Vgl. *Arndt* Bitcoin-Eigentum, S. 132.
[4] *Linardatos* Privatrecht 2050, S. 181 (202).

Schutz überhaupt einen Mehrwert gegenüber der rein informationstechnologischen Sicherheit und den vertraglich vereinbarten Absicherungen?

§ 5 Erforderlichkeit eines dinglichen Schutzes

Begonnen werden soll mit der zuletzt aufgeworfenen Frage, nämlich inwieweit ein rechtlicher oder sogar dinglicher Schutz überhaupt Mehrwert schaffen würde. Derzeit sichern sich Tokeninhaber und andere Rechtsteilnehmer der Token-Economy regelmäßig durch individuell ausgehandelte Vertragsgestaltungen ab – ein Vorgehen, das bei neuartigen Phänomenen nicht unüblich ist. Der dadurch erzielte Schutz soll grob nachskizziert werden, um die allgemeine Frage, ob ein darüberhinausgehender Schutz erforderlich ist, beantworten zu können (I). Anschließend wird der absolute Schutz beschrieben, der durch sonstige Rechtsinstitute gewährleistet wird (II). Abschließend wird der Mehrwert eines dinglichen Schutzes herausgearbeitet (III). Wie zuvor wird auch hier ein rechtsvergleichender Blick auf die italienische Rechtsordnung geworfen (IV), um einerseits Unterschiede im Schutzsystem darzulegen und andererseits die Bedeutung des Sachbegriffs für den dinglichen Eigentumsschutz herauszuarbeiten.

I. Vertraglich erzielter Schutz

Auch ohne dass die Rechtsposition geklärt ist, werden Token gehandelt und übertragen. Verträge sind wegen der Privatautonomie selbstverständlich möglich.[1] Hierdurch zeigt sich gerade das entsprechende, neu entstandene wirtschaftliche Bedürfnis. Um die nötige rechtliche Sicherheit zu gewährleisten, wird auf das Schuldrecht zurückgegriffen.[2] Meist sind das komplexe schuldrechtliche Vertragsgestaltungen; ausreichend wäre aber auch eine konkludente Einigung.

Bei intrinsischen Token wird die vertragliche Einigung zum Erwerb eines Tokens gegen Zahlung eines Kaufpreises fast einhellig als Kauf eines sonstigen Gegenstands nach § 453 Abs. 1 Alt. 2 BGB eingeordnet.[3] Wird mit Token ein anderer Gegenstand ‚gekauft', wird es sich hingegen eher um einen Tauschvertrag im Sinne des § 480 BGB handeln.[4]

---

[1] *Schlund/Pongratz* DStR 2018, 598 (600).
[2] *Zech* Information als Schutzgegenstand, S. 113.
[3] Statt aller *Beck/König* JZ 2015, 130 (132); ferner *Shmatenko/Möllenkamp* MMR 2018, 495 (498 f.) sowie im Überblick auch *Schlund/Pongratz* DStR 2018, 598 (600).
[4] Statt aller *Beck/König* JZ 2015, 130 (133); ferner *Kaulartz/Matzke* NJW 2018, 3278 (2180) sowie *Shmatenko/Möllenkamp* MMR 2018, 495 (499 f.); vgl. auch *Schlund/Pongratz* DStR 2018, 598 (600).

Im Falle von extrinsischen Token steht hingegen die Verknüpfung des Tokens mit einer Forderung oder einem Recht im Vordergrund. Um das Auseinanderfallen zu verhindern, wird die Tokenisierung der Forderungen durch vertragsrechtliche Ausgestaltungen begleitet, die verschiedene schuldrechtliche Gestaltungsmöglichkeiten vorsehen.[5] Möglich sind gewillkürte Formerfordernisse nach § 127 BGB, Bedingungszusammenhänge nach § 158 BGB, vertragliche Verpflichtungen zur Nutzung der Blockchain bei der Übertragung des tokenisierten Rechts oder Abtretungsverbote nach § 399 Alt. 2 BGB, wobei nur letzteres auch dingliche Wirkung entfaltet.[6] Rein schuldrechtliche Lösungen haben den Nachteil, dass diese umgangen werden können, indem Token ohne rechtsgeschäftliche Erklärung übertragen werden. Wirtschaftlich sind die Vertragsparteien gegebenenfalls durch schadensersatzrechtliche Ansprüche geschützt, es besteht aber die Gefahr eines dauerhaften Auseinanderfallens von Token und Forderung, was der Idee der Tokenisierung ja gerade widerspricht.[7]

Alternativ kann daher über eine Gestaltung in Orientierung an der Auslobung nach §§ 657 ff. BGB nachgedacht werden. Hier bindet sich der Emittent des Tokens mithilfe öffentlich bekanntgemachter Auslobungsbedingungen einseitig an die Gewährung eines bestimmten Rechts, sobald ein Token durch Rückübertragung eingelöst wird.[8] Der Emittent kann dadurch das Auseinanderfallen von Token und Recht verhindern, da er von vornherein einen vertragsrechtlichen Anreiz setzt, den Token ordnungsgemäß zu nutzen. Zudem kann er die Bedingungen flexibel ausgestalten und hat im Vergleich zu traditionellen Tokenisierungsverträgen trotzdem weniger Gestaltungsaufwand.[9] Nichtsdestotrotz ist diese Konstruktion eher eine Notlösung, die die fehlende rechtliche Verknüpfung durch Vertragskonstruktionen zu ersetzen versucht.

Allen vertraglichen Gestaltungen ist gemeinsam, dass der Rechtsteilnehmer nicht automatisch kraft Gesetzes in seiner Inhaberschaft geschützt ist. Es bedarf stets konkreter Absprachen, zumindest von Seiten des Emittenten, an die dann alle Nutzer gebunden sind. Vertragliche Konstruktionen können eine vorübergehende Lösung sein, durch die sich die Parteien im Falle einer Vertragsverletzung zumindest wirtschaftlich absichern können. Letztlich wird dadurch aber nur einmal mehr das Bedürfnis nach allgemeiner Zuordnung und rechtlichem Schutz deutlich.

Es setzt sich die Argumentation fort, die bereits im Hinblick auf die Funktion des Rechts bei der rechtlichen Zuordnung von Gegenständen herangezogen wurde: Die Rechtsordnung soll die Wirklichkeit möglichst sachgerecht abbilden und – soweit notwendig – normativ korrigieren. Dazu gehört auch, dass

---

[5] Begründend hierzu *Kaulartz/Matzke* NJW 2018, 3278 (3281).
[6] Ausführlich *Kaulartz/Matzke* NJW 2018, 3278 (3281); zustimmend *Scholz* Beiträge zum Transnationalen Wirtschaftsrecht, Heft 162 (S. 21 f.).
[7] *Kaulartz/Hirzle/Holl* RDi 2022, 324 (325 f.).
[8] So der recht aktuelle Vorschlag von *Kaulartz/Hirzle/Holl* RDi 2022, 324 (327 ff.).
[9] *Kaulartz/Hirzle/Holl* RDi 2022, 324 (330).

die Rechtsordnung ihre Entscheidungen absichert, indem sie dem Einzelnen Abwehrpositionen gewährt und entgegenstehende Handlungen sanktioniert. Es müssen zwar auch relative Vertragsbeziehungen abgewehrt werden können, wie §§ 280 ff. BGB es ermöglichen. Die Rechtsordnung soll diesen Schutz aber nicht davon abhängig machen, dass die Rechtsteilnehmer zuvor komplexe Vertragskonstruktionen vereinbart haben. Vielmehr muss der Schutz auch denjenigen zukommen, die sich im Vorhinein keine weiteren Gedanken über mögliche Beeinträchtigungssituationen gemacht haben. Sie haben sich gerade auf den Schutz der Rechtsordnung verlassen.[10] Vertragliche Schutzregelungen können daher nur Spezialregelungen sein, der allgemeine Zuordnungsschutz muss stets eingreifen.[11] Auch wenn sich relativer und absoluter Schutz in ihrem Schutzniveau nicht unterscheiden,[12] ist ein über die vertraglichen Vereinbarungen hinausgehender absoluter Schutz in jedem Fall erforderlich.

II. Absoluter Schutz durch verschiedene Rechtsinstitute

Absoluter Schutz gegenüber jedermann[13] kann durch verschiedene Rechtsinstitute gewährleistet werden. Je nach Funktion können sie auf Abwehr von Rechtsbeeinträchtigungen, Schadensersatz oder Umkehrung einer Bereicherung abzielen: es entsteht eine Schutztrias.[14]

---

[10] Trotzdem muss sich erst eine gewisse Regulierungsnotwendigkeit zeigen, weshalb Regulierung immer erst nachgelagert entsteht, vgl. *Low/Teo* Law, Innovation and Technology 2017, 235 (267).

[11] Vgl. ausführlich dazu *Wilhelm* SachR Rn. 88 ff.

[12] So zumindest *Wilhelm* SachR Rn. 90, 95.

[13] Siehe dazu bereits § 2III.

[14] *Wilhelm* SachR Rn. 68; *Hoffmann* JURA 2014, 71 (71) befürwortet demgegenüber ein dichotomisches System, das sich in rechtsverwirklichenden und rechtsfortsetzenden Schutz unterteilt; rechtsverwirklichende Schutzsysteme sollen sich dadurch auszeichnen, dass sie integraler Bestandteil der Rechtsposition sind und nicht abgespalten werden können; rechtsfortsetzende Schutzsysteme sollen im Falle der Verletzung neue übertragbare Rechtspositionen in der Form von Forderungsrechten begründen, die ihrerseits auf eine Vermögensverschiebung gerichtet sind; es wird aber anerkannt, dass negatorischer, deliktischer und bereicherungsrechtlicher Schutz stets in Einklang gewährt werden müssen, ebd. S. 73; ähnlich *Reuter/Martinek*[1] Ungerechtfertigte Bereicherung, S. 236 f. § 7 I 1, die in der bereicherungsrechtlichen Eingriffskondiktion die „dritte[...] Säule des Anspruchsgebäudes bei der Usurpation fremder Rechtsgüter" sehen; den dinglichen Schutz als Teil des Schutzsystems betonend *Zeno-Zencovich* Diritto privato comparato, S. 371 (371); demgegenüber für eine Einteilung der Anspruchskategorien in einen primären Integrationsschutz der subjektiven Rechte durch negatorische Schutzansprüche und einen ergänzenden schuldrechtlichen Schutz durch Verlust- und Vorteilsausgleich, bestehend aus Haftungsrecht, Eingriffskondiktion und selbständiger Gewinnhaftung, plädierend *Jansen* AcP 216 (2016), 112 (204, 227).

Negatorische Abwehransprüche schützen jede Rechtsposition. Im Kern geht es um Zurechnungsfragen und deren Umsetzung auf Durchsetzungsebene.[15] Im Gesetz sind allerdings nur die dinglichen Ansprüche geregelt, sie bilden den Hauptanwendungsfall.[16] § 985 BGB bezieht sich auf die Beeinträchtigung des Besitzes als Teil des Eigentumsrechts, § 894 BGB auf die Beeinträchtigung im Rahmen der Registereintragung von Grundstücken und § 1004 BGB auf alle sonstigen Eigentumsbeeinträchtigungen. Obwohl auch letzterer nur eine Beeinträchtigung des Eigentumsrechts vorsieht, wird § 1004 BGB analog auf alle anderen absoluten Rechte angewendet, sodass er auch außerhalb der dinglichen Rechte Anwendung findet.[17]

Schadensersatzansprüche dienen hingegen dem Ausgleich oder der Kompensation, wenn eine Rechtsverletzung zu einem Minus im Vermögen des Rechtsinhabers geführt hat.[18] Da zur Wiedergutmachung nicht nur das Bezugsobjekt der Rechtsposition selbst, sondern auch das übrige Vermögen herhalten muss, entsteht dadurch ein auf etwas Neues gerichteter Anspruch.[19] Aus diesem Grund kommt es auch auf die Verantwortlichkeit der Rechtsverletzung an, die etwa wegen Verschulden oder Gefährdung vorliegen kann.[20]

Bereicherungsrechtliche Ansprüche haben stattdessen den Zuwachs von Vermögen im Blick, betrachten also die Schädiger- und nicht die Geschädigtenseite.[21] Sie setzen die unmittelbare Verwirklichung der rechtlichen Zuordnung durch die negatorischen Ansprüche auf der Vermögensebene fort[22] und gehören damit zu den Rückforderungsansprüchen.[23] Soweit der Vermögenszuwachs aus der Verletzung einer Rechtsposition Dritter entstanden ist und deswegen eigentlich in das Vermögen des Dritten gehört, sehen die Bereicherungsansprüche Herausgabe oder Wertersatz aus Billigkeitsgründen vor.[24] Es geht nicht um Schadensersatz, sondern um die Verwirklichung eines

---

[15] *Walter* JA 2012, 658 (658); *Gursky* JURA 2004, 433 (434) spricht ihnen daher eine Rechtsdurchsetzungsfunktion zu; zur Entstehung der negatorischen Abwehransprüche *Picker* 50 Jahre BGH I, S. 693 (748 ff.).

[16] So *Wilhelm* SachR Rn. 69.

[17] Für eine umfassende Anwendung des negatorischen Schutzes auch *Hoffmann* JURA 2014, 71 (72 f.).

[18] *Wilhelm* SachR Rn. 70; konkret zur Funktion des Deliktsrechts *Wagner* Deliktsrecht, § 1 Rn. 6 f., § 4 Rn. 1.

[19] *Wilhelm* SachR Rn. 70; vgl. zu den restriktiveren Voraussetzungen des Vermögensschutzes *Fehling/Faust/Rönnau* JuS 2006, 18 (20).

[20] *Wilhelm* SachR Rn. 70; *Hoffmann* JURA 2014, 71 (72); zum italienischen Recht *Gatti* Rimedi civilistici, S. 181.

[21] *Walter* JA 2012, 658 (658); *Wilhelm* SachR Rn. 72; *Wieling/Finkenauer* BerR § 1 Rn. 5.

[22] *Wilhelm* SachR Rn. 72.

[23] Ausführlich dazu *Zimmermann* Gesetzlicher Rückforderungsanspruch, S. 73 f.

[24] *Wilhelm* SachR Rn. 72; zum Billigkeitsgedanken *Giglio* Condictio proprietaria, S. 69 f.

gerechten Austausches.²⁵ Das Stammvermögen muss dafür nicht angetastet werden, weshalb auf das Verschuldenserfordernis verzichtet werden kann.²⁶

Daneben gibt es Sonderfunktionen wie etwa bei den Aufopferungsansprüchen aus §§ 904, 906 Abs. 2 S. 2 BGB, die eine Rechtsentziehung zur Verwirklichung höherwertiger Interessen gestatten, dafür aber eine Kompensationsleistung an den eigentlichen Rechtsinhaber vorsehen.²⁷ Auch die Ansprüche aus unechter Geschäftsführung oder die Vergütungshaftung des Eigentümer-Besitzer-Verhältnisses gemäß § 987 Abs. 1 BGB verfolgen teilweise eine Sonderfunktion. Sie gewähren Herausgabe oder Ersatz, ohne dass es auf Schäden oder Bereicherung ankommt. Das Gesetz beantwortet gezielt Wertungsfragen in konkreten Sonderkonstellationen.²⁸

Alle Rechtsinstitute, die absoluten Schutz gewähren, haben gemeinsam, dass sie ihrerseits kein zuvor bestehendes Schuldverhältnis voraussetzen. Dadurch unterscheiden sie sich von relativen Schutzansprüchen, deren Ansprüche von vornherein nur vom Schuldner verletzt werden können.²⁹ Durch die rechtlichen Schutzvorschriften wird das gesetzliche Schuldverhältnis erst begründet, auf dessen Grundlage dann Herausgabe oder Ersatz verlangt werden kann. Neben dem dinglichen sachenrechtlichen Schutz, der als Prototyp des absoluten Schutzes gilt, gibt es noch das Delikts- und das Bereicherungsrecht. Auch das Recht der Geschäftsführung ohne Auftrag gewährleistet Schutz mit absoluter Wirkung. Nur der negatorische Schutz knüpft dabei maßgeblich an eine zuordnende Rechtsposition an.³⁰ Alle anderen Rechtsinstitute beziehen sich auf das Handeln eines Rechtssubjekts.³¹ Das Deliktsrecht bezweckt Schadensausgleich nach Verschulden oder Gefährdung.³² Das Recht der Geschäftsführung ohne Auftrag hat altruistisches Handeln und ausgleichende

---

²⁵ *Giglio* Condictio proprietaria, S. 72; Cendon/*Camilleri*/*Giannotte* Trattario, S. 594; hervorhebend, dass es insoweit aber auch Überschneidungen geben kann, *Gatti* Rimedi civilistici, S. 182.
²⁶ *Hoffmann* JURA 2014, 71 (72).
²⁷ *Wilhelm* SachR Rn. 71.
²⁸ *Wilhelm* SachR Rn. 73 f.
²⁹ *Wilhelm* SachR Rn. 67.
³⁰ § 1004 BGB bezieht sich lediglich auf das Eigentumsrecht, wird aber einhellig auch analog auf alle anderen absoluten Rechtspositionen übertragen.
³¹ Vgl. insoweit auch die Abgrenzung der negatorischen Haftung, die an dem Substanzrecht selbst anknüpft, und der Haftung aus § 281, die an die Verletzung einer Leistungspflicht anknüpft, wodurch der dingliche Schutz wesensfremd gegenüber allen anderen Schutzansprüchen sei, *Katzenstein* AcP 206 (2006), 96 (101 f., 103).
³² Ausführlich zum Deliktsrecht *Wagner* Deliktsrecht, § 1 Rn. 6 f., § 4 Rn. 1; vgl. zu den restriktiveren Voraussetzungen des Vermögensschutzes *Fehling*/*Faust*/*Rönnau* JuS 2006, 18 (20).

Gerechtigkeit zum Leitbild[33] und das Bereicherungsrecht korrigiert ungerechtfertigte Vermögensverschiebungen bei Fehlen eines Rechtsgrunds.[34]

Jedes Rechtsinstitut hat somit eine eigene Existenzberechtigung und begründet jeweils unterschiedlich, wieso in bestimmten Fällen absoluter Schutz bestehen muss. Ausgangspunkt ist keine Rechtsposition als solche, sondern eine bestimmte Situation. Der Schutz sieht daher teilweise nur einen wirtschaftlichen Ausgleich statt einer Wiedereinräumung der Rechtsposition vor.[35] Sofern einschlägig, sind all diese Rechtsinstitute nebeneinander anwendbar.[36]

III. Mehrwert eines dinglichen Schutzes

Es wird bereits deutlich, worin der Mehrwert des dinglichen Schutzes liegen könnte. Indem er sich nämlich allein und ausschließlich auf die Rechtsposition an einem Gegenstand bezieht, schützt er in erster Linie die rechtlich vorgesehene Ordnung der Zuordnung.[37] Es geht nicht um einen gerechten Ausgleich zwischen den Beteiligten, sondern um die Lösung für den Fall, dass sich zwei Rechtskreise überlagern.[38] Der dingliche Schutz bezweckt die Verwirklichung des negativen Kerns des Eigentums. Die Zuweisung eines subjektiven Rechts ist nur dann sinnvoll, wenn die Rechtsordnung dessen Bestand gewährleistet.[39] Vom Anspruchsgegner wird daher grundsätzlich auch keine Leistung verlangt, die den Rechtsverlust ausgleicht, sondern nur eine Mitwirkungspflicht, soweit diese zur Beseitigung der Rechtsbeeinträchtigung erforderlich ist.[40] Das

---

[33] Vgl. *Schäfer* SchuldR BT, § 31 Rn. 6; differenzierender hingegen Staudinger/*Bergmann* Vorb §§ 677 ff. Rn. 1.

[34] Vgl. *Schäfer* SchuldR BT, § 34 Rn. 2; differenzierender hingegen *Wilhelm* SachR Rn. 67, der den bereicherungsrechtlichen Ansprüchen eine Zwischenstellung einräumt.

[35] Zum Vorrang der Naturalrestitution insoweit aber *Katzenstein* AcP 206 (2006), 96 (112 f.).

[36] In diesem Zusammenhang aber auf die teilweise auftretenden Abgrenzungsschwierigkeiten hinweisend *Zeno-Zencovich* Diritto privato comparato, S. 371 (371).

[37] *Picker* Negatorischer Bereicherungsanspruch, S. 55 ff.; aus diesem Grund ist der Widerspruch zwischen Recht und Wirklichkeit auch die alleinige Voraussetzung der Vindikation, *ders.* 50 Jahre BGH I, S. 693 (699 ff.).

[38] *Picker* Negatorischer Bereicherungsanspruch, S. 50; *Katzenstein* AcP 206 (2006), 96 (101); Kern seiner Zurechnungsfragen, *Walter* JA 2012, 658 (658); historisch einbettend *Picker* 50 Jahre BGH I, S. 693 (695); der dingliche Schutz ist daher weder auf Personen noch in zeitlicher Hinsicht beschränkt, siehe insoweit zur italienischen Rechtsordnung *Gambaro* Proprietà, S. 636.

[39] *Picker* Negatorischer Bereicherungsanspruch, S. 55, 57; vgl. *Zimmermann* Gesetzlicher Rückforderungsanspruch, S. 243, der ferner darlegt, dass der Tatbestand des § 985 BGB nicht zwischen Leistung und Eingriff differenziert, ebd. S. 195, sondern vielmehr als Spezialfall der Eingriffsrückforderung zu sehen sei, ebd. S. 351 f.

[40] Ausführlich *Picker* 50 Jahre BGH I, S. 693 (706 ff.); ebenso *Katzenstein* AcP 206 (2006), 96 (103, 106), der ferner darlegt, dass dadurch schlussendlich auch der Störer selbst von einer etwaigen Selbsthilfe oder Eigenmacht des gestörten Rechtsinhabers geschützt

Jemandem-Gehören soll nicht gestört werden[41] und der negatorische Schutz ist das einzige Rechtsinstitut, das die Rechtsposition unabhängig von einem Verhalten schützt.[42] Es wird allein auf die Rechtsposition, dessen Reichweite und dessen Beeinträchtigung abgestellt.[43] Nur wenn ein Verhalten eng mit der Rechtsbeeinträchtigung im Zusammenhang steht, gehören die daran anknüpfenden Ansprüche zu den dinglichen Ansprüchen, obwohl sie auf Schadensersatz oder Bereicherungsherausgabe abzielen (Ansprüche aus Eigentümer-Besitzer-Verhältnis).[44]

Durch diesen bedingungslosen Schutz wird die Rechtsposition deutlich gestärkt. Genau genommen ist es erst ihr Schutz, der eine Rechtsposition verwirklicht. Ohne Schutz wäre die Rechtsposition letztlich wirkungslos. Ein umfassend bedingungsloser Schutz wird allerdings nur für dingliche Rechte gewährt, die sich unmittelbar auf eine Sache beziehen. Besonders deutlich wird das beim Eigentumsrecht: Schutzrechte sind nur so weit denkbar, wie die Rechtsposition reicht. Das Eigentumsrecht reicht aber so weit, wie es Zuständigkeit und Herrschaftsmacht gibt, also bis das Recht negatorische Abwehrrechte gewährt.[45] Die exklusive Zuweisung umfassender Befugnisse führt in Verbindung mit dem absoluten Schutz zu einer hervorgehobenen Stellung des

---

werden soll, ebd. S. 103 sowie auch *Picker* 50 Jahre BGH I, S. 693 (708); kritisch zu der damit einhergehenden Verengung des Leistungsbegriffs, da dieser auch im Bereicherungsrecht genutzt werde, hingegen *Gursky* JURA 2004, 433 (434), der jedoch an anderer Stelle zugibt, dass der Besitzer einer Auskehrungspflicht unterliege, ebd. S. 437.

[41] Treffend *Wilhelm* SachR Rn. 110; ausreichend ist daher auch, dass der Besitzer sein Haben aufgibt, wohingegen das Nichthaben des Eigentümers gerade nicht erforderlich ist, vgl. *Picker* 50 Jahre BGH I, S. 693 (705); zur Abhängigkeit der Haftung allein von der Besitzentziehung siehe auch ebd. S. 703 ff.

[42] Vgl. *Wilhelm* SachR Rn. 110, demzufolge sich der schuldrechtliche Schutz immer nur auf die Beschaffung von Gegenständen beziehe, sei es durch entsprechende Übertragungsansprüche oder durch Herausgabe- oder Ersatzansprüche wegen besonderer, nach Schuldrecht verpflichtenden Gründen; ferner *Walter* JA 2012, 658 (658); sogenannte Abstraktheit des Vindikationsanspruchs, die gerade Konsequenz der Rechtszuweisungsaufgabe des Zivilrechts sei, *Picker* 50 Jahre BGH I, S. 693 (701); ähnlich *Gursky* JURA 2004, 433 (435).

[43] Vgl. *Katzenstein* AcP 206 (2006), 96 (103); deutlich wird das etwa bei Vorenthaltung der Herausgabe, vor der nicht das dingliche Schutzsystem, sondern nur das über den Verweis des § 992 BGB anwendbare Deliktsrecht schützt, da nur letzteres an die rechtswidrige und schuldhafte Vorenthaltung anknüpft, während es auf die Beeinträchtigung des Eigentums insoweit nicht mehr ankommt, vgl. ebd. S. 117 f., 123; dingliche Ansprüche ganz allgemein gegenüber schuldrechtlichen Schutzansprüchen abgrenzend *Wilhelm* SachR Rn. 109 ff.

[44] *Wilhelm* SachR Rn. 112; ähnlich *Picker* 50 Jahre BGH I, S. 693 (702 f.); allgemein für die gesetzliche Rückforderungsansprüche auch *Zimmermann* Gesetzlicher Rückforderungsanspruch, S. 74.

[45] *Wilhelm* SachR Rn. 66a mwN, der insoweit insbesondere den Schutz des Eigentums gegen verbotene Eigenmacht hervorhebt.

Eigentumsrechts.[46] Das Eigentumsrecht ist somit der Prototyp des absoluten Rechts: Es sind auf eine dauernde Sachherrschaft gerichtet, bei der alle anderen Personen von der Nutzung der Sache ausgeschlossen werden.[47] Gleichzeitig stellen die dinglichen Rechte durch ihre unmittelbare Zuordnungsfunktion die schärfste Ausprägung des Vermögens dar, sodass ihnen auch mit Blick auf das allgemeine Vermögensrecht eine besondere Relevanz zukommt.[48] Alle anderen abstrakteren wirtschaftlichen Werte werden lediglich ersatzweise durch die übrigen absoluten Rechtsinstitute geschützt.[49] Teilweise knüpfen zwar auch die anderen Rechtsinstitute an die Beeinträchtigung von Rechtspositionen an, dies jedoch nur, um daraus folgende Fragen gerecht zu lösen. Das Deliktsrecht etwa setzt eine Rechtsverletzung nur voraus und regelt dann vielmehr, unter welchen Voraussetzungen derjenige, der die Rechtsverletzung vorgenommen hat, die nachteiligen Folgen im Vermögen des Verletzten übernehmen muss.[50] Dingliche Sachenrechte genießen damit einen weitergehenden Schutz aus §§ 985 ff. BGB und §§ 1004, 1007 BGB. Sie sind aber auch durch die übrigen absoluten Rechtsinstitute geschützt, können also sowohl Gegenstand des Deliktsrechts als auch des Rechts der Geschäftsführung ohne Auftrag oder des Bereicherungsrechts sein.[51]

Mit Blick auf Token bedeutet das, dass ein dinglicher Schutz die Rechtsposition an Token sowie deren tatsächliche Inhaberschaft deutlich weitreichender schützen würde als es durch die sonstigen Rechtsinstitute gewährleistet werden könnte. Um die Herausgabe des Tokens verlangen zu können, würde bereits der Nachweis des Eigentumsrechts am Token und des unberechtigten Besitzes des anderen an eben diesen Token ausreichen.

IV. Rechtsvergleichender Blick nach Italien: Schutzsystematik

Im italienischen Recht gestaltet sich das ähnlich. Es wird in dingliche und persönliche Anspruchsgrundlagen unterteilt, in die *azioni reali* und *personali*. Erstere beziehen sich stets auf ein dingliches Recht, während letztere ein bestimmtes Verhalten eines Dritten gegenüber einen Rechtsinhaber voraussetzen.[52] Ein Schuldverhältnis muss dafür nicht notwendigerweise bestehen, sodass persönliche Anspruchsgrundlagen auch zur Durchsetzung eines absoluten Rechts

---

[46] *Wielsch* Eigentum in der digitalen Gesellschaft, S. 19 (19); für die italienische Rechtsordnung ebenso *Gambaro* Proprietà, S. 636.
[47] *Larenz/Wolf* BGB AT § 15 Rn. 5; zustimmend *Jänich* Geistiges Eigentum, S. 199.
[48] *Fehling/Faust/Rönnau* JuS 2006, 18 (18).
[49] *Fehling/Faust/Rönnau* JuS 2006, 18 (25).
[50] *Wilhelm* SachR Rn. 1a.
[51] *Fehling/Faust/Rönnau* JuS 2006, 18 (18); ähnlich *Kainer* SachR § 29 Rn. 2.
[52] *Iorio* Diritto privato, S. 799.

geeignet sind, wenn sich das Verhalten gegen eine entsprechende Rechtsposition richtet.[53]

Die *azione di rivendicazione* nach Art. 948 cc ist mit dem Vindikationsanspruch nach § 985 BGB vergleichbar und stellt den typischen Fall eines dinglichen Anspruchs dar. Durch ihn kann eine Sache allein aufgrund eines dinglichen Rechts herausverlangt werden. Die *azione di restituzione* hingegen, die Restitutionsklage, ist persönlicher Natur und beruht auf dem Verlust des Rechts, auf dessen Grundlage die Sache übertragen wurde. Es wird nicht die Anerkennung einer Rechtsposition begehrt, sondern die Rückgabe der Sache selbst. Dabei kann sich zum Beispiel auf Art. 2033 cc berufen werden, der eine italienische Form der *condictio indebiti* darstellt. Die Sache, mit der eine nicht geschuldete Leistung erbracht wurde, kann von demjenigen herausverlangt werden, der die Leistung erbracht hat. Das gilt auch dann, wenn kein wirksames Schuldverhältnis besteht. Anders als bei dinglichen Ansprüchen besteht er jedoch nicht gegenüber jeglichen Dritten. Ebenso verhält es sich im Fall von Schadensersatz wegen unerlaubter Handlung nach Art. 2043 cc, wo eine schadenszufügende Handlung vorausgesetzt wird. Auch dieser Anspruch richtet sich nur gegen den Schädiger, auch wenn die Schädigung von jedem vorgenommen werden kann und somit potenziell jeder Anspruchsgegner sein kann.

Wird die Herausgabe einer Sache verlangt, bestimmt sich die Klageart nach der *causa petendi*, also dem Grund der Klage: Wenn der Kläger davon ausgeht, dass er der Eigentümer oder sonstiger dinglicher Rechtsinhaber der Sache ist, ist der dingliche Anspruch einschlägig. Geht es hingegen nicht um die Anerkennung einer Rechtsposition, sondern um eine Rückgabe, weil ein Grund für die Besitzerlangung des anderen nicht oder nicht mehr vorliegt, ist der persönliche Anspruch einschlägig. Im Mittelpunkt steht nicht die Rechtsposition an der Sache, sondern das Verhältnis zwischen Rechtsinhaber und Besitzer.[54]

Auch in der italienischen Rechtsordnung kann also differenziert werden zwischen Schutzsystemen, die sich ausschließlich auf das Vorliegen eines dinglichen Rechts beziehen, und solchen, die an weitere Voraussetzungen anknüpfen. Auch wenn dabei auf ein Vorgeschehen zwischen zwei Rechtssubjekten Bezug genommen wird, handelt es sich nicht um einen Anspruch aus einem Schuldverhältnis. In gewisser Weise wirkt der Schutz daher absolut. Die Absolutheit ist wie im deutschen Recht nicht von der Dinglichkeit abhängig.

Auch der Mehrwert des dinglichen Schutzsystems liegt ähnlich wie im deutschen Recht darin, dass zur Durchsetzung des Schutzes lediglich die Rechtsinhaberschaft nachgewiesen werden muss. Die Hürden für den Nachweis sind allerdings deutlich höher: Während im deutschen Recht der Nachweis des derivativen Eigentumserwerbs ausreicht, um die Rechtsinhaberschaft zu

---

[53] Vgl. *Iorio* Diritto privato, S. 799 f.
[54] So zuletzt aus der Rechtsprechung der italienische Kassationshof in Zivilsachen *Cassazione Civile*, Urteil vom 28. März 2014, Nr. 7305.

beweisen,[55] verlangt die italienische Rechtsordnung den Nachweis des originären Erwerbtitels. Zum Nachweis der Rechtsinhaberschaft ist daher stets auch der Nachweis der ununterbrochenen Legitimationskette erforderlich (*probatio diabolica*).[56] Diese kann bis zu 20 Jahre zurückdatieren, denn der Besitz führt erst nach 20 Jahren zur originären Ersitzung das Eigentumsrechts.[57] Aus diesem Grund ist es nicht unüblich, dass sich der Rechtsinhaber zum Schutz seines dinglichen Rechts auf eine nicht-dingliche Anspruchsgrundlage stützt. Hier genügt der Nachweis des derivativen Erwerbs oder bei Entziehung sogar auch nur der Nachweis, dass dadurch der eigene rechtmäßige Besitz beeinträchtigt wurde.

Diese höheren Anforderungen an den Nachweis der Rechtsinhaberschaft folgen allerdings nicht aus dem Sachbegriff, sondern aus dem Konsensprinzip. Da die dinglichen Rechte bereits durch bloße Einigung erworben werden können, kann ein solches auch ohne Besitzübergabe begründet werden. Dass eine Einigung vorlag, kann ohne Weiteres behauptet werden, sodass dem Besitz eine nochmal stärkere Vermutungswirkung zukommt, die erst widerlegt werden muss. Die geringeren Anforderungen bei Begründung oder Übertragung der dinglichen Rechte führen also im Nachhinein zu strengeren Anforderungen beim Nachweis der Rechtsinhaberschaft. Ob sich diese nur auf rein körperliche oder auch auf immaterielle Gegenstände bezieht, ist hingegen unerheblich. Die Weite des Sachbegriffs hat keine Auswirkungen auf die Funktion des hieran anknüpfenden Schutzsystems.

V. Zusammenfassung des § 5

Auf vertraglicher Ebene kann sich der Tokeninhaber auf verschiedene Weisen gegenüber möglichen Beeinträchtigungen absichern; die Privatautonomie ermöglicht hier freie Gestaltung. Absoluter Schutz ist darüber hinaus erforderlich, um die Rechtsposition *erga omnes* abzusichern. Absoluter Schutz kann durch verschiedene Rechtsinstitute gewährleistet werden, die je nach Funktion einen unterschiedlichen Zweck verfolgen und in ihrer Gesamtheit eine Schutztrias bilden. Negatorische Abwehransprüche schützen die Rechtsposition, ihre Zurechnung und ihre Durchsetzung. Schadensersatzansprüche dienen dem Ausgleich oder der Kompensation infolge einer Rechtsverletzung, die das Vermögen des Rechtsinhabers geschmälert hat. Bereicherungsrechtliche Ansprüche setzen die rechtliche Zuordnung auf der Vermögensebene fort und zielen mit ihren Herausgabe- und Wertersatzansprüchen auf einen gerechten Ausgleich ab. Alle Rechtsinstitute des absoluten Schutzes setzen kein zuvor bestehendes Schuldverhältnis voraus. An die Rechtsposition als solche knüpft nur

---

[55] Zu den Nachweiserfordernissen im deutschen Recht und der Eigentumsvermutung aus § 1006 siehe *Kainer* SachR § 30 Rn. 3 ff.
[56] *Bocchini/Quadri* Diritto privato, S. 514.
[57] *Iorio* Diritto privato, S. 867.

der dingliche Schutz unmittelbar an, wodurch dieser zum Bestand sowie zur Grenzziehung der Rechtsposition selbst beiträgt. Dieser Schutz gilt verhaltensunabhängig und verpflichtet den Anspruchsgegner nur zur notwendigen Mitwirkung.

Im italienischen Recht werden Ansprüche je nach Anknüpfungspunkt (dingliches Recht oder Verhalten eines Dritten) in dingliche und persönliche Anspruchsgrundlagen unterteilt. Das hat vor allem in prozessualer Hinsicht Bedeutung, da sich die Klageart nach dem Klagegrund richtet und je nach Klageart bedeutende Unterschiede bestehen. Bei dinglichen Ansprüchen ist wegen des Konsensprinzips der Nachweis der ununterbrochenen Legitimationskette erforderlich. Absoluter Schutz kann aber durch beide Anspruchsformen gewährleistet werden.

§ 6 Dinglicher Schutz von Token

Dinglicher Schutz wird durch alle Normen gewährt, die unmittelbar an das Eigentumsrecht aus § 903 BGB oder an die übrigen dinglichen Rechte anknüpfen. Wie bereits herausgearbeitet,[1] ist es ihre Aufgabe, diese absolute und unmittelbar auf eine Sache bezogene Rechtsposition zu schützen, und zwar unabhängig von einem Verhalten Dritter.

Wie der dingliche Schutz konkret im Falle von Token aussehen könnte, soll nun anhand der dreiteiligen Schutztrias[2] untersucht werden. Zunächst wird der negatorische Schutz erörtert (I), der speziell im Hinblick auf den Besitz durch den Vindikationsanspruch aus § 985 BGB (I.1) und im Übrigen durch den Abwehranspruch aus § 1004 BGB verwirklicht wird (I.2). Anschließend wird auf den weitergehenden dinglichen Schutz eingegangen, der im Rahmen des Eigentümer-Besitzer-Verhältnisses zugesprochen wird (II). Hier lassen sich bereicherungsrechtliche (II.1) wie auch schadensersatzrechtliche Vorschriften (II.2) finden, die jedoch wegen ihrer unmittelbaren Verknüpfung mit der Eigentumsbeeinträchtigung zu den dinglichen Ansprüchen zählen.[3] Zuletzt wird auf den Besitzschutz eingegangen, der den Besitz als Sachenrecht im weitesten Sinne schützt, dabei aber einige Besonderheiten aufweist (III).

I. Negatorischer Schutz von Token

Dingliche Schutznormen, die auf negatorischen Schutz abzielen, sind einschlägig, wenn es um die Beeinträchtigung des Eigentumsrechts oder eines anderen dinglichen Rechts geht.[4] § 985 BGB stellt die Verwirklichung der wichtigsten

---

[1] Siehe § 5III.
[2] Siehe § 5II.
[3] Siehe bereits § 5III; ferner *Wilhelm* SachR Rn. 112.
[4] *Picker* Negatorischer Bereicherungsanspruch, S. 49.

Nutzungsmöglichkeit des Eigentumsrechts sicher, nämlich das Recht, die Sache in Besitz zu halten. Er regelt damit einen besonderen Fall der negatorischen Haftung.[5] Der Anspruch aus § 1004 BGB ist hingegen deutlich weiter und bezieht nicht nur das unberechtigte Auseinanderfallen von Eigentum und Besitz, sondern auch alle anderen Konstellationen einer Störung des Eigentumsrechts mit ein.[6]

Wie alle negatorischen Abwehransprüche richten sich beide Anspruchsgrundlagen auf die Beendigung der Beeinträchtigung des Eigentumsrechts – ersterer, indem er zur Ausgliederung der Sache aus dem Besitzstand des unberechtigten Besitzers verpflichtet, und letzterer, indem er vom Störer die Beseitigung der Beeinträchtigung oder die Unterlassung verlangt.[7] Dadurch soll verhindert werden, dass der Eigentümer sich zur Selbsthilfe verpflichtet sieht, wodurch umgekehrt grundsätzlich der unberechtigte Besitzer und der Störer geschützt werden.[8]

Ob, wann und wie diese Anspruchsgrundlagen bei Token Anwendung finden können, wird zunächst mit Blick auf den Vindikationsanspruch aus § 985 BGB erläutert (1). Anschließend wird der allgemeine negatorische Abwehranspruch aus § 1004 BGB untersucht (2). Sodann wird kurz auf weitere negatorische Anspruchsgrundlagen eingegangen (3).

1. Vindikationsanspruch aus § 985 BGB

Der Vindikationsanspruch aus § 985 BGB bestimmt, dass der Eigentümer von dem Besitzer die Herausgabe der Sache verlangen kann, soweit § 986 BGB dem nicht entgegensteht. Einschlägig ist der Anspruch immer dann, wenn Eigentum und Besitz am Token auseinandergefallen sind (a)). Daneben kann § 985 BGB auch mittels Verweises oder analog anwendbar sein, wenn ein dingliches Recht besteht, welches zum Besitz berechtigt (b)).

a) Eigentumsrecht am Token

Da § 985 BGB in erster Linie den Besitz an der vom Eigentumsrecht zugeordneten Sache schützt, ist er auch im Rahmen von Token anwendbar. Derjenigen,

---

[5] *Katzenstein* AcP 206 (2006), 96 (103); § 985 BGB ist letztlich nur teil eines übergeordneten Schutzsystems, das erst in seiner Gesamtheit den Elementarschutz des Eigentums bewirke, *Picker* 50 Jahre BGH I, S. 693 (748); zur Verwirklichung des Eigentumsrechts durch § 985 BGB siehe *Kaiser* SachR § 30 Rn. 1; zum Besitz als Nutzung des Eigentumsrechts siehe bereits § 4II.1.a)aa).
[6] *Katzenstein* AcP 206 (2006), 96 (103).
[7] Vgl. *Katzenstein* AcP 206 (2006), 96 (103).
[8] *Katzenstein* AcP 206 (2006), 96 (104); anders sind die rechtlichen Wertungen, soweit es um den Schutz des (früheren) Besitzers und nicht des Eigentümers geht, siehe hierzu die Untersuchung der Regelungen zum Besitzschutz in § 6III.

dem die Token im Distributed Ledger zugeordnet sind, hat Besitz an Token.[9] Diese faktische Zuordnung ist für den Tokeneigentümer fundamental für jede weitere Nutzung, sodass er sie berichtigen können muss. Zudem kann der Eigentümer die Tokeninhaberschaft an einen anderen übertragen. Dabei entsteht ein Recht zum Besitz, das nach § 986 BGB den Herausgabeanspruch verhindert.[10]

§ 985 BGB ist also dogmatisch auf Token anwendbar und wird auch für elektronische Wertpapiere des eWpG so gesehen.[11] Schwierigkeiten ergeben sich allenfalls mit Blick auf die Umsetzung der Herausgabe. Als negatorischer Anspruch kann § 985 BGB nur die Ausgliederung aus dem Besitzstand des unberechtigten Besitzers verlangen. Den unberechtigten Besitzer trifft also keine Beschaffungspflicht, wohl aber eine Auskehrpflicht.[12] Im Rahmen der DLT bedeutet das, dass der unberechtigte Tokeninhaber den Token an den Eigentümer übertragen muss, wofür die Initiierung einer entsprechenden Transaktion erforderlich ist.

Allerdings spielt die Besitzart des Anspruchsgegners grundsätzlich keine Rolle.[13] Das Einleiten der Tokentransaktion kann nicht nur vom unmittelbaren Tokeninhaber, sondern auch vom mittelbaren Tokenbesitzer verlangt werden. Diesem ist der Token im Distributed Ledger aber gerade nicht zugeordnet und er hat auf diesen im Rahmen der DLT auch keine andere Zugriffsmacht. Insbesondere wird er den Private Key nicht kennen, ansonsten wäre das Weisungsverhältnis zum Tokeninhaber so eng, dass das Verhältnis eher eine Besitzdienerschaft darstellen würde. Vielmehr wird die Einordnung als mittelbarer Besitz allein durch das Besitzmittlungsverhältnis gerechtfertigt.[14] Die Konstellation im Rahmen des Distributed Ledgers unterscheidet sich dadurch jedoch nicht von sonstigen Besitzmittlungsverhältnissen: Der Herausgabeanspruch richtet sich auf die Herausgabe des mittelbaren Besitzes, dem durch Abtretung des Anspruchs aus dem Besitzmittlungsverhältnis nachgekommen werden kann.[15]

Auch wenn der Token unberechtigterweise vom mittelbaren Besitzer an einen Dritten transferiert worden sein sollte, gibt es keine DLT-bedingten Besonderheiten. § 986 Abs. 1 S. 2 BGB bestimmt, dass der Eigentümer in einem

---

[9] Siehe § 4I.

[10] Ausführlich zum Recht zum Besitz *Sosnitza* Besitz und Besitzschutz, S. 79 ff.; § 986 BGB als geltend zu machende Einrede oder von Amts wegen zu berücksichtigende Einwendung, ebd. S. 82 ff.; *Kainer* SachR § 30 Rn. 21.

[11] *Lehmann* NJW 2021, 2318 (Rn. 17); *Einsele* Elektronische Wertpapiere, S. 33 (40).

[12] Zu dieser treffenden Wortwahl siehe *Kainer* SachR § 30 Rn. 46.

[13] *Kainer* SachR § 30 Rn. 19.

[14] Siehe dazu § 4I.6.b).

[15] *Kainer* SachR § 30 Rn. 43.

solchen Fall die Herausgabe an den mittelbaren Besitzer oder hilfsweise an sich selbst verlangen kann, und ist unproblematisch anwendbar.[16]

Liegt stattdessen eine Besitzdienerschaft vor, ist § 985 BGB nach herrschender Meinung sowieso nicht gegenüber dem Besitzdiener anwendbar.[17] Dieser leistet den Weisungen des Besitzherrn Folge, oder aber wird zum unberechtigten Besitzer, wenn er seine Zugriffsmacht ausnutzt und dem Besitzherrn dessen Besitz entzieht. Auch im Distributed Ledger ist der Besitzdiener nicht Inhaber des Tokens, sondern kennt allenfalls den Private Key. Die Zuordnung verbleibt beim Besitzherrn, bis der Besitzdiener den Private Key nutzt, um den Token unberechtigterweise an eine andere Adresse zu transferieren.

b) Dingliches Recht am Token

Besteht am Token ein dingliches Recht, welches zum Besitz berechtigt, muss dessen Inhaber die Herausgabe verlangen können. § 1227 BGB und § 1065 BGB verweisen für das Pfandrecht und den Nießbrauch auf § 985 BGB, sodass die jeweiligen Rechtsinhaber bei Beeinträchtigung des aus dem dinglichen Recht folgenden Besitzrechts den Token vindizieren können.

Komplexer wird es hingegen, wenn ein Anwartschaftsrecht an Token besteht. Dieses ist nicht gesetzlich geregelt, sondern folgt aus der wegen § 161 BGB dinglich-gesicherten Position des zukünftigen Eigentümers. Um von einer solchen gesicherte Rechtsposition sprechen zu können, muss normalerweise bereits eine Besitzübergabe stattgefunden haben. Daraus folgt dann ein Recht zum Besitz. Aus diesem Grund wird dem Anwartschaftsrechtsinhaber in der Regel ein Vindikationsanspruch nach § 985 BGB analog zugesprochen, wenn jemand anderes die Sache unberechtigt besitzt. Ziel ist es allerdings, dem Anwartschaftsinhaber seinen Besitz zu ermöglichen. Der ansonsten einschlägige Besitzschutz aus §§ 861, 1007 BGB ist hier unzureichend, da er nicht bei freiwilliger Weggabe der Sache, sondern nur bei verbotener Eigenmacht greift.[18]

Im Rahmen der DLT gestaltet sich die Situation anders. Der Besitz, der dem Anwartschaftsrechtsinhaber zugesprochen wird, ist lediglich Folge dessen, dass eine gesicherte Rechtsposition begründet werden muss. Ohne Besitzübergabe wäre eine solche normalerweise überhaupt nicht möglich. Mit der automatischen Ausführung der vorab implementierten Smart Contracts ist eine solche Besitzübergabe nun nicht mehr erforderlich. Eine gesicherte Rechtsposition des Anwartschaftsrechtsinhabers kann auch ohne Besitzübergabe gewährleistet werden. Dadurch erlangt der Anwartschaftsinhaber jedoch keinen Besitz

---

[16] Vgl. allgemein dazu *Kainer* SachR § 30 Rn. 44.
[17] *Kainer* SachR § 30 Rn. 20.
[18] *Kainer* SachR § 30 Rn. 17; gewährt werden kann wegen § 986 BGB aber nur die Herausgabe an den Anwartschaftsrechtsberechtigten und nicht auch an den Eigentümer, da der unberechtigte Besitzer ansonsten doppelt zur Herausgabe verpflichtet wäre, ebd. Rn. 18.

am Token, sodass ihm auch kein entsprechendes Recht zugesprochen werden kann. Da ihm der Token im Distributed Ledger (noch) nicht zugeordnet ist, würde eine analoge Anwendung des § 985 BGB ins Leere laufen. Ein Vindikationsanspruch für den Anwartschaftsrechtsinhaber am Token besteht daher nicht.

Umgekehrt kann das Anwartschaftsrecht nicht eigenständig und dinglich zum Besitz berechtigen.[19] In der Regel wird der Anwartschaftsberechtigte dem Veräußerer aber zumindest einen entsprechenden schuldrechtlichen Anspruch entgegenhalten können, der keiner Bedingung unterliegt, und auch ein Rechtsnachfolger des Anwartschaftsberechtigten wird sich auf die Besitzrechtskette nach § 986 Abs. 1 S. 1 Alt. 2 BGB berufen können.[20]

Damit unterscheidet sich die Rechtslage im Rahmen der DLT von derjenigen, die außerhalb des Distributed Ledgers gilt. Das sollte grundsätzlich vermieden werden. Allerdings stellt auch der Vindikationsanspruch aus § 985 BGB analog keinen dinglichen Schutz dar, der dem Anwartschaftsrecht zwingend inhärent ist. Vielmehr wird die Analogie nur einzelfallabhängig angewandt, wenn der Besitzschutz aus §§ 861, 1007 BGB als lückenhaft erachtet wird. Ferner ist die analoge Anwendung des § 985 BGB auf das Anwartschaftsrecht allgemein umstritten. Unterschiede sollten sich daher nicht allzu negativ auf die Rechtssicherheit auswirken.

c) Zwischenergebnis zum Vindikationsanspruch aus § 985 BGB

Da sich Eigentum und Besitz unabhängig voneinander an Token konstruieren lassen, kann der negatorisch schützende Vindikationsanspruch problemlos auf Token angewendet werden. Token fügen sich dadurch nicht nur in das dogmatische System ein, sondern verlangen sogar nach einer Einordnung in dessen Schutzsystem. Ein Auseinanderfallen von Eigentum und Besitz, wie es auch bei Token denkbar ist, soll gerade verhindert werden. § 985 BGB gewährt dem Eigentümer insoweit den entsprechenden Schutzanspruch.

2. Abwehranspruch aus § 1004 BGB

Daneben sind auch andere Rechtsbeeinträchtigungen als die Besitzentziehung denkbar, die vom allgemeinen Abwehranspruch aus § 1004 BGB erfasst werden. Ebenso wie im Rahmen des § 985 BGB bezieht sich der Wortlaut nur das Eigentumsrecht (a)). Durch entsprechende Verweise findet § 1004 BGB jedoch auch auf andere dingliche Rechte Anwendung (b)).

---

[19] Wegen der schuldrechtlichen Teilnatur des Anwartschaftsrechts ist das jedoch sowieso umstritten; zum Streit *Kainer* SachR § 19 Rn. 34 ff.
[20] Vgl. dazu *Kainer* SachR § 19 Rn. 34.

a) Eigentumsrecht am Token

Mit dem Abwehranspruch aus § 1004 BGB kann jede von § 985 BGB nicht erfasste Beeinträchtigung des Eigentumsrechts – sei es durch Anmaßung der Eigentümerposition (aa)) oder durch Einwirkung auf die Sache (bb)) – abgewehrt werden, sofern keine Duldungspflicht eingreift (cc)). Damit erfüllt § 1004 BGB das Versprechen der Rechtsordnung, das Eigentum als absolutes Recht umfassend gegen Beeinträchtigungen zu schützen.[21] Dieser Schutz ist für das Eigentumsrecht an elektronischen Wertpapieren des eWpG unstrittig anerkannt[22] und muss daher auch für Token im Allgemeinen gelten, soll aber nochmal genauer differenziert werden.

aa) Beeinträchtigung durch Anmaßung der Eigentümerposition

Welche Beeinträchtigungen von Token konkret in Betracht kommen, ist fraglich. Einen ersten Anhaltspunkt[23] bietet die Rechtsusurpationstheorie, wonach die Anmaßung der Eigentümerposition durch einen anderen eine Beeinträchtigung darstellt.[24] Wichtigste Nutzungsmöglichkeit eines Tokens ist jedoch das Ziehen der verkörperten Nutzungen; der Token selbst stellt nur eine abstrakte, wenn auch zwingend notwendige Information dar.[25] Nutzt also jemand den Token zum Ziehen von Nutzungen, ohne ihm als Tokeninhaber zugeordnet zu sein, maßt er sich die Eigentümerposition an und beeinträchtigt das Eigentum am Token im Sinne des § 1004 BGB.[26]

bb) Beeinträchtigung durch Einwirkung auf die Sache

Daneben sollen auch Beeinträchtigungen abwehrfähig sein, die durch rechtliche ((1)) oder faktische ((2)) Einwirkungen des Störers entstehen. Diese stehen allein dem Eigentümer zu, sodass nur dieser derartige Einwirkungen vornehmen darf. Einwirkungen von Dritten verkürzen hingegen das in § 903 BGB

---

[21] Zu den Anspruchsvoraussetzungen *Kainer* SachR § 32 Rn. 11 f.
[22] *Lehmann* NJW 2021, 2318 (Rn. 17); *Einsele* Elektronische Wertpapiere, S. 33 (40).
[23] Über die Rechtsusurpationstheorie hinaus sind weitere Beeinträchtigungen denkbar, die Rechtsusurpationstheorie allein würde den Beeinträchtigungsbegriff zu stark verengen, vgl. *Walter* JA 2012, 658 (659).
[24] Dazu *Kainer* SachR § 32 Rn. 13 ff.
[25] Siehe dazu ausführlich § 4II.1.a)bb).
[26] AA *Arndt* Bitcoin-Eigentum, S. 133, der zwar eine Rechtsverletzung in diesem Falle nicht verneint, jedoch eine Eigentumsverletzung ausschließen will, da eine Substanzverletzung mangels Körperlichkeit der Token von vornherein nicht möglich sei.

gewährte Eigentum.[27] Ideelle und negative Einwirkungen ((3)) führen nach herrschender Meinung nicht zu einem Abwehranspruch.[28]

(1) Rechtliche Einwirkungen auf Token

Zu den rechtlichen Einwirkungen zählen insbesondere Verfügungen des Eigentums, das demnächst übereignet oder verpfändet werden soll oder auf sonstige Weise belastet ist.[29] Das muss auch in Bezug auf Token gelten, auch wenn derartige Einwirkungen in der Praxis weniger relevant sein werden, da es dank Smart Contracts möglich ist, derartige Verfügungen von vornherein zu verhindern. Daneben sind Beeinträchtigungen von Token denkbar, wenn auf diese rechtlich eingewirkt wird, obwohl das eigentlich eine Nutzung darstellt, die allein dem Eigentümer zusteht. Dazu zählt etwa die unbefugte Einräumung dinglicher Teilrechte durch Dritte,[30] aber auch die Verfügung, durch die ein gutgläubiger Erwerb eines Dritten ermöglicht wird.[31]

Von größerer Bedeutung dürften hingegen wirtschaftliche Verwertungen des Eigentumsrechts sein: Wird eine im Token mittelbar veranlagte Nutzung gezogen, ist der Token danach in der Regel verwertet und wertlos. Insbesondere wenn es sich um extrinsische Token handelt, liegt der wesentliche Wert gerade in der Möglichkeit, aus ihnen mittelbare Nutzungen ziehen zu können. Extrinsische Token können zudem wertlos gemacht werden, indem die verknüpfte Rechtsposition beeinträchtigt wird. Ferner ist nicht ausgeschlossen, dass das Ziehen der Nutzungen selbst beeinträchtigt werden kann. So könnte ein Token beispielsweise durch Blacklisting öffentlich als nicht-vertrauenswürdig deklariert werden, wodurch Dritte sich veranlasst sehen könnten, dem Tokeninhaber das Ziehen von Nutzungen nicht mehr zu ermöglichen. Dadurch würde der Token ebenfalls wertlos. Es ist zwar umstritten, ob die wirtschaftliche Verwertung des Eigentumsrechts als rechtliche Einwirkung gilt. Bislang wurde diese Frage aber eher mit Blick auf die gewerbliche Ablichtung von Sachen problematisiert, die im Eigentum eines anderen standen.[32] Bei Token geht es hingegen um eine wirtschaftliche Verwertung, die gleichzeitig auch zu einer Entwertung des Tokens führt. Das mag bei einer gewerblichen Ablichtung anders sein, da es sich dabei um eine Nutzung handelt, die grundsätzlich

---

[27] Vgl. die Definition der Beeinträchtigung bei *Walter* JA 2012, 658 (658); ebenso *Picker* Negatorischer Bereicherungsanspruch, S. 50, der das Tatbestandmerkmal der Beeinträchtigung als normativ-rechtlichen Begriff versteht.

[28] *Kainer* SachR § 32 Rn. 19, 22 f., 24 f., 27, der sich jedoch entgegen der herrschenden Meinung für die Einbeziehung von ideellen und negativen Einwirkungen ausspricht, siehe ebd. Rn. 26, 29.

[29] *Kainer* SachR § 32 Rn. 19.

[30] Siehe § 4II.1.a)dd).

[31] Das ebenfalls als mögliche Verletzung eines Rechts an Token ansehend *Arndt* Bitcoin-Eigentum, S. 133 f.

[32] *Kainer* SachR § 32 Rn. 20 f.

unendlich oft vorgenommen werden kann. Die wirtschaftliche Verwertung der Token ist demgegenüber gerade nur einmal möglich, sodass die Nutzung des Eigentumsrechtsinhabers jedenfalls beeinträchtigt ist. Eine Beeinträchtigung durch rechtliche Einwirkung ist daher zu bejahen.

(2) Faktische Einwirkungen auf Token

Mit faktischen Einwirkungen sind Einwirkungen auf den räumlich-gegenständlichen Bereich der Sache gemeint.[33] Im Falle von Token ist dieser wegen der funktional zu verstehenden Körperlichkeit nur abstrakt gegeben. Auch Einwirkungen müssen daher entsprechend abstrakt verstanden werden. Denkbar sind etwa Einwirkungen auf die Zuordnung im Distributed Ledger, die noch nicht zu einer Besitzentziehung führen, aber trotzdem die Nutzung des Tokens beschränken, etwa die Implementierung eines Smart Contracts.[34]

Die Zuordnung im Distributed Ledger ermöglicht auch andere unmittelbare Nutzungen, etwa den Gebrauch der Token im Rahmen der Konsensfindung und des Validierungsprozesses.[35] Dieser kann ebenfalls beeinträchtigt werden, indem auf die Zuordnung des Tokens im Distributed Ledger eingewirkt wird. Bedeutung erlangen hier vor allem die intrinsischen Token, die in erster Linie als Zahlungsmittel für andere Anwendungen oder Token fungieren. Daneben sind verschiedene faktische Einwirkungen auf Token denkbar, die zu den Nutzungsmöglichkeiten des Eigentümers zählen. Dazu gehören beispielsweise Veränderungen der Tokendaten, die dann nicht mehr vom Eigentümer vorgenommen werden können.[36] Anders verhält es sich nur mit nicht-rivalen Nutzungen wie etwa dem Kopieren und Speichern der Daten. Diese stehen nicht nur dem Eigentümer, sondern jedem zu und werden daher auch nicht Teil des Eigentumsrechts.[37] Ebenfalls nicht zur Nutzung des Eigentümers gehört die mittelbare Änderung des Tokens durch Manipulation der im Token gespeicherten Transaktionskette oder durch nachträgliche Neuzuordnung des Tokens. Dies verstößt gegen die vom Protokoll vorgesehenen Regeln, auf deren Einhaltung alle Netzwerkteilnehmer vertrauen. Zudem entkräftet das die Unveränderlichkeit der niedergeschriebenen Daten, die jedoch wesentliche Grundlage für die rechtliche Anerkennung der Token als eigentumsfähige Sache bildet.[38] Im Rahmen des negatorischen Schutzes geht es um die Sicherung der

---

[33] *Kainer* SachR § 32 Rn. 22.

[34] Dieser Smart Contract ist mit einem zuparkenden Auto vergleichbar, das einhellig als Eigentumsstörung gegenüber dem zugeparkten Auto anerkannt ist, vgl. das Beispiel bei *Kainer* SachR § 32 Rn. 23.

[35] Siehe § 4II.1.a)aa).

[36] Das setzt voraus, dass der Token eine entsprechende Funktion vorsieht, siehe § 4II.1.a)cc).

[37] Siehe dazu § 4II.1.a)aa).

[38] Siehe § 4II.1.a)cc).

eigenen Rechtsposition im Sinne einer Grenzziehung zwischen zwei Rechtskreisen.[39] Es kann daher nur gegen solche Handlungen geschützt werden, die eigentlich dem Rechtsinhaber zukommen. Würde man dem Eigentümer darüber hinaus einen Schutz gegen Angriffe auf das gesamte Netzwerk zusprechen, würde umgekehrt ein entsprechendes Handlungsrecht des Eigentümers impliziert. Dies kann dogmatisch nicht überzeugen, weshalb insoweit auf andere Schutzmechanismen zurückgegriffen werden muss.

(3) Ideelle und negative Einwirkungen auf Token

Ideelle Beeinträchtigungen, bei denen weder eine rechtliche noch eine faktische Einwirkung vorliegt, die sich aber wegen moralischen oder ästhetischen Bezügen trotzdem negativ auswirken können, sind hingegen fernliegend. Einzig das bereits angesprochene Beispiel des Blacklistings könnte eine moralische Verwerflichkeit begründen, die die Nutzbarkeit der Token einschränkt. Die Grenzen zwischen den einzelnen Einwirkungen sind bei Token ebenso fließend wie bei anderen Sachen.[40] Negative Einwirkungen, mit denen Verhaltensweisen gemeint sind, die einer anderen Sache einen Vorteil entziehen, sind hingegen weniger denkbar und werden eigentlich auch nur in Bezug auf Nachbarschaftsgrundstücke diskutiert.[41]

cc) Duldungspflicht bei einzelnen Beeinträchtigungen

Es sind verschiedene Einwirkungen auf Token denkbar und all diese Einwirkungen stehen grundsätzlich allein dem Eigentümer zu. Wirken Dritte auf Token ein, kann er sich mit § 1004 BGB dagegen wehren. Er muss nach § 1004 Abs. 2 BGB lediglich solche Beeinträchtigungen dulden, für deren Hinnahme eine entsprechende Rechtspflicht besteht. Diese kann sich aus Rechtsgeschäft oder Gesetz ergeben und stellt immer auch eine Schranke des Eigentumsrechts dar.[42] Durch die Duldungspflicht werden auf Abwehrebene die Schranken des Eigentums umgesetzt, die das Eigentumsrecht nach § 903 S. 1 BGB bereits von vornherein begrenzen. Da außerhalb dieser Schranken das Eigentumsrecht nicht mehr besteht, wird der Eigentümer von der Rechtsordnung auch nicht mehr geschützt. Besonderheiten für Token bestehen jedoch nicht.

---

[39] Siehe § 5III sowie insbesondere *Picker* Negatorischer Bereicherungsanspruch, S. 50.
[40] Mit diesem Argument wird eine Einbeziehung der ideellen Beeinträchtigungen befürwortet, vgl. etwa *Kainer* SachR § 32 Rn. 26; der Streit ist jedoch losgelöst von Token zu führen.
[41] Vgl. *Kainer* SachR § 32 Rn. 27.
[42] *Kainer* SachR § 32 Rn. 40.

dd) Beeinträchtigung durch den Störer

Der Eigentümer des Tokens kann nur dann gegen eine drohende oder stattfindende Beeinträchtigung vorgehen, wenn bekannt ist, wer für diese verantwortlich ist. Für den negatorischen Schutz ist zwar kein Verschulden erforderlich, trotzdem muss die Beeinträchtigung jemandem zugerechnet werden können; ein gewisses Maß an Mitverursachung oder Mitverantwortlichkeit ist erforderlich.[43] Im Rahmen der DLT können bei der Identifizierung des Störers Schwierigkeiten auftreten. Einwirkungen auf den Token erfolgen meist über das Peer-to-Peer-Netzwerk, auf das weltweit zugegriffen werden kann. Obwohl es maßgeblich um den Objektschutz des Tokens geht, werden an dieser Stelle Fragen der subjektiven Zuordnung im Distributed Ledger tangiert. Allerdings handelt es sich bei dem Distributed Ledger nicht um ein anonymes, sondern nur um ein pseudonymes Netzwerk. Werden alle Ebenen des Rechts und insbesondere die Rechtsverfolgung an moderne Cybersecurity angepasst, sollte die Rückverfolgung möglich sein.

Bei Beeinträchtigungen im digitalen Raum wirkt sich ferner aus, dass umstritten ist, wie weit der Kreis der verantwortlichen Störer konkret gezogen werden kann.[44] Bedeutung hat die Reichweite des Störerbegriffs vor allem für die Abgrenzung gegenüber Schadensersatzansprüchen. Anders als negatorische Schutzansprüche knüpfen diese stets an ein Verhalten an.[45] Einwirkungen auf Token können wegen der Verteiltheit des Distributed Ledgers jedoch genauso unverantwortet sein wie Naturereignisse; die Gesetze der DLT werden ähnlich ausgehebelt wie physikalische Gesetze bei höherer Gewalt. In beiden Fällen ist fraglich, ob vom Störer die vollständige Wiederherstellung des Eigentumsrechts verschuldensunabhängig als Teil des negatorischen Schutzes verlangt werden kann. Denkbar ist beispielsweise, dass der Zugriff auf das Distributed Ledger durch einen Hackerangriff gestört wird. Smart Contracts können dann keine Transaktionen vornehmen und keine Token verwalten, sodass die Token nicht mehr vollumfänglich genutzt werden können. Die Störung des Distributed Ledgers führt somit zu einer Beeinträchtigung des Eigentums am Token. Insbesondere wenn mit dem Token eine Nutzung eingelöst werden kann, beeinträchtigt der Hackerangriff diese Nutzungsmöglichkeit. Ist die Nutzung nur für eine bestimmte Dauer vorgesehen, weil zum Beispiel die Gegenleistung durch Zeitablauf verfällt, kann die Nutzungsmöglichkeit sogar ganz entfallen. Je nach Reichweite des Störerbegriffs könnte der Tokeneigentümer vom Emittenten nicht nur die Beseitigung der Eigentumsbeeinträchtigung des Tokens verlangen, sondern auch die Wiedereinräumung der Gegenleistung.

---

[43] *Kainer* SachR § 32 Rn. 31.
[44] Zu den Unterschieden des Handlungs- und des Zustandsstörers siehe *Kainer* SachR § 32 Rn. 32 ff.; auf das Verhalten abstellend und daher lediglich Handlungsstörer miteinbeziehend *Walter* JA 2012, 658 (659).
[45] So *Armbrüster* NJW 2003, 3087 (3088 f.); vgl. auch *Lettl* JuS 2005, 871 (872).

Ansonsten müsste der Tokeninhaber Schadensersatz verlangen, den der Emittent nur bei entsprechendem Vertretenmüssen zu leisten hat. Hier können die allgemeinen Grundsätze angewendet werden, die für diese Art von Fällen entwickelt wurden: Es kann etwa darauf abgestellt werden, ob der Emittent eine ihm zumutbare Prüfungspflicht[46] oder Verkehrssicherungspflicht[47] verletzt hat, was das Nichtfunktionieren des Smart Contracts begünstigt oder zumindest nicht verhindert hat. Dabei können Funktion und Aufgabenstellung des Emittenten insbesondere im Hinblick auf Absicherung vor Hackerangriffen, das Bestehen wirtschaftlicher Interessen, der Grad der Eigenverantwortung des Tokeneigentümers sowie dessen Eigeninteresse an einem Verhalten, durch das Störungen durch Dritte verhindert werden können, berücksichtigt werden.[48] Auch im Rahmen der DLT ist somit eine einzelfallgerechte Abwägung möglich, sodass ein wertungsorientierter negatorischer Schutz gewährt werden kann.

ee) Zwischenergebnis zum Schutz des Eigentumsrechts am Token

Als umfassendstes Recht an Token ist das Eigentum auch umfassend gegen Eingriffe Dritter geschützt. Da die einzelnen Nutzungsmöglichkeiten des Eigentümers vielfältig sind, sind auch verschiedene Situationen denkbar, in denen ein solcher Schutz notwendig ist.

Umgekehrt zeigt sich aber auch, dass die diversen Handlungen, gegen die § 1004 BGB schützen soll, nicht zwingend eine Körperlichkeit voraussetzen. Der Tatbestand ist bewusst weit formuliert, um alle möglichen Beeinträchtigungen zu erfassen. Schwierigkeiten bereitet vielmehr die subjektive Komponente, die die Identifizierung in einer virtuellen Umgebung erschwert.

b) Dingliches Recht am Token

Auch sonstige dingliche Rechtspositionen an Token genießen den Schutz des negatorischen Abwehranspruchs aus § 1004 BGB. In der Regel wird auf ihn verweisen, etwa in § 1227 BGB für das Pfandrecht und in § 1065 BGB im Fall des Nießbrauchs. Zum Schutz des gesetzlich nicht geregelten Anwartschaftsrechts ist eine analoge Anwendung des § 1004 BGB anerkannt.

In all diesen Fällen wird die Rechtsposition wegen der Smart Contracts entsprechend im Distributed Ledger abgebildet. Eine Beeinträchtigung liegt daher jedenfalls dann vor, wenn der Smart Contract unbefugt geändert und dadurch

---

[46] So die ständige Rechtsprechung, siehe z.B. BGH, Urteil vom 1. April 2004, I ZR 317/01, GRUR 2004, 693 (695) und BGH, Urteil vom 11. März 2004, I ZR 304/01, GRUR 2004, 860 (864); *Walter* JA 2012, 658 (659) leitet anschaulich her, dass insoweit nicht an den Zustand, sondern an das Handeln angeknüpft werden muss.
[47] So etwa *Walter* JA 2012, 658 (660); *Armbrüster* NJW 2003, 3087 (3088).
[48] *Walter* JA 2012, 658 (660) fasst diese Kriterien mit Blick auf die Zumutbarkeit der Prüfungspflicht zusammen.

die rechtliche gewährte Nutzung faktisch eingeschränkt wird. Beim Pfandrecht beschränkt sich die rechtlich gewährte Nutzung auf die Verwertung der Sache im Sicherungsfall; beim Nießbrauch steht dem Rechtsinhaber ein umfassendes Nutzungsrecht zu.[49] In beiden Fällen wird die Nutzung im Zuge der Implementierung des Smart Contracts gewährt. Eine nachträgliche Änderung des Smart Contracts, die einseitig oder gegen den Willen des Rechtsinhabers erfolgt, stellt daher eine Beeinträchtigung dar. Beim Anwartschaftsrecht steht hingegen der zukünftige Eigentumserwerb im Vordergrund, der nur noch vom Eintritt einer Bedingung abhängig ist. Eine Beeinträchtigung liegt daher nur vor, wenn der Anwartschaftsinhaber die Nutzung bereits erhalten hat und auf diese eingewirkt wird.

Denkbar ist, dass der Eigentümer Nutzungen aus dem Token ziehen möchte, wodurch dieser vollständig entwertet wäre. Der Pfandrechtsinhaber könnte sich dann bei einer Verwertung im Sicherungsfall nicht mehr befriedigen. Aus diesem Grund wird der Smart Contract keine entsprechenden Nutzungsbefugnisse für den Eigentümer vorsehen. Zudem ist zur Pfandrechtseinräumung eine Übergabe erforderlich. Der Token wird daher dem Pfandrechtsinhaber zugeordnet sein und der Eigentümer kann den Token gar nicht nutzen. Gleiches gilt im Fall eines Nießbrauchs: Der Nießbraucher soll den Token vollständig nutzen können, weshalb ihm Besitz eingeräumt werden muss. Sollen diese Vorgaben des Pfandrechts oder Nießbrauchs vorübergehend geändert oder sollen die Nutzungsbefugnisse auf den Eigentümer erweitert werden, bedarf es einer neuen Einigung und einer entsprechenden Änderung des Smart Contracts. Eine unberechtigte Änderung des Smart Contracts hingegen beeinträchtigt das Pfandrecht oder den Nießbrauch, auch wenn der dingliche Rechtsinhaber seine Zuordnung im Distributed Ledger nicht verliert. Auch der Anwartschaftsrechtsinhaber würde bei Bedingungseintritt sein Eigentum erlangen, jedoch nur mit erheblich gemindertem Wert. Gegen solche Fälle muss sich der jeweilige Rechtsinhaber wehren können, weshalb ihm der Abwehranspruch aus § 1004 BGB zusteht.

Der Inhaber eines dinglichen Teilrechts muss auch gegenüber Dritten geschützt sein; hierdurch wird die Absolutheit der Rechtsposition ja gerade begründet. Beim Nießbrauch gibt der Eigentümer sein Nutzungsrecht umfassend an den Nießbraucher weiter, sodass dieser grundsätzlich den gleichen Schutz genießt wie der Eigentümer selbst. Wird die Nutzung des Tokens eingeschränkt, liegt daher auch eine rechtliche Beeinträchtigung vor, gegen die sich der jeweilige Rechtsinhaber wehren können muss. Auch im Falle eines Anwartschaftsrechts ist denkbar, dass die Nutzungen eingeschränkt werden und das zukünftige Eigentumsrecht dadurch derart entwertet wird, dass das

---

[49] Siehe § 4II.3.c) und § 4II.3.d); im Pfandrecht ist zudem strenge Akzessorietät zu beachten, wegen der Änderungen des Smart Contracts nur möglich sind, wenn die zugrundeliegende Forderung hieran angepasst wird.

Anwartschaftsrecht selbst beeinträchtigt wird. Denkbar sind Nutzungsziehungen, Erschwernisse oder Behinderung der Nutzungsziehung oder die unbefugte Einräumung weiterer dinglicher Teilrechte durch Dritte, aber auch faktische Änderungen der Tokendaten oder sonstige Einwirkungen auf die Zuordnung des Tokens im Distributed Ledger, die zu keiner Besitzentziehung führen, die Nutzung des Tokens aber trotzdem beschränken.[50] Demgegenüber gilt auch im Rahmen der dinglichen Teilrechte, dass jeder die Daten kopieren und speichern und niemand die im Token gespeicherte Transaktionskette oder die nachträgliche Neuzuordnung manipulieren darf. Beides ist daher nicht Teil des dinglichen Rechts.[51]

Umgekehrt muss sich auch der Eigentümer gegen eine Nutzung wehren können, wenn diese dem dinglichen Teilrechtsinhaber nicht zusteht. Eine solche liegt zum Beispiel vor, wenn letzterer den Smart Contract in Bezug auf die ihm zustehenden Befugnisse ändert. Bereits diese Änderung, jedenfalls aber das Ziehen der nicht gewährten Nutzung wäre dann eine Einwirkung auf den Token, die nach wie vor nur dem Eigentümer zusteht. Gegen derartige Beeinträchtigungen muss sich der Eigentümer wehren können.

In allen Konstellationen gilt unverändert, dass ein Schutz nach § 1004 BGB nicht gewährt wird, wenn eine Duldungspflicht im Sinne des § 1004 Abs. 2 BGB besteht. Hierin zeigt sich die Schranke des Eigentumsrechts, die auch für die engeren Teilrechte gilt. Im Übrigen ergeben sich für den Schutz von Token nach § 1004 BGB keine Besonderheiten. Der Rechtsinhaber ist immer so weit geschützt, wie sein dingliches Recht reicht; welche Nutzungen davon konkret umfasst sind, ist von der Rechtsordnung nicht vorgegeben und damit eine Frage des Einzelfalls.

c) Zwischenergebnis zum Abwehranspruch aus § 1004 BGB

Es zeigt sich nicht nur im Hinblick auf das Eigentumsrecht, sondern auch in Bezug auf dingliche Rechte, dass diese gegen Beeinträchtigungen abgewehrt werden können, auch wenn sie an Token bestehen. Der Abwehranspruch aus § 1004 BGB kann sowohl vom Eigentümer als auch von Teilrechtsinhabern ausgeübt werden. Selbst im Verhältnis zueinander ist der Anspruch trotz DLT anwendbar. Die Voraussetzungen der dinglichen Regelungen können durch die vielzähligen Möglichkeiten der Smart Contracts ohne größere Schwierigkeiten erfasst und umgesetzt werden. Umgekehrt erfassen sie die Besonderheiten der Token flexibel und umfassend.

---

[50] Siehe dazu die möglichen Einwirkungen auf Token im Rahmen des Eigentumsrechts in § 6I.2.a)bb).

[51] Siehe § 4II.1.a)aa) und § 4II.1.a)cc); zum negatorischen Schutz § 6I.2.a)bb)(2).

3. Weitere negatorische Anspruchsgrundlagen

Daneben bestehen in Spezialgesetzen Anspruchsgrundlagen, die dem dinglichen Rechtsinhaber einen negatorischen Schutz gewähren. Zu nennen ist hier insbesondere § 8 Abs. 1 UWG, der gegen unlautere Handlungen oder unzumutbare Belästigungen schützt. Demgegenüber schützt § 37 Abs. 1 HGB vor unberechtigter Nutzung einer Firma, was bei Token weniger relevant ist.

Allen spezialgesetzlich normierten Abwehransprüchen ist gemeinsam, dass sich die Beeinträchtigung aus einer konkreten Handlung ergeben muss. Im Spezialgesetz geht es in erster Linie um das Verbot dieser Handlungen, während die Rechtsposition zweitrangig ist. Kann die verbotene Handlungen auch gegenüber dem Rechtsinhaber eines Tokens vorgenommen werden, spricht vieles dafür, dass er auch gegen derartige Handlungen vorgehen kann. Ob die Rechtsposition an einem Token oder an einer anderen Sache besteht, ist aus Sicht des Spezialgesetzes eher irrelevant. Der Rechtsinhaber eines Tokens muss die von der Rechtsordnung als Beeinträchtigung gewertete Handlung ebenso negatorisch abwehren können.

4. Zwischenergebnis zum negatorischen Schutz von Token

Das System des negatorischen Schutzes ist auf Token vollständig anwendbar. Es ergeben sich keine grundlegenden Unterschiede im Vergleich zum Schutz von räumlich-körperlichen Sachen; lediglich die konkrete Form der einzelnen Einwirkungen unterscheidet sich. Dies ist ausschließlich durch die jeweiligen Nutzungsmöglichkeiten bedingt, die sich auch bei analogen Sachen unterscheiden und dort ebenfalls zu verschiedenen Einwirkungsformen führen.

II. Weitergehender dinglicher Schutz aus §§ 987 ff. BGB bei Vorliegen einer Vindikationslage

Das dingliche Schutzsystem geht jedoch über einen negatorischen Schutz hinaus und sieht bei unberechtigtem Auseinanderfallen von Eigentum und Besitz schuldrechtliche Ansprüche vor. Diese kommen insbesondere dann zur Anwendung, wenn kein Vertragsverhältnis besteht. Trotz ihres schuldrechtlichen Charakters haben sie daher absolute Wirkung.[52] Diese dinglichen Ansprüche beziehen sich stets auf die sogenannte Vindikationslage.[53] Diese wird dadurch zur Grundlage für ein zwischen Eigentümer und unberechtigtem Besitzer

---

[52] *Kainer* SachR § 31 Rn. 2.
[53] Allerdings überdauern diese Ansprüche die Vindikationslage, zu deren Selbständigkeit siehe Staudinger/*Thole* Vorb §§ 987 ff. Rn. 14.

bestehendes, gesetzliches Schuldverhältnis,[54] das auch als Eigentümer-Besitzer-Verhältnis (EBV) bezeichnet wird.[55]

Aufgrund seines absoluten und grundsätzlich von jeglichem Verhalten unabhängigen Charakters differenziert das EBV nach der Schutzbedürftigkeit des Besitzers.[56] Diese Abstufung wird als Privilegierung des redlichen Benutzers bezeichnet und mithilfe einer Sperrwirkung erreicht, die in § 993 Abs. 1 Hs. 2 BGB normiert ist.[57] Hiernach regelt das EBV die Haftung des gutgläubigen unverklagten Besitzers abschließend und nur der bösgläubige oder verklagte Besitzer haftet daneben nach den Regeln der ungerechtfertigten Bereicherung und dem Deliktsrecht.[58]

Handelt der unberechtigte Besitzer redlich, bleibt es bei der bloßen Wiederherstellung der rechtlichen Zuordnung und der Abgrenzung der damit einhergehenden Rechtskreise durch Abschöpfung der Vorteile.[59] Hierfür sieht das EBV die Nutzungsherausgabe des Besitzers vor, spricht ihm umgekehrt aber einen Anspruch auf Ersatz der von ihm geleisteten Verwendungen zu.[60] Je nach Schutzbedürftigkeit des Besitzers wird für die Rechtsfolgen auf das Bereicherungsrecht verwiesen (§ 6II.1) oder eine strengere Herausgabepflicht vorgesehen. Obwohl Ausgleich und Kompensation im EBV nur zweitrangig sind, wird letztere von Schadensersatzansprüchen flankiert (§ 6II.2). Denn der unredliche Besitzer kann nicht auf sein Besitzrecht vertrauen, sondern muss jederzeit damit rechnen, dass er gegenüber dem Eigentümer gesteigert verantwortlich ist.[61] Der redliche Besitzer wird demgegenüber so behandelt, wie wenn seine Vorstellung über das Besitzrecht der wahren Rechtslage entspräche; das EBV stellt somit eine Art Minimalform des gutgläubigen Erwerbs dar.[62] Die einzelnen Besonderheiten, die sich dabei unabhängig von der konkreten Anspruchsgrundlage für Token ergeben, werden ebenfalls beleuchtet (§ 6II.3).

---

[54] Ausführlich dazu Staudinger/*Thiele* Vorb §§ 987 ff. Rn. 23 ff.; zur schuldrechtlichen Natur der dinglichen Ansprüche siehe ebd. Rn. 16;

[55] *Kainer* SachR § 31 Rn. 1.

[56] *Kainer* SachR § 31 Rn. 2, 19; laut *Roth* AcP 180 (1980), 263 (269) handle es sich um eine stufenweise Rechtsfortsetzung des Eigentums, dessen primärer Anspruch auf Nutzung gestört ist.

[57] Ausführlich zur Sperrwirkung Staudinger/*Thole* Vorb §§ 987 ff. Rn. 104 ff.

[58] *Kainer* SachR § 31 Rn. 2 f.; dadurch soll insbesondere die Härte des § 935 BGB abgemildert werden, durch den ein gutgläubiger Erwerb verhindert wird, dazu Staudinger/*Thole* Vorb §§ 987 ff. Rn. 8.

[59] Begründend zur Funktion der Vorteilsabschöpfung *Picker* Negatorischer Beseitigungsanspruch, S. 51; zustimmend *Roth* AcP 180 (1980), 263 (271).

[60] Im Einzelnen dazu *Roth* AcP 180 (1980), 263 (276 f.).

[61] *Kainer* SachR § 31 Rn. 19.

[62] Staudinger/*Thole* Vorb §§ 987 ff. Rn. 7 mwN; zustimmend *Katzenstein* AcP 206 (2006), 96 (110).

1. Bereicherungsähnliche Ansprüche zum Nutzungs- und Verwendungsersatz

Ist der Besitzer gutgläubig oder unverklagt, haftet dieser aufgrund seiner Privilegierung ausschließlich nach § 993 Abs. 1 BGB auf Ersatz der Früchte, zu denen auch die Nutzungen gehören. Dabei handelt es sich nicht um einen Schadensersatzanspruch, sondern um einen Herausgabeanspruch, der eher noch an das Bereicherungsrecht angelehnt ist.[63] Entsprechend ihrer grundsätzlichen Wertung sieht die Rechtsordnung dabei – je nachdem, ob der Besitzer eine Gegenleistung zu leisten hatte oder nicht – den Ersatz von Übermaßfrüchten oder nur einen Schutz vor Vermögensverlusten vor.[64] Die Ziehung von Übermaßfrüchten stellt dabei einen Substanzeingriff dar, der nicht den Regeln der ordnungsgemäßen Wirtschaft entspricht und daher vom Eigentümer nicht hingenommen werden muss. § 993 Abs. 1 BGB verweist daher auf die Rechtsfolgen der ungerechtfertigten Bereicherung, die in §§ 818 f. BGB geregelt sind und vorsehen, dass der Besitzer sich auf Entreicherung berufen kann.[65] Musste der Besitzer hingegen keine Gegenleistung leisten, hat er auch alle Nutzungen zu ersetzen. Dafür wird erneut auf die Rechtsfolgen der ungerechtfertigten Bereicherung verwiesen.[66] Durch den Verweis auf das Bereicherungsrecht steht allein der Vermögenszuwachs im Fokus, der aus Wertungsgründen auch bei Redlichkeit des Besitzers an den Eigentümer herausgegeben werden soll. Hierdurch wird der Ausgleich der beiden Rechtskreise auf Vermögensebene fortgesetzt. Negatorische Ansprüche allein würden die fehlerhafte Zuordnung nicht rückwirkend ausgleichen.[67]

Demgegenüber richtet sich der Nutzungsersatz bei unredlichem Besitz (wenn der Besitzer verklagt oder nach § 990 BGB bösgläubig ist) nach § 987 BGB. Dieser sieht in Abs. 1 den Ersatz gezogener Nutzungen und in Abs. 2 den Ersatz schuldhaft nicht gezogener Nutzungen vor.[68] Für letzteres muss zwar ein Verschulden vorliegen, trotzdem handelt es sich nicht um einen Schadensersatzanspruch, sondern um eine normative Wertzuweisung, welche die

---

[63] Dennoch handelt es sich nicht um einen Bereicherungsanspruch, da sich die Rechtsfolgen unterscheiden und keine Vorschrift für den Falle einer Entreicherung wie § 818 Abs. 3 BGB vorgesehen ist, Staudinger/*Thole* § 987 Rn. 26; siehe außerdem *Pinger* Funktion und dogmatische Einordnung EBV, S. 155 ff.; dass der Nutzungsherausgabeanspruch vom Schadensersatzanspruch abzugrenzen ist, hat auch die Rechtsprechung geurteilt, BGH, Urteil vom 22. Oktober 1997, XII ZR 142/95, NJW-RR 1998, 803 (806); ebenfalls Staudinger/*Thole* § 987 Rn. 2.
[64] *Kainer* SachR § 31 Rn. 25 f.; zur Wertung zudem Staudinger/*Thole* § 988 Rn. 1.
[65] *Kainer* SachR § 31 Rn. 29; zur Anwendbarkeit des Bereicherungsrechts auf Token siehe § 7II.2.
[66] *Kainer* SachR § 31 Rn. 30.
[67] *Roth* AcP 180 (1980), 263 (267); siehe ferner § 5II sowie *Wilhelm* SachR Rn. 72.
[68] Vgl. dazu auch *Kainer* SachR § 31 Rn. 40.

abstrakte Nutzungsmöglichkeit des Eigentümers schützen soll.[69] Zudem wird es an einem Verschulden nur selten fehlen, da der Besitzer seine Unredlichkeit in der Regel zu vertreten hat.[70] In beiden Fällen verfolgt das EBV einen an die schadenersatzrechtliche Ausgleichs- und Kompensationsfunktion angenäherten, letztlich aber eigenen Zweck, der von einer verbleibenden Bereicherung des Besitzers unabhängig ist.[71] Stattdessen folgt die Gewährung entsprechender Herausgabeansprüche maßgeblich daraus, dass der unredliche Besitzer mit einer Rückgabepflicht rechnen konnte, sodass er die Nutzungen grundsätzlich auch nicht behalten können soll.[72]

Umgekehrt muss der Eigentümer dem unberechtigten Besitzer immer Ersatz leisten, wenn dieser Verwendungen auf die Sache vorgenommen hat. Handelt der Besitzer redlich, ist er aber privilegiert, da sich der Verwendungsersatz nach §§ 994 Abs. 1, 996 BGB richtet und der Eigentümer nicht nur notwendige, sondern auch nützliche Verwendungen ersetzen muss. Es ist letztlich der Eigentümer, der von den Verwendungen profitiert, da diese auf eine Sache geleistet wurden, die in seinen Rechtskreis zurückgeführt wird.[73] Tokenbedingte Besonderheiten im Rahmen der Anspruchsvoraussetzungen ergeben sich hier nicht. Demgegenüber kann der unredliche Besitzer nur die notwendigen Verwendungen nach § 994 Abs. 2 BGB ersetzt verlangen. Dies kann er zudem nur nach den Vorschriften der Geschäftsführung ohne Auftrag, in dessen Rahmen das Geschäft gemäß § 677 BGB so zu führen ist, wie es das Interesse des

---

[69] *Roth* AcP 180 (1980), 263 (276); zustimmend Staudinger/*Thole* § 987 Rn. 70; eine Qualifikation als Schadensersatzansprüche ablehnend auch *Pinger* Funktion und dogmatische Einordnung EBV, S. 146 f.

[70] *Kainer* SachR § 31 Rn. 43.

[71] Vgl. *Kainer* SachR § 31 Rn. 47; ferner Staudinger/*Thole* § 987 Rn. 70; ausführlich die dogmatische Einordnung der Nutzungsherausgaberegelungen prüfend *Pinger* Funktion und dogmatische Einordnung EBV, S. 145 ff., und als Zustandshaftung klassifizierend, da Nutzungen und Gebrauchsvorteile Teil des Eigentums und dessen Zuweisungsgehalts darstellen, ebd. S. 149 f., 152; zu den Parallelen, aber auch grundlegenden Unterschieden gegenüber dem Bereicherungsrecht, das stets an einen verbleibenden Vermögensvorteil anknüpft, ebd. S. 155 ff., 161 f.

[72] *Kainer* SachR § 31 Rn. 39.

[73] Auch bei den Gegenansprüchen des Besitzers handelt es sich nicht um einen Bereicherungsausgleich, sondern um eine Verlustabwälzung auf den Eigentümer, zum Interessenausgleich Staudinger/*Thole* Vorb §§ 994 ff. Rn. 7; Verwendungsersatz und der Nutzungsherausgabe sind beide rechtlicher Reflex der Güterzuweisung, die mit ihrer Berechtigung und Verpflichtung die doppelte Funktion des Eigentums widerspiegeln und jeweils eine Kehrseite derselben Medaille sind, *Pinger* Funktion und dogmatische Einordnung EBV, S. 166; ausführlich herleitend ebd. S. 166 ff.; durch Kombination des Bereicherungsausgleichsgedankens mit dem der Verlustabnahme aus Verkehrsschutzgründen kommt es letztlich zu einer doppelten Begrenzung des Anspruchsumfangs, siehe Staudinger/*Thole* Vorb §§ 994 ff. Rn. 9; zur Abstufung nach dem Grad der Schutzwürdigkeit des Besitzers im Einzelnen siehe ebd. Rn. 2 sowie *Pinger* Funktion und dogmatische Einordnung EBV, S. 170 f.

Eigentümers mit Rücksicht auf dessen wirklichen oder mutmaßlichen Willen erfordert.[74]

2. Schadensersatz bei unredlichem oder deliktischem Besitz

Aus gleichen Gründen – die Vorhersehbarkeit der Rückgabepflicht – ist der unredliche oder verklagte Besitzer nach §§ 989, 990 Abs. 1 zum Schadensersatz verpflichtet.[75] Die Herausgabe der Sache muss sich verschlechtert haben oder sonst unmöglich geworden sein. Es handelt sich daher um eine Art sekundäres Leistungsstörungsrecht der Zustandshaftung des § 985 BGB.[76] Eine solche Leistungsstörung kann auch bei Token vorliegen, wenn deren Herausgabe nicht mehr möglich ist. Denkbar ist dies etwa nach einer Weitergabe im Distributed Ledger oder infolge einer Weiterveräußerung des an Token bestehenden Eigentums.[77]

Weitere Schadensersatzansprüche sind grundsätzlich gesperrt, es sei denn, der Besitzer handelte zudem deliktisch. Dies ist der Fall, wenn er sich den Besitz durch verbotene Eigenmacht oder durch eine Straftat beschafft, § 992 BGB. Das EBV verweist dann auf das Deliktsrecht, zu dem nach § 848 BGB auch die Zufallshaftung bei Folgeschäden gehört.[78]

3. Besonderheiten im Rahmen von Token

Von besonderer Relevanz ist der Nutzungsersatz; extrinsische Token sind maßgeblich dazu gedacht, verkörperte Nutzungen zu ziehen. Ist ein Tokeninhaber nicht zum Besitz berechtigt, ist er dem Eigentümer zum Nutzungsersatz verpflichtet, selbst wenn er diesbezüglich redlich ist.

Auch wenn die DLT auf die Erfüllung der Anspruchsvoraussetzungen eher weniger Auswirkungen hat, stellt sich im Hinblick auf die Rechtsfolgen die Frage, ob und wie der unberechtigte Besitzer eines Tokens überhaupt Nutzungen erlangt. Der bloße Verbrauch einer Sache stellt keine Nutzung dar. Es muss sauber differenziert werden, ob die Entwertung des Tokens in rechtlicher Hinsicht einen Verbrauch oder einen Gebrauchsvorteil darstellt. Nur

---

[74] Zur Anwendbarkeit der Vorschriften der Geschäftsführung ohne Auftrag auf Token siehe § 7III.2.
[75] *Kainer* SachR § 31 Rn. 44.
[76] *Pinger* Funktion und dogmatische Einordnung EBV, S. 177 spricht daher von einer mittelbaren Zustandshaftung; zustimmend *Roth* AcP 180 (1980), 263 (277 f.), der von einer bereicherungsähnlichen Zustandshaftung spricht; aA *Dimopoulos-Vosikis* Bereicherungs- und deliktsrechtliche Elemente §§ 987–1003 BGB, S. 52 ff., der in den §§ 812 ff., 823 ff., 987 ff. BGB eine historisch bedingte Verdopplung von materiellen Bestimmungen sieht, die im Grundsatz wesensgleich sind und nur zwei verschiedene, sich kreuzende Betrachtungsweisen einnehmen.
[77] Allgemein Staudinger/*Thole* § 989 Rn. 15 f.
[78] Vgl. *Kainer* SachR § 31 Rn. 60.

Gebrauchsvorteile gehören nach § 100 BGB zu den Nutzungen und sind ersatzfähig. Mit Verbrauch ist hingegen nach § 92 Abs. 1 BGB der bestimmungsmäßige Gebrauch einer beweglichen Sache gemeint, der in dem Verbrauch oder in der Veräußerung besteht und vielmehr eine Verschlechterung im Sinne des § 989 BGB darstellt. Dazu gehört der Verlust oder die Entwertung der Sachsubstanz, die in der Regel durch Verzehr, Verbrennung oder einen anderen physikalischen oder chemischen Vorgang eintritt, aber auch die Realisierung des in der Sache innewohnenden Werts durch Veräußerung, die genau genommen nicht zu einer endgültigen Wertvernichtung führt.[79]

Die Abgrenzung erfolgt nach der Verkehrsanschauung und dem Zweck, der der Nutzung zugesprochen wird.[80] Diese mag bei extrinsischen Token durchaus dahingehen, dass diese lediglich zum Ziehen der darin verkörperten Nutzungen dienen. Andererseits bleibt der Token als solcher bestehen, weshalb sie mit Inhaberpapieren verglichen werden können. Aus diesen werden nach allgemeiner Auffassung nicht lediglich Nutzungen gezogen. Stattdessen werden sie bei Nutzungsziehung vollständig verbraucht, selbst wenn ihr maßgeblicher Zweck im Ziehen der verkörperten Nutzung besteht und ihr Verbrauch nicht zu einer endgültigen Wertvernichtung, sondern nur zu einem Wertverlust beim Verbrauchenden führt.[81] Der Gebrauchswert von Inhaberpapieren erschöpft sich somit in der bloßen Veräußerbarkeit. Die Veräußerung selbst stellt eine rechtliche Verschlechterung im Sinne des § 989 BGB dar.[82] Diese Lösung ist für extrinsische Token wegen der ähnlichen Funktionsweise heranzuziehen.

Demgegenüber wird dem Ersatz des Eigentümers wegen Verwendungen des redlichen Besitzers nach §§ 994 Abs. 1, 996 BGB und des unredlichen Besitzers nach § 994 Abs. 2 BGB bei unberechtigter Zuordnung eines Tokens keine größere Bedeutung zukommen. Verwendungen sind freiwilligen Vermögensaufwendungen des Besitzers, die der Sache unmittelbar zugutekommen sollen und ihrer Erhaltung, Wiederherstellung oder Verbesserung dienen.[83] Als abstrakte Information nutzen sich Token nicht ab und bedürfen auch keine Aufwendungen zur Erhaltung oder Wiederherstellung. Aufwendungen zur Verbesserung der im Token verkörperten Nutzung stellen keine Verwendung dar, da sie dem Token nicht unmittelbar zugutekommen.

---

[79] BeckOGK-BGB/*Mössner* § 92 Rn. 9 f.
[80] BeckOGK-BGB/*Mössner* § 92 Rn. 11.
[81] BeckOK-BGB/*Fritzsche* § 92 Rn. 5; vgl. ferner BeckOGK-BGB/*Mössner* § 92 Rn. 13.
[82] BeckOK-BGB/*Fritzsche* § 92 Rn. 5; siehe außerdem die analoge Anwendung der §§ 989, 990 BGB für verbriefte Forderungen bei Staudinger/*Thole* Vorb §§ 987 ff. Rn. 201 mwN, § 987 Rn. 17, § 989 Rn. 11.
[83] Erstmals so von der Rechtsprechung definiert in BGH, Urteil vom 9. März 1983, VIII ZR 11/82, BGHZ 87, 104 (106).

4. Analoge Anwendung der §§ 987 ff. BGB

Da Pfandrecht und Nießbrauch den gleichen Schutz genießen wie das Eigentum, verweisen §§ 1227, 1065 BGB nicht nur auf die negatorischen Schutzansprüche aus §§ 985, 1004 BGB, sondern auf das gesamte dingliche Schutzsystem. Sie verweisen somit auch auf den dinglichen Schutz aus §§ 987 ff. BGB.[84] Gleiches gilt für das Anwartschaftsrecht, für das die analoge Anwendung des dinglichen Schutzes anerkannt ist. Der Anwartschaftsberechtigte muss sich das Haftungsprivileg des § 993 Abs. 1 Hs. 2 BGB gefallen lassen, weil es keinen Anlass gibt, ihn besser zu stellen als den Eigentümer, Nießbraucher oder Pfandgläubiger.[85] Der Anspruchsberechtigte muss aber analog §§ 994 ff. BGB Verwendungsersatz leisten.[86]

Konkrete Anwendungsfälle im Rahmen von Token könnten sich insbesondere dann ergeben, wenn jemandem durch einen Smart Contract der Besitz am Token beispielsweise zum Zwecke eines Nießbrauchs eingeräumt wurde, dieses dingliche Besitzrecht dann aber überschritten wird oder entfallen ist, sodass das Ziehen der Nutzungen eine unbefugte Verschlechterung des Tokens darstellt. Je nach Ausgestaltung des Smart Contracts kann sich eine entsprechende Situation auch im Rahmen des Pfand- und des Anwartschaftsrechts ergeben, wenn der dingliche Rechtsinhaber den Besitz am Token erlangt, die Nutzungsbefugnisse aber überschreitet.

5. Zwischenergebnis zum weitergehenden dinglichen Schutz von Token

Bei der Anwendung des weitergehenden dinglichen Schutzes auf Token ergeben sich keine Besonderheiten. Die Wertungen, die die Rechtsordnung im Einzelnen vornimmt, können auf den Schutz von Token übertragen werden, sodass unter Berücksichtigung der Redlichkeit des Besitzers ein sachgerechter Ausgleich zwischen Eigentümer und Besitzer erreicht werden kann.

III. Besitzschutz als Form des dinglichen Schutzes im weiteren Sinne

Die Besitzschutzansprüche können zu den dinglichen Ansprüchen im weiteren Sinne gezählt werden, da sie sich ebenfalls auf eine Sache beziehen.[87] Allerdings ist der Besitz kein Sachenrecht, welches eine Zugehörigkeit der Sache im Rechtssinne regelt. Er vermittelt lediglich zwischen tatsächlichen Verhältnissen und rechtlicher Zuordnung.[88] Dennoch, beziehungsweise gerade deswegen, darf der Besitz nicht ungeschützt bleiben. Ansonsten bestünde die Gefahr,

---

[84] Vgl. Staudinger/*Thole* Vorb §§ 987 ff. Rn. 193.
[85] Staudinger/*Thole* Vorb §§ 987 ff. Rn. 194.
[86] Zur analogen Anwendung beim Anwartschaftsrecht Staudinger/*Thole* Vorb §§ 994 ff. Rn. 27.
[87] Vgl. *Wilhelm* SachR Rn. 109.
[88] Siehe § 4I.1.

dass die Tatsachen, an denen das rechtliche Zuordnungssystem anknüpft, verfälscht werden. Der Besitzschutz verfolgt also einen eigenen Zweck, der an dieser Stelle noch einmal näher beleuchtet wird (1). Erst mit dieser Grundlage kann beantwortet werden, ob und wie ein Besitzschutz überhaupt an Token bestehen kann (2). Danach werden die einzelnen Vorschriften des Besitzschutzes konkret untersucht und deren Anwendbarkeit auf Token geprüft (3).

1. Funktion des Besitzschutzes

Mit Besitzschutz sind alle Regelungen gemeint, die den Besitz schützen, ohne dass es dabei auf das Innehaben eines Eigentumsrechts ankommt. Welches Ziel diese Regelungen dabei konkret verfolgen, ist seit langem umstritten.[89] An dieser Stelle wird jedoch darauf verzichtet, einzelne Theorien darzustellen. Stattdessen wird versucht, die verschiedenen Ansätze miteinander in Einklang zu bringen und ein umfassendes Bild der Besitzschutzfunktion zu skizzieren.

In der Regel tritt der Besitzschutz hinter den Schutzansprüchen des Eigentumsrechts zurück. Der Besitz soll nur vermitteln und Anknüpfungspunkt für das Eigentum sein.[90] Konsequenterweise stuft die Rechtsordnung Eigentumsschutz als höherwertig ein. Gleichzeitig kann nicht auf einen eigenen Schutz des Besitzes verzichtet werden; die Durchsetzung des Eigentumsschutzes knüpft prozessual an den Besitz an und dauert länger. Staatliche Stellen müssen angerufen und entsprechende Nachweise erbracht werden.[91] Es besteht ein gewisses Interesse an der ständigen und tatsächlichen Verfügbarkeit der eigenen Güter, auch ohne Richterspruch.[92] Doch auch wenn Besitz und Eigentum aufgrund vertraglicher Absprachen auseinanderfallen, kommt dem Besitzschutz eine eigene Funktion zu: Der Besitzer erhält einen Anreiz, die Sache optimal

---

[89] *Sosnitza* Besitz und Besitzschutz, S. 33 ff.; erstmals systematisierend *v. Jhering* JherJb 1868, 1 (3 ff.).

[90] Konkrete Beispiele dafür bei *Hartung* Besitz und Sachherrschaft, S. 18; Publizitätsfunktion als wesentliche Besitzfunktion, *Omlor/Gies* JuS 2013, 12 (13); früher wurde Besitzschutz damit begründet, dass der Besitzer in der Regel Eigentümer sei, vgl. *v. Savigny*[5] Recht des Besitzes, S. 10; zeitnah wieder verworfen, *v. Savigny*[6] Recht des Besitzes, S. 42 Fn. 1 bzw. *v. Savigny*[7] Recht des Besitzes, S. 56 f. Fn. 1; später wurde in der Beweisfunktion und dem einhergehenden Eigentumsschutz eine eigene Besitzfunktion gesehen, begründend *v. Jhering* Grund des Besitzschutzes, S. 45 ff.; dazu *Müller* Besitzschutz in Europa, S. 233 f.; *Kuschel* AcP 220 (2020), 98 (110); überholt, *Sosnitza* Besitz und Besitzschutz, S. 33 f., 38; kritisch auch *Hartung* Besitz und Sachherrschaft, S. 42 f.; heute entspricht diese Sichtweise den informationsbasierten Ansätzen der *first possession rule* der *property rights theory*, einer ökonomisch ausgerichteten Betrachtung der Güterrechte, vgl. *Müller* Besitzschutz in Europa, S. 240 ff.

[91] Vgl. *v. Plettenberg* Smart Locks und verbotene Eigenmacht, S. 72 f.

[92] Kontinuitätsinteresse als weiterer Grund für Besitzschutz, begründend *Heck* Grundriss des Sachenrechts § 3 Rn. 7 f.; zustimmend *Baur/Stürner* SachR § 9 Rn. 9; kritisch *Sosnitza* Besitz und Besitzschutz, S. 36, 39 f., 47; *Müller* Besitzschutz in Europa, S. 230 f; ferner *Hartung* Besitz und Sachherrschaft, S. 44 mwN.

zu nutzen und in ihrem Bestand zu erhalten. Das liegt dann wieder im Interesse des Eigentümers, an den die Sache nach Ablauf der vereinbarten Dauer zurückzugeben ist. Gleichzeitig kann der Besitzer seine Verbindlichkeiten gegenüber dem Eigentümer in der Regel nur bei ungestörter Nutzungsmöglichkeit erfüllen, wiederum ungestörten Besitz vorausgesetzt.[93] Gerade wenn der Besitz nur auf einem schuldrechtlichen Rechtsverhältnis beruht, muss er auch gegenüber Dritten abgewehrt werden können. Der Besitzschutz bewirkt daher eine gewisse Verdinglichung des eigentlich nur relativ wirkenden Nutzungsrechts.[94] Nicht nur rechtliche, sondern auch rein tatsächliche Sachverhaltskonstellationen wie der Besitz erlangen somit besondere Bedeutung. Umgekehrt muss es möglich sein, den Besitz gesondert zu verteidigen.[95]

Der Besitz kann mithilfe gerichtlich durchsetzbarer Ansprüche verteidigt werden oder aber im Wege der Selbsthilfe, § 859 BGB. Dabei handelt es sich um eine Ausnahme vom staatlichen Gewaltmonopol.[96] Dieses wirkt in erster Linie generalpräventiv, da die Rechtsordnung das Recht des Besitzers zur Gewaltanwendung anerkennt und der Störer daher mit einem gewaltsamen, aber erlaubten Widerstand rechnen muss.[97] Da stets mit einer Gegenwehr gerechnet werden muss, wird das Ausüben verbotener Eigenmacht (also die unberechtigte Störung oder Entziehung des Besitzes eines anderen) unattraktiv.[98] Es wird Bewusstsein dafür geschaffen, dass sich gegen verbotene Eigenmacht wehren darf, was Störungen des Rechtsfriedens weitgehend verhindert.[99]

---

[93] So *Müller* Besitzschutz in Europa, S. 243; ausführlich zu diesem wertbasierten Ansatz ebd. S. 242 ff. mwN.

[94] Dies wird auch als Verdinglichung obligatorischer Rechte bezeichnet und als weiterer Zweck des Besitzschutzes diskutiert, vgl. dazu *Müller* Besitzschutz in Europa, S. 237 f.; im Überblick *Omlor/Gies* JuS 2013, 12 (13 f.).

[95] Der Besitz wird ohne Rücksicht auf ein dahinterstehendes Recht geschützt, *Kuschel* AcP 220 (2020), 98 (109).

[96] *Müller* Besitzschutz in Europa, S. 250; *v. Plettenberg* Smart Locks und verbotene Eigenmacht, S. 72; *Sosnitza* Besitz und Besitzschutz, S. 42; *Omlor/Gies* JuS 2013, 12 (14); vgl. auch *Kuschel* AcP 220 (2020), 98 (115) sowie *Hartung* Besitz und Sachherrschaft, S. 38; dass durch den Ausschluss des Faustrechts reflexartig selbst dem bösgläubigen Besitzer ein vorübergehender Kontinuitätsschutz zuwächst, sei der Preis, den die Allgemeinheit durch die Rechtsordnung für den Schutz des Rechtsfriedens zahle, *Sosnitza* Besitz und Besitzschutz, S. 40.

[97] MüKoBGB/*Schäfer* § 859 Rn. 1.

[98] *v. Plettenberg* Smart Locks und verbotene Eigenmacht, S. 72.

[99] Begründend *Sosnitza* Besitz und Besitzschutz, S. 42; zustimmend *Kuschel* AcP 220 (2020), 98 (115); kritisch *Hartung* Besitz und Sachherrschaft, S. 38 f., da Besitzschutzrecht vor dem Faustrecht *gegen* den Besitzer, nicht aber vor dem Faustrecht *des* Besitzers Schutz biete; kompromissbereit *Pinger* Funktion und dogmatische Einordnung EBV, S. 159 f.; Beibehaltung des tatsächlich vorgefundenen Ist-Zustands, *Beurskens* Privatrechtliche Selbsthilfe, S. 333; zur eigenständigen Bedeutung des Besitzschutz ebd. S. 341; anders und mit Fokus auf Machtunterschiede und freie Persönlichkeitsentfaltung *Müller* Besitzschutz in Europa, S. 247 ff.

Gleichzeitig wird anerkannt, dass ein Eingriff in die eigene tatsächliche Sachherrschaftssphäre sowieso nicht untätig hingenommen werden würde.[100]

Trotzdem liegt der Schwerpunkt des Besitzschutzes nicht in einer konkret zu verhindernden Gefahr einer körperlichen Auseinandersetzung. Der Besitzschutz greift auch dann, wenn der Besitzer nicht anwesend ist. Stattdessen ist die Funktion des Besitzschutzes abstrakt zu verstehen: Es geht um die Sicherung des Rechtsprechungs- und Vollstreckungsmonopol des Staates,[101] der heutzutage nicht mehr nur ein gewaltfreies, sondern auch ein gleichberechtigtes Zusammenleben ermöglichen möchte. Wirtschaftlich oder technisch bedingte, ungleiche Machtverhältnisse lassen sich zwar nicht per se verhindern, durch den Besitzschutz wird aber einem Ausspielen der gesellschaftlichen Machtposition vorgebeugt.[102] Auch der sozial Schwächere kann sich zeitnah einer verbotenen Eigenmacht erwehren, ohne dass es eines kostspieligen Gerichtsverfahrens gegen strukturell überlegene Parteien wie zum Beispiel Marktriesen bedarf.[103]

Auch im Lichte moderner Gesellschaftsstrukturen ist es mithin Aufgabe des Besitzschutzes, ein friedliches Miteinander sicherzustellen. Anders als die dinglichen Schutzansprüche zielt der Besitzschutz nicht primär auf die Sicherung der rechtlichen Zuordnung ab, sondern hat gesamtgesellschaftliche Wirkungen im Blick. Im Vordergrund stehen die Vermeidung von Störungen des Rechtsfriedens und die Aufrechterhaltung geordneter Verhältnisse.[104] Die tatsächliche Herrschaftssphäre einer Person zu einer Sache ist dabei von

---

[100] Nach MüKoBGB/*Schäfer* § 859 Rn. 1 entspricht dieses Verhalten den natürlichen Gegebenheiten des menschlichen Zusammenlebens; zustimmend *Beurskens* Privatrechtliche Selbsthilfe, S. 342.

[101] Treffend *Kuschel* AcP 220 (2020), 98 (115).

[102] *Kuschel* AcP 220 (2020), 98 (116); dahingehend, dass gewaltsame Exzesse insbesondere bei digitaler Vernetzung nicht mehr zu befürchten sind, stattdessen aber rechtlich und wirtschaftlich relevante Eingriffe in fremde Befugnisse möglich werden und angesichts der betroffenen wirtschaftlichen Werte jedenfalls Konfliktpotenzial besteht, auch *Beurskens* Privatrechtliche Selbsthilfe, S. 345 f.

[103] Dadurch kann das Argument von *Hartung* Besitz und Sachherrschaft, S. 39, die Selbstjustiz könne nur begrenzt eingedämmt werden, da die Geltendmachung der Besitzschutzrechte davon abhänge, inwieweit der Besitzer sich tatsächlich auf eine körperliche Auseinandersetzung einlässt, nicht vollständig ausgeräumt, entkräftet werden.

[104] So die Rechtsprechung erstmals in BGH, Urteil vom 23. Februar 1979, V ZR 133/76, NJW 1979, 1359 (1360); zur Friedensfunktion *v. Plettenberg* Smart Locks und verbotene Eigenmacht, S. 76 ff.; rechtsvergleichend einbettend *Müller* Besitzschutz in Europa, S. 231 f.; zu Individual- und Allgemeininteressen *Hartung* Besitz und Sachherrschaft, S. 40; *Kuschel* AcP 220 (2020), 98 (115); kritisch *Heck* Grundriss des Sachenrechts, § 3 Rn. 6.

wesentlicher Bedeutung,[105] auch wenn sich nur selten konkrete Anwendungsbereiche ergeben.[106].

Letztendlich erfüllt der Besitzschutz verschiedene rechtliche Teilfunktionen.[107] Er soll die körperliche Gewaltanwendung verhindern, aber auch die heimliche Besitzbeeinträchtigung vermeiden. Zudem sollen eigenmächtige Eingriffe in fremde Herrschaftssphären verhindert und das staatliche Gewalt- und Rechtsprechungsmonopol geschützt werden.[108] Das ermöglicht die Bestimmung einer gesetzlichen Herrschaftsmacht, die dem Besitzer zur Wahrung seiner bestehenden Lebensverhältnisse verliehen wird.[109] Zudem wird dadurch eine Sphäre geschaffen, in die grundsätzlich kein anderer eindringen darf; es entsteht ein geschützter Raum zur freien Persönlichkeitsentfaltung.[110] Gleichzeitig wahrt der Besitzschutz die Beklagtenrolle und schützt wirtschaftlich Schwächere vor strukturell überlegenen Parteien.[111]

2. Besitzschutzfunktion bei Token

Die soeben herausgearbeiteten Teilfunktionen sind nicht zwingend an eine Körperlichkeit geknüpft. Sie lassen sich daher auch auf Token übertragen.[112]

---

[105] Vgl. *v. Plettenberg* Smart Locks und verbotene Eigenmacht, S. 86; in diese Richtung auch *Pinger* Funktion und dogmatische Einordnung EBV, S. 160, Schutz der Individualinteressen des Einzelnen, *Müller* Besitzschutz in Europa, S. 249; Persönlichkeitsschutz als wesentliche Funktion des Besitzschutzes erstmals *v. Savigny*⁶ Recht des Besitzes, S. 40 f., der insoweit auf das Freiheitsideal Kants zurückgreift; vgl. ferner im Überblick und zustimmend *Kuschel* AcP 220 (2020), 98 (111 ff.) mwN; kritisch hingegen *Sosnitza* Besitz und Besitzschutz, S. 34 f., 39.

[106] *Hartung* Besitz und Sachherrschaft, S. 18; ebenso *v. Plettenberg* Smart Locks und verbotene Eigenmacht, S. 73; mögliche Gründe benennend *Sosnitza* Besitz und Besitzschutz, S. 153.

[107] Die Besitzschutzfunktion ergebe sich erst aus einem Zusammenspiel mehrerer Funktionen, etwa *Kuschel* AcP 220 (2020), 98 (115), *Müller* Besitzschutz in Europa, S. 245 ff.; Staudinger/*Gutzeit* Vorb §§ 858 ff. Rn. 9; anders *Hartung* Besitz und Sachherrschaft, S. 51, demzufolge der Schutz des öffentlichen Rechtsfriedens und der Persönlichkeit nur Reflex des Kontinuitätsschutzes sei; auch *v. Plettenberg* Smart Locks und verbotene Eigenmacht, S. 85 f. kombiniert die verschiedenen Funktionen, auch wenn er der Friedenstheorie Vorrang einräumt.

[108] Im Rahmen der Friedensfunktion *v. Plettenberg* Smart Locks und verbotene Eigenmacht, S. 86.

[109] *Hartung* Besitz und Sachherrschaft, S. 51.

[110] *Müller* Besitzschutz in Europa, S. 249.

[111] So *v. Plettenberg* Smart Locks und verbotene Eigenmacht, S. 86, der hier Elemente der Theorien zur Beweislastverteilung und der Verdinglichung obligatorischer Rechte aufzugreifen scheint, vgl. zu diesen ebd. S. 84 f. sowie *Müller* Besitzschutz in Europa, S. 235 ff.; zum Schutz Schwächerer siehe außerdem ebd. S. 248.

[112] Ähnlich, allerdings etwas allgemeiner für eine Offenheit des Besitzschutzes gegenüber gewandelten gesellschaftlichen Verhältnissen plädierend, *Kuschel* AcP 220 (2020), 98 (116).

Auch hier besteht ein Bedürfnis, dass sie wie vorgesehen genutzt werden können und der Besitz nicht beeinträchtigt wird.[113] Zudem scheint es sachgerecht, auch den Tokenbesitzer in seiner Rolle als Beklagter zu schützen: Wird der Tokenbesitzer nämlich aus seiner Inhaberstellung verdrängt, muss er selbst tätig werden, um den Token wieder unbeeinträchtigt nutzen zu können. Entgegenstehende Ansprüche sollen nicht im Wege der Selbstjustiz, sondern gerichtlich durchgesetzt werden.[114]

Schwierigkeiten machen jedoch die Aspekte, die an ein räumliches Näheverhältnis anknüpfen. Das sind etwa die Unterbindung körperlicher Gewaltanwendung, die Vermeidung heimlicher Besitzbeeinträchtigungen oder die Verhinderung von eigenmächtigen Eingriffen in fremde Herrschaftssphären zur Selbsthilfe.[115] Das Distributed Ledger bildet jedoch die Zuordnung des Tokens zum Tokeninhaber ab, wodurch in abstraktem Sinne eine Nähe zwischen Tokeninhaber und Token begründet wird. Zusammen mit der tatsächlichen Zugriffsmöglichkeit begründet dies den Besitz. Wird also die abstrakt-räumliche Herrschaftssphäre des Tokeninhabers beeinträchtigt (also die Zuordnung im Distributed Ledger), liegt eine Besitzbeeinträchtigung vor.

Ziel des Besitzschutzes ist es unter anderem, derartige Beeinträchtigungen von vornherein zu verhindern. Bei Token ist jedoch fraglich, wie eine unberechtigte Einflussnahme auf die Zuordnung im Distributed Ledger verhindert werden kann. Es kann dabei auf Beeinträchtigungen innerhalb der DLT abgestellt werden (a)) oder aber auf Handlungen außerhalb des Peer-to-Peer-Netzwerks, die sich trotzdem auf die Verhältnisse des Distributed Ledgers auswirken (b)).

a) Besitzschutz innerhalb der DLT

Gemäß § 859 BGB darf sich der Besitzer mit Gewalt gegen Besitzbeeinträchtigungen wehren. Durch die ausdrückliche Berechtigung sollen Besitzbeeinträchtigungen gerade präventiv verhindert werden.[116] Dieses auf Gewaltandrohung beruhende Konzept funktioniert jedoch nur in der analogen Welt. Innerhalb der DLT sind Besitzbeeinträchtigungen von vornherein nicht möglich. Die Technologie verhindert, dass Dritte in die faktische Zuordnung eingreifen können. Nutzer können nur regelkonforme Handlungen ausführen, andere

---

[113] Zu den Funktionen des Besitzschutzes siehe § 6III.1; ähnlich *Kuschel* AcP 220 (2020), 98 (116) in Bezug auf fernsteuerbare körperliche Sachen, deren digitaler Fernzugriff gestört wird.

[114] Vgl. *Kuschel* AcP 220 (2020), 98 (117).

[115] Eine Einwirkungsmöglichkeit wird hingegen grundsätzlich auch im Hinblick auf reguläre Daten bejaht, selbst wenn eine analoge Anwendbarkeit der Besitzschutzvorschriften mangels rechtlicher Schutzlücke letztlich verneint wird, dazu *Wellenhofer* Eigentum in der digitalen Gesellschaft, S. 69 (87 f.).

[116] Siehe zu dieser Besitzschutzfunktion § 6III.1.

Möglichkeiten werden ihnen nicht gewährt. Die DLT hat dem Recht somit die regulierende Funktion des Besitzschutzes abgenommen. Die Notwendigkeit, Besitzbeeinträchtigungen durch das Inaussichtstellen von Gewalt präventiv zu verhindern, gibt es im Rahmen der DLT nicht mehr. Unerwünschte Eingriffe in fremde Herrschaftssphären sind schon rein tatsächlich nicht möglich.[117] Als einzige Möglichkeit zur Besitzbeeinträchtigung verbleibt ein Hackerangriff, der die Zuordnungsregeln der DLT außer Kraft setzt. Nicht ohne Grund werden diese auch *brute force attacks* genannt. Im Kontext der DLT muss Gewalt somit neu definiert werden. Sie ist ebenso abstrakt zu verstehen wie der Raum selbst, der durch das Distributed Ledger und die dahinterstehende Technologie begründet wird. Nur noch Gewalt in informatischem Sinne ist denkbar.[118]

Die Selbsthilfe nach § 859 BGB müsste somit so interpretiert werden, dass sie nur noch zu Gewalt in informatischem Sinne berechtigt. Die breite Masse der Nutzer verfügt jedoch über kein derartiges Können. Zudem beeinträchtigen Hackerangriffe die Sicherheit des gesamten Systems. Anders als bei körperlicher Gewalt erschüttern sie nicht nur das Vertrauen in das gesellschaftliche Miteinander, sondern beeinträchtigen auch den Glauben in die Technologie als solche. Hackerangriffe sind daher keinesfalls wünschenswert und sollten von der Rechtsordnung auch nicht als Mittel des Besitzschutzes vorgesehen werden. Die Fälschungssicherheit stellt den entscheidenden Vorteil der DLT dar, in dem das Vertrauen aller Beteiligten begründet liegt. Eine bewusste Anerkennung würde das Ziel des Besitzschutzes ins Gegenteil verkehren.

Anstatt daher weiter zu überlegen, *wie* Besitzschutz im Rahmen der DLT aussehen könnte, sollte gefragt werden, *ob* ein Besitzschutz überhaupt notwendig ist. Auf der abstrakt-räumlichen Ebene ist es von vornherein nicht notwendig, Gewalt zur Erreichung eines allgemeinen Rechtsfriedens zu ermöglichen. Ein störungsfreies Miteinander wird vielmehr bereits durch die Ausgestaltung der DLT erreicht. Die DLT gewährt eine von sich aus bestehende Sicherheit, da das System der DLT nur in der Theorie ausgehebelt und überwunden werden kann. Praktisch ist das Distributed Ledger unveränderbar, was gerade auch die Errungenschaft dieser Technologie darstellt. Wenn es aber auf diese Art und Weise innerhalb der DLT möglich ist, die tatsächliche Herrschaftssphäre

---

[117] In diese Richtung wohl auch *Arndt* Bitcoin-Eigentum, S. 136.
[118] Dass Gewalt neu verstanden werden muss, ist nicht neu; auch *Müller* Besitzschutz in Europa, S. 247 mwN weist darauf hin, dass das Gewaltmonopol historisch zunächst primär Mittel zur Festigung der Herrschergewalt in der absolutistischen Monarchie war, im liberalen Rechtsstaat dann immer mehr die Funktion übernommen hat, die Freiheitsausübung der Bürger zu koordinieren; ähnliches Neuverständnis von Gewalt bei *Kuschel* AcP 220 (2020), 98 (117), der zufolge es zwar nicht mehr zu einem physischen Aufeinandertreffen von Gläubiger und Schuldner mit der Gefahr einer gewaltsamen Eskalation komme, bei Machtmissverhältnissen aber dafür umso stärker die Gefahr bestehe, dass staatliche Gerichte umgangen und Ansprüche faktisch durchgesetzt werden.

einer Person zu einer Sache aufrechtzuerhalten, dann bedarf es auch keines Besitzschutzes zur Aufrechterhaltung der geordneten Verhältnisse mehr.

b) Besitzschutz an der Schnittstelle von DLT und analogen Welt

Anders stellt sich die Situation dar, wenn auf die Schnittstelle der DLT zur physischen Welt geschaut wird. Innerhalb der DLT mag die Funktion des Besitzschutzes obsolet werden; für die Nutzung der Token im Allgemeinen muss das jedoch nicht zwingend gelten. Außerhalb der DLT wird die Zugriffsmöglichkeit auf Token durch die Kenntnis des passenden Private Keys gewährleistet. Denkbar wäre es daher, bei Wegnahme des Private Keys einen Besitzschutz am Token greifen zu lassen. Dies hat zwar keine unmittelbaren Auswirkungen auf die Zuordnung des Tokens. Zudem besteht am Private Key selbst kein Besitz, sondern nur Kenntnis, da es sich nicht um einen körperlichen Gegenstand, sondern um ein reines Datum handelt. Trotzdem kann und wird der Private Key in der Regel auf einem Datenträger gespeichert sein. Bei Verlust des Datenträgers geht daher auch die Kenntnis des Private Keys verloren. Ohne dass auf die Zuordnung des Tokens im Distributed Ledger eingewirkt wird, stört das den Besitz am Token.[119] Gleiches gilt, wenn statt einer Wegnahme der Zugriff auf den Private Key durch entsprechende *malware* verhindert wird oder er durch *phishing* ausgelesen wird. Selbst wenn der Private Key noch bekannt ist, wäre ein sofortiges Handeln notwendig, um die ausschließliche Herrschaftsgewalt über den Token zu behalten: Der Token muss an eine neue Adresse transferiert werden, die nicht mit dem bisherigen Private Key verknüpft ist. Obwohl der Private Key nur ein Datum darstellt, ist er für die Zuordnung und Nutzung des Tokens derart essentiell, dass die Rechtsordnung eine Beeinträchtigung von vornherein verhindern sollte. Das entspricht der originären Aufgabe des Besitzschutzes, sodass dessen Regelungen herangezogen werden können. Es muss allerdings unmittelbar am Tokenbesitz angeknüpft werde. Irgendein ersatzweiser Besitz des Datenträgers reicht nicht aus.[120] Wird ein Besitzschutz anerkannt, wäre der Tokeninhaber zu regulären Besitzschutzhandlungen außerhalb des Distributed Ledgers berechtigt, soweit diese tatsächlich der Abwehr der Tokenbeeinträchtigung dienen.

Die Beeinträchtigung durch Wegnahme oder sonstige Entziehung des Private Keys ist zudem grundsätzlich unmittelbar. Dies gilt selbst dann, wenn der Token selbst noch nicht neu zugeordnet wurde. Mittelbar liegt nämlich bereits ein Besitzentzug vor, denn die Zuordnung des Tokens ist ab dem Moment gefährdet, in dem der Private Key nicht mehr privat ist. Allein das Bewusstsein darüber, dass sich der Tokeninhaber entsprechenden Handlungsversuchen auch mit Gewalt erwehren darf, dürfte in gleicher Weise zum Rechtsfrieden und zu

---

[119] Im Einzelnen dazu § 6III.3.a).
[120] Insoweit den Besitzschutz am Datenträger als ausreichend erachtend *Arndt* Bitcoin-Eigentum, S. 136 f.

geordneten Verhältnissen führen, wie es bei regulären beweglichen Sachen der Fall ist.

c) Zwischenergebnis zur Besitzschutzfunktion bei Token

Während es innerhalb der konstruierten DLT schon faktisch nicht möglich ist, unberechtigterweise auf die Herrschaftssphäre eines anderen zuzugreifen, besteht diese Möglichkeit außerhalb der DLT sehr wohl. Der Besitzschutz regelt gerade das gesellschaftliche Miteinander, das nur außerhalb des Peer-to-Peer-Netzwerks existiert. Es verwundert daher nicht, dass die besitzrechtlichen Regelungen auch nur an der Schnittstelle zur analogen Welt anwendbar sind. Mit Blick auf die Funktion des Besitzschutzes könnte die Anwendung entsprechender Regelungen sogar als zwingend notwendig erachtet werden. Konsequenterweise muss dann aber auch an den Schnittstellenelementen und nicht am Token selbst angeknüpft werden. Diese Schnittstellen sind die Private Keys. Die Tatsache, dass diese stets nur ein Datum und keinen besitzfähigen körperlichen Gegenstand darstellen, vereinfacht die Anwendbarkeit der besitzschutzrechtlichen Regelungen nicht. Wenigstens gibt es dadurch aber keine Überschneidungen mit einem eigenen Besitzschutz der Private Keys. Inwieweit sich die Anwendung besitzschutzrechtlicher Regelungen aber konkret gestaltet, wird erst im Folgenden untersucht.

3. Anwendbarkeit der besitzschutzrechtlichen Regelungen im Einzelnen

Zentralbegriff des Besitzschutzes ist die in § 858 Abs. 1 BGB definierte verbotene Eigenmacht. Sowohl die Gewaltrechte als auch die possessorischen und petitorischen Ansprüche des Besitzers knüpfen hieran an oder setzen fehlerhaften Besitz voraus, womit nach § 858 Abs. 2 BGB der durch verbotene Eigenmacht erlangte Besitz gemeint ist.[121] Es wird zunächst erörtert, wie eine verbotene Eigenmacht an Token aussehen könnte (a)). Danach wird auf deren Rechtsfolgen eingegangen (b)) sowie das verwandte, allgemeine Selbsthilferecht aus § 229 BGB (c)) und der petitorische Besitzschutz nach § 1007 BGB (d)) dargestellt. Abschließend wird der Besitzschutz von elektronischen Wertpapieren im Sinne des eWpG kurz beleuchtet (e)).

a) Verbotene Eigenmacht nach § 858 BGB

Verbotene Eigenmacht begeht, wer dem Besitzer ohne dessen Willen den Besitz entzieht oder ihn im Besitz stört, ohne dass das Gesetz dies gestattet, § 858 Abs. 1 BGB.

---

[121] *Omlor/Gies* JuS 2013, 12 (14); Staudinger/*Gutzeit* § 858 Rn. 3; ferner BeckOGK-BGB/*Götz* § 858 Rn. 6; *Omlor/Gies* JuS 2013, 12 (14); *Sosnitza* Besitz und Besitzschutz, S. 31; Fehlerhaftigkeit des Besitzes ebd. Rn. 56 ff.

aa) Unmittelbarer Besitz an der beeinträchtigten Sache

Zunächst muss Besitz am Token vorliegen, wobei im Rahmen der verbotenen Eigenmacht allein der unmittelbare Besitz maßgeblich ist.[122] Schutzobjekt ist nur die tatsächliche Sachherrschaft, nicht die vermittelte Rechtsstellung des mittelbaren Besitzers.[123] Ob es sich um Eigen- oder Fremdbesitzer handelt, ist irrelevant. Ebenso unerheblich ist, ob ein Recht zum Besitz besteht; der Besitz ist als reine Tatsache geschützt.[124] Es kommt deswegen allein auf die Zuordnung im Distributed Ledger an. Liegt diese vor, ist unmittelbarer Besitz gegeben.[125]

bb) Besitzbeeinträchtigung

Ferner muss eine Besitzbeeinträchtigung vorliegen, die entweder in Form eines Besitzentzugs oder als Besitzstörung gegeben sein kann. Ein Besitzentzug ist der vollständige und dauernde Ausschluss von der Sachherrschaft, der durch körperliche oder physisch wirkende Maßnahmen wie Drohungen erreicht werden kann.[126] Besitzstörung meint hingegen jede sonstige Beeinträchtigung der Sachherrschaftsausübung, durch die dem Besitzer besitzabhängige Gebrauchs- und Nutzungsmöglichkeiten genommen werden.[127] Das kann ein Verhalten sein, das den Besitzer über den ungestörten Fortbestand seines Besitzes ernstlich beunruhigt.[128] In beiden Fällen muss die Besitzbeeinträchtigung durch menschliche Handlung und adäquat kausal[129] verursacht worden sein, wobei im Falle eines Unterlassens eine Rechtspflicht zum Handeln bestanden haben muss.[130] Fällt also aufgrund eines Naturereignisses der Strom aus und kann nicht mehr auf das Distributed Ledger zugegriffen werden, handelt es sich schon mangels menschlichen Handelns nicht um eine Besitzbeeinträchtigung.

---

[122] Dies ergibt sich bereits aus § 869 BGB, der die Ansprüche des mittelbaren Besitzers regelt; danach stehen auch dem mittelbaren Besitzer die in den §§ 861 f. bestimmten Ansprüche zu, wobei der mittelbare Besitzer im Falle einer Besitzentziehung primär dazu berechtigt ist, die Wiedereinräumung des Besitzes an den bisherigen Besitzer zu verlangen. Vgl. ferner Staudinger/*Gutzeit* § 858 Rn. 1 sowie aus der Rechtsprechung RG, Urteil vom 27. Mai 1903, V 29/03, RGZ 55 (57).

[123] BeckOGK-BGB/*Götz* § 858 Rn. 9; in diesem Zusammenhang ausführlich zur Funktion des possessorischen Besitzschutzes *Sosnitza* Besitz und Besitzschutz, S. 152 ff.

[124] Staudinger/*Gutzeit* § 858 Rn. 1; vgl. ferner *Sosnitza* Besitz und Besitzschutz, S. 49.

[125] Siehe § 4I.3.

[126] BeckOK-BGB/*Fritzsche* § 858 Rn. 7; Staudinger/*Gutzeit* § 858 Rn. 13 mwN; eine Zustimmung des Besitzers zur Besitzänderung schließt verbotene Eigenmacht jedoch aus, ebd. Rn. 13, 21.

[127] Vgl. Staudinger/*Gutzeit* § 858 Rn. 11, 14.

[128] Staudinger/*Gutzeit* § 858 Rn. 15.

[129] *Omlor/Gies* JuS 2013, 12 (14); dies entspricht der üblichen zivilrechtlichen Zurechnung, vgl. Staudinger/*Gutzeit* § 858 Rn. 8; BeckOGK-BGB/*Götz* § 858 Rn. 18.

[130] Staudinger/*Gutzeit* § 858 Rn. 5; *Omlor/Gies* JuS 2013, 12 (14).

Die Wegnahme des Private Keys hingegen wird den Tokeninhaber, auch wenn ihm der Token noch zugeordnet ist, ernstlich über den ungestörten Fortbestand seines Besitzes beunruhigen. Eine Besitzstörung am Token liegt daher jedenfalls dann vor, wenn die Störung den Besitz als solchen betrifft.

Fraglich ist, ob die Wegnahme des Private Keys den Besitz selbst oder nur eine bloße Nutzungsmöglichkeit des Tokens beeinträchtigt.[131] Das wirtschaftliche Interesse beruht meist nicht auf der bloßen Tokeninhaberschaft, sondern auf der Nutzbarkeit.[132] Zur Abgrenzung kann daher auf den bestimmungsgemäßen Gebrauch abgestellt werden.[133] Bei Token ist das die alleinige Zugriffsmacht, die durch Zuordnung im Distributed Ledger und Schlüsselpaar vermittelt wird. Selbst wenn der Token im Distributed Ledger noch zugeordnet ist, besteht diese alleinige Zugriffsmacht bei Wegnahme des Private Keys nicht mehr. Hierin liegt objektiv aber eine wesentliche Funktion des Tokens. Die Wegnahme des Private Keys führt daher zu einer Besitzstörung des digitalen Tokens, auch wenn sie in der analogen Welt geschieht.[134]

Zudem darf die Beeinträchtigung nicht allein darauf beruhen, dass eine Leistungshandlung unterbleibt. Alle Maßnahmen, die lediglich zum Unterlassen einer zusätzlichen Leistung führen, sind daher nicht als Besitzbeeinträchtigung zu werten.[135] Derartige Nutzungs- oder Gebrauchsmöglichkeiten sind nicht mehr Teil der tatsächlichen Sachherrschaft und daher auch nicht mehr vom bestimmungsgemäßen Gebrauch umfasst; der Besitzschutz gewährt nur Abwehrrechte und keine Leistungsansprüche.[136] Im Rahmen von Token ist das für solche Leistungen von Bedeutung, die dem Tokeninhaber aufgrund eines Dauerschuldverhältnisses gewährt werden: Obwohl der Tokeninhaber erheblich in seinen (gegebenenfalls sogar bestimmungsgemäßen) Nutzungsmöglichkeiten eingeschränkt ist, können Zusatzleistungen jederzeit eingestellt werden, ohne

---

[131] *Kuschel* AcP 220 (2020), 98 (120 ff.) arbeitet hierfür anhand der Rechtsprechung zu analogen Nutzungsbeeinträchtigungen Abgrenzungskriterien heraus und wendet diese auf digital fernsteuerbare Sachen an, ebd. S. 124.

[132] Vgl. allgemein *Beurskens* Privatrechtliche Selbsthilfe, S. 346.

[133] *Kuschel* AcP 220 (2020), 98 (124); aA *Matzke* Smart Contracts, S. 99 (105 f., 112), demzufolge der bestimmungsgemäße Gebrauch nur vom deliktischen Besitzschutz umfasst sein soll.

[134] Vgl. *Kuschel* AcP 220 (2020), 98 (124), die mit gleicher Argumentation eine Besitzstörung bei Fernzugriff auf digital steuerbare Sachen bejaht; letztlich ähneln sich beide Konstellationen, da der Zugriff auf die Sache in beiden Fällen immer erst die Schnittstelle von digitaler und analoger Welt überwinden muss.

[135] *Kuschel* AcP 220 (2020), 98 (124); allgemeiner *Rhiem* Smart Contracts, S. 85 (94, 96).

[136] *Matzke* Smart Contracts, S. 99 (105) mVa BGH, Urteil vom 6. Mai 2009, XII ZR 137/07, BGHZ 180, 300; nach *v. Plettenberg* Smart Locks und verbotene Eigenmacht, S. 128 ist die Rechtsprechung des BGH so zu interpretieren, dass die Nutzungsmöglichkeiten, die sich aus dem Besitz einer Sache in Kombination mit einer Versorgungsleistung ergeben, sehr wohl vom Besitzschutz erfasst sind und nur die Versorgungsleistung selbst nicht geschützt wird; letztendlich sei aber auf den konkreten Einzelfall abzustellen ebd. S. 129.

dass hierin eine Störung des Tokenbesitzes liegt. Auch Unterbrechungen des Internetzugangs, die unzweifelhaft zu einer Nutzungseinschränkung am Token führen, stellen keine Besitzstörung dar. Hierbei handelt es sich um eine kontinuierlich erbrachte Leistung, die nicht auf dem Weg des Besitzschutzes erzwungen werden kann.[137] Die durch den Private Key vermittelte Zugriffsmacht auf den Token begründet keine zusätzliche Leistung, sondern ist dem Besitz am Token inhärent.[138] Der Tokeninhaber hält den Private Key grundsätzlich selbst und ist für die Ausübung seines Besitzes nicht von Dritten abhängig.[139] Weil es sich um ein reines Datum handelt, gilt das selbst dann, wenn das Schlüsselpaar in einer von Dritten verwahrten Wallet gespeichert wird: Der Tokeninhaber kann auch ohne Nutzung des Verwahrdienstes auf seinen Token zugreifen und ist nicht zwingend auf dessen Mitwirkung angewiesen. Eine Wegnahme des Schlüssels stellt daher einen Eingriff dar in das, was der Tokeninhaber bereits hat, und ist deswegen als Besitzstörung zu klassifizieren.[140]

cc) Ohne Willen des Besitzers

Zu guter Letzt muss die Besitzbeeinträchtigung ohne den Willen des Besitzers stattfinden. Hierfür wird ausschließlich an den aktuellen, tatsächlichen Willen des Besitzers angeknüpft.[141] Wie dieser Wille ermittelt werden kann, ist im Rahmen der DLT fraglich. Der Gesetzeswortlaut spricht nicht von einer Beeinträchtigung *gegen* den Besitzerwillen. Es ist daher nicht erforderlich, dass die Besitzbeeinträchtigung explizit gegen eine Zustimmung des Besitzers verstößt.[142] Trotzdem kann es unter Umständen schwierig sein, den aktuellen Willen herauszufinden.

Einerseits könnte der Besitzer schon nicht in der Lage sein, seinen Willen zu äußern. Dies ist der Fall, wenn der Eingriff ohne sein Bewusstsein erfolgt und die Auswirkungen eines Eingriffs erst dann für den Besitzer erkennbar werden, wenn dieser seinen Token nutzen möchte.[143] Ob der Besitzer im Moment des Eingriffs mit der Besitzbeeinträchtigung einverstanden war, lässt sich dann nur noch aus dem Verhalten nach begonnener Besitzbeeinträchtigung

---

[137] Beispiele nach *Kuschel* AcP 220 (2020), 98 (124), die diese auf die vergleichbare Konstellation digital fernsteuerbarer Sachen bezieht; letzteres mVa *Beurskens* Privatrechtliche Selbsthilfe, S. 127, 347.

[138] So die Argumentation von *Rhiem* Smart Contracts, S. 85 (96) im Rahmen einer Wegfahrsperre.

[139] Vgl. im Kontext der Selbsthilfe nach § 229 BGB *Beurskens* Privatrechtliche Selbsthilfe, S. 127.

[140] Vgl. die ähnliche Argumentation von *Rhiem* Smart Contracts, S. 85 (96) im Rahmen einer Wegfahrsperre.

[141] *Kuschel* AcP 220 (2020), 98 (125); zur Rechtsnatur des Besitzwillens *Riehm* Smart Contracts, S. 85 (90 f.).

[142] Staudinger/*Gutzeit* § 858 Rn. 17 mwN; ebenso *Riehm* Smart Contracts, S. 85 (91).

[143] Vgl. im Rahmen des Fernzugriffs *Kuschel* AcP 220 (2020), 98 (126).

erschließen.[144] Eine verbotene Eigenmacht kann jedoch nicht von vornherein ausgeschlossen werden.[145]

Andererseits könnte der Besitzer seinen Willen gegebenenfalls nicht innerhalb des Peer-to-Peer-Netzwerks äußern. In der Regel kann jedoch mithilfe von Transaktionen netzwerkintern kommuniziert werden. Diese Transaktionen übertragen dann keine Token, haben in ihrem Datenfeld dafür aber eine Nachricht stehen. Zudem soll es möglich sein, eine Zustimmung im Voraus zu erteilen und an eine Bedingung zu knüpfen.[146] Es kann also von vornherein eine Zustimmung in den Smart Contract aufgenommen werden. Wird diese nicht widerrufen, wird diese zum Zeitpunkt der Besitzbeeinträchtigung vermutlich nach wie vor dem Willen des Besitzers entsprechen; Smart Contracts sollen ja gerade eine automatisierte Vertragsdurchsetzung ermöglichen.[147] Ein nachträglicher Widerruf kann sich jedoch unterschiedlich auswirken und muss gegebenenfalls auf bestimmte Weise erklärt werden. Wird ein bereits implementierter Vertrag automatisiert durchgeführt, wird ein Widerruf eventuell nicht berücksichtigt und die später durchgeführte Transaktion des Smart Contracts entspricht nicht mehr dem Willen des Besitzers. Die mit der Neuzuordnung des Tokens einhergehende Besitzentziehung stellt dann verbotene Eigenmacht dar. Hiergegen kann der Besitzer Besitzschutzansprüche geltend machen, sodass der Vorteil der automatisierten Vertragsdurchführung ins Leere laufen würde.[148] Um das zu vermeiden, müssen die Anforderungen an die Kundgabe des entgegenstehenden Willens den Besonderheiten der DLT angepasst werden.[149] Willensänderungen des Besitzers müssen über eine entsprechende

---

[144] RG, Urteil vom 4. Dezember 1934, III 201/34, RGZ 146, 182 (187); ebenso *Kuschel* AcP 220 (2020), 98 (126).

[145] In diese Richtung wohl auch *Möslein* ZBB 2018, 208 (220).

[146] Staudinger/*Gutzeit* § 858 Rn. 20; aA allerdings MüKoBGB/*Schäfer* § 858 Rn. 7; diesen Streit als obsolet bezeichnend, da das Einverständnis, selbst wenn es anfänglich unter einer Bedingung erklärt wurde, keine rechtliche Bindung, sondern lediglich die Vermutung des tatsächlichen späteren Einverständnisses bei Eintritt der Bedingung begründe, wovon sich der Besitzer jederzeit wieder lösen könne, *Riehm* Smart Contracts, S. 85 (92); dazu im Kontext von Smart Contracts auch *Möslein* ZBB 2018, 208 (220).

[147] So die hM, vgl. Staudinger/*Gutzeit* § 858 Rn. 19 sowie schon RG, Urteil vom 4. Dezember 1934, III 201/34, RGZ 146, 182 (186); treffend als Fortwirkungsvermutung bezeichnend *Omlor/Gies* JuS 2013, 12 (14); diese Vermutung ist aber eine rein tatsächliche, *Riehm* Smart Contracts, S. 85 (91), sodass aus einem nachträglichen Widerstand – selbst bei anderslautendem, zuvor erklärten Einverständnis – geschlossen werden kann, dass kein natürlicher Besitzwille vorliegt und mithin eine Besitzstörung gegeben ist, vgl. ebd. S. 96 f.; in diese Richtung auch *Beurskens* Privatrechtliche Selbsthilfe, S. 346.

[148] *Kuschel* AcP 220 (2020), 98 (126); ähnliche Fragen aufwerfend *Möslein* ZBB 2018, 208 (220); zu diesem Problem bei sogenannten Smart Locks *v. Plettenberg* Smart Locks und verbotene Eigenmacht, S. 96 ff.

[149] So der grundsätzlich überzeugende Lösungsvorschlag von *Kuschel* AcP 220 (2020), 98 (126).

Schnittstelle in den Smart Contract implementiert oder zumindest über das Peer-to-Peer-Netzwerk erklärt werden.[150] Nur dann ist die Erklärung technologiekonform.[151]

Der Bedingungseintritt und die automatisierte Durchführung durch den Smart Contract könnten jedoch kein menschliches Handeln darstellen. Allerdings wurde dies irgendwann einmal so programmiert, sodass eine menschliche Mitverursachung in jedem Falle bejaht werden kann. Wird der Wille nachträglich geändert, entsteht vielmehr eine unterlassensauslösende Rechtspflicht zur Anpassung des Smart Contracts. Letztlich wird es aber auf die Umstände des Einzelfalls ankommen, die zur Ermittlung des tatsächlichen Willens herangezogen werden müssen. Derartige Auslegungsschwierigkeiten[152] sind nicht DLT-bedingt, sondern können auch in anderen nicht-digitalen Situationen auftreten. Eine verbotene Eigenmacht an Token kann daher nicht allein aus diesem Grund grundsätzlich abgelehnt werden.[153]

dd) Widerrechtlichkeit der Besitzbeeinträchtigung

Die Besitzbeeinträchtigung darf ferner nicht gesetzlich gestattet sein. Es kommt nicht auf die Rechtmäßigkeit des Besitzes an, da derartige Ansprüche gerichtlich verfolgt werden müssen.[154] Vielmehr muss die Besitzbeeinträchtigung ihrerseits gerechtfertigt sein, etwa durch die in §§ 227 ff. BGB normierten allgemeinen Erlaubnistatbestände bei Notwehr, Notstand oder Selbsthilfe.[155] Auch die Selbsthilferechte des Besitzers und Besitzdieners aus §§ 859 f. BGB, die eigentumseinschränkenden Regelungen der §§ 904 ff. BGB oder die Eingriffsbefugnisse der Zwangsvollstreckung können der Widerrechtlichkeit der Besitzbeeinträchtigung entgegenstehen.[156] Besteht kein

---

[150] Vorschlag von *Kuschel* AcP 220 (2020), 98 (127); zum technisch Möglichen *Finck* Smart Contracts, S. 1 (10).

[151] *Kuschel* AcP 220 (2020), 98 (126 f.).

[152] Diese sind von der Prüfung der materiellen Wirksamkeit einer Willenserklärung zu unterscheiden, die insoweit aufwändiger ist, vgl. *Riehm* Smart Contracts, S. 85 (91).

[153] Im Gegenteil scheint auch *Riehm* Smart Contracts, S. 85 (98) einen Besitzschutz im Rahmen von Smart Contracts zu bejahen, auch wenn er diesen bei rein vermögensbezogenen vertraglichen Transaktionen wie der Übertragung von Token als nicht einschlägig erachtet; dies wird aber wohl daran liegen, dass er Token von vornherein nicht als besitzfähige Sache anerkannt haben wird. Dass es insoweit nicht auf eine Körperlichkeit ankommen kann, sieht auch *Matzke* Smart Contracts, S. 99 (104 f., 111 f.), demzufolge sich insbesondere mit Blick auf den possessorischen Schutz zeige, dass die Körperlichkeit als Abgrenzungskriterium überholt ist.

[154] BeckOGK-BGB/*Götz* § 858 Rn. 53.

[155] Zu zivilrechtlichen Erlaubnistatbeständen BeckOGK-BGB/*Rövekamp* § 227 Rn. 2.

[156] BeckOGK-BGB/*Götz* § 858 Rn. 46; Eingriffsbefugnisse in der Zwangsvollstreckung sind insbesondere die des Gerichtsvollziehers zur Durchsuchung und Gewaltanwendung nach §§ 758 f. ZPO, die Pfändung beweglicher Sachen nach §§ 808 ff. ZPO, die

Rechtfertigungsgrund, ist die Besitzbeeinträchtigung widerrechtlich, ohne dass es auf ein entsprechendes Rechtswidrigkeitsbewusstsein oder Verschulden des Handelnden ankommt.[157] DLT-bedingte Besonderheiten für Token ergeben sich hier nicht.

ee) Zwischenergebnis zur verbotenen Eigenmacht an Token

Auch an Token kann mithin verbotene Eigenmacht verübt werden. Die Regelungen sollen jedoch in erster Linie eine potenzielle, zwischenmenschliche Gewalteskalation verhindern. Die abstrakt zu denkende Körperlichkeit des Tokenbesitzes bereitet daher einige Schwierigkeiten: Zwar könnte Gewalt ebenfalls abstrakt gedacht werden, sodass die Regelungen zur verbotenen Eigenmacht nur noch auf den digitalen Raum zu übertragen sind. Das würde dem Ziel eines gesellschaftlichen Rechtsfriedens jedoch wenig dienen, während ein hohes Risiko eines Sicherheits- und Vertrauensverlusts in die DLT bestünde. Sinnvoller erscheint es, an die Schnittstelle zur analogen Welt anzuknüpfen und verbotene Eigenmacht außerhalb des Distributed Ledgers zu erkennen, wenn mittelbar auf die Zuordnung der Token im Distributed Ledger eingewirkt wird. Das sind vor allem Handlungen in Bezug auf das Schlüsselpaar, durch das die Zugriffsmacht vermittelt wird, insbesondere die Wegnahme des Private Keys. Verbotene Eigenmacht an Token liegt demzufolge immer dann vor, wenn der Tokenbesitz dadurch gestört wird, dass widerrechtlich und ohne den Willen des Tokeninhabers Kenntnis vom Private Key erlangt wird. Weitere Besitzbeeinträchtigung sind – je nachdem, wie die Zuordnung der Adresse des Distributed Ledgers zu einer bestimmten Identität geregelt wird – denkbar.[158]

b) Rechtsfolgen der verbotenen Eigenmacht

Die an eine verbotene Eigenmacht anknüpfenden Rechtsbehelfe müssen im Rahmen der DLT auch realisierbar sein. Nach § 859 Abs. 1 BGB darf sich der beeinträchtigte Besitzer grundsätzlich mit Gewalt wehren. Dies ist auf Token zu übertragen (aa)). Alternativ kommen Ansprüche auf umgehende Herausgabe oder Unterlassung und Beseitigung einer Besitzstörung in Betracht, die als possessorische Besitzschutzansprüche bezeichnet werden (bb)).

Zwangsvollstreckung zur Herausgabe beweglicher Sachen nach §§ 883 ff. ZPO und die Befugnisse bei Widerstand des Schuldners aus § 892 ZPO, BeckOGK-BGB/*Götz* § 858 Rn. 48.

[157] Staudinger/*Gutzeit* § 858 Rn. 28 mwN; relevant sind Rechtswidrigkeitsbewusstsein und Verschulden allerdings für Folgeansprüche, insbesondere aus § 823 Abs. 2 BGB iVm § 858 BGB als Schutzgesetz, ebd. Rn. 29.

[158] Eine weitergehende Untersuchung dessen würde über den vorliegenden Forschungsumfang hinausgehen, zur thematischen Eingrenzung siehe § 1III.1.

aa) Selbsthilfe nach § 859 BGB

Für die Verteidigung der Besitzstellung unterscheidet das Gesetz zwischen Besitzwehr und Besitzkehr. Ersteres ist in § 859 Abs. 1 BGB geregelt und meint die gewaltsame Verteidigung gegen eine gegenwärtige Besitzstörung oder noch nicht vollendete Besitzentziehung. Zweiteres ist in § 859 Abs. 2 und 3 BGB normiert, der eine zeitlich eng begrenzte Möglichkeit der Wiederbeschaffung gewährt.[159] Sowohl Besitzwehr als auch Besitzkehr dürfen nur gegen denjenigen ausgeübt werden, der die verbotene Eigenmacht begangen hat oder die Fehlerhaftigkeit des Besitzes nach § 858 Abs. 2 BGB gegen sich gelten lassen muss, § 859 Abs. 4 BGB.

In Bezug auf Token ist lediglich fraglich, wie eine gewaltsame Verteidigung oder eine Wiederbeschaffung konkret aussieht. Die übrigen Voraussetzungen, also die Gegenwärtigkeit der Besitzbeeinträchtigung im Rahmen der Besitzwehr bzw. das Betreffen auf frischer Tat oder Verfolgen im Rahmen der Besitzkehr und die Anforderungen an ein verhältnismäßiges und nicht-rechtsmissbräuchliches Handeln, sind in gleicher Weise zu beachten wie bei anderen Sachen.[160]

Weil verbotene Eigenmacht nur durch Wegnahme des Private Keys begangen werden kann, kann im Rahmen der Selbsthilfe auch nur die hierauf bezogene Abwehr gestattet sein. Beim Private Key handelt es sich jedoch nicht um einen Gegenstand, sondern um ein Datum. Unter einer Wegnahme des Private Keys ist daher nicht nur die tatsächliche Wegnahme des Datenträgers, sondern auch das heimliche Kopieren oder Ausspähen zu verstehen. Maßgeblich ist stets die Kenntniserlangung, gegen die sich der Tokeninhaber wehren können muss. Die Art und Weise der Speicherung ist hingegen unerheblich. Sie ist nur dann von Bedeutung, wenn der Datenträger als körperliche Sache ebenfalls dem Besitzschutz zugänglich ist. Meist werden die Besitzverhältnisse identisch sein.[161] Es ist jedoch denkbar, dass der Datenträger im unmittelbaren Besitz eines anderen steht, sodass nur dieser sich gegen eine Wegnahme wehren darf. Die Wegnahme stellt dann eine Besitzentziehung dar. Um die Voraussetzung der Gegenwärtigkeit zu wahren, sind Abwehrhandlungen nur im Moment der Wegnahme zulässig. Danach ist nur noch Besitzkehr zulässig, also die (verhältnismäßige) Wiederbeschaffung, die nur bei Betreffen bei frischer Tat oder im Rahmen eines Verfolgens stattfinden darf.[162]

Gleichzeitig lässt der Besitz des Datenträgers einen Zugriff auf den Private Key befürchten. Daher muss auch dem Inhaber des Tokens eine Abwehrmöglichkeit zugesprochen werden. Andernfalls wäre seine Zugriffsmacht auf den

---

[159] Zu den zeitlichen Grenzen *Omlor/Gies* JuS 2013, 12 (15).

[160] Dazu statt aller BeckOGK-BGB/*Götz* § 859 Rn. 17 ff., 25 ff., 31 ff.

[161] *Arndt* Bitcoin-Eigentum, S. 136 f. sieht den Besitzschutz an Sachen daher auch als erforderlich an und sieht keine Notwendigkeit eines eigenen Besitzschutzes an Token.

[162] Vgl. hierzu BeckOGK-BGB/*Götz* § 859 Rn. 20, 37 f.

Token und damit auch der Besitz hieran gestört. Solange die Zuordnung des Tokens im Distributed Ledger nicht geändert wurde, stellt die Wegnahme des Private Keys jedoch keine Besitzentziehung, sondern eine Besitzstörung dar. Der Tokeninhaber darf sich dieser im Rahmen der Besitzwehr mit (verhältnismäßigen) Gewaltmaßnahmen erwehren. Das darf er allerdings nur, soweit die Besitzstörung noch andauert und gegenwärtig ist. Ist es bereits zu einer Transaktion des Tokens unter Nutzung des weggenommenen Private Keys gekommen, liegt eine vollendete Besitzentziehung vor, gegen die eine Besitzwehr nicht mehr zulässig ist. Auch Besitzkehr ist nur noch denkbar, wenn der Tokeninhaber den Täter auf frischer Tat bei der Durchführung der Transaktion ertappt.

Daher kommt auch die Wiederbeschaffung des Datenträgers in Betracht, um eine Besitzstörung am Token durch Wegnahme des Private Keys abzuwehren. Die Befugnisse des Tokeninhabers gehen dann über die des Besitzers des Datenträgers hinaus. Fallen Besitzer des Tokens und Besitzer des Datenträgers in einer Person zusammen, wird die Selbsthilfe aufgrund des Inhalts des Datenträgers sogar in gewisser Weise erweitert. Das ist sachgerecht, denn es geht darum, eine Neuzuordnung des Tokens im Distributed Ledger zu verhindern. Umgekehrt wird der Täter den Datenträger in der Regel gerade deshalb weggenommen haben, weil hierauf der Private Key gespeichert ist und er nur mit diesem eine Neuzuordnung des Tokens vornehmen kann. Zudem ist die Ausweitung des sachlichen Anwendungsbereichs des Selbsthilferechts bereits bekannt: Schon rein grundsätzlich darf sich der unmittelbare Besitzer von Hilfspersonen unterstützen lassen.[163] Darüber hinaus ist auch der mittelbare Besitzer berechtigt, verbotene Eigenmacht gegen den unmittelbaren Besitzer abzuwehren, § 869 BGB. Dem Wortlaut zufolge darf er nur possessorische Besitzschutzansprüche geltend machen. Die überwiegende Lehre weitet die Norm aber aus und berechtigt auch den mittelbaren Besitzer zur Selbsthilfe.[164]

Anders gestalten sich die Möglichkeiten des Tokeninhabers, wenn er den Schlüssel nicht auf einen für ihn verfügbaren Datenträger gespeichert hat, sondern bei einem Drittanbieter. Trotz einer Fremdverwahrung des Schlüsselpaars bleibt der Tokeninhaber Besitzer des Tokens. Der Verwahrer ist nur Besitzdiener.[165] Nach § 860 BGB darf aber auch er die Gewaltrechte für den unmittelbaren Besitzer, also den Tokeninhaber, ausüben. Da in der Praxis allerdings eine Wegnahme meist durch einen Hackerangriff stattfinden wird, ist es wahrscheinlicher, dass der Verwahrer entsprechende Sicherungsmaßnahmen einrichtet.

---

[163] BeckOGK-BGB/*Götz* § 859 Rn. 7.
[164] Dazu statt aller BeckOGK-BGB/*Götz* § 869 Rn. 25 ff. mwN; ausführlich zum Umfang des Besitzschutzes beim mittelbaren Besitz *Sosnitza* Besitz und Besitzschutz, S. 168 ff.
[165] Siehe § 4I.6.a).

bb) Possessorischer Besitzschutz nach §§ 861 f. BGB

Daneben hat der Besitzer possessorische Besitzschutzansprüche. Gemäß § 861 BGB kann er nach einer Besitzentziehung innerhalb eines Jahres die Wiedereinräumung des Besitzes verlangen. Bei einer Besitzstörung kann er nach § 862 BGB ebenfalls innerhalb eines Jahres die Beseitigung und zukünftige Unterlassung der Störung verlangen.[166] Diese Ansprüche müssen auch bei einer verbotenen Eigenmacht von Token gelten. Wurde der Token bereits neu zugeordnet, ist § 861 BGB einschlägig und der Besitz am Token ist durch Rücktransaktion wiedereinzuräumen. Ein Token darf nicht unerlaubterweise einer anderen Adresse zugeordnet werden (auch wenn dies der Rechtslage entspräche, weil es sich dabei etwa um die Adresse des zum Besitz berechtigten Eigentümers handelt). Dadurch käme es zu Selbstjustiz, die mithilfe des Besitzschutzes gerade vermieden werden soll. Der Eigentümer ist vielmehr angehalten, sein Eigentumsrecht gerichtlich geltend zu machen und die Nutzung zurückzuverlangen. Für die bis dahin stattfindenden Beeinträchtigungen des Eigentumsrechts und der Nutzung sieht die Rechtsordnung entsprechende Ausgleichs- und Schadensersatzvorschriften vor.

Schwieriger gestaltet sich die Lage, wenn lediglich eine Besitzstörung vorliegt, weil der Private Key weggenommen wurde. Ist der Private Key auf einem Datenträger gespeichert, kann letzterer zurückgegeben werden. Dadurch ist aber nicht sichergestellt, dass der Besitzstörer nicht nach wie vor über den Private Key verfügt; er kommt ja nur auf seine Kenntnis an. Der Private Key könnte kopiert worden sein, sodass er trotzdem noch für eine Neuzuordnung genutzt werden kann. Der Tokenbesitzer kann nicht sicher sein, dass keine Neuzuordnungsgefahr mehr vorliegt. Der Besitzschutz liefe in diesem Fall ins Leere. Für den Tokeninhaber wäre es praktikabler, seinen Token von vornherein an eine andere Adresse zu transferieren, anstatt einen Besitzschutzprozess anzustrengen. Trotzdem ist der Beseitigungsanspruch von Bedeutung: Wenn der Tokenbesitzer nämlich keine Kopie des Private Keys hinterlegt hat, hat er keine Zugriffsmacht mehr auf seinen Token, obwohl er im Distributed Ledger noch als dessen Inhaber ausgewiesen. Die Zugriffmacht würde er erst mit der ‚Rückgabe' des Private Keys wiedererlangen. Der Mehrwert des Besitzschutzes ist daher, dass er diese mit § 862 BGB gerichtlich durchsetzen kann, ohne dass ein Recht zum Besitz geprüft wird.[167] Die Besonderheit des possessorischen Besitzschutzanspruchs liegt nämlich in erster Linie darin, dass Einwendungen in Bezug auf ein Recht zum Besitz nicht gehört werden, § 863 BGB.[168] Stattdessen können nur Einwendungen in Bezug auf die Tatbestandsmerkmale der Besitzschutzansprüche geltend gemacht werden, also etwa, dass der Token

---

[166] Zu den Anspruchsausschlussgründen und dem Anspruchsinhalt im Überblick *Omlor/Gies* JuS 2013, 12 (16).
[167] Diesen in gleicher Weise auch für Token erkennend *Arndt* Bitcoin-Eigentum, S. 137.
[168] So die allgemeine Meinung, vgl. *Sosnitza* Besitz und Besitzschutz, S. 155 mwN.

mit dem Willen des Tokeninhabers transferiert wurde oder aber seit der verbotenen Eigenmacht mehr als ein Jahr vergangen ist.[169] Dadurch ist der Schutz häufig nur ein vorläufiger, das Verfahren wird aber erst einmal beschleunigt: Es ist nicht notwendig, die materielle Rechtslage langwierig durch Verhandlung und Beweisaufnahme zu ermitteln.[170] Zwar besteht grundsätzlich die Gefahr einer Prozessverdoppelung, da anschließend die materielle Rechtslage noch einmal gesondert festzustellen ist. Diese Gefahr ist jedoch in Kauf zu nehmen, da es im Gegenzug bedeutet, dass das staatliche Monopol der Rechtsdurchsetzung auch mit zivilrechtlichen Mitteln gesichert werden kann. Je effektiver die Präventionsfunktion des possessorischen Besitzschutzes ausgestaltet ist, desto niedriger ist der von der Rechtsordnung zu zahlende Preis.[171] Zudem wird derjenige, der ein Recht zum Besitz nachweisen kann, ebenfalls geschützt: Er kann seine petitorische Einwendungen in den Besitzschutzprozess mittels Widerklage einführen.[172] Sollten Klage und Widerklage gleichzeitig entscheidungsreif sein, wird die possessorische Klage abgewiesen und der petitorischen Widerklage stattgegeben, um widersprechende Titel zu vermeiden.[173] Zudem ergibt sich aus der verbotenen Eigenmacht die Vermutung einer besonderen Dringlichkeit, die im Rahmen des einstweiligen Rechtsschutzes einen hinreichenden Verfügungsgrund darstellt. Dies gilt auch dann, wenn kein konkreter, weitergehender wesentlicher Nachteil glaubhaft gemacht wurde, was eigentlich nach § 940 ZPO notwendig wäre.[174] Ohne den possessorischen Besitzschutz bestünde hingegen keine andere Möglichkeit eines beschleunigten Verfahrens.[175]

cc) Zwischenergebnis zu den Rechtsfolgen bei verbotener Eigenmacht

Sowohl Selbsthilfe als auch possessorischer Besitzschutz sind als Rechtsfolgen der verbotenen Eigenmacht realisierbar. Zwar bedürfen beide einer leichten Anpassung an die konkreten Umstände, da die verbotene Eigenmacht nicht direkt am Token, sondern nur mittelbar über die durch den Private Key vermittelte Zugriffsmacht ausgeübt werden kann. Einer Subsumtion der Token unter die Regelungen des Besitzschutzes steht das aber nicht entgegen.

---

[169] *Omlor/Gies* JuS 2013, 12 (15); BeckOGK-BGB/*Götz* § 861 Rn. 3.
[170] BeckOGK-BGB/*Götz* § 863 Rn. 3 f.
[171] *Sosnitza* Besitz und Besitzschutz, S. 154.
[172] So zumindest die hM, den Streitstand historisch aufarbeitend *Sosnitza* Besitz und Besitzschutz, S. 157 ff.
[173] BeckOGK-BGB/*Götz* § 863 Rn. 1, 25 ff.; aA *Sosnitza* Besitz und Besitzschutz, S. 160 f.
[174] BeckOGK-BGB/*Götz* § 861 Rn. 31.
[175] *Sosnitza* Besitz und Besitzschutz, S. 153 f.

c) Allgemeines Selbsthilferecht aus § 229 BGB

Grundsätzlich hat das allgemeine Selbsthilferecht aus § 229 BGB keine eigenständige Bedeutung neben den possessorischen Besitzschutzregeln. In Betracht kommt es jedoch nach Ablauf der Frist zur Besitzkehr, also bei Betreffen auf frischer Tat.[176] Dann gelten die regulären Voraussetzungen der §§ 229 f. BGB, die voraussetzen, dass obrigkeitliche Hilfe nicht rechtzeitig zu erlangen ist,[177] ohne sofortiges Einschreiten eine Vereitelungs- oder Erschwerungsgefahr der Anspruchsverwirklichung besteht[178] und Selbsthilfemaßnahmen nicht über die Möglichkeiten staatlicher Vollstreckungsorgane hinausgehen sowie verhältnismäßig sind.[179] Ob diese Voraussetzungen vorliegen, ist stets eine Frage des Einzelfalls.[180] Grundsätzlich ist das aber auch bei Token denkbar. Die Abwehrmaßnahmen lassen sich an den gesetzlichen Vorgaben messen. Wie auch beim possessorischen Besitzschutz geht es letztlich darum, dass ausnahmsweise das staatliche Gewaltmonopol durchbrochen wird. Das gewährleistet effektiven Rechtsschutz und wahrt langfristig den Rechtsfrieden; das Recht braucht dem Unrecht nicht zu weichen.[181]

d) Petitorischer Besitzschutz nach § 1007 BGB

Daneben besteht die Möglichkeit eines sogenannten petitorischen Besitzschutzes nach § 1007 BGB. Seine Grundlagen sind bis heute nicht geklärt und die praktische Bedeutung neben den Ansprüchen aus §§ 861 f. und § 985 BGB ist gering.[182] Trotzdem soll er kurz beleuchtet werden. Die petitorischen Besitzschutzansprüche sind jeweils in § 1007 Abs. 1 und 2 BGB normiert und sehen vor, dass der gegenwärtige Besitzer eine Sache herausgeben muss, wenn dem früheren Besitzer dauerhaft ein Besitzrecht hieran zusteht. § 1007 BGB gewährt damit dauerhaften Besitzschutz, aber keine Verwirklichung des Eigentumsrechts, wie sie durch die §§ 985, 1004 BGB erreicht würde.[183] Da eine endgültige Klärung der materiellen Berechtigung zum Besitz angestrebt ist, sind sämtliche petitorischen Einwendungen zulässig.[184] In diesem Zusammenhang verweist § 1007 Abs. 3 S. 2 BGB ausdrücklich auf § 968 BGB. Der Beklagte kann sich also durch Nachweis eines Besitzrechts gegen den

---

[176] BeckOGK-BGB/*Rövekamp* § 229 Rn. 69.
[177] Ausführlich dazu BeckOGK-BGB/*Rövekamp* § 229 Rn. 27 ff.
[178] Ausführlich dazu BeckOGK-BGB/*Rövekamp* § 229 Rn. 32 ff.
[179] Ausführlich dazu BeckOGK-BGB/*Rövekamp* § 229 Rn. 36 ff., § 230 Rn. 2 ff.
[180] Vgl. BeckOGK-BGB/*Rövekamp* § 229 Rn. 29.
[181] BeckOGK-BGB/*Rövekamp* § 229 Rn. 3.
[182] Vgl. BeckOGK-BGB/*Spohnheimer* § 1007 Rn. 1; ausführlich *Sosnitza* Besitz und Besitzschutz, S. 175 ff.
[183] BeckOGK-BGB/*Spohnheimer* § 1007 Rn. 4.
[184] *Sosnitza* Besitz und Besitzschutz, S. 199; dazu auch *Omlor/Gies* JuS 2013, 12 (16).

Herausgabeanspruch wehren kann.[185] Auch wenn nicht ganz klar ist, worin sich das bessere Recht zum Besitz begründen soll, wenn nicht im Eigentum,[186] verhelfen die petitorischen Besitzschutzansprüche dem Eigentümer zur Herausgabe einer Sache, wenn dieser sein Eigentumsrecht nicht beweisen kann. Dies könnte etwa dann Probleme bereiten, wenn er das Eigentum gutgläubig erworben hat oder er zwar nur Besitzer ist, das Eigentum aber noch durch Ersitzung hätte erlangen können.[187] Nur wenn der spätere Besitzer bei Erwerb des Besitzes nicht gutgläubig (§ 1007 Abs. 1 BGB) oder die Sache dem früheren Besitzer abhandengekommen ist (§ 1007 Abs. 2 BGB), kann kein gutgläubiger Eigentumserwerb stattgefunden haben. Ihm gegenüber kann der frühere Besitzer daher ein Besitzrecht geltend machen, auch ohne dass er sein Eigentum nachweisen muss.[188] Besonderheiten für das Herausgabeverlangen des Besitzes an Token ergeben sich dabei aber nicht. Derjenige, der den Anspruch geltend macht, kann bei Vorliegen aller rechtlichen Voraussetzungen die Rücktransaktion seines Tokens verlangen, ohne dass er Eigentum nachweisen muss.[189]

e) Besitzrechtlicher Schutz von elektronischen Wertpapieren im Sinne des eWpG

Der besitzrechtliche Schutz elektronischer Wertpapiere ist vom Gesetzgeber nicht ausdrücklich geregelt und hat in der Rechtswissenschaft zu verschiedenen Lesarten geführt. Während die Passgenauigkeit der Besitzschutzregeln aufgrund der fehlenden Körperlichkeit meist stark kritisiert wird,[190] setzen sich nur Wenige mit der tatsächlichen Anwendbarkeit der Regelungen trotz fehlender physischer-Existenz auseinander. Überzeugend ist der Schluss, dass diese in einem engen Zusammenhang mit dem zugrundeliegenden Besitzverständnis zu sehen ist.[191] Die Tatsache, dass der Gesetzgeber sich bei Schaffung des eWpG den Besitzschutz gegebenenfalls nicht mitbedacht hat, reiche nicht aus,

---

[185] *Sosnitza* Besitz und Besitzschutz, S. 199 f.
[186] Vgl. zum Streit BeckOGK-BGB/*Spohnheimer* § 1007 Rn. 5 f.; in § 1007 BGB gilt die Vermutung des § 1006 BGB fort, da der chronologisch frühere Besitz als besserer Besitz eingeordnet wird, *Omlor/Gies* JuS 2013, 12 (16).
[187] BeckOGK-BGB/*Spohnheimer* § 1007 Rn. 6.
[188] BeckOGK-BGB/*Spohnheimer* § 1007 Rn. 6; zur Privilegierung beim Eigentumsnachweis im Vergleich zu § 985 BGB siehe auch ebd. Rn. 7; zum Normzweck im Allgemeinen *Sosnitza* Besitz und Besitzschutz, S. 181 ff.
[189] Ähnlich *Arndt* Bitcoin-Eigentum, S. 137, da der petitorische Besitzschutz nicht an Körperlichkeit anknüpfe.
[190] Erstmals *Casper* BKR 2019, 209 (214); zustimmend *Preuße/Wöckener/Gillenkirch* BKR 2020, 551 (557); ferner *Lehmann* NJW 2021, 2318 (2023, Fn. 21); die Anwendbarkeit der Besitzschutzregelungen vollständig ablehnend *Omlor* RDi 2021, 236 (240).
[191] So Müller/Pieper/*Müller* eWpG § 2 Rn. 20.

um die besitzschutzrechtlichen Regelungen im Sinne einer teleologischen Reduktion nicht anzuwenden.[192]

Letztendlich setzen sich hier die Unterschiede fort, die bereits mit Blick auf das Besitzverständnis im Rahmen der Sachfiktion des eWpG herausgearbeitet wurden. Je nachdem, ob die Anwendung der besitzrechtlichen Vorschriften befürwortet wird oder nicht, wird auch der Besitzschutz für anwendbar erachtet. In rechtspolitischer Hinsicht scheint sich die Rechtswissenschaft in ihrer Kritik zum Besitzrecht aber einig zu sein.[193] In der Tat muss – wie soeben dargelegt[194] – die Funktion des Besitzschutzes bei Gegenständen, die nicht physisch existieren, sondern sich nur auf die physische Realität auswirken, anders verstanden werden. Dann aber wäre ein Besitzschutz auch bei Token denkbar.

f) Zwischenergebnis zur Anwendbarkeit der besitzschutzrechtlichen Regelungen

An Token können mithin alle besitzschutzrechtlichen Regelungen angewendet werden. Das gilt sowohl für den possessorischen Besitzschutz als auch für das allgemeine Selbsthilferecht und den petitorischen Besitzschutz.

4. Zwischenergebnis zum Besitzschutz

Besitzschutz kann auch an Token bestehen. Mit Blick auf die Funktion des possessorischen Besitzschutzes und dessen zwischenmenschlicher Bedeutung ist insoweit zwar auf die Erscheinungsform des Besitzes in der analogen Welt abzustellen. Grundlegende Anwendungshindernisse ergeben sich jedoch nicht. Im Gegenteil ist gerade bei Token ein Besitzschutz notwendig, der auch das Handeln der Tokeninhaber außerhalb des Distributed Ledgers in Betracht zieht. Nur so kann das Ziel eines Rechtsfriedens in Bezug auf Token erreicht werden.

IV. Zwischenergebnis zum dinglichen Schutz von Token

Trotz ihrer abstrakt zu denkenden Körperlichkeit sind Token einem dinglichen Schutz zugänglich. Die Befürchtung, dessen Regelungen könnten im Einzelnen zu sehr an einer Körperlichkeit im räumlich-physischen Sinne anknüpfen und seien daher nicht auf Token anwendbar, bestätigt sich nicht. Stattdessen können Token in gleicher Weise Schutz genießen wie reguläre Sachen. Die Interessensabwägungen, die hinter den sorgsam aufeinander abgestimmten

---

[192] Müller/Pieper/*Müller* eWpG § 2 Rn. 19 f.

[193] So ausdrücklich auch Müller/Pieper/*Müller* eWpG § 2 Rn. 20, obwohl dieser die Anwendbarkeit des Besitzschutzes eigentlich bejaht; dies hingegen als theoretische Frage einordnend *Casper/Richter* ZBB 2022, 65 (83).

[194] Siehe § 6III.2.

Vorschriften des dinglichen Schutzes stehen, führen auch bei Token zu sachgerechten Ergebnissen.

V. Rechtsvergleichender Blick nach Italien: Dinglicher Schutz von Token

Auch die italienische Rechtsordnung hält dingliche Schutzvorschriften vor. Diese werden mit Blick auf den dinglichen Schutz von Token (1) erläutert, anschließend wird deren Besitzschutz dargelegt (2).

1. Dinglicher Schutz von Token

Der dingliche Schutz der italienischen Rechtsordnung wird durch verschiedene Anspruchsgrundlagen gebildet, die als dingliche Klagen oder auch *azioni reali* bezeichnet werden. Diese können gegen jedermann erhoben werden, was aus der Absolutheit der zugrundeliegenden und zu schützenden Rechte folgt.[195] Zu unterscheiden sind diese von den *azioni personali*, also den persönlichen Klagen. Diese können nur gegen eine bestimmte Person erhoben werden, dessen Mitwirkung zwingend erforderlich ist.[196] Gerade bei der prozessualen Durchsetzung gibt es hier diverse Unterschiede, etwa bei der Beweislastverteilung oder der Richterzuständigkeit.[197]

Daneben wird zwischen *diritti autodeterminati*, also selbstbestimmten Rechten, und *diritti eterodeterminati*, also fremdbestimmten Rechten, unterschieden. Während fremdbestimmte Rechte sich auf eine Leistung beziehen, werden selbstbestimmte Rechte inhaltlich allein durch ihr Bezugsobjekt bestimmt.[198] Der dingliche Schutz schützt nur letztere; dingliche Ansprüche werden durch das Recht selbst begründet, wohingegen der *titolo*, also der Erwerbsgrund bzw. die konkrete Herkunft der Rechtsinhaberschaft (Vertrag, Ersitzung oder Erbfolge), lediglich für den Nachweis gebraucht wird.[199] Das ist bei der Geltendmachung fremdbestimmter Rechte anders, bei denen der Erwerbsgrund für den Klagegrund maßgeblich und für die Wirksamkeit des Anspruchs zwingend erforderlich ist.[200]

---

[195] *Celeste* Azioni a difesa della proprietà, S. 1; vgl. insoweit auch die Ausführungen zur Passivlegitimation des Vindikationsanspruchs, ebd. S. 118.

[196] *Celeste* Azioni a difesa della proprietà, S. 1 f.; der Begriff der Aktion hat dabei nach römischrechtlichem Vorbild eine Doppelbedeutung: einmal als prozessrechtliche Klaghandlung und einmal als subjektives privates Recht, *Kindler* Einführung in das italienische Recht, § 8 Rn. 12.

[197] Dazu Di Marzio/*Di Marzio* S. 202 sowie im Einzelnen *Celeste* Azioni a difesa della proprietà, S. 12 ff.; ob ein Anspruch auf einer bloßen Rechtsinhaberschaft oder einem zugrundeliegenden Rechtsverhältnis beruhen soll, ist nicht immer eindeutig; es ist dann Aufgabe des Richters, die Rechtsnatur der Klage auf Grundlage der eingereichten Schriftsätzen zu bestimmen, vgl. ebd. S. 3 f.; zur präkludierenden Wirkung ebd. S. 7 ff.

[198] *Celeste* Azioni a difesa della proprietà, S. 36.

[199] Di Marzio/*Di Marzio* S. 202; *Celeste* Azioni a difesa della proprietà, S. 37, 40, 102.

[200] *Celeste* Azioni a difesa della proprietà, S. 37.

Der dingliche Schutz bedient sich drei verschiedener Mittel, die insgesamt einen umfassenden Schutz der Sache gewährleisten: Wiederherstellung, Entschädigung und Handlungsverbot.[201] Diese werden nicht in unterschiedlichen Anspruchsgrundlagen geregelt, sondern finden sich innerhalb der einzelnen Schutzansprüche wieder. Stattdessen sind die Anspruchsgrundlagen nach Art der Beeinträchtigung gegliedert und teilen sich – soweit es um bewegliche Sachen geht – in einen Vindikationsanspruch bei Besitzentziehung und einen allgemeinen Abwehranspruch bei Eigentumsbeeinträchtigung oder -störung auf. Daneben sind Ansprüche zur Bestimmung der Grundstücksgrenzen vorgesehen, die für Token nicht relevant sind und nicht weiter dargestellt werden. Die beiden einschlägigen Ansprüche werden kurz beschrieben (a) und b)) und anschließend bezüglich ihrer Anwendbarkeit auf Token untersucht (c)).

a) Vindikationsanspruch nach Art. 948 cc

Das italienische Eigentumsrecht gewährt eine vollumfängliche Nutzung und sieht einen Abwehranspruch vor, der es dem Eigentümer ermöglicht, diejenige Person auszuschließen, die sich in die Nutzung der Sache eingemischt hat.[202] Art. 948 Abs. 1 S. 1 Hs. 1 cc bestimmt „*[i]l proprietario può rivendicare la cosa da chiunque la possiede o detiene*", was die Provinz Bozen übersetzt mit „[d]er Eigentümer kann die Herausgabe der Sache von jedem, der sie besitzt oder innehat, verlangen und kann die Klageführung auch dann fortsetzen, wenn dieser nach der Klagseinbringung auf Grund eigenen Verhaltens die Sache zu besitzen oder innezuhaben aufgehört hat." Es wird an den Besitz (mit Eigenbesitzwillen) oder die Innehabung (mit Fremdbesitzwillen) angeknüpft. Die Klage richtet sich gegen den Besitzer und zielt auf die Wiedererlangung des Besitzes ab.[203] Indem sie Besitz und Eigentum wiedervereint, gewährt sie vollen Schutz, wenn der klagende Eigentümer sein Eigentum nachweisen kann.[204] Soweit ein dingliches Recht ein Besitzrecht gewährt, ist die Vindikationsklage daher ebenfalls anwendbar.[205] Hieraus wird die Dinglichkeit des Vindikationsanspruch hergeleitet,[206] wodurch eine erste Einschränkung des ansonsten weit gehaltenen Eigentumsrechts erfolgt: Da sich Personen nur in die Nutzung von

---

[201] *Gambaro* Proprietà, S. 637; besitzrechtlich ebd. S. 695; ferner *Argiroffi* Azioni e difesa della proprietà, S. 32.

[202] *Argiroffi* Azioni e difesa della proprietà, S. 45 f.

[203] *Gambaro* Proprietà, S. 656; in Abgrenzung zu alternativen Ausgleichsansprüchen bei Verlust des Eigentums, richtet sich die Vindikationsklage stets auf Herausgabe der Sache in ihrer materiellen Identität und Bestimmtheit, *Argiroffi* Azioni e difesa della proprietà, S. 142 f.

[204] *Argiroffi* Azioni e difesa della proprietà, S. 46; Di Marzio/*Di Marzio* S. 202 f.; *Gambaro* Proprietà, S. 655; *Celeste* Azioni a difesa della proprietà, S. 94.

[205] Ob dies direkt oder analog erfolgt, ist allerdings umstritten, vgl. dazu *Gambaro* Proprietà, S. 661.

[206] *Gambaro* Proprietà, S. 655 f.

Sachen einmischen können, zu denen der Eigentümer eine unmittelbare Beziehung hat, kommen nur körperliche Sachen in Betracht. Der vindikationsrechtliche Schutz gilt also nicht für Unternehmen, vertretbare und nicht weiter konkretisierte Sachen oder immaterielle Sachen, die Gegenstand der Immaterialgüterrechte sind.[207]

Der Vindikationsanspruch steht dabei in Konkurrenz zu anderen Rechtsbehelfen. Der Klagegrund, die *causa petendi*, ist daher stets sauber herauszuarbeiten.[208] Die Lieferung einer Sache kann beispielsweise durch die Aufforderung zur Erfüllung der Hauptpflicht nach Art. 1476 cc erreicht werden, oder aber durch die Vindikationsklage, da das Eigentum im italienischen Recht bereits mit Vertragsschluss übergeht.[209] Nur im letzten Fall geht es um das Eigentum und nicht um einen Vertrag, sodass das Eigentumsrecht und kein Vertrag nachgewiesen werden muss.[210] Der Vindikationsanspruch verfolgt in gewisser Weise eine doppelte Funktion; es geht immer auch um die Feststellung des Eigentumsrechts.[211] Gleiches gilt, wenn dem Eigentümer eine Sache weggenommen wird: Einschlägig ist nicht nur die Vindikationsklage zur Wiederherstellung des Besitzes, sondern auch eine Schadensersatzklage wegen unerlaubter Handlung, die auf Herausgabe und damit auf Wiederherstellung des Besitzes gerichtet ist.[212] Allerdings muss das Eigentum mit ununterbrochener Herkunftskette nachgewiesen werden.[213] In der Praxis wird daher nur auf den dinglichen Vindikationsanspruch zurückgegriffen, wenn der Eigentümer nie Besitz an der Sache hatte oder die einjährige Frist für die Besitzschutzklage abgelaufen ist.[214]

Anders als im deutschen Recht sind hieran anknüpfende Ansprüche nicht gesondert im Sinne eines Eigentümer-Besitzer-Verhältnisses normiert. Stattdessen sieht Art. 948 Abs. 1 cc vor, der Eigentümer „*può proseguire l'esercizio dell'azione anche se costui, dopo la domanda, ha cessato, per fatto proprio, di possedere o detenere la cosa. In tal caso il convenuto è obbligato a ricuperarla per l'attore a proprie spese, o, in mancanza, a corrispondergliene il valore, oltre a risarcirgli il danno*". Der kann also „die Klageführung auch dann fortsetzen, wenn dieser nach der Klagseinbringung auf Grund eigenen Verhaltens die Sache zu besitzen oder innezuhaben aufgehört hat. In diesem Fall ist der Beklagte verpflichtet, sie für den Kläger auf eigene Kosten wieder zu beschaffen oder ihm sonst deren Wert zu zahlen und ihm außerdem

---

[207] *Argiroffi* Azioni e difesa della proprietà, S. 46; *Gambaro* Proprietà, S. 656.
[208] Ausführlich *Gambaro* Proprietà, S. 673 ff.
[209] Beispiel nach *Argiroffi* Azioni e difesa della proprietà, S. 136 f.
[210] Vgl. *Gambaro* Proprietà, S. 659, 676; siehe dazu auch *Giusti/Scarpa* Azioni possessorie, S. 41.
[211] *Celeste* Azioni a difesa della proprietà, S. 96.
[212] *Argiroffi* Azioni e difesa della proprietà, S. 137.
[213] Siehe § 4IV.3; ausführlich dazu auch *Celeste* Azioni a difesa della proprietà, S. 128 ff.
[214] *Gambaro* Proprietà, S. 674.

den Schaden zu ersetzen." Erlangt der Eigentümer die Sache hingegen direkt vom neuen Besitzer oder Inhaber zurück, muss er das anstelle der Sache Erlangte an den vorherigen Besitzer zurückgeben, Art. 948 Abs. 2 cc. Ohne dass ein ausdifferenziertes Anspruchssystem normiert ist, wird sichergestellt, dass der Eigentümer bei objektiver Unmöglichkeit der Herausgabe zumindest den Vermögenswert ersetzt bekommt. Insbesondere der Ersatz von Schäden richtet sich nicht nach Delikts- oder Bereicherungsrecht, sondern knüpft unmittelbar an der Vindikationsklage an.[215] Wie auch im deutschen Recht ist hier eine Privilegierung des gutgläubigen Besitzers vorgesehen, Art. 1150 cc.[216]

b) Abwehranspruch nach Art. 949 cc

Daneben sieht die italienische Rechtsordnung in Art. 949 cc einen allgemeinen Abwehranspruch vor, die *azione negatoria*. Hiernach kann der Eigentümer die Feststellung des Nichtbestehens von Rechten verlangen, die an der Sache behauptet werden, soweit er dadurch eine Beeinträchtigung zu befürchten hat.[217] Liegen darüber hinaus Störungen oder Belästigungen vor, kann nach Art. 949 Abs. 2 cc Unterlassung und Schadensersatz verlangt werden.[218] Es kann allerdings immer nur die Verletzung eines dinglichen Rechts abgewehrt werden.[219]

Insoweit geht Art. 949 cc über den negatorischen Beseitigungs- und Unterlassungsanspruch des deutschen Rechts hinaus. Auf der einen Seite enthält er in Art. 949 Abs. 1 cc die negative Feststellung über das Bestehen von Rechten. Auf der anderen Seite bildet er die Grundlage für einen umfassenden Schutz, der parallel zur Besitzstandsklage geltend gemacht werden kann und ausdrücklich zum Schadensersatz berechtigt.[220] Obwohl dieser dann nach den Regeln des Deliktsrechts geltend gemacht wird,[221] stellt der Anspruch aus Art. 949 cc damit den umfassendsten Rechtsbehelf zum Schutz des Eigentums dar.[222] Dadurch bringt er den grundlegenden Charakter des Eigentums zum Ausdruck: das Recht auf freien und ungestörten Genuss, Art. 832 cc.[223] Daneben ist auch

---

[215] *Argiroffi* Azioni e difesa della proprietà, S. 47.
[216] Ausführlich *Celeste* Azioni a difesa della proprietà, S. 143 ff.
[217] Zu dem notwendigen Feststellungsinteresse siehe ausführlich *Celeste* Azioni a difesa della proprietà, S. 146 ff.
[218] *Celeste* Azioni a difesa della proprietà, S. 148; zum Nebeneinanderbestehen von Wiederherstellungs- und Entschädigungsfunktion siehe ebd. S. 48 f.
[219] *Celeste* Azioni a difesa della proprietà, S. 152.
[220] *Gambaro* Proprietà, S. 678; Di Marzio/*Di Marzio* S. 204; teilweise wird daher sogar auch eine dreifache Funktion des Art. 949 cc gesehen, *Celeste* Azioni a difesa della proprietà, S. 150.
[221] Dazu Di Marzio/*Di Marzio* S. 204, der insoweit insbesondere auf die unterschiedlichen prozessualen Regelungen wie beispielsweise zur Aktivlegitimation hinweist.
[222] *Gambaro* Proprietà, S. 679.
[223] *Gambaro* Proprietà, S. 681, der darauf hinweist, dass dem negatorische Abwehranspruch trotz der Tatsache, dass er dem Eigentumsrecht bereits immanent ist, eine wesentliche

der dinglich Berechtigte zumindest analog zur Geltendmachung des Abwehranspruchs berechtigt. Allerdings neigt die Rechtsprechung hier dazu, wegen des dinglichen Charakters bei Klageerhebung zusätzlich den Beitritt des Eigentümers zu verlangen.[224]

Da Besitz und Eigentum beim negatorischen Abwehranspruch nicht auseinanderfallen, ist die Beweislast des Eigentümers deutlich leichter als für den Vindikationsanspruch aus Art. 948 cc. Es reicht aus, dass in irgendeiner Weise nachgewiesen werden kann, dass die Sache aufgrund eines gültigen Titels besessen wird.[225] Im Übrigen kommt dem Eigentümer die Vermutungswirkung des Besitzes zugute, die er anders als bei einem Vindikationsanspruch nicht widerlegen muss.[226] Trotzdem ist der Abwehranspruch in der praktischen Anwendung – ähnlich wie der Vindikationsanspruch – kaum von Bedeutung, da in der Regel der deliktische Schutz aus Art. 2043 cc greift. Zwar ist der Schadensersatz im Rahmen des Art. 949 Abs. 2 cc verobjektiviert und es kommt nicht auf Verschulden, Vorsatz und Zurechenbarkeit an.[227] Das Deliktsrecht gewährt jedoch in gleichem Umfang Schutz und geht in seinem Anwendungsbereich sogar über den des negatorischen Anspruchs hinaus, da er an keine Dinglichkeit anknüpft.[228]

c) Anwendbarkeit auf Token

Ob diese Ansprüche auf Token anwendbar sind, wurde bislang nicht diskutiert – weder im Schrifttum noch in der Rechtsprechung. Unabhängig von der Anwendbarkeit auf Token sind der Vindikations- und Abwehranspruch aber an keine Körperlichkeit gebunden.

Der Abwehranspruch bezieht sich von vornherein nur auf das Eigentum als Rechtsposition, auch wenn aus dem systematischen Zusammenhang der Norm ein dinglicher Charakter geschlussfolgert wird. Auch für den Vindikationsanspruch ist allein maßgeblich, dass an der Sache Besitz und Eigentum bestehen können. Dem Wortlaut nach ist der Vindikationsanspruch nur an den Besitz gebunden, der seinerseits wieder auf das Eigentumsrecht und dessen Ausübung verweist. Es kommt somit darauf an, dass Besitz und Vindikationsanspruch in einem systematisch und funktional stimmigen Verständnis stehen. Mangels Definition von materiellen Sachen[229] ergibt sich hieraus im Umkehrschluss, an welchen Sachen die dinglichen Rechtsvorschriften bestehen können. Und da

---

Funktion zukomme, da er einerseits den vorbeugenden Schutz regelt und andererseits den negatorischen Schutz des Eigentumsrechts allgemein bestimmt.
[224] Kritisch *Gambaro* Proprietà, S. 682.
[225] *Gambaro* Proprietà, S. 684.
[226] Ausführlich zur Beweislast *Celeste* Azioni a difesa della proprietà, S. 186 ff.
[227] *Celeste* Azioni a difesa della proprietà, S. 153.
[228] *Gambaro* Proprietà, S. 682.
[229] Siehe zum Sachbegriff § 3V.1.

der Vindikationsanspruch insoweit nur darauf abstellt, dass der Eigentümer die Sache herausverlangen kann, wenn jemand anders die eigentlich dem Eigentümer zustehende Rechtsmacht ausübt, kommt es nur auf die materielle Verfügbarkeit an.

Anhand der Tokeneigenschaften wird deutlich, dass eine solche materielle Verfügbarkeit auch abstrakt bestehen kann. Auch der Eigentümer eines Tokens kann die hieran bestehende Macht verlieren, die er dann wieder herausverlangen muss. Aufgrund der Einmaligkeit, der eindeutigen Zuordenbarkeit und der Übertragbarkeit von Token ist das aber ohne weiteres möglich. Art. 948 cc ist somit auch auf Token anwendbar, ohne dass deren Virtualität dem entgegensteht.

d) Zwischenergebnis zum dinglichen Schutz von Token

Die dinglichen Schutzansprüche des italienischen Rechts knüpfen allein an das Eigentumsrecht und an dessen Auseinanderfallen vom Besitz an. Insbesondere der Besitz definiert sich seinerseits aber durch tatsächliche und eigentlich dem Eigentümer zustehende Nutzungsmöglichkeiten, verweist also auf die dinglichen Vorschriften. Es kommt mithin allein darauf an, ob an Token die tatsächliche und rechtliche Verfügungsmacht beeinträchtigt werden oder auseinanderfallen können. Das ist wegen der eindeutigen Zuordnung der Token im Distributed Ledger möglich, sodass die dinglichen Schutzansprüche auf Token anwendbar sind.

2. Besitzschutz von Token

Daneben kommt Besitzschutz als Form des dinglichen Rechtsschutzes in Betracht.[230] Anders als in Deutschland erfreut sich dieser in Italien verhältnismäßig großer Beliebtheit, da er eine schnellere und unkompliziertere Rechtsdurchsetzung als der Eigentumsschutz ermöglicht.[231] Da possessorischer und petitorischer Schutz nach italienischem Recht nicht parallel geltend gemacht werden dürfen, fällt die Wahl in der Praxis meist auf den possessorischen Rechtsschutz.[232] Wegen der Vorteile des Besitzschutzrechtes gab es zudem immer wieder Versuche, die besitzschutzrechtlichen Vorschriften auf Gebiete

---

[230] Vgl. Di Marzio/*Di Marzio* S. 202.

[231] *Patti* Riv. dir. civ. 2003, 149 (150 f.); *Giusti*/*Scarpa* Azioni possessorie, S. 7 f.; andeutend auch *Gambaro* Proprietà, S. 712; zu den Nachweisvoraussetzungen im Vergleich *Giusti*/*Scarpa* Azioni possessorie, S. 33 f.

[232] *Gambaro* Proprietà, S. 712 f., der auf Gewohnheitsrecht, aber auch auf den Art. 705 des *Codice di procedura civile* (cpc) verweist, der allerdings für teilweise verfassungswidrig erklärt wurde, wenn er zu unumkehrbaren Schäden führt; ebenfalls dazu *Giusti*/*Scarpa* Azioni possessorie, S. 34 f.; vgl. auch das Verfassungsgericht, Urteil vom 3. Februar 1992, Nr. 25; zur Ratio des Art. 705 cpc *Celeste* Azioni a difesa della proprietà, S. 305 ff.

außerhalb von Innehabung und Besitz anzuwenden, etwa im Rahmen des geistigen Eigentums.[233]

Auch der Besitzschutz gliedert sich in Wiederherstellung, Entschädigung und Handlungsverbot. Er ist am Vorbild des Eigentumsschutzes ausgerichtet, was in Anbetracht dessen, dass die Rechtsfigur des Besitzes die Schwächen des Eigentumsrechts im Hinblick auf dessen Verkehrsfähigkeit und Durchsetzbarkeit ausgleichen soll, nicht weiter verwundert.[234] Die Funktion des Besitzschutzes entspricht derjenigen des deutschen Rechts. Neben der dienenden Funktion geht es um die Wahrung des Rechtsfriedens und den Erhalt des staatlichen Gewaltmonopols.[235]

Zudem wird ebenfalls zwischen Besitzentziehung und Besitzstörung unterschieden: Die Besitzwiedereinräumung wird durch Art. 1168 und 1170 Abs. 3 cc gewährleistet und gewährt einen auf Wiederherstellung ausgerichteten Schutz.[236] Die Beseitigung einer Besitzstörung wird hingegen in Art. 1170 Abs. 1 und 2 cc geregelt und stellt ein Handlungsverbot dar. Schadensersatzansprüche aufgrund von Besitzverletzungen werden vom Deliktsrecht gewährleistet.[237]

Allerdings ist im Rahmen des italienischen Besitzschutzes zu beachten, dass der Besitz stets nur den Besitz mit Eigenbesitzwillen meint. Die bloße Innehabung wird von den Schutznormen nur in begrenzterem Umfang umfasst.[238] Umgekehrt ermöglicht dies einen weiterreichenden Schutz: Auf eine Gutgläubigkeit oder Berechtigung kommt es nicht an und petitorische Einwendungen sind bis nach Vollstreckung des im Besitzschutzprozess ergangenen Urteils ausgeschlossen.[239] Dadurch gewähren die Besitzschutzvorschriften einen Schutz *erga omnes*, ohne dass es auf ein Recht ankommt. Es muss nicht nachgewiesen werden, worauf der Besitz beruht. Schutzgegenstand ist allein die

---

[233] Vgl. beispielsweise Kassationsgerichtshof, Urteil vom 13. November 1973, Nr. 3004, das jedoch nicht unumstritten geblieben ist, dazu *Giusti/Scarpa* Azioni possessorie, S. 9, 6 f. mwN.

[234] *Gambaro* Proprietà, S. 695.

[235] *Kindler* Einführung in das italienische Recht, § 14 Rn. 13; *Gambaro* Proprietà, S. 710 erkennt daher auch eine starke deliktsrechtliche Prägung der Besitzschutzvorschriften.

[236] *Gambaro* Proprietà, S. 703, 709 f.; zu den Anspruchsgrundlagen *Giusti/Scarpa* Azioni possessorie, S. 286 f.

[237] *Gambaro* Proprietà, S. 703; *Giusti/Scarpa* Azioni possessorie, S. 29.

[238] *Kindler* Einführung in das italienische Recht, § 14 Rn. 11, 13; *Patti* Riv. dir. civ. 2003, 149 (157) hält eine analoge Anwendung allein in dem Fall für möglich, in dem der Innehabende die Verfügbarkeit über die Sache nicht vom Rechtsinhaber, sondern vom Besitzer bekommen hat.

[239] Die Rechtsprechung des BGH zum deutschen § 863 BGB sieht das anders und lässt petitorische Rechtsbehelfe im Rahmen einer Widerklage ausdrücklich zu, vgl. *Kindler* Einführung in das italienische Recht, § 14 Rn. 13; kritisch zu diesem pauschalen Ausschluss insbesondere auch mit Verweis auf andere Rechtsordnungen *Gambaro* Proprietà, S. 714 ff.; ausführlich zu Art. 705 cpc und dessen teilweiser Verfassungswidrigkeit ebd. S. 713.

faktische Beziehung zwischen Rechtssubjekt und der Sache, die schon ihrer Natur nach nicht auf einem Recht beruhen kann.[240] Gleichzeitig kann Besitzschutz nur gegenüber demjenigen geltend gemacht werden, der die Besitzentziehung oder -störung ausübt. Dadurch wird ihnen gleichzeitig ein relativer Charakter zugesprochen. In einer Besitzentziehungskette beispielsweise kann der Besitzschutz nicht gegenüber den aktuellen Besitzer geltend gemacht werden, sondern nur gegen denjenigen, der dem ursprünglichen Besitzer den Besitz entzogen hat.[241] Art. 1169 cc sieht allerdings vor, dass der Anspruch auf Wiedereinräumung auch gegenüber den wissenden Besitznachfolger geltend gemacht werden kann. Das gilt insbesondere auch für den Anspruch aus Art. 1170 Abs. 3 cc.[242] Es muss aber jedenfalls keine schuldrechtliche Sonderverbindung vorliegen, sodass von einem absoluten Schutz gesprochen werden kann, auch wenn die Rechtsposition nicht bedingungslos sondern nur in Abhängig weiterer Voraussetzungen geschützt wird. Derjenige, der eine Besitzentziehung oder -störung auf Grundlage seines Eigentumsrechts geltend machen möchte, ohne dass er an weitere Voraussetzungen gebunden ist, kann sich nicht auf Besitzschutzansprüche berufen. Er kann die petitorischen Ansprüche nur im Wege eines Eilverfahrens geltend machen und die Anordnung der Wiederherstellung des Besitzes oder Beseitigung der Besitzstörung beantragen.[243]

Wie bereits angedeutet, setzt sich der Besitzschutz aus einem Anspruch auf Wiedereinräumung des Besitzes nach Besitzentziehung gemäß Art. 1168 cc (a)) und einem Anspruch auf Beseitigung einer Besitzbeeinträchtigung nach Art. 1170 cc (b)) zusammen. Letzterer beinhaltet in Abs. 3 ebenfalls einen auf Wiederherstellung gerichteten Schutz (c)). Auf die Anwendbarkeit der Ansprüche auf Token wird anschließend gesammelt eingegangen (d)). Daneben bestehen weitere Ansprüche für den Grundstückseigentümer, die eine Mischform aus petitorischem und possessorischem Schutz darstellen, aber nicht weiter untersucht werden.[244]

a) Wiedereinräumung des Besitzes nach Art. 1168 cc

Nach Art. 1168 cc kann der Besitzer die Wiedereinräumung des Besitzes verlangen, wenn ihm der Besitz gewaltsam oder heimlich entzogen wurde. Der Anspruch besteht jedoch nur innerhalb eines Jahres nach der Besitzentziehung oder nach entsprechender Kenntniserlangung.

---

[240] *Giusti/Scarpa* Azioni possessorie, S. 31, 72.
[241] *Gambaro* Proprietà, S. 710 f.; *Giusti/Scarpa* Azioni possessorie, S. 41, 44.
[242] *Giusti/Scarpa* Azioni possessorie, S. 288; zum Sonderfall des als Auftraggeber handelnden moralischen Urhebers *Gambaro* Proprietà, S. 711, der hervorhebt, dass das Gesetz in Art. 1169 cc von Kenntnis und nicht von Gutgläubigkeit spricht, sodass der Besitzschutz keinesfalls die Umlauffähigkeit des Eigentums unterbrechen könne.
[243] *Giusti/Scarpa* Azioni possessorie, S. 31.
[244] Dazu *Giusti/Scarpa* Azioni possessorie, S. 29 f.

Wann genau ein Besitz gewaltsam entzogen wird, war lange umstritten. Man ist sich aber einig, dass jede Be- und Einschränkung der dem Besitz innewohnenden Befugnisse[245] und jede Form eines Unangenehmmachens[246] oder Änderung der wirtschaftlichen Nutzung der Sache[247] umfasst. Die Rechtsprechung hat inzwischen davon abgesehen, den Begriff der gewaltsamen Entziehung genauer zu definieren. Stattdessen stellt sie auf einen Übergang gegen den ausdrücklichen oder mutmaßlichen Willen des Besitzers ab.[248] Jeder Besitzübergang, der nicht das Ergebnis einer freiwilligen Übergabe ist, stellt eine Besitzentziehung nach Art. 1168 cc dar.[249]

Der Anspruch auf Wiedereinräumung des Besitzes kommt nur dem Besitzer und nach Art. 1168 Abs. 2 cc dem Innehabenden zu, dessen Inhaberschaft nicht auf einem Dienstverhältnis oder Gastfreundschaft beruht. Voraussetzung ist das Vorliegen einer qualifizierten Innehabung.[250]

b) Beseitigung einer Besitzstörung nach Art. 1170 cc

Der Anspruch auf Beseitigung einer Besitzstörung ist in Art. 1170 cc geregelt und zielt auf die Durchsetzung von Maßnahmen ab, mit der anhaltende Störungen beendet und künftige Störungen verhindert werden können. Der gestörte Besitzer soll seinen Besitz wieder in vollem Umfang ausüben können.[251] Besitzstörung ist jeder Eingriff, durch den der Besitzer zwar weiterhin Besitz über eine Sache ausüben kann, dies aber in irgendeiner Weise beeinträchtigt ist – sei es durch tatsächliche oder rechtliche Handlungen. Eine tatsächliche Beeinträchtigung ist nicht erforderlich; es reicht aus, dass der Besitz in Frage gestellt oder gefährdet ist.[252]

Doch auch hier wird nicht jeder Inhaber einer tatsächlichen Sachherrschaft geschützt. Stattdessen ist sogar nur der Besitzer einer unbeweglichen Sache, eines dinglichen Rechts an einer unbeweglichen Sache oder einer Sachgesamtheit geschützt. Geschützt wird er ferner nur dann, wenn der Besitz länger als ein Jahr lang ununterbrochen angedauert hat und nicht gewaltsam oder heimlich erworben wurde. Wurde der Besitz gewaltsam oder heimlich erlangt, besteht der Anspruch nur, wenn er nach Ende der Gewalttätigkeit oder Heimlichkeit noch mindestens ein Jahr lang bestanden hat.[253] Letztlich muss ein qualifizierter Besitz vorliegen.[254] Darüber hinaus muss der Anspruch innerhalb

---

[245] Kassationsgerichtshof, Urteil vom 20. März 1978, Nr. 1386.
[246] Kassationsgerichtshof, Urteil vom 28. Juli 1976, Nr. 198.
[247] Kassationsgerichtshof, Urteil vom 4. Mai 1982, Nr. 2736.
[248] Siehe zum Beispiel Kassationsgerichtshof, Urteil vom 29. Januar 1993, Nr. 1131.
[249] *Gambaro* Proprietà, S. 698.
[250] *Gambaro* Proprietà, S. 704; ausführlich *Giusti/Scarpa* Azioni possessorie, S. 122 ff.
[251] *Gambaro* Proprietà, S. 709 f.; *Giusti/Scarpa* Azioni possessorie, S. 244.
[252] Statt aller *Gambaro* Proprietà, S. 703; *Giusti/Scarpa* Azioni possessorie, S. 245.
[253] Zu den Voraussetzungen im Einzelnen *Giusti/Scarpa* Azioni possessorie, S. 248 ff.
[254] *Giusti/Scarpa* Azioni possessorie, S. 243; *Gambaro* Proprietà, S. 704.

eines Jahres nach Beginn der Störung erhoben werden. Besitzer einer beweglichen Sache oder Innehabender sind ausdrücklich nicht vom Schutz umfasst.

c) Wiedereinräumung des Besitzes nach Art. 1170 Abs. 3 cc

Daneben sieht die Rechtsordnung einen weiteren Anspruch auf Wiedereinräumung des Besitzes vor.[255] Nach Art. 1170 Abs. 3 cc kann mit der sogenannten einfachen Besitzentziehung (*spoglia semplice*) die Wiedereinräumung des Besitzes auch dann verlangt werden, wenn der Besitz ohne Gewalt oder Heimlichkeit entzogen wurde.[256] Dieser Anspruch unterliegt den gleichen Voraussetzungen wie der Anspruch auf Beseitigung einer Besitzstörung, der eigentlich in Art. 1170 cc normiert ist. Er setzt also insbesondere einen ununterbrochenen Besitz über mindestens ein Jahr voraus.[257] Umstritten ist demgegenüber, ob Besitz an einer unbeweglichen Sache, an einem dinglichen Recht an einer unbeweglichen Sache oder an einer Sachgesamtheit vorliegen muss, oder ob auch der Besitzer einer beweglichen Sache den Schutz geltend machen kann. Da ausdrücklich nur auf die Voraussetzungen des Art. 1170 Abs. 2 cc und damit gerade nicht auf die Einschränkung des Besitzes, sondern nur auf die notwendige Besitzdauer verwiesen wird, wird eine Anwendbarkeit auf bewegliche Sachen aber gemeinhin bejaht.[258]

Zudem wurde das Kriterium der gewaltsamen Besitzerlangung im Rahmen des Art. 1168 cc von der Rechtsprechung immer weiter aufgeweicht. Die Unterscheidung der einfachen und der gewaltsamen Besitzentziehung ist inzwischen sehr unscharf.[259] Die einfache Besitzentziehung nach Art. 1170 Abs. 3 cc soll nur vorliegen, wenn der Innehabende sich gegenüber dem Besitzer weigert, die unbewegliche Sache herauszugeben.[260] Der Innehabende, der mit Fremdbesitzwillen besitzt, manifestiert dadurch einen Eigenbesitzwillen, durch den er sich vom Innehabendem zum Besitzer aufschwingt. Im Vordergrund steht aber eher der Streit um das der Innehabung zugrundeliegende schuldrechtliche Verhältnis, nicht die tatsächliche Besitzentziehung.[261]

---

[255] *Gambaro* Proprietà, S. 709; zum Streit, ob es sich damit um zwei oder drei verschiedene Anspruchsgrundlagen des Besitzschutzrechts handele, *Giusti/Scarpa* Azioni possessorie, S. 286 f., der darin jedenfalls einen *tertium genus* sieht, auch wenn er keine eigenen Voraussetzungen vorsieht, sondern nur ein anderes Rechtsziel verfolgt.
[256] *Giusti/Scarpa* Azioni possessorie, S. 284.
[257] *Giusti/Scarpa* Azioni possessorie, S. 29; vgl. dazu auch *Gambaro* Proprietà, S. 705.
[258] Dazu *Giusti/Scarpa* Azioni possessorie, S. 288.
[259] *Gambaro* Proprietà, S. 705; ähnlich *Giusti/Scarpa* Azioni possessorie, S. 285 f.
[260] Kassationsgerichtshof, Urteil vom 29. Mai 2013, Nr. 13417; *Gambaro* Proprietà, S. 705 f.
[261] *Gambaro* Proprietà, S. 706.

d) Anwendbarkeit auf Token

Aus der vorangegangenen Darstellung wird deutlich, dass sich die Besitzschutzvorschriften des italienischen Rechts im Einzelnen von denen des deutschen Rechts unterscheiden. Wesentliche Erkenntnisse im Hinblick auf Token können hieraus aber nicht gezogen werden. Es wird ebenso maßgeblich an den Besitz als faktische Gegebenheit angeknüpft, die auch bei Token existiert.

Darüber hinaus sind Token objektiv isolierbar. Möglich ist das sogar datenträgerunabhängig, trotz ihres abstrakten Charakters. Damit unterscheiden sie sich von Frequenzen, an denen die Rechtsprechung Besitzschutz bejaht hatte. Dies wurde jedoch nur unter Bezugnahme des gesamten Komplexes aus Empfängergeräten und Sendeanlagen getan: Frequenzen seien nicht objektiv isolierbar und können aufgrund ihres abstrakten Charakters nicht unabhängig hiervon bestehen.[262] Wenn insoweit aber Besitzschutz bejaht wurde, muss das erst recht für Token gelten. Ihre Zuordnung ergibt sich aus dem Distributed Ledger und besteht ähnlich abstrakt. Trotzdem sind sie objektiv als Token isolierbar und in ihrem Bestand unabhängig. Dass für deren Betrachtung die DLT und die durch das Schlüsselpaar vermittelte Zugriffsmacht miteinbezogen werden muss, steht dem nach der italienischen Rechtsprechung ausdrücklich nicht entgegen. Insofern lohnt der Blick auf die fremde Rechtsordnung und ermutigt, den Besitz mit Blick auf seine Funktion und nicht nur auf eine tatsächliche Sachherrschaft zu verstehen.

e) Zwischenergebnis zum Besitzschutz

Die besitzschutzrechtlichen Schutzansprüche des italienischen Rechts haben in erster Linie die Bereitstellung eines schnellen und unkomplizierten Schutzes vor Augen. Besitzschutz wird daher streng losgelöst von rechtlichen Erwägungen gewährt. Alleiniger Anknüpfungspunkt ist der Besitz im Sinne einer tatsächlichen Nutzungsmöglichkeit, die bei Token unproblematisch besteht. Ein Blick auf die Rechtsprechungsgeschichte betont den Fokus auf diese Nutzungsmöglichkeit einmal mehr, da zu ihrer Bestimmung auch auf das Zusammenwirken der Sache mit anderen Gegenständen abgestellt werden können soll. Im Ergebnis werden die besitzschutzrechtlichen Vorschriften des italienischen Rechts somit problemlos auf Token anwendbar.

3. Rechtsvergleich des dinglichen Schutzes von Token nach italienischem und deutschem Recht

Subsumiert man Token unter die dinglichen Schutzvorschriften der italienischen Rechtsordnung, werden keine größeren Unterschiede zu den deutschen Regelungen ersichtlich. Dies gilt sowohl für den dinglichen Schutz im

---

[262] Kassationsgerichtshof, Urteil vom 2. April 1987, Nr. 3179; dazu auch *Giusti/Scarpa* Azioni possessorie, S. 113.

klassischen Sinne (a)), als auch für den Besitzschutz als Sonderform des dinglichen Schutzes (b)). Hieraus können bereits erste Schlussfolgerungen für das dingliche Schutzniveau gezogen werden (c)). Diese sind aber allein auf den dinglichen Schutz begrenzt und sagen noch nichts über ein umfassendes Gesamtniveau aus. Daher sind sie auch noch einmal im Zusammenhang mit den übrigen Schutzinstituten zu analysieren (§ 8).

a) Dinglicher Schutz von Token

Die Regelungen, die dinglichen Schutz gewähren, können grundsätzlich nach beiden Rechtsordnungen auf Token angewendet werden. Sie sind in ihrer Dogmatik ähnlich strukturiert und knüpfen beide an ein Eigentumsrecht an, dass weitreichende Nutzungsbefugnisse unter Ausschluss Dritter gewährt. In beiden Rechtsordnungen wird der Inhalt des Eigentums somit bewusst weit gehalten; Nutzungen sind im Einzelnen gerade nicht vorhersehbar, sondern sollen in all ihren Varianten geschützt werden, soweit sie nicht aus anderen Gründen der Rechtsordnung widersprechen. Aus diesem Grund verwundert es nicht, dass auch der Schutz dieses Eigentums ähnlich ausgestaltet ist. In beiden Rechtsordnungen wird dafür ausschließlich an die Rechtsposition als solche angeknüpft. Die Rechtsposition erkennt das Interesse an der ausschließlichen Nutzung eines Gegenstands an und schützt dieses bedingungslos.

Die italienische Rechtsordnung muss dafür das weite Eigentumsrecht aber erst noch eingrenzen. Dies tut sie inzident, indem sie an faktisch ausschließliche Beeinträchtigungen anknüpft. Eine solche kommt von vornherein nicht bei immateriellen Sachen in Betracht, da diese bei Beeinträchtigung gerade nicht für alle anderen unbrauchbar werden und somit die Form der Beeinträchtigung schon eine ganz andere, insbesondere keine ausschließliche ist. Damit wird der Vindikationsanspruch ebenso dinglich, wie der Vindikationsanspruch des deutschen Rechts, der lediglich an körperliche Sachen anknüpft. Es wird insoweit aber nicht auf die Körperlichkeit abgestellt, sondern auf die Art der Beeinträchtigung des als schützenswert erachteten Interesses. Die Dinglichkeit, die im deutschen Recht aus der Körperlichkeit von Sachen herausgelesen wird, ergibt sich hier also erst im Umkehrschluss aus den Schutzmöglichkeiten bei bestimmten Beeinträchtigungsformen. Es kommt daher nur auf die materielle Verfügbarkeit, nicht aber auf eine Körperlichkeit an.[263]

Im italienischen Recht steht der Vindikationsanspruch daher in Konkurrenz zu anderen Rechtsbehelfen.[264] Das Bestehen einer Rechtsposition sowie ihr Nachweis erfolgt erst im Rahmen der Klage, bei der die Geltendmachung anderer Ansprüche nicht gesperrt ist. Grund dafür wird sein, dass der Fokus auf dem Schutz des zugrundeliegenden Interesses liegt. Kann dieses auch mit

---

[263] Zur Dinglichkeit des italienischen Vindikationsanspruchs *Gambaro* Proprietà, S. 655 f. sowie *Argiroffi* Azioni e difesa della proprietà, S. 46.

[264] Ausführlich *Gambaro* Proprietà, S. 673 ff.

anderen Ansprüchen zufriedengestellt werden, kommt es auf eine saubere Erarbeitung der Rechtsposition nicht mehr an. Das deutsche Zivilrecht ist insoweit differenzierter und sieht insoweit unterschiedliche Interessensabwägungen vor, die nicht miteinander vermengt werden sollen. Der dingliche Schutz der Rechtsposition und der Schutz vor mit Beeinträchtigungen einhergehenden Handlungen ist somit vorrangig vor anderen Handlungen, die nur auf rein vermögensrechtlicher Ebene einen Austausch bedürfen. Diese klare Trennung ist eng verbunden mit dem Trennungs- und Abstraktionsprinzip, das bereits auf Anspruchsebene zu unterschiedlichen Wirkungen führen kann. Im italienischen Recht wird dies aufgrund des Konsensprinzips nicht so stark differenziert, sodass es dann auch im Rahmen des rechtlichen Schutzes weniger Trennungsbedarf gibt. Wegen der Trennung von obligatorischen und dinglichen Rechtsgeschäften braucht das deutsche Recht daher keine weiteren Regelungen, sondern kann allein an die Rechtsposition und ihr unberechtigtes Auseinanderfallen vom Besitz anknüpfen. Das italienische Recht muss diese Differenzierung erst mithilfe des *titolo* vornehmen, den sie zum Nachweis der Rechtsposition verlangt. Er ist zwar nicht entscheidend für den Klagegrund, beweist aber die Unberechtigtheit eines Auseinanderfallens von Eigentum und Besitz oder Innehabung sowie die der Eigentumsbeeinträchtigung.

Ein Schutz wäre nicht vollständig, wenn hieran nicht auch weitergehende Ansprüche anknüpfen würden, die einen gerechten Ausgleich vorsehen für den Fall, dass eine Verletzung bereits unwiderruflich stattgefunden hat. Dem liegen Interessensabwägungen zugrunde, die sich nur in Einzelfragen unterscheiden. Die italienische Rechtswissenschaft untergliedert sie ihrer Funktion nach in Ansprüche zur Wiederherstellung, zur Entschädigung und in Handlungsverbote,[265] die sich jedoch nicht unmittelbar aus den einzelnen Schutzansprüchen ergeben. Es existiert kein ausdifferenziertes Anspruchssystem, sondern es wird nur der Vindikationsanspruch erweitert und sichergestellt, dass der Eigentümer bei objektiver Unmöglichkeit der Herausgabe zumindest den Vermögenswert ersetzt bekommt. Auch der negatorische Schutzanspruch ist im italienischen Recht weiter ausgestaltet. Er enthält nicht nur die Feststellung über das Bestehen von Rechten und ist Grundlage für einen umfassenden Schutz, sondern berechtigt ausdrücklich auch zum Schadensersatz. Anders als im deutschen Recht ist der Ausgleich infolge von Verletzungen an der Rechtsposition als solche somit nicht in unterschiedlichen Anspruchsgrundlagen geregelt. Die Zielsetzungen sind aber die gleichen und können so auch in den deutschen Vorschriften zum dinglichen Schutz wiedergefunden werden. Insbesondere die Sperrwirkungen gegenüber anderen Rechtsinstituten, die ähnliche Ziele verfolgen, macht deutlich, dass insoweit die Abwägung vorrangig sein soll, die gezielt für den dinglichen Schutz getroffen wurde.

---

[265] *Gambaro* Proprietà, S. 637; besitzrechtlich ebd. S. 695; ferner *Argiroffi* Azioni e difesa della proprietà, S. 32.

Auch wenn die Ausgleichsregelungen im Grundsatz vergleichbare Interessensabwägungen umsetzen wollen, müssen sie teilweise anders ausgestaltet sein, damit sie sich in das dogmatische System einfügen. So kann das deutsche Recht nicht an einen bösgläubigen Besitz anknüpfen, weil sie einen solchen gar nicht kennt. Sie kann nur den identischen Maßstab heranziehen, indem sie auf die Legaldefinition der Bösgläubigkeit in § 932 BGB verweist. Das italienische Recht hingegen kennt einen bösgläubigen Besitz, der herangezogen werden kann, um einen Eigentumserwerb originär zu begründen. Hier wirkt sich der engere Besitzbegriff, aber auch die fehlende Aufteilung in schuldrechtliche und dingliche Rechtsgeschäfte aus. Derartige Spezifika führen zu einer unterschiedlichen Ausgestaltung des Ausgleichs infolge von Rechtsverletzungen. Sie haben aber keinen Einfluss auf die zugrundeliegende Wertung, die beide Rechtsordnungen in vergleichbarer Weise treffen.

b) Besitzschutz von Token

Auch im Rahmen des Besitzschutzes gibt es Gemeinsamkeiten, insbesondere im Hinblick auf den Normzweck. Es ergeben sich aber ebenso Unterschiede, die schon darauf beruhen, dass der Besitzbegriff im italienischen Recht enger gefasst ist als im deutschen. Dadurch können für den Schutz der Innehabung von vornherein andere Regelungen vorgesehen werden und der Besitz selbst stärker und unabhängig von einer Gut- oder Bösgläubigkeit sowie losgelöst von einer gewaltsamen Handlung geschützt werden. Es ist allein die faktische Beziehung zwischen Rechtssubjekt und der Sache, die zum Schutzgegenstand wird; auf eine Berechtigung oder sonstige rechtliche Erwägungen kommt es nicht an. Alleiniger Anknüpfungspunkt ist der Besitz im Sinne einer tatsächlichen Nutzungsmöglichkeit, die auch bei Token unproblematisch besteht. Umgekehrt führt das dazu, dass Besitzschutz eine relative Komponente bekommt und nur gegenüber demjenigen geltend gemacht werden kann, kann der Besitzentziehung oder -störung ausgeübt hat. Spätere Besitzer hingegen dürfen auf ihren Besitz vertrauen, sie haben die infragestehende Beziehung zwischen Rechtssubjekt und der Sache gerade nicht verletzt.

Der bedeutsamste Unterschied ergibt sich aber erst aus dem Zusammenspiel mit dem Eigentumsschutz. Aufgrund der hier bestehenden Unterschiede ist im italienischen Recht der Nachweis der Rechtsposition notwendig, der die Geltendmachung des dinglichen Schutzes beträchtlich erschwert. Dadurch wird deutlich häufiger auf den Besitzschutz zurückgegriffen, als dies in der deutschen Praxis der Fall ist. Die Rechtsdurchsetzung ist nach dem italienischen Konstrukt deutlich schneller und unkomplizierter und wird daher von einigen auch auf andere Rechtspositionen zu übertragen versucht. Dass ein Besitzschutz an geistigem Eigentum aber auch nach italienischem Recht nicht bestehen können soll, verdeutlicht die Gemeinsamkeiten, die der Besitzschutz dann wieder zum deutschen Besitzschutz aufweist. Er soll Rechtsfrieden im Rahmen der Güterzuordnung schaffen und dadurch das staatliche Gewaltmonopol sichern, was bei nicht ausschließlich zuordenbaren Gütern von vornherein nicht notwendig ist.

c) Schlussfolgerungen für das dingliche Schutzniveau

Für das dingliche Schutzniveau ist vor allem die unterschiedliche Wahl der Anknüpfungspunkte von Bedeutung. Sie führt dazu, dass der Schutz teilweise unterschiedlich weit reicht, da er entweder alle Beeinträchtigungen an körperlichen Sachen umfasst oder alle Beeinträchtigungen einer ausschließlichen Nutzungsmöglichkeit. Sobald eine Beeinträchtigung nur unter eine Kategorie fällt und beispielsweise die Nutzung für den eigentlichen Inhaber verhindert, obwohl die genutzte Sache selbst nicht körperlich ist, besteht nur nach dem italienischen Recht Schutz. Das Niveau selbst unterscheidet sich hingegen nicht groß. Sobald eine Beeinträchtigung als schützenswert anerkannt ist, sehen beide Rechtsordnungen Abwehr- und Ausgleichsansprüche vor. Lediglich bei der Durchsetzung in der Praxis ergeben sich strukturbedingte Besonderheiten, die aber das eigentliche Schutzniveau im Ergebnis nicht beeinflussen oder mindern.

Letztlich zeigt sich in den Schutzvorschriften einmal mehr das, was auch bereits bei Gegenüberstellung des Eigentums- und Besitzrechts selbst deutlich geworden ist: Es kann nicht auf eine Körperlichkeit ankommen, sondern ausschlaggebend muss sein, ob die typischen Befugnisse des Eigentümers realisiert werden können. Ist das in tatsächlicher Hinsicht der Fall, steht einer rechtlichen Anerkennung und der Gewährleistung eines entsprechenden Schutzes nichts im Weg. Da der Token in tatsächlicher Hinsicht ausschließlich von einer Person genutzt werden kann, muss er auch Gegenstand von Eigentum und Besitz sein können und entsprechend geschützt werden. Die fehlende Körperlichkeit darf dabei zu keinen besonderen Schwierigkeiten führen. Diese wären nur dann ausgeglichen, wenn andere Rechtsinstitute ausreichenden Schutz gewährleisten würden, sodass es auf den an Körperlichkeit anknüpfenden, dinglichen Schutz nicht mehr ankommt. Diese Frage kann erst nach Untersuchung der einzelnen Schutzinstitute und dem gesamten Schutzniveau beantwortet werden (§ 8III).

VI. Zusammenfassung des § 6

Das System des negatorischen Schutzes ist auf Token vollständig anwendbar. Es ergeben sich keine grundlegenden Unterschiede im Vergleich zum Schutz von räumlich-körperlichen Sachen; lediglich die konkrete Form der einzelnen Einwirkungen unterscheidet sich. Das ist bedingt durch die jeweiligen Nutzungsmöglichkeiten, die sich auch bei analogen Sachen unterscheiden können. Der Vindikationsanspruch aus § 985 BGB stellt auf das unberechtigte Auseinanderfallen von Besitz und Eigentum ab, der Abwehranspruch aus § 1004

BGB umfasst hingegen alle anderen möglichen Einwirkungen. Das gilt sowohl im Hinblick auf das umfassende Eigentumsrecht als auch mit Blick auf die verschiedenen dinglichen Rechte. Weitergehender dinglicher Schutz im Rahmen des Eigentümer-Besitzer-Verhältnisses ist ebenfalls anwendbar. Die von der Rechtsordnung getroffenen Wertungen lassen sich auf Token übertragen und es wird ein sachgerechter Ausgleich erreicht, was insbesondere mit Blick auf den Verbrauch von extrinsischen Token durch vollständige Nutzungsziehung relevant wird.

Demgegenüber ist Besitzschutz innerhalb der DLT nicht anwendbar. Es bestehen feste Regeln, die ein Eingreifen in die Herrschaftssphäre eines anderen unmöglich machen, sodass das Besitzschutzrecht seine rechtsfriedensstiftende Funktion nicht erfüllen kann. Stattdessen muss der Besitzschutz seine Funktion erfüllen, sobald das Distributed Ledger im gesellschaftlichen Miteinander Bedeutung erlangt. Die besitzschutzrechtlichen Regelungen sind daher auf das Schlüsselpaar anzuwenden. Verbotene Eigenmacht liegt vor, wenn mittelbar auf die Zuordnung eines Tokens im Distributed Ledger eingewirkt wird. Eine Besitzstörung ist bereits mit Entzug des Private Keys zu bejahen, da eine Neuzuordnung im Distributed Ledger jederzeit möglich ist. Infolge der verbotenen Eigenmacht kommen Selbsthilfe und possessorischer Besitzschutz in Betracht; weitere Besitzschutzregelungen sind anwendbar. Diese Erwägungen gelten auch mit Blick auf die elektronischen Wertpapiere des eWpG, in dessen Rahmen die Anwendbarkeit der besitzschutzrechtlichen Vorschriften jedenfalls rechtspolitisch stark kritisiert werden.

Im italienischen Recht knüpft der dingliche Schutz allein an das Eigentumsrecht und dessen Auseinanderfallen vom Besitz bzw. dessen Einschränkung an. Beide Ansprüche werden auf das weiter verstandene Eigentum angewendet, welches dann durch das Erfordernis einer ausschließlichen Beeinträchtigung inzident wieder eingeschränkt wird, auf Token aber trotzdem anwendbar ist. Wegen der prozessualen Durchsetzungsschwierigkeiten wird in der Praxis häufiger auf den Besitzschutz zurückgegriffen, der ebenfalls an den Besitz als faktische Gegebenheit anknüpft, insoweit aber eine objektive Wahrnehmbarkeit für ausreichend erachtet, solange exklusive Verfügungsmacht besteht. Erforderlich ist dadurch allein das Bestehen einer tatsächlichen Nutzungsmöglichkeit, während es einer Sachherrschaft nicht bedarf. Bei Token bestehen tatsächliche Nutzungsmöglichkeiten, sodass diese von den besitzrechtlichen Schutzvorschriften mitumfasst werden. Das Niveau des dinglichen Schutzes reicht mithin genauso weit wie im deutschen Recht, lediglich die Reichweite wird anhand anderer Anknüpfungspunkte (Körperlichkeit und tatsächliche Nutzungsmöglichkeit) bestimmt und kann sich daher wesentlich unterscheiden.

§ 7 Weitergehender absoluter Schutz von Token

Neben dem dinglichen Recht existieren noch weitere Rechtsinstitute, die einen absoluten Schutz gewährleisten. Diese knüpfen nicht primär an den Zuweisungsgehalt des Eigentumsrechts an, sondern verfolgen einen eigenen Zweck: die Abwehr von Rechtsbeeinträchtigungen, Schadensersatz oder die Umkehrung einer Bereicherung.[1] Trotzdem ist die Rechtsposition bedeutsam, denn die Rechtsinstitute können ihren jeweiligen Zweck nur verfolgen, wenn es zuvor zu einer Rechtsverletzung gekommen ist.[2]

Gleichzeitig ist die eigene Schutzrichtung der Grund, wieso diese Rechtsinstitute als sehr wertungsbasiert gelten. Es geht nicht um die Rechtsposition als solche, sondern um darüberhinausgehende Ziele. Dadurch besteht für den Rechtsanwender mehr Abwägungsspielraum, was die Gefahr größerer Schutzlücken minimiert. Die Einordnung der Token unter diese Rechtsinstitute ist deswegen weniger spannend als die Einordnung unter das dingliche Schutzsystem. Die Notwendigkeit, Wertungen in Bezug auf Token herauszuarbeiten und die Vorschriften auf konkrete Konstellationen anzuwenden, ist dafür umso höher. Zudem ermöglichen Wertungsspielräume, hierüber Lösungen zur Handhabung neuer Phänomene zu finden. Sie gelten dann zwar nur für das konkrete Rechtsinstitut, strahlen aber auch auf die übrige rechtliche Einordnung aus.[3]

Daher soll der deliktische (I) und der bereicherungsrechtliche Schutz von Token (II) untersucht werden. Auch auf das Recht zur Geschäftsführung ohne Auftrag (III) sowie auf den Schutz durch die *culpa in contrahendo* (IV) wird kurz eingegangen. Da es bei all diesen Rechtsinstituten nicht primär um die rechtliche Zuordnung geht, besteht der Schutz unabhängig von einem Eigentumsrecht an Token. Um Unterschiede zu erkennen und die Bedeutung der Sachfähigkeit für das Gesamtschutzniveau herauszuarbeiten, wird der Schutz deswegen jeweils bei Bejahung und Verneinung der Sachfähigkeit untersucht (V). Zudem wird wieder auf das italienische Recht und dessen absoluten Schutz von Token geschaut. Dadurch wird festgestellt, ob und inwiefern sich Unterschiede der Tokeneinordnung im Schutzniveau widerspiegeln (VI).

I. Deliktischer Schutz von Token

Token sind durch das Deliktsrecht mit Wirkung gegenüber jedermann geschützt. Dafür müssen sie nicht nur unter die entsprechenden Regelungen

---

[1] Siehe dazu bereits § 5II; vgl. zur Schutztrias ferner *Wilhelm* SachR Rn. 68.
[2] Vgl. für das Deliktsrecht *Wilhelm* SachR Rn. 1a; *Arndt* Bitcoin-Eigentum, S. 147 hebt hervor, dass sich die Normen auf eine externe normative Zuordnung verlassen; eine weitere Schutzwürdigkeitsprüfung erfolge nicht.
[3] Siehe hierzu insbesondere die Diskussion zu einem sonstigen Recht an Token in § 7I.2.b)aa).

subsumiert werden können (1), sondern es muss auch ein praktisches Bedürfnis für den dahinterstehenden Normzweck bestehen (2).

1. Normzweck des Deliktsrechts

Das Deliktsrecht hat vor allem Schadensereignisse im Blick, also bestimmte plötzlich eintretende Ereignisse, die zu Schäden führen.[4] Es werden daher Schadensersatzansprüche gewährt, die den Schaden ausgleichen oder kompensieren sollen, sofern eine Rechtsverletzung zu einem Minus im Vermögen des Rechtsinhabers geführt hat.[5] Bezweckt wird also ein gerechter Schadensausgleich, für den als Mittel Ausgleich und Kompensation herangezogen werden.[6]

Der Fokus liegt dabei mehr auf dem Verhalten der Rechtssubjekte als auf die Zuordnung eines Rechtsobjekts. Grundsätzlich soll jeder seinen erlittenen Schaden selbst tragen. Eine Umverteilung führt gesamtgesellschaftlich zu keinerlei Vorteilen, sondern verursacht nur Mehraufwand.[7] In bestimmten Fällen ist es aber gerechtfertigt, Schäden nicht von demjenigen tragen zu lassen, der ihn erlitten hat, sondern von demjenigen, der den Schaden mit seinem Verhalten zu verantworten hat.[8] Hieran knüpft das Deliktsrecht an und bestimmt einen wirtschaftlichen Ausgleich. Dieser ist vom Schädiger zu leisten und erfordert daher sein Mitwirken.[9]

Ob eine Umverteilung des Schadens gerechtfertigt ist, beantwortet das Deliktsrecht anhand individueller Schutzinteressen: Das Interesse des Geschädigten ist gegen Interesse des Schädigers abzuwiegen. Nicht jedes Schutzinteresse des Geschädigten reicht aus, um einen Schadensausgleich zu rechtfertigen; vor allem das Vermögen wird nicht per se geschützt. Umgekehrt können Verhaltensweisen des Schädigers besonders vorwerfbar sein. Auf den Schädiger muss dann weniger Rücksicht genommen werden und die Interessen des Geschädigten können umfangreicher geschützt werden.[10] Durch diese

---

[4] *Wagner* Deliktsrecht, § 1 Rn. 1.

[5] Dazu bereits § 5II sowie *Wagner* Deliktsrecht, § 1 Rn. 6 f., § 4 Rn. 1; vgl. außerdem *Wilhelm* SachR Rn. 70 und *Fehling/Faust/Rönnau* JuS 2006, 18 (20); rechtshistorisch, dass das Deliktsrecht ursprünglich der Vergeltung und nicht dem Ausgleich eines erlittenen Schadens diente, *Jansen* AcP 216 (2016), 112 (121 f.).

[6] *Wagner* Deliktsrecht, § 4 Rn. 2 f.

[7] *Wagner* Deliktsrecht, § 1 Rn. 3; präventive Schadensvermeidung um jeden Preis sei unsachlich, Unfallverhütung sei nie kostenlos, *Wagner* Deliktsrecht, § 4 Rn. 5 f.; zur ökonomischen Analyse ebd. Rn. 4 ff.

[8] *Wagner* Deliktsrecht, § 1 Rn. 3; zum Abstellen auf die jeweils individuelle Verantwortlichkeit ebd. Rn. 5 ff.; zum historischen Hintergrund dieser Haftung für eigenverantwortliches Handeln ebd. § 2 Rn. 9 ff.; vgl. aber auch die Entstehung der Gefährdungshaftung ebd. § 3 Rn. 3 ff.

[9] Vgl. § 5II.

[10] Vgl. zur Interessensabwägung und dessen historischem Hintergrund *Wagner* Deliktsrecht, § 2 Rn. 2 ff.; ferner zur Abwägung anhand konkreter Beispiele ebd. § 5 Rn. 6 ff.

Interessensabwägung steuert das Deliktsrecht auch das gesellschaftliche Zusammenleben. Die vermögensbeeinträchtigenden Folgen wirken für den Einzelnen regulierend und schützen präventiv vor bestimmten Handlungen.[11] Dadurch wird das Verhalten der Bürger so gesteuert, dass gewisse schadensauslösende Ereignisse vermieden und optimale Sorgfaltsanstrengungen vorgenommen werden, soweit das wegen des damit verbundenen Gewinns insgesamt sinnvoll ist.[12] Gleichzeitig wird an Verhaltensregeln angeknüpft, die die Rechtsordnung jedem zum Schutz jedermanns auferlegt.[13] Nicht nur Zurechnungsprinzipien, sondern vor allem auch differenzierte Straftatbestände werden in das Deliktsrecht inkorporiert. Daneben ermöglicht das Abstellen auf sittenwidriges Handeln einzelfallgerechte Abwägungen.[14] Im Gesamtbild ergibt sich eine Wechselwirkung zum Schutz allgemeiner und individueller Interessen, die das Verhalten der Rechtssubjekte insgesamt optimiert.[15]

Vor diesem Hintergrund wird nachvollziehbar, wieso deliktsrechtliche Regelungen für Token gelten müssen. Token können einen erheblichen wirtschaftlichen Wert aufweisen, der durch das Verhalten Dritter beschädigt werden kann. Diese Schäden müssen gesamtgesellschaftlich nicht hingenommen werden, sondern sind, soweit sinnvoll, zu vermeiden.

2. Subsumtion der Token unter die Vorschriften des Deliktsrechts

Um die Zwecke des Deliktsrechts für Token zu erreichen, müssen dessen Regelungen anwendbar sein. Es wird untersucht, inwieweit das im Einzelnen möglich ist und ob die Regelungen zu einem sachgerechten Interessenausgleich bei Token führen. Das geschieht zunächst unter der Prämisse, dass Token als Sache anerkannt werden und Eigentum bestehen kann (a)). Anschließend wird die Subsumtionsfähigkeit bei Absprechen der Sachfähigkeit geprüft (b)). Dadurch ergeben sich zwei verschiedene, gegenüberzustellende Schutzniveaus (c)).

a) Bei Bejahung einer Sachfähigkeit

Das Deliktsrecht enthält drei Grundtatbestände, die jeweils als allgemeine Generalklausel gestaltet sind. § 823 Abs. 1 BGB bezieht sich auf Eingriffe in subjektive Rechte, § 823 Abs. 2 BGB auf Verletzungen des objektiven Rechts und § 826 BGB auf sittenwidriges Verhalten.[16] Nur bei ersterem wird auch für

---

[11] Vgl. dazu auch die Überlegungen zu präventiver Schadensvermeidung durch zweckorientierte Abwägung des Einzelnen bei *Wagner* Deliktsrecht, § 4 Rn. 21 ff.
[12] *Wagner* Deliktsrecht, § 4 Rn. 7, 9 f.
[13] *Wagner* Deliktsrecht, § 1 Rn. 9; ergänzt wird das durch Straf- und Verwaltungsrechtsnormen, ebd. § 4 Rn. 33 f.
[14] Vgl. beispielsweise *Wagner* Deliktsrecht, § 5 Rn. 8.
[15] Zur Optimierungsaufgabe des Deliktsrechts vgl. *Wagner* Deliktsrecht, § 4 Rn. 7.
[16] Vgl. *Wagner* Deliktsrecht, § 5 Rn. 2.

Fahrlässigkeit gehaftet.[17] Daneben bestehen verschiedene kasuistisch gestaltete Einzelfalltatbestände,[18] von denen für Token allenfalls § 824 BGB von Bedeutung sein könnte, wenn unwahre kreditschädigende Tatsachen behauptet werden.

Werden Token als Sache anerkannt, kommt ein deliktischer Schutz durch Anknüpfung an das Eigentumsrecht in Betracht (aa)). Zudem könnte eine Beeinträchtigung des Tokenbesitzes eine deliktsrechtlich relevante Rechtsverletzung darstellen, da der Besitz als sonstiges Recht geschützt wird (bb)) und weil die verbotene Eigenmacht eine weitergehende Vermögenshaftung auslöst (dd)). Auch die Verletzung eines dinglichen Rechts kann Deliktsschutz auslösen (cc)). Daneben sind strafrechtsakzessorischer Schutz der Token (ee)) sowie Schutz wegen sittenwidriger Schädigung im Rahmen der DLT (ff)) denkbar. Der Vollständigkeit halber wird auf die übrigen Tatbestandsvoraussetzungen der deliktsrechtlichen Tatbestände geschaut. Tokenspezifische Probleme ergeben sich hier jedoch nicht (gg)).

aa) Eigentumsverletzung im Sinne des § 823 Abs. 1 BGB

Gemäß § 823 Abs. 1 BGB macht sich schadensersatzpflichtig, wer rechtswidrig und schuldhaft gewisse Rechte oder Rechtsgüter eines anderen verletzt. Hierzu gehört insbesondere auch das Eigentumsrecht. Der Schaden, um den es geht, muss also eine Eigentumsverletzung darstellen oder hierdurch als weitere Folge hervorgerufen worden sein.[19] Das Eigentumsrecht gewährt in § 903 S. 1 BGB die umfassende Befugnis an der Sache. Als Eigentumsverletzung kommt somit nicht nur der Eingriff in die Sachsubstanz durch Beschädigung oder Zerstörung, sondern auch die unberechtigte Weg- oder Ingebrauchnahme sowie jede andere Behinderung oder Belästigung des Eigentümers bei der Verwendung seiner Sache in Betracht.[20] Damit knüpft § 823 Abs. 1 BGB in gleicher Weise an das Eigentumsrecht an wie § 1004 BGB. Insoweit ergeben sich keine Unterschiede.[21] So wie die einzelnen Nutzungsmöglichkeiten des Eigentümers vielfältig sind, sind auch verschiedene Eigentumsverletzungen denkbar. Eine Eigentumsverletzung liegt immer dann vor, wenn sich jemand die Eigentümerposition anmaßt und den Eigentümer dadurch bei der Verwendung seiner Sache behindert, oder wenn auf die Sache eingewirkt wird.

---

[17] *Wagner* Deliktsrecht, § 5 Rn. 4.
[18] Dazu ausführlich *Wagner* Deliktsrecht, § 5 Rn. 3.
[19] Vgl. *Wagner* Deliktsrecht, § 5 Rn. 40.
[20] *Wagner* Deliktsrecht, § 5 Rn. 51.
[21] Unterschiede ergeben sich aber sehr wohl zwischen Eigentumsbeeinträchtigung im Sinne des § 1004 BGB und Schaden im Sinne des § 823 BGB, lediglich das einzelne Tatbestandsmerkmal der Eigentumsverletzung überschneidet sich, vgl. *Picker* Negatorischer Bereicherungsanspruch, S. 52.

Bei Token kann eine Eigentumsverletzung durch Ziehen der im Token verkörperten Nutzungen oder durch Einwirkung auf die Zuordnung im Distributed Ledger (Neuzuordnung oder Implementierung eines Smart Contracts) stattfinden.[22] Denkbar ist zudem eine Eigentumsverletzung wegen Veränderung der Tokendaten, Einräumung dinglicher Teilrechte oder Beeinträchtigung einer durch den Token verkörperten Rechtsposition.[23] Keine Eigentumsverletzung stellt hingegen das jedem zustehende Kopieren und Speichern der Daten sowie die grundsätzlich nicht gewährleistete Manipulation der im Token gespeicherten Transaktionskette dar.[24]

bb) Besitzbeeinträchtigung als Verletzung eines sonstigen Rechts im Sinne des § 823 Abs. 1 BGB

Daneben wird das Recht zum Besitz als sonstiges Recht im Sinne des § 823 Abs. 1 BGB anerkannt, da es – wenn es sich faktisch im Besitz niederschlägt – sowohl Abwehr- als auch Nutzungsbefugnisse verleiht. Eine Abwehr von Beeinträchtigungen Dritter wird durch den Besitzschutz gewährleistet, während sich eine Nutzungsbefugnis gerade aus dem Recht zum Besitz ergibt. Da das bloße Innehaben der Sachherrschaft noch nichts über eine rechtliche Nutzungsbefugnis aussagt, kann der bloße Besitz nicht ausreichen. Ebenso wenig kann der unberechtigte Besitz Gegenstand eines sonstigen Rechts im Sinne des § 823 Abs. 1 BGB sein.[25] Der von § 823 Abs. 1 BGB gewährte Besitzschutz kann keinesfalls weiter reichen als der possessorische Besitzschutz, da sich die Abwehrbefugnis erst aus diesem ergibt.[26] Soweit ein deliktischer Schutz des Besitzrechts bejaht wird, ergeben sich im Hinblick auf Token keine Unterschiede gegenüber den von §§ 861 f. BGB gewährten Schutzmöglichkeiten. Es müssen allerdings die deliktsrechtsspezifischen Voraussetzungen vorliegen, damit der Anspruch überhaupt besteht.

---

[22] Das vor dem Hintergrund eines eigenen Tokenrechts in Betracht ziehend, auch *Arndt* Bitcoin-Eigentum, S. 133.

[23] Vgl. insoweit *Arndt* Bitcoin-Eigentum, S. 134, der diese möglichen Rechtsverletzungen nicht als Verletzung eines Eigentumsrechts, sondern eines eigenen Rechts am Token ansieht.

[24] Siehe § 6I.2.a); § 823 Abs. 1 BGB bei Bestehen einer Rechtsposition bejahend *Arndt* Bitcoin-Eigentum, S. 133; grundsätzlich möglich *Spindler/Bille* WM 2014, 1357 (1363); aA Omlor/Link/*Omlor* § 6 Rn. 67.

[25] So die hM; dazu, aber auch zur Mindermeinung, die den Besitz generell als Gegenstand des sonstigen Rechts im Sinne des § 823 Abs. 1 BGB anerkennen möchte, da dieses lediglich eine Abwehrbefugnis und keine Nutzungsbefugnis voraussetze, *Omlor/Gies* JuS 2013, 12 (16 f.).

[26] *Omlor/Gies* JuS 2013, 12 (17).

cc) Verletzung eines dinglichen Rechts am Token als sonstiges Recht im Sinne des § 823 Abs. 1 BGB

Daneben schützt § 823 Abs. 1 BGB dingliche Teilrechte als sonstiges Recht. Zu diesen gehören alle absoluten Rechte, kraft deren ihr Inhaber verlangen kann, dass er ihn in der Verwertung des Rechts oder in der Ausübung der aus ihm fließenden Befugnisse nicht beeinträchtigt.[27] Es werden insbesondere das Pfandrecht aus § 1204 BGB ((1)) und der Nießbrauch aus § 1030 BGB ((2)) geschützt, was mit Blick auf Mitgliedschaftsrechte interessant ist ((3)). Daneben sind auch das Anwartschaftsrecht ((4)) und immaterielle Schutzrechte ((5)) als sonstiges Recht anerkannt.

(1) Pfandrecht

Besteht am Token ein dingliches Recht, ist dieses Recht bei Verletzungen deliktisch geschützt. Soweit die übrigen Voraussetzungen vorliegen, kann der jeweilige Inhaber Schadensersatz verlangen. Der Inhaber eines Pfandrechts, das an einem Token besteht, kann zum Beispiel gegen jeden vorgehen, der seine Verwertungsmöglichkeit beeinträchtigt oder auch nur gefährdet, indem er den Token inhaltlich verändert, rechtlich belastet oder die Ziehung der verkörperten Nutzungen stört.[28] Ob das durch Einwirkung auf den Token selbst oder durch Änderung eines Smart Contracts geschieht, ist irrelevant. Entscheidend ist, dass der Pfandrechtsinhaber den Token im Sicherungsfall nicht mehr ohne Wertbeeinträchtigung verwerten kann. Das sonstige Recht wird von § 823 Abs. 1 BGB gerade so weit geschützt, wie es dem Sicherungsinteresse des Berechtigten dient.[29] Wenn aber das verkörperte Recht beeinträchtigt wird, wird regelmäßig auch eine Wertminderung des Tokens selbst vorliegen. Zudem stellt bereits der Besitzentzug, also die unberechtigte Änderung der Zuordnung im Distributed Ledger, eine Gefährdung der Verwertungsmöglichkeit dar. Dies begründet ebenfalls Schutz nach § 823 Abs. 1 BGB.[30]

(2) Nießbrauch

Ähnlich gestaltet sich die Situation für den Nießbrauchberechtigten. Besteht sein Nießbrauch an einem Token, kann er den Token vollumfänglich nutzen, ohne dass ihn Dritten beeinträchtigen. Eine solche Beeinträchtigung liegt vor, wenn Nutzungen gezogen werden, die den Token nicht entwerten. Die Nutzung soll nämlich ausschließlich dem Nießbrauchinhaber zustehen. Denkbar ist das zum Beispiel, wenn Token einen bestimmten Zugang ermöglichen: Erlangt ein

---

[27] *Wagner* Deliktsrecht, § 5 Rn. 61.
[28] Dass eine Gefährdung ausreicht, gilt selbst dann, wenn der Eigentümer damit einverstanden war, BeckOGK-BGB/*Spindler* § 823 Rn. 163.
[29] BeckOGK-BGB/*Spindler* § 823 Rn. 167.
[30] Vgl. BeckOGK-BGB/*Spindler* § 823 Rn. 167.

Dritter diesen Zugang unberechtigterweise, wird der Inhaber selbst weiterhin Zugang haben. Trotzdem ist die ihm zustehende Nutzung des Tokens beeinträchtigt, der Zugang steht gerade nur dem Nießbrauchinhaber zu. Gegenüber einem Pfandrechtsinhaber würde diese Zugangserlangung hingegen keine Rechtsverletzung darstellen, denn die Verwertungsmöglichkeit des Tokens wird nicht beeinträchtigt. Auch hier kommt es maßgeblich auf die Beeinträchtigung der zugestandenen Nutzungsbefugnis an. Auf welche Art und Weise diese erreicht wird und ob dafür eine Einflussnahme auf einen Smart Contract erforderlich ist, ist ohne Bedeutung.

(3) Mitgliedschaft

Besondere Bedeutung erlangt in diesem Zusammenhang die Mitgliedschaft, die durch einen Token verkörpert sein kann und einen eigenen absoluten Kern aufweist. Soweit die Mitgliedschaft in ihrer Eigenschaft als eigenständiges Recht beeinträchtigt ist, wird sie daher gegen unmittelbare Eingriffe von Dritten als sonstiges Recht über § 823 Abs. 1 BGB geschützt.[31] Verkörpert ein Token also verschiedene Rechte und Pflichten, die in ihrer Gesamtheit ein einheitliches Mitgliedschaftsrecht gewähren, steht dem Tokeninhaber gegebenenfalls Schadensersatz zu. Dass der Tokeninhaber berechtigt ist, folgt aber nicht aus der Inhaberschaft am Token, sondern ergibt sich aus der Verknüpfung des Tokens mit der Mitgliedschaft. Die Mitgliedschaft steht daher dem Eigentümer des Tokens und nicht dem im Distributed Ledger ausgewiesenen Inhaber zu; der Besitz vermittelt nur die entsprechende Vermutung.

(4) Anwartschaftsrecht

Auch das Anwartschaftsrecht entfaltet dingliche Wirkung. Der Veräußerer kann die Rechtsstellung des Erwerbers nicht mehr durch einseitige Erklärung zerstören, sodass dem Recht die für die absolute Wirkung notwendige Ausschlussfunktion zukommt.[32] Bei Token kann ein Anwartschaftsrecht jedoch bereits dann vorliegen, wenn der Anwartschaftsinhaber noch keinen Besitz am Token erlangt hat, sondern der Token der Adresse eines Smart Contracts zugeordnet ist. Da dieser bei Bedingungseintritt den Token automatisch transferiert, ist es nicht erforderlich, dass der Anwartschaftsinhaber vollständig Besitz erlangt hat, um von einer gesicherten Rechtsposition im Sinne des § 161 BGB sprechen zu können.[33] Trotzdem ist die Rechtsposition des Anwartschafts-

---

[31] Insoweit wird auch von einem mitgliedschaftsbezogenen Eingriff gesprochen; so können etwa aus einem Entzug resultierende Schäden bei Vorliegen der entsprechenden Voraussetzungen ersetzt verlangt werden, eine bloße Wertminderung, etwa als Reflex einer Schädigung oder Wertminderung der Mitgliedsgesellschaft, ist hingegen nicht ersatzfähig; vgl. BeckOGK-BGB/*Spindler* § 823 Rn. 199 ff.
[32] BeckOGK-BGB/*Spindler* § 823 Rn. 165.
[33] Siehe § 4II.2.c)aa)(2).

rechtsinhabers in gleicher Weise gesichert, denn der Eigentumserwerb kann gerade nicht mehr einseitig verhindert werden. Auch im Rahmen der DLT wird eine im Nachhinein getroffene Zwischenverfügung bei Bedingungseintritt unwirksam, wenn dies den anvisierten Rechtserwerb vereitelt. Das Anwartschaftsrecht entfaltet absolute Wirkung. Diese Tatsache muss im Rahmen des deliktischen Schutzes anerkannt und widergespiegelt werden. Wird also das Anwartschaftsrecht eines zukünftigen Tokeneigentümers beeinträchtigt, indem beispielsweise die Bedingung des entsprechenden Smart Contracts unbefugt verändert wird, liegt eine Verletzung des Anwartschaftsrechts als sonstiges Recht im Sinne des § 823 Abs. 1 BGB vor. Ferner ist denkbar, dass der Token in seiner Nutzung beschränkt wird, etwa durch Ziehen von Nutzungen oder dessen Behinderung, durch unbefugte Einräumung weiterer dinglicher Teilrechte oder durch Einwirkungen auf die Tokendaten. Das zukünftige Eigentum kann dadurch derart entwertet werden, dass das Anwartschaftsrecht selbst beeinträchtigt wird.

(5) Immaterielle Schutzrechte

Darüber hinaus sind immaterielle Schutzrechte als sonstiges dingliches Recht anerkannt, wenn diese Dritte von der Nutzung eines bestimmten Guts ausschließen.[34] Verkörpern Token einen zusätzlichen immateriellen Wert, können derartige Schutzrechte auch an Token bestehen. Praktisch bedeutsam ist das bei NFTs, die urheberrechtlich geschützte Werke inkorporiert haben oder auf solche verweisen. Größere Besonderheiten gegenüber anderen Schutzrechten an Gegenständen außerhalb der DLT ergeben sich jedoch nicht. Zudem genießen diese Schutzrechte meist schon einen umfassenden und ausdifferenzierten Schutz durch Spezialgesetze, was durch das Deliktsrecht nicht unterlaufen werden darf. Das gilt insbesondere für das Urheberrecht und das Patentrecht, sodass § 823 Abs. 1 BGB sowieso nur subsidiär herangezogen werden kann.[35]

(6) Zwischenergebnis

Im Hinblick auf den deliktischen Schutz von Tokeninhabern, denen lediglich dingliche Teilrechte zustehen, ergeben sich somit keine Besonderheiten. Die Rechtsposition ist als sonstiges Recht durch § 823 Abs. 1 BGB geschützt. Es kann daher ebenso Schadensersatz verlangt werden wie es außerhalb der DLT und ohne Halten eines Tokens möglich wäre. Der Rechtsinhaber ist immer so weit geschützt, wie sein dingliches Recht reicht; Welche Nutzungen davon konkret umfasst sind, ist eine Frage des Einzelfalls, die die Rechtsordnung bewusst nicht vorgibt.

---

[34] BeckOGK-BGB/*Spindler* § 823 Rn. 174.
[35] Dazu BeckOGK-BGB/*Spindler* § 823 Rn. 174 f.; Deliktsschutz von Patenten vor Offenlegung ebd. Rn. 176.

dd) Verletzung von § 858 BGB als Schutzgesetz im Sinne des § 823 Abs. 2 BGB

Daneben kann deliktischer Schutz einschlägig sein, wenn ein Schutzgesetz verletzt wird. Im Rahmen von Token ist das beispielsweise denkbar, wenn am Token verbotene Eigenmacht im Sinne des § 858 BGB ausgeübt wird.[36] Der Tokeninhaber ist aufgrund seiner Zuordnung zum Token im Distributed Ledger Besitzer des Tokens, sodass eine ihm gegenüber verbotene Eigenmacht eine Verletzung objektiven, aber individualschützenden Rechts darstellt.[37] Unter den Voraussetzungen des § 823 Abs. 2 BGB berechtigt dies zum Schadensersatz.

ee) Verletzung von Strafrechtstatbeständen als Schutzgesetz im Sinne des § 823 Abs. 2 BGB

Zudem ist über die Schnittstelle des § 823 Abs. 2 BGB ein strafrechtsakzessorischer Schutz des Deliktsrechts denkbar, der von der rechtlichen Einordnung unabhängig ist. Dieser unterscheidet sich wertungsmäßig allerdings vom Zivilrecht.[38] Zudem erweist er sich als lückenhaft, sofern ein dahingehender Schutz gegen Vermögensschäden überhaupt als gegeben anerkannt wird.[39]

In Betracht kommen datenspezifische Delikte ((1) und (2)). Da sie sich nicht unmittelbar auf Token beziehen, sind sie nur Behelfskonstruktionen.[40] Daneben sind klassische Vermögensdelikte wie Betrug und Computerbetrug ((3)), Untreue ((4)) und Diebstahl ((5)) denkbar.[41]

(1) Ausspähen von Daten gemäß § 202a Abs. 1 StGB

§ 202a Abs. 1 StGB stellt das Ausspähen von Daten unter Strafe. Das liegt vor, wenn sich jemand unbefugt und unter Überwindung der Zugangssicherung Zugang zu Daten verschafft, die nicht für ihn bestimmt und besonders gesichert sind. Da der Private Key im Rahmen der DLT nur für den Tokeninhaber bestimmt ist, ist der Tatbestand erfüllt, wenn sich jemand hierzu unbefugt Zugang

---

[36] § 858 BGB als Schutzgesetz statt aller BeckOGK-BGB/*Spindler* § 823 Rn. 279.
[37] Zum Besitz an Token siehe § 4I.3; verbotene Eigenmacht in der DLT siehe § 6III.3.a)
[38] So *Langenbucher* AcP 218 (2018), 385 (408).
[39] *Omlor/Wilke/Blöcher* MMR 2022, 1044 (1044); *Omlor* ZVglRWiss 119 (2020), 41 (52); *ders.* ZHR 2019, 294 (311); zustimmend *Guntermann* RDi 2022, 200 (202 f.); Rechtschutzlücken nur bei fahrlässiger Veränderung des Distributed Ledgers erkennend MMR/*Möllenkamp/Shmatenko* Kapitel 13.6 Rn. 38.
[40] So bereits *Boehm/Pesch* MMR 2014, 75 (77); zustimmend Omlor/Link/*Koch* § 18 Rn. 89 f.; kritisch *Arndt* Bitcoin-Eigentum, S. 59.
[41] Darüber hinaus kommen weitere strafrechtliche Tatbestände in Betracht, die keine Schutzgesetze sind: Fälschung beweiserheblicher Daten gemäß § 269 StGB, Omlor/Link/*Koch* § 18 Rn. 101 ff.; Täuschung im Rechtsverkehr bei Datenverarbeitung gemäß § 270 StGB, *Grzywotz* Virtuelle Kryptowährungen und Geldwäsche, S. 193.

verschafft – vorausgesetzt, der Tokeninhaber hat seinen Private Key besonders gesichert.[42] Ob eine solche Sicherung vorliegt, ist vom konkreten Einzelfall abhängig und kann jedenfalls nicht bejaht werden, wenn der Private Key auf einem ungesicherten Datenträger gesichert ist.[43] Die Hürden sind insoweit allerdings nicht besonders hoch und der Verfügungsberechtigte muss nur sein Interesse an der Geheimhaltung dokumentieren.[44] Das Überwinden einer Zugangssicherung wird somit in den meisten Fällen vorliegen.[45]

Auf dem ersten Blick führt das zu dem paradoxen Ergebnis, dass der Tokeninhaber besser geschützt ist, wenn er seinen Private Key in der passwortgeschützten Online-Wallet eines Kryptoverwahrers anstatt auf einem USB-Stick hinterlegt hat, obwohl die Speicherung bei einem Drittanbieter ein höheres Gefährdungspotenzial mit sich bringt.[46] Werden Daten bei einem Drittanbieter ausgespäht, ist aber auch nur der Drittanbieter vom Schutzbereich des § 202a Abs. 1 StGB erfasst. Der Tokeninhaber kann sich demgegenüber nicht auf ein Ausspähen seiner Daten berufen; diese waren ja beim Drittanbieter hinterlegt.[47] In der Tat adressiert § 202a StGB primär Geheimhaltungsinteressen, zu deren Einhaltung sich der Drittanbieter gegenüber seinem Nutzer verpflichtet. Nur sekundär geht es um Vermögensschutz, der zuvörderst Tokeninhabern zugutekommen würde; das zeigt auch der geringe Strafrahmen.[48]

Schadensersatz nach § 823 Abs. 2 BGB iVm § 202a Abs. 1 StGB wird der Tokeninhaber daher in der Regel nicht geltend machen können.[49] Im Übrigen wäre es eine Behelfskonstruktion.[50]

---

[42] Bejahend MMR/*Möllenkamp/Shmatenko* Kapitel 13.6 Rn. 37; Tatbestand, Omlor/Link/*Koch* § 18 Rn. 44 ff.

[43] Mit Beispielen Omlor/Link/*Koch* § 18 Rn. 89; zustimmend *Guntermann* RDi 2022, 200 (203); immer bejahend *Kuhlmann* CR 2014, 691 (695); bei Hackerangriffen wird § 202a StGB meist erfüllt sein, *Grzywotz* Virtuelle Kryptowährungen und Geldwäsche, S. 188.

[44] So der Gesetzgeber in BT-Drs.10/5058, 29 und BT-Drs.16/3656, 10; dazu auch Omlor/Link/*Koch* § 18 Rn. 44 f.

[45] Vgl. *Grzywotz* Virtuelle Kryptowährungen und Geldwäsche, S. 192, der zufolge sogar die Aufbewahrung eines mit dem Private Key beschriebenen Papiers in einem zugeklebten Umschlag ausreichend sein soll.

[46] Denkbar ist etwa ein Hackerangriff auf den Drittanbieter, der beispielsweise auch die Verkaufsplattform selbst sein kann, vgl. *Guntermann* RDi 2022, 200 (203).

[47] Treffend beobachtend *Guntermann* RDi 2022, 200 (203).

[48] So richtigerweise Omlor/Link/*Koch* § 18 Rn. 89; ferner *Linardatos* Privatrecht 2050, S. 181 (205).

[49] *Guntermann* RDi 2022, 200 (203); *Arndt* Bitcoin-Eigentum, S. 62; einen Schutz nach § 823 Abs. 2 BGB iVm § 202a Abs. 1 StGB ebenfalls ablehnend wohl auch *Omlor* ZHR 2019, 294 (310); die Möglichkeit grundsätzlich annehmend („könnte"), jedoch nicht weiter hinterfragend, MMR/*Möllenkamp/Shmatenko* Kapitel 13.6 Rn. 37; *dies.* MMR 2018, 495 (498); *Kuhlmann* CR 2014, 691 (695); *Kütük-Markendorf* Internetwährungen, S. 204.

[50] *Boehm/Pesch* MMR 2014, 75 (77); zustimmend Omlor/Link/*Koch* § 18 Rn. 89.

(2) Rechtswidrige Datenveränderung gemäß § 303a Abs. 1 StGB

Alternativ könnte an § 303a Abs. 1 StGB angeknüpft werden, der die rechtswidrige Datenveränderung durch Löschen, Unterdrücken, Unbrauchbarmachung oder Veränderung verbietet.[51]

Weder das Abgreifen eines fremden Private Keys noch die Neuzuordnung des Tokens im Distributed Ledger durch Nutzung dieses Private Keys kann den Tatbestand jedoch erfüllen. Ersteres führt schon zu keiner Veränderung von Daten, da der Private Key allenfalls kopiert wird. Eine inhaltliche Änderung, die dazu führt, dass die Daten einen anderen Informationsgehalt aufweisen, liegt nicht vor.[52] Letzteres – die Neuzuordnung des Tokens durch Verwendung eines fremden Private Keys – führt zwar zu einer Änderung des Informationsgehalts des Distributed Ledgers, ist aber nicht rechtswidrig. Jede Datenänderung in der DLT wird verifiziert und bei Nutzung des zugehörigen Schlüssels grundsätzlich autorisiert.[53]

Allerdings ist aus rechtlicher Perspektive nur die berechtigte Nutzung des Private Keys auch eine berechtigte Datenänderung. Zwar kommt es in der DLT ausschließlich auf die technische Autorisierung an. Zudem stellt der Token kein Datum dar, das ausschließlich von seinem Inhaber gespeichert werden darf.[54] Trotzdem ist jede Adresse, über die eine Transaktion durchgeführt wird, einem Rechtssubjekt zugeordnet. Dieses ist entweder verfügungsberechtigt oder nicht. Es gibt somit immer jemanden, dem die faktische Berechtigung zusteht.[55] Darauf, dass das verifizierende Peer-to-Peer-Netzwerk immer nur auf die technischen Voraussetzungen schaut und darüber hinaus gar kein Einverständnis bilden kann, kommt es nicht an.[56] Maßgeblich ist allein die Berechtigung des Adress- und mithin Tokeninhabers. Fehlt diese, liegt eine

---

[51] Vgl. insoweit die Auffassung, deren Vertreter aufgrund dieses strafrechtlichen Schutzes von Daten eine Verdinglichung dieser Daten erkennen wollen, die nun auch vom Zivilrecht aufzugreifen sei, statt aller MüKoBGB/*Wagner* § 823 Rn. 338; dies stellt aber nicht nur ein Zirkelschluss in der dogmatischen Herleitung dar, sondern ist auch dem Grunde nach schon fernliegend, da der Gesetzgeber seinen Willen für eine derart starke Verdinglichung von Daten hin zu einem allgemeinen Dateneigentum anderswo besser und deutlicher hätte kundmachen können und müssen, vgl. *Wellenhofer* Eigentum in der digitalen Gesellschaft, S. 69 (77) mwN.

[52] Im Zusammenhang mit Token *Grzywotz* Virtuelle Kryptowährungen und Geldwäsche, S. 199 mwN.

[53] *Guntermann* RDi 2022, 200 (203); in diese Richtung auch *Grzywotz* Virtuelle Kryptowährungen und Geldwäsche, S. 200; nicht derart differenzierend hingegen *Kütük-Markendorf* Internetwährungen, S. 204 f.

[54] MMR/*Möllenkamp/Shmatenko* Kapitel 13.6 Rn. 36; *Guntermann* RDi 2022, 200 (203).

[55] *Grzywotz* Virtuelle Kryptowährungen und Geldwäsche, S. 200.

[56] So aber *Guntermann* RDi 2022, 200 (203) sowie, allgemeiner, MMR/*Möllenkamp/Shmatenko* Kapitel 13.6 Rn. 36, wobei letztere durchaus anerkennen, dass eine vergleichbare Verfügungsbefugnis in Verbindung mit der Einwirkungsmöglichkeit in Form der durch die Transaktionsautorisierung veranlassten Veränderung des Distributed Ledgers besteht.

rechtswidrige Datenveränderung im Sinne des § 303a Abs. 1 StGB vor.[57] Allerdings schützt auch § 303a Abs. 1 StGB nur das Interesse an einer unversehrten Verwendbarkeit von Daten; Zuweisungs-, Nutzungs- und Ausschlusscharakter beruhen somit auf nicht auf Zuordnung.[58]

Ferner ist der Tatbestand des § 303a Abs. 1 StGB erfüllt, wenn der Private Key als Datum gelöscht oder unbrauchbar gemacht wird.[59] Gelöscht werden Daten, wenn sie vollständig und unwiederbringlich unkenntlich gemacht werden, also sich nicht mehr rekonstruieren lassen. Ein Unbrauchbarmachen liegt vor, wenn Daten in ihrer Gebrauchsfähigkeit so beeinträchtigt werden, dass sie nicht mehr ordnungsgemäß verwendet werden können und damit ihren bestimmungsgemäßen Zweck nicht mehr zu erfüllen vermögen.[60] Auch ein Unterdrücken oder Verändern kommt grundsätzlich in Betracht. Ausschlaggebend ist letztlich, dass mithilfe des veränderten Private Keys kein Zugriff auf den Token mehr möglich ist, auch wenn der Token im Distributed Ledger nach wie vor dem Tokeninhaber zugewiesen ist.[61]

Demgegenüber liegt kein Löschen oder Unbrauchbarmachen von Daten vor, wenn ein Token oder dessen Zuordnung verändert werden. Dass alle Netzwerkteilnehmer die gesamte Transaktionskette speichern und alle Handlungen nachvollziehbar bleiben, ist gerade wesentliche Errungenschaft der DLT.[62] Ferner ist die Nutzung des Private Keys essentieller Bestandteil der DLT, sodass hierin kein Unbrauchbarmachen des Distributed Ledgers zu sehen ist.[63]

---

[57] Ebenso *Grzywotz* Virtuelle Kryptowährungen und Geldwäsche, S. 200; aA *Guntermann* RDi 2022, 200 (203); nicht per se ausschließend *Skauradszun* AcP 221 (2021), 353 (Fn. 72); *Langenbucher* AcP 218 (2018), 385 (408).

[58] *Linardatos* Privatrecht 2050, S. 181 (205).

[59] Omlor/Link/*Koch* § 18 Rn. 90; *Arndt* Bitcoin-Eigentum, S. 60; *Engelhardt/Klein* MMR 2014, 335 (358); knapp darauf verweisend auch *Kaulartz* CR 2016, 474 (479); *Linardatos* Privatrecht 2050, S. 181 (202); *Kuhlmann* CR 2014, 691 (695) sowie *Effer-Uhe* ZZP 2018, 513 (523); in diese Richtung *Langenbucher* AcP 218 (2018), 385 (408); *Seitz* K&R 2017, 763 (767); *ders.* DSRITB 2017, 777 (787) sieht hierin einen gebotenen Umweg.

[60] Im Zusammenhang mit Token *Engelhardt/Klein* MMR 2014, 335 (358) mwN.

[61] *Engelhardt/Klein* MMR 2014, 335 (358); ähnlich *Seitz* K&R 2017, 763 (767); *ders.* DSRITB 2017, 777 (786) sowie Omlor/Link/*Koch* § 18 Rn. 90; bei vollständiger Vernichtung des Private Keys ist je nach Auffassung der Tatbestandsmerkmale auch die Verwirklichung einer Computersabotage nach § 303b StGB denkbar, ein eigener Anwendungsbereich kommt dem Delikt neben § 303a StGB aber nicht mehr zu, dazu ausführlich ebd. Rn. 91 ff.

[62] *Grzywotz* Virtuelle Kryptowährungen und Geldwäsche, S. 198.

[63] *Grzywotz* Virtuelle Kryptowährungen und Geldwäsche, S. 198 f.

(3) Betrug oder Computerbetrug gemäß §§ 263 f. StGB

Sowohl der Betrug nach § 263 Abs. 1 StGB als auch der Computerbetrug aus § 263a StGB sind Schutzgesetz im Sinne des § 823 Abs. 2 BGB. Sie schützen das Vermögen des Geschädigten.[64]

Betrug kann vorliegen, wenn jemand um seinen Token betrogen wird.[65] Relevanter ist aber der Fall, dass der Private Key abgegriffen wird.[66] In Betracht kommt insbesondere das Phishing, bei dem durch Täuschung ein bestimmtes Handeln des Nutzers erwirkt wird und der Täuschende bestimmte Daten erlangt.[67] Da noch kein Token erlangt wird, entsteht kein betrugsrelevanter Vermögensschaden. Trotzdem ist die Zugriffsmacht auf den Token erheblich gefährdet; der Täter kann ohne Weiteres eine Transaktion ausführen. Ob darin bereits eine schadensgleiche Vermögensgefährdung liegt, ist für Phishing-Konstellationen generell umstritten.[68] Auf der einen Seite kann ohne größere Hürden ein Vermögensvorteil erlangt werden, auf der anderen Seite kann der Tokeninhaber noch tätig werden und eine Transaktion verhindern.[69] Diese Konstellation erinnert an die verbotene Eigenmacht im Besitzrecht. Diese wurde wegen der jedenfalls bestehenden Besitzstörung bejaht.[70] Demgegenüber darf im Strafrecht der Tatbestand nicht verfassungswidrig ausgeweitet werden. Es muss ernsthaft mit einem wirtschaftlichen Schaden zu rechnen sein, es darf nicht nur eine diffuse Verlustwahrscheinlichkeit in unbezifferbarer Höhe bestehen.[71] Bei Token kann das in der Regel bejaht werden. Der Täter wird zügig handeln, sodass der Tokeninhaber keine Möglichkeit hat, den Vermögensverlust zu verhindern oder gar rückgängig zu machen; der Private Key ist die einzige Zugriffsmöglichkeit auf den Token.[72] Wird Betrug bejaht, kommt auch deliktischer Schadensersatz in Betracht.

---

[64] Für den Betrug vgl. statt aller MüKoBGB/*Wagner* § 823 Rn. 596; für den Computerbetrug siehe begründend LG Köln, Urteil vom 5. Dezember 2007, 9 S 195/07, MMR 2008, 259 (260).

[65] *Arndt* Bitcoin-Eigentum, S. 59.

[66] *Arndt* Bitcoin-Eigentum, S. 62; differenzierend, dass der Private Key gerade nur ein Datum darstelle, ebd. S. 59.

[67] Ausführlich in diesem Zusammenhang *Grzywotz* Virtuelle Kryptowährungen und Geldwäsche, S. 184.

[68] *Grzywotz* Virtuelle Kryptowährungen und Geldwäsche, S. 184 ff.

[69] Zum Streitstand und den Argumenten *Grzywotz* Virtuelle Kryptowährungen und Geldwäsche, S. 186 mwN.

[70] Siehe § 6III.3.a).

[71] Vgl. BVerfG, Beschluss vom 23. Juni 2010, 2 BvR 2559/08, 105, 491/09, BVerfGE 126, 170 (229) sowie BVerfG, Beschluss vom 7. Dezember 2011, 2 BvR 2500/09, 1857/10; darauf hinweisend auch *Grzywotz* Virtuelle Kryptowährungen und Geldwäsche, S. 186.

[72] *Grzywotz* Virtuelle Kryptowährungen und Geldwäsche, S. 186; er sei insbesondere eine stärkere Machtposition als zum Beispiel die PIN zu einer EC-Karte, ebd. S. 186 f.

Wird der erlangte Private Key anschließend zur Legitimation von Tokentransaktionen genutzt, verwirklicht sich die Vermögensgefährdung. Es wird jedoch nicht der Betrugstatbestand, sondern der des Computerbetrugs in Form der unbefugten Verwendung von Daten erfüllt.[73] Die Nutzung ist einer Täuschung gegenüber einem Menschen äquivalent und kann zu einem Vermögensschaden führen, als ob sich ein Mensch anstelle des Programms geirrt hätte.[74] Der Private Key beruht auf mathematischen Prinzipien und kann stets dem dazugehörigen Public Key zugeordnet werden. Es kommt nicht bloß auf die Inhaberschaft des Private Keys an, sondern auf die Autorisierung hiermit. Die Tokentransaktion muss mithilfe des Private Keys signiert worden sein und zu der Adresse des Inhabers passen.[75] Nur dann geht mit dem Signieren konkludent die Erklärung einher, rechtmäßiger Tokeninhaber zu sein. Diese ist nicht unbedingt rechtlicher, wohl aber faktischer Natur und somit für das DLT-System von Bedeutung.[76] Auch ein Mensch, der an der Stelle des Computers steht, würde bei Verwendung des Schlüsselpaars davon ausgehen, dass der Nutzer berechtigt ist. Wird also ein erlangter Private Key genutzt, liegt ein vergleichbarer Irrtum vor. Das löst eine vermögenserhebliche Beeinflussung eines Datenverarbeitungsvorgangs aus und kann wiederum zu einem stoffgleichen Vermögensschaden beim eigentlichen Tokeninhaber führen.[77] Liegen die übrigen Voraussetzungen des strafrechtlichen Tatbestands sowie die des § 823 Abs. 2 BGB vor, kann der Tokeninhaber einen erlittenen Schaden mithin vom Täter ersetzen verlangen.

(4) Untreue gemäß § 266 StGB

Bei Verwahrung der Token durch Drittanbieter kommt eine Strafbarkeit wegen Untreue nach § 266 StGB in Betracht, wenn der Verwahrer die Schlüsselpaare unberechtigterweise nutzt. Voraussetzung dafür ist das Vorliegen einer Vermögensbetreuungspflicht. Diese wird als Geschäftsbesorgung für einen anderen in einer nicht ganz unbedeutenden Angelegenheit mit einem Aufgabenkreis von einigem Gewicht und einem gewissen Grad von Verantwortlichkeit definiert.[78] Ob eine solche vorliegt, ist für jeden Einzelfall gesondert zu prüfen. Dienste, bei denen der Anbieter keine Kontrolle über das Schlüsselpaar hat,

---

[73] Omlor/Link/*Koch* § 18 Rn. 99.

[74] *Grzywotz* Virtuelle Kryptowährungen und Geldwäsche, S. 194; Omlor/Link/*Koch* § 18 Rn. 99.

[75] Treffend beobachtend Omlor/Link/*Koch* § 18 Rn. 99, der dies zuvor ausführlich in die allgemeine Computerbetrugsdogmatik einbettet und aus dieser herleitet, ebd. Rn. 96 ff.

[76] *Grzywotz* Virtuelle Kryptowährungen und Geldwäsche, S. 194 f.

[77] Vgl. zur Subsumtion unter die Voraussetzungen *Grzywotz* Virtuelle Kryptowährungen und Geldwäsche, S. 195.

[78] In diesem Zusammenhang *Grzywotz* Virtuelle Kryptowährungen und Geldwäsche, S. 193; zuletzt auch BGH, Beschluss vom 29. Januar 2020, 1 StR 421/19, NZWiSt 2020, 402 (403).

werden keiner Vermögensbetreuungspflicht unterliegen. Kontenbasierte Dienste, bei denen die Private Keys gespeichert werden, haben hingegen volle Kontrolle hierüber und unterliegen somit auch einer Vermögensbetreuungspflicht.[79] Liegen die übrigen Voraussetzungen vor, ist der Ersatz eines durch Untreue herbeigeführten Schadens nach Deliktsrecht denkbar.

(5) Diebstahl gemäß § 242 Abs. 1 StGB

Denkbar ist darüber hinaus die Verwirklichung eines Diebstahls durch Neuzuordnung der Token. Ein Diebstahl liegt gemäß § 242 Abs. 1 StGB vor, wenn einem anderen eine fremde bewegliche Sache in rechtswidriger Zueignungsabsicht weggenommen wird. Dass eine solche Wegnahme auch bei Token möglich ist, wird allerdings gemeinhin abgelehnt; als elektronisch gespeicherte Daten seien Token nicht körperlich und stellen damit schon keine Sache dar.[80]
Möglich sei allenfalls ein Diebstahl des Datenträgers, auf dem der Private Key gespeichert ist.[81] Auf diese Konstellation müssen die Grundsätze zur Zueignung des Sachwerts übertragen werden. Es ist jedoch zu berücksichtigen, dass ein weitergehender Sachwert nicht mit der Sache selbst, sondern nur mit dem hierauf gespeicherten Datum erlangt wird. Der Sachwert könnte auch erlangt werden, wenn der Private Key nur kopiert wird.[82] Der Datenträger selbst verkörpert keinen Token und mithin keinen Sachwert. Eine Zueignungsabsicht könnte allenfalls in Fällen angenommen werden, in denen der Datenträger nicht an das Opfer zurückgeführt werden soll.[83] Ob dies dann zu einem ausreichend kausalen Schaden führt, ist fraglich.
Vorliegend wird die Körperlichkeit jedoch modern verstanden und für Token bejaht.[84] Damit sind Token nicht nur als Sachen im Sinne des § 90 BGB einzuordnen, sondern auch im Rahmen des § 242 Abs. 1 StGB. Es kann dann

---

[79] *Grzywotz* Virtuelle Kryptowährungen und Geldwäsche, S. 193.
[80] *Grzywotz* Virtuelle Kryptowährungen und Geldwäsche, S. 54 f., 183, 204; *Boehm/Pesch* MMR 2014, 75 (77).
[81] Ausführlich prüfend *Grzywotz* Virtuelle Kryptowährungen und Geldwäsche, S. 188 ff.
[82] *Grzywotz* Virtuelle Kryptowährungen und Geldwäsche, S. 190 f.
[83] *Grzywotz* Virtuelle Kryptowährungen und Geldwäsche, S. 191; auch eine Unterschlagung nach § 246 StGB soll nicht einschlägig sein, in Betracht komme nur eine Strafbarkeit nach §§ 202, 202a StGB, ebd. S. 191 f.
[84] Siehe § 3V.3.c); vgl. auch die Überlegung zur Ergänzung des Geldwäschetatbestands um eine Legaldefinition des Gegenstandsbegriffs, *Grzywotz* Virtuelle Kryptowährungen und Geldwäsche, S. 223 ff.; die Auslegung des geldwäscherechtlichen Gegenstandsbegriffs lasse eine abstraktere, von starren Rechtsbegrifflichkeiten losgelöste Definition grundsätzlich zu, ebd. S. 205 ff., 223; die Legaldefinition sollte sich an den Merkmalen der Abgrenzbarkeit, Vermögenswert und Ausschlussfunktion orientieren, da dadurch der Gegenstandsbegriff einerseits nicht völlig ausgeweitet werde, andererseits aber auch neue Phänomene wie Token einbezogen werden, selbst wenn diese sich nicht mit herkömmlichen Rechtsbegriffen fassen lassen, ebd. S. 223 ff., 228.

unmittelbar an die Neuzuordnung des Tokens angeknüpft werden, ein Abstellen auf den Private Key ist nicht notwendig. Steht der Token nicht im Alleineigentum des Täters, handelt es sich um eine fremde bewegliche Sache. Durch die Neuzuordnung wird der Gewahrsam des Tokeninhabers gegen dessen Willen gebrochen. Sofern der Token an eine tätereigene Adresse transferiert wird, wird zudem neuer Gewahrsam begründet, sodass eine Wegnahme vorliegt. Handelt der Täter vorsätzlich und mit entsprechender Zueignungsabsicht, ist der Tatbestand des § 242 Abs. 1 StGB erfüllt und der Tokeninhaber kann bei Vorliegen der weiteren Voraussetzungen des § 823 Abs. 2 BGB Schadensersatz verlangen.

(6) Zwischenergebnis zum strafrechtsakzessorischen Schutz nach § 823 Abs. 2 BGB

Deliktischer Schutz kann auch über die Schnittstelle des § 823 Abs. 2 BGB erlangt werden. Hierbei kann an verschiedene Handlungen angeknüpft werden, sodass es nicht zwingend auf die Verletzung des Eigentums oder des Besitzes ankommt. Der strafrechtsakzessorische Schutz stellt jedoch eher eine Ergänzung dar: In den meisten Fällen wird eine Verletzung des Eigentums oder des Besitzrechts vorliegen, sodass selbst der umfassendste Schutz aus §§ 823 Abs. 2 BGB iVm § 242 Abs. 1 StGB keinen Mehrwert bringt. Durch die Anknüpfung an die verschiedenen Daten- und Betrugsdelikte kann aber auf vorgelagerte Tathandlungen abgestellt werden. Das ist von Bedeutung, wenn keine verbotene Eigenmacht bejaht werden kann. Zivilrechtlicher und strafrechtlicher Schutz gehen somit Hand in Hand. Werden Token zivilrechtlich als Sache eingeordnet, so stellt sich auch der strafrechtliche Schutz – und damit auch der an das Strafrecht anknüpfende, ergänzende zivilrechtliche Schutz – als lückenlos und umfassend dar.

ff) Sittenwidrige Schädigung im Sinne des § 826 BGB

Unabhängig von einem strafrechtlich relevanten Verhalten kommt deliktischer Schutz auch bei sittenwidrigem Verhalten in Betracht. Anknüpfungspunkt ist § 826 BGB, der einen Schadensersatz bei sittenwidriger und vorsätzlicher Schadenszufügung vorsieht. Da Vermögensschäden umfasst sind, kann ein Anspruch bei Token grundsätzlich bestehen.[85] Der Schädiger muss allerdings nicht nur sittenwidrig handeln, sondern auch gezielt Token schädigen wollen.

---

[85] Omlor/Link/*Omlor* § 6 Rn. 34, 67; *Effer-Uhe* ZZP 2018, 513 (523); MMR/*Möllenkamp*/*Shmatenko* Kapitel 13.6 Rn. 38; *Shmatenko*/*Möllenkamp* MMR 2014, 495 (498).

Die Voraussetzungen sind restriktiv auszulegen. § 826 BGB wird daher nur vereinzelt erfüllt sein.[86]

gg) Übrige Tatbestandsvoraussetzungen, insbesondere Verursachung eines kausalen Schadens

In all diesen Fällen müssen aber auch die übrigen Voraussetzungen des Deliktsrechts erfüllt sein. Problematisch erscheint das vorliegend nur im Hinblick auf den Schaden, der kausal durch die rechtswidrige und verschuldete Rechtsgutsverletzung verursacht worden sein muss. Der Schaden wird ermittelt, indem die tatsächliche Vermögenslage der hypothetischen Vermögenslage gegenübergestellt wird, und liegt vor, wenn sich dabei eine unfreiwillige Beeinträchtigung ergibt.[87] Token verkörpern einen Vermögenswert, sodass eine Schlechterstellung denkbar ist. Zudem können Token, da sie zum Marktpreis gegen Geld eingetauscht werden können, auch als emanzipierte, vergegenständlichte und damit gefestigte Erwerbschance gesehen werden.[88]

Fraglich ist dann nur noch die Höhe des Schadens und insbesondere, auf welchen Zeitpunkt insoweit abgestellt werden sollte. Intrinsische Token, die oft Gegenstand von Spekulationen sind, unterliegen teilweise erheblichen Kursschwankungen.[89] Wenn ein schädigendes Ereignis gegenüber diesen Token eintritt, ist nicht auszuschließen, dass diese in ihrem Wert vollständig einbrechen.[90] Gleichzeitig richtet sich das Deliktsrecht darauf, den Zustand wiederherzustellen, der bestünde, wenn der zum Schadensersatz verpflichtende Umstand nicht eingetreten wäre, § 249 Abs. 1 BGB.[91] Bei Token muss Schadensersatz daher grundsätzlich in Höhe des Nennbetrags gewährt werden, der zum Zeitpunkt der Ersatzpflicht bestehen würde, wenn der zum Schadensersatz verpflichtende Umstand nicht eingetreten wäre.[92] Dass dieser hypothetische

---

[86] *Arndt* Bitcoin-Eigentum, S. 58; zur restriktiven Auslegung des § 826 BGB insbesondere bei neuen Gütern ebd. S. 58 Fn. 180 mVa *Peukert* Güterzuordnung als Rechtsprinzip, S. 285 f.

[87] Sog. Differenzhypothese zur Ermittlung eines natürlichen Schadens, BeckOGK-BGB/*Brand* § 249 Rn. 8, 12.

[88] So ausdrücklich *Arndt* Bitcoin-Eigentum, S. 58.

[89] *Seitz* K&R 2017, 763 (767) sowie *ders.* DSRITB 2017, 777 (787); *Engelhardt/Klein* MMR 2014, 355 (358).

[90] *Engelhardt/Klein* MMR 2014, 355 (358).

[91] In diesem Zusammenhang richtigerweise darauf verweisend *Beck/König* AcP 215 (2015), 655 (675); allgemein statt aller BeckOGK-BGB/*Brand* § 249 Rn. 102.

[92] *Beck/König* AcP 215 (2015), 655 (675 f.); aA *Seitz* K&R 2017, 763 (767); *ders.* DSRITB 2017, 777 (787), der hingegen vorschlägt, auf den Nennbetrag der Token zu dem Zeitpunkt abzustellen, in welchem der zum Schadensersatz verpflichtende Umstand eingetreten ist; dabei wird auf *Beck/König* AcP 215 (2015), 655 (675) verwiesen; maßgeblicher Zeitpunkt für die Bemessung der Schadenshöhe ist immer der Augenblick, in dem das wirtschaftliche Äquivalent dem Geschädigten zufließt (Erfüllung der Schadensersatzpflicht),

Zustand im Wiederherstellungszeitpunkt höher oder niedriger sein kann als der Zustand vor Eintritt des schädigenden Ereignisses, ist dabei irrelevant. Werterhöhungen sind auszugleichen, umgekehrt profitiert der Schädiger von fallenden Kursen.[93] Anderes scheint nur sachgerecht, wenn der Geschädigte nachweisen kann, dass er den Token ohne Schadensereignis rechtzeitig veräußert und die Auswirkungen des Preisverfalls vermieden hätte.[94] Der Schaden liegt dann nicht im Wert des Tokens selbst, sondern in der fehlenden Veräußerungsmöglichkeit. Es muss jedoch nachgewiesen werden, dass diese bestand und genutzt worden wäre.[95]

hh) Zwischenergebnis zur Subsumtion der Token unter die Vorschriften des Deliktsrechts bei Bejahung einer Sachfähigkeit

Wird die Sachfähigkeit der Token bejaht, erweist sich der deliktische Schutz als recht umfassend. Schutz wird auch bei Verletzung des Eigentums oder des Besitzrechts an Token gewährt, ohne dass es darüber hinaus eines Verstoßes gegen objektives Recht oder eines sittenwidrigen Handelns bedarf. Die Notwendigkeit einer subjektiven Rechtsposition zeigt sich somit auch auf Abwehrebene und passt zum Bedürfnis, das durch die vielen Versuche, einen zivilrechtlichen Schutz über verschiedene Anknüpfungspunkte des Strafrechts zu begründen, deutlich wird.

b) bei Verneinung einer Sachfähigkeit

Dem wird der Schutz durch das Deliktsrecht im Falle einer Verneinung der Sachfähigkeit von Token gegenübergestellt. Da in diesem Fall weder Eigentum noch Besitz an Token bestehen können, kann auch keine Eigentums- oder Besitzrechtsverletzung vorliegen. Trotzdem wird deliktischer Schutz gewährleistet. Denn auch wenn unklar ist, ob ein Recht an Token besteht, wird dieser letzten Endes auf Ebene der Rechtsdurchsetzung entschieden. Und gerade hier ist der Tatbestand des § 823 Abs. 1 BGB für sonstige Rechte und mithin für Rechtsfortbildung geöffnet. Im Rahmen der Rechtsdurchsetzung kann also ergänzend und korrigierend eingegriffen werden, um neue Gegenstände wie Token zu einem rechtlichen Schutz zu verhelfen.[96]

MüKoBGB/*Oetker* § 249 Rn. 309, 314 sowie bereits BGH, Urteil vom 23. Januar 1981, V ZR 200/79, BGHZ 79, 249 (258).

[93] *Beck/König* AcP 215 (2015), 655 (675); BeckOGK-BGB/*Brand* § 249 Rn. 103; MüKoBGB/*Oetker* § 249 Rn. 311.

[94] *Engelhardt/Klein* MMR 2014, 355 (358); zustimmend *Seitz* K&R 2017, 763 (767) sowie *ders.* DSRITB 2017, 777 (787); allgemein MüKoBGB/*Oetker* § 249 Rn. 312 mwN.

[95] Zur Erleichterung des Nachweises durch § 252 S. 2 BGB *Engelhardt/Klein* MMR 2014, 355 (358) sowie allgemein MüKoBGB/*Oetker* § 249 Rn. 312.

[96] Vgl. im Hinblick auf das Eigentumsrecht allgemein *Zech* AcP 219 (2019), 488 (536), der hervorhebt, dass das dazu führen kann, dass das Bedürfnis, eine klare Formel für den

Es muss mithin ein sonstiges Recht an Token im Sinne des § 823 Abs. 1 BGB anerkannt werden (aa)). Ist das der Fall, kann eine Rechtsverletzung im Sinne des § 823 Abs. 1 BGB vorliegen, sodass der deliktische Schutz von Token ein ähnliches Niveau wie bei Einordnung als Sache erreichen würde.[97] Zudem kann erneut strafrechtsakzessorischer Schutz bestehen, es ergeben sich jedoch Unterschiede bei den Tatbeständen (bb)). Bei sittenwidrigem Verhalten wird deliktischer Schutz unabhängig von rechtlichen Einordnungsfragen gewährt (cc)).

aa) Verletzung eines sonstigen Rechts im Sinne des § 823 Abs. 1 BGB

Die Frage, ob an Token wenigstens ein sonstiges Recht im Sinne des § 823 Abs. 1 BGB bestehen kann, ist eine der meist diskutiertesten Fragen im Hinblick auf den rechtlichen Schutz von Token.[98] Es werden daher die Literaturmeinungen dargestellt, die ein sonstiges Recht an Token befürworten ((1)) oder ablehnen ((2)). Anschließend wird hierzu Stellung genommen ((3)).

(1) Anknüpfungspunkte und Argumentation der Literatur für die Annahme eines sonstigen Rechts

Ein sonstiges Recht an Token wird mit unterschiedlicher Argumentation bejaht. So wird an eine Rechtsposition *sui generis* angeknüpft ((a)), hieraus ein Rahmenrecht hergeleitet ((b)) oder aber der Vergleich zum Besitz gezogen ((c)).

Umgang der primären Zuweisung zu entwickeln, nicht groß genug ist, um die dogmatische Forschung voranzutreiben.

[97] Notwendig lückenhaft, Omlor/Link/*Omlor* § 6 Rn. 34.
[98] Ein absolutes Recht bejahend *Kütük-Markendorf* Internetwährungen, S. 125 ff., 193 f.; MMR/*Möllenkamp/Shmatenko* Kapitel 13.6 Rn. 34 ff.; *dies.* MMR 2018, 495 (498); diesen zustimmend *Kaulartz/Matzke* NJW 2018, 3278 (3281); ferner *Paulus/Matzke* ZfPW 2018, 431 (453); *Spindler/Bille* WM 2014, 1357 (1363); im Rahmen einer Analogie *Walter* NJW 2019, 3609 (3611 ff.); bejahend unter der Voraussetzung einer Bejahung eines Rechts an Token *Skauradszun* AcP 221 (2021), 353 (369) sowie wohl auch *Langenbucher* AcP 2018 (2018), 385 (409); ähnlich *Linardatos* Privatrecht 2050, S. 181 (202 ff., 206); aus systematischen Gründen offen lassend *Arndt* Bitcoin-Eigentum, S. 65; ein absolutes Recht mangels Rechtsposition verneinend *Guntermann* RDi 2022, 200 (205 ff.); *Maute* Privatrecht 2050, S. 215 (222 f.); RHdB-Kryptowerte/*Maute* § 4 Rn. 41; *Rückert* MMR 2016, 295 (296); *Weiss* JuS 2019, 1050 (1054); ohne weitere Begründung BeckOGK-BGB/*Mössner* § 90 Rn. 104.4; an Datenträger anknüpfend *Engelhardt/Klein* MMR 2014, 355 (357); E-Commerce/*Boehm/Bruns* Teil 13.E Rn. 35; aA ausdrücklich *Spindler/Bille* WM 2014, 1357 (1363) sowie *Langenbucher* AcP 2018 (2018), 385 (408 f.).

(a) Sonstiges Recht als Folge einer Rechtsposition sui generis

In erster Linie wird darauf verwiesen, dass an Token irgendeine Art von Rechtsposition bestehen muss, notfalls eine Rechtsposition *sui generis*. Die Bejahung eines sonstigen Rechts sei dann zwingende Konsequenz.[99] Die Offenheit der Rechtsordnung für neue Rechtspositionen werde gerade aus der Öffnung des § 823 Abs. 1 BGB deutlich. Die Rechtsposition selbst muss aber schon vorher bestehen, ohne dass es auf den Schutz ankommt.[100] Das Deliktsrecht sei insoweit nur „Erkenntnisquelle".[101]

Es soll somit auf die generelle Position des möglichen Rechtsinhabers ankommen und, wenn es um Gegenstände geht, darauf, ob ihm dessen Nutzung ausschließlich zukommt.[102] Bei Token könne dies bejaht werden, da ihnen keine schuldrechtliche Forderung zugrunde liege, sondern ihr Zuweisungs- und Ausschlussgehalt ausschließlich durch die zugrundeliegende technische Gestaltung gewährleistet werde. Token weisen bereits von sich aus die erforderliche Nähe zu absoluten Rechten auf, ohne dass es auf die faktischen Möglichkeiten eines schuldrechtlichen Vertragspartners ankomme.[103] An dieser Stelle wird gerne gegenüber der Rechtsprechung zu Domainnamen unterschieden, bei der das ausschließliche Nutzungsrecht nur aufgrund der zentralen Organisation, Verwaltung und Vergabe der Domainnamen bestehe. Zwar könne auch die vergebende Organisation keine Domainnamen doppelt vergeben, trotzdem erhalte der einzelne Nutzer nur ein vertragliches Nutzungsrecht.[104] Ein verdinglichtes Recht erhält er nicht und da keine andere Ausschlussmöglichkeit besteht, muss er sich an die Organisation halten.[105]

---

[99] *Linardatos* Privatrecht 2050, S. 181 (202 f.); *Skauradszun* AcP 221 (2021), 353 (369) plädiert für das Bestehen eines absoluten Vermögensrechts an Token, das u.a. die problemlose Anwendung des Deliktsrechts zur Folge hätte.

[100] *Linardatos* Privatrecht 2050, S. 181 (202); ähnliche systematische Erwägungen treffend *Arndt* Bitcoin-Eigentum, S. 65; auf Durchsetzungsebene sei nur noch Feinjustierung möglich, *Zech* AcP 219 (2019), 488 (537).

[101] *Zech* AcP 219 (2019), 488 (536) mit Blick auf den konkreten Umfang des Eigentums.

[102] *Linardatos* Privatrecht 2050, S. 181 (203).

[103] *Langenbucher* AcP 2018 (2018), 385 (409); aA für extrinsische Token, da diese wegen ihrer Rechtsverknüpfung keine absolute Wirkung entfalten, *Scholz* Beiträge zum Transnationalen Wirtschaftsrecht, Heft 162 (S. 24).

[104] Vgl. BGH, Urteil vom 18. Januar 2012, I ZR 187/10, BGHZ 192, 204 (Rn. 23); darauf hinweisend auch *Langenbucher* AcP 2018 (2018), 385 (409).

[105] Dazu BGH, Urteil vom 18. Januar 2012, I ZR 187/10, BGHZ 192, 204 (Rn. 23) mwN; vgl. zuvor jedoch OLG Köln, Urteil vom 17. März 2006, 6 U 163/05, MMR 2006, 469 (470), das in dieser relativen Rechtsposition durchaus einen rechtlich geschützten und ausschließlich zugewiesenen Vermögenswert sieht, dem – ähnlich wie der berechtigte Besitz – eine Ausschlussfunktion und eine Zuweisungs- bzw. Nutzungsfunktion zukomme; *Utz* MMR 2006, 469 (471) weist in der Anmerkung zu dem Urteil aber darauf hin, dass aus der Zuerkennung einer mit dem Eigentum gleichgestellten Vermögensposition im Sinne des Art. 14 GG allein noch keine Anerkennung als sonstiges Recht im Sinne des § 823 Abs. 1

Zudem sprechen verschiedene Rechtsnormen dafür, dass zuordenbare Vermögenswerte rechtlich erfasst und geschützt werden, wenn diese Rechtsposition absolut wirkt. Das gilt zum einen für das Bereicherungsrecht, das sich nicht auf eine konkrete Rechtsposition, sondern auf ein erlangtes Etwas bezieht. Das Deliktsrecht verfolge nur deshalb eine andere Herangehensweise, da er keine unbeschränkte fahrlässige Haftung für reine Vermögensschäden vorsehen sollte und der Tatbestand daher zu beschränken war.[106] Letztlich kommt es aber in beiden Rechtsinstituten auf den Zuweisungscharakter einer wie auch immer ausgestalteten Rechtsposition an – im Bereicherungsrecht weil auf den Zuweisungsgehalt abgestellt wird, im Deliktsrecht weil das sonstige Recht eigentumsähnlich und mithin absolut sein muss. Eine Unterscheidung wäre hier nicht sachgerecht.[107] Auch das Zwangsvollstreckungsrecht nehme auf alle vermögenswerten Gegenstände Bezug. Das ergebe sich aus der Auffangnorm des § 857 ZPO, der die Vollstreckung in sonstige Vermögensrechte regelt und Zugriff auf alle Güter und Positionen mit selbständigem Vermögenswert ermöglicht. Token werden somit grundsätzlich als Rechtsposition erfasst und es sei nicht ersichtlich, wieso dies im Rahmen des § 823 Abs. 1 BGB nicht gelten solle.[108]

Token werden somit unabhängig von einer Sachfähigkeit anerkannt. Die Rechtposition entfalte absolute Wirkung, da nur der Inhaber des Private Keys auf den ihm gehörigen Token zugreifen kann. Somit besteht Zuweisungs- und Ausschlussgehalt,[109] sodass eine Einordnung als sonstiges Recht im Sinne des § 823 Abs. 1 BGB konsequent sei. Demgegenüber komme es nicht auf die Körperlichkeit an. Das zeige schon die Funktion der Token. Zudem wurden mit dem Recht auf Gewährleistung der Vertraulichkeit und Integrität informationstechnischer Systeme bereits andere nicht-körperliche, aber absolut wirkende Rechtspositionen anerkannt.[110]

(b) Sonstiges Recht sui generis an konkretisierten Daten mit Vermögenswert

Wenn es an einer anerkannten Rechtsposition fehlt, soll eine solche durch originäre Schaffung eines sonstigen Rechts als sogenanntes Rahmenrecht

---

BGB folge und insbesondere Forderungen kein sonstiges Recht begründen können, da die relativ gewährte Ausschließlichkeit noch keine gegenüber jedermann wirkende Ausschließlichkeit darstelle; in diese Richtung mit Blick auf Token auch *Kütük-Markendorf* Internetwährungen, S. 119.

[106] *Linardatos* Privatrecht 2050, S. 181 (203).
[107] *Linardatos* Privatrecht 2050, S. 181 (204).
[108] *Linardatos* Privatrecht 2050, S. 181 (205 f.).
[109] *Spindler/Bille* WM 2014, 1357 (1363); vgl. ferner ausführlich im Lichte einer verfassungsrechtlichen Betrachtung *Arndt* Bitcoin-Eigentum, S. 162 f.
[110] *Spindler/Bille* WM 2014, 1357 (1363); im Hinblick auf die Körperlichkeit bestehe kein Monopol des Gesetzgebers, es kommt gerade auf die absolute Wirkung an, *Linardatos* Privatrecht 2050, S. 181 (203) mwN.

entstehen können.[111] Anerkannt sind insoweit auch das aus dem Allgemeinen Persönlichkeitsrecht folgende Recht auf Gewährleistung der Vertraulichkeit und Integrität informationstechnischer Systeme sowie das Recht zum eingerichteten und ausgeübten Gewerbebetrieb.[112] Diese können jedoch nicht herangezogen werden, um lückenlosen Schutz für Token zu leisten. Schutzgut ist die Persönlichkeit, doch Token weisen nur vereinzelt persönlichkeitsrechtliche Komponenten auf, nämlich wenn mittelbar Rückschlüsse auf die Person des Tokeninhabers gezogen werden können.[113] Denkbar ist auch ein über Token vermitteltes Recht am eingerichteten und ausgeübten Gewerbebetrieb. Auch das wird aber immer nur die Gewerbebetriebsausübung schützen. Token selbst genießen allenfalls mittelbar Schutz.[114] Notwendig sei daher ein eigenes originäres Rahmenrecht. Eine Abwägung der Interessen zeige, dass Daten jedenfalls dann eigenständig erfasst werden müssen, wenn sie so konkret sind, dass sie ein individualisierbares Vermögensgut darstellen.[115] Bei Token ist das der Fall und da sie dank der DLT unabhängig vom Datenträger existieren, besteht ein Schutzbedürfnis umso dringender.[116] Für sie soll daher ein Rahmenrecht als sonstiges Recht *sui generis* anerkannt werden, auch wenn kein eigenständiges Recht begründet werden kann.[117]

(c) Sonstiges Recht wegen der Vergleichbarkeit der Tokeninhaberschaft mit dem Besitz

Anderswo wird an die Inhaberschaft am Token selbst angeknüpft, die als sonstiges Recht anerkannt werden müsse, da sie mit dem Besitzrecht vergleichbar sei.[118] Der Besitz stelle allein auf eine tatsächliche Verfügungsgewalt ab. Es bestehen daher Parallelen zum Zugriff auf Token, auch wenn es nicht allein

---

[111] *Kütük-Markendorf* Internetwährungen, S. 118.
[112] Vgl. in diesem Zusammenhang *Kütük-Markendorf* Internetwährungen, S. 119 f.; ausführlich ebd. S. 122 ff.
[113] *Kütük-Markendorf* Internetwährungen, S. 128; ausführlich herleitend ebd. S. 125 ff., wobei hier auf die Private Keys abgestellt wird; ablehnend, da es typischerweise an einer persönlichkeitsrechtlichen Komponente fehle, *Omlor* ZVglRWiss 119 (2020), 41 (52); Omlor/Link/*ders.* § 6 Rn. 35; ähnlich *Shmatenko/Möllenkamp* MMR 2018, 495 (498); MMR/*dies.* Kapitel 13.6 Rn. 36, da Token gerade nicht als nutzereigene Daten gespeichert sind.
[114] *Kütük-Markendorf* Internetwährungen, S. 137 f.; ausführlich prüfend ebd. S. 131 ff.
[115] *Kütük-Markendorf* Internetwährungen, S. 143 ff., 153.
[116] *Kütük-Markendorf* Internetwährungen, S. 193 f., der zu diesem Ergebnis nach einer langen Abwägung anhand eines generellen Rechts an Daten kommt, siehe dazu ebd. S. 153 ff.
[117] *Kütük-Markendorf* Internetwährungen, S. 194.
[118] MMR/*Möllenkamp/Shmatenko* Kapitel 13.6 Rn. 34 ff.; *dies.* MMR 2018, 495 (498); zustimmend *Kaulartz/Matzke* NJW 2018, 3278 (3281); daran anknüpfend, jedoch nicht von einem Besitz sprechend, sondern von einem „eigentumsähnlichen Verfügungsrecht", das sich aus dem Strafrechtsschutz des Schlüsselpaars nach § 303a StGB und § 202a StGB ergebe, *Scholz* Beiträge zum Transnationalen Wirtschaftsrecht, Heft 162 (S. 24).

auf das Schlüsselpaar ankomme, sondern auch auf die Zuordnung im Distributed Ledger. Der jeweilige Inhaber hat keine unmittelbare Verfügungsgewalt über die Daten,[119] kann eine Fortschreibung des Distributed Ledgers aber durch Zusammenwirken mit dem Schlüsselpaar erreichen.[120] Dadurch entstehe eine protokollkonforme Einwirkungsmöglichkeit, welche der des Besitzes entspreche und insoweit als schützenswert anerkannt werde.[121] Zudem sei Einwirkungsmöglichkeit bei Nutzung des Private Keys berechtigt.[122] Obwohl Token keine körperlichen Sachen darstellen, spreche der Vergleich mit dem Besitz dafür, an ihnen ein ähnliches Recht anzunehmen.[123] Die Rechtsordnung stelle allein darauf ab, ob Rechtspositionen rechtlich anerkannt oder geschützt sind. Maßgeblich ist aber die zugrundeliegende Einwirkungsmöglichkeit und nicht der Besitz selbst. Es reiche daher aus, dass die Tokenzuordnung im Distributed Ledger der tatsächlichen Verfügungsgewalt des Besitzes entspricht.[124]

(d) Zwischenergebnis zu den Anknüpfungspunkten und der Argumentation der Literatur für die Annahme eines sonstigen Rechts

In der Literatur haben sich verschiedene Argumentationslinien herauskristallisiert. Über das Schutzbedürfnis von Token besteht Einigkeit. Sobald es aber um die Herleitung eines solchen Schutzes geht, bestehen wesentliche

---

[119] MMR/*Möllenkamp/Shmatenko* Kapitel 13.6 Rn. 36; *dies.* MMR 2018, 495 (498); *Scholz* Beiträge zum Transnationalen Wirtschaftsrecht, Heft 162 (S. 24) erkennt daher gerade nur ein „eigentumsähnliches Verfügungsrecht".

[120] MMR/*Möllenkamp/Shmatenko* Kapitel 13.6 Rn. 36; *dies.* MMR 2018, 495 (498); aA *Kütük-Markendorf* Internetwährungen, S. 102, der in der tatsächlichen Verfügungsmöglichkeit ein besitzähnliches Innehaben und die Berechtigung in der Verfügungsberechtigung des Private Keys erkennt; letztere kann nur faktisch und nicht rechtlich verstanden werden, da sich diese an den Protokollvorgaben orientiert und nicht an normativen Wertungen der Rechtsordnung; die Berechtigung durch den Private Key ist daher für die tatsächliche Zugriffsmöglichkeit wesentlich, sodass es bereits faktisch doch wieder auf das Zusammenwirken beider Komponenten ankommt.

[121] MMR/*Möllenkamp/Shmatenko* Kapitel 13.6 Rn. 37; kritisch Omlor/Link/*Omlor* § 6 Rn. 34, da ein sonstiges Recht an Token dann stets auch den Zugriff auf den Private Key voraussetze und nicht eindeutig sei, wann die Einwirkungsmöglichkeit als berechtigt gilt, aber nur der berechtigte Besitz als sonstiges Recht anerkannt wird.

[122] *Paulus/Matzke* ZfPW 2018, 431 (453 f.); in diese Richtung auch *Kütük-Markendorf* Internetwährungen, S. 102, der von einem Innehaben der Token als Quasi-Besitz spricht, die Nutzung des Schlüsselpaars aber als rechtliche Verfügungsbefugnis einordnet; das überzeugt nicht, da das Recht die tatsächliche Zuordnung normativ anhand eigener Wertungen regeln soll und nicht darauf abgestellt werden kann für eine Berechtigung des Netzwerks abgestellt werden kann; so im Hinblick auf die Berechtigung wohl auch Omlor/Link/*Omlor* § 6 Rn. 34.

[123] So MMR/*Möllenkamp/Shmatenko* Kapitel 13.6 Rn. 37 sowie *dies.* MMR 2018, 495 (498), wenn auch nicht ausdrücklich auf die fehlende Körperlichkeit Bezug nehmen.

[124] So liest sich zumindest MMR/*Möllenkamp/Shmatenko* Kapitel 13.6 Rn. 34 sowie *dies.* MMR 2018, 495 (498) mit deren weiteren Subsumtion der Token.

Unterschiede. Dies gilt bereits mit Blick auf die Ausführlichkeit – teilweise wird nur knapp der Vergleich zum Besitz angestellt, teilweise ausführlich ein eigenes absolutes Recht an vermögenswerten und konkretisierten Daten hergeleitet – aber auch im Hinblick auf die Systematik. Während im Schutzbedürfnis teilweise ein weiteres Argument für eine bestehende Rechtsposition erkannt wird, soll die Anerkennung eines sonstigen Rechts anderswo nur eine Behelfskonstruktion bereitstellen.

(2) Argumentation der Literatur gegen die Annahme eines sonstigen Rechts

Aufgrund dieser Schwierigkeiten bei der Herleitung eines sonstigen Rechts wird die Annahme eines sonstigen Rechts *de lege lata* teilweise für gänzlich unmöglich erachtet. Dabei wird meist darauf verwiesen, dass der Gesetzgeber keine Rechtsposition an Token anerkannt habe. Dies sei aber Voraussetzung, um deliktischen Schutz eines sonstigen Rechts gewähren zu können.[125] § 823 Abs. 1 BGB nehme als bloße Sanktionsnorm nur auf ein sonstiges Recht Bezug, sodass nicht auch dessen Bestehen hieraus hergeleitet werden könne.[126] Das erinnert an die Argumentation, wonach eine Rechtsposition zwingend notwendig sei und Schutz nur als Folge dessen bejaht werden könne.[127] Das Bestehen einer Rechtsposition wird aber gerade verneint,[128] sodass konsequenterweise auch über § 823 Abs. 1 BGB kein absoluter Schutz hergeleitet werden kann.

Für eine Rechtsposition wird zudem vorausgesetzt, dass ein bestimmter Gegenstand einer bestimmten Person objektiv und erkennbar zugeordnet ist.[129] Damit das absolut wirkt, müsse eine umfassende Nutzungsmöglichkeit unter Ausschluss Dritter vorliegen und diese vom Recht als schützenswert anerkannt sein. Ersteres könne wegen der objektiven Individualisierbar- und

---

[125] In diese Richtung wohl auch *Maute* Privatrecht 2050, S. 215 (221), die davon spricht, dass eine technisch bedingte tatsächliche Ausschließlichkeit nicht ausreiche, um eine rechtliche Ausschließlichkeit zu begründen; ähnlich auch *Arndt* Bitcoin-Eigentum, S. 65, demzufolge Token in diesem Fall der erste übertragbare Gegenstand wären, der einen absoluten Schutz erfährt, ohne einem absoluten Recht mit Zuweisungsgehalt zugänglich zu sein.

[126] Vgl. *Guntermann* RDi 2022, 200 (206 f.), die ferner hervorhebt, dass auch außerhalb des Deliktsrechts die Schaffung neuer absoluter Rechtspositionen im Wege der Rechtsfortbildung nur durch Rückbindung an die Wertungen des Gesetzes bzw. der Verfassung oder allgemeine Rechtsprinzipien möglich sei.

[127] Siehe § 7I.2.b)aa)(1)(a); im Einzelnen *Skauradszun* AcP 221 (2021), 353 (369), *Linardatos* Privatrecht 2050, S. 181 (202 ff., 206); *Arndt* Bitcoin-Eigentum, S. 64 f., 69; *Langenbucher* AcP 2018 (2018), 385 (409).

[128] *Guntermann* RDi 2022, 200 (207); ferner *Maute* Privatrecht 2050, S. 215 (222 f.), die sich insoweit jedoch nur auf das Fehlen einer hM bezieht.

[129] *Guntermann* RDi 2022, 200 (205), die auf die dahinterstehenden Publizitätsgründe hinweist, die auch Grund für die strengen Anforderung des eWpG seien; vgl. insoweit RegE eWpG, BT-Drs. 19/26925, S. 40 f., 43, 55.

Zuordenbarkeit der Token anhand ihrer Transaktionshistorie bejaht werden, dessen Erkennbarkeit wird aber angezweifelt. Sind Token nämlich nicht mit einer gesonderten Identifikationsnummer versehen, sei nicht ersichtlich, welcher Token konkret übertragen werde, sondern nur wie viele. Dafür müsse erst die gesamte Transaktionshistorie der einzelnen Token-Bestandteile nachvollzogen werden.[130] Nur wenn diese Gefahr (wie etwa bei NFTs) nicht besteht, sei die Zuordnung des Tokens von sich heraus erkennbar.[131] Zudem sei auch die zweite Voraussetzung sei problematisch, da diese auf eine als schützenswert anerkannte Absolutheit der Rechtsposition abziele. Der jeweilige Inhaber habe zwar faktisch die Möglichkeit, den Token nach eigenem Belieben zu nutzen und andere von der Nutzung auszuschließen.[132] Es fehlen aber konkrete Anhaltspunkte im Gesetz, dass diese Absolutheit auch rechtlich anerkannt werde.[133] Der Tokeninhaber habe seine vermögenswerte Position nur aufgrund seiner alleinigen Verfügungsgewalt,[134] das Gesetz weist ihm keine Zuweisungs- und Abwehrmöglichkeit zu.[135]

Die Anhaltspunkte, die insoweit angeführt werden, scheinen nicht auszureichen: Das allgemeine Recht auf informationelle Selbstbestimmung sei zu unkonkret. Das hieraus hergeleitete Recht auf die Vertraulichkeit und Integrität informationstechnischer Systeme erfasse Token mangels persönlichkeitsrechtlicher Komponente nicht.[136] Die bloße Zuordnung ermögliche allenfalls einen Einblick in Vermögenswerte pseudonymer Adressen, nicht aber in wesentliche Teile der Lebensgestaltung.[137] Das sei aber das gewesen, was durch Schaffung dieses Grundrechts verhindert werden sollte. Da Token von vornherein keine persönlichkeitsrelevanten Aspekte betreffen und sie daher nicht in den

---

[130] *Guntermann* RDi 2022, 200 (205 f.).
[131] So zumindest ist die Differenzierung zwischen fungiblen und nicht-fungiblen Token bei *Guntermann* RDi 2022, 200 (206) zu verstehen; ähnlich RHdB-Kryptowerte/*Maute* § 4 Rn. 35, die die technisch bedingte Ausschließlichkeit nicht als ausreichend erachtet, um rechtliche Ausschließlichkeit zu bejahen; es fehle an Zuweisungsgehalt, ebd. Rn. 41.
[132] *Guntermann* RDi 2022, 200 (206); aA mit Blick auf Hard Forks hingegen *Maute* Privatrecht 2050, S. 215 (222).
[133] *Maute* Privatrecht 2050, S. 215 (219); *Guntermann* RDi 2022, 200 (206 f.); offenlassend hingegen *Arndt* Bitcoin-Eigentum, S. 64, der lediglich darauf verweist, dass eine rechtlich durchsetzbare Ausschließlichkeit wohl ein Ausschlussrecht darstellen würde.
[134] *Rückert* MMR 2016, 295 (296); ähnlich RHdB-Kryptowerte/*Maute* § 4 Rn. 35, 41.
[135] *Weiss* JuS 2019, 1050 (1054).
[136] *Guntermann* RDi 2022, 200 (207); ausführlicher *Omlor* ZVglRWiss 119 (2020), 41 (52); *ders.* ZHR 2019, 294 (310 f.); Omlor/Link/*ders.* § 6 Rn. 35.
[137] *Omlor* ZHR 2019, 294 (310 f.); Omlor/Link/*ders.* § 6 Rn. 35; zur Pseudonymität *Maute* Privatrecht 2050, S. 215 (219), die eine persönlichkeitsrechtliche Prägung ebenfalls ablehnt, sich dafür aber auf eine Anonymität bezieht.

Schutzbereich fallen, könne nicht geschlussfolgert werden, dass der Gesetzgeber an Token ein eigenes absolutes Recht anerkennen wollte.[138]

Auch in der Gewährleistung des Eigentums in Art. 14 Abs. 1 GG sei keine gesetzgeberische Anerkennung zu erkennen. Mit der Normprägung beziehe sich die Verfassung bewusst auf das vom Gesetzgeber zu definierende Eigentum. Selbst wenn der verfassungsrechtliche Eigentumsbegriff Token umfasse,[139] stelle dies noch keine Anerkennung einer Rechtsposition dar.[140]

Gleiches soll für die sporadischen Gesetzesänderungen gelten, durch die Token etwa als Finanzinstrument, Zahlungsmittel oder eine Form von Inhaberschuldverschreibungen erfasst werden. Diese gewähren allenfalls einen fragmentarischen Schutz und beziehen sich auf eine ganz bestimmte Nutzung der Token. Sie begründen aber gerade keine umfassende Rechtsposition.[141] Anders sei dies nur, wenn eine solche ausdrücklich vorgesehen werde. Bei Kryptowertpapieren des eWpG sei dies trotz Sachfiktion nicht der Fall, da hierdurch bereits ein Eigentumsrecht vorliege, dessen Verletzungen nach § 823 Abs. 1 BGB geschützt werden.[142]

Zudem könne nicht auf den Besitz verwiesen werden, auch wenn dieser im Hinblick auf die Einwirkungsmöglichkeit vergleichbar sein mag. Besitz bestehe mangels Körperlichkeit gerade nicht[143] und es sei zudem unklar, wann ein solcher berechtigt wäre. Das sei aber erforderlich, da nur der berechtigte Besitz als sonstiges Recht durch § 823 Abs. 1 BGB geschützt werde.[144]

Damit sei das Bestehen einer Rechtsposition mit absoluter Wirkung insgesamt zu verneinen.

(3) Eigene Stellungnahme

Bereits die Diskussion zeigt, dass ein Bedürfnis nach absolutem Schutz von Token besteht und durchaus anerkannt wird. Das Bedürfnis reicht allerdings viel weiter. Einem deliktischen Schutzbedürfnis kann nicht einfach dadurch

---

[138] *Omlor* ZHR 2019, 294 (310 f.); Omlor/Link/*ders.* § 6 Rn. 35; im Ergebnis *Guntermann* RDi 2022, 200 (207).

[139] So etwa *Hillemann* CR 2019, 830 (832 ff., 835 f.); *Schroeder* JurPC Web-Dok 104/2014 (Rn. 33 ff.).

[140] *Guntermann* RDi 2022, 200 (207); aA insoweit ausführlich *Arndt* Bitcoin-Eigentum, S. 180 ff.; allgemein zum Streit um ein aus Art. 14 Abs. 1 GG folgendes Zuordnungsgebot, ebd. S. 165 ff.

[141] *Guntermann* RDi 2022, 200 (207); hinsichtlich der Kryptowertpapiere insoweit auf die gesetzgeberische Begründung der Sachfiktion des eWpG verweisend, wonach diese gerade nicht generelle Wirkung für Token erlangen solle, Omlor/Link/*Omlor* § 6 Rn. 67; vgl. zur Fiktion auch ebd. Rn. 10.

[142] Omlor/Link/*Omlor* § 6 Rn. 36.

[143] So auch *Arndt* Bitcoin-Eigentum, S. 64, der jedoch eine analoge Anwendung der Vorschriften befürwortet.

[144] Omlor/Link/*Omlor* § 6 Rn. 34.

entsprochen werden, dass das Bestehen irgendeines sonstigen Rechts bejaht wird. Dessen Auflistung als Schutzgut des § 823 Abs. 1 BGB ist nicht als pauschale Öffnung der Rechtsordnung zu verstehen, sondern macht nur die grundsätzliche Offenheit des Rechts für Weiterentwicklungen sichtbar.[145] Die Annahme eines sonstigen Rechts ohne gleichzeitige Annahme einer darüber hinaus bestehenden Rechtsposition wäre daher – wie größtenteils treffend festgestellt wird[146] – systemwidrig. Eine Rechtsposition *sui generis* ist somit zwingend ((a)) und beruht auch auf ausreichender Publizität ((b)).

(a) Zwingende Rechtsposition sui generis

Auch wenn die Sachfähigkeit von Token verneint wird, wäre eine Rechtsposition *sui generis* zwingend notwendig. Die Argumentation ändert sich nicht, nur weil das Bedürfnis einer rechtlichen Regelung gezielt für das Deliktsrecht untersucht wird.[147] Die Behauptung, aus einem (wenn überhaupt anerkannten) verfassungsrechtlichen Eigentumsschutz lasse sich kein absolutes Recht an Token herleiten,[148] überzeugt daher nur bedingt. Die inhaltliche Reichweite eines solchen Rechts mag hieraus in der Tat nicht erkennbar sein. Aus der Institutsgarantie folgt aber, dass die Frage nach einem absoluten Schutz jedenfalls im Hinblick auf das ‚Ob' nicht diskutabel ist.[149] Aus Art. 14 Abs. 1 GG folgt eine explizite Gebotenheit zur Schaffung einer Rechtsposition an Token.[150] Diskutiert werden kann nur, ob aus dieser verfassungsrechtlichen Gebotenheit auch der Inhalt der Rechtsposition hergeleitet werden kann oder ob es insoweit weiterer Konkretisierung durch den Gesetzgeber bedarf. Der Hinweis auf die Notwendigkeit gewisser Anhaltspunkte ist hier durchaus richtig.[151] Nicht erwartet werden können Anhaltspunkte, die den Umfang der Rechtsposition bis ins letzte Detail vorgeben. Das scheint jedoch erwartet zu werden, wenn gesetzgeberische Initiativen in Spezialgesetzen trotz Verweis auf das Bürgerliche Gesetzbuch als unzureichend abgelehnt werden.[152] Es handelt sich hierbei gerade um erste Änderungen, die als Anhaltspunkte dafür herangezogen werden

---

[145] Vgl. ebenso *Guntermann* RDi 2022, 200 (205).
[146] *Arndt* Bitcoin-Eigentum, S. 64 f., 69; umgekehrt *Linardatos* Privatrecht 2050, S. 181 (202 ff., 206).
[147] Siehe zur Argumentation daher § 3III und § 3IV.2.b)bb)(7) vgl. insoweit außerdem die Argumentation für seine zuvor herausgearbeitete Rechtsposition an Token von *Arndt* Bitcoin-Eigentum, S. 141 ff.
[148] So soweit ersichtlich auch nur *Guntermann* RDi 2022, 200 (207).
[149] So auch *Arndt* Bitcoin-Eigentum, S. 183, 187, 195 ff.; in diese Richtung auch *Hillemann* CR 2019, 830 (832 ff., 835 f.); *Schroeder* JurPC Web-Dok 104/2014 (Rn. 33 ff.).
[150] Ausführlich *Arndt* Bitcoin-Eigentum, S. 156 ff., 180 ff.
[151] So ja gerade auch die Herangehensweise von *Guntermann* RDi 2022, 200 (206 f.).
[152] So aber *Guntermann* RDi 2022, 200 (207); zur Ausnahme insoweit bei Kryptowertpapieren des eWpG, da der Gesetzgeber hier ausdrücklich klargestellt hat, dass sich hieraus keine Wirkung für die übrige Rechtsordnung ergeben sollen, Omlor/Link/*Omlor* § 6 Rn. 67.

können, dass der Gesetzgeber jedenfalls die Existenz eines zuordenbaren Vermögenswerts anerkennt. Den Überlegungen zur Herleitung eines absoluten Rechts ist dabei aber zugutezuhalten, dass sie die Rechtsnatur und von Token ihre Reichweite untersuchen. Dadurch werden Schwächen und Problempunkte sichtbar, die aufzeigen, wo die Grenzen einer Rechtsposition liegen müssen.

Das ersatzweise Abstellen auf die Vergleichbarkeit mit dem Besitz wirft beispielsweise die Frage auf, woran überhaupt Besitz bestehen kann und was der Gesetzgeber mit der Beschränkung auf körperliche Sachen bezweckt hat. Zu lösen ist diese jedoch Frage nicht, indem aufgrund der Vergleichbarkeit der zugrundeliegenden Motivation ein ähnliches absolutes Recht kreiert wird. Vielmehr muss das Verständnis der Körperlichkeit hinterfragt werden. Es kann nicht auf der einen Seite die Sachfähigkeit an Token verneint und auf der anderen Seite mit Verweis auf hieran anknüpfende Rechtsinstitute eine vergleichbare Rechtsposition bejaht werden. Das wäre widersprüchlich und inkohärent; der Sachbegriff ist nicht ohne Grund im Allgemeinen Teil des Bürgerlichen Gesetzbuchs definiert. Dass dies nicht schlüssig ist, zeigt sich ferner, wenn in einem zweiten Schritt überlegt wird, wie überhaupt ein berechtigter Besitz aussehen würde.[153] Mangels Rechtsposition besteht kein Maßstab, der für die Berechtigung herangezogen werden könnte. Die Frage nach der Berechtigung einer Rechtsposition ist normativer Natur und wird von der Rechtsordnung beantwortet. Es kann daher nicht auf die tatsächliche Berechtigung durch Signatur mit dem Private Key verwiesen werden.[154] Die Berechtigung ergibt sich vielmehr aus dem Eigentumsrecht. Das zeigt, dass Besitz nicht ohne Eigentum funktioniert; beides ist aufeinander abgestimmt, der Besitz hat eine dienende Funktion und das Eigentumsrecht verlässt sich auf ihn.[155] Der gemeinsame Nenner beider Rechtsinstitute ist der Sachbegriff, der seinerseits an die nicht weiter definierte Körperlichkeit anknüpft.

Systematisch schlüssig wäre es daher, eine Rechtsposition an Token zu begründen, die dem Eigentum gleichkommt und sich nur hinsichtlich einzelner Regelungen unterscheidet.[156] Dann wäre es auch konsequent, dieser Rechtsposition eine Zwischenstellung zuzusprechen, die dem Sacheigentum nahekommt, da es ebenso um die Zuordnung eines vorrechtlichen Gegenstands zu seinem Inhaber geht, sich von diesem aber doch unterscheidet, da keine Körperlichkeit des vorrechtlichen Gegenstands bejaht wird. Nur dann unterscheidet sich der Charakter der Rechtsverletzungen an Token von dem der Eigentumsverletzungen.[157] Damit entstünde eine Rechtsposition *sui generis*, die aber trotzdem absolute Wirkung entfaltet.

---

[153] Diese Frage konsequenterweise aufwerfend Omlor/Link/*Omlor* § 6 Rn. 34.
[154] So aber *Paulus/Matzke* ZfPW 2018, 431 (453 f.).
[155] Siehe § 4I.1.
[156] So die These von *Arndt* Bitcoin-Eigentum (passim).
[157] So *Arndt* Bitcoin-Eigentum, S. 133.

(b) Ausreichende Publizität

Einer absoluten Rechtsposition *sui generis* soll aber wiederum das Publizitätserfordernis entgegenstehen. Jedenfalls fungible Token seien nur durch Nachvollziehen der gesamten Transaktionshistorie jedes einzelnen Token-Bestandteils erkennbar.[158] In der Tat kann eine vollständige Rückverfolgung der Transaktionskette einzelner Token-Bestandteile problematisch sein, wenn sich der Token aus unterschiedlichen Transaktionen zusammensetzt. Dadurch hat der Token mehrere mögliche Herkunftsoptionen und es ist unklar, aus welcher der derzeitige Token sich nun ergibt. Allerdings ist diese Struktur mit Blick auf den Zweck des Publizitätserfordernisses zu bewerten. Die Publizität dient der Rechtssicherheit des Rechtsverkehrs, der – da sich die absolute Wirkung ja gegenüber jedermann entfaltet – das Bestehen und den Umfang eines absoluten Rechts stets erkennen können muss. Das setzt voraus, dass bereits aus den tatsächlichen, vorrechtlichen Gegebenheiten erkennbar ist, ob das Recht besteht. Dafür ist jedoch nicht erforderlich, dass die gesamte Herkunft und Sukzessionsfolge erkennbar sind. Vielmehr reicht es aus, dass die letzte Transaktion gegenwärtig Publizität vermittelt. Ein Zurückverfolgen bis zum erstmaligen Entstehen wird auch sonst nicht für körperliche Sachen verlangt; es kommt auf die Publizität des Übergabeakts an. Nur dieser ist maßgeblich und muss erkennbar sein. Bei Token wird dieser Übergabeakt durch die stets nachvollziehbare Transaktion dargestellt. Das gilt auch für Token, die aus mehreren Transaktionen bestehen. Hier gibt es zwar mehrere Übergaben, Resultat und derzeitiges Innehaben sind aber genauso erkennbar. Die Dokumentation der Transaktionskette ermöglicht sogar einen besseren Nachweis als es ansonsten der Fall wäre. Richtig ist, dass von einem fungiblen Token nicht auf dessen Inhaber geschlossen werden kann, wie es bei NFTs der Fall ist. Für Publizität ist das aber gar nicht erforderlich, da Token sowieso nur abstrakt existieren. Sie liegen daher von Anfang an im Zugriffsbereich des Inhabers. Wegen der Vertretbarkeit der Token ist nicht denkbar, dass ein bestimmter Token entdeckt wird, über dessen Zuordnung man sich wundern könnte; es kommt nur auf die Erkennbarkeit der Zuordnung als solche an. Solange diese für den Rechtsverkehr erkennbar ist, ist immer auch das Bestehen von Rechten erkennbar. Publizität ist somit gewährleistet.

Diese Form von Publizität ist für den Rechtsverkehr auch nicht unzumutbar.[159] Dank ihrer Digitalität können die Transaktionsdaten ohne Weiteres aufbereitet werden. Token werden in der Wallet zusammengefasst, was – auch wenn es technisch gesehen auf die dahinterstehenden Transaktionsdaten ankommt – dazu beiträgt, sie im Rechtsverkehr erkennbar zu machen.

---

[158] *Guntermann* RDi 2022, 200 (206); siehe ferner oben § 7I.2.b)aa)(2).
[159] So jedoch *Guntermann* RDi 2022, 200 (206).

(c) Zwischenergebnis

Letztendlich kann das Bestehen einer absoluten Rechtsposition an Token daher nicht mit Verweis auf eine fehlende oder unzureichende Publizität verneint werden.[160] Das Bestehen eines sonstigen Rechts *sui generis* an Token ist aus systematischen Gründen zwar abzulehnen. Eine allgemeine Rechtsposition *sui generis* ist demgegenüber zwingend, da nur so eine Kohärenz zwischen faktischer und rechtlicher Zuordnung gewährleistet werden kann. Aus dieser Rechtsposition folgt dann auch ein deliktischer Schutz über das Rechtsgut des sonstigen Rechts, der dann im Einzelnen von der konkreten Ausgestaltung der Rechtsposition abhängig ist.

bb) Verletzung von Strafrechtstatbeständen als Schutzgesetze im Sinne des § 823 Abs. 2 BGB

Deliktischer Schutz besteht auch unabhängig von der Anerkennung einer Rechtsposition. Wie bereits im Rahmen des deliktischen Schutzes bei Bejahung einer Sachfähigkeit herausgearbeitet, knüpft § 823 Abs. 2 BGB dabei an die Verwirklichung von besonders relevantem, vorsätzlichen Verhaltensunrecht an, wozu insbesondere auch die Gesetze des Strafrechts gehören.

Wegen dieser Anknüpfung an das Verhalten ergeben sich keine bedeutsamen Unterschiede, selbst wenn eine Sachfähigkeit der Token verneint wird: Ein Schadensersatz nach § 823 Abs. 2 BGB iVm § 202a Abs. 1 StGB kommt in der Regel nicht in Betracht, denkbar ist nur ein Schutz der Private Keys über § 823 Abs. 2 BGB iVm § 303a Abs. 1 StGB sowie iVm §§ 263 f. StGB oder § 266 StGB.[161] Mangels Sachfähigkeit ausgeschlossen und nicht ersatzweise herangezogen werden kann der Schutz wegen verbotener Eigenmacht oder Diebstahls über § 823 Abs. 2 BGB iVm § 858 BGB oder § 242 Abs. 1 StGB.[162] Zudem verfolgen die strafrechtlichen Regelungen andere Schutzinteressen als das Zivilrecht, der damit nur einen „letzte[n] Rettungsanker" bereitstellen möchte.[163]

---

[160] Vgl. insoweit die ohnehin kritisch zu bewertende Bedeutung der Publizität, *Lahusen* RDi 2021, 161 (Rn. 28).

[161] Siehe § 7I.2.a)ee)(1) bis § 7I.2.a)ee)(4); *Kütük-Markendorf* Internetwährungen, S. 203.

[162] Vgl. dazu § 7I.2.a)ee)(6); ebenso *Kütük-Markendorf* Internetwährungen, S. 203.

[163] Kritisch daher *Wellenhofer* Eigentum in der digitalen Gesellschaft, S. 69 (77 f.); weniger kritisch, sondern in dem strafrechtsakzessorischen Schutz zumindest das Bestehen eines gewissen deliktischen Rechtsschutzes anerkennend, *Scholz* Beiträge zum Transnationalen Wirtschaftsrecht, Heft 162 (S. 24 f.); der Umweg über § 303a StGB erscheine im Einzelfall geboten, *Seitz* K&R 2017, 763 (767) sowie *ders.* DSRITB 2017, 777 (787).

cc) Sittenwidrige Schädigung im Sinne des § 826 BGB

Ebenso wie bei Bejahung der Sachfähigkeit von Token kommt ferner ein deliktischer Schadensersatzanspruch bei sittenwidrigem Verhalten nach § 826 BGB in Betracht.[164] Auch hier gilt, dass der Schädiger sittenwidrig und dabei gezielt Token schädigen wollen muss. Da diese Voraussetzungen restriktiv auszulegen sind, wird § 826 BGB nur vereinzelt erfüllt sein.[165]

dd) Zwischenergebnis zur Subsumtion der Token unter die Vorschriften des Deliktsrechts bei Verneinung einer Sachfähigkeit

Deliktischer Schutz besteht auch bei Verneinung der Sachfähigkeit. Notwendig ist dafür allerdings die Schaffung einer neuen Rechtsposition an Token durch Rechtsfortbildung. Dessen konkrete Ausgestaltung ist noch unklar und sehr umstritten. Es kann davon ausgegangen werden, dass sie absolute Wirkung entfalten und Rechtsgut im Rahmen des § 823 Abs. 1 BGB sein soll. Für eine endgültige Rechtssicherheit bedarf es aber noch ein gesetzgeberisches Handeln oder eine ständige Rechtsprechung. Bis dahin besteht deliktischer Schutz nur fragmentarisch.[166]

c) Unterschiede je nach Sachfähigkeit der Token und Zwischenergebnis

Die Unterschiede einer Bejahung oder Verneinung der Sachfähigkeit sind sofort ersichtlich. Während die Subsumtion der Token unter den Sachbegriff unproblematisch zu einem umfassenden Schutz durch das Deliktsrecht führt, bestehen erhebliche Begründungsschwierigkeiten, wenn eine Sachfähigkeit verneint wird. Das in § 823 Abs. 1 BGB genannte sonstige Recht soll als Anknüpfungspunkt für die Begründung einer ganz neuen Rechtsposition dienen. Das Abwehrrecht stößt hierdurch jedoch an seine Grenzen.[167]

Im Ergebnis ist es damit auch im Hinblick auf den Deliktsschutz vorzugswürdig, eine Sachfähigkeit von Token zu bejahen. Das zeigt auch der Blick auf den deliktischen Schutz der elektronischen Wertpapiere im Sinne des eWpG, die als Sache fingiert werden. Diese genießen unstritig umfassenden deliktischen Schutz.[168] Auch wenn Token sachfähig sind, kann jede Form der Beeinträchtigung abgewehrt und lückenloser Schutz gewährt werden. Nur dann ist

---

[164] Omlor/Link/*Omlor* § 6 Rn. 34, 67; *Effer-Uhe* ZZP 2018, 513 (523); MMR/*Möllenkamp/Shmatenko* Kapitel 13.6 Rn. 38; *Shmatenko/Möllenkamp* MMR 2014, 495 (498); *Kütük-Markendorf* Internetwährungen, S. 202 f.
[165] Siehe dazu bereits § 7I.2.a)ff).
[166] *Guntermann* RDi 2022, 200 (207); Omlor/Link/*Omlor* § 6 Rn. 67; *Arndt* Bitcoin-Eigentum, S. 71.
[167] Für eine umfassende Rechtsposition an Token auch *Arndt* Bitcoin-Eigentum, S. 71 f.
[168] Statt aller *Lehmann* NJW 2021, 2318 (Rn. 17); zur Sachfiktion des eWpG siehe § 3IV.2.a)cc)(2).

das Recht aber auch so agil, dass es nicht auf konkrete Erscheinungsformen der Rechtsverletzung ankommt, sondern auf die Rechtsverletzung als solche.

3. Zwischenergebnis zum deliktischen Schutz von Token

Durch das Deliktsrecht können Token absolut geschützt werden. Es besteht ein praktisches Bedürfnis und sie sind unter die entsprechenden Regelungen subsumierbar.

II. Bereicherungsrechtlicher Schutz von Token

Neben dem Deliktsschutz erlangt auch der bereicherungsrechtliche Schutz wesentliche Bedeutung. Gerade die Unumkehrbarkeit der Tokentransaktionen macht es erforderlich, von Dritten gegebenenfalls eine Rückübertragung verlangen zu können. Um herauszufinden, ob der Zweck des Bereicherungsrechts eine solche Rückübertragung überhaupt decken würde, soll dieser in einem ersten Schritt kurz dargestellt werden (1). Anschließend werden die einzelnen Vorschriften des Bereicherungsrecht auf Token angewendet (2) – erneut einmal unter der Prämisse, dass eine Sachfähigkeit bejaht wird (2.a)), und einmal für den Fall einer Verneinung (2.b)). Das ermöglicht es, die Bedeutung der Sachfähigkeit herauszuarbeiten (2.c)).

1. Normzweck des Bereicherungsrechts

Das Bereicherungsrecht fokussiert sich nicht auf einen Schaden des Geschädigten, sondern auf einen unberechtigten Vermögenszuwachs beim Schädiger.[169] Ziel ist es, ein Mehr beim Anspruchsgegner aus Billigkeitsgründen zu beseitigen.[170] Das Bereicherungsrecht korrigiert dafür alle ungerechtfertigten Vermögensverschiebungen, für die ein Rechtsgrund fehlt.[171] Ob darüber hinaus ein Schaden oder ein Verschulden vorliegt, ist hingegen ohne Relevanz.[172] Es kommt allein auf das Bestehen eines Rechtsgrunds an,[173] sodass das Bereicherungsrecht im funktionalen Gegensatz zum Deliktsrecht steht.[174] Deutlich wird das beim Entreicherungseinwand aus § 818 Abs. 3 BGB, der den

---

[169] Siehe bereits ausführlich § 5II; ferner *Wieling/Finkenauer* BerR § 1 Rn. 5; kritisch, da zu stark vereinfachend, *Jansen* AcP 216 (2016), 112 (190 ff.).

[170] *Wandt* Gesetzliche Schuldverhältnisse, § 9 Rn. 3; zur Billigkeit *Giglio* Condictio proprietaria, S. 69 f.

[171] Vgl. *Schäfer* SchuldR BT, § 34 Rn. 2.

[172] *Wandt* Gesetzliche Schuldverhältnisse, § 9 Rn. 3; abgrenzend auch *Flume* 50 Jahre BGH I, S. 525 (535).

[173] Vgl. in Bezug auf Token Omlor/Link/*Omlor* § 6 Rn. 68.

[174] *Wandt* Gesetzliche Schuldverhältnisse, § 9 Rn. 9; vgl. auch *Giglio* Condictio proprietaria, S. 69.

Bereicherungsanspruch auf die tatsächlich noch bestehende Bereicherung kürzt.[175] Es geht um die Fortsetzung der rechtlichen Zuordnung auf vermögensrechtlicher Ebene, wenn die Rechtszuweisung bereits unumkehrbar beeinträchtigt wurde.[176] Damit stellt das Bereicherungsrecht nur einen subsidiären Ausgleich bereit, erfüllt aber eine wertungsbasierte, friedenserhaltende Funktion.[177] Trotzdem liegt den einzelnen Bereicherungsansprüchen kein einheitliches Prinzip zugrunde. Vielmehr muss zwischen Leistungs- (a)) und Nichtleistungskondiktionen (b)) unterschieden werden.[178]

a) Normzweck der Leistungskondiktion

Bei der Leistungskondiktion geht es um die Rückgängigmachung einer Leistung, insbesondere wenn das dingliche Verfügungsgeschäft wirksam ist, das zugrundeliegende schuldrechtliche Verpflichtungsgeschäft sich nach Durchführung aber als fehlerhaft erweist. Die Leistungskondiktion wickelt also fehlgeschlagene Schuldverhältnisse ab.[179] Als funktionales Gegenstück bildet sie das schuldrechtliche Korrektiv zum Abstraktionsprinzip, welches durch Abstraktion der parteilichen Zweckverfolgung auf Verkehrssicherheit durch Schaffung klarer Zuordnungsverhältnisse zielt.[180] Damit schafft die Leistungskondiktion den rechtfortwirkenden Annex zum Vertragsrecht, der Diskrepanzen zwischen einem verfehlten oder missbilligten Zweck und einer tatsächlich eingetretenen Güterlage beseitigt. Ziel ist mithin ein gerechter Güteraustausch.[181]

Die Leistungskondiktion macht also die auf einer Leistung beruhende Vermögensverschiebung rückgängig, weil für die Leistung kein rechtlicher Grund besteht. Die möglichen Formen fehlender Rechtsgründe werden in den einzelnen Tatbeständen aufgegriffen. Bereicherungsrechtlicher Schutz des Tokeninhabers besteht aber nur im Hinblick auf die Leistungsvornahme, die aufgrund eines Rechtsgrunds erfolgt. Obwohl die Leistungskondiktion ein neues gesetzliches Schuldverhältnis begründet, führt das bloße Bestehen des Rechtsgrunds

---

[175] Vgl. *Flume* 50 Jahre BGH I, S. 525 (525, 528), der zwar betont, dass das Vermögen des Bereicherungsgläubigers durch das Merkmal ‚auf Kosten' nicht unberücksichtigt bleibe, ebd. S. 525 ff., die Vermögensorientierung des Bereicherungsrechts aber spätestens durch die Grundsätze der Saldotheorie bestätigt sieht, ebd. S. 536 f.
[176] *Walter* JA 2012, 658 (658); *Wilhelm* SachR Rn. 72.
[177] *Stöcker* Dinglichkeit und Absolutheit, S. 4 Fn. 1.
[178] Sogenannte Trennungstheorie, die die früher noch vertretene Einheitstheorie inzwischen abgelöst hat, siehe statt aller *Wandt* Gesetzliche Schuldverhältnisse, § 9 Rn. 10; zur Entwicklung des Diskurses im Überblick und im Vergleich zum italienischen Recht *Giorgianno* Riv. dir. comm. 2005, 501 (504 f.).
[179] So treffend *Reuter/Martinek*¹ Ungerechtfertigte Bereicherung, S. 75.
[180] *Reuter/Martinek*¹ Ungerechtfertigte Bereicherung, S. 76 f.; *Wandt* Gesetzliche Schuldverhältnisse, § 9 Rn. 11.
[181] *Reuter/Martinek*¹ Ungerechtfertigte Bereicherung, S. 76; zur Schwäche des bereicherungsrechtlichen Anspruchs gegenüber einem dinglichen Anspruch jedoch ebd. S. 77 f.

dazu, dass schon vorher ein relatives Rechtsverhältnis zwischen zwei Rechtssubjekten bestehen muss – selbst wenn diesem ein gesetzlicher Rechtsgrund zugrunde liegt. Das frühere Synallagma strahlt auf die gesetzliche Rückabwicklung der Leistungskondiktion aus,[182] weshalb diese ihren Schutz nur relativ entfalten kann; eine absolute Schutzwirkung kommt der Leistungskondiktion nicht zu.

b) Normzweck der Nichtleistungskondiktion

Bei der Nichtleistungskondiktion geht es hingegen primär um den Schutz von Gütern, der auch absolut wirkt. Es geht darum, ob ein Eingriff in fremdes Recht vorliegt, der nicht durch etwaige Behaltensgründe gerechtfertigt werden kann.[183] Die dadurch herbeigeführte Vermögensverschiebung muss ungerechtfertigt sein und da insoweit dingliche Rechtszuweisungen maßgeblich sind, setzt sich die Wirkung des Eigentumsrechts oder sonstigen subjektiven Rechts in der Nichtleistungskondiktion fort.[184] Als Rechtsfortwirkungsanspruch zielt die Eingriffskondiktion darauf ab, Vermögensauswirkungen von Rechtsverletzungen zu korrigieren.[185] Sie tritt an die Stelle des Vindikationsanspruchs, der bis zum Eingriff oder Rechtsverlust besteht, und ist damit Teil des auf Gerechtigkeit abzielenden Rechtssystems.[186] Anders als bei der schuldrechtlich orientierten Leistungskondiktion steht hier die Rechtsfortwirkungsfunktion sehr viel stärker im Vordergrund. Die Rechtsfortwirkung wird nicht erst durch einen verfolgten Zweck, sondern unmittelbar von der Rechtsordnung und ihren absoluten Güterzuweisungen bestimmt.[187]

Bei der Eingriffskondiktion geht es allerdings nicht nur um Eingriffe im engeren Sinne, welche von § 812 Abs. 1 S. 1 Alt. 2 BGB als Eingriffskondiktion im engeren Sinne erfasst werden und bei denen sich die Vermögensverschiebung durch Handlung des Bereicherungsschuldners vollzieht.[188] Vielmehr geht es um Herausgabe dessen, was der Bereicherte zuweisungswidrig erlangt hat. Es werden alle Handlungen erfasst, durch die in den Zuweisungsgehalt eines

---

[182] *Reuter/Martinek*[1] Ungerechtfertigte Bereicherung, S. 78.

[183] Siehe insoweit zum Tatbestandsmerkmal ‚auf Kosten' *Wieling/Finkenauer* BerR § 4 Rn. 1, 11 ff.; zu den Behaltensgründen im Rahmen der Leistungskondiktion, die in der Regel in dem nach § 362 Abs. 1 BGB erfüllten Anspruch liegen, siehe *Wandt* Gesetzliche Schuldverhältnisse, § 10 Rn. 23.

[184] *Wandt* Gesetzliche Schuldverhältnisse, § 9 Rn. 10 f., 13 mwN; zur Rechtsnatur des Eingriffs *Zimmermann* Gesetzlicher Rückforderungsanspruch, S. 361.

[185] *Hüffer* JuS 1981, 263 (263).

[186] *Larenz/Canaris* Schuldrecht II/2, S. 170 § 69 I 1b).

[187] *Reuter/Martinek*[1] Ungerechtfertigte Bereicherung, S. 236; begründend *Wilburg* Lehre von der ungerechtfertigten Bereicherung, S. 27 ff., 29.

[188] *Wandt* Gesetzliche Schuldverhältnisse, § 11 Rn. 1; *Wieling/Finkenauer* BerR § 4 Rn. 6 ff.; ähnlich letztlich auch *Hüffer* JuS 1981, 263 (263).

Rechts eingegriffen wird; der Gedanke der Usurpation steht im Mittelpunkt.[189] § 812 Abs. 1 S. 1 Alt. 2 BGB erfasst zum Beispiel den in § 951 BGB angewiesenen Rechtsverlust durch gesetzlichen Eigentumserwerb oder, als Verwendungskondiktion, die Vornahme von Verwendungen.[190] Daneben bilden die Tatbestände der speziellen Nichtleistungskondiktionen Eingriffe in den Zuweisungsgehalt eines Rechts ab: die wirksame Verfügung des Nichtberechtigten (§ 816 Abs. 1 S. 1 und S. 2 BGB), die Leistung an einen Nichtberechtigten, die dem Berechtigten gegenüber wirksam ist (§ 816 Abs. 2 BGB), sowie die unentgeltliche Weitergabe der Bereicherung durch den dinglich Berechtigten an einen Dritten (§ 822 BGB).[191]

c) Zwischenergebnis

Die von der Nichtleistungskondiktion erfassten Eingriffe können von jedermann vorgenommen werden und setzen kein Rechtsverhältnis voraus. Anders als die Leistungskondiktion erlangt die Nichtleistungskondiktion dadurch absolute Schutzwirkung.[192] Es könnte somit allein auf letztere ankommen, jedoch ist die Leistungskondiktion stets vorrangig. Die Nichtleistungskondiktion kommt nur in Betracht, wenn dem Empfänger von niemandem den Bereicherungsgegenstand geleistet bekommen hat.[193] Das relative Rechtsverhältnis, das der Leistung als Rechtsgrund zugrunde liegt, überwiegt gewissermaßen die sonstigen Rechtspositionen. Mehr noch, jeglicher absolut wirkende Schutz, den der Leistungsempfänger in der Zwischenzeit gegebenenfalls erhalten hat, steht nach der rechtlichen Wertung demjenigen zu, der die geschützte Rechtsposition rechtsgrundlos geleistet hat. Die Rechtsordnung sieht vor, dass alle Bereicherungen herausgegeben werden müssen, die im Zusammenhang mit der durch Leistung erlangten Rechtsposition erlangt wurden. Um das absolute

---

[189] Den Usurpationsgedanken als gemeinsamen Nenner der von *Heck*, *Wilburg* und *v. Caemmerer* begründeten Zuweisungstheorie herausarbeitend *Reuter/Martinek*¹ Ungerechtfertigte Bereicherung, S. 236; zustimmend *Omlor* ZVglRWiss 119 (2020), 41 (53); Omlor/Link/*ders.* § 6 Rn. 38; aA *Jansen* AcP 216 (2016), 112 (219).

[190] Die Bereicherung wird durch den Entreicherten selbst herbeigeführt, vgl. *Wandt* Gesetzliche Schuldverhältnisse, § 11 Rn. 4; der Eingriff in den Zuweisungsgehalt führt nicht zur Bereicherung des Eingreifenden, sondern des Rechtsinhabers, *Reuter/Martinek*² Ungerechtfertigte Bereicherung, S. 258; zur Unterscheidung der einzelnen Tatbestände *Wieling/Finkenauer* BerR § 4 Rn. 4; zur umstrittenen Rückgriffskondiktion ebd. § 4 Rn. 5 sowie aA *Wandt* Gesetzliche Schuldverhältnisse, § 11 Rn. 1, 67 ff.; *Hüffer* JuS 1981, 263 (265); anders *Reuter/Martinek*¹ Ungerechtfertigte Bereicherung, S. 232 f., die die Nichtleistungskondiktionen in Eingriffs- und Abschöpfungskondiktionen aufteilen wollen, Rückgriffs- und Verwendungskondiktion sollen zur letzteren Untergruppe gehören.

[191] *Wandt* Gesetzliche Schuldverhältnisse, § 9 Rn. 17; aA *Reuter/Martinek*¹ Ungerechtfertigte Bereicherung, S. 232 f., die die Durchgriffskondiktionen bei Unentgeltlichkeit den Abschöpfungskondiktionen zuordnen.

[192] Vgl. *Hoffmann* JURA 2014, 71 (72).

[193] *Wandt* Gesetzliche Schuldverhältnisse, § 9 Rn. 18.

Schutzniveau der Token vollständig und umfassend zu erarbeiten, ist es daher unumgänglich, den relativ wirkenden Schutz der Leistungskondiktion mitzuberücksichtigen. Die Anwendbarkeit der bereicherungsrechtlichen Vorschriften wird daher sowohl für die Leistungs- als auch für die Nichtleistungskondiktion untersucht.

2. Subsumtion der Token unter die Vorschriften des Bereicherungsrechts

Vor diesem Hintergrund sind Token unter die Vorschriften des Bereicherungsrechts zu subsumieren. Dies erfolgt – wie für alle sonstigen Rechtsinstitute – zunächst für den Fall einer Bejahung der Sachfähigkeit (a)) und anschließend für den Fall, dass diese verneint wird (b)). Sodann werden beide erarbeiteten Schutzniveaus gegenübergestellt (c)).

a) bei Bejahung einer Sachfähigkeit

Für den Bereicherungsschutz sachfähiger Token werden Bereicherungsgegenstand (aa)), Leistungskondiktionen (bb)) sowie Nichtleistungskondiktionen (cc)) beleuchtet. Inhalt und Umfang des Anspruchs werden der Vollständigkeit halber umrissen (dd)).

aa) Bereicherungsgegenstand

Sollen Token unter die Vorschriften des Bereicherungsrechts subsumiert werden, müssen Token Gegenstand einer Bereicherung sein können. Grundsätzlich ist das Erlangte herauszugeben. Vor dem Hintergrund der Bereicherungsrechtsfunktion ist das weit auszulegen. Es sollen möglichst alle Vermögensverschiebungen ausgeglichen werden, sofern sie ungerechtfertigt ist. Bereicherungsgegenstand ist somit jede vorteilhafte Rechtsposition, ohne dass es auf den Vermögenswert ankommt.[194] Denkbar ist der Rechtserwerb, die Befreiung von Verbindlichkeiten oder die Verwertung fremder Rechte, ferner das Erlangen von Gebrauchs- und Nutzungsvorteilen.[195] Dieser Vorteil muss mit der schlussendlichen Bereicherung nicht identisch sein. Es geht noch nicht um die Bereicherung, sondern um einen irgendwie gelagerten Vorteil.[196] Es reicht aus, wenn die Bereicherung unmittelbar durch den Vorteil herbeigeführt wurde.[197]

---

[194] *Wandt* Gesetzliche Schuldverhältnisse, § 10 Rn. 4; der Bereicherungsgegenstand wird heutzutage gegenstandsorientiert bestimmt: Bereicherungsgegenstand ist alles, was Gegenstand einer Leistung oder auf sonstige Weise durch Eingriff erworben sein kann; dazu ebd. § 10 Rn. 8 sowie *Wieling/Finkenauer* BerR § 2 Rn. 5.

[195] Vgl. etwa *Wandt* Gesetzliche Schuldverhältnisse, § 10 Rn. 4 ff.; *Wieling/Finkenauer* BerR § 2 Rn. 5 ff., 12 ff.

[196] Historisch begründend *Giglio* Condictio proprietaria, S. 70.

[197] *Wieling/Finkenauer* BerR § 2 Rn. 3; *Wandt* Gesetzliche Schuldverhältnisse, § 11 Rn. 11; dies ist Folge der Differenzierung von Tatbestand und Rechtsfolge, vgl. dazu auch ebd. § 10 Rn. 8.

In diesem Zusammenhang zeigt sich erneut, dass rechtliche Ansprüche immer nur auf solche Gegenstände Bezug nehmen können, die rechtlich überhaupt erfasst sind. Das Bestehen eines beliebigen Vorteils reicht nicht aus, sondern muss eine vorteilhafte Rechtsposition darstellen.[198] Da es an dieser Stelle allein auf den Gegenstand der Bereicherung ankommt, ist zwar (noch) nicht maßgeblich, ob diese Rechtsposition einen Zuweisungsgehalt aufweist.[199] Trotzdem ist es notwendig, das erlangte Etwas genau zu qualifizieren, um die genaue Ausgestaltung der bereicherungsrechtlichen Rechtsfolgen herausarbeiten zu können.[200]

Werden Token als Sache im Sinne des § 90 BGB eingeordnet, ist deren genaue rechtliche Einordnung sichergestellt. Eigentum und Besitz an Token können problemlos Bereicherungsgegenstand sein, ohne dass es auf einen Vermögenswert ankommt.[201] Auch die in extrinsischen Token verkörperten Rechtspositionen fallen unter den weiten Gegenstandsbegriff des Bereicherungsrechts: Sie sind eine vorteilhafte Rechtsposition, die von einem Dritten erlangt werden kann.[202] Werden hingegen nur die Nutzungsvorteile eines Tokens erlangt, ohne dass dieser im Distributed neu zugeordnet wurde, sind stellen auch nur die im Token verkörperten Nutzungen und Gebrauchsvorteile den Gegenstand der Bereicherung dar.[203]

bb) Leistungskondiktionen

Gemeinsamer Nenner der Leistungskondiktionen ist deren Funktion im Güterbewegungsrecht, die sich im tatbestandlichen Erfordernis einer Leistungsvornahme zeigt.[204] Darunter ist die bewusste und zweckgerichtete Mehrung

---

[198] In diese Richtung wohl *Hoffmann* JURA 2014, 71 (73), um eine einheitliche Anwendung von negatorischem, deliktischem und bereicherungsrechtlichem Schutz zu gewährleisten; die Formulierung „jeder beliebige Vorteil" sei insoweit ungenau, *Wieling/Finkenauer* BerR § 2 Rn. 2; aA *Scholz* Beiträge zum Transnationalen Wirtschaftsrecht, Heft 162 (S. 25), der das Vorliegen eines wirtschaftlichen Werts durch Handelbarkeit ausreichen lässt.
[199] Omlor/Link/*Omlor* § 6 Rn. 37.
[200] So ausdrücklich *Wandt* Gesetzliche Schuldverhältnisse, § 10 Rn. 4 sowie *Wieling/Finkenauer* BerR § 2 Rn. 4, die das richtigerweise als Folge der gegenstandsorientierten Betrachtungsweise des Bereicherungsrecht einordnen.
[201] Omlor/Link/*Omlor* § 6 Rn. 37 differenziert insoweit zwischen technischer Registerposition und der durch den Private Key vermittelten Zugriffsmöglichkeit; vorliegend wird beides als Einheit gesehen und daher allein auf den Token abgestellt, vgl. § 2III; zum Vermögenswert vgl. *Weiss* JuS 2019, 1050 (1055).
[202] Omlor/Link/*Omlor* § 6 Rn. 37.
[203] *Skauradszun* AcP 221 (2021), 353 (384 Fn. 119); zur Abgrenzung, wann Nutzungen primärer Bereicherungsgegenstand und wann nur mitherauszugebendes Erlangtes sind *Wandt* Gesetzliche Schuldverhältnisse, § 12 Rn. 6.
[204] *Reuter/Martinek*[1] Ungerechtfertigte Bereicherung, S. 75.

fremden Vermögens zu verstehen.²⁰⁵ Indem eine Zweckgerichtetheit der Vermögensmehrung verlangt wird, wird auch der Zweck der Leistung in den Tatbestand aufgenommen. Eine durch Leistung erzielte Vermögensmehrung gilt dadurch nur als ungerechtfertigt, wenn kein Rechtsgrund bestand (§ 812 Abs. 1 S. 1 Alt. 1 BGB), dieser nachträglich weggefallen ist (§ 812 Abs. 1 S. 2 Alt. 1 BGB) oder nicht erreicht wird (§ 812 Abs. 1 S. 2 Alt. 2 BGB), ihm eine dauernde Einrede entgegensteht (§ 813 Abs. 1 S. 1 BGB) oder er gegen ein Gesetz oder die guten Sitten verstößt (§ 817 S. 1 BGB).²⁰⁶ Erst der Leistungszweck ermöglicht die Feststellung, ob ein solcher Rechtsgrund besteht. Die Leistung wird aufgrund des Rechtsgrunds vorgenommen, sodass aus ihm wird erkennbar wird, im Hinblick auf was geleistet wurde.²⁰⁷ Besteht schon kein Rechtsgrund, kann der Leistungszweck von vornherein nicht erreicht werden.²⁰⁸ Fehlt es hingegen am Leistungszweck, liegt eine für irrelevante Zuwendung vor. Das ist insbesondere für sachgerechte Lösungen bei Mehrpersonenverhältnissen von Bedeutung.²⁰⁹ Der Leistungszweck muss daher durch Zweckbestimmung kundgemacht werden, die wiederum eine einseitige, empfangsbedürftige Willenserklärung darstellt.²¹⁰ Auf ihrer Grundlage ist dann der Leistungszweck objektiv aus Empfängersicht zu bestimmen.²¹¹

Nicht jedes beliebige Handlungsmotiv kann allerdings auch Leistungszweck sein. Vielmehr kommen nur die von der Rechtsordnung anerkannten Zwecke in Betracht. Das sind solche, die auf einen Rechtsgrund gerichtet sind und dessen Fehlen den Konditionstatbestand auslöst.²¹² Wird beispielsweise eine Leistung getätigt, um eine Schuld zu tilgen (*datio solvendi causa*), stellt die hinter dem Leistungszweck stehende Schuld den Rechtsgrund dar. Sofern diese

---

²⁰⁵ Statt aller *Wandt* Gesetzliche Schulverhältnisse, § 10 Rn. 9 mwN sowie *Wieling/Finkenauer* BerR § 3 Rn. 3; zur Entstehung dieser Wendung *Reuter/Martinek*¹ Ungerechtfertigte Bereicherung, S. 80 f.

²⁰⁶ *Wandt* Gesetzliche Schulverhältnisse, § 9 Rn. 16.

²⁰⁷ *Wandt* Gesetzliche Schulverhältnisse, § 9 Rn. 22; damit meint die Zweckbestimmtheit das hinter der Transaktion stehende, sinngebende Ziel, das der Leistende verfolgt, dogmatisch typisiert und formalisiert, so *Reuter/Martinek*¹ Ungerechtfertigte Bereicherung, S. 86; ausführlich zur Lehre der sogenannten *causa* siehe ebd. S. 86 ff.

²⁰⁸ *Wieling/Finkenauer* BerR § 3 Rn. 5 f.; ähnlich *Wandt* Gesetzliche Schulverhältnisse, § 10 Rn. 13; je nachdem, ob der Fokus auf das objektiv-rechtliche Kausalverhältnis oder auf das subjektive Erreichen des Leistungszwecks gelegt wird, spricht man vom objektiven oder subjektiven Rechtsgrundbegriff; letztlich wird es entscheidend auf den Rechtsgrund zur Zeit der Geltendmachung des Bereicherungsanspruchs ankommen; dazu ebd. § 10 Rn. 23.

²⁰⁹ Vgl. *Wieling/Finkenauer* BerR § 3 Rn. 7; siehe ferner *Wandt* Gesetzliche Schulverhältnisse, § 10 Rn. 10.

²¹⁰ *Wandt* Gesetzliche Schulverhältnisse, § 10 Rn. 15.

²¹¹ *Wandt* Gesetzliche Schulverhältnisse, § 10 Rn. 13.

²¹² *Wieling/Finkenauer* BerR § 3 Rn. 8; jeder von der Rechtsordnung erlaubter Zweck, *Wandt* Gesetzliche Schulverhältnisse, § 10 Rn. 17; zu Leistungszwecken *Reuter/Martinek*¹ Ungerechtfertigte Bereicherung, S. 90 f.

Schuld tatsächlich besteht, liegt dieser wirksam vor. Besteht die Schuld im Zeitpunkt der Leistung nicht oder fällt nachträglich weg, fehlt der Rechtsgrund. Eine sich daraus Bereicherung ist nicht gerechtfertigt, weshalb mit § 812 Abs. 1 S. 1 Alt. 1 BGB und § 812 Abs. 1 S. 2 Alt. 1 BGB entsprechende Anspruchsgrundlagen existieren.[213]

Ohne Vertiefung der einzelnen Anspruchsvoraussetzungen wird deutlich, dass die Vorschriften der Leistungskondiktion nur auf Token anwendbar sind, wenn sie Gegenstand eines Rechtsgrunds und einer Leistung sein können. Vertragliche Vereinbarungen über Token sind wegen der Privatautonomie möglich, sodass sie jedenfalls Gegenstand eines Rechtsgrunds mit schuldrechtlicher Natur sein können. Leidet dieser Rechtsgrund – etwa ein Austauschvertrag, der die Leistung eines Tokens vorsieht – unter Wirksamkeitsmängeln, ist eine Kondiktion denkbar.[214]

Wird das Vorliegen einer Leistungskondiktion bejaht, ist der eigentliche Tokeninhaber vor den Folgen eines unwirksamen Rechtsverhältnisses mit einem anderen geschützt, selbst wenn dieses durch Umsetzung bereits absolute Wirkung erlangt hat. Die Rechtsordnung erkennt derartige Vermögensmehrungen als ungerechtfertigt an und ermöglicht daher ihre Rückgängigmachung. Absoluter Schutz vor Eingriffen in den Zuweisungsgehalt ist daneben nur gegenüber Dritten möglich, denen gegenüber gerade keine Leistung vorgenommen wurde.

cc) Nichtleistungskondiktionen

Da die Nichtleistungskondiktion den Schutz einer Rechtsposition *erga omnes* fortsetzt,[215] ist es sinnvoll, zwischen den einzelnen Tatbeständen der Nichtleistungskondiktion zu differenzieren. Es wird zunächst auf die allgemeine Nichtleistungskondiktion aus § 812 Abs. 1 S. 1 Alt. 2 BGB geschaut ((1)). Anschließend wird auf die Spezialtatbestände der § 816 Abs. 1 S. 1 BGB, § 816 Abs. 1 S. 2 BGB, § 816 Abs. 2 BGB und § 822 BGB eingegangen ((2)).

(1) Allgemeine Nichtleistungskondiktion nach § 812 Abs. 1 S. 1 Alt. 2 BGB

Der Bereicherungsgegenstand der Nichtleistungskondiktion unterscheidet sich nicht von dem der Leistungskondiktion; er erfasst Token in gleicher Weise. Es darf jedoch keine Leistung vorliegen, da sonst die Leistungskondiktion vorrangig wäre. Der Eingriff muss auf Kosten des Bereicherungsgläubigers

---

[213] *Wieling/Finkenauer* BerR § 3 Rn. 9; nicht abschließend *Wandt* Gesetzliche Schuldverhältnisse, § 10 Rn. 17.
[214] Omlor/Link/*Omlor* § 6 Rn. 69; eine Leistungskondiktion grundsätzlich ebenfalls in Betracht ziehend *Guntermann* RDi 2022, 200 (207); ähnlich *Skauradszun* AcP 221 (2021), 353 (384 Fn. 119).
[215] Vgl. *Hoffmann* JURA 2014, 71 (72); *Wandt* Gesetzliche Schuldverhältnisse, § 11 Rn. 6 sowie § 7II.1.

stattgefunden haben; es kommt allein auf die Rechtsposition an.[216] Da sich der Wortlaut nicht explizit auf das Vermögen bezieht, muss das Erlangte nicht zwingend aus dem Vermögen des anderen stammen. Notwendig ist lediglich, dass das Erlangte Zuweisungsgehalt in sich trägt. Nur wenn die Rechtsordnung jemandem etwas zugewiesen hat, erfolgt der Eingriff auf dessen Kosten.[217] Eine Vermögenseinbuße ist aber nicht erforderlich.[218]

Aus dem Gesetz ergibt sich nicht, wie dieser Zuweisungsgehalt zu bestimmen ist. Es ist unklar, was insoweit als Rechtsposition gilt, wie weit sie etwas zuordnet und ob sie einen bereicherungsrechtlich fortwirkenden Güterschutz bewirken soll.[219] Zur Bestimmung muss daher auf andere Kriterien zurückgegriffen werden, zum Beispiel gesetzliche Wertungen, das Bestehen von Nutzungs- und Verwertungsansprüchen oder Unterlassungsansprüchen, oder aber der deliktische Schutz einer bestimmten Rechtsposition.[220] Nicht per se ausreichend sind Normen, die einen Individualschutz bezwecken und infolgedessen ein sonstiges Recht im Sinne des § 823 Abs. 1 BGB begründen. Diese müssen sich erst zu einem Recht verdichten, das eine marktfähige Verwertungsmöglichkeit verkörpert; nur dann begründen sie eine bereicherungsrechtlich geschützte Vermögenszuweisung.[221] Das ausdifferenzierte Deliktsrecht kann hierfür erster Anhaltspunkt sein, kann aber nicht als alleiniger Maßstab herangezogen werden.[222] Das Bereicherungsrecht stellt einen flankierenden Schutz dar, verfolgt aber eine andere, eigene Schutzrichtung. Würde man bei allen deliktisch geschützten Rechten Zuweisungsgehalt erkennen, würde das Bereicherungsrecht viel zu weit reichen. An einschränkenden Kriterien wie dem

---

[216] *Wandt* Gesetzliche Schulverhältnisse, § 11 Rn. 10; ähnlich *Hüffer* JuS 1981, 263 (263 f.).

[217] *Wieling/Finkenauer* BerR § 4 Rn. 1; auch *Wandt* Gesetzliche Schulverhältnisse, § 11 Rn. 10; grundlegend *Heck* Grundriß des Schuldrechts, S. 421; zu Token *Omlor* ZVglRWiss 119 (2020), 41 (53); Omlor/Link/*ders.* § 6 Rn. 38.

[218] *Wieling/Finkenauer* BerR § 4 Rn. 1.

[219] Vgl. *Reuter/Martinek*[1] Ungerechtfertigte Bereicherung, S. 248.

[220] Übersichtlich *Wandt* Gesetzliche Schulverhältnisse, § 11 Rn. 10 mwN; Nutzungs- und Verwertungsmöglichkeit müssen von der Rechtsordnung als marktfähige Verwertungsmöglichkeit anerkannt sein, sodass der Bereicherungsschuldner eine korrespondierende Zahlung hätte verlangen können, *Larenz/Canaris* Schuldrecht II/2, S. 172 § 69 I 1d); *Reuter/Martinek*[1] Ungerechtfertigte Bereicherung, S. 256, 258 ff.; allgemeiner auch *Hüffer* JuS 1981, 263 (265); hinsichtlich Token so auch *Omlor* ZVglRWiss 119 (2020), 41 (53); Omlor/Link/*ders.* § 6 Rn. 38.

[221] *Hüffer* JuS 1981, 263 (265); ähnlich *Reuter/Martinek*[1] Ungerechtfertigte Bereicherung, S. 256 f.

[222] Im Deliktsrecht hingegen mehr als nur eine bloße Orientierung erkennend *Larenz/Canaris* Schuldrecht II/2, S. 170 f. § 69 I 1c), die dann einschränkend aber alle unentgeltlichen Fälle ausnehmen wollen, ebd. S. 171 § 69 I 1d); für eine Gesamtschau aller Gegebenheiten *Reuter/Martinek*[1] Ungerechtfertigte Bereicherung, S. 255 f.

Verschuldenserfordernis fehlt es gerade.[223] Auch bei immateriellen Vermögenspositionen kann eine marktfähige Verwertungsmöglichkeit fehlen. Sie beinhalten aber trotzdem eine Rechtszuweisung, wie das Bestehen eines Unterlassensanspruchs zeigt.[224]

Um bereicherungsrechtlich geschützt zu sein, müssen Token mithin Zuweisungsgehalt in sich tragen.[225] Ein Eingriff kann nur sanktioniert werden, wenn die Rechtsordnung sie auch konkret jemandem zugewiesen hat. Das wird jedenfalls für Token bejaht, die von einem Intermediär verwahrt werden und vertraglich zugewiesen sind.[226] Bei Bejahung der Sachfähigkeit würde es darauf aber nicht mehr ankommen. Der Token ist nicht nur mitsamt seiner Nutzungs- und Verwertungsmöglichkeit sachenrechtlich zugewiesen,[227] sondern es bestehen auch Unterlassungs- und deliktsrechtliche Ansprüche. Wird der Token entzogen oder beeinträchtigt, wird in seine Rechtsposition eingegriffen.[228] Weniger relevant dürfte hingegen der Fall der Verwendungskondiktion sein, also dass ein Token verwendet wird, um eine irrtümlich fremde Sache aufzuwerten. Obwohl dies durch Handlung des Entreicherten geschieht, würde in seine Rechtsposition eingegriffen werden, sodass er die Bereicherung herausverlangen kann.[229] Unklar ist zwar, wie eine Aufwendung aussehen würde: Da es sich bei Token nur um ein abstraktes Datum handelt, können Token nur schwer zur Aufwertung einer Sache genutzt werden. Es ist jedoch nicht ausgeschlossen, dass dies im Rahmen von virtuellen DLT-basierten Werten zukünftig der Fall sein kann. Eine Verwendungskondiktion ist dann grundsätzlich möglich.

Der bloße Tokenbesitz, der mit keinem Recht zum Besitz verbunden ist, bestimmt sich demgegenüber nach rein faktischen Kriterien und enthält keine

---

[223] Vgl. *Reuter/Martinek*¹ Ungerechtfertigte Bereicherung, S. 251, 257 f.
[224] Begründend *Kleinheyer* JZ 1970, 471 (475), demzufolge sich zwar aus dem Inhalt eines Rechts kein Zuweisungsgehalt ableiten lasse, sondern erst der Bereicherungsanspruch selbst eine Ertragszuweisung schaffe, jedoch das Bestehen eines Unterlassensanspruchs zur Bestimmung der Reichweite des Rechtsguts dennoch herangezogen werden können soll; aA *Reuter/Martinek*¹ Ungerechtfertigte Bereicherung, S. 249, 255 f. sowie bereits im Hinblick auf das Ursprungs- und Wirkungsverhältnis der Zuweisung im Bereicherungsrecht ebd. S. 234 f. § 7 I 1.
[225] *Omlor* ZVglRWiss 119 (2020), 41 (53 f.); Omlor/Link/*ders.* § 6 Rn. 38.
[226] Ausführlich *Omlor* ZVglRWiss 119 (2020), 41 (54); ferner Omlor/Link/*ders.* § 6 Rn. 38 f., 68, der auf den Zuweisungsgehalt der nach § 3 eWpG einer Sachfiktion unterliegenden elektronischen Wertpapiere hinweist; aA *Guntermann* RDi 2022, 200 (207) sowie wohl auch *Wandt* Gesetzliche Schuldverhältnisse, § 11 Rn. 11 mVa BGH, Urteil vom 10. Januar 2013, VII ZR 259/11, NJW 2013, 781, kritisch hieru *Hoffmann* JURA 2014, 71 (76 ff.); zur Zuweisung durch obligatorische Rechte *Wieling/Finkenauer* BerR § 4 Rn. 14 ff.
[227] Zum Zuweisungsgehalt von absoluten Rechten *Wieling/Finkenauer* BerR § 4 Rn. 12.
[228] Ebenso Omlor/Link/*Omlor* § 6 Rn. 68.
[229] Dazu ausführlich *Wieling/Finkenauer* BerR § 4 Rn. 32.

Zuweisung.²³⁰ Soweit die Inhaberschaft eines Tokens nicht weiter rechtlich untermauert ist, besteht keine Rechtsposition am Token, in die aber im Sinne einer Rechtsusurpation eingegriffen werden muss.²³¹

Der Eingriff in das Recht am Token muss rechtsgrundlos erfolgen. Das ist grundsätzlich indiziert, sodass der Eingriff nur durch Einwilligung oder gesetzliche Erlaubnis gerechtfertigt sein kann.²³² Es handelt sich dabei nicht um einen Rechtsgrund im Sinne einer *causa*, sondern eher um einen Behaltensgrund.²³³ Dieser ist für jeden Einzelfall gesondert zu ermitteln. Der gutgläubige Erwerb beispielsweise bildet einen Rechtsgrund, weshalb § 816 Abs. 1 BGB gegenüber dem Nichtberechtigten entsprechende Kondiktionen vorsieht, soweit keine Leistung vorrangig ist.²³⁴ Der gesetzliche Eigentumserwerb nach §§ 946 ff. BGB stellt keinen Rechtsgrund dar, da § 951 BGB zum Ausgleich ausdrücklich auf die Nichtleistungskondiktion verweist.²³⁵ Besonderheiten, die aus der Beschaffenheit der Token folgen, ergeben sich keine. Fragen sind rein rechtlicher Natur, sodass insoweit die allgemeinen Vorschriften herangezogen werden können.

(2) Spezialtatbestände der Nichtleistungskondiktion

Neben der allgemeinen Nichtleistungskondiktion aus § 812 Abs. 1 S. 1 Alt. 2 BGB bestehen weitere Tatbestände, die vor allem Mehrpersonenverhältnisse im Blick haben.²³⁶ Das Bereicherungsrecht wird relevant, da nicht der Rechtsinhaber, sondern ein Dritter eine Verfügung über das Recht des Rechtsinhabers tätigt. Aus Gründen der Sicherheit des Rechtsverkehrs wird diese von der Rechtsordnung – trotz ihrer Disharmonie mit der materiellrechtlichen Zuweisungsordnung²³⁷ – als wirksam erachtet.²³⁸ Es wird jedoch in die Verfügungsbefugnis oder in die Befugnis zur Annahme einer schuldtilgenden Leistung

---

[230] *Wieling/Finkenauer* BerR § 4 Rn. 13; ähnlich, jedoch als Folge dessen, dass eine Rechtsposition an Token verneint wird, *Omlor* ZVglRWiss 119 (2020), 41 (53); Omlor/Link/*ders.* § 6 Rn. 39; siehe dazu § 4I.3.

[231] Aus diesem Grund lehnt Omlor/Link/*Omlor* § 6 Rn. 39 einen Zuweisungsgehalt von Token konsequenterweise ab; allgemein zum Erfordernis einer rechtlich anerkannten Position *Reuter/Martinek*¹ Ungerechtfertigte Bereicherung, S. 257; konkret zum Besitz v. *Mayr* Bereicherungsanspruch, S. 128 f. und *Omlor/Gies* JuS 2012, 13 (17).

[232] *Wieling/Finkenauer* BerR § 4 Rn. 17; zur Auslegung der gesetzlichen Erwerbsvorschriften ebd. Rn. 19 f.

[233] *Wandt* Gesetzliche Schulverhältnisse, § 11 Rn. 19.

[234] *Wieling/Finkenauer* BerR § 4 Rn. 20.

[235] Dazu *Wieling/Finkenauer* BerR § 4 Rn. 20, 22 ff.

[236] Vgl. *Wandt* Gesetzliche Schulverhältnisse, § 11 Rn. 24.

[237] So treffend *Reuter/Martinek*¹ Ungerechtfertigte Bereicherung, S. 281.

[238] *Wandt* Gesetzliche Schulverhältnisse, § 11 Rn. 25.

eingegriffen, die eigentlich dem Gläubiger zusteht.[239] § 816 BGB erfasst dabei die Konstellation, dass der Nichtberechtigte wirksam über einen Gegenstand verfügt hat (Abs. 1), aber auch den spiegelbildlichen Fall, dass die an einen Nichtberechtigten bewirkte Leistung eigentlich dem Berechtigten zustand (Abs. 2).[240]

Bedeutendster Anwendungsfall des § 816 Abs. 1 BGB ist der Rechtserwerb durch gutgläubigen Erwerb. Der Rechtsinhaber verliert wegen § 932 BGB seinen Vermögensgegenstand, während der Nichtberechtigte trotz unberechtigter Verfügung einen Vermögenszuwachs in Form der Gegenleistung erhält.[241] Da der Ausgleichanspruch von einem Verschulden und einem bösen Glauben unabhängig ist, hat er neben den dinglichen Ansprüchen eine nicht zu unterschätzende praktische Bedeutung.[242] § 816 Abs. 2 BGB zielt hingegen eher auf das ausnahmsweise[243] Erlöschen einer schuldrechtlichen Forderung ab. Dazu kann es kommen, wenn die Leistung nicht an den wirklichen Gläubiger erfolgt, etwa nach Abtretung gemäß § 407 BGB oder bei Schadensersatzleistung an den Besitzer nach § 851 BGB. Das Bereicherungsrecht erkennt dann richtigerweise Korrekturbedarf: Wenn schon das Recht erlischt, soll sich dieses wenigstens in einem Bereicherungsanspruch fortsetzen und der wirkliche Gläubiger soll von demjenigen, an den die Leistung erfolgt ist, Herausgabe des Erlangten verlangen können.[244]

Demgegenüber stelle § 816 Abs. 1 S. 2 BGB und § 822 BGB Ausnahmen dar für Konstellationen, in denen unentgeltlich verfügt wurde.[245] Erstere besteht, weil der Nichtberechtigte unentgeltlich verfügt und daher keine Gegenleistung erlangt hat. Der vormals Berechtigte kann keinen Erlös herausverlangen; alle anderen bereicherungsrechtlichen Anspruchsgrundlagen laufen ins Leere.[246] Gleichzeitig hat der gutgläubige Erwerber kein Vermögensopfer

---

[239] So treffend *Hüffer* JuS 1981, 263 (266); nach *Wieling/Finkauer* Bereicherungsrecht, § 4 Rn. 33 sei die gesonderte Normierung des § 816 Abs. 1 S. 1 BGB daher in gewisser Weise überflüssig, da es keinen Unterschied mache, ob sich jemand den Substanzwert einer fremden Sache durch Verbrauch oder wirksame Veräußerung zueigne.

[240] *Lorenz* JuS 2018, 654 (654, 656).

[241] *Wandt* Gesetzliche Schuldverhältnisse, § 11 Rn. 25; zur nachträglichen Genehmigung ebd. § 11 Rn. 30; ferner *Lorenz* JuS 2018, 654 (654) sowie bereits *Hüffer* JuS 1981, 263 (266); es geht nicht um Gutglaubenserwerb, sondern um eine wirksame Verfügung, *Reuter/Martinek*¹ Ungerechtfertigte Bereicherung, S. 283.

[242] *Reuter/Martinek*¹ Ungerechtfertigte Bereicherung, S. 285.

[243] Zum Regel-Ausnahme-Verhältnis insoweit *Wandt* Gesetzliche Schuldverhältnisse, § 11 Rn. 55.

[244] *Lorenz* JuS 2018, 654 (656); zur Fortsetzung der erloschenen Rechts ebd. S. 654.

[245] Daher eher Spezialfälle *Reuter/Martinek*¹ Ungerechtfertigte Bereicherung, S. 282 klassifizieren diese daher auch als Spezialfälle der allgemeinen Abschöpfungskondiktion und nicht als solche der Eingriffskondiktion.

[246] *Wandt* Gesetzliche Schuldverhältnisse, § 11 Rn. 39; knapper *Lorenz* JuS 2018, 654 (656).

erbracht, sodass er gegebenenfalls ein geringeres Interesse daran hat, den erlangten Vermögenswert behalten zu dürfen. In Anbetracht des Rechtsverlusts des vormalig Berechtigten, der ansonsten folgenlos bleiben würde, muss dieses Interesse daher zurücktreten.[247] Um der veränderten Interessenlage gerecht zu werden, sieht die Rechtsordnung eine Durchgriffshaftung vor, die sich über die vorrangigen Leistungsbeziehungen hinwegsetzt: Der Bereicherungsgläubiger bekommt einen direkten Herausgabeanspruch gegenüber dem Bereicherten.[248] Eine ähnliche Wertung liegt auch dem Herausgabeanspruch aus § 822 BGB zugrunde. Der unentgeltliche Erwerber ist weniger schutzwürdig als derjenige, der unberechtigterweise entreichert wird.[249] Der unentgeltlich Verfügende ist zwar berechtigt, steht aber in der Kette zwischen dem Entreicherten und dem unentgeltlich Bereicherten. Der Verfügungsempfänger ist somit unentgeltlich bereichert, ohne dass ihm gegenüber ein bereicherungsrechtlicher Herausgabeanspruch geltend machen kann. Nur eine Durchgriffskondiktion verhindert, dass sich in diesem Fall die eigentliche Wertung des Bereicherungsrecht und des § 818 Abs. 3 BGB ins Gegenteil verkehrt.[250]

Alle bereicherungsrechtlichen Spezialtatbestände dienen letztlich der Fortsetzung einer gewissen Wertung, die die Rechtsordnung bereits anderswo zum Ausdruck gebracht hat. Die zugrundeliegenden Wertungen bestehen somit auch unabhängig von Token und DLT. Beispielsweise ist der Rechtsfortwirkungsanspruch bei Token ebenfalls einschlägig, wenn Token gutgläubig erworben werden können.[251] Gleiches gilt bei Leistung des Tokens an einen Nichtberechtigten, die dem Berechtigten gegenüber wirksam ist, sowie für den Tokenerwerb ohne Gegenleistung.

Umgekehrt müssen die Wertungen des Bereicherungsrechts auch in der DLT Geltung erlangen. Die Wertungen resultieren aus der Konstruktion der Rechtsordnung und sind Teil eines komplexen, aufeinander abgestimmten Schutzsystems. Schutz von Token nur teilweise zu gewähren, dafür müssten besondere Gründe vorliegen (zB ein immaterielles Individualschutzinteresse, das sich nicht zu einem vermögenswerten Recht verdichtet). Bei Token steht der Vermögenswert aber gerade im Vordergrund. Die Verneinung der Rechtsfortwirkung im Bereicherungsrecht bei Anerkennung eines deliktischen Schutzes wäre inkongruent.

---

[247] *Lorenz* JuS 2018, 654 (655).
[248] *Wandt* Gesetzliche Schuldverhältnisse, § 11 Rn. 39, 43; *Hüffer* JuS 1981, 263 (267).
[249] Deutlich differenzierender hingegen *Hüffer* JuS 1981, 263 (267).
[250] *Wandt* Gesetzliche Schuldverhältnisse, § 11 Rn. 48.
[251] So auch *Skauradszun* AcP 221 (2021), 353 (384 Fn. 119); zum Rechtsfortwirkungsanspruch in diesem Zusammenhang *Lorenz* JuS 2018, 654 (654).

(3) Zwischenergebnis zu den Nichtleistungskondiktionen

Die Nichtleistungskondiktion setzt grundsätzlich einen Eingriff in eine Rechtsposition mit Zuweisungsgehalt voraus. Diese ist vorab zu bestimmen, wird aber jedenfalls durch die gesetzliche Anordnung eines gutgläubigen Erwerbs verletzt. Insgesamt bilden die einzelnen Regelungen des Bereicherungsrechts ein ausdifferenziertes und wertungsbasiertes System, in das sich Token mit ihrem zuweisenden Charakter aber problemlos einfügen.

dd) Inhalt und Umfang des Bereicherungsanspruchs bei Token

Abschließend wird ein kurzer Blick auf die Rechtsfolgen eines Bereicherungsanspruchs geworfen. Sofern es um die ungerechtfertigte Bereicherung eines Tokens geht, richtet sich dieser in der Regel auf die Herausgabe des Eigentums und/oder des Besitzes an dem entsprechenden Token. Beides ist grundsätzlich in Natur herauszugeben, also durch Eigentumsübertragung und der dafür erforderlichen Besitzübergabe durch Neuzuordnung im Distributed Ledger. Der Token muss zurücktransferiert werden.[252] Erst dann entspricht die faktische Tokeninhaberschaft dem vorherigen Zustand, worauf auch die Herausgabe einer Sache in Natur abzielt.[253]

Es ist aber nicht nur der Bereicherungsgegenstand, sondern alles herauszugeben, was durch die Bereicherung erlangt wurde.[254] Es sind daher auch gezogene Nutzungen umfasst, was im Rahmen von extrinsischen Token von besonderer Relevanz sein dürfte. Wird nämlich Eigentum und/oder Besitz hieran erlangt, ist dem neuen Inhaber meist auch die enthaltene Nutzungsziehung möglich. Trotzdem hat er nicht nur die verkörperten Nutzungen erlangt, sondern auch den Token als Ganzen. Beides muss an den Bereicherungsgläubiger zurückverschafft werden.[255]

Ist eine Rücktransaktion nicht möglich, sieht § 818 Abs. 2 BGB Wertersatz vor. Relevant wird das, wenn der Bereicherungsschuldner mangels Private Keys keinen Zugriff mehr auf den Token hat. Das allgemeine Leistungsstörungsrecht ist hingegen nicht anwendbar.[256] Für die Berechnung des

---

[252] *Lukas* Zivilrechtliche Probleme um digitale Token, S. 16, der insoweit jedoch auch auf Schwierigkeiten bei der Rechtsdurchsetzung hinweist; eine Auskehrpflicht infolge bereicherungsrechtlicher Regelungen grundsätzlich wohl ebenfalls in Betracht ziehend *Kaulartz/Matzke* NJW 2018, 3278 (3283).

[253] *Weiss* JuS 2019, 1050 (1055).

[254] Statt aller *Wieling/Finkauer* Bereicherungsrecht, § 5 Rn. 1.

[255] Zur Abgrenzung *Wandt* Gesetzliche Schuldverhältnisse, § 12 Rn. 6.

[256] *Wieling/Finkauer* Bereicherungsrecht, § 5 Rn. 1; im Zusammenhang mit Token *Weiss* JuS 2019, 1050 (1055); ähnlich *Ammann* CR 2018, 379 (384), der auf Bitcoins wegen ihrer Fungibilität allerdings die von der Rechtsprechung entwickelte Geldsummenschuld anwenden möchte, ebd. S. 385; das verkennt die Wertschwankungen, die der Einordnung als Geld entgegenstehen, sowie die übrigen Anwendungsmöglichkeiten der Token.

Wertersatzes ist seit jeher umstritten, ob der Bereicherungsgegenstand gegenstandsbezogen oder in Orientierung an dessen Vermögenswert zu beziffert ist. Inzwischen wird das für die einzelnen Kondiktionsarten unterschiedlich beantwortet. Grundsätzlich ist der objektive Verkehrswert herauszugeben, nur im Rahmen des § 816 Abs. 1 S. 1 BGB wird auf den tatsächlichen Veräußerungserlös abgestellt.[257] Auch bei Token kann der Wert unterschiedlich bestimmt werden: Entweder wird der objektive Marktwert des Tokens herangezogen, oder aber der Wert, den der Token im Vermögen tatsächlich ausgemacht hat. Gründe, wieso von diesen allgemeinen Erwägungen abgewichen werden sollte, liegen jedoch nicht vor.

Ist der Bereicherungsgegenstand oder dessen Wert überhaupt nicht mehr im Vermögen des Bereicherten vorhanden, ist der Einwand einer möglichen Entreicherung nach § 818 Abs. 3 BGB möglich.[258] Auch hier ergeben sich keine Besonderheiten für Token: Hat der Bereicherungsschuldner den Token nicht mehr in seinem Vermögen, ist die Verpflichtung zur Herausgabe oder zum Wertersatz ausgeschlossen. Von der Möglichkeit dieser Einwendung ausgeschlossen ist jedoch derjenige, der nach §§ 818 Abs. 4, 819 f. BGB verschärft haftet. Hier werden weitere Abwägungen des Gesetzgebers sichtbar,[259] die in gleicher Weise für Tokeninhaber gelten.

ee) Zwischenergebnis zur Subsumtion der Token unter die Vorschriften des Bereicherungsrechts bei Bejahung einer Sachfähigkeit

Wird eine Sachfähigkeit bejaht, ist eine Subsumtion der Token unter die Vorschriften des Bereicherungsrechts unproblematisch möglich. Die hieran möglicherweise bestehenden Eigentums-, Nutzungs- und Verwertungsrechte werden von der Rechtsordnung anerkannt und verdichten sich zu einem bereicherungsrechtlich geschützten Zuweisungsrecht. Das ausgeklügelte Schutzsystem und die dahinterstehenden Wertungen entfalten in gleicher Weise Wirkung wie bei anderen körperlichen Sachen. Das gilt für die Rechtsfortwirkung der von den Parteien verfolgten Leistungszwecke bei Leistungskondiktionen, aber in erster Linie auch für die Abwehr von Eingriffen in absolute Rechtspositionen durch Nichtleistungskondiktionen.

b) bei Verneinung einer Sachfähigkeit

Anders gestaltet sich die Rechtslage, wenn Token keine Sachfähigkeit zuerkannt wird. Es besteht dann kein Eigentum oder Besitz, sodass fraglich ist,

---

[257] Statt aller *Wandt* Gesetzliche Schuldverhältnisse, § 12 Rn. 11, § 11 Rn. 34 ff.; *Wieling/Finkauer* Bereicherungsrecht, § 4 Rn. 40 ff. sowie ausführlich *Reuter/Martinek*[1] Ungerechtfertigte Bereicherung, S. 533 ff., 542 ff.
[258] *Weiss* JuS 2019, 1050 (1055).
[259] Siehe dazu statt aller *Wandt* Gesetzliche Schuldverhältnisse, § 12 Rn. 44 ff.

worin eine Bereicherung überhaupt besteht (aa)). Es werden wieder Leistungs- und Nichtleistungskondiktion betrachtet, wobei erstere auch für nicht eingeordnete Token anwendbar sein sollte (bb)). Bei der Nichtleistungskondiktion gibt es hingegen erhöhten Begründungsaufwand (cc)).

aa) Bereicherungsgegenstand

Grundsätzlich kann alles, was Gegenstand von Rechten sein kann, auch Bereicherungsgegenstand sein. Gleichzeitig ist das Mindestvoraussetzung: Rechtlicher Schutz kann sich nur auf Gegenstände beziehen, die auch rechtlich erfasst sind. Sofern eine Vermögensverschiebung außerhalb der Rechtsordnung liegt, kann sie nicht durch Bereicherungsrecht ausgeglichen werden – auch wenn es der bereicherungsrechtlichen Wertung entsprechen würde.[260]

Damit wird einmal mehr deutlich, dass Token nicht als rechtliches Nullum klassifiziert werden können, sondern zumindest einer Rechtsposition *sui generis* unterliegen müssen. Ansonsten würde die Rechtsordnung ihrer Aufgabe der Güterordnung nicht gerecht.[261] Diese Rechtsposition wäre dann Bereicherungsgegenstand – genauso wie die tatsächliche Inhaberschaft am Token, die dadurch rechtlich anerkannt wird. Soll nur letztere geschützt werden, kann auf relativ vereinbarte Rechte zurückgegriffen werden, sofern sie eine Inhaberschaft vermitteln.

Doch auch wenn mit der Rechtsposition *sui generis* der Bereicherungsgegenstand grundsätzlich benannt werden kann, ist nach wie vor unklar, *worin* die Rechtsposition besteht. Spätestens bei dem Versuch, den Bereicherungsgegenstand zu umreißen, ergeben sich Schwierigkeiten. Denn der Bereicherungsgegenstand ist stets sauber herauszuarbeiten, da nur so anschließend bestimmt werden kann, ob, wie und in welchem Umfang eine eventuelle Bereicherung herauszugeben ist.[262] Der Rechtsanwender muss die Rechtsposition am Token klar definieren können, um nachvollziehen zu können, ob die Rechtsposition gerade auch den Vorteil umfasst, der beim Bereicherungsschuldner zu der ungerechtfertigten Bereicherung geführt hat. Das gilt insbesondere mit Blick auf verkörperte Nutzungen und Gebrauchsvorteile, die sich – anders als beim Eigentumsrecht – nicht automatisch aus der Rechtsposition ergeben. Nur wenn

---

[260] So auch die zugrundeliegende Prämisse bei *Wandt* Gesetzliche Schulverhältnisse, § 10 Rn. 4.
[261] Siehe dazu bereits § 7II.2.a)aa); aA wohl *Guntermann* RDi 2022, 200 (207), die das Bestehen einer Rechtsposition ablehnt, Token trotzdem aber als mögliches erlangtes Etwas erachtet.
[262] Vgl. *Wandt* Gesetzliche Schulverhältnisse, § 10 Rn. 4; *Wieling/Finkenauer* BerR § 2 Rn. 4; aber auch § 7II.2.a)aa); konkret in Bezug auf Token hingegen keine Schwierigkeiten sehend *Weiss* JuS 2019, 1050 (1055).

Token klar auf andere Rechte Bezug nehmen, können diese ohne größeren Mehraufwand begründet werden.[263]

Vor diesem Hintergrund wäre es ungenau, hinsichtlich des Bereicherungsgegenstands auf die technische Registerposition und die durch Private Keys vermittelte Zugriffsmöglichkeit zu verweisen, ohne dass diese von der Rechtsordnung erfasst sein sollen.[264] Bloße Inhaberschaften und Dispositionsbefugnisse werden vom Bereicherungsrecht gerade nicht erfasst.[265] Die Rechtsposition am Token muss auch die technischen Voraussetzungen der Tokennutzung umfassen. Um das sicherzustellen, besteht ein gewisser Begründungsbedarf – zumindest bis sich eine fest umrissene Rechtsposition etabliert hat.

bb) Leistungskondiktionen

Ist der Bereicherungsgegenstand einmal konkretisiert, sind die bestehenden Unklarheiten über die Reichweite der Rechtsposition an Token für die Leistungskondiktion nicht weiter von Bedeutung. Wegen der Anbindung der Kondiktion an den Leistungszweck kommt es nicht mehr auf die Rechtsposition am Token an, sondern vielmehr darauf, was von den Parteien mit der Leistung bezweckt, aber nicht erreicht worden ist. Dies bestimmt sich nach den Verträgen, die mit Bezugnahme auf den Token vereinbart worden sind, nicht aber nach dem Token selbst. Das gilt für Austauschverträge[266] und Verwahrverträge mit Intermediären[267] gleichermaßen, sodass keine Unterschiede zur Einordnung der Token als Sache im Sinne des § 90 BGB bestehen.[268]

cc) Nichtleistungskondiktionen

Anderes gilt bei der Nichtleistungskondiktionen, deren Funktion es gerade ist, den Schutz gegen Eingriffe in absolute Rechtspositionen vermögensrechtlich fortzusetzen.[269] Da es bei Verneinung der Sachfähigkeit an einer anerkannten und in ihrem Umfang definierten Rechtsposition fehlt, muss der rechtliche

---

[263] Vgl. Omlor/Link/*Omlor* § 6 Rn. 37.

[264] So etwa Omlor/Link/*Omlor* § 6 Rn. 37; insoweit noch weniger differenzierend und nur pauschal darauf verweisend, dass ein NFT ein erlangtes Etwas sein könne *Guntermann* RDi 2022, 200 (207).

[265] So auch Omlor/Link/*Omlor* § 6 Rn. 38; gleiches gilt auch für den Besitz, vgl. *Omlor/Gies* JuS 2012, 13 (17)

[266] Vgl. Omlor/Link/*Omlor* § 6 Rn. 69.

[267] *Omlor* ZVglRWiss 119 (2020), 41 (54).

[268] Auch *Guntermann* RDi 2022, 200 (207) will die Anwendung von Leistungskondiktionen grundsätzlich als möglich erachtend, obwohl sie das Vorliegen einer Rechtsposition grundsätzlich und insbesondere auch im Rahmen der Nichtleistungskondiktion ablehnt; dies überzeugt nur bedingt, da es insoweit eigentlich schon an einem Bereicherungsgegenstand fehlt, siehe § 7II.2.b)aa).

[269] Siehe dazu § 7II.1.

Zuweisungsgehalt hier explizit herausgearbeitet werden.[270] Eine rein faktische Marktverwertungsmöglichkeit reicht gerade nicht aus, um ein Zuweisungsrecht zu bejahen.[271] Vielmehr muss die Nutzungs- und Verwertungsmöglichkeit auch rechtlich anerkannt sein. Bei Annahme eines rechtlichen Nullums würde diese in jedem Fall fehlen. Im Falle einer Rechtsposition *sui generis* müsste ausreichend deutlich dargelegt werden, dass sich die Nutzungs- und Verwertungsmöglichkeiten zu einem relevanten Grad verdichtet haben und Teil der an Token bestehenden Rechtsposition sind. Dadurch besteht nicht nur im Hinblick auf den Bereicherungsgegenstand, sondern auch für den Zuweisungsgehalt der Rechtsposition ein erheblicher Begründungsaufwand.[272] Erleichterung wird hier dadurch verschafft, dass sich aus der zuordnenden Natur der Token nicht nur eine Abwehrfunktion, sondern auch eine Nutzungsfunktion ergibt. Es liegt somit nahe, auch eine Rechtsposition entsprechend weit zu fassen. Im Grundsatz ist absoluter Schutz durch Eingriffskondiktion aber jedenfalls möglich.

Keine Besonderheiten ergeben sich mit Blick auf die Spezialtatbestände der Nichtleistungskondiktion, die ausdrücklich auf eine Verfügung Bezug nehmen. Wird eine Rechtsposition an Token bejaht, wird sie auch übertragbar sein. Auch wenn Token andere Rechtspositionen verkörpern, wird die Verfügung über den Token stattfinden.[273] Soweit die Rechtsordnung diese Verfügung entgegen der Verfügungsberechtigung als wirksam erachtet, sind die Tatbestände des § 816 BGB einschlägig. Demgegenüber wird sich bei einer Rechtsposition *sui generis de lege lata* kaum ein gutgläubiger Erwerb begründen lassen. Dieser beruht auf einer zu ausdifferenzierten und bewussten Entscheidung des Gesetzgebers. Infolgedessen wäre § 816 Abs. 1 S. 1 BGB bei Verneinung der Sachfähigkeit nicht auf Token anwendbar.

Unabhängig davon kann auf einen rein schuldrechtlichen Verwahranspruch abgestellt werden, um Zuweisungsgehalt zu bestimmen.[274] Der Schutz wirkt zwar nur relativ, doch bei Verwahrung kann sich die Nutzungs- und Verwertungsmöglichkeit ausreichend verdichten. Aufgrund des für die Verwahrung

---

[270] Ebenso Omlor/Link/*Omlor* § 6 Rn. 38 f.; demgegenüber verneint *Guntermann* RDi 2022, 200 (207) konsequenterweise, dass eine Nichtleistungskondiktion einschlägig sein könnte, da es an einer Rechtsposition gänzlich fehle; dieses Problem hingegen nicht sehend *Kütük-Markendorf* Internetwährungen, S. 202.

[271] *Larenz/Canaris* Schuldrecht II/2, S. 172 § 69 I 1d); *Reuter/Martinek*¹ Ungerechtfertigte Bereicherung, S. 256, 258 ff.; *Hüffer* JuS 1981, 263 (265) sowie im Zusammenhang mit Token *Omlor* ZVglRWiss 119 (2020), 41 (53); Omlor/Link/*ders.* § 6 Rn. 38; zur Bestimmung des Zuweisungsgehalts siehe auch § 7II.2.a)cc)(1).

[272] Aus diesem Grund eine Nichtleistungskondiktion für Token ebenfalls verneinend, wenn diese nicht rechtlich erfasst sind, *Arndt* Bitcoin-Eigentum, S. 66 f.

[273] Ebenso Omlor/Link/*Omlor* § 6 Rn. 69.

[274] So der Vorschlag von *Omlor* ZVglRWiss 119 (2020), 41 (54); Omlor/Link/*ders.* § 6 Rn. 39.

notwendigen tatsächlichen Innehabens kann der vertragliche Herausgabeanspruch abgetreten werden und sich rechtlich verselbständigen.[275] Dadurch wird die Nutzungs- und Verwertungsmöglichkeit rechtlich abgesichert und geht über rein tatsächliche Gegebenheiten hinaus.[276] Der Anspruch ist mehr als nur eine immaterielle Position oder wirtschaftliche Chance, sondern bekommt Zuweisungscharakter.[277] Ob das für eine ausreichend starke Verdichtung ausreicht, bleibt fraglich. Für Domainnamen hat die Rechtsprechung das jedoch bereits bejaht.[278] Muss aber sowieso immer auch eine Rechtsposition an Token bestehen, ist der schuldrechtliche Herausgabeanspruch eher als zusätzliches Indiz heranzuziehen.

dd) Zwischenergebnis zur Subsumtion der Token unter die Vorschriften des Bereicherungsrechts bei Verneinung einer Sachfähigkeit

Anknüpfungspunkte für einen bereicherungsrechtlichen Schutz bestehen auch bei Verneinung der Sachfähigkeit. Wesentlich ist insoweit die Herleitung und Definition einer wie auch immer gearteten Rechtsposition an Token. Das obliegt dem Rechtsanwender, sodass dieser zunächst das an dem infragestehenden Token bestehende Recht definieren müsste. Das mag zwar eine einzelfallgerechte Lösung sein, führt aber gleichzeitig zu einer geringeren Rechtssicherheit. Es verbleiben stets Zweifel an der Allgemeingültigkeit der konkret gefundenen Lösungen. Insoweit werden Parallelen zum deliktischen Schutz sichtbar.[279] Für beide Rechtsinstitute gilt, dass sich erst eine ständige Rechtsprechung entwickeln muss oder der Gesetzgeber tätig wird, um eine rechtssichere Lösung bereitstellen zu können. Ohne das ist ein bereicherungsrechtlicher Schutz nur mit entsprechender Begründung des Rechtsanwenders im Einzelfall möglich.

c) Unterschiede je nach Sachfähigkeit der Token und Zwischenergebnis

Wie auch im Deliktsrecht[280] werden die Unterschiede im Falle einer Bejahung oder Verneinung der Sachfähigkeit sofort ersichtlich. Während die Einordnung der Token als Sache im Sinne des § 90 BGB unproblematisch einen umfassenden bereicherungsrechtlichen Schutz nach sich zieht, führt die Verneinung der Sachfähigkeit zu aufwändigen Einzelfallbegründungen und zu einer geringeren Rechtssicherheit. Bei den elektronischen Wertpapieren des eWpG wird das wieder einmal deutlich: Die Sachfiktion führt hier auch zu einem

---

[275] *Omlor* ZVglRWiss 119 (2020), 41 (54).
[276] Omlor/Link/*Omlor* § 6 Rn. 39.
[277] In Anlehnung an *Reuter/Martinek*¹ Ungerechtfertigte Bereicherung, S. 251.
[278] Siehe insoweit nur die Darstellung im Zusammenhang mit dem bereicherungsrechtlichen Schutz von Token bei *Omlor* ZVglRWiss 119 (2020), 41 (51, 54) mwN.
[279] Siehe § 7I.2.b)dd).
[280] Siehe § 7I.2.c).

bereicherungsrechtlichen Schutz.[281] Auch im Hinblick auf das bereicherungsrechtliche Schutzniveau erscheint es somit vorzugswürdig, eine Sachfähigkeit der Token zu bejahen. Nur dann kann die Abwehr von Beeinträchtigungen aller Art lückenlos im Vermögen fortgeführt werden.

3. Zwischenergebnis zum bereicherungsrechtlichen Schutz von Token

Token können durch das Bereicherungsrecht absolut geschützt werden. Je nach rechtlicher Einordnung lassen sie sich besser oder schlechter unter dessen Vorschriften subsumieren. In jedem Fall aber besteht ein praktisches Bedürfnis nach bereicherungsrechtlichem Schutz.

III. Schutz von Token durch das Recht zur Geschäftsführung ohne Auftrag

Zuletzt wird noch ein Blick auf das Recht zur Geschäftsführung ohne Auftrag geworfen. Dies sieht ebenfalls einen Schutz gegenüber jedermann vor, wenn auch eher als Nebeneffekt. Soweit relevant, wird der uneinheitliche Zweck dieses Rechtsinstituts dargestellt (1). Anschließend werden die Normen wie gehabt mit und ohne Sacheinordnung auf Token angewendet (2).

1. Normzweck des Rechts zur Geschäftsführung ohne Auftrag

Das Recht zur Geschäftsführung ohne Auftrag verfolgt verschiedene Normzwecke. Alle wurzeln jedoch im Altruismus und zielen auf ausgleichende Gerechtigkeit.[282] Im Vordergrund steht das Handeln und die zugrundeliegende Motivation, nicht das Objekt oder dessen Schutz. Freiwilliges uneigennütziges Eingreifen aus Nächstenliebe soll begünstigt werden, während gleichzeitig vor ungebetener und eigensüchtiger Einmischung geschützt werden soll. Auf einen Schaden oder eine Bereicherung kommt es nicht an.[283]

Aus diesem Grund unterscheidet die Rechtsordnung zwischen zwei Formen der Geschäftsführung ohne Auftrag. Nur Geschäftsführung, die mit Fremdgeschäftsführungswillen durchgeführt wird, stellt eine echte Geschäftsführung ohne Auftrag dar. Der Geschäftsführer, der das Geschäft für einen anderen vornimmt, muss das Geschäft bewusst für jemand anderen führen.[284] Handelt der Geschäftsführer hingegen mit Eigengeschäftswillen, steht der altruistische Gedanke nicht mehr im Vordergrund, sondern der Schutz um einen Schutz gegen vorsätzliche Eingriffe Dritter in geschützte Rechtspositionen erweitert. Funktionell handelt es sich also um einen deliktsrechtlichen Schutz. Dieser wird nur

---

[281] Müller/Pieper/*Müller* eWpG § 2 Rn. 18 mwN; *Einsele* Elektronische Wertpapiere, S. 33 (40).
[282] *Wandt* Gesetzliche Schuldverhältnisse, § 2 Rn. 1, 4; *Schäfer* SchuldR BT, § 31 Rn. 6; ausführlich und differenzierender Staudinger/*Bergmann* Vorb §§ 677 ff. Rn. 1, 13.
[283] Staudinger/*Bergmann* Vorb §§ 677 ff. Rn. 13; *Wilhelm* SachR Rn. 73 f.
[284] Vgl. statt aller *Wandt* Gesetzliche Schuldverhältnisse, § 2 Rn. 7, 10.

aus Zweckmäßigkeitsgründen im Recht der Geschäftsführung ohne Auftrag mitgeregelt.[285]

Obwohl es darum geht, die Geschäftsführung und die Motivation des Handelnden wertzuschätzen und ein entsprechendes Regelkonstrukt bereitzustellen, sieht die Rechtsordnung einen objektsbezogenen absoluten Schutz vor. Dieser greift immer dann, wenn in eine Rechtsposition eingegriffen wird – selbst wenn dies aus altruistischen und somit grundsätzlich zu befürwortenden Gründen geschieht. Das Rechtsinstitut bestimmt hier eine besondere Ausgleichs- und Lastenordnung.[286] Danach soll der Schutz von Rechtspositionen nicht hinter der Motivation des Handelnden zurücktreten, wenn dies über das erforderliche Maß hinausgeht oder das Geschäft lediglich unter dem Deckmantel eines altruistischen Handelns geführt wird. Als privilegierungswürdig werden nur die Fälle erachtet, in denen ein Geschäft für einen anderen in Übereinstimmung mit dessen Willen vorgenommen wird oder der entgegenstehende Wille des Geschäftsherrn unbeachtlich ist. Die Geschäftsführung gilt dann als berechtigt und stellt ein Recht zum Besitz im Sinne des § 986 BGB dar, sodass es dinglichen Ansprüchen entgegengehalten werden kann. Ferner ist sie Rechtsgrund im Bereicherungsrecht und Rechtfertigungsgrund im Deliktsrecht. Auch die in § 680 BGB normierte Verschuldensprivilegierung, wenn mit der Geschäftsführung die Abwendung einer dem Geschäftsherrn drohenden dringenden Gefahr bezweckt wurde, gilt über den Anwendungsbereich des Rechtsinstituts hinaus. Umgekehrt kann der Geschäftsführer Aufwendungsersatz nach § 683 BGB verlangen.

Entsprach die Geschäftsführung hingegen nicht dem Willen des Geschäftsherrn und war mithin unberechtigt, sieht § 684 BGB lediglich Herausgabe des Erlangten nach Bereicherungsrecht vor. Wegen § 818 Abs. 3 BGB ist der Geschäftsführer nicht vor einer etwaigen Entreicherung des Geschäftsherrn geschützt. Zudem stellt die unberechtigte Geschäftsführung weder ein Recht zum Besitz noch einen Rechts- oder Rechtfertigungsgrund dar. Vorschriften zur berechtigten Geschäftsführung sind nur nach Genehmigung des Geschäftsherrn anwendbar.

Auch infolge der nicht privilegierungswürdigen, eher deliktsrechtlich anmutenden Geschäftsführung mit Eigengeschäftsführungswillen werden unterschiedliche Rechtsfolgen vorgesehen: Wird das Geschäft irrtümlich als Eigengeschäft geführt, erklärt § 687 Abs. 1 BGB die Privilegierungen der §§ 677 ff. BGB ausdrücklich für nicht anwendbar und verweist auf die allgemeinen Bestimmungen.[287] Wird das Geschäft bewusst als Eigengeschäft geführt, darf der betroffene Geschäftsherr die Geschäftsführung gemäß § 687 Abs. 2 BGB auch an sich ziehen und sich für die modifizierte Anwendung der Vorschriften der

---

[285] Dazu ausführlich *Wandt* Gesetzliche Schulverhältnisse, § 2 Rn. 9 mwN.
[286] *Wandt* Gesetzliche Schulverhältnisse, § 2 Rn. 4.
[287] *Wandt* Gesetzliche Schulverhältnisse, § 2 Rn. 12.

echten Geschäftsführung ohne Auftrag entscheiden. Insgesamt sind somit vier verschiedene Unterformen der Geschäftsführung ohne Auftrag denkbar, für die die Rechtsordnung – je nach Wertung der zugrundeliegenden Motivation der Beteiligten – unterschiedliche Rechtsfolgen vorsieht.[288]

2. Subsumtion der Token unter die Vorschriften des Rechts zur Geschäftsführung ohne Auftrag

Das Recht zur Geschäftsführung ohne Auftrag begründet somit keinen eigenen absoluten Schutz, sondern erklärt einen solchen in bestimmten Situationen als nicht anwendbar. Trotzdem ist es sinnvoll zu verstehen, wann und wie weit der absolute Schutz von Token beschränkt wird. Von besonderem Interesse ist dabei, ob sich durch Bejahung (a)) oder Verneinung der Sachfähigkeit (b)) Unterschiede im Schutzniveau ergeben (c)).

a) bei Bejahung einer Sachfähigkeit

Wird eine Sachfähigkeit von Token bejaht, besteht über die dinglichen, deliktischen und bereicherungsrechtlichen Vorschriften grundsätzlich umfassender absoluter Schutz. Je nach Wertungskonstellation begrenzt das Recht zur Geschäftsführung ohne Auftrag diesen Schutz. Hierbei ergeben sich allerdings keine Besonderheiten für Token. Mit dem Token nach eigenem Belieben verfahren zu können, steht zwar allein dem Eigentümer zu. Bei Vorliegen einer berechtigten Geschäftsführung wird der Geschäftsführer aber trotzdem privilegiert.[289] Es wird aber ein Aufwendungsersatzanspruch gewährt, der auch Aufwendungen umfasst, die auf Token gemacht wurden. Wird beispielsweise die Zuordnung im Distributed Ledger für einen anderen und in dessen Interesse geändert, handelt der Geschäftsführer mit anerkennenswerter Motivation und der Geschäftsherr kann den Besitz am Token nicht mehr herausverlangen. Der Geschäftsführer kann vielmehr etwaige von ihm geleistete Aufwendungen vom Geschäftsherrn ersetzt verlangen, zum Beispiel wenn er verbundene Nutzungserweiterungen gegen Zahlung erworben hat. Liegen hingegen die Voraussetzungen der berechtigten Geschäftsführung ohne Auftrag nicht vor, bleiben die allgemeinen Regelungen anwendbar und der Geschäftsherr kann nur Herausgabe nach Bereicherungsrecht verlangen.

b) bei Verneinung einer Sachfähigkeit

Wird demgegenüber verneint, dass Token Sachen im Sinne des § 90 BGB darstellen, besteht sowieso schon nur ein lückenhafter absoluter Schutz: Dingliche Vorschriften sind von vornherein nicht anwendbar und das Deliktsrecht

---

[288] Kritisch *Wandt* Gesetzliche Schuldverhältnisse, § 2 Rn. 10 f.
[289] Eine Anwendbarkeit bei Bejahung eines Eigentums bejahend auch *Arndt* Bitcoin-Eigentum, S. 132 Fn. 213.

gewährt nur Schutz, soweit eine Rechtsposition *sui generis* mit absolutem Charakter begründet werden kann. Darüber hinaus kann nur an strafrechtliche Normen angeknüpft werden.[290] Ähnliches gilt für das Bereicherungsrecht, das ebenfalls irgendeine Rechtsposition an Token voraussetzt, um einen Schutz gewähren zu können.

Allerdings wird teilweise versucht, einen gegen jedermann wirkenden Schutz originär aus dem Recht der Geschäftsführung ohne Auftrag zu begründen. Überträgt ein Nichtberechtigter einen Token für einen anderen und in Übereinstimmung mit dessen Willen, soll es sich um eine angemaßte Eigengeschäftsführung handeln, bei der ein etwaiger Erlös nach §§ 687 Abs. 2, 681 S. 2, 667 Alt. 2 BGB herauszugeben ist. Damit greife das Recht zur Geschäftsführung ohne Auftrag vor allem in Konstellationen, in denen es mangels Rechtsposition an Token an einer Verfügung fehlt, die für die Erlösherausgabe nach § 816 Abs. 1 BGB aber erforderlich ist.[291] Durch diesen Ansatz würden Rechtslücken, die mangels Rechtsposition an Token *de lege lata* bestehen, zumindest teilweise geschlossen. Trotzdem verkennt dies die grundlegende systematische Ausgestaltung des Rechts zur Geschäftsführung ohne Auftrag. Es geht hierbei nicht um die Begründung neuer Schutzansprüche, sondern um die Privilegierung des Geschäftsführers bei nachvollziehbarer Handlungsmotivation. Damit absoluter Schutz gewährt werden kann, bedarf es auch einer Rechtsposition, die absolute Wirkung entfaltet. Dann greifen Delikts- und Bereicherungsrecht unabhängig davon, ob die Voraussetzungen des Rechts zur Geschäftsführung ohne Auftrag einschlägig sind. Soll das Handeln in Bezug auf einen Token privilegiert werden, greift das Recht zur Geschäftsführung ohne Auftrag ohne weitere Besonderheiten. #es überzeugt aber nicht, die Notwendigkeit einer Rechtsposition von vornherein zu umgehen, indem der Umweg über das Recht zur Geschäftsführung ohne Auftrag gemacht wird.

c) Unterschiede je nach Sachfähigkeit der Token und Zwischenergebnis

Im Rahmen des Rechts zur Geschäftsführung ohne Auftrag werden die Unterschiede bei Bejahung oder Verneinung der Sachfähigkeit somit ebenfalls deutlich. Während die Einordnung der Token als Sache es ermöglicht, Wertungen und daraus erwachsende Privilegierungen auf Tokenhandlungen anzuwenden, ist dies bei Verneinung der Sachfähigkeit nicht möglich. Ein weiteres Mal wird sichtbar, dass die Bejahung der Sachfähigkeit nicht nur im Hinblick auf einen umfassenden absoluten Schutz von Token, sondern gerade auch wegen der Verknüpfung mit anderen Rechtsinstituten und den dahinterstehenden Wertungen vorzugswürdig erscheint.

---

[290] Vgl. allgemeiner auch *Guntermann* RDi 2022, 200 (202 f.).
[291] So der Vorschlag von Omlor/Link/*Omlor* § 6 Rn. 70, der trotz Verneinung einer möglichen Verfügung von Token von einem durch *Veräußerung* erlangten Verkaufserlös spricht.

3. Zwischenergebnis zum Schutz von Token durch das Recht zur Geschäftsführung ohne Auftrag

Token können durch das Recht zur Geschäftsführung ohne Auftrag nicht absolut geschützt werden; allenfalls werden tokenbezogene Handlungen wegen der zugrundeliegenden Motivation des Geschäftsführers privilegiert. Diese Wertung gilt jedoch unabhängig von der rechtlichen Einordnung der Token und kann eine solche insbesondere nicht begründen.

IV. Schutz von Token durch die culpa in contrahendo

Nicht außer Acht gelassen werden soll, dass ein absoluter Schutz auch durch Vorschriften möglich ist, die im Vertragsrecht angesiedelt sind. Bei der *culpa in contrahendo* ist Haftungsgrund zwar der gesteigerte Kontakt bei Vertragsanbahnung, der ein gewisses beidseitiges Handeln erfordert und damit an relativ wirkende Vertragsbeziehungen erinnert. Dieser Kontakt lässt neue Einwirkungsmöglichkeiten auf die Rechtsgüter des anderen entstehen und erhöht das Risiko einer Rechtsgutverletzung.[292] Trotzdem gewährt die *culpa in contrahendo* gerade auch dann rechtlichen Schutz, wenn es nicht zu einem Vertragsschluss kommt.[293] Ein bestehendes Schuldverhältnis ist gerade nicht erforderlich. Stattdessen entsteht ein Schuldverhältnis, dessen Inhalt nicht von den Parteien festgelegt werden kann. Es ist strittig, ob dies als vertraglich oder gesetzlich begründet einzuordnen ist.[294] Jedenfalls aber sieht es keine Primärpflichten, sondern nur Verhaltenspflichten vor,[295] die dann gegenüber jeden und mithin absolut schützen.[296]

Damit bildet die *culpa in contrahendo* die Brücke zwischen Vertrags- und Deliktsrecht; es werden die Fälle erfasst, in denen ein Schaden bereits entstanden ist, es aber noch keinen Vertrag gibt.[297] Um dem Haftungsgrund der gesteigerten Gefahr einer Rechtsverletzung gerecht zu werden, verweisen

---

[292] *Rinaldo* Haftung Dritter, S. 64 f.

[293] *v. Bar/Drobnig* Interaction of Contract Law and Tort and Property Law, Rn. 343 f.

[294] Ausführlich zur Diskussion im deutsch-italienischen Rechtsvergleich *Rinaldo* Haftung Dritter, S. 64 ff., 107 ff.

[295] *Rinaldo* Haftung Dritter, S. 67 f.

[296] *van Dam* European Tort Law, S. 212; *Rinaldo* Haftung Dritter, S. 67.

[297] Treffend formuliert, wenn auch in Bezug auf das italienische Recht, *Rinaldo* Haftung Dritter, S. 106; allgemein *v. Bar/Drobnig* Interaction of Contract Law and Tort and Property Law, Rn. 343. Lange wurde gestritten, ob die *culpa in contrahendo* dem deliktischen oder vertragsrechtlichen Schutz zuzuordnen ist. Die Vorschriften des Deliktsrechts wurden wegen ihrer Beschränkung auf absolute Rechtsgüter allerdings als zu eng erachtet, weshalb der Gesetzgeber die *culpa in contrahendo* im Zuge der Schuldrechtsmodernisierung 2001 im allgemeinen Schuldrecht (und somit außerhalb des Deliktsrechts) normiert hat. Er hat allerdings explizit offengelassen, ob es sich nicht trotzdem um ein eigenständiges Rechtsinstitut handeln könnte. Dazu *Rinaldo* Haftung Dritter, S. 64; *v. Bar/Drobnig* Interaction of Contract Law and Tort and Property Law, Rn. 344.

§ 311 Abs. 2 und Abs. 3 BGB auf die Verhaltenspflichten des § 241 Abs. 2 BGB. Diese können unabhängig von einem späteren Vertragsschluss eingeklagt werden, auch wenn es um Rechtsverletzungen geht, die eigentlich für Vertragsverhältnisse typisch sind.[298] Der durch die *culpa in contrahendo* gewährte Schutz ist eng mit dem anvisierten Vertragsverhältnis verbunden und bewegt sich entsprechend nah am Schutzbereich der relativen Rechte. Dass es sich aber gerade noch nicht um einen vertraglichen Schutz handelt, wird mit Blick auf den Umfang des Schutzes deutlich. Anders als bei relativen Schutzansprüchen wird nur das negative Interesse geschützt. Nur Schäden, die im Vertrauen auf einen Vertragsabschluss entstanden sind, werden ersetzt. Ersatz des positiven Interesses kann nicht verlangt werden, da ein Anspruch hierauf erst mit dem anvisierten Vertrag entstanden wäre. Neben dem gesteigerten Kontakt wird also auch das Vertrauen im Rahmen der Vertragsanbahnung geschützt. Beides steht gesondert neben dem Vertragsschluss und bildet eigene Haftungsgründe.[299]

Auch Token werden von der *culpa in contrahendo* geschützt. Aus dem Normzweck ergibt sich zwar, dass es nur sekundär um den Schutz von Rechtspositionen geht. Im Vordergrund steht der Schutz des Integritätsinteresses, der auch das bloße Vermögen schützt. Zum Vermögen im rechtlichen Sinne gehören aber ebenfalls nur rechtlich erfasste Positionen. Die *culpa in contrahendo* kann Token daher nur insoweit schützen, als dass eine an ihnen bestehende Rechtsposition beeinträchtigt wird. Wie diese konkret aussieht, ist nicht weiter von Bedeutung, wenn jedenfalls der Vermögenswert der Token erfassen wird. Das ist unabhängig davon, ob Eigentum oder nur eine andere, noch weiter zu umreißende Rechtsposition *sui generis* anerkannt wird. Für eine einheitliche Rechtsordnung ist nur erforderlich, dass Token überhaupt rechtlich erfasst werden; sie dürfen nur nicht als rechtliches Nullum eingeordnet werden. Grundlegende Unterschiede infolge einer möglichen Sachfähigkeit ergeben sich wegen der vermögensnahen Ausgestaltung der *culpa in contrahendo* somit nicht.

V. Bedeutung der Sachfähigkeit für den absoluten Schutz von Token

Tritt man einen Schritt zurück, wird deutlich, welche Bedeutung die Sachfähigkeit für das rechtliche Schutzniveau hat. Da sie definiert, welche Gegenstände der realen Welt als Rechtsobjekt gelten, wird über diese Stellschraube eine grundlegende Strukturentscheidung getroffen. Hieran knüpft nicht nur die Rechtszuweisung, sondern auch die Rechtsabwehr an, sodass die Sachfähigkeit letztlich auch hier Bedeutung erlangt. Dies gilt sowohl für das Delikts- und Bereicherungsrecht als auch für das Recht der Geschäftsführung ohne Auftrag und der *culpa in contrahendo*, bei denen die Rechtsabwehr nicht einmal mehr den zentralen Zweck darstellt.

---

[298] *Rinaldo* Haftung Dritter, S. 67 f.
[299] Vgl. *Rinaldo* Haftung Dritter, S. 66.

VI. Rechtsvergleichender Blick nach Italien: Absoluter Schutz von Token

Ein letzter Blick soll auf die italienische Rechtsordnung geworfen werden. Art. 1173 cc legt – der traditionellen gaianischen Dreiteilung folgend – fest, dass Verpflichtungen aus Vertrag, aus unerlaubter Handlung oder aus jeder anderen von der Rechtsordnung bestimmten Handlung oder Tatsache entstehen können.[300] Damit werden wie im deutschen Recht verschiedene Rechtsinstitute bereitgestellt, die einen Schutz neben dem dinglichen Schutz gewähren.[301] Sie alle begründen eine Leistung, die dann Gegenstand eines neu entstehenden Schuldverhältnisses ist.[302] Eine unerlaubte Handlung ist beispielsweise vom Deliktsrecht erfasst (1), andere Handlungen oder Tatsachen sind hingegen durch das Bereicherungsrecht (2), das Recht zur Geschäftsführung ohne Auftrag (3) oder die *culpa in contrahendo* (4) geschützt.

Alle Ansprüche, die aus diesen Rechtsinstituten hervorgehen, gehören zu den persönlichen Ansprüchen. Sie untergliedern sich in Verträge mit Ursprung in der unerlaubten Handlung oder *ex lege* und sind alle am Ende des Vierten Buchs zum Schuldrecht *Delle obbligazioni* geregelt. Als persönliche Ansprüche sind sie klar von den dinglichen Ansprüchen zu unterscheiden, da sie nicht unmittelbar an eine Rechtsposition anknüpfen. Gerade in prozessualer Hinsicht gibt es daher bedeutende Ungleichheiten.[303] Trotzdem liegt diesen persönlichen Ansprüchen kein vertragliches Schuldverhältnis zugrunde. Sie entsprechen damit deutschen gesetzlichen Schuldverhältnisse und entfalten genauso absolute Schutzwirkung.[304] Lediglich die Bezeichnung als gesetzliche Schuldverhältnisse ist der italienischen Rechtswissenschaft fremd.[305]

Allerdings werden an dieser Stelle nur die einzelnen Rechtsinstitute erläutert und auf Token angewendet und noch nicht mit dem deutschen Recht

---

[300] Cendon/*Camilleri*/*Di Marzio* Trattario, S. 466; *Rinaldo* Haftung Dritter, S. 98; *Gallo* Rimedi restitutori, S. 3.

[301] Siehe im Überblick *Argiroffi* Azioni a difesa della proprietà, S. 32 f.

[302] Art. 1174 cc bestimmt für den Leistungsbegriff, dass dieser in seinem wirtschaftlichen Wert bestimmbar sein muss und kein Gläubigerinteresse nicht-vermögensrechtlicher Art sein darf; nach Art. 1346 cc muss die Leistung ferner möglich, erlaubt und inhaltlich bestimmt oder bestimmbar sein; siehe dazu *Rinaldo* Haftung Dritter, S. 98.

[303] Siehe § 6V.1 sowie Di Marzio/*Di Marzio* S. 202, der insoweit auf die Unterschiede bei der Beweislastverteilung, der Bestimmung des Anspruchsgegners, der Richterzuständigkeit und der Verjährung hinweist; im Einzelnen *Celeste* Azioni a difesa della proprietà, S. 12 ff.

[304] Zu Schuldverhältnissen mit nicht-vertraglichem Ursprung allgemein Bocchini/*Quadri* Diritto privato, S. 1289; dinglich Di Marzio/*Di Marzio* S. 201; deliktsrechtlich Di Marzio/*Giordano* S. 3; bereicherungsrechtlich *Sirena* Riv. dir. civ. 2006, 305 (309) sowie *Giorgianno* Riv. dir. comm. 2005, 501 (502).

[305] Laut *Jansen* AcP 216 (2016), 112 (117 f.) sei dies eine deutsche Eigenheit, allerdings sei die Bezeichnung ungenau und lasse keinen gemeinsamen Grundgedanken erkennen, weshalb von unmittelbar auf Gesetz beruhenden Schuldverhältnissen gesprochen werden sollte, ebd. S. 118 ff.

verglichen. Hierauf wird bei Darstellung der Rechtsinstitute zwar immer wieder Bezug genommen, ein umfassender Rechtsvergleich ist an dieser Stelle aber noch nicht sinnvoll. Denn das Schutzniveau ergibt sich in beiden Rechtsordnungen gerade erst aus dem Zusammenwirken der einzelnen Rechtsinstitute. Es kann daher identisch sein, auch wenn die konkrete Abgrenzung zwischen den einzelnen Rechtsinstituten unterschiedlich gehandhabt wird. Eine Gegenüberstellung erfolgt daher erst nach Zusammenfassen der Rechtsinstitute zu einem einheitlichen Schutzniveau (§ 8).

1. Deliktischer Schutz von Token

Der intensivste Schutz geht vom Deliktsrecht aus, das an unerlaubte Handlungen anknüpft und dessen Archetyp die Eigentumsverletzung ist.[306] Es wird auf die Wiederherstellung des ursprünglichen Zustands abgezielt, auch wenn es nicht um die Verletzung einer Zuordnung, sondern um die des Integritätsinteresses geht.[307] Art. 2058 cc sieht ausdrücklich vor, dass einer Entschädigungspflicht auch durch Wiederherstellung des früheren Zustands nachgekommen werden kann.[308] Es wird dargestellt, wie diese Ziele vom italienischen Recht erreicht werden (a)) und wie diese Regelungen auf Token angewendet werden können (b)).

a) Schadensersatz wegen unerlaubter Handlung nach Art. 2043 cc

Das italienische Deliktsrecht ist nach französischem Vorbild gestaltet und besteht aus einer einzigen Generalklausel, dem Art. 2043 cc.[309] Danach muss derjenige, der einem anderen durch vorsätzliche oder fahrlässige Handlung einen widerrechtlichen Schaden zufügt, den entstandenen Schaden ersetzen.[310] Daneben gibt es weitere Anspruchsgrundlagen, die einzelne, als gefährlich erachtete Sach- und Rechtslagen typisieren und mit den Gefährdungstatbeständen des deutschen Rechts vergleichbar sind. Aus ihnen leitet der Gesetzgeber eine objektive Verantwortung oder ein vermutetes Verschulden der dahinterstehenden Person ab, etwa bei Tierhaltung nach Art. 2052 cc, bei Ausübung einer gefährlichen Tätigkeit nach Art. 2050 cc oder bei Eigentum an einem Gebäude oder an einem Fahrzeug, Art. 2053 f. cc.[311] Diese sind im Hinblick auf Token

---

[306] Di Marzio/*Giordano* S. 4; Di Marzio/*Di Marzio* S. 202.

[307] *Celeste* Azioni a difesa della proprietà, S. 47 f.

[308] *Celeste* Azioni a difesa della proprietà, S. 48 f.

[309] Vgl. dazu *Kindler* Einführung in das italienische Recht, § 17 Rn. 20; *Canaris* Riv. dir. civ. 2017, 1 (1 f.).

[310] Zum Deliktsaufbau *Kindler* Einführung in das italienische Recht, § 17 Rn. 21; die von ihm vorausgesetzte Rechtswidrigkeit wird nicht ausdrücklich in Art. 2043 cc genannt, stattdessen spricht dieser nur von einem *danno ingiusto*, also einem widerrechtlichen Schaden; vgl. insoweit rechtsvergleichend *Rinaldo* Haftung Dritter, S. 111 f.

[311] Di Marzio/*Mancini* S. 10; Deliktsrecht in Europa/*Busnelli* S. 7.

nicht relevant und werden daher nicht weiter beleuchtet. Stattdessen wird die Rechtsverletzung und deren Reichweite untersucht (aa)), womit einige Schwierigkeiten einhergehen (bb)), sowie die Frage, wann die Rechtsverletzung als widerrechtlich oder rechtswidrig gilt (cc)). Sodann wird ein Blick auf die doppelte Bedeutung des Schadensbegriffs geworfen, aus der sowohl haftungsbegründende als auch haftungsausfüllende Kausalität herausgelesen werden (dd)). Abschließend werden die subjektiven Elemente (ee)) und der Schadensumfang auf Rechtsfolgenseite (ff)) dargestellt.

aa) Weites Verständnis der Rechtsverletzung

Im Vordergrund des Art. 2043 cc steht die Rechtsverletzung und – anders als noch im Vorgängergesetz – nicht das subjektive vorsätzliche Fehlverhalten oder Verschulden des Verantwortlichen.[312] Damit bezieht sich das Deliktsrecht primär auf Verletzungen rechtlich geschützter Positionen; im zivilrechtlichen Haftungssystem sind das insbesondere Eigentumsverletzungen.[313] Anknüpfungspunkt ist der Begriff des *danno ingiusto*, was wörtlich mit widerrechtlichem Schaden übersetzen werden kann. Funktional stellt er aber das Pendant zur Rechtsverletzung dar. Um die weite Formulierung des Tatbestands einzugrenzen, wurde dieser Begriff ursprünglich eng ausgelegt und verlangt, dass die Verletzung eines absoluten subjektiven Rechts vorliegt.[314] Der Art. 2043 cc war dem deutschen § 823 Abs. 1 BGB dadurch sehr ähnlich.[315]

Schritt für Schritt wurde der Schutzumfang dann wieder erweitert. Grund dafür war zunehmende Bedeutung der Solidarität im gesellschaftlichen Leben.[316] Das in der Verfassung verankerte Solidaritätsprinzip wurde immer häufiger zur Schaffung eines angemessenen Ausgleichs herangezogen. Das Verständnis des Art. 2043 cc änderte sich dadurch nach und nach, weg von einer Sekundärvorschrift hin zu einer Primärnorm, die eigene Rechte und Pflichten begründet.[317] Die deliktsrechtliche Vorschrift wurde nunmehr als flexible

---

[312] Di Marzio/*Giordano* S. 4; Deliktsrecht in Europa/*Busnelli* S. 9.

[313] *Argiroffi* Azioni a difesa della proprietà, S. 150; Di Marzio/*Di Marzio* S. 202; vgl. allgemeiner auch *Kindler* Einführung in das italienische Recht, § 17 Rn. 22.

[314] Deliktsrecht in Europa/*Busnelli* S. 9; *Maltese* Riv. dir. civ. 2001, 531 (534); Di Marzio/*Di Marzio* S. 202.

[315] *Rinaldo* Haftung Dritter, S. 113; *Kindler* Einführung in das italienische Recht, § 17 Rn. 22; *v. Bar/Drobnig* Interaction of Contract Law and Tort and Property Law, Rn. 41.

[316] *Maltese* Riv. dir. civ. 2001, 531 (534), der auf die Befürwortung der weiten Auslegung im Schrifttum hinweist, ebd. S. 535; zur Anknüpfung an die Solidarität und den weiteren infolgedessen entwickelten Kriterien, *Rinaldo* Haftung Dritter, S. 114; aus der Rechtsprechung siehe bereits Kassationsgerichtshof, Urteil vom 4. Mai 1982, Nr. 2765; prägend und endgültig war insoweit aber Kassationsgerichtshof, Urteil vom 22. Juli 1999, Nr. 500.

[317] Ausdrücklich Kassationsgerichtshof, Urteil vom 22. Juli 1999, Nr. 500; kritisch hierzu *Mazzamuto* Europa e dir. priv. 2008, 349 (360 f., 365); siehe ferner *Rinaldo* Haftung Dritter,

Regel gesehen, die es ermöglicht, auf die sich im Laufe der Zeit weiterentwickelnde Gesellschaft Bezug zu nehmen. Der Gesetzgeber habe den Art. 2043 cc gerade als Generalklausel konzipiert, weshalb die Rechtsprechung den Schutz an die sich ständig ändernden sozioökonomischen Bedürfnisse und Gepflogenheiten anpassen kann, aber auch muss. Aus der Generalklausel ergebe sich sogar ein eigenes normatives Gebot, den Inhaber schutzwürdiger Interessen nicht ungerechtfertigt zu schädigen, egal woraus sich dessen schutzwürdiges Interesse ergeben mag.[318]

Heute wird versucht, dieses sehr weite Verständnis wieder etwas einzufangen. Es könne nicht alleinige Aufgabe des Richters sein, das Vorliegen einer Rechtsverletzung schöpferisch festzustellen.[319] Vielmehr muss er sich an der bestehenden Rechtsordnung orientieren können, das zeige die Begriffswahl der Widerrechtlichkeit.[320] Treffender sei daher die Bezeichnung als Generalnorm statt als Generalklausel,[321] da hier die geschützten Interessen durch die Beschreibung allgemeiner Merkmale typisiert und in Fallgruppen konkretisiert werden, ohne dass es einer Auflistung bedarf.[322] Vor allem aber wird die deliktsrechtliche Vorschrift dadurch wieder nur als sekundäre Rechtsnorm eingeordnet, da diese an die anerkannten rechtlichen Interessen anknüpft.[323] Diese erlangen durch den Deliktsschutz zwar eine weitergehende Bedeutung, eine Schutzvorschrift allein begründe aber noch keine eigenen Rechte und Pflichten.[324] Dennoch ist der Schutz durch seine Formulierung offen für die Neubegründung oder Weiterentwicklung von Rechtspositionen. Der Gesetzgeber gibt dem Rechtsanwender lediglich den Rahmen vor.[325] Das berechtigte Interesse ist dadurch eine akzessorische Position zum subjektiven Recht, die dessen

---

S. 113, jedoch ebenfalls kritisch ebd. S. 116 f.; gegenüberstellend auch *Barcellona* Europa e dir. priv. 2000, 401 (414 ff.); zur Entstehung ebd. S. 417 f.

[318] Ausführlich dazu *Maltese* Riv. dir. civ. 2001, 531 (533, 536); zum normativen Inhalt ebd. S. 538.

[319] *Rinaldo* Haftung Dritter, S. 119 ff.; ähnlich *Mazzamuto* Europa e dir. priv. 2008, 349 (354) sowie *Castronovo* Responsabilità civile, S. 94 f.

[320] *Rinaldo* Haftung Dritter, S. 120.

[321] So vor allem *Rinaldo* Haftung Dritter, S. 120 f. mVa *Mazzamuto* Europa e dir. priv. 2008, 349 (353 ff., 358 f.).

[322] *Castronovo* Responsabilità civile, S. 49 f.; zustimmend *Mazzamuto* Europa e dir. priv. 2008, 349 (351 f.); allgemeiner auch Di Marzio/*Mancini* S. 65 f.; rechtsvergleichend deswegen zwischen dem deutschen und dem französischen Recht einordnend *v. Bar/Drobnig* Interaction of Contract Law and Tort and Property Law, Rn. 45.

[323] *Mazzamuto* Europa e dir. priv. 2008, 349 (361); *Barcellona* Europa e dir. priv. 2000, 401 (427).

[324] *Rinaldo* Haftung Dritter, S. 119.

[325] *Mazzamuto* Europa e dir. priv. 2008, 349 (354); zustimmend *Rinaldo* Haftung Dritter, S. 119 f.

äußerste Grenze definiert.³²⁶ Sie müssen ebenfalls rechtstreu angewendet werden.³²⁷

bb) Schwierigkeiten der weit verstandenen Rechtsverletzung

Damit wurde der deliktische Schutz von absoluten Rechten zunächst auf relative Rechte³²⁸ und schließlich auch auf alle berechtigten Interessen ausgedehnt. Umfasst ist alles vom Schutz des Besitzes bis hin zum Schutz rechtlich nicht genauer qualifizierten Rechtsfiguren wie das allgemeine Recht auf Unversehrtheit des Vermögens oder die Verhandlungsfreiheit.³²⁹ Der Begriff der Rechtsverletzung umfasst somit auch reine Vermögensschäden, soweit diese nicht auf einem bloß faktischen Interesse beruhen.³³⁰ Maßgeblich ist nur, dass eine Verletzung eines subjektiven Rechts, eines berechtigten Interesses oder eines anderen rechtlich relevanten Interesses stattgefunden hat. Die Rechtsverletzung muss unter Einbeziehung der verschiedenen funktionalen Zusammenhänge sowie durch Abgleich mit der Physionomie des gesamten rechtlichen Schutzsystems bestimmt werden; eine einheitliche Definition ist unmöglich geworden.³³¹

Durch die Anerkennung der rechtlich relevanten Interessen als deliktsrechtlich geschützte Position verschwimmen die Grenzen zur vertraglichen Haftung.³³² Diese wird eigentlich gesondert geregelt, da Schädiger und Geschädigter vor Eintritt der unerlaubten Handlung in keinem Verhältnis zueinanderstehen.³³³ Ein rechtlich relevantes Interesse kann dadurch sowohl durch Vertrag

---

³²⁶ *Bianca* Riv. dir. civ. 2000, 659 (691, 693) versteht hingegen schon den Begriff der subjektiven Rechte weiter und ordnet auch die berechtigten Interessen als solche ein; zustimmend *Maltese* Riv. dir. civ. 2001, 531 (536).
³²⁷ *Maltese* Riv. dir. civ. 2001, 531 (537), der insoweit auf einen einheitlichen Vermögensschutz verweist.
³²⁸ Begründend war insoweit der Fall, der unter dem Namen des klagenden Fußballspielers *Morani* bekannt ist und bei dem nach dessen Unfalltod seinem Verein ein Schadensersatzanspruch gegenüber dem Unfallverursacher wegen Unmöglichmachung des vertraglichen Anspruchs auf die fußballerische Leistung anerkannt wurde, Kassationsgerichtshof, Urteil vom 26. Januar 1971, Nr. 174; ausführlich dazu Di Marzio/*Antezza* S. 212 f.
³²⁹ *Maltese* Riv. dir. civ. 2001, 531 (534); begründend für das Recht auf Unversehrtheit des Vermögens beispielsweise Kassationsgerichtshof, Urteil vom 4. Mai 1982, Nr. 2765.
³³⁰ Vgl. *Rinaldo* Haftung Dritter, S. 113 f.; kritisch zur Abgrenzung jedoch ebd. S. 117; einen Vermögensschaden daher von vornherein nur im rechtlichen Sinne verstehen wollend *Mazzamuto* Europa e dir. priv. 2008, 349 (390).
³³¹ *Mazzamuto* Europa e dir. priv. 2008, 349 (349 f.).
³³² Die Einordnung eines Rechts als absolut oder relativ tauge daher nicht mehr als Abgrenzungskriterium, Di Marzio/*Antezza* S. 211; für eine Einschränkung plädierend *Rinaldo* Haftung Dritter, S. 123 ff.
³³³ Deliktsrecht in Europa/*Busnelli* S. 45.

als auch durch die Normen des Deliktsrechts geschützt sein.[334] Ersteres schützt die dynamische interne Komponente, nämlich die Befugnis des Gläubigers, vom Schuldner die Leistung zu verlangen. Das Deliktsrecht bezieht sich hingegen auf die statische externe Komponente und schützt in erster Linie die Situation, in der das Interesse des Gläubigers zu seiner vermögensrechtlichen Sphäre gehört.[335] Die rechtliche Einordnung der Verpflichtungen bleibt allerdings unterschiedlich. Während die vertragliche Haftung als Surrogat für eine nichterfüllte und aus einem gesetzlichen Schuldverhältnis herrührende Primärpflicht entsteht, findet die Verpflichtung zum deliktischen Schadensersatz ihren Ursprung unmittelbar in der unerlaubten Handlung selbst. Deutlich wird das etwa bei der Beweislastverteilung, der Verjährung und dem Haftungsumfang, die den Anspruchsinhaber im Deliktsrecht im Ergebnis besser dastehen lassen.[336] Ansprüche können deswegen nicht kumulativ geltend gemacht werden. Ein Wahlrecht zwischen beiden Schadensersatzvarianten besteht nur, wenn die unerlaubte Handlung zu einer Verletzung eines absoluten Primärrechts geführt hat. Findet das durch Nichterfüllung verletzte Interesse jedoch eine besondere und abschließende vertragliche Regelung, ist die Anspruchshäufung nicht möglich.[337] Vorvertraglich wird immer Deliktsrecht angewendet.[338]

Probleme bereitet auch der Schutz des Besitzes. Rechtlich ist er als faktische Tatsache anerkannt, aber genaugenommen stellt er kein subjektives Recht oder Interesse dar. Literatur und Rechtsprechung bejahen einen deliktischen Schutz,[339] doch das Verhältnis gegenüber dem Besitzschutz ist ungeklärt. Mit dem Besitzschutz gibt es besondere Regelungen, aber Schadensersatz wurde bewusst nicht integriert. Deliktsrecht könne daher nur subsidiär zur Anwendung kommen, wobei dann wieder unklar ist, ob Rechtswidrigkeit von Besitzentzug und -störung gesondert festgestellt werden muss[340] und ob der Besitz als reine Tatsache oder nur im Zusammenhang mit der Rechtslage als berechtigter Besitz geschützt wird. Zudem kann Schadensersatz den Besitzschutz ergänzen und sich nur auf Wiederherstellung beziehen, oder er ersetzt diesen und

---

[334] Deliktsrecht in Europa/*Busnelli* S. 48; das Aufeinandertreffen beider Haftungen wird als *concorso della responsabilità contrattuale ed extracontrattuale* bezeichnet, vgl. ebd. S. 45.

[335] Di Marzio/*Antezza* S. 211 f.; Bedeutung entfaltet das vor allem im Arbeitsrecht, siehe dazu ebd. S. 212 f.

[336] Deliktsrecht in Europa/*Busnelli* S. 45 ff.; allgemein zu den Unterschieden der deliktsrechtlichen gegenüber der vertraglichen Haftung *Kindler* Einführung in das italienische Recht, § 17 Rn. 26.

[337] Kassationsgerichtshof, Urteil vom 14. Mai 1979, Nr. 2773; dazu auch Deliktsrecht in Europa/*Busnelli* S. 48 ff.

[338] Deliktsrecht in Europa/*Busnelli* S. 8.

[339] Im Überblick dazu Di Marzio/*Di Marzio* S. 241 mwN.

[340] Di Marzio/*Di Marzio* S. 242 ff.; *Celeste* Azioni a difesa della proprietà, S. 52 ff.

gewährt auch die Entschädigung von Folgeschäden.³⁴¹ Es sind noch viele Fragen offen; wegen des weiten Rechtsverletzungsbegriffs ist der Besitz aber grundsätzlich umfasst.

cc) Widerrechtlichkeit und Rechtswidrigkeit der Rechtsgutsverletzung

Die Rechtsverletzung muss zudem widerrechtlich und rechtswidrig sein. Dies ist der Fall, wenn die Rechtsverletzung *contra ius* und *non iure* war. Ersteres meint Widerrechtlichkeit und bezieht sich auf die objektiven und konstitutiven Elemente der Haftung. Sie ist nur gegeben, wenn das Interesse des Geschädigten nach Abwägung der gegenüberstehenden Interessen schutzwürdig ist.³⁴² Letzteres bezieht sich hingegen auf das subjektive Element der Rechtswidrigkeit und meint insbesondere Rechtfertigungsgründe. Hierdurch kann die Haftung trotz Vorliegens aller Tatbestandsmerkmale wieder ausgeschlossen werden. Es geht um eine Bewertung der Haftung anhand des Schadens, die dessen Widerrechtlichkeit nicht beseitigen kann.³⁴³

Im italienischen Deliktsrecht ist das Kriterium der Widerrechtlichkeit wesentlich bedeutsamer. Hierdurch wird der Anwendungsbereich des Deliktsrecht einschränkt, was mit der Ausweitung des Tatbestands immer wichtiger wurde. Während bei der vertraglichen Haftung die bloße Nichterfüllung bereits eine Verletzung des rechtlich anerkannten Interesses des Gläubigers an der geschuldeten Verhaltenspflicht darstellt, muss diese Verletzung im Rahmen der deliktischen Haftung erst positiv festgestellt werden.³⁴⁴ Die Prüfung der Widerrechtlichkeit, also ob ein rechtlich relevantes Interesse verletzt wurde, erfolgt daher durch Abwägung der gegenüberstehenden Interessen. Die heranzuziehenden Parameter hierfür sind vielfältig und reichen vom öffentlichen Interesse über Gutgläubigkeit bis hin zur Solidarität.³⁴⁵

Sowohl der Begriff der Rechtsverletzung als auch der ihrer Widerrechtlichkeit werden weit verstanden. Erst zusammen stellen sie als *danno ingiusto* den Anknüpfungspunkt der Generalklausel dar, anhand der die Rechtsprechung alle Verletzungen verfassungsrechtlicher Prinzipien bestimmt.³⁴⁶ Dadurch entsteht ein System, das hinsichtlich der verschiedenen Situationen und dem sich stets verändernden sozialen Gewissen anpassungsfähiger ist.³⁴⁷ Gleichzeitig ist

---

³⁴¹ Ausführlich hierzu Di Marzio/*Di Marzio* S. 242 ff.
³⁴² *Rinaldo* Haftung Dritter, S. 121 f.; Di Marzio/*Antezza* S. 211; siehe außerdem Di Marzio/*Mancini* S. 54, der die Rechtswidrigkeit derjenigen der vertraglichen Haftung gegenüberstellt.
³⁴³ *Rinaldo* Haftung Dritter, S. 122; *Castronovo* Responsabilità civile, S. 57 f.; ferner Di Marzio/*Antezza* S. 211.
³⁴⁴ *Rinaldo* Haftung Dritter, S. 112, 117.
³⁴⁵ Di Marzio/*Mancini* S. 56.
³⁴⁶ Vgl. insoweit *Rinaldo* Haftung Dritter, S. 113 ff.
³⁴⁷ Di Marzio/*Mancini* S. 56, der jedoch mwN auf eine objektive Betrachtung beim Werturteil hinweist.

die Abwägung zwingend notwendig, da sich die Widerrechtlichkeit mangels kasuistischer Aufzählung der möglichen Rechtsverletzungen nicht aus denselben heraus ergibt.[348] Die Notwendigkeit der richterlichen Abwägung führt aber auch zu gewissen Beweiserleichterungen: Es kommt nicht maßgeblich auf die Inhaberschaft des verletzten Rechts an, sondern auf die Widerrechtlichkeit der Rechtsverletzung. Es reicht daher aus, dass der Richter eine fehlerhafte Inhaberschaft ausschließen kann. Anders als bei dinglichen Ansprüchen ist es seine Entscheidung, ob er den Nachweis der vollständigen Rechtsinhaberkette als erforderlich erachtet.[349]

Durch die Erweiterung der möglichen Rechtsverletzungen ist die Abwägung, wann eine Rechtsverletzung als widerrechtlich anzusehen ist, allerdings deutlich schwieriger geworden.[350] Grundsätzlich ist jede Rechtsverletzung widerrechtlich, die nicht ihrerseits gerechtfertigt ist. Soweit es aber nicht um die Rechtsverletzung eines subjektiven Rechts, sondern eines berechtigten Interesses geht, muss diese auch zu einem Schaden geführt haben. Ansonsten lägen die Voraussetzungen des Art. 2043 cc nicht vor; gleichzeitig wird die Verletzung durch diese Sanktionierung erst rechtswidrig.[351] Aus diesem Grund können die schutzwürdigen Interessen nicht im Voraus bestimmt werden. Vielmehr obliegt es der Rechtsprechung, nach Abwägung der widerstreitenden Interessen festzustellen, ob und mit welcher Intensität die Rechtsordnung durch ihre Generalklausel deliktischen Schutz vorsieht.[352] Der deliktische Schadensanspruch hat damit eher einen wiederherstellenden und keinen entschädigenden Charakter; im Fokus steht die Person des Geschädigten und der schädigende Charakter der erlittenen Verletzung.[353]

dd) Doppelte Bedeutung des Schadensbegriffs

Der Wortlaut des Art. 2043 cc spricht allerdings nicht von einer Rechtsverletzung, sondern nur von einem rechtswidrigen Schaden, dem *danno ingiusto*. Es fehlt eine konkrete Bezugnahme auf das Vorliegen einer Rechtsverletzung. Stattdessen wird dem Schadensbegriff doppelte Bedeutung beigemessen:[354]

---

[348] Im Vergleich zum deutschen Recht Di Marzio/*Mancini* S. 65.
[349] Kassationsgerichtshof, Urteil vom 26. September 2016, Nr. 18841; dazu auch Di Marzio/*Di Marzio* S. 202.
[350] Darauf kritisch hinweisend, im Ergebnis aber offenlassend, Deliktsrecht in Europa/ *Busnelli* S. 14 f.
[351] *Bianca* Riv. dir. civ. 2000, 659 (690 f.); zustimmend Di Marzio/*Giordano* S. 4.
[352] Kassationsgerichtshof, Urteil vom 22. Juli 1999, Nr. 500 sowie Kassationsgerichtshof, Urteil vom 17. Mai 2004, Nr. 9345; konkret dazu Di Marzio/*Giordano* S. 4 sowie Di Marzio/*Mancini* S. 57.
[353] Di Marzio/*Giordano* S. 4.
[354] *v. Bar/Drobnig* Interaction of Contract Law and Tort and Property Law, Rn. 455; vgl. insoweit auch Di Marzio/*Mancini* S. 10 f., der die fehlende ausdrückliche Normierung insoweit als unschädlich erachtet, da sich die doppelte Bedeutung eindeutig bei Auslegung

Zum einen bezieht er sich auf das *schadensauslösende Ereignis*, also auf die ungerechtfertigte äußere, materielle oder rechtliche Veränderung der Rechtssphäre des Opfers, was nach deutschem Begriffsverständnis die Rechtsverletzung meint. Zum anderen bezieht er sich auf den *sich ereigneten Schaden*, der unmittelbar mit der Rechtsverletzung verbunden ist und dessen Vorliegen nicht gesondert nachgewiesen werden muss, um den Haftungstatbestand zu begründen.[355] Er ist das Ergebnis, in dem sich die Rechtsverletzung konkretisiert und kann in Form eines Vermögens- oder Nichtvermögensschadens auftreten.[356]

Daraus ergibt sich, dass zwischen Handlung und Rechtsverletzung sowie zwischen Rechtsverletzung und Schaden jeweils eine kausale Verbindung bestehen muss.[357] Beides wird aus derselben Formulierung herausgelesen, da dem Schadensbegriff ja doppelte Bedeutung zukommt. Daneben wird das Kausalitätserfordernis der Regelungsfunktion des Deliktsrechts entnommen. Der Schaden soll einer Person zugerechnet werden, von der dann Schadensersatz verlangt werden kann.[358] Da das Zivilrecht die erforderliche Kausalität nicht weiter definiert, werden für die haftungsbegründende Kausalität allgemeine Grundsätze herangezogen. Diese finden sich im Strafrecht, werden aber gelockert und entsprechend auf das Zivilrecht angepasst, da sich letzteres mehr auf die Rechtsverletzung als auf die schädigende Handlung konzentriert.[359]

Dass es daneben eine gesonderte haftungsausfüllende Kausalität im Hinblick auf den Schaden geben muss, folgt aus der Tatsache, dass nicht die Rechtsverletzung, sondern erst der Schaden für die wirtschaftlich abschätzbaren Folgen maßgebend ist.[360] Deutlich wird die eigenständige Bedeutung des Schadens in Art. 2056 Abs. 1 cc, der für die Schadensberechnung des Deliktsrechts auf das Schuldrecht verweist. Die Heranziehung strafrechtlicher Grundsätze ich daher nicht erforderlich.[361] Neben der faktischen Kausalität, die die Haftung begründet, muss somit auch eine rechtliche Kausalität vorliegen, die die Haftung erst konkret ausfüllt.

---

der Norm ergebe; ebenso sowie in Abgrenzung zum Schadensbegriff im Bereicherungsrecht *Gatti* Rimedi civilistici, S. 184 f.

[355] Di Marzio/*Mancini* S. 10; Di Marzio/*dies.* S. 54.
[356] Di Marzio/*Mancini* S. 11 mwN.
[357] Di Marzio/*Mancini* S. 10; insoweit hingegen von zwei Phasen sprechend Deliktsrecht in Europa/*Busnelli* S. 15.
[358] Di Marzio/*Giordano* S. 4; Di Marzio/*Mancini* S. 10.
[359] Di Marzio/*Giordano* S. 4 f.; Di Marzio/*Mancini* S. 10; zu dahinterstehenden Erwägungen ebd. S. 12 ff.
[360] Di Marzio/*Giordano* S. 6.
[361] Di Marzio/*Mancini* S. 10 ff.; ferner Di Marzio/*Giordano* S. 6; ausführlich zu Kausalitätsbegriffen Di Marzio/*Mancini* S. 11 ff.; aus der Rechtsprechung statt aller Kassationsgerichtshof, Urteil vom 11. Januar 2008, Nr. 582.

ee) Vorsatz oder Fahrlässigkeit als subjektives Element

Auch subjektive Elemente müssen vorliegen: Vorsatz und Fahrlässigkeit.[362] In Anlehnung an die strafrechtliche Legaldefinition wird Vorsatz als Wissen und Wollen der Tatumstände, des Schadens und des Schadensunrechts definiert.[363] Der Handlungserfolg muss vorhergesehen und die Verwirklichung des schädigenden Ereignisses infolge des eigenen Handelns entsprechend gewollt worden sein.[364] Der Begriff der Fahrlässigkeit (*la colpa*) ist im Italienischen hingegen Synonym zu dem des Verschuldens oder der Schuld (ebenfalls *la colpa*). Er ist nicht legaldefiniert, sondern wird vom Gesetzgeber mit unterschiedlicher Bedeutung verwendet: mal als eine dem Geschädigten zuzurechnende Tatsache, mal als Synonym für eine Nichterfüllung oder Bösgläubigkeit und mal als Nichteinhaltung eines Verhaltensstandards.[365] Grundsätzlich wird eine Rechtsverletzung fahrlässig herbeigeführt, wenn sie vom Handelnden nicht beabsichtigt war, aber durch Sorglosigkeit, Unvorsichtigkeit oder Unerfahrenheit oder durch die Nichtbeachtung von Gesetzen, Vorschriften oder ähnlichem verursacht wurde.[366] Trotzdem ist der Begriff eng verbunden mit der Frage nach Verschulden und dem Normzweck der zivilrechtlichen Haftung. Traditionell wurde dieser in der Bestrafung einer freiwilligen und bewussten Übertretung von rechtlichen oder moralischen Geboten gesehen.[367] Inzwischen wird vielmehr die Zurechnung als Haftungsgrund gesehen, da sich hierin eine Wiedergutmachungsfunktion und das Ziel einer Verringerung der gesamtgesellschaftlichen Kosten widerspiegelt.[368] Im Mittelpunkt steht nicht mehr das Verschulden des Schädigers und dessen Sanktionierung durch das Deliktsrecht, sondern der erlittene Schaden des Geschädigten und dessen Wiederherstellung.[369] Vorsatz und Fahrlässigkeit sind daher objektiv und unabhängig vom Strafrecht zu verstehen.[370]

---

[362] Ausführlich zu Vorsatz und Verschulden im Deliktsrecht Di Marzio/*Mancini* S. 29 ff.

[363] Di Marzio/*Mancini* S. 31 nennt drei Ansätze zur Konkretisierung von Vorsatz: Absicht, Kenntnis oder Wollen.

[364] Deliktsrecht in Europa/*Busnelli* S. 12 f.

[365] Di Marzio/*Mancini* S. 32.

[366] Deliktsrecht in Europa/*Busnelli* S. 13; Di Marzio/*Mancini* S. 30 f. sowie aus der Rechtsprechung Kassationsgerichtshof, Urteil vom 17. Februar 1964, Nr. 351.

[367] Di Marzio/*Giordano* S. 8; Di Marzio/*Mancini* S. 30; Deliktsrecht in Europa/*Busnelli* S. 9 f.

[368] Di Marzio/*Mancini* S. 30.

[369] Deliktsrecht in Europa/*Busnelli* S. 10; vgl. auch *Kindler* Einführung in das italienische Recht, § 17 Rn. 24.

[370] Deliktsrecht in Europa/*Busnelli* S. 13; zur Abgrenzung von Straf- und Zivilrecht Di Marzio/*Mancini* S. 32 ff.

ff) Schadensumfang

Der Schaden wird ebenfalls anders bestimmt: Er wird wiedergutgemacht, indem die Folgen beseitigt werden, die sich im Hinblick auf das Vermögen des Geschädigten ergeben haben. Nicht die Vermögensdifferenz ist ausschlaggebend, sondern das Interesse des Geschädigten an dem Vermögenswert und dem Bedürfnis, bereits vorhandenen Vermögenswerte zu erhalten und neue zu erwerben.[371] Dieser vermögensorientierter Schadensbegriff ist elastischer[372] und wird der kompensatorischen Funktion des Deliktsrechts gerecht (vollständige Vermögenswiederherstellung beim Geschädigten).[373] Trotzdem umfasst Art. 2043 cc nicht pauschal alle Vermögensschäden; erforderlich bleibt eine rechtswidrige Verletzung eines rechtlich relevanten Rechts.[374]

Trotzdem ist aufgrund des vermögensorientierten Schadensbegriffs im Ergebnis nicht nur die tatsächlich eingetretene Vermögensminderung, sondern auch die ausgebliebene Vermögensmehrung ersatzfähig.[375] Voraussetzung ist nach Art. 1223 cc lediglich, dass sie unmittelbar auf der unerlaubten Handlung beruhen.[376] Ersatz von Nichtvermögensschäden ist nur in gesetzlich vorgesehenen Fällen möglich, also bei Verbrechen oder bei Personenschäden, Art. 2059 cc.[377]

gg) Zwischenergebnis zum Schadensersatz wegen unerlaubter Handlung

Der deliktsrechtliche Schutz ist im italienischen Recht ganz anders ausgestaltet als in der deutschen Rechtsordnung.[378] Die weite Generalklausel ermöglicht einen umfassenden Schutz, der zudem stärker ist als der vertragsrechtliche. Es muss daher sauber zwischen beiden Ansprüchen abgegrenzt werden. Nur wenn neben der Verletzung von vertraglichen Rechten auch absolute Rechte verletzt wurden, kann der weitreichende Deliktsschutz geltend gemacht werden. Im Übrigen ermöglicht der umfassende Schutz eine sehr flexible Anwendung des Deliktsrechts. Diese Flexibilität wurde von Rechtsprechung und Literatur stark forciert, um auf gesellschaftlichen Wandel und technologischen Fortschritt reagieren zu können. Damit ging die Verlagerung des Fokus von einer verschuldeten Rechtsverletzung hin zu einem ausgleichsbedürftigen Schaden einher.

---

[371] Di Marzio/*Giordano* S. 6; rechtsvergleichend Deliktsrecht in Europa/*Busnelli* S. 16.
[372] Deliktsrecht in Europa/*Busnelli* S. 16.
[373] Kassationsgerichtshof, Urteil vom 4. August 2000, Nr. 10263; zum Schaden Di Marzio/*Salari* S. 72 ff.
[374] Di Marzio/*Mancini* S. 65 f.
[375] Deliktsrecht in Europa/*Busnelli* S. 7.
[376] *Kindler* Einführung in das italienische Recht, § 17 Rn. 29.
[377] Dazu ausführlich und differenzierend Di Marzio/*Giordano* S. 7 f.; Probleme hat dabei insbesondere die Einordnung von Personenschäden bereitet, vgl. Deliktsrecht in Europa/*Busnelli* S. 16 f.
[378] Zu diesem Schluss kommend auch Di Marzio/*Mancini* S. 65.

Infolgedessen ist das italienische Deliktsrecht bis heute sehr kasuistisch. Das geht auf Kosten der Rechtssicherheit, denn erst nach Interessensabwägung im Einzelfall steht fest, ob die Beeinträchtigung eines rechtlich relevanten Interesses rechtswidrig ist und geschützt wird. Zwar kann auf bisherige Rechtsprechung zurückgegriffen werden, doch sobald es um neue Gegenstände wie Token geht, bedarf es zwangsläufig höchstrichterlicher Entscheidungen.

b) Anwendbarkeit auf Token

Die fortlaufende Anpassung des Deliktsrechts und die fehlende Rechtssicherheit aufgrund der notwendigen rechtsschaffenden und -begründenden Rechtsprechung machen es auf den ersten Blick nicht leicht, Token unter dessen Vorschriften zu subsumieren. Allerdings sprechen verschiedene Punkte dafür, dass Token durch Art. 2043 cc geschützt werden.

Erstens begründen Token wegen ihrer Nutzungsmöglichkeit eine absolute Rechtsposition, nämlich Eigentum, das grundsätzlich an allen rechtlich erfassten Sachen besteht. Selbst wenn es an vertraglichen Regelungen fehlt, kann davon ausgegangen werden, dass eine rechtswidrige Rechtsverletzung vorliegt, die zu einem ersatzfähigen Vermögensschaden geführt hat.

Zweitens ist das Deliktsrecht nicht zwingend an das Vorliegen von absoluten Rechtspositionen gebunden. Selbst wenn nur vertragliche Abreden auf Token getroffen wurden, kann über den deliktischen Schutz relativer Rechte absolute Schutzwirkung bewirkt werden. Voraussetzung ist lediglich, dass insoweit nicht bereits vertraglicher Schutz einschlägig ist.

Drittens sind Token jedenfalls als rechtlich relevantes Interesse einzuordnen. Hierzu ist man aufgrund des teilweise erheblichen Marktwerts fast schon gezwungen, denn der Fokus liegt auf dem Geschädigten und das Deliktsrecht wird vermögensorientierte verstanden. Insoweit kommt zum Tragen, dass alle rechtlich relevanten Interessen von der Rechtsordnung erfasst sein sollen. Wenn das nicht bereits über den Sachbegriff und das Eigentumsrecht erfolgt, soll dies zumindest über ein weites Verständnis der deliktischen Rechtsverletzung der Fall sein. Nur die Rechtswidrigkeit der Rechtsverletzung ist im Einzelfall nach Abwägung der gegenüberstehenden Interessen zu beurteilen. Allerdings ist ein Interesse, dass das der beeinträchtigungsfreien Nutzung über einen zugeordneten Token überwiegt, nur schwer vorstellbar. Es ist nicht ersichtlich, wieso die Beeinträchtigung eines berechtigten Nutzungsinteresses grundsätzlich gerechtfertigt sein sollte. Es stehen sich keine elementaren, verfassungsrechtlich verwurzelten Interessen gegenüber. Ein Überwiegen wäre aber notwendig, damit eine Beeinträchtigung nicht als rechtswidrig eingestuft wird und Token keinen absoluten Schutz beanspruchen können.

c) Zwischenergebnis

Die deliktsrechtlichen Vorschriften der italienischen Rechtsordnung sind auf Token anwendbar. Das an diesen bestehende Nutzungsinteresse – sei es in Form eines Eigentumsrechts, eines neu geschaffenen absoluten Rechts, eines durch Vertrag begründeten Rechts oder schlicht als rechtlich relevantes Interesse – kann durch vorsätzliche oder fahrlässige Handlung rechtswidrig beeinträchtigt werden und zu einem ersatzfähigen Vermögensschaden führen.

2. Bereicherungsrechtlicher Schutz von Token

Auch das Bereicherungsrecht gewährt einen Anspruch auf Wiedereinräumung der vorherigen Position oder Entschädigung. Es lässt sich gewissermaßen in eine Leistungs- und in eine Nichtleistungskondiktion aufteilen. Ersteres wird als *pagamento dell'indebito*, also als Leistung auf eine Nichtschuld bezeichnet und ist in den Art. 2033 ff. cc geregelt. Letzteres wird durch den allgemeinen Bereicherungsanspruch (*azione generale di arricchimento*) des Art. 2041 f. cc dargestellt.[379] Für Bereicherungen im Bereich des gewerblichen Rechtsschutzes sieht das entsprechende Gesetzbuch in Art. 125 einen weiteren, besonderen Bereicherungstatbestand vor.

Leistungs- und Nichtleistungskondiktion sind jeweils in eigenen Titeln normiert und stellen eigenständige, streng voneinander geregelte Rechtsinstitute dar.[380] Es war die ausdrückliche Absicht des Gesetzgebers, die bestehende Leistungskondiktion und das Deliktsrechts um einen allgemeinen Bereicherungsanspruch zu ergänzen, der systematisch zwischen diesen beiden einzuordnen ist und eine gesetzlich verankerte Lösung nach Gesetzmäßigkeitskriterien bietet.[381] Auch wenn das Verhältnis beider Anspruchsgrundlagen umstritten ist,[382] erfolgt die Abgrenzung beider Ansprüche ähnlich wie im deutschen Recht: Während die Leistung auf eine Nichtschuld auf das Fehlen eines Rechtsgrunds für den Erwerb eines Gegenstandes aus Perspektive des Bereicherten abstellt, geht es beim allgemeinen Bereicherungsanspruch um den Rechtsgrund für das Behalten eines Gegenstands aus Sicht des

---

[379] Europäisches Parlament/*v. Bar* Untersuchung der Privatrechtsordnungen der EU, S. 53 f.; ähnlich *Giglio* Condictio proprietaria, S. 166, der die häufig zu beobachtende Gleichsetzung des § 812 BGB mit Art. 2041 cc kritisiert und diese nur mit den unterschiedlichen *termini technici* im italienischen Recht erklären kann, ebd. S. 174.

[380] Auch wenn im Schrifttum immer wieder ein einheitlicheres Verständnis beider Regelungen vorgeschlagen wird, gibt es nicht das *eine* Bereicherungsrecht, dazu *Giorgianno* Riv. dir. comm. 2005, 501 (502, 507 f.); *Balloriani/De Rosa/Mezzanotte* Diritto civile, S. 333 ff.; kritisch Cendon/*Camilleri/Di Marzio* Trattario, S. 468 mwN.

[381] *Giglio* Condictio proprietaria, S. 71; der allgemeine Bereicherungsanspruch wurde insoweit als revolutionär begrüßt, vgl. ebd. S. 165.

[382] Dazu u.a. *Giglio* Condictio proprietaria, S. 71 f. mwN.

Entreicherten.³⁸³ Der Bereicherungsschuldner haftet im ersten Fall auf das Erlangte, im zweiten Fall auf das noch Vorhandene.³⁸⁴ Der allgemeine Bereicherungsanspruch ist generalklauselartig formuliert, darf dafür aber nur subsidiär gegenüber allen anderen Rechtsbehelfen angewendet werden, Art. 2042 cc.³⁸⁵

Das Bereicherungsrecht spielte zunächst nur eine untergeordnete Rolle. Für die Leistung auf eine Nichtschuld nach Art. 2033 ff. cc gilt das noch heute, was mit dem im italienischen Recht geltenden Konsensprinzip begründet werden kann. Denn ein nichtiger Vertrag führt immer auch zu einem Scheitern des Übergangs der dinglichen Rechtsposition, sodass ein bereicherungsrechtlicher Herausgabeanspruch oft mit dem dinglichen Herausgabeanspruch der Vindikationsklage konkurriert.³⁸⁶ Die fehlende Relevanz des allgemeinen Bereicherungsanspruchs kann demgegenüber eher mit der weiten Ausdehnung des Deliktsrechts und der in Art. 2042 cc normierten Subsidiarität erklärt werden.³⁸⁷ Inzwischen hat sich allerdings ein funktionaleres Verständnis des allgemeinen Bereicherungsanspruchs herausgebildet, das sich weniger auf die rechtliche Einordnung und mehr auf das verfolgte Schutzinteresse konzentriert.³⁸⁸ Zudem hat man erkannt, dass die Androhung von Schadensersatz nicht immer auch zur Abschreckung von rechtswidrigen Handlungen geeignet ist, etwa weil der auszugleichende Schaden geringer ist als die erlangte Bereicherung.³⁸⁹ Dadurch hat der allgemeine Bereicherungsanspruch zuletzt immer mehr Bedeutung erlangt, insbesondere für die Fälle des gutgläubigen Erwerbs und in seiner Form als Aufwendungskondiktion.³⁹⁰ Umgekehrt hat diese Ausweitung zur Diskussion darüber geführt, ob der allgemeine Bereicherungsanspruch

---

³⁸³ *Kindler* Einführung in das italienische Recht, § 17 Rn. 13; ausführlich zum Verhältnis beider Anspruchsgrundlagen Cendon/*Camilleri/Giannotte* Trattario, S. 590 ff.; historisch einbettend *Giglio* Condictio proprietaria, S. 69.

³⁸⁴ So treffend iRe rechtshistorischen Einbettung *Giglio* Condictio proprietaria, S. 171.

³⁸⁵ *Giorgianno* Riv. dir. comm. 2005, 501 (503).

³⁸⁶ *Sirena* Riv. dir. civ. 2006, 305 (306); *Kindler* Einführung in das italienische Recht, § 17 Rn. 14; allgemeiner Europäisches Parlament/*v. Bar* Untersuchung der Privatrechtsordnungen der EU, S. 53; zum Konsensprinzip *Giglio* Condictio proprietaria, S. 97 f., 217; von Bedeutung ist das insbesondere im Hinblick auf die Verjährung, die beim Vindikationsanspruch wenn überhaupt nur mit Ersitzung eines anderen eintritt, während der Bereicherungsanspruch gemäß Art. 2033 cc nach zehn Jahren verjährt; zu weiteren Unterschieden siehe *Balloriani/De Rosa/Mezzanotte* Diritto civile, S. 334 f.

³⁸⁷ *Sirena* Riv. dir. civ. 2006, 305 (307 f.); *Giorgianno* Riv. dir. comm. 2005, 501 (503); zum Subsidiaritätsgrundsatz im italienischen und im deutschen Recht ebd. S. 514 f.; ähnlich *Giglio* Condictio proprietaria, S. 151.

³⁸⁸ *Sirena* Riv. dir. civ. 2006, 305 (309); früh dafür plädiert bereits *Gallo* Rimedi restitutori, S. 12.

³⁸⁹ Insoweit auf die missbräuchliche Ausbeutung immaterieller Güter und den unlauteren Wettbewerb hinweisend *Sirena* Riv. dir. civ. 2006, 305 (309, 311 ff.), die sogar eine ultrakompensatorische Funktion erkennt, ebd. S. 309 f.

³⁹⁰ Vgl. *Sirena* Riv. dir. civ. 2006, 305 (308 f.).

auch für den Ersatz von entgangenem Gewinn herangezogen werden kann. Da der allgemeine Bereicherungsanspruch aber den vermögensrechtlichen Nachfolgeanspruch der Vindikationsklage darstellt und die Zurechnung rechtsfortwirkend wiederherstellt, kann entgangener Gewinn nicht umfasst sein.[391]

Überblickshalber wird noch einmal auf beide Anspruchsgrundlagen gesondert eingegangen, erst auf die Leistung auf eine Nichtschuld (a)) und danach auf den allgemeinen Bereicherungsanspruch (b)). Anschließend wird die Anwendbarkeit auf Token untersucht (c)).

a) Leistung auf eine Nichtschuld nach Art. 2033 ff. cc

Art. 2033 cc bestimmt, dass derjenige, der eine nichtgeschuldete Zahlung vorgenommen hat, das Recht hat, das zurückzufordern, was er bezahlt hat. Er hat außerdem Anrecht auf die Früchte und die Zinsen vom Tag der Zahlung an, wenn der Empfänger bösgläubig war, oder, wenn dieser gutgläubig gewesen ist, vom Tag der Anspruchserhebung an. Abweichend vom Wortlaut sind nicht nur Zahlungen im Sinne einer Geldleistung (*pagamento*) erfasst, sondern Leistungen jedweder Art.[392] Art. 2037 cc regelt die Herausgabe einer unrechtmäßig erlangten Sache.[393] Maßgeblich ist, dass die Leistung Gegenstand von Schuldverhältnissen sein kann, weshalb auch die Erbringung von Dienstleistungen erfasst ist.[394] Es wird ein allgemeiner Grundsatz statuiert, wonach die Leistung bei Fehlen des Rechtsgrunds zurückgefordert werden kann.

Dieser Grundsatz hat seinen Ursprung in der römischen *condictio indebiti* und findet seine Rechtfertigung in der rechtsgrundlosen Übertragung von Vermögenswerten. Anders als im deutschen Recht ist die *causa* jedoch konstituierender Bestandteil eines jeden Vertrags. Es ergeben sich deshalb keine Unterschiede gegenüber der Leistungskondiktion wegen Zweckverfehlung. Generell wird die Leistungskondiktion nicht weiter in unterschiedliche Einzelkondiktionen untergliedert, sondern normiert nur den allgemeinen Rückforderungsgrundsatz. Bei Naturalobligationen oder sittenwidrigen Leistungen können dann Ausschlussgründe vorliegen.[395] Allerdings erkennt auch die italienische Rechtsordnung durchaus verschiedene Gründe für eine stattgefundene

---

[391] *Sirena* Riv. dir. civ. 2006, 305 (315); vgl. dazu rechtshistorisch, dass das Bereicherungsrecht dem Gläubiger nur das verschaffe, was ihm von Rechts wegen gebührt, während überkompensatorische Gewinnabschöpfung eine eigene Anspruchskategorie neben Haftungs- und Bereicherungsrecht sei, *Jansen* AcP 216 (2016), 112 (194 f.).

[392] Kritisch zum Leistungsbegriff, da Erfüllung passender sei, Cendon/*Camilleri/Di Marzio* Trattario, S. 468 ff.

[393] *Giglio* Condictio proprietaria, S. 77, 99.

[394] *Kindler* Einführung in das italienische Recht, § 17 Rn. 14; zum Streit darüber, ob Dienstleistungen als sogenanntes *facere* neben dem *datio* erfasst werden, *Giglio* Condictio proprietaria, S. 100 f. mwN.

[395] *Bocchini/Quadri* Diritto privato, S. 1300; *Giglio* Condictio proprietaria, S. 77 f., 109 f.

Leistung auf eine Nichtschuld an und regelt die eigentlich einheitliche *condictio indebiti* in zwei unterschiedlichen Vorschriften, nämlich in Art. 2033 cc als objektive Nichtschuld und in Art. 2036 cc als subjektive Nichtschuld.[396] Erstere liegt vor, wenn von vornherein kein Rechtsgrund besteht und die Leistung bedingungslos zurückgefordert werden kann.[397] Im Fall der subjektiven Nichtschuld geht es hingegen um den Fall, dass nur für den Bereicherungsgläubiger kein Rechtsgrund bestand.[398] Hierbei sind Sonderregelungen vorgesehen, um gegenüber der regulären Leistung eines Dritten nach Art. 1180 cc abzugrenzen.[399] Ein Dritter kann Herausgabe der Bereicherung nur verlangen, wenn er aufgrund eines nicht zu vertretenden Irrtums geleistet hat und der Bereicherte zudem nicht gutgläubig war.[400]

Darüber hinaus kann sich der Entreicherte, wenn es um die Herausgabe einer objektiv rechtsgrundlos übereigneten Sache geht, nach Art. 2037 cc immer nur an seinen eigentlichen Vertragspartner halten.[401] Je nach Gut- oder Bösgläubigkeit wird bei Unmöglichkeit der Herausgabe *in natura* ersatzweise eine Verpflichtung zum Schadensersatz, gegebenenfalls mit Begrenzung auf die noch vorhandene Bereicherung bestimmt.[402] Der bösgläubige Bereicherungsschuldner schuldet bei Unmöglichkeit der Herausgabe entsprechenden Wertersatz zuzüglich der gezogenen Nutzungen und Zinsen, während der gutgläubige Bereicherungsschuldner diese erst ab Aufforderung des Bereicherungsgläubigers zahlen muss.[403] Diese Grundsätze sind nicht anwendbar, wenn es um eine geleistete Zahlung und nicht um eine bestimmte Sache geht.[404]

Wurde die Sache an einen Dritten weiterveräußert, kann er von seinem Leistungsempfänger gemäß Art. 2038 cc die Herausgabe des erlangten Ersatzes bzw. der erhaltenen Gegenleistung verlangen oder, wenn der Bereicherungs-

---

[396] Cendon/*Camilleri/Di Marzio* Trattario, S. 466; *Giglio* Condictio proprietaria, S. 77, 94 f.; *Kindler* Einführung in das italienische Recht, § 17 Rn. 15 f.; vgl. im Einzelnen zu den Sonderregelungen bei Naturalobligation und Sittenwidrigkeit *Balloriani/De Rosa/Mezzanotte* Diritto civile, S. 336 ff.

[397] Cendon/*Camilleri/Di Marzio* Trattario, S. 463; Kassationsgerichtshof, Urteil vom 7. Februar 2011, Nr. 2956.

[398] Cendon *Camilleri/Di Marzio* Trattario, S. 463.

[399] *Balloriani/De Rosa/Mezzanotte* Diritto Civile, S. 331; Cendon/*Camilleri/Di Marzio* Trattario, S. 536.

[400] Zur Bedeutung der Gut- oder Bösgläubigkeit für den Umfang des Bereicherungsanspruchs allgemein und ausführlich Cendon/*Camilleri/Di Marzio* Trattario, S. 484 ff.; zur Vertretbarkeit des Irrtums ebd. S. 540 ff.

[401] Cendon/*Camilleri/Di Marzio* Trattario, S. 566.

[402] Cendon/*Camilleri/Di Marzio* Trattario, S. 567; vgl. dazu auch *Bocchini/Quadri* Diritto privato, S. 1299.

[403] Kassationsgerichtshof, Urteil vom 20. März 1982, Nr. 1813; die Gutgläubigkeit wird dabei nach dem allgemeinen Prinzip des Art. 1147 cc vermutet, vgl. Kassationsgerichtshof, Urteil vom 12. März 1973, Nr. 685 sowie Cendon/*Camilleri/Di Marzio* Trattario, S. 569.

[404] Kassationsgerichtshof, Urteil vom 22. Mai 1951, Nr. 1272.

schuldner bösgläubig war, ausnahmsweise auch die Herausgabe der Sache oder des Wertersatzes. Der Bereicherungsschuldner kann aber auch Herausgabe des erlangten Ersatzes verlangen, wenn dies höher wäre als der Wertersatz. Der bereicherte Dritte wird vor einer Herausgabepflicht grundsätzlich geschützt. Direkte Durchgriffsmöglichkeiten sind nur bei unentgeltlicher Weiterveräußerung vorgesehen, sind jedoch auf die tatsächliche Bereicherung begrenzt und verweisen letztlich auf den allgemeinen Bereicherungsanspruch nach Art. 2041 cc.[405] Das lässt einen gewissen Vorrang der Leistungskondiktion im jeweiligen Leistungsverhältnis erkennen, wie er auch aus dem deutschen Recht bekannt ist.[406]

Auf der anderen Seite ist der Ausschluss wegen Entreicherung gemäß Art. 2039 cc nur für den Fall vorgesehen, dass der Bereicherungsschuldner nicht geschäftsfähig war oder es inzwischen geworden ist. Das gilt sogar dann, wenn er bei Erwerb der Bereicherung bösgläubig war. Der Wortlaut spricht von Vorteil statt von Bereicherung, sodass der tatsächliche Nutzen des Schutzbedürftigen mit in die Bewertung einbezogen werden muss; das Schutzinteresse von Geschäftsunfähigen und Minderjährigen soll ausdrücklich überwiegen.[407] Daneben ist ein Haftungsausschluss wegen Entreicherung nur für Ansprüche gegen unentgeltliche Dritterwerber einer Sache vorgesehen, für die auf den allgemeinen Bereicherungsanspruch verwiesen wird, Art. 2038 cc.

Letztlich ist die Leistungskondiktion in einer Vielzahl von Fällen anwendbar. Insgesamt hat die italienische Rechtswissenschaft vier Aspekte herausgearbeitet, die für die Anwendung der Leistungskondiktion von Bedeutung sind: das subjektive Vertretenmüssen des Schuldners, die Übernahme der Sachgefahr, Verjährungsfristen und der Schutz von Drittbegünstigten.[408]

b) Allgemeiner Bereicherungsanspruch nach Art. 2041 cc

Art. 2041 cc bestimmt, dass derjenige, der ohne berechtigten Grund eine Bereicherung zum Schaden einer anderen Person erfahren hat, letztere für eine entsprechende Vermögensminderung zu entschädigen hat. Das bestätigt zum einen den Grundsatz, dass jede Vermögensübertragung ihre eigene kausale Rechtfertigung haben muss, manifestiert andererseits aber auch das allgemeine Prinzip, wonach sich niemand zum Nachteil anderer einen Vorteil verschaffen soll.[409] Der Begriff der Bereicherung ist wie bei der Leistungskondiktion weit

---

[405] *Bocchini/Quadri* Diritto privato, S. 1299; *Giglio* Condictio proprietaria, S. 107, 141; aufgrund dieses Verweises ist die Subsidiarität als eigene Norm in Art. 2042 cc geregelt ist, ebd. S. 167.
[406] Vgl. dazu *Giglio* Condictio proprietaria, S. 96 f. sowie aus der Rechtsprechung auch Kassationsgerichtshof, Urteil vom 30. Dezember 1968, Nr. 4089.
[407] Cendon/*Camilleri/Di Marzio* Trattario, S. 579 f.
[408] Cendon/*Camilleri/Di Marzio* Trattario, S. 464.
[409] *Bocchini/Quadri* Diritto privato, S. 1300; *Giglio* Condictio proprietaria, S. 142.

zu verstehen und kann in einem Vermögenszuwachs oder auch in der Ersparnis von Aufwendungen liegen.[410] Wie es im Einzelnen zur Bereicherung kam, ist hingegen unerheblich; möglich ist auch ein Handeln des Bereicherten selbst oder ein Naturereignis.[411]

Der Anspruch hat seinen Ursprung in der römischen *actio de in rem verso*. Es kommt jedoch nicht auf das Nichtvorliegen eines Rechtsgrund an, sondern jede nicht durch Vertrag oder Gesetz gestützte Rechtsübertragung kann unberechtigt sein.[412] Während es bei ersterem auf das Fehlen des Rechtsgrunds beim Erwerb, also einer *causa adquirendi*, ankommt, ist beim allgemeinem Bereicherungsanspruch eher die Sichtweise des Entreicherten maßgeblich, also ob es an einer Rechtfertigung für das Behalten eines Gegenstands, der *causa retinendi*, fehlt.[413] Aus diesem Grund ist es tatbestandlich erforderlich, dass dem anderen durch die Bereicherung ein Nachteil entstanden ist, zwischen beidem also ein Korrelationszusammenhang im Sinne einer kausalen Abhängigkeit besteht.[414] Eine Formel, wann dieser gegeben sein soll, existiert nicht; stattdessen soll dem Richter hier gerade Raum für rechtspolitische Erwägungen geschaffen werden.[415] Jedenfalls aber müssen Ent- und Bereicherung auf der gleichen Ursache beruhen.[416]

Ähnlich weit ist das Tatbestandsmerkmal des fehlenden Rechtsgrunds zu verstehen. Literatur und Rechtsprechung konnten diesen nicht einheitlich definieren und haben auf eine Fallgruppenbildung durch die Rechtsprechung gesetzt. Man orientiert sich an der Vorgehensweise des Deliktsrechts, doch anders als dort wurde noch keine einheitliche Taxonomie aufgestellt.[417] An einem Rechtsgrund fehlt es jedenfalls dann, wenn kein gültiger und wirksamer Titel vorliegt, die Bereicherung also ohne Grund, ohne Gegenleistung und ohne freien Willen erfolgt ist.[418] Da es sich um einen allgemeinen Anspruch handelt, werden alle Bereicherungshypothesen miteinbezogen, die nicht durch einen

---

[410] Cendon/*Camilleri*/*Giannotte* Trattario, S. 596; die Bereicherung muss aber jedenfalls einen vermögensrechtlichen Charakter haben, *Marsano* NGCC 2002, 537 (539), sowie tatsächlich und konkret bestehen, ebd. S. 540.

[411] Cendon/*Camilleri*/*Giannotte* Trattario, S. 587.

[412] *Bocchini*/*Quadri* Diritto privato, S. 1300; kritisch *Giglio* Condictio proprietaria, S. 142 f., 149.

[413] *Kindler* Einführung in das italienische Recht, § 17 Rn. 13.

[414] Kassationsgerichtshof, Urteil vom 7. August 2008, Nr. 18099; *Marsano* NGCC 2002, 537 (543 f.); ferner *Iorio* Diritto privato, S. 720; aus deutscher Sicht *Giglio* Condictio proprietaria, S. 154 ff.

[415] *Giglio* Condictio proprietaria, S. 155; zur Rechtsprechung Cendon/*Camilleri*/*Giannotte* Trattario, S. 588 f.

[416] So die Rechtsprechung, vgl. Kassationsgerichtshof, Urteil vom 29. Juli 1983, Nr. 5236; dazu auch Cendon/*Camilleri*/*Giannotte* Trattario, S. 603 f.

[417] *Giglio* Condictio proprietaria, S. 156 f.; ähnlich *Marsano* NGCC 2002, 537 (544); mit dem Deliktsrecht vergleichend *Kindler* Einführung in das italienische Recht, § 17 Rn. 19.

[418] Cendon/*Camilleri*/*Giannotte* Trattario, S. 604.

rechtfertigenden Grund gestützt werden.[419] Insbesondere schützt Art. 2041 cc auch vor Verhalten, das Rechte anderer beeinträchtigt, ohne einen Schaden herbeizuführen. Das ist der Fall bei der rechtsgrundlosen Nutzung fremder Gegenstände, bei der der Eigentümer um die Nutzungsmöglichkeit entreichert wird.[420]

Gleichzeitig kommt der Anspruch ausdrücklich nur subsidiär zur Anwendung. Er kann nur geltend gemacht werden, wenn die Rechtsordnung keinen anderen Rechtsbehelf gewährt.[421] Dieses Erfordernis wird streng ausgelegt und abstrakt verstanden. Das heißt, dass für derartige Sachverhalte generell kein anderer Rechtsbehelf einschlägig sein darf.[422] Durch die Subsidiarität steht die Funktion als Wertungskorrektiv stark im Vordergrund. In der Tat sieht die ständige Rechtsprechung vor, dass der Bereicherte nicht verpflichtet werden kann, mehr zurückgeben zu müssen als das, was er erlangt hat. Wenn sich Entreicherung und Bereicherung unterscheiden, ist nur der geringere Betrag zurückzuzahlen.[423] Was bei der Leistungskondiktion nur für besonders Schutzwürdige gilt, erlangt bei der allgemeinen Bereicherung grundsätzliche Geltung: Die Haftung ist auf die tatsächlich vorhandene Bereicherung begrenzt, es geht um gerechten Ausgleich und nicht um einen strafenden Charakter.[424] Der allgemeine Bereicherungsanspruch verpflichtet zur Entschädigung der erlittenen Vermögensminderung oder Herausgabe der Sache, soweit diese noch *in natura* vorhanden ist, darf aber weder den Betrag der Bereicherung noch den Betrag der Zuwendung überschreiten. Es ist unerheblich, ob und welchen entgangenen Gewinn der Entreicherte erlitten hat. Es kommt allein auf den tatsächlich erlittenen Nachteil des Entreicherten an.[425] Der von der Norm verwendete Begriff des Schadens ist daher anders zu verstehen als im Deliktsrecht. Es handelt sich nicht um eine Rechtsverletzung, sondern um einen rein vermögensrechtlichen Nachteil im Sinne einer Entreicherung.[426] Immaterielle Schäden werden nicht

---

[419] *Bocchini/Quadri* Diritto privato, S. 1301.
[420] Cendon/*Camilleri/Giannotte* Trattario, S. 611.
[421] Ausführlich dazu Cendon/*Camilleri/Giannotte* Trattario, S. 652 ff.
[422] Zum Streit *Giglio* Condictio proprietaria, S. 157 ff. sowie *Marsano* NGCC 2002, 537 (546), die auf Urteile verweist, in denen eine Subsidiarität auch bei bloßer fehlender Erfolglosigkeit eines Rechtsbehelfs wegen Zahlungsunfähigkeit bejaht wurde, ebd. S. 548 mVa Kassationsgerichtshof, Urteil vom 20. Oktober 1962, Nr. 3057.
[423] Kassationsgerichtshof, Urteil vom 11. September 2008, Nr. 23385; dazu *Marsano* NGCC 2002, 537 (548 f.).
[424] *Giglio* Condictio proprietaria, S. 162 f.
[425] Kassationsgerichtshof, Urteil vom 27. Januar 2009, Nr. 1875 sowie Urteil vom 11. September 2008, Nr. 23385; vgl. ferner im Vergleich zur Leistungskondiktion Cendon/*Camilleri/Di Marzio* Trattario, S. 467; ausführlich zum Anspruchsumfang Cendon/*Camilleri/Giannotte* Trattario, S. 626 ff. sowie *Marsano* NGCC 2002, 537 (549).
[426] Zum Schadensbegriff Cendon/*Camilleri/Giannotte* Trattario, S. 602 ff.; *Giglio* Condictio proprietaria, S. 154.

umfasst.⁴²⁷ Grundsätzlich aber wird der Umfang des Bereicherungsanspruchs großzügig bemessen, sobald der Anspruch einmal anerkannt worden ist. Der strenge und zurückhaltende Maßstab gilt eher für die Voraussetzungen und die Subsidiarität.⁴²⁸

c) Anwendbarkeit auf Token

Für Token ergeben sich aus all diesen Regelungen keine Besonderheiten. Im Rahmen des leistungskondiktionsähnlichen Anspruchs kommt es letztendlich darauf an, ob der Bereicherte Eigentum erlangt hat oder nicht. Nur dann besteht überhaupt ein Rechtsgrund, der wegfallen könnte. Wegen des Konsensprinzips ist das aber stets eine Frage des Vertrags und dessen Wirksamkeit, weshalb vertragsrechtliche Regelungen im Zweifel sachgerechter sind.

Auch der allgemeine Bereicherungsanspruch ist auf Token anwendbar. Es wird an keine Rechtsposition, sondern nur an einen Vermögensvor- und -nachteil angeknüpft. Zudem wird der Begriff des unberechtigten Grunds ausreichend weit verstanden. Da auch der Sachbegriff an eine wirtschaftliche Nutzungsfähigkeit und einen damit einhergehenden Vermögenswert anknüpft, sind keine Konstellationen denkbar, in denen es zu einer Vermögensverschiebung ohne entsprechende Rechtsverschiebung kommt. In der italienischen Rechtsordnung steht die wertungsbasierte Ausgleichsfunktion im Vordergrund, wohingegen es nicht um vermögensrechtliche Rechtsfortwirkung geht. Das ist originäre Aufgabe des Deliktsrechts, dessen Anwendungsbereich insoweit sehr weit ausgestaltet ist. Der allgemeine Bereicherungsanspruch soll diesen deliktsrechtlichen Schutz nur ergänzen, soweit er nicht einschlägig ist, Gesetzmäßigkeitsgründe aber trotzdem für einen Vermögensausgleich des Entreicherten sprechen.⁴²⁹

Die Bedeutung des allgemeinen Bereicherungsanspruchs für den absoluten Schutz von Token ist somit begrenzt. Wird an Token Eigentum bejaht, schützt der dingliche Schutzanspruch vor Eingriffen. Vermögensrechtlich wird das primär vom Deliktsrecht fortgeführt. Nur wenn dieser nicht einschlägig ist, kommt bereicherungsrechtlicher Schutz der Token in Betracht. Dieser wirkt dann absolut, sodass das Bereicherungsrecht auch dem Schutz einer rechtlich zugewiesenen Rechtsposition dient. Eigentlich handelt es sich aber eher um ein korrigierendes und wertungsbasiertes Rechtsinstitut, das nur hilfsweise Anwendung findet. Besondere Bedeutung erlangt der allgemeine Bereicherungsanspruch jedoch im Hinblick auf die rechtsgrundlose Nutzung fremder Sachen, und damit auch bei der Nutzung fremder Token. Erlangt jemand einen Token, der im Eigentum eines anderen steht und zu dessen Nutzung er auch nicht durch

---

⁴²⁷ Cendon/*Camilleri*/*Giannotte* Trattario, S. 587.
⁴²⁸ *Marsano* NGCC 2002, 537 (550).
⁴²⁹ *Giglio* Condictio proprietaria, S. 71 sowie ähnlich *Kindler* Einführung in das italienische Recht, § 17 Rn. 13.

sonstige Vereinbarungen oder Vorschriften berechtigt ist, muss er die erlangten Nutzungsvorteile an den eigentlich berechtigten und entreicherten Tokeneigentümer herausgeben. Trotz seiner Subsidiarität kommt dem Bereicherungsanspruchs hier eine wesentliche absolute Schutzfunktion zu.

d) Zwischenergebnis

Das Bereicherungsrecht ist auf Token anwendbar, kommt aber nur punktuell zur Anwendung. Die Leistungskondiktion ist nur anwendbar, wenn in vertraglicher Hinsicht ein Rechtsgrund fehlt, und bietet keinen absoluten Schutz. Dieser wird nur vom allgemeinen Bereicherungsanspruch gewährleistet, der jedoch nur subsidiär herangezogen werden kann. Wichtigster Anwendungsfall ist die unberechtigte Nutzung eines fremden Tokens, für die das Bereicherungsrecht die Herausgabe der erlangten Nutzungen bestimmt.

3. Schutz von Token durch das Recht zur Geschäftsführung ohne Auftrag

Diese beiden Rechtsinstitute werden durch das Recht zur Geschäftsführung ohne Auftrag ergänzt. Entsprechend der bekannten Vorgehensweise wird diese kurz in ihren Voraussetzungen (a)) und ihren Rechtsfolgen (b)) dargestellt und anschließend auf Token angewendet (c)).

a) Die Geschäftsführung ohne Auftrag im italienischen Recht

Die Geschäftsführung ohne Auftrag ist in Art. 2028 ff. cc geregelt und wird dort als *gestione di affari* bezeichnet. Hiernach hat derjenige, der wissentlich ohne Verpflichtung die Führung eines fremden Geschäfts übernimmt, die Geschäftsführung fortzusetzen und zu Ende zu führen, bis der Geschäftsherr in der Lage ist, selbst dafür zu sorgen. Diese Pflicht zur Fortführung der Geschäftsführung besteht auch dann, wenn der Geschäftsherr vor dem Abschluss des Geschäfts verstirbt, solange der Erbe nicht von sich aus dafür sorgen kann.[430] Der Geschäftsführer muss nach Art. 2029 cc geschäftsfähig sein, wohingegen minderjährige Geschäftsführer geschützt werden sollen. Denn Art. 2030 Abs. 1 cc verweist auf die Vorschriften des Auftragsrechts, dessen Pflichten zusätzlich zur Fortführungspflicht gelten.[431] Ferner bewirkt die Genehmigung des Geschäftsherrn, dass die Geschäftsführung ohne Auftrag selbst dann zu einem Auftragsverhältnis wird, wenn das Geschäft als eigenes geführt

---

[430] Die Fortsetzungspflicht dient dabei dem Schutz des Geschäftsherrn vor ungestümen Eingriffen des Geschäftsführers, vgl. insoweit rechtsordnungsübergreifend *Ladstätter* Benevolent Intervention, S. 108.

[431] Cendon/*Camilleri*/*Negro* Trattario, S. 444; kritisch insoweit jedoch und auf die Einschränkungen der italienischen Rechtswissenschaft verweisend *Kindler* Einführung in das italienische Recht, § 17 Rn. 8; in der Tat soll nach hM eine natürliche Handlungsfähigkeit genügen, vgl. *Bocchini*/*Quadri* Diritto privato, S. 1297.

wurde, Art. 2032 cc. Aufgrund dieser Gleichsetzung mit dem vertraglichen Auftragsverhältnis bezeichnet die italienische Rechtswissenschaft die Geschäftsführung ohne Auftrag auch als Paradefall eines vertragsähnlichen Verhältnisses.[432] Insbesondere im Außenverhältnis führt die Geschäftsführung ohne Auftrag zu einer vollumfänglichen Verpflichtung, so als wenn ein Auftrag mit Vertretungsmacht durchgeführt worden wäre. Es gilt daher der entsprechende Haftungsmaßstab des Art. 1710 cc.[433] Trotzdem folgt das Recht der Geschäftsführung ohne Auftrag in der Gesetzessystematik nicht unmittelbar auf das Auftragsrecht, sondern stellt eine der verschiedenen quasi-vertraglichen Anspruchsgrundlagen dar, die *ex lege* ein persönliches Schuldverhältnis begründen.[434]

Kennzeichnend für die Geschäftsführung ohne Auftrag ist, dass die besorgten Angelegenheiten fremd sind.[435] Darüber hinaus ist erforderlich, dass der Eingriff spontan erfolgt und der Betroffene selbst nicht eingreifen konnte, sowie dass es sich um ein fremdes und von Anfang an zweckmäßiges Geschäft handelt.[436] Für den Geschäftsherrn muss es allerdings nicht objektiv oder subjektiv unmöglich sein, sich um die eigenen Interessen zu kümmern. Vielmehr reicht es aus, dass keine Verpflichtung des Geschäftsführers zum Eingriff in die Rechtssphäre des Geschäftsherrn besteht, sondern spontan und zweckorientiert gehandelt wird.[437] Dafür muss es sich um ein fremdes Geschäft handeln. Sobald eigene Interessen vorrangig sind, ist das Rechtsinstitut nicht mehr einschlägig.[438] Generell gilt, dass, sobald es an einer der gesetzlich vorgesehenen Voraussetzungen fehlt, die Führung des fremden Geschäfts rechtswidrig ist und der Geschäftsführer keinen rechtlichen Schutz mehr genießt. Ansprüche, die eigens für solche Fälle vorgesehen sind, etwa zur Abschöpfung des Gewinns bei Eigengeschäftsführung, gibt es nicht. Der Geschäftsherr muss insoweit andere Anspruchsgrundlagen aus Delikts- oder Bereicherungsrecht

---

[432] Cendon/*Camilleri*/*Giannotte* Trattario, S. 593.

[433] Cendon/*Camilleri*/*Negro* Trattario, S. 445; *Ruperto* Giurisprudenza sul codice civile, S. 18 mwN; vgl. ferner *Kindler* Einführung in das italienische Recht, § 17 Rn. 9.

[434] *Kindler* Einführung in das italienische Recht, § 17 Rn. 2; die Geschäftsführung ohne Auftrag wurde schon im römischen Recht als Quasikontrakt bezeichnet, eben weil Ansprüche aus Vertrag und Delikt nicht ausreichend waren, siehe dazu *Ladstätter* Benevolent Intervention, S. 39.

[435] *Ruperto* Giurisprudenza sul codice civile, S. 3; Cendon/*Camilleri*/*Giannotte* Trattario, S. 593.

[436] Im Überblick Cendon/*Camilleri*/*Giannotte* Trattario, S. 593; ausführlich zur Zweckmäßigkeit der Geschäftsführung Cendon/*Camilleri*/*Negro* Trattario, S. 440 f.

[437] Ständige Rechtsprechung, zuletzt Kassationsgerichtshof, Urteil vom 7. Juni 2011, Nr. 12304; Cendon/*Camilleri*/*Negro* Trattario, S. 434 f.; *Iorio* Diritto privato, S. 716; *Ruperto* Giurisprudenza sul codice civile, S. 4 f.

[438] Vgl. Kassationsgerichtshof, Urteil vom 18. April 1985, Nr. 2577 sowie Urteil vom 6. August, 1997, Nr. 7278; ferner Cendon/*Camilleri*/*Negro* Trattario, S. 437 und *Ruperto* Giurisprudenza sul codice civile, S. 7.

geltend machen.[439] Nur wenn der Geschäftsführer das fremde Geschäft irrtümlich als eigenes führt, sieht Art. 2032 cc eine Genehmigungsmöglichkeit vor.[440]

b) Rechtsfolgen der Geschäftsführung ohne Auftrag

Liegen alle Voraussetzungen vor und hat der Geschäftsherr die Vornahme der Geschäftsführung nicht untersagt, kann der Geschäftsführer die ihm entstandenen Kosten vollständig erstattet verlangen, Art. 2031 cc. Dafür muss die Geschäftsführung von Anfang an nützlich gewesen sein, sodass der Geschäftsherr die Geschäftsführung auch selbst durchgeführt hätte.[441] Zudem kann der Geschäftsführer, wenn der Geschäftsherr durch die Geschäftsführung bereichert ist, Herausgabe der erlangten Vorteile nach dem allgemeinen Bereicherungsanspruch verlangen. Dieser wäre ohne die Verweisung nicht einschlägig, da die Geschäftsführung ohne Auftrag immer auch eine rechtsgrundlose Leistung darstellt und somit die Leistungskondiktion einschlägig wäre, die gegenüber dem allgemeinen Bereicherungsanspruch vorrangig ist.[442] Dennoch ist der Verweis auf den allgemeinen Bereicherungsanspruch nur als Ergänzung zum eigentlichen Herausgabeanspruch konzipiert. Der eigene Herausgabeanspruch des Rechtsinstituts hat nämlich den Vorteil, dass die entstandenen Kosten in voller Höhe ersetzt werden und keine Begrenzung auf die tatsächlich erzielte Bereicherung vorgesehen ist.[443] Dadurch wird die Motivation des Geschäftsführers gewürdigt und in die Interessensabwägung einbezogen.

Umgekehrt obliegen dem Geschäftsführer alle Pflichten, die er auch im Falle eines regulären Auftragsverhältnisses zu erfüllen hätte. Dazu gehört insbesondere die Herausgabepflicht nach Art. 1706 cc, die Sorgfaltspflicht nach Art. 1710 Abs. 1 cc und die Pflicht zur Rechnungslegung nach Art. 1713 cc. Wurde zudem schuldhaft ein Schaden herbeigeführt, haftet der Geschäftsführer

---

[439] *Bocchini/Quadri* Diritto privato, S. 1298; *Balloriani/De Rosa/Mezzanotte* Diritto civile, S. 329; im deutschen Recht ist die Gewinnherausgabe demgegenüber explizit Teil des Rechts zur Geschäftsführung ohne Auftrag, dazu *Gatti* Rimedi civilistici, S. 247 f.; kritisch insoweit allerdings *Jansen* AcP 216 (2016), 112 (201) mwN; vgl. insoweit auch die rechtsvergleichenden Erwägungen bei Europäisches Parlament/*v. Bar* Untersuchung der Privatrechtsordnungen der EU, S. 50 f.; etwas allgemeiner *Ruperto* Giurisprudenza sul codice civile, S. 2.

[440] *Iorio* Diritto privato, S. 716; ähnlich *Bocchini/Quadri* Diritto privato, S. 1298.

[441] Kassationsgerichtshof, Urteil vom 25. Mai 2007, Nr. 12280; bereits im römischen Recht wurde die Nützlichkeit ähnlich subjektiv und aus *ex ante* Sicht entschieden, vgl. *Ladstätter* Benevolent Intervention, S. 42 f.

[442] Von der Leistung grenzt sich die Geschäftsführung ohne Auftrag wegen der wissentlichen Übernahme und dem Fremdgeschäftsführungswillen ab, *Kindler* Einführung in das italienische Recht, § 17 Rn. 6.

[443] Cendon/*Camilleri/Giannotte* Trattario, S. 594.

gemäß Art. 2043 cc auf deliktischen Schadensersatz.[444] Art. 2030 Abs. 2 cc behält dem Gericht allerdings die Möglichkeit vor, die Schadensersatzhöhe unter Berücksichtigung der Motivation des Geschäftsführers zur Übernahme der Geschäftsführung zu kürzen.

Mit Blick auf die zugrundeliegende Wertung normiert die italienische Rechtsordnung somit ein flexibles Haftungsregime, welches dem der deutschen Rechtsordnung sehr ähnelt und mit dem gemeinsamen Ursprung im römischen Recht erklärt werden kann: Die Geschäftsführung muss auf einer altruistischen Motivation beruhen und soll einem gerechten Interessensausgleich dienen.[445] Auch wenn sich die konkrete Ausgestaltung der Anspruchsgrundlagen unterscheidet, sind die grundlegende Struktur und der verfolgte Normzweck identisch. Der Geschäftsherr trägt das Risiko der Geschäftsführung, da das moralische Handeln des Geschäftsführers gewürdigt und entsprechend geschützt werden soll. Gleichzeitig ist die Haftung auf sachgerechte Geschäftsführungen beschränkt, um eine missbräuchliche und nutzlose Einmischung in die Angelegenheiten anderer zu verhindern. Das Interesse an einem altruistischen Handeln steht somit dem einer wirtschaftlichen Vermögenserhaltung oder -vermehrung gegenüber.[446] Daher kann der Geschäftsherr die Geschäftsführung eines anderen gemäß Art. 2032 cc nachträglich genehmigen, selbst wenn diese nicht alle Voraussetzungen erfüllt. Dadurch wird ein Auftragsverhältnis begründet, welches mit einem vertraglich geschlossenen Auftragsverhältnis gleichwertig ist und dem Geschäftsführer sogar Vertretungsmacht vermittelt.[447] Im deutschen Recht kann die Geschäftsführung ohne Auftrag zwar auch nachträglich genehmigt werden, das Auftragsrecht ist dann aber lediglich durch Verweis anwendbar; die Genehmigung lässt kein vertragliches Verhältnis entstehen und stellt insbesondere auch keine Vollmachtserteilung dar.

c) Anwendbarkeit auf Token

Die Geschäftsführung ohne Auftrag stellt, anders als das des deutschen Rechts, keinen eigenen Schutzanspruch gegen fremde Eingriffe bereit. Stattdessen werden nur bestimmte Eingriffe privilegiert, indem der Geschäftsführer durch besondere Regelungen geschützt wird. Liegen die dafür erforderlichen Voraussetzungen nicht vor, gilt nur der Schutz der sonstigen Rechtsinstitute. Grund

---

[444] *Bocchini/Quadri* Diritto privato, S. 1298; *Balloriani/De Rosa/Mezzanotte* Diritto civile, S. 329.

[445] Cendon/*Camilleri/Negro* Trattario, S. 437; *Bocchini/Quadri* Diritto privato, S. 1297; das Rechtsinstitut entstand im römischen Recht, entwickelte sich dann durch das naturrechtliche Denken der Aufklärung in unterschiedliche Richtungen weiter; zur historischen Entwicklung ausführlich und rechtsübergreifend *Ladstätter* Benevolent Intervention, S. 38 ff., 47 ff.; konkret zur Flexibilität des Haftungsregimes ebd. S. 44 f.

[446] *Bocchini/Quadri* Diritto privato, S. 1297; ähnlich *Balloriani/De Rosa/Mezzanotte* Diritto civile, S. 328 f.

[447] *Ruperto* Giurisprudenza sul codice civile, S. 24 f.

dafür ist die Abwägung des grundsätzlich bestehenden Schutzinteresses von Vermögenswerten gegenüber dem Interesse, altruistisches Handeln zu würdigen und zu schützen.

Demzufolge ergeben sich keine Besonderheiten für den absoluten Schutz von Token. Ob die Privilegierungen für den Geschäftsführer greifen, ist keine Frage des Schutzgegenstands oder dessen rechtlicher Einordnung, sondern hängt von den Umständen der Geschäftsführung ab.

d) Zwischenergebnis

Somit ist das Recht zur Geschäftsführung ohne Auftrag zwar auf Token anwendbar, es hat für deren rechtliches Schutzniveau jedoch keine entscheidende Bedeutung. Im Vordergrund steht die Interessensabwägung des Gesetzgebers, die auch dem deutschen Recht zugrunde liegt.

4. Schutz von Token durch die culpa in contrahendo

Abschließend wird noch einmal gesondert auf die *culpa in contrahendo* eingegangen. Während die *culpa in contrahendo* im deutschen Recht mangels Vermögensschutz nicht als Teil des Deliktsrechts eingeordnet wird, hat die italienische Rechtswissenschaft einen anderen Weg eingeschlagen. Die *culpa in contrahendo* beruht auf einer Verletzung des Art. 1337 cc, der bestimmt, dass sich die Parteien bei der Führung von Verhandlungen und Vertragserstellung nach Treu und Glauben zu verhalten haben. Eine Verletzung dieses Grundsatzes stellt, wie jede andere Rechtsverletzung auch, eine unerlaubte Handlung im Sinne des Art. 2043 cc dar. Die *culpa in contrahendo* ist somit Teil des Deliktsrechts.[448]

Es wurde allerdings auch versucht, die *culpa in contrahendo* vertraglich einzuordnen. Aus Art. 1337 cc sollte eine eigene Schutzpflicht für die vorvertragliche Phase abgeleitet werden, da durch die Kontaktaufnahme ein Vertrauensverhältnis entstehe. Dieses begründe ein gegenseitiges Schutzpflichtverhältnis, dessen Pflichtenkatalog nur durch die vertraglichen Vorschriften sachgerecht erfasst werden könne.[449] Allerdings zählt Art. 1173 cc die möglichen Entstehungsgründe von Schuldverhältnissen auf und erfasst die Verletzung des Art. 1337 cc gerade nicht gesondert. Daher kann die Verletzung einer vorvertraglichen Verhaltenspflicht nur eine unerlaubte Handlung im Sinne des Art. 2043 cc sein, denn eine Nichterfüllung einer Leistungspflicht, die nach Art. 1218 cc einen vertraglichen Schadensersatz auslösen würde, liegt gerade nicht vor. Das sei gerade schon aus der in Art. 1338 cc normierten

---

[448] *v. Bar/Drobnig* Interaction of Contract Law and Tort and Property Law, Rn. 347.
[449] *Rinaldo* Haftung Dritter, S. 107 f. mwN.

Beschränkung des Haftungsumfangs auf das negative Interesse ersichtlich.[450] Auch die Rechtsprechung ordnet die *culpa in contrahendo* daher dem Deliktsrecht zu.[451] Die Ausweitung des Deliktsrechts und dessen Anknüpfung an jegliches rechtlich relevante Interesse haben es ihr unproblematisch ermöglicht, an das Integritätsinteresse vor Vertragsschluss anzuknüpfen. Auch das Interesse, auf bestimmte Handlungen vertrauen zu dürfen, kann ohne weiteres als rechtlich relevant erachtet werden und damit Anknüpfungspunkt für einen deliktischen Schutz bilden. Eine Abgrenzung gegenüber rein relativen Interessen war wegen ihrer Einbeziehung in den deliktischen Schutz von vornherein nicht notwendig. Art. 1337 cc stellt vielmehr eine Auslegungsnorm für den Art. 2043 cc dar, aus der sich gerade die Widerrechtlichkeit der Rechtsverletzung ergibt.[452]

Somit unterscheidet sich die Subsumtion der Token unter den Schutz der *culpa in contrahendo* nicht von der Einordnung in das Deliktsrecht. Soweit die Pflichtverletzung von Treu und Glauben das rechtliche Interesse des Tokeneigentümers an seinem Token beeinträchtigt, kann dieser nach Art. 2043 cc Ersatz verlangen. Absoluter Schutz wird insoweit gewährt.

5. Zwischenergebnis zum absoluten Schutz von Token durch sonstige Rechtsinstitute

Insgesamt ist zu beobachten, dass die Anwendung der Rechtsinstitute des italienischen Rechts deutlich weniger Probleme bereitet als die des deutschen Rechts. Grund dafür ist jedoch nicht die Ausgestaltung der Rechtsinstitute im Einzelnen, sondern wieder einmal der Sachbegriff. Da dieser von vornherein weiter ausgestaltet ist, differenziert auch die übrige Rechtsordnung nicht so stark zwischen unterschiedlichen Rechtspositionen. Stattdessen wird allgemein an Rechtspositionen oder vermögensrechtliche Interessen angeknüpft.

Für Token bedeutet das, dass sie dank des weiten Sachbegriffs als Rechtsobjekt umfasst sind. Auch die an ihnen bestehende Rechtsposition wird aufgrund der nicht vorhandenen Differenzierung stets von den einzelnen Rechtsinstituten erfasst. Hinsichtlich des absoluten Tokenschutzes führt das wiederum dazu, dass hier von vornherein keine Schwierigkeiten auftreten: Token, oder genauer, das an Token bestehende Eigentumsrecht, wird von allen Rechtsinstituten in gleicher Weise vor Eingriffen Dritter geschützt wie alle anderen Rechtspositionen.

---

[450] *Rinaldo* Haftung Dritter, S. 108; *v. Bar/Drobnig* Interaction of Contract Law and Tort and Property Law, Rn. 347 gehen daher schon gar nicht weiter auf diese Vorschläge der Literatur ein.

[451] Ständige Rechtsprechung; begründend Kassationsgerichtshof, Urteil vom 29. April 1999, Nr. 4299.

[452] *Rinaldo* Haftung Dritter, S. 109.

VII. Zusammenfassung des § 7

Token werden durch das Deliktsrecht grundsätzlich geschützt und ihr Schutz ist im Lichte des deliktsrechtlichen Normzwecks auch sachgerecht, um schädigendes Verhalten Dritter zu vermeiden. Bei Anerkennung der Token als Sache knüpft der Schutz primär an das Eigentumsrecht an und ist umfassend. Daneben sind Besitzbeeinträchtigungen, Verletzung von dinglichen Rechten und verbotene Eigenmacht im Rahmen des sonstigen Rechts erfasst, sodass Deliktsschutz auch hiergegen greift. Über § 823 Abs. 2 BGB wird zudem vor strafrechtlich relevanten Handlungen geschützt, wobei auch das Strafrecht bei Bejahung der Sachfähigkeit von Token besser zur Anwendung kommen kann. Vor sittenwidrigen Beeinträchtigungen wird Schutz unabhängig von Token gewährt, soweit alle Voraussetzungen vorliegen.

Bei Verneinung der Sachfähigkeit fällt die Anknüpfung an die Verletzung eines sonstigen Rechts schwerer. Das in § 823 Abs. 1 BGB genannte sonstige Recht soll als Anknüpfungspunkt für die Begründung einer ganz neuen Rechtsposition dienen. Hierdurch stößt das Abwehrrecht an seine Grenzen und stattdessen kommt es vielmehr auf eine Rechtsposition *sui generis* an, die bei Verneinung der Sachfähigkeit grundsätzlich bestehen muss. Hier bestehen aber noch viele Unsicherheiten, weshalb derzeit vor allem auf den strafrechtsakzessorischen Schutz und den Schutz vor sittenwidrigem Verhalten angeknüpft wird, der aber unstrittig als lückenhaft erachtet wird.

Auch das Bereicherungsrecht schützt Token absolut, soweit sie als Bereicherungsgegenstand erfasst werden und eine zuweisende Rechtsposition besteht. Die rechtliche Erfassung als Bereicherungsgegenstand setzt das Bestehen einer Rechtsposition voraus. Ihre Zuweisung ist aus der Gesamtheit der Rechtsordnung herauszulesen, sodass das Fehlen einer klaren Definition zu Begründungsschwierigkeiten und Rechtsunsicherheit führt. Der relativ wirkende Schutz der Leistungskondiktion ist gegenüber dem absoluten Schutz vorrangig, besteht aber auf Verfügungsebene und ändert daher nichts an der Notwendigkeit einer klaren Rechtsposition. Wird eine Sachfähigkeit bejaht, ist die Rechtsposition mit dem rechtlich definierten Eigentumsrecht klar umrissen und zugewiesen. Wird die Sachfähigkeit verneint, bestehen ebenfalls Anknüpfungspunkte für einen bereicherungsrechtlichen Schutz, jedoch muss die Rechtsposition in ihrem Bestand und in ihrem Zuweisungsgehalt erst hergeleitet und definiert werden. Als Abwehrrecht kann das Bereicherungsrecht dafür nicht herangezogen werden.

Das Recht zur Geschäftsführung ohne Auftrag gewährt keinen absoluten Schutz, sondern privilegiert nur gewisse Handlungen, um die zugrundeliegende Motivation des Geschäftsführers wertzuschätzen. Token können durch das Recht zur Geschäftsführung ohne Auftrag nicht absolut geschützt werden; allenfalls werden tokenbezogene Handlungen wegen der zugrundeliegenden Motivation des Geschäftsführers privilegiert. Diese Wertung gilt jedoch unabhängig von der rechtlichen Einordnung der Token und kann eine solche insbesondere nicht begründen.

Die *culpa in contrahendo* dient ebenfalls nicht primär einem absoluten Schutz, sondern schützt vor Risiken infolge eines gesteigerten Näheverhältnisses. Sie kann Token nur insoweit schützen, als dass eine an ihnen bestehende Rechtsposition beeinträchtigt wird; wie diese konkret aussieht, ist nicht weiter von Bedeutung, wenn jedenfalls der Vermögenswert der Token erfassen wird. Unterschiede infolge einer möglichen Sachfähigkeit ergeben sich somit nicht.

Die Sachfähigkeit ist für das rechtliche Schutzniveau grundsätzlich von Bedeutung, da hieran nicht nur die Rechtszuweisung, sondern auch die Rechtsabwehr anknüpft. Selbst verhaltensorientierte Wertungen der Rechtsinstitute, die unabhängig von einer rechtlichen Einordnung der Token gelten, setzen das Bestehen einer solchen dogmatisch voraus.

Im italienischen Recht sind Token deliktsrechtlich geschützt, da die Generalklausel alle rechtlich anerkannten Interessen schützt und die Beeinträchtigung in der Regel widerrechtlich sein wird. Aufgrund der kasuistischen Ausgestaltung besteht endgültige Rechtssicherheit jedoch erst nach höchstrichterlicher Entscheidung. Daneben wird absoluter Schutz durch den allgemeinen Bereicherungsanspruch gewährt. Dieser ist subsidiär und kommt nur zur Anwendung, wenn von vornherein kein anderes Rechtsinstitut in Betracht kommt. Wichtigster Anwendungsfall ist die unberechtigte Nutzung eines fremden Tokens, für die das Bereicherungsrecht die Herausgabe der erlangten Nutzungen bestimmt. Das Recht zur Geschäftsführung ohne Auftrag ist auf Token anwendbar, hat für das Schutzniveau aber auch in der italienischen Rechtsordnung keine Bedeutung. Die *culpa in contrahendo* stellt Teil des Deliktsrechts dar und gewährt Schutz nur im Hinblick auf den Vermögenswert.

§ 8 Umfassender Rechtsvergleich des jeweiligen Gesamtniveaus eines absoluten Schutzes

Nachdem der Schutz durch die verschiedenen Rechtsinstitute von beiden Rechtsordnungen dargestellt wurde, soll für jede Rechtsordnung noch einmal das jeweilige Gesamtniveau des absoluten Schutzes von Token knapp zusammengefasst werden (I und II). Erst danach können die Schlussfolgerungen dieser Gegenüberstellung gezogen werden, ohne dass der Blick für die absolute Schutzwirkung verloren geht (III). Das Schutzniveau ergibt sich erst aus dem Zusammenwirken der einzelnen Rechtsinstitute und bildet zusammen mit den dinglichen Regelungen ein allgemeines individualrechtsschützendes System aus *erga omnes* wirkenden Ausgleichsansprüchen. Nur in ihrer Gesamtheit schützen sie dann die Rechtssphäre eines jeden Einzelnen.[1]

---

[1] *Jansen* AcP 216 (2016), 112 (120).

Da sie aber an die Rechtsphäre des Einzelnen anknüpfen, und mithin an subjektiven Rechten, wird anschließend noch einmal der Bogen zum ersten Teil der Untersuchung gespannt und die allgemeine Bedeutung des Sachbegriffs für den absoluten Schutz von Token herausgearbeitet (IV). Im Gesamtniveau spiegelt sich wider, dass das Eigentumsrecht in den beiden Rechtsordnungen unterschiedlich weit reicht, was auf die verschiedenen Sachbegriffe zurückzuführen ist.

I. Gesamtniveau des absoluten Schutzes von Token nach deutschem Recht

Bei Zusammenschau aller Rechtsinstitute der deutschen Rechtsordnung ergibt sich ein sehr unterschiedliches Gesamtniveau des absoluten Schutzes – je nachdem, ob eine Sachfähigkeit bejaht oder verneint wird.

Wird eine Sachfähigkeit von Token bejaht, sind diese durch die dinglichen Eigentumsvorschriften in ihrer bloßen Existenz geschützt. Die faktische Gestaltung der Token als Einheiten, die einem Inhaber eindeutig zugeordnet werden, wird vom Recht als solche anerkannt und geschützt. Niemand darf auf einen fremden Token zugreifen, diesen beschädigen oder verwerten. Für den Fall, dass das doch einmal geschieht, ist in Abhängigkeit der Umstände und insbesondere der subjektiven Kenntnisse und Absichten ein ausdifferenziertes System zum gerechten Interessenausgleich vorgesehen. Gleiches gilt, wenn Token im Zusammenhang mit anderen, besonders vom Gesetz erfassten Situation beeinträchtigt werden und dies zu einem Vermögensschaden führt. Der Eigentümer kann hier bei Vorliegen der als für einen Interessenausgleich notwendig erachteten Voraussetzungen Herausgabe, Ausgleich oder Kompensation verlangen.

All das ist nicht oder nur lückenhaft mit aufwändiger Begründung gewährleistet, wenn eine Sachfähigkeit verneint wird. Es mag gute Gründe geben, wieso Token nicht als Sachen eingeordnet und weshalb kein Eigentumsrecht, sondern nur eine vergleichbare Rechtsposition anerkannt werden sollte. Es sollte aber mit in Erwägung gezogen werden, dass dies nur zu dem nicht unerheblichen Preis eines rechtsunsicheren und gegebenenfalls nicht einmal vollständigen Schutzes zu haben ist. Denn ein dinglicher Schutz wäre von vornherein nicht anwendbar, sodass die Rechtsposition als solche nur analog über den allgemein gehaltenen § 1004 BGB geschützt wäre. Dies kann in den meisten Fällen ausreichen, öffnet aber gleichzeitig Raum für Diskussionen und Abwägungen im Einzelfall, die mit Blick auf Rechtsdurchsetzungskosten und vorhandene Ressourcen dann auch bewusst ausgenutzt werden können. Weniger Unsicherheiten bestehen im Bereicherungsrecht, die auch dort jedoch nicht vollständig ausgeräumt sind. Das Klagerisiko und insbesondere der damit verbundene Zeitablauf können hier zu erheblichen Risiken für Rechtsdurchsetzung und vollständigen Vermögensausgleich führen. Auch über das Deliktsrecht kann ein vermögensrechtlicher Schutz nur mit den Einschränkungen gewährt werden. Vor allem ist zu beachten, dass ein deliktischer Schutz immer nur auf einen vermögensrechtlichen Ausgleich abzielt und somit in seiner Qualität nur zweitrangig ist. Eine zügige und gegebenenfalls auch auf die Zukunft gerichtete Abwehr von Beeinträchtigungen der Rechtsposition selber wird dadurch gerade nicht erreicht. In selteneren Sondersituationen wie etwa einer fremden Geschäftsführung ohne Auftrag oder einer vorvertraglichen Vertragsverletzungen bestehen zwar weniger Rechtsunsicherheiten, einen umfassenden Rechtsschutz können diese aber nicht ersetzen. Das absolute Schutzniveau ist in seiner Gesamtheit somit nicht überzeugend und bedürfte dringend weiterer gesetzgeberischer Handlungen oder Klarstellungen.

II. Gesamtniveau des absoluten Schutzes von Token nach italienischem Recht

Hinsichtlich des italienischen Rechts ergibt sich hingegen, dass deren Rechtsinstitute in ihrem Zusammenwirken einen umfassenden rechtlichen Schutz gegenüber Dritten gewährleisten können. Unsicherheiten bei Einordnung der Token unter den Sachbegriff gibt es nicht, sodass es auf diesen von vornherein nicht ankommt. Vielmehr führt dessen weites Verständnis dazu, dass in jedem Fall eine Rechtsposition an Token anerkannt wird, die ihren Ursprung im Eigentumsrecht des Art. 832 cc hat. Die Anerkennung einer Rechtsposition führt dann auch bei allen anderen Rechtsinstituten dazu, dass Token jedenfalls von deren Schutzvorschriften erfasst sind. Nur vereinzelt kann es Rechtsunsicherheiten bezüglich der Reichweite der Rechtsposition geben. Grundsätzlich orientiert sie sich aber an der Umfassendheit und Universalität des Eigentumsrechts. Jedenfalls das Ob einer Rechtsposition ist geklärt: Es ist so eng an den Nutzen eines Gegenstands geknüpft, dass eine Rechtsposition eigentlich fast schon automatisch anerkannt wird, sobald ein Gegenstand gesellschaftliche und mithin rechtliche Relevanz entfaltet.

Selbst wenn die mit dem Eigentumsrecht verbundenen Regelungen im Einzelnen nicht anwendbar sein sollten, steht dies einer Erfassung der faktisch bestehenden Inhaberposition durch das Recht nicht entgegen. Grundsätzlich können dadurch zwar Rechtsunsicherheiten entstehen, da es ja gerade an einer ausdifferenzierten Regulierung der Token fehlt. Dafür aber sind Token immerhin schon rechtlich erfasst – und zwar für die gesamte Dauer der Zeit, die es braucht, bis der Gesetzgeber eventuell erforderliche Sonderregelungen erlassen hat. Dies ermöglicht zumindest ein Grundniveau an rechtlichen Schutz und ist damit mehr, als die deutsche Rechtsunsicherheit zu leisten vermag.

III. Rechtsvergleich: Was kann das deutsche Recht vom italienischen Recht lernen?

Damit stellt sich nun die Frage, was das deutsche Recht im Einzelnen vom italienischen Recht lernen kann und an welchen Stellschrauben gedreht werden kann, um vergleichbare Ergebnisse zu erzielen. Denn Ziel des

Rechtsvergleichs ist es, Erkenntnisse für das deutsche Recht zu erlangen. Umgekehrt schaut die italienische Rechtswissenschaft sehr intensiv auf die deutsche Rechtsentwicklung und lässt sich von ihr stark beeinflussen. Dabei wird die deutsche Rechtsordnung stets mit offenem Blick weiterentwickelt, weshalb es besonders aufschlussreich sein kann, auch mal einen Blick auf die italienische Rechtsordnung zu werfen.

Der Sachbegriff, die Anwendbarkeit der sachenrechtlichen Regelungen sowie das Rechtsinstitut des dinglichen Schutzes wurden bereits ausführlich gegenübergestellt.[2] Bei der Gewährung eines umfassenden rechtlichen Schutzes kommt es im Ergebnis allerdings immer auf das Zusammenwirken der Rechtsinstitute und auf die Einheit der Rechtsordnung an. Deswegen werden die einzelnen Rechtsinstitute nicht noch einmal gesondert in Vergleich gesetzt, sondern die Punkte herausgearbeitet, bei denen sich bedeutsame Unterschiede für das Schutzniveau herauskristallisiert haben. Das erfolgt sowohl für das das Deliktsrecht (1), das Bereicherungsrecht (2) und das Recht zur Geschäftsführung ohne Auftrag (3), als auch im Überblick über die *culpa in contrahendo* (4). Auf dieser Grundlage werden dann die Schlussfolgerungen für den absoluten Schutz in seiner Gesamtwirkung gezogen (5).

1. Vergleich des Deliktsrechts und hieraus resultierende Lehren

Der deliktsrechtliche Schutz ist im italienischen Recht ganz anders ausgestaltet als in der deutschen Rechtsordnung. Das zeigt sich schon bei der Bedeutung des Eigentumsrechts (a)). Doch auch die Begründung der Rechtsprechung bei der Schaffung neuer Rechtspositionen ist unterschiedlich (b)), weshalb auch auf die methodischen Herangehensweisen geschaut wird (c)).

a) Bedeutung des Eigentumsrechts

Während das italienische Deliktsrecht eine einzige Generalklausel vorsieht, die grundsätzlich weit verstanden wird, knüpft das deutsche Deliktsrecht an feste Typen an und sieht darüber hinaus zwei weitere, verhaltensbezogene Generalklauseln vor. Damit wird der deliktsrechtliche Schutz auf wenige Rechtspositionen beschränkt, was sich insbesondere darin zeigt, dass reine Vermögensschäden grundsätzlich nicht erfasst werden. Die weite Generalklausel des italienischen Rechts ermöglicht einen viel stärkeren Schutz. Letztlich kommt aber auch das deutsche Recht zu einem Ersatz rein wirtschaftlicher Schäden, indem das Eigentumsrecht weit und vom Eigentumsgegenstand losgelöst interpretiert wird. Eine Verletzung des Eigentumsrechts kann auch dann vorliegen, wenn

---

[2] Siehe § 3V.3, § 4IV.4 und § 6V.3.

der Eigentumsgegenstand selbst nicht beschädigt wurde.³ Das ist so im italienischen Recht nicht möglich, aber auch gar nicht notwendig, da neben dem Eigentum auch alle anderen rechtlich relevanten Interessen geschützt werden. Grundsätzlich gilt, dass das Deliktsrecht umso mehr wirtschaftliche Schäden erfasst, desto weiter das Eigentumsrecht interpretiert wird.⁴ Trotzdem bedarf es dann stets einer Anknüpfung an das Eigentumsrecht. Bei der italienischen Lösung, die wirtschaftliche Schäden nicht unter das Eigentumsrecht fassen muss, sondern eigenständig schützen kann, ist das nicht erforderlich. Für den Ersatz von Vermögensschäden bestehen im deutschen Recht daher tendenziell mehr Hindernisse, als es im italienischen Recht der Fall ist.⁵ Dafür sieht das italienische Prozessrecht für die Durchsetzbarkeit des Eigentums deutlich höhere Hürden vor als die deutsche Rechtsordnung. Ein Fassen der wirtschaftlichen Schäden unter den Eigentumsbegriff war daher von der Rechtspraxis wahrscheinlich gar nicht unbedingt gewollt und das Ausweiten des Deliktsrechts auf vertragliche Rechte stattdessen die viel bessere Lösung.

Im Ergebnis bestand in beiden Rechtsordnungen das Bedürfnis, den deliktischen Schutz auszuweiten. Je nach Zusammensetzung und Dynamik der einzelnen Regelungen haben sich dann jedoch verschiedene Wege gefunden, diese Ausweitung sachgerecht zu gestalten. Während im deutschen Recht das Verständnis der einzelnen, anerkannten Fallgruppen ausgedehnt wurde, war das italienische Recht an keine Fallgruppen gebunden und hat mit ausgeprägter Kasuistik neue Fallgruppen geschaffen. Mit Blick auf die andauernden Entwicklungen des technologischen Fortschritts mag letztes flexibler sein als die erstgenannte Lösung. Das bedeutet jedoch nicht, dass diese dann ohne Abwandlung auf andere dogmatische Systeme übertragen werden kann. Vielmehr sind die dogmatischen Unterschiede nicht nur bei der bisherigen Entwicklung, sondern auch bei der zukünftigen Weiterentwicklung zu beachten und insbesondere auch auf andere Faktoren wie etwa die Rechtssicherheit und den Rechtsschutz hin zu bewerten.

b) Schaffung neuer Rechtspositionen durch die Rechtsprechung

In der Rechtspraxis wirkt sich dieser fundamentale Unterschied dann weitaus weniger aus, als man mit Blick auf die Dogmatik vermuten könnte. In beiden Rechtsordnungen hat die Rechtsprechung neue Rechtspositionen begründet, indem sie auf verfassungsrechtlich garantierte Interessen verwiesen hat. Im Einzelnen gibt es zwar Unterschiede, beispielsweise kennt das deutsche Recht

---

[3] *van Dam* European Tort Law, S. 205 f.; ähnlich, wobei auch auf die Ausdehnung des Vertragsrechts verwiesen wird, *v. Bar/Drobnig* Interaction of Contract Law and Tort and Property Law, Rn. 46.

[4] *van Dam* European Tort Law, S. 203.

[5] Ähnlich im Vergleich mit der Reichweite der französischen Generalklausel *van Dam* European Tort Law, S. 203.

anders als die italienische Verfassung kein allgemeines Solidaritätsprinzip. Häufig sind aber deutliche Parallelen erkennbar. Das italienische Solidaritätsprinzip ist etwa mit dem allgemeinen Persönlichkeitsrecht aus Art. 2 Abs. 1 GG vergleichbar und beide Rechte haben letztendlich zur Anerkennung ähnlicher Rechtspositionen geführt.[6] Bei neuen Gegenständen wie den Token wird die Rechtsprechung letzten Endes ebenfalls aktiv werden müssen. Im italienischen Recht ist das wegen des kasuistischen Deliktsrechts ohnehin erforderlich. Im deutschen Recht zeigt die Diskussion, dass es hier Klärungsbedarf gibt. Lediglich die Tatsache, dass es eindeutig auf die Rechtsprechung ankommt, mag zu einem schnelleren Vorbringen und mithin zu einer schnelleren Klärung der Rechtslage führen.

c) Methodische Herangehensweise

Trotzdem wurde im deutschen Recht das Deliktsrecht nie als Generalklausel verstanden.[7] Stattdessen knüpfen alle neuen Rechte an die Öffnung der deliktsrechtlichen Klausel für sonstige Rechte an.[8] Demgegenüber war der italienische Art. 2043 cc von vornherein so angedacht und ausgestaltet, dass dieser sich an gesellschaftliche Entwicklungen anpassen und auch neuartige Rechtspositionen schützen kann. Auch wenn die Rechtsanwendung bei entsprechender Notwendigkeit neuer Rechtspositionen stets einen Weg gefunden hat und das Ergebnis in beiden Rechtsordnungen ähnlich ist, verleitet die deutsche Herangehensweise zu einer unsauberen Vorgehensweise. Denn anstatt die rechts*verwirklichende* Funktion des Deliktsrechts anzuerkennen, wird auf die Auflistung der sonstigen Rechte oft vorschnell eine rechts*schaffende* Bedeutung projiziert. Auf der Grundlage von Einzelfallwertungen wird dann eine individuelle Verantwortlichkeit begründet, die sich dogmatisch nicht immer begründen lässt.[9]

Oftmals wird ein sonstiges Recht geschaffen, *um* einen Schadensersatz begründen zu können. Dadurch ist es nicht mehr die Gesellschaft, die sich weiterentwickelt und neue Rechte kreiert, und woran das Deliktsrecht lediglich anknüpft. Es ist dann vielmehr das Deliktsrecht selbst, das neue Rechtspositionen definiert. Als Kriterium für neue Rechtspositionen wird die Absolutheit herangezogen, oder genauer, ob einem Individuum eine Schutzwirkung gegenüber jedermann zugesprochen wird. Dabei handelt es sich jedoch um ein

---

[6] Vgl. *Zeno-Zencovich* Diritto privato comparato, S. 371 (380 f.); eine Ausweitung des deutschen Deliktsrechts erkennend auch *Rinaldo* Haftung Dritter, S. 51 f.; allgemeiner *van Dam* European Tort Law, S. 84 f.

[7] *Rinaldo* Haftung Dritter, S. 51.

[8] Den sonstigen Rechten komme keine Auffangfunktion zu, *van Dam* European Tort Law, S. 82.

[9] Vgl. in diese Richtung auch die rechtshistorischen Überlegungen von *Jansen* AcP 216 (2016), 112 (127 f.).

Kriterium, durch das jedes subjektive Recht als absolutes Recht definiert werden kann. Ein subjektives Recht kann absolut sein, ohne dass es auf eine als rechtswidrig erachtete Rechtsverletzung oder ein Bedürfnis nach Schadensersatz ankommt. Dieses subjektive Recht ist stets einklagbar und stellt einen Grundpfeiler des deutschen Privatrechtssystems dar. Besteht es zudem *erga omnes*, sollte die Rechtsordnung Schutz vor einem schädigenden Verhalten Dritter bereitstellen.[10] Der Integritätsschutz ist dabei aber nicht alleinige Aufgabe des Deliktsrechts, welches bewusst nur eine Entschädigung für die Verletzung bestimmter Rechte vorsieht.[11] Alle anderen Verletzungen absoluter subjektiver Rechte führen nicht zu einer deliktsrechtlichen Ausgleichsleistung.[12] Deliktsrecht ist nur eines von vielen Mitteln, mit denen Schutz absoluter Rechtsgüter gewährleistet wird.[13]

Während die Rechtsschaffung generelle Aufgabe der subjektiven Rechte ist, obliegt dem Deliktsrecht ‚nur' dessen rechtliche Verwirklichung. Bei der Bestimmung, wie diese Aufgaben konkret aufgeteilt und abzugrenzen sind, scheint jedoch eine gewisse Ungenauigkeit zu herrschen. Denn weil die Möglichkeit besteht, schlicht auf die Formulierung eines sonstigen Rechts Bezug zu nehmen, wird auf die genaue Herleitung dieses sonstigen Rechts verzichtet.

Die italienische Vorgehensweise hat demgegenüber den Vorteil, dass aufgrund der weiten Formulierung von vornherein anerkannt und bewusst gemacht wird, dass es eines Interesses bedarf, welches bereits anderswo rechtliche Relevanz entfaltet. Das zu schützende Interesse muss von sich heraus rechtlich relevant und entsprechend abgebildet sein. Dass deliktsrechtlicher Schutz angemessen ist, reicht nicht aus. Ein widerrechtlicher Schaden kann nicht durch jedes Interesse hervorrufen werden, sondern nur durch solche, die rechtlich relevant sind; ansonsten wäre der Schaden nicht widerrechtlich.[14] Trotzdem ist eine Rechtswidrigkeit nicht ausschließlich an den Bestand subjektiver Rechte geknüpft. Es kann sich auch aus rechtlichen Interessen heraus ergeben. Dadurch entsteht Raum für flexible Wertungen, etwa bei asymmetrischen Gefährdungslagen, während das Verhalten im Grundsatz weiterhin anhand der durch die Rechtsordnung bestimmten Verhaltenspflichten bewertet wird. Gleichzeitig wird der Freiraum bei der Rechtsanwendung nur unter der Bedingung einer sauberen Herleitung gewährt. Wertungen sind daher stets anhand rechtlich relevanter Interessen zu begründen und werden es auch.[15]

---

[10] Damit ist es Grundpfeiler des Privatrechtssystems, vgl. *Zeno-Zencovich* Diritto privato comparato, S. 371 (379).
[11] *Rinaldo* Haftung Dritter, S. 57.
[12] *Zeno-Zencovich* Diritto privato comparato, S. 371 (379).
[13] *Rinaldo* Haftung Dritter, S. 57.
[14] Vgl. *Rinaldo* Haftung Dritter, S. 120.
[15] Siehe insoweit zu den Schwierigkeiten einer zu nahen Auslegung des Deliktsrecht an der Rechtswidrigkeit des Verhaltens sowie zu den Vorteilen einer wertungsorientierten und

Keinesfalls soll der deutschen Rechtsprechung der Vorwurf gemacht werden, sie habe bei der Begründung der verschiedenen neuen Rechte ungenau gearbeitet. Im Gegenteil, die Rechtspositionen wurden stets präzise und nah an der Verfassung hergeleitet. Es wird vielmehr darauf hingewiesen, dass der beschriebene Unterschied dazu führt, dass das Deliktsrecht als Einfallstor für die Schaffung neuer Rechte gesehen wird. In der Diskussion um den rechtlichen Schutz von Token wird das besonders deutlich. Immer wieder wird darauf Bezug genommen, dass auch nur sonstige Rechte in den deliktischen Schutz einbezogen sind. Damit wird versucht, potenzielle Rechtsschutzlücken zu schließen. Der dogmatische Rechtsbegründungsprozess wird dabei gewissermaßen von hinten aufgefädelt, da von der Notwendigkeit eines Schadensersatzes auf das Bestehen einer Rechtsposition *sui generis* geschlossen wird – teilweise aber sogar ohne, dass ein abtretbares Recht anerkannt wird. Die Aufzählung des sonstigen Rechts dient jedoch weder dazu, eine Rechtsposition *sui generis* neu zu schaffen, noch kann sie unabhängig von dem Bestehen einer Rechtsposition gesehen werden. Dazu kommt, dass Token keine verfassungsrechtliche Grundlage haben, sondern rein faktisch existieren und damit ein tatsächliches Zuordnungsbedürfnis auslösen. Das mag auf Verfassungsprinzipien zurückführbar sein, trotzdem ist die rechtliche Anerkennung solcher Zuordnungen nicht Aufgabe des Deliktsrechts.

d) Zwischenergebnis

Der Vergleich mit dem italienischen Deliktsrecht zeigt somit in erster Linie die Notwendigkeit einer sauberen methodischen Herangehensweise bei der Schaffung neuer Rechtspositionen, aber insbesondere auch in Bezug darauf, wie diese von der Rechtswissenschaft zu verstehen sind. Sie sind über den konkreten Anwendungsfall hinaus in das dogmatische Rechtssystem einzuordnen und es ist zu hinterfragen, ob bewusst nur ein deliktischer Schutz oder auch eine darüberhinausgehende Wirkung gewünscht ist.

2. Vergleich des Bereicherungsrechts und hieraus resultierende Lehren

Weniger Lehren lassen sich aus dem Vergleich des Bereicherungsrechts ziehen. Das ist interessant, da die deutschen und italienischen Regelungen eigentlich zwei völlig unterschiedlichen Bereicherungsrechtsmodellen zuzuordnen sind.[16] In Anlehnung an das römische Recht trennt das italienische Recht die Leistungskondiktion nach wie vor sauber von der Nichtleistungskondiktion und sieht nur für letztere die Anwendung bereicherungsrechtlicher Grundsätze

---

von dogmatischen Erwägungen freieren Rechtsprechung *Jansen* AcP 216 (2016), 112 (129 ff.).

[16] *Gallo* Rimedi restitutori, S. 11; allgemein zu den Wurzeln beider Rechtsmodelle ebd. S. 5 ff., 41 f., 62 f.

wie etwa die Begrenzung des Anspruchs auf eine bloße Abschöpfung vor. Das deutsche Recht hingegen wurde von neueren angloamerikanischen Überlegungen beeinflusst und verbindet beide Formen zu einem einheitlichen Bereicherungsrecht, für das – auch wenn Leistungs- und Nichtleistungskondiktion im Tatbestand grundsätzlich streng voneinander getrennt werden – bei den Rechtsfolgen dieselben Kriterien gelten.[17] Diese Verbindung beruht auf der Erkenntnis, dass sich beide Tatbestände in gleicher Weise durch das Fehlen eines Rechtsgrunds auszeichnen und somit in gewisser Weise als Ersatz für die dingliche Vindikation zu verstehen sind.[18] Während sich im Deliktsrecht das italienische Recht noch dem Naturrecht geöffnet hat und sich die deutsche Rechtswissenschaft stattdessen wieder auf die Prinzipien des klassischen römischen Rechts zurückbesinnt hat, verhält sich dies im Bereicherungsrecht nahezu umgekehrt. Beide Kondiktionsarten sollen daher im Hinblick auf die Bedeutung ihrer Unterschiede für die übrige Rechtsordnung noch einmal gesondert betrachtet werden (a) und b)).

a) Bedeutung der Unterschiede im Rahmen der Leistungskondiktion

Bei der Leistungskondiktion lassen sich die Unterschiede von vornherein mit der unterschiedlichen Rechtswirkung begründen, die den Verträgen jeweils beigemessen wird. Während ein Vertrag nach deutschem Recht nur unter besonderen Voraussetzungen rechtsgestaltende Wirkung erlangt, ist diese den Verträgen im italienischen Recht stets immanent.[19] Durch diesen systematischen Zusammenhang wird deutlich, dass die Leistungskondiktion Schutz im Bereich der relativen Rechte gewährt, für den absoluten Schutz aber nicht weiter von Bedeutung ist.[20]

Interessant ist an dieser Stelle allerdings, dass der Art. 2038 cc, der einen Herausgabeanspruch bei gutgläubigem Erwerb regelt und damit dem deutschen § 816 BGB ähnelt, sowohl im Recht der Leistungskondiktionen als auch im Nichtleistungskondiktionsrecht verortet ist. Grund dafür ist, dass die Veräußerung einer fremden Sache im italienischen Recht immer auch eine

---

[17] *Jansen* AcP 216 (2016), 112 (133 ff.); ähnlich *Johnston/Zimmermann* Unjustified Enrichment, S. 3 (4).

[18] Dazu *Gallo* Rimedi restitutori, S. 61 f. sowie *Jansen* AcP 216 (2016), 112 (139 f.) mwN; kritisch, da sich die gemeinsame Funktion in einer nicht dienlichen Abstraktionshöhe befinde, ebd. S. 161; das deutsche Recht geht mithin von dem Grundsatz aus, dass ungerechtfertigte Bereicherungen grundsätzlich zu ersetzen sind, vgl. *Johnston/Zimmermann* Unjustified Enrichment, S. 3 (5).

[19] Vgl. rechtsvergleichend *v. Bar/Drobnig* Interaction of Contract Law and Tort and Property Law, Rn. 493 f.

[20] Die deutschen Ansprüche der Leistungskondiktion daher funktional auch eher den Rückabwicklungsschuldverhältnissen zuordnend und gerade nicht als eigenständig neben Vertrags- und Deliktsrecht stehende Anspruchsgrundlagen anerkennend *Jansen* AcP 216 (2016), 112 (160).

Rechtsverletzung darstellt. Sie würde somit unter das Deliktsrecht fallen, sodass der subsidiäre allgemeine Bereicherungsanspruch nicht mehr zur Anwendung käme. Selbst wenn das Eigentum gutgläubig erworben wurde, wird durch die Weiterveräußerung jedenfalls die rechtliche Verfügungsbefugnis des früheren Eigentümers verletzt; eine klare Trennung von schuldrechtlicher und dinglicher Ebene gibt es wegen des Konsensprinzips gerade nicht.[21] Trotzdem scheint es im Ergebnis sachgerecht, eine hierdurch erlangte Bereicherung herausgeben zu müssen. Das hat die deutsche Rechtsordnung ebenfalls so gesehen und § 816 BGB normiert. Die Anwendung des Deliktsrechts würde dabei zu keinem angemessenen Ergebnis führen, da das Deliktsrecht immer auch eine Rechtswidrigkeit verlangt. Diese ist in den meisten Fällen gerade nicht gegeben und trotzdem würde im italienischen Recht die bloß abstrakte Einschlägigkeit des Deliktsrechts bereits dazu führen, dass die Anwendung des subsidiären allgemeinen Bereicherungsrechts ausgeschlossen ist. Es ist im italienischen Recht daher zwingend notwendig gewesen, diese Konstellation im Recht der Leistungskondiktionen zu verorten und für die Rechtsfolgen dann auf das allgemeine Bereicherungsrecht zu verweisen.[22]

Letztlich werden beim Vergleich des Leistungskondiktionsrechts zwei grundsätzlich unterschiedliche Vorstellungen von der Schutz- und Unterstützungsfunktion bei Eigentumsübertragung deutlich.[23] Da das Eigentum im italienischen Recht schneller übertragen werden kann, muss der Eigentümer auch stärker vor einem dauerhaften Eigentumsverlust bei Unwirksamkeit der Eigentumsübertragung geschützt werden. Im deutschen Recht liegt der Fokus hingegen mehr auf einer Stärkung der Rechtsposition des neuen Eigentümers, der auf die Unwirksamkeit der Eigentumsübertragung vertraut hat und dies aufgrund der strengeren (Publizitäts-)Anforderungen auch durfte.[24] Allgemein gilt also: Desto einfacher die Rechtsübertragung, umso stärker auch der Schutz ihres *status quo*, aber umso starrer auch der Rechtsverkehr insgesamt. Und desto schwieriger die Rechtsübertragung, umso stärker ist ein Schutz des Rechtserwerbers erforderlich, wodurch der Rechtsverkehr letztlich umso dynamischer wird.[25] Ist eine Rechtsübertragung dann doch einmal unerwünscht, kann ein Schutz des ursprünglichen Rechtsinhabers nur noch durch einen sekundären, vermögensrechtlichen Ausgleich erreicht werden, nämlich über das Kondiktionsrecht. Bei einer stärkeren Ausgestaltung des Schutzes des *status quo* ist das anders. Eine Wiederherstellung der rechtlichen Situation ist durch den starken

---

[21] Kritisch zu dieser Abhängigkeit vom Eigentumsrecht *Johnston/Zimmermann* Unjustified Enrichment, S. 3 (13).
[22] Vgl. *Gatti* Rimedi civilistici, S. 197; allgemein zu den Prinzipien, die hinter diesem Nebeneinander von Delikts- und Bereicherungsrecht stehen, *Johnston/Zimmermann* Unjustified Enrichment, S. 3 (12).
[23] So auch *Giglio* Condictio proprietaria, S. 111.
[24] Vgl. *Giglio* Condictio proprietaria, S. 111.
[25] So im Ergebnis wohl auch *Giglio* Condictio proprietaria, S. 111 f.

dinglichen Schutz einfacher zu erreichen, während ein Vermögensausgleich durch kondiktionsrechtlichen Schutz nur sekundär vorgesehen ist.[26] Dafür steht im Kondiktionsrecht dann mehr die Vermögensverschiebung an sich im Vordergrund und nicht, durch welche Leistung es zu dieser kam; eine gesonderte Auflistung ist daher schon gar nicht erforderlich. Der kondiktionsrechtliche Anspruch hat somit zwar einen enger gehaltenen Anwendungsbereich, ist dafür aber umso flexibler formuliert.[27] Das ist nicht nur offener, sondern verhindert auch einen Verlust an Rechtssicherheit durch eine zu präzise Ausdifferenzierung der Tatbestände, wie es zuweilen im deutschen Leistungskondiktionsrecht der Fall ist.[28]

b) Bedeutung der Unterschiede im Rahmen der Nichtleistungskondiktion

Maßgeblich für den absoluten Schutz ist aber vielmehr die Nichtleistungskondiktion. Durch ihre verschiedenen Gestaltungsformen erfasst sie alle sonstigen Eingriffe in Rechtspositionen. Es geht gerade um diejenigen Handlungen, die nicht im Rahmen oder in Anvisierung von Verträgen erbracht werden, aber trotzdem zu einer Vermögensverschiebung führen und somit näher am Delikts- als am Vertragsrecht angesiedelt sind.[29] Das italienische Recht hat sich hier von den Entwicklungen der deutschen Rechtswissenschaft beeinflussen lassen und den allgemeinen Bereicherungsanspruch verhältnismäßig spät in sein Zivilrecht aufgenommen. Dadurch ergeben sich kaum Unterschiede, insbesondere nicht im Normzweck. Die italienische Rechtsordnung konzentriert sich zwar mehr auf die wertungsbasierte Ausgleichsfunktion, während Aufgabe des deutschen Bereicherungsrechts primär die Rechtsfortwirkung der Güterzuordnung ist. Das Ziel dieser beiden Funktionen ist im Ergebnis aber identisch: Es geht um eine gerechte Güterverteilung. Daher ergeben sich auch keine Unterschiede im absoluten Schutzniveau, spätestens wenn das Bereicherungsrecht mit dem Deliktsrecht zusammenbetrachtet wird.[30] Vielmehr setzt die Nichtleistungskondiktion sowohl im italienischen als auch im deutschen Recht einen Eingriff in den Zuweisungsgehalt eines subjektiven Rechts voraus. Das

---

[26] *Giglio* Condictio proprietaria, S. 112.
[27] *Giglio* Condictio proprietaria, S. 118 f.; aA wohl *Gatti* Rimedi civilistici, S. 186, der den deutschen § 812 BGB grundsätzlich richtig als Generalklausel einordnet, dabei aber die von der Rechtswissenschaft geschaffene Differenzierung und insbesondere die klare Trennung zwischen Leistungs- und Nichtleistungskondiktionen verkennt.
[28] *Johnston/Zimmermann* Unjustified Enrichment, S. 3 (12); zum Verlust von Rechtssicherheit *Giglio* Condictio proprietaria, S. 119, der ferner darlegt, dass ein Gleichgewicht zwischen Flexibilität und Rechtssicherheit erreichbar sei, indem durch eine weite generalklauselähnliche Formulierung von vornherein Flexibilität ermöglicht und durch klare und konkretisierende Herausgaberegeln anschließend Rechtssicherheit gewährleistet wird, ebd. S. 117.
[29] Vgl. *Giglio* Condictio proprietaria, S. 119.
[30] Zu diesem Ergebnis kommend auch *Giglio* Condictio proprietaria, S. 73.

Bereicherungsrecht ist dadurch auch dann anwendbar, wenn das Deliktsrecht wegen seiner Anknüpfung an die Rechtswidrigkeit keinen ausreichenden Schutz vermittelt.[31] Unterschiede bestehen dann nur noch bei der konkreten Ausgestaltung der Tatbestände, die aufgrund der unterschiedlichen dogmatischen Struktur der Rechtsordnungen jeweils verschieden gehandhabt wird.

In der Tat sind Eingriffe in den Zuweisungsgehalt grundsätzlich auch bei Token denkbar – und zwar sowohl im italienischen als auch im deutschen Recht. In beiden Rechtsordnungen liegt der Fokus nicht auf der Rechtsposition des Gegenstands, durch den die Bereicherung erfolgt, sondern auf der Tatsache der Bereicherung als solche. Liegt eine solche vor, können Token als Bereicherungsgegenstand aufgrund ihrer Natur sowohl herausgegeben als auch in ihren Wert ersetzt werden. Grund dafür ist allerdings nicht die rechtliche Ausgestaltung des Bereicherungsrechts, sondern die tatsächliche Natur der Token. Die an ihnen bestehende Rechtsposition hat hierauf keinen Einfluss, auch wenn das Bereicherungsrecht an sie anknüpft. Deutlich wird das bei der Herausgabepflicht von gezogenen Nutzungen, die im Token des Entreicherten verkörpert waren. In beiden Rechtsordnungen greift das Bereicherungsrecht, da kein anderes Rechtsinstitut einen derart wertungsbasierten Ausgleich vorsieht. Im deutschen Recht ist diese Nutzungsherausgabe Teil der allgemeinen bereicherungsrechtlichen Herausgabepflicht. Im italienischen Recht stellt sie hingegen den praktisch relevantesten Anwendungsbereich des allgemeinen Bereicherungsanspruchs dar.

Interessant ist, dass das italienische Recht die Grenze zwischen Delikts- und Bereicherungsrecht insoweit eher zugunsten des Deliktsrechts zieht. Das Bereicherungsrecht kommt ausdrücklich nur subsidiär zur Anwendung, wenn kein anderer Rechtsbehelf abstrakt einschlägig ist, um die Vermögensverschiebung auszugleichen.[32] Wegen der Weite des Deliktsrechts werden Eingriffe aber in der Regel bereits durch das Deliktsrecht erfasst. Dadurch wird zwar rechtlicher Schutz gewährleistet, da das Deliktsrecht in seinem Umfang weiter reicht als das Bereicherungsrecht. Zudem ist eine Subsidiarität gegenüber vertraglichen Leistungen bei Mehrpersonenverhältnissen auch im deutschen Recht etabliert. Allerdings entstehen durch diese Abgrenzungen gegenüber anderen Rechtsinstituten in beiden Rechtsordnungen keine Rechtslücken; vielmehr werden diese durch den bereicherungsrechtlichen Schutz erst geschlossen.

---

[31] Vgl. insoweit die ausführliche Gegenüberstellung bei *Gatti* Rimedi civilistici, S. 196 ff., 201 ff.

[32] Dabei handelt es sich um eine gesetzgeberische Abgrenzungsentscheidung, da oftmals beide Rechtsinstitute auch parallel zur Anwendung kommen könnten, vgl. *Gatti* Rimedi civilistici, S. 182.

c) Zwischenergebnis

Trotzdem verdeutlich der Rechtsvergleich, dass es ohne eine überhaupt bestehende Rechtsposition an Token nicht geht. Die italienische Rechtsordnung sieht sich hierbei keinen Problemen ausgesetzt, da Token jedenfalls als Sachen und mithin als Rechtsobjekt erfasst sind. Für die deutsche Rechtsordnung ist daraus zu schlussfolgern, dass eine möglichst bedingungslose Einbeziehung in die Rechtsordnung wünschenswert ist. Rechtsunsicherheit oder ein erhöhter Begründungsaufwand würden sich dadurch auch im Bereicherungsrecht vermeiden lassen.

3. Vergleich des Rechts zur Geschäftsführung ohne Auftrag und hieraus resultierende Lehren

Auch das Recht zur Geschäftsführung ohne Auftrag stellt grundsätzlich Rechtsmittel für einen absoluten Schutz von Rechtspositionen bereit. Aus dem Vergleich beider Rechtsordnungen kann jedoch kein großer Erkenntnisgewinn gezogen werden. In beiden Rechtsordnungen fällt das Recht zur Geschäftsführung ohne Auftrag aus der Struktur der Schutzansprüche heraus. Dieses wird lediglich neu ausgerichtet, um das altruistische Handeln zu wertschätzen. Es handelt sich also nicht mehr als um eine Verschiebung des grundsätzlich getroffenen Interessensausgleichs.[33] Die gewährten Ausgleichsansprüche haben daher keine Bedeutung für das grundsätzliche Bestehen oder die konkrete Reichweite eines absoluten Schutzes.

4. Vergleich des Rechts zur culpa in contrahendo und hieraus resultierende Lehren

Auch aus dem Vergleich der *culpa in contrahendo* lassen sich keine Schlussfolgerungen für den absoluten Schutz von Token herleiten. In beiden Rechtsordnungen ist anerkannt, dass es aus Vertrauensgründen und aufgrund des sozialen Kontakts grundsätzlich eines Schutzes des Integritätsinteresses bedarf. Im deutschen Recht ist diese wegen der restriktiven Auslegung und der allgemeinen Schwäche des Deliktsrecht eher dem Vertragsrecht zugeordnet. Die italienische Rechtswissenschaft fasst diese hingegen unter ihr weit verstandenes Deliktsrecht.[34] Die gefundenen Lösungen gehen somit in sehr unterschiedliche Richtungen.[35] Trotzdem weisen beide Rechtsordnungen Parallelen auf. Beide entfalten Schutzwirkung, weshalb im deutschen Recht lange auch eine

---

[33] Ähnlich *Jansen* AcP 216 (2016), 112 (166).
[34] Im Überblick dazu nochmals *Rinaldo* Haftung Dritter, S. 111.
[35] *Rinaldo* Haftung Dritter, S. 185, die ebenfalls darlegt, wie es trotz des Einflusses des deutschen Rechts auf das italienische Recht zu diesen unterschiedlichen Lösungen kommen konnte, ebd. S. 185 ff.

deliktsrechtliche Lösung diskutiert wurde.³⁶ Immerhin ist eine partielle Ausweitung zu einer Generalklausel auch dem deutschen Deliktsrecht nicht fremd, sondern auch heute noch die übliche Vorgehensweise bei Verkehrs- und Verkehrssicherungspflichten.³⁷ Erst die Ausweitung des persönlichen Anwendungsbereichs war dann aufgrund der engeren Gestaltung des Deliktsrechts nicht mehr möglich.³⁸

Das absolute Schutzniveau ist jedoch in beiden Rechtsordnungen gleich. Allenfalls im Hinblick auf die konkrete Reichweite des Schutzes könnte es wegen der strengen Normierung der Voraussetzungen im deutschen Recht und der grundsätzlichen Flexibilität des italienischen Deliktsrechts im Einzelfall zu unterschiedlichen Ergebnissen kommen. Je nachdem, wie die italienische Rechtsprechung hinsichtlich des Deliktsrechts entscheidet, kann der Anwendungsbereich der *culpa in contrahendo* und deren Schutz weniger weit oder aber weiter reichen.

Hervorgehoben werden soll in diesem Zusammenhang noch einmal das immer wieder deutlich werdende Bewusstsein des italienischen Gesetzgebers für die Weiterentwicklung des Rechts. Regelmäßig betont er seine Vorgehensweise, bestimmte Begriffe ganz bewusst nicht legal zu definieren. Das hat er auch beim Schuldverhältnisbegriff getan, was sich bei dem Versuch, die *culpa in contrahendo* einzuordnen, sehr relevant wurde.³⁹ Ersichtlich war diese Vorgehensweise aber auch schon beim Begriff des Eigentums, bei dem sich der italienische Gesetzgeber bewusst darauf beschränkt hat, nur die subjektiven Nutzungsmöglichkeiten zu umschreiben.⁴⁰ Legaldefinitionen sollten insbesondere dann vermieden werden, wenn sie keine rechtlich wirkenden Normen schaffen. Dann nämlich bestehe die Gefahr, dass die bezweckte Systematisierung von der Legaldefinition nur unzureichend wiedergegeben werden kann und dadurch auch alle auf ihr beruhenden Normen im Wandel der Zeit unzulässig werden.

5. Schlussfolgerungen für den absoluten Schutz in seiner Gesamtwirkung: Kritik am Schutzniveau von Token bei Verneinung der Sachfähigkeit

Zusammenfassend und mit Blick auf die rechtliche Einordnung von Token lässt sich festhalten, dass all die Probleme, die im deutschen Recht bei Verneinung der Sachfähigkeit auftreten, im italienischen Recht nicht bestehen, weil hier der Sachbegriff sowieso bejaht wird. Aus diesem Grund ist das Schutzniveau im deutschen Recht außerordentlich lückenhaft und stark mit

---

³⁶ Zum deutschen Recht *van Dam* European Tort Law, S. 212.
³⁷ *Rinaldo* Haftung Dritter, S. 52 f.; dazu aus rechtsvergleichender Sicht *van Dam* European Tort Law, S. 85 ff.
³⁸ *Rinaldo* Haftung Dritter, S. 188 f.
³⁹ *Rinaldo* Haftung Dritter, S. 97 mwN.
⁴⁰ Dazu bereits § 3IV.

Unsicherheiten behaftet. An vielen Stellen ist ein Schutz mit einem erheblichen Begründungsaufwand verbunden. Ferner besteht wegen der isolierten Betrachtung des Deliktsrechts die Gefahr, dass die Rechtsordnung nicht einheitlich verstanden und angewendet wird. Das könnte dazu führen, dass ein vermögensrechtlicher Schutz nur über das Deliktsrecht, nicht aber über die Nichtleistungskondiktion angewendet wird. Ferner könnte die unterschiedliche Ausbalancierung der Interessen bei einer Geschäftsführung ohne Auftrag verkannt werden. All diese Rechtsinstitute nehmen aber in gleicher Weise auf die Übertragung von Gütern Bezug und sollten daher auch im Hinblick auf neue Gegenstände wie Token einheitlich angewendet werden.

Demgegenüber bestehen derartige Risiken im italienischen Recht nicht. Das Schutzniveau ist hier umfassend und bezieht Token stets als Rechtsgüter mit ein, ohne dabei an dem Niveau des sachgerechten Interessensausgleichs einzubüßen. Das italienische Recht beweist dabei, dass ein umfassender absoluter Schutz von Token unproblematisch möglich ist, auch wenn Token erst in den letzten Jahren neu entstanden sind und der Gesetzgeber diese daher bei Schaffung der Privatrechtsordnung nicht mit einbeziehen konnte.

IV. Bedeutung des Sachbegriffs für das Schutzniveau

Wie bereits angedeutet, soll daher nun der Blick noch einmal konkret auf den Sachbegriff und seine Bedeutung für den absoluten Schutz geweitet werden. Der dingliche Schutz knüpft ausdrücklich an die Einordnung als Sache an, sodass der Sachbegriff eindeutig von ausschlaggebender Bedeutung für dessen Anwendbarkeit ist. Der systematisch-funktionale Zusammenhang mit dem absoluten Schutz ist demgegenüber schwieriger zu erkennen (1). Letztlich führt eine Einordnung unter den Sachbegriff aber zu der Begründung einer eindeutigen Rechtsposition, nämlich dem Eigentumsrecht. Das soll anhand der Ausweitung des Deliktsrechts gezeigt werden, bei der dies besonders deutlich wird (2). Wird die Bedeutung des Sachbegriffs hier ignoriert, besteht die Gefahr einer nur punktuellen Ausweitung, die dem Anspruch der Einheit der Rechtsordnung nicht gerecht wird (3).

1. Bedeutung des Sachbegriffs für den absoluten Schutz

Die Einordnung der Token als Eigentumsobjekt hat auch im Rahmen des absoluten Schutzsystems eine nicht zu unterschätzende Bedeutung. Das ist aus der Gegenüberstellung im Rahmen der einzelnen Rechtsinstitute deutlich geworden. Einerseits wird dadurch zunächst zweifelsfrei die Frage nach dem Ob einer Rechtsposition beantwortet, an die sowohl Delikts- als auch Bereicherungsrecht, Recht der Geschäftsführung ohne Auftrag und *culpa in contrahendo* anknüpfen. Andererseits beantwortet sie darüber hinaus aber auch die Frage nach der inhaltlichen Reichweite der Rechtsposition und damit auch die Frage, wie weit der rechtliche Schutz reichen muss. Zwar dürfte der vermögensrechtliche Kern von Token von einer wie auch immer ausgestalteten Rechtsposition grundsätzlich erfasst sein. Gerade im Deliktsrecht führt das aber zu Unsicherheiten, da der Umweg über die sonstigen Rechte gegangen werden muss. Dies birgt Streitpotenzial und in der Tat wollen einige den deliktischen Schutz von Token generell ablehnen, da der Gesetzgeber diese nicht hinreichend anerkannt habe. Bei einer Einordnung unter den Sachbegriff würde sich diese Diskussion wegen der ausdrücklichen Bezugnahme auf das Eigentumsrecht hingegen erübrigen – was letztendlich der Rechtssicherheit zugutekäme.

2. Bedeutung des Sachbegriffs für die Ausweitung des Deliktsrechts

Vor allem aber würde die Einordnung der Token unter den Sachbegriff das rechtspolitische Bedürfnis nach einem absoluten Schutz befriedigen. Immer öfter wird eine Ausweitung auf Token befürwortet, gerade weil diese sachähnlich ausgestaltet seien. Gleichzeitig wird die Ausweitung des Deliktsrechts auf rein vermögensrechtliche Interessen – richtigerweise – nur unter eingeschränkten Voraussetzungen als möglich erachtet. Dieser Widerspruch lässt sich lösen, indem ein näherer Blick auf die zugrundeliegende Technologie der Token sowie auf die Funktion des Deliktsrechts geworfen wird.

Grundsätzlich schützt das Deliktsrecht vor Schäden, die jemand im Rahmen eines zufälligen Kontakts durch die rechtswidrige und schuldhafte Rechtsverletzung eines anderen erleidet. Durch die immer stärkere Globalisierung und engere digitale Verknüpfung wird nun die von vornherein bestehende Wahrscheinlichkeit von Zufallskontakten zweifelsohne erhöht. Es erscheint daher sachgerecht, das Deliktsrecht entsprechend auszuweiten und an die neuen digitalen Formen eines Zufallskontakts anzupassen.[41] Nichtsdestotrotz entspricht es der Systematik des deutschen Deliktsrechts, den Schutz nicht auf jegliche vermögenswerten Güter zu erstrecken, nur weil diese im Zusammenhang mit einem digitalen Zufallskontakt stehen. Denn ein Schutz vor reinen Vermögensschäden ist bewusst nicht vorgesehen und dieser Grundsatz gilt auch im digitalen Raum. Zu einer Ausweitung des Deliktsrecht kann und darf es daher nur kommen, soweit dessen grundlegende Struktur nicht ausgehebelt wird.

Gleichzeitig darf der Grundsatz, dass vermögensrechtliche Schäden nicht ersetzt werden, nicht dazu führen, dass man sich einer Ausweitung des Deliktsrechts generell verschließt. Vielmehr muss ein Schutz bei digitalen Zufallskontakten in gleichem Umfang gewährt werden wie zuvor. Das gilt insbesondere für Vermögensschäden, die auf der Verletzung einer eindeutigen Zuordnung beruhen. Soweit es um die Zuordnung von Sachen geht, wird diese rechtlich

---

[41] Vgl. insoweit die Ausweitung des Deliktsrechts auf Verkehrs- und Verkehrssicherungspflichten, die ebenfalls mit den Bedürfnissen im Rahmen einer wachsenden Globalisierung begründet wird, *Rinaldo* Haftung Dritter, S. 52 f. sowie *van Dam* European Tort Law, S. 85 ff.

durch das Eigentumsrecht anerkannt. Entstehen durch die Möglichkeiten der digitalen Vernetzung und konkret durch die DLT neue Gegenstände, die ebenso eindeutig zugeordnet werden können, muss diese Zuordnung rechtlich ebenfalls anerkannt werden – und auf diese Zuordnung der neu geschaffenen Gegenstände muss sich das Deliktsrecht ausweiten. Vermögensschäden können nicht mehr nur entstehen, wenn Güter digital geteilt werden, sondern auch, wenn diese digital *ausgetauscht* werden. Das Deliktsrecht soll dabei gerade diesen Güteraustausch und die dem zugrundeliegende Güterzuordnung schützen;[42] dass die ausgetauschten Güter darüber hinaus einen Vermögenswert aufweisen, darf nicht hiervon ablenken. Wenn das Deliktsrecht durch die Anknüpfung an das Eigentumsrecht nun aber primär den Güteraustausch schützt, dann spricht aus deliktsrechtlicher Perspektive nichts dagegen, auch Token hierüber zu erfassen. Das Deliktsrecht setzt gerade keine Körperlichkeit voraus, sondern knüpft vielmehr an das Zuordnungsinteresse des Einzelnen an. Im Grunde genommen ist es egal, ob dieses Zuordnungsinteresse dabei durch das Eigentumsrecht oder durch eine sonstige Rechtsposition gewährleistet wird. Ein Zuordnungsinteresse besteht auch bei Token. Es unterscheidet sich nicht von dem des Eigentumsrechts, weshalb das Deliktsrecht dieser Einordnung der Token nicht entgegensteht.

Sicherlich könnte das Zuordnungsinteresse an Token auch über die Öffnung des Deliktsrechts für sonstige absolute Rechte erfasst werden. Doch es wird deutlich, dass das Deliktsrecht nicht unmittelbar an die Körperlichkeit anknüpft, sondern vielmehr an die Funktion, die durch die Körperlichkeit gewährleistet werden soll. Das wiederum spricht dafür, die Körperlichkeit nicht rein sprachlich, sondern stattdessen mit Blick auf dessen systematische Funktion auszulegen. Die Körperlichkeit ist nicht nur für die Reichweite und inhaltliche Ausgestaltung des Eigentumsrechts relevant, sondern wirkt mittelbar auch auf alle anderen Rechtsinstitute, die an das Eigentumsrecht anknüpfen. Ergibt sich auch aus diesen Rechtsinstituten kein Grund, die Körperlichkeit eng auszulegen, sollte dies im Rahmen der Auslegung berücksichtigt werden.

3. Gefahr einer nur punktuellen Ausweitung des Deliktsrechts

Eine Anknüpfung an ein sonstiges Recht birgt hingegen die Gefahr, dass das Deliktsrecht nur punktuell ausgeweitet wird. Es wird dann nicht an die vorgelagerte Funktion der Körperlichkeit und der Eigentumsrechte angeknüpft, sondern unmittelbar an das im Deliktsrecht verkörperte allgemeine Verhaltensgebot des *nemidem laedere*.[43] Die Ausweitung des Deliktsrecht auf Token wäre dann mehr in der Angemessenheit des Schutzes begründet als auf einem systematischen Verständnis der Gesamtrechtsordnung. Eine punktuelle Ausweitung

---

[42] Ähnlich *Rinaldo* Haftung Dritter, S. 57.
[43] Vgl. die Erwägungen zur Ausweitung auf die Verkehrs- und Verkehrssicherungspflichten bei *Rinaldo* Haftung Dritter, S. 52 f.

des Deliktsrechts ist möglich und mag im Rahmen von Obliegenheiten auch sachgerecht erscheinen.[44] Im Ergebnis ist sie aber zu kurzfristig gedacht und gliedert sich nicht reibungslos in das dogmatische System der Privatrechtsordnung ein. Nicht ohne Grund wurde die *culpa in contrahendo* nicht als Ausweitung des Deliktsrechts verstanden, sondern in das allgemeine Schuldrecht verortet.[45]

Umgekehrt sollte berücksichtigt werden, dass auch der dingliche Schutz in gewisser Weise vor unerlaubten Handlungen schützt. Der Eigentumsschutz beinhaltet zwangsläufig, dass dieses vor Beeinträchtigungen und mithin vor unerlaubten Handlungen geschützt wird. Gerade wenn sich unerlaubte Handlungen in ihrer Art entsprechen, sollte ein rechtlicher Schutz daher nicht nur auf einer Ebene, sondern umfassend gewährleistet werden und all die verschiedenen Interessen berücksichtigen.[46] Aus diesem Grund sind die verschiedenen Rechtsinstitute genaustens aufeinander abgestimmt: So konzentriert sich das Deliktsrecht mehr auf einen Vermögensschaden infolge einer Rechtsverletzung, während der dingliche Eigentumsschutz die Rechtsverletzung selbst in den Mittelpunkt stellt. Dabei lässt er aber auch dem Verkehrsschutz eine nicht unerhebliche Bedeutung zukommen, indem die Möglichkeit eines gutgläubigen Erwerbs bereitgestellt wird. Um den Schutzbereich einheitlich zu erfassen, sollte das System der verschiedenen Schutzansprüche daher auf ein einheitliches System subjektiver Rechte bezogen werden.[47]

Diese Abstimmung macht es erforderlich, bei der Frage nach der Einbeziehung neuer Gegenstände stets an der richtigen Stellschraube zu drehen. Es darf nicht nur punktuell auf einer von vielen Ebenen Schutz gewährleistet werden. Bei Token und deren absolutem Schutz liegt diese Stellschraube daher in der Körperlichkeit und nicht in der Einordnung als sonstiges Recht. Das Drehen an dieser Stellschraube ermöglicht dann auch einen Schutz in anderen Konstellationen, die auf den ersten Blick nicht so schutzbedürftig sein mögen, etwa weil keine unerlaubte rechtswidrige Handlung im Mittelpunkt steht. Dennoch sind derartige Konstellationen genauso schutzbedürftig. Sie sind deswegen nicht

---

[44] Vgl. insoweit die Ausführungen zu der bloß sekundären Sanktionierung von Verhaltenspflichtverletzungen, die bewusst kein subjektives Recht begründen sollen, *Jansen* AcP 216 (2016), 112 (132).

[45] *Rinaldo* Haftung Dritter, S. 188 f.; auch wenn das deutsche Recht damit eine gewisse Sonderstellung einnehmen dürfte, vgl. *v. Bar/Drobnig* Interaction of Contract Law and Tort and Property Law, Rn. 46.

[46] Im Grundsatz *Picker* Negatorischer Bereicherungsanspruch, S. 57; einschränkend, da das Gesetz selbst die Verletzung subjektiver Rechte in manchen Situationen nicht untersagt, sondern nur Ausgleichsansprüche vorsieht, *Jansen* AcP 216 (2016), 112 (224 f); jedoch anerkennend, dass jedenfalls beim Eigentumsrecht der Zuweisungsgehalt so umfassend ist, dass die Zuweisungsrechte parallel laufen, ebd. S. 226.

[47] So auch *Jansen* AcP 216 (2016), 112 (207), der allerdings auch auf die entgegenstehende Rechtsprechungspraxis der Domain-Rechte verweist, die ganz bewusst nur ein punktueller Schutz gewährt, ebd. S. 207 ff.

grundlos durch eigene Rechtsinstitute wie dem der rechtsgrundlosen Bereicherung oder der Geschäftsführung ohne Auftrag geschützt.

4. Zwischenergebnis

Aus diesen Erwägungen zum Bedürfnis nach einem absoluten Tokenschutz und dessen Befriedigung durch Auflösung funktionaler Widersprüche wird deutlich, dass der Sachbegriff nicht nur für die Schaffung einer Rechtsposition von fundamentaler Bedeutung ist, sondern auch für deren absolutes Schutzniveau. Der Sachbegriff bestimmt mit, was rechtlich geschützt wird – sei es durch deliktsrechtlichen, bereicherungsrechtlichen oder altruistischen Schutz. Die Funktion des Sachbegriffs reicht mithin durch die gesamte Rechtsordnung. Sachbegriff und Rechtsordnung sollten daher entsprechend einheitlich ausgelegt werden.

V. Schlussfolgerung: Funktionales Verständnis für einen normativen Sachbegriff

Trifft die Rechtsordnung auf ein neues Phänomen, muss grundsätzlich erst einmal erörtert werden, ob und wie weit dieses überhaupt erfasst wird. Das birgt unter anderem Risiken für den rechtlichen Schutz. Wie die Gegenüberstellung des Schutzniveaus von Token mit dem rechtlichen Schutzniveau bei Bejahung ihrer Sachfähigkeit zeigt, lassen sich diese Risiken jedoch von vornherein vermeiden.

Wie im ersten Teil der Untersuchung gezeigt wurde, ist eine Subsumtion der Token unter den Sachbegriff dabei auch nicht grundsätzlich ausgeschlossen. Voraussetzung ist lediglich, dass die zugrundeliegende Körperlichkeit funktional ausgelegt wird, der Blick also nicht allein auf den Sprachgebrauch und den Willen des Gesetzgebers beschränkt wird, sondern auch auf seine Bedeutung und Funktion im absoluten Schutzsystem geweitet wird.[48] Dies gilt umso mehr, als dass es sich vorliegend nicht um die Auslegung des legaldefinierten Sachbegriffs selbst, sondern vielmehr um ein funktionales Verständnis dessen Definitionsmerkmal der Körperlichkeit geht; eine Auslegung *contra legem* ist somit nicht erforderlich.[49] Die Wirkungen eines solches Vorgehens wurden von der italienischen Rechtsordnung in gewisser Weise bereits erprobt und wie der Rechtsvergleich zeigt, kann davon nur ein erheblicher Mehrwert im Hinblick auf Flexibilität und Rechtssicherheit erreicht werden.

---

[48] So bereits *v. Savigny* Vom Beruf unsrer Zeit, S. 133; zustimmend und treffend formulierend, dass man sich bei der Gesetzesauslegung nicht von Sprachfesseln knebeln lassen sollte, *Jansen* AcP 216 (2016), 112 (113 f.) mwN.

[49] Vgl. ebenso *John* BKR 2020, 78 (passim).

VI. Zusammenfassung des § 8

Das Gesamtniveau des absoluten Schutzes von Token durch die Rechtsinstitute des deutschen Privatrechts unterscheidet sich in Abhängigkeit ihrer Sachfähigkeit. Werden Token als Sache eingeordnet, knüpft der Schutz an das Eigentumsrecht an und ist dinglich geschützt, ohne dass es auf sonstige Voraussetzungen ankommt. Die faktische Gestaltung der Token als Einheiten, die einem Inhaber eindeutig zugeordnet werden, wird vom Recht als solche anerkannt und geschützt. Darüber hinaus ist absoluter Schutz immer einschlägig, wenn ein Verhalten zu einer vermögensbeeinträchtigenden Eigentumsverletzung führt. Bei Vorliegen der als für einen Interessenausgleich notwendig erachteten Voraussetzungen kann Herausgabe, Ausgleich oder Kompensation verlangt werden. Bei Verneinung der Sachfähigkeit ist ein dinglicher Schutz nicht eröffnet und allenfalls mit entsprechender Begründung analog anwendbar. Auch absoluter Schutz besteht nur lückenhaft oder ist vergleichbar nur mit aufwändiger Begründung zu erreichen. Diese Begründungserfordernisse gehen zulasten der Rechtssicherheit.

Im italienischen Recht können die Rechtsinstitute in ihrem Zusammenwirken auch ohne Sachfähigkeit einen umfassenden rechtlichen Schutz gegenüber Dritten gewährleisten. Das weite Verständnis der Sachfähigkeit führt zu einer unbestrittenen Anerkennung einer Rechtsposition an Token, die ihren Ursprung im Eigentumsrecht des Art. 832 cc hat. Vereinzelt kann es Rechtsunsicherheiten bezüglich der Reichweite der Rechtsposition geben, grundsätzlich orientiert sie sich aber an der Umfassendheit und Universalität des Eigentumsrechts. Die Nichtanwendbarkeit von mit dem Eigentumsrecht verbundenen Regelungen steht dem nicht entgegen, sodass ein absoluter Schutz jedenfalls durch andere Rechtsinstitute gewährt werden kann.

Rechtsvergleichend kann der weite Sachbegriff der italienischen Rechtsordnung als Grund für die weniger problembehaftete Anwendung der Rechtsinstitute angeführt werden. Dieser knüpft an die Nutzung der Token an und bildet somit die eigentliche Funktion der Gegenstände im Rahmen der rechtlich geregelten Güterzuordnung ab. Durch das Bestehen einer Rechtsposition kann diese Nutzung soweit erforderlich auch durch alle anderen Rechtsinstitute geschützt werden. Eine von der physischen Existenz losgelöste systematische Einordnung ist somit möglich, wird dem Zweck der Rechtsordnung mehr gerecht und wahrt die Einheit der Rechtsordnung. Dies kann auch im deutschen Recht durch Ausweitung der systematisierenden Grundkategorie erreicht werden, sodass eine funktionalere Herangehensweise sachgerecht erscheint. Deutlich wird das im Rahmen der Ausweitung des Deliktsrechts, dessen Reichweite dadurch leichter an aktuelle Bedürfnisse angepasst werden kann, ohne von seiner Funktion als rechtsverwirklichendes Abwehrrecht abzukommen.

Die Unterschiede im Bereicherungsrecht beruhen auf dem Konsensprinzip, was zu einer anderen Dynamik des Verfügungsrechts und anderen Ausgleichs-

und Schutzbedürfnissen führt. Diese knüpfen nicht an die Sachfähigkeit an, sondern an der Tatsache der Bereicherung als solche. Eine Bereicherung erfolgt rechtsordnungsunabhängig und die Rechtsposition hat hierauf keinen Einfluss, sondern dient nur als Anknüpfungspunkt für das Bereicherungsrecht. Die Anerkennung der Sachfähigkeit von Token im deutschen Recht würde den bereicherungsrechtlichen Interessensausgleich somit nicht beeinträchtigen. Ähnlich ist das im Recht zur Geschäftsführung ohne Auftrag und bei der *culpa in contrahendo*. Beiden Rechtsinstituten liegt eine eigene Wertung zugrunde, die durch die Anerkennung der Token als Sache nicht beeinträchtigt würde, aber eine Rechtsposition als Anknüpfungspunkt benötigt.

Aufgrund der Schwierigkeiten und Unsicherheiten, denen die deutsche Rechtsordnung bei der rechtlichen Einordnung von Token gegenübersteht, wird ein normativer Sachbegriff befürwortet, der auf einem funktionalen Verständnis der Körperlichkeit beruht. Der Vergleich mit dem italienischen Recht zeigt, dass Token dadurch umfassend geschützt werden können, ohne dass diese bei Schaffung der Privatrechtsordnung mitberücksichtigt werden mussten. Ein normativer Sachbegriff wahrt den systematischen Zusammenhang mit dem Schutzsystem, sodass die Einheit der Rechtsordnung bestehen bleibt, und trägt somit zur Rechtssicherheit bei. Gleichzeitig trägt die wirklichkeitsnahe Erfassung neuer Gegenstände zu einem gerechteren Rechtsempfinden bei. Die Körperlichkeit ist wegen ihrer Auswirkungen auf das gesamte Rechtssystem ein weitreichender, aber tragfähiger und sachgerechter Anknüpfungspunkt für ein funktionales Verständnis.

3. Teil:

Allgemeine Erkenntnisse zum Umgang mit disruptiven Technologien

Ohne Zweifel bieten DLT und Tokenisierung enormes Potenzial und führen zu fundamentalen Veränderungen in verschiedensten Bereichen. Bei all diesem Fortschrittspotenzial kann das große Ganze jedoch schnell aus dem Blick geraten. Zwar konzentriert sich die vorliegende Untersuchung im Wesentlichen auf den rechtlichen Schutz von Token. Die dem zugrundeliegende Motivation ist es aber vielmehr, zu hinterfragen, wie das Recht auf derart disruptive Entwicklungen reagiert. Dies tut das Recht, indem es Entwicklungen miteinbezieht, gleichzeitig aber auch richtungsgebendes und stabilisierendes Korrektiv fungiert und sich gerade nicht jedem neuen Hype beugt.[1] In der schnelllebigen und sich stetig verändernden Gesellschaft von heute ist man es fast schon gewohnt, dass traditionelle Herangehensweisen nicht mehr passen und neu gedacht werden müssen. Erneuerungen und Anpassungen werden grundsätzlich befürwortet, wenn nicht sogar als dringend notwendig erachtet.

Auch wenn dieser Weiterentwicklungsdrang selbstverständlich befürwortet wird, soll diese Untersuchung als Blaupause dienen und kritisch hinterfragen, ob das auch für das klassische Zivilrecht gilt. Denn *de lege ferenda* ist vieles möglich; die Kunst ist es aber, neue Phänomene bereits *de lege lata* zu erfassen. Bei Entwicklung der wesentlichen Grundprinzipien und der Erarbeitung verschiedener Rechtsinstitute mag der Gesetzgeber neue Entwicklungen nicht vorhergesehen oder von vornherein bedacht haben. Das grundlegende Ziel der Rechtsordnung, die Erfassung und Ordnung des gesellschaftlichen Zusammenlebens, hat sich seitdem jedoch nicht verändert. Ist es dann wirklich notwendig, auf alle Veränderungen konkret Bezug zu nehmen und sie rechtlich genaustens zu umreißen? Oder kann darauf vertraut werden, dass es ausreicht, dass die Rechtsordnung die zugrundeliegenden Prinzipien erkannt, herausgearbeitet und normiert hat. Fest steht, dass nicht alles in seinen Einzelheiten erfasst werden kann – dies ist aufgrund der immensen Vielzahl individueller Lebenswirklichkeiten bereits für die Gegenwart unmöglich und kann erst recht nicht für alle Entwicklungen der Zukunft vorhergesehen werden. Vielmehr muss das Recht diejenigen Entwicklungen erkennen und normieren, die sich im gesellschaftlichen Zusammenleben ergeben. Disruptive Technologien können hier

---

[1] Ähnlich *Larenz* Methodenlehre, S. 315.

der ausschlaggebende Faktor sein, müssen von der Rechtsordnung aber nicht als solche, sondern in ihrer gesellschaftsverändernden Wirkung erfasst werden.[2]

Mit diesen einleitenden Erwägungen werden daher die Offenheit, aber auch die Beständigkeit der Rechtsordnung gegenüber neuen disruptiven Technologien beleuchtet. Anspruch ist es, die Erkenntnisse, die im Zusammenhang mit der DLT gewonnen wurden, zu generalisieren und auf Herausforderungen durch disruptive Entwicklungen im Allgemeinen zu übertragen. Auch mit Blick auf eventuell erforderliches gesetzgeberisches Handeln wird hinterfragt und reflektiert, ob es stets eines Aktionismus bedarf, um die bestmögliche Lösung für einen konkreten Einzelfall bereitzustellen, oder ob ausreicht, eine zufriedenstellende, dafür aber beständige Lösung anbieten zu können – und wenn ja, zu welchem Preis.

Im Einzelnen wird dafür untersucht, welches Niveau an Offenheit und Flexibilität dem deutschen Privatrecht generell zugesprochen werden kann (§ 9). Dafür wird noch einmal das Spannungsfeld der rechtlichen Einordnung von Token umrissen (§ 9I), bevor Schlussfolgerungen für die Einordnung disruptiver Technologien im Allgemeinen gezogen werden (§ 9II). Dabei wird vereinzelt immer wieder auf die Erkenntnisse aus dem vorangegangenem Rechtsvergleich mit dem italienischen Recht Bezug genommen. Während dieses sich bei seiner Fortentwicklung nah an der deutschen Rechtswissenschaft orientiert und dort gefundene Ergebnisse übernimmt, anpasst und gegebenenfalls verbessert, ist der Blick der deutschen Rechtswissenschaft nur selten auf solche Rechtsordnungen gerichtet, für die das deutsche Recht gerade als Vorbild gilt.

Anschließend wird erarbeitet, inwiefern dieses Flexibilitätsniveau der Rechtsordnung im Falle von Disruptivität zu Beständigkeit und Resilienz führt (§ 10). Diese Schlagwörter wurden zuletzt immer häufiger in Zusammenhang mit Krisensituationen genutzt und als besonders positive Eigenschaften hervorgehoben. In der Rechtswissenschaft sind Beständigkeit und Resilienz besser unter dem Begriff der Rechtssicherheit bekannt. Eine gewisse Unveränderlichkeit der Rechtsordnung sollte also nicht per se als veraltet abgetan werden, sondern kann auch vorteilhaft sein. Sie bietet feste Schemata, die nicht nur langjährig erprobt sind, sondern Anpassungen bei flexibler Ausgestaltung und Anwendung von vornherein nicht erforderlich machen. Hieraus sollen Lehren für die Rechtsanwendung gezogen (§ 10I) und die Bedeutung für die zukünftige Rechtsgestaltung hergeleitet werden (§ 10II).

Die in diesem Rahmen getroffenen Reflektionen werden zu guter Letzt wieder konkret für die rechtliche Einordnung von Token fruchtbar gemacht. Es wird ein – sicherlich gewagter – erster Entwurf für einen ergänzenden Absatz

---

[2] Vgl. *Larenz* Methodenlehre, S. 315 zur Notwendigkeit, den grundlegenden Wandel des allgemeinen Wertebewusstseins zu erfassen sowie ebd. S. 350 zum Wandel der Normsituation.

des § 90 BGB formuliert (§ 10III). Hierdurch soll eventuell nach wie vor bestehenden Rechtssicherheitsbedenken begegnet werden. Gleichzeitig werden die herausgearbeiteten Anregungen zu einem konkreten Vorschlag für eine ausgewogene Abwägung von Flexibilität und Rechtssicherheit verdichtet.

Die Untersuchung endet mit einem Fazit, das nicht nur die Schlüsse aus diesem dritten Teil, sondern aus der gesamten Arbeit zusammenfasst (§ 11). Zudem wird ein Ausblick zu deren weiteren rechtlichen Handhabung gewagt (§ 12). Abschließend werden die Ergebnisse in Thesen zusammengefasst (§ 13).

§ 9 Offenheit und Flexibilität der Rechtsordnung und des Privatrechts im Besonderen

Der Rechtsvergleich mit dem italienischen Recht hat gezeigt, dass Rechtsordnungen ein unterschiedliches Niveau an Offenheit und Flexibilität aufweisen können. Dieses wird für das deutsche Privatrecht noch einmal genauer beleuchtet, indem das Spannungsfeld der rechtlichen Einordnung von Token umrissen (I) wird und daraus Schlüsse für die Einordnung disruptiver Technologien im Allgemeinen gezogen werden (II).

I. Spannungsfeld der rechtlichen Einordnung von Token

Wie aus der Gegenüberstellung der Einordnungsmöglichkeiten und der verschiedenen Schutzniveaus der Token je nach An- oder Aberkennung als Sache deutlich geworden ist, führt die Frage nach der rechtlichen Klassifizierung von Token zu einem enormen Spannungsfeld. Token können entweder rechtlich vollkommen außenvorbleiben, sodass sie als rechtliches Nullum allenfalls einen faktisch begründeten Token-Besitz begründen.[1] Sie können aber auch nur unter Vorbehalt entsprechender gesetzgeberischer Hinweise anerkannt werden; die genaue Reichweite reicht dann von umfassender Analogie[2] über eine eigene Rechtsposition *sui generis*[3] bis hin zu einem rein deliktsrechtlichen

---

[1] *Kütük/Sorge* MMR 2014, 643 (644); *Beck/König* JZ 2015, 130 (131); *Kuhlmann* CR 2014, 691 (696); *Engelhardt/Klein* MMR 2014, 355 (357); *Kaulartz* CR 2016, 474 (478); *Boehm/Bruns* Kapitel 13.E Rn. 14; *Lerch* ZBB 2015, 190 (196); *Heckelmann* NJW 2018, 504 (508); *Paulus/Matzke* ZfPW 2018, 431 (451); *Kaulartz/Matzke* NJW 2018, 3278 (3280); zum Token-Besitz *Arndt* Bitcoin-Eigentum, S. 29 ff. sowie § 3IV.2.b)bb)(7).

[2] *Walter* NJW 2019, 3609 (3613 f.); *Spindler/Bille* WM 2014, 1357 (1362); in diese Richtung auch *Koch* ZBB 2018, 359 (362); *Schlund/Pongratz* DStR 2018, 598 (600).

[3] *Arndt* Bitcoin-Eigentum (passim); in diese Richtung auch *Linardatos* Privatrecht 2050, S. 181 (185 f.); *Skauradszun* AcP 221 (2021), 353 (372).

Schutz.⁴ Am weitreichendsten ist der hier favorisierte Vorschlag, die in der Sachdefinition genannte Körperlichkeit funktional zu verstehen.⁵

Zu Recht wird das Thema in der deutschen Rechtswissenschaft deswegen immer stärker diskutiert. Ferner wird es durch die Einführung und geplante Erweiterung des eWpG vom Gesetzgeber tangiert. Gleichzeitig scheinen die zu bewältigenden Probleme aber auch hausgemacht zu sein, denn außerhalb Deutschlands ist keine vergleichbare Diskussion mit Verweis auf einen bewusst engen Sachbegriff erkennbar. Wie aus dieser Divergenz ersichtlich wird, ist es vor allem entscheidend, ob das Recht die neuartigen Token überhaupt erfassen kann. Um das genauer zu beleuchten, wird zunächst ein Blick auf das Anpassungsvermögen des deutschen Privatrechts geworfen (1). Anschließend werden die Grenzen herausgearbeitet, die die Rechtsordnung insoweit aufstellt, um zu weitreichende oder wesensverändernde Anpassung zu vermeiden (2). Damit ergeben sich Herausforderungen (3) und Abwägungsmöglichkeiten (4) bei der rechtlichen Einordnung von Token, die ebenfalls dargestellt werden sollen.

1. Anpassungsvermögen

Wie die ersten beiden Teile der Untersuchung zeigen, ist ein Anpassungsvermögen der Rechtsordnung grundsätzlich vorhanden. Selbst wenn Kategorien legaldefiniert sind, müssen Definitionsbestandteile nach wie vor ausgelegt werden. Das wiederum ermöglicht es, gesellschaftliche Veränderungen miteinzubeziehen. Vor allem aber zwingt diese stets bestehende Auslegungsnotwendigkeit dazu, die dahinterstehenden Prinzipien herauszuarbeiten, zu verstehen und zu verwirklichen.⁶ Diese sind nicht immer einfach zu erkennen oder nachvollziehbar in Worte zu fassen und unterliegen ebenfalls gesellschaftlichem Wandel oder Weiterentwicklung. Der Fokus der Auslegung muss daher immer – kann aber auch – auf die derzeit bestehenden Bedürfnisse gelegt werden und darf sich nicht an einer zu eng Begriffsdogmatik orientieren.⁷

Dass das Bürgerliche Gesetzbuch derart entwicklungsoffen ist, wird zuweilen bezweifelt. Vielmehr wird das Bedürfnis formuliert, dass für digitale

---

⁴ Omlor/Link/*Omlor* § 6 Rn. 34; *Kütük-Markendorf* Internetwährungen, S. 118; MMR/*Möllenkamp/Shmatenko* Kapitel 13.6 Rn. 34 ff.; *dies.* MMR 2018, 495 (498); *Kaulartz/Matzke* NJW 2018, 3278 (3281);

⁵ *John* BKR 2020, 78 (passim).

⁶ Vgl. *Larenz* Methodenlehre, S. 314 f.; auch *Paulus* FS Schmidt II, S. 119 (119) verweist darauf, dass alle Diskussionen zu technischen Neuerungen bislang gezeigt haben, dass eine Einbettung in die bestehenden Rechtsfiguren durch Rückbesinnung auf die Grundelemente des Bürgerlichen Gesetzbuches zwang- und nahtlos möglich ist.

⁷ So beispielsweise *Linardatos* Autonome und vernetzte Aktanten, S. 10 f. im Hinblick auf Verantwortungs- und Haftungsfragen bei Nutzung Künstlicher Intelligenz; vgl. allgemein bereits *Larenz* Methodenlehre, S. 314 f., 350.

Inhalte generell ein rechtlicher Zuordnungsrahmen geschaffen werden muss.[8] Die Überlegungen hierzu sind vielfältig und oft auch innovativ, sollten aber die vorgegebene Natur der digitalen Inhalte nicht verkennen.[9] Ubiquitäre Inhalte sind anders zu handhaben als rivale Informationen, auch wenn beide Kategorien in Form von Daten verarbeitet werden. Von der digitalen Erscheinungsform darf man sich nicht ablenken lassen. Nicht ohne Grund wirkt sich die Digitalisierung auf so viele verschiedene Bereiche aus; sie verändert nur die Art und Weise der Kommunikation, nicht aber ihren Inhalt oder Gegenstand. Diese Tatsache muss berücksichtigt werden, wenn nach dem Anpassungsvermögen einer Rechtsordnung gefragt wird. Sie macht eine einheitliche Antwort unmöglich. Soweit es jedoch um eindeutig zuweisbare Gegenstände geht, sind im Bürgerlichen Gesetzbuch viele verschiedene und äußerst ausdifferenzierte Regelungen vorgesehen – es wird gerade ihr wesentlicher Kern, die Güterzuweisung, berührt. Und hier scheint das Gesetz durch durchdachte und prinzipienorientierte Regelungen wenigen, aber gezielten Interpretationsspielraum bereitzustellen, solange ein funktional-systematisches Zusammenwirken möglich bleibt.

2. Grenzen

Die äußerste Grenze der Gesetzesauslegung bildet dabei der Wortlaut. Stellt das Gesetz eine Legaldefinition bereit, so kann der Wortlaut selbstverständlich nur in dessen Grenzen ausgelegt werden. Im Übrigen ist der Wortlaut in erster Linie durch die Überlegungen der Rechtswissenschaft geprägt, wodurch Begriffe mit rechtlicher Bedeutung aufgeladen werden. Es entstehen sogenannte Rechtsbegriffe, die den Gesetzesausleger bei der Gesetzesauslegung unterstützen.[10]

Zur Gesetzesauslegung gehört es auch, veraltete Rechtsbegriffe zu erkennen und sich offen zu zeigen gegenüber neuen Konnotationen.[11] Denn die Bedeutung von Rechtsbegriffen kann nicht vollständig durch eine klare Terminologie erfasst werden – insbesondere, wenn sich nicht der Begriff selbst, sondern die zugrundeliegenden Tatsachen gewandelt haben.[12] Vielmehr unterliegt sie logischen Schlussfolgerungen in die eine wie auch in die andere Richtung und ist

---

[8] Siehe z.B. *Guntermann* RDi 2022, 200 (208); ebenso und allgemein eine eigene Kategorie für digitale Gegenstände fordernd *Pałka* Virtual Property, S. 141.
[9] Siehe etwa die Zuweisungsordnung von *Zech* Information als Schutzgegenstand, S. 405 ff., aber auch zuletzt *Kevekordes* Daten als Gegenstand absoluter Zuordnung (passim), der einen besitzrechtlichen Ansatz verfolgt.
[10] Dies als ontologischen Ansatz bezeichnend *Sartor* Artif Intell Law 17 (2009), 217 (236); ähnlich *Larenz* Methodenlehre, S. 317, wenn er beschreibt, dass das Gesetz durch seine Anwendung mit der Zeit mehr und mehr ein eigenes Leben erlange und sich damit von den Vorstellungen seiner Urheber entferne.
[11] Ähnlich *Boehme-Neßler* Unscharfes Recht, S. 377.
[12] So wohl auch *Hoffmann-Riem* Digitale Disruption und Recht, S. 143 (176).

somit letztendlich von Inferenzen abhängig. Rechtsbegriffe entwickeln sich über die Zeit hinweg stets weiter[13] und die Auslegung ist nie abgeschlossen, sondern bleibt zeitgebunden.[14] Wechselwirkungen und feine Nuancierungen innerhalb der Wortlautauslegung müssen daher immer wieder neu durch einen intensiven Diskurs herausgearbeitet werden, damit im Ergebnis eine sachgerechte Lösung gefunden werden kann. Im Rahmen der Wortauslegung kann somit weder auf eine klare Begriffsbezeichnung noch auf die Anerkennung möglicher, sich verändernder Konnotationen verzichtet werden. Vielmehr müssen Rechtsbegriffe mit ausreichend Flexibilität versehen werden, damit dahinterstehende Wertungen ausreichend Stabilität erlangen.[15]

Auch der Wortlaut bildet nur bedingt eine klare Grenze, sondern ist seinerseits insbesondere an das gesamtgesellschaftliche Sprachverständnis gekoppelt.[16] Die Einbeziehung des allgemeinen Sprachverständnisses in die rechtliche Begriffsauslegung mag auf den ersten Blick methodisch unsauber erscheinen, geht es doch gerade um die Definition des *Rechts*begriffs. Da hieraus aber das Bestehen oder Nichtbestehen einer gesellschaftlichen Akzeptanz von bestimmten vorrechtlichen Gegebenheiten herausgelesen werden kann, sollte dessen Bedeutung nicht unterschätzt werden. Die faktisch bestehenden Ansichten innerhalb der Gesellschaft sind maßgebend für die rechtlichen Wertungen, die diesen möglichst nicht widersprechen sollten. Die Grenze der Anpassungsfähigkeit einer Rechtsordnung liegt somit dort, wo das rechtliche Verständnis nicht mehr mit den gesellschaftlichen Tatsachen übereinstimmt. Der Wortlaut kann immer nur so weit reichen, wie er gerade noch gesellschaftlich akzeptiert werden würde. Ansonsten entfernt sich die Auslegung so weit von der Wirklichkeit, dass selbst die überzeugendsten systematisch-funktionalen Argumente kein anderes Begriffsverständnis mehr rechtfertigen können.[17]

Vor diesem Hintergrund wird auf die immer wieder vorgebrachte Kritik im Hinblick auf Token eingegangen. Hiernach sei eine sachenrechtliche Einordnung von Token unter anderem deshalb abzulehnen, weil die insoweit vorgesehenen Vorschriften nicht auf nicht-körperliche Gegenstände passen. Das Sachenrecht nutze den Besitz als Zuordnungsinstrument und knüpfe eng an

---

[13] *Sartor* Artif Intell Law 17 (2009), 217 (248 f.); ausführlichen zu Inferenzen bei Rechtsbegriffen ebd. S. 218 ff. mwN; zustimmend *Pałka* Virtual Property, S. 127 ff., der dieses Verständnis ebenfalls auf digitale Gegenstände anwendet; ohne die Bezeichnung der Inferenz nutzend, im Prinzip aber eine identische Wirkung von Gesetzen auf die gesellschaftliche Wirklichkeit erkennend bereits *Larenz* Methodenlehre, S. 317.

[14] *Larenz* Methodenlehre, S. 314 f., 317.

[15] *Sartor* Artif Intell Law 17 (2009), 217 (249); ähnlich *Oster* IJLIT 2021, 101 (116); zur Schaffung von Flexibilität trotz Literarisierung und dem höheren Interpretationsbedürfnis *Boehme-Neßler* Unscharfes Recht, S. 94 f.

[16] Vgl. *Larenz* Methodenlehre, S. 317, 322.

[17] Ähnlich *Larenz* Methodenlehre, S. 322.

diesen an, doch der Besitz sei auf digitale Gegenstände nicht anwendbar.[18] Es kann jedoch nicht auf den Begriff des Besitzes verwiesen werden, ohne diesen selbst auszulegen – egal ob es um eine weite Auslegung der Körperlichkeit oder um eine analoge Anwendung der sachenrechtlichen Vorschriften geht. Der Besitz selbst ist nicht definiert. Aus den rechtlichen Regelungen und dem dazugehörigen Rechtsdiskurs ergibt sich jedoch eindeutig, dass es auf eine tatsächliche Herrschaftsmacht ankommt.[19] Das Verständnis ist somit noch viel weniger auf räumlich-greifbare Gegenstände beschränkt, als dies im Rahmen der Körperlichkeit der Fall ist. Auch außerhalb der Rechtswissenschaften stellt Besitz ein faktisches und nach außen erkennbares Gehören durch Herrschaftsmacht dar, kein an körperliche Gegenstände gekoppeltes Halten. Eine solche Zugehörigkeit ist bei Token durch Eintragung in das Distributed Ledger sogar stärker gegeben als bei anderen Sachen, an denen Besitz aufgrund der Körperlichkeit aber anerkannt wird. Dieses allgemeine Verständnis ist bei der Auslegung des rechtlichen Besitzbegriffs im Sinne der beschriebenen Wechselwirkung zu berücksichtigen. Ein Tokenbesitz ist möglich und kann nicht als Argument gegen ein weiteres Verständnis von Körperlichkeit dienen.

3. Herausforderungen

Auf der anderen Seite wird durchaus anerkannt, dass Gesellschaft und Rechtsordnung vielleicht noch nicht so weit sind. Der technologische Wandel kommt schnell und teilweise sogar so schnell, dass von einem Bruch zwischen zwei aufeinanderfolgenden Generationen gesprochen wird. Wenn bereits die gesellschaftlichen Reaktionen auf neue Technologien so unterschiedlich sind, verwundert es nicht, dass die Rechtsordnung und ihr konservatives Privatrecht nicht die Bereiche sind, in denen widerspruchslos ein gewandeltes Begriffsverständnis anerkannt wird.

Diese bislang unbekannte Geschwindigkeit der Digitalisierung führt zu verschiedenen Herausforderungen. Insbesondere scheint es unmöglich festzustellen oder auch nur zu erkennen, wann sich ein neues Begriffsverständnis ausreichend stark etabliert und verbreitet hat. Das wird einmal mehr dadurch verstärkt, dass die Digitalisierung immer auch von einer physischen Infrastruktur – Computer, Server und Datenleitungen – abhängig ist, die unterschiedlich stark ausgebaut sein kann.[20] Digitalisierung schreitet nicht überall mit gleicher Geschwindigkeit voran, wodurch sich innerhalb der Gesellschaft wieder Unterschiede im Begriffsverständnis ergeben.

Im Rahmen der rechtlichen Auslegung bleibt keine andere Möglichkeit, als den derzeitigen Fortschritt der Digitalisierung und den aktuellen Standpunkt

---

[18] *Guntermann* RDi 2022, 200 (208).
[19] Siehe § 4I.3.a).
[20] Treffend erkennend, wenn auch in leicht anderem Kontext, *Boehme-Neßler* Unscharfes Recht, S. 119.

des damit einhergehenden Begriffsverständnisses schlicht festzulegen. Aus der Summe der verschiedenen Auslegungen ist dann eine gewisse Tendenz erkennbar. Die Tatsache, dass ein neues Verständnis der Körperlichkeit an den Fundamenten der Privatrechtsordnung rührt, scheint dazu zu führen, dass ein besonders hohes und eindeutiges Niveau eines Begriffswandels für erforderlich gehalten wird. Ausdrücklich erörtert wird das aber nicht und stattdessen lassen Diskussionsintensität und gesetzgeberische Bestrebungen eigentlich ein anderes Bild erkennen: die Tokenisierung ist bereits in vollem Gange. Zudem wird vorschnelles rechtliches Handeln oft als innovationshemmend erachtet, denn für Innovation sei freies und eigenverantwortliches Handeln notwendig. Mit Blick auf Regulierungsbestrebungen mag dieser Hinweis stimmen, im Privatrecht führt das aber fast schon zum gegenteiligen Ergebnis. *Eigenverantwortlichkeit* setzt stets einen gewissen Handlungsrahmen voraus, in dessen Grenzen man sich dann frei verantwortlich bewegen kann.

Veranschaulichen lässt sich das am Deliktsrecht, dessen enge Gestaltung und Anknüpfung an das subjektive Recht eng mit der Eigenverantwortlichkeit im Zusammenhang steht. Nur subjektive Rechte gewähren ein einklagbares Recht *erga omnes*, sodass auch nur diese unter bestimmten Voraussetzungen vor dem schädigenden Verhalten anderer geschützt werden müssen. Darüber hinaus sind grundsätzlich keine Ausgleichsleistungen vorgesehen, von den entwickelten Ausgleichsansprüchen bei Verletzung einzelner Verhaltenspflichten einmal abgesehen.[21] Damit ist jeder Bürger für sein eigenes Handeln verantwortlich und rechtlicher Schutz kann nur für ausdrücklich als subjektives Recht ausgestaltete Interessen erwartet werden. Im Gegensatz dazu hat die italienische Rechtsprechung diesen Schutz auf Grundlage des Solidaritätsprinzips extrem ausgeweitet und sieht einen fast schon paternalistischen Schutz vor. Im deutschen Recht ist die Eigenverantwortlichkeit jedoch nach wie vor zentrales Leitmotiv des Privatrechtssystems, weshalb dieses auch im Rahmen des Deliktsrechts berücksichtigt werden muss.

Bezieht man diese Überlegungen auf Token, würde die Anerkennung von Token als Sache dazu führen, dass Token sich in das System der Privatordnung einbetten und in den Grenzen der rechtlichen Vorschriften geschützt werden. Die von der Rechtsordnung getroffenen Abwägungen von Schutz- und Eigenverantwortlichkeitsinteressen blieben dadurch gewahrt und gleichzeitig wären dessen Grenzen für den Bürger klar erkennbar. Eine demgegenüber eher undurchsichtige Ausweitung des Deliktsrechts anhand der sonstigen Rechte, bei denen die Rechtswidrigkeit einer Verletzung aufgrund ihrer Weite erst im Einzelfall bestimmt werden kann, ist nicht notwendig. Vielmehr könnte dies dazu führen, dass deliktischer Schutz im Nachhinein bejaht wird, ohne dass der Bestand eines subjektiven Rechts hinterfragt wird. Auch wenn ein vollständiger Rechtsschutz der Token einem eigenverantwortlichen Handeln auf dem ersten

---

[21] So auch *Zeno-Zencovich* Diritto privato comparato, S. 371 (379).

Blick zu widersprechen scheint, schafft die klare Einordnung als subjektives Recht im Ergebnis den Raum, der für eigenverantwortliches Handeln überhaupt erst einmal notwendig ist.

Diese Überlegungen zur Eigenverantwortlichkeit stehen in engem Zusammenhang mit der *Rechtssicherheit*. Nur wenn die Grenzen eigenverantwortlichen Handelns klar vorgegeben sind, ist ein solches überhaupt möglich. Damit Rechtssicherheit aber auch über einen langen Zeitraum hinweg gewährleistet werden kann und nicht dazu führt, dass die Norm bei veränderten Umständen nicht mehr anwendbar ist, ist Rechtssicherheit immer auch im Zusammenhang mit einer gewissen Flexibilität zu sehen. Beides kann nur dann volle Wirkung entfalten, wenn sie in einem angemessenen Verhältnis zueinanderstehen.[22] Gleichzeitig ist diese Abwägung eine der größten Herausforderungen, wie das Spannungsfeld der Tokeneinordnung zeigt.

Veranschaulichen lässt sich das erneut durch Bezugnahme auf den deliktsrechtlichen Schutz von Token. Während der enge Anwendungsbereich des Deliktsrechts einerseits auf das Prinzip der Eigenverantwortlichkeit zurückgeführt werden kann, wird die andererseits bestehende Notwendigkeit einer gewissen Flexibilität gewährleistet, indem das Deliktsrecht für sonstige Rechte geöffnet wird. Damit wurden beide Ziele – Rechtssicherheit und Anpassungsfähigkeit – abgebildet und versucht, diese in ein angemessenes Verhältnis zu bringen. Man könnte sogar vertreten, dass der Anpassungsfähigkeit etwas mehr Raum gegeben wurde, weil die Formulierung als sonstige Rechte gerade auch die Einbeziehung völlig neu begründeter Rechtspositionen ermöglicht. Gerade wegen dieser Ausbalancierung darf die Öffnung des Deliktsrechts nicht dazu verleiten, die aufgezählten Rechtspositionen so eng zu verstehen, dass nichts Neues mehr darunter gefasst werden kann, und stattdessen für alles Neue immer eine eigene Rechtsposition *sui generis* schaffen zu müssen. Durch die Öffnung soll nur ein größeres Reaktionsvermögen des deliktsrechtlichen Schutzes auf neue Entwicklungen gewährleistet, nicht aber eine umso starrere Interpretation der bestehenden Rechtspositionen erzwungen werden. Die Möglichkeit, neu entwickelte Rechtspositionen einzubeziehen, darf sich in ihrer Wirkung nicht ins Gegenteil verkehren und dazu führen, dass neue Entwicklungen bei der Auslegung bestehender Rechtspositionen außenvorgelassen werden. Es entspricht nicht der Idee einer zeitlosen Rechtsordnung, wenn – mit Verweis auf einen ansonsten unvollständigen deliktsrechtlichen Schutz – stets eine neue Rechtsposition *sui generis* geschaffen werden muss, vor allem wenn sich diese

---

[22] Ähnlich *Giglio* Condictio proprietaria, S. 117, der vorschlägt, zu einem angemessenen Gleichgewicht von Flexibilität und Rechtssicherheit zu kommen, indem Flexibilität von vornherein durch eine weite generalklauselähnliche Formulierung ermöglicht wird, während Rechtssicherheit durch klare und konkretisierende Herausgaberegeln gewährleistet wird; ähnlich auch *Boehme-Neßler* Unscharfes Recht, S. 93 ff., demzufolge die Literarisierung zu einer größeren Flexibilität, letztlich aber auch zu einer stärkeren Auslegungsbedürftigkeit geführt habe.

in Funktion, Inhalt und Reichweite einem bereits bestehenden subjektiven Recht stark ähnelt.

Dass eine Rechtsposition stattdessen immer zu einem gewissen Grad flexibel und offen für modernere Auslegungsmöglichkeiten sein muss, zeigt schon das Eigentum selbst. Das Eigentumsrecht aus § 903 S. 1 BGB legt sich in seinem Inhalt nicht fest, sondern verweist nur auf die Nutzungs- und Ausschlussfunktion. Dem Begriff der Körperlichkeit darf daher nicht zu viel Systembedeutung zugesprochen werden. Dadurch würde er über seine Funktion einer Abgrenzung der Eigentumsrechte gegenüber anderen Rechten hinausgehen. Systembedeutung sollte vielmehr den absoluten subjektiven Rechten als Gesamtkategorie zugesprochen werden. Ihre Schutzwirkung *erga omnes* ist es, die sie von anderen relativen Rechten unterscheidet.

4. Abwägungsmöglichkeiten

In Anbetracht neu entstandener Gegenstände scheint es zwei Optionen zu geben, um diese Herausforderung einer sachgerechten Abwägung von Rechtssicherheit und Anpassungsfähigkeit anzugehen. Einerseits kann Rechtssicherheit negativ/ausgrenzend verstanden werden, indem Körperlichkeit, Eigentumsrecht und dingliche Rechte eng verstanden und auf die bestehenden Gegenstände beschränkt werden. Rechtssicherheit wird dabei gewährleistet, indem diesen Begriffen klare Grenzen gesetzt und Ausweitungen auf neue Entwicklungen von vornherein nicht in Betracht gezogen werden. Der Fokus liegt also auf einem rechtssicheren Verständnis der Systembildung innerhalb der subjektiven Rechte.

Die zweite Möglichkeit wäre, Rechtssicherheit positiv/integrativ dadurch zu gewährleisten, dass neue Gegenstände eindeutig in die Kategorie der subjektiven Rechte einbezogen werden. Der Fokus liegt mehr auf einer rechtssicheren Ausgestaltung der subjektiven Rechte selbst als auf ihren systemgebenden Elementen. Das hat den Vorteil, dass dadurch nicht nur deren Ob bejaht und beantwortet wird, sondern auch der Inhalt der Rechtsposition neuer Gegenstände klar vorgegeben werden kann, also das Wie. Die neuen Gegenstände werden unter *bestehende* subjektive Rechtspositionen gefasst und es wird verhindert, dass eine subjektive Rechtsposition erst konkret geschaffen werden muss. Rechtssicherheit in Bezug auf die übergeordnete Kategorie vermeidet somit, erhebliche Rechts*un*sicherheit bis zur Ausformulierung einer neuen Rechtsposition *sui generis* zu haben.

Um in der Gesamtheit eine größtmögliche Rechtssicherheit zu schaffen, ist es notwendig, herauszuarbeiten, welche der beiden systembildenden Faktoren der wichtigere ist und welcher hingegen etwas flexibler ausgestaltet sein kann. Die Frage, welcher Vergleichsmaßstab hierbei gelten sollte, lässt sich mit Blick auf die Funktion der Rechtsordnung recht einfach beantworten. Ziel der Privatrechtsordnung ist es, durch die Schaffung von Rechtspositionen das gesellschaftliche Zusammenleben zu regeln. Langfristig ist das nur realistisch, wenn diese Rechtspositionen auch entsprechend geschützt werden. Auf diesen Schutz müssen die Rechtssubjekte gerade auch vertrauen können, denn ohne deren Schutz ist auch der bloße Bestand einer Rechtsposition nichts wert[23] und dadurch die Grenzsetzung der unterschiedlichen aufeinanderprallenden Interessen hinfällig. Es ist also vor allem das Niveau des rechtlichen Schutzes, an dem sich die Rechtssicherheit messen lassen muss. Setzt man die beiden systembildenden Faktoren – Körperlichkeit und Absolutheit – in direkten Vergleich, überwiegt mit Blick auf den rechtlichen Schutz die Bedeutung eines klar umrissenen absoluten Rechts, nicht die durch enge Körperlichkeit eindeutig abgegrenzte Dinglichkeit. Es ist wichtiger, Rechtssicherheit im Hinblick auf den Inhalt eines subjektiven Rechts zu gewährleisten, damit dieses Rechtsschutz erlangen kann und durchsetzbar ist, als dass Rechtssicherheit im Hinblick darauf erreicht wird, was eigentlich als körperlich und als Eigentumsgegenstand zu verstehen ist. Ohne Zweifel wirkt sich die Abgrenzung Eigentum/ Nicht-Eigentum auf die übrigen Rechtsinstitute aus. Die Grundeinstellung, Unbekanntes erst einmal auszuschließen, führt jedoch dazu, dass Unbekanntes gegebenenfalls erst einmal überhaupt nicht rechtlich erfasst wird. Dann kann auch kein rechtlicher Schutz bereitgestellt werden, oder aber dieser rechtliche Schutz bedarf erheblichen Begründungsaufwand und wirkt zudem lückenhaft. Beides würde – und das zeigt die Diskussion um die rechtliche Einordnung der Token – zu erheblicher Rechtsunsicherheit führen. Es scheint angemessener, ein bisschen Rechtsunsicherheit beim Begriff der Körperlichkeit und der Anwendung der dinglichen Regelungen in Kauf zu nehmen, als zu viel Rechtsunsicherheit im Hinblick auf den rechtlichen Schutz allgemein zu riskieren.

Eine Ausbalancierung der Rechtssicherheitsinteressen wird nur erreicht, wenn nicht alle neuen Gegenstände mit in bestehende Kategorien einbezogen werden, wodurch ihre Grenzen völlig verschwimmen würden. Aufgrund der gänzlich anderen Eigenschaften ist es zum Beispiel richtig, ubiquitäre und nicht exklusive Immaterialgüter nicht in das Eigentum einzubeziehen. Eine gesonderte Regelung und die Inkaufnahme einer bis dahin andauernden Rechtsunsicherheit war angebracht. Token jedoch ähneln den Sachen im Sinne des § 90 BGB in all ihren Eigenschaften außer in ihrer räumlichen Greifbarkeit. Dadurch wird das Verhältnis der Abwägung verschoben. Die Exklusivität eines Tokens in einem Distributed Ledger mag für technische Laien – anders als eine räumliche Existenz – nicht sofort sichtbar sein. Doch eine Unsicherheit kann hier eher in Kauf genommen werden. Das zeigen schon die vielen anderen Konstellationen, in denen so verfahren wurde. Durch die Anerkennung des Sicherungseigentums beispielsweise sagt die räumliche Greifbarkeit eines Gegenstands sowieso nichts mehr eindeutig über dessen Zuordnung aus. Demgegenüber bietet das Distributed Ledger wegen der grundsätzlich transparenten

---

[23] Siehe dazu § 5III sowie *Picker* Negatorischer Bereicherungsanspruch, S. 55, 57.

Gestaltung noch eher die Möglichkeit, die Zuordnung zu prüfen. Dank ihrer Digitalität können zudem technische Hilfsmittel zur Einsehbarkeit des Distributed Ledgers bereitgestellt werden, mit denen die Zuordnung von Token schnell, sicher und unkompliziert geprüft werden kann – Möglichkeiten, die bei räumlich greifbaren Gegenständen nicht bestehen.

II. Schlussfolgerungen für die rechtliche Einordnung disruptiver Technologien im Allgemeinen

Aus all diesen Überlegungen lassen sich Erkenntnisse im Hinblick auf die rechtliche Einordnung disruptiver Technologien im Allgemeinen ziehen. Denn nicht immer sieht sich die Rechtsordnung nur mit neuen Gegenständen konfrontiert – disruptive Technologien können auch ganz andere Herausforderungen mit sich bringen. Zurückzuführen sind diese letztlich auf die Tatsache, dass physische Grenzen immer mehr an Bedeutung verlieren und unscharf werden (1). Trotzdem wirken neue Technologien disruptiv und revolutionieren mit ihren neu geschaffenen Möglichkeiten in gewisser Weise das gesellschaftliche Leben (2). Das Recht hingegen muss und kann sich dabei aber nur transformieren und durch Fortentwicklung anpassen (3).

1. Bedeutungslosigkeit von physischen und systembildenden Grenzen[24]

Für alle technologisch bedingten Veränderungen muss festgestellt werden, dass physische Grenzen nicht mehr gelten. Während die physische Welt aus greifbarer Materie, Atomen und Molekülen besteht, ist die digitalisierte Realität aus Informationseinheiten zusammengesetzt.[25] Interaktionen passieren auf einer viel abstrakteren Ebene. Maßgeblich ist nicht mehr die strukturelle Information, sondern deren semantische Bedeutung. Informationen müssen nicht mehr an physische Strukturen anknüpfen, sondern sind grenzenlos und allgegenwärtig.[26]

Wie die Tokenisierung und die Möglichkeiten der DLT zeigen, gilt das zum einen im Hinblick auf die räumlichen Grenzen. Das, was die Räumlichkeit in

---

[24] Die in diesem Abschnitt getroffenen Überlegungen basieren maßgeblich auf *Boehme-Neßler* NJW 2017, 3031 (passim), der hierin wesentliche Teile seiner Habilitationsschrift aufgreift, *ders.* Unscharfes Recht (passim).

[25] *Boehme-Neßler* NJW 2017, 3031 (3032); *ders.* Unscharfes Recht, S. 376 f.

[26] Ähnlich *Palka* Virtual Property, S. 146 ff., der darlegt, dass deswegen die Gleichsetzung von Atomen und Bits zu kurz greife; vgl. außerdem *Boehme-Neßler* Unscharfes Recht, S. 102 ff.; *ders.* NJW 2017, 3031 (3032) mwN, der in diesem Zusammenhang auch auf das Konzept des *Ubiquitous Computing* verweist; hierdurch soll ein unsichtbares Computernetzwerk allgegenwärtig in die Umwelt integriert werden, das digitale und reale Welt vor allem räumlich ultimativ miteinander verknüpft; zur digitalen Entgrenzung und ihrer sozialen und staatspolitischen Komponente *ders.* Unscharfes Recht, S. 112 ff.; *Hoffmann-Riem* Digitale Disruption und Recht, S. 143 (160 f.).

der physischen Welt zu leisten vermag, kann in der digitalen Welt nur noch durch entsprechende semantische Strukturen erreicht werden. Denn die Informationseinheiten können sich in immer wieder neuen Kombinationen zusammenfinden. Anders als Atome lässt sich dieser Prozess allerdings vom Menschen steuern, sodass sich beeinflussbare und gleichzeitig flüchtige, übergreifende Strukturen bilden.[27] Auch der zeitliche Aspekt verliert mehr und mehr seine Bedeutung als Strukturierungsmittel, da Tätigkeiten beschleunigt, fast schon zeitlos und zudem parallel möglich werden.[28] Bedarf es einer zeitlichen Einheit, ist es notwendig, einen Zeitstempel bewusst einzufügen, so wie es auch bei der chronologischen Verkettung der DLT der Fall ist.

Auf Phänomen, die jeglichen räumlichen oder zeitlichen Grenzen entbehren, ist das Zivilrecht als Produkt einer vordigitalen Zeit nicht eingestellt. Stattdessen orientiert es sich an festen Grenzen und baut seine immanente Logik auf systemischen Unterscheidungen auf: zwischen Recht und Unrecht, zwischen relevant und irrelevant, aber auch zwischen einzelnen Rechtskategorien selbst.[29] Um der Digitalisierung Herr zu werden, wird sich daher mit guten Argumenten für eine umfassende Neuerfindung des Rechts ausgesprochen.[30] Disruptive Technologien überwinden also die traditionellen systembildenden Grenzen, an welche die Rechtsordnung bislang angeknüpft hat. Technische und rechtliche Normen müssen wieder zusammengebracht werden, wofür die Rechtsordnung den notwendigen Raum schaffen muss. Dass hierfür Notwendigkeit be-, aber auch gewisses Bewusstsein entsteht, verdeutlichen die Bestrebungen einer interdisziplinären, juristisch-technischen Zusammenarbeit sowie einer Internetgovernance.[31]

2. Disruptivität als Revolution

Doch was genau macht eine technische Entwicklung zu einer disruptiven Technologie? Ist es erforderlich, dass sie Grenzen überwindet oder reicht es aus, dass sie zu der soeben beschriebenen Entgrenzung beiträgt? Der Begriff der

---

[27] Treffend *Boehme-Neßler* NJW 2017, 3031 (3032); ausführlich dazu *ders.* Unscharfes Recht, S. 470 ff.; zur sozialwissenschaftlichen Bedeutung des Zeitaspekts ferner ebd. S. 444 ff.
[28] *Boehme-Neßler* NJW 2017, 3031 (3032); *ders.* Unscharfes Recht, S. 377.
[29] So *Boehme-Neßler* NJW 2017, 3031 (3032); zur immanenten Logik des Rechts auch ebd. S. 3031; insgesamt sei das Recht als Grenzziehung zu verstehen, *ders.* Unscharfes Recht, S. 126; ausführlich dazu ebd. S. 127 ff.
[30] *Boehme-Neßler* NJW 2017, 3031 (3031); aA *Oster* IJLIT 2021, 101 (110 ff., 117), der in der Unterscheidung von Daten und Informationen einen gemeinsamen Nenner von Recht und Digitalisierung erkennen möchte.
[31] Zum Kooperationsbedarf *Hoffmann-Riem* Digitale Disruption und Recht, S. 143 (190 ff.); zu den entstehenden Potenzialen insbesondere in der Gestaltung des Rechts, welches nicht mehr zwingend textbasiert sein muss, sondern auf unterschiedlichste Medienformen zurückgreifen kann, *Boehme-Neßler* NJW 2017, 3031 (3033 ff.).

Disruptivität ist meist positiv konnotiert und wird nahezu inflationär genutzt.[32] Gemeint ist damit jedoch immer auch die Zerstörung von Gewissheiten und die Abkehr von Gewohnheiten.[33] Zwar dient diese dem Ziel, neue Strukturen zu schaffen und gravierende Wandlungsprozesse einzuleiten, sodass sie einen langfristigen transformativen Charakter hat.[34] Der umstürzende Charakter hingegen ist – ähnlich einer Revolution – nur vorübergehend und fungiert als Mittel zum Zweck. Technologien sind somit disruptiv, wenn sie weit in Wirtschaft, Kultur, Politik und Kommunikation hineinwirken und erhebliche Auswirkungen auf die Gesellschaft haben.[35]

Technologische Weiterentwicklungen können daher immer nur einen Ausgangspunkt geben. Sie allein können aber niemals eine gesellschaftliche Weiterentwicklung bewirken. Disruption und Transformation wirken stets zusammen.[36] Trotzdem ist eine differenzierte Betrachtung von wesentlicher Bedeutung, wenn es um die richtige Reaktion des Gesetzgebers auf derartige disruptive Technologien geht. Wenn diese erst in ihrer Gesamtheit transformativ wirken, verändern sie auch dann erst die zu regelnde Gesellschaft. Das Recht muss sich somit nicht mit jedem neuen Erscheinen einer disruptiven Technologie grundlegend umstrukturieren. Damit es sich aber langfristig nicht von der Wirklichkeit abkoppelt, muss das Recht disruptive Technologien sehr wohl als Anhaltspunkt nehmen, um sich schrittweise weiterzuentwickeln.[37]

3. Weiterentwicklung des Rechts als Evolution

Die Weiterentwicklung des Rechts ist stets transformativ; sie ist mehr Evolution als Revolution.[38] Es müssen verschiedene Wirkungsebenen von Entscheidungen und Verhalten herausgearbeitet werden. Je nach Perspektive können Technologien bereits für sich allein wirken, aber auch konkret auf ihre Nutzer oder auf den gesamten betroffenen gesellschaftlichen Bereich.[39] Die

---

[32] Zum Begriff *Hoffmann-Riem* Digitale Disruption und Recht, S. 143 (149 f.).

[33] *Hoffmann-Riem* Digitale Disruption und Recht, S. 143 (143).

[34] In diese Richtung zu verstehen wohl auch *Hoffmann-Riem* Digitale Disruption und Recht, S. 143 (143).

[35] *Hoffmann-Riem* Digitale Disruption und Recht, S. 143 (159).

[36] Ähnlich letztendlich auch *Hoffmann-Riem* Digitale Disruption und Recht, S. 143 (148).

[37] Vgl. etwas allgemeiner auch *Larenz* Methodenlehre, S. 315; dass nicht jede technische Revolution auch eine rechtliche Revolution bedarf, sondern eher zu einer fortschreitenden Evolution führt, *Simmchen* MMR 2017, 162 (164); zur Wechselwirkung von Technik und Kultur, die wegen ihrer Prägung für die Gesellschaft immer auch maßgeblich für das Recht ist, *Boehme-Neßler* Unscharfes Recht, S. 41 ff., 100; konkret zur Wechselwirkung von Technik und Recht durch Ermöglichung und Steuerung durch rechtliche Vorschriften auch ebd. S. 57 ff.

[38] Prägend für diese Formulierung *Simmchen* MMR 2017, 162 (passim).

[39] *Hoffmann-Riem* Digitale Disruption und Recht, S. 143 (159) mwN teilt die Wirkungsebenen insoweit in *Output*, *Impact* und *Outcome* auf.

Rechtsordnung muss für jede dieser Wirkungen potenzielle Risiken erkennen. Gleichzeitig muss sie innovative Alternativen bereitstellen, denn das Verbesserungspotenzial darf auch nicht verwässert werden. Das Recht muss innovationsoffen sein, trägt aber gleichzeitig die Verantwortung für diese Innovationen.[40] Dieser Innovationsverantwortung muss sich das Recht von vornherein bewusst sein, und um beide Ziele auszubalancieren, bedarf es fester Strukturen.[41]

Um derartige, durch die Digitalisierung bedingte Risiken zu vermeiden, muss das Recht irgendwann die Initiative ergreifen und den Prozess der Transformation steuern.[42] Es darf nicht zulassen, dass durch die Bereitstellung einer technologischen Infrastruktur und digitalen Protokollen sowie Standards eigenständig Regeln geschaffen werden, die die Grenzen des faktisch Möglichen definieren.[43] Derzeit steht das Recht immer stärker im Widerspruch zu den Wirklichkeiten und den Anforderungen der digitalen Welt. Durch Rückbesinnung auf die gesellschaftsdienende Funktion des Rechts lässt sich dessen Bedeutung jedoch wieder reaktivieren. Das Recht muss relevant bleiben und darf seine gesellschaftsgestaltende Funktion – aber auch Regelungsmacht – nicht gegenüber anders handelnden Technologien verlieren. Dazu gehören insbesondere die Sicherung des Gemeinwohls, die Steuerung des menschlichen Verhaltens mit dem Ziel der Konfliktvermeidung sowie die Ermöglichung und Sicherung eines gewissen Vertrauens auf Stabilität, das seinerseits Handlungsspielräume zulässt.[44] Ein Mittel hierfür stellt die demokratische Teilhabemöglichkeit dar. Mit Blick auf die DLT wird deutlich, dass sich die DLT-basierten Systeme auf Kriterien wie Teilhabe und Vertrauensbildung fokussieren.[45]

---

[40] Vgl. *Hoffmann-Riem* Digitale Disruption und Recht, S. 143 (163).

[41] Konzeption als Innovationsermöglichungsrecht, *Hoffmann-Riem* Digitale Disruption und Recht, S. 143 (164).

[42] Vgl. in diesem Zusammenhang auch der Begriff der Governance, insbesondere der Internetgovernance, *Hoffmann-Riem* Digitale Disruption und Recht, S. 143 (164) sowie *Boehme-Neßler* NJW 2017, 3031 (3033).

[43] *Hoffmann-Riem* Digitale Disruption und Recht, S. 143 (169); *Boehme-Neßler* NJW 2017, 3031 (3035).

[44] Diese Kriterien herausarbeitend und jeweils ausführlich darstellend *Boehme-Neßler* NJW 2017, 3031 (3035 f.) sowie *ders.* Unscharfes Recht, S. 424 ff.; konkret zum Zusammenhang zwischen Vertrauen und Körperlichkeit ebd. S. 434 f.; dazu, wie das Vertrauen in das Recht und damit die Stabilität der Rechtsordnung schon einmal durch die Literarisierung des Rechts verstärkt hat, ebd. S. 91 f.; insoweit etwas allgemeiner auf die Schutz- und Gewährleistungsfunktion des Rechts verweisend *Hoffmann-Riem* Digitale Disruption und Recht, S. 143 (165, 170 f.).

[45] Vgl. dazu die Überlegungen zum Vertrauen im virtuellen Raum und den damit einhergehenden Herausforderungen *Boehme-Neßler* Unscharfes Recht, S. 435 ff., der insoweit allerdings nicht auf die Möglichkeiten der DLT eingeht, der das Vertrauen systemimmanent ist und die damit bereits auf technischer Ebene ein Vertrauen gewährleistet; dieses ist mit dem inhärenten Vertrauen körperlicher Sachen vergleichbar, was das Recht entsprechend

Doch auch die Rechtsordnung selbst muss untersucht werden, ob und wieweit eine angemessene Reaktion auf die durch Disruption bedingte Transformation der Digitalisierung erforderlich ist.[46]

Letztendlich bedarf es für eine gelungene Transformation nicht nur neuer gesetzlicher Regeln, sondern auch das Einlassen auf den gewissen Grad an Unschärfe,[47] die die fehlenden Grenzen und insbesondere die fehlende Verkörperung mit sich bringt. Die semantische Kommunikation ist nicht mehr zwingend auf eine dauerhafte Verkörperung angewiesen. Vielmehr entsteht sie durch elektronische Impulse, die für den Menschen jedoch nicht ohne Hilfsmittel wahrnehmbar sind und sich zudem schnell verflüchtigen.[48] Die Stärke der Rechtsordnung und insbesondere des Privatrechts liegen demgegenüber in der Schärfe, Eindeutigkeit und Klarheit ihrer Abgrenzungen und Systematisierungen.[49] Diese müssen nicht alle in einer Hau-Ruck-Aktion über Bord geworfen werden, aber eine flexiblere Auslegung unter Einbeziehung der neuen Gegebenheiten der Wirklichkeit einerseits und der eigentlich mit der Systematik verfolgten Funktion der Rechtsordnung andererseits wäre insoweit ein erster Schritt in die richtige Richtung.[50]

III. Zusammenfassung des § 9

Die deutsche Rechtsordnung ist grundsätzlich anpassungsfähig. Auch bei legaldefinierten Begriffen müssen Definitionsbestandteile ausgelegt und die dahinterstehenden Prinzipien herausgearbeitet werden. Der Wortlaut bildet die äußerste Grenze, muss aber an gesellschaftlichen Entwicklungen ausgerichtet sein und sich an diese anpassen können. Um Stabilität zu gewährleisten, müssen Rechtsbegriffe ausreichend flexibel sein. Gleichzeitig müssen Unterschiede im Begriffsverständnis innerhalb der Gesellschaft berücksichtigt werden; eine klare Begriffsdefinition ermöglicht Rechtssicherheit und ermöglicht

---

anerkennen sollte; zu anderen technischen Möglichkeiten der Vertrauensbildung ebd. S. 441 ff.

[46] Vgl. *Hoffmann-Riem* Digitale Disruption und Recht, S. 143 (174).

[47] Zur Unschärfe im Recht *Boehme-Neßler* NJW 2017, 3031 (3036); *ders.* Unscharfes Recht, S. 378, 655 ff.; ähnlich im Hinblick auf die Methodik der Auslegung *Larenz* Methodenlehre, S. 322.

[48] *Boehme-Neßler* NJW 2017, 3031 (3036); siehe dazu bereits § 3I.1 sowie *Zech* Information als Schutzgegenstand, S. 40 und *Peukert* Güterzuordnung als Rechtsprinzip, S. 39.

[49] Ähnlich *Boehme-Neßler* NJW 2017, 3031 (3036 f.).

[50] Eine veränderte Auslegung des bestehenden Rechts als primäre Lösung nennend auch *Hoffmann-Riem* Digitale Disruption und Recht, S. 143 (175); ähnlich *Larenz* Methodenlehre, S. 350 ff.; eine Auslegungslösung ebenso befürwortend *Oster* IJLIT 2021, 101 (116) sowie im Grundsatz auch *Boehme-Neßler* Unscharfes Recht, S. 377, der jedoch einen viel weitergehenden Ansatz vorschlägt, der sich von der bisherigen Logik des Rechts loslöst und stattdessen eine Integrationsfunktion betont, ebd. S. 665 ff. sowie *ders.* NJW 2017, 3031 (3037); dieser Ansatz ist allerdings noch sehr vage und damit wenig greifbar.

Innovation. Flexibilität und Rechtssicherheit sind abzuwägen, um ihre Wirkung zu entfalten. Für Token wird das durch Subsumtion unter bestehende subjektive Rechte erreicht; die Schaffung einer Rechtsposition *sui generis* wirkt sich langfristig negativ auf die Rechtssicherheit aus. Vergleichsmaßstab bildet insoweit das absolute Schutzniveau, da die Rechtsordnung hierdurch seiner eigentlichen Funktion nachkommt.

Durch die Digitalisierung werden physische Grenzen immer bedeutungsloser. Die digitalisierte Realität ist aus Informationseinheiten zusammengesetzt und beruht auf deren abstrakter Semantik. Das Zivilrecht orientiert sich hingegen nach wie vor an festen Grenzen und ist logisch auf systemischen Unterscheidungen aufgebaut. Um beides in Einklang zu bringen, bedarf es einer langfristigen Transformation des Rechts. Disruptive Technologien bilden insoweit den Ausgangspunkt, sind für die Weiterentwicklung des Rechts aber differenziert zu betrachten. Notwendig ist eine enge interdisziplinäre Zusammenarbeit, bei der das Recht innovationsoffen ist, sich aber gleichzeitig bereit zeigt, die Verantwortung für diese Innovationen zu tragen.

§ 10 Beständigkeit und Resilienz der Rechtsordnung und des Privatrechts im Besonderen

Bei all dem Weiterentwicklungsbedarf darf nicht vergessen werden, dass die Offenheit und Flexibilität immer auch gewisse Beständigkeit und Resilienz der Rechtsordnung bedeuten. Dies wird mit Blick auf den konkreten Handlungsbedarf bei der Rechtsanwendung besonders deutlich (I) und sollte bei der zukünftigen Rechtsgestaltung mitberücksichtigt werden (II). Um insoweit einen ersten Aufschlag zu wagen, wird ein eigener konkreter Lösungsvorschlag gemacht, der die zuvor gefundenen Erkenntnisse umzusetzen versucht (III).

I. Lehren für die Rechtsanwendung

Die Untersuchung zur Offenheit und Flexibilität der Rechtsordnung macht deutlich, dass der Rechtsanwender bei Auslegung des Rechts nicht verkennen darf, welche Möglichkeiten ihm bereits geboten werden, ohne dass der Gesetzgeber eingreifen muss. Es soll daher zunächst auf allgemeine Auslegungsgrundsätze eingegangen werden (1), bevor ein Blick auf die wachsenden Herausforderungen bei der Kategorisierung von Gegenständen geworfen wird (2). Abschließend soll auf die Möglichkeit einer funktionalen Auslegung als Lösung für den Umgang mit diesen Herausforderungen eingegangen werden (3).

1. Zweck der Auslegung

Auslegung bedeutet im Unterschied zum bloßen Textverständnis gerade, dass ein Verweis auf den Wortlaut allein nicht ausreichend ist. Stattdessen müssen alle zugrundeliegenden Interessen und Ausbalancierungen mit in Betracht gezogen werden. Das Recht ist komplex und desto komplexer unsere Gesellschaft wird, desto komplexer wird auch die Rechtsanwendung.[1] Und doch ist das Recht durch seine grundlegenden Prinzipien gefestigt, sodass verschiedenste neue Gegebenheiten durch die Rechtsanwendung erfasst werden können.

Insbesondere wenn es um den Sachbegriff geht, wird gerne auf die vom Gesetz vorausgesetzte Körperlichkeit verwiesen, ohne dass diese weiter definiert wird.[2] Dabei zeigt ein näherer Blick, dass ihre Voraussetzungen nicht unumstritten sind und bei Auftreten neuer Phänomene immer wieder diskutiert wird.[3] Dass es bei der Diskussion aber nicht um das Vorliegen einer Körperlichkeit als solche geht, zeigt der Vergleich mit dem italienischen Recht. Auch hier steht die Reichweite des Sachbegriffs immer wieder im Mittelpunkt der Diskussion – und zwar ohne, dass der Gesetzgeber eine Körperlichkeit zwingend vorausgesetzt hat.[4] Das zeigt, dass es nicht primär um das Textverständnis einer Legaldefinition gehen kann, sondern um deren Wirkung innerhalb der Rechtsordnung sowie ihrer insgesamten Sinnhaftigkeit.

Die Auslegung dient nicht dazu, den Gesetzestext so nah wie möglich am Wortlaut zu interpretieren. Vielmehr sind alle Umstände, die für die Bedeutung des Gesetzestextes relevant sein könnten, herauszuarbeiten und bei der Interpretation des Wortlauts mitzuberücksichtigen. Erst das ermöglicht eine sachgerechte Rechtsanwendung und stellt die Herausforderung der Auslegung dar. Wären die systematischen Zusammenhänge des Sachbegriffs mit dem Sachenrecht und die dahinterstehenden Erwägungen für die Güterzuordnung und das friedliche gesellschaftliche Zusammenleben für das Verständnis der Körperlichkeit nicht von Bedeutung, wäre die Auslegung aufgrund des scheinbar klaren Wortlauts einfacher. Sie würde der Komplexität der heutigen Gesellschaft aber nicht gerecht und ihr eigentliches Ziel, die gerechte Anwendung von Recht, verkennen.

---

[1] Zur Komplexität der Rechtsanwendung auch *Oster* IJLIT 2021, 101 (109).
[2] So im Zusammenhang mit der rechtlichen Einordnung von Token insbesondere *Omlor* RDi 2021, 236 (238); *ders.* ZVglRWiss 119 (2020), 41 (49); *ders.* ZHR 2019, 294 (327); *Arndt* Bitcoin-Eigentum, S. 7; *Hillemann* CR 2019, 830 (831 Rn. 7); *Kaulartz* CR 2016, 474 (478); *Lerch* ZBB 2015, 190 (195); *Beck/König* JZ 2015, 130 (131); *Spindler/Bille* WM 2014, 1357 (1359); *Kütük/Sorge* MMR 2014, 643 (644); *Engelhardt/Klein* MMR 2014, 355 (357); anders nur *John* BKR 2020, 76 (78).
[3] Ausführlich zur Diskussion um die Voraussetzungen der Körperlichkeit § 3IV.2.a)aa).
[4] Siehe dazu § 3V.1.a).

2. Neue Herausforderungen bei der Kategorisierung von Gegenständen

Bei einer immer komplexer werdenden Rechtsanwendung wird es immer verlockender, auf einfache Bilder und Metaphern sowie auf vereinfachende Klassifizierungen und Systematisierungen zurückzugreifen. Die Körperlichkeit konnte diesen Wunsch nach einer klaren Struktur bislang zufriedenstellend erfüllen und soll daher auch für zukünftige Entwicklungen herhalten. Die Komplexität der heutigen Gesellschaft und die vielen neuen Entwicklungen, die aus ihrem Zusammenwirken entstehen, führen jedoch dazu, dass die Lösung nicht mehr eindeutig ist, sondern immer häufiger zwischen bisherigen Kategorien liegt. Bei der immer stärkeren Vernetzung werden die Bedeutung und der Informationsgehalt immer wichtiger; die hieraus entstehende Informationsgesellschaft basiert gerade maßgeblich auf Wissen. Die Körperlichkeit im Sinne einer physischen Existenz erweist sich hingegen oft als Hindernis. Für ein klares Zuordnungssystem ist sie nicht mehr von Bedeutung, da die Information der Zuordnung leichter zugänglich geworden ist. Tatsächliche und rechtliche Zuordnung wachsen dadurch zusammen – was für die Rechtsordnung allerdings durchaus eine Chance darstellt, da sie ihre normative Wertung sehr viel schneller umsetzen kann. Zudem ermöglicht die sichtbarere Zuordnung es, die zur Verfügung stehenden Gegenstände mit einer besseren gesellschaftlichen Verteilung zu nutzen. Sei es die Nutzung nur für einen bestimmten Zweck oder für einen abgegrenzten Zeitraum, die Nutzungsmöglichkeit kann schnell kommuniziert werden, sich dadurch häufig ändern und wird daher im Vergleich zur körperlichen Existenz letztlich immer wichtiger. Mit der DLT ist die Notwendigkeit einer physischen Existenz nun obsolet geworden. Eine eindeutige Zuordnung ist auch auf einer rein informationellen, abstrakten Ebene möglich, sodass es eines physischen Innehabens des Gegenstands überhaupt nicht mehr bedarf.[5]

Das Recht steht dabei vor der Herausforderung, diese wachsende Menge an Informationen – insbesondere über die Zuordnung von real existierenden und rein digitalen Gegenständen – möglichst vollständig und richtig zu erfassen. Dafür muss sie vor allem die neu entstehenden Gegenstandsformen erfassen und einordnen können, ohne dass die Tatsache der neuen Erscheinungsform von der eigentlichen Zuordnungsnotwendigkeit ablenkt. Insoweit muss eine gewisse Ungenauigkeit in Kauf genommen werden, wie sie in der italienischen Rechtsordnung mit dem einzelfallorientierten Verständnis des Eigentumsrechts beispielsweise schon länger zu beobachten ist.[6] Im Hinblick auf die Systematisierungsfunktion des Privatrechts führt diese Ungenauigkeit zu einer

---

[5] Siehe dazu konkret für Token § 3I und § 3II.
[6] Zu den verschiedenen Bezugsobjekten des Eigentumsrechts im italienischen Recht siehe § 3V.1.b).

wachsenden Unschärfe bei der Kategorisierung und Abgrenzung von Rechtsbegriffen.[7]

3. Lösung der Schwierigkeiten durch eine funktional orientierte Auslegung

Eine zu starke Vereinfachung oder eine zu starre Bezugnahme auf klare Bilder wird dieser Unschärfe des Rechts nicht gerecht. Vielmehr muss das Recht als Gesamtheit der rechtlichen Prinzipien und Normen gesehen werden, die immer auf einer schwammigen Logik beruht.[8] Eine zu starke Vereinfachung hingegen birgt die Gefahr, dass der Blick für die dahinterliegenden Funktionen und Interessen verloren gehen.[9]

Daraus folgt, dass bei der Rechtsanwendung stets ein funktionales Verständnis vorherrschen muss, welches eben diese Funktionen bewusst in den Mittelpunkt rückt und in den Kontext aktueller Umstände und potenzieller Wandlungen setzt. Eine mögliche Unschärfe bei der Begriffsabgrenzung darf dem nicht im Weg stehen.[10] Bei der Diskussion um die rechtliche Erfassung von Token zeigt sich das besonders deutlich. Die Ablehnung einer Körperlichkeit versperrt den Weg in die vom Normzweck her eigentlich passende Rechtskategorie, an die dann ebenso sachgerechte und anwendbare Rechtsinstitute anknüpfen. Das gilt für die Vorschriften über zuweisende Rechte in gleicher Weise wie für die über durchsetzende Rechte. Hinter allen Regelungen stehen langjährige Diskussionen, Abwägungen und Erfahrungswerte, die wegen der Verneinung der Sachfähigkeit allenfalls analog angewendet werden sollen. Infolgedessen ist der rechtswissenschaftliche Diskurs davon geprägt, ob und wie eine solche Anwendbarkeit möglich sein kann – was insbesondere im Zusammenhang mit der Einordnung von Token als sonstiges Recht im Rahmen des Deliktsschutzes deutlich wird.[11]

Dabei ist der Appell, dass man sich bei der Rechtsauslegung nicht von Sprachfesseln knebeln lassen sollte, kein neues Phänomen.[12] Völlig unabhängig von dem Auftreten neuer Gegenstände wird für die Auslegung (und auch für die Rechtsanwendung im Allgemeinen) ganz grundsätzlich eine nicht ausschließlich wortlautorientierte Vorgehensweise verlangt, um ein Verkennen eigentlichen gerechten Wertung zu vermeiden. Vor dem Hintergrund disruptiver

---

[7] Siehe dazu bereits § 9II.3 sowie begründend *Boehme-Neßler* NJW 2017, 3031 (3036); *ders.* Unscharfes Recht, S. 378, 655 ff.
[8] *Oster* IJLIT 2021, 101 (110).
[9] Vgl. *Jansen* AcP 216 (2016), 112 (191 f.); Begriffe und metaphorische Bilder werden dysfunktional, ebd. S. 114.
[10] *Larenz* Methodenlehre, S. 322.
[11] Dazu ausführlich die Darstellung und Diskussion in § 7I.2.b)aa).
[12] So die Wortwahl von *v. Savigny* Beruf unsrer Zeit, S. 112 f.; darauf verweisend auch *Jansen* AcP 216 (2016), 112 (113 f.).

Technologien und der damit einhergehenden Digitalisierung erlangt dieser Grundsatz neue Bedeutung, gilt aber unverändert fort.

4. Zwischenergebnis

Die Auslegung von Rechtsnormen dient dazu, das geltende Recht zu verstehen und gerecht anzuwenden. Der Wortlaut dient insoweit nur als erster Anknüpfungspunkt, ist aber durch die in der Rechtsordnung verankerten Strukturen und Prinzipien zu ergänzen. Die Entwicklungen der immer komplexer werdenden Gesellschaft führen zu einer Vielzahl an Informationen und neuen Gegenständen, die in einer bislang unbekannten Form existieren. Das stellt den Rechtsanwender vor neue Herausforderung, insbesondere weil eine klar abgegrenzte Anwendung der Rechtsnormen nicht mehr zu erreichen ist. Stattdessen muss eine gewisse Ungenauigkeit in Kauf genommen werden, die nur durch eine streng an funktionalen Erwägungen ausgerichteten Auslegung ausgeglichen werden kann.

II. Bedeutung für eine zukünftige Rechtsgestaltung

Diese Beständigkeit der Rechtsordnung und die bereits bestehenden Möglichkeiten im Rahmen der Auslegung führen umgekehrt dazu, dass nicht immer auch ein Handeln des Gesetzgebers notwendig ist. Konkret für den Sachbegriff wird deutlich, dass dieser als normativer Rechtsbegriff auf einem anderen Körperlichkeitsverständnis basieren kann, der die Funktion des Sachbegriffs in der Rechtsordnung stärker berücksichtigt.[13] Das Recht ist hier flexibel, da es sich dabei gerade nur um ein normatives Konstrukt handelt, welches für den Zweck einer gerechten Gestaltung des gesellschaftlichen Zusammenlebens geschaffen wurde.

Diese Flexibilität des Rechts sollte auch bei der zukünftigen Rechtsgestaltung berücksichtigt werden. Diese wird in den kommenden Jahren immer mehr mit Fragen rund um die Digitalisierung der Gesellschaft befasst sein. Die Digitalisierung zeichnet sich dabei durch eine abstrahierte Gegenständlichkeit aus. Soweit es um dahingehende Einordnungsfragen geht, sollte diese neue Gegenständlichkeit als Ausgangspunkt dafür genommen werden, das bestehende Sachenrecht auch auf digitale Gegenstände anzuwenden und ihm dadurch seine ursprüngliche Dynamik zurückzugeben.[14] Die Rechtsgestaltung kann sich dadurch verstärkt auf andere Bereiche konzentrieren. Denn neue Technologien können teilweise umfassende Veränderungen bewirken, die auch außerhalb des Privatrechts regulatorisches Handeln erfordern.

---

[13] Dazu ausführlich § 8V.
[14] Vgl. *Lahusen* RDi 2021, 161 (Rn. 27); zur Dynamik des Sachenrechts ebd. Rn. 14; ähnlich bereits für Token § 3I und § 3II.

Wird eine neue Rechtsgestaltung dennoch für notwendig erachtet, um Rechtssicherheit zu gewährleisten, darf jedenfalls nicht an vereinfachende Bilder oder Metaphern angeknüpft werden.[15] Gerade bei Legaldefinitionen sollten nicht beschreibende Charakteristika, sondern zugrundeliegende Funktionen den Bezugspunkt bilden. Dadurch wird verhindert, dass Normen an ein bestimmtes Phänomen gebunden sind, wie es etwa bei den veralteten, aber nach wie vor im Bürgerlichen Gesetzbuch auffindbaren Normen zu Bienenstöcken der Fall ist.[16] Das gilt auch für den Sachbegriff, der bei strenger Anknüpfung an eine physische Körperlichkeit vor dem Hintergrund der digitalen Zuordnungsmöglichkeiten durch DLT ebenfalls bald als veraltet gelten dürfte.[17] Allerdings greifen viele neue Entwicklungen letztendlich auf ähnliche Funktionen zurück. Indem diese ebenfalls unter die neuen Normen gefasst werden können, wird verhindert, dass jede Neuerung rechtlich neu erfasst und beschrieben werden muss.

Aufgrund des stetigen und schnellen Wandels im Bereich der Technologie und damit auch innerhalb der Gesellschaft und ihres Sprachverständnisses, können bei bereits existierenden Normen allerdings Auslegungsunsicherheiten bestehen. Das gilt nicht nur im Hinblick auf den Sachbegriff, sondern auch für alle anderen Normen. Kommt ihnen eine systematisierende Funktion zu, wirken sich die Auslegungsunsicherheiten dann auf die gesamte Rechtsordnung aus. Es kann unklar sein, welche Funktionen den Normen überhaupt zugrunde liegen, welche nach wie vor zugrunde liegen sollen und ob der Gesetzgeber diese mit seiner Beschreibung auch so erfassen wollte. Hier könnte der Gesetzgeber diese Funktionen hervorheben und ausdrücklich nennen, um Rechtssicherheit bei der Gesetzesauslegung zu fördern. Je nach Gestaltung, Stellung und Funktion der Norm ist dabei im Einzelfall zu untersuchen, ob dies durch eine Ergänzung, durch Aufhebung einer Legaldefinition oder durch eine Neuregelung am besten erreicht werden kann. Umfassende Neuregelungen, die den bestehenden Gesetzen als *lex specialis* vorgehen, sollten hingegen vermieden werden, um die Einheit der Rechtsordnung zu wahren, aber auch, um eine ausufernde Komplexität zu vermeiden.

III. Eigener Lösungsvorschlag für den Sachbegriff

Es kann also aus Klarstellungsgründen sinnvoll sein, das bestehende Recht zu ändern. Insoweit soll zunächst auf allgemeine Erwägungen eingegangen werden (1), bevor ein konkreter Vorschlag formuliert wird (2). Dieser soll zudem kritisch gewürdigt werden (3).

---

[15] Siehe dazu § 10I.2.
[16] Ähnlich die Normen des Codice Civile zu Fischen, vgl. *De Nova* Dalle res alle New Properties, S. 13 (13).
[17] Siehe insoweit auch die Erwägungen in § 9.

1. Vorausgehende Überlegungen

Zugrundeliegende Prinzipien sollten dabei allerdings soweit möglich beibehalten werden. Insbesondere für den Sachbegriff könnte es wegen der vielen geäußerten Rechtssicherheitsbedenken sinnvoll erscheinen, den definierenden Begriff der Körperlichkeit inhaltlich klar auf seine Funktion hin zu beschränken und damit ausdrücklich von seinem alleinigen Wortlautverständnis zu lösen. Die grundsätzlich vorliegende und ehemals auch als vorausgesetzt angesehene Beständigkeit des Körperlichkeitsbegriffs könnte so auf potenzielle Änderungen vorbereitet und insgesamt gewahrt werden.

Bislang musste Körperlichkeit nicht definiert werden, da der Begriff nach allgemeinem Sprachgebrauch eindeutig war. Nun aber hat sich das Verständnis von Körperlichkeit so stark gewandelt, dass ein eindeutiger Begriff nicht mehr gegeben ist.[18] Das gilt nicht nur im Hinblick auf Token, sondern für alle disruptiven Entwicklungen. Um diese ebenfalls zu erfassen, sollte der Begriff der Körperlichkeit möglichst losgelöst und allgemein konkretisiert werden.

Es geht nicht um eine schlichte punktuelle Öffnung des § 90 BGB für Token oder digitale Sachen. Ausgangspunkt ist vielmehr die zugrundeliegende Funktion der Körperlichkeit und der Legaldefinition des § 90 BGB und wie sich diese systematisch in das übrige Privatrecht einbettet. Nur so kann verhindert werden, dass auch das auf den Sachbegriff Bezug nehmende Sachenrecht und insbesondere der Besitz als Zuordnungsinstrument dieser Sachen nach wie vor sachgerecht anwendbar sind.[19]

Auch handelt es sich nicht um eine Öffnung für tatsächlich unkörperliche Gegenstände, die weder rival noch ausschließlich, sondern ubiquitär existieren, sodass die Vorschriften wie die des Besitzes in der Tat nicht mehr passen würden. Der grundsätzliche enge Sachbegriff und die daran anknüpfenden Strukturen des deutschen Privatrechts sollen beibehalten werden. Stattdessen wird das Begriffsverständnis der Körperlichkeit konkretisiert und dessen systematische Funktion hervorgehoben, denn nur das sind die Elemente, an welche die anderen Normen und auch der Besitz immer schon angeknüpft haben.

Es wird vorgeschlagen, stattdessen eigenständige Regelungen für bestimmte unkörperliche Gegenstände zu schaffen, die einen Vermögenswert aufweisen und erkennbar einer bestimmten Person zur exklusiven und rivalen Nutzung zugewiesen sein können.[20] Die Funktion einer solchen Regelung entspräche dann derjenigen, die bereits den bestehenden Normen zugrunde liegt. Wenn diese Funktion hervorgehoben wird, ist eine Neuregelung nicht mehr erforderlich.

---

[18] Vgl. insoweit zur Auslegung des Körperlichkeitsbegriffs *Larenz* Methodenlehre, S. 321 f.
[19] So nämlich die Befürchtung von *Guntermann* RDi 2022, 200 (208).
[20] So wortwörtlich *Guntermann* RDi 2022, 200 (208).

Dass der deutsche Gesetzgeber grundsätzlich nicht abgeneigt ist, das Rechtssystem an den faktischen Wandel anzupassen, wird durch die Schaffung des eWpG deutlich. Dieser Schritt wurde international befürwortet und das eWpG gilt als besonders fortschrittlich, weil es neue Phänomen ausdrücklich regelt, dabei aber auf bestehende Prinzipien des Privatrechts Bezug nimmt. Die ausdrückliche Sachfiktion wäre wegen der grundsätzlichen Offenheit des Privatrechts nicht notwendig gewesen und ist – ebenso wie der Hinweis, dass die Regelungen nur für Inhaberschuldverschreibungen gelten – Ausfluss der dahinterstehenden Diskussion. dort, wo die Wirklichkeit aber schon von Token durchdrungen ist, sollte das Recht jedenfalls angepasst werden.

2. Konkreter Formulierungsvorschlag

Der Gesetzgeber könnte das aber auch zum Anlass nehmen, das Potenzial der Rechtsordnung für zukünftige Entwicklungen ausdrücklich festzustellen. Da lediglich bestehende Funktionen hervorgehoben werden, gibt es nicht viel zu verlieren. Es soll daher der konkrete – und sicherlich auch sehr gewagte – Vorschlag gemacht werden, wie man den § 90 BGB durch einen zweiten Absatz ergänzen könnte.[21]

Dieser Vorschlag soll nicht die Definition von Sachen erweitern, sondern den Begriff der Körperlichkeit in Weiterführung des ersten Absatzes legaldefinieren. Die Legaldefinition soll sich dabei ausschließlich auf die funktionale und systematische Bedeutung konzentrieren und keine Beschreibungen enthalten.

§ 90 Abs. 2 BGB könnte somit wie folgt lauten:

Körperlich sind alle Gegenstände, deren Beherrschbarkeit durch feste Regeln bestimmt wird und die dadurch einer eindeutigen Zuordnung zugänglich sind.

3. Kritische Würdigung

Eine Wunderlösung kann damit sicherlich nicht bereitgestellt werden; es wird nicht erwartet, dass der Vorschlag so übernommen wird.

Denn einerseits befindet sich das Sprachverständnis – wenn überhaupt – noch im Wandel. Der Gesetzgeber könnte mit einer klaren Ergänzung der Legaldefinition daher möglichen Entwicklungen gegebenenfalls vorausgreifen. Das Recht muss immer auch als Recht empfunden werden, aber eine vorschnelle Festlegung seitens des Gesetzgebers birgt die Gefahr, dass sich das tatsächliche Rechtsempfinden doch in eine andere Richtung entwickelt und sich somit von dem bereits normierten Gesetzgeberwillen entfernt.

---

[21] Ein ähnlicher Vorschlag wurde bereits gemacht, jedoch nicht weiter konkretisiert, *Engelhardt/Klein* MMR 2014, 355 (360); den Gedanken weiterführend und grundsätzlich befürwortend *Omlor* ZHR 2019, 294 (341); dadurch werde aber nur das Ob, nicht auch das Wie der Anwendbarkeit gelöst, Omlor/Link/*ders.* § 6 Rn. 32.

Auf der anderen Seite zeigt der neu geschaffene Art. 127 des Chinesischen Zivilgesetzbuches, dass eine spezifische Norm nicht alle Herausforderungen der Rechtsordnung beseitigen kann. Dieser wurde vom *Hangzhou Internet Court* in einem entsprechenden Fall explizit nicht angewendet, da man sich in die Debatte um die Rechtsnatur der Token bewusst nicht einmischen wollte.[22] Die geltende Rechtslage kann somit nicht einmal durch eine neue Norm mit voller Gewissheit verändert werden, wenn die durch die implizierte Klarheit in der Diskussion tatsächlich nicht gegeben ist. Die Rechtsprechung kann die Legislative dann entsprechend in ihre Schranken weisen.

Der hier gemachte Vorschlag soll daher in erster Linie die Aufmerksamkeit auf ein funktionales Verständnis der Körperlichkeit lenken und zur weiteren Diskussion in der deutschen Rechtswissenschaft anregen. Es wurde deutlich, dass ein Eigentum an digitalen Gegenständen nicht grundsätzlich abgelehnt werden kann, sondern unter bestimmten Voraussetzungen sogar sachgerecht wäre. Durch den Vorschlag soll eine von verschiedenen möglichen Lösungswegen konkretisiert werden, um im weiteren Verlauf gemeinsam mit der Rechtswissenschaft zu einem bestmöglichen Ergebnis zu kommen. Insoweit soll der Formulierungsvorschlag aber auch ein Plädoyer dafür sein, Körperlichkeit neu zu denken und an die neue digitale Wirklichkeit anzupassen.

4. Zwischenergebnis

Mit einem ausformulierten Vorschlag können verschiedene Überlegungen zur Gestaltung der Rechtsordnung konkretisiert werden. Im Vordergrund steht dabei das Ziel der Rechtssicherheit, aber auch das eines struktur- und prinzipientreuen Rechtsverständnisses bei Wahrung der Einheit der Rechtsordnung. Eine endgültige Lösung kann dadurch aber nicht bereitgestellt werden, da insoweit erst die weitere Diskussion innerhalb der Rechtswissenschaft abzuwarten ist.

IV. Zusammenfassung des § 10

Die Möglichkeiten der Rechtsanwendung können auch auf neue Gegenstände angewendet werden, es müssen nur alle zugrundeliegenden Interessen und Ausbalancierungen berücksichtigt werden. Auf bestehende und klare Strukturen kann nicht zurückgegriffen werden, wenn diese bildhafte Beschreibungen nutzt und die zugrundeliegende Funktion zu stark vereinfacht. Durch klare Rückbesinnung auf die jeweilige Funktion kann die Schaffung eigener faktischer Regelungskonstrukte verhindert und die Rechtsordnung mit aktuellen

---

[22] Hangzhou Internet Court, Urteil vom 20. April 2022, (2022) Zhe 0192 Minchu No. 1008, Übersetzung zuletzt am 2. September 2023 abgerufen unter https://www.taylorwessing.com/-/media/taylor-wessing/files/germany/2022/06/m v-nl_04-2022_first-nft-decision-in-china_urteil--internet-court-hangzhou_final_neu_pdfa.pdf.

Entwicklungen in Einklang gebracht werden. Dafür bedarf es nicht zwingend eines Eingreifens des Gesetzgebers.

Rechtssicherheit kann aber trotzdem gewährleistet werden, indem diese Auslegungsgrundsätze normativ festgehalten werden. Das Begriffsverständnis der Körperlichkeit könnte beispielsweise durch einen § 90 S. 2 BGB konkretisiert werden, das durch Bezugnahme auf die Beherrschbarkeit und Zuordenbarkeit dessen systematische Funktion hervorhebt.

Schluss

Abschließend werden die Schlüsse der vorliegenden Untersuchung zusammenfasst (§ 11) und ein kurzer Ausblick gewagt (§ 12). Zudem werden diese Ergebnisse in Thesen gefasst (§ 13).

§ 11 Fazit

In erster Linie hat die Untersuchung gezeigt, welche Fragen zur rechtlichen Einordnung von Token derzeit noch alle unbeantwortet sind. Dabei handelt es sich nicht um Details, sondern um grundlegende Fragen, die die gesamte Grundstruktur des Zivilrechts infrage stellen und das Potenzial haben, dieses langfristig neu zu strukturieren. Der Fokus auf den rechtlichen Schutz hat besonders deutlich gemacht, dass sich die rechtliche Einordnung auf alle Bereiche des Zivilrechts auswirkt und teilweise auch darüber hinaus. Die offenen Fragen müssen daher mit entsprechendem Bewusstsein und Weitblick beantwortet werden.

Ausgangspunkt war die Frage nach der Schutzposition, die einem Tokeninhaber gegenüber Dritten *de lege lata* zugesprochen werden kann. Die Rechtsposition an Token musste genau definiert werden, da der rechtliche Schutz hieran immer wieder anknüpft. Die Definition der Rechtsposition hat sich im Rahmen der Token allerdings als besonders schwierig erwiesen. Einerseits ist hier die Rechtslage sowohl unklar als auch uneinig, sodass eigenständig eine Rechtsposition definiert werden musste. Andererseits ist die Technologie selbst noch im Wandel und entwickelt sich stetig weiter. Das hat eine gründliche Auseinandersetzung mit den technischen Gegebenheiten erschwert, die aber erforderlich ist, um überhaupt erst einmal die tatsächlich vermittelte Inhaberstellung zu erfassen. Jegliche rechtliche Bewertung kann hieran nur anknüpfen und Ungenauigkeiten können dazu führen, dass das Recht seinen Aufgaben nicht zielführend nachkommt.

In diesem Zusammenhang wurde deutlich, dass verschiedene komplexe Wirkmechanismen bestehen, die ein interdisziplinäres Zusammenarbeiten erfordern. Die Rechtswissenschaft muss technische Voraussetzungen vollständig umfassen, ist insoweit aber meist auf sich allein gestellt. Das führt dazu, dass sich oft auf konkrete Fragen und auf deren Details konzentriert wird, da die weitreichende Wirkung der Technologie gar nicht umfassender verstanden werden. Dadurch wird verkannt, dass diese nur Teil einer größeren Debatte darstellen und mit anderen gleichfalls unbeantworteten Fragen zusammenhängen. Die Notwendigkeit einer gemeinsamen Lösung wird nicht erkannt und es entsteht kein Blick dafür, was das Recht in diesem Zusammenhang eigentlich zu leisten hat. Umgekehrt fehlt es auf Seiten der Technologie an einem Verständnis für die rechtlichen Herausforderungen. Aufgrund der fehlenden Fachkunde kann schon gar kein Blick dafür entwickelt werden, welche Funktion das Recht durch rechtliche Einordnung, Vorschriften und Anforderungen eigentlich verfolgt. Insoweit müsste eigentlich von der Rechtswissenschaft angeleitet werden, deren Aufgabe es dann außerdem ist, Rechtssicherheit sicherzustellen und Rechtsschutzlücken zu verhindern.

Dass durch fehlende Interaktion Rechtsschutzlücken entstehen, wurde im Rahmen der Untersuchung besonders deutlich. Die Erörterung des Schutzniveaus bei Verneinung der Sachfähigkeit hat gezeigt, dass derzeit allenfalls Notlösungen bereitgestellt werden sollen. Dabei stellen Token ihrem eigentlichen Zweck nach nur eine Alternative zu Sachen dar und sind dadurch rechtlich nicht so besonders wie oft behauptet. Disruptiv ist nur die zugrundeliegende Technologie, die bestimmte Voraussetzungen, die von der Rechtsordnung erfordert werden, nun erfüllen kann. Das zeigt sich insbesondere bei Gegenüberstellung mit der Rechtslage, die bestehen könnte, wenn Token als Sachen im Sinne des § 90 BGB anerkannt würden. Anders als befürchtet führt die Unkörperlichkeit hier zu keinen größeren Schwierigkeiten oder Reibungen, sondern rechtlicher Schutz kann durchaus gewährt werden. Diese Tatsache sollte die Rechtswissenschaft anerkennen – vor allem, weil sich ihr dadurch die Chance bietet, technische Entwicklungen durch normative Einflussnahme mitzuentwickeln.

§ 12 Ausblick

Der soeben beschriebene Weitblick, der bei der Einordnung von Token wegen ihrer weitreichenden Auswirkung erforderlich ist, lässt bereits erkennen, welche weiteren Fragen noch untersucht werden müssen. Um die Einordnung umfassend und sachgerecht vornehmen zu können, müssen anknüpfende Rechtsgebiete untersucht, aber auch prozessuale Umsetzungsfragen beantwortet und gesellschaftliche Auswirkungen untersucht werden. Zudem muss, wie bereits zu Beginn der Untersuchung beschrieben, die subjektive Seite der rechtlichen Einordnung genauer beleuchtet werden. Diese hängen eng mit der Rechtsdurchsetzung zusammen, da die Rechtsordnung nicht nur normative Ideale aufstellen soll, sondern auch deren Verwirklichung sicherzustellen hat.

Um diese Fragen zu konkretisieren, sollen einige weitergehende Überlegungen beispielhaft aufgeworfen werden. Insoweit wirft insbesondere die

Durchsetzung des absoluten Rechtsschutzes nicht nur rechtliche, sondern vor allem auch noch viele tatsächliche Fragen auf. Um einen Token herausverlangen zu können, ist nämlich ein Handeln des Anspruchsgegners notwendig. Dies ist auch bei klassisch-körperlichen Sachen der Fall, doch anders als hier kann die Mitwirkung nicht ersetzt.[1] Es kann kein Gerichtsvollzieher mit der Pfändung der Token beauftragt werden, da dies voraussetzen würde, dass er diese in seine tatsächliche Herrschaftsgewalt bringen kann. Aufgrund der Ausgestaltung der DLT müsste er dafür die Zuordnung der Token im Distributed Ledger ändern können. Da Transaktionen aber immer vom Netzwerk verifiziert werden müssen, ist das faktisch nur schwer vorstellbar. Im Distributed Ledger kann die Realität gerade nicht so einfach verändert werden wie in der physischen Realität; sie wird gerade durch ihre strukturelle Ausgestaltung und rechenintensiven Nachweisen geprägt. Die einzelnen Netzwerkknoten müssten den Vollstreckungstitel anerkennen und eine entsprechende Transaktion bewilligen. Dafür aber müsste das Netzwerk entsprechend gestaltet worden sein. Das ist nicht grundsätzlich ausgeschlossen, da auch die Netzwerkknoten ihrerseits ein Interesse daran haben, rechtssichere und rechtswirksame Rechtspositionen zu verwalten, die gegenüber Dritten durchsetzbar sind. Dafür sorgt gerade das Anreizsystem, das mithin bis auf die Rechtsdurchsetzungsebene ausstrahlt.

Trotzdem ist dadurch eine Vollstreckung in Token noch nicht sichergestellt. Und in der Tat kann ersatzweise nur noch an das Schlüsselpaar angeknüpft werden, welches auch dem Tokeninhaber seinen Zugriff ermöglicht. Hier werden aber wieder datenbezogene Eigenschaften relevant. Wenn das Schlüsselpaar auf einem Datenträger gespeichert ist, kann ersatzweise hierauf abgestellt werden, der Datenträger in Gewahrsam genommen und die erforderliche Tokentransaktion anschließend freigegeben werden.[2] Aufgrund der Datumsform ist aber nicht ausgeschlossen, dass der Private Key noch anderswo gespeichert oder vermerkt ist, sodass dem zuvorgekommen werden kann. Die Tatsache, dass in der Praxis häufig Wallets von Kryptoverwahrern genutzt werden, kann das zwar zum Einzelfall machen; ausgeschlossen ist es jedoch nicht. Gelingt der Zugriff auf das Schlüsselpaars nicht, kann die Zuordnung nur noch verändert werden, indem auf ein entsprechendes Handeln durch das Peer-to-Peer-Netzwerk hingewirkt wird. In der Praxis wurden Betrugsfälle tatsächlich auf

---

[1] Eine Sachpfändung hingegen bereits mangels Körperlichkeit als nicht möglich erachtend *Kütük/Sorge* MMR 2014, 643 (644); *Ammann* CR 2018, 379 (386); *Scholz* Beiträge zum Transnationalen Wirtschaftsrecht, Heft 162 (S. 26); *Bachert* CR 2021, 356 (359); *Meier* RDi 2021, 504 (505); strafrechtlich *Rückert* MMR 2016, 295 (297).

[2] So bereits auch die Rechtsprechung, OLG Düsseldorf, Beschluss vom 19. Januar 2021, 7 W 44/20; ausführlich dazu *Schmidt* JuS 2022, 77 (passim) sowie differenzierend *Meier* RDi 2021, 504 (passim); ebenso in Betracht ziehend *Bachert* CR 2021, 356 (359); andere Normen heranziehend *Kütük/Sorge* MMR 2014, 643 (645); *Schroeder* JurPC Web-Dok. 104/2014 (Rn. 114); *Kaulartz* CR 2016, 474 (479); *Ammann* CR 2018, 379 (386); *Scholz* Beiträge zum Transnationalen Wirtschaftsrecht, Heft 162 (S. 26 f.).

diese Art und Weise rückgängig gemacht: Entwicklerteams haben einen Hard Fork bewirkt und in der Netzwerkgemeinschaft dafür geworben, diesen anzuerkennen. Dies stand aber immer auch stark in Kritik und kann daher keine geeignete Standardlösung sein. Auch wenn die Netzwerkteilnehmer selbst ein Interesse haben werden, dass deren Zuordnung rechtlich als wirksam anerkannt werden, sind die Erfolgsaussichten daher gering.

Einzige Lösung wird daher allenfalls der Rückgriff auf bekannte Durchgriffsmöglichkeiten sein, etwa auf Schadensersatzansprüche.[3] Diese können prozessrechtlich im Wege einer Stufenklage von vornherein mitbeantragt werden. Es wäre aber weiter zu untersuchen, ob und wie eine Umwandlung nach erfolgloser Vollstreckung gestaltet werden müsste und wie sich das auf die Token und deren Anerkennung auswirkt.

Keine rechtliche, aber eine wirtschaftliche Lösung, die im Rahmen der rechtlichen Debatte mitberücksichtigt werden könnte, ist ein Rückgriff auf Versicherungslösungen. Diese könnten bei Ausfall der Rechtsdurchsetzung greifen, aber auch in anderen Fällen wie etwa einem Funktionsausfall der gesamten DLT. Derartige Lösungen werden unter anderem für Haftungskonstellationen bei der Nutzung von Künstlicher Intelligenz vorgeschlagen.[4] Aus dieser Konstruktion einer Verantwortung als Dienstleistung lassen sich sicherlich auch Erkenntnisse hinsichtlich der Absicherung eines gegenständlichen Schutzes von Token ziehen.

Daneben stellen sich insbesondere in zivilprozessualer Hinsicht noch viele weitere Anschlussfragen, wie etwa der Beweiswert der DLT über die Tokeninhaberschaft im Zivilprozess.[5] All diese Fragen sind jedoch wesentlich, um die Überlegungen, die im Rahmen dieser Untersuchung angestellt wurden, praktisch zur Geltung bringen zu können. Diese wirken sich dann genauso sehr auf die Gesellschaft aus wie die rechtliche Einordnung selbst. In Zukunft bedarf es daher nicht nur weiterer Untersuchung rechtlicher Fragen, sondern auch den Blick für die praktische Umsetzung und die langfristigen Folgen einzelner Entscheidungen. Durch Anknüpfung an das bekannte Sachenrecht kann das erleichtert werden, da auf einen gewissen Erfahrungswert zurückgegriffen werden kann. Sie kann aber – und das hat die Untersuchung ebenfalls gezeigt – hemmend wirken, da bekannte Strukturen verändert und angepasst werden müssen.

---

[3] So auch *Kaulartz* CR 2016, 474 (479).
[4] Als mildestes Mittel für einen sachgerechten Ausgleich bei Haftungsfragen vorschlagend etwa *Jansen* AcP 216 (2016), 112 (129).
[5] Vgl. *Lehmann* NJW 2021, 2318 (Rn. 6).

§ 13 Ergebnisse in Thesen

Zu § 2:

I. (1) Die Blockchain-Technologie ist der erste und bislang am weitesten verbreitete Anwendungsfall der DLT. Ihr Kern bildet das Distributed Ledger, welches in aneinandergeketteten Datenblöcken auf mehreren Netzwerkknoten gespeichert ist und nach Maßgabe eines Konsensmechanismus aktualisiert wird. Jede Aktualisierung wird durch Transaktionen ausgelöst, die vom jeweiligen Sender signiert und mithilfe asymmetrischer Verschlüsselung einem Empfänger neu zugeordnet werden. Dadurch werden Authentizität und Integrität gewährleistet, während stets eine eindeutige Zuordnung sichergestellt ist.

II. (2) Die Werteinheiten im Distributed Ledger werden als Token bezeichnet. Da es sich um eine schlichte Information handelt, können sie nicht nur einen gewissen Wert wiedergeben, sondern auch Rechte oder andere Inhalte repräsentieren. Eine feststehende Definition des Tokenbegriffs gibt es jedoch nicht. Token können unmittelbar im Protokoll des Distributed Ledgers vorgesehen werden und sind dann Token erster Ebene. Sie können aber auch durch Smart Contracts generiert und verwaltet werden. Bei Smart Contracts handelt es sich um Programmcode, der als eigene Transaktion unmittelbar im Distributed Ledger gespeichert ist. Die von ihm verwalteten Token sind hingegen nur mittelbar im Distributed Ledger gespeichert und somit Token zweiter Ebene. In beiden Fällen sind Token einer Adresse des Distributed Ledgers zugeordnet, auf die nur mit dem Schlüsselpaar der zugrundeliegenden asymmetrischen Kryptographie zugegriffen werden kann. Dieses Schlüsselpaar ist in einer Wallet gespeichert, die den zugehörigen Tokenbestand erst aus dem Distributed Ledger herausliest. Smart Contracts ermöglichen die Implementierung komplexer Anwendungen auf dem Distributed Ledger, die DApps genannt und vor allem für DAOs und DeFi-Anwendungen genutzt werden.

(3) Je nach Ausgestaltung sind Token unterschiedlich austauschbar, in ihrer Gesamtzahl begrenzt und verfolgen einen unterschiedlichen Zweck. Aus diesen Eigenschaften ergeben sich verschiedene Arten von Token, etwa Currency Token, Utility Token, Investment Token oder NFTs. Im Zivilrecht bietet sich allerdings eine Klassifizierung nach ihrem Bedeutungsgehalt an: Existiert ein Token für sich allein und kommt ihm ein eigener, durch Angebot und Nachfrage begründeter Wert zu, handelt es sich um einen intrinsischen Token. Existiert ein Token, um auf etwas anderes Bezug zu nehmen und verkörpert er nur aufgrund dieser Verknüpfung einen Wert, handelt es sich um einen extrinsischen Token. Diese

Abgrenzung gilt auch für NFTs, auch wenn die Bezugnahme auf einen außenstehenden Wert schwerer erkennbar ist, zum Beispiel bei Verlinkung digitaler Inhalte. Auch NFTs sind aber nur intrinsisch, wenn sich ihr Wert unmittelbar aus der DLT ergibt, etwa aus ihrer Nutzung in den im Distributed Ledger gespeicherten DApps.

III. (4) Token existieren als vorrechtliche Gegenstände, sodass das Bezugsobjekt einer Rechtsposition und des absoluten Schutzes der Token selbst sein muss. Der Eintrag im Distributed Ledger begründet eine eigene Nützlichkeit und somit ein eigenes, von der rechtlichen Einordnung unabhängiges Interesse. Auch ohne reale Verkörperung sind diese Einträge klar abgrenzbar, sodass über sie absolute Rechtsmacht eingeräumt werden kann. Aufgrund ihrer Abstraktheit und ihrer nur mittelbaren Steuern, ist man dazu verleitet, andere Gegenstände wie etwa das Schlüsselpaar als Bezugsobjekt einer Rechtsposition und des absoluten Schutzes heranzuziehen. Das rechtlich zu schützende Nutzungsinteresse und der damit einhergehende Vermögenswert ergeben sich aber aus dem Eintrag, dem Token, selbst.

Zu § 3:

I. (5) Die technisch vermittelte Inhaberstellung am Token imitiert die Inhaberschaft an einem körperlichen Gegenstand, indem sie eine dahingehende semantische Information enthält. Das wird mithilfe der DLT erreicht, welche die Einmaligkeit eines jeden Tokens sicherstellt, und gilt für intrinsische und extrinsische Token gleichermaßen; die Bezugnahme auf einen außenstehenden Inhalt ändert an der eindeutigen Zuordnung des Tokens nichts.

II. (6) Mit der Eintragung ins Distributed Ledger erlangt die in den Token enthaltene Information eine eigenständige Existenz. Token sind somit von körperlichen Gegenständen vollständig abstrahiert, ohne dass sie ihre Einmaligkeit oder immanente Zuordnung verlieren.

III. (7) Das Recht muss die durch Token verkörperte Position aus ethischen und ökonomischen Gründen anerkennen. Ferner erfordern die rechtliche Dogmatik und das höherrangige Recht eine realitätsnahe Abbildung der Vermögensgegenstände und ihrer Zuordnung bei gleichzeitiger Möglichkeit, letztere normativ zu steuern. Eine solche Abbildung ist möglich, da durch die den Token immanente, eindeutige Zuordnung andere von der Nutzung ausgeschlossen werden und somit sowohl Zuordnungs-, als auch Nutzungs- und Ausschlussfunktion erfüllt werden.

IV. (8) Token sind vorrechtliche Gegenstände, die rechtlich nur durch unmittelbare Rechtspositionen erfasst werden können. Aufgrund ihrer ausschließlichen Zuordnung liegt eine Einordnung als Sache im Sinne des § 90 BGB nahe. Um Token unter den legaldefinierten Sachbegriff subsumieren zu können, müssen sie die Voraussetzung der Körperlichkeit erfüllen, die allerdings nicht weiter definiert wird. Dem Wortlaut wird gemeinhin die Notwendigkeit einer sinnlichen Wahrnehmbarkeit, einer gewissen Abgrenzbarkeit sowie einer tatsächlichen Beherrschbarkeit unter

§ 13 Ergebnisse in Thesen 531

Berücksichtigung der Verkehrsanschauung entnommen. Systematisch muss die Auslegung der Körperlichkeit insbesondere mit der Anwendbarkeit der sachenrechtlichen Normen vereinbar sein. Historisch verstand der Gesetzgeber die Körperlichkeit eng, begründete dies allerdings mit der damit einhergehenden Beherrschbarkeit und Abgrenzbarkeit gegenüber Rechten. Mit dem eWpG wurde dieser Gesetzgeberwillen nicht ausdrücklich aktualisiert, Token wurden aber als Sachen fingiert, was für ein sich änderndes Körperlichkeitsverständnis sprechen könnte. Teleologisch ist das Verständnis der Körperlichkeit mit dem Zweck des Sacheigentums in Einklang zu bringen; in der systematisierenden und abgrenzenden Funktion liegt gerade der Zweck der Körperlichkeit selbst. Diesem Normzweck wurde bei Einordnung der Token als körperliche Sache Genüge getan: Die DLT ermöglicht erstmals eine ausschließliche Zuordnung von Token, die rechtlich durch das am Sachbegriff anknüpfende Sacheigentum abgebildet und gesteuert werden kann. Dies ist auch mit höherrangigem Recht vereinbar und spricht in gesamtheitlicher Abwägung für ein funktionales Begriffsverständnis der Körperlichkeit, das sich nicht auf eine real-physische Existenz beschränkt, sondern die zugrundeliegende Bedeutung einer einmaligen und eindeutigen Zuordnung in den Vordergrund stellt.

(9) Alternativ können Token zivilrechtlich nicht als Immaterialgut eingeordnet werden. Es bestehen weder Immaterialgüterrechte an Token, noch weisen Token die ansonsten üblicherweise fehlende Rivalität und Exklusivität oder sind ubiquitär. Token könnten somit nur als sonstiger unkörperlicher Gegenstand eingeordnet werden, woraus allein allerdings keine Rechtsposition folgt. Mangels bestehender Rechtspositionen wären Token mithin ein rechtliches Nullum oder würden allenfalls im Rahmen eines Realakts rechtliche Bedeutung erlangen. Um eine vollständige Erfassung der Token durch die Rechtsordnung zu ermöglichen, jedenfalls aber um Gleichlauf mit schuldrechtlichen Übertragungsgeschäften herzustellen, ist das Bestehen irgendeiner absoluten Rechtsposition dogmatisch erforderlich. Eine solche kann als Rechtsposition *sui generis* neu begründet werden, was auch nicht gegen den *numerus clausus* verstoßen würde, da dieser die Neuschaffung von Rechtspositionen durch Rechtsfortbildung nicht verbietet, sondern nur individuellen Gestaltungsabreden mit gemeingültiger Wirkung entgegenwirken will. Eine Rechtsposition *sui generis* würde dem Sacheigentum aber wegen der Ähnlichkeit der Token mit Sachen stark ähneln und wäre überflüssig, wenn Token stattdessen durch funktionale Auslegung der Körperlichkeit als körperliche Gegenstände erfasst werden können.

(10) Vorgenannte Erwägungen gelten auch für extrinsische Token, die auf eine bereits bestehende Rechtsposition Bezug nehmen. Lediglich die rechtliche Handhabung verändert sich leicht, je nachdem, ob die verknüpfte Rechtsposition relative Rechte, absolute Eigentums- oder Immaterialgüterrechte oder Mitgliedschaftsrechte darstellt. Bei Verknüpfung

mit einer relativen Rechtsposition sind die Vorschriften zur Inhaberschuldverschreibung nach §§ 793 ff. BGB anwendbar. Eine Verknüpfung mit einer absoluten Rechtsposition ist möglich, wenn der Token mit dem jeweils anderen vorrechtlichen Gegenstand untrennbar verbunden wird, was insbesondere im Hinblick auf digitale Inhalte von Bedeutung ist. Auch Mitgliedschaftsrechte können mit Token verbunden werden, wodurch die absolute Mitgliedschaft mittelbar an den Token geknüpft wird. Ansonsten kann eine absolute Mitgliedschaft nur soweit gesetzlich vorgesehen und nur in der vorgegebenen Form verbrieft werden. In allen Fällen bleibt der Token aber unabhängig von seinem Inhalt technisch unverändert bestehen, sodass eine gänzlich andere rechtliche Einordnung nicht sachgerecht wäre. Intrinsische wie extrinsische Token sind vielmehr unterschiedslos als körperlicher Gegenstand einzuordnen. Alternativ würde auch für extrinsische Token nur eine Rechtsposition *sui generis* in Betracht kommen.

V. (11) Im italienischen Recht erfasst der Sachbegriff alle Gegenstände, an denen Rechte begründet werden können. Eine Eingrenzung auf körperliche Gegenstände erfolgt nicht und wird, wenn überhaupt, auch nur für die Bedeutung des Sachbegriffs im Sachenrecht bejaht, was aber nur eine Teilfunktion des Sachbegriffs darstellt. Stattdessen wird infolgedessen auch das Eigentumsrecht weiter verstanden und als Rechtsposition für alle Fälle von ausschließlicher Zuordnung herangezogen. Nur soweit einzelne Vorschriften nicht anwendbar sind, sind spezialgesetzliche Vorschriften wie etwa die des Immaterialgüterrechts notwendig. Dieses Eigentumsverständnis ist nicht unumstritten, ermöglicht aber eine Unterteilung der Gegenstände in materielle und immaterielle Sachen, an denen jeweils grundsätzlich Eigentum besteht.

VI. (12) Dadurch gelingt die Einordnung der Token in die italienische Zivilrechtsordnung leichter. Token stellen eigentumsfähige Sachen dar und in Diskussion steht lediglich, ob diese als materielle oder immaterielle Sachen einzuordnen und welche Vorschriften infolgedessen konkret anwendbar sind sowie ob darüber hinaus eine finanzmarkt- oder geldrechtliche Einordnung gegeben sei. Extrinsische Token sollen hingegen als Schuldscheine oder durch eine Rechtsposition *sui generis* erfasst werden, was aber neben der Einordnung als Sache stünde und nur für die konkret anwendbaren Vorschriften von Bedeutung ist.

(13) Rechtsvergleichend ergeben sich aus der Gegenüberstellung mit dem italienischen Sachbegriff einige interessante Erkenntnisse für das deutsche Recht. Beide Rechtsordnungen wollen mit dem Sachbegriff ihre Gegenstandssystematik strukturieren und klassifizieren, haben also vergleichbare Interessenkollisionen zu lösen. Dabei ist die jeweilige Einbettung in das dogmatische Privatrechtssystem zu berücksichtigen, die sich im Hinblick auf das Einheits- und Konsensprinzip einerseits und das Trennungs- und Abstraktionsprinzip in ihrer Rechtswirkung wesentlich unterscheidet. Insbesondere erfasst das italienische Recht verbriefende

Gegenstände durch eine eigene, neben dem Eigentumsrecht stehende und von diesem unabhängige Rechtsposition, wohingegen das deutsche Recht das Eigentumsrecht am Papier mit dem verbrieften Recht verknüpft. Diese unterschiedlichen Herangehensweisen sollten auch im Hinblick auf Token grundsätzlich beibehalten werden, da das zugrundeliegende Prinzip auch auf Token anwendbar ist und allenfalls für alle verbriefenden Gegenstände gemeinsam geändert werden sollte. Im Grundsatz aber zeigt die Herangehensweise der italienischen Rechtsordnung, dass ein auf Token ausgeweitetes, funktionales Verständnis der Körperlichkeit auch die deutsche Zivilrechtsdogmatik nicht auf den Kopf stellen dürfte. Maßgeblich ist vielmehr die systematische Funktion, die durch die Eingrenzung auf körperliche Gegenstände sichergestellt werden soll, bei Ausweitung auf Token aber gewahrt bleibt.

Zu § 4:

I. (14) Das Rechtsinstitut des Besitzes dient als Schnittstelle zwischen Recht und Wirklichkeit, da eine normative Zuordnung erst und nur dann überzeugend möglich ist, wenn das Recht die tatsächlichen Gegebenheiten zutreffend erfasst und dem Grunde nach anerkennt. Der Besitz knüpft dafür an verschiedene Kriterien an, die je nach Einzelfall und verfolgtem Zweck unterschiedlich gewichtet werden können. Anhand dieser Kriterien lässt sich eine tatsächliche Sachherrschaft an Token definieren, die sich allein aus der Zuordnung des Tokens im Distributed Ledger ergibt. Das Schlüsselpaar stellt insoweit nur ein Teilelement dar, da es – wenn auch maßgeblich – nur die Einflussnahme ermöglicht. Bei den elektronischen Wertpapieren des eWpG fällt die Anerkennung des Besitzes wegen der als notwendig erachteten Sachfiktion schwerer, ansonsten sollte aber auch hier auf die Herrschaftsfunktion und nicht auf die Körperlichkeit abgestellt werden. Die Vorschriften zum Besitzerwerb lassen sich dann problemlos anwenden: Besitz wird durch Tokentransaktion erworben und sonstige Besitzkonstellationen wie Besitzdienerschaft und mittelbarer Besitz sind ebenfalls abbildbar. Mithilfe des Besitzes kann die Rechtsordnung Token als eigenes vorrechtliches Phänomen erfassen.

II. (15) Ein umfängliches Eigentumsrecht an Token kann davon unabhängig auf normativer Ebene begründet werden und beinhaltet insbesondere den Besitz, also die Zuordnung des Tokens, und die dadurch erst ermöglichte Nutzung des Tokens. Da das Eigentum an die tatsächlichen Möglichkeiten anknüpft, werden Nutzungen, die von der DLT von vornherein nicht vorgesehen sind, nicht umfasst. Auch der Eigentümer darf nicht durch nachträgliche Veränderung der chronologischen Transaktionsdaten auf seinen Token einwirken, selbst wenn das faktisch ausnahmsweise möglich sein sollte. Andere Eigentumsformen können je nach technischer Vorrichtung herangezogen werden.

(16) Token sind als bewegliche Sache einzuordnen, sodass zur Eigentumsbegründung die mobiliarsachenrechtlichen Vorschriften zur Anwendung kommen. Von der registerähnlichen Gestaltung der DLT darf nicht

auf eine Anwendbarkeit der immobiliarsachenrechtlichen Vorschriften geschlossen werden. Gleiche Erwägungen gelten auch in Bezug auf die Sachfiktion des eWpG.

(17) Die Vorschriften zur Eigentumsübertragung sind problemlos auf Token anwendbar, eine fehlende physische Existenz steht dem nicht entgegen. Alle denkbaren Möglichkeiten, Token originär zu erwerben, werden von den rechtlichen Vorschriften erfasst. Die Transaktion von Token wird als Übergabe erfasst, die zusammen mit den von der DLT unabhängigen Voraussetzungen das Eigentum derivativ begründet. Mit dem Schlüsselpaar kann die Transaktion freigegeben werden, was die Veranlassung zur Besitzänderung widerspiegelt. Als erfolgt gilt die Übergabe aber erst, wenn der Erwerber den Tokenbesitz auch dauerhaft erlangt hat. Auch die Vorschriften zum gutgläubigen Eigentumserwerb und zur Belastung des Eigentumsrechts sind anwendbar, jedoch sollte die diesen zugrundeliegende Interessensabwägung grundsätzlich beibehalten werden, auch wenn bei letzterem die datenbasierte registerähnliche Struktur der DLT für zusätzliche Vermerke genutzt werden kann. Bedingte Eigentumsübertragungen oder Sicherungsübereignungen können abgebildet werden, ein Anwartschaftsrecht entsteht allerdings nur, wenn ein Smart Contract implementiert ist, der so programmiert ist, dass er potenzielle Zwischenverfügungen verhindert. Es ist nicht erforderlich, dass sich die konkreten Bedingungen der Anwartschaft aus dem Token ergeben; die automatisierte Zuordnung im Distributed Ledger reicht aus.

III. (18) Bei extrinsischen Token müssen Eigentumsrecht am Token und verkörperte Rechtsposition umfassend und möglichst fehlerfrei synchronisiert werden. Es können sowohl relative Rechtspositionen, absolute Rechte als auch Mitgliedschaftsrechte verkörpert werden, jedoch sind dingliche Nutzungsgestaltungen hier von größerer Bedeutung.

IV. (19) Im italienischen Recht knüpft das Eigentumsrecht an Nutzungsmöglichkeiten an, worauf der Besitz seinerseits verweist. Für den Besitz kommt es somit nur auf eine exklusive Verfügungsmacht an, die ihrerseits lediglich objektive Wahrnehmbarkeit voraussetzt. Da das italienische Zivilrecht dem Konsensprinzip folgt, ist für den Eigentumserwerb keine Übergabe erforderlich und der Besitz wird durch Übergabe der exklusiven Verfügungsmacht erworben. Dieser Besitz ist auch auf die vom weiteren Sachbegriff umfassten Token anwendbar, wodurch die Vorschriften von Besitz und Eigentum unproblematisch auf Token anwendbar sind.

(20) Der Blick auf das italienische Recht macht deutlich, dass Publizität stets an die Zuordnung im Distributed Ledger anknüpfen muss; dies gilt insbesondere für den Besitz und die Übergabe. Das Eigentumsrecht ist hingegen ein rein rechtliches Konstrukt, das vom Distributed Ledger nicht abgebildet wird.

Zu § 5:

I. (21) Auf vertraglicher Ebene kann sich der Tokeninhaber auf verschiedene Weisen gegenüber möglichen Beeinträchtigungen absichern; die

Privatautonomie ermöglicht hier freie Gestaltung. Absoluter Schutz ist darüber hinaus erforderlich, um die Rechtsposition *erga omnes* abzusichern.

II. (22) Absoluter Schutz kann durch verschiedene Rechtsinstitute gewährleistet werden, die je nach Funktion einen unterschiedlichen Zweck verfolgen und in ihrer Gesamtheit eine Schutztrias bilden. Negatorische Abwehransprüche schützen die Rechtsposition, ihre Zurechnung und ihre Durchsetzung. Schadensersatzansprüche dienen dem Ausgleich oder der Kompensation infolge einer Rechtsverletzung, die das Vermögen des Rechtsinhabers geschmälert hat. Bereicherungsrechtliche Ansprüche setzen die rechtliche Zuordnung auf der Vermögensebene fort und zielen mit ihren Herausgabe- und Wertersatzansprüchen auf einen gerechten Ausgleich ab. Alle Rechtsinstitute des absoluten Schutzes setzen kein zuvor bestehendes Schuldverhältnis voraus.

III. (23) An die Rechtsposition als solche knüpft nur der dingliche Schutz unmittelbar an, wodurch dieser zum Bestand sowie zur Grenzziehung der Rechtsposition selbst beiträgt. Dieser Schutz gilt verhaltensunabhängig und verpflichtet den Anspruchsgegner nur zur notwendigen Mitwirkung.

IV. (24) Im italienischen Recht werden Ansprüche je nach Anknüpfungspunkt (dingliches Recht oder Verhalten eines Dritten) in dingliche und persönliche Anspruchsgrundlagen unterteilt. Das hat vor allem in prozessualer Hinsicht Bedeutung, da sich die Klageart nach dem Klagegrund richtet und je nach Klageart bedeutende Unterschiede bestehen. Bei dinglichen Ansprüchen ist wegen des Konsensprinzips der Nachweis der ununterbrochenen Legitimationskette erforderlich. Absoluter Schutz kann aber durch beide Anspruchsformen gewährleistet werden.

Zu § 6:

I. (25) Das System des negatorischen Schutzes ist auf Token vollständig anwendbar. Es ergeben sich keine grundlegenden Unterschiede im Vergleich zum Schutz von räumlich-körperlichen Sachen; lediglich die konkrete Form der einzelnen Einwirkungen unterscheidet sich. Das ist bedingt durch die jeweiligen Nutzungsmöglichkeiten, die sich auch bei analogen Sachen unterscheiden können. Der Vindikationsanspruch aus § 985 BGB stellt auf das unberechtigte Auseinanderfallen von Besitz und Eigentum ab, der Abwehranspruch aus § 1004 BGB umfasst hingegen alle anderen möglichen Einwirkungen. Das gilt sowohl im Hinblick auf das umfassende Eigentumsrecht als auch mit Blick auf die verschiedenen dinglichen Rechte.

II. (26) Weitergehender dinglicher Schutz im Rahmen des Eigentümer-Besitzer-Verhältnisses ist ebenfalls anwendbar. Die von der Rechtsordnung getroffenen Wertungen lassen sich auf Token übertragen und es wird ein sachgerechter Ausgleich erreicht, was insbesondere mit Blick auf den Verbrauch von extrinsischen Token durch vollständige Nutzungsziehung relevant wird.

III. (27) Demgegenüber ist Besitzschutz innerhalb der DLT nicht anwendbar. Es bestehen feste Regeln, die ein Eingreifen in die Herrschaftssphäre eines anderen unmöglichen machen, sodass das Besitzschutzrecht seine rechtsfriedensstiftende Funktion nicht erfüllen kann. Stattdessen muss der Besitzschutz seine Funktion erfüllen, sobald das Distributed Ledger im gesellschaftlichen Miteinander Bedeutung erlangt. Die besitzschutzrechtlichen Regelungen sind daher auf das Schlüsselpaar anzuwenden. Verbotene Eigenmacht liegt vor, wenn mittelbar auf die Zuordnung eines Tokens im Distributed Ledger eingewirkt wird. Eine Besitzstörung ist bereits mit Entzug des Private Keys zu bejahen, da eine Neuzuordnung im Distributed Ledger jederzeit möglich ist. Infolge der verbotenen Eigenmacht kommen Selbsthilfe und possessorischer Besitzschutz in Betracht; weitere Besitzschutzregelungen sind anwendbar. Diese Erwägungen gelten auch mit Blick auf die elektronischen Wertpapiere des eWpG, in dessen Rahmen die Anwendbarkeit der besitzschutzrechtlichen Vorschriften jedenfalls rechtspolitisch stark kritisiert werden.

V. (28) Im italienischen Recht ist der dingliche Schutz ähnlich dem deutschen Recht ausgestaltet und knüpfen allein an das Eigentumsrecht und dessen Auseinanderfallen vom Besitz bzw. dessen Einschränkung an. Beide Ansprüche werden auf das ohnehin weiter verstandene Eigentum angewendet und sind somit auch problemlos auf Token anwendbar. Der Besitzschutz knüpft ebenfalls an den Besitz als faktische Gegebenheit an. Für diesen reicht eine objektive Wahrnehmbarkeit aus, solange exklusive Verfügungsmacht besteht. Der Besitzschutz bezieht sich daher auf die tatsächlichen Nutzungsmöglichkeiten und bedarf nicht zwingend einer Sachherrschaft. Token werden dadurch von den besitzrechtlichen Schutzvorschriften mitumfasst.

Zu § 7:

I. (29) Token werden durch das Deliktsrecht grundsätzlich geschützt und ihr Schutz ist im Lichte des deliktsrechtlichen Normzwecks auch sachgerecht, um schädigendes Verhalten Dritter zu vermeiden. Bei Anerkennung der Token als Sache knüpft der Schutz primär an das Eigentumsrecht an und ist umfassend. Daneben sind Besitzbeeinträchtigungen, Verletzung von dinglichen Rechten und verbotene Eigenmacht im Rahmen des sonstigen Rechts erfasst, sodass Deliktsschutz auch hiergegen greift. Über § 823 Abs. 2 BGB wird zudem vor strafrechtlich relevanten Handlungen geschützt, wobei auch das Strafrecht bei Bejahung der Sachfähigkeit von Token besser zur Anwendung kommen kann. Vor sittenwidrigen Beeinträchtigungen wird Schutz unabhängig von Token gewährt, soweit alle Voraussetzungen vorliegen.

(30) Bei Verneinung der Sachfähigkeit fällt die Anknüpfung an die Verletzung eines sonstigen Rechts schwerer. Das in § 823 Abs. 1 BGB genannte sonstige Recht soll als Anknüpfungspunkt für die Begründung einer ganz neuen Rechtsposition dienen. Hierdurch stößt das Abwehrrecht an seine Grenzen und stattdessen kommt es vielmehr auf eine

Rechtsposition *sui generis* an, die bei Verneinung der Sachfähigkeit grundsätzlich bestehen muss. Hier bestehen aber noch viele Unsicherheiten, weshalb derzeit vor allem auf den strafrechtsakzessorischen Schutz und den Schutz vor sittenwidrigem Verhalten angeknüpft wird, der aber unstrittig als lückenhaft erachtet wird.

II. (31) Auch das Bereicherungsrecht schützt Token absolut, soweit sie als Bereicherungsgegenstand erfasst werden und eine zuweisende Rechtsposition besteht. Die rechtliche Erfassung als Bereicherungsgegenstand setzt das Bestehen einer Rechtsposition voraus. Ihre Zuweisung ist aus der Gesamtheit der Rechtsordnung herauszulesen, sodass das Fehlen einer klaren Definition zu Begründungsschwierigkeiten und Rechtsunsicherheit führt. Der relativ wirkende Schutz der Leistungskondiktion ist gegenüber dem absoluten Schutz vorrangig, besteht aber auf Verfügungsebene und ändert daher nichts an der Notwendigkeit einer klaren Rechtsposition. Wird eine Sachfähigkeit bejaht, ist die Rechtsposition mit dem rechtlich definierten Eigentumsrecht klar umrissen und zugewiesen. Wird die Sachfähigkeit verneint, bestehen ebenfalls Anknüpfungspunkte für einen bereicherungsrechtlichen Schutz, jedoch muss die Rechtsposition in ihrem Bestand und in ihrem Zuweisungsgehalt erst hergeleitet und definiert werden. Als Abwehrrecht kann das Bereicherungsrecht dafür nicht herangezogen werden.

III. (32) Das Recht zur Geschäftsführung ohne Auftrag gewährt keinen absoluten Schutz, sondern privilegiert nur gewisse Handlungen, um die zugrundeliegende Motivation des Geschäftsführers wertzuschätzen. Token können durch das Recht zur Geschäftsführung ohne Auftrag nicht absolut geschützt werden; allenfalls werden tokenbezogene Handlungen wegen der zugrundeliegenden Motivation des Geschäftsführers privilegiert. Diese Wertung gilt jedoch unabhängig von der rechtlichen Einordnung der Token und kann eine solche insbesondere nicht begründen.

IV. (33) Die *culpa in contrahendo* dient ebenfalls nicht primär einem absoluten Schutz, sondern schützt vor Risiken infolge eines gesteigerten Näheverhältnisses. Sie kann Token nur insoweit schützen, als dass eine an ihnen bestehende Rechtsposition beeinträchtigt wird; wie diese konkret aussieht, ist nicht weiter von Bedeutung, wenn jedenfalls der Vermögenswert der Token erfassen wird. Unterschiede infolge einer möglichen Sachfähigkeit ergeben sich somit nicht.

V. (34) Die Sachfähigkeit ist für das rechtliche Schutzniveau grundsätzlich von Bedeutung, da hieran nicht nur die Rechtszuweisung, sondern auch die Rechtsabwehr anknüpft. Selbst verhaltensorientierte Wertungen der Rechtsinstitute, die unabhängig von einer rechtlichen Einordnung der Token gelten, setzen das Bestehen einer solchen dogmatisch voraus.

VI. (35) Im italienischen Recht sind Token deliktsrechtlich geschützt, da die Generalklausel alle rechtlich anerkannten Interessen schützt und die Beeinträchtigung in der Regel widerrechtlich sein wird. Aufgrund der kasuistischen Ausgestaltung besteht endgültige Rechtssicherheit jedoch erst nach höchstrichterlicher Entscheidung. Daneben wird absoluter Schutz durch den allgemeinen Bereicherungsanspruch gewährt. Dieser ist subsidiär und kommt nur zur Anwendung, wenn von vornherein kein anderes Rechtsinstitut in Betracht kommt. Wichtigster Anwendungsfall ist die unberechtigte Nutzung eines fremden Tokens, für die das Bereicherungsrecht die Herausgabe der erlangten Nutzungen bestimmt. Das Recht zur Geschäftsführung ohne Auftrag ist auf Token anwendbar, hat für das Schutzniveau aber auch in der italienischen Rechtsordnung keine Bedeutung. Die *culpa in contrahendo* stellt Teil des Deliktsrechts dar und gewährt Schutz nur im Hinblick auf den Vermögenswert.

Zu § 8:

I. (36) Das Gesamtniveau des absoluten Schutzes von Token durch die Rechtsinstitute des deutschen Privatrechts unterscheidet sich in Abhängigkeit ihrer Sachfähigkeit. Werden Token als Sache eingeordnet, knüpft der Schutz an das Eigentumsrecht an und ist dinglich geschützt, ohne dass es auf sonstige Voraussetzungen ankommt. Die faktische Gestaltung der Token als Einheiten, die einem Inhaber eindeutig zugeordnet werden, wird vom Recht als solche anerkannt und geschützt. Darüber hinaus ist absoluter Schutz immer einschlägig, wenn ein Verhalten zu einer vermögensbeeinträchtigenden Eigentumsverletzung führt. Bei Vorliegen der als für einen Interessenausgleich notwendig erachteten Voraussetzungen kann Herausgabe, Ausgleich oder Kompensation verlangt werden. Bei Verneinung der Sachfähigkeit ist ein dinglicher Schutz nicht eröffnet und allenfalls mit entsprechender Begründung analog anwendbar. Auch absoluter Schutz besteht nur lückenhaft oder ist vergleichbar nur mit aufwändiger Begründung zu erreichen. Diese Begründungserfordernisse gehen zulasten der Rechtssicherheit.

II. (37) Im italienischen Recht können die Rechtsinstitute in ihrem Zusammenwirken auch ohne Sachfähigkeit einen umfassenden rechtlichen Schutz gegenüber Dritten gewährleisten. Das weite Verständnis der Sachfähigkeit führt zu einer unbestrittenen Anerkennung einer Rechtsposition an Token, die ihren Ursprung im Eigentumsrecht des Art. 832 cc hat. Vereinzelt kann es Rechtsunsicherheiten bezüglich der Reichweite der Rechtsposition geben, grundsätzlich orientiert sie sich aber an der Umfassendheit und Universalität des Eigentumsrechts. Die Nichtanwendbarkeit von mit dem Eigentumsrecht verbundenen Regelungen steht dem nicht entgegen, sodass ein absoluter Schutz jedenfalls durch andere Rechtsinstitute gewährt werden kann.

III. (38) Rechtsvergleichend kann der weite Sachbegriff der italienischen Rechtsordnung als Grund für die weniger problembehaftete Anwendung der Rechtsinstitute angeführt werden. Dieser knüpft an die Nutzung der Token an und bildet somit die eigentliche Funktion der Gegenstände im Rahmen der rechtlichen Güterzuordnung ab. Durch das Bestehen einer Rechtsposition kann diese Nutzung soweit erforderlich auch durch alle anderen Rechtsinstitute geschützt werden. Eine von der physischen

§ 13 Ergebnisse in Thesen 539

Existenz losgelöste systematische Einordnung ist somit möglich, wird dem Zweck der Rechtsordnung mehr gerecht und wahrt die Einheit der Rechtsordnung. Dies kann auch im deutschen Recht durch Ausweitung der systematisierenden Grundkategorie erreicht werden, sodass eine funktionalere Herangehensweise sachgerecht erscheint. Deutlich wird das im Rahmen der Ausweitung des Deliktsrechts, dessen Reichweite dadurch leichter an aktuelle Bedürfnisse angepasst werden kann, ohne von seiner Funktion als rechtsverwirklichendes Abwehrrecht abzukommen.

(39) Die Unterschiede im Bereicherungsrecht beruhen auf dem Konsensprinzip, was zu einer anderen Dynamik des Verfügungsrechts und anderen Ausgleichs- und Schutzbedürfnissen führt. Diese knüpfen nicht an die Sachfähigkeit an, sondern an der Tatsache der Bereicherung als solche. Eine Bereicherung erfolgt rechtsordnungsunabhängig und die Rechtsposition hat hierauf keinen Einfluss, sondern dient nur als Anknüpfungspunkt für das Bereicherungsrecht. Die Anerkennung der Sachfähigkeit von Token im deutschen Recht würde den bereicherungsrechtlichen Interessensausgleich somit nicht beeinträchtigen. Ähnlich ist das im Recht zur Geschäftsführung ohne Auftrag und bei der *culpa in contrahendo*. Beiden Rechtsinstituten liegt eine eigene Wertung zugrunde, die durch die Anerkennung der Token als Sache nicht beeinträchtigt würde, aber eine Rechtsposition als Anknüpfungspunkt benötigt.

IV. (40) Der Vergleich mit dem italienischen Recht zeigt, dass Token durch einen weiteren Sachbegriff umfassend geschützt werden können, ohne dass diese bei Schaffung der Privatrechtsordnung mitberücksichtigt werden mussten. Ein weiterer Sachbegriff wahrt den systematischen Zusammenhang mit dem Schutzsystem, sodass die Einheit der Rechtsordnung bestehen bleibt, und trägt somit zur Rechtssicherheit bei. Gleichzeitig trägt die wirklichkeitsnahe Erfassung neuer Gegenstände zu einem gerechteren Rechtsempfinden bei.

V. (41) Aufgrund der Schwierigkeiten und Unsicherheiten, denen die deutsche Rechtsordnung bei der rechtlichen Einordnung von Token gegenübersteht, wird ein normativer Sachbegriff befürwortet, der auf einem funktionalen Verständnis der Körperlichkeit beruht. Die Körperlichkeit ist wegen ihrer Auswirkungen auf das gesamte Rechtssystem ein weitreichender, aber tragfähiger und sachgerechter Anknüpfungspunkt für einen sachgerechteren normativen Sachbegriff.

Zu § 9:

I. (42) Die deutsche Rechtsordnung ist grundsätzlich anpassungsfähig. Auch bei legaldefinierten Begriffen müssen Definitionsbestandteile ausgelegt und die dahinterstehenden Prinzipien herausgearbeitet werden. Der Wortlaut bildet die äußerste Grenze, muss aber an gesellschaftlichen Entwicklungen ausgerichtet sein und sich an diese anpassen können. Um Stabilität zu gewährleisten, müssen Rechtsbegriffe ausreichend flexibel sein. Gleichzeitig müssen Unterschiede im Begriffsverständnis innerhalb der Gesellschaft berücksichtigt werden; eine klare Begriffsdefinition ermöglicht Rechtssicherheit und ermöglicht Innovation. Flexibilität und Rechtssicherheit sind abzuwägen, um ihre Wirkung zu entfalten. Für Token wird das durch Subsumtion unter bestehende subjektive Rechte erreicht; die Schaffung einer Rechtsposition *sui generis* wirkt sich langfristig negativ auf die Rechtssicherheit aus. Vergleichsmaßstab bildet insoweit das absolute Schutzniveau, da die Rechtsordnung hierdurch seiner eigentlichen Funktion nachkommt.

II. (43) Durch die Digitalisierung werden physische Grenzen immer bedeutungsloser. Die digitalisierte Realität ist aus Informationseinheiten zusammengesetzt und beruht auf deren abstrakter Semantik. Das Zivilrecht orientiert sich hingegen nach wie vor an festen Grenzen und ist logisch auf systemischen Unterscheidungen aufgebaut. Um beides in Einklang zu bringen, bedarf es einer langfristigen Transformation des Rechts. Disruptive Technologien bilden insoweit den Ausgangspunkt, sind für die Weiterentwicklung des Rechts aber differenziert zu betrachten. Notwendig ist eine enge interdisziplinäre Zusammenarbeit, bei der das Recht innovationsoffen ist, sich aber gleichzeitig bereit zeigt, die Verantwortung für diese Innovationen zu tragen.

Zu § 10:

I. (44) Die Möglichkeiten der Rechtsanwendung können auf neue Gegenstände angewendet werden, es müssen nur alle zugrundeliegenden Interessen und Ausbalancierungen berücksichtigt werden. Auf bestehende und klare Strukturen kann nicht zurückgegriffen werden, wenn diese bildhafte Beschreibungen nutzt und die zugrundeliegende Funktion zu stark vereinfacht.

II. (45) Durch klare Rückbesinnung auf die jeweilige Funktion kann die Schaffung eigener faktischer Regelungskonstrukte verhindert und die Rechtsordnung mit aktuellen Entwicklungen in Einklang gebracht werden. Dafür bedarf es nicht zwingend eines Eingreifens des Gesetzgebers.

III. (46) Rechtssicherheit kann aber trotzdem gewährleistet werden, indem die Auslegungsgrundsätze normativ festgehalten werden. Das Begriffsverständnis der Körperlichkeit könnte beispielsweise durch einen § 90 S. 2 BGB konkretisiert werden, das durch Bezugnahme auf die Beherrschbarkeit und Zuordenbarkeit dessen systematische Funktion hervorhebt.

Literaturverzeichnis

Aigner, Markus: Das internationale Privatrecht und die Blockchain – ein unlösbarer gordischer Knoten?, in ZfRV 2020, 211–223

Albertini, Lorenzo: L'opera elaborata e la questione della sua titolarità, in Jus Civile 2015, 360–446

Allen, Jason Grant.: Property in Digital Coins, in EPLJ 2019, 64–101, DOI 10.1515/EPLJ-2019-0005

ders.: Wrapped and Stacked: ‚Smart Contracts' and the Integration of Natural and Formal Language, in ERCL 2018, 307–343

Alpa, Guido/Donzelli, Giulio/Fusaro, Andrea (Hrsg.), I nuovi confini del diritto di proprietà, Milano 2020

Amend-Traut, Anja/Hergenröder, Cyril H.: Kryptowährungen im Erbrecht, in ZEV 2019, 113–121

Ammann, Thorsten: Bitcoin als Zahlungsmittel im Internet, Rechtliche Fragestellungen und Lösungsansätze, in NJW 2018, 379–386

Annunziata, Filippo: Speak, if you can: What are you?, An alternative approach to the qualification of tokens and initial coin offerings, in Bocconi Legal Studies Research Paper Series 2019, Nr. 2636561

ders.: La disciplina delle trading venues nell'era delle rivoluzioni tecnologiche, Dalle criptovalute alla distributed ledger technology, in ODC 2018, 40–67

Antonopoulos, Andreas: Mastering Bitcoin, Unlocking Digital Cryptocurrencies, 2. Auflage, Sebastopol (CA) 2017, zuletzt am 2. September 2023 abgerufen unter https://learning.oreilly.com/library/view/mastering-bitcoin-2nd/9781491954379/

Antonopoulos, Andreas/Wood, Gavin: Mastering Ethereum, Implementing Digital Contracts, Sebastopol (CA) 2017, zuletzt am 2. September 2023 abgerufen unter https://learning.oreilly.com/library/view/mastering-ethereum/9781491971932/

Argiroffi, Carlo: Delle azioni a difesa della proprietà, in Schlesinger, Pietro (Begr.)/Busnelli, Francesco D. (Hrsg.), Il Codice Civile Commentario, Milano 2011

Armbrüster, Christian: Eigentumsschutz durch den Beseitigungsanspruch nach § 1004 I 1 BGB und durch Deliktsrecht, in NJW 2003, 3087–3090

Arndt, Johannes: Bitcoin-Eigentum, Zur Notwendigkeit rechtlicher Zuweisung außer-rechtlicher außer-subjektiver Vermögenspositionen durch subjektive Rechte, Tübingen 2021

Arndt, Johannes/Tribula, Valentin: Token und tokenisierte Rechte, Blockchainpositionen als Wertpapierersatz, in Wieczorek, Mirko A. (Hrsg.), Digitalisierung, Rechtsfragen rund um die digitale Transformation der Gesellschaft, Tagungsband Liberale Rechtstagung 2018, Göttingen 2018, S. 249–263

Aureli, Marianna: L'acquisto d'azienda per usucapione, Scenari in evoluzione, in Giur. ital. 2015, 63–69

Bachert, Lukas: Die Kryptowährung Bitcoin im Klage- und Vollstreckungsverfahren, Erwägungen und Vorschläge zur Antragsformulierung, in CR 2021, 356–360

Baird, Leemon: Overview of Swirlds Hashgraph, 31. Mai 2016, zuletzt am 2. September 2023 abgerufen unter https://www.swirlds.com/downloads/Overview-of-Swirlds-Hashgraph.pdf

Baldus, Christian: Res incorporales im römischen Recht, in Leible, Stefan/Lehmann, Matthias/Zech, Herbert (Hrsg.), Unkörperliche Güter im Zivilrecht, Tübingen 2011, S. 7–31

Balloriani, Massimiliano/De Rosa, Roberto/Mezzanotte, Salvatore: Diritto civile, Manuale breve, Tutto il programma d'esame con domande e risposte commentate, 16. Auflage, Mailand 2018

Bar, Christian v.: Europäische Grundfragen des Rechts des Besitzes und des rechtsgeschäftlichen Erwerbs von Sachenrechten, in AcP 219 (2019), 341–375

ders.: Gemeineuropäisches Sachenrecht
- Band I, Grundlagen, Gegenstände sachenrechtlichen Rechtsschutzes, Arten und Erscheinungsformen subjektiver Sachenrechte, München 2015
- Band II, Besitz, Erwerb und Schutz subjektiver Sachenrechte, München 2015

Bar, Christian v./Drobnig, Ulrich: The Interaction of Contract Law and Tort and Property Law in Europe, A Comparative Study, München 2004

Barcellona, Mario: Strutture della responsabilità e ,ingiustizia' del danno, in Europa e dir. priv. 2000, 401–500

Bartlitz, David: Die Begebung elektronischer Wertpapiere, in NJW 2022, 1981–1986

Bartolini, Fabrizio: Requisiti della criptovaluta, ex art. 2464, comma 2, c.c., ai fini del conferimento nel capitale sociale di una s.r.l., in Il Societario, 27. November 2018

Bartsch, Michael: Software als Schutzgegenstand absoluter Rechte, in Leible, Stefan/Lehmann, Matthias/Zech, Herbert (Hrsg.), Unkörperliche Güter im Zivilrecht, Tübingen 2011, S. 247–259

Basler Kommentar: Geiser, Thomas/Wolf, Stephan (Hrsg.), Zivilgesetzbuch II; Art. 457–977 ZGB, Art. 1–61 SchlT ZGB, 6. Auflage, Basel 2019

Battaglini, Raffaele: Conferimento di criptovalute in sede di aumento di capitale sociale, in Giur. comm. 2020, 913–922

Baumbach, Adolf (Begr.)/*Hefermehl, Wolfgang/Casper, Matthias* (Hrsg.): Wechselgesetz, Scheckgesetz, Recht des Zahlungsverkehrs, Mit AGB-Banken/Scheckbedingungen und einer Einführung in das Wertpapierrecht, 24. Auflage, München 2020

Baur, Jürgen F./Stürner, Rolf: Sachenrecht, 19. Auflage, München 2022

Beck, Benjamin/König, Dominik: Bitcoin: Der Versuch einer vertragstypologischen Einordnung von kryptographischem Geld, in JZ 2015, 130–138

dies.: Bitcoins als Gegenstand von sekundären Leistungspflichten, Erfassung dem Grunde und der Höhe nach, in AcP 215 (2015), 655–682

Beck'scher Online-Großkommentar zum Aktienrecht (BeckOGK-AktG): Henssler, Martin (Gesamthrsg.), Spindler, Gerald/Stilz, Eberhard (Hrsg.), Buch 1, München 1. Juni 2021

Beck'scher Online-Großkommentar zum BGB (BeckOGK-BGB): Gsell, Beate/Krüger, Wolfgang/Lorenz, Stefan/Reymann, Christoph (Gesamthrsg.)
- Buch 1, Abschnitt 2, Hager, Johannes (Hrsg.), München 1. März 2021
- Buch 1, Abschnitt 3, Titel 3, Untertitel 3, Krüger, Wolfgang (Hrsg.), München 1. Juni 2021
- Buch 2, Abschnitt 8, Titel 12, Untertitel 3, Köndgen, Johannes (Hrsg.), München 1. Oktober 2020
- Buch 2, Abschnitt 8, Titel 24, Köndgen, Johannes (Hrsg.), München 1. April 2021
- Buch 3, Abschnitt 8, Reymann, Christoph (Hrsg.), München 1. Juli 2023

Beck'scher Online-Kommentar zum BGB (BeckOK-BGB): Hau, Wolfgang/Poseck, Roman (Hrsg.), 56. Edition, München 1. November 2020

Becker, Christoph: Schutz von Forderungen durch das Deliktsrecht?, in AcP 196 (1996), 439–490

ders.: Die ‚res' bei Gaius – Vorstufe einer Systembildung in der Kodifikation?, Zum Begriff des Gegenstands im Zivilrecht, Köln et al. 1999

Befani, Guido: Contributo allo studio sulle criptovalute come oggetto di rapporti giuridici, in Dir. dell'econ. 2019, 379–419

Benčić, Federico M./Podnar Žarko, Ivana: Distributed Ledger Technology, Blockchain Compared to Directed Acyclic Graph, in 2018 IEEE 38th International Conference on Distributed Computing Systems (ICDCS), Wien 2018, S. 1569–1570, DOI 10.1109/ICDCS.2018.00171

Berberich, Matthias: Virtuelles Eigentum, Tübingen 2010, zugl. Jur. Diss. Berlin 2009

Berger, Christian: Verkehrsfähigkeit ‚Digitaler Güter', Zur Dogmatik der Verkehrsfähigkeit von Rechten, in ZGE 2016, 170–194

Beurskens, Michael: Privatrechtliche Selbsthilfe, Rechte, Pflichten und Verantwortlichkeit bei digitalen Zugangsbeschränkungs- und Selbstdurchsetzungsbefugnissen, Tübingen 2017, zugl. Jur. Habil. Düsseldorf 2013

Bialluch-v. Allwörden, Stephanie M./Allwörden, Sebastian v.: Initial Coin Offerings: Kryptowährungen als Wertpapier oder Vermögensanlage?, in WM 2018, 2118–2123

Bianca, C. Massimo: Danno ingiusto, A proposito del risarcimento da lesione di interessi, in Riv. dir. civ. 2000, 689–693

Bitcoin Core: Bitcoin Core version 0.9.0 released, 19. März 2014, zuletzt am 2. September 2023 abgerufen unter https://bitcoin.org/en/release/v0.9.0

Blocher, Walter: The next big thing: Blockchain – Bitcoin – Smart Contracts, Wie das disruptive Potenzial der Distributed Ledger Technology (nicht nur) das Recht fordern wird, in AnwBl 2016, 612–618

Blockchain Bundesverband: Regulierung von Token, Arbeitsgruppe Finanzen, Version 2.0, 6. April 2018, zuletzt am 2. September 2023 abgerufen unter https://www.bundesblock.de/wp-content/uploads/2019/01/180406-Token-Regulation-Paper-Version-2.0-deutsch_clean_14.00.pdf

Bocchini, Fernando/Quadri, Enrico: Diritto privato, 6. Auflage, Turin 2016

Bocchini, Roberto: Lo sviluppo della moneta virtuale: primi tentativi di inquadramento e disciplina tra prospettive economiche e giuridiche, in Dir. inf. 2017, 27–54

Boehm, Franziska/Pesch, Paulina J.: Bitcoins: Rechtliche Herausforderungen einer virtuellen Währung, Eine erste juristische Einordung, in MMR 2014, 75–79

Boehme-Neßler, Volker: Die Macht der Algorithmen und die Ohnmacht des Rechts, Wie die Digitalisierung das Recht relativiert, in NJW 2017, 3031–3037

Boggio, Luca: La proprietà dell'azienda come ‚bene distinto dai singoli componenti', Possesso ed usucapione, in Riv. dir. civ. 2014, 1447–1479

Böhme, Rainer/Pesch, Paulina: Technische Grundlagen und datenschutzrechtliche Fragen der Blockchain-Technologie, in DuD 2017, 473–481

Bomprezzi, Chantal: Implications of Blockchain-Based Smart Contracts on Contract Law, Baden-Baden 2021

Brocardi: Spiegazione dell'art. 832 Codice Civile, 29. April 2022, zuletzt am 2. September 2023 abgerufen unter https://www.brocardi.it/codice-civile/libro-terzo/titolo-ii/capo-i/art832.html

Brox, Hans (Begr.)/*Henssler, Martin*: Handelsrecht, mit Grundzügen des Wertpapierrechts, 22. Auflage, München 2016

Brox, Hans (Begr.)/*Walker, Wolf-Dietrich*: Allgemeiner Teil des BGB, 44. Auflage, München 2020

Bundesamt für Sicherheit in der Informationstechnik: Blockchain sicher gestalten, Eckpunkte des BSI, 2. Version, Bonn 2018, zuletzt am 2. September 2023 abgerufen unter https://www.bsi.bund.de/SharedDocs/Downloads/DE/BSI/Krypto/Blockchain_Eckpunktepapier.pdf?__blob=publicationFile&v=3

Bundesministerium der Finanzen/Bundesministerium der Justiz und für Verbraucherschutz (BMF/BMJV): Eckpunkte für die regulatorische Behandlung von elektronischen Wertpapieren und Krypto-Token, 7. März 2019, zuletzt am 2. September 2023 abgerufen unter https://www.bmjv.de/SharedDocs/Gesetzgebungsverfahren/Dokumente/Eckpunkte_Krypto_Blockchain.pdf

Bundesministerium für Verkehr und digitale Infrastruktur: Chancen und Herausforderungen von DLT (Blockchain) in Mobilität und Logistik, zuletzt am 2. September 2023 abgerufen unter https://www.bmvi.de/SharedDocs/DE/Anlage/DG/blockchain-gutachten.pdf?__blob=publicationFile

Bundesrat: Rechtliche Grundlagen für Distributed Ledger-Technologie und Blockchain in der Schweiz, Eine Auslegeordnung mit Fokus auf dem Finanzsektor, Bericht des Bundesrates vom 14. Dezember 2018, zuletzt am 2. September 2023 abgerufen unter https://www.newsd.admin.ch/newsd/message/attachments/55150.pdf

Bundesregierung: Entwurf eines Gesetzes zur Einführung von elektronischen Wertpapieren, 14. Dezember 2020, zuletzt am 2. September 2023 abgerufen unter https://www.bmjv.de/SharedDocs/Gesetzgebungsverfahren/DE/Einfuehrung_elektr_Wertpapiere.html

Buonocore, Vincenzo (Hrsg.): Manuale di diritto commerciale, 13. Auflage, Turin 2016

Burlone, Paolo Luigi/De Caria, Riccardo: Bitcoin e le altre criptomonete, Inquadramento giuridico e fiscale, in IBL 2014, 234

Buterin, Vitalik: Ethereum White Paper, 2013, zuletzt am 2. September 2023 abgerufen unter https://ethereum.org/en/whitepaper/

Bydlinski, Peter: Der Sachbegriff im elektronischen Zeitalter: zeitlos oder anpassungsbedürftig?, in AcP 198 (1998), 287–328

Cai, Wie/Wang, Zehua/Ernst, Jason B./Hong, Zhen/Feng, Chen/Leung, Victor C. M.: Decentralized Applications: The Blockchain-Empowered Software System, in IEEE Access 2018, 53019–53033, zuletzt am 2. September 2023 abgerufen unter https://ieeexplore.ieee.org/stamp/stamp.jsp?tp=&arnumber=8466786, DOI 10.1109/ACCESS.2018.2870644

Caloni, Andrea: Deposito di criptoattività presso una piattaforma exchange, Disciplina e attività riservate, in Giur. comm. 2020, 1073–1102

ders.: Bitcoin, Profili civilistici e tutela dell'investitore, in Riv. dir. civ. 2019, 159–182

Campagna, Marco F.: Criptomonete e obbligazioni pecuniarie, in Riv. dir. civ. 2019, 183–221

Canaris, Claus-Wilhelm: Il ‚contatto sociale' nell'ordinamento giuridico tedesco, in Riv. dir. civ. 2017, 1–9

Capaccioli, Stefano: Note brevi sulle criptovalute, in IDE 2021, 3–48

ders.: Criptovalute e bitcoin, Mailand 2015

Carrière, Paolo: Le ‚criptovalute' sotto la luce delle nostrane categorie giuridiche di ‚strumenti finanziari', ‚valori mobiliari' e 'prodotti finanziari'; tra tradizione e innovazione, in Dir. banc. 2019, 117–168

ders.: Possibili approcci regolatori al fenomeno dei crypto-asset, Note a margine del documento di consultazione della Consob, in DirittoBancario 17. Mai 2019

Cäsar, Florian/Hughues, Daniel P./Primero, Josh/Thornton, Stephen J.: Cerberus, A Parallelized BFT Consensus Protocol for Radix, v1.01, 3. März 2020, zuletzt am 2. September 2023 abgerufen unter https://assets.website-files.com/6053f7fca5bf627283b582c2/608811e3f5d21f235392fee1_Cerberus-Whitepaper-v1.01.pdf

Casper, Matthias: Elektronische Schuldverschreibung: Es ist Zeit für einen grundlegenden gesetzlichen Neustart, Anmerkungen zum Eckpunktepapier des BMJV und des BMF, in BKR 2019, 209–217

ders.: Register statt Papier?, in Leible, Stefan/Lehmann, Matthias/Zech, Herbert (Hrsg.), Unkörperliche Güter im Zivilrecht, Tübingen 2011, S. 173–199

Casper, Matthias/Richter, Ludwig: Die elektronische Schuldverschreibung – eine Sache?, Zur Reichweite der Fiktionen in § 2 Abs. 2 und 3 eWpG, in ZBB 2022, 65–83

Castronovo, Carlo: Responsabilità civile, 4. Auflage, Mailand 2018

Celeste, Alberto: Le azioni a difesa della proprietà, Tecniche di tutela, Singole domande, Profili processuali, Mailand 2010

Cendon, Paolo (Hrsg.): Trattario di Diritto Civile, Titoli di Credito, Gestione di affari, Ripetizione di indebito, Arricchimento, Mailand 2014

Cian, Marco: La criptovaluta, Alle radici dell'idea giuridica di denari attraverso la tecnologia, Spunti preliminari, in Banca, borsa, tit. cred. 2019, 315–341

Commissione delle assemblee legislative: Libro delle cose e dei diritti reali, Atti, Chiamata a dare il proprio parere sul progetto del codice civile, Art. 2 della legge 30 dicembre 1923-II, n. 2814 e 3 della legge 24 dicembre 1925-IV, n. 2260, Rom 1940

Commissione Rodotà sui beni pubblici: Relazione, Per la modifica delle norme del codice civile in materia di beni pubblici, 14. Juni 2007, zuletzt am 2. September 2023 abgerufen unter https://polser.files.wordpress.com/2014/02/commissione-rodot.pdf, ebenfalls abrufbar unter https://www.giustizia.it/giustizia/it/mg_1_12_1.wp?facetNode_1=3_1&facetNode_3=0_10_21&facetNode_2=0_10&previsiousPage=mg_1_12&contentId=SPS47617

Comporti, Marco: Diritti reali in generale, in Schlesinger, Piero (Hrsg.), Trattato di diritto civile e commerciale, 2. Auflage, Mailand 2011

Consiglia Di Martino, Maria: Soluzioni e prospettive sulla ‚natura giuridica' delle valute virtuali, in Cassano, Giuseppe/Di Ciommo, Francesco/Rubino De Ritis, Massimo (Hrsg.): Bance, intermediari e fintech, I nuovi strumenti digitali in ambito finanziario, Mailand 2021, S. 297–321

dies.: Nuova definizione di valute virtuali, L'orientamento del TAR, in GiustiziaCivile 10. November 2020

Consob: Le offerte iniziali e gli scambi di cripto-attività, Diskussionspapier vom 19. März, zuletzt am 2. September 2023 abgerufen unter https://www.consob.it/documents/46180/46181/doc_disc_20190319.pdf/64251cef-d363-4442-9685-e9ff665323cf

Crepaldi, Marco: The Authority of Distributed Consensus Systems: Trust, Governance, and Normative Perspectives on Blockchains and Distributed Ledgers, DOI 10.6092/UNIBO/AMSDOTTORATO/9432, zuletzt am 2. September 2023 abgerufen unter http://amsdottorato.unibo.it/id/eprint/9432, zugl. Jur. Diss. Bologna 2020

De Filippi, Primavera/Wright, Aaron: Blockchain and the Law, The Rule of Code, Cambridge, MA et al. 2018

De Luca, Nicola: Documentazione crittografica e circolazione della ricchezza, in Cian, Marco/Sandei, Claudia (Hrsg.): Diritto del Fintech, Mailand 2020, S. 409–436

ders.: Documentazione crittografica e circolazione della ricchezza assente, in Riv. dir. civ. 2020, 101–130 *ders.*: L'antifattispecie cartolare, Contributo allo studio dei titoli di credito, in Banca, borsa, tit. cred. 2017, 93–112

De Luca, Nicola/Passaretta, Mario: Le valute virtuali, Tra nuovi strumenti di pagamento e forme alternative d'investimento, in Le Società 2020, 571–578

De Nova, Giorgio: I nuovi beni come categoria giuridica, in De Nova, Giorgio/Inzitari, Bruno/Tremanti, Giulio/Visentini, Gustavo (Hrsg.), Dalle res alle New Properties, Rom 1991, S. 13–17

De Stasio, Vincenzo: Prestazione di servizi di portafoglio digitale relativi alla valuta virtuale 'Nanocoin' e qualificazione del rapporto tra prestatore e utente, in Banca, borsa, tit. cred. 2021, 399–410

ders.: Verso un concetto europeo di moneta legale, Valute virtuali, monete complementari e regole di adempimento, in Banca, borsa, tit. cred. 2018, 747–761

Definger, Florian: Kryptowährungen und der Modus beim Eigentumserwerb in Österreich, in RDi 2022, 17–24

Deflorio, Clara: La qualificazione del file come ‚cosa mobile' suscettibile di essere oggetto di furto, Rivista Critica del Diritto, 1. Juni 2021, zuletzt am 2. September 2023 abgerufen unter https://rivistacriticadeldiritto.it/?p=1716

Deliktsrecht in Europa: Bar, Christian v. (Hrsg.), Systematische Einführungen, Gesetzestexte, Übersetzungen, Landesberichte Italien Jugoslawien, Köln et al. 1993

Delli Priscoli, Lorenzo: L'usucapibilità dei beni immateriali, Libro dell'anno del Diritto 2015, zuletzt am 2. September 2023 abgerufen unter https://www.treccani.it/enciclopedia/l-usucapibilita-dei-beni-immateriali_(Il-Libro-dell%27anno-del-Diritto)/

Deuber, Dominic/Jahromi, Helena K.: Liechtensteiner Blockchain-Gesetzgebung: Vorbild für Deutschland? Lösungsansatz für eine zivilrechtliche Behandlung von Token, in MMR 2020, 576–581

Deutsche Bundesbank: Geld und Geldpolitik, Frankfurt am Main 2019

Di Marzio, Fabrizio (Hrsg.): Codice della responsabilità civile, Mailand 2017

Dimopoulos-Vosikis, Haralambos: Die bereicherungs- und deliktsrechtlichen Elemente der §§ 987–1003 BGB, Köln et al 1966

Djazayeri, Alexander: Die virtuelle Währung Bitcoin – Zivilrechtliche Fragestellungen und internationale regulatorische Behandlung, in jurisPR-BKR 6/2014, Anm. 1

Donadio, Giulia: Dalla ‚nota di banco' all'informazione via Blockchain, profili civilistici e problemi applicativi della criptovaluta, in Giust. civ. 2020, 173–193

Drescher, Daniel: Blockchain Grundlagen, Eine Einführung in die elementaren Konzepte in 25 Schritten, Sebastopol (CA) 2017, zuletzt am 2. September 2023 abgerufen unter https://learning.oreilly.com/library/view/blockchain-grundlagen/9783958456556/

Drögemüller, Jonas: Blockchain-Netzwerke und Krypto-Token im Internationalen Privatrecht, zugl. Jur. Diss Heidelberg 2022 (wird voraussichtlich 2023 veröffentlicht)

Dubovitskaya, Elena: Gesetzentwurf zur Einführung von elektronischen Wertpapieren, Ein zaghafter Schritt nach vorn, in ZIP 2020, 2551–2561

Dürig, Günter: Zurück zum klassischen Enteignungsbegriff!, in JZ 1954, 4–12

Easterbrook, Frank H.: Cyberspace and the Law of the Horse, in University of Chicago Legal Forum 1996, 207–216

Eckert, Kim-Patrick: Steuerliche Betrachtung elektronischer Zahlungsmittel am Beispiel sog. Bitcoin-Geschäfte, in DB 2013, 2108–2111

Effer-Uhe, Daniel: Kryptowährungen in Zwangsvollstreckung und Insolvenz am Beispiel des Bitcoin, in ZZP 2018, 513–531

Einsele, Dorothee: Die allgemeinen privatrechtlichen Regelungen für elektronische Wertpapiere, National und international, in Omlor, Sebastian/Möslein, Florian/Grundmann, Stefan (Hrsg.), Elektronische Wertpapiere, Tübingen 2021, S. 33–58

Engelhardt, Christian/Klein, Sascha: Bitcoins – Geschäfte mit Geld, das keines ist Technische Grundlagen und zivilrechtliche Betrachtung, in MMR 2014, 355–360

Engels, Rainer: Patent-, Marken- und Urheberrecht, Lehrbuch für Ausbildung und Praxis, 11. Auflage, München 2020

Europäisches Parlament (Hrsg.): Untersuchung der Privatrechtsordnungen der EU im Hinblick auf Diskriminierungen und die Schaffung eines Europäisches Zivilgesetzbuch, Vergleichende Untersuchung der Privatrechtsordnungen der Mitgliedstaaten der EU im Hinblick auf Diskriminierungen aus Gründen der Staatsangehörigkeit sowie zur Möglichkeit und Notwendigkeit der Schaffung eines Europäischen Zivilgesetzbuches, Arbeitsdokument PE 168.511 der Generaldirektion Wissenschaft, Luxemburg 1999, zuletzt am 2. September 2023 abgerufen unter https://www.europarl.europa.eu/RegData/etudes/etudes/join/1999/168511/IPOL-JURI_ET%281999%29168511_DE.pdf

European Central Bank (Europäische Zentralbank, EZB): Report on a digital euro, Frankfurt Oktober 2020, zuletzt am 2. September 2023 abgerufen unter https://www.ecb.europa.eu/pub/pdf/other/Report_on_a_digital_euro~4d7268b458.en.pdf

Fabricius, Fritz: Zur Theorie des stückelosen Effektengiroverkehrs mit Wertrechten aus Staatsanleihen, Zugleich ein Beitrag zur Frage der Abgrenzung von Schuldrecht und Sachenrecht, in AcP 162 (1963), 456–484

ders.: Zur Dogmatik des ‚sonstigen Rechts' gemäß § 823 Abs. 1 BGB, Unter Berücksichtigung der sog. ‚Rechts am Arbeitsplatz' und des sog. ‚Rechts auf den ungestörten Bestand der ehelichen Lebensgemeinschaft', in AcP 160 (1961), 273–336

Fateh-Moghadam, Bijan/Zech, Herbert: Einführung, in Fateh-Moghadam, Bijan/Zech, Herbert (Hrsg.): Transformative Technologien, Wechselwirkungen zwischen technischem und rechtlichem Wandel, Baden-Baden 2021, S. 7–14

Fauceglia, Domenico: Il deposito e la restituzione delle criptovalute, in Contratti 2019, 669–680

Ferraro, Pietro/King, Christopher/Shorten, Robert: On the Stability of Unverified Transactions in a DAG-Based Distributed Ledger, in IEEE Transactions on Automatic Control 9/2020, 3772–3783, DOI 10.1109/TAC.2019.2950873

dies.: Distributed Ledger Technology for Smart Cities, the Sharing Economy, and Social Compliance, in IEEE Access 6/2018, 62728–62746, DOI 10.1109/ACCESS.2018.2876766

Finck, Michèle: Grundlagen und Technologie von Smart Contracts, in Fries, Martin/Paal, Boris P. (Hrsg.), Smart Contracts, Tübingen 2019, S. 1–12

Flaim, Chiara: Nuove frontiere del conferimento in società a responsabilità limitata, Il caso delle criptovalute, in Giur. comm. 2020, 900–913

Flume, Werner: Die ungerechtfertigte Bereicherung eine Rechtsfigur der Bereicherung, in Canaris, Claus-Wilhelm/Heldrich, Andreas (Hrsg.), 50 Jahre Bundesgerichtshof, Band 1, Bürgerliches Recht, München 2000, S. 525–545

Förtsch, Michael: Was ist ein NFT? Und wie verändert die Blockchain-Technik schon jetzt Kunst und Kultur?, 1E9 Magazin, 19. März 2021, zuletzt am 2. September 2023 abgerufen unter https://1e9.community/t/was-ist-ein-nft-und-wie-veraendert-die-blockchain-technik-schon-jetzt-kunst-und-kultur/9419

Franco, Pedro: Understanding Bitcoin, Cryptography, Engineering and Economics, Chichester, West Sussex 2014, zuletzt am 2. September 2023 abgerufen unter https://learning.oreilly.com/library/view/understanding-bitcoin-cryptography/9781119019145/

Franza, Enea: Nuove modalità di finanziamento, La blockchain per startup e piccole e medie imprese, Rischi e possibili vantaggi, in DirittoBancario 14. Mai 2019

Fritzsche, Jörg: Unterlassungsanspruch und Unterlassungsklage, Berlin 2020, zugleich Jur. Habil. Augsburg 1996/97

Furrer, Andreas/Glarner, Andreas/Linder, Thomas/Müller, Luka: Die Rechtswirkung algorithmisch abgewickelter DLT-Transaktionen, Von der Notwendigkeit der funktionalen Kategorisierung eines Blockchain-Tokens und dessen Synchronisation mit der angestrebten Rechtswirkung, in Jusletter 26. November 2018, zuletzt am 2. September 2023 abgerufen unter https://www.mme.ch/fileadmin/files/documents/Publikationen/2018/181126_Jusletter.pdf

Furrer, Andreas/Müller, Luka: ‚Funktionale Äquivalenz' digitaler Rechtsgeschäfte, Ein tragendes Grundprinzip für die Beurteilung der Rechtsgültigkeit von Rechtsinstituten und Rechtsgeschäften im schweizerischen Recht, in Jusletter 18. Juni 2018, zuletzt am 2. September 2023 abgerufen unter https://jusletter.weblaw.ch/fr/dam/publicationsystem/ articles/jusletter/2018/940/-funktionale-aquival_b0cce8fb0c/Jusletter_-funktionale-aquival_b0cce8fb0c_fr.pdf

Fusco, Emanuela: Il deposito di moneta virtuale e l'insolvenza dell'intermediario, in Cassano, Giuseppe/Di Ciommo, Francesco/Rubino De Ritis, Massimo (Hrsg.): Bance, intermediari e fintech, I nuovi strumenti digitali in ambito finanziario, Mailand 2021, S. 461–515

Gallo, Paolo: I rimedi restitutori in diritto comparato, Torino 1997

Gambaro, Antonio: La Proprietà, Beni proprietà, possesso, in Iudica, Giovanni/Zatti, Paolo (Hrsg.), Trattato di diritto privato, 2. Auflage, Mailand 2017

ders.: I beni, in Cicu, Antonio/Messineo, Francesco/Mengoni, Luigi/Schlesinger, Piero (Hrsg.), Trattato di diritto civile e commerciale, Mailand 2012

Garcia-Teruel, Rosa M./Simón-Moreno, Héctor: The digital tokenization of property rights, A comparative perspective, DOI 10.1016/J.CLSR.2021.105543, in CLSR 41 (2021), 105543

Gasparri, Giorgio: Riflessioni sulla natura giuridica del bitcoin tra aspetti strutturali e profili funzionali, in Dialoghi di Diritto dell'Economica 2021, 1–55

ders.: Timidi tentativi giuridici di messa a fuoco del bitcoin, miraggio monetario crittoanarchico o soluzione tecnologica in cerca di un problema?, in Dir. inf. 2015, 415–442

Gatti, Stefano: I rimedi civilistici all'illecito ‚lucrativo', Un'analisi del diritto privato italiano, speciale e generale, alla luce dell'esperienza tedesca e dell'armonizzazione europea, zugl. Jur. Diss. Verona 2014, zuletzt am 2. September 2023 abgerufen unter https://iris.univr.it/bitstream/11562/977065/1/Tesi%20di%20Dottorato%20Stefano%20Gatti%2028.03.2018%20.pdf

Gierke, Otto v.: Die soziale Aufgabe des Privatrechts, Vortrag vom 5. April 1889 in der Juristischen Gesellschaft zu Wien, 2. Auflage, Frankfurt am Main 1948

Gigi: Bitcoin Is An Idea, 14. Juni 2021, zuletzt am 2. September 2023 abgerufen unter https://dergigi.com/2021/06/13/bitcoin-is-an-idea/

ders.: Bitcoin Is Time, 14. Januar 2021, zuletzt am 2. September 2023 abgerufen unter https://dergigi.com/2021/01/14/bitcoin-is-time/

ders.: Bitcoin's Eternal Struggle, How Bitcoin Thrives on the Edge between Order and Chaos, 19. Dezember 2019, zuletzt am 2. September 2023 abgerufen unter https://dergigi.com/2019/12/22/bitcoin-s-eternal-struggle/

ders.: Philosophical Teachings of Bitcoin, What I've Learned From Bitcoin: Part I, 21. Dezember 2018, zuletzt am 2. September 2023 abgerufen unter https://dergigi.com/2018/12/21/philosophical-teachings-of-bitcoin/

ders.: Bitcoin's Energy Consumption, A shift in perspective, 10. Juni 2018, zuletzt am 2. September 2023 abgerufen unter https://dergigi.com/2018/06/10/bitcoin-s-energy-consumption/

Giglio, Francesco: Condictio proprietaria und europäisches Bereicherungsrecht, Eine Untersuchung auf rechtshistorischer und rechtsvergleichender Basis mit besonderer Berücksichtigung des deutschen und italienischen Rechts, Berlin 2000, zugl. Jur. Diss. Osnabrück 1998

Giorgianno, Michaela: L'arricchimento senza causa nel diritto italiano e tedesco, Una regola e due sistemi a confronto, in Riv. dir. comm. 2005, 501–539

Girino, Emilio: Criptovalute, Un problema di legalità funzionale, in Dir. banc. 2018, 733–769

Gitti, Gregorio: Emissione e circolazione di criptoattività tra tipicità e atipicità nei nuovi mercati finanziari, in Banca, borsa, tit. cred. 2020, 13–40

Giudici, Paola: Insolvenza di un ‚custodial marketplace' di valute virtuali e tutela dei clienti, in Le Società 2020, 588–592

Giuliano, Massimo: Le risorse digitali nel paradigma dell'art. 810 cod. civ. ai tempi della blockchain
  – Parte prima, in NGCC 2021, 1214–1226
  – Parte seconda, in NGCC 2021, 1456–1466

Giusti, Alberto/Scarpa, Antonio: Le azioni possessorie e di nunciazione, Artt. 1168–1172, in Schlesinger, Pietro (Begr.)/Busnelli, Francesco D. (Hrsg.), Il Codice Civile Commentario, 2. Auflage, Mailand 2015

Götting, Horst-Peter: Gewerblicher Rechtsschutz, Patent-, Gebrauchsmuster-, Design- und Markenrecht, Ein Studienbuch, 11. Auflage, München 2020

ders.: Der Begriff des Geistigen Eigentums, in GRUR 2006, 353–358

Government Office for Science (Hrsg.): Distributed Ledger Technology: beyond block chain, A report by the UK Government Chief Scientific Adviser, 19. Januar 2016, zuletzt am 2. September 2023 abgerufen unter https://assets.publishing.service.gov.uk/government/uploads/system/uploads/attachment_data/file/492972/gs-16-1-distributed-ledger-technology.pdf

Graham-Siegenthaler, Barbara/Furrer, Andreas: The Position of Blockchain Technology and Bitcoin in Swiss Law, in Jusletter 8. Mai 2017, zuletzt am 2. September 2023 abgerufen unter https://jusletter.weblaw.ch/juslissues/2017/891/the-position-of-bloc_6c88d13bf7.html

Graham, Robert: Deconstructing that $69million NFT, 20. März 2021, zuletzt am 2. September 2023 abgerufen unter https://blog.erratasec.com/2021/03/deconstructing-that-69million-nft.html

Gretton, Geroge L.: Ownership and its Objects, in RabelsZ 71 (2007), 802–851

Grieger, Max J./Poser, Till v./Kremer, Kai: Die rechtswissenschaftliche Terminologie auf dem Gebiet der Distributed-Ledger-Technology, in ZfDR 2021, 394–410

Grigo, Julian/Hansen, Patrick/Patz, Anika/Wachter, Victor v.: Decentralized Finance (DeFi), A new Fintech Revolution?, Berlin 2020, zuletzt am 2. September 2023 abgerufen unter https://www.bitkom.org/sites/default/files/2020-07/200729_whitepaper_decentralized-finance.pdf

Grzywotz, Johanna: Virtuelle Kryptowährungen und Geldwäsche, Berlin 2019, zugl. Jur. Diss. Erlangen-Nürnberg 2018

Guntermann, Lisa M.: Non Fungible Token als Herausforderung für das Sachenrecht, in RDi 2022, 200–208

Gursky, Karl-Heinz: Der Vindikationsanspruch und § 281 BGB, in JURA 2004, 433–438

Habersack, Mathias: Die Mitgliedschaft – subjektives und ‚sonstiges' Recht, Tübingen 1996, zugleich Jur. Habil. Heidelberg 1995

Hacker, Philipp/Thomale, Chris: Crypto-Securities Regulation: ICOs, Token Sales and Cryptocurrencies under EU Financial Law, 22. November 2017, zuletzt am 2. September 2023 abgerufen unter https://ssrn.com/abstract=3075820

Handbuch des Kapitalanlagerechts (HdB-KapAnlR): Assmann, Heinz-Dieter/Schütze, Rolf A./Buck-Heeb, Petra (Hrsg.), 5. Auflage, München 2020

Hanten, Mathias/Sacarcelik, Osman: Zivilrechtliche Einordnung von Kryptowährungen und ICO-Token und ihre Folgen, in RdF 2019, 124–131

Hartung, Frank: Besitz und Sachherrschaft, Berlin 2001, zugleich Jur. Diss. Bochum 1997/98

Hayes, Adam: What Happens to Bitcoin After All 21 Million Are Mined?, 17. Dezember 2020, zuletzt am 2. September 2023 abgerufen unter https://www.investopedia.com/tech/what-happens-bitcoin-after-21-million-mined/

Heck, Philipp: Grundriss des Sachenrechts, Tübingen 1930 (Neudruck 1960)

Heckelmann, Martin: Zulässigkeit und Handhabung von Smart Contracts, in NJW 2018, 504–510

Hecker, Damian: Eigentum als Sachherrschaft, Zur Genese und Kritik eines besonderen Herrschaftsanspruchs, Paderborn et al. 1990, zugl. Jur. Diss. Freiburg 1988

Hedinger, Martin P.: System des Besitzrechtes, Bern 1985, zugl. Jur. Diss. Bern 1983

Heinemeyer, Susanne: Der Grundsatz der Akzessorietät bei Kreditsicherungsrechten, Berlin 2017, zugl. Jur. Habil. Mainz 2016

Hellgardt, Alexander: Regelungsziele im Privatrecht, in Möslein, Florian (Hrsg.), Regelsetzung im Privatrecht, Tübingen 2019, S. 121–135

ders.: Regulierung und Privatrecht, Staatliche Verhaltenssteuerung mittels Privatrecht und ihre Bedeutung für Rechtswissenschaft, Gesetzgebung und Rechtsanwendung, Tübingen 2016, zugleich Jur. Habil. München 2015

Hillemann, Dennis: Bitcoin und andere Kryptowährungen – Eigentum i.S.d. Art. 14 GG? (Art. 14 GG), Wie Kryptowährungen Grundrechtsschutz genießen, in CR 2019, 830–836

Hillmann, Frederik: Die Blockchain-Aktie, voraussichtlich Jur. Diss. Marburg 2023 (wird voraussichtlich 2024 veröffentlicht)

Hingst, Kai-Michael/Neumann, Karl-Alexander: Bargeld im Recht, Zivil- und verfassungsrechtliche Dimensionen einer Bargeldabschaffung, in Boele-Woelki, Katharina/Faust, Florian/Jacobs, Matthias/Kuntz, Thilo/Röthel, Anne/Thorn, Karsten/Weitemeyer, Birgit (Hrsg.), Festschrift für Karsten Schmidt zum 80. Geburtstag, Band 1, München 2019, S. 465–485

Historisch-kritischer Kommentar zum BGB (HKK): Schmoeckel, Mathias/Rückert, Joachim/Zimmermann, Reinhard (Hrsg.), Band I Allgemeiner Teil §§ 1–240, Tübingen 2003

Hoeren, Thomas/Prinz, Wolfgang: Das Kunstwerk im Zeitalter der technischen Reproduzierbarkeit – NFTs (Non-Fungible Tokens) in rechtlicher Hinsicht, Was Blockchain-Anwendungen für den digitalen Kunstmarkt bewirken können, in CR 2021, 565–572

Hoeren, Thomas: Datenbesitz statt Dateneigentum, Erste Ansätze zur Neuausrichtung der Diskussion um die Zuordnung von Daten, in MMR 2019, 5–8

Hoffmann, Dirk W.: Grundlagen der Technischen Informatik, 6. Auflage, München 2020

Hoffmann, Jan F.: Zum vermögensrechtlichen Schutz absoluter und relativer Rechtspositionen an der Schnittstelle zum Immaterialgüterrecht, in JURA 2014, 71–80

Hoffmann-Riem, Wolfgang: Digitale Disruption und Transformation, Herausforderungen für Recht und Rechtswissenschaft, in Eifert, Martin (Hrsg.): Digitale Disruption und Recht,

Workshop zu Ehren des 80. Geburtstags von Wolfgang Hoffmann-Riem, Baden-Baden 2020, S. 143–195
ders.: Innovation und Recht – Recht und Innovation, Recht im Ensemble seiner Kontexte, Tübingen 2016
Hofmann, Franz: ‚Absolute Rechte' an Daten – immaterialgüterrechtliche Perspektive, in Pertot, Tereza (Hrsg.), Rechte an Daten, Tübingen 2020, S. 9–31
ders.: Smart contracts und Overenforcement, Analytische Überlegungen zum Verhältnis von Rechtszuweisung und Rechtsdurchsetzung, in Fries, Martin/Paal, Boris P. (Hrsg.), Smart Contracts, Tübingen 2019, S. 125–140
ders.: Der Unterlassungsanspruch als Rechtsbehelf, Tübingen 2017, zugl. Jur. Habil. München 2016
Hofmann, Franz/Raue, Benjamin/Zech, Herbert: Eigentum in der digitalen Gesellschaft, in Hofmann, Franz/Raue, Benjamin/Zech, Herbert (Hrsg.), Eigentum in der digitalen Gesellschaft, Tübingen 2022, S. 1–8
Höhlein, Thomas/Weiß, Hagen: Krypto-Assets, ICO und Blockchain: prospektrechtliche Perspektive und aufsichtsrechtliche Praxis, in RdF 2019, 116–123
Hüffer, Uwe: Gesellschaftsrechtliche Mitgliedschaften als Gegenstand absoluter subjektiver Rechte, in Chiusi, Tiziana J./Gergen, Thomas/Jung, Heike (Hrsg.), Das Recht und seine historischen Grundlagen, Festschrift für Elmar Wadle zum 70. Geburtstag, Berlin 2008, S. 387–406
ders.: Die Eingriffskondiktion, in JuS 1981, 263–268
International Telecommunication Union (ITU): Technical Specification FG DLT D1.1, Distributed ledger technology terms and definitions, zuletzt am 2. September 2023 abgerufen unter https://www.itu.int/en/ITU-T/focusgroups/dlt/Documents/d11.pdf
International Token Standardization Association (ITSA): What we do, zuletzt am 2. September 2023 abgerufen unter https://my.itsa.global/what-we-do
dies.: The International Token Classification by ITSA: A Guidance Tool for the Global Token Markets, 28. April 2021, zuletzt am 2. September 2023 abgerufen unter https://itsa-global.medium.com/the-international-token-classification-by-itsa-a-guidance-tool-for-the-global-token-markets-43d43e51473
Iorio, Giovanni: Corsi di diritto privato, 2. Auflage, Turin 2016
Jacobs, Matthias/Arndt, Johannes: Bitcoins in der Zwangsvollstreckung, in Boele-Woelki, Katharina/Faust, Florian/Jacobs, Matthias/Kuntz, Thilo/Röthel, Anne/Thorn, Karsten/Weitemeyer, Birgit (Hrsg.), Festschrift für Karsten Schmidt zum 80. Geburtstag, Band 1, München 2019, S. 559–575
Jänich, Volker: Geistiges Eigentum – eine Komplementärerscheinung zum Sacheigentum?, Tübingen 2002, zugleich Jur. Habil. Osnabrück 2000
Jansen, Nils: Gesetzliche Schuldverhältnisse, Eine historische Analyse, in AcP 216 (2016), 112–233
Jauernig, Othmar (Begr.)/*Stürner, Rolf*: Bürgerliches Gesetzbuch mit Rom-I-VO, Rom-II-VO, Rom-III-VO, EG-UnthVO/HUntProt und EuErbVO, Kommentar, 18. Auflage, München 2021
Jentzsch, Christoph: The History of the DAO and Lessons Learned, 24. August 2016, zuletzt am 2. September 2023 abgerufen unter https://blog.slock.it/the-history-of-the-dao-and-lessons-learned-d06740f8cfa5
Jhering, Rudolf v.: Über den Grund des Besitzschutzes, Eine Revision der Lehre vom Besitz, 2. Auflage, Jena 1869
ders.: Beiträge zur Lehre vom Besitz, in JherJb 1868, 1–196

John, David: Zur Sachqualität und Eigentumsfähigkeit von Kryptotoken, Eine dogmatische (Neu)Betrachtung, in BKR 2020, 76–81

Johnston, David/Zimmermann, Reinhard: Unjustified enrichment: surveying the landscape, in Johnston, David/Zimmermann, Reinhard (Hrsg.), The Comparative Law of Unjustified Enrichment, Cambridge 2002, S. 3–33

Johow, Reinhold: Entwurf eines bürgerlichen Gesetzbuches für das Deutsche Reich, Buch Sachenrecht, Begründung, Vorlage des Redaktors R. Johow, Erster Band, Berlin 1880

Jünemann, Michael/Wirtz, Johannes: ICO: Rechtliche Einordnung von Token, Teil 1, in RfgK 2018, 1117–1121

Kainer, Friedemann: Sachenrecht, Mobiliar- und Immobiliarsachenrecht, Baden-Baden 2021

Kannengießer, Niclas/Lins, Sebastian/Dehling, Tobias/Sunyaev, Ali: What Does Not Fit Can be Made to Fit!, Trade-Offs in Distributed Ledger Technology Designs, in Proceedings of the 52nd Hawaii International Conference on System Services (HICSS) 2019, 7069–7078, DOI 10.24251/HICSS.2019.848

Kastrenakes, Jacob: Your Million-Dollar NFT Can Break Tomorrow If You're Not Careful, in The Verge, 25. März 2021, zuletzt am 2. September 2023 abgerufen unter https://www.theverge.com/2021/3/25/22349242/nft-metadata-explained-art-crypto-urls-links-ipfs

Katzenstein, Matthias: Übergang vom vindikatorischen Herausgabeanspruch auf Schadensersatz nach § 281 BGB?, in AcP 206 (2006), 96–135

Kaulartz, Markus: Die Blockchain-Technologie, Hintergründe zur Distributed Ledger Technology und zu Blockchains, in CR 2016, 474–480

Kaulartz, Markus/Heckmann, Jörn: Smart Contracts – Anwendungen der Blockchain-Technologie, in CR 2016, 618–624

Kaulartz, Markus/Hirzle, Katharina/Holl, Benedikt: Tokenisierung durch das Auslobungsmodell, in RDi 2022, 324–332

Kaulartz, Markus/Matzke, Robin: Die Tokenisierung des Rechts, in NJW 2018, 3278–3283

Keding, Sebastian: Die aufsichtsrechtliche Behandlung von Machine-to-Machine-Zahlungen unter Rückgriff auf Peer-to-Peer-Netzwerke, in WM 2018, 64–72

Kerkemeyer, Andreas: Blockchain-Transaktionen im Internationalen Recht, in ZHR 2020, 793–829

Kevekordes, Johannes: Daten als Gegenstand absoluter Zuordnung, Ein besitzrechtlicher Ansatz, Berlin 2022

Khalifa, Amr M./Bahaa-Eldin, Ayman M./Aly Sobh, Mohamed: Blockchain and its Alternative Distributed Ledgers, A Survey, in 2019 14th International Conference on Computer Engineering and Systems (ICCES), Kairo 2019, S. 118–125, DOI 10.1109/ICCES48960.2019.9068183

Kindler, Peter: Einführung in das italienische Recht, 2. Auflage, München 2008

Kischel, Uwe: Rechtsvergleichung, München 2015

Klein, Manuel/Gross, Jonas/Sandner, Philipp: The Digital Euro and the Role of DLT for Central Bank Digital Currencies, FSBC Working Paper, Frankfurt Mai 2020, zuletzt am 2. September 2023 abgerufen unter http://explore-ip.com/2020_The-Digital-Euro-and-the-Role-of-DLT-for-Central-Bank-Digital-Currencies.pdf

Kleinert, Ursula/Mayer, Volker: Der deutsche Weg zum elektronischen Wertpapier, Der Referentenentwurf für das eWpG, in EuZW 2020, 1059–1064

Kleinheyer, Gerd: Rechtsgutsverwendung und Bereicherungsausgleich, in JZ 1970, 471–477

Koch, Pamela: Die rechtliche Bewertung virtueller Gegenstände auf Online-Plattformen, in JurPC 2006, WebDok 57

Koch, Philipp: Die ‚Tokenisierung' von Rechtspositionen als digitale Verbriefung, in ZBB 2018, 359–368

Kotlevets, I. D./Ivanova, I. A./Romanov, I. O./Magomedov, S. G./Nikonov, V. V./Pavelev, S. A.: Implementation of directed acyclic graph in blockchain network to improve security and speed of transactions, in IFAC PapersOnLine 2018, 693–696

Kreutz, Peter: Das Objekt und seine Zuordnung, Dogmatisch-historische Studien zum passiven Element des Rechtsverhältnisses, Baden-Baden 2017, zugl. Jur. Habil. Augsburg 2016

Krogh, Marco: Transazioni in valute virtuali e rischi di riciclaggio, Il ruolo del notaio, in Notariato 2018, 155–169

Kuhlmann, Nico: Bitcoins, Funktionsweise und rechtliche Einordnung der digitalen Währung, in CR 2014, 691–696

Kuntz, Thilo: Konsens statt Recht?, Überlegungen zu Chancen und Herausforderungen der Blockchain-Technologie aus juristischer Sicht, in AcP 220 (2020), 51–97

Kusserow, Berthold: Elektronische Schuldverschreibungen und Blockchain-Anleihen im geltenden Recht, in WM 2020, 586–596

Kütük-Markendorf, Merih E.: Recht an Daten in der deutschen Rechtsordnung, Blockchain als Lösungsansatz für eine rechtliche Zuordnung?, in ZD 2018, 409–413

ders.: Rechtliche Einordnung von Internetwährungen im deutschen Rechtssystem am Beispiel von Bitcoin, Frankfurt am Main 2016, zugleich Jur. Diss. Erlangen-Nürnberg 2016

Kütük-Markendorf, Merih E./Sorge, Christoph: Bitcoin im deutschen Vollstreckungsrecht Von der ‚Tulpenmanie' zur ‚Bitcoinmanie', in MMR 2014, 643–646

Ladstätter, Isabella: Benevolent Intervention in another's affairs im Draft Common Frame of Reference, Die Geschäftsführung ohne Auftrag im Rechtsvergleich, zuletzt am 2. September 2023 abgerufen unter https://core.ac.uk/download/11598246.pdf, zugl. Jur. Diss. Wien 2011

Lahusen, Benjamin: Verdinglichung durch Datenschutz, in AcP 221 (2021), 1–31

ders.: Das Sachenrecht der elektronischen Wertpapiere, in RDi 2021, 161–169

Langenbucher, Katja: Digitales Finanzwesen, Vom Bargeld zu virtuellen Währungen, in AcP 218 (2018), 365–429

Lantz, Lorne/Cawrey, Daniel: Mastering Blockchain, Sebastopol (CA) 2020, zuletzt am 2. September 2023 abgerufen unter https://learning.oreilly.com/library/view/mastering-blockchain/9781492054696/

Larenz, Karl: Methodenlehre der Rechtswissenschaft, 6. Auflage, Berlin Heidelberg 1991

ders.: Lehrbuch des Schulrechts, Erster Band Allgemeiner Teil, 14. Auflage, München 1987

ders.: Allgemeiner Teil des Deutschen Bürgerlichen Rechts, 1. Auflage, München 1967

Laschewski, Christian: Der Blockchain-Algorithmus, Eine GoB-konforme digitale Buchführung?, in WPg 2017, 359–366

Lehmann, Matthias: Das Gesetz zur Einführung von elektronischen Wertpapieren, in NJW 2021, 2318–2323

ders.: Zeitenwende im Wertpapierrecht, Der Referentenentwurf für ein Gesetz über elektronische Wertpapiere (eWpG), in BKR 2020, 431–438

ders.: Entmaterialisierung, Entgrenzung und Recht, in ARSP 2012, 263–281

ders.: Anstelle eines Schlussworts, in Leible, Stefan/Lehmann, Matthias/Zech, Herbert (Hrsg.), Unkörperliche Güter im Zivilrecht, Tübingen 2011, S. 283–284

ders.: Finanzinstrumente, Vom Wertpapier- und Sachenrecht zum Recht der unkörperlichen Vermögensgegenstände, Tübingen 2009, zugl. Jur. Habil. Bayreuth 2008

Lehmann, Matthias/Krysa, Felix: Blockchain, Smart Contracts und Token aus der Sicht des (Internationalen) Privatrechts, in BRJ 2019, 90–96

Leistner, Matthias: ‚Immaterialgut' als Flucht aus dem Sachbegriff?, in Leible, Stefan/Lehmann, Matthias/Zech, Herbert (Hrsg.), Unkörperliche Güter im Zivilrecht, Tübingen 2011, S. 201–217

LeMahieu, Colin: Nano, A Feeless Distributed Cryptocurrency Network, zuletzt am 2. September 2023 abgerufen unter https://content.nano.org/whitepaper/Nano_Whitepaper_en.pdf

Lemme, Giuliano/Peluso, Sara: Criptomoneta e distacco dalla moneta legale, Il caso bitcoin, in Dir. banc. 2016, 381–433

Lerch, Marcus P.: Bitcoin als Evolution des Geldes: Herausforderungen, Risiken und Regulierungsfragen, in ZBB 2015, 190–204

Lessig, Lawrence: Code Version 2.0, 2. Auflage, New York (NY) 2006

ders.: Commentaries, The Law of the Horse, What cyberlaw might teach, in Harvard Law Review 113 (1999), 501–546

Lettl, Tobias: Die Beeinträchtigung des Eigentums nach § 1004 I 1 BGB, in JuS 2005, 871–879

Lieder, Jan: Die rechtsgeschäftliche Sukzession, Eine methodenpluralistische Grundlagenuntersuchung zum deutschen Zivilrecht und Zivilprozessrecht sowie zum Internationalen und Europäischen Privatrecht, Tübingen 2015, zugleich Jur. Habil. Jena 2013

Linardatos, Dimitrios: Einwendungen und Ausschlussgründe bei elektronischen Wertpapieren – ein Überblick, in BKR 2022, 486–493

ders.: Autonome und vernetzte Aktanten im Zivilrecht, Tübingen 2021, zugl. Jur. Habil. Mannheim 2021

ders.: Der Mythos vom ‚Realakt' bei der Umbuchung von Bitcoins – Gedanken zur dinglichen Erfassung von Kryptowährungen, in Beyer, Elena/Erler, Katharina/Hartmann, Christoph/Kramme, Malte/Müller, Michael F./Pertot, Tereza/Tuna, Elif/Wilke, Felix M. (Hrsg.), Privatrecht 2050, Blick in die digitale Zukunft, Jahrbuch der Junge Zivilrechtswissenschaft zur 30. Jahrestagung in Bayreuth 2019, Baden-Baden 2020, S. 181–213

ders.: Elektronische Schuldverschreibungen auf den Inhaber – des Wertpapiers neue Kleider, in ZBB 2020, 329–347

Lodi, Andrea: Le criptovalute, in GiustiziaCivile, 9. Oktober 2014

Lohsse, Sebastian: Gutgläubiger Erwerb, mittelbarer Besitz und die Väter des BGB, Die Entstehung des Wertungswiderspruchs zwischen § 933 und § 934 BGB, in AcP 206 (2006), 527–554

Lorenz, Stephan: Grundwissen – Zivilrecht, Die besonderen Eingriffskondiktionen nach § 816 BGB, in JuS 2018, 654–656

Low, Kelvin F./Teo, Ernie G.: Bitcoins and other cryptocurrencies as property?, in Law, Innovation and Technology 2017, 235–268, DOI 10.1080/17579961.2017.1377915

Lukas, Arnold J.: Zivilrechtliche Probleme um digitale Token: Die Blockchain und ihre Werte, 28. März 2019, SSRN 3361976, zuletzt am 2. September 2023 abgerufen unter https://papers.ssrn.com/sol3/papers.cfm?abstract_id=3361976

Lutter, Marcus: Theorie der Mitgliedschaft, Prolegomena zu einem Allgemeinen Teil des Korporationsrechts, in AcP 180 (1980), 84–159

Maltese, Domenico: La nuova frontiera della tutela dell'interesse legittimo (alla luce della sentenza sez. un. n. 500/1999 e della legge n. 205/2000), in Riv. dir. civ. 2001, 531–545

Mancini, Marco: Valute virtuali e Bitcoin, in Anal. giur. econ. 2015, 117–138

Mancini, Novella: Bitcoin, Rischi e difficoltà normative, in Banca impr. soc. 2016, 111–139

Mangoldt, Hermann v. (Begr.)/*Klein, Friedrich/Starck, Christian*: Kommentar zum Grundgesetz: GG, Band 1, Präambel, Art. 1–19, 7. Auflage, München 2018

Marsano, Isabella: Arricchimento senza causa, in NGCC 2002, 537–561

Martini, Mario/Kolain, Michael/Neumann, Katja/Rehorst, Tobias/Wagner, David: Datenhoheit, Annäherung an einen offenen Leitbegriff, in MMR-Beilage 2021, 3–23

Mattei, Ugo: I diritti reali, La proprietà, 2. Auflage, Assago 2015

Matzke, Robin: Elektronische Wertpapiere, Stellungnahme zum Referentenentwurf vom 23.7.2020, 11. September 2020, zuletzt am 2. September 2023 abgerufen unter https://www.bundesfinanzministerium.de/Content/DE/Gesetzestexte/Gesetze_Gesetzesvorhaben/Abteilungen/Abteilung_VII/19_Legislaturperiode/2021-06-09-einfuehrung-elektronische-wertpapiere/Stellungnahme-rechtsanwalt-rm.pdf?__blob=publicationFile&v=1

ders.: Smart Contracts statt Zwangsvollstreckung?, Zu den Chancen und Risiken der digitalisierten privaten Rechtsdurchsetzung, in Fries, Martin/Paal, Boris P. (Hrsg.), Smart Contracts, Tübingen 2019, S. 99–116

Maupin, Julie: Mapping the Global Legal Landscape of Blockchain and other Distributed Ledger Technologies, CIGI Papers No. 149, Oktober 2017, zuletzt am 2. September 2023 abgerufen unter https://www.cigionline.org/sites/default/files/documents/Paper%20no.149.pdf

Maute, Lena: Responsio – Warum die Übertragung von Bitcoins kein dingliches Rechtsgeschäft erfordert, in Beyer, Elena/Erler, Katharina/Hartmann, Christoph/Kramme, Malte/Müller, Michael F./Pertot, Tereza/Tuna, Elif/Wilke, Felix M. (Hrsg.), Privatrecht 2050, Blick in die digitale Zukunft, Jahrbuch der Junge Zivilrechtswissenschaft zur 30. Jahrestagung in Bayreuth 2019, Baden-Baden 2020, S. 215–226

Mayr, Robert v.: Der Bereicherungsanspruch des deutschen bürgerlichen Rechtes, Leipzig 1903

Mazzamuto, Salvatore: Spunti in tema di danno ingiusto e di danno meramente patrimoniale, in Europa e dir. priv. 2008, 349–400

Meier, Johannes: Anm. zu OLG Düsseldorf: Kryptowerte in der Zwangsvollstreckung – Bitcoins, in RDi 2021, 504–507

ders.: Elektronische Wertpapiere in der Zwangsvollstreckung, Eine Vollstreckung in Forderungen und Vermögensrechte, in MMR 2021, 381–385

Merkt, Hanno: Entwicklungen in Theorie und Praxis der Verbandsmitgliedschaft, in ZfPW 2018, 300–327

Messinetti, Davide: Oggettività giuridica delle cose incorporali, Mailand 1970

Micheler, Eva: Wertpapierrecht und Sachbegriff, Zur dogmatischen Einordnung von Effekten, in Leible, Stefan/Lehmann, Matthias/Zech, Herbert (Hrsg.), Unkörperliche Güter im Zivilrecht, Tübingen 2011, S. 129–171

Michi, Costanza: Criptovalute e capitale sociale: un binomio imperfetto?, in Banca, borsa, tit. cred. 2019, 604–635

Monti, Andrea: Per un'analisi critica della natura giuridica delle criptovalute, in Rag. prat. 2018, 361–377

Morone, Remo: Smart Properties, in Tullio, Giordano Marco/Battaglini, Raffaele (Hrsg.), Blockchain e Smart Contract, Funzionamento, profili giuridici e internazionali, applicazione pratiche, Mailand 2019, S. 447–456

Möslein, Florian: Smart Contracts im Zivil- und Handelsrecht, in ZHR 2019, 254–294

Möslein, Florian/Omlor, Sebastian/Urbach, Nils: Grundfragen eines Blockchain-Kapitalgesellschaftsrechts, in ZIP 2020, 2149–2164

Mossu, Monica/Spada, Paolo: Dalla ricchezza assente alla ricchezza inesistente, Divagazioni del giurista sul mercato finanziario, in Banca, borsa, tit. cred. 2010, 401–417

Motive zu dem Entwurfe eines Bürgerlichen Gesetzbuches für das Deutsche Reich (Mot): Band 3 Sachenrecht, Berlin 1888

Moura Vicente, Dário: Unkörperliche Güter im romanischen Rechtskreis, in Leible, Stefan/Lehmann, Matthias/Zech, Herbert (Hrsg.), Unkörperliche Güter im Zivilrecht, Tübingen 2011, S. 75–93

Müller, Luka/Glarner, Andreas/Linder, Thomas/Meyer, Stephan D./Furrer, Andreas/Gschwend, Christine/Henschel, Peter: Conceptual Framework for Legal and Risk Assessment of Crypto Tokens, Classification of decentralized blockchain-based assets, 2. Version, 1. Mai 2018, zuletzt am 2. September 2023 abgerufen unter https://www.mme.ch/en/magazine/articles/framework-for-assessment-of-crypto-tokens

Müller, Michael/Pieper, Christian (Hrsg.): Gesetz über elektronische Wertpapiere (eWpG), Kommentar, München 2022

Müller, Therese: Besitzschutz in Europa, Eine rechtsvergleichende Untersuchung über den zivilrechtlichen Schutz der tatsächlichen Sachherrschaft, Tübingen 2010, zugl. Jur. Diss. Freiburg 2009

Multimedia-Recht, Rechtsfragen des elektronischen Geschäftsverkehrs (MMR): Hoeren, Thomas/Sieber, Ulrich/Holznagel, Bernd (Hrsg.), München April 2020

Münchener Kommentar zum Bürgerlichen Gesetzbuch (MüKoBGB): Säcker, Franz J./Rixecker, Roland/Oetker, Hartmut/Limperg, Bettina (Hrsg.)
 – Band 1: Allgemeiner Teil, 8. Auflage, München 2018
 – Band 7: Schuldrecht, Besonderer Teil IV, 8. Auflage, München 2020
 – Band 8: Sachenrecht, 8. Auflage, München 2020
 – Band 12: Internationales Privatrecht I, Europäisches Kollisionsrecht, Einführungsgesetz zum Bürgerlichen Gesetzbuche (Art. 1–26), 8. Auflage, München 2020
 – Band 13: Internationales Privatrecht II, Internationales Wirtschaftsrecht, Einführungsgesetz zum Bürgerlichen Gesetzbuche (Art. 50–253), 8. Auflage, München 2021

Münchener Kommentar zum Handelsgesetzbuch (MüKoHGB): Schmidt, Karsten/Ebke, Werner F. (Hrsg.), Band 6: Bankvertragsrecht, 4. Auflage, München 2019

Nakamoto, Satoshi: Bitcoin: A Peer-to-Peer Electronic Cash System, zuletzt am 2. September 2023 abgerufen unter https://bitcoin.org/bitcoin.pdf

Narayanan, Arvind/Bonneau, Joseph/Felten, Edward/Miller, Andrew/Goldfeder, Steven: Bitcoin and Cryptocurrency Technologies, A Comprehensive Introduction, Princeton (NJ) 2016

Natale, Manuela: Dal ‚cripto-conferimento' al ‚cripto-capitale'?, in Banca, borsa, tit. cred. 2019, 741–756

Neuner, Jörg: Allgemeiner Teil des Bürgerlichen Rechts, 12. Auflage, München 2020

Nguyen, Hugo: Proof-of-Stake & the Wrong Engineering Mindset, 18. März 2018, zuletzt am 2. September 2023 abgerufen unter https://hugonguyen.medium.com/proof-of-stake-the-wrong-engineering-mindset-15e641ab65a2

Nicolussi, Andrea: Diritto soggettivo e rapporto giuridico, Cenni di teoria generale tra diritto privato e diritto pubblico, in Eur. dir. civ. 2014, 1191–1235

Noack, Ulrich: Globalurkunde und unverkörperte Mitgliedschaften bei der kleinen Aktiengesellschaft, in Wank, Rolf (Hrsg.), Festschrift für Herbert Wiedemann zum 70. Geburtstag, München 2002, S. 1141–1159

Ohly, Ansgar: Gibt es einen Numerus clausus der Immaterialgüterrechte?, in Ohly, Ansgar/Bodewig, Theo/Dreier, Thomas/Götting, Horst-Peter/Haedicke, Maximilian/Lehmann, Michael (Hrsg.), Perspektiven des Geistigen Eigentums und Wettbewerbsrechts, Festschrift für Gerhard Schricker zum 70. Geburtstag, München 2005, S. 105–121

ders.: Geistiges Eigentum?, in JZ 2003, 545–554

Omlor, Sebastian: Re- statt Dematerialisierung des Sachenrechts, in RDi 2021, 236–241

ders.: Verfügungen über elektronische Wertpapiere, in Omlor, Sebastian/Möslein, Florian/Grundmann, Stefan (Hrsg.), Elektronische Wertpapiere, Tübingen 2021, S. 137–156

ders.: Digitales Eigentum an Blockchain-Token – rechtsvergleichende Entwicklungslinien, in ZVglRWiss 119 (2020), 41–58

ders.: Kryptowährungen im Geldrecht, in ZHR 2019, 294–346

ders.: Geld und Währung als Digitalisate, Normative Kraft des Faktischen und Geldrechtsordnung, in JZ 2017, 754–763

ders.: Geldprivatrecht, Entmaterialisierung, Europäisierung, Entwertung, Tübingen 2014, zugleich Jur. Habil. Saarbrücken 2013

Omlor, Sebastian/Gies, Christian: Der Besitz und sein Schutz im System des BGB, in JuS 2013, 12–17

Omlor, Sebastian/Link, Mathias: Kryptowährungen und Token, Frankfurt am Main 2021

Omlor, Sebastian/Wilke, Hans/Blöcher, Tim: Zukunftsfinanzierungsgesetz, Fortschritt durch Blockchain-Wertrechte und ein Privatrecht der Token, in MMR 2022, 1044–1048

Ordano, Esteban/Meilich, Ariel/Jardi, Yemel/Araoz, Manuel: Decentraland White Paper, März 2017, zuletzt am 2. September 2023 abgerufen unter https://decentraland.org/whitepaper.pdf

Oster, Jan: Code is code and law is law – the law of digitalization and the digitalization of law, in IJLIT 2021, 101–117

Osterloh-Konrad, Christine: Eigentum in der digitalen Gesellschaft: eine rechtsphilosophische Perspektive, in Hofmann, Franz/Raue, Benjamin/Zech, Herbert (Hrsg.), Eigentum in der digitalen Gesellschaft, Tübingen 2022, S. 9–17

Pałka, Przemysław: Virtual Property, Towards a General Theory, CADMUS EUI Research Repository, zuletzt am 2. September 2023 abgerufen unter http://hdl.handle.net/1814/49664, zugleich Jur. Diss. Florenz 2017

ders.: Redefining ‚Property' in the Digital Era, When online, do as the Romans did, in EUI LAW 2016/08, zuletzt am 2. September 2023 abgerufen unter http://hdl.handle.net/1814/40366

Panwar, Arvind/Bhatnagar, Vishal: Distributed Ledger Technology (DLT), The Beginning of a Technological Revolution for Blockchain, in 2nd International Conference on Data, Engineering and Applications (IDEA), Bhopal 2020, S. 1–5, DOI 10.1109/IDEA49133.2020.9170699

Passaretta, Mario: Valute virtuali, Prodotti e strumenti finanziari, in Cassano, Giuseppe/Di Ciommo, Francesco/Rubino De Ritis, Massimo (Hrsg.): Bance, intermediari e fintech, I nuovi strumenti digitali in ambito finanziario, Mailand 2021, S. 401–435

ders.: Le valute virtuali in una prospettiva di diritto privato: tra strumenti di pagamento, forme alternative di investimento e titoli impropri, in Capaccioli, Stefano (Hrsg.): Criptoattività, criptovalute e bitcoin, Mailand 2021, S. 95–115

ders.: Servizi di custodia e gestione di criptovalute, Il fallimento del prestatore di servizi di deposito, in GiustiziaCivile 10. Juni 2020

ders.: Il primo intervento del legislatore italiano in materia di ‚valute virtuali', in Nuove leggi civ. 2018, 1171–1193

ders.: Bitcoin, Il leading case italiano, in Banca, borsa, tit. cred. 2017, 471–482

Patti, Salvatore: Una nuova lettura degli articoli 1140 e seguenti c.c., in Riv. dir. civ. 2003, 149–166

Paulus, Christoph G.: § 90 BGB, das Sachenrecht und die Digitalisierung der Welt, in Boele-Woelki, Katharina/Faust, Florian/Jacobs, Matthias/Kuntz, Thilo/Röthel, Anne/Thorn, Karsten/Weitemeyer, Birgit (Hrsg.), Festschrift für Karsten Schmidt zum 80. Geburtstag, Band 2, München 2019, S. 119–130

ders.: Verbindungslinien zwischen altem und neuem Recht, in Schermaier, Martin J. (Hrsg.), Iurisprudentia universalis, Festschrift für Theo Mayer-Maly zum 70. Geburtstag, Köln 2002, S. 563–573

Paulus, David: Was ist eigentlich… eine Blockchain?, in JuS 2019, 1049–1050

Paulus, David/Matzke, Robin: Smart Contracts und das BGB – Viel Lärm um nichts?, in ZfPW 2018, 431–465

Pervez, Huma/Muneeb, Muhammad/Irfan, Muhammad U./Ul Haq, Irfan: A Comparative Analysis of DAG-based Blockchain Architectures, in 2018 12th International Conference on Open Source Systems and Technologies (ICOSST), Lahore 2018, S. 27–34, DOI 10.1109/ICOSST.2018.8632193

Pesch, Paulina J.: Cryptocoin-Schulden, Haftung und Risikoverteilung bei der Verschaffung von Bitcoins und Alt-Coins, München 2017, zugl. Jur. Diss. Münster 2017

Peukert, Alexander: Drei Entstehungsbedingungen des Urheberrechts und seines Schutzgegenstands, in Meder, Stephan (Hrsg.), Geschichte und Zukunft des Urheberrechts, Göttingen 2018, S. 127–145, zugleich Arbeitspapier des Fachbereichs Rechtswissenschaft der Goethe-Universität Frankfurt am Main Nr. 2/2020

ders.: Güterzuordnung als Rechtsprinzip, Tübingen 2008, zugleich Jur. Habil. München 2008

Pfister, Bernhard: Das technische Geheimnis ‚Know How' als Vermögensrecht, München 1974, zugleich Jur. Habil. München 1972/73

Picker, Eduard: Der vindikatorische Herausgabeanspruch, in Canaris, Claus-Wilhelm/Heldrich, Andreas (Hrsg.), 50 Jahre Bundesgerichtshof, Band 1, Bürgerliches Recht, München 2000, S. 693–752

ders.: Der negatorische Beseitigungsanspruch, Bonn 1972, zugl. Jur. Diss. Bonn 1971

Pinger, Winfried: Funktion und dogmatische Einordnung des Eigentümer-Besitzer-Verhältnisses, Die §§ 987–1003 als wechselseitig haftungsverschärfendes Schuldverhältnis, München 1973, zugl. Jur. Habil. Köln 1972/73

Piraino, Fabrizio: Sulla nozione di bene giuridico in diritto privato, in Riv. crit. dir. priv. 2012, 459–494

Plettenberg, Stephan v.: Smart Locks und verbotene Eigenmacht, Jur. Diss. Passau (wird voraussichtlich 2024 veröffentlicht)

Popescu, Andrei-Dragoș: Decentralized Finance (DeFi), The Lego of Finance, in Social Sciences and Education Research Review (SSERR) 2020, 321–349, zuletzt am 2. September 2023 abgerufen unter https://sserr.ro/wp-content/uploads/2020/07/SSERR_2020_7_1_321_349.pdf

Popov, Serguei: The Tangle, Version 1.4.3, 30. April 2018, zuletzt am 2. September 2023 abgerufen unter https://www.iota.org/foundation/research-papers

Preuße, Thomas/Wöckener, Karsten/Gillenkirch, Daniel: Der Gesetzesentwurf zur Einführung elektronischer Wertpapiere, Überblick und Bewertung der zukünftigen Rechtslage mit Blick auf die Rechtsordnungen in Frankreich und Luxemburg, in BKR 2020, 551–5598

Prinz, Wolfgang: NFT – Was passiert da eigentlich?, 12. April 2021, zuletzt am 2. September 2023 abgerufen unter https://www.linkedin.com/pulse/nft-passiert-da-eigentlich-wolfgang-prinz/

Psczolla, Jan-Peter: Virtuelle Gegenstände als Objekte der Rechtsordnung, in JurPC 2009, WebDok 17

Pugliatti, Salvatore: Beni e cose in senso giuridico, Mailand 1962

Radix: What is a token?, 16. Juli 2021, zuletzt am 2. September 2023 abgerufen unter https://learn.radixdlt.com/article/what-is-a-token

dies.: Radix DeFi White paper, Delivering Security, Interoperability, Incentives and Scale for DeFi, v1.0, 13. August 2020, zuletzt am 2. September 2023 abgerufen unter https://assets.website-files.com/6053f7fca5bf627283b582c2/60870dd57116a30d877abe57_DeFi-Whitepaper-v1.0-3.pdf

Rauer, Nils/Bibi, Alexander: Non-fungible Tokens, Was können sie wirklich?, in ZUM 2022, 20–31

Rechtshandbuch E-Commerce (RHdB-E-Commerce): Bräutigam, Peter/Rücker, Daniel (Hrsg.), München 2017

Rechtshandbuch Kryptowerte, Blockchain, Tokenisierung, ICOs (RHdB-Kryptowerte): Maume, Philipp/Maute, Lena (Hrsg.), München 2020

Rechtshandbuch Smart Contracts (RHdB-SmartContracts): Braegelmann, Tom/Kaulartz, Markus (Hrsg.), München 2019

Redeker, Helmut: Software – ein besonderes Gut, in NJOZ 2017–2926

ders.: Information als eigenständiges Rechtsgut, Zur Rechtsnatur der Information und dem daraus resultierenden Schutz, in CR 2011, 634–639

Regierung des Fürstentums Liechtenstein: Bericht und Antrag der Regierung an den Landtag des Fürstentums Liechtenstein betreffend die Schaffung eines Gesetzes über Token und VT-Dienstleister (Token- und VT-Dienstleister-Gesetz; TVTG) und die Abänderung weiterer Gesetze, Nr. 54/2019, 7. Mai 2019, zuletzt am 2. September 2023 abgerufen unter https://bua.regierung.li/BuA/default.aspx?nr=54&year=2019

Rehbinder, Manfred/Peukert, Alexander: Urheberrecht und verwandte Schutzrechte, Ein Studienbuch, 18. Auflage, München 2018

Reimer, Franz: Juristische Methodenlehre, 2. Auflage, Baden-Baden 2020

Reinach, Adolf: Die apriorischen Grundlagen des bürgerlichen Rechtes, in Husserl, Edmund (Hrsg.), Ideen zu einer reinen Phänomenologie und phänomenologischen Philosophie, Band 1, Allgemeine Einführung in die reine Phänomenologie, 2. Auflage, Halle 1922, S. 685–847

Ren, Larry: Proof of Stake Velocity, Building the Social Currency of the Digital Age, April 2014, zuletzt am 2. September 2023 abgerufen unter http://cryptochainuni.com/wp-content/uploads/Reddcoin-Proof-of-Stake-Velocity.pdf, aktualisiert im August 2019 als Reddpaper verfügbar unter https://www.reddcoin.com/reddpaper/

Renner, Moritz: Zwingendes Recht als Teil einer Regelsetzungslehre des Privatrechts, in Möslein, Florian (Hrsg.), Regelsetzung im Privatrecht, Tübingen 2019, S. 165–184

Reuter, Dieter/Martinek, Michael: Ungerechtfertigte Bereicherung
- 1. Auflage, Tübingen 1983
- 2. Teilband, Dreiecksverhältnisse – Bereicherungshaftung – Konkurrenzen – Erkenntnisleitende Grundgedanken – Reformvorstellungen, 2. Auflage, Tübingen 2016

Reyburn, Scott: The $69 Million Beeple NFT Was Bought With Cryptocurrency, in New York Times, 12. März 2021, zuletzt am 2. September 2023 abgerufen unter https://www.nytimes.com/2021/03/12/arts/beeple-nft-buyer-ether.html

Riehm, Thomas: Smart Contracts und verbotene Eigenmacht, in Fries, Martin/Paal, Boris P. (Hrsg.), Smart Contracts, Tübingen 2019, S. 85–98

Rinaldi, Giovanni: Approcci normativi e qualificazione giuridica delle criptomonete, in Contr. e impr. 2019, 257–296

Rinaldo, Carlotta: Die Haftung Dritter in Deutschland und Italien, Eine handelsrechtliche Untersuchung zu Ratingagenturen und PartG, Berlin 2017, zugl. Jur. Diss. Berlin 2015/16

Roth, Herbert: Ansprüche auf Rechtsfortsetzung und Mitverschulden, in AcP 180 (1980), 263–299

Rubino De Ritis, Massimo: Obbligazioni pecuniarie in criptomoneta, in GiustiziaCivile, 11. Juli 2018

ders.: Bitcoin, Una moneta senza frontiere e senza padrone? Il recente intervento del legislatore italiano, in GiustiziaCivile, 20. März 2018

Rückert, Christian: Vermögensabschöpfung und Sicherstellung bei Bitcoins, Neue juristische Herausforderungen durch die ungeklärte Rechtsnatur von virtuellen Währungseinheiten, in MMR 2016, 295–300

Rüfner, Thomas: Savigny und der Sachbegriff des BGB, in Leible, Stefan/Lehmann, Matthias/Zech, Herbert (Hrsg.), Unkörperliche Güter im Zivilrecht, Tübingen 2011, S. 33–48

Rulli, Edoardo: Incorporazione senza res e dematerializzazione senza accentratore, Appunti sui token, in ODC 2019, 121–150

Ruperto, Cesare: La giurisprudenza sul codice civile, Coordinata con la dottrina, Libro IV: Delle obbligazioni, Artt. 1936–2027, Mailand 2011

Rüthers, Bernd/Fischer, Christian/Birk, Axel: Rechtstheorie und Juristische Methodenlehre, 22. Auflage, München 2020

Sacco, Rudolfo/Caterina, Raffaele: Il possesso, 3. Auflage, Mailand 2014

Saive, David: Das elektronische Konnossement, Umsetzung der Anforderungen aus § 516 Abs. 2 HGB durch funktionsäquivalente Blockchain-Token, Tübingen 2020, zugl. Jur. Diss. Oldenburg 2020

ders.: Blockchain in der Transportwirtschaft, in RdTW 2018, 85–89

Saive, David/Esmer, Melih: Verpfändung und Vollstreckung bei elektronischen Wertpapieren, in NJW 2022, 3038–3043

Salvi, Cesare: Il contenuto del diritto di proprietà, Artt. 832–833, in Schlesinger, Piero/Busnelli, Francesco D. (Hrsg.), Il Codice Civile, Commentario, 2. Auflage, Mailand 2019

Sandei, Claudia: Initial coin offering e appello al pubblico risparmio, in Cian, Marco/Sandei, Claudia (Hrsg.): Diritto del Fintech, Mailand 2020, S. 277–302

dies.: Le initial coin offering nel prisma dell'ordinamento finanziario, in Banca, borsa, tit. cred. 2020, 391–416

Sandulli, Maria A. (Hrsg.): Codice dei Beni Culturali e del Paesaggio, D.Lg. 22 gennaio 2004, n. 42 modificato con i DD.Lg. 24 marzo 2006, nn. 156 e 157, Le Fonti del Diritto Italiano, I Testi Fondamentali Commentati con la Dottrina e Annotati con la Giurisprudenza, Mailand 2006

Savigny, Friedrich C. v.: Das Recht des Besitzes, Eine civilistische Abhandlung
- 5. Auflage, Gießen 1827
- 6. Auflage, Gießen 1837
- 7. Auflage, Wien 1865

ders.: Vom Beruf unsrer Zeit für Gesetzgebung und Rechtswissenschaft, Heidelberg 1814

Scalcione, Raffaele: Gli interventi delle autorità di vigilanza in materia di schemi di valute virtuali, in Anal. giur. econ. 2015, 139–173

Schachtschneider, Karl Albrecht: Das Recht am und das Recht auf Eigentum, Aspekte freiheitlicher Eigentumsgewährleistung, in Isensee, Josef/Lecheler, Helmut (Hrsg.), Freiheit und Eigentum, Festschrift für Walter Leisner zum 70. Geburtstag, Berlin 1999, S. 743–796

Schack, Haimo: Urheber- und Urhebervertragsrecht, 9. Auflage, Tübingen 2019

Schäfer, Frank L.: Schuldrecht Besonderer Teil, Einführung, Baden-Baden 2021

Schapp, Jan: Über die Freiheit im Recht, in AcP 192 (1992), 355–389

Scherer, Peter: Blockchain im Wertpapierbereich, Rechtsfragen der Nutzung von Distributed Ledger Technology (DLT) bei Wertpapieren, ihrem Handel, ihrer Abwicklung und ihrer Verwahrung, Tübingen 2020, zugleich Jur. Diss. Wiesbaden 2019

Schlatt, Vincent/Schweizer, André/Urbach, Nils/Fridgen, Gilbert: Blockchain: Grundlagen, Anwendungen und Potenziale, White Paper, Fraunhofer-Instituts für Angewandte Informationstechnik FIT, Bayreuth 2016, zuletzt am 2. September 2023 abgerufen unter https://www.fit.fraunhofer.de/content/dam/fit/de/documents/Blockchain_WhitePaper_Grundlagen-Anwendungen-Potentiale.pdf

Schlund, Albert/Pongratz, Hans: Distributed-Ledger-Technologie und Kryptowährungen, Eine rechtliche Betrachtung, in DStR 2018, 598–604

Schmidt, Karsten: Anmerkung zu OLG Düsseldorf: Zwangsvollstreckungsrecht: Durchsetzung eines Anspruchs auf Übertragung von Bitcoin, in JuS 2022, 77–78

ders.: Das Recht der Mitgliedschaft, Ist ‚korporatives Denken' passé?, in ZGR 2011, 108–135

ders.: Gesellschaftsrecht, 4. Auflage, Köln 2002

ders.: Die Vereinsmitgliedschaft als Grundlage von Schadensersatzansprüchen, Positive ‚Vertragsverletzung' und ‚sonstiges Recht' im Innenrecht des Vereins, in JZ 1991, 157–162

Scholz, Johannes: Kryptowährungen – Zahlungsmittel, Spekulationsobjekt oder Nullum? Zivilrechtliche und aufsichtsrechtliche Einordnung sowie Bedürfnis und mögliche Ausgestaltung einer Regulierung, in Beiträge zum Transnationalen Wirtschaftsrecht, Heft 162, Halle-Wittenberg Mai 2019

Schrey, Joachim/Thalhofer, Thomas: Rechtliche Aspekte der Blockchain, in NJW 2017, 1431–1436

Schroeder, Moritz: Bitcoin/Virtuelle Währung – reelle Problemstellungen, in JurPC Web-Dok. 104/2014

Schüffel, Patrick/Groeneweg, Nikolaj/Baldegger, Rico: The Crypto Encyclopedia, Coins, Tokens and Digital Assets from A to Z, Bern/Fribourg 2019

Schuppert, Gunnar Folke: Eigentum neu denken, Ein Rechtsinstitut zwischen Wandel und Resilienz, Baden-Baden 2019

Schurr, Francesco A./Layr, Angelika: Emission und Übertragung von DLT-Wertrechten im internationalen Privatrecht Liechtensteins und der Schweiz, in ZVglRWiss 121 (2022), 32–51

Schwennicke, Andreas: Der Ausschluß der Verbriefung der Aktien bei der kleinen Aktiengesellschaft, in AG 2001, 118–125

Scozzafava, Oberdan T.: I beni e le forme giuridiche di appartenenza, Mailand 1982

Seiler, Benedikt/Seiler, Daniel: Sind Kryptowährungen wie Bitcoin (BTC), Ethereum (ETH) und Ripple (XRP) als Sachen im Sinne des ZGB zu behandeln?, in sui-generis 2018, 149–163

Semeraro, Maddalena: Moneta legale, moneta virtuale e rilevanza dei conflitti, in Dir. banc. 2019, 237–257

Shmatenko, Leonid/Möllenkamp, Stefan: Digitale Zahlungsmittel in einer analog geprägten Rechtsordnung, A bit(coin) out of control – Rechtsnatur und schuldrechtliche Behandlung von Kryptowährungen, in MMR 2018, 495–501

Sicchiero, Gianluca: Il contratto di deposito di beni immateriali, *i-cloud* e *files upload*, in Contr. e impr. 2018, 681–713

Sickinger, Mirko/Thelen, Martin K.: Anleihen und Genussscheine auf der Blockchain, Der Referentenentwurf eines Gesetzes zur Einführung von elektronischen Wertpapieren, in AG 2020, 862–870

Simmchen, Christoph: Grundbuch *ex machina*, Eine kritische Untersuchung zum Einsatz der Blockchain im Grundbuchwesen, Baden-Baden 2020, zugl. Jur. Diss. Berlin 2019

ders.: Blockchain (R)Evolution, Verwendungsmöglichkeiten und Risiken, in MMR 2017, 162–165

Singh, Brijesh/Jain, Khushbu: Story of Cryptokitties, Art and NFTs, The Daily Guardian, 20. Mai 2021, zuletzt am 2. September 2023 abgerufen unter https://thedailyguardian.com/story-of-cryptokitties-art-and-nfts/

Sirena, Pietro: La restituzione del profitto ingiustificato (nel diritto industriale italiano), in Riv. dir. civ. 2006, 305–322

Skauradszun, Dominik: Das Internationale Privatrecht der Kryptowerte, elektronischen Wertpapiere und Kryptowertpapiere, in ZfPW 2022, 56–80

ders.: Kryptowerte im Bürgerlichen Recht, in AcP 221 (2021), 353–398

SMSG: Advice to ESMA, Own Initiative Report on Initial Coin Offerings and Crypto-Assets, 19. Oktober 2018, ESMA22-106-1338, zuletzt am 2. September 2023 abgerufen unter https://www.esma.europa.eu/sites/default/files/library/esma22-106-1338_smsg_advice_-_report_on_icos_and_crypto-assets.pdf

Sorge, Christoph/Krohn-Grimberghe, Artus: Bitcoin, Eine erste Einordnung, in DuD 2012, 479–484

Sosnitza, Olaf: Besitz und Besitzschutz, Sachherrschaft zwischen faktischem Verhältnis, schuldrechtlicher Befugnis und dinglichem Recht, Tübingen 2003, zugl. Jur. Habil. Bayreuth 2001

Spada, Paolo: La circolazione della ‚ricchezza assente' alla fine del millennio, Riflessioni sistematiche sulla dematerializzazione dei titoli di massa, in Banca, borsa, tit. cred. 1999, 407–425

Spiegel, Alexandra: Blockchain-basiertes virtuelles Geld, Tübingen 2020, zugleich Jur. Diss. Marburg 2020

Spindler, Gerald: Blockchaintypen und ihre gesellschaftsrechtliche Einordnung, Unter besonderer Berücksichtigung der *decentralized autonomous organization* (DAO), in RDi 2021, 309–317

Spindler, Gerald/Bille, Martin: Rechtsprobleme von Bitcoins als virtuelle Währung, in WM 2014, 1357–1369

Staudinger, Julius v. (Begr.): Eckpfeiler des Zivilrechts, 7. Auflage, Berlin 2020

ders. (Begr.): Kommentar zum Bürgerlichen Gesetzbuch mit Einführungsgesetz und Nebengesetzen
- Buch 1: Allgemeiner Teil, §§ 90–124; §§ 130–133 (Sachen und Tiere, Geschäftsfähigkeit, Willenserklärung), 16. Auflage, Berlin 2017
- Buch 2: Recht der Schuldverhältnisse, §§ 244–248; PrKG (Geldrecht), 15. Auflage, Berlin 2016
- Buch 3: Sachenrecht, Einleitung zum Sachenrecht; §§ 854–882 (Besitz und Allgemeines Liegenschaftsrecht 1), 17. Auflage, Berlin 2012

- Buch 3: Sachenrecht, Einleitung zum Sachenrecht; §§ 854–882 (Besitz und Allgemeines Liegenschaftsrecht 1), 18. Auflage, Berlin 2018
- Buch 3: Sachenrecht, §§ 925–984; Anh zu §§ 929–931 (Eigentum 2 – Erwerb und Verlust des Eigentums), 17. Auflage, Berlin 2020

Steuer, Sebastian: Rechtliche Grundlagen des modernen Aktienhandels, Ein Überblick am Beispiel der Frankfurter Wertpapierbörse, in JuS 2018, 415–421

Stöcker, Erhard: Dinglichkeit und Absolutheit, Eine Untersuchung mit besonderer Berücksichtigung der Kritik am Entwurf des Bürgerlichen Gesetzbuchs, Köln 1965, zugleich Jur. Diss. Köln 1965

Strobel, Benedikt: Der Nießbrauch, in JURA 2017, 512–519

Szabo, Nick: Smart Contracts, 1994, zuletzt am 2. September 2023 abgerufen unter https://www.fon.hum.uva.nl/rob/Courses/InformationInSpeech/CDROM/Literature/LOTwinterschool2006/szabo.best.vwh.net/smart.contracts.html

Szostek, Dariusz: Blockchain and the Law, Baden-Baden 2019

Tepper, Adam: The People's Money Bitcoin, Asia-Australia Technology 2015, zuletzt am 2. September 2023 abgerufen unter https://www.independentreserve.com/book/adam-tepper-the-peoples-money-bitcoin.pdf

Torrente, Andrea/Schlesinger, Piero: Manuale di diritto privato, 25. Auflage, Mailand 2021

Trabucchi, Alberto: Istituzioni di diritto civile, 48. Auflage, Mailand 2017

Travaglini, Giacomo: Osservatorio, Cassazione, Contrasti giurisprudenziali, Usucapione di azienda (IV), in Corr. giur. 2014, 594–595

Tzanetakis, Meropi: Von der visuellen Symbolik zum Vertrauen schaffenden System der virtuellen Währung Bitcoin, in Hartmann, Stefan/Thiel, Christian (Hrsg.), Der schöne Schein, Symbolik und Ästhetik von Banknoten, Band zur gleichnamigen Tagung an der Universität Augsburg vom 17. bis 19. Oktober 2014, Regenstauf 2016, S. 277–300

Urbani, Federico: Il conferimento di cripto-attività al vaglio della giurisprudenza di merito, in Giur. comm. 2020, 887–900

Utz, Rainer: Anmerkung zu OLG Köln: Löschung eines Dispute-Eintrags – investment.de, in MMR 2006, 469–471

van Dam, Cees: European Tort Law, 2. Auflage, Oxford 2013

Vardi, Noah: ‚Criptovalute' e dintorni, Alcune considerazioni sulla natura giuridica dei bitcoin, in Dir. inf. 2015, 443–456

Vig, Zsofia: Inhaberschuldverschreibungen auf der Blockchain Kryptowertpapiere und Wertpapiere sui generis aus Sicht der Praxis, in BKR 2022, 442–449

Voshmgir, Shermin: Token Economy, How the Web3 reinvents the Internet, Berlin 2019

dies.: What is the Token Economy?, Report, Sebastopol (CA) 2019, zuletzt am 2. September 2023 abgerufen unter https://learning.oreilly.com/library/view/what-is-the/9781492072973/

Wagner, Gerhard: Deliktsrecht, 14. Auflage, München 2021

Wagner, Stephan: Zivilrechtliche Aspekte des Handels mit sog. Emissionszertifikaten, in JZ 2007, 971–978

Walter, Andreas: Bitcoin, Libra und sonstige Kryptowährungen aus zivilrechtlicher Sicht, in NJW 2019, 3609–3614

ders.: Zivilrechtliche Störerhaftung, in JA 2012, 658–661

Wandt, Manfred: Gesetzliche Schuldverhältnisse, Deliktsrecht, Schadensrecht, Bereicherungsrecht, GoA, 10. Auflage, München 2020

Wank, Rolf: Juristische Methodenlehre, Eine Anleitung für Wissenschaft und Praxis, München 2020

Watanabe, Hiroki/Tatsuro, Ishida/Ohashi, Shigenori/Fujimura, Shigeru/Nakadaira, Atsushi/Hidaka, Kota/Kishigami, Jay: Enhancing Blockchain Traceability with DAG-Based Tokens, in 2019 IEEE International Conference on Blockchain (Blockchain), Atlanta (GA) 2019, S. 220–227, DOI 10.1109/Blockchain.2019.00036

Weber, Rolf H.: Neue Blockchain-Gesetzgebung in der Schweiz, in RDi 2021, 186–195

Weiss, Alexander: Zivilrechtliche Grundlagenprobleme von Blockchain und Kryptowährungen, in JuS 2019, 1050–1057

Weitnauer, Wolfgang: Initial Coin Offerings (ICOs): Rechtliche Rahmenbedingungen und regulatorische Grenzen, in BKR 2018, 231–236

Wellenhofer, Marina: Strukturanalyse des Sacheigentums, in Hofmann, Franz/Raue, Benjamin/Zech, Herbert (Hrsg.), Eigentum in der digitalen Gesellschaft, Tübingen 2022, S. 69–88

dies.: Sachenrecht, 38. Auflage, München 2021

Westermann, Harry: Sachenrecht, Ein Lehrbuch, 4. Auflage, Karlsruhe 1960

Wieacker, Franz: Zum System des deutschen Vermögensrechts, Erwägungen und Vorschläge, Leipzig 1941

Wieling, Hans: Voraussetzungen, Übertragung und Schutz des mittelbaren Besitzes, in AcP 184 (1984), 439–464

Wieling, Hans J./Finkenauer, Thomas: Bereicherungsrecht, 5. Auflage, Berlin 2020

Wielsch, Dan: Mitbestimmung durch Digitalrechte, Zum Verhältnis von Eigentum und Gesellschaftsentwicklung, in Hofmann, Franz/Raue, Benjamin/Zech, Herbert (Hrsg.), Eigentum in der digitalen Gesellschaft, Tübingen 2022, S. 19–48

Wikipedia: Graph (Graphentheorie), 5. November 2020, zuletzt am 2. September 2023 abgerufen unter https://de.wikipedia.org/wiki/Graph_(Graphentheorie)

Wilburg, Walter: Die Lehre von der ungerechtfertigten Bereicherung nach österreichischem und deutschem Recht, Kritik und Aufbau, Graz 1934

Wilhelm, Jan: Sachenrecht, 7. Auflage, Berlin 2021

Wilke, Felix M.: Das IPR der elektronischen Wertpapiere, in IPRax 2021, 502–508

Witt, Carl-Heinz: Die Rechtsfigur des Besitzdieners im Widerstreit zwischen Bestands- und Verkehrsschutz, in AcP 201 (2001), 165–201

Wong, Eugene: Retrieving dispersed data from SDD-1: A system for distributed databases, in Proceedings of the Second Berkeley Workshop on Distributed Data Management and Computer Networks, May 25–27, 1977, Berkeley (CA) 1977, S. 217–235

Wood, Garvin: Ethereum, A Secure Decentralised Generalised Transaction Ledger, Yellow Paper, Istanbul Version 80085f7, 11. Juli 2021, zuletzt am 2. September 2023 abgerufen unter https://ethereum.github.io/yellowpaper/paper.pdf

Yeow Kimchai/Gani, Abdullah/Ahmad, Raja W./Rodrigues, Joel J. P. C./Ko, Kwangman: Decentralized Consensus for Edge-Centric Internet of Things, A Review, Taxonomy, and Research Issues, in IEEE Access 6/2018, 1513–1524, DOI 10.1109/ACCESS.2017.2779263

Zech, Herbert: Einführung in das Technikrecht, Trier 2021

ders.: Besitz an Daten?, in Pertot, Tereza (Hrsg.), Rechte an Daten, Tübingen 2020, S. 91–102

ders.: Digitalisierung – Potential und Grenzen der Analogie zum Analogen, in Eifert, Martin (Hrsg.), Digitale Disruption und Recht, Workshop zu Ehren des 80. Geburtstags von Wolfgang Hoffmann-Riem, Baden-Baden 2020, S. 29–44

ders.: Die ‚Befugnisse des Eigentümers' nach § 903 Satz 1 BGB – Rivalität als Kriterium für eine Begrenzung der Eigentumswirkungen, in AcP 219 (2019), 488–592 *ders.*: Daten als Wirtschaftsgut – Überlegungen zu einem ‚Recht des Datenerzeugers', Gibt es für Anwenderdaten ein eigenes Vermögensrecht bzw. ein übertragbares Ausschließlichkeitsrecht?, in CR 2015, 137–146

ders.: Neue Technologien als Herausforderung für die Rechtfertigung des Immaterialgüterrechtsschutzes, in Hilty, Reto M./Jaeger, Thomas/Lamping, Matthias (Hrsg.), Herausforderung Innovation, Eine interdisziplinäre Debatte, Berlin/Heidelberg 2012, S. 81–103

ders.: Information als Schutzgegenstand, Tübingen 2012, zugl. Jur. Habil. Bayreuth 2011/12

ders.: Unkörperliche Güter im Zivilrecht – Einführung und Überblick, in Leible, Stefan/Lehmann, Matthias/Zech, Herbert (Hrsg.), Unkörperliche Güter im Zivilrecht, Tübingen 2011, S. 1–5

Zeno-Zencovich, Vincenzo: La responsabilità civile, in Alpa, Guido/Bonell, Michael J./Corapi, Diego/Moccia, Luigi/Zeno-Zencovich, Vincenzo/Zoppini, Andrea (Hrsg.), Diritto privato comparato, Istituti e problemi, 4. Auflage, Bari 2012, S. 371–416

ders.: Cosa, in Sacco, Rudolfo (Vors.), Digesto, Discipline privatistiche, Sezione civile, Band 4, 4. Auflage, Torino 1988

Zimmermann, Anton S.: Der gesetzliche Rückforderungsanspruch, Leistung – Austauschleistung – Eingriff, Tübingen 2021, zugl. Jur. Diss. Heidelberg 2020

ders.: Blockchain-Netzwerke und Internationales Privatrecht – oder: der Sitz dezentraler Rechtsverhältnisse, in IPRax 2018, 566–573

Sachregister

§ 1004 BGB 347
§ 823 Abs. 1 BGB 147
§ 952 BGB 144, 158, 299
§ 985 BGB 343
§§ 793 ff. BGB 145, 159, 299
§§ 987 ff. BGB 355

Absoluter Schutz 52, 334
– Bedeutung des Sachbegriffs 498
– Gesamtniveau 485, 486
– nach deutschem Recht 485
– nach italienischem Recht 486
Art. 1992 ff. cc 209, 214
Art. 810 cc 175, 201, 207
Art. 832 cc 181
Art. 948 cc 384
Art. 949 cc 386

Bereicherungsrechtlicher Schutz 431
– Allgemeiner Bereicherungsanspruch 473
– bei Sachfähigkeit 435
– Funktion 431
– im italienischen Recht 468
– Leistung auf eine Nichtschuld 470
– Leistungskondiktion 432, 436, 447, 492
– Nichtleistungskondiktion 433, 438, 447, 494
– ohne Sachfähigkeit 445
– Rechtsvergleich 491
– von Token 435, 475
Besitz 226, 238, 241, 242, 243
– an Token 226, 230, 257, 322
– Bedingte Besitzübergabe 284
– Besitzerwerb 236
– Besitzgegenstand 315

– Besitzschutz 361
– Besitzübergabe 268, 317, 323
– Funktion 316
– Gutgläubiger Besitz 317, 324
– im eWpG 234
– im italienischen Recht 313
– Mittelbarer Besitz 273
– Rechtsvergleich 319
– Sonstiges Recht 421
– Tatsächliche Herrschaftsmacht 229
Besitzschutz 361
– Allgemeines Selbsthilferecht 380
– bei Token 366, 369, 393
– Beseitigung der Besitzstörung 391
– Funktion 362, 366
– im eWpG 381
– im italienischen Recht 388
– petitorisch 380
– possessorisch 378
– Selbsthilfe 376
– Verbotene Eigenmacht 370
– von Token 396
– Wiedereinräumung des Besitzes 391, 392
Blockchain 15
– Konsensmechanismus 21
– Network Forks 26
– Transaktion 17, 20, 36

cic → culpa in contrahendo
culpa in contrahendo 454
– im italienischen Recht 481
– Rechtsvergleich 496

DAOs 27, 33, 41, 300
DApp 40
Deliktischer Schutz 400, 457

- bei Sachfähigkeit 402
- Funktion 400
- Generalklausel 457, 489
- ohne Sachfähigkeit 417
- Rechtswidrigkeit 462
- Schaden 464
- Sonstiges Recht 418
- strafrechtlich 408, 429
- von Token 402, 467

Deliktsrecht
- Rechtsvergleich 487

Deutsche Rechtsordnung
- Anpassungsvermögen 508
- Herausforderungen 511

Digitalisierung
- Auslegung 522, 524
- Folgen für Rechtssystem 516, 518, 521, 525
- Lösungsvorschlag 526

Dinglicher Schutz 337
- Besitzschutz 361
- im italienischen Recht 383
- Negatorischer Schutz 343, 355
- Rechtsvergleich 394
- von Token 342, 383, 394

Disruptivität 518
Distributed Ledger 11
Distributed-Ledger-Technologie 10, 15
- DAG 27
- Token 29

DLT → Distributed-Ledger-Technologie
double spending 12, 22

EBV 355
- bei Token 359

Eigentumsrecht
- an Token 244, 326
- Anwartschaftsrecht 288, 289, 406
- Bedingte Eigentumsübertragung 284
- Belastungen 283
- Besitzübergabe 268
- Dingliche Einigung 267
- Eigentümerbefugnisse 246, 253
- Eigentumsbegründung 255, 320
- Eigentumsvorbehalt 284
- Gesetzlicher Eigentumserwerb 262, 263, 265
- Gutgläubiger Erwerb 275

- im eWpG 281
- im italienischen Recht 181, 320
- Inhalt 245, 320
- Nutzungs- und Ausschlussfunktion 246, 253
- Sicherungsübereignung 289
- Übereignung 267
- Verarbeitung 263

eWpG 161, 259, 281, 295, 381
Extrinsische Token 155, 171, 299
- Besitz 325
- Mitgliedschaft an DAO 168
- Sachfähigkeit im italienischen Recht 207
- über absolute Eigentums- und Immaterialgüterrechte 163, 302
- über Mitgliedschaftsrechte 165, 166
- über relative Rechtspositionen 158

Geschäftsführung ohne Auftrag 450
- bei Sachfähigkeit 452
- bei Token 452
- Funktion 450
- im italienischen Recht 477
- ohne Sachfähigkeit 452
- von Token 480

Geschäftsführungs ohne Auftrag
- Rechtsvergleich 496

GoA → Geschäftsführung ohne Auftrag
Grundbuch 256

Immaterialgüterrechte 133
- im italienischen Recht 184
- sui generis 141

Inhaberschuldverschreibung 145
Initial Coin Offerings 33, 48
Italienische Rechtsordnung
- Absoluter Schutz 456
- Bereicherungsrechtlicher Schutz 468
- Besitz 313
- Besitzschutz 388
- culpa in contrahendo 481
- Deliktischer Schutz 457
- Dinglicher Schutz 383
- Eigentumsrecht 320
- Geschäftsführung ohne Auftrag 476
- Sachbegriff 175

– Zivilrechtsdomgatik 308

Konsensprinzip 219, 308, 492
Kryptographie 18

Mitgliedschaft 165, 300, 405
MultiSig Account 242

Negatorischer Schutz 386
– von Token 343, 387
Nießbrauch
– an Token 296
– Deliktischer Schutz 405
Numerus clausus 153

Peer-to-Peer-Netzwerk 11
Pfandrecht 290
– an Token 290, 293
– Deliktischer Schutz 404
– im eWpG 295

Rechtliche Einordnung von Token
– als bewegliche Sache 255
– als Immaterialgut 133
– als Inhaberschuldverschreibung 159, 299
– als Realakt 148
– als rechtliches Nullum 148
– als Sache 57, 99, 156
– als Schuldschein 158, 299
– als sonstiger unkörperlicher Gegenstand 143
– als Wertrecht 146
– Spannungsfeld 507
Rechtliche Einordnung von Token im italienischen Recht
– als Finanzprodukt 204
– als Geld 205
– als Sache 192, 201
– als Schuldscheine 214
Rechtsposition sui generis 151, 171, 418, 426, 446
Rechtssicherheit 514
Rechtsvergleich 217, 307, 319, 322, 339, 394, 486, 487, 491

Sachbegriff 222
– Auslegung 99
– Bedeutung für absoluten Schutz 498
– Bedeutung für Deliktsrecht 499
– enger Sachbegriff 117
– funktionales Begriffsverständnis 130, 502
– im eWpG 122
– im italienischen Recht 175
– im Rechtsvergleich 217
– im römischen Recht 116
– Normfunktion 123
– Rechtsvergleich 497
– weiter Sachbegriff 175
Sachfähigkeit
– Bedeutung für absoluten Schutz 455
– im italienischen Recht 201
– nach der italienischen Rechtsprechung 192
Sachfiktion 161
Schuldscheine 220
– im italienischen Recht 209
Smart Contract 38, 40, 233, 249, 268, 283, 284, 285, 286, 287, 288, 300, 303, 305, 353

Token 29, 41, 44
– Definition 32
– Entstehung 34
– extrinsische 51
– Informationsgehalt 58, 64, 66, 70, 86
– intrinsische 50
– Technische Funktionsweise 30
– Weitergabe 36
Trennungs- und Abstraktionsprinzip 220

Ubiquität 137
Urheberrechtlicher Schutz 139
Urkunde 145, 160
UTXO 20, 30, 36

Wallets 37

Schriften zum Recht der Digitalisierung

Herausgegeben von
Florian Möslein, Sebastian Omlor und Martin Will

Der rapide voranschreitende Prozess der Digitalisierung macht auch vor dem Recht nicht Halt und stellt dieses vor grundlegende Herausforderungen. Vor diesem Hintergrund bietet die Schriftenreihe *Schriften zum Recht der Digitalisierung* (SRDi) ein Forum für grundlegende wissenschaftliche Arbeiten zu Rechtsfragen der Digitalisierung aus allen Rechtsgebieten. Die einschlägigen Phänomene der Digitalisierung wie etwa künstliche Intelligenz, Blockchaintechnologie oder Plattformökonomie lassen sich häufig nur bei angemessener Berücksichtigung der Bezüge zu anderen Wissenschaften wie etwa der Informatik, den Wirtschaftswissenschaften, der Philosophie oder der Politikwissenschaft verstehen. Der Fokus der Schriftenreihe liegt indes auf den juristischen Implikationen der Digitalisierung, die immer stärker zentrale Bereiche vor allem des Öffentlichen Rechts und des Privatrechts betreffen. Die Schriftenreihe steht gleichermaßen für Habilitationsschriften und herausragende Dissertationen sowie für Monographien offen.

ISSN: 2700-1288
Zitiervorschlag: SRDi

Alle lieferbaren Bände finden Sie unter www.mohrsiebeck.com/srdi

Mohr Siebeck
www.mohrsiebeck.com